俄羅斯科學院東方文獻研究所
中國社會科學院民族學與人類學研究所 編
上海古籍出版社

俄羅斯科學院東方文獻研究所藏黑水城文獻

⑲

西夏文佛教部分

上海古籍出版社
二〇一二年・上海

圖書在版編目(CIP)數據

俄藏黑水城文獻.19,西夏文佛教部分/俄羅斯科學院東方文獻研究所,中國社科院民族學與人類學研究所,上海古籍出版社編.—上海:上海古籍出版社,2012.1
ISBN 978 - 7 - 5325 - 6646 - 4

Ⅰ.①俄… Ⅱ.①俄… ②中… ③上… Ⅲ.①出土文物-文獻-額濟納旗-西夏-圖録②佛教-文獻-額濟納旗-西夏-圖録 Ⅳ.①K877.92

中國版本圖書館 CIP 數據核字(2012)第 216775 號

俄藏黑水城文獻自第十五册起受中國社會科學院出版基金資助

俄藏黑水城文獻 ⑲

編者 俄羅斯科學院東方文獻研究所
中國社會科學院民族學與人類學研究所
上海古籍出版社

主編 史金波(中)
魏同賢(中)
Е.И.克恰諾夫(俄)

出版 上海古籍出版社
中國上海瑞金二路 272 號郵政編碼 200020

印製 上海麗佳製版印刷有限公司

© 俄羅斯科學院東方文獻研究所
中國社會科學院民族學與人類學研究所
上海古籍出版社

開本 787×1092 mm 1/8 印張 35.5 插頁 22
ISBN 978 - 7 - 5325 - 6646 - 4/K · 1642
二○一二年一月第一版 二○一二年一月第一次印刷
定價:二三○○圓

Памятники письменности
из Хара-Хото хранящиеся
в Институте восточных рукописей РАН

⑲

Коллекции буддийской части тангутского языка

Институт восточных рукописей
Российской академии наук
Институт национальностей и антропологии
Академии общественных наук Китая
Шанхайское издательство “Древняя книга”

Шанхайское издательство
“Древняя книга”
Шанхай 2012

Памятники письменности
нз Хара-Хото хранящиеся в России ⑲

Составнтели
Институт восточных рукописей РАН
Институт национальности и антропологии
АОН Китая
Шанхайское издательство
“Древняя книга”

Главные редакторы
Е. И. Кычанов (Россия)
Ши Цзинь-бо (Китай)
Вэй Тун-сянь (Китай)

Издатель
Шанхайское нздательство
“Древняя книга”
Китай Шанхай ул. Жуйцзиньэр 272
Почтовый индекс 200020

Печать
Шанхайская гравировальная и полиграфическая компания
“Ли Цзя” с ограниченной ответственностью

Формат 787×1092 mm 1/8
Печатный лист 35.5
Вкладка 22
Первое издание Ⅰ. 2012г.
Первая печать Ⅰ. 2012г.

ISBN 978 – 7 – 5325 – 6646 – 4/K · 1642
Цена: ¥2200.00

Heishuicheng Manuscripts Collected in the Institute of Oriental Manuscripts of the Russian Academy of Sciences

⑲

Tangut Buddhist Manuscripts

The Institute of Oriental Manuscripts of
the Russian Academy of Sciences
Institute of Ethnology and Anthropology of
the Chinese Academy of Social Sciences
Shanghai Chinese Classics Publishing House

Shanghai Chinese Classics Publishing House
Shanghai, 2012

Heishuicheng Manuscripts
Collected in Russia
Volume ⑲

Participating Institutions
The Institute of Oriental Manuscripts of
the Russian Academy of Sciences
Institute of Ethnology and Anthropology of
the Chinese Academy of Social Sciences
Shanghai Chinese Classics Publishing House

Editors-in-Chief
Shi Jinbo (on Chinese part)
Wei Tongxian (on Chinese part)
E. I. Kychanov (on Russian part)

Publisher
Shanghai Chinese Classics Publishing House
(272 Ruijin Second Road, Shanghai 200020, China)

Printer
Shanghai Pica Plate Making & Printing Co., Ltd

8 mo 787×1092mm 35.5 printed sheets 22 insets
First Edition: January 2012 First Printing: January 2012
ISBN 978 - 7 - 5325 - 6646 - 4/K · 1642
Price: ¥2200.00

俄藏黑水城文獻

主編

史金波(中)

魏同賢(中)

Е.И.克恰諾夫(俄)

編輯委員會(按姓氏筆畫爲序)

中方

史金波
白　濱
李國章
李偉國
聶鴻音
魏同賢

俄方

Е.И.克恰諾夫
孟列夫
К.Б.克平

執行編輯

蔣維崧

Памятники письменности
из Хара-Хото хранящиеся в России

Heishuicheng Manuscripts
Collected in Russia

俄藏黑水城文獻⑲

本卷主編　史金波
Е.И.克恰諾夫

本卷副主編　聶鴻音　蘇航

責任編輯　蔣維崧

裝幀設計　嚴克勤

攝影　嚴克勤

Памятники письменности
из Хара-Хото хранящиеся в России ⑲

Главный редактор этого тома
Е. И. Кычанов
Ши Цэинь-бо

Заместитель главного редактора этого тома
Не Хун-инь
Су Хан

Ответственный редактор
Цзян Вэй-сун

Художественный и технический редактор
Янь Кэ-цинь

Фотограф
Янь Кэ-цинь

Heishuicheng Manuscripts
Collected in Russia
Volume ⑲

Editor-in-Chief for this Volume
Shi Jinbo
E. L. Kychanov

Deputy Editor-in-Chief for this Volume
Nie Hongyin
Su Hang

Editor-in-Charge
Jiang Weisong

Cover Designer
Yan Keqin

Photographer
Yan Keqin

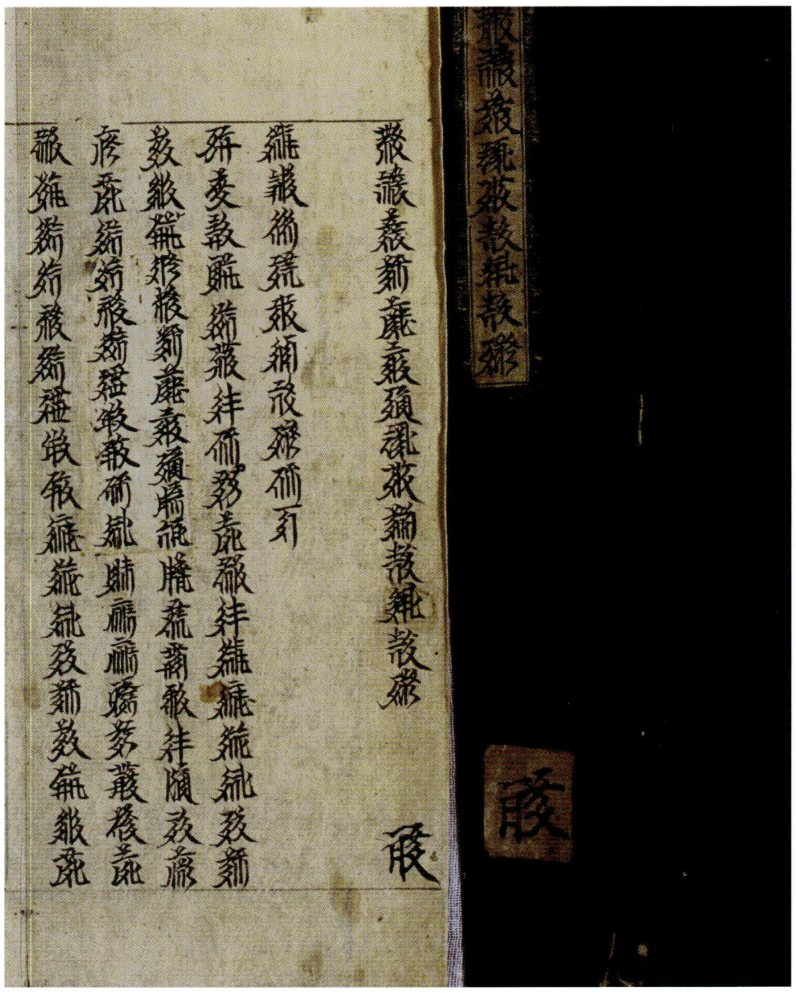

一 **Инв.**No.1862 寫本大般若波羅蜜多經卷第三百三封套卷首

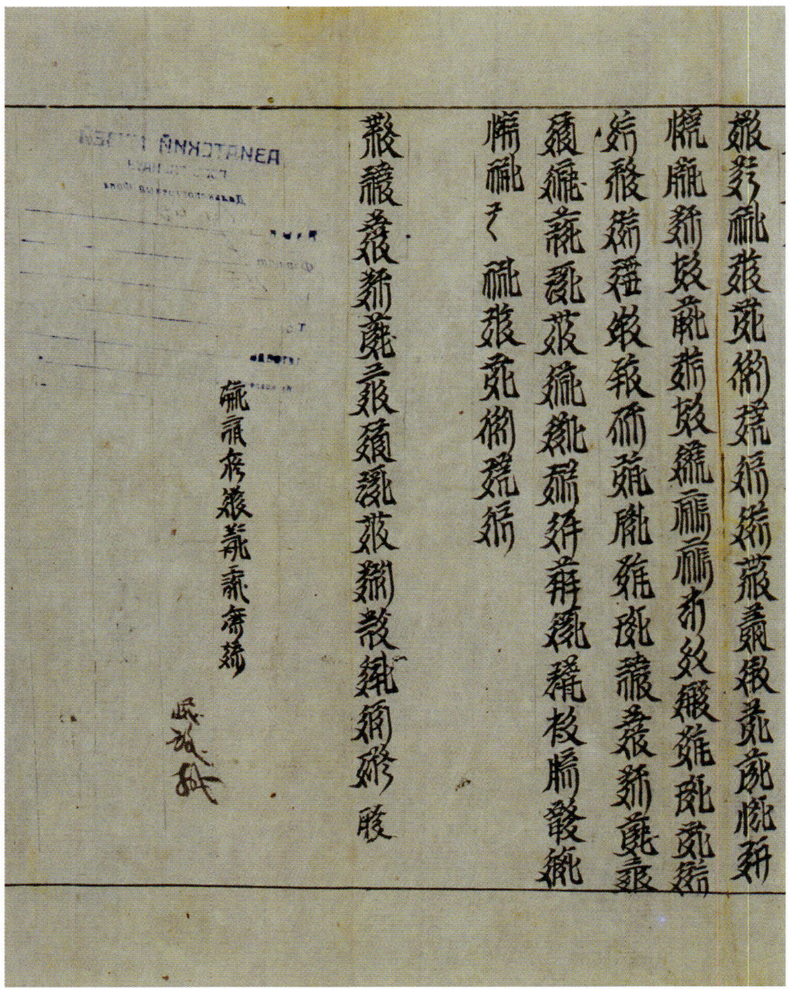

二 **Инв.**No.1859 寫本大般若波羅蜜多經卷第三百四卷末及題記

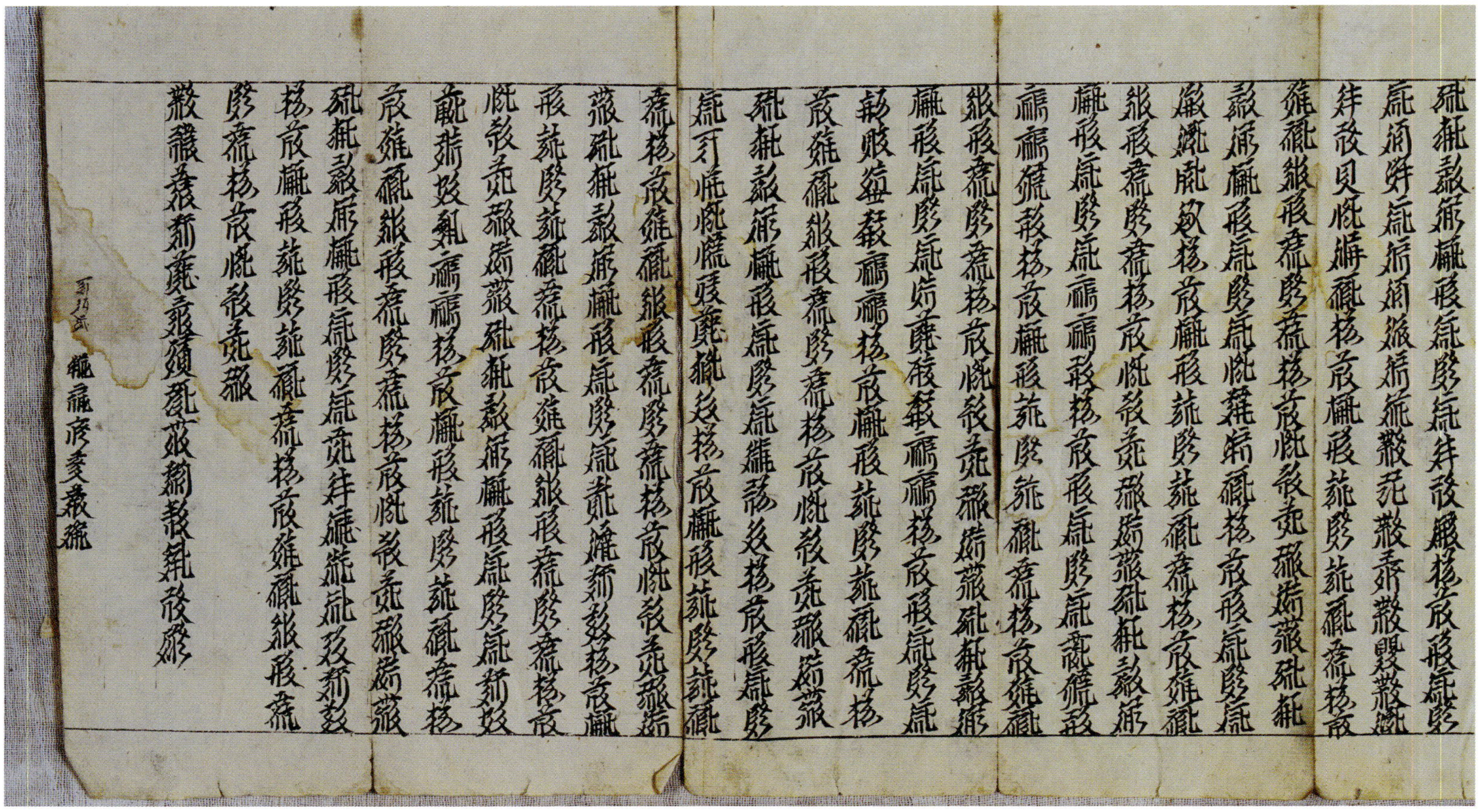

三 **Инв.**No.1838 寫本大般若波羅蜜多經卷第三百十卷末及題記

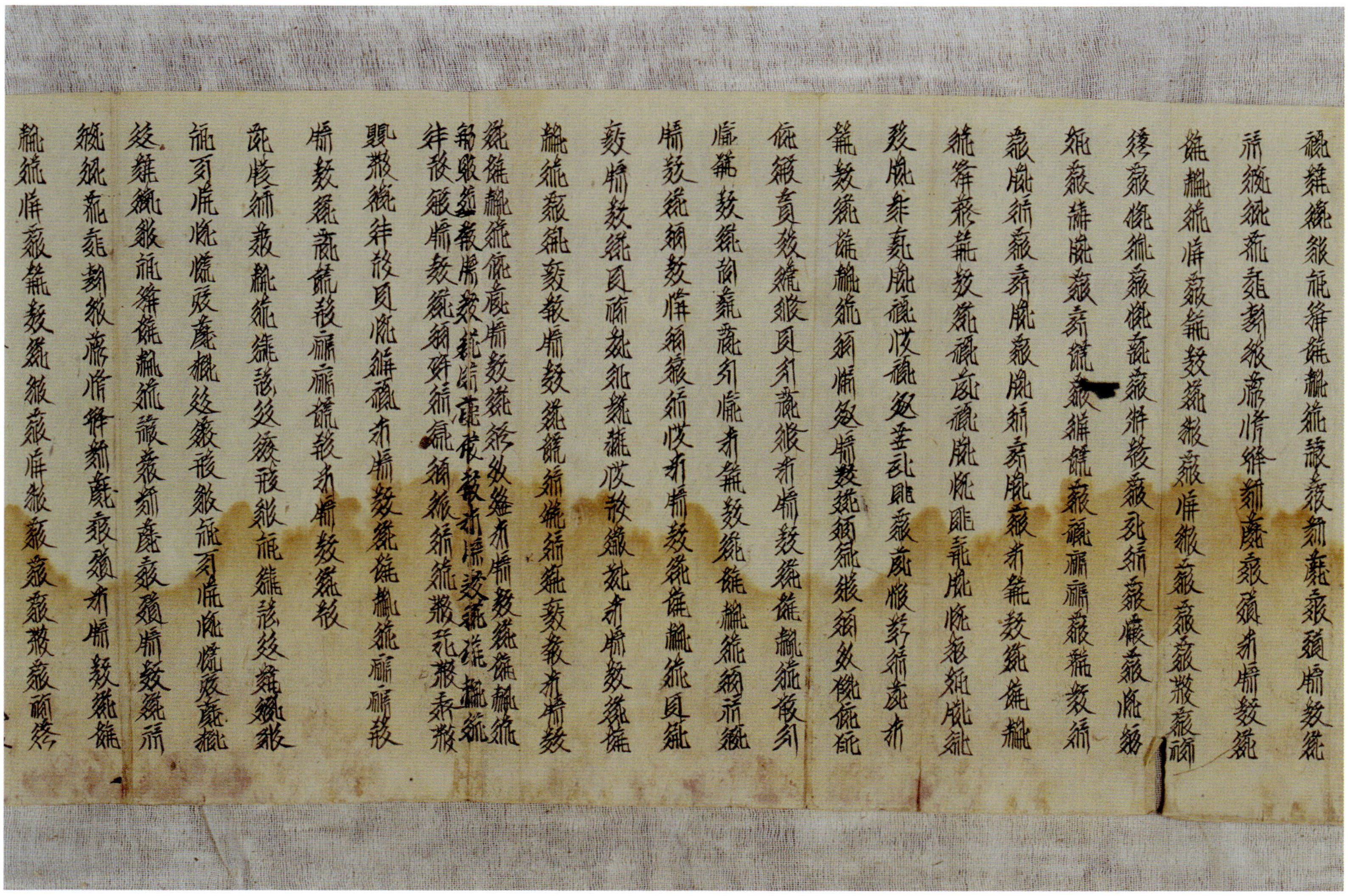

四 Инв.No.1933 寫本大般若波羅蜜多經卷第三百二十一

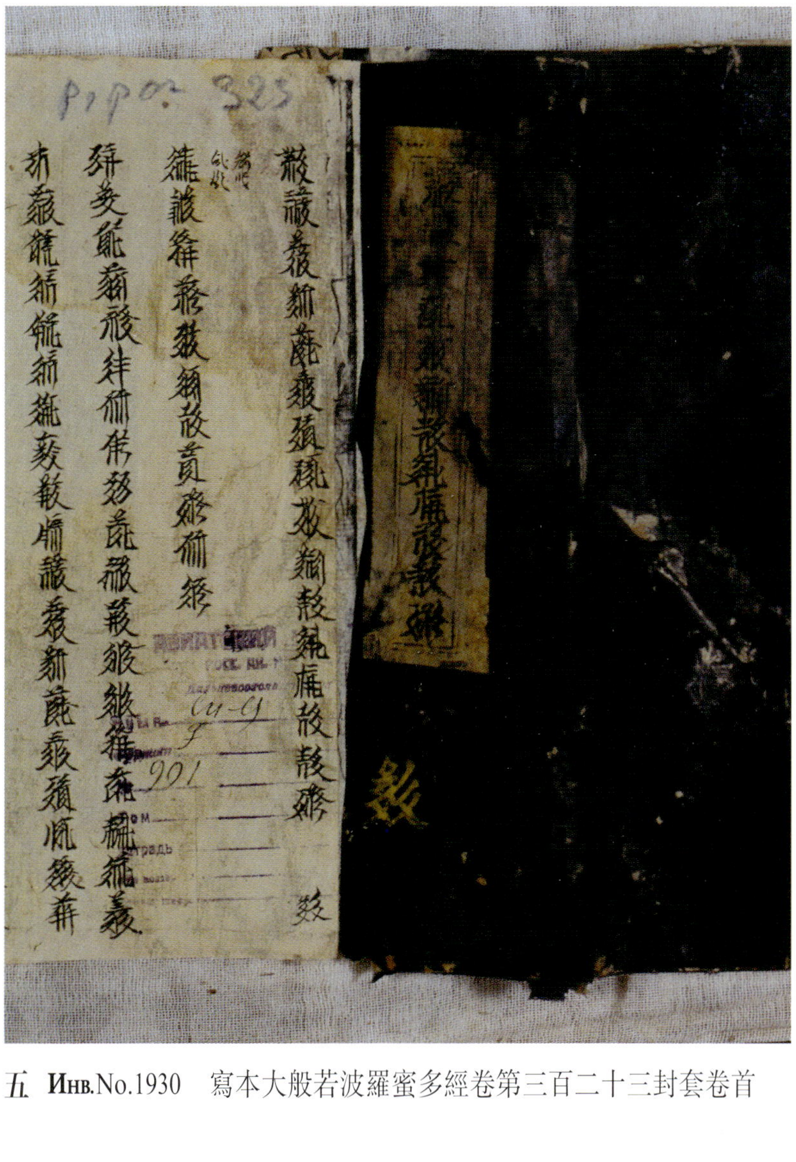

五 Инв.No.1930 寫本大般若波羅蜜多經卷第三百二十三封套卷首

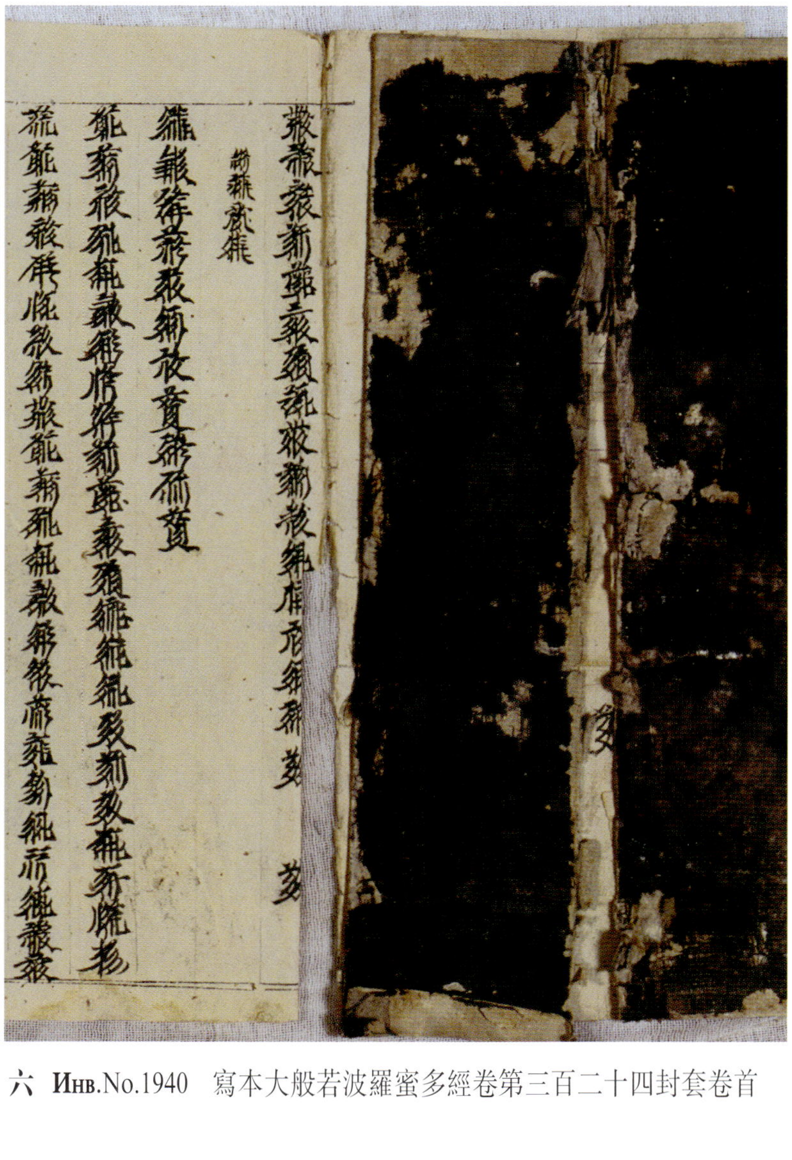

六 Инв.No.1940 寫本大般若波羅蜜多經卷第三百二十四封套卷首

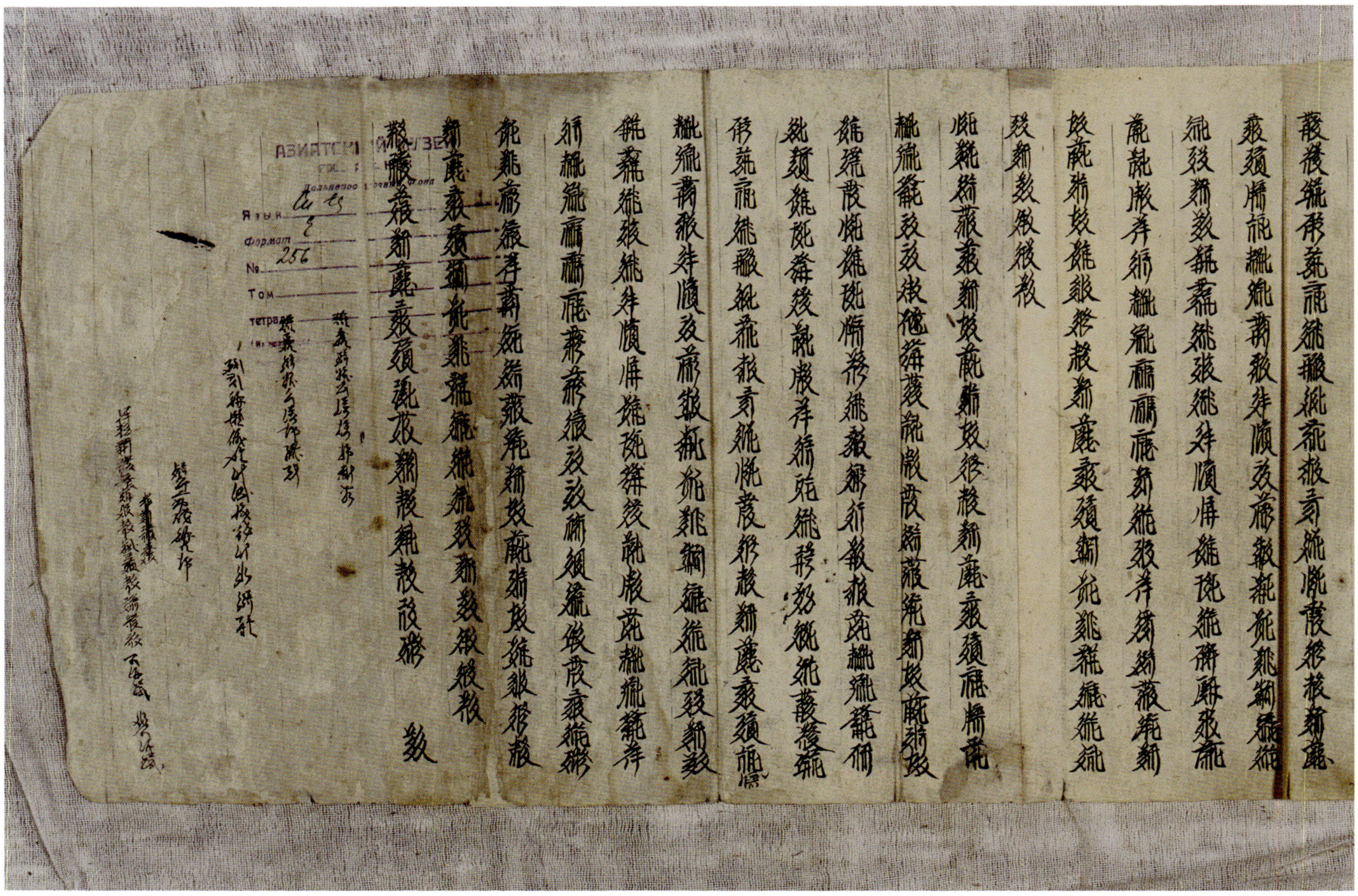

七 Инв.No.1970　夏天盛癸酉五年（1153）寫本大般若波羅蜜多經卷第三百三十卷末及題記

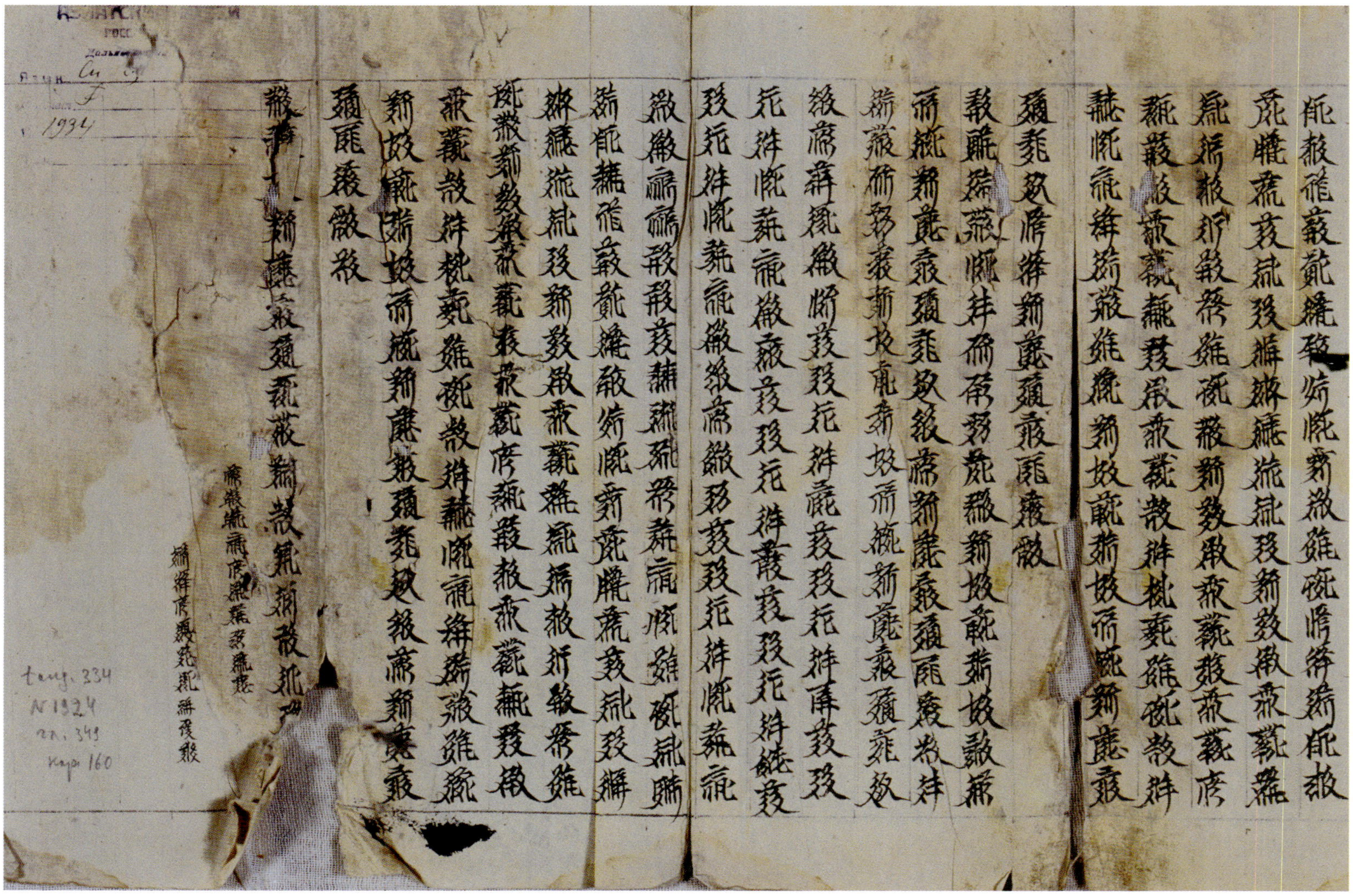

八 Инв.No.1924　寫本大般若波羅蜜多經卷第三百四十九卷末及題記

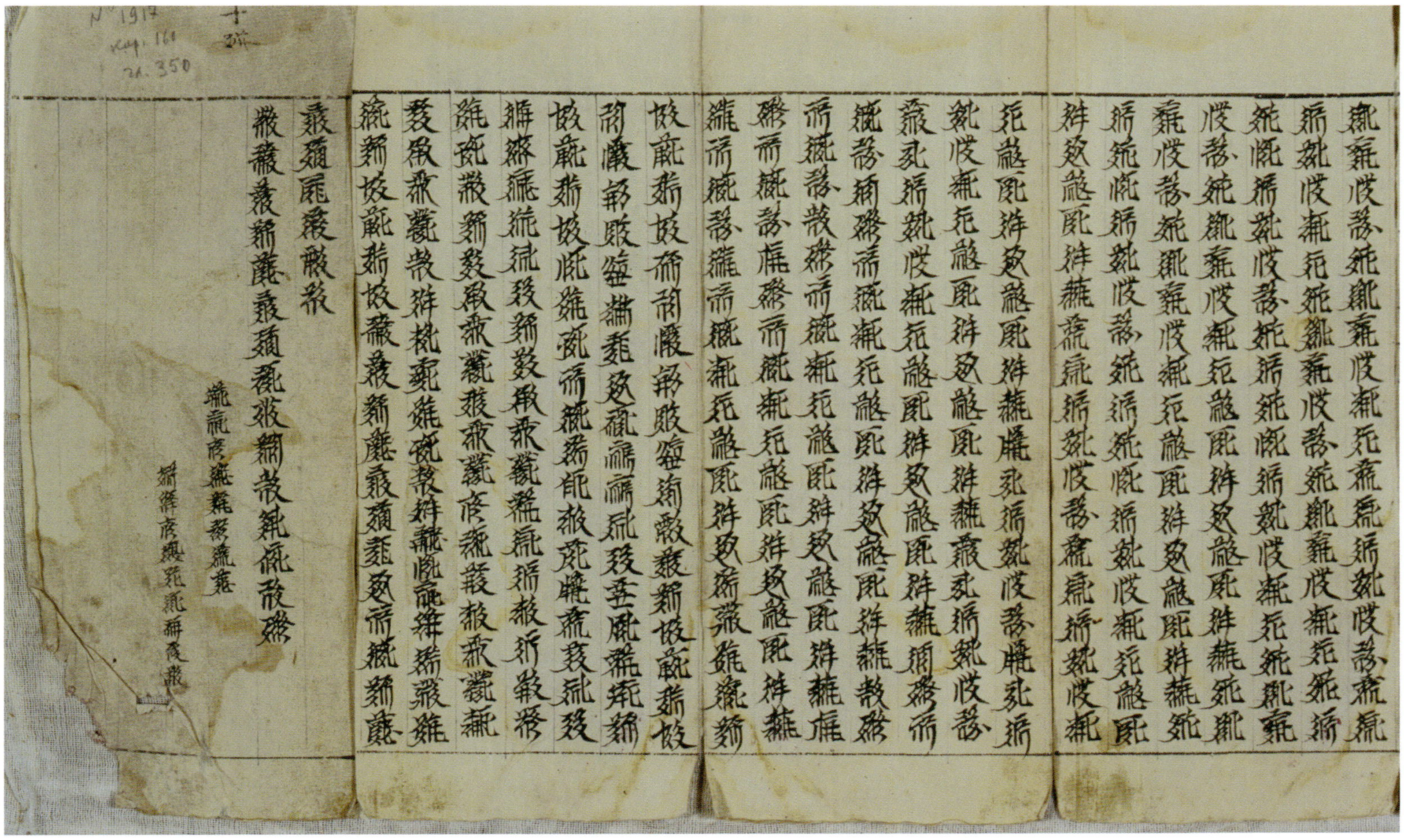

九 **Инв.**No.1917 寫本大般若波羅蜜多經卷第三百五十卷末及題記

一〇 **Инв.**No.1640 寫本大般若波羅蜜多經卷第三百六十卷末及題記

俄藏黑水城文獻第十九册目録

彩色圖版目錄

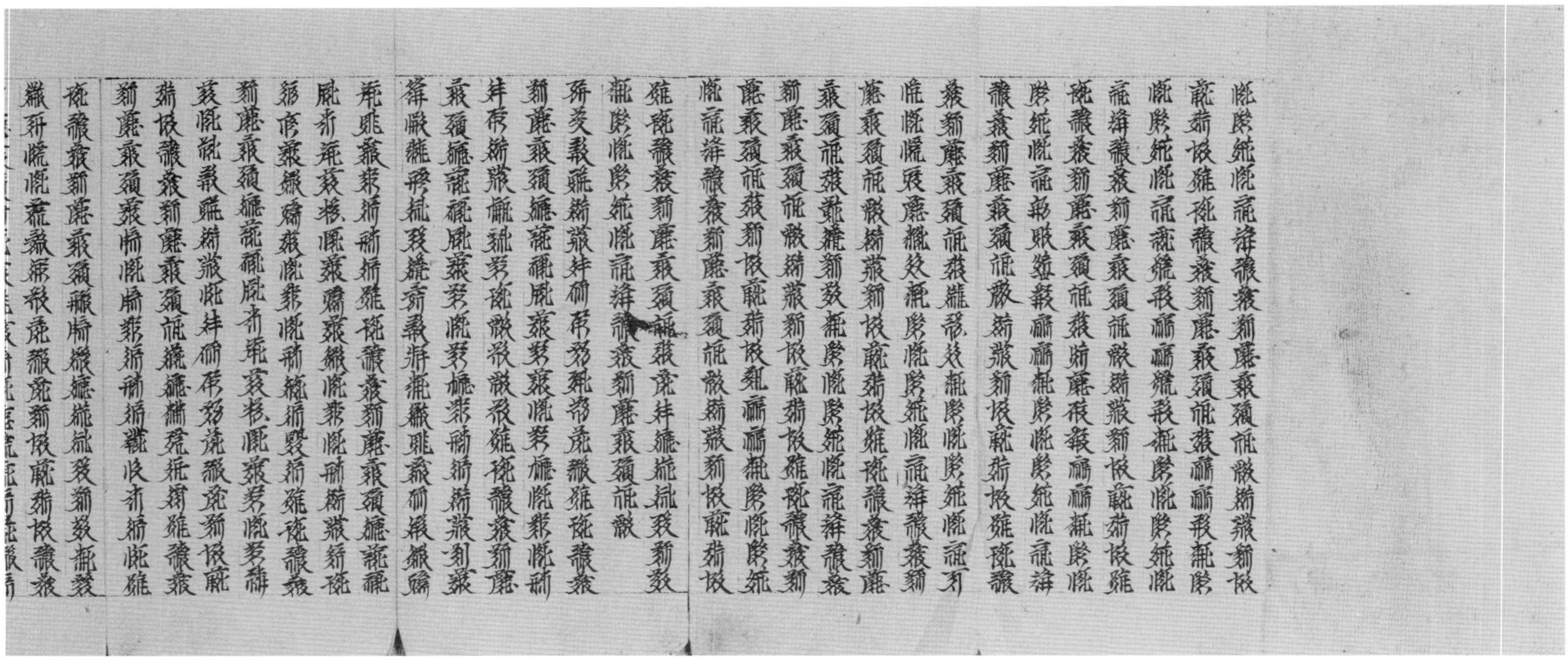

俄 Инв.No.1306　大般若波羅蜜多經卷第二百九十一　(9-1)

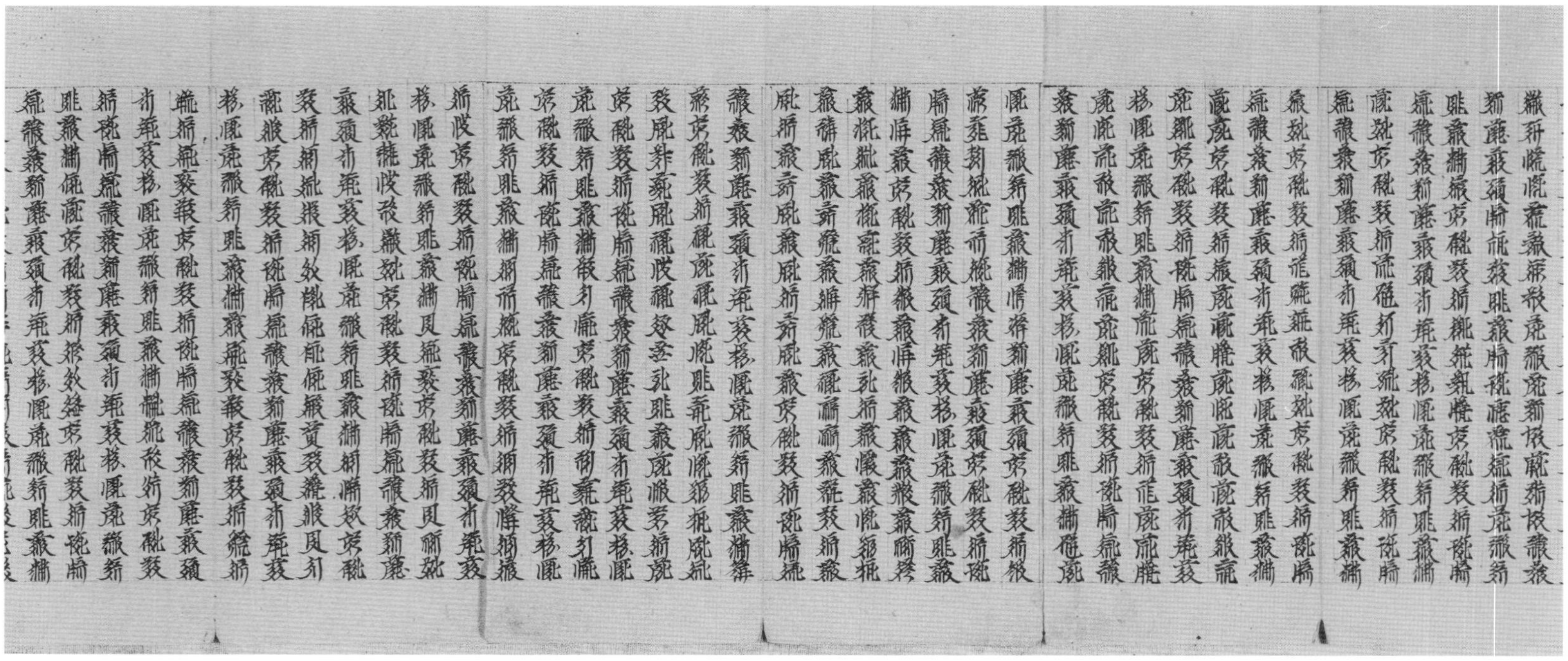

俄 Инв.No.1306　大般若波羅蜜多經卷第二百九十一　(9-2)

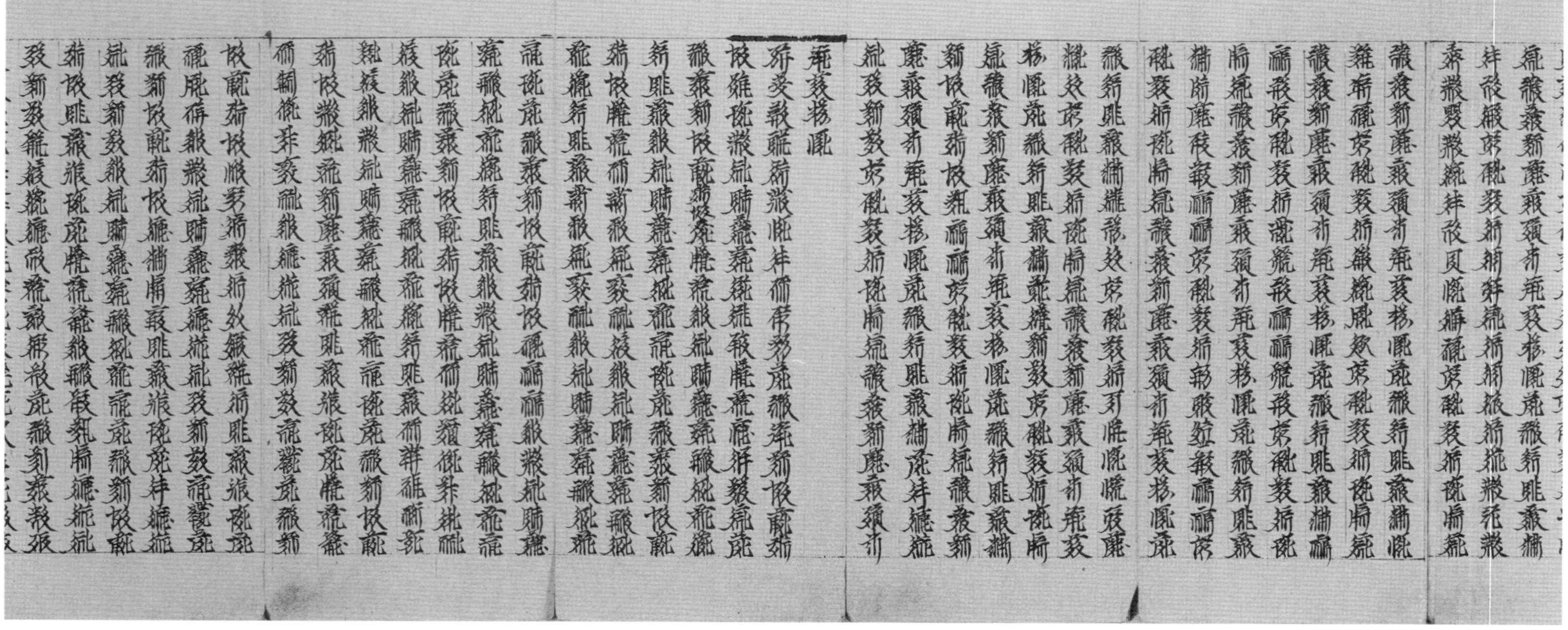

俄 Инв.No.1306　大般若波羅蜜多經卷第二百九十一　(9-3)

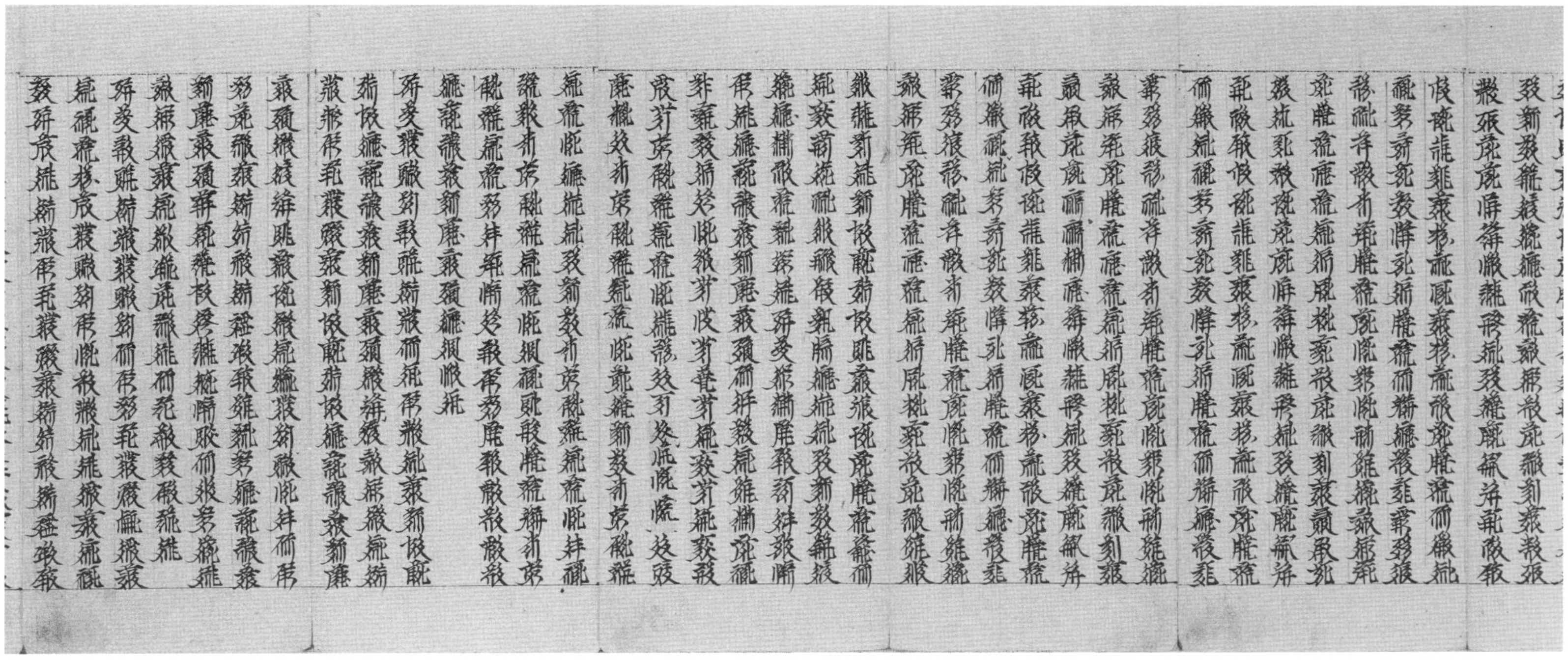

俄 Инв.No.1306　大般若波羅蜜多經卷第二百九十一　(9-4)

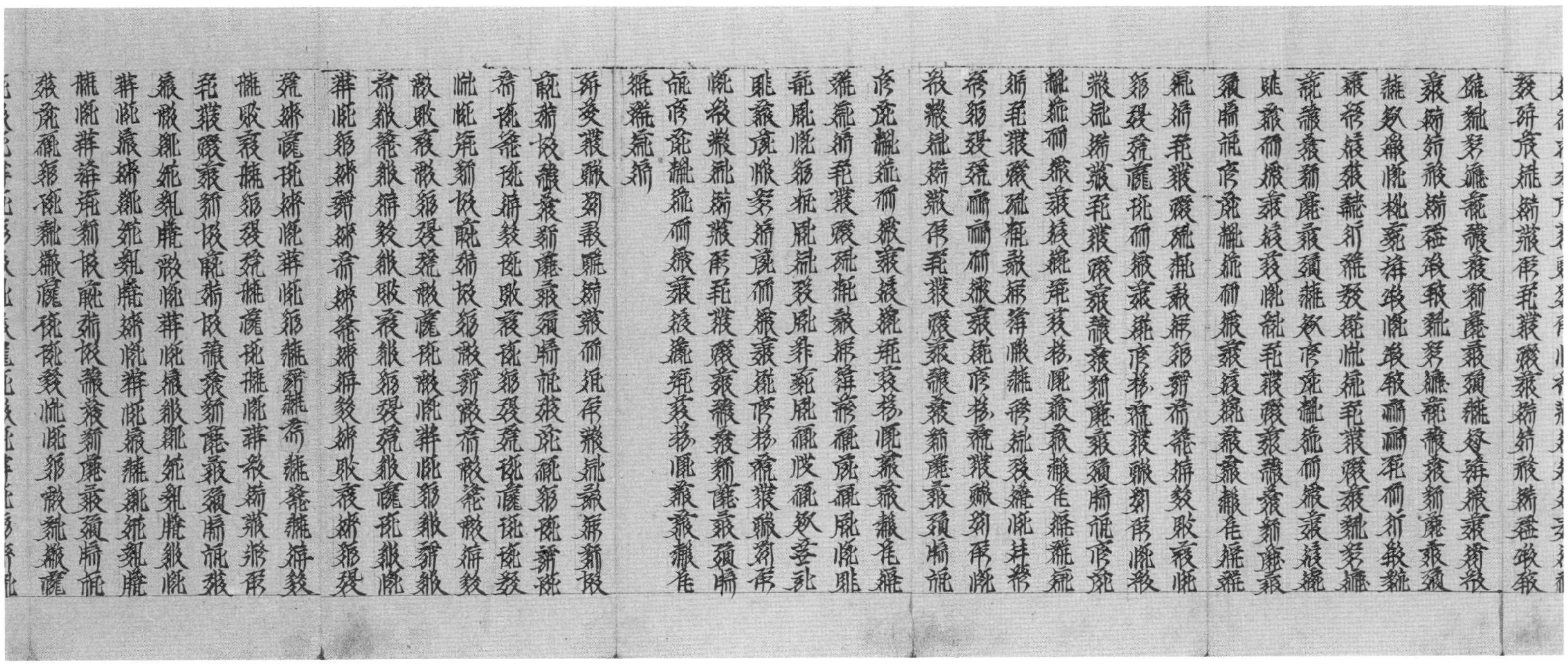

俄 Инв.No.1306　大般若波羅蜜多經卷第二百九十一　(9-5)

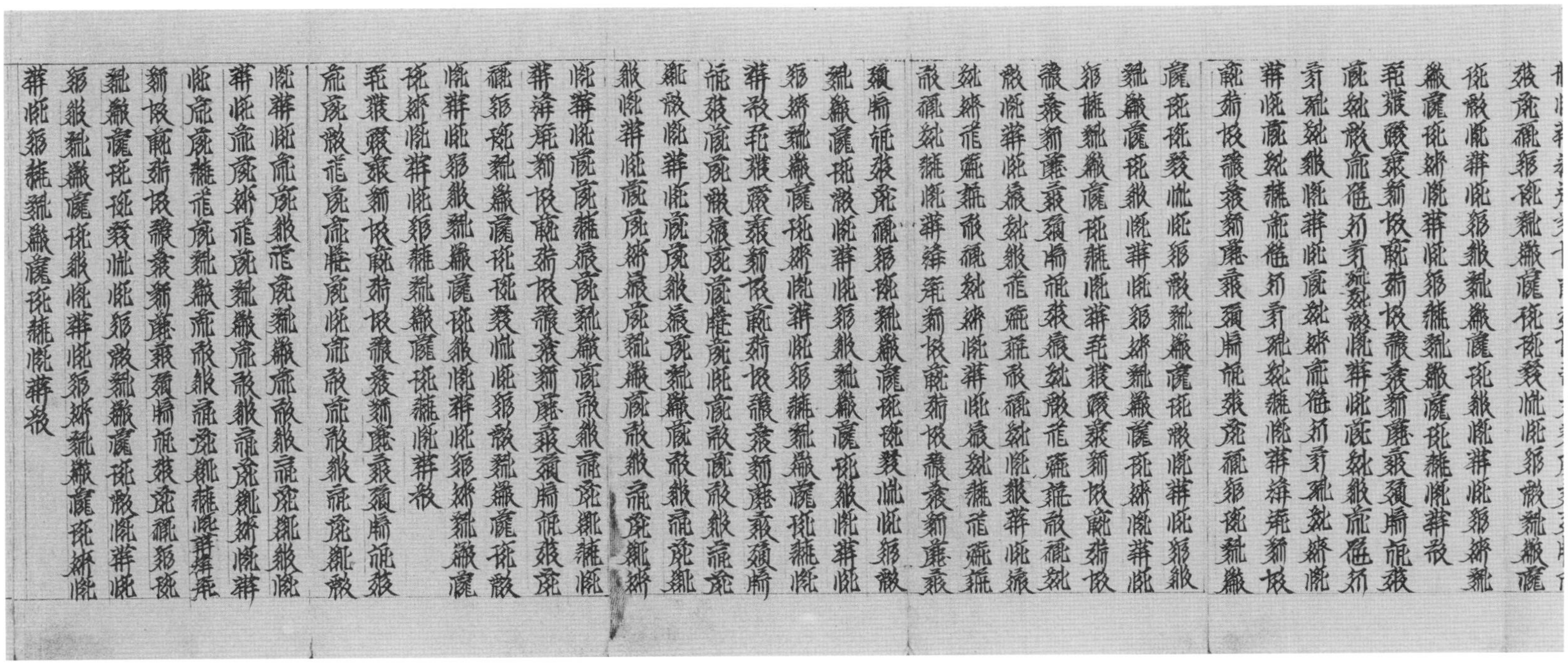

俄 Инв.No.1306　大般若波羅蜜多經卷第二百九十一　(9-6)

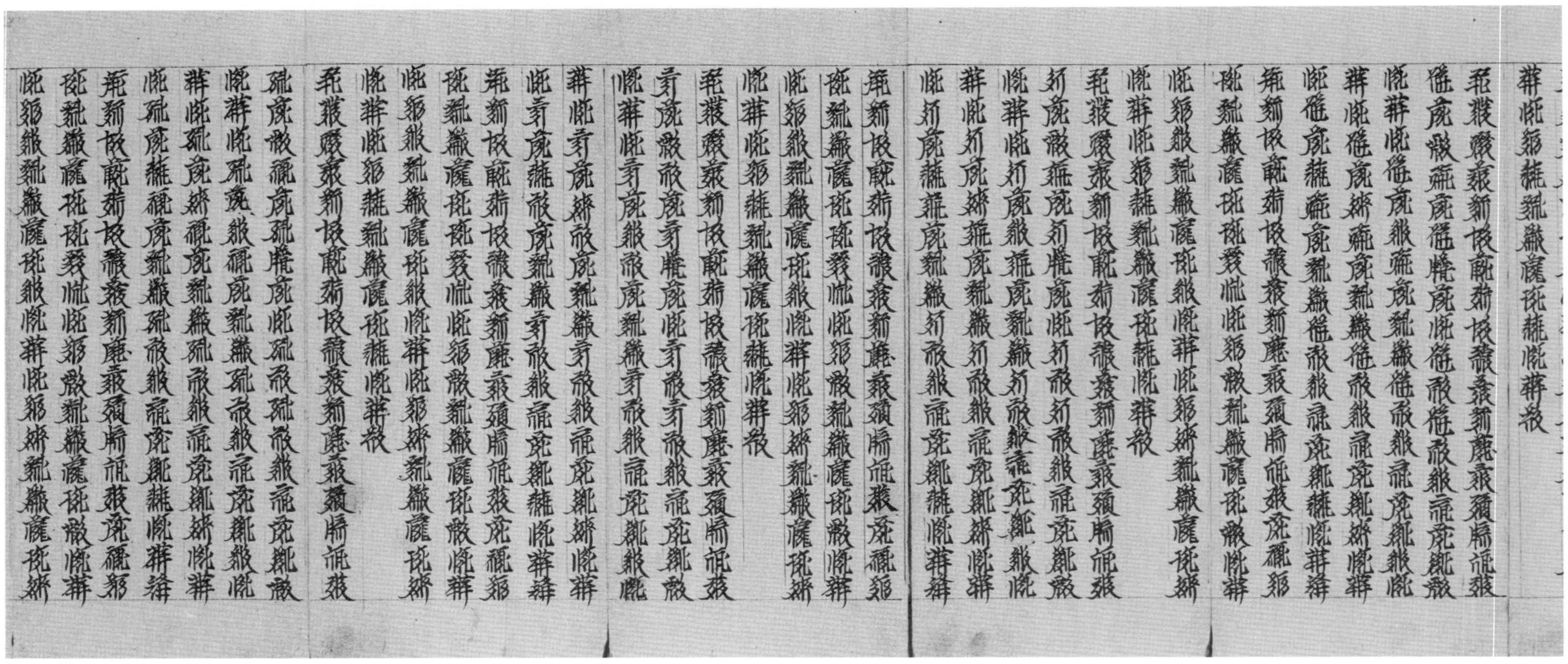

俄 Инв.No.1306　大般若波羅蜜多經卷第二百九十一　(9–7)

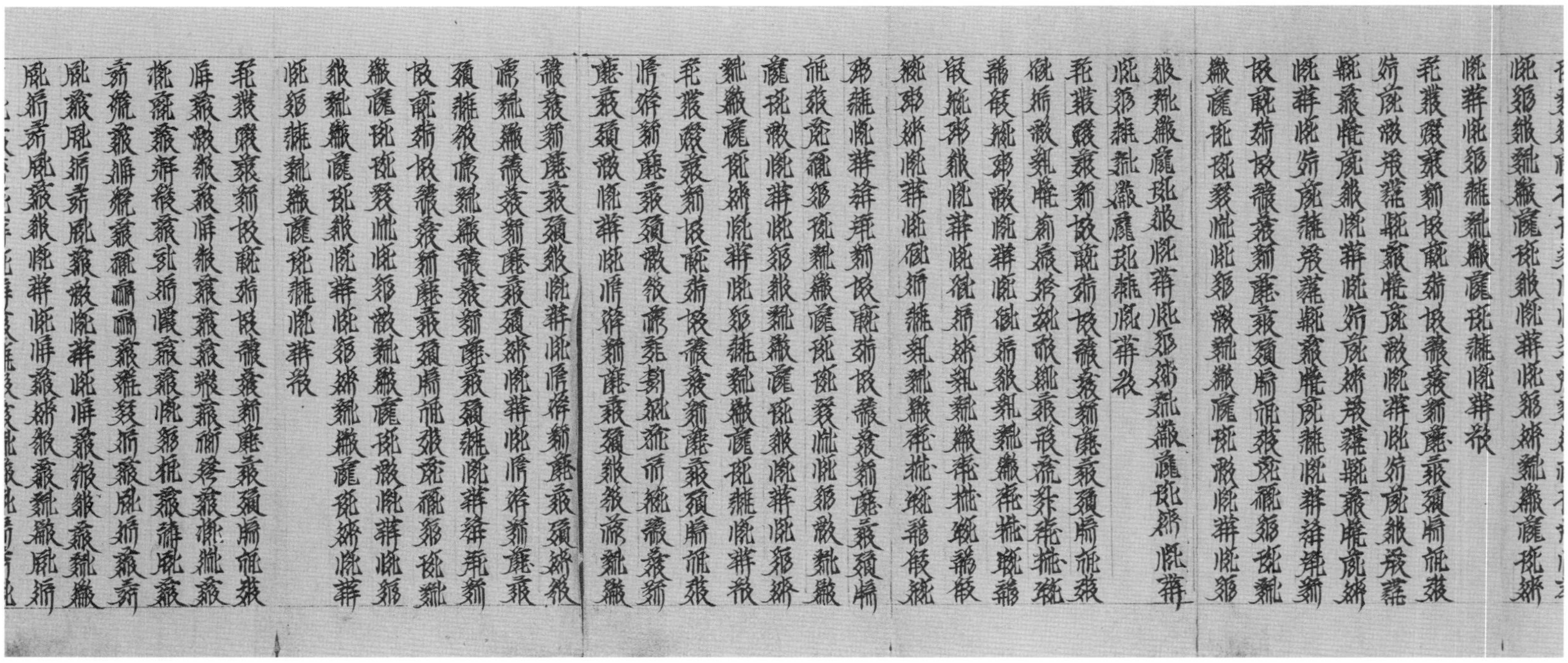

俄 Инв.No.1306　大般若波羅蜜多經卷第二百九十一　(9–8)

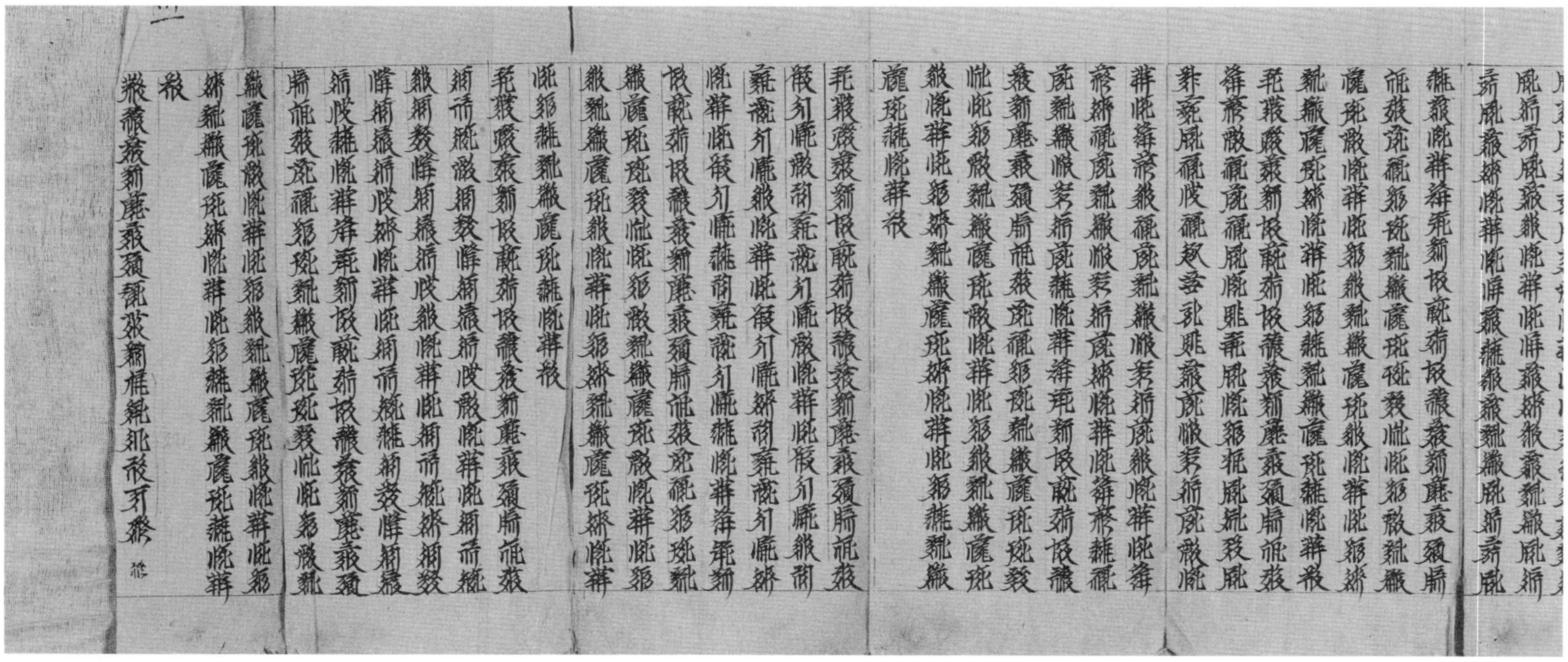

俄 Инв.No.1306　大般若波羅蜜多經卷第二百九十一　(9–9)

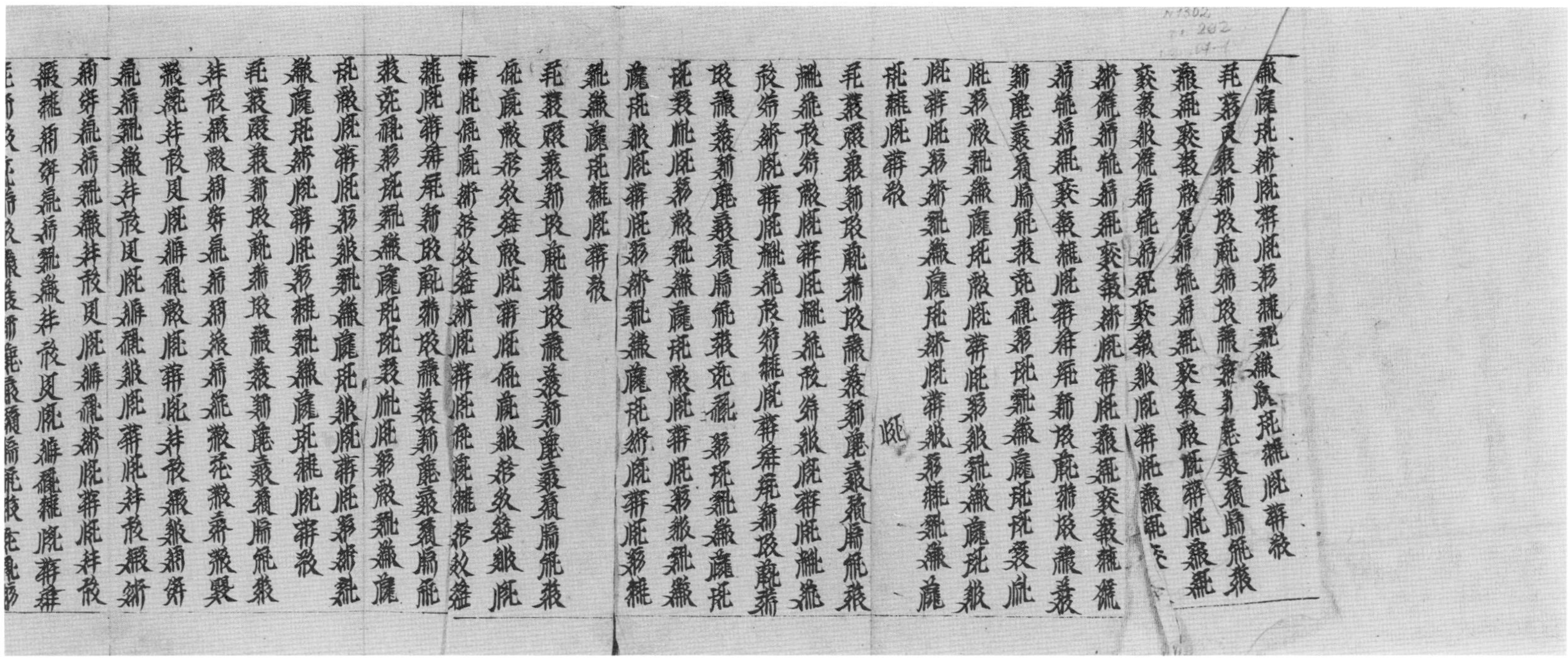

俄Инв.No.1302　大般若波羅蜜多經卷第二百九十二　　(13-1)

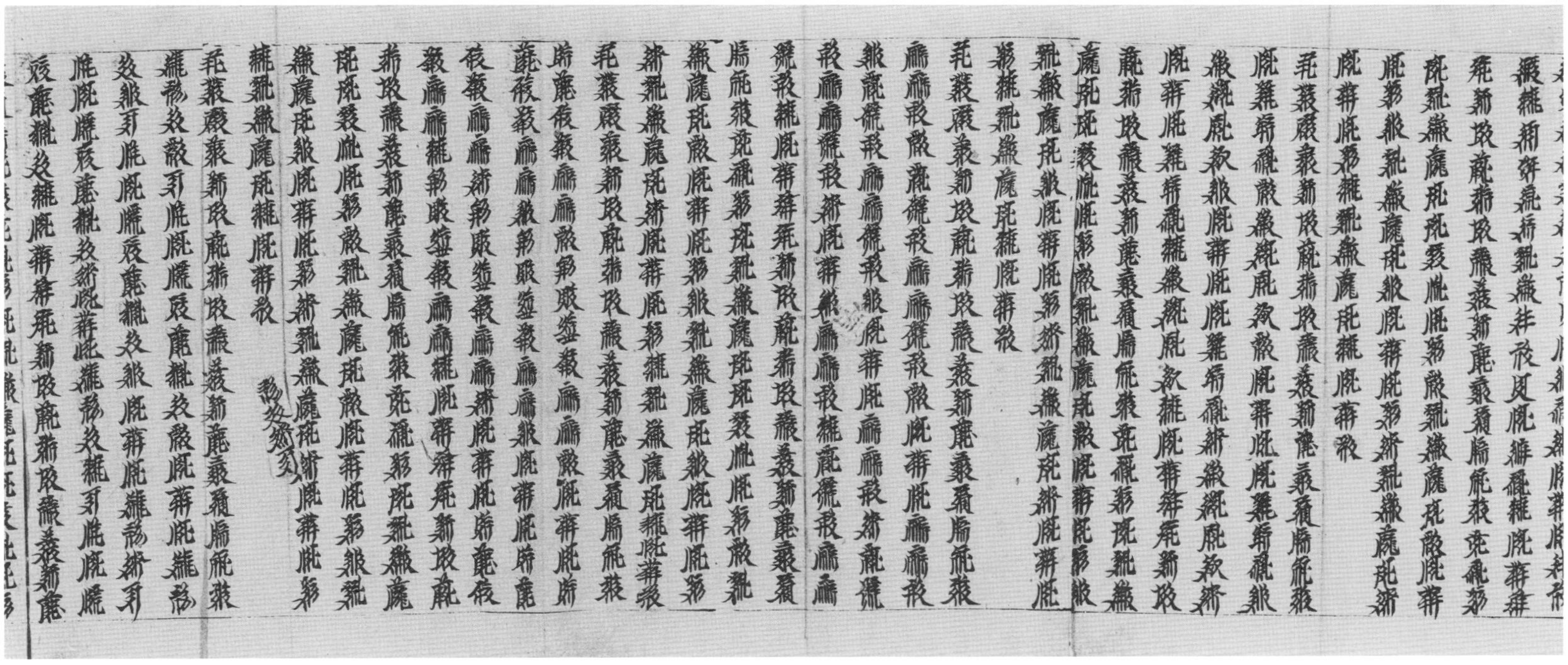

俄Инв.No.1302　大般若波羅蜜多經卷第二百九十二　　(13-2)

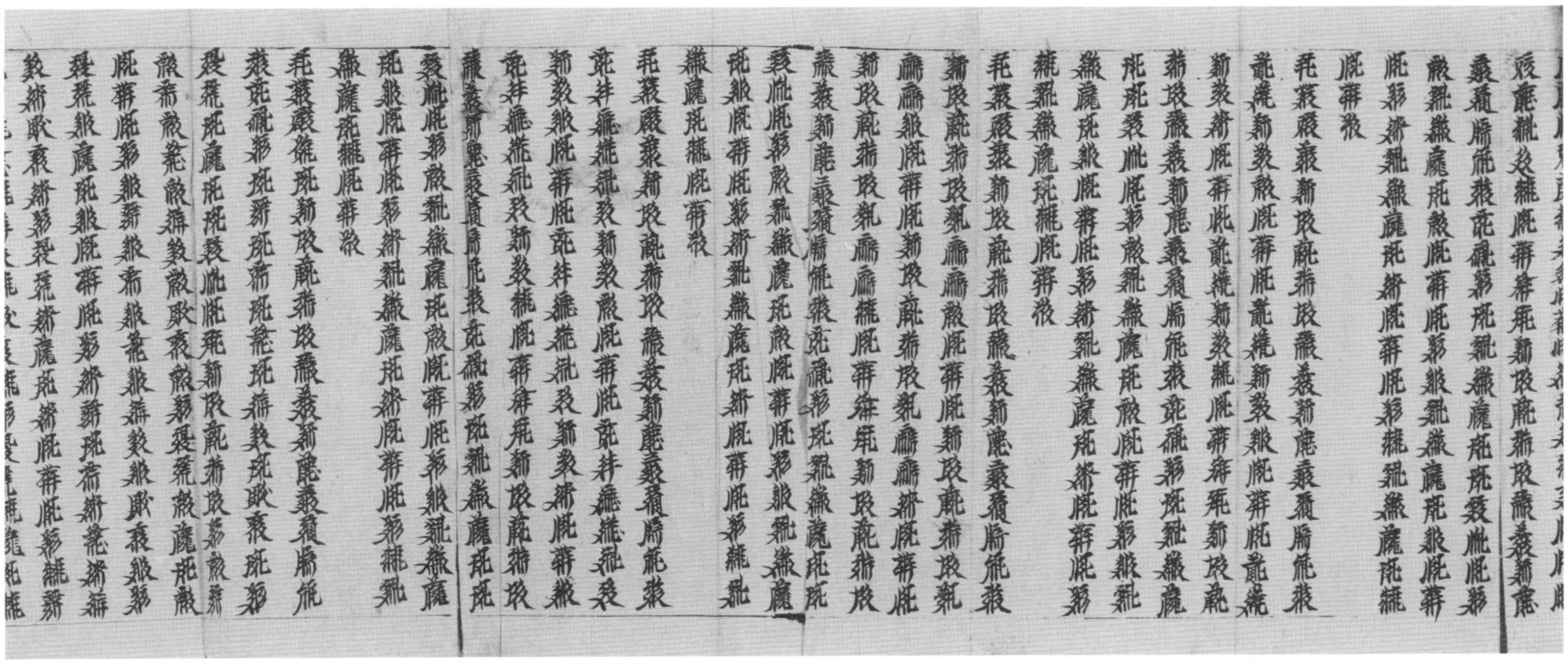

俄Инв.No.1302　大般若波羅蜜多經卷第二百九十二　　(13-3)

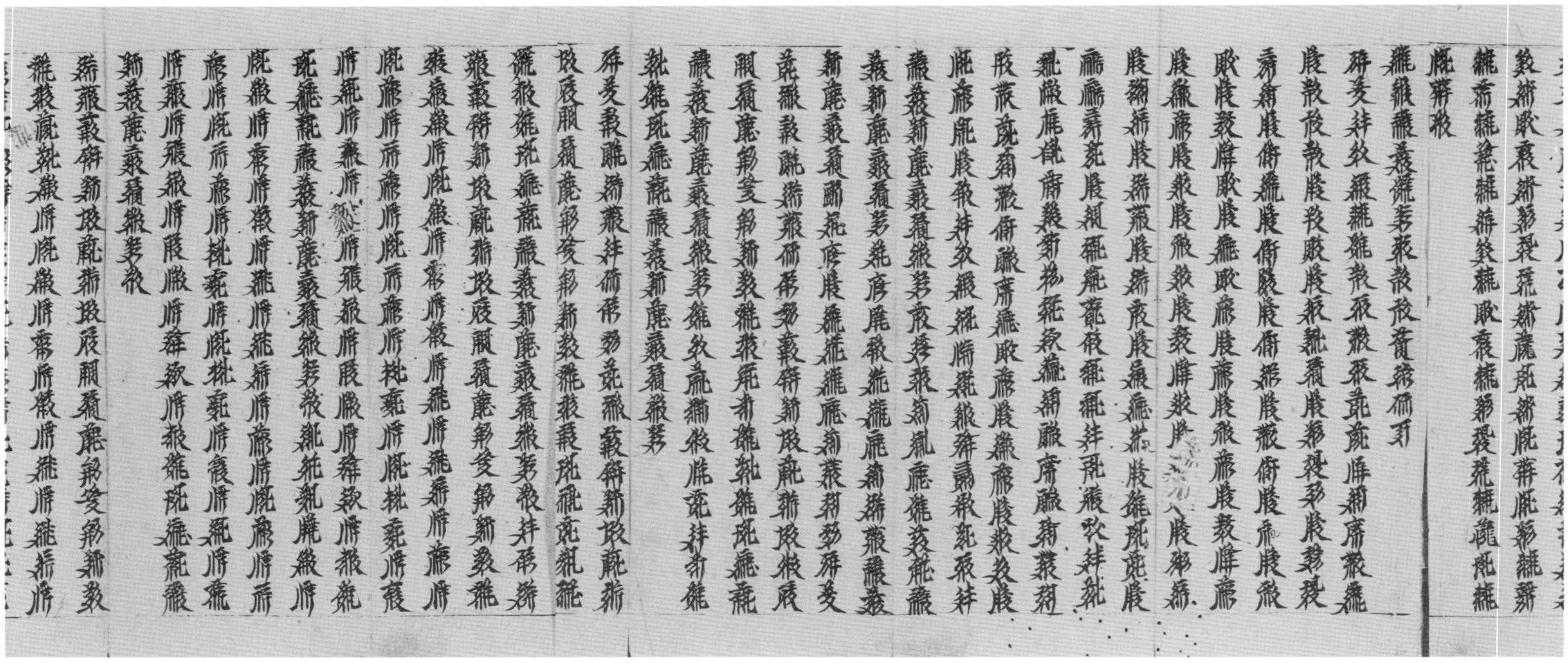

俄 Инв.No.1302　大般若波羅蜜多經卷第二百九十二　(13-4)

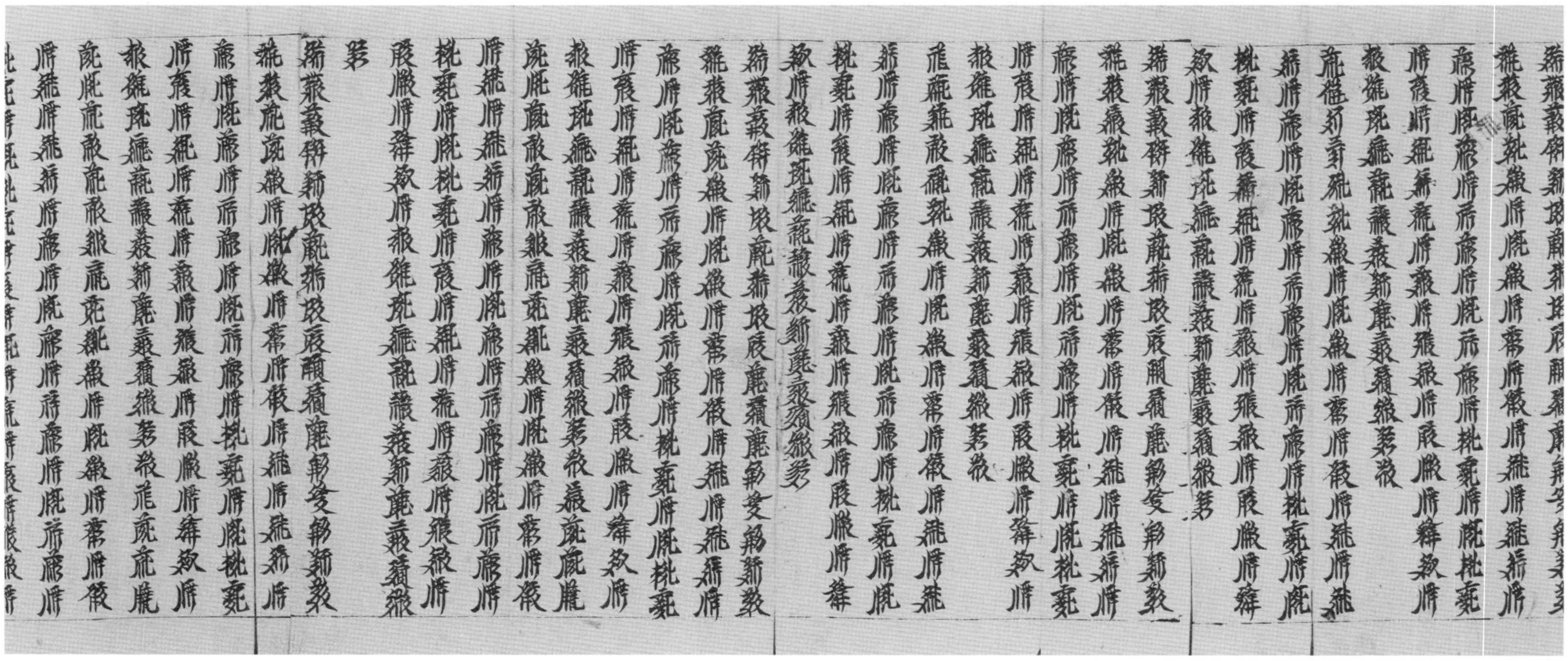

俄 Инв.No.1302　大般若波羅蜜多經卷第二百九十二　(13-5)

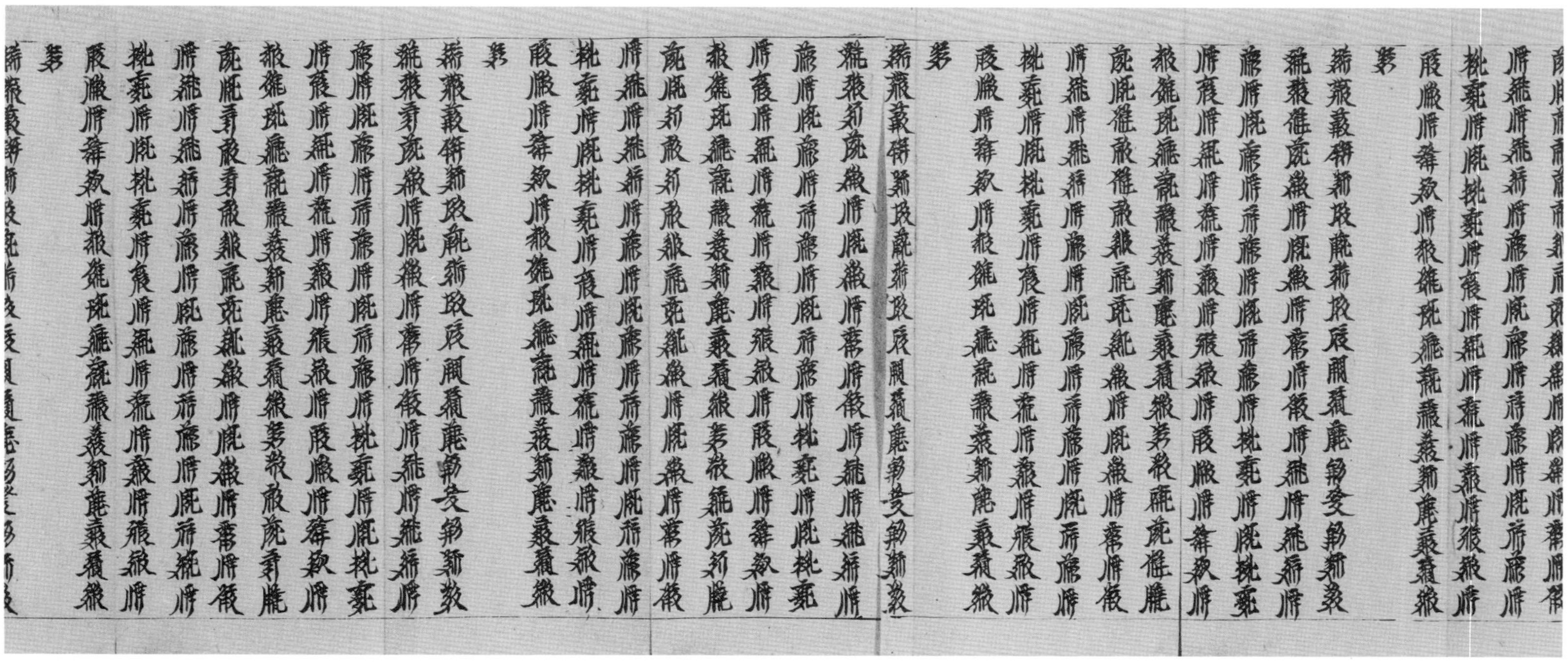

俄 Инв.No.1302　大般若波羅蜜多經卷第二百九十二　(13-6)

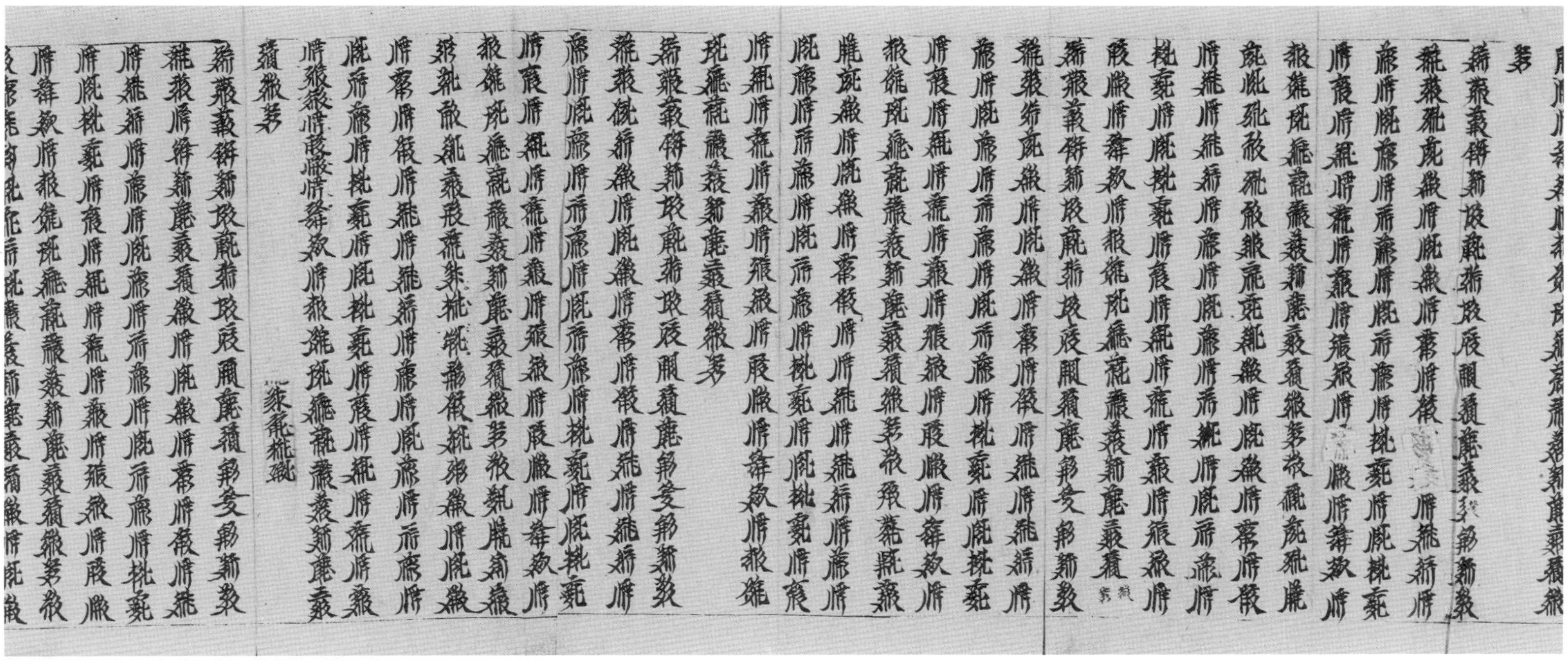

俄 Инв.No.1302　大般若波羅蜜多經卷第二百九十二　(13–7)

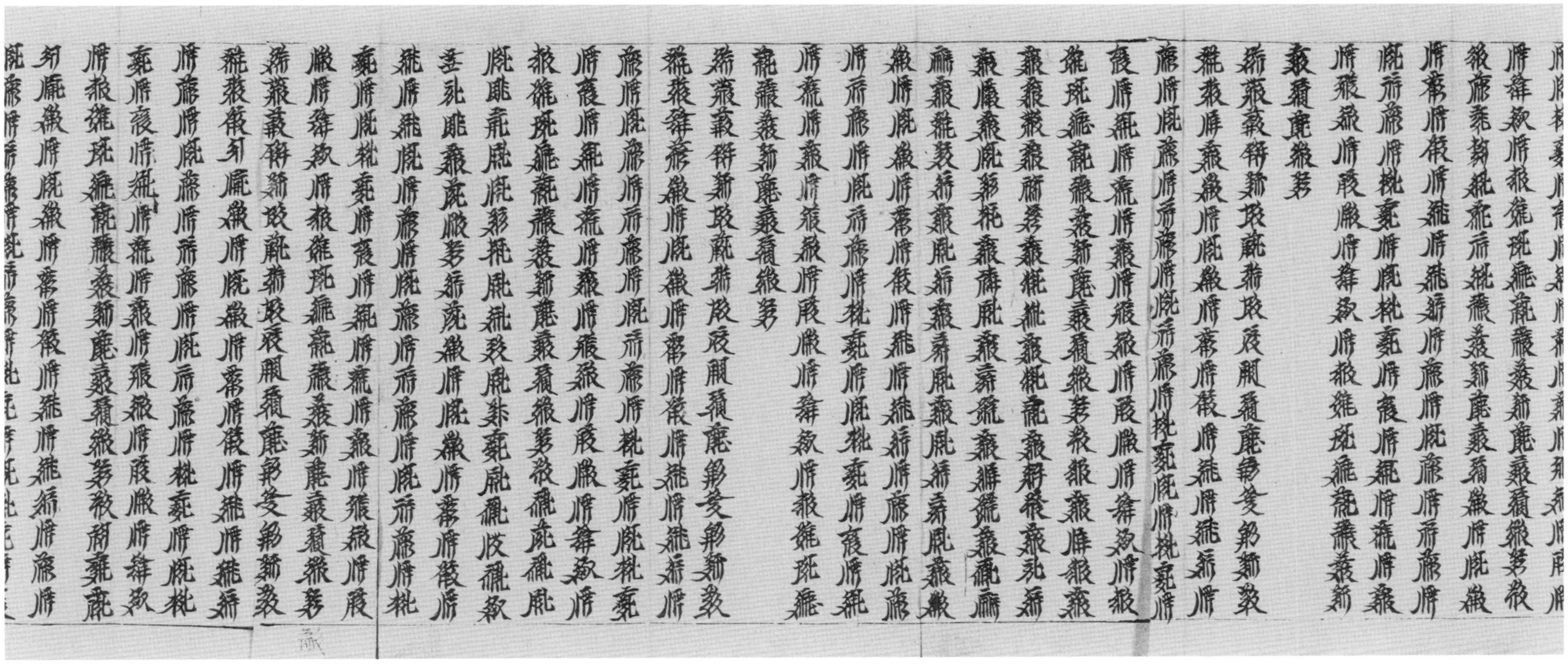

俄 Инв.No.1302　大般若波羅蜜多經卷第二百九十二　(13–8)

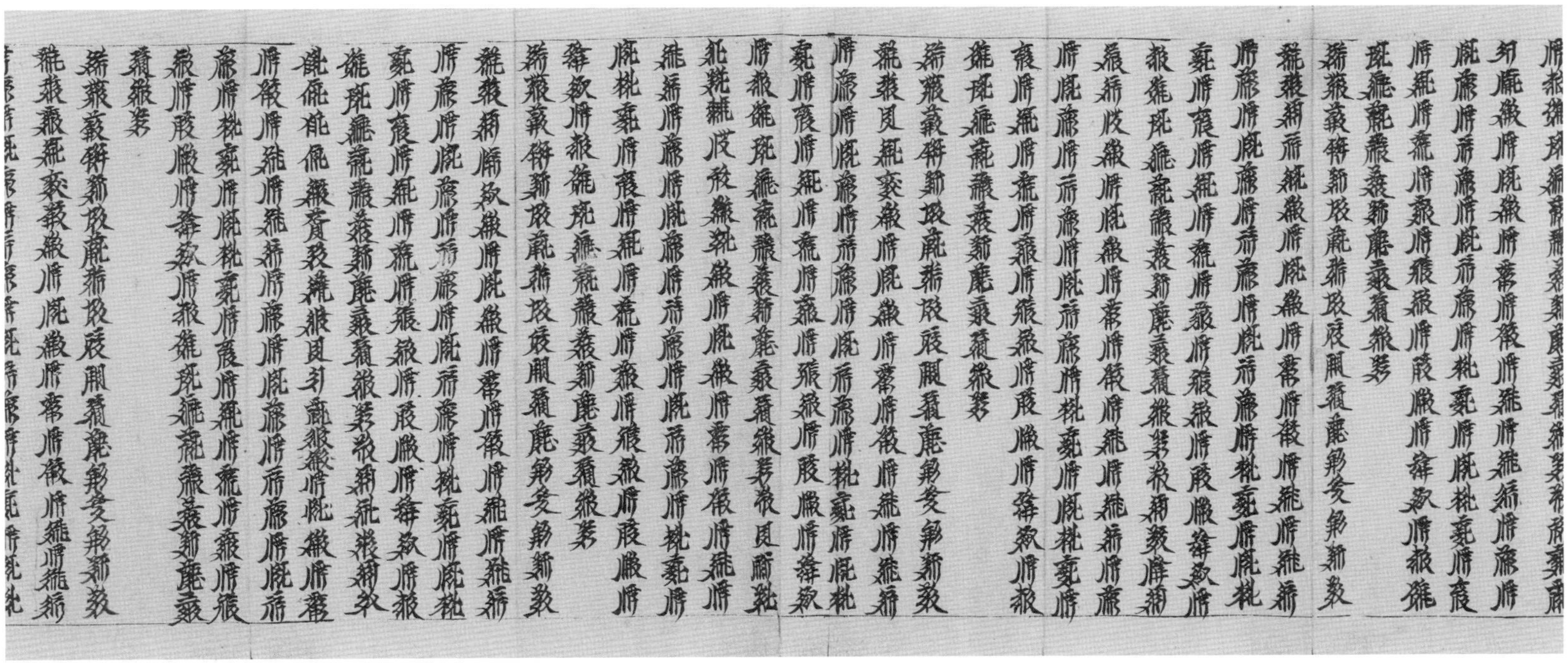

俄 Инв.No.1302　大般若波羅蜜多經卷第二百九十二　(13–9)

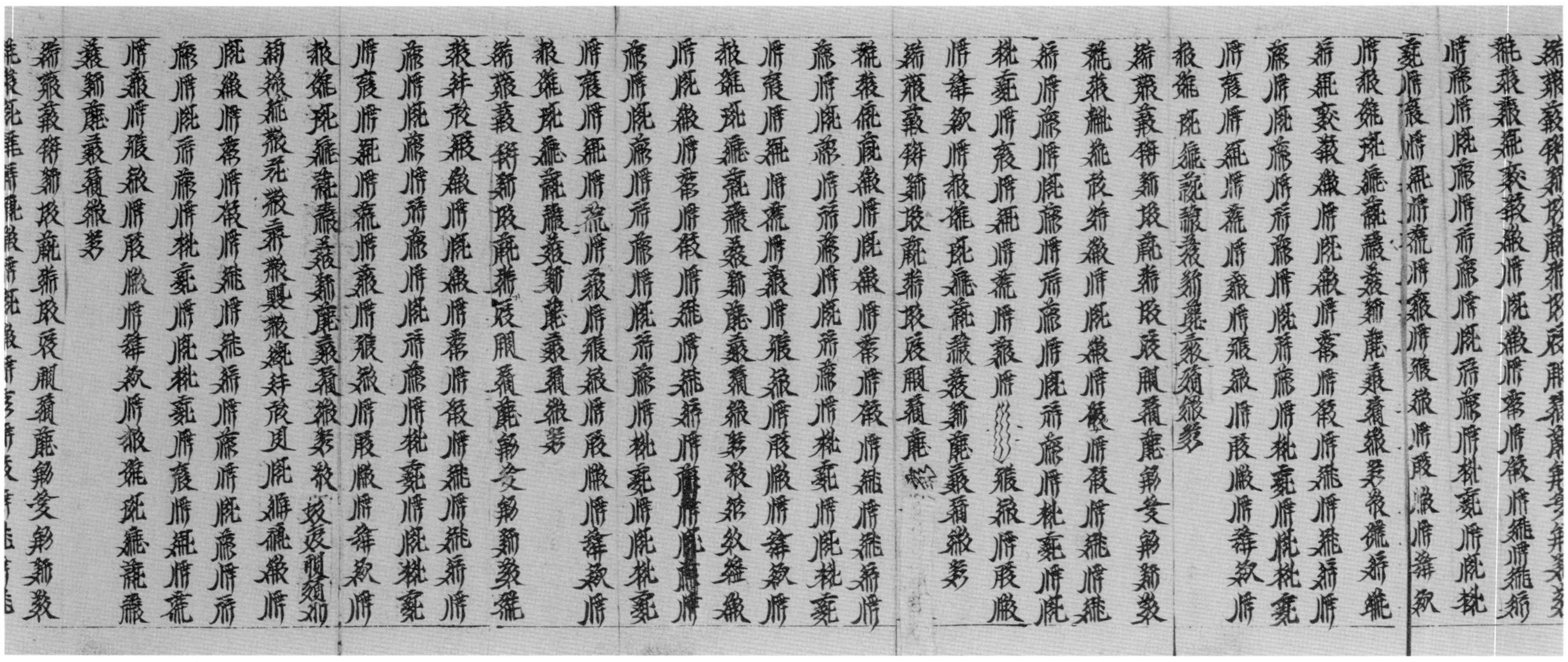

俄 Инв.No.1302　大般若波羅蜜多經卷第二百九十二　(13–10)

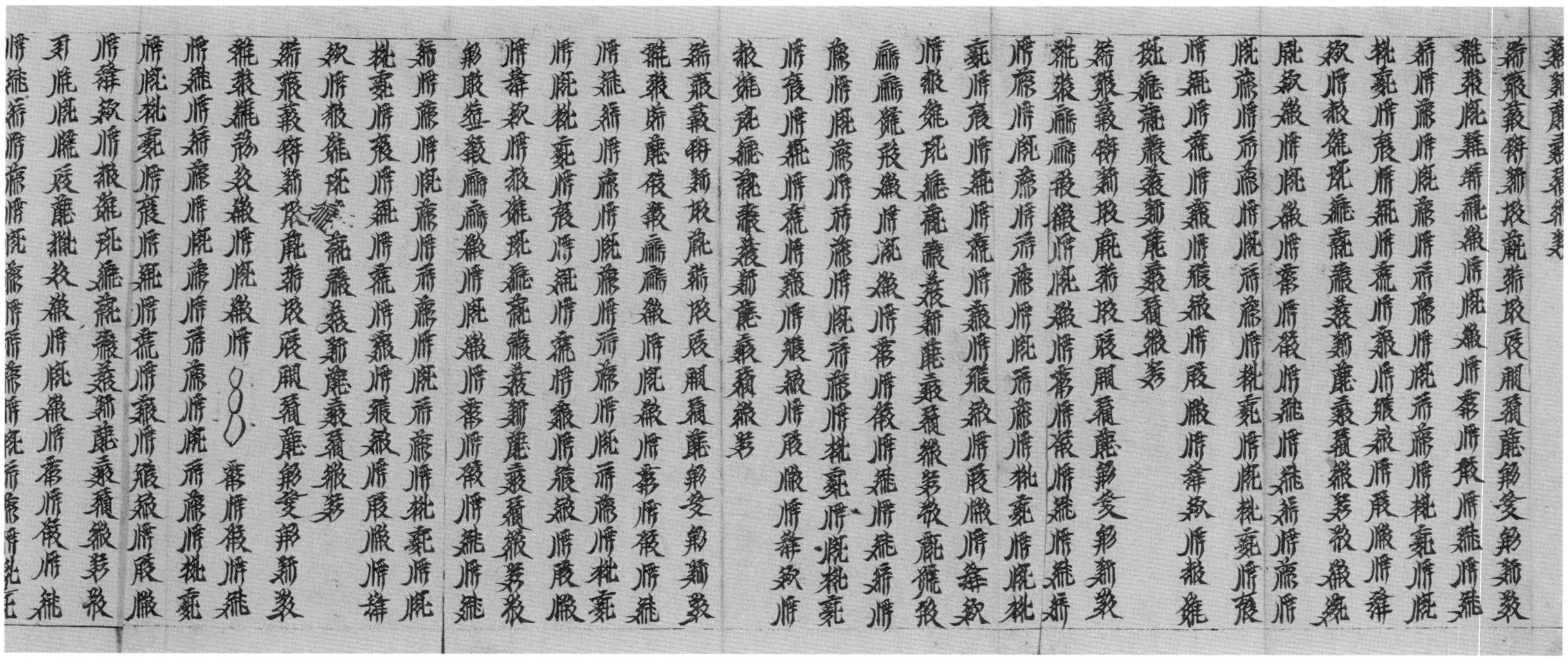

俄 Инв.No.1302　大般若波羅蜜多經卷第二百九十二　(13–11)

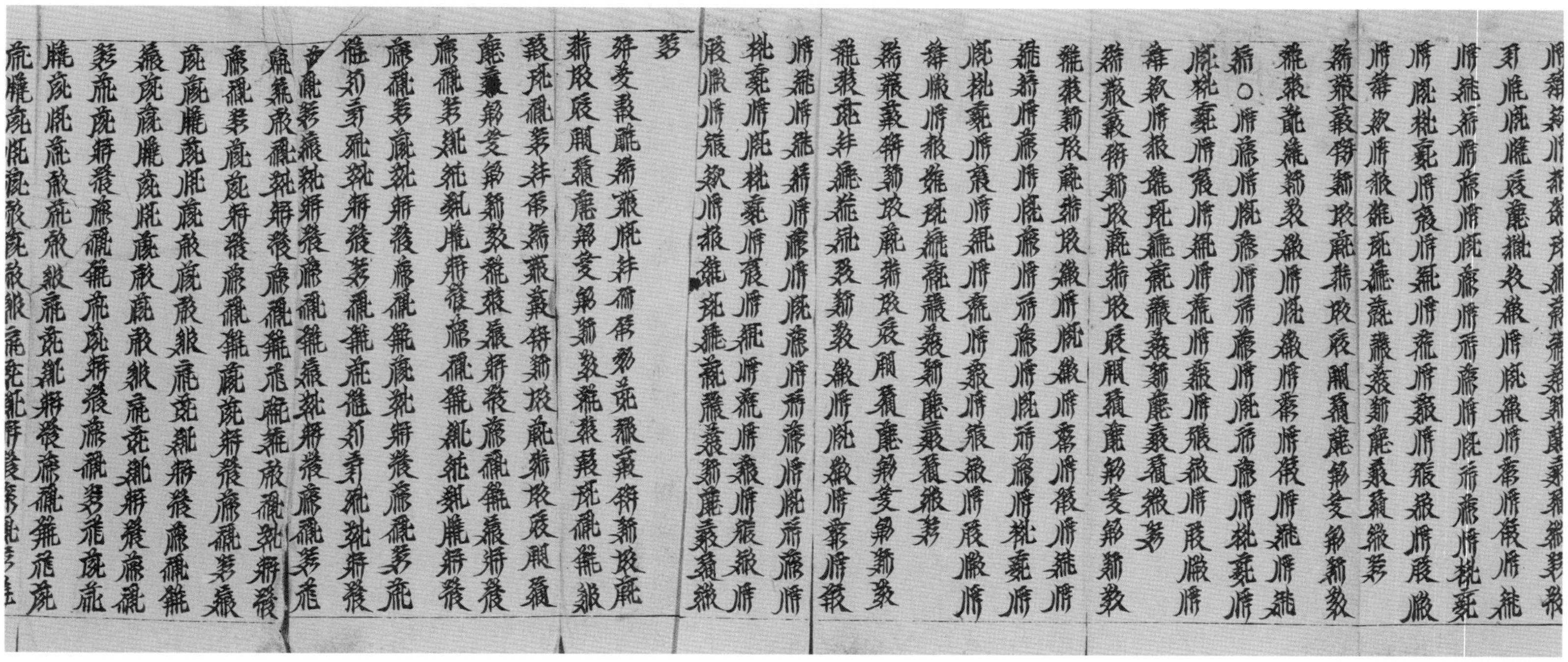

俄 Инв.No.1302　大般若波羅蜜多經卷第二百九十二　(13–12)

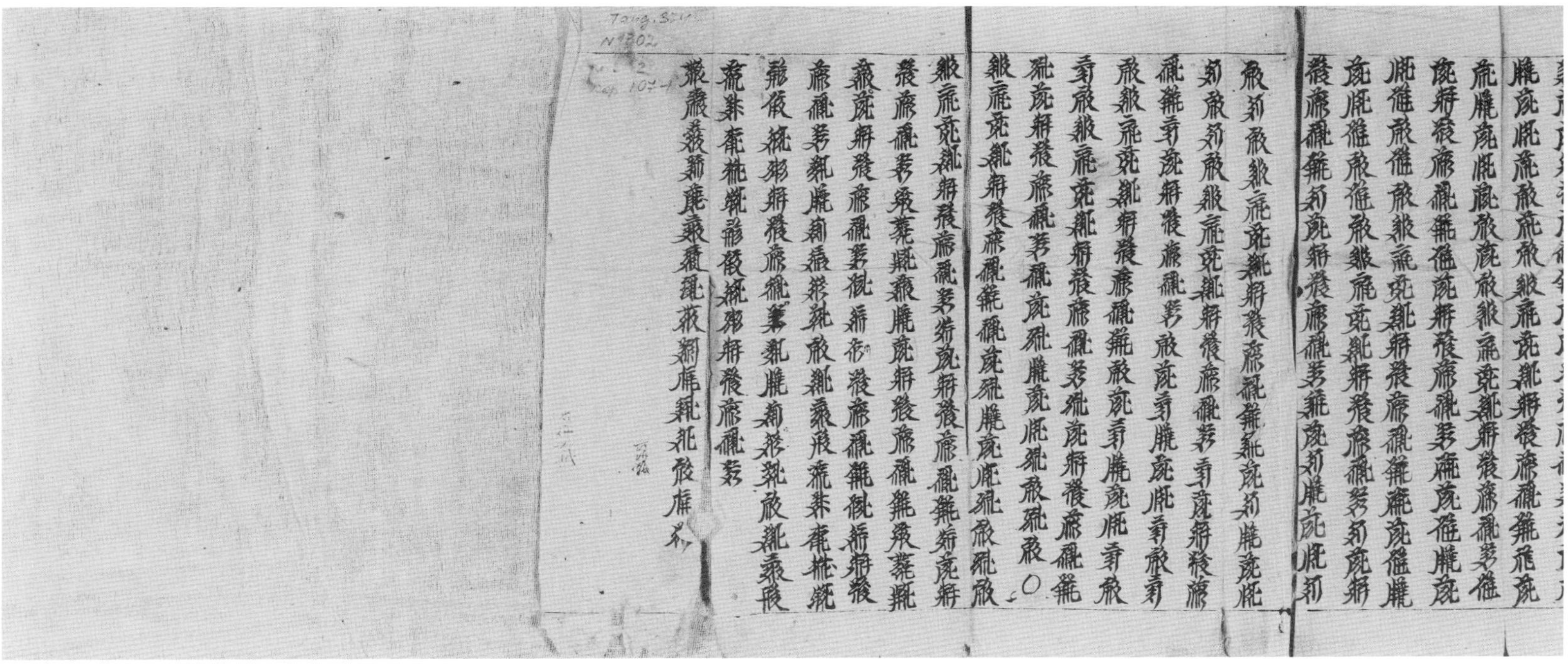

俄Инв.No.1302　大般若波羅蜜多經卷第二百九十二　(13–13)

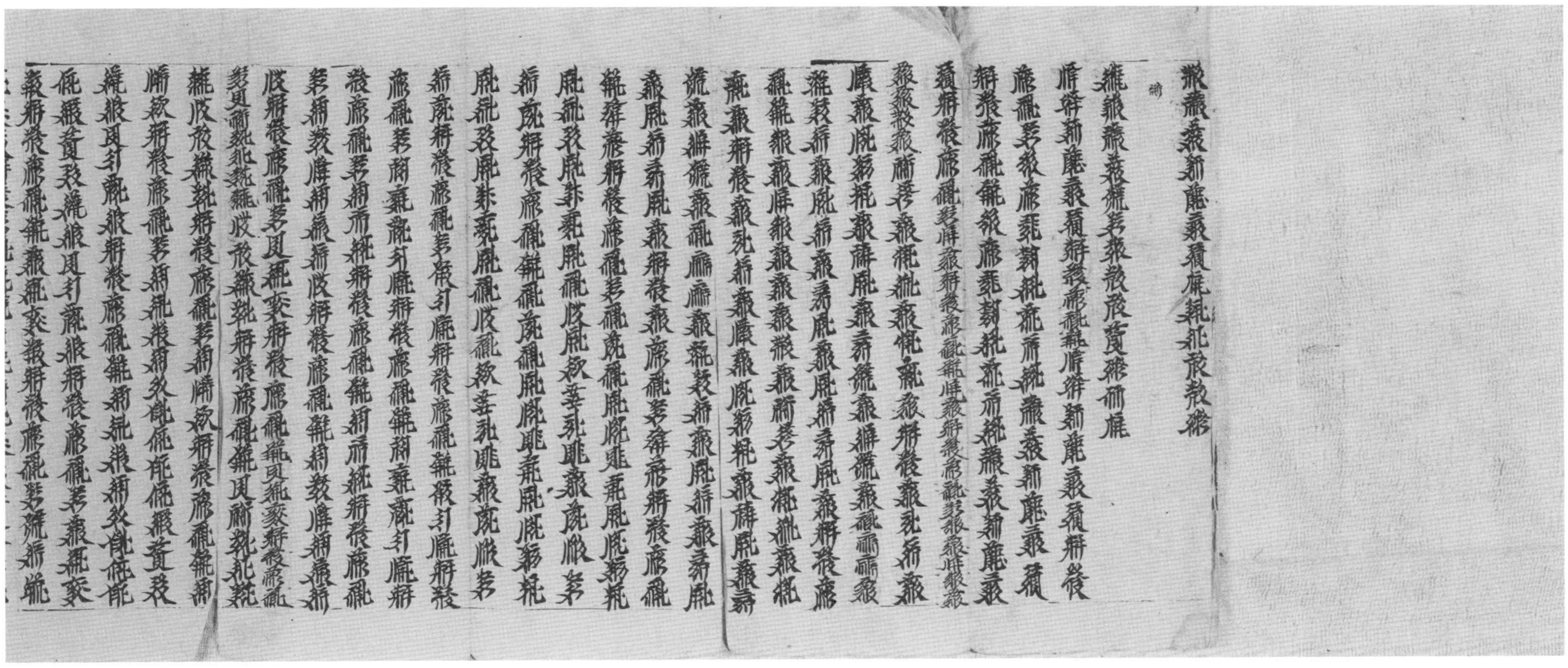

俄Инв.No.1290　大般若波羅蜜多經卷第二百九十三　(14–1)

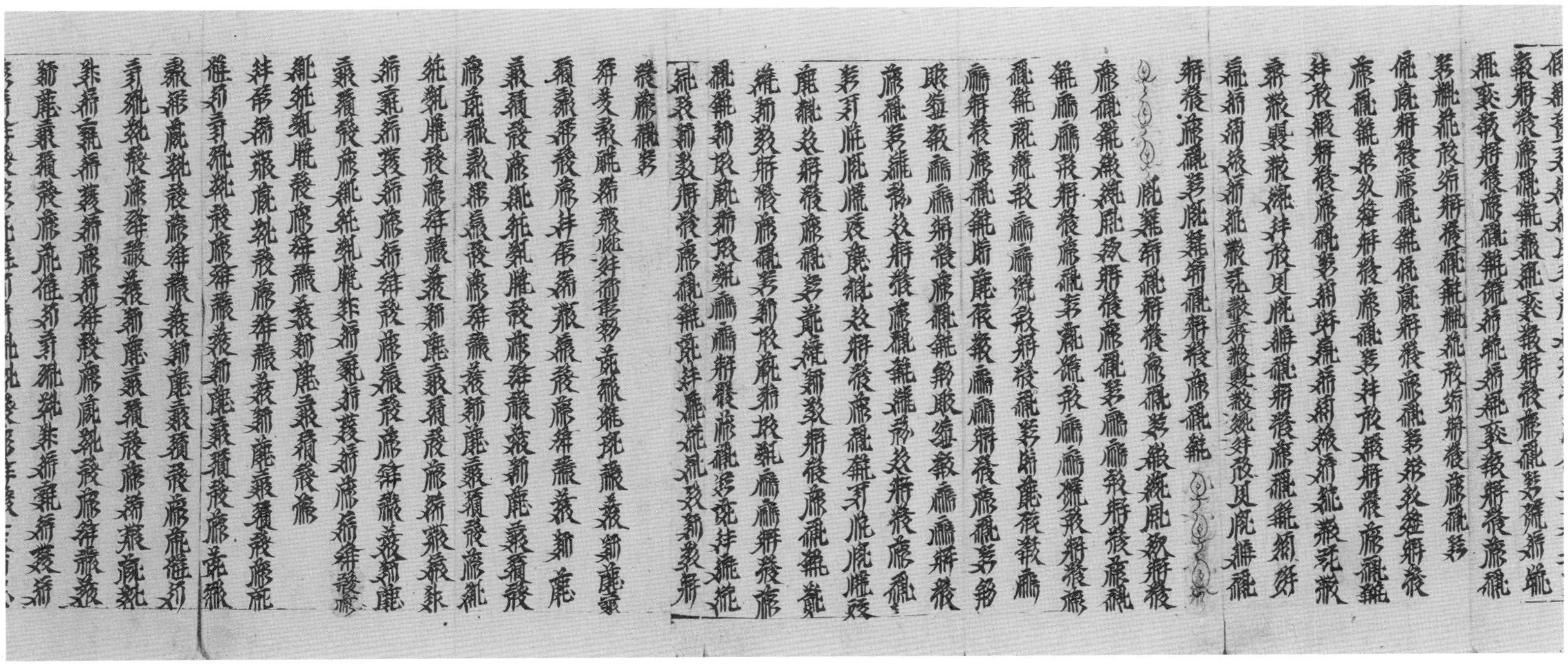

俄Инв.No.1290　大般若波羅蜜多經卷第二百九十三　(14–2)

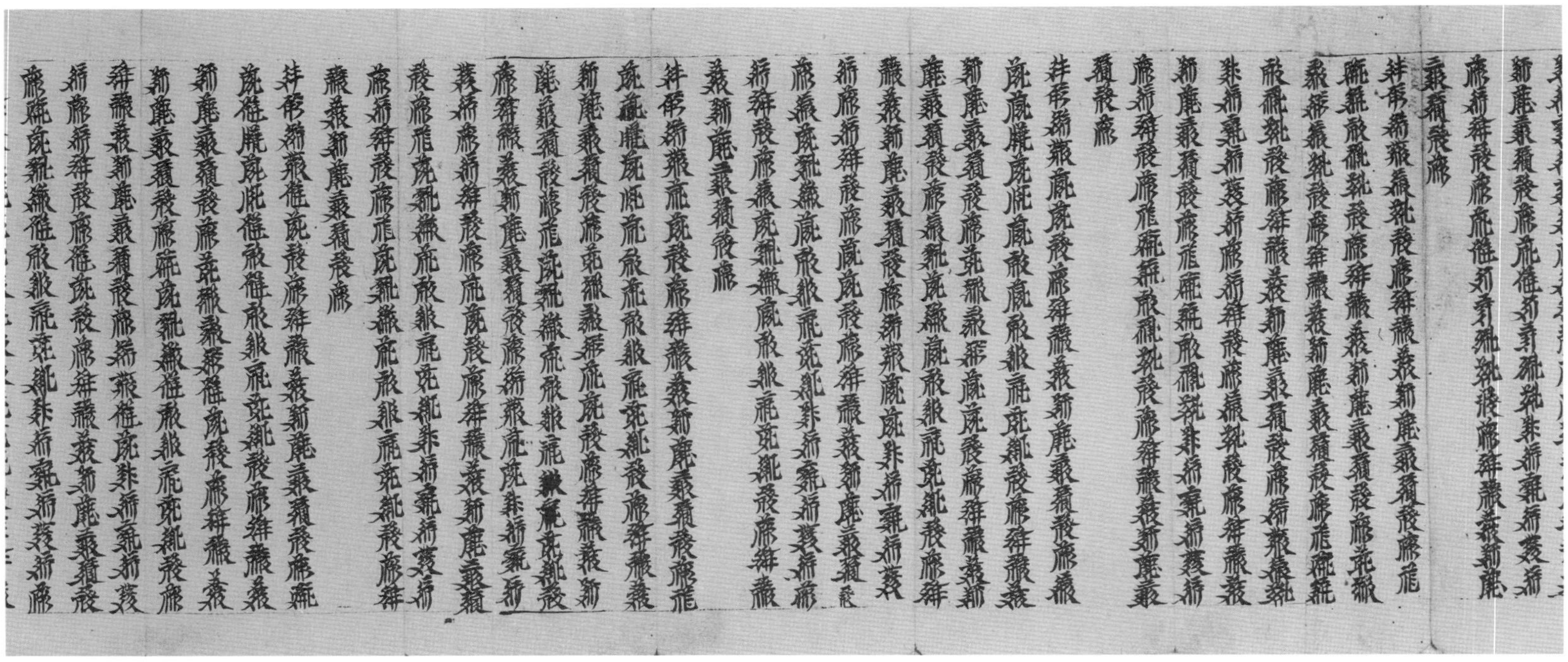

俄 Инв.No.1290　大般若波羅蜜多經卷第二百九十三　(14–3)

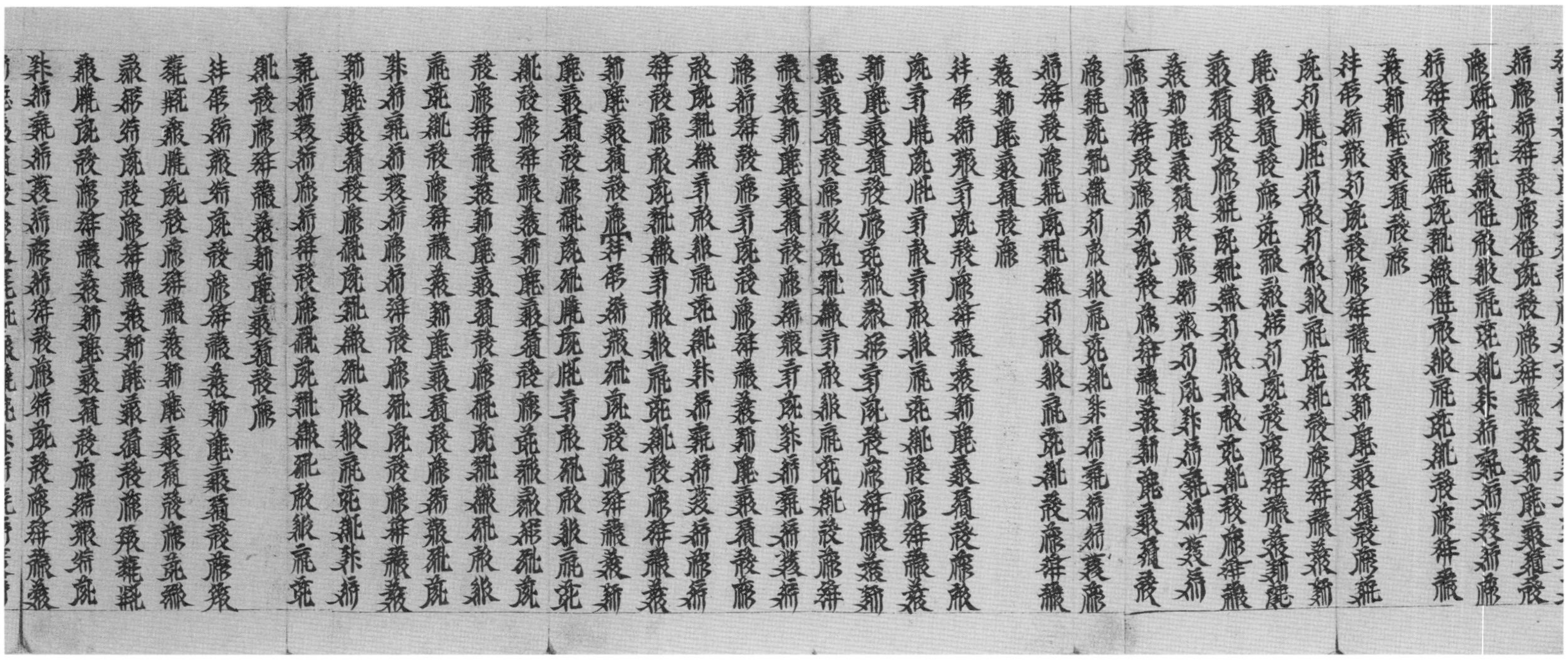

俄 Инв.No.1290　大般若波羅蜜多經卷第二百九十三　(14–4)

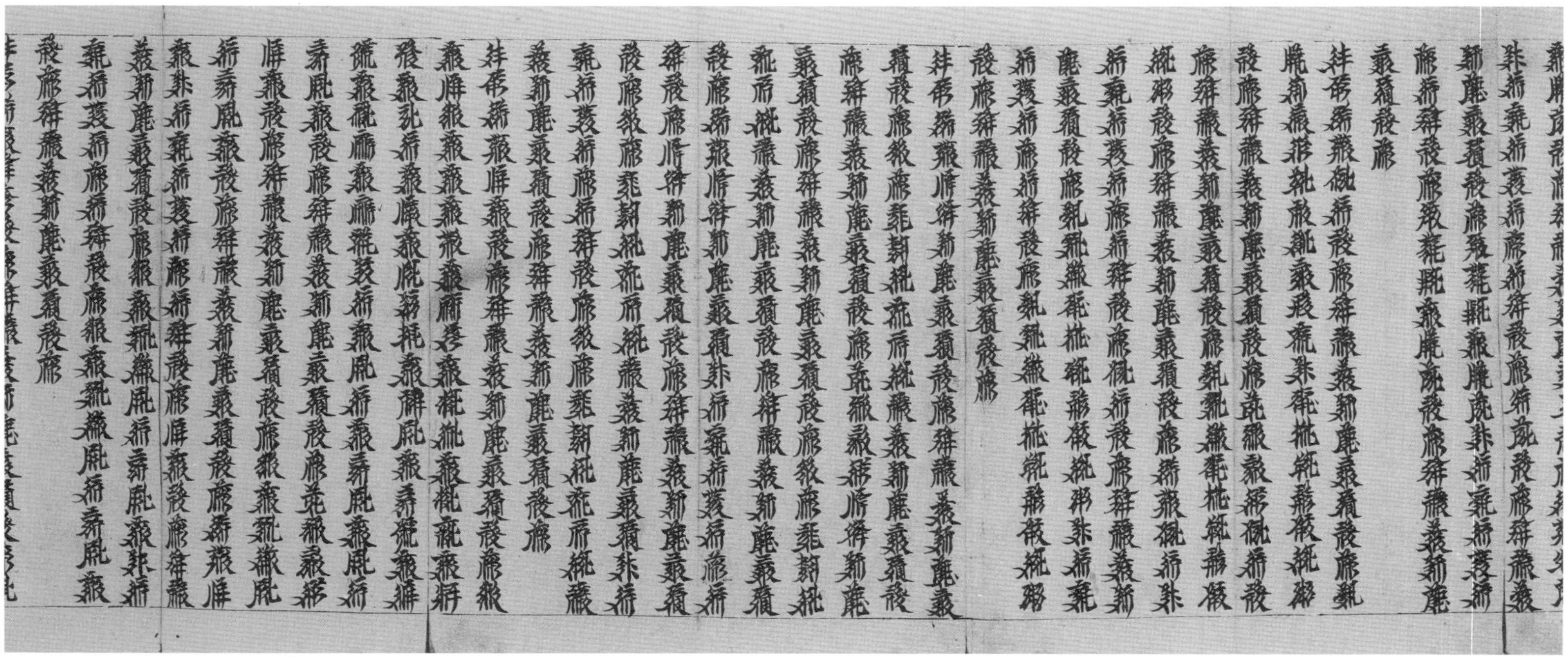

俄 Инв.No.1290　大般若波羅蜜多經卷第二百九十三　(14–5)

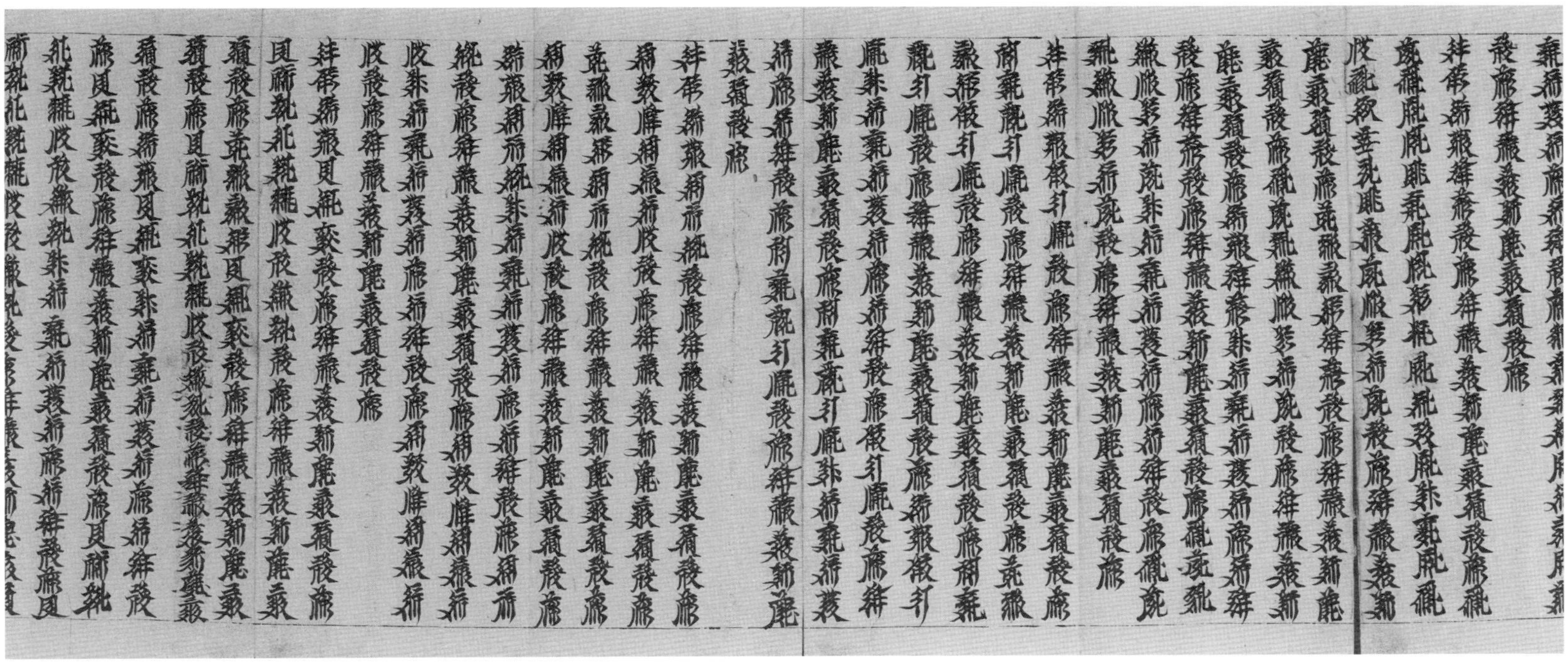

俄 Инв.No.1290　大般若波羅蜜多經卷第二百九十三　(14-6)

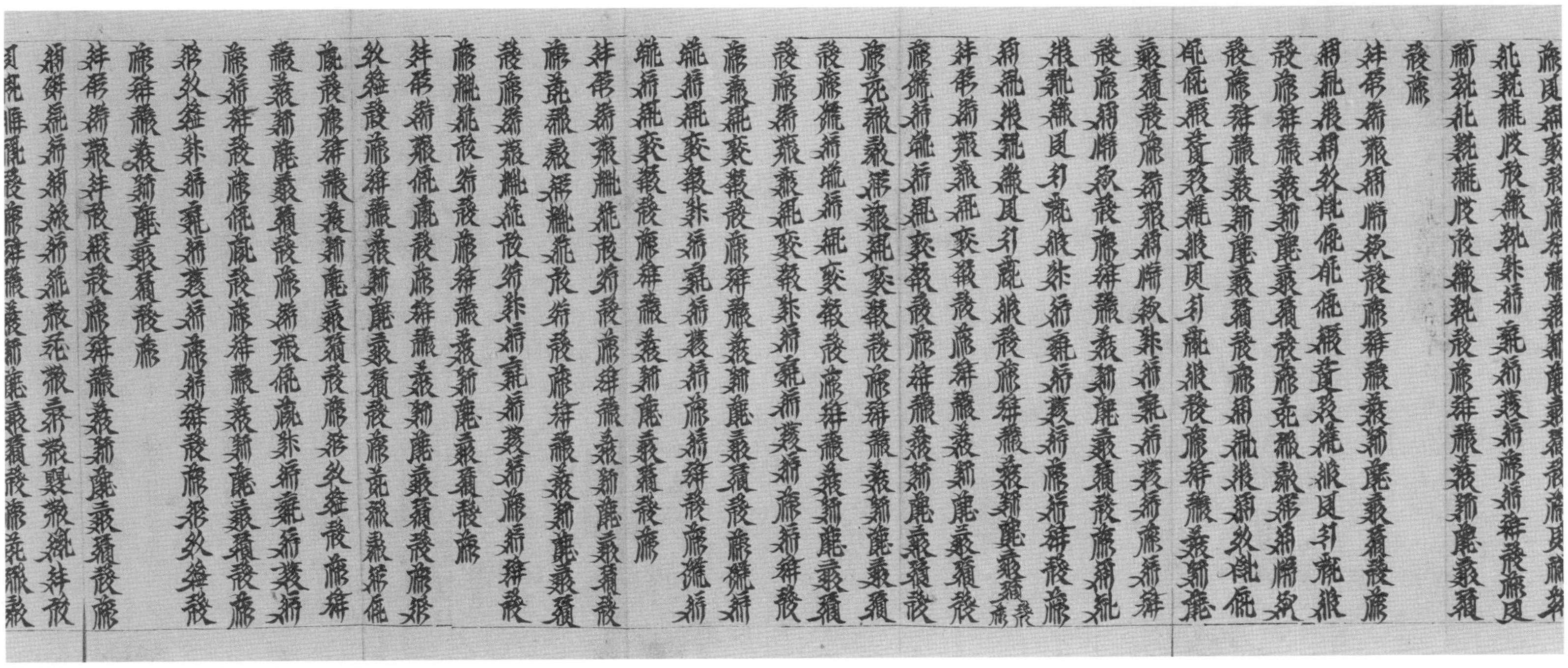

俄 Инв.No.1290　大般若波羅蜜多經卷第二百九十三　(14-7)

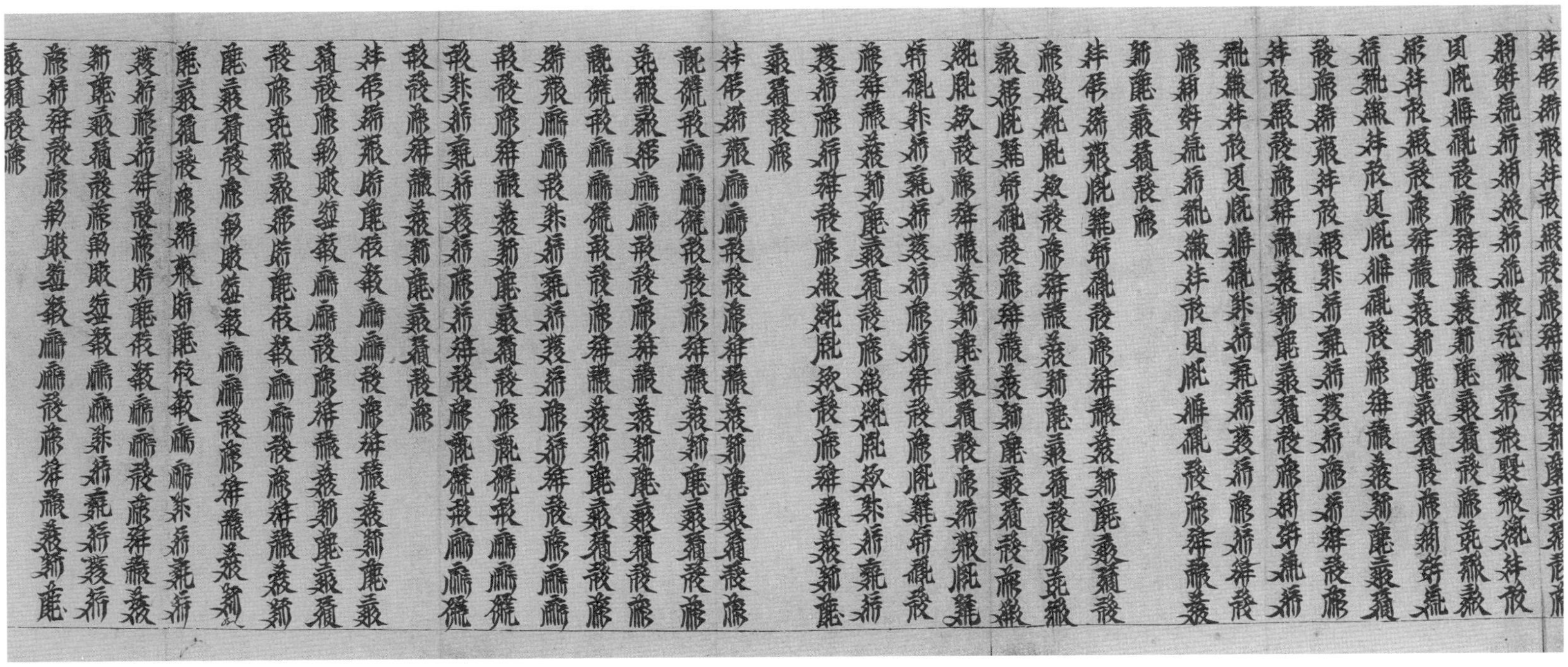

俄 Инв.No.1290　大般若波羅蜜多經卷第二百九十三　(14-8)

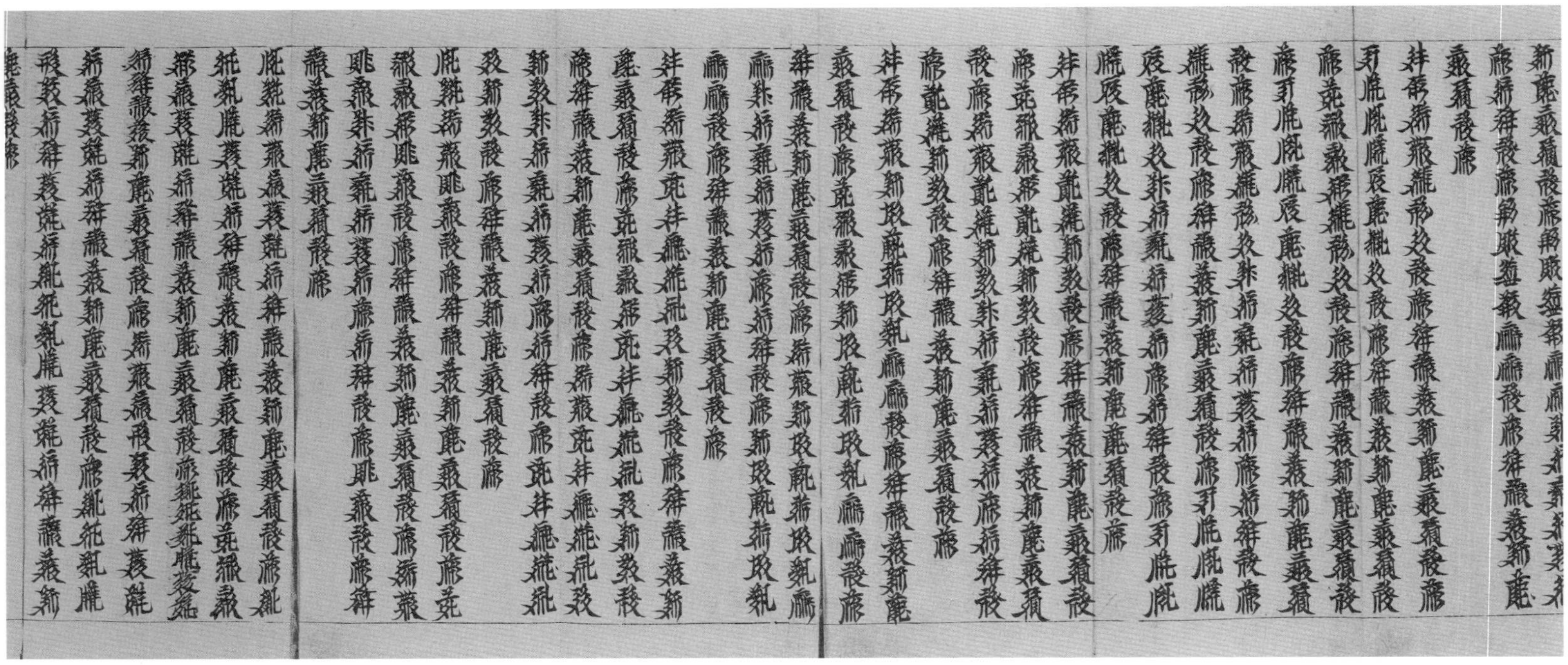

俄 Инв.No.1290　大般若波羅蜜多經卷第二百九十三　(14–9)

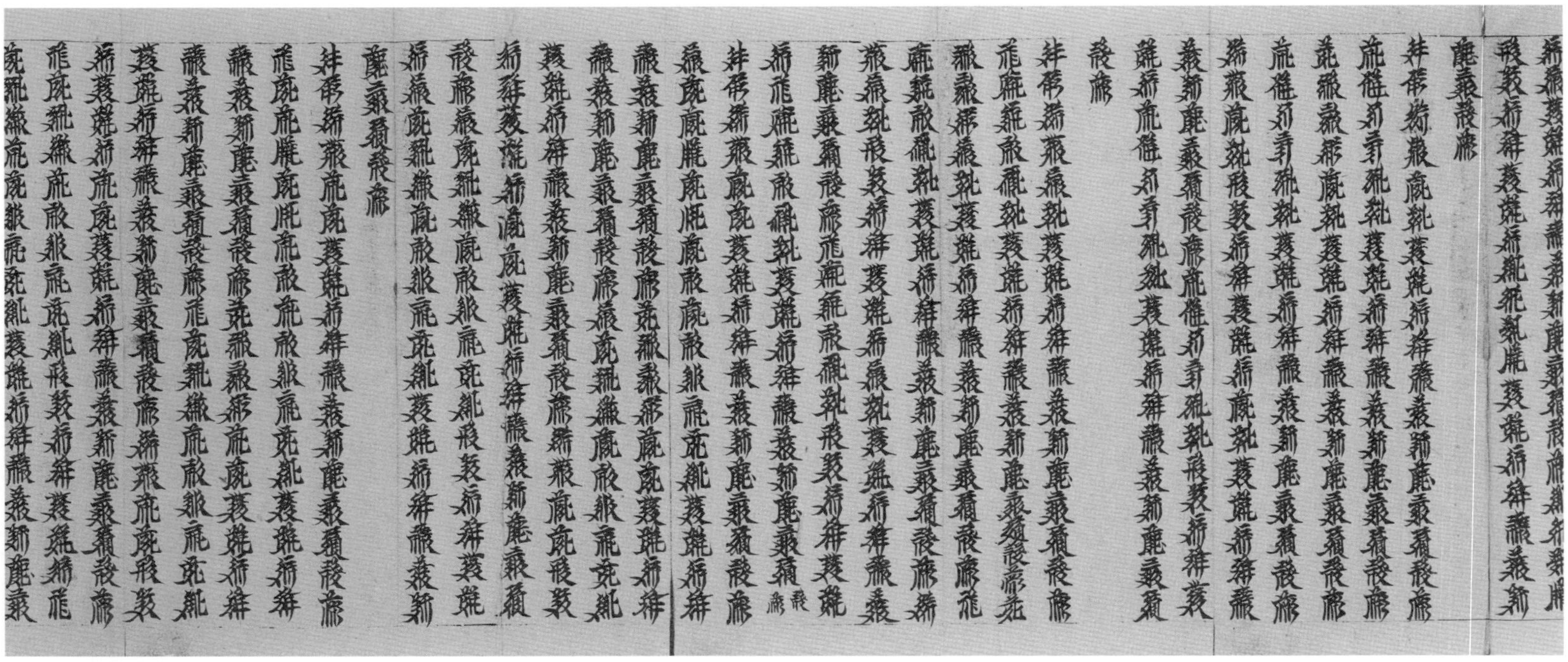

俄 Инв.No.1290　大般若波羅蜜多經卷第二百九十三　(14–10)

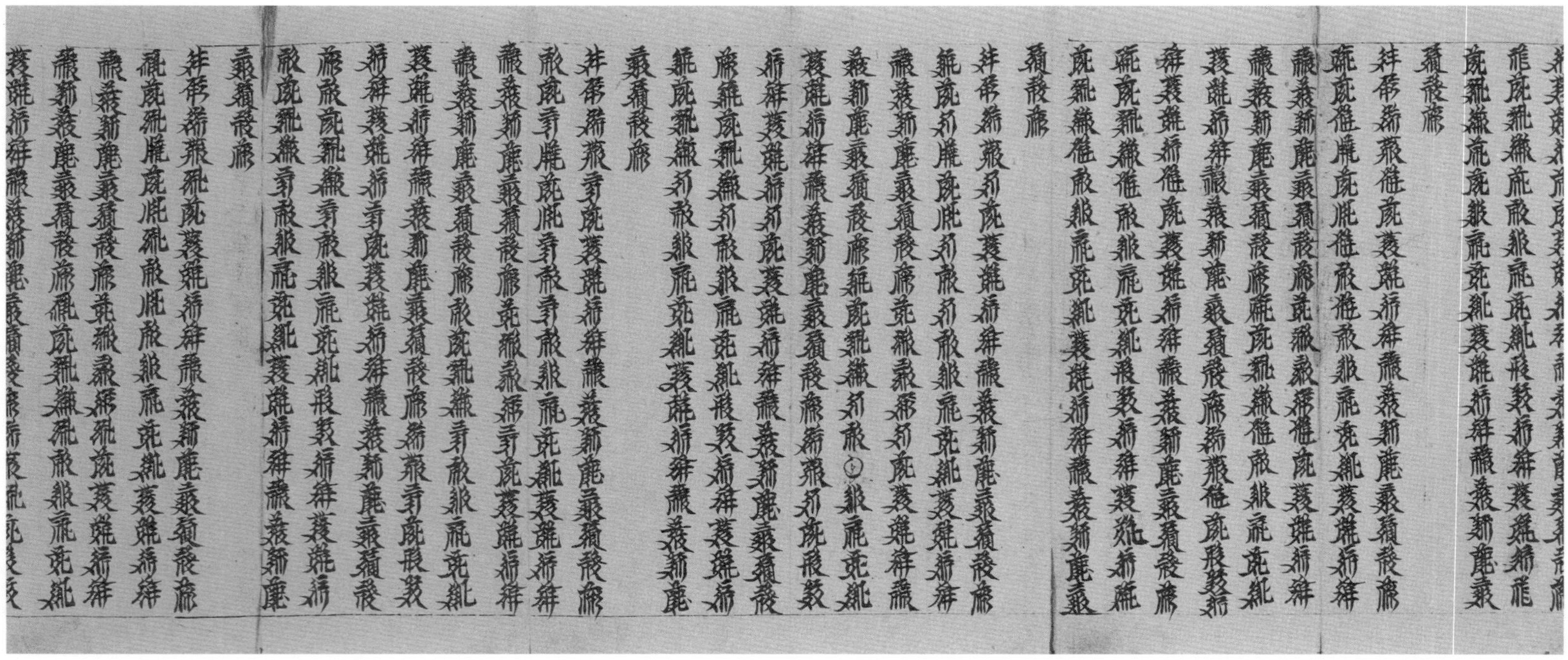

俄 Инв.No.1290　大般若波羅蜜多經卷第二百九十三　(14–11)

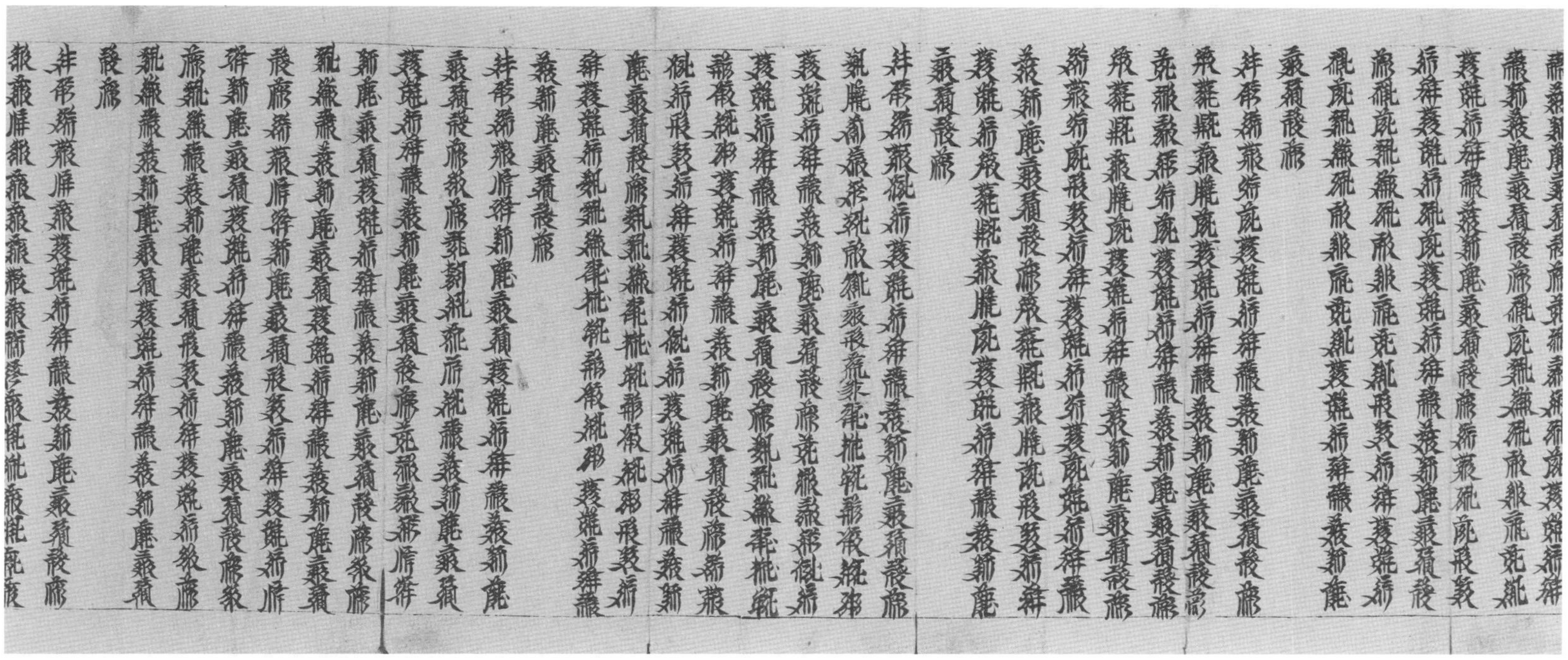

俄 Инв.No.1290　大般若波羅蜜多經卷第二百九十三　(14-12)

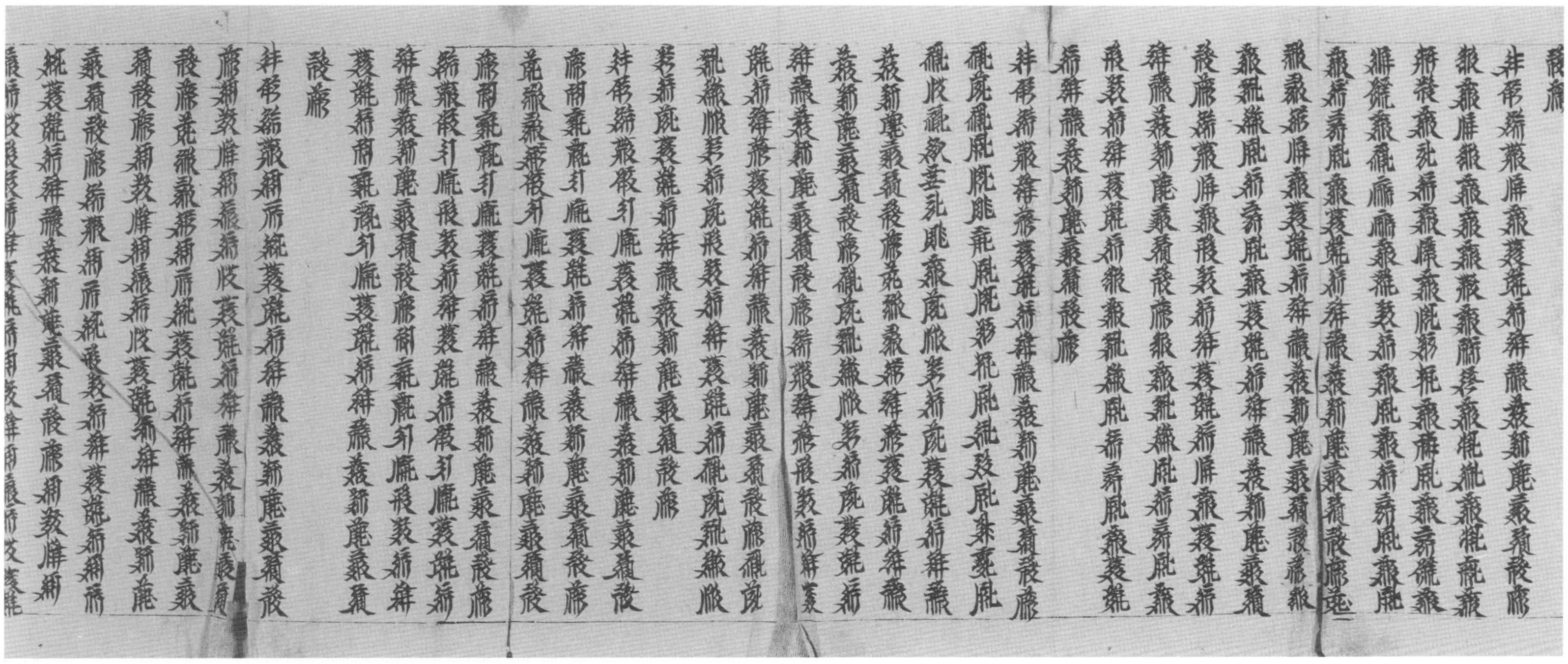

俄 Инв.No.1290　大般若波羅蜜多經卷第二百九十三　(14-13)

俄 Инв.No.1290　大般若波羅蜜多經卷第二百九十三　(14-14)

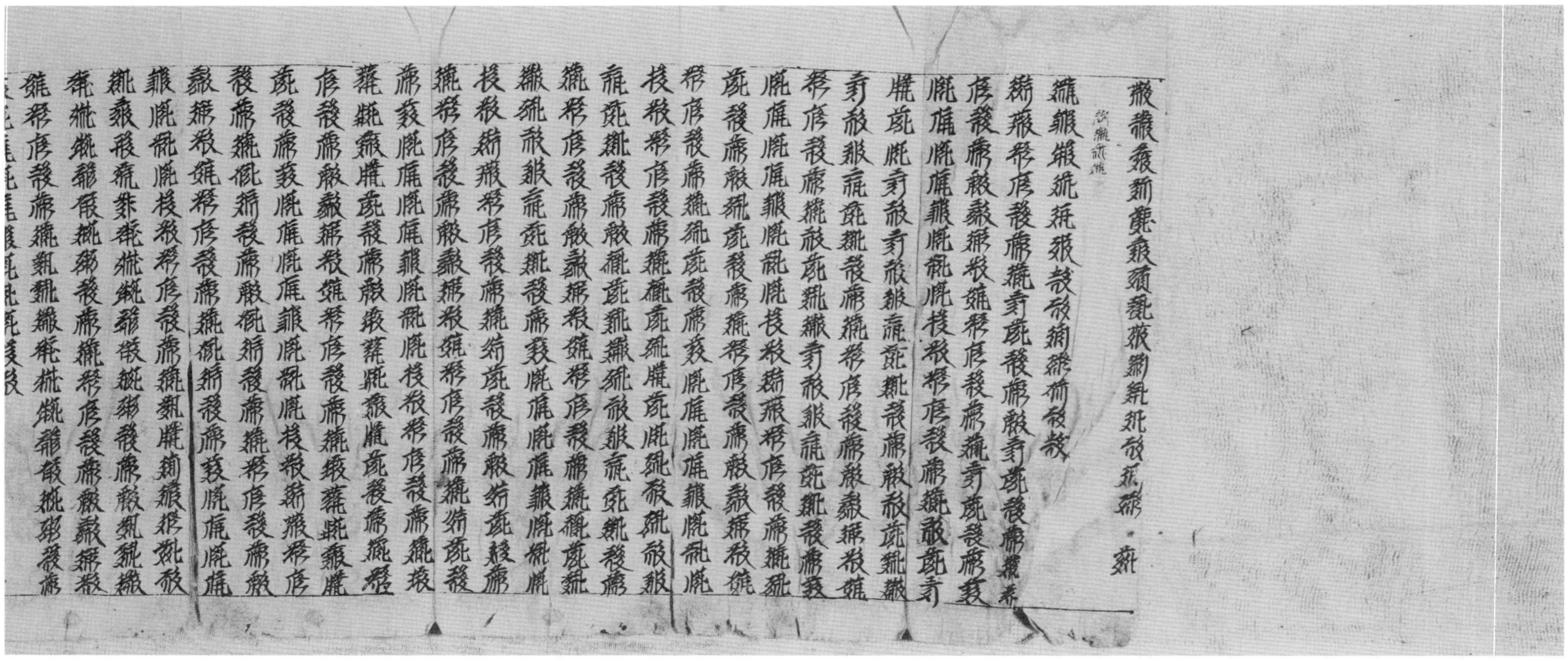

俄 Инв.No.1297　大般若波羅蜜多經卷第二百九十四　(13–1)

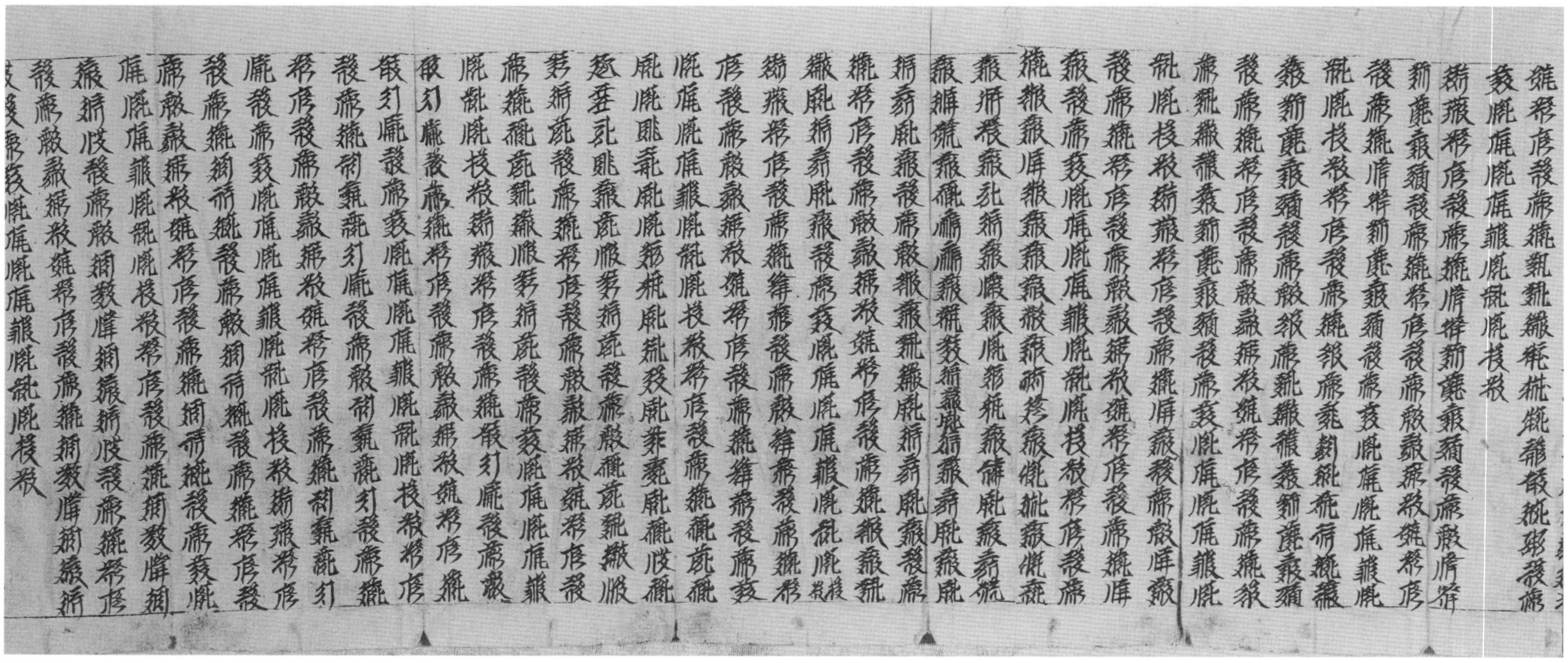

俄 Инв.No.1297　大般若波羅蜜多經卷第二百九十四　(13–2)

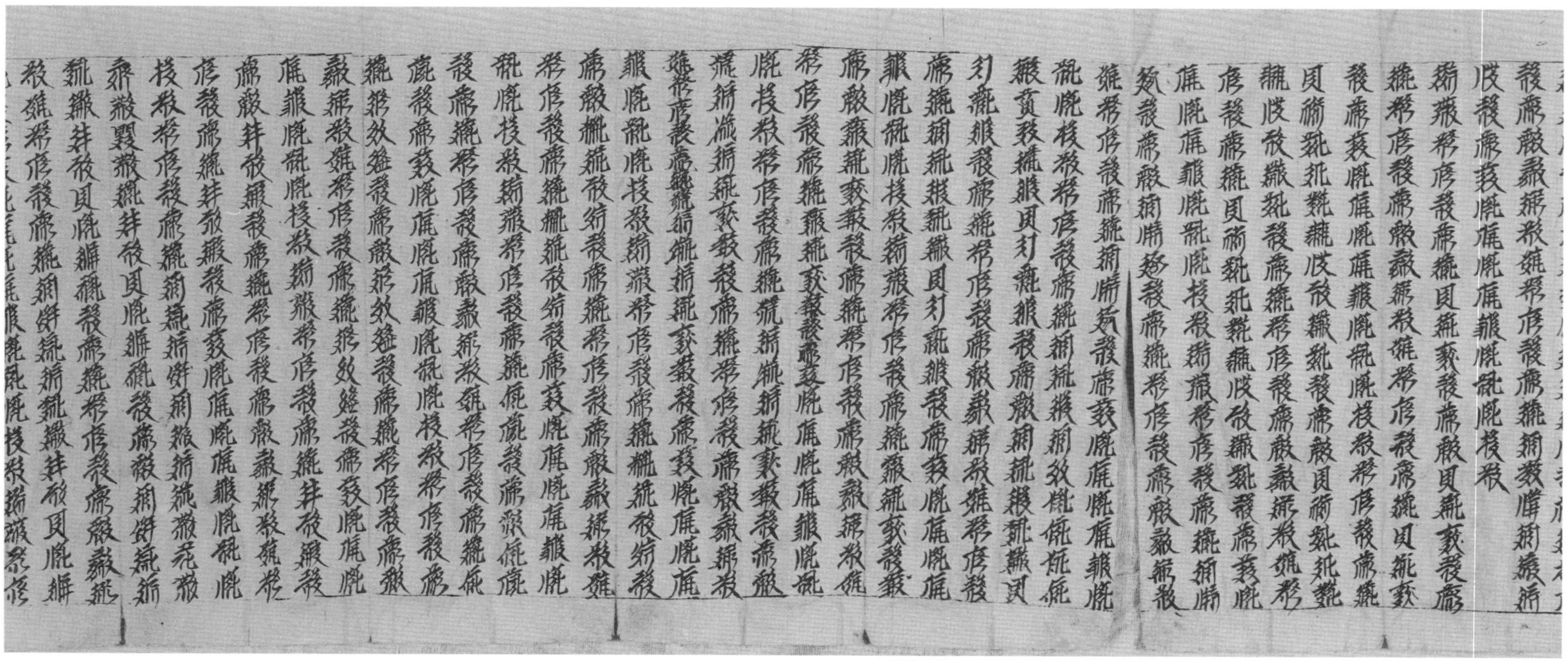

俄 Инв.No.1297　大般若波羅蜜多經卷第二百九十四　(13–3)

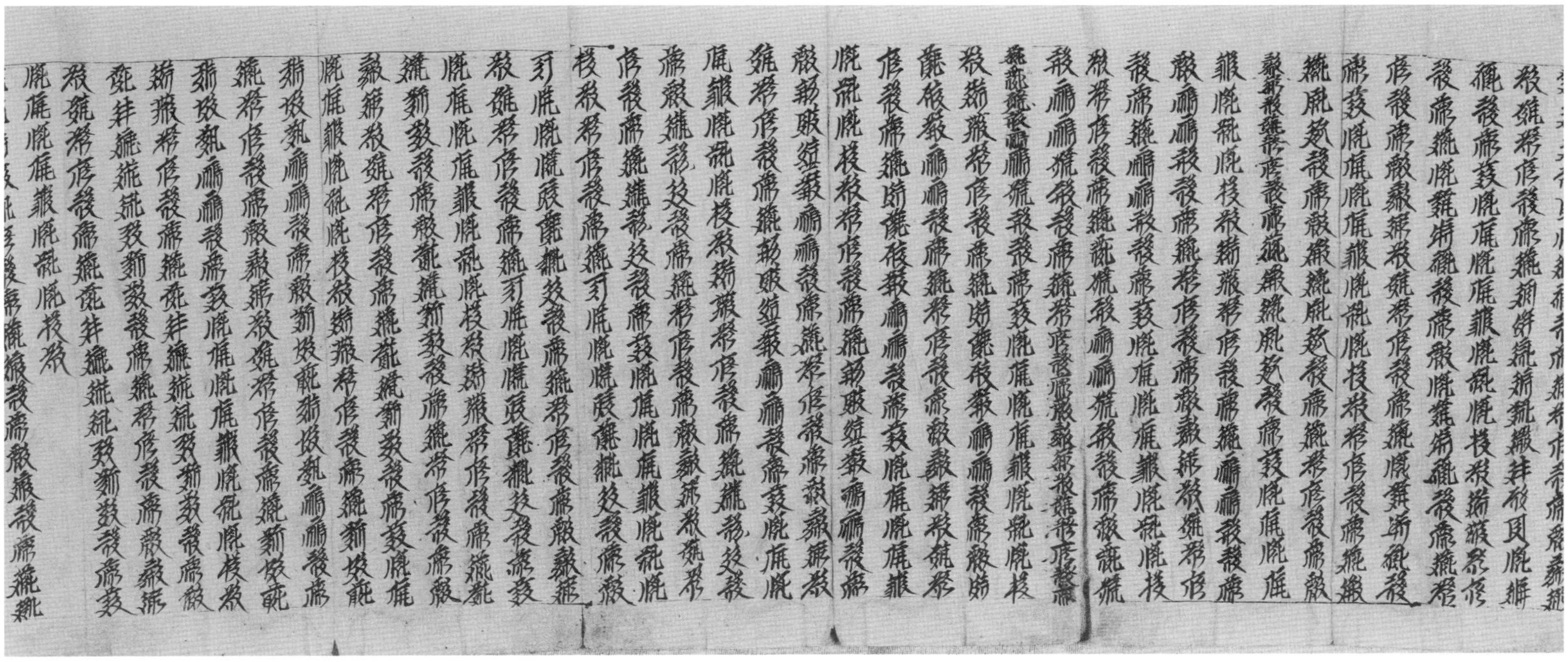

俄 Инв.No.1297　大般若波羅蜜多經卷第二百九十四　(13-4)

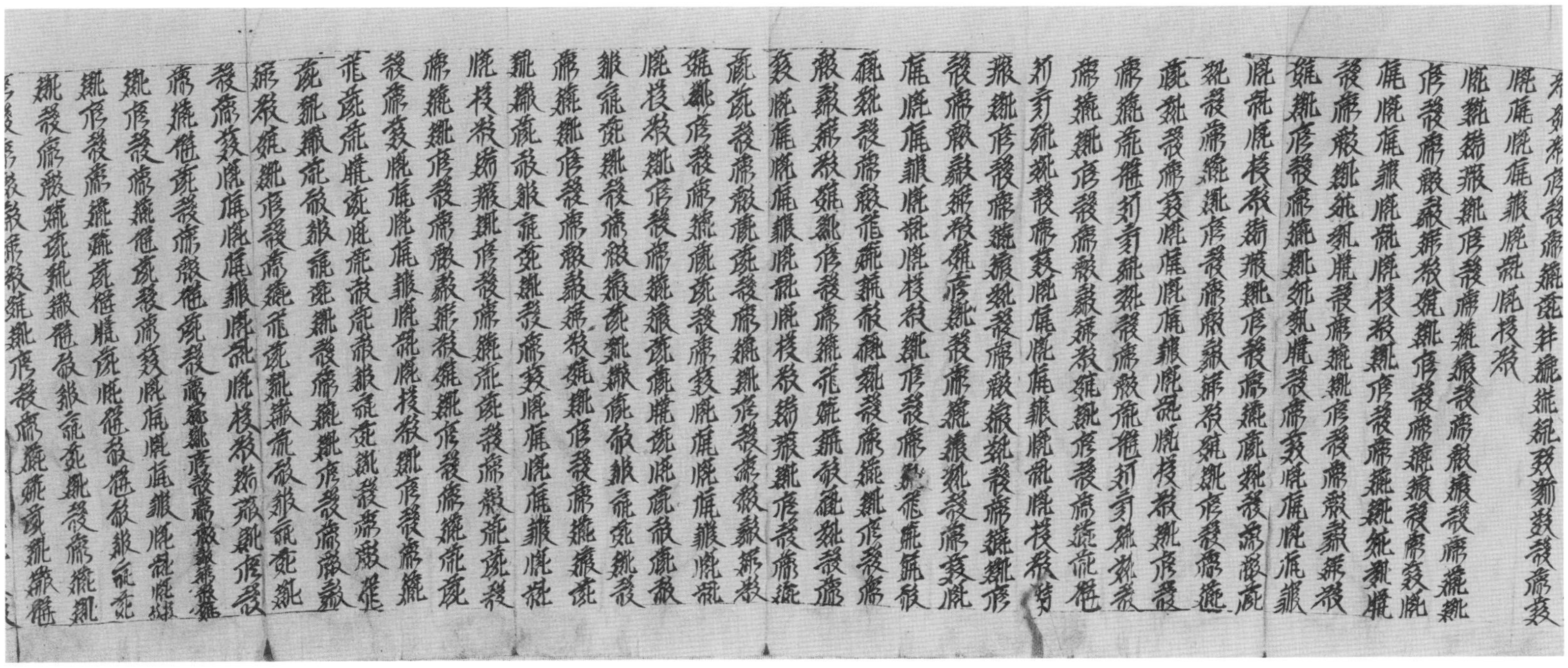

俄 Инв.No.1297　大般若波羅蜜多經卷第二百九十四　(13-5)

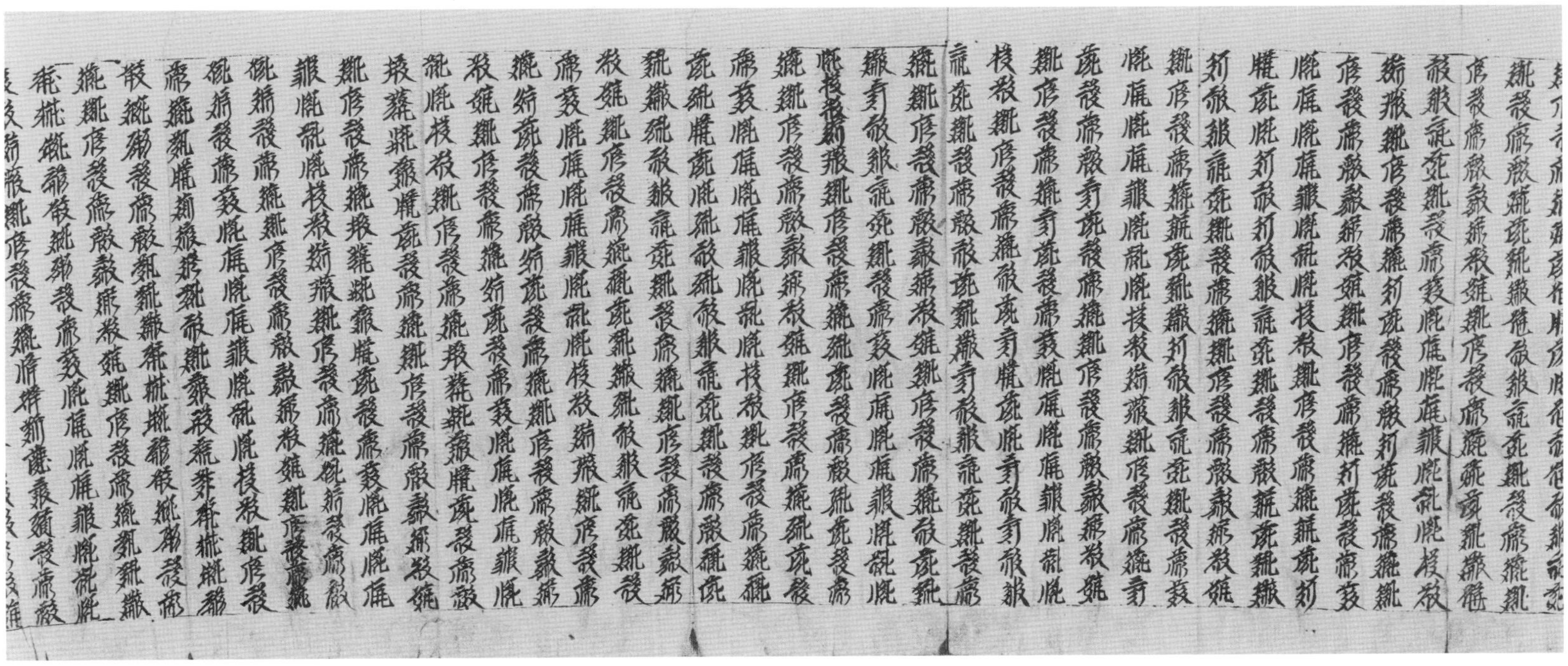

俄 Инв.No.1297　大般若波羅蜜多經卷第二百九十四　(13-6)

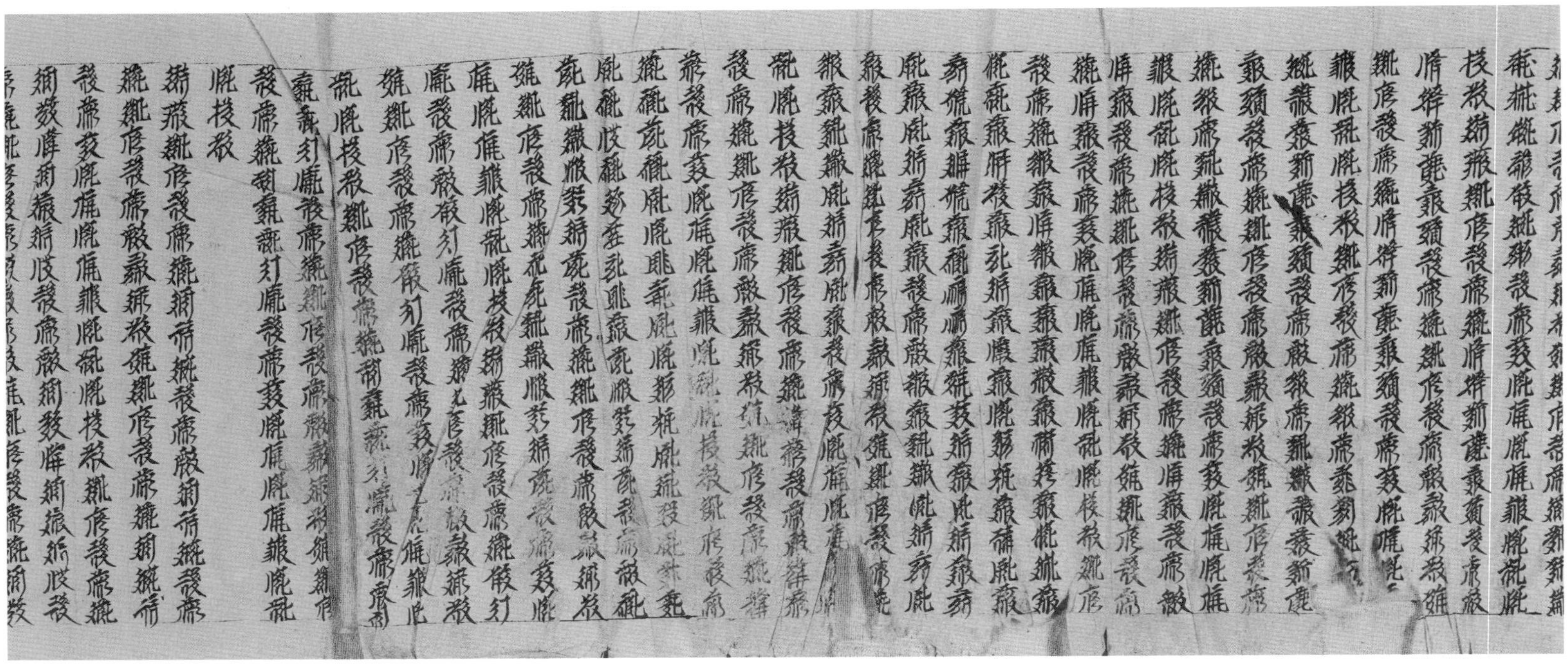

俄 Инв.No.1297　大般若波羅蜜多經卷第二百九十四　(13–7)

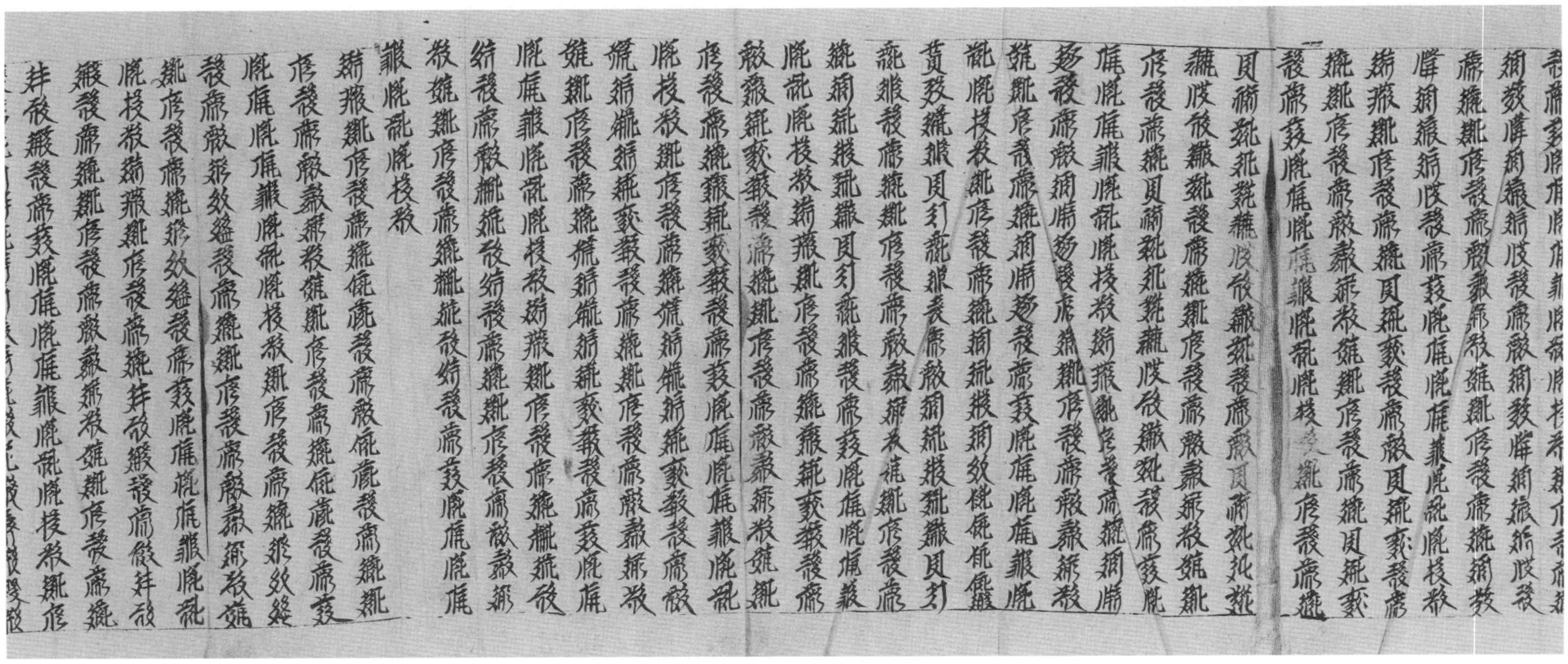

俄 Инв.No.1297　大般若波羅蜜多經卷第二百九十四　(13–8)

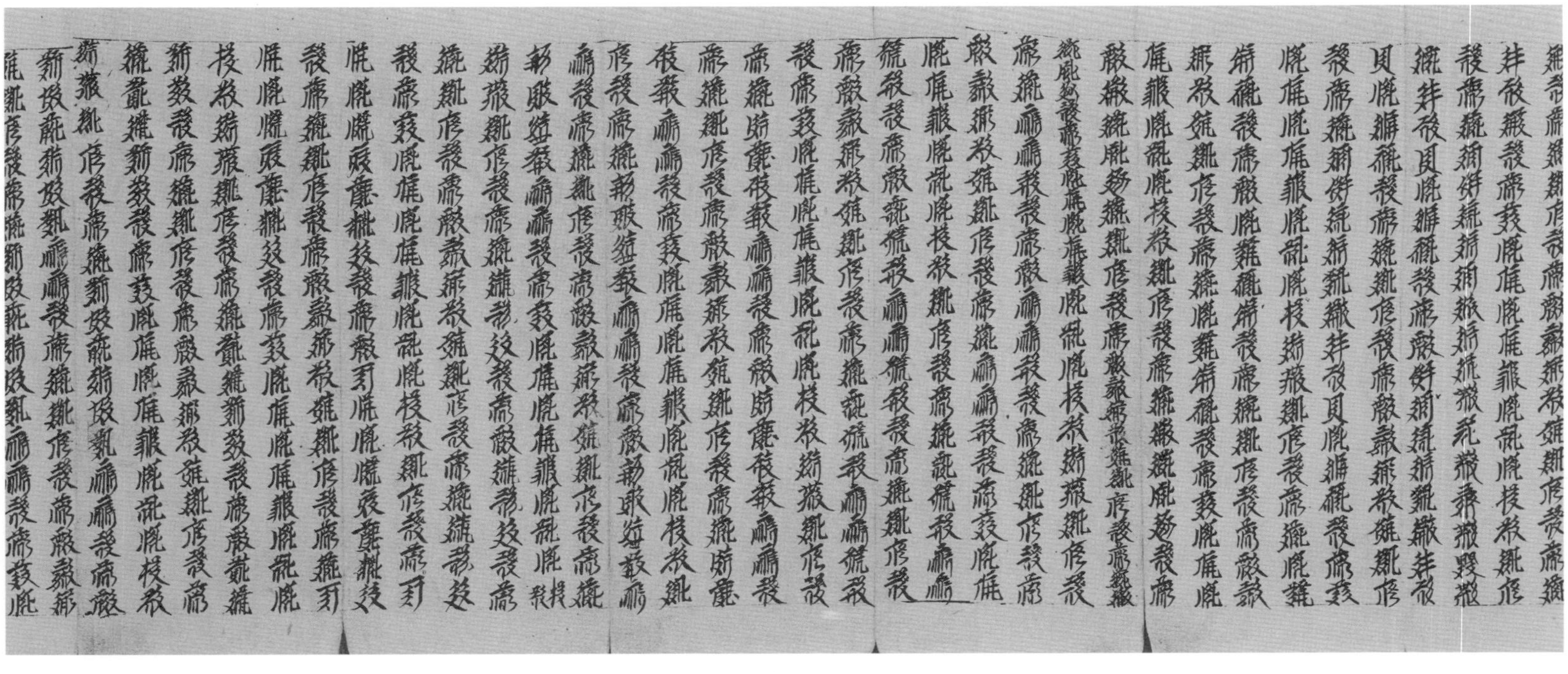

俄 Инв.No.1297　大般若波羅蜜多經卷第二百九十四　(13–9)

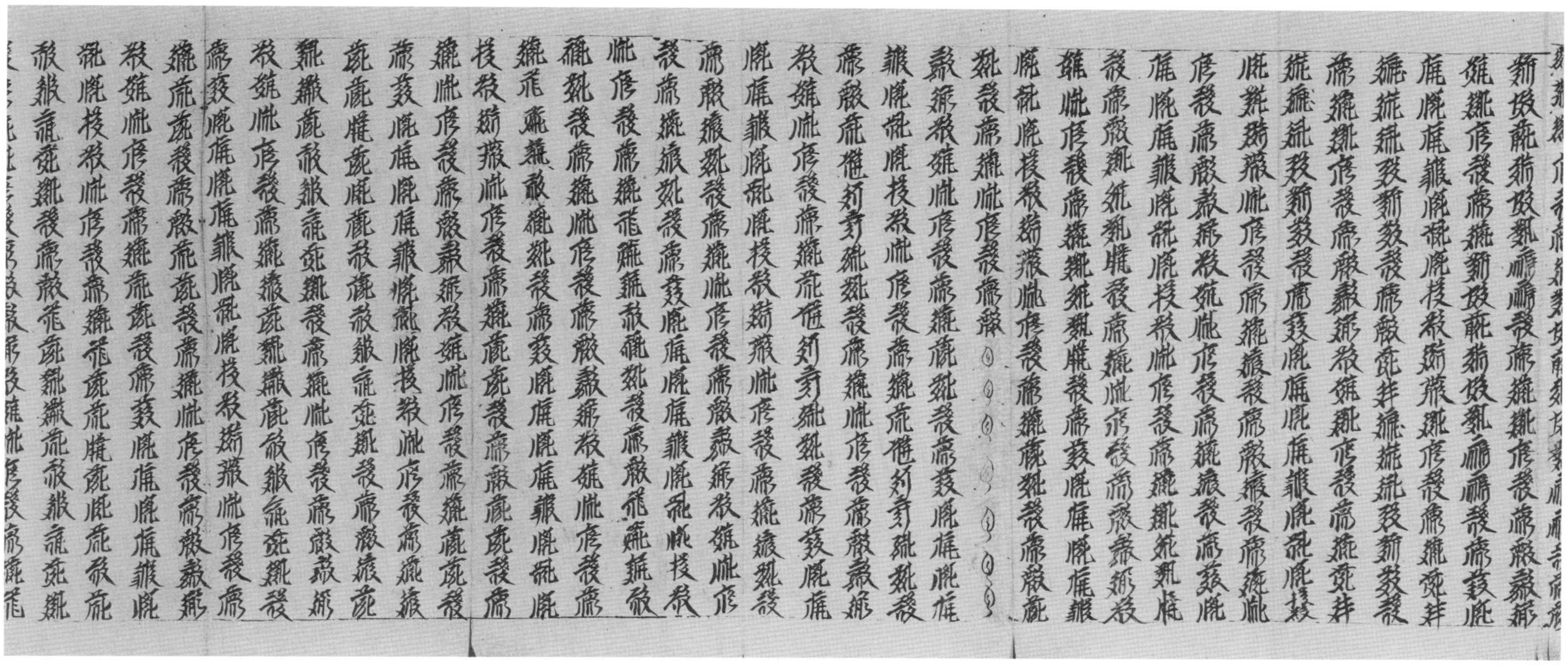

俄 Инв.No.1297　大般若波羅蜜多經卷第二百九十四　(13-10)

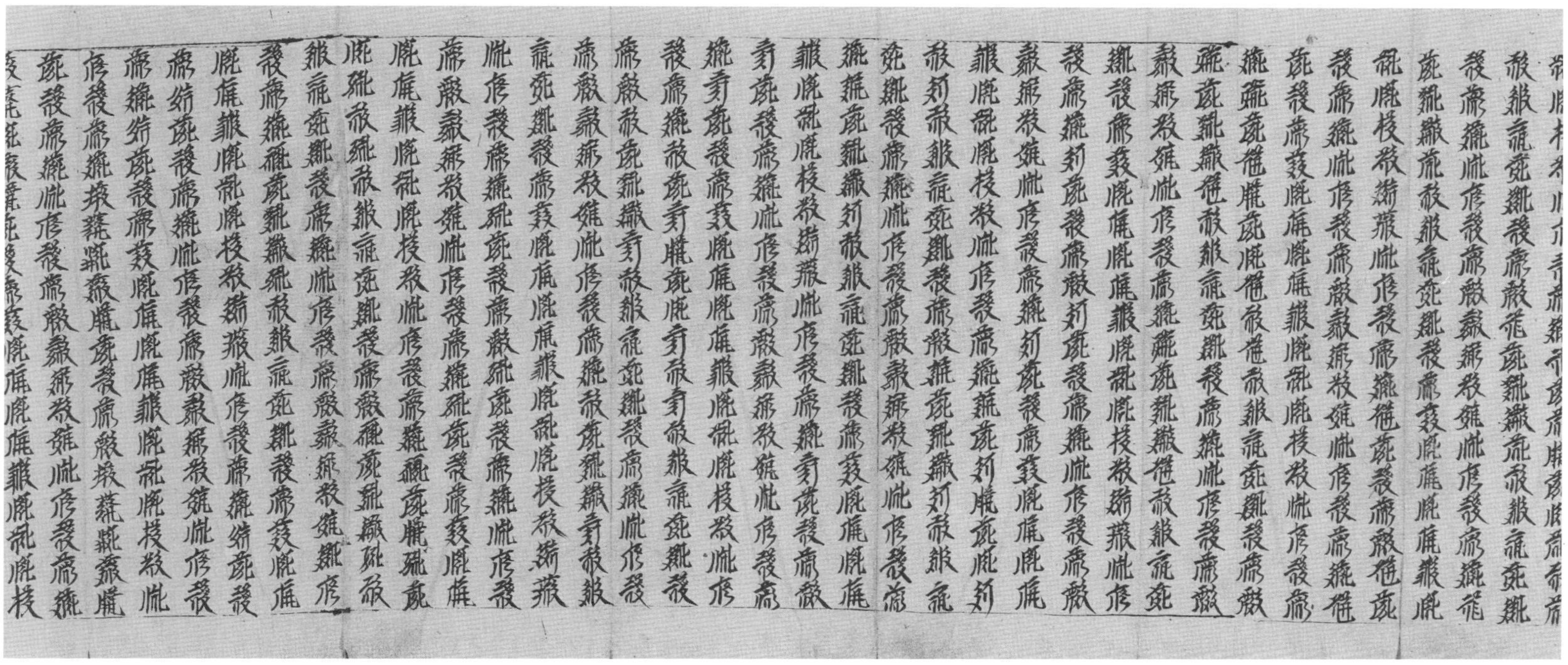

俄 Инв.No.1297　大般若波羅蜜多經卷第二百九十四　(13-11)

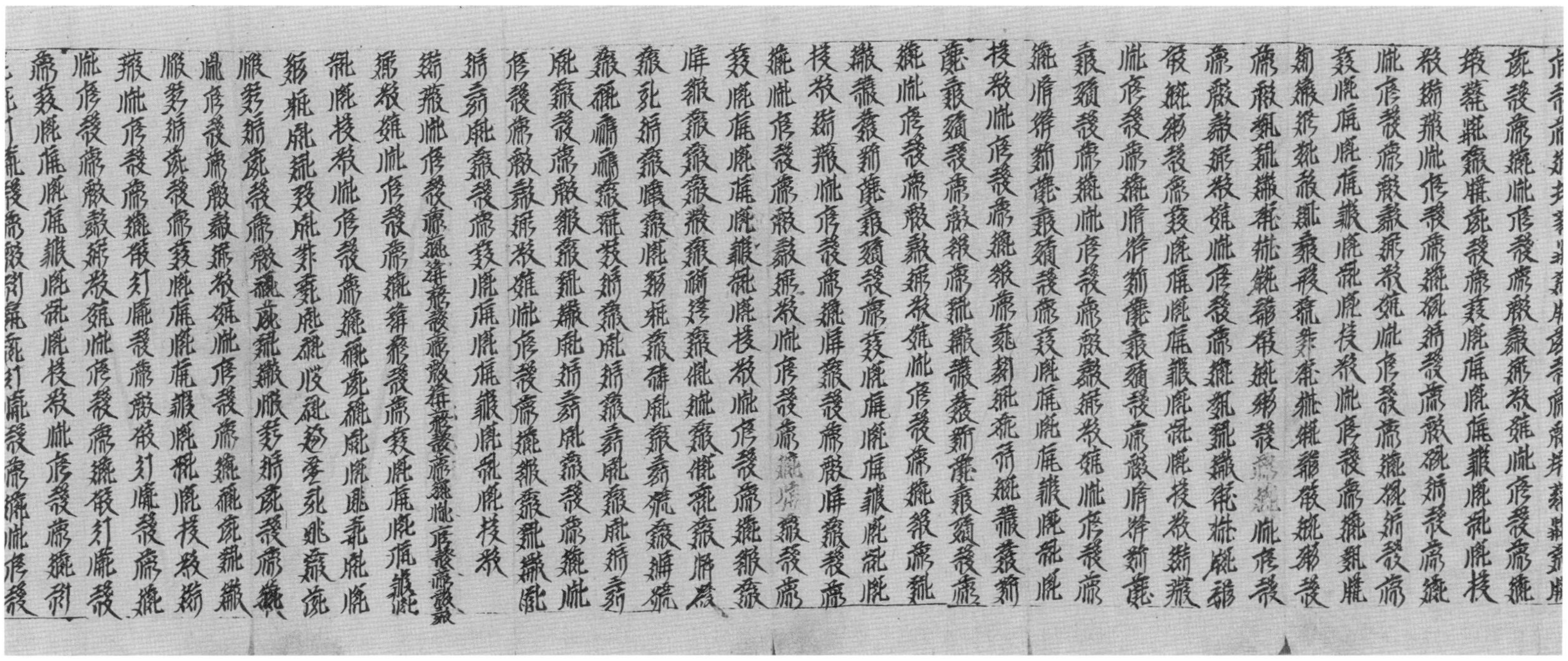

俄 Инв.No.1297　大般若波羅蜜多經卷第二百九十四　(13-12)

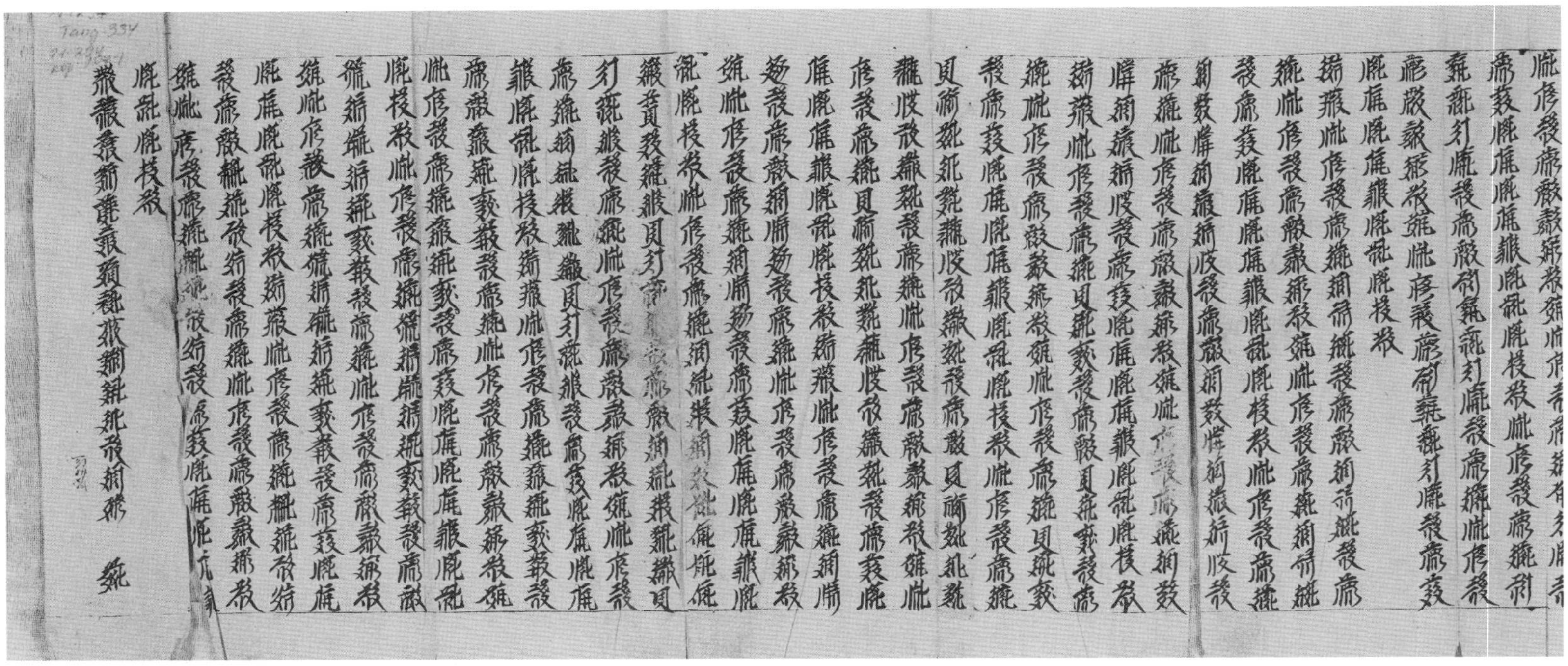

俄 Инв.No.1297　大般若波羅蜜多經卷第二百九十四　(13–13)

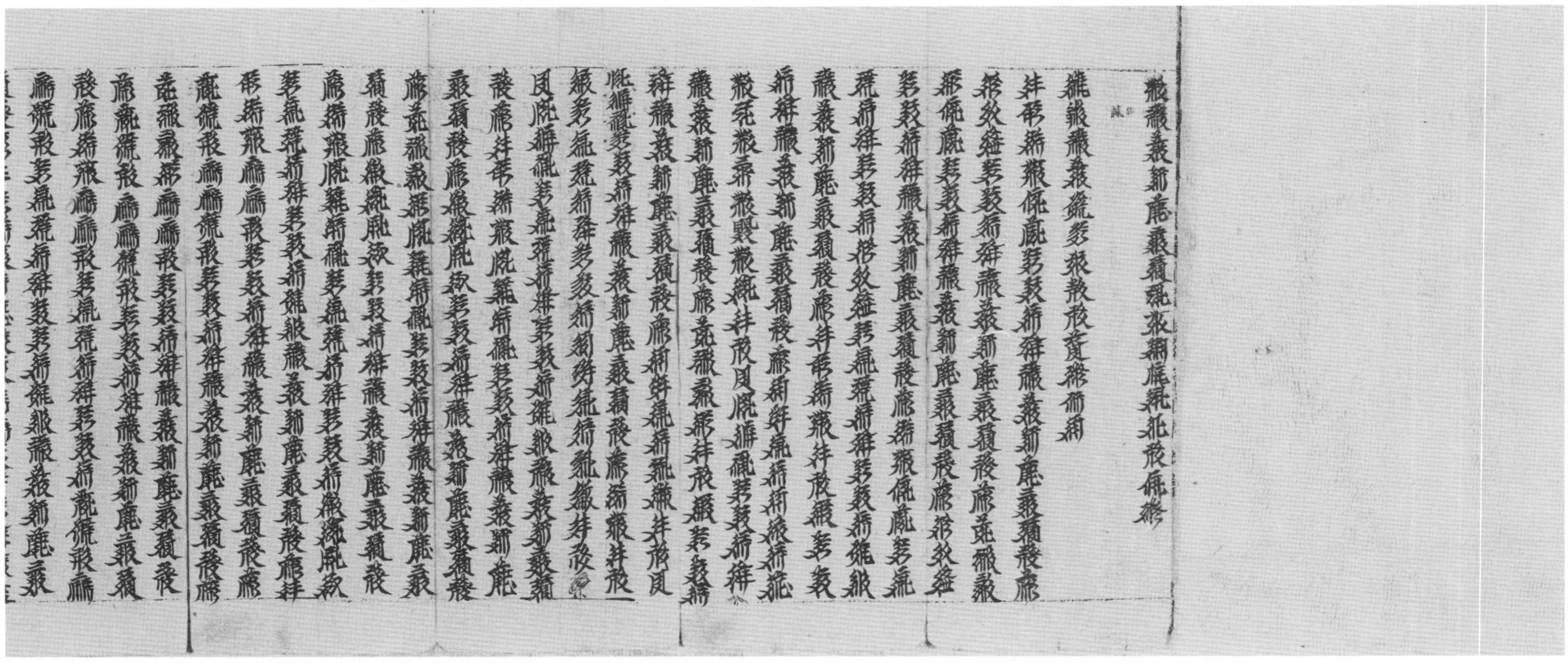

俄 Инв.No.1294　大般若波羅蜜多經卷第二百九十五　(13–1)

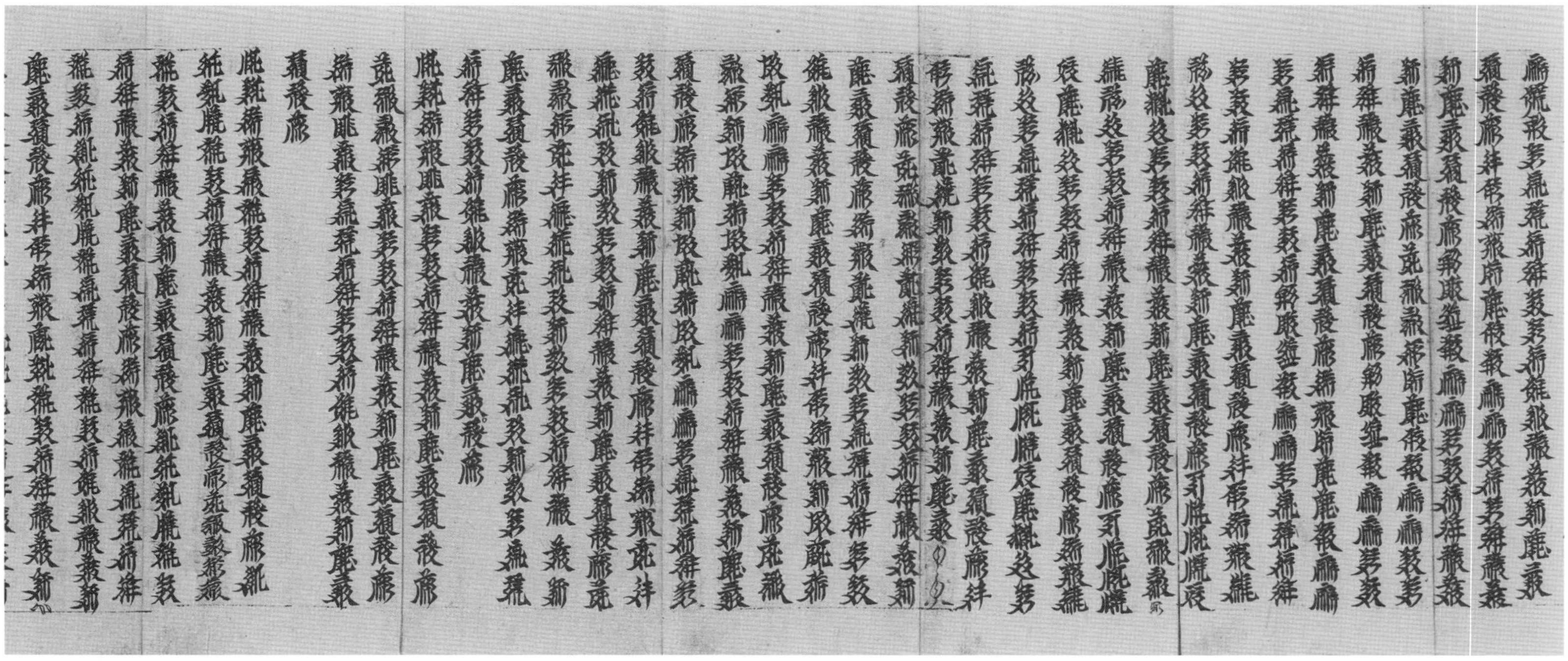

俄 Инв.No.1294　大般若波羅蜜多經卷第二百九十五　(13–2)

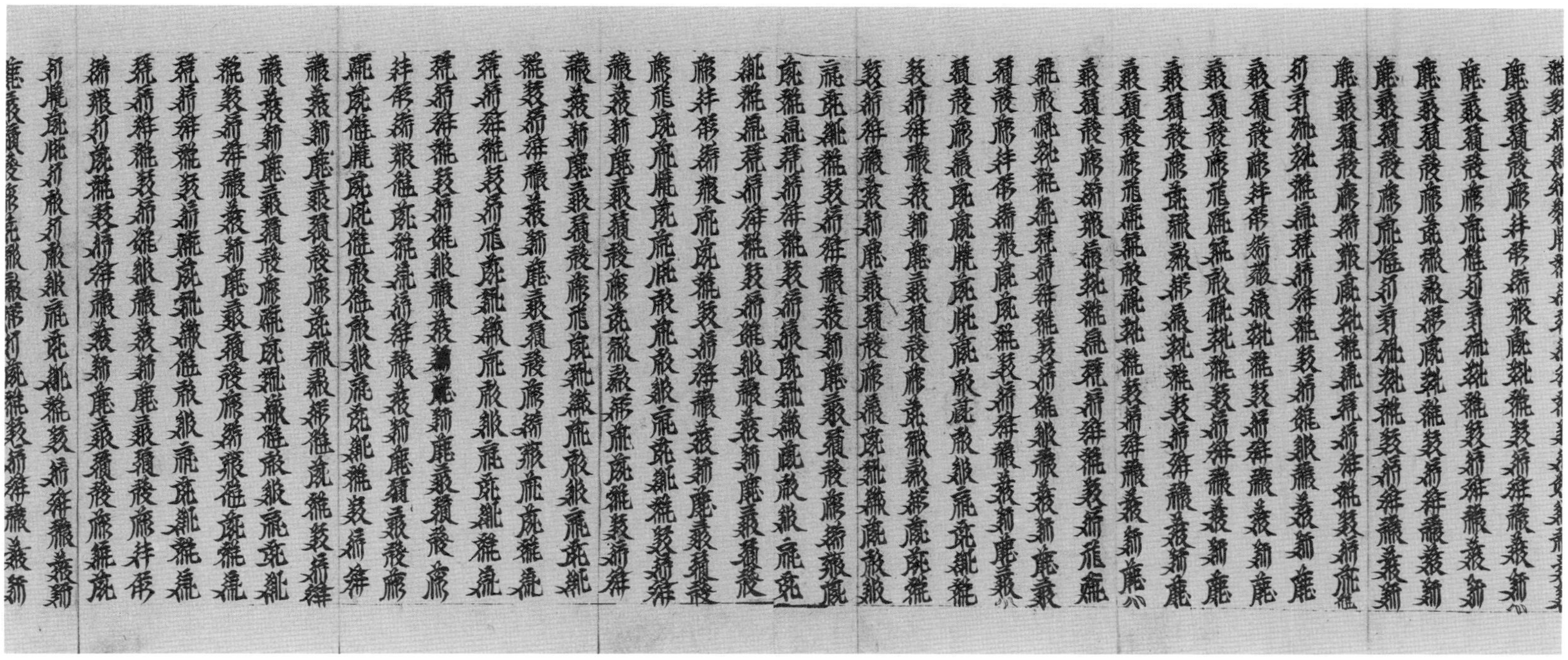

俄 Инв.No.1294　大般若波羅蜜多經卷第二百九十五　(13–3)

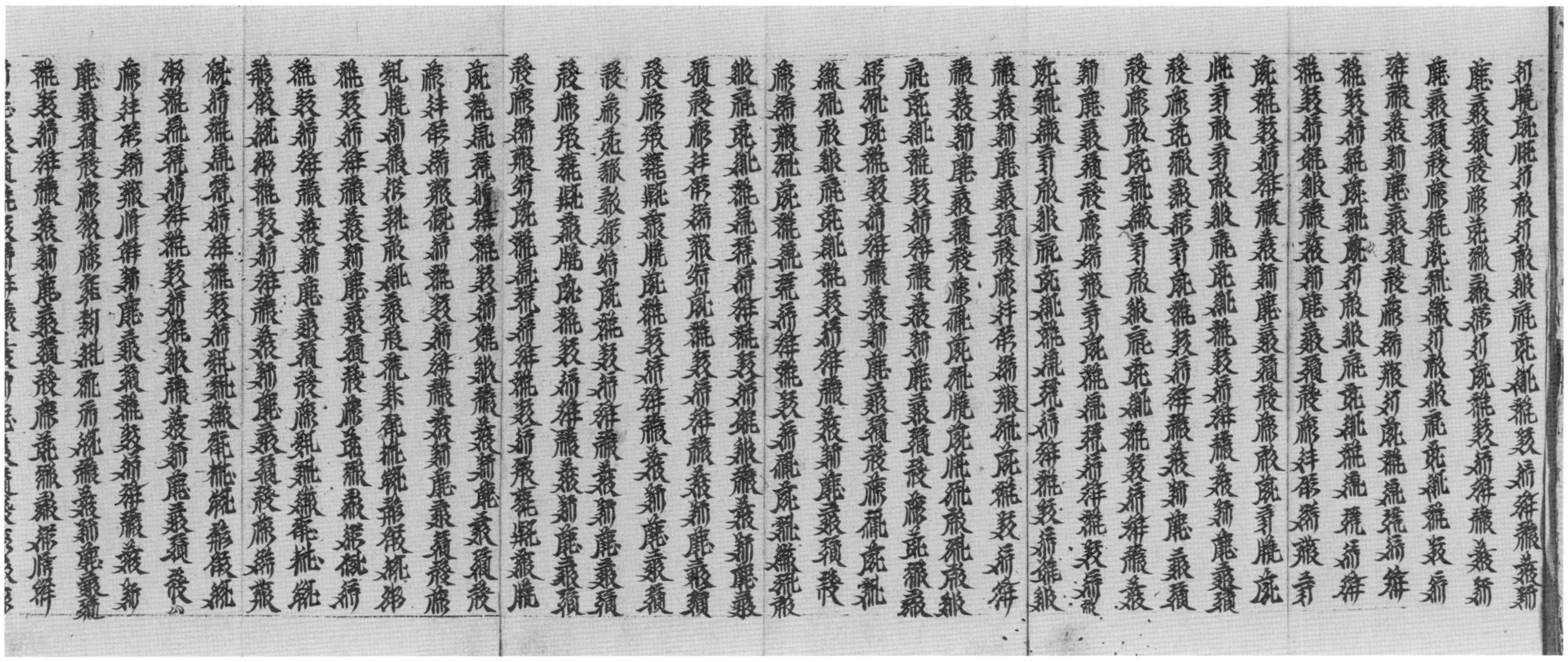

俄 Инв.No.1294　大般若波羅蜜多經卷第二百九十五　(13–4)

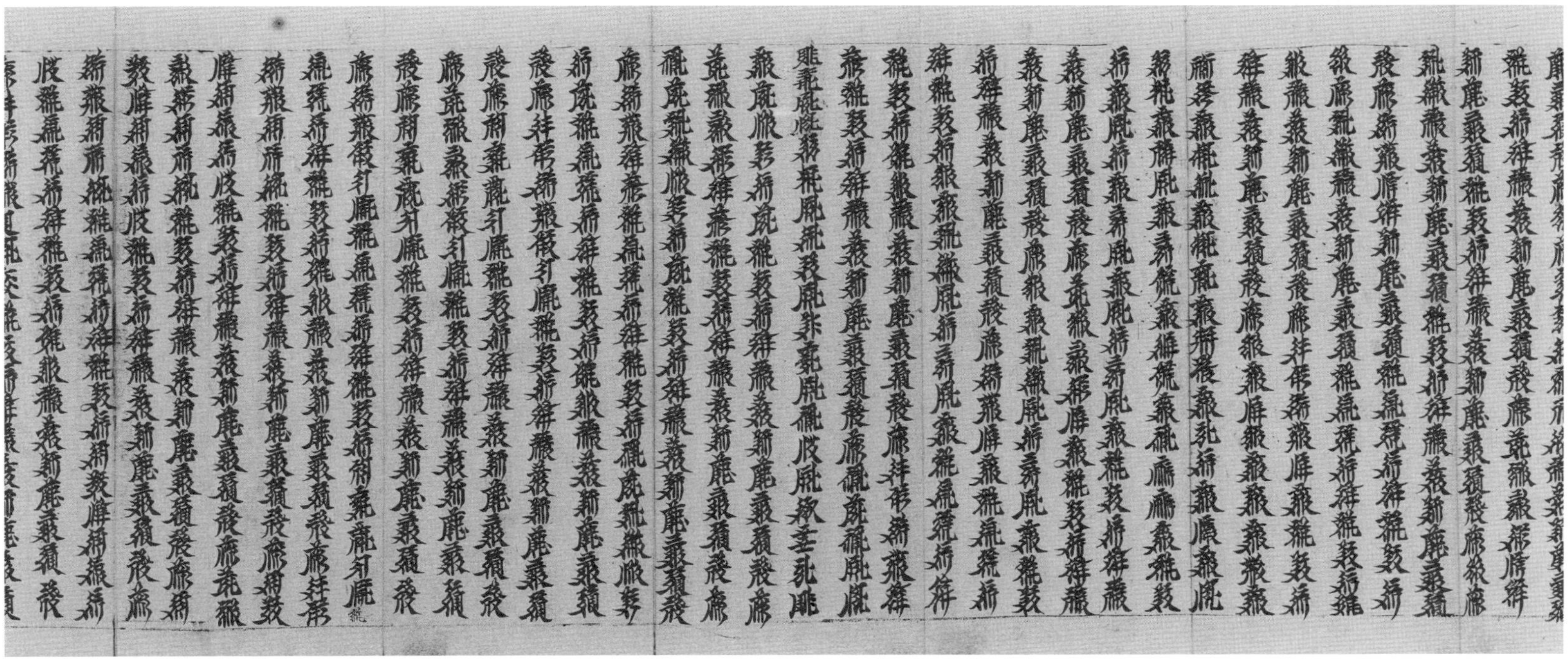

俄 Инв.No.1294　大般若波羅蜜多經卷第二百九十五　(13–5)

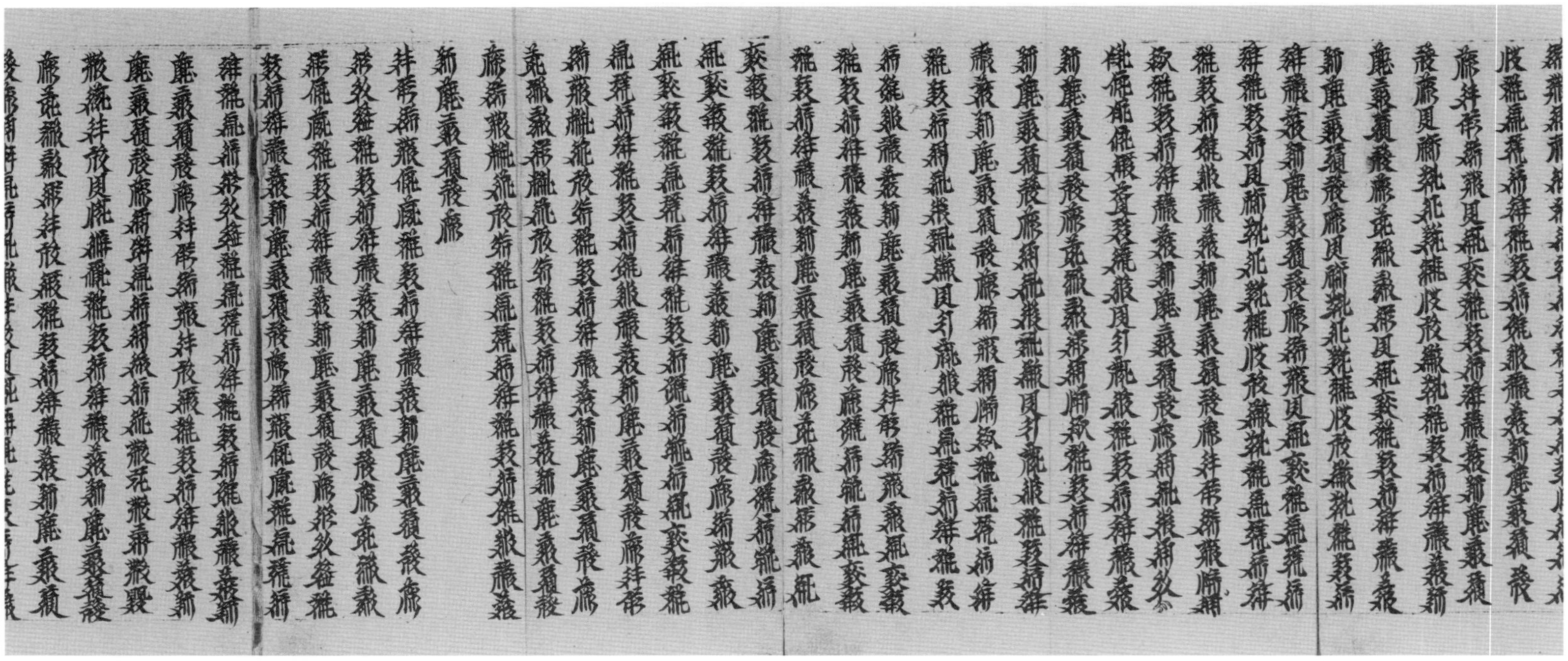

俄 Инв.No.1294　大般若波羅蜜多經卷第二百九十五　　(13-6)

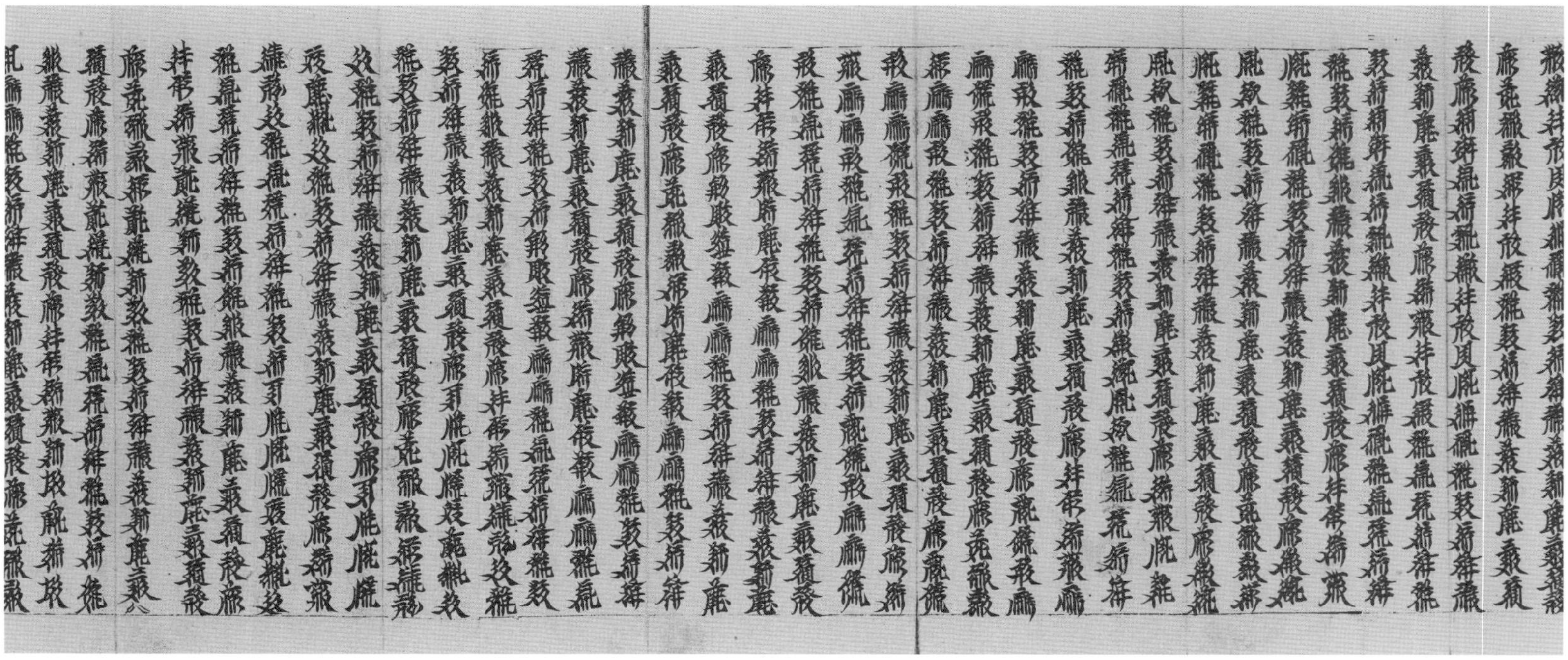

俄 Инв.No.1294　大般若波羅蜜多經卷第二百九十五　　(13-7)

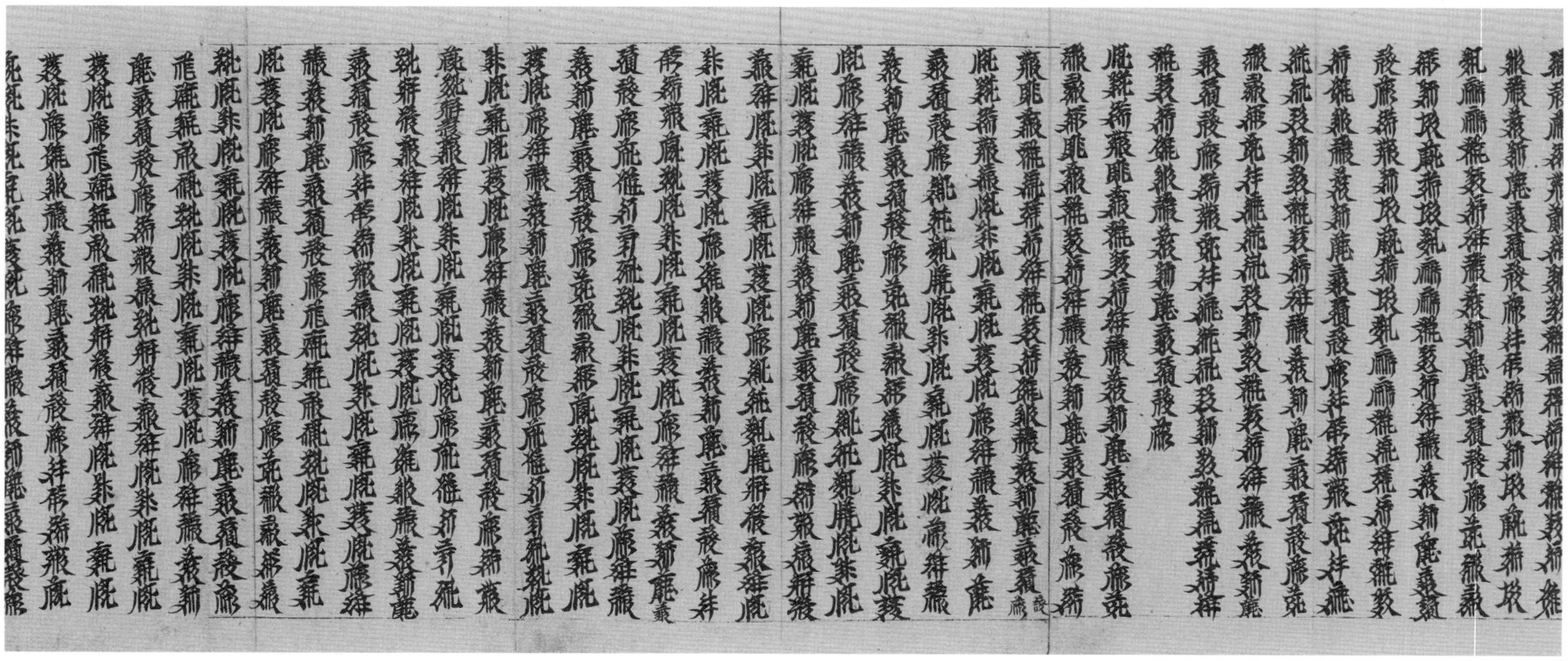

俄 Инв.No.1294　大般若波羅蜜多經卷第二百九十五　　(13-8)

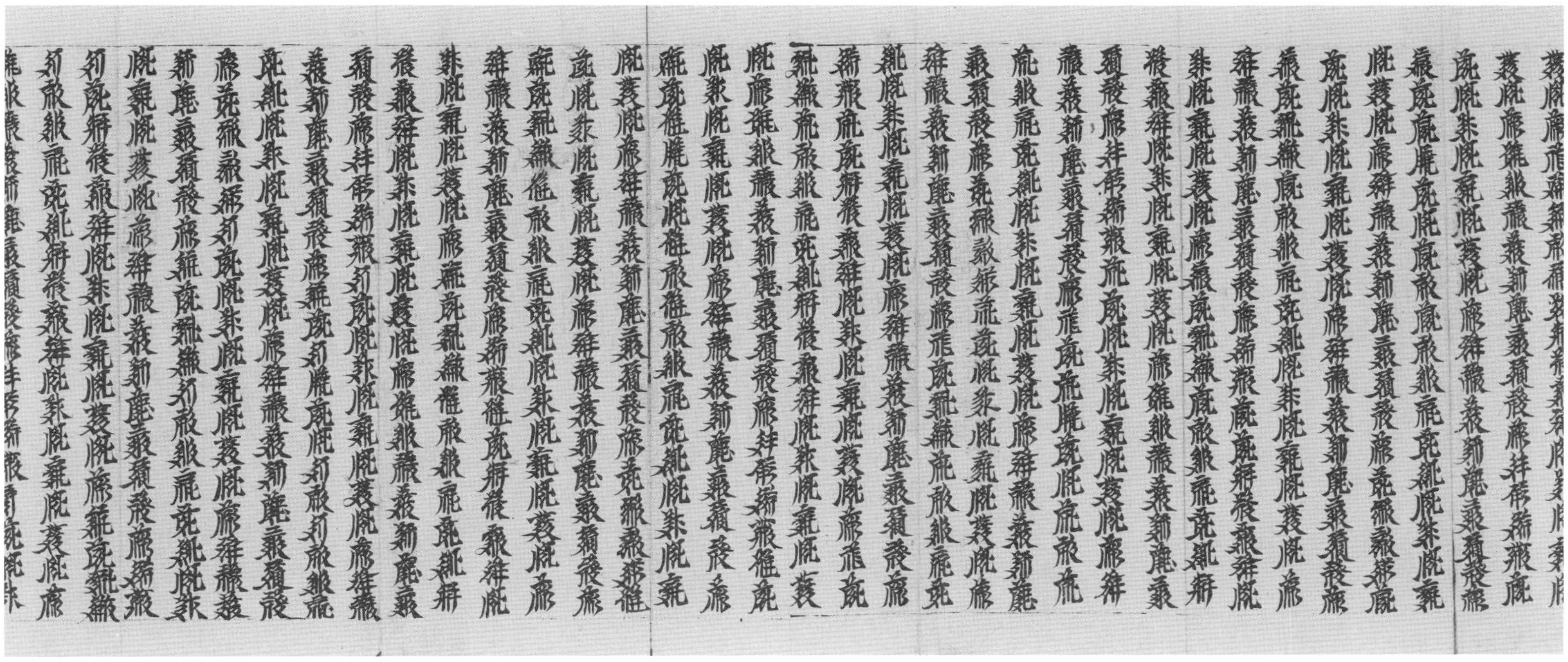

俄 Инв.No.1294　大般若波羅蜜多經卷第二百九十五　(13–9)

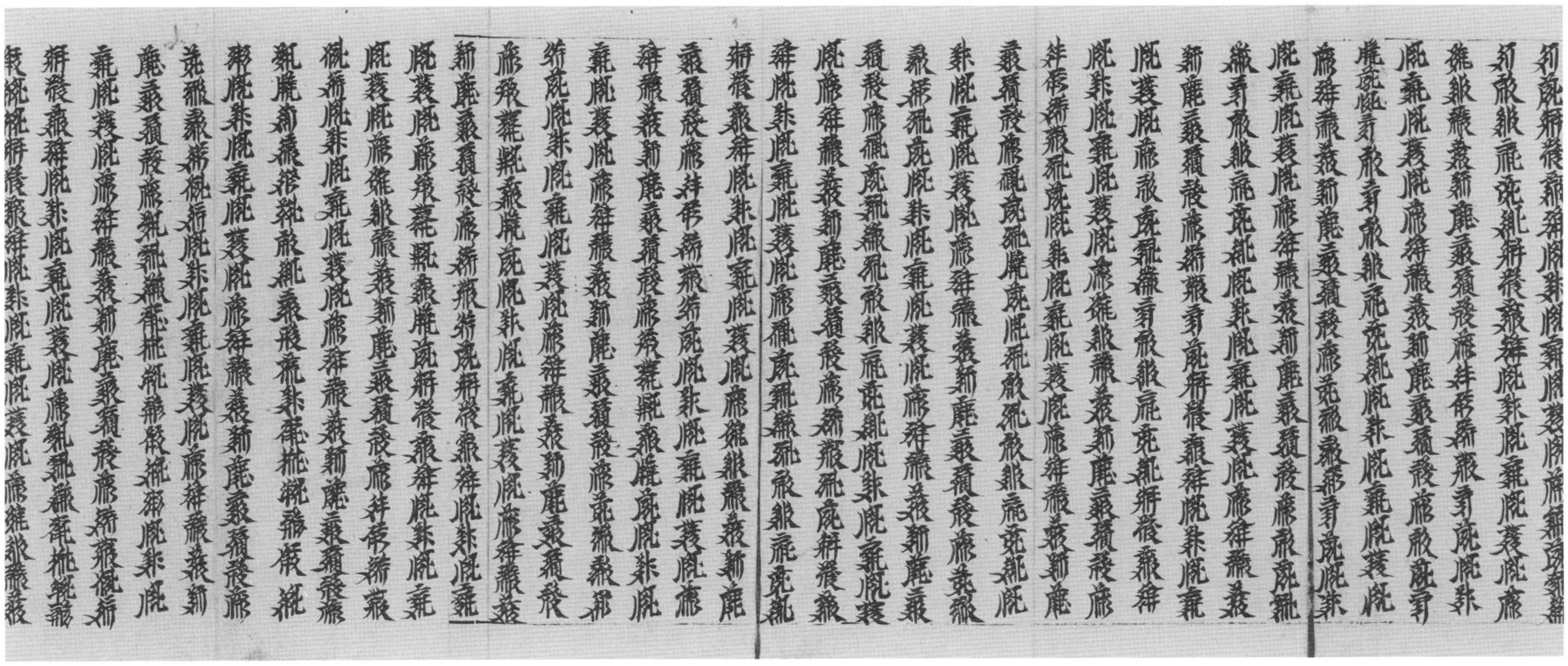

俄 Инв.No.1294　大般若波羅蜜多經卷第二百九十五　(13–10)

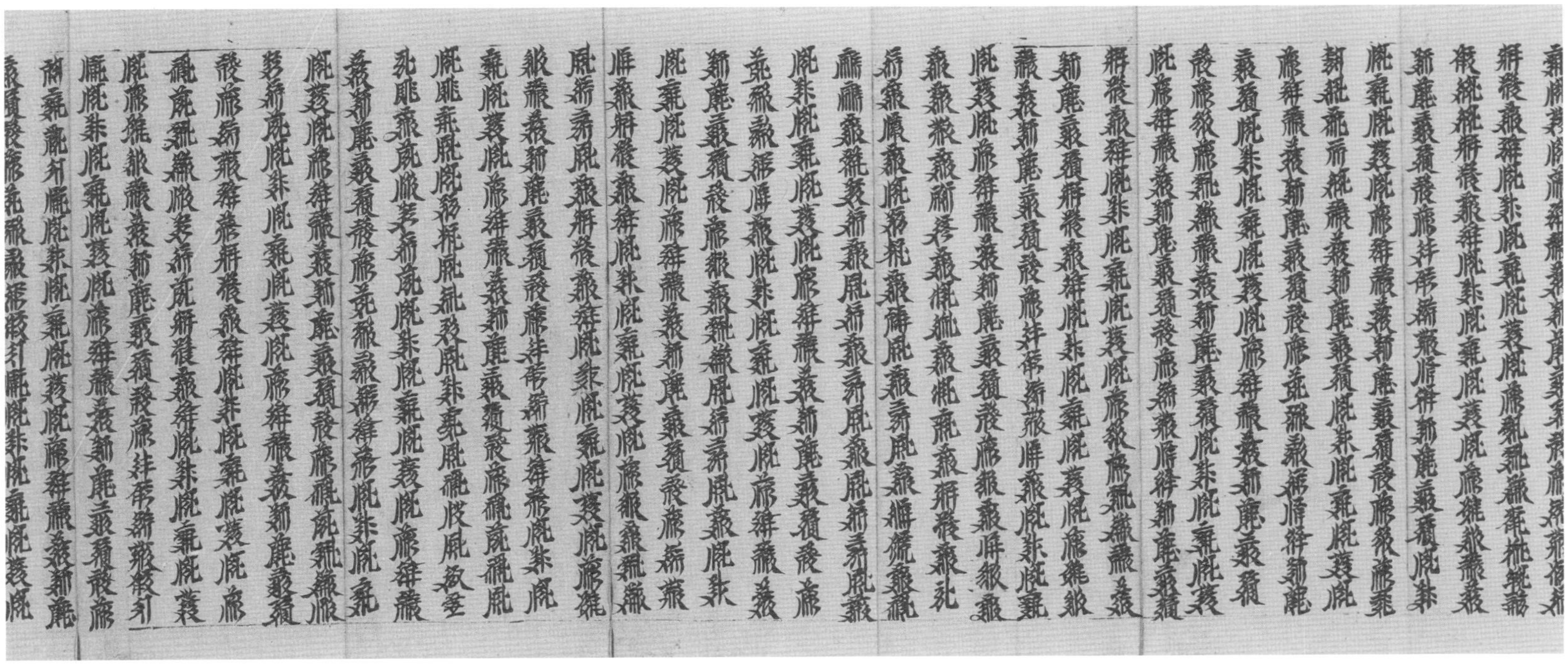

俄 Инв.No.1294　大般若波羅蜜多經卷第二百九十五　(13–11)

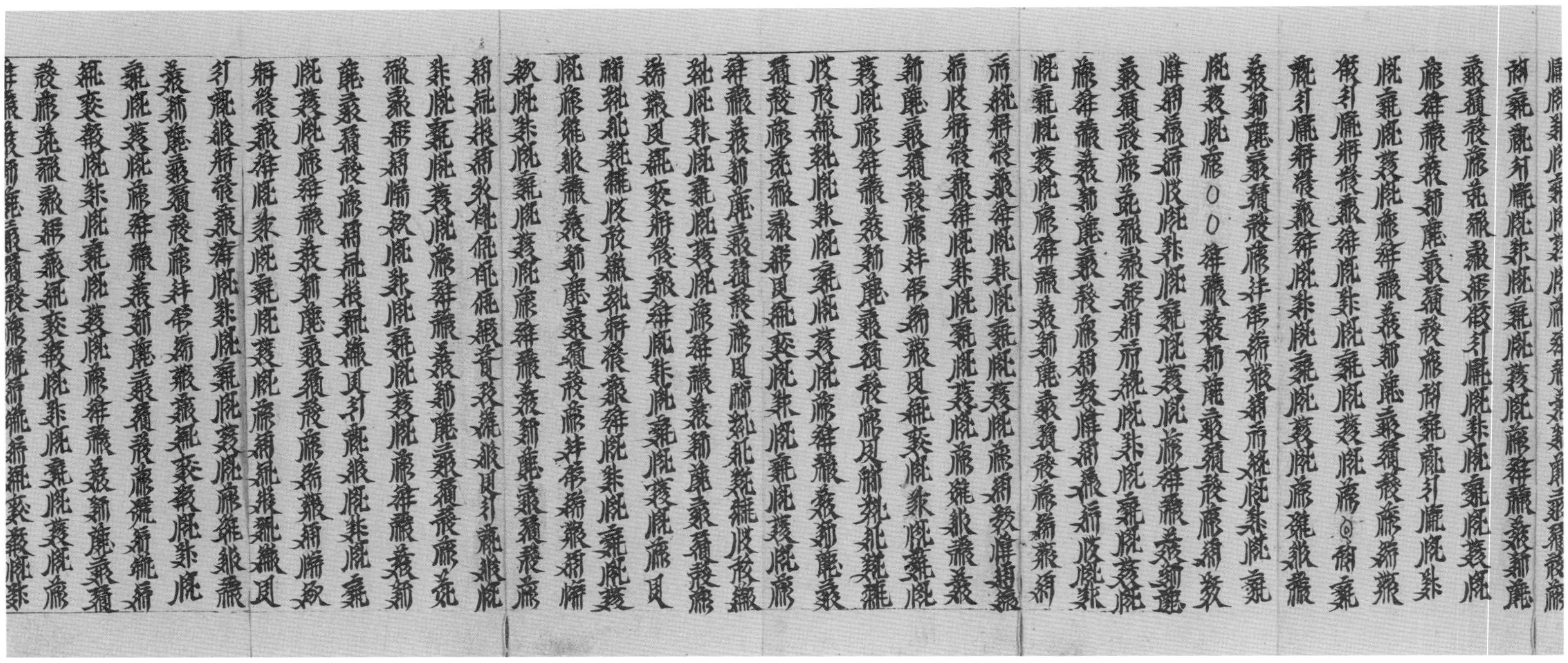

俄 Инв.No.1294　大般若波羅蜜多經卷第二百九十五　(13–12)

俄 Инв.No.1294　大般若波羅蜜多經卷第二百九十五　(13–13)

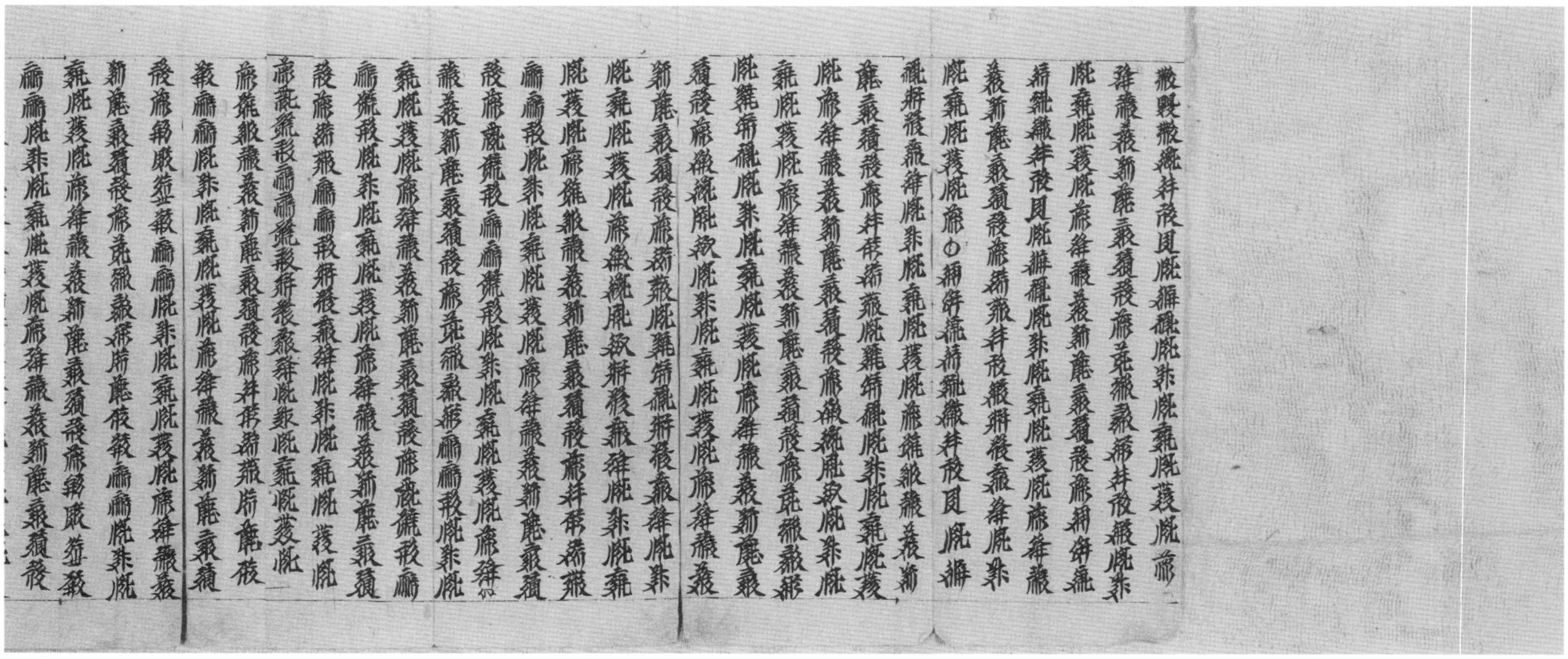

俄 Инв.No.1309　大般若波羅蜜多經卷第二百九十六　(13–1)

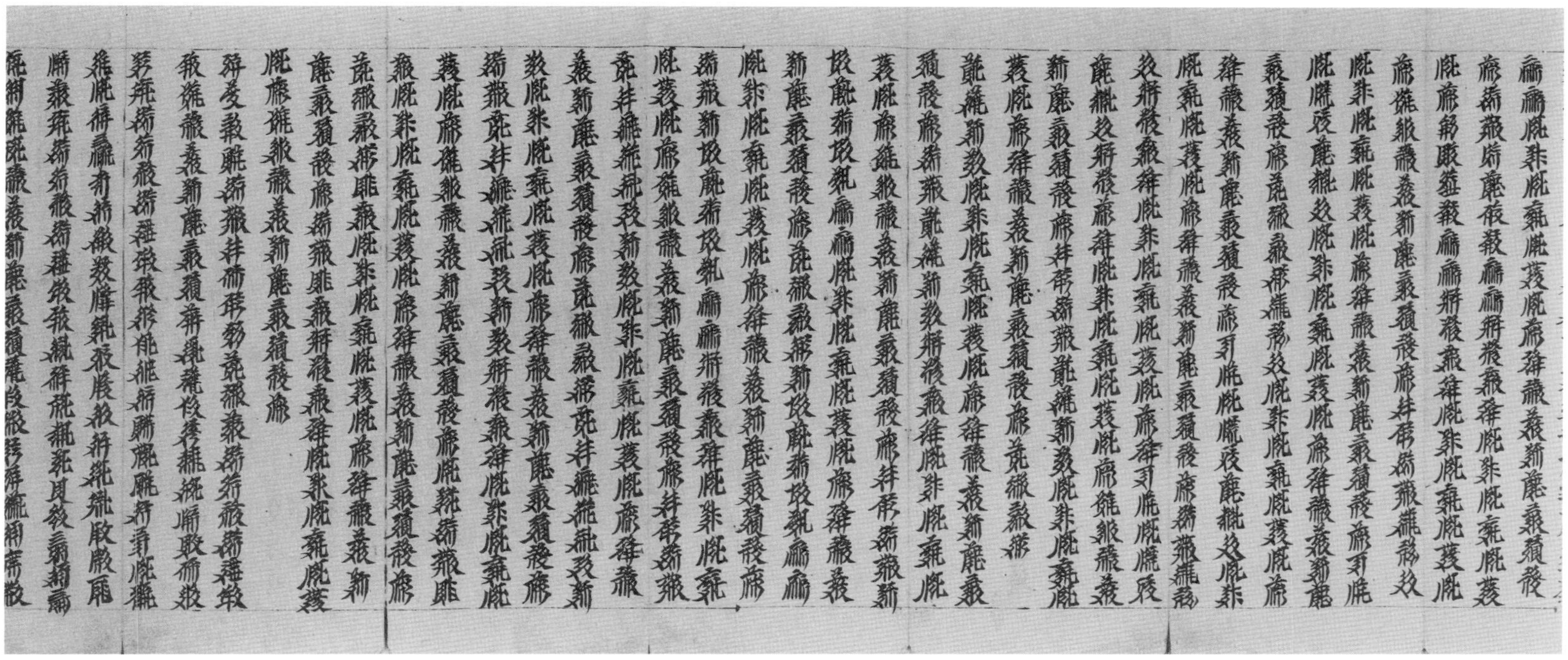

俄Инв.No.1309　大般若波羅蜜多經卷第二百九十六　(13-2)

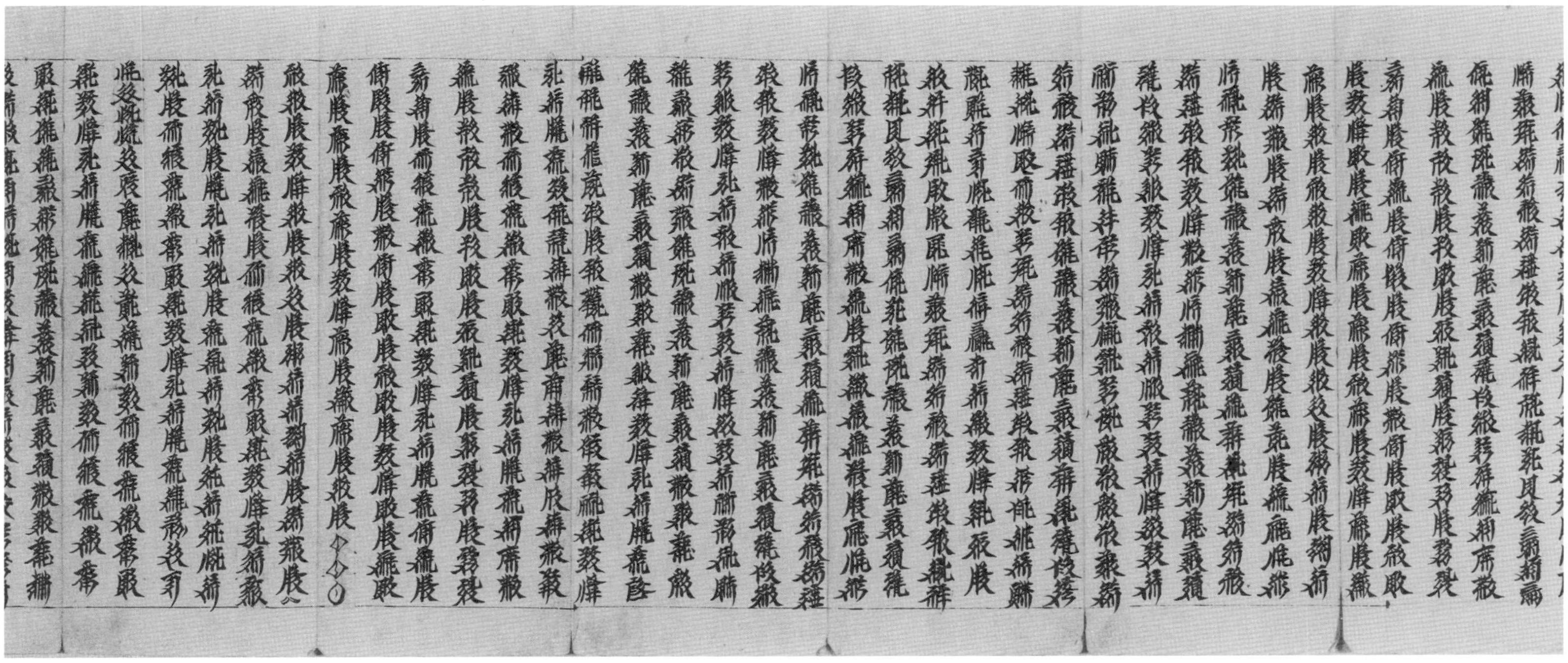

俄Инв.No.1309　大般若波羅蜜多經卷第二百九十六　(13-3)

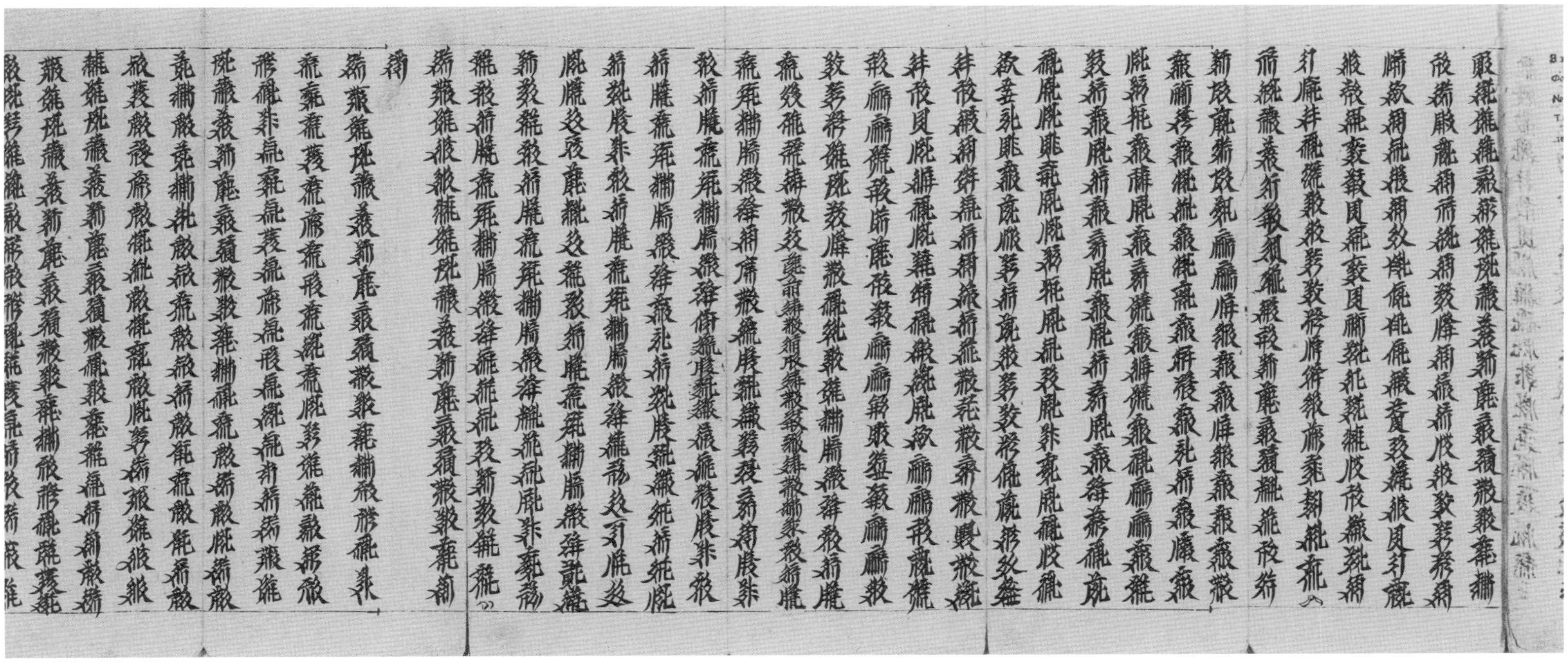

俄Инв.No.1309　大般若波羅蜜多經卷第二百九十六　(13-4)

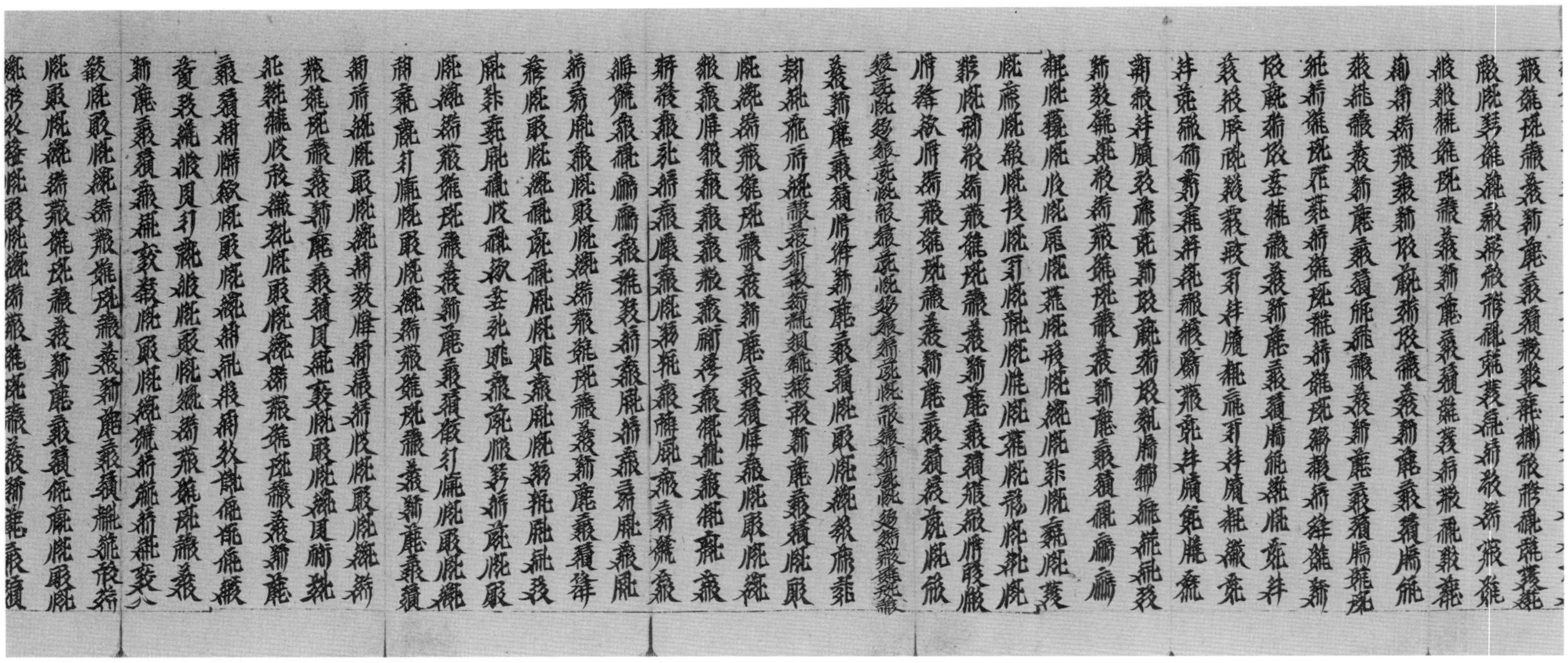

俄 Инв.No.1309　大般若波羅蜜多經卷第二百九十六　(13-5)

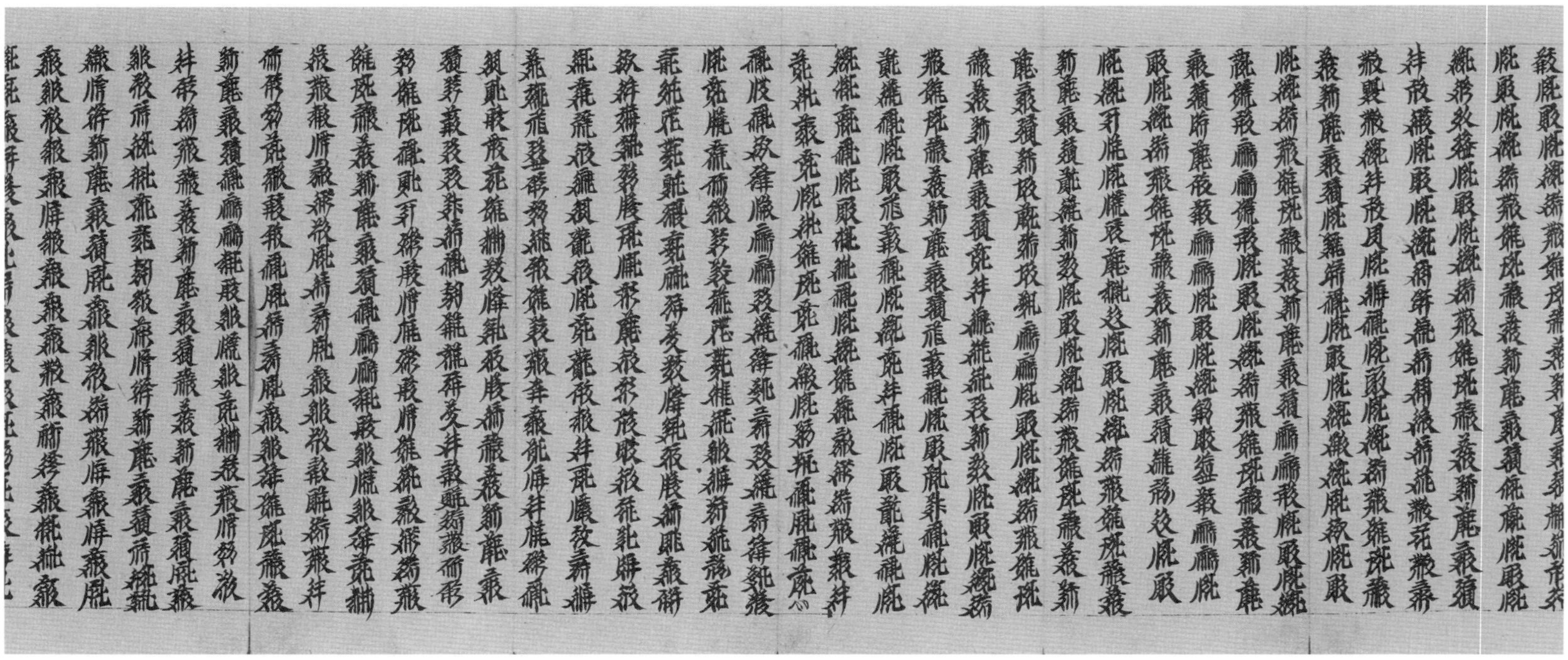

俄 Инв.No.1309　大般若波羅蜜多經卷第二百九十六　(13-6)

俄 Инв.No.1309　大般若波羅蜜多經卷第二百九十六　(13-7)

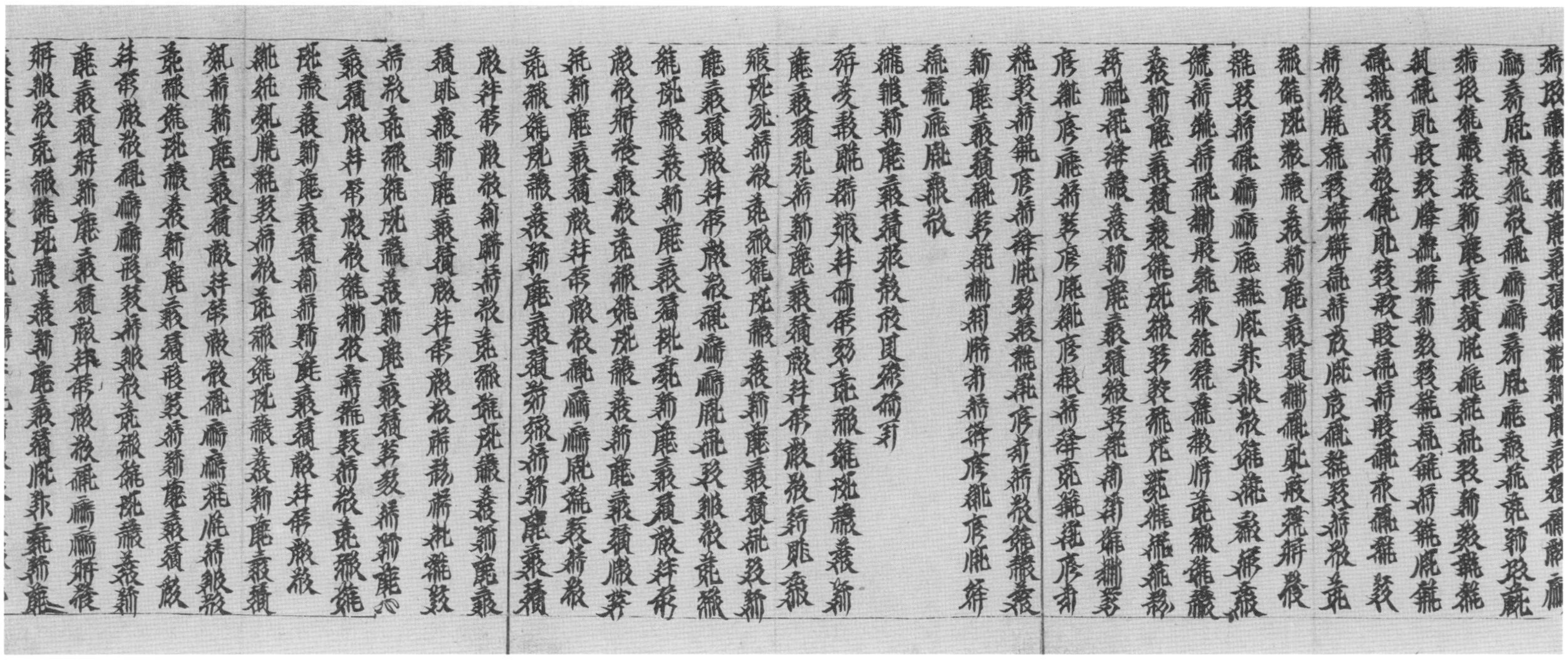

俄 Инв.No.1309　大般若波羅蜜多經卷第二百九十六　(13–8)

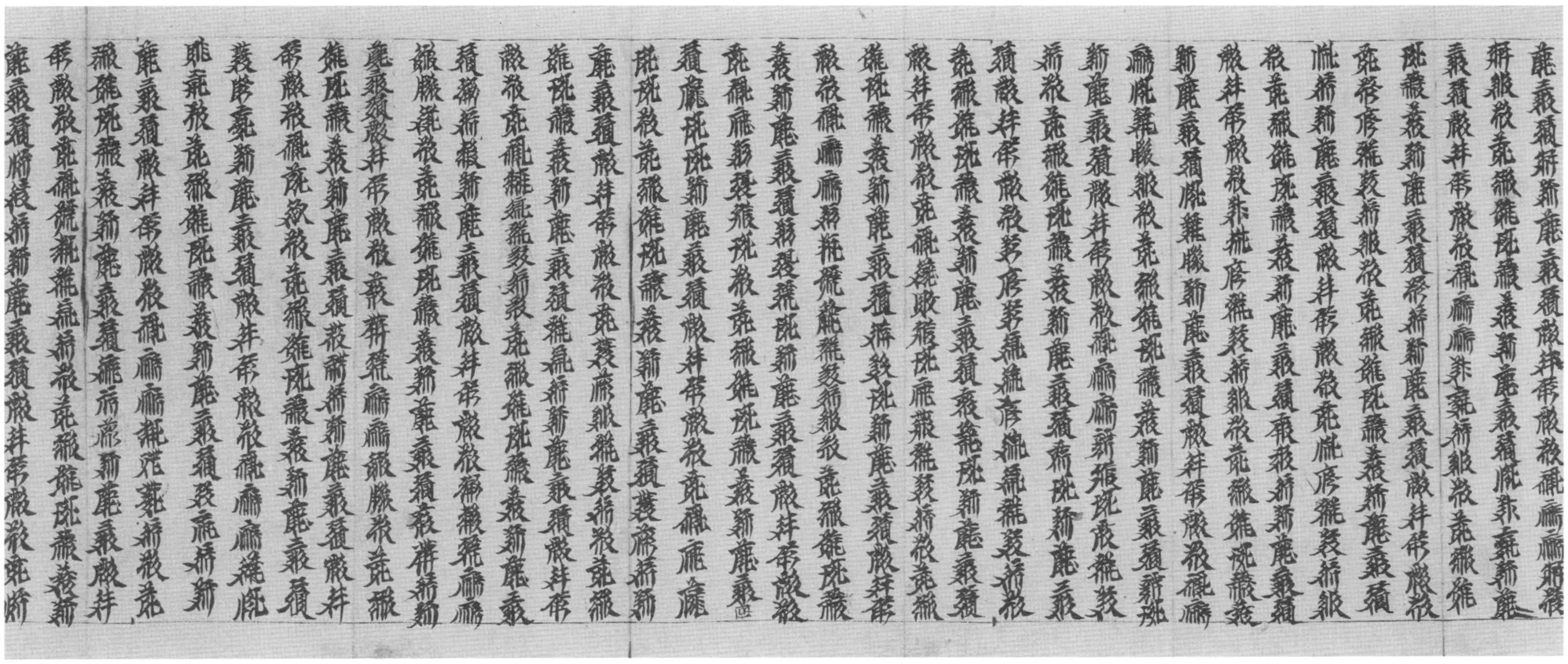

俄 Инв.No.1309　大般若波羅蜜多經卷第二百九十六　(13–9)

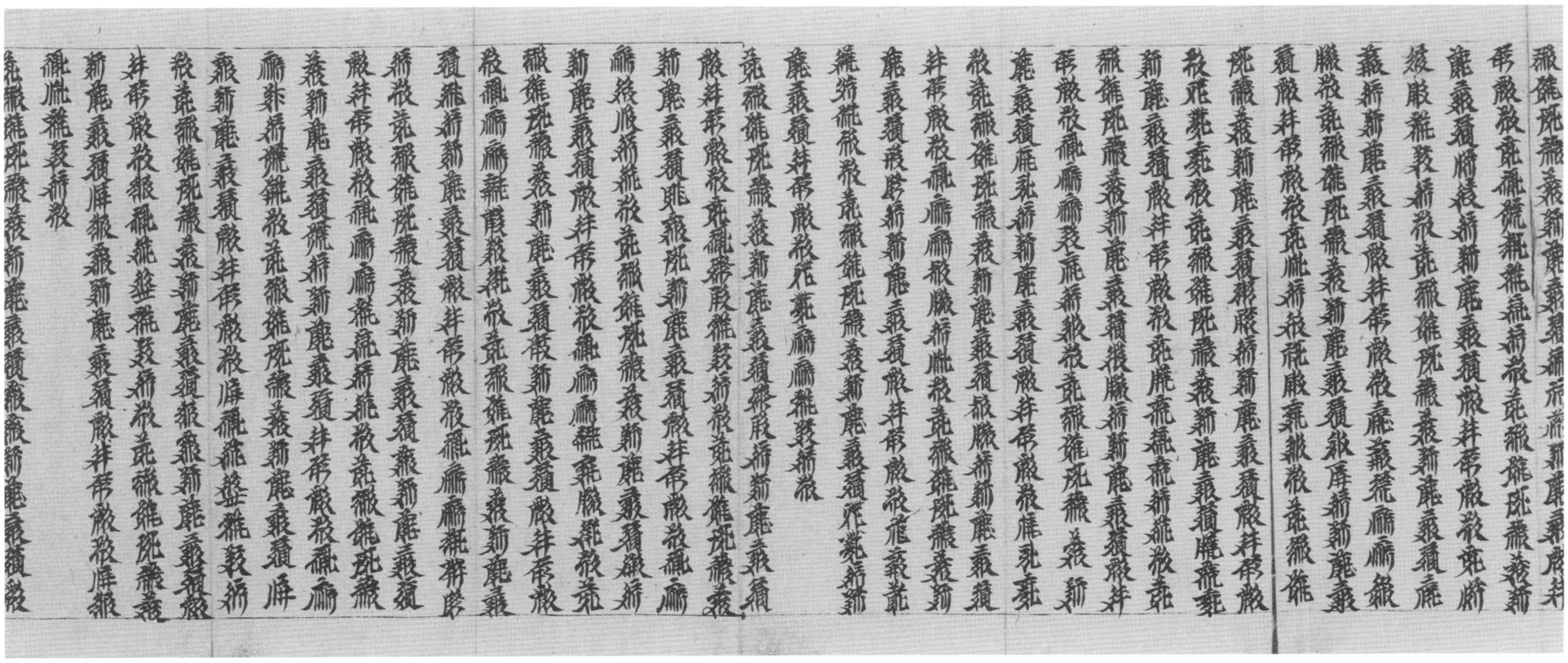

俄 Инв.No.1309　大般若波羅蜜多經卷第二百九十六　(13–10)

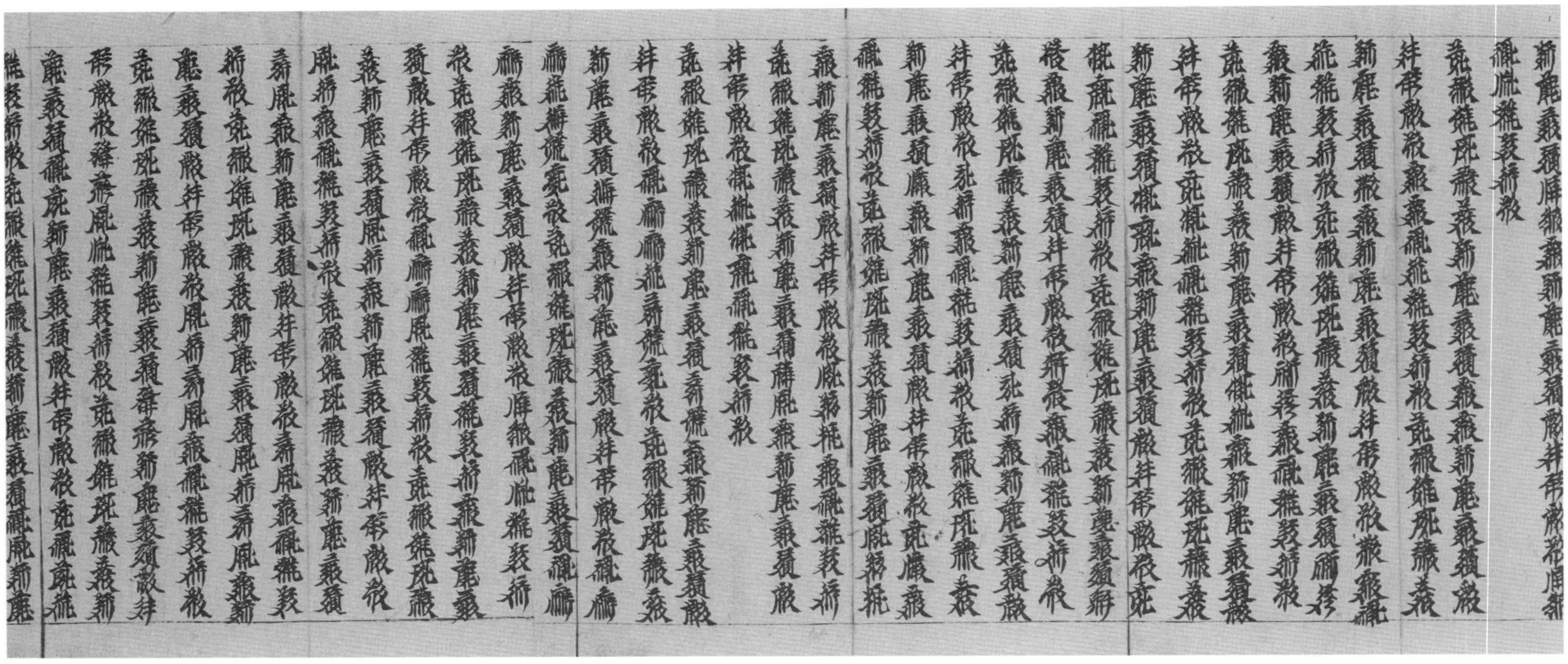

俄 Инв.No.1309　大般若波羅蜜多經卷第二百九十六　(13–11)

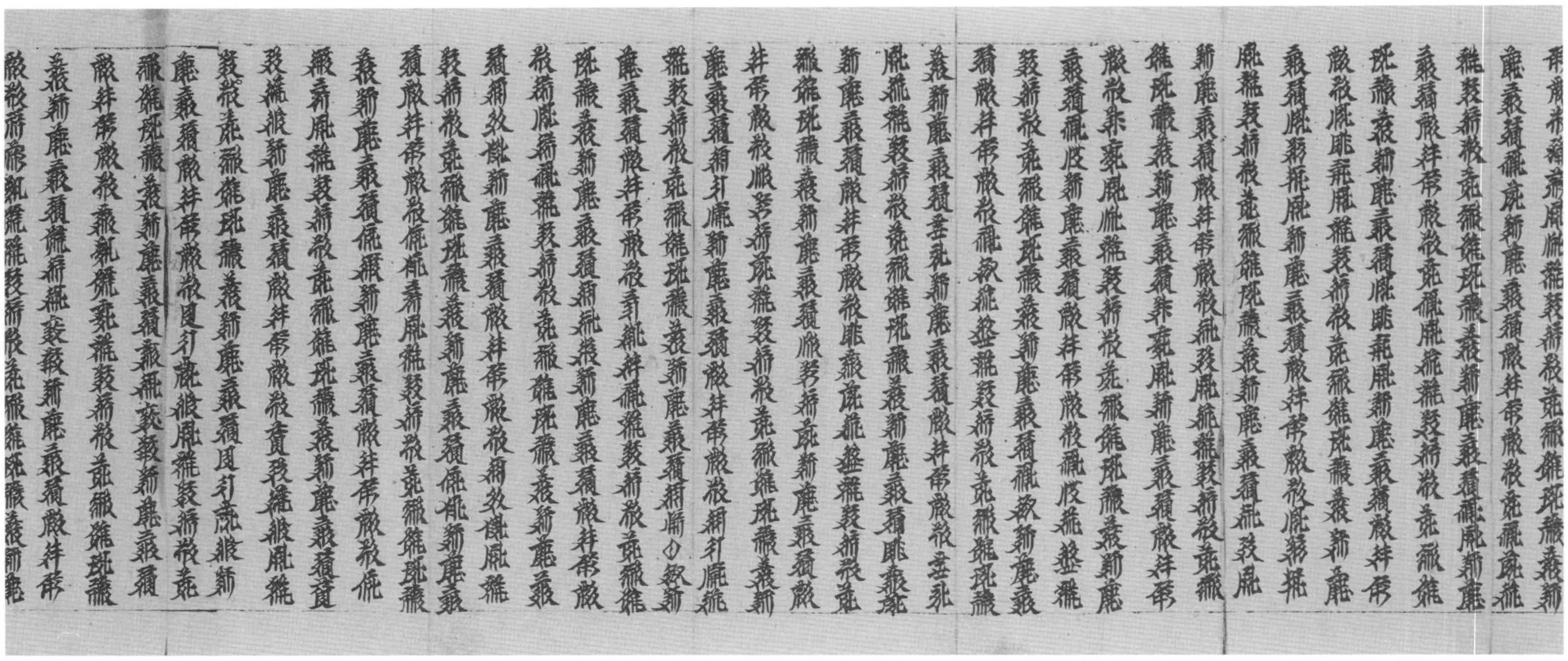

俄 Инв.No.1309　大般若波羅蜜多經卷第二百九十六　(13–12)

俄 Инв.No.1309　大般若波羅蜜多經卷第二百九十六　(13–13)

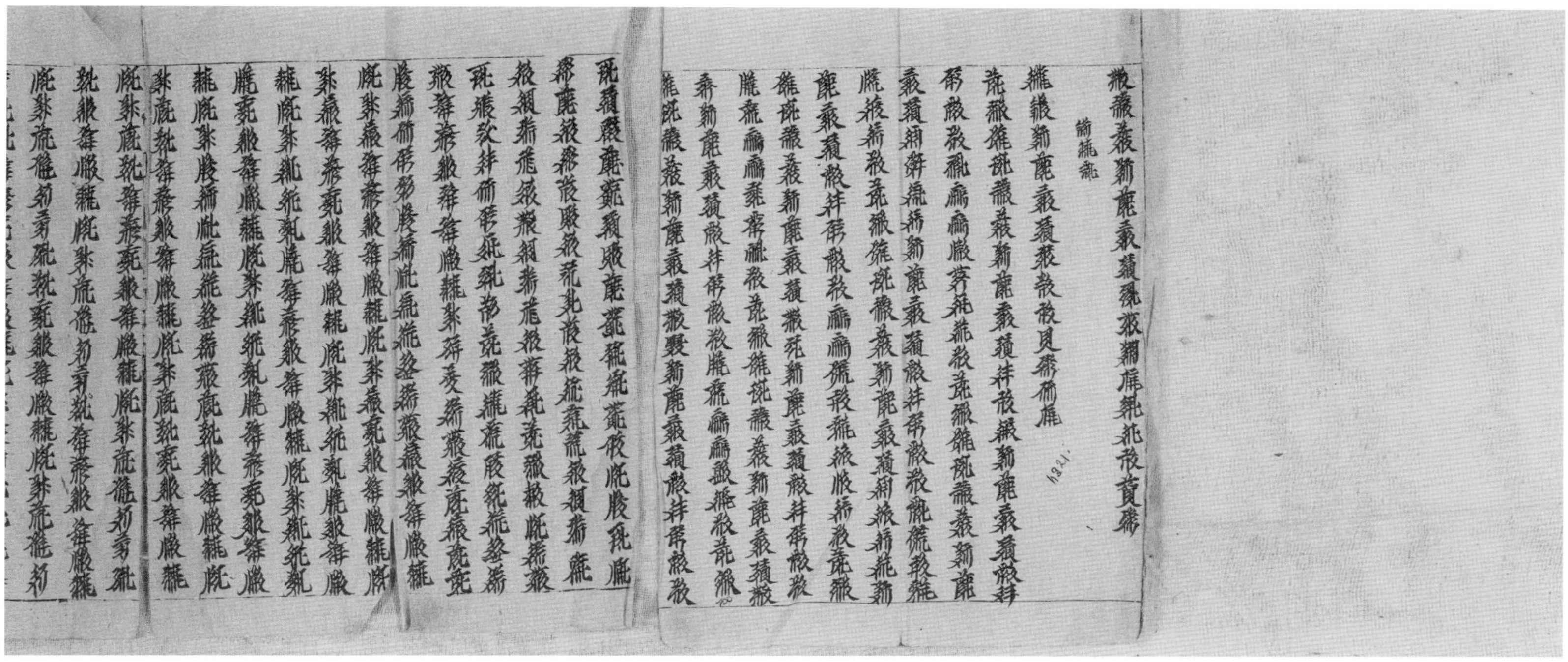

俄 Инв.No.6921　大般若波羅蜜多經卷第二百九十七　(4–1)

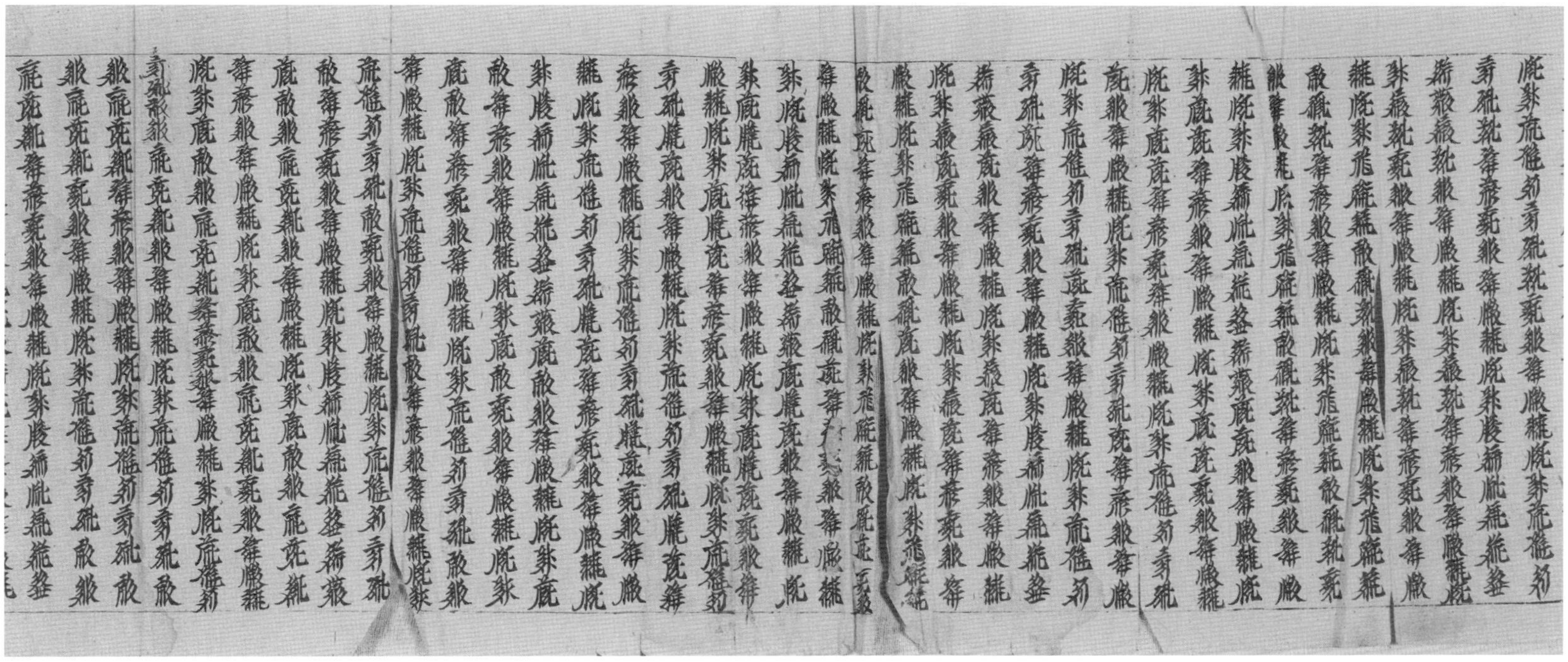

俄 Инв.No.6921　大般若波羅蜜多經卷第二百九十七　(4–2)

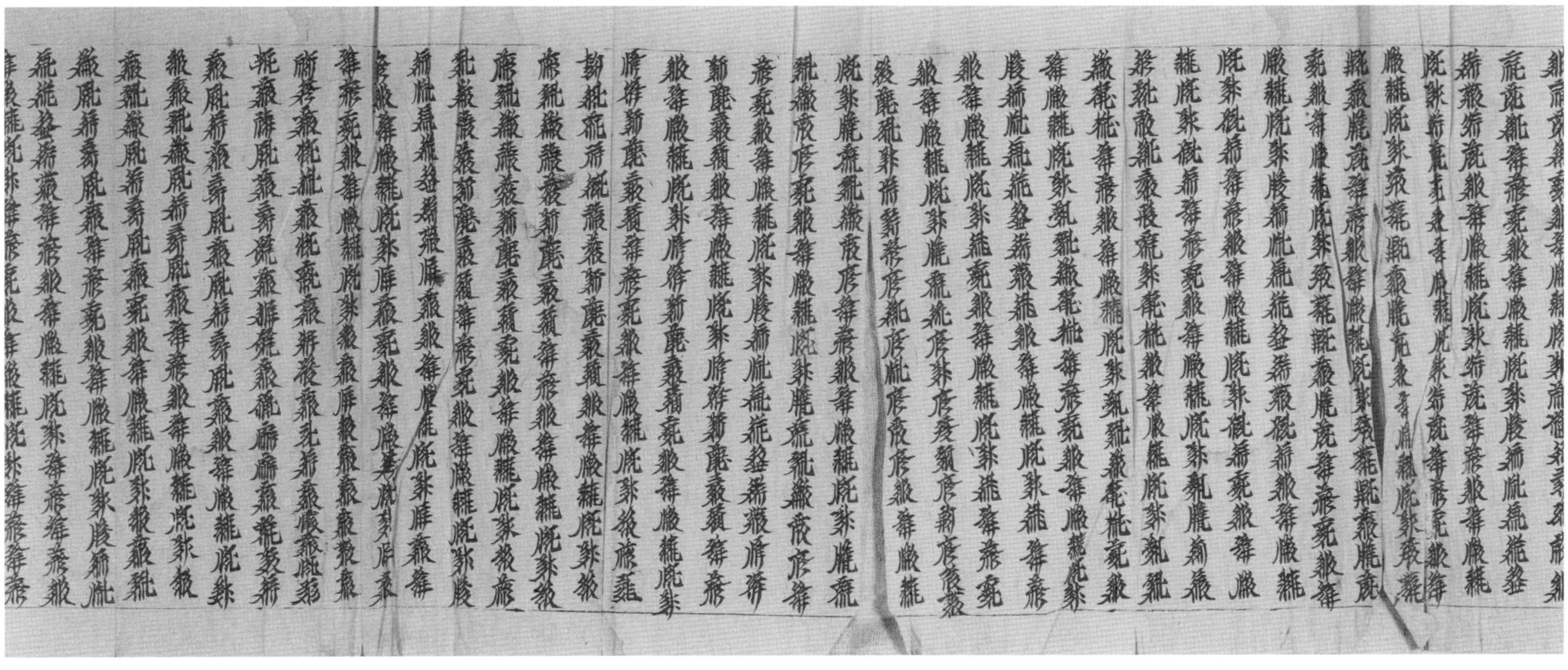

俄 Инв.No.6921　大般若波羅蜜多經卷第二百九十七　(4–3)

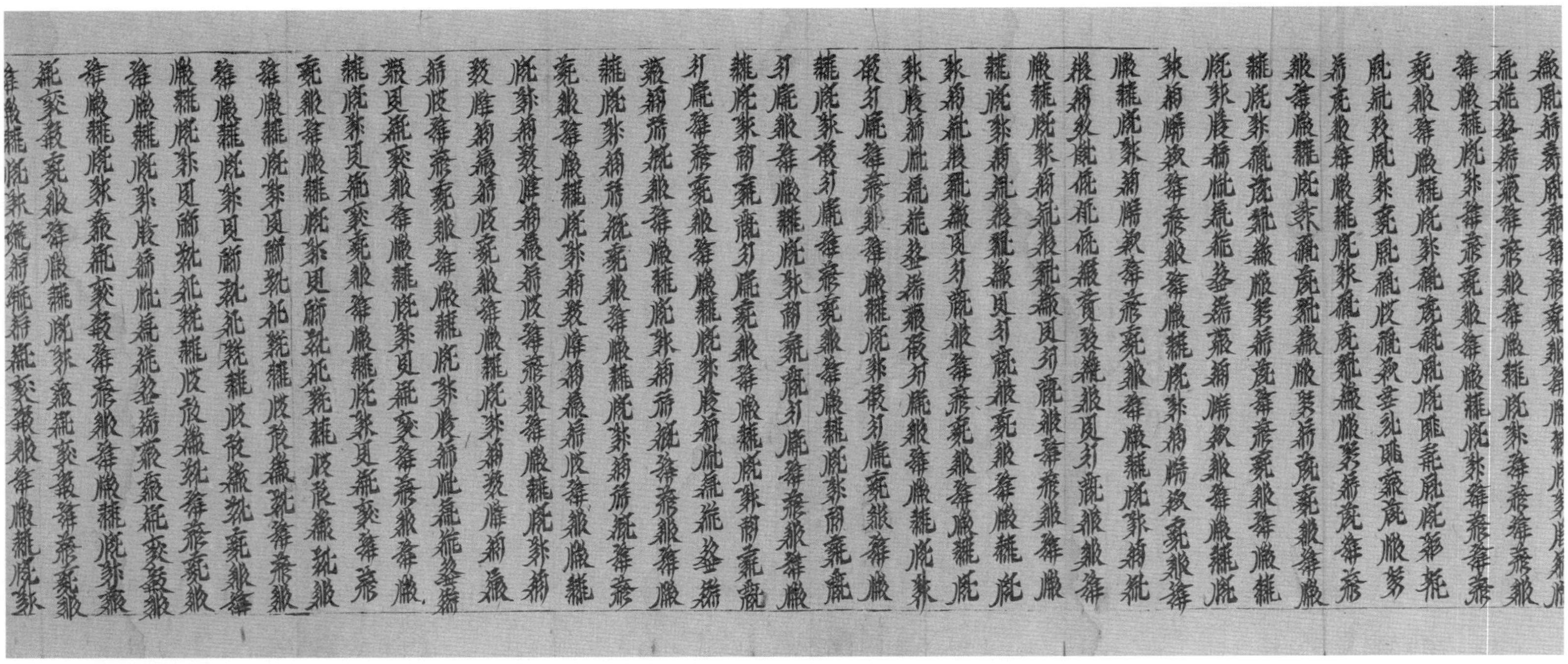

俄 Инв.No.6921　大般若波羅蜜多經卷第二百九十七　(4–4)

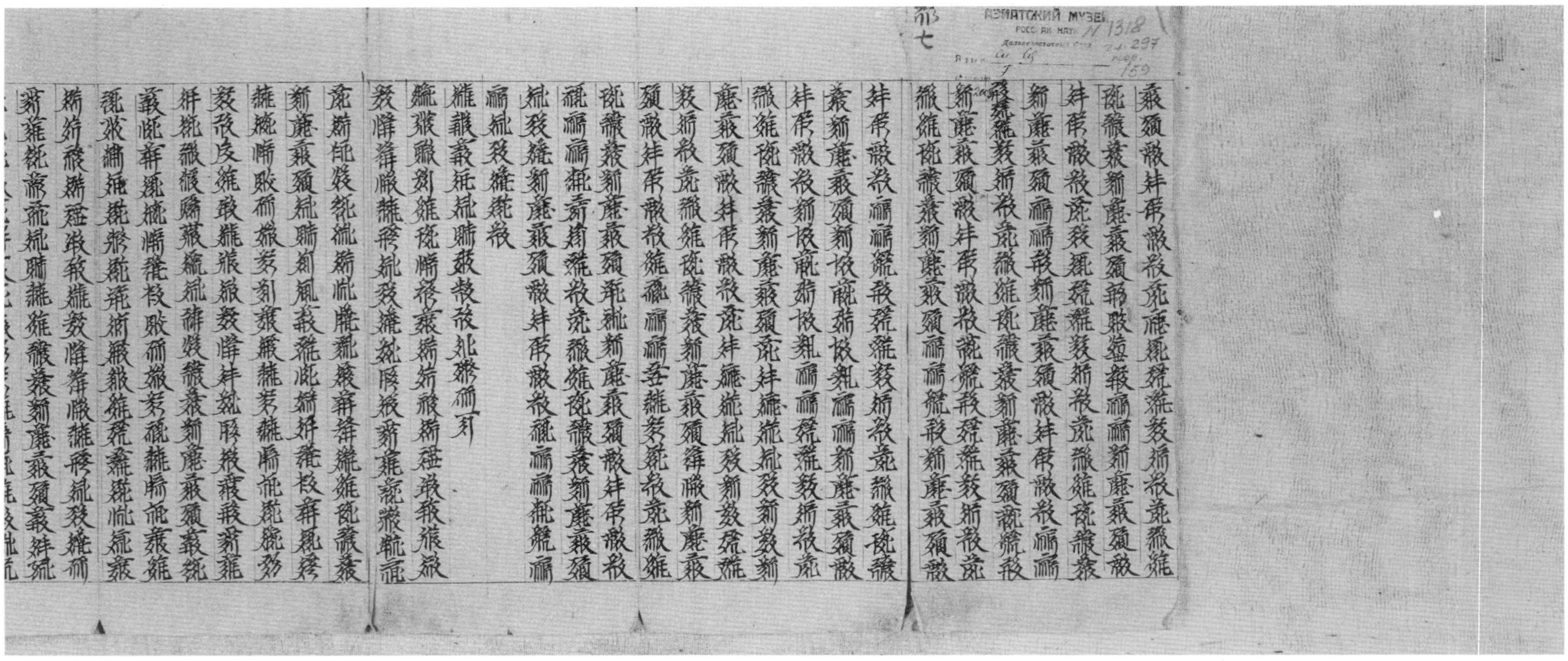

俄 Инв.No.1318　大般若波羅蜜多經卷第二百九十七　(12–1)

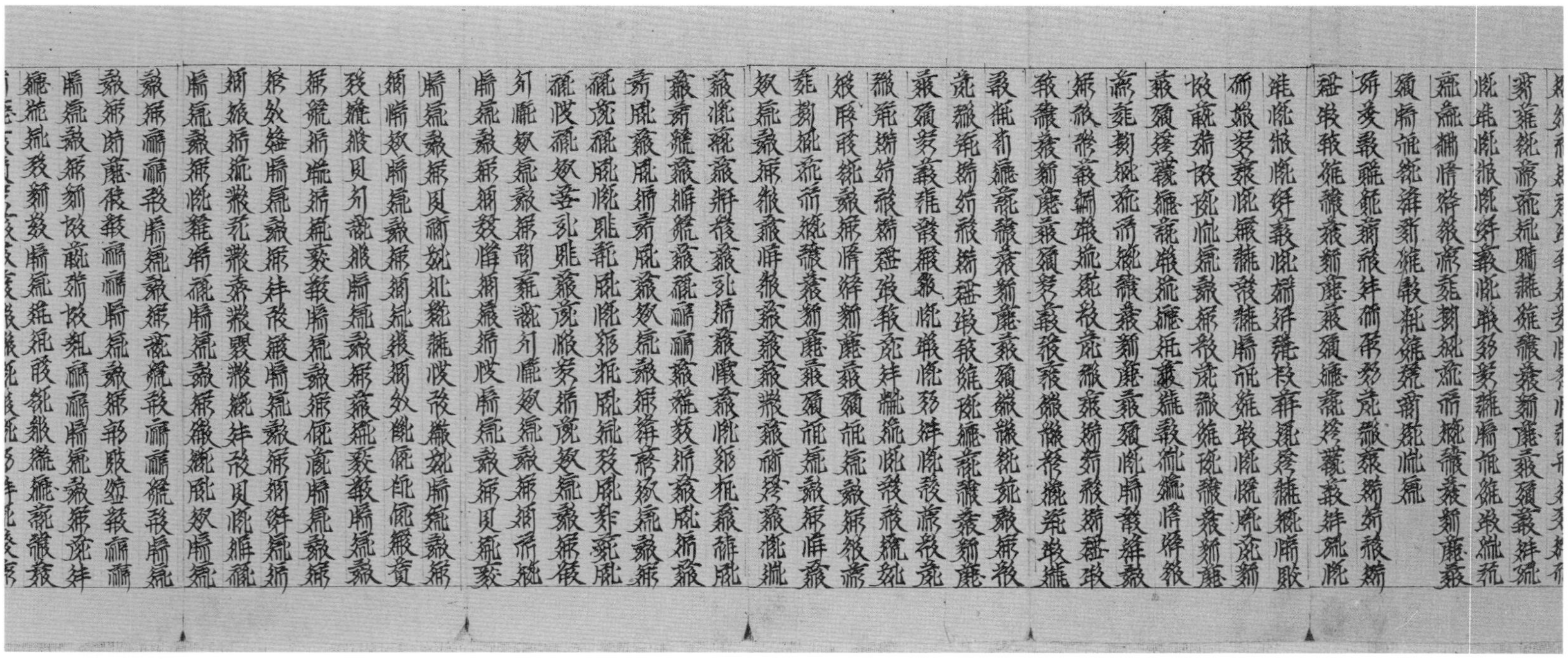

俄 Инв.No.1318　大般若波羅蜜多經卷第二百九十七　(12–2)

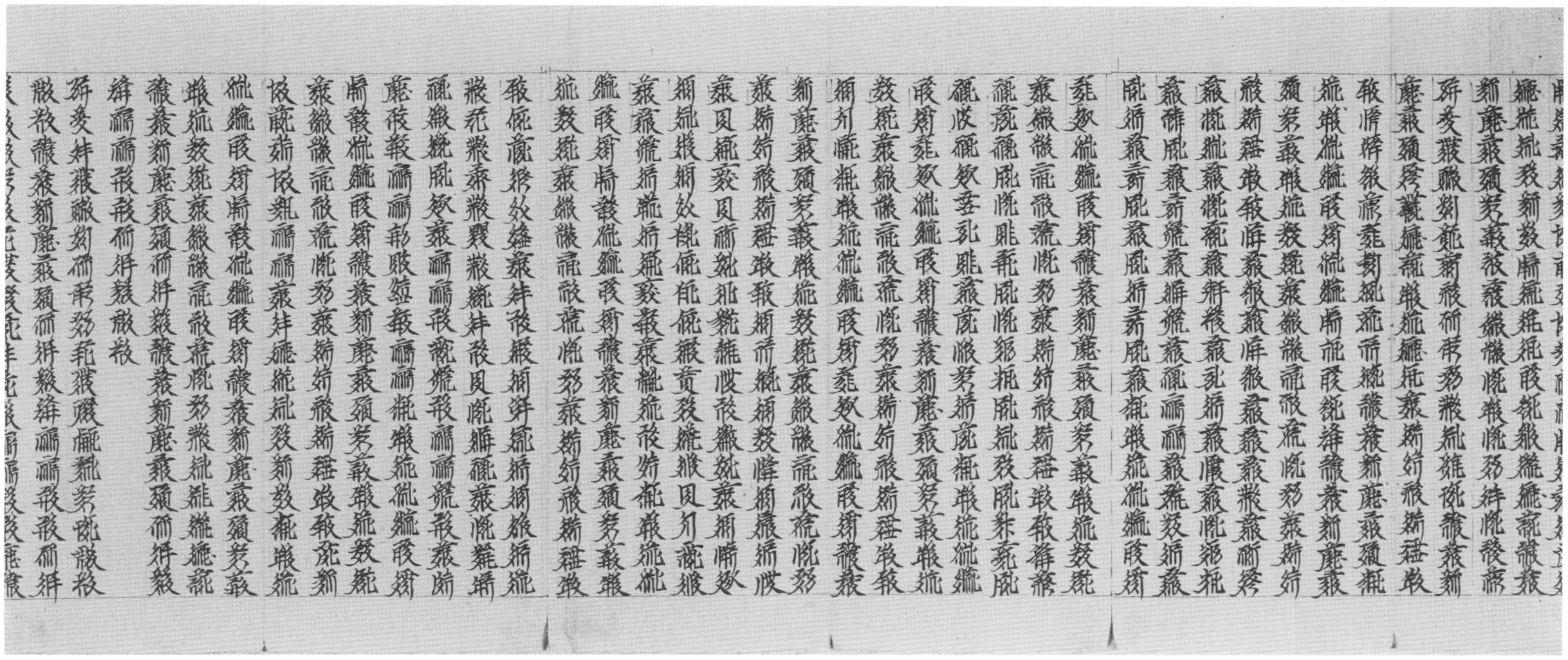

俄 Инв.No.1318　大般若波羅蜜多經卷第二百九十七　(12–3)

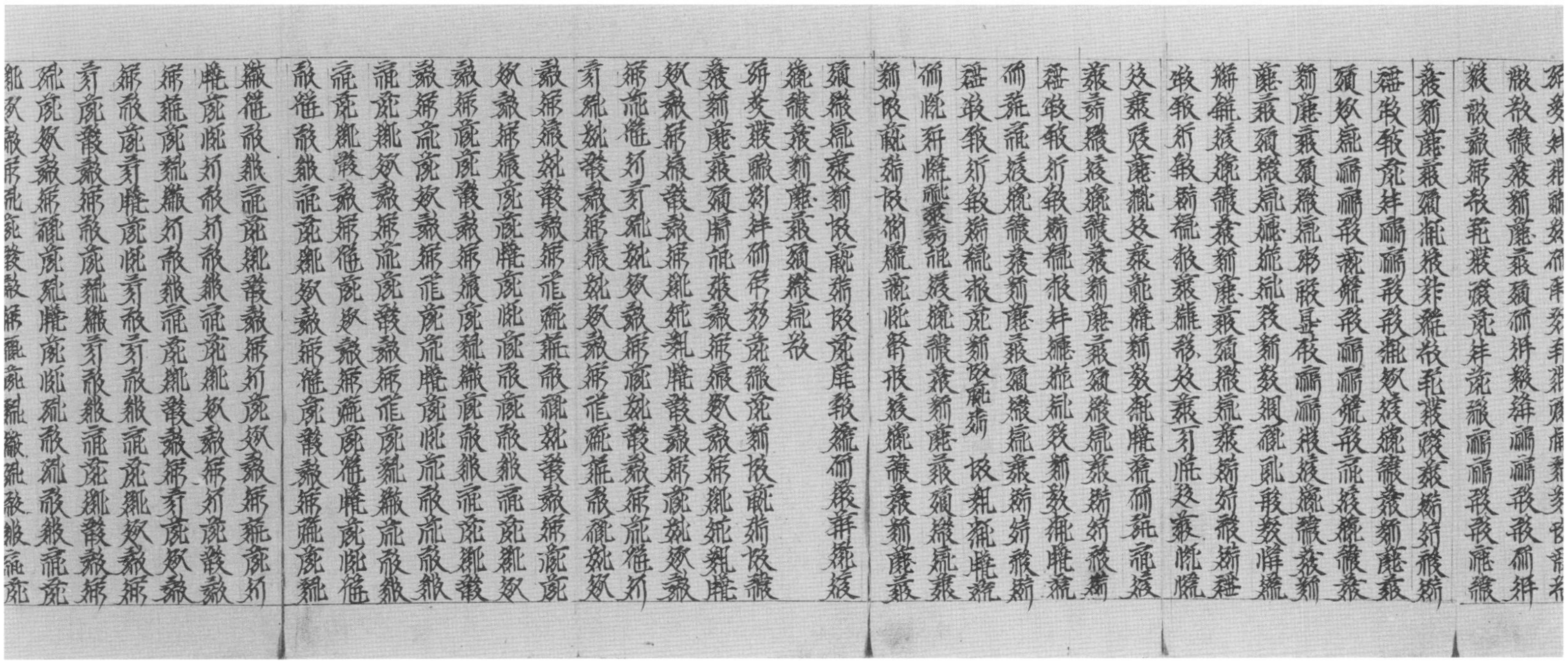

俄 Инв.No.1318　大般若波羅蜜多經卷第二百九十七　(12–4)

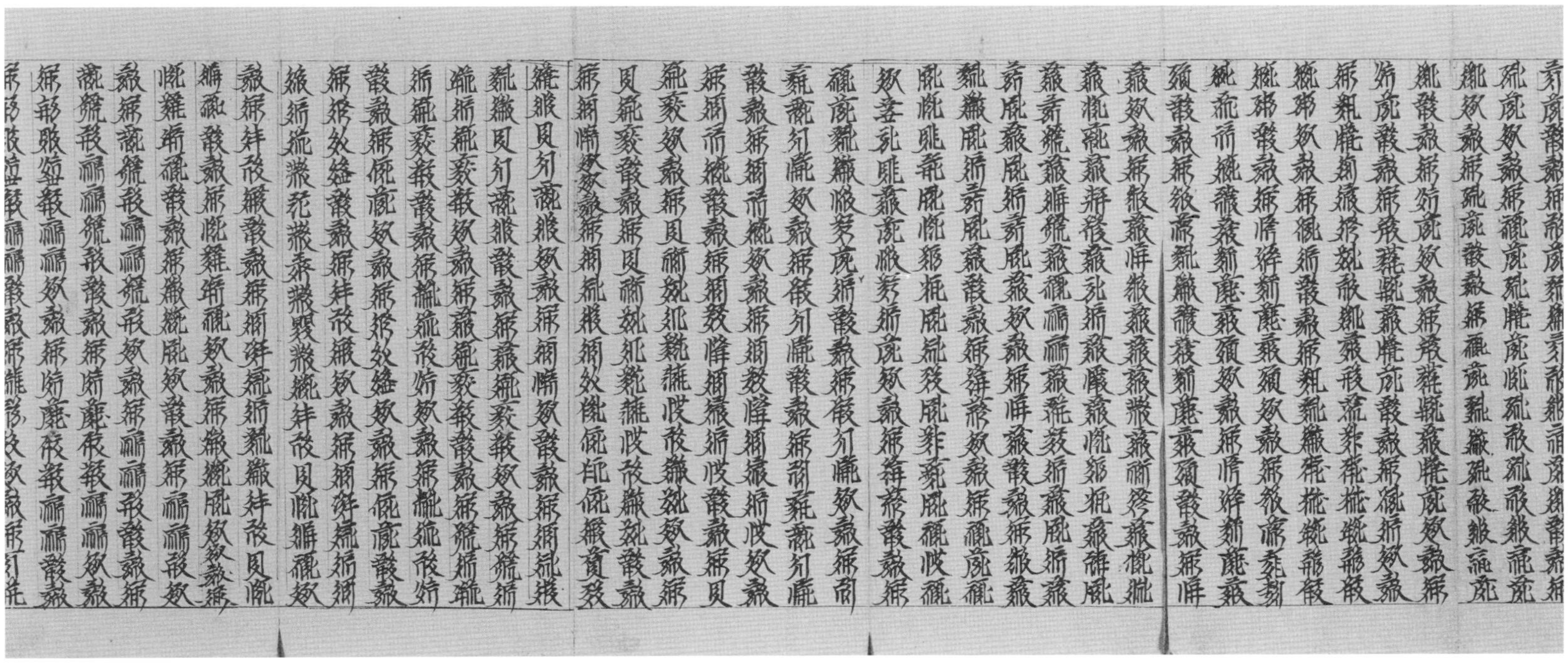

俄 Инв.No.1318　大般若波羅蜜多經卷第二百九十七　(12–5)

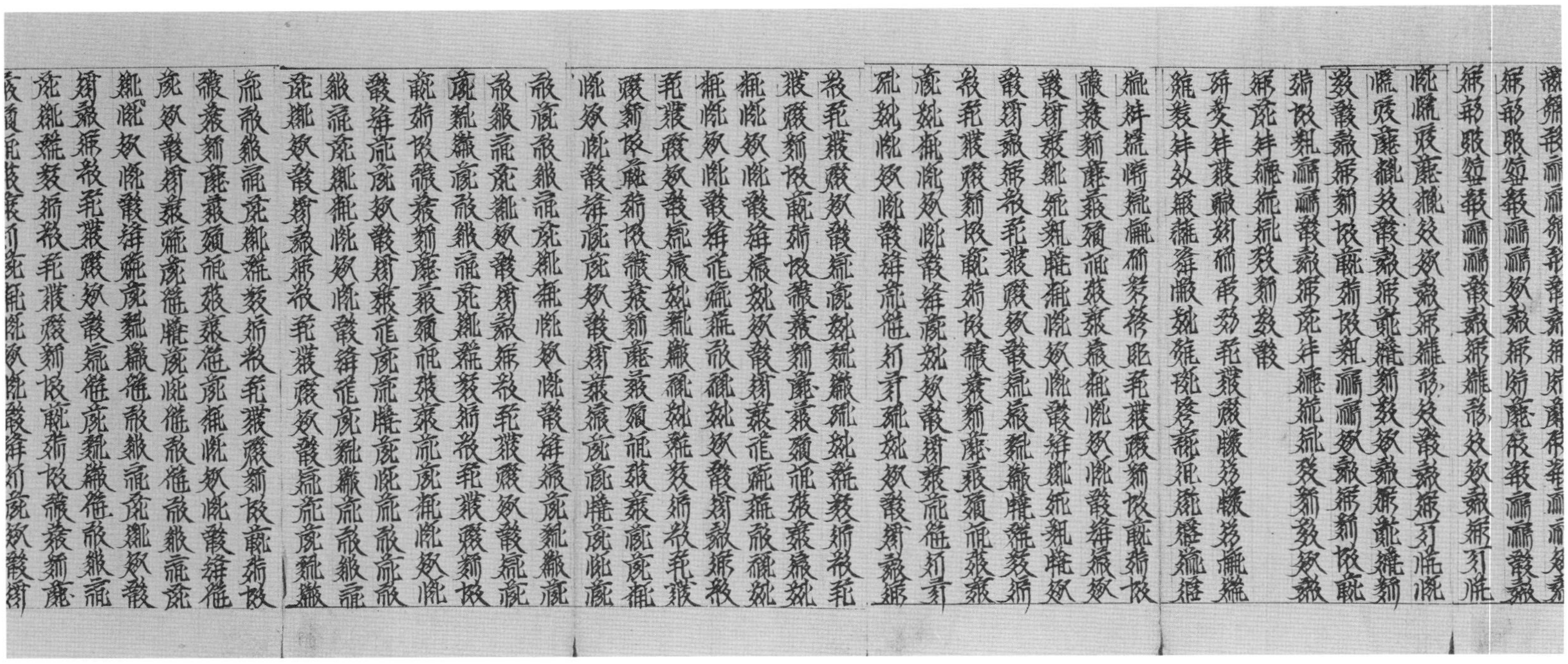

俄 Инв.No.1318　大般若波羅蜜多經卷第二百九十七　(12-6)

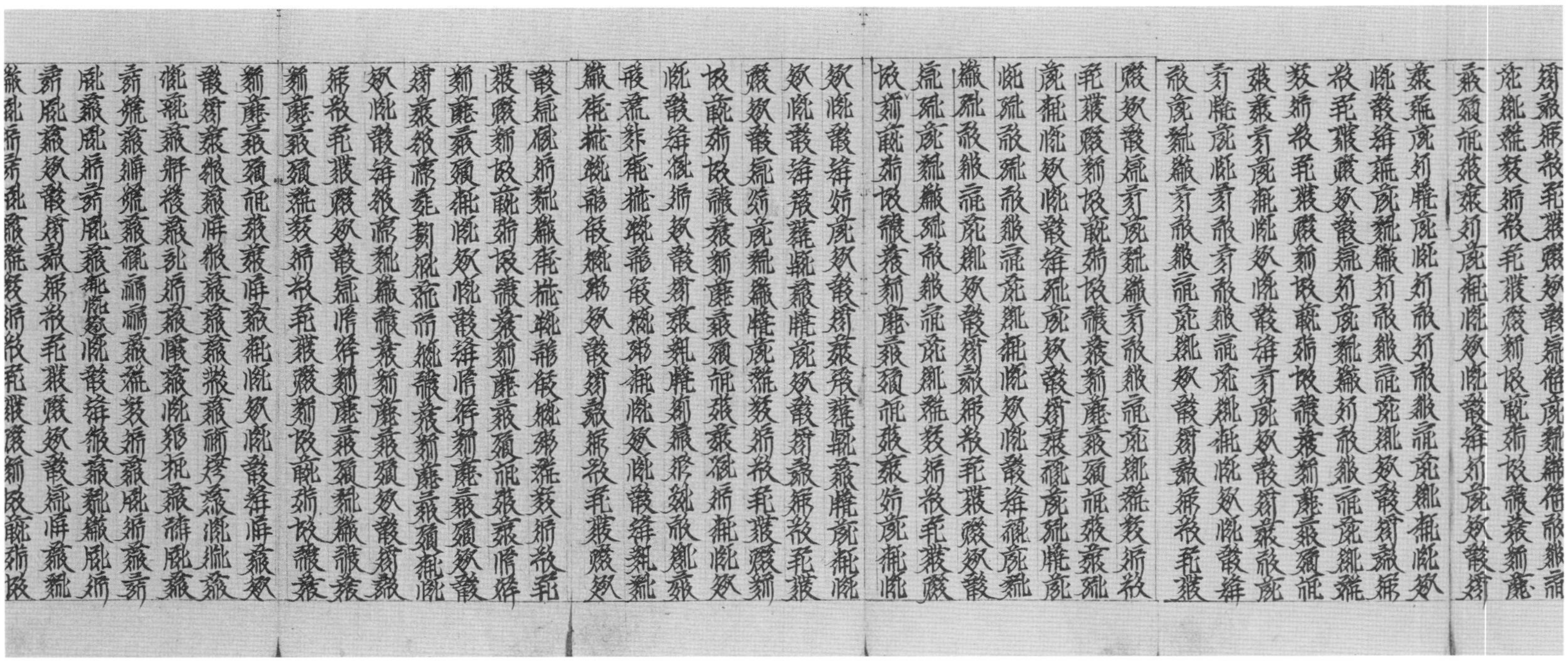

俄 Инв.No.1318　大般若波羅蜜多經卷第二百九十七　(12-7)

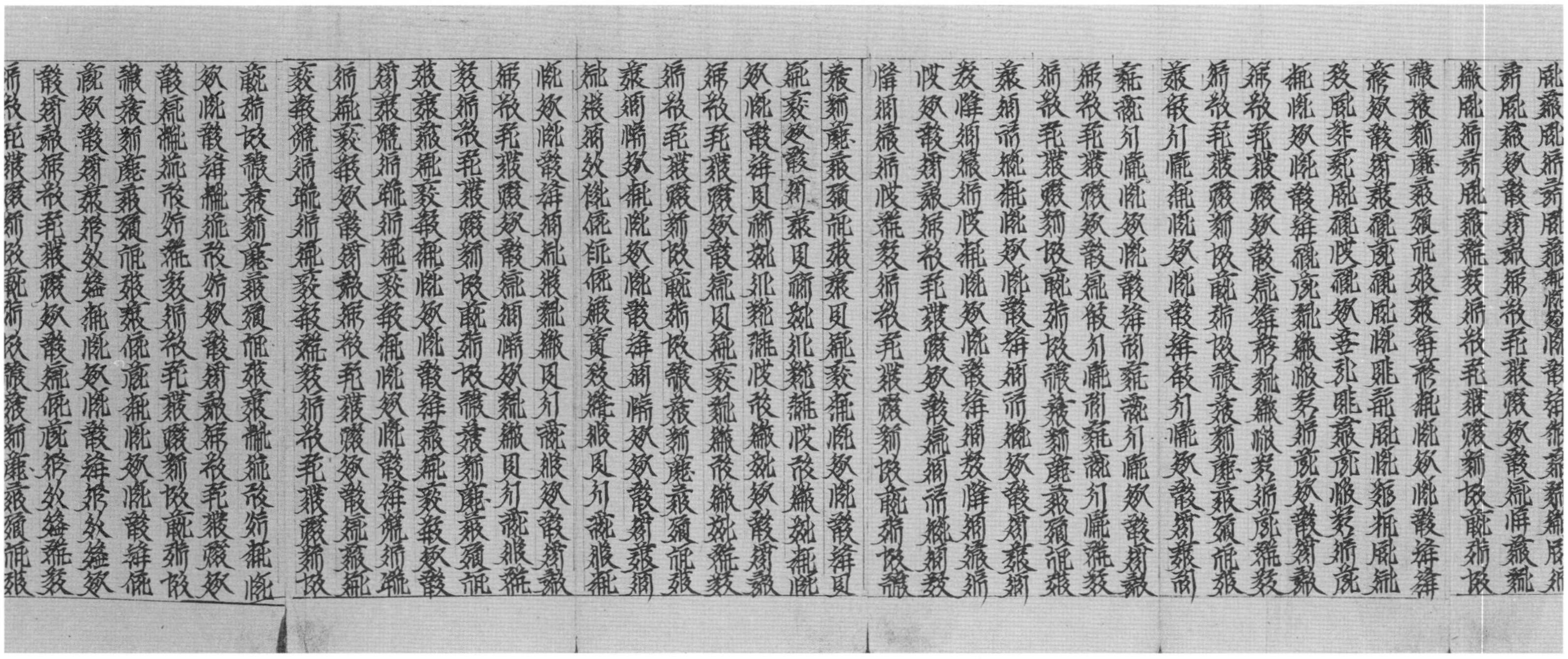

俄 Инв.No.1318　大般若波羅蜜多經卷第二百九十七　(12-8)

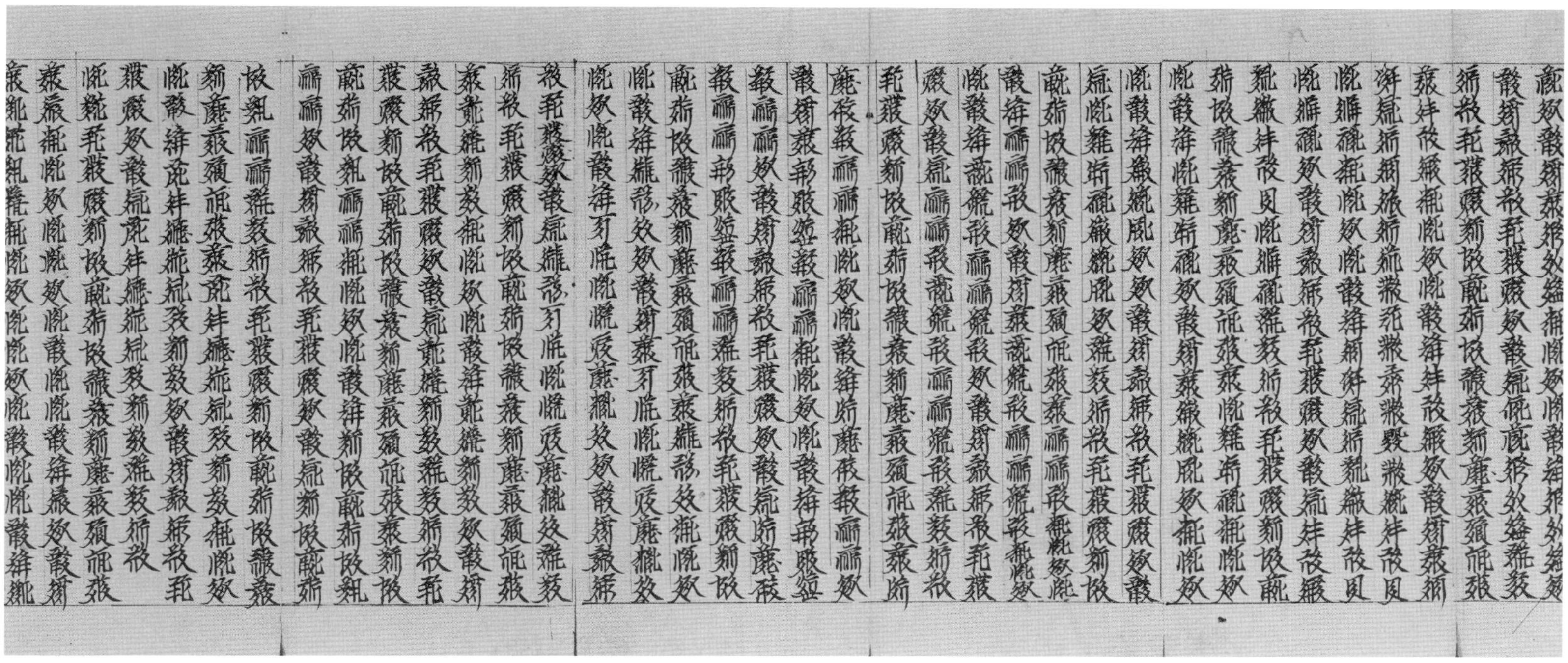

俄 Инв.No.1318　大般若波羅蜜多經卷第二百九十七　(12-9)

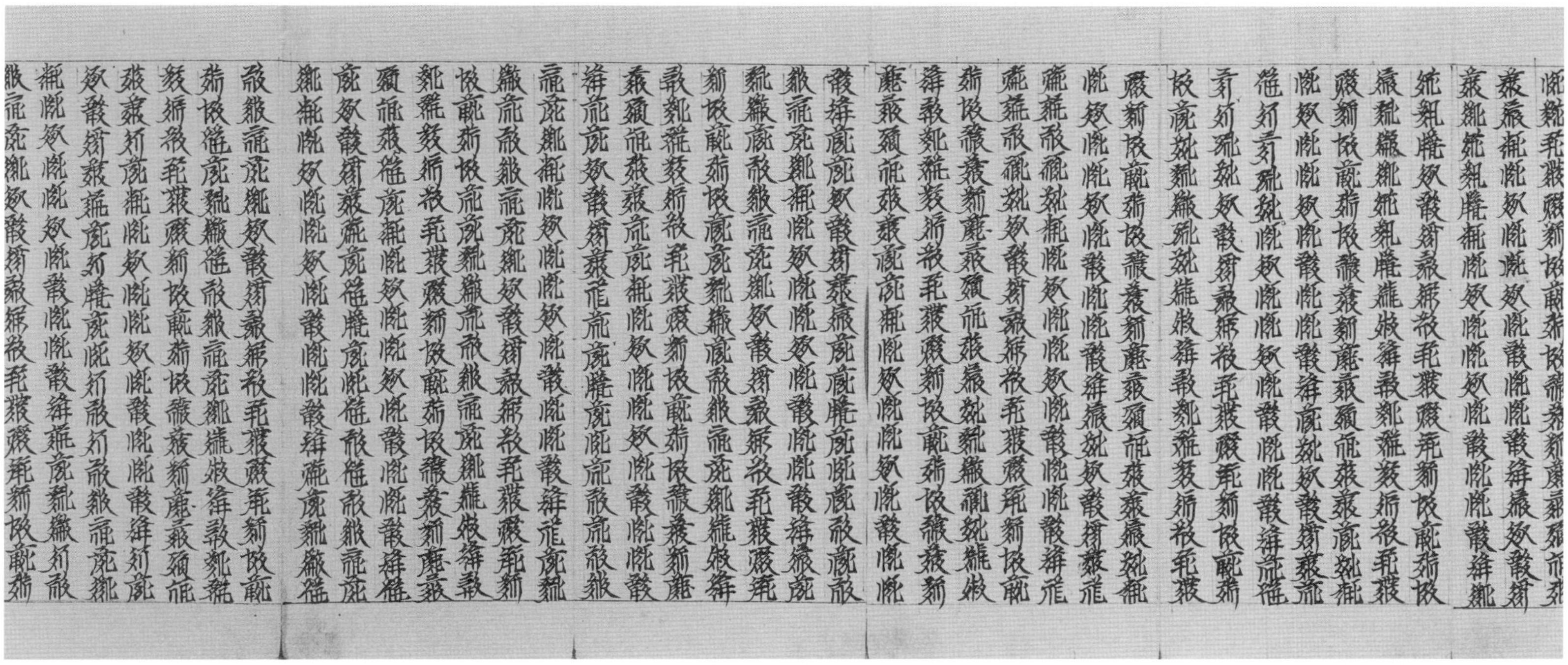

俄 Инв.No.1318　大般若波羅蜜多經卷第二百九十七　(12-10)

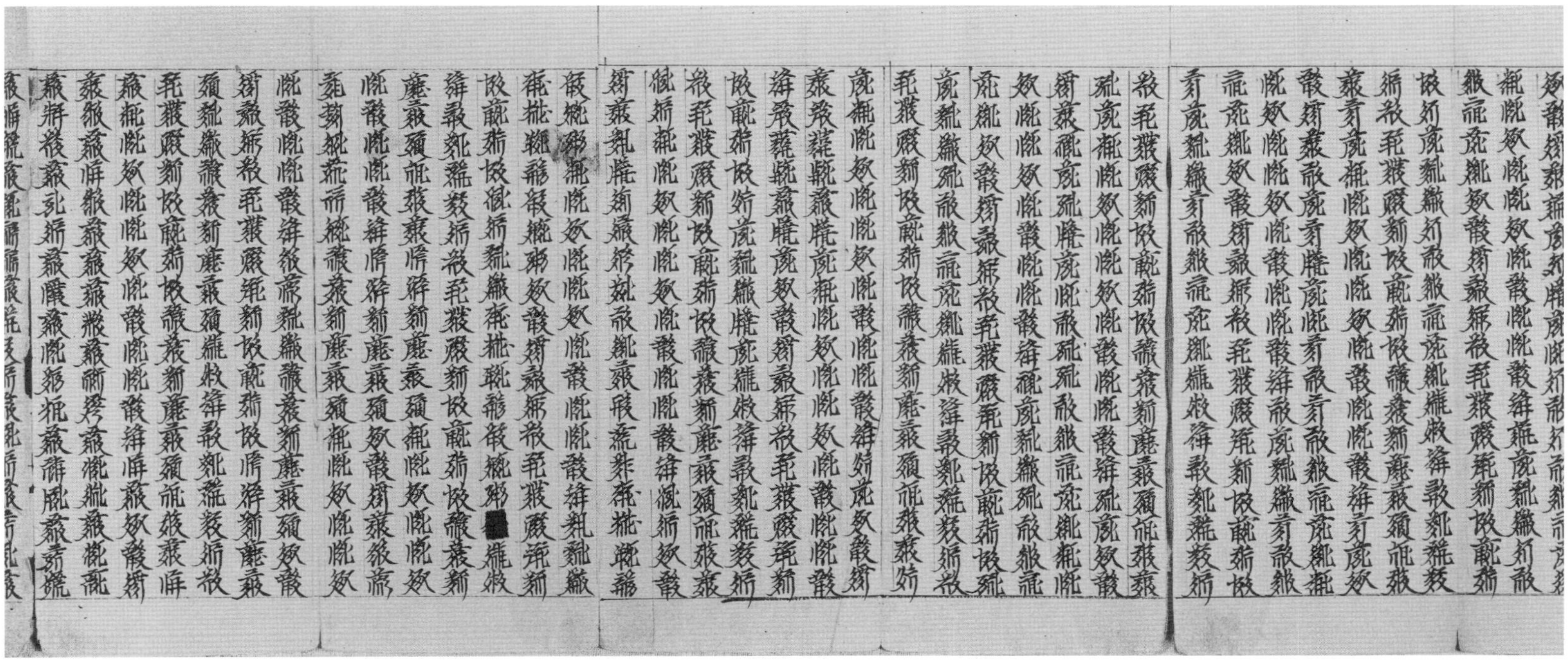

俄 Инв.No.1318　大般若波羅蜜多經卷第二百九十七　(12-11)

俄 Инв.No.1318　大般若波羅蜜多經卷第二百九十七　(12–12)

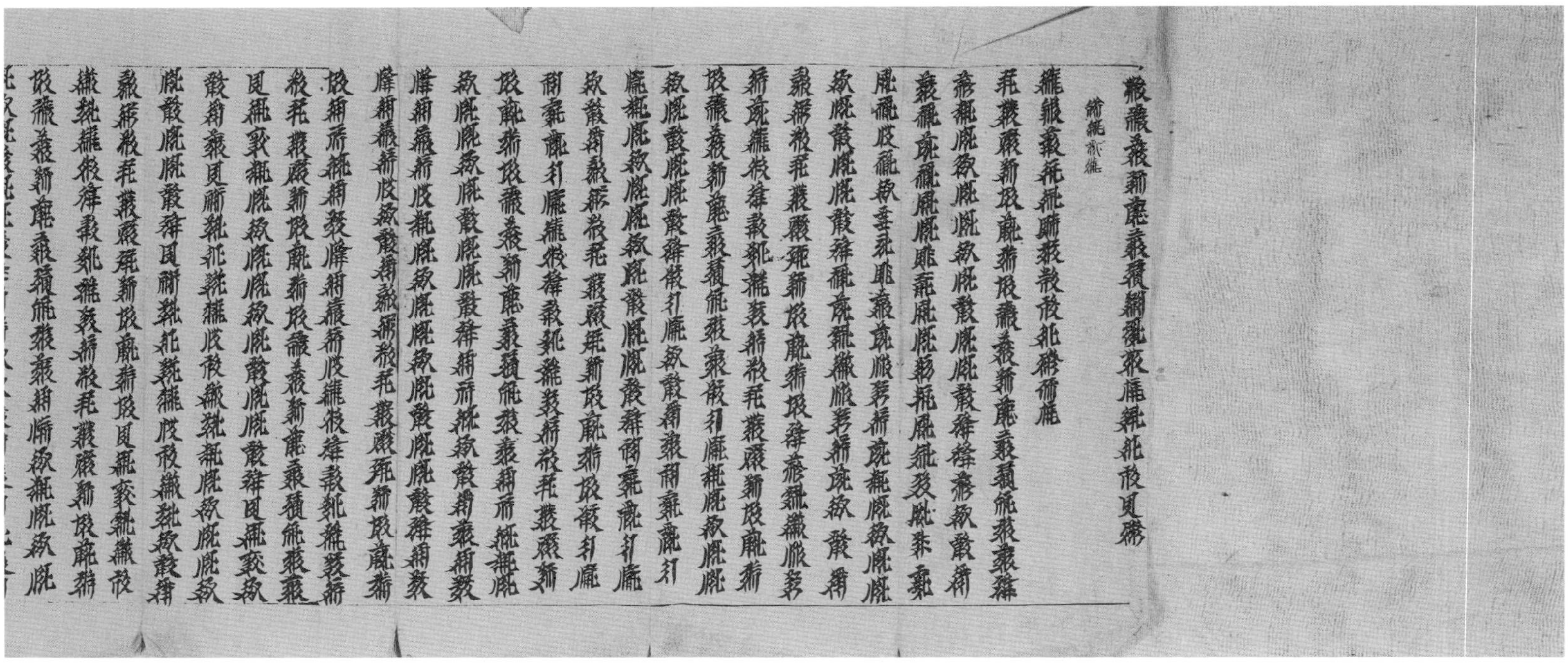

俄 Инв.No.1313　大般若波羅蜜多經卷第二百九十八　(13–1)

俄 Инв.No.1313　大般若波羅蜜多經卷第二百九十八　(13–2)

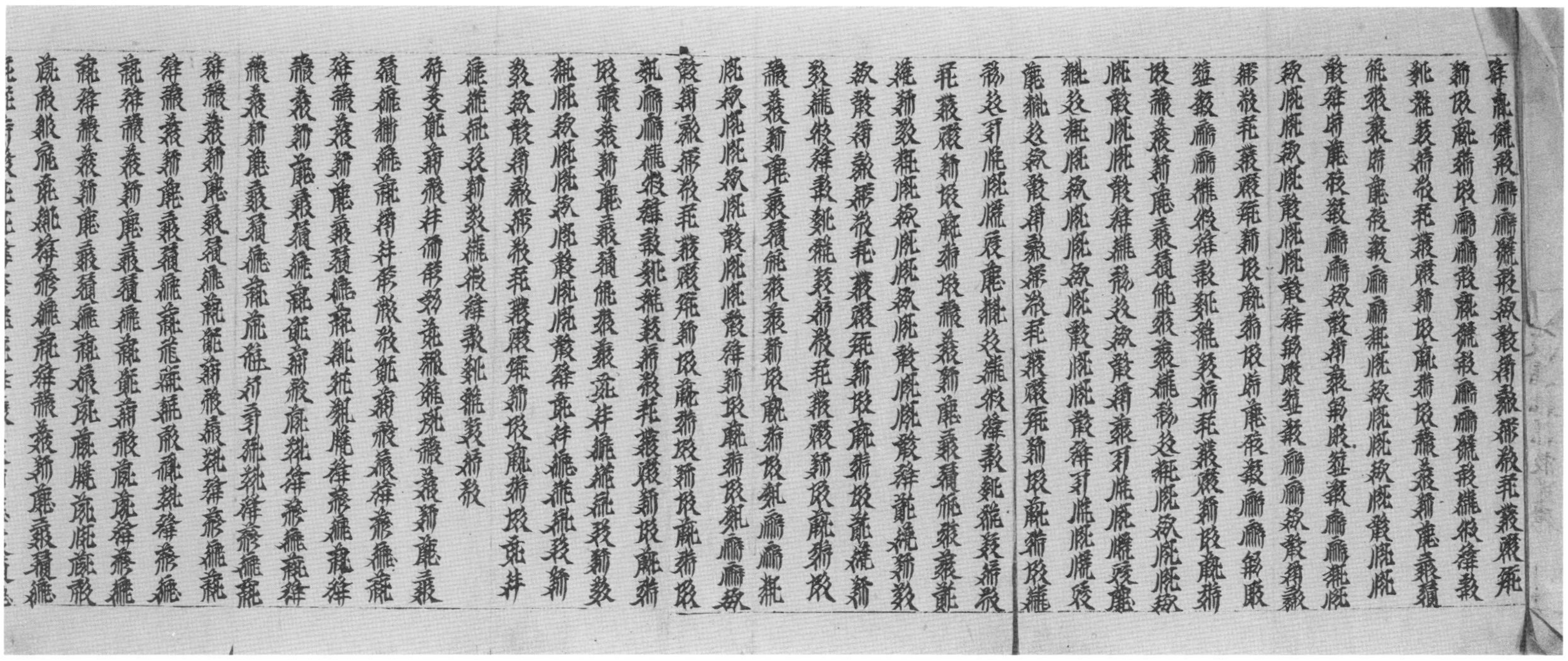

俄 Инв.No.1313　大般若波羅蜜多經卷第二百九十八　(13–3)

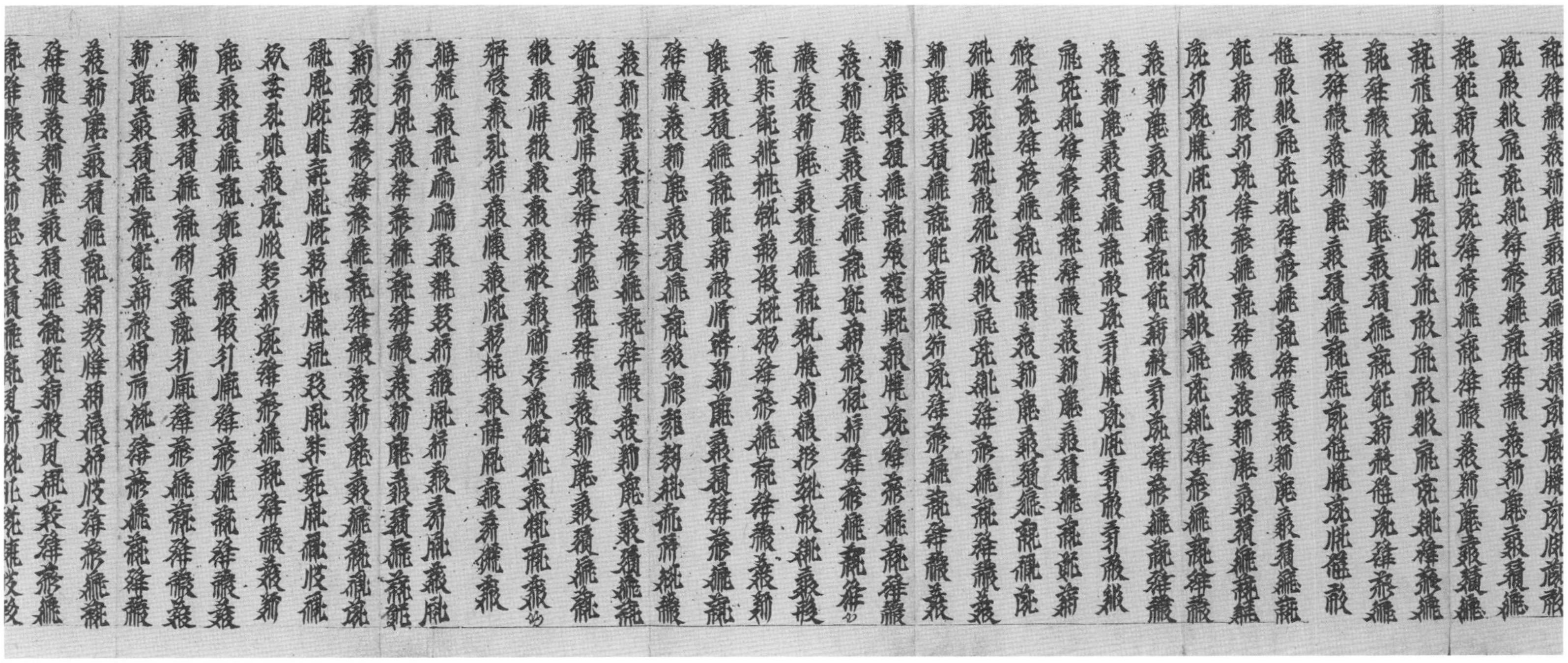

俄 Инв.No.1313　大般若波羅蜜多經卷第二百九十八　(13–4)

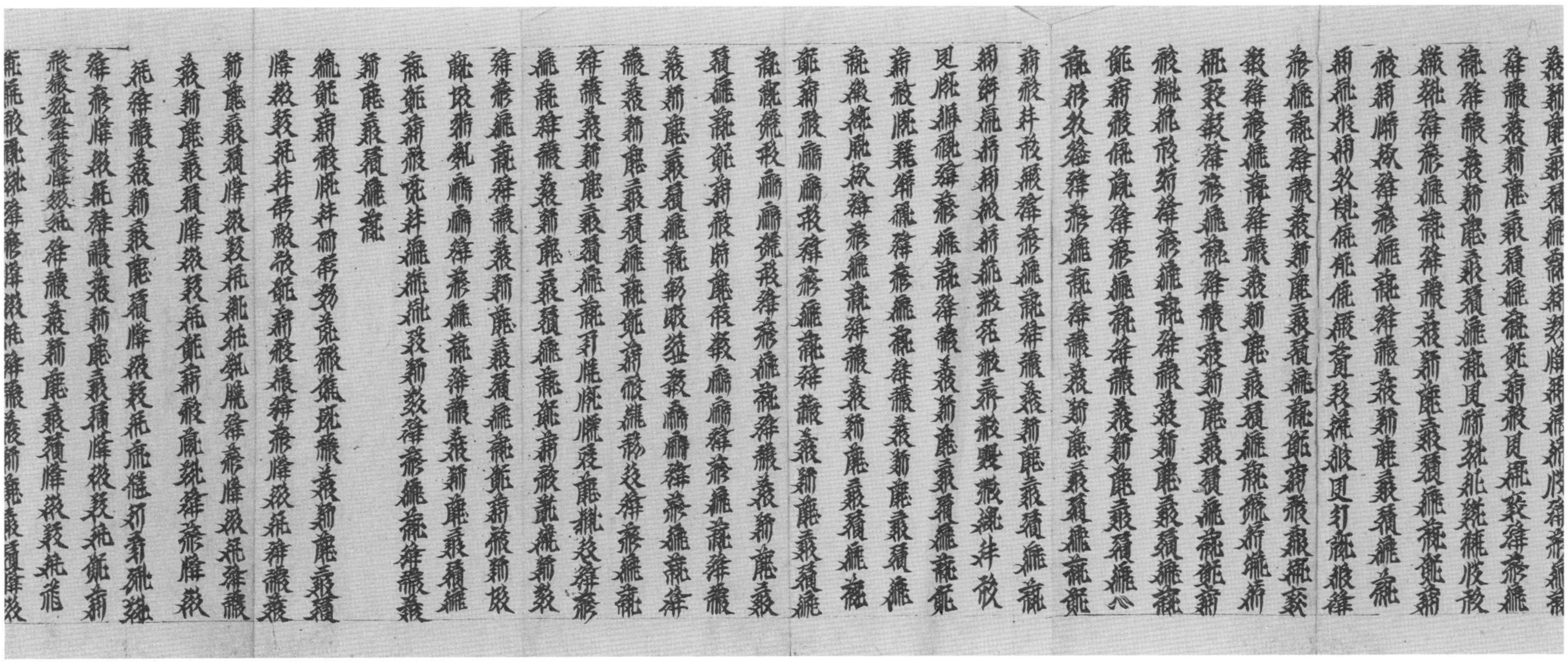

俄 Инв.No.1313　大般若波羅蜜多經卷第二百九十八　(13–5)

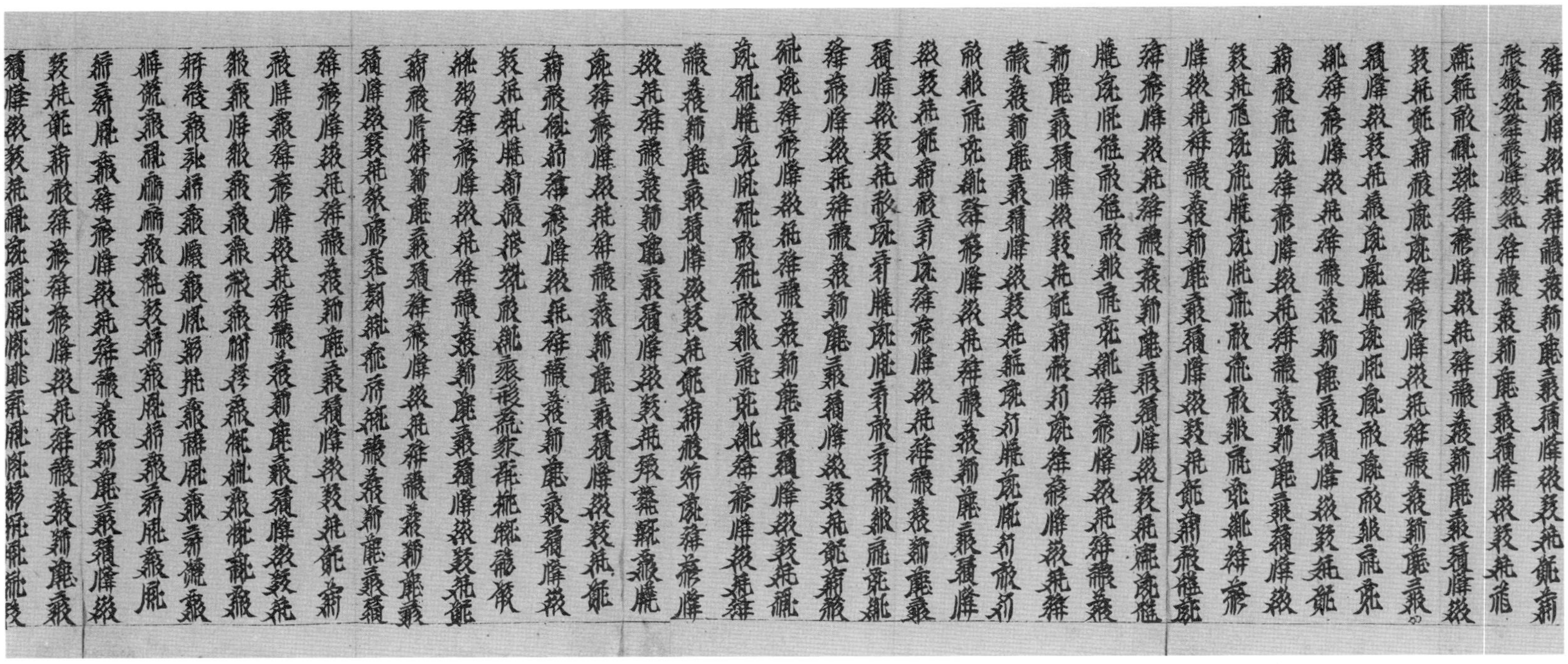

俄 Инв.No.1313　大般若波羅蜜多經卷第二百九十八　(13–6)

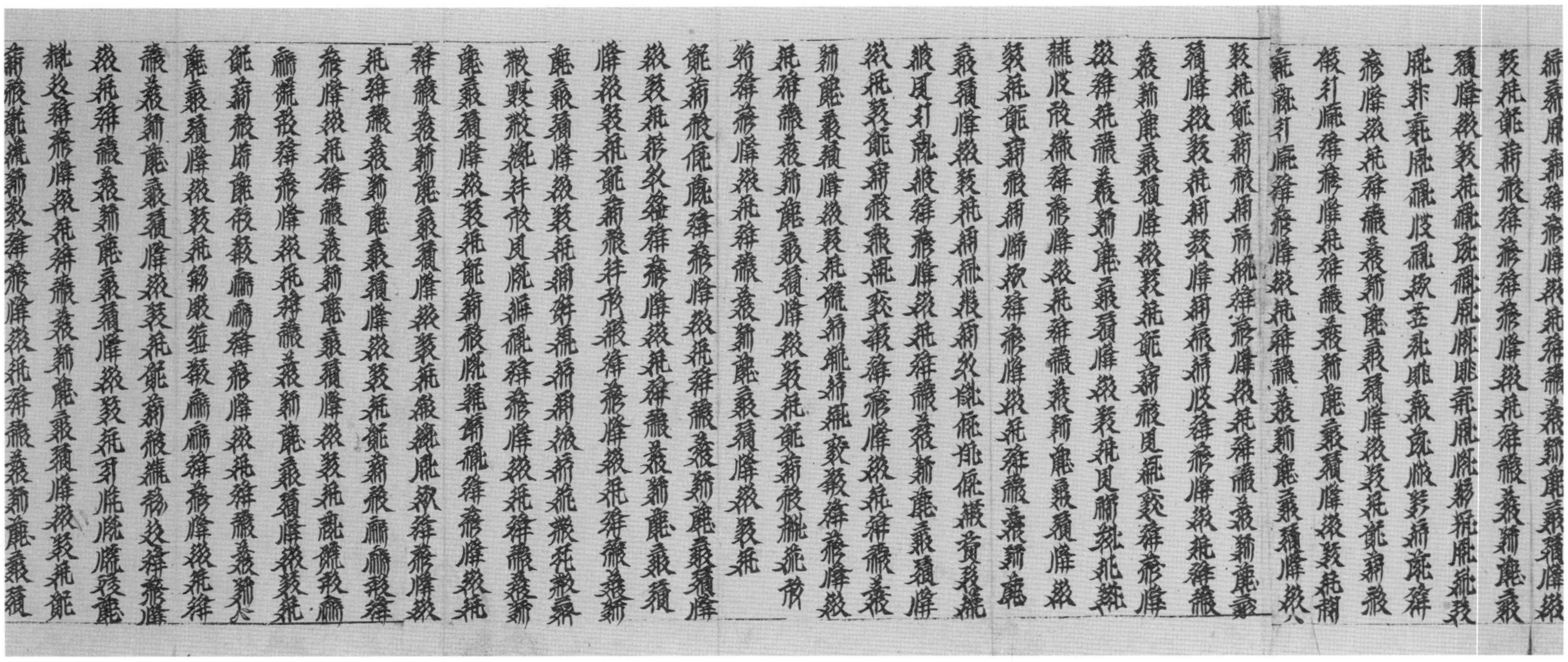

俄 Инв.No.1313　大般若波羅蜜多經卷第二百九十八　(13–7)

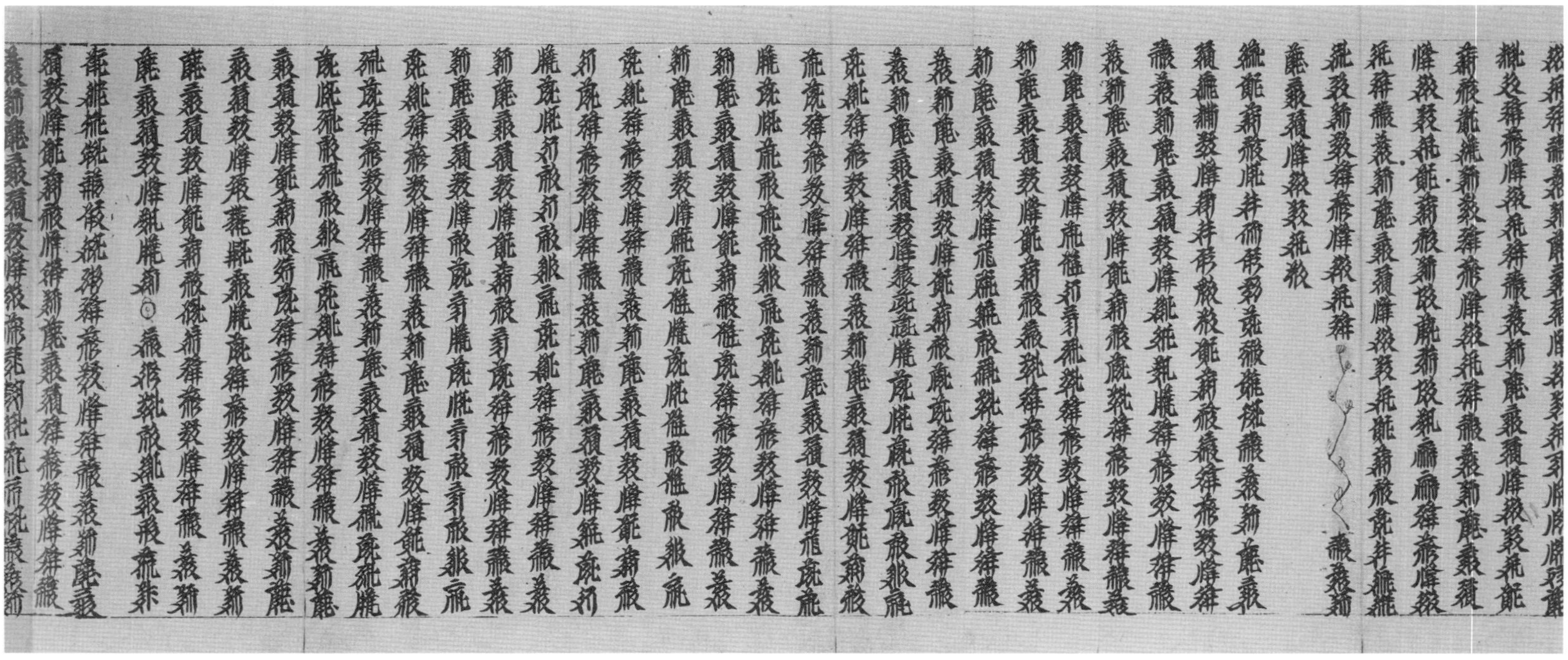

俄 Инв.No.1313　大般若波羅蜜多經卷第二百九十八　(13–8)

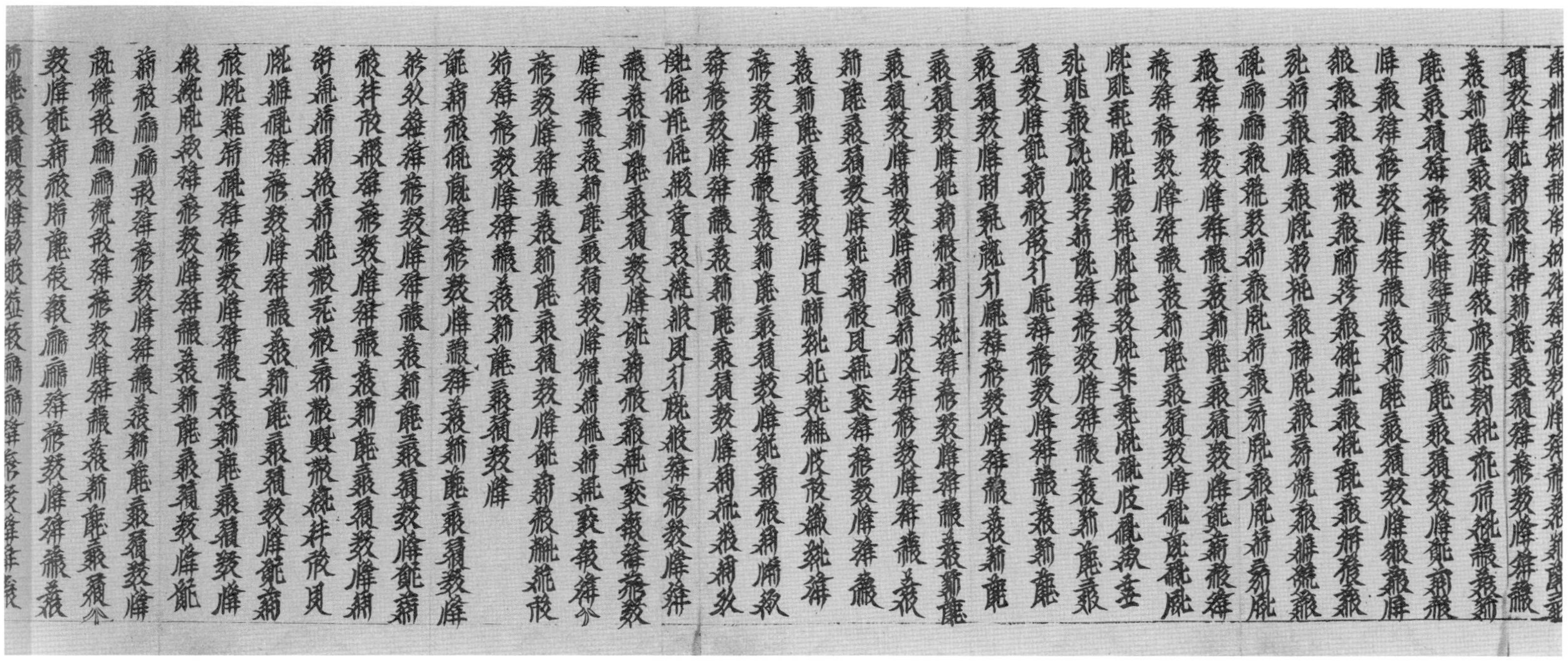

俄 Инв.No.1313　大般若波羅蜜多經卷第二百九十八　(13–9)

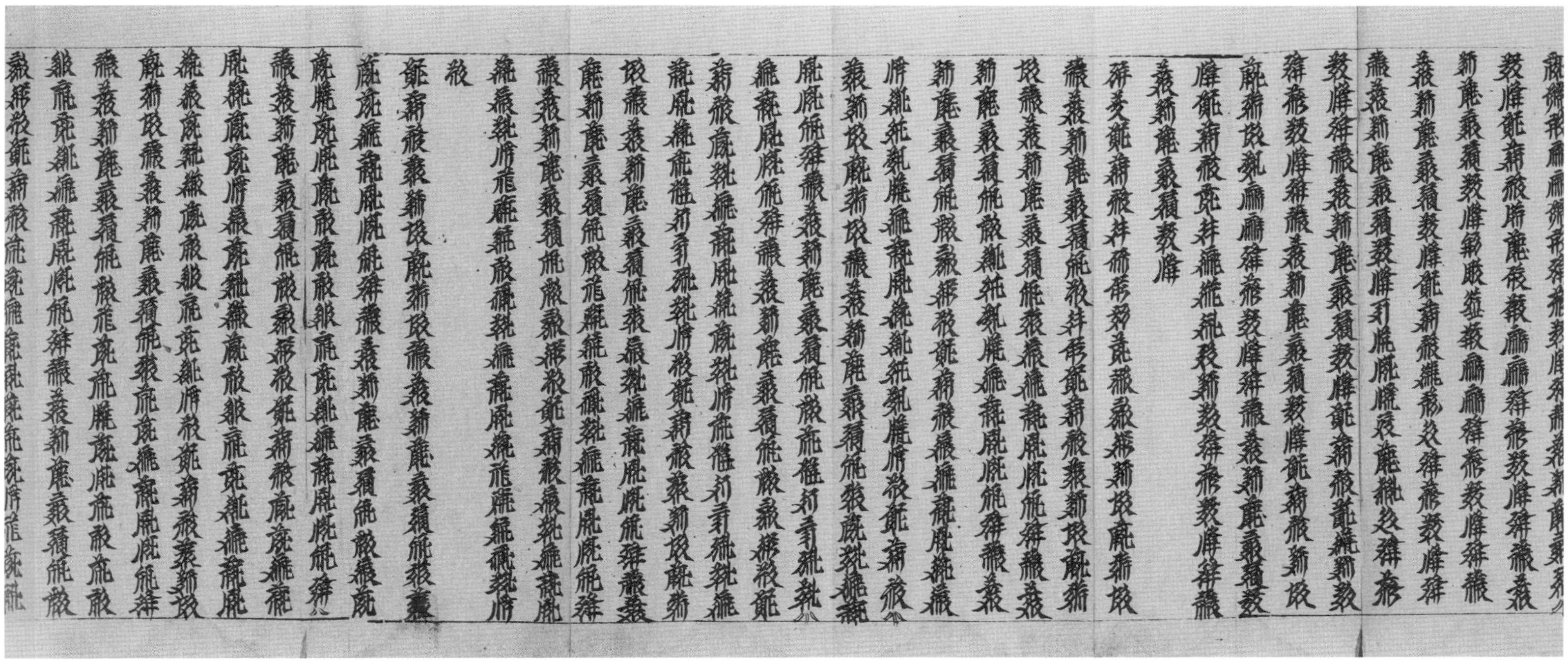

俄 Инв.No.1313　大般若波羅蜜多經卷第二百九十八　(13–10)

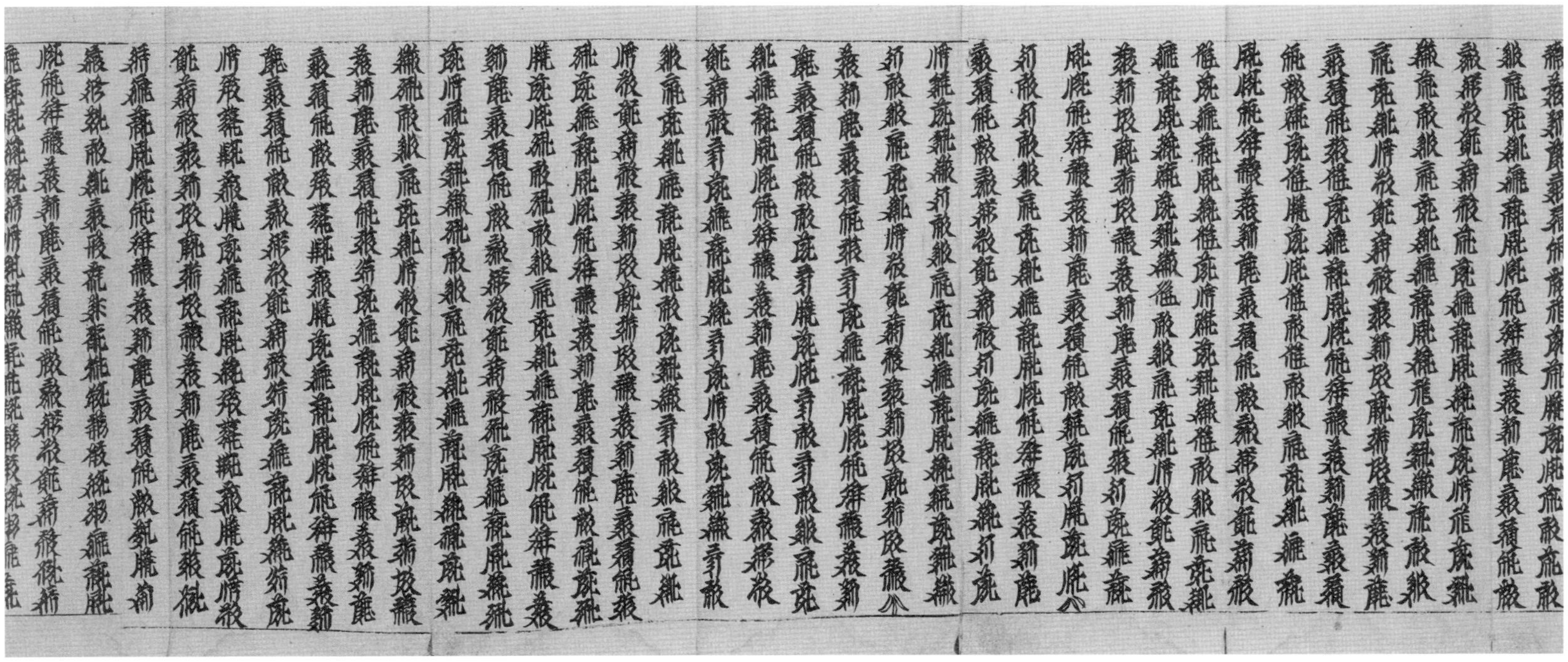

俄 Инв.No.1313　大般若波羅蜜多經卷第二百九十八　(13–11)

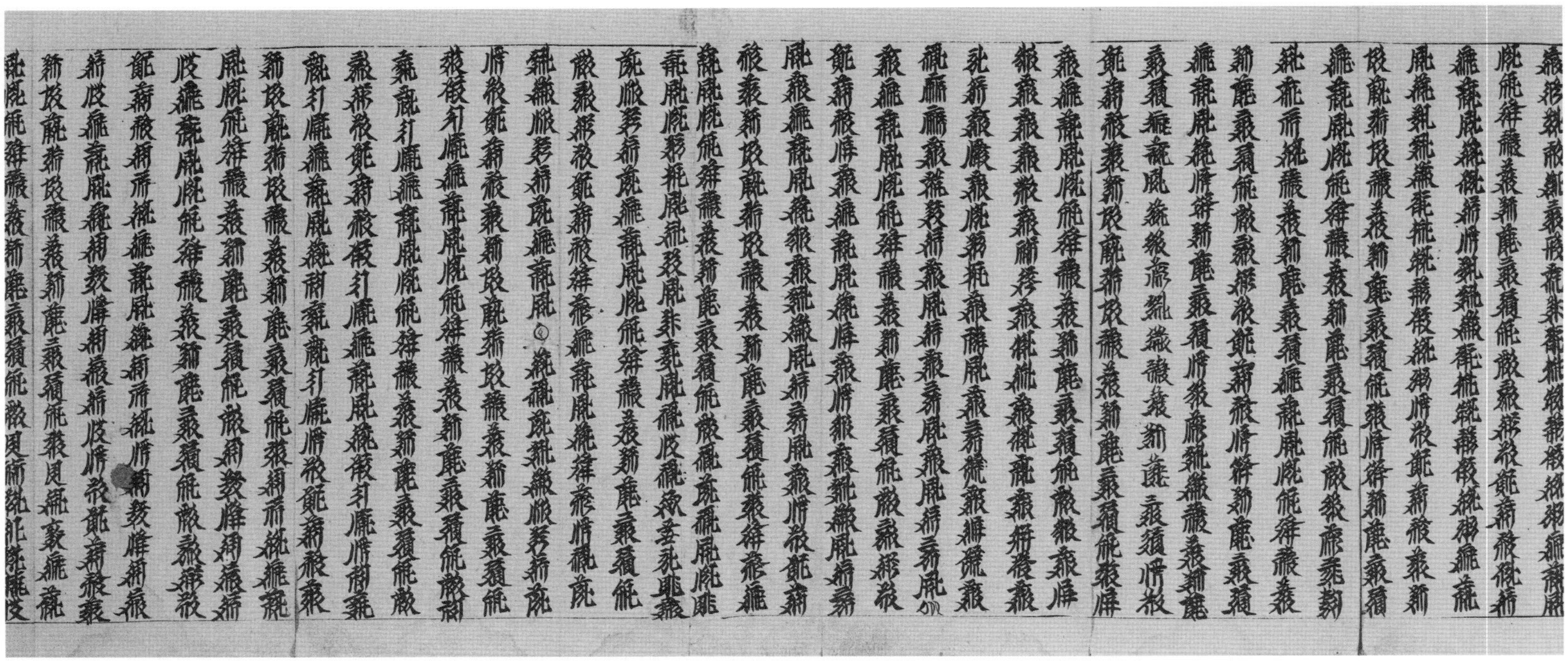

俄 Инв.No.1313　大般若波羅蜜多經卷第二百九十八　(13–12)

俄 Инв.No.1313　大般若波羅蜜多經卷第二百九十八　(13–13)

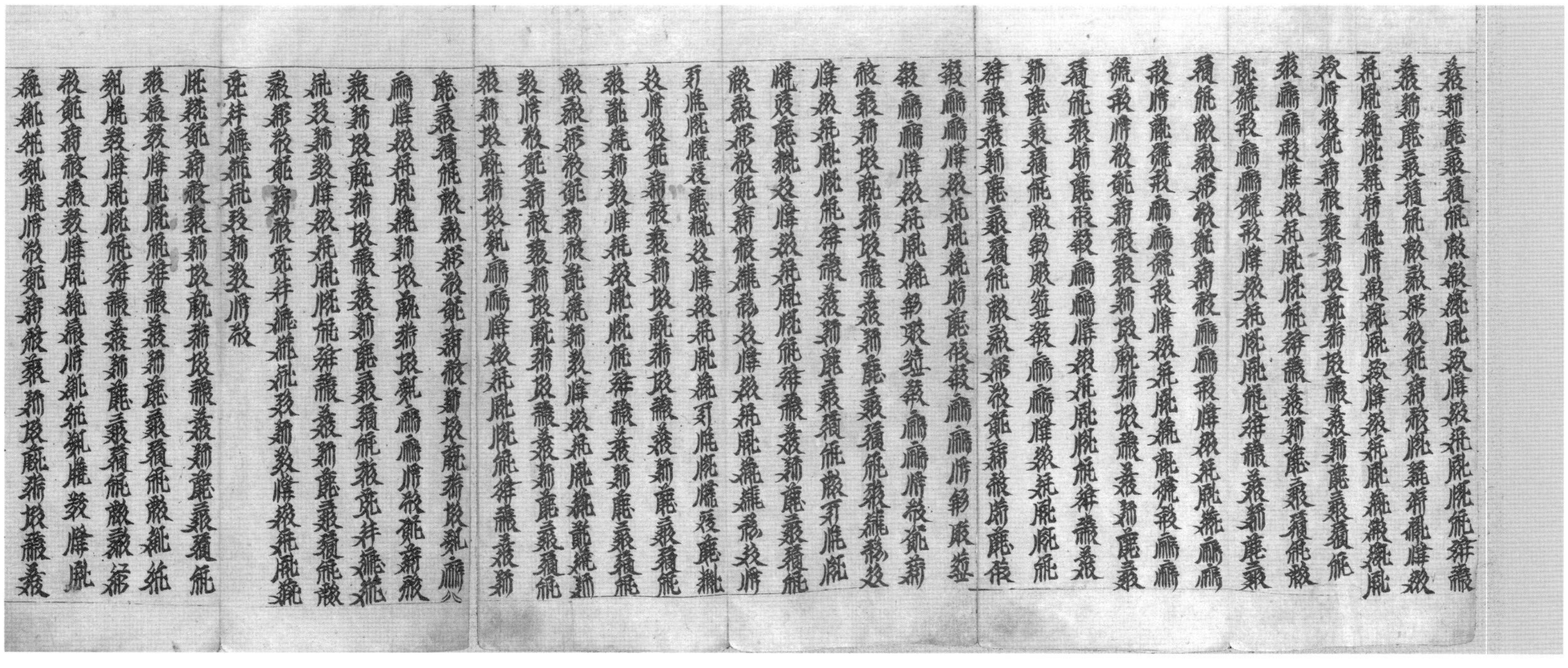

俄 Инв.No.1303　大般若波羅蜜多經卷第二百九十九　(6–1)

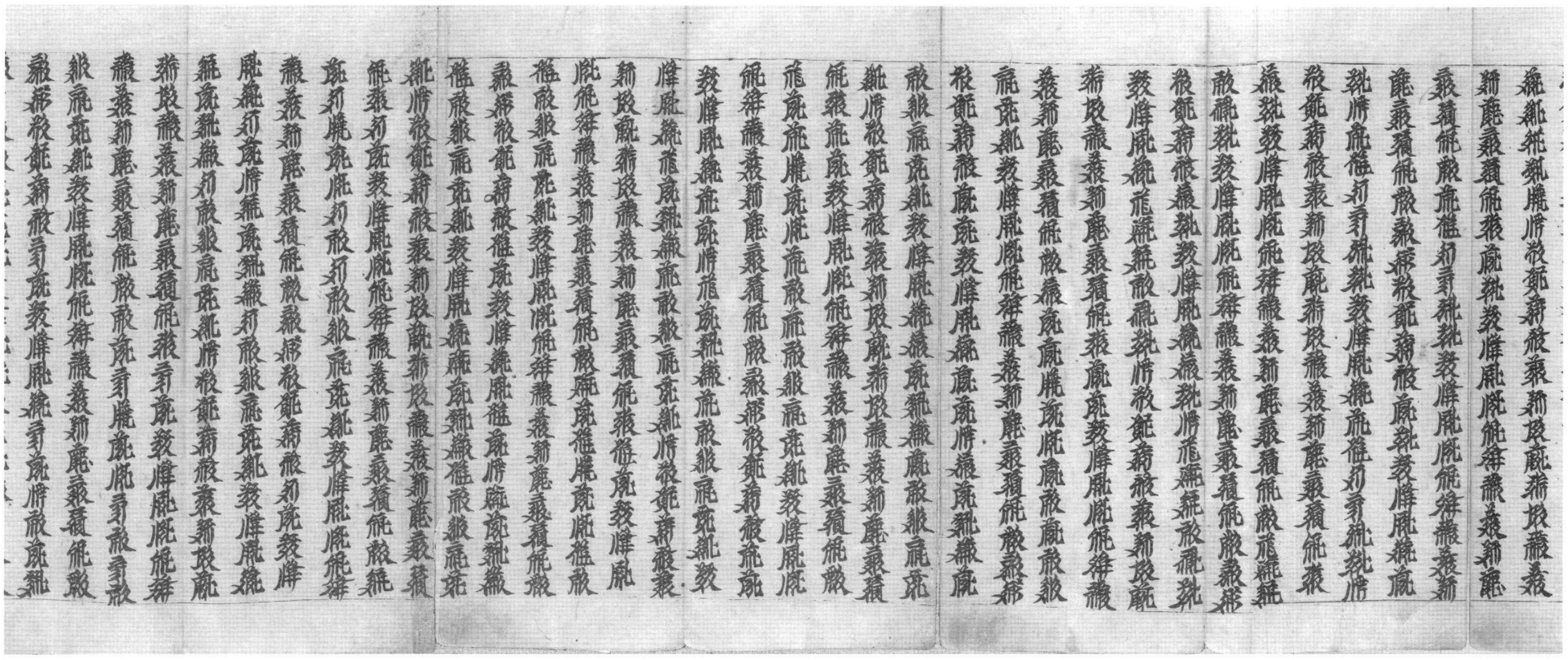

俄 Инв.No.1303　大般若波羅蜜多經卷第二百九十九　(6–2)

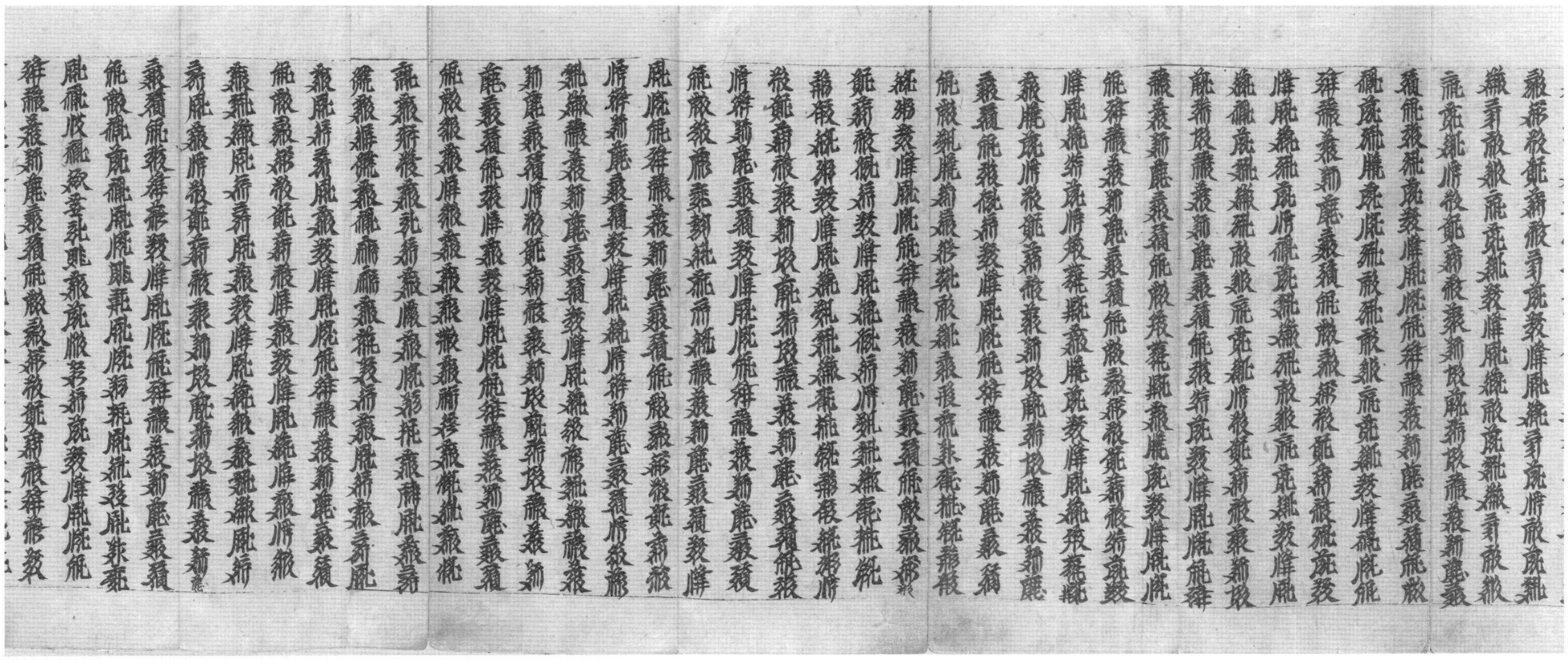

俄 Инв.No.1303　大般若波羅蜜多經卷第二百九十九　(6–3)

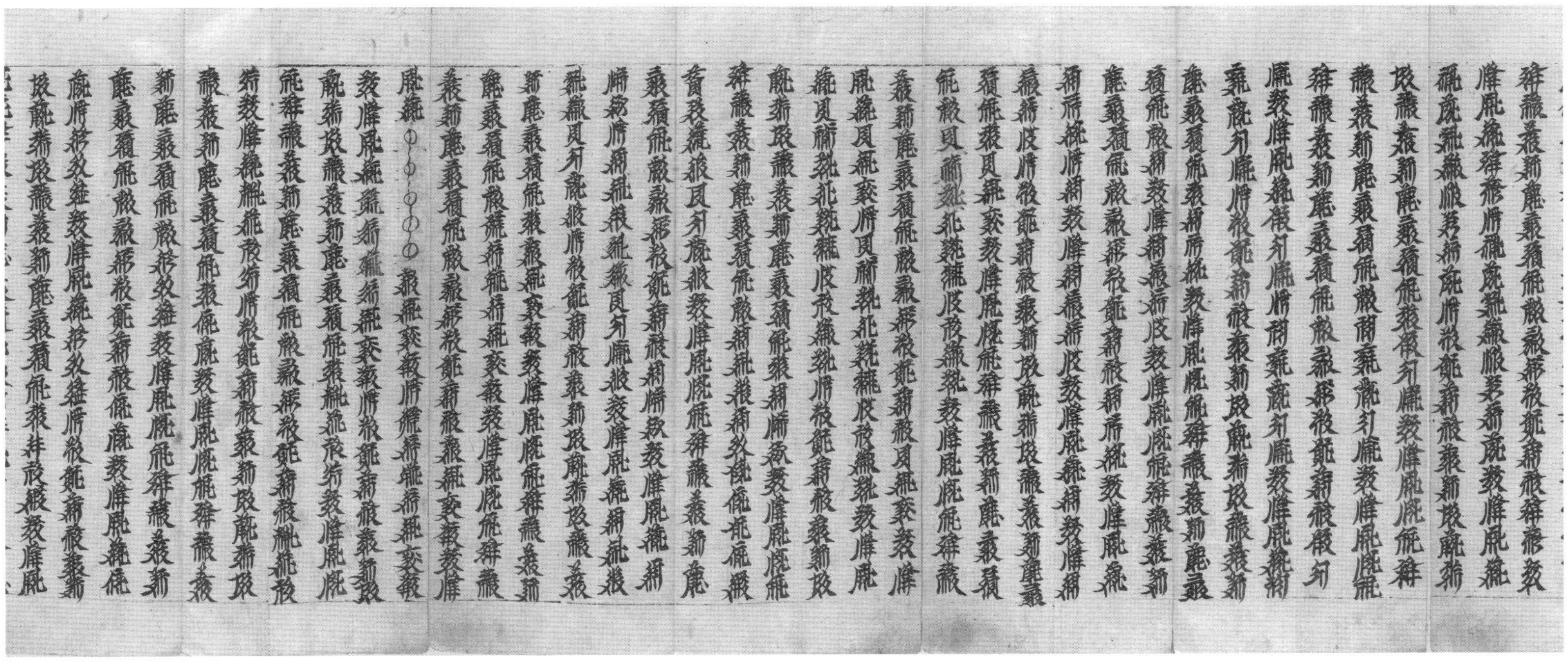

俄 Инв.No.1303　大般若波羅蜜多經卷第二百九十九　(6–4)

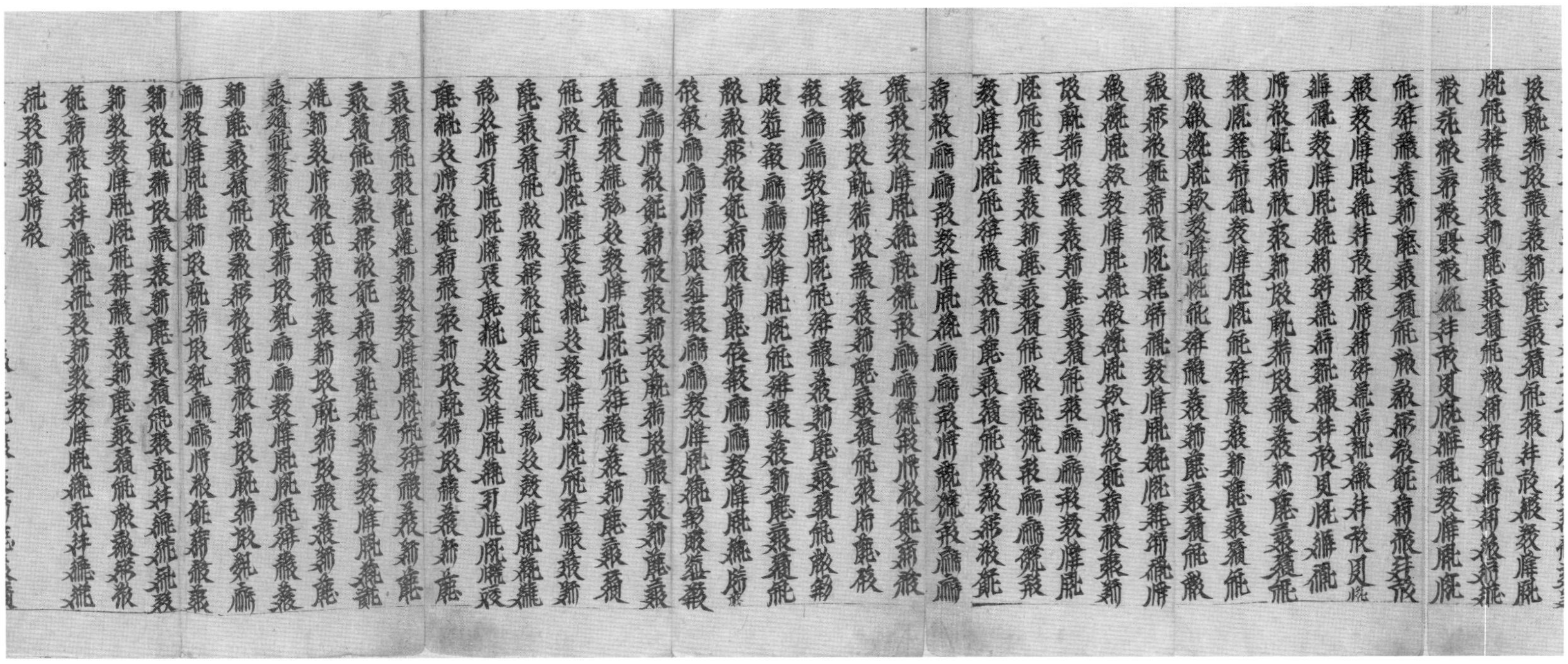

俄 **Инв**.No.1303　大般若波羅蜜多經卷第二百九十九　　(6-5)

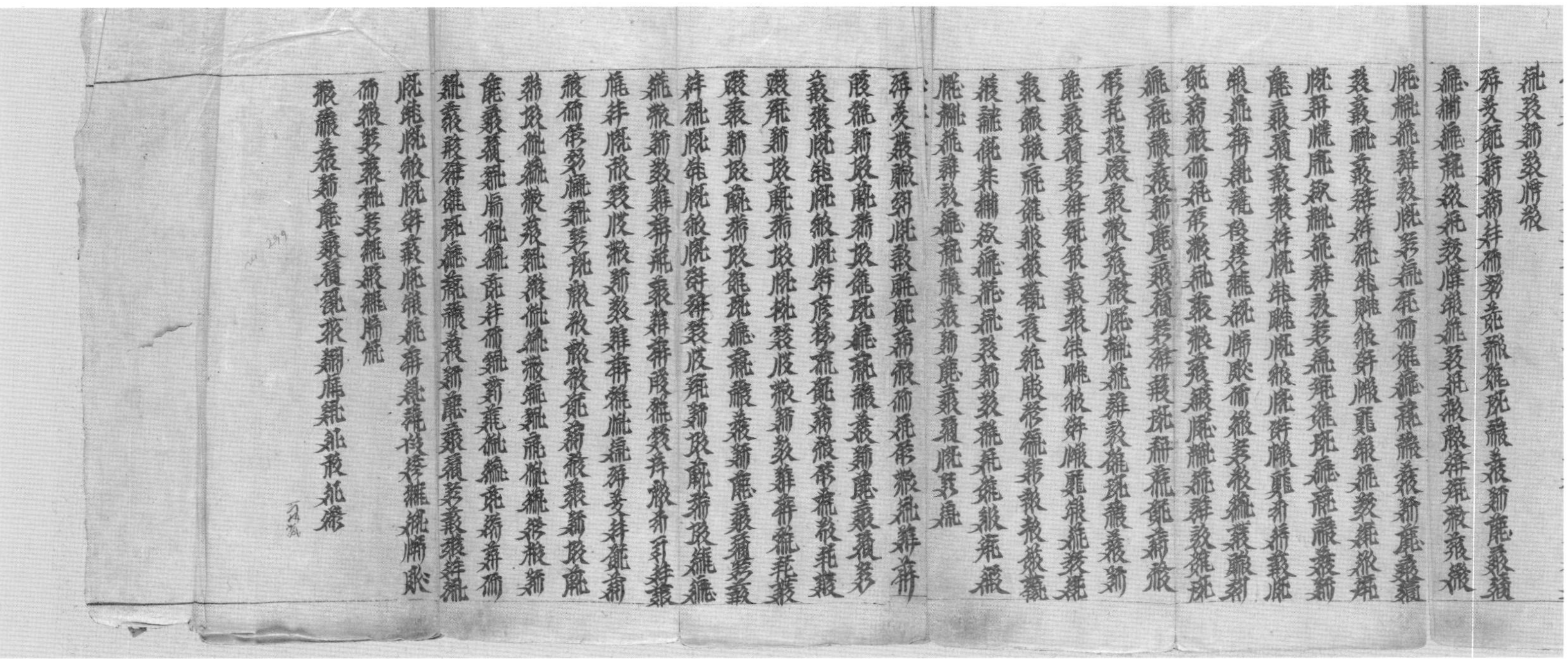

俄 **Инв**.No.1303　大般若波羅蜜多經卷第二百九十九　　(6-6)

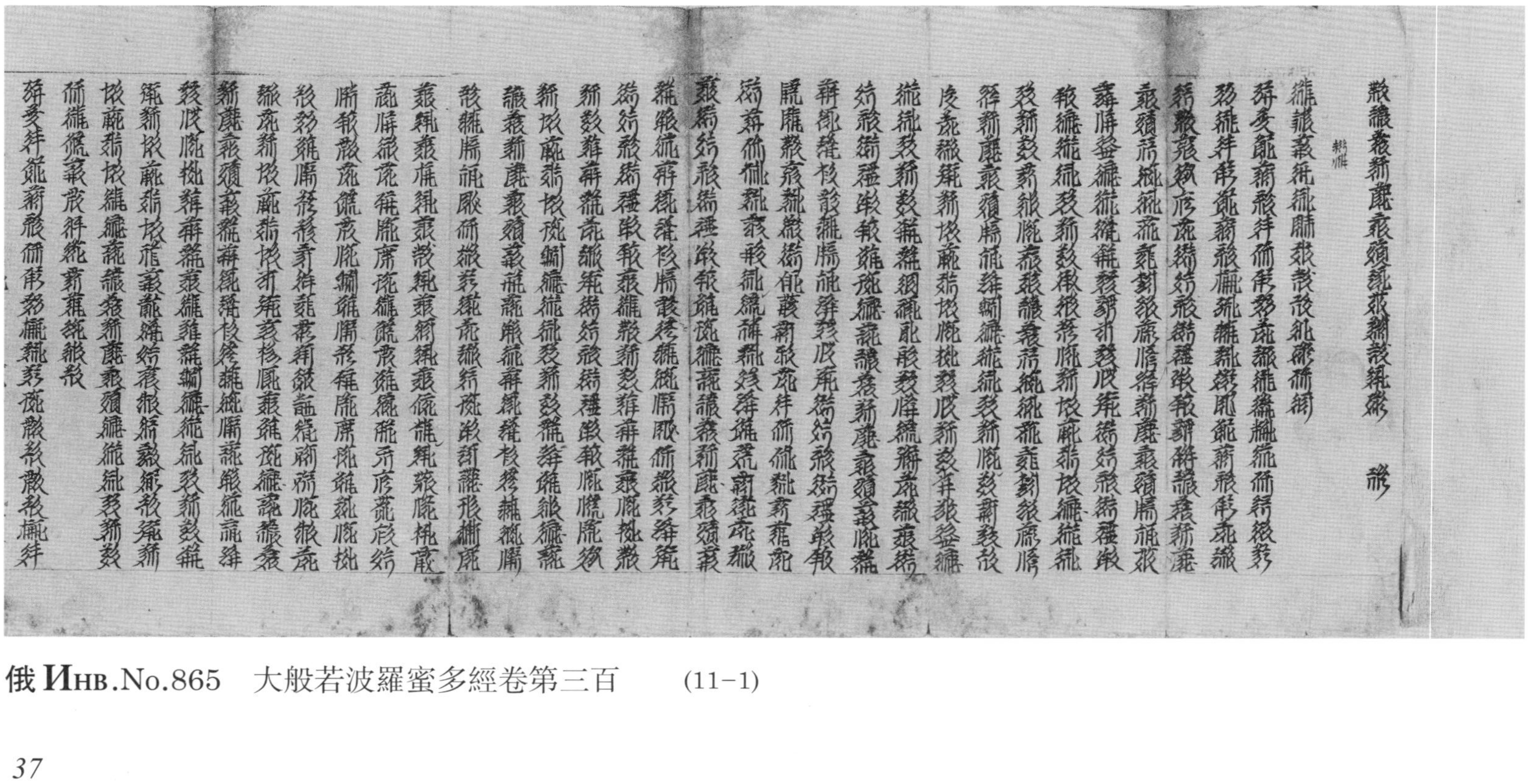

俄 **Инв**.No.865　大般若波羅蜜多經卷第三百　　(11-1)

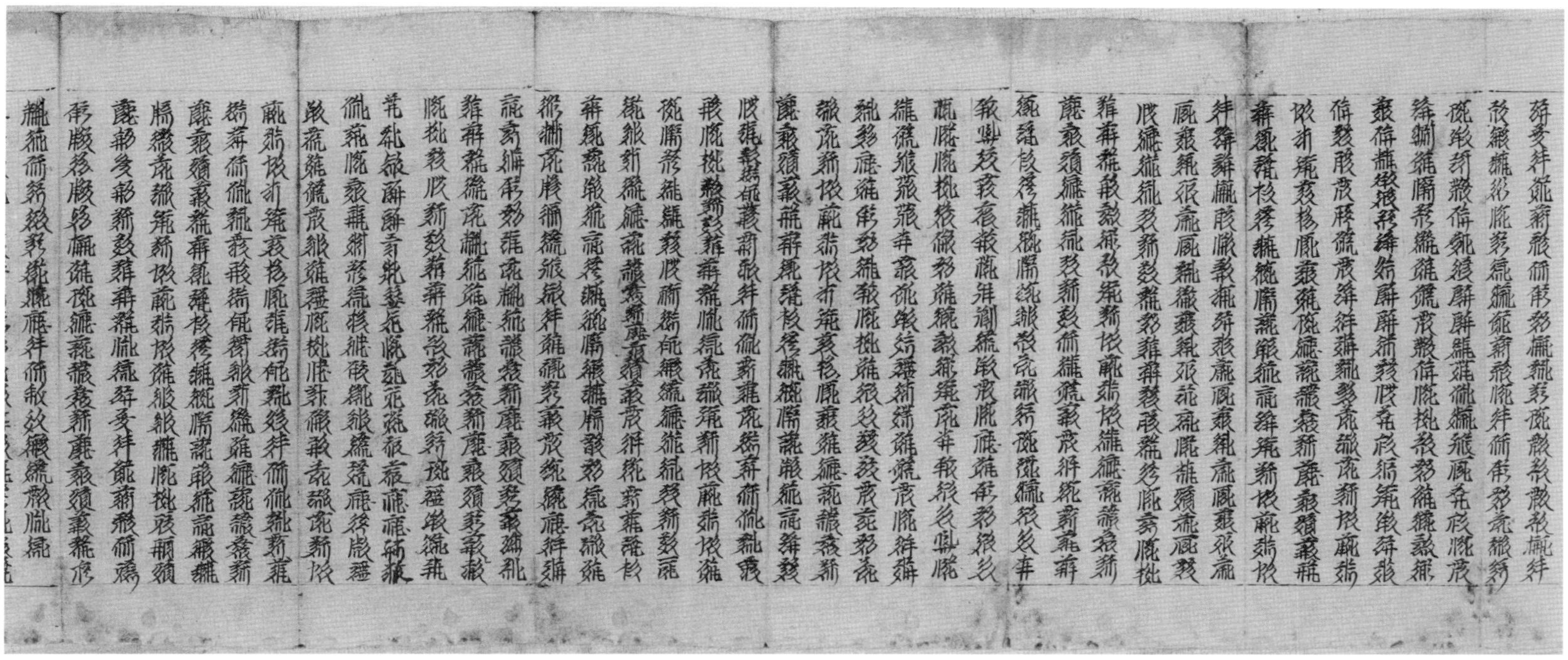

俄Инв.No.865　大般若波羅蜜多經卷第三百　(11-2)

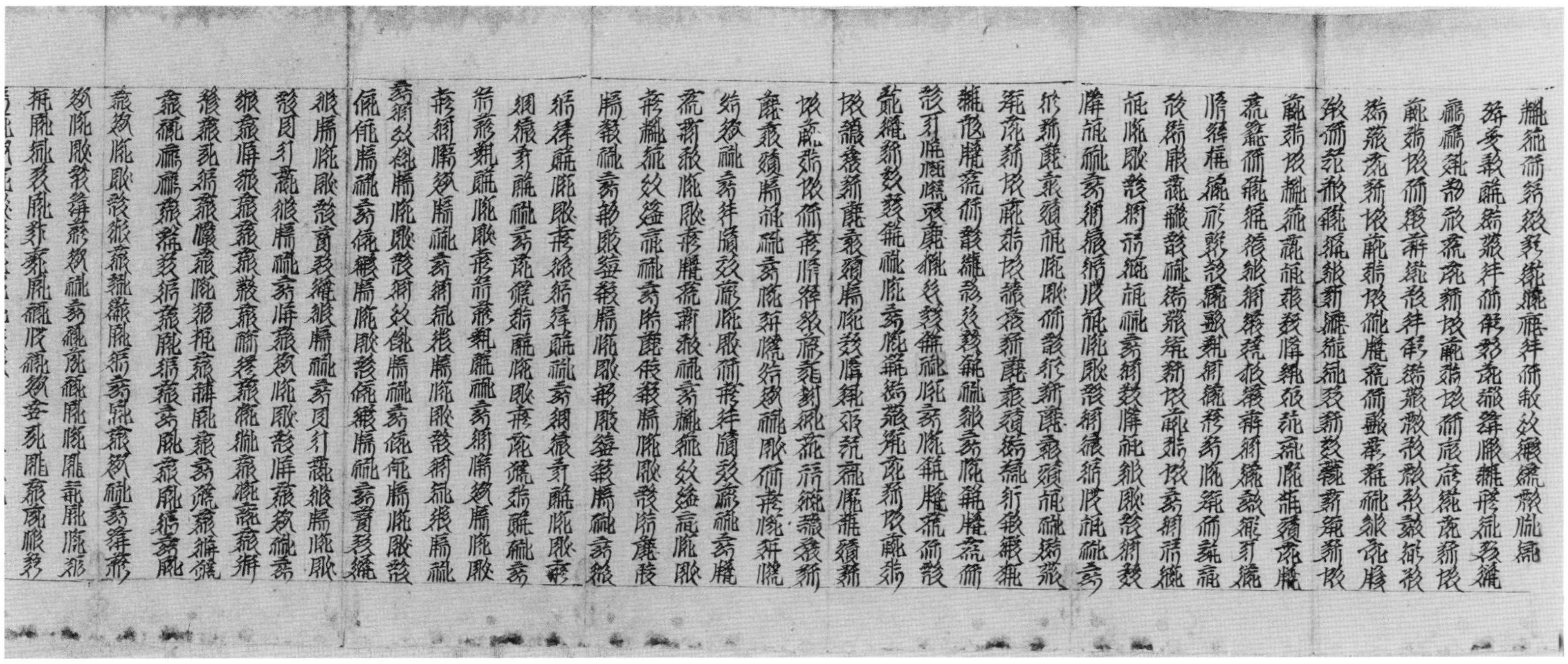

俄Инв.No.865　大般若波羅蜜多經卷第三百　(11-3)

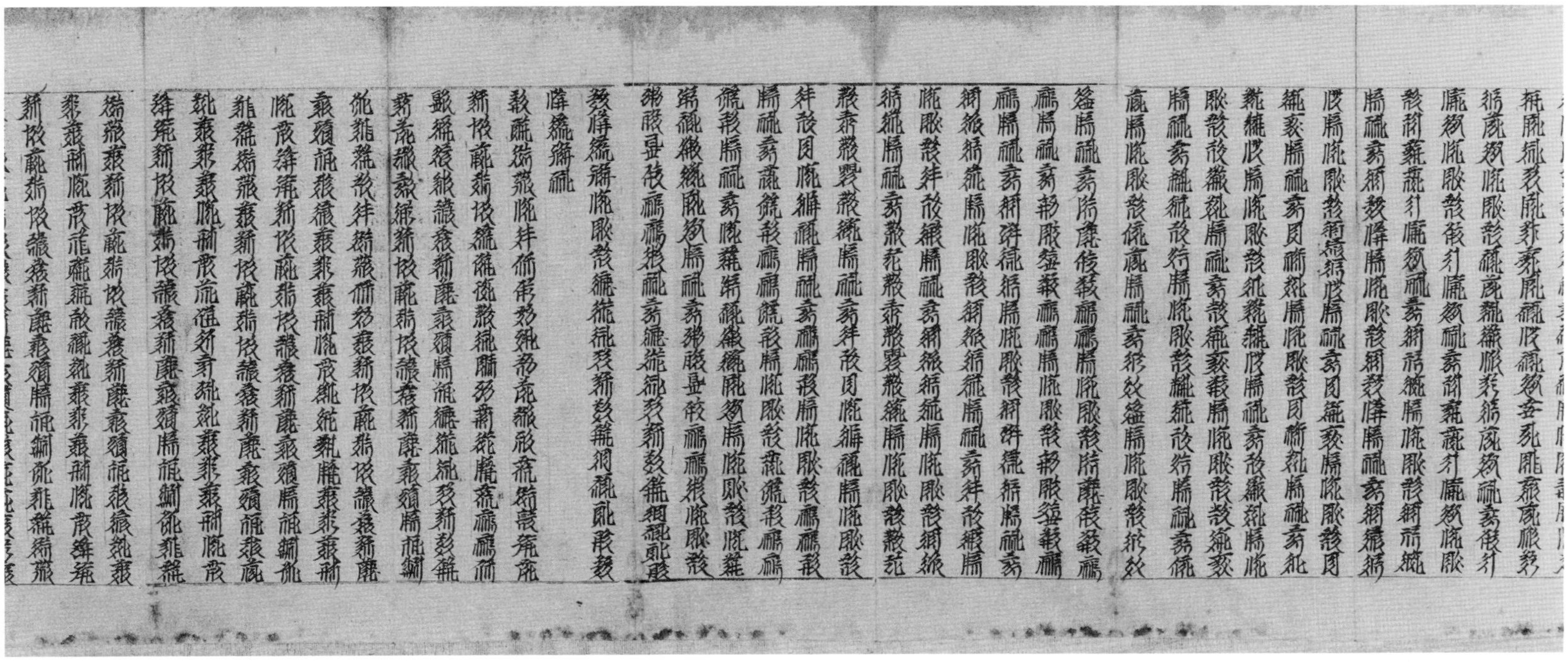

俄Инв.No.865　大般若波羅蜜多經卷第三百　(11-4)

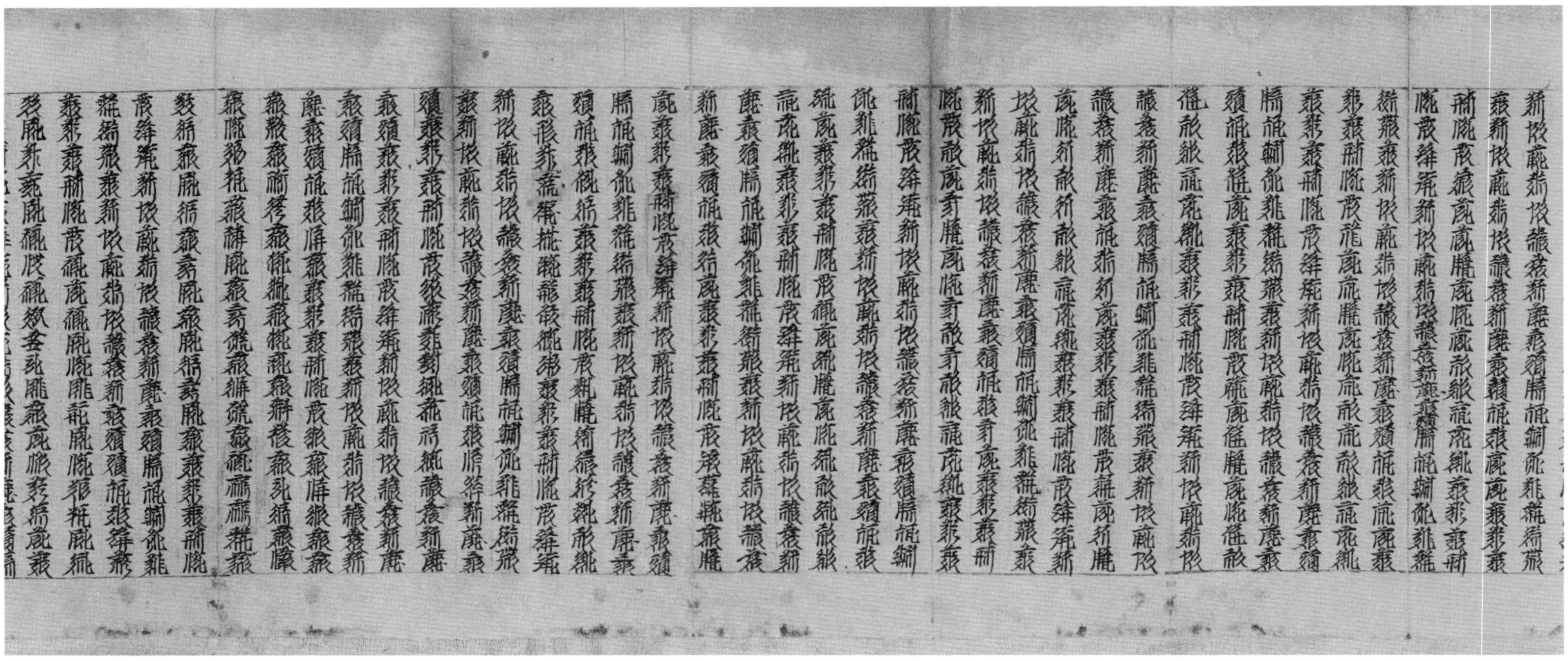

俄 Инв.No.865　大般若波羅蜜多經卷第三百　(11–5)

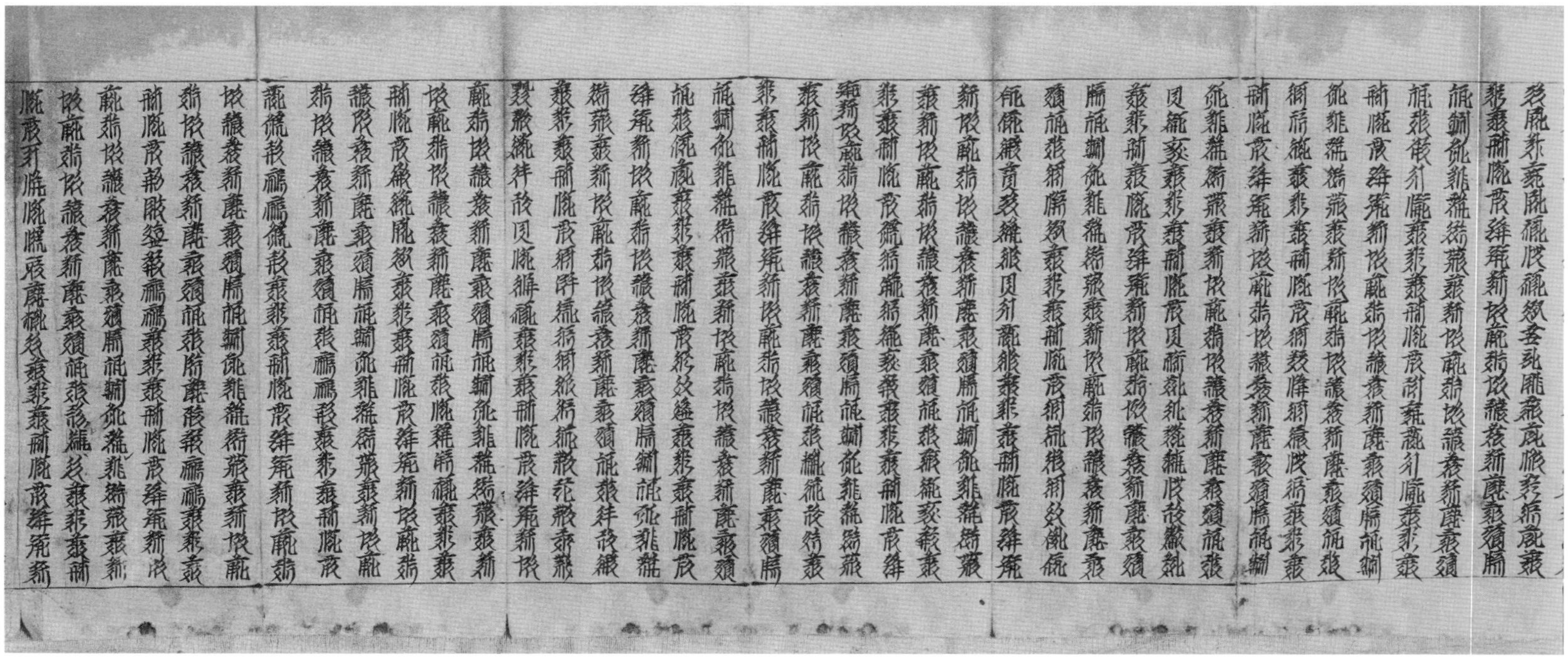

俄 Инв.No.865　大般若波羅蜜多經卷第三百　(11–6)

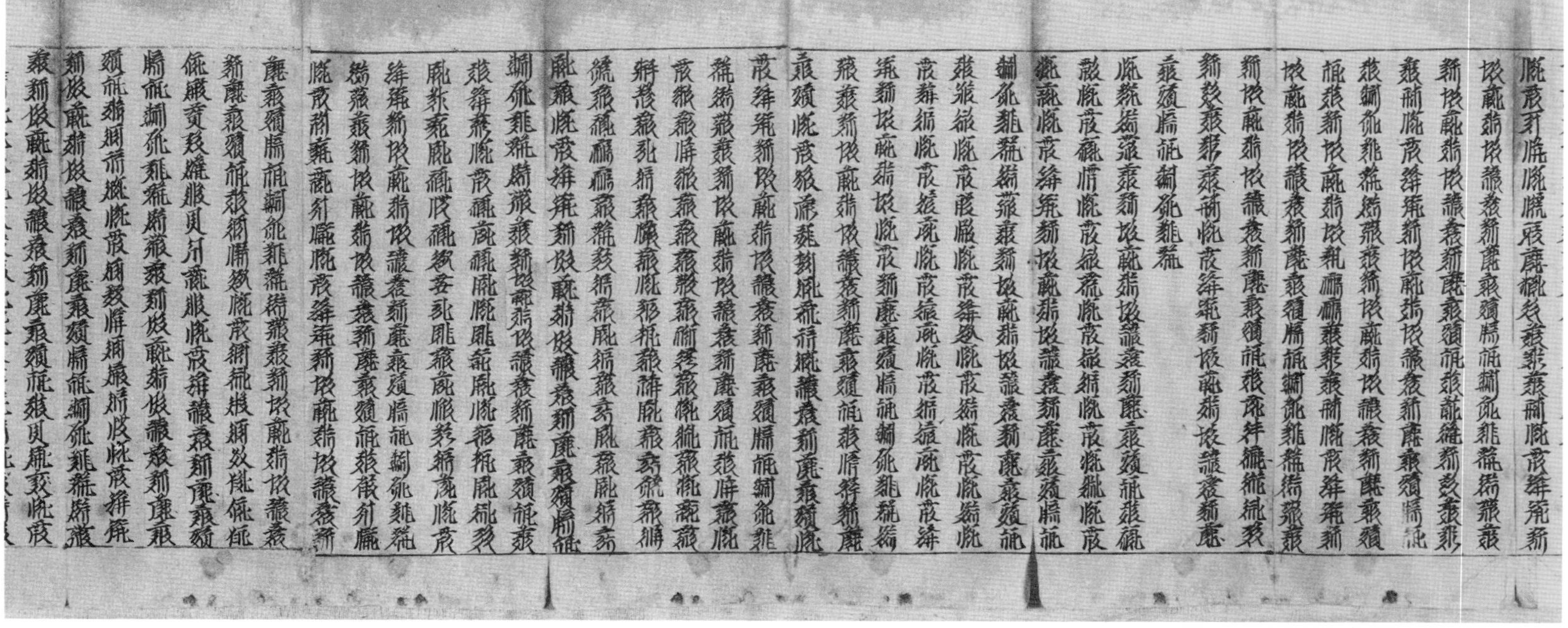

俄 Инв.No.865　大般若波羅蜜多經卷第三百　(11–7)

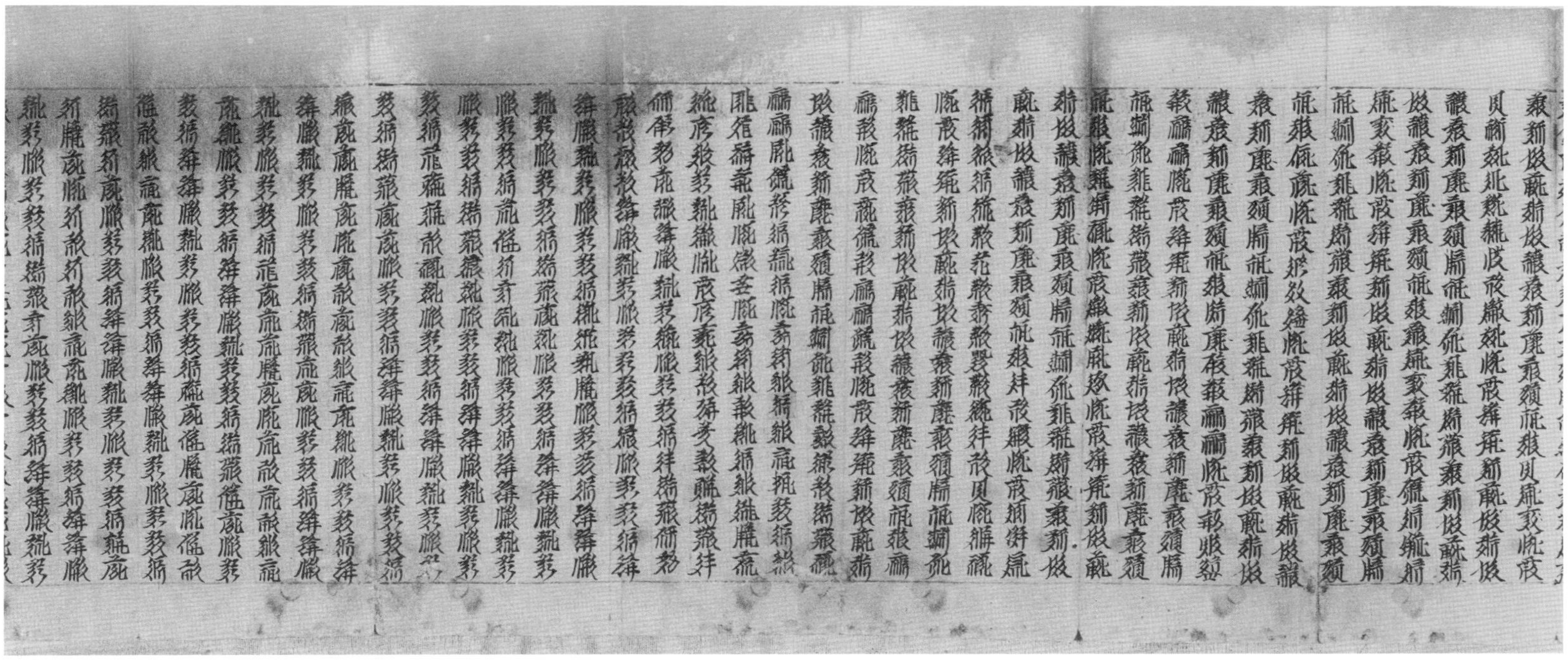

俄 Инв.No.865　大般若波羅蜜多經卷第三百　(11-8)

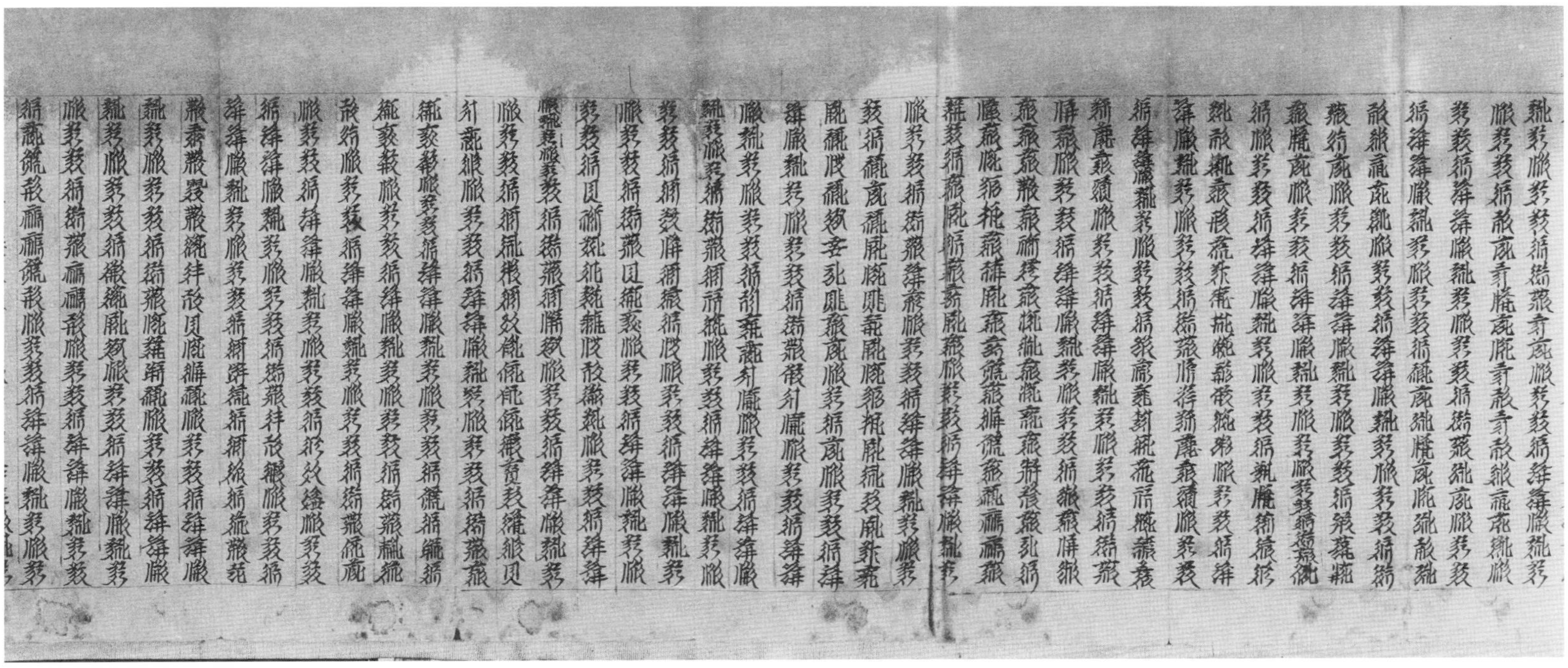

俄 Инв.No.865　大般若波羅蜜多經卷第三百　(11-9)

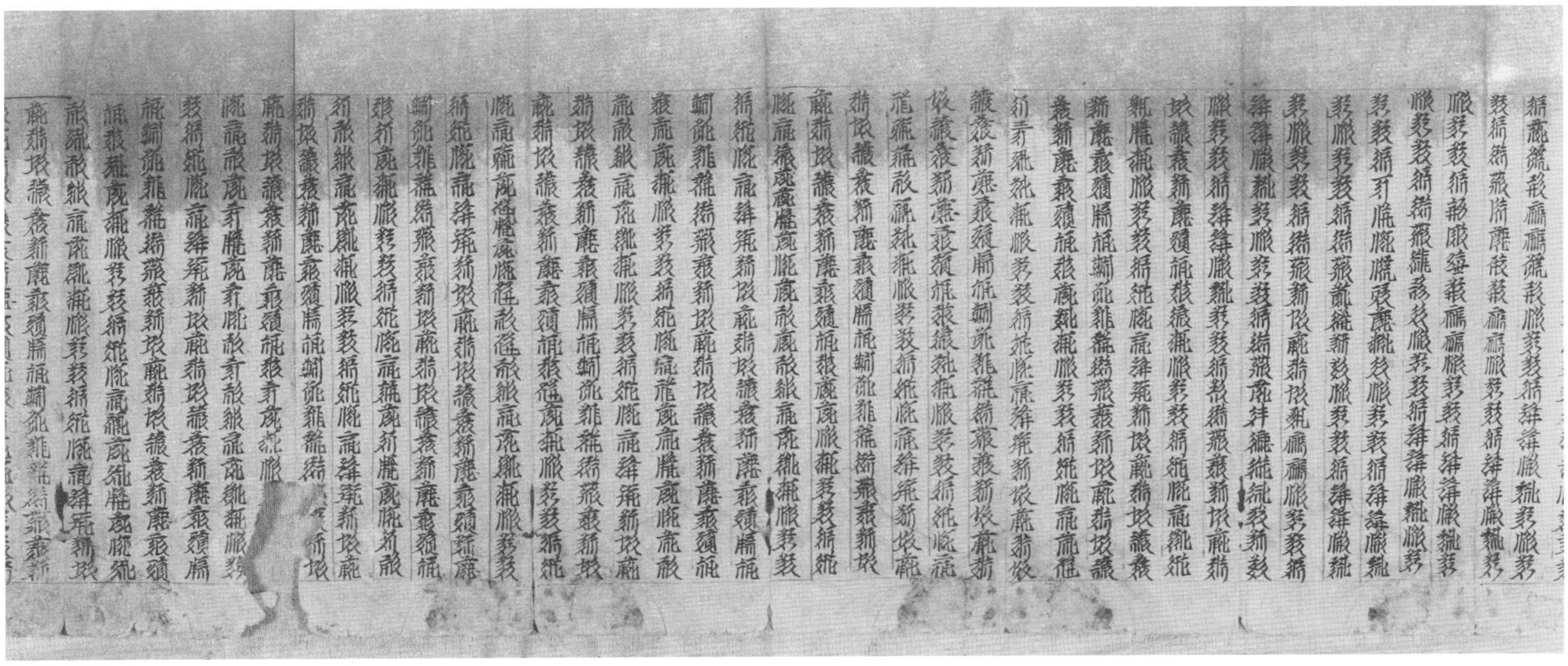

俄 Инв.No.865　大般若波羅蜜多經卷第三百　(11-10)

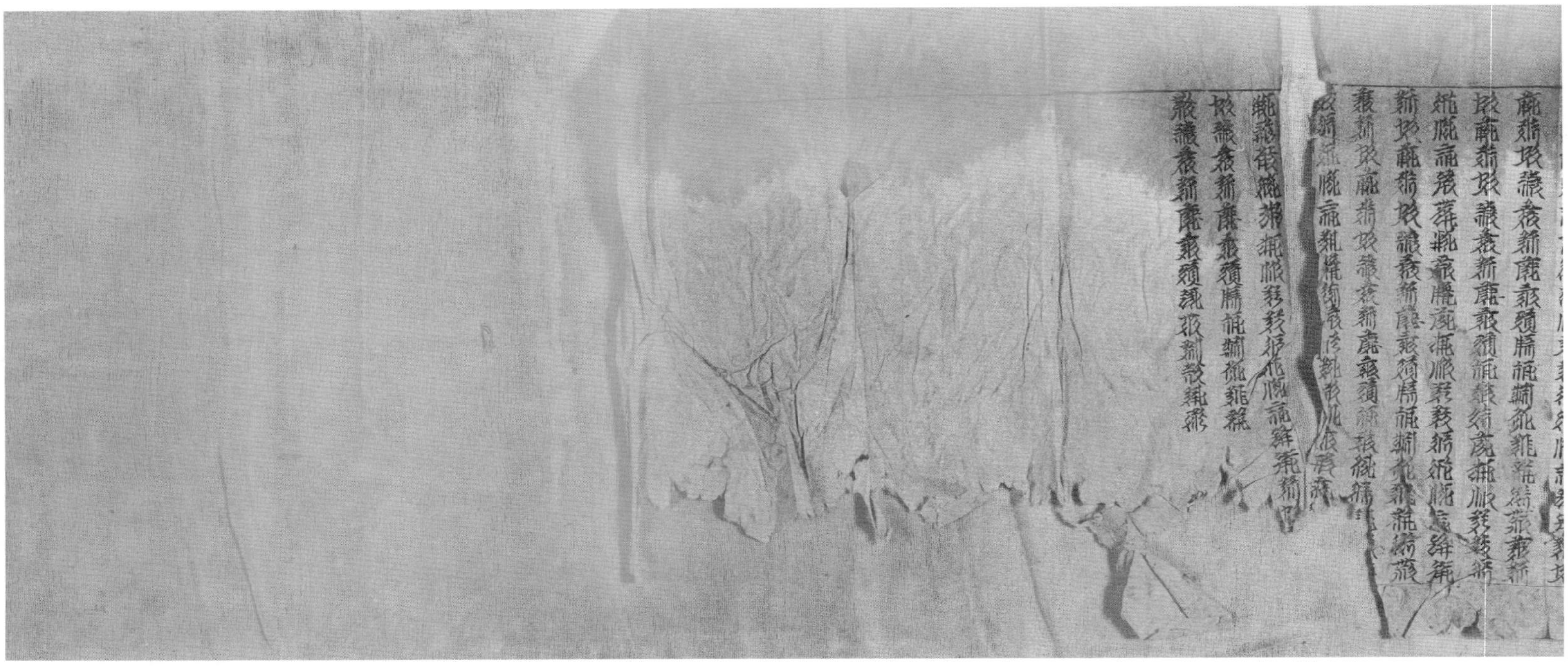

俄 Инв.No.865　大般若波羅蜜多經卷第三百　(11–11)

俄 Инв.No.1848　大般若波羅蜜多經卷第三百一　(11–1)

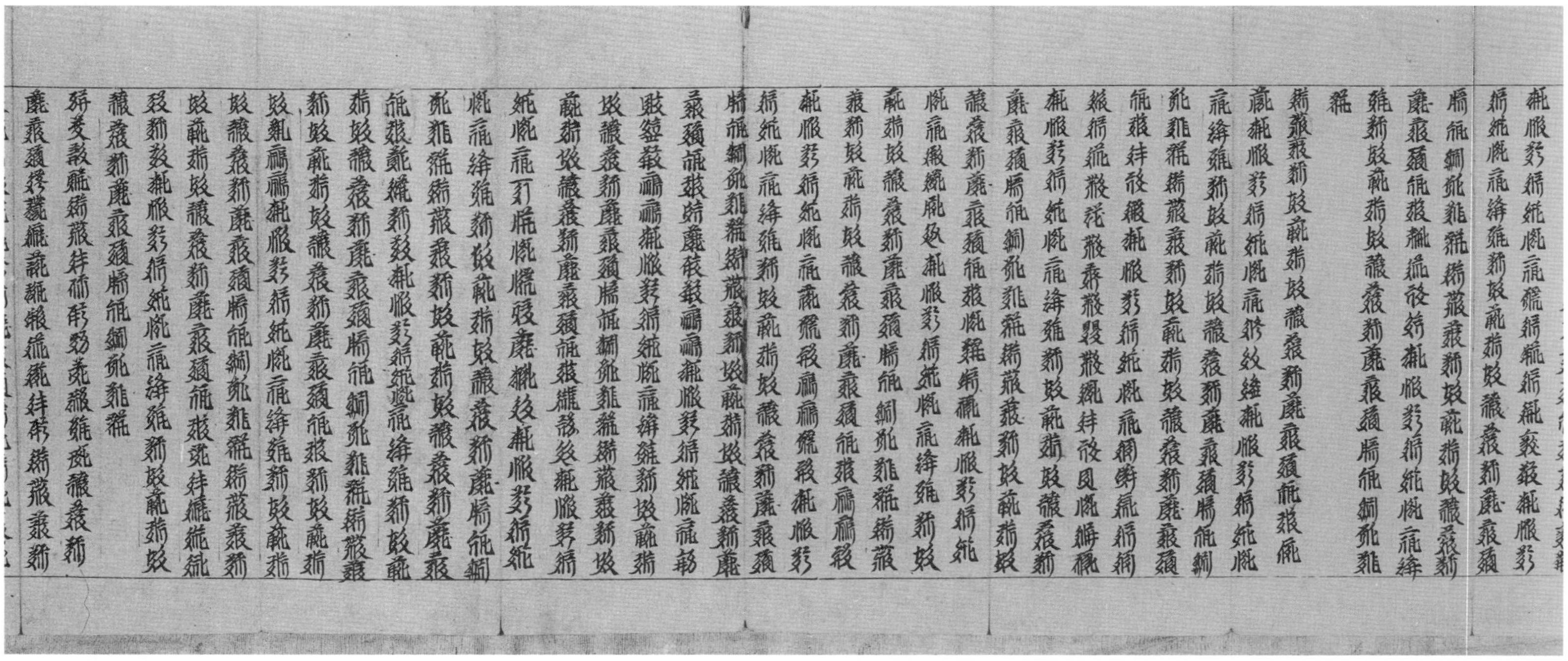

俄 Инв.No.1848　大般若波羅蜜多經卷第三百一　(11–2)

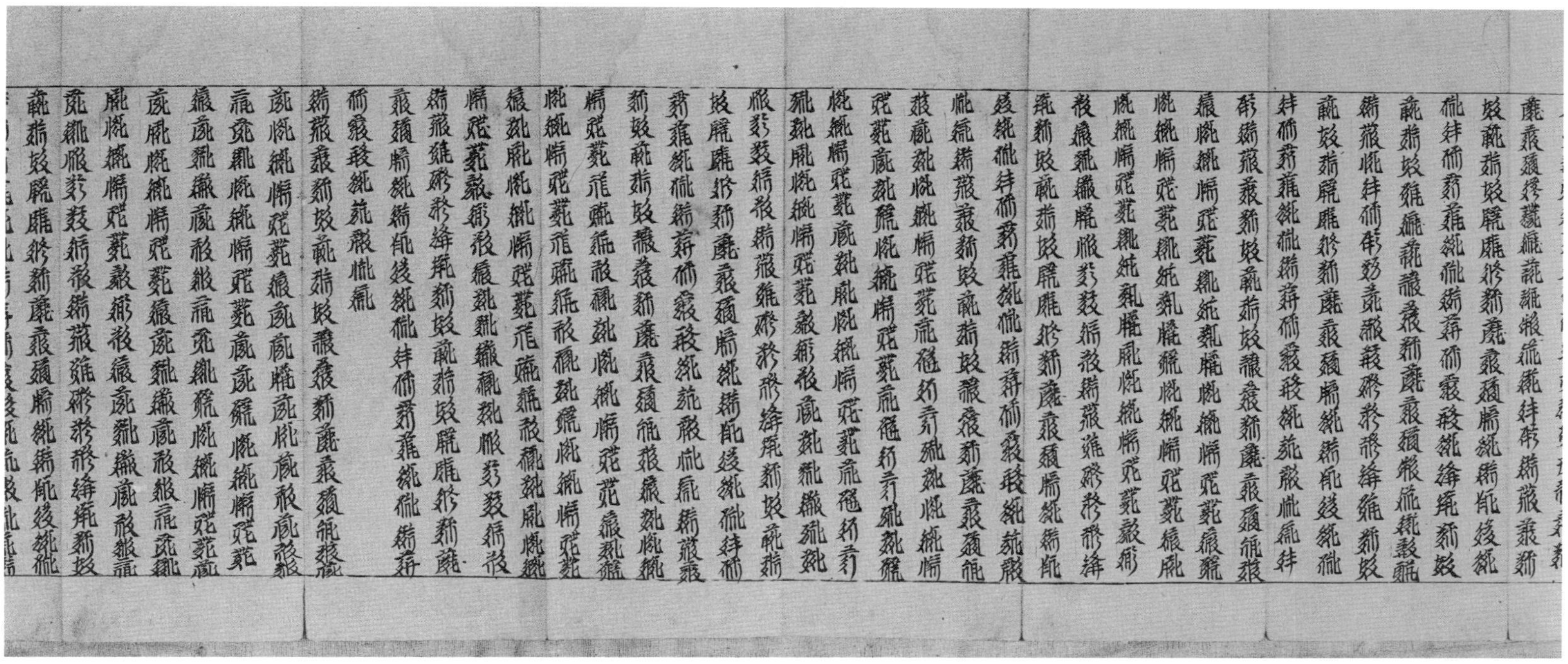

俄 Инв.No.1848　大般若波羅蜜多經卷第三百一　(11-3)

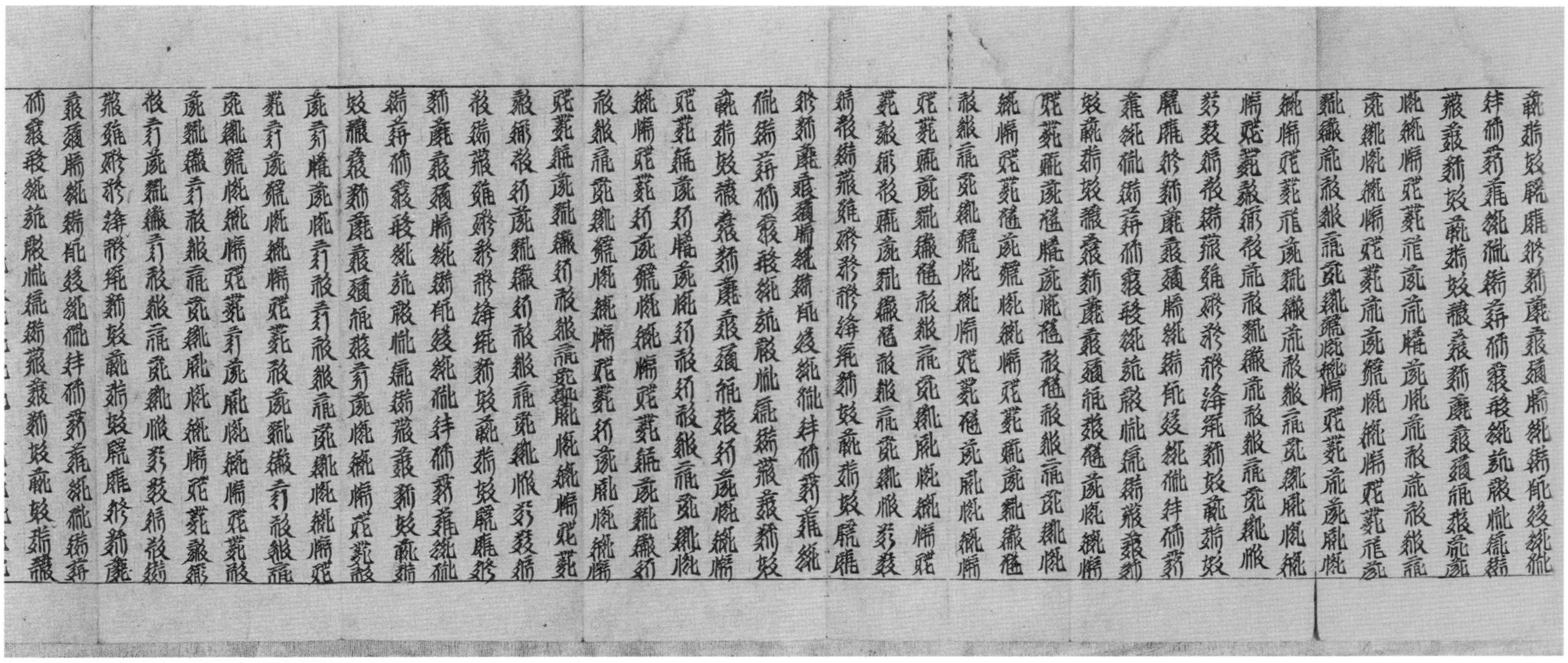

俄 Инв.No.1848　大般若波羅蜜多經卷第三百一　(11-4)

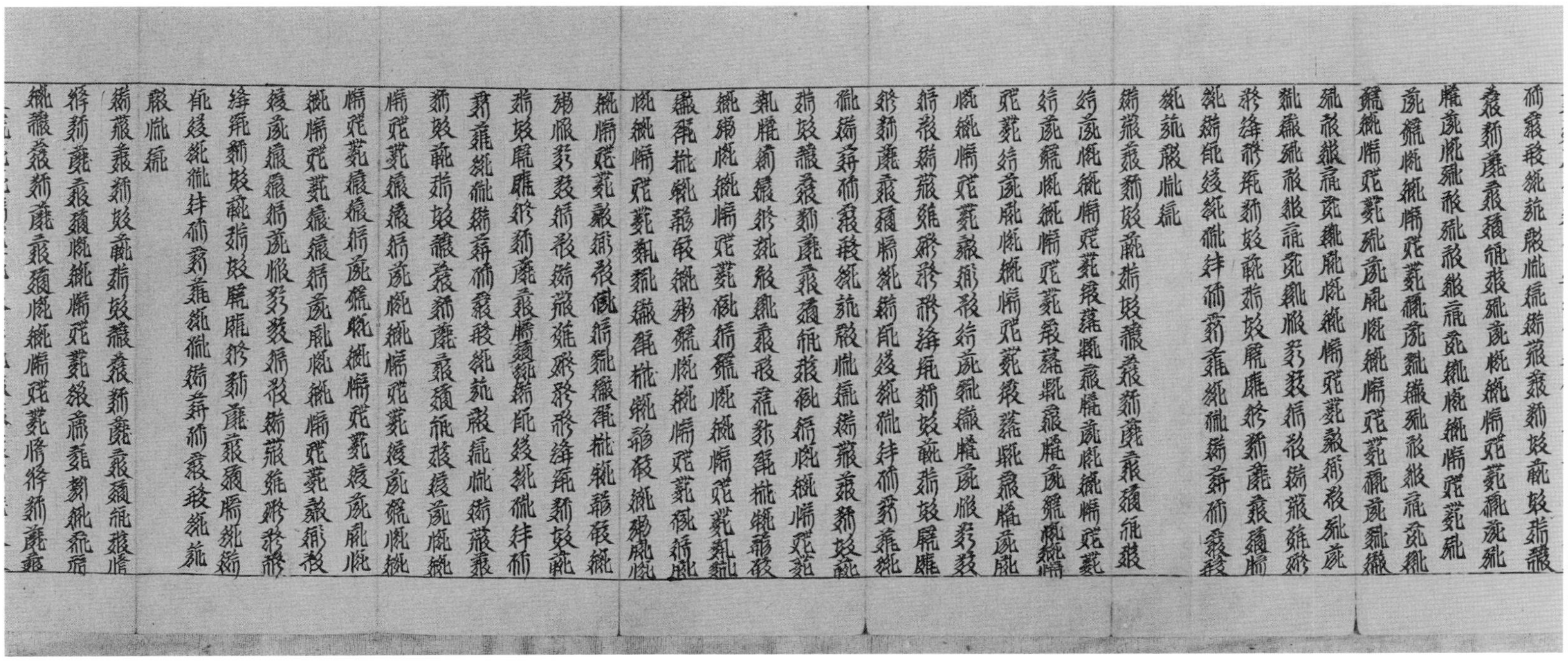

俄 Инв.No.1848　大般若波羅蜜多經卷第三百一　(11-5)

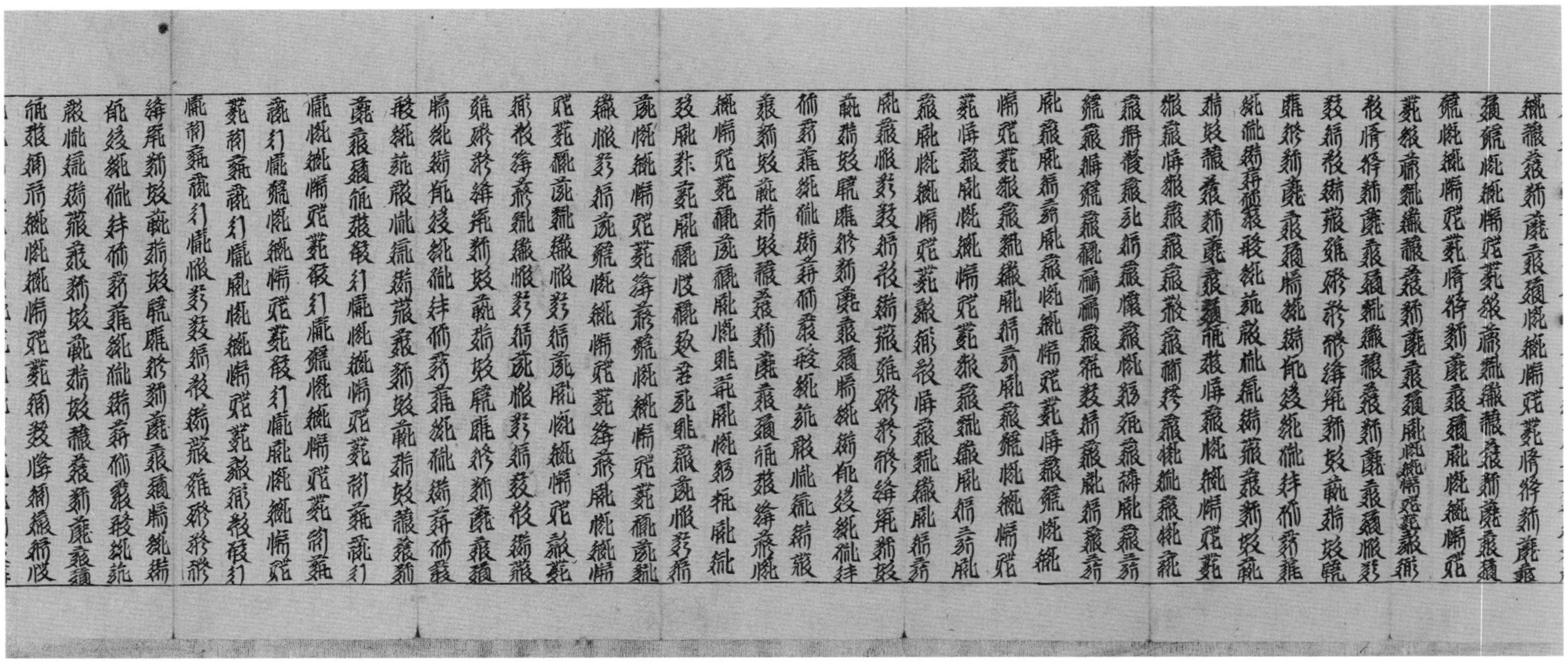

俄 Инв.No.1848　大般若波羅蜜多經卷第三百一　(11–6)

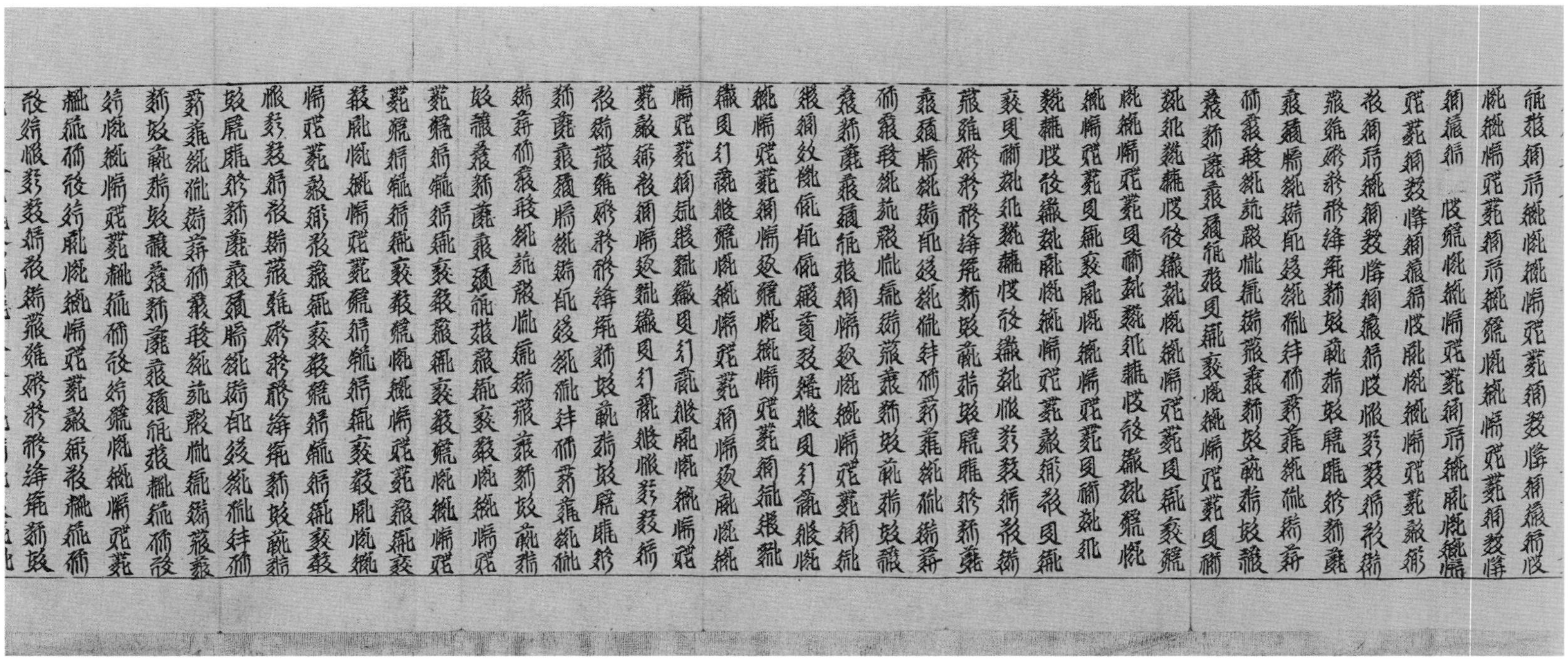

俄 Инв.No.1848　大般若波羅蜜多經卷第三百一　(11–7)

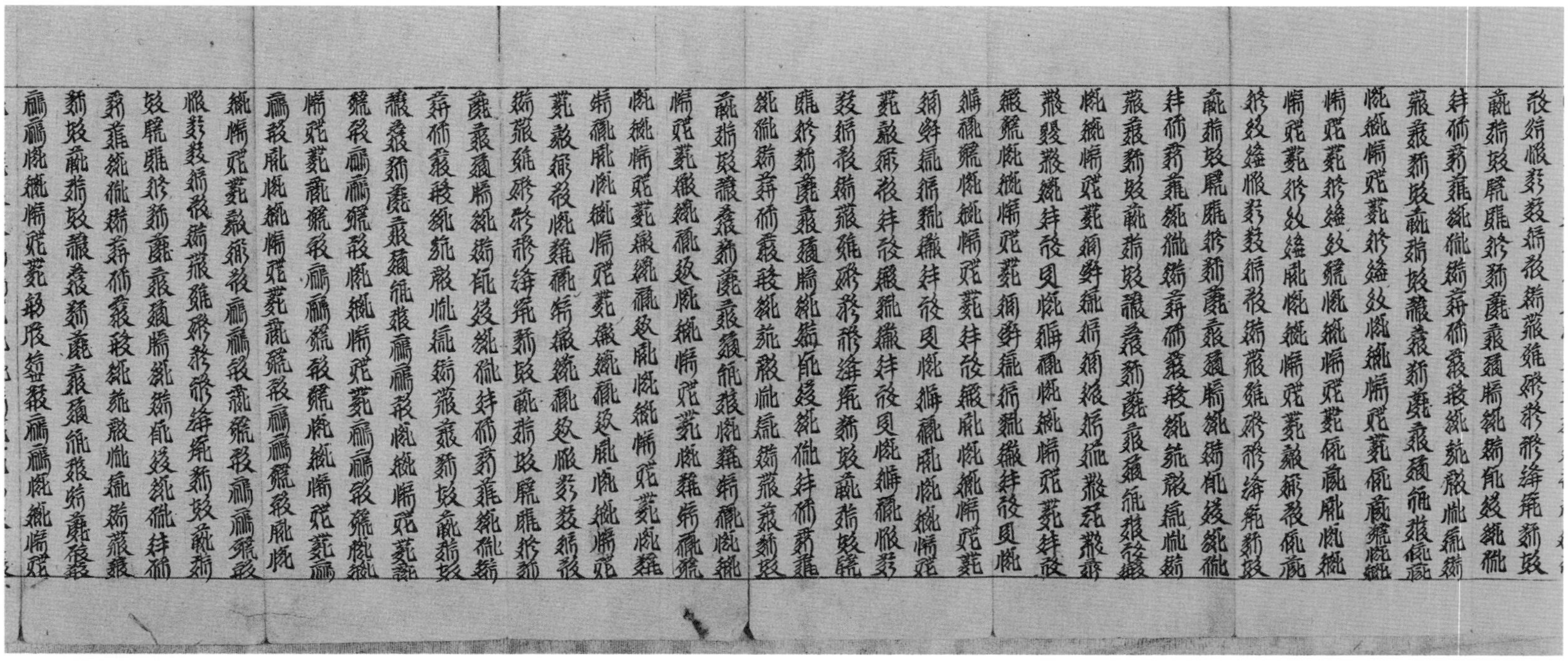

俄 Инв.No.1848　大般若波羅蜜多經卷第三百一　(11–8)

俄 Инв.No.1848　大般若波羅蜜多經卷第三百一　(11–9)

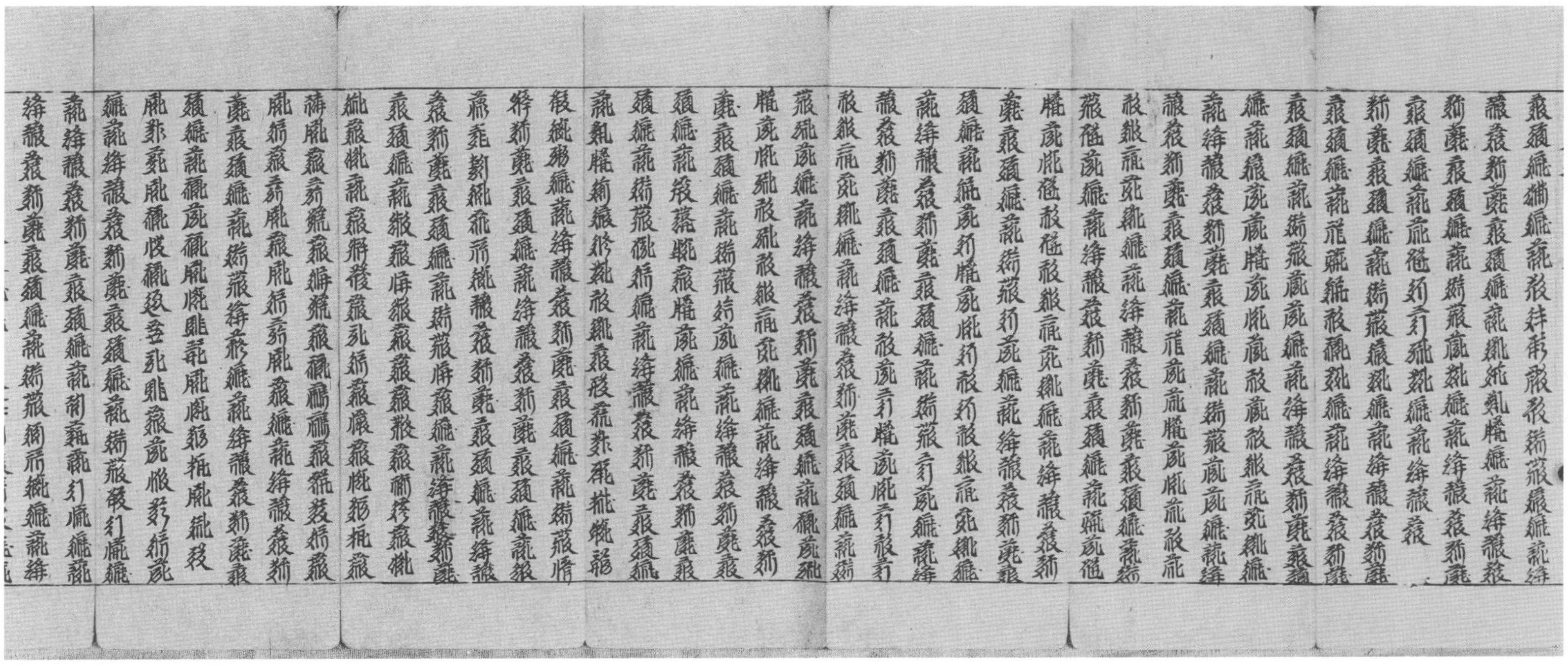

俄 Инв.No.1848　大般若波羅蜜多經卷第三百一　(11–10)

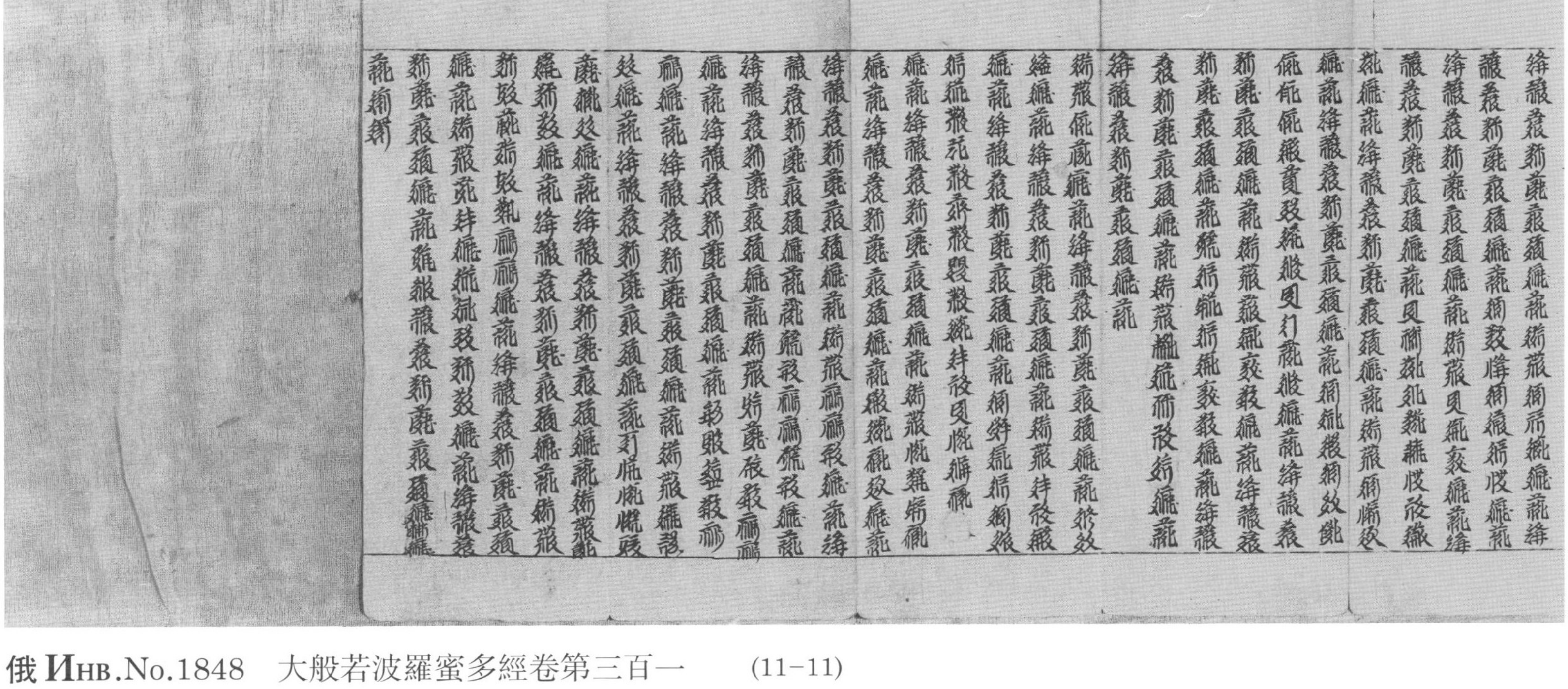

俄 Инв.No.1848　大般若波羅蜜多經卷第三百一　(11–11)

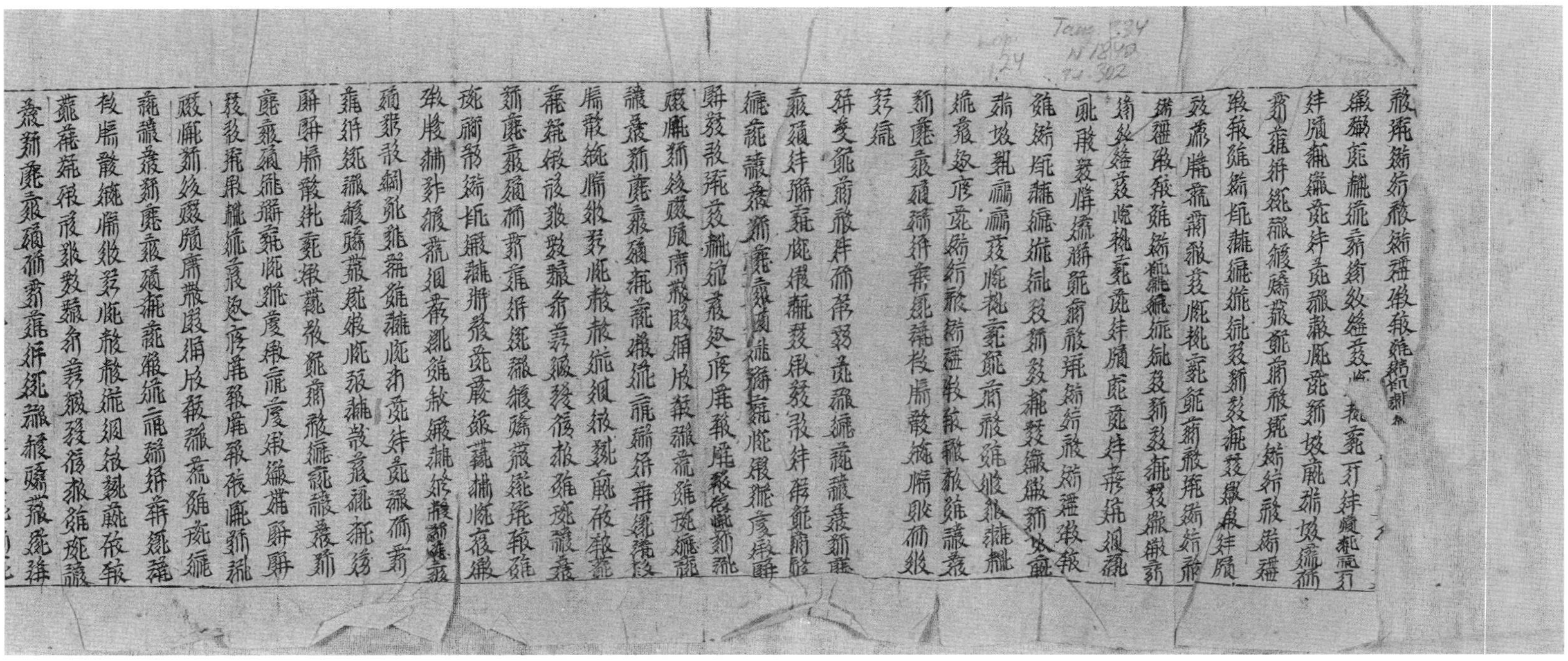

俄 Инв.No.1840　大般若波羅蜜多經卷第三百二　　(7-1)

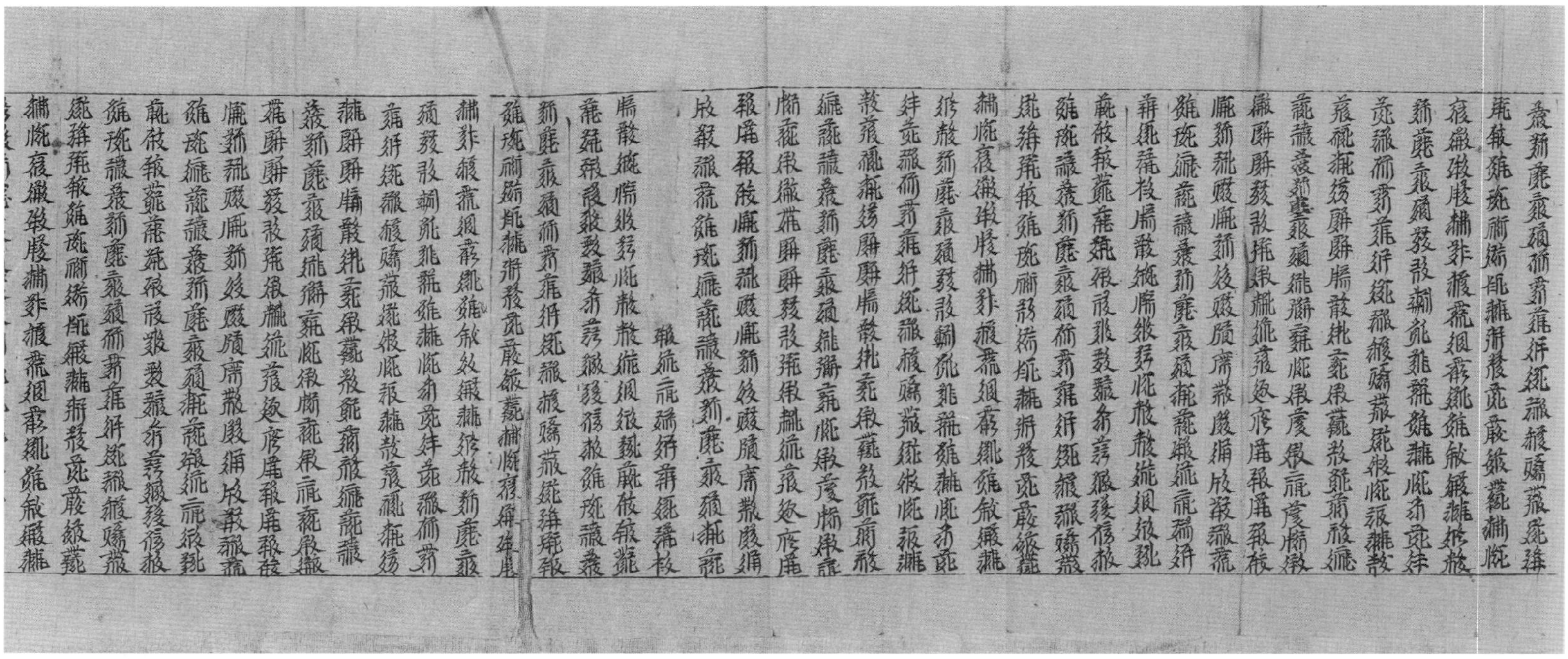

俄 Инв.No.1840　大般若波羅蜜多經卷第三百二　　(7-2)

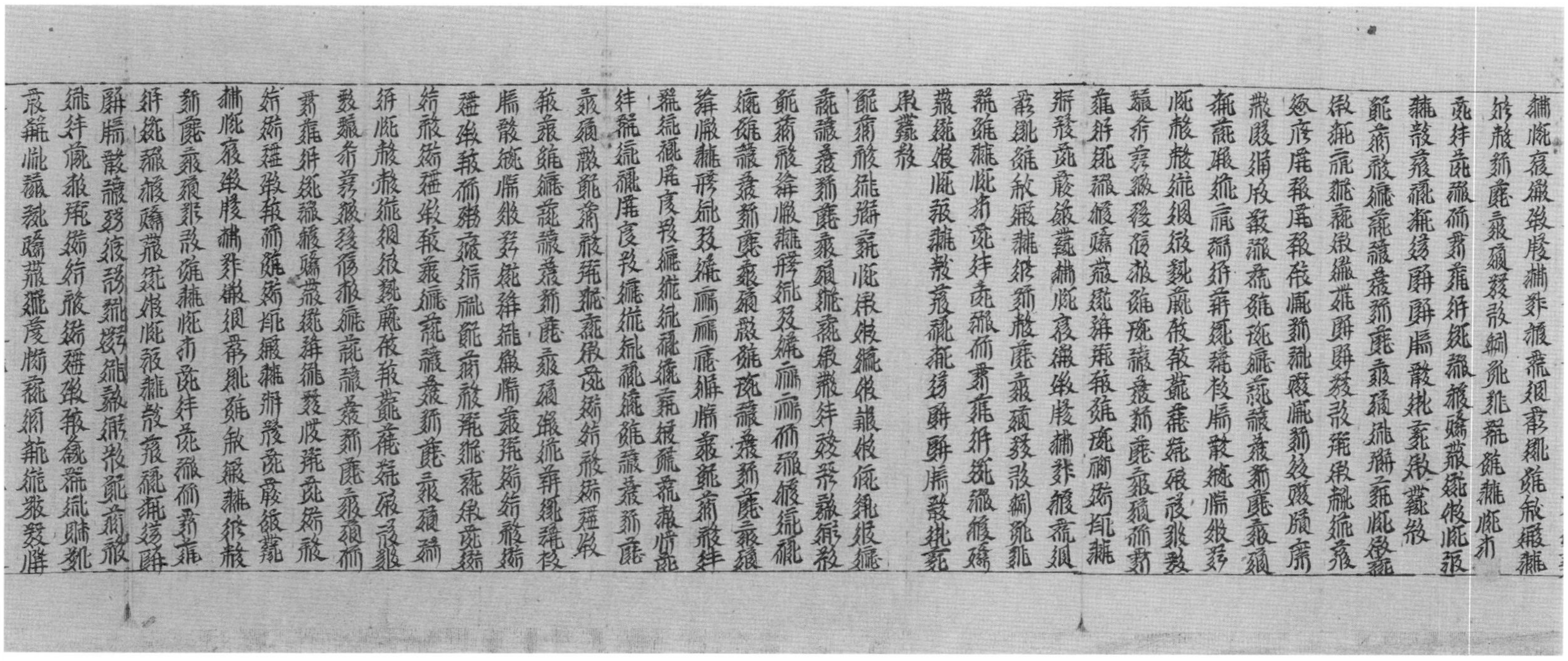

俄 Инв.No.1840　大般若波羅蜜多經卷第三百二　　(7-3)

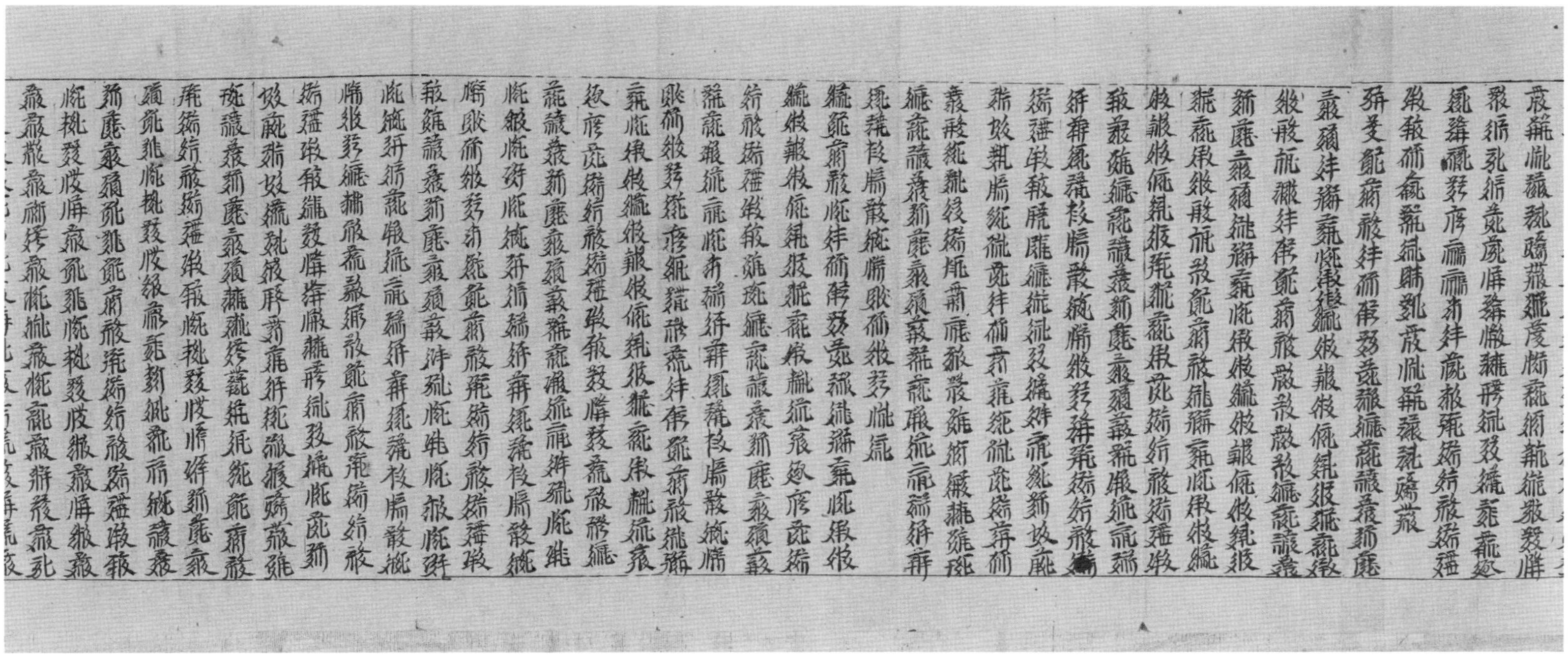

俄 Инв.No.1840　大般若波羅蜜多經卷第三百二　(7–4)

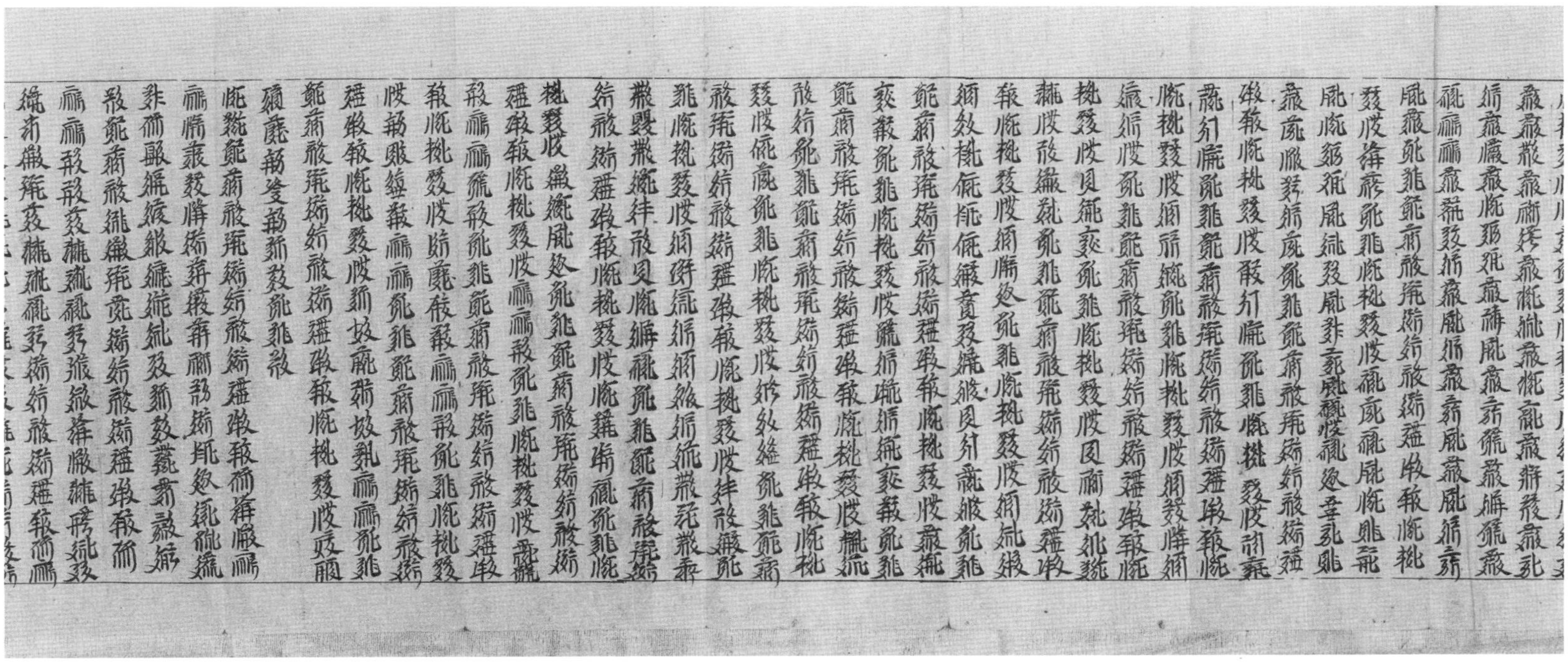

俄 Инв.No.1840　大般若波羅蜜多經卷第三百二　(7–5)

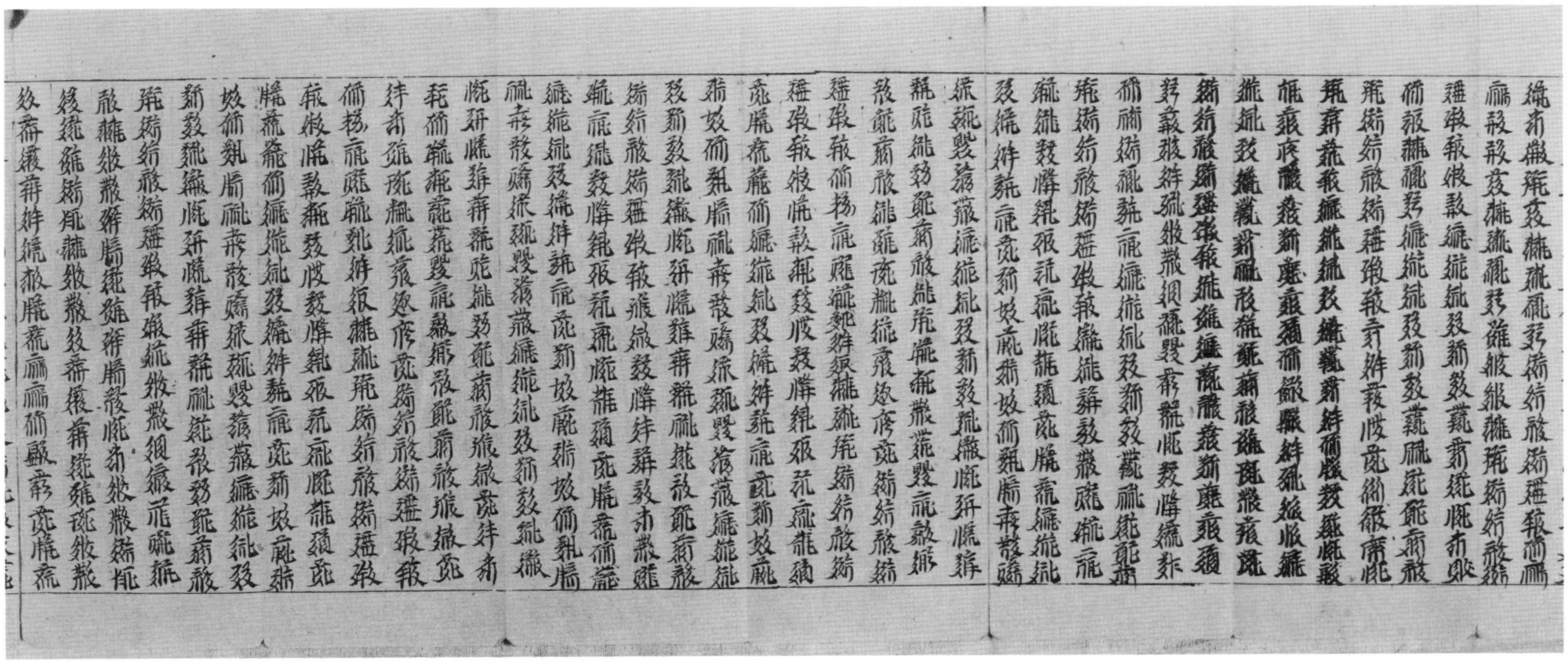

俄 Инв.No.1840　大般若波羅蜜多經卷第三百二　(7–6)

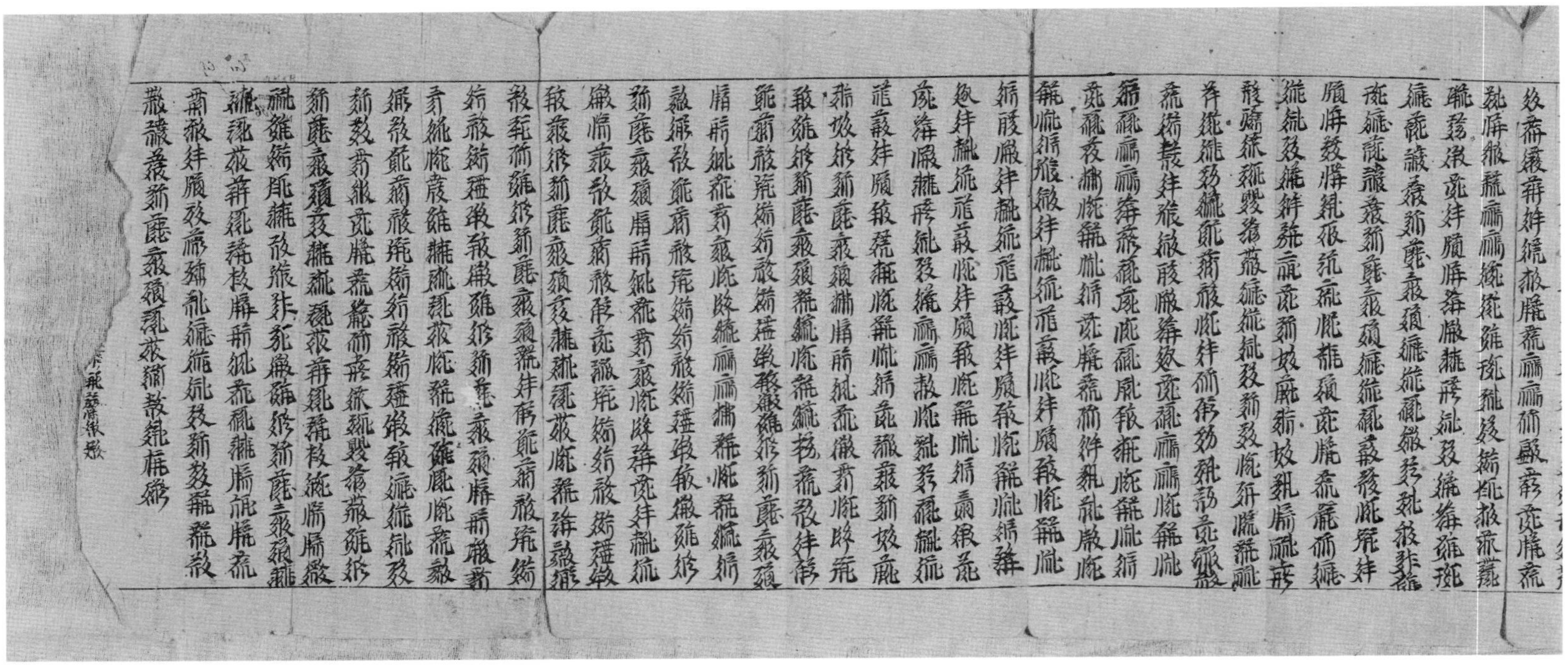

俄Инв.No.1840　大般若波羅蜜多經卷第三百二　(7-7)

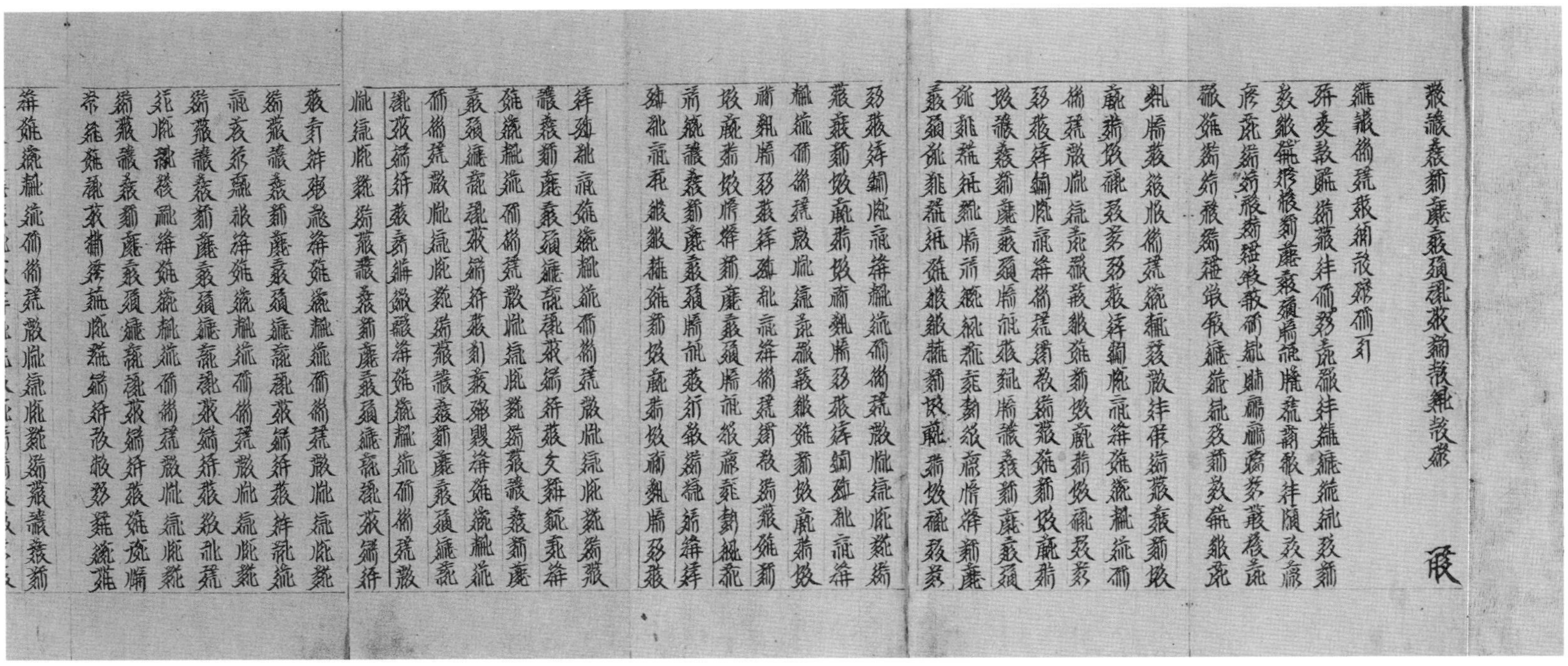

俄Инв.No.1862　大般若波羅蜜多經卷第三百三　(14-1)

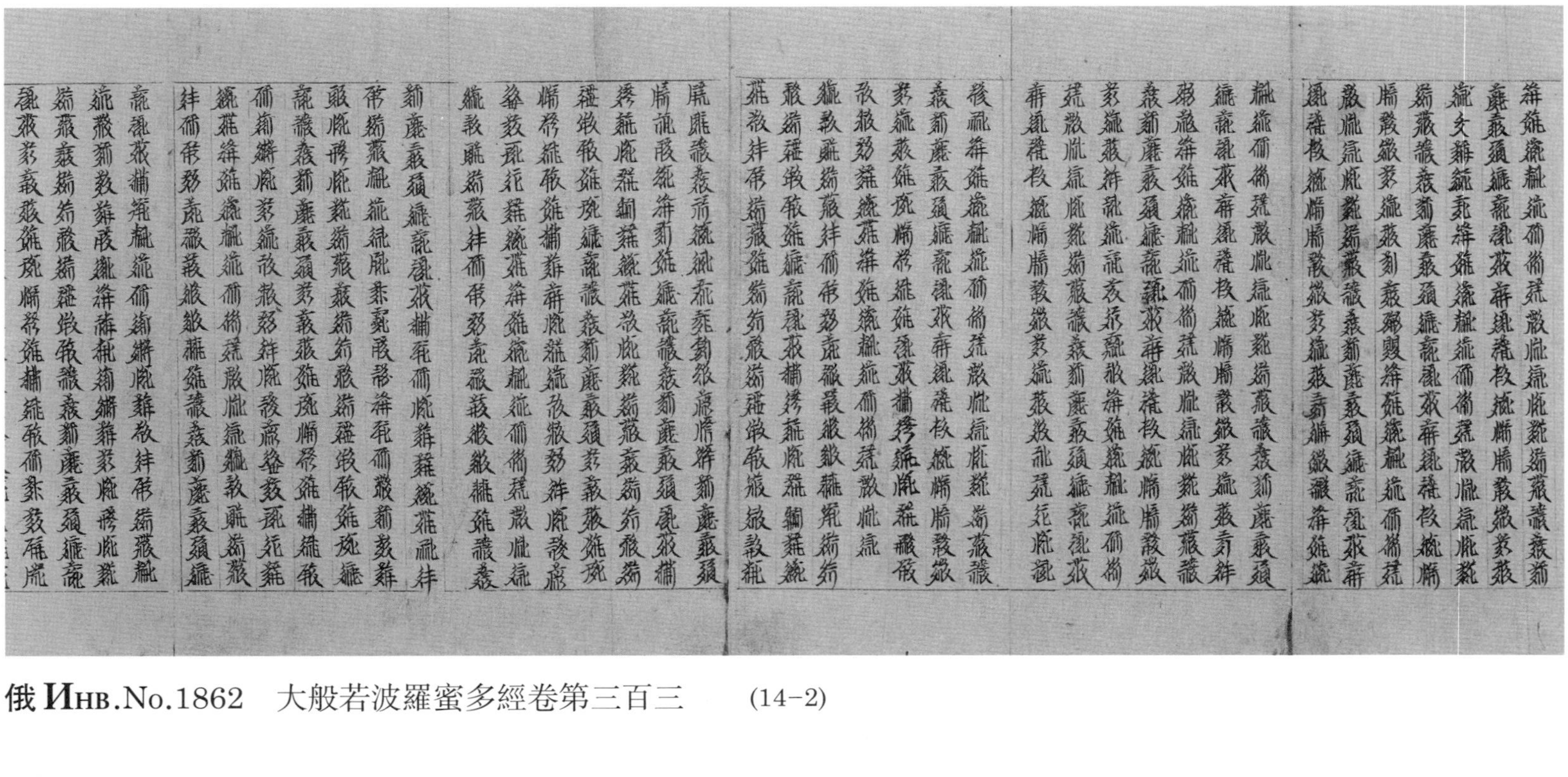

俄Инв.No.1862　大般若波羅蜜多經卷第三百三　(14-2)

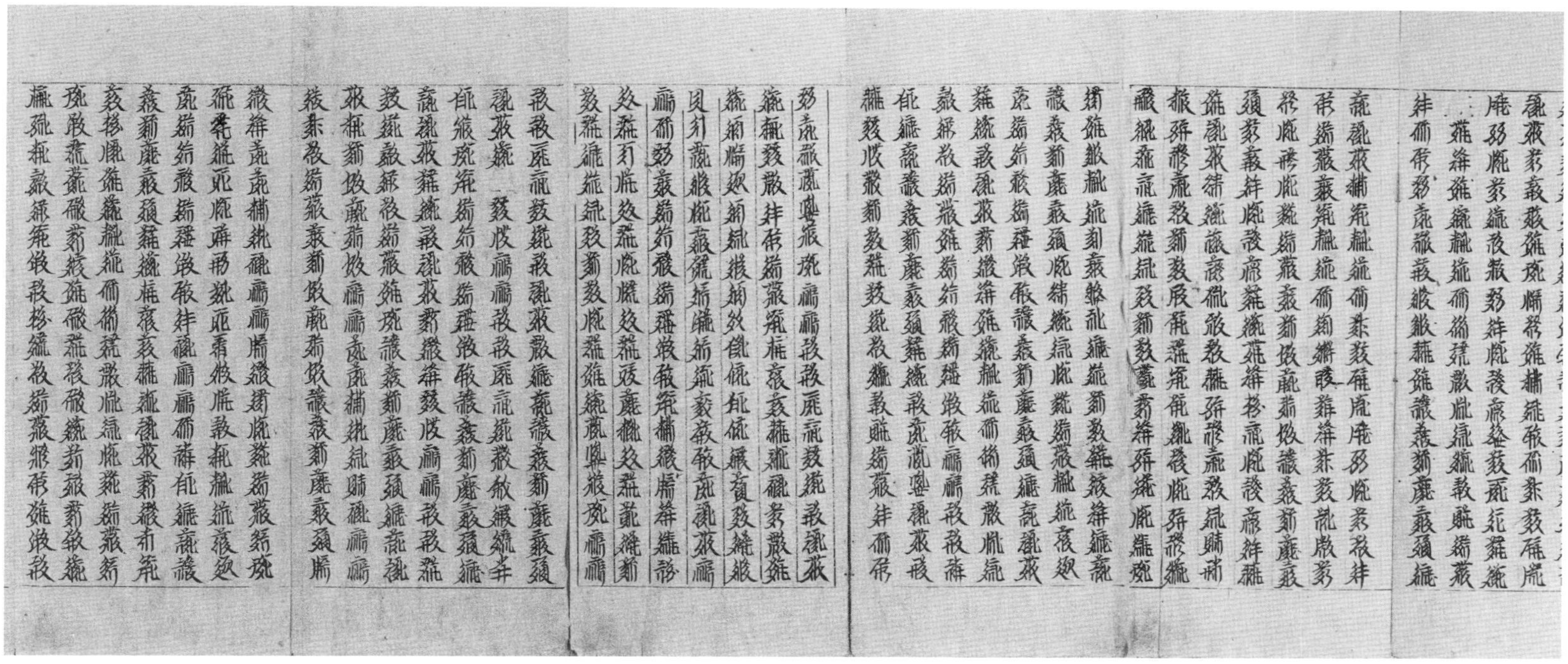

俄 Инв.No.1862　大般若波羅蜜多經卷第三百三　(14–3)

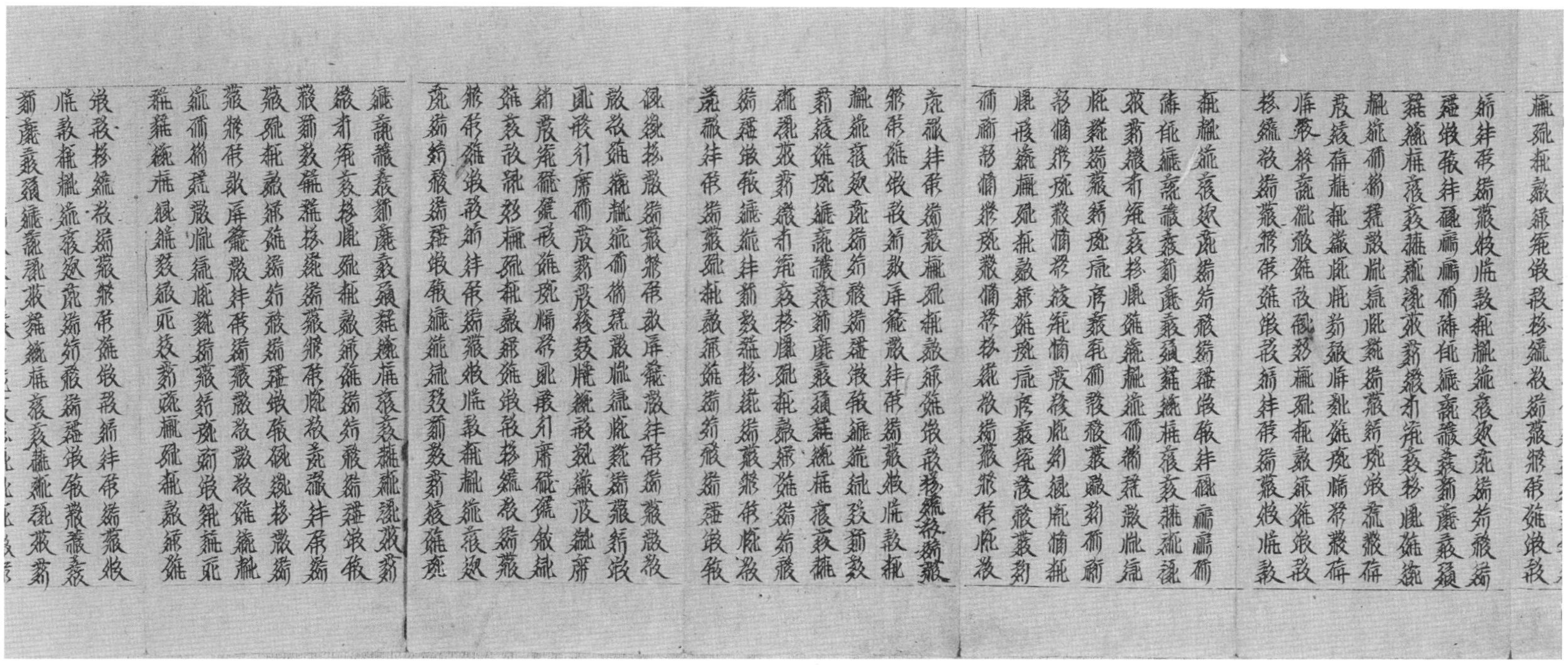

俄 Инв.No.1862　大般若波羅蜜多經卷第三百三　(14–4)

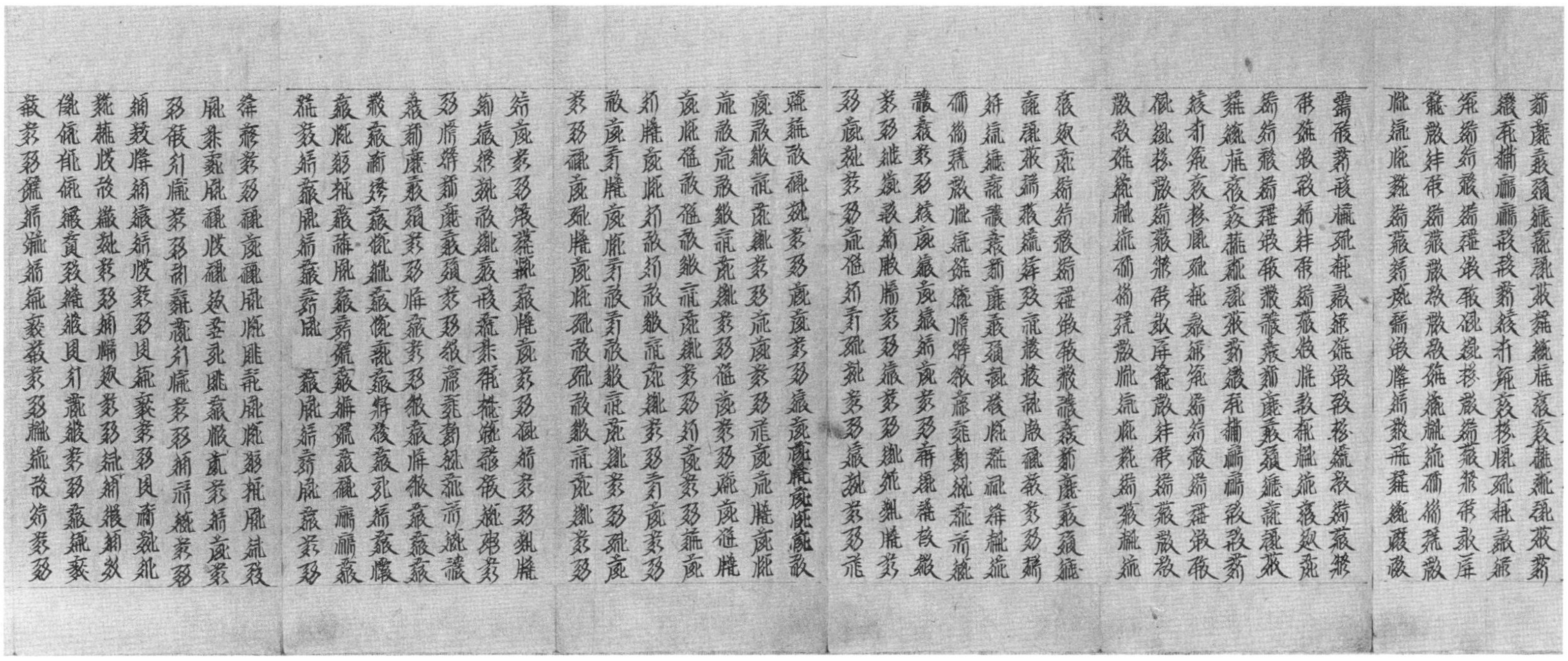

俄 Инв.No.1862　大般若波羅蜜多經卷第三百三　(14–5)

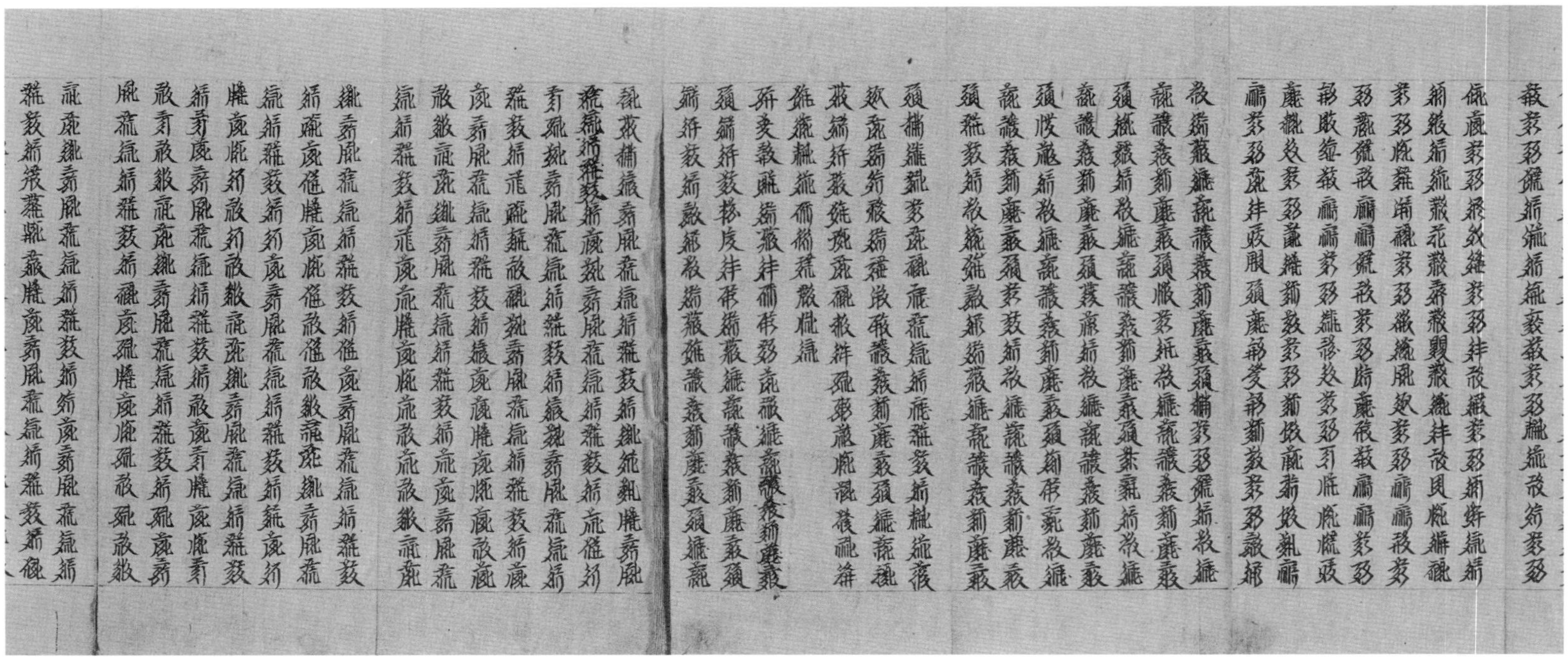

俄 Инв.No.1862　大般若波羅蜜多經卷第三百三　(14-6)

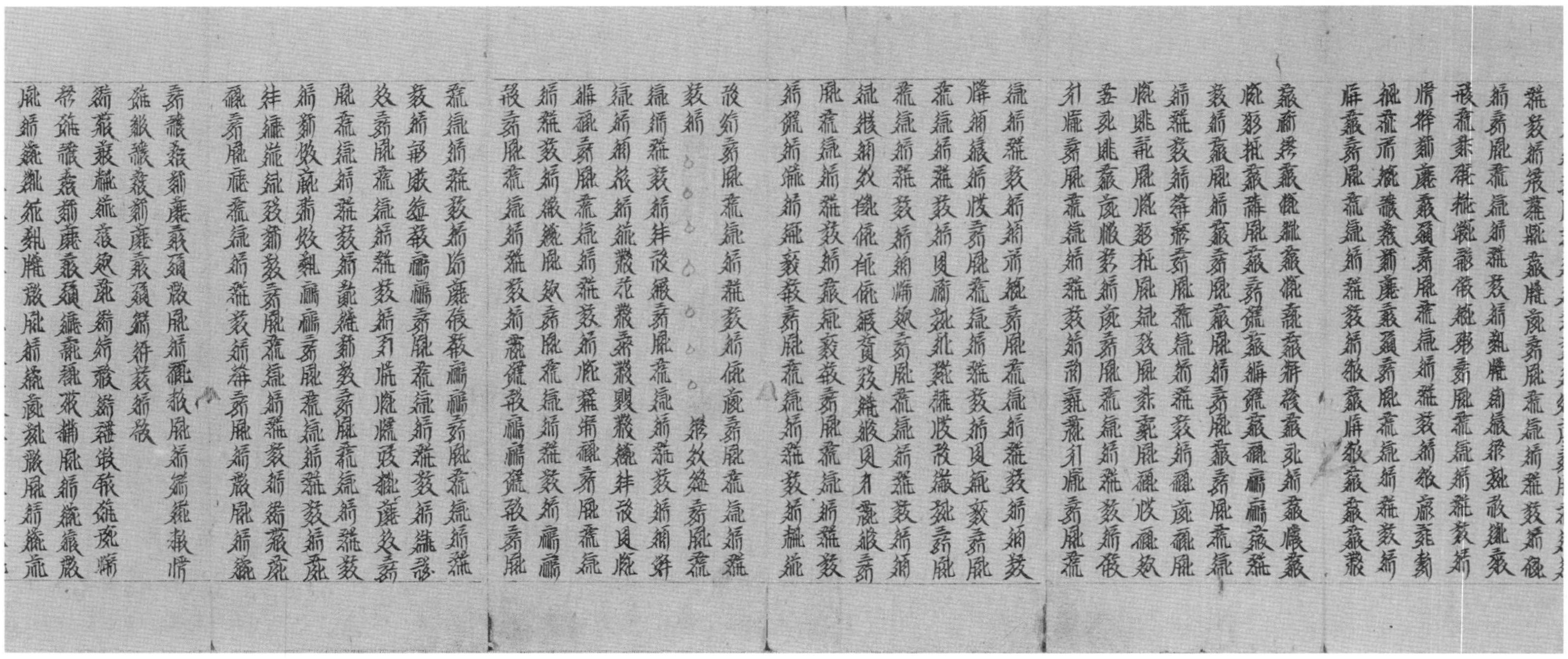

俄 Инв.No.1862　大般若波羅蜜多經卷第三百三　(14-7)

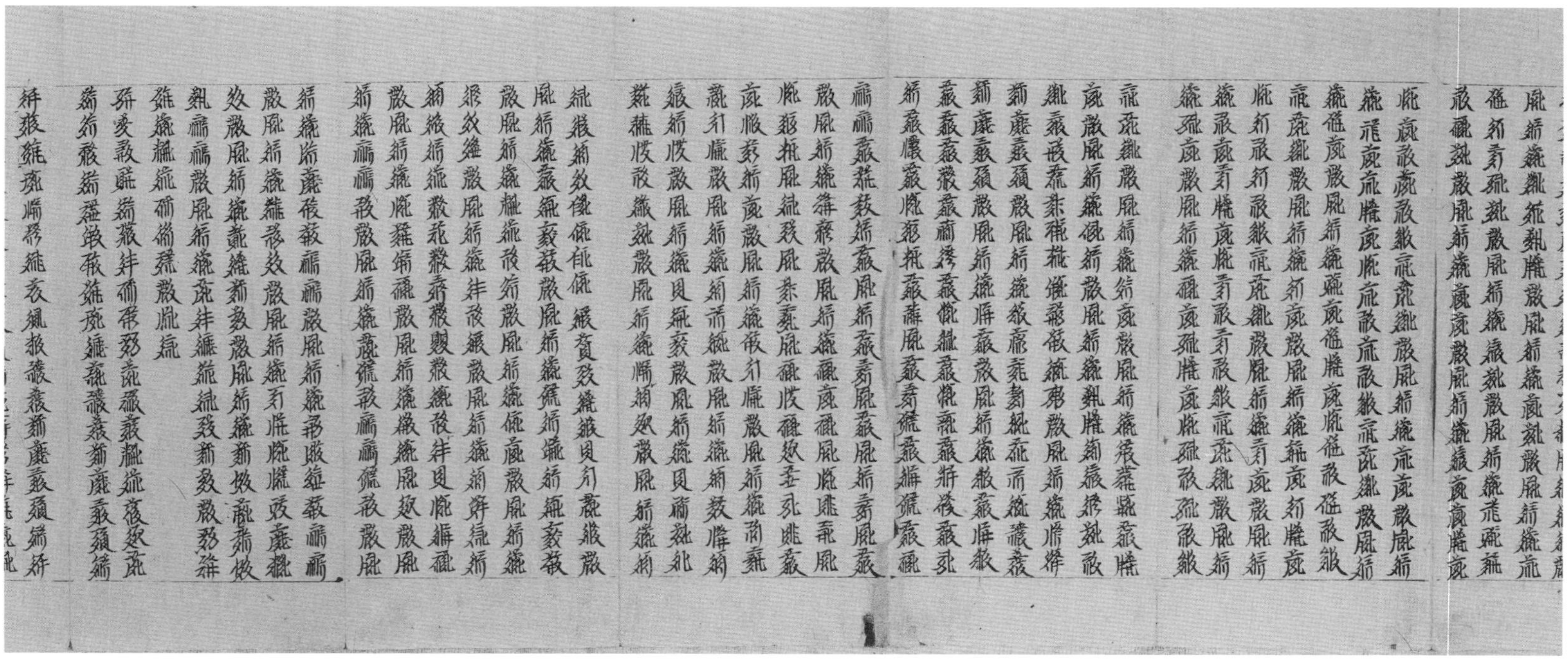

俄 Инв.No.1862　大般若波羅蜜多經卷第三百三　(14-8)

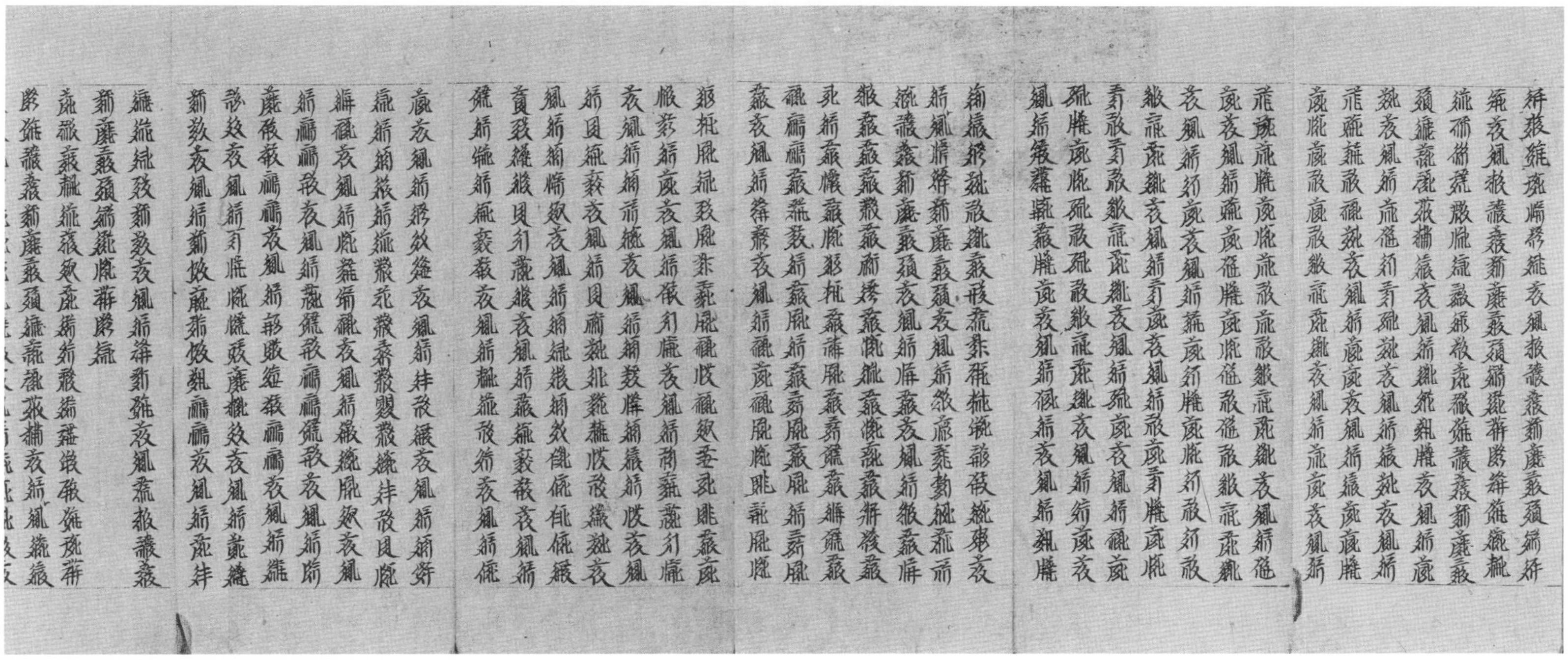

俄 Инв.No.1862 大般若波羅蜜多經卷第三百三 (14-9)

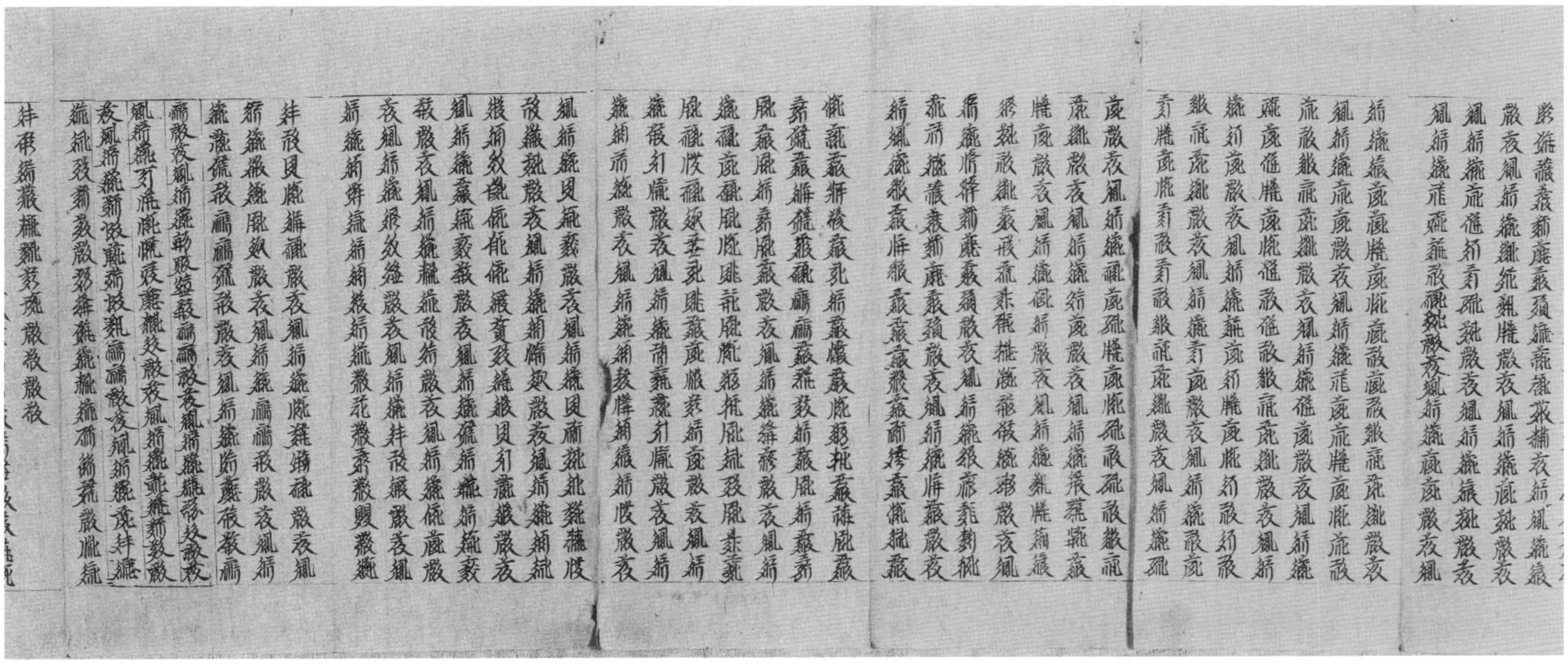

俄 Инв.No.1862 大般若波羅蜜多經卷第三百三 (14-10)

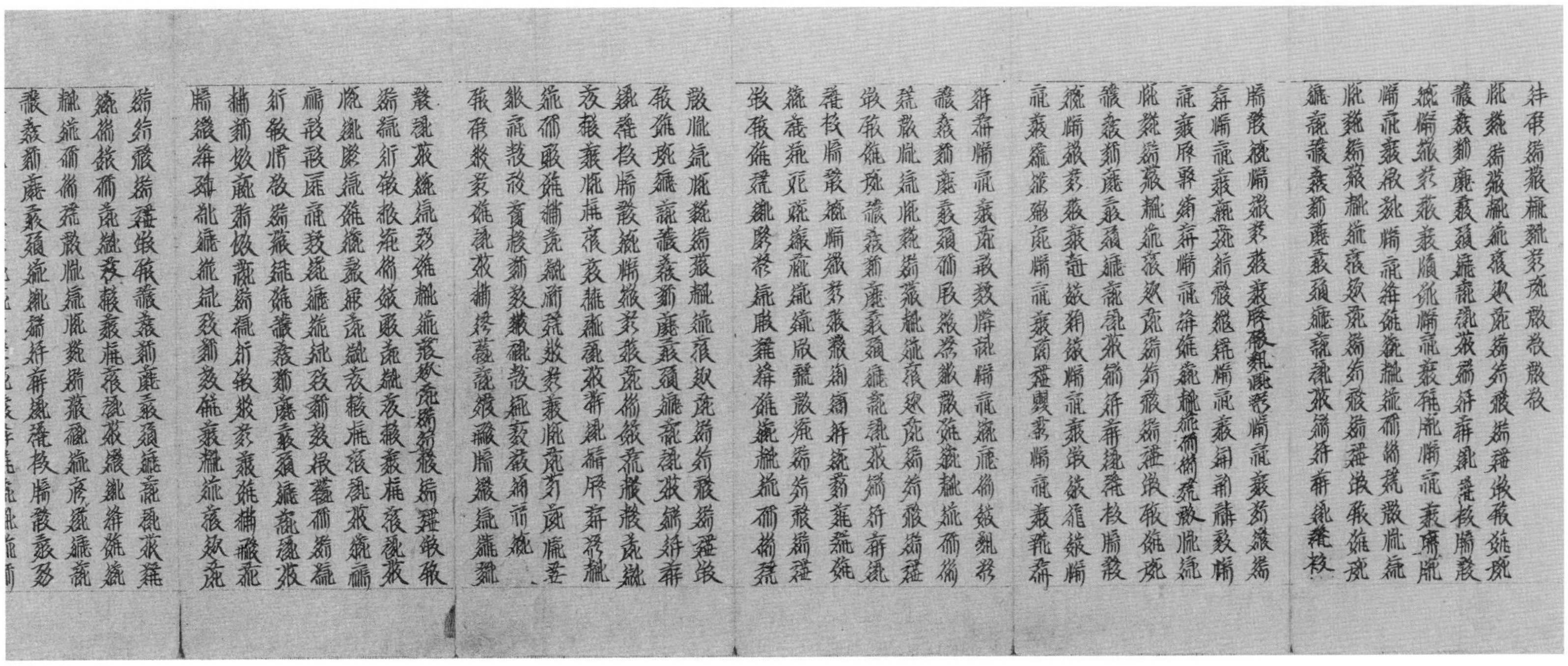

俄 Инв.No.1862 大般若波羅蜜多經卷第三百三 (14-11)

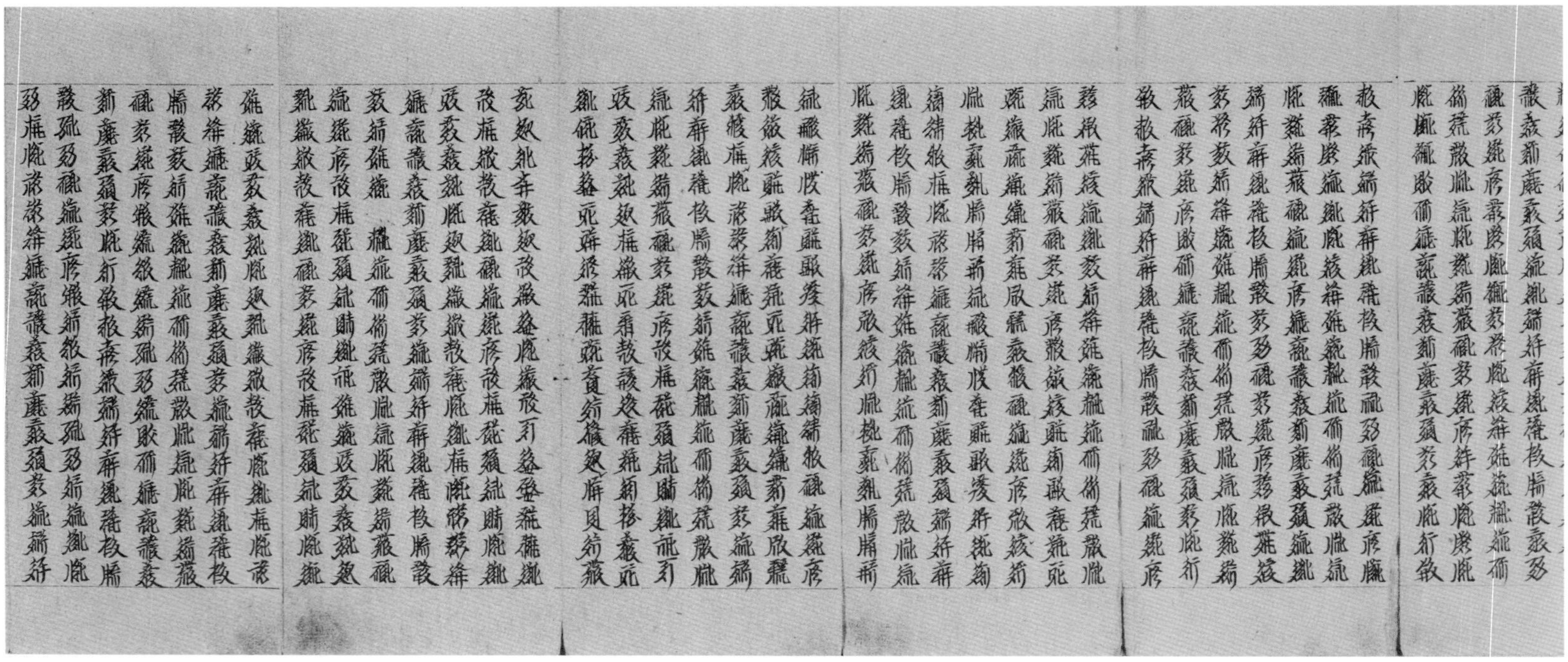

俄 Инв.No.1862　大般若波羅蜜多經卷第三百三　(14-12)

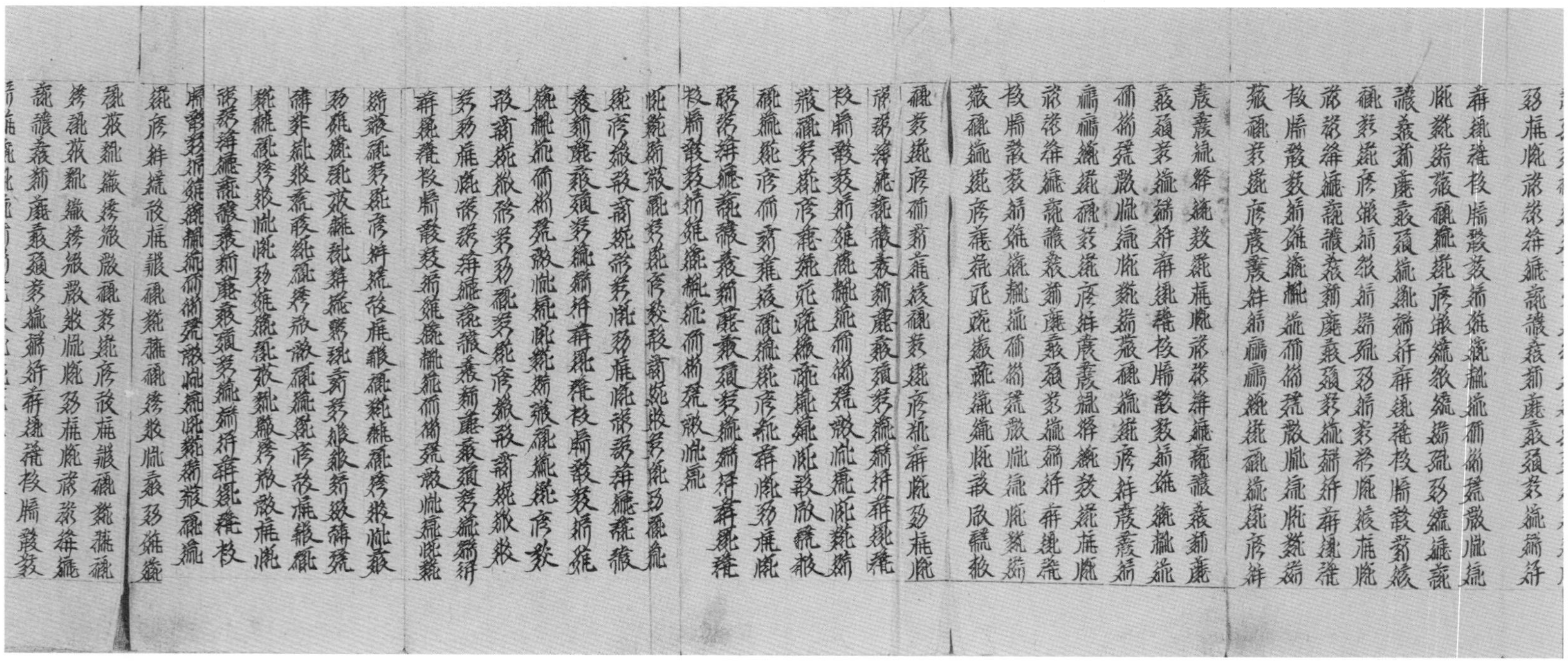

俄 Инв.No.1862　大般若波羅蜜多經卷第三百三　(14-13)

俄 Инв.No.1862　大般若波羅蜜多經卷第三百三　(14-14)

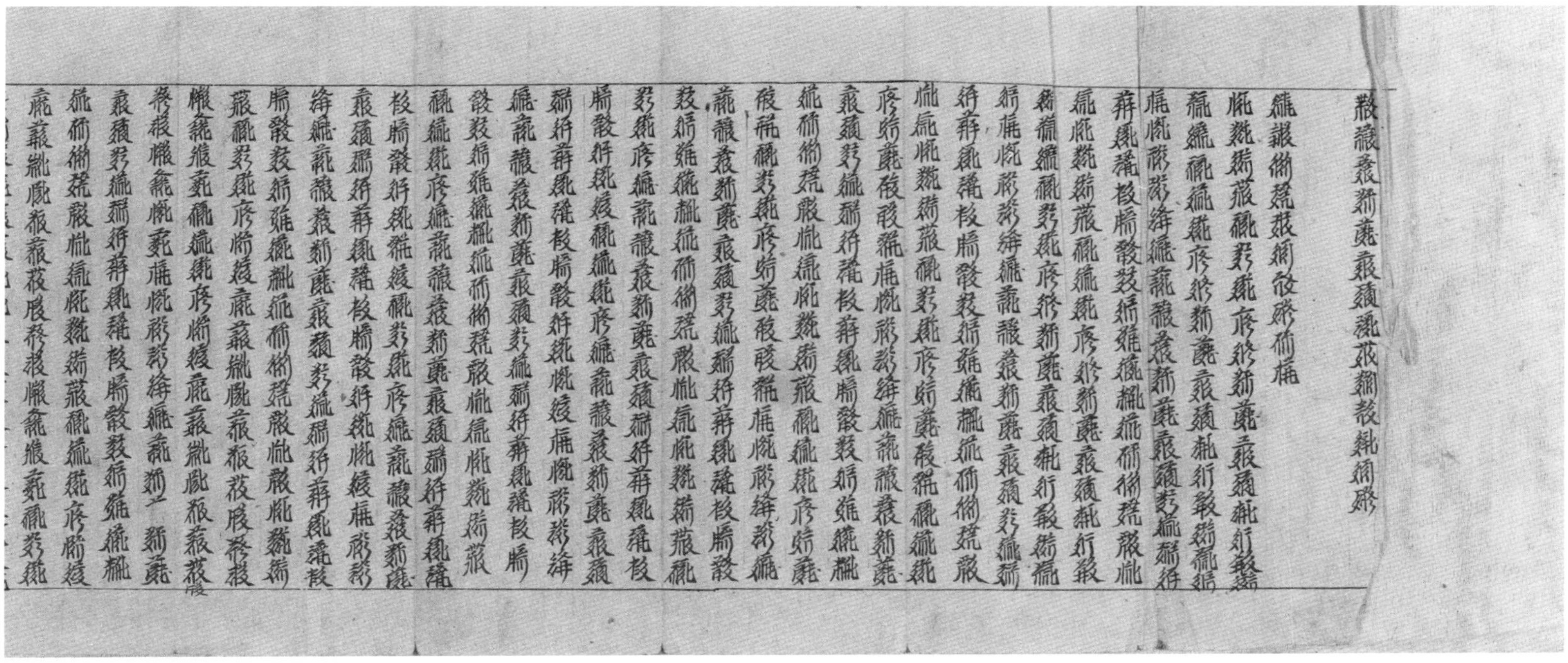

俄Инв.No.1859　大般若波羅蜜多經卷第三百四　(12-1)

俄Инв.No.1859　大般若波羅蜜多經卷第三百四　(12-2)

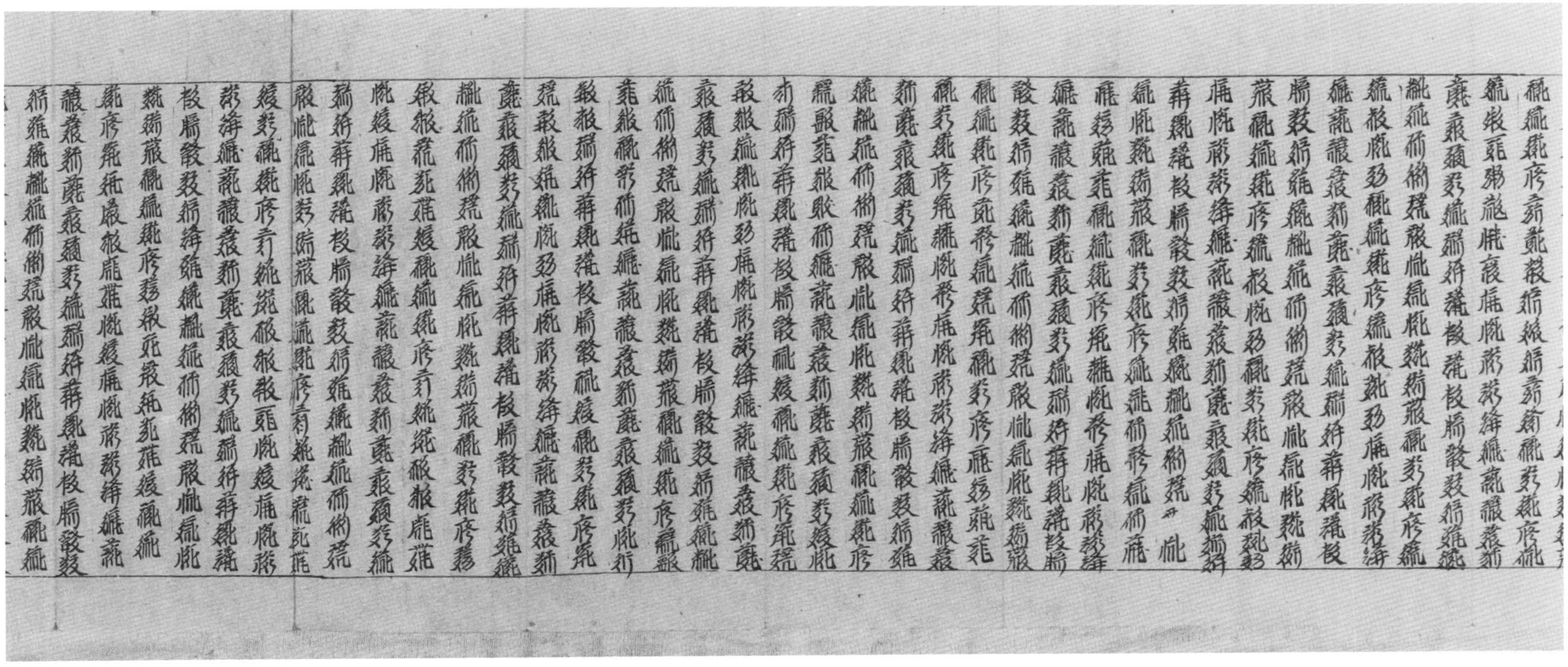

俄Инв.No.1859　大般若波羅蜜多經卷第三百四　(12-3)

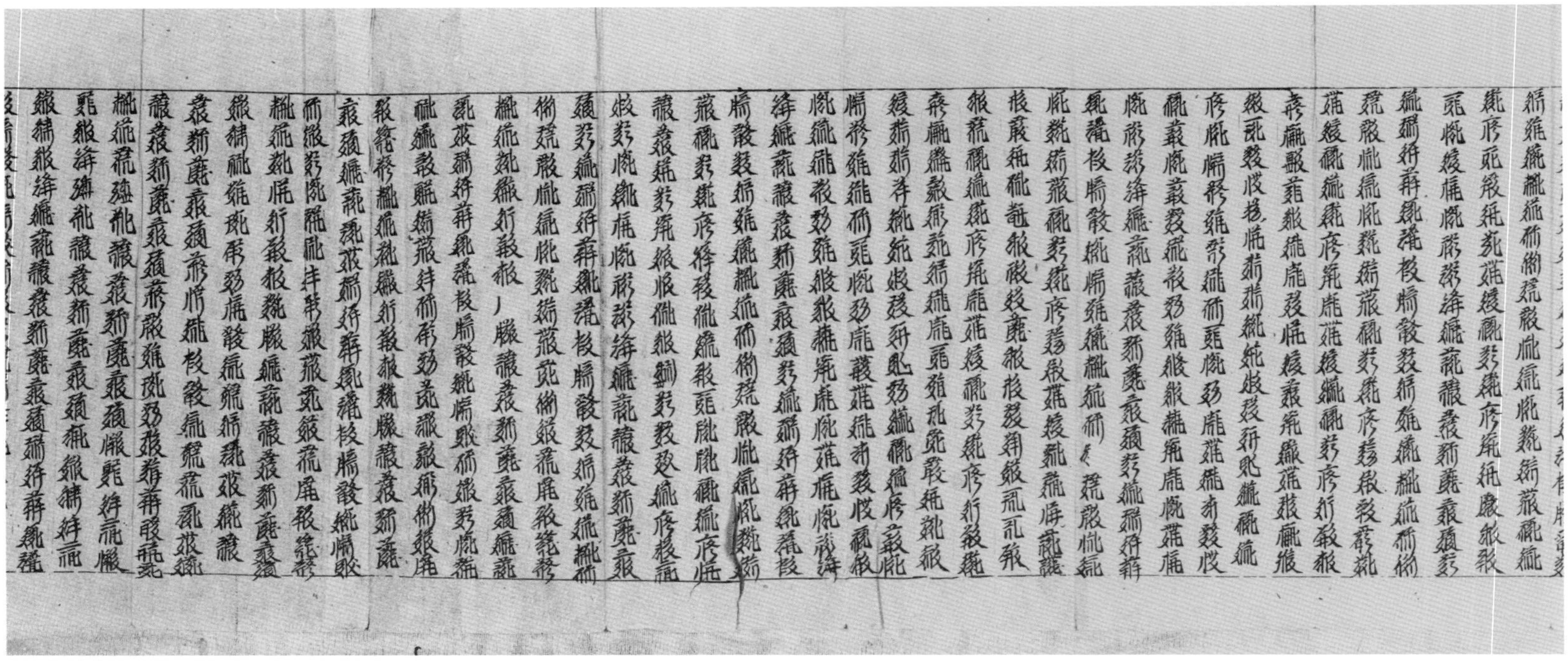

俄 Инв.No.1859　大般若波羅蜜多經卷第三百四　(12-4)

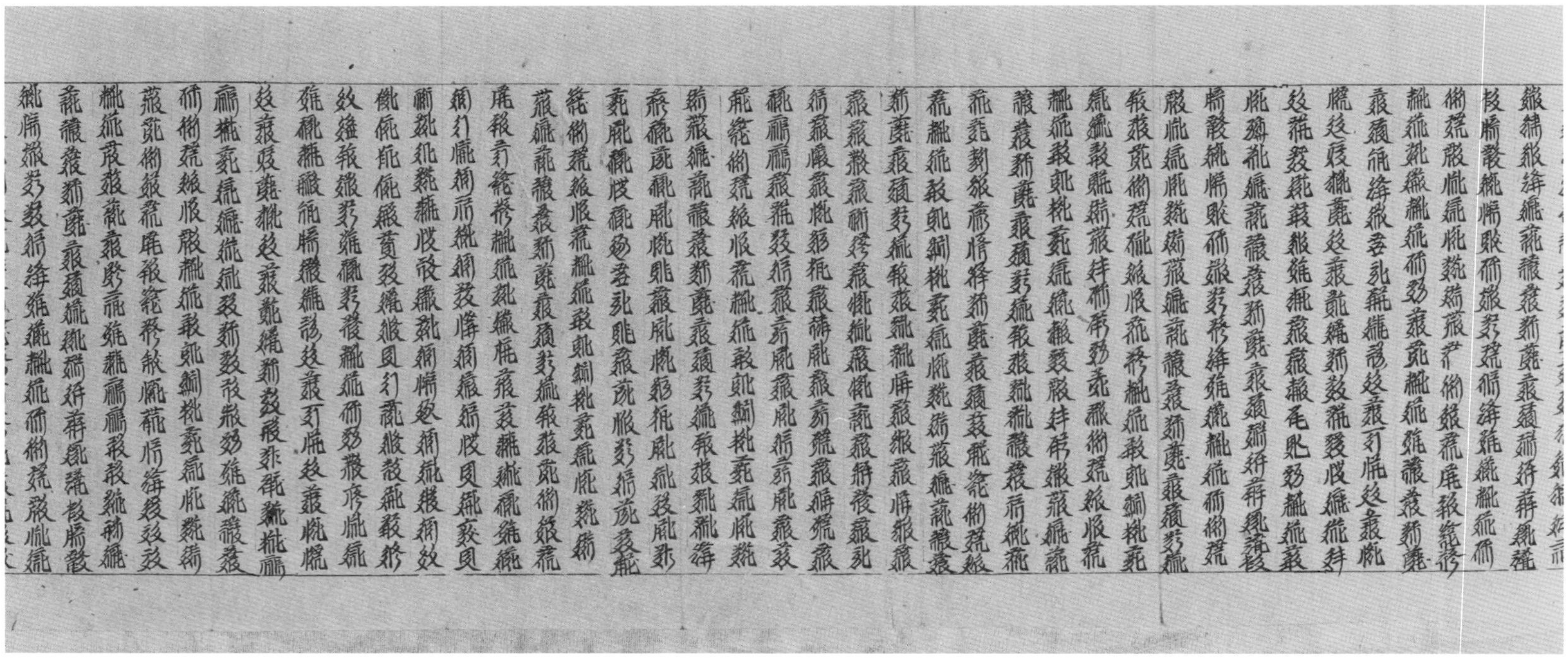

俄 Инв.No.1859　大般若波羅蜜多經卷第三百四　(12-5)

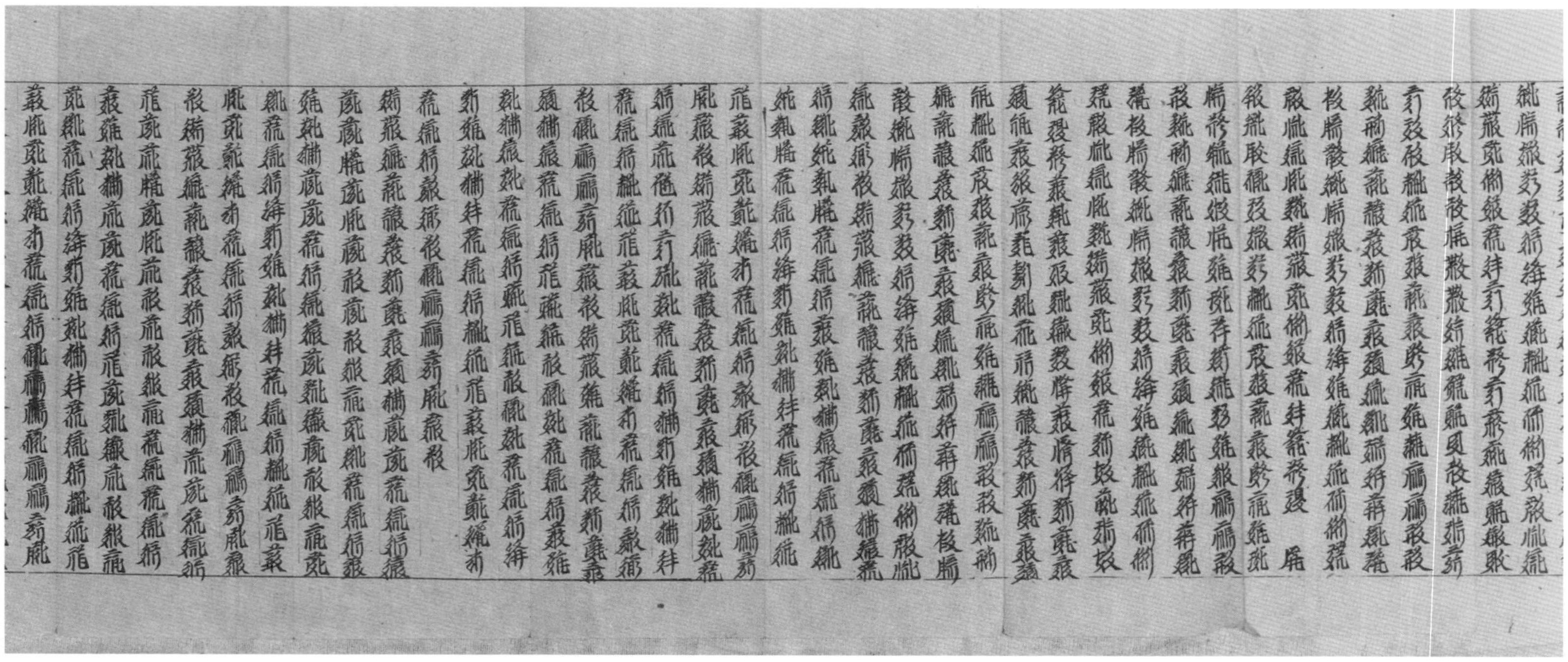

俄 Инв.No.1859　大般若波羅蜜多經卷第三百四　(12-6)

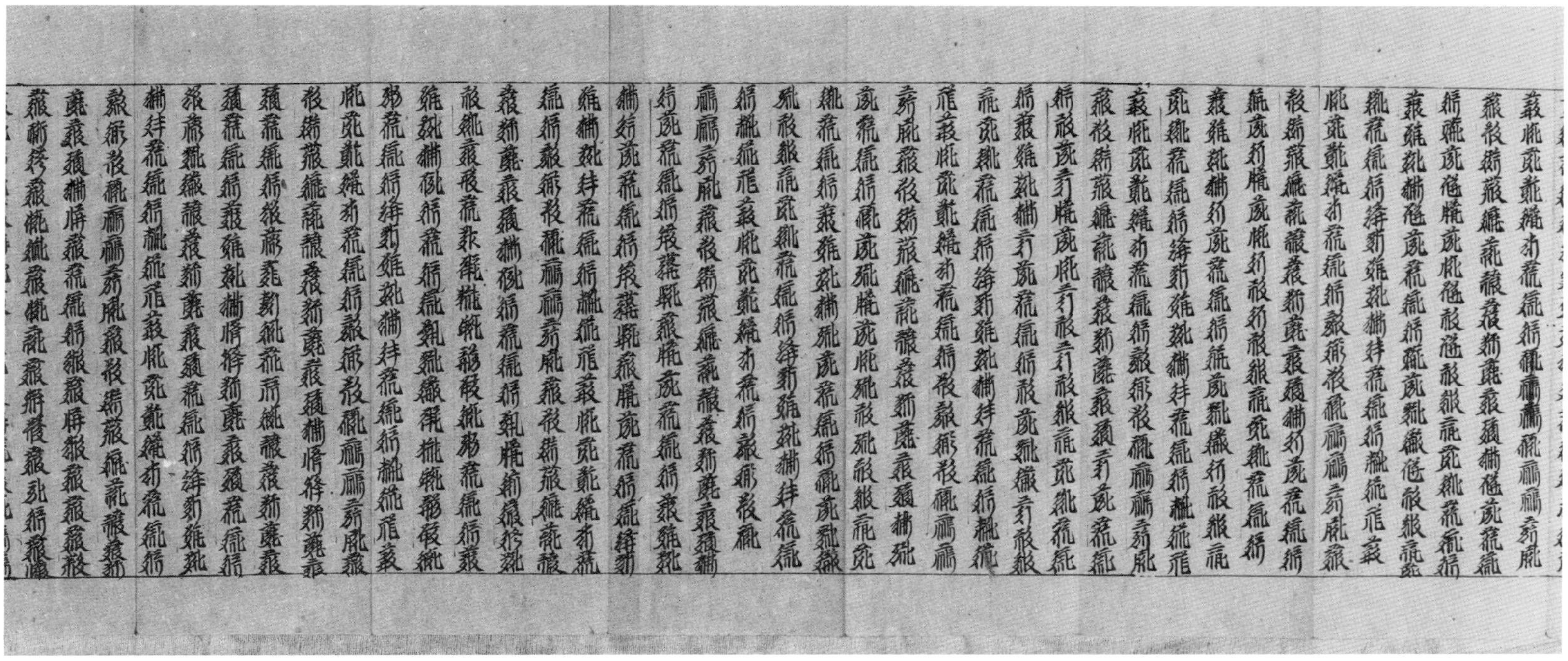

俄 Инв.No.1859　大般若波羅蜜多經卷第三百四　(12-7)

俄 Инв.No.1859　大般若波羅蜜多經卷第三百四　(12-8)

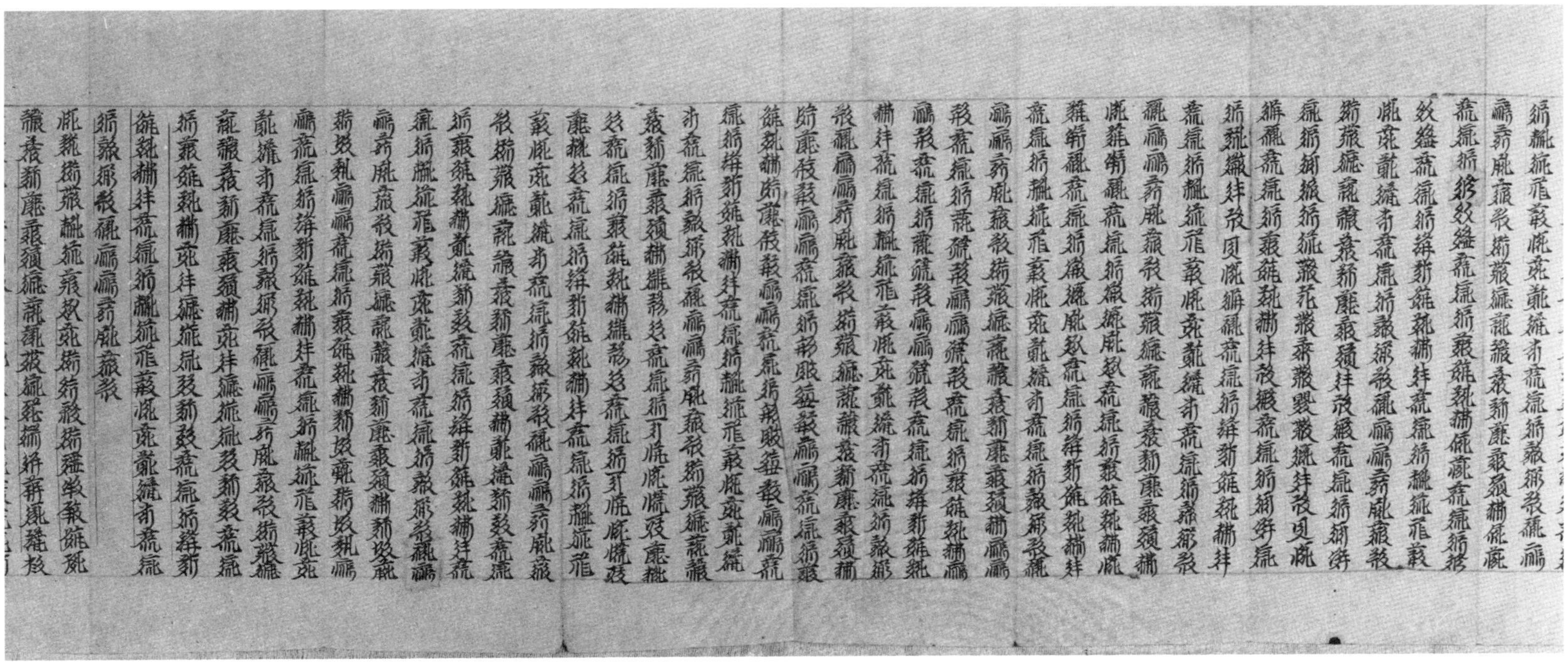

俄 Инв.No.1859　大般若波羅蜜多經卷第三百四　(12-9)

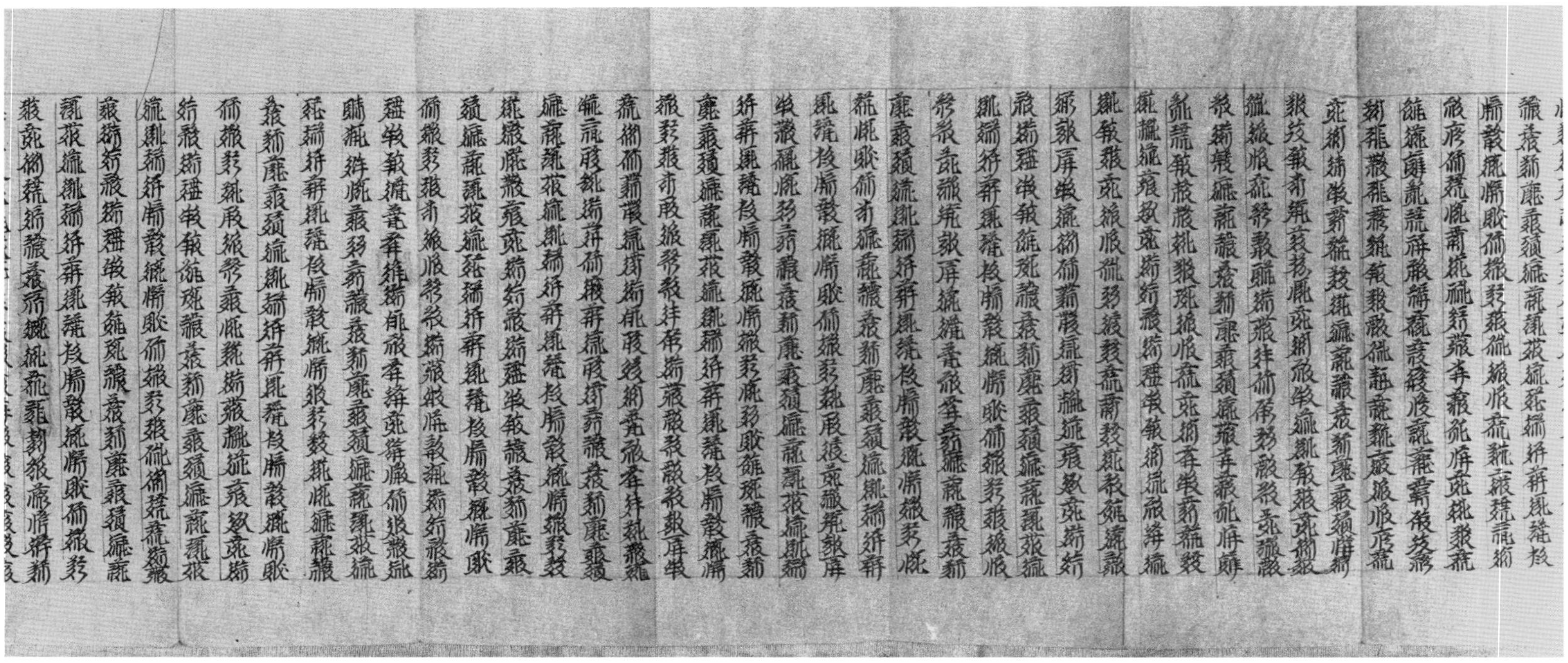

俄 Инв.No.1859　大般若波羅蜜多經卷第三百四　(12–10)

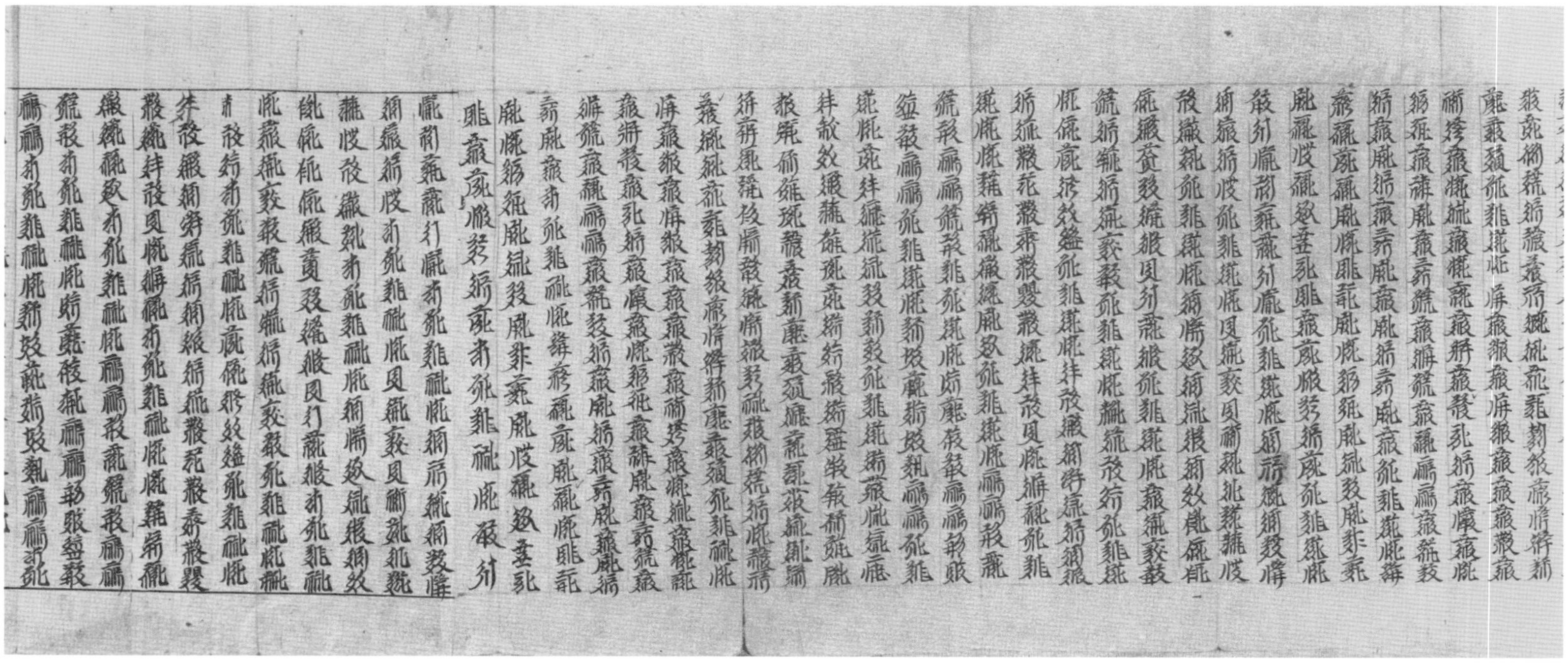

俄 Инв.No.1859　大般若波羅蜜多經卷第三百四　(12–11)

俄 Инв.No.1859　大般若波羅蜜多經卷第三百四　(12–12)

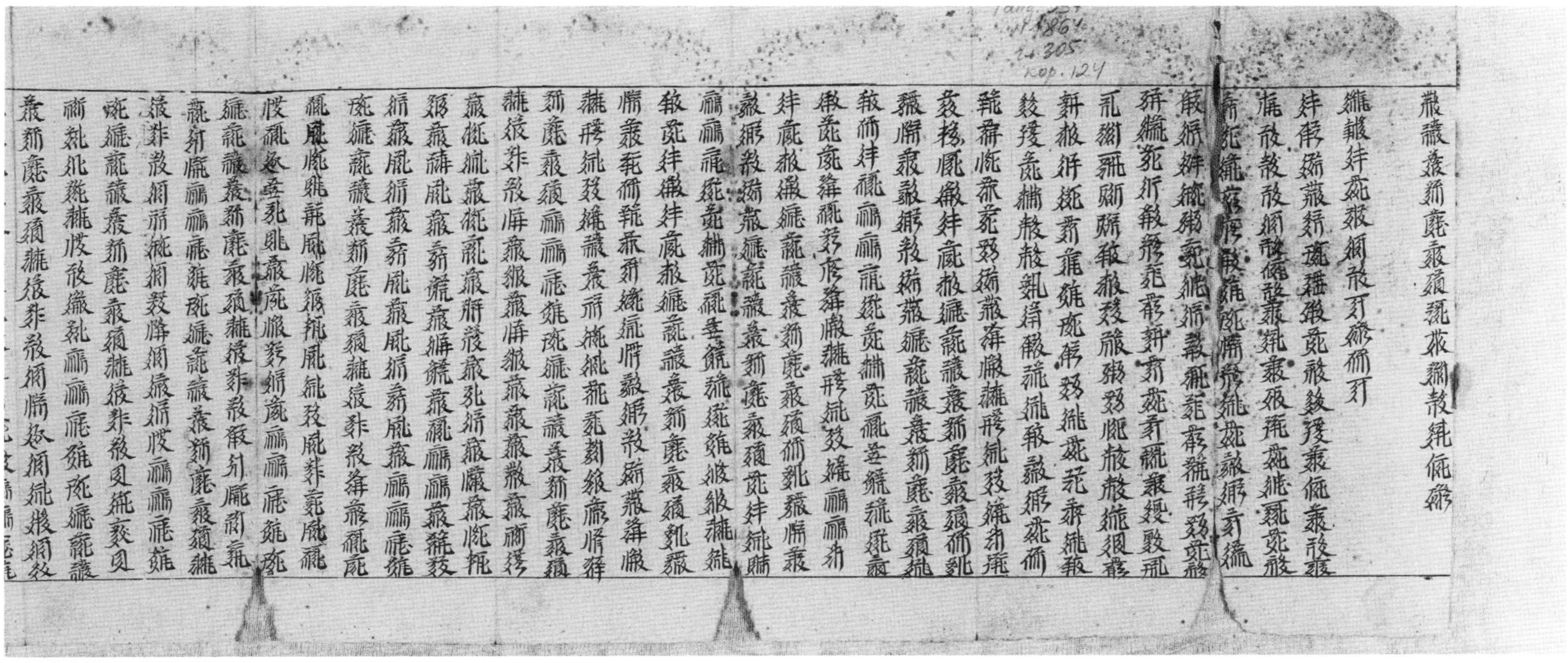

俄Инв.No.1864　大般若波羅蜜多經卷第三百五　(12-1)

俄Инв.No.1864　大般若波羅蜜多經卷第三百五　(12-2)

俄Инв.No.1864　大般若波羅蜜多經卷第三百五　(12-3)

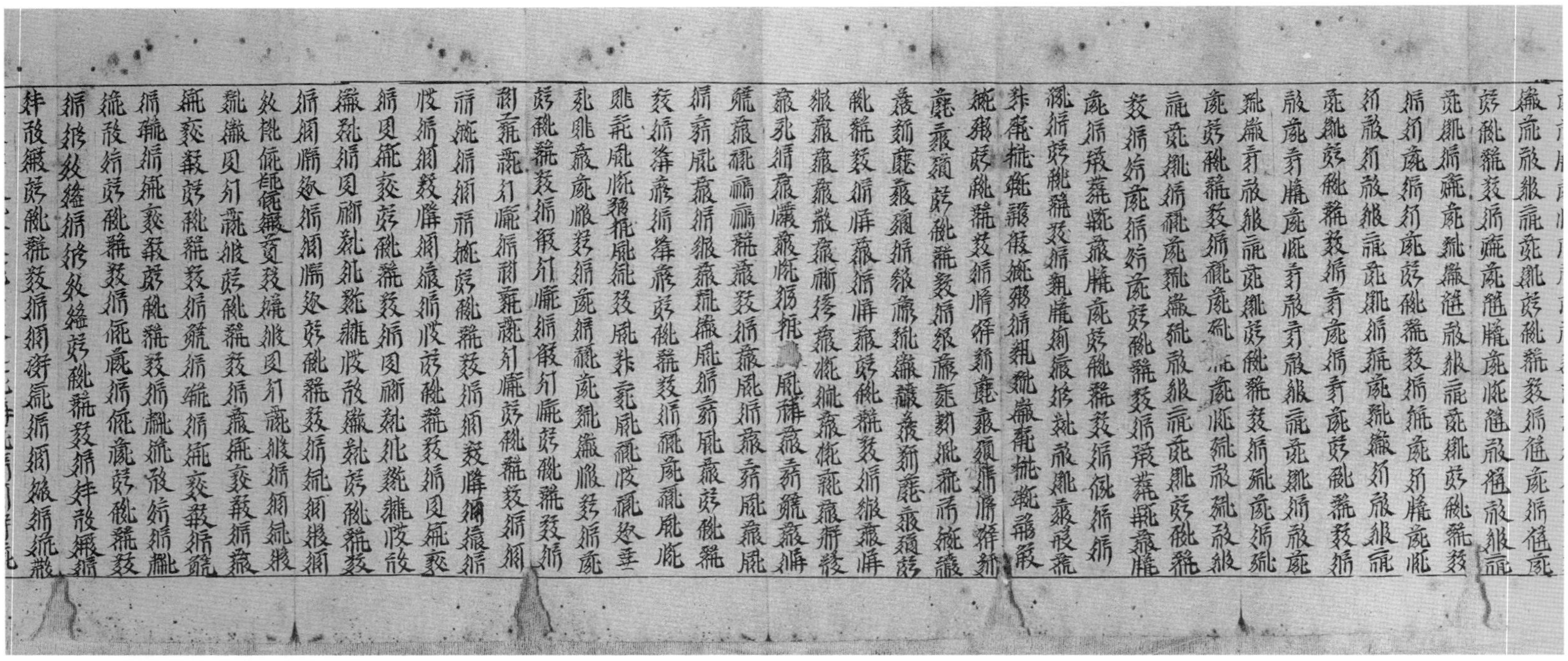

俄 Инв.No.1864　大般若波羅蜜多經卷第三百五　(12-4)

俄 Инв.No.1864　大般若波羅蜜多經卷第三百五　(12-5)

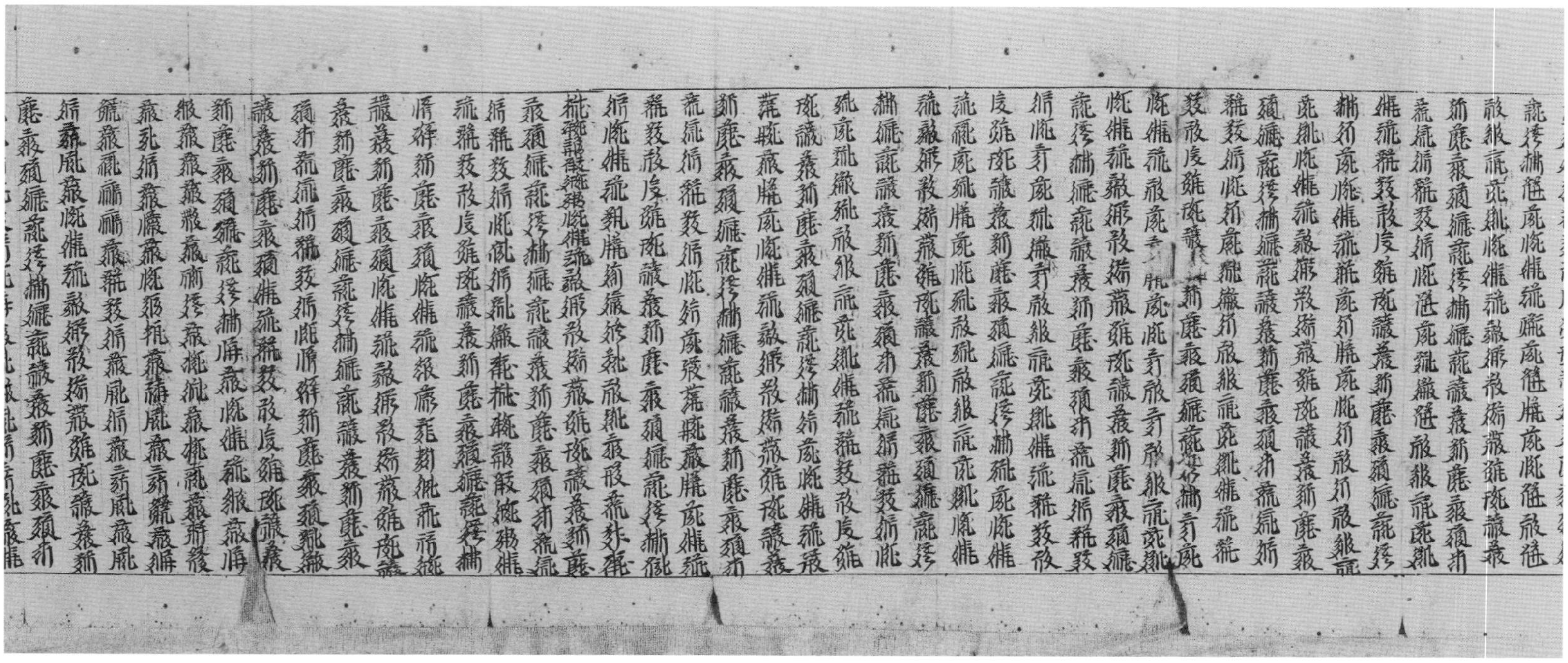

俄 Инв.No.1864　大般若波羅蜜多經卷第三百五　(12-6)

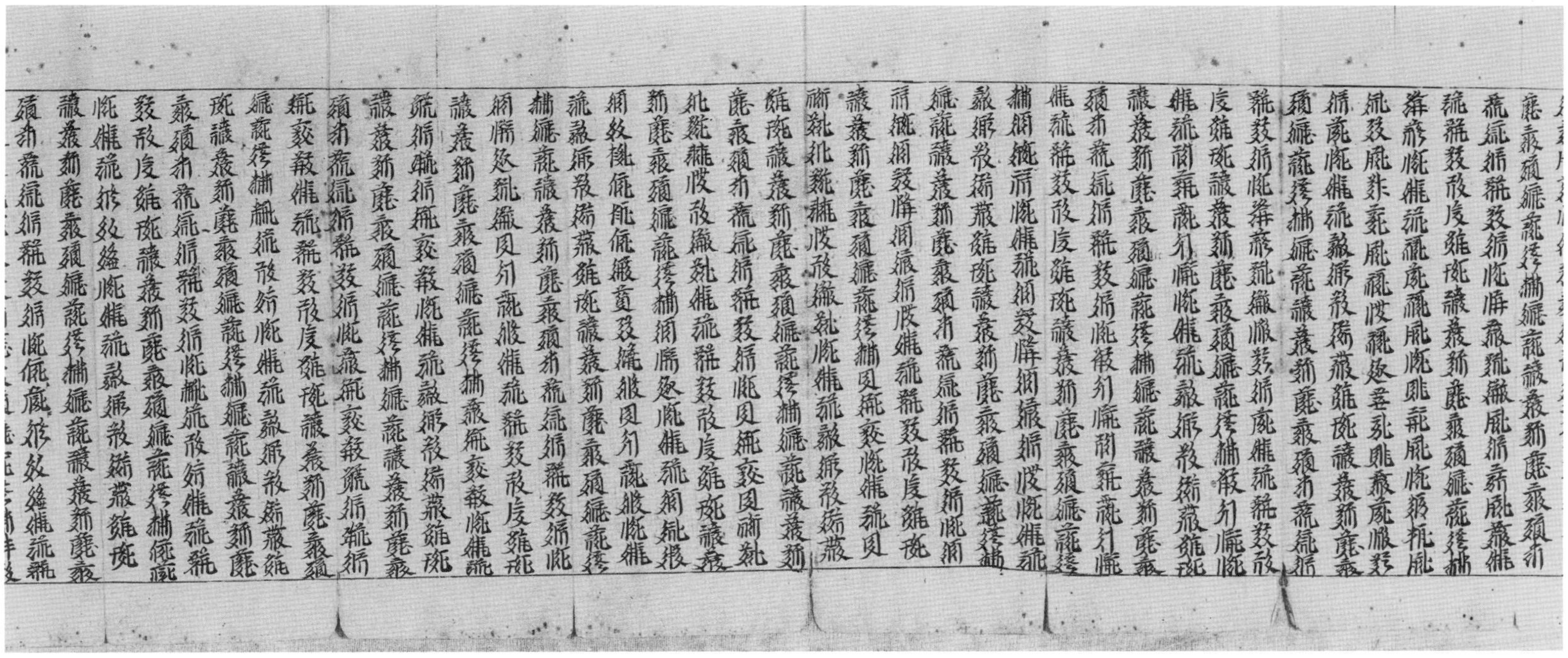

俄 Инв.No.1864　大般若波羅蜜多經卷第三百五　(12-7)

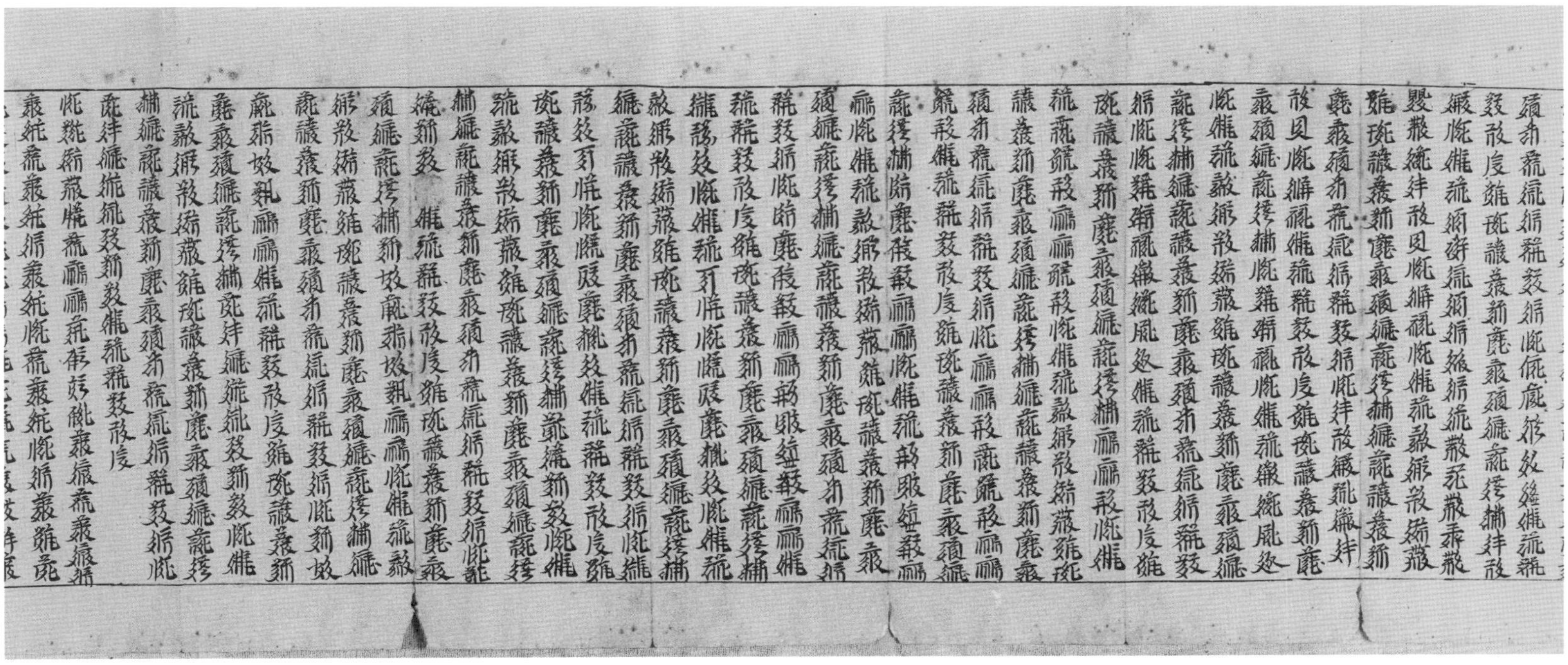

俄 Инв.No.1864　大般若波羅蜜多經卷第三百五　(12-8)

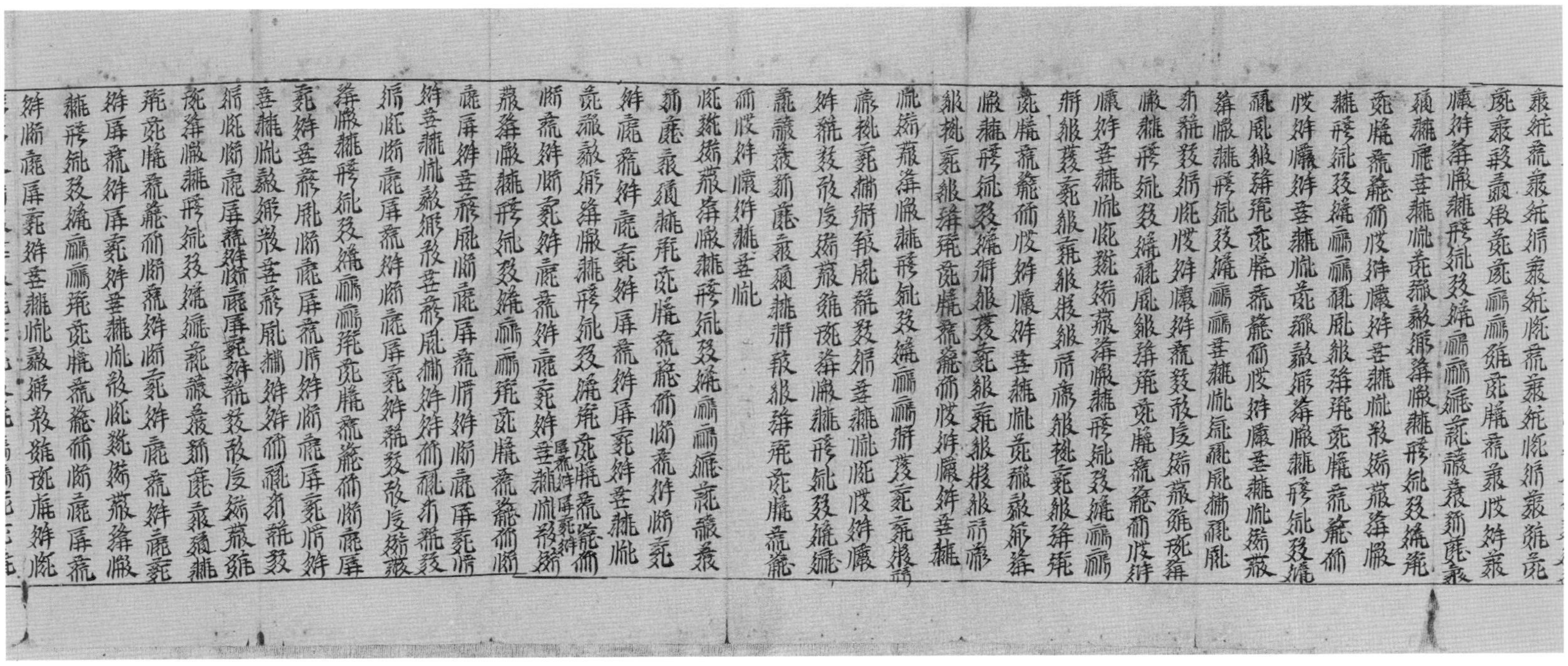

俄 Инв.No.1864　大般若波羅蜜多經卷第三百五　(12-9)

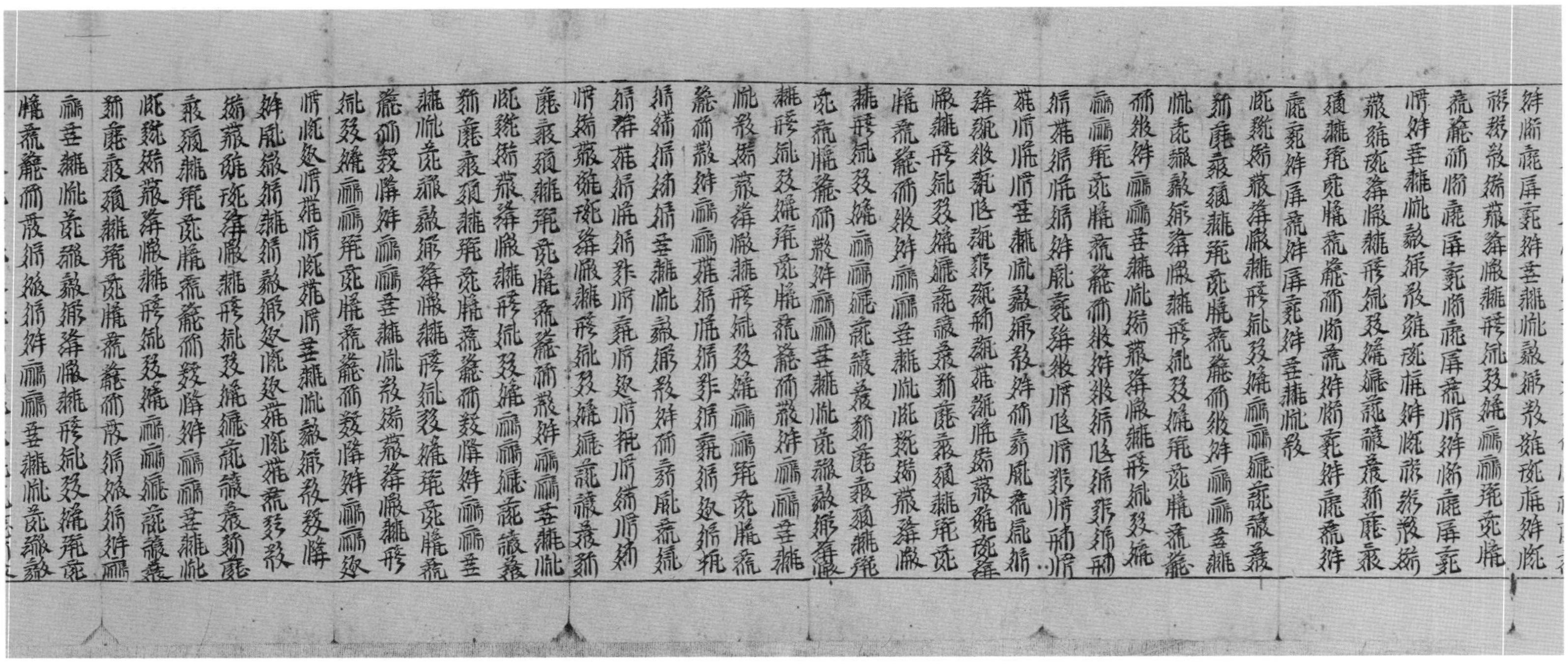

俄 Инв.No.1864　大般若波羅蜜多經卷第三百五　(12–10)

俄 Инв.No.1864　大般若波羅蜜多經卷第三百五　(12–11)

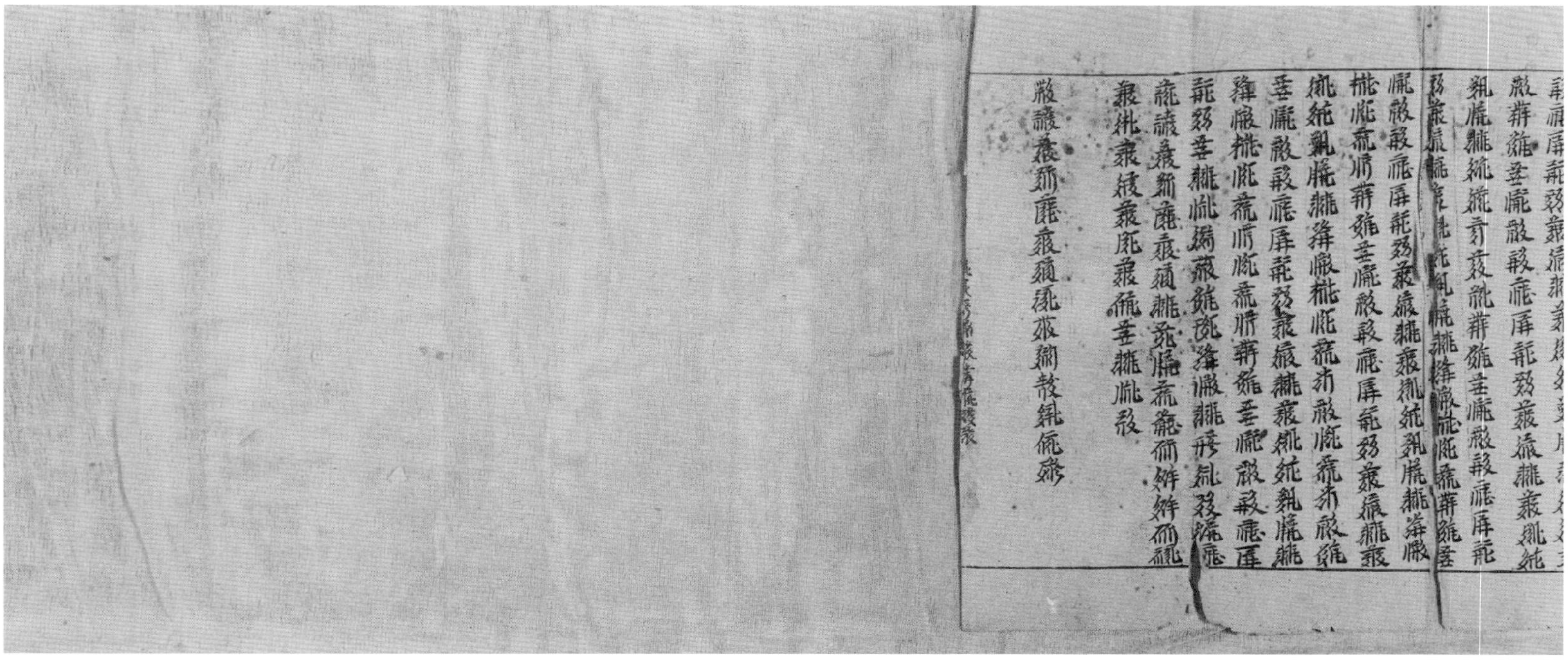

俄 Инв.No.1864　大般若波羅蜜多經卷第三百五　(12–12)

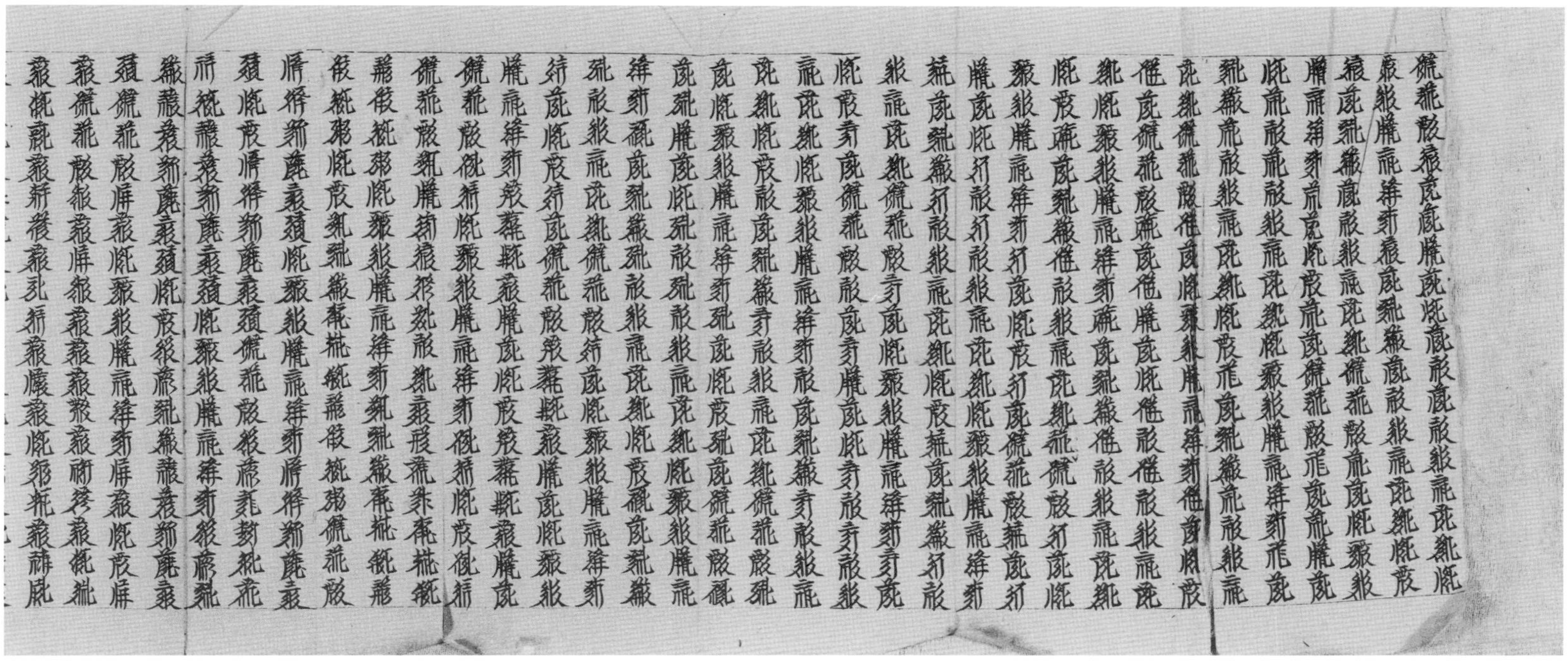

俄 Инв.No.1113　大般若波羅蜜多經卷第三百七　(13–1)

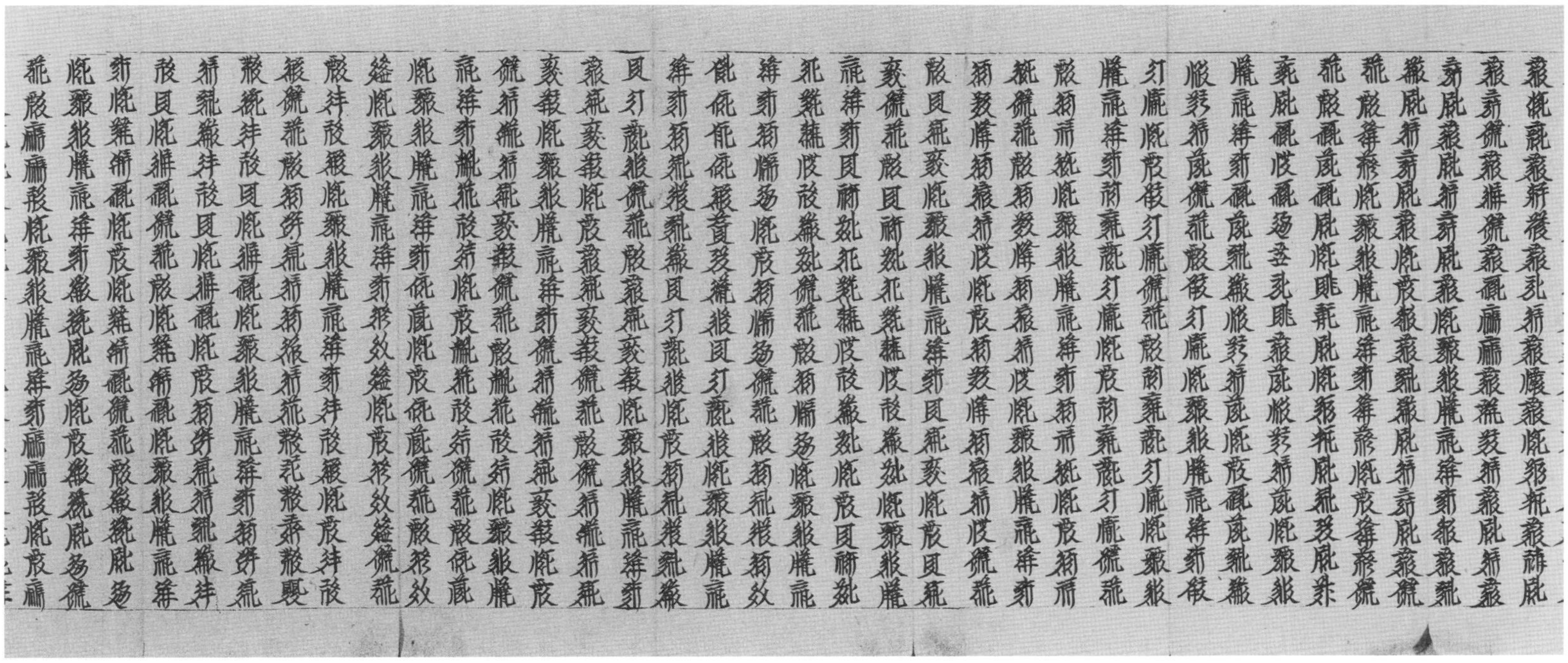

俄 Инв.No.1113　大般若波羅蜜多經卷第三百七　(13–2)

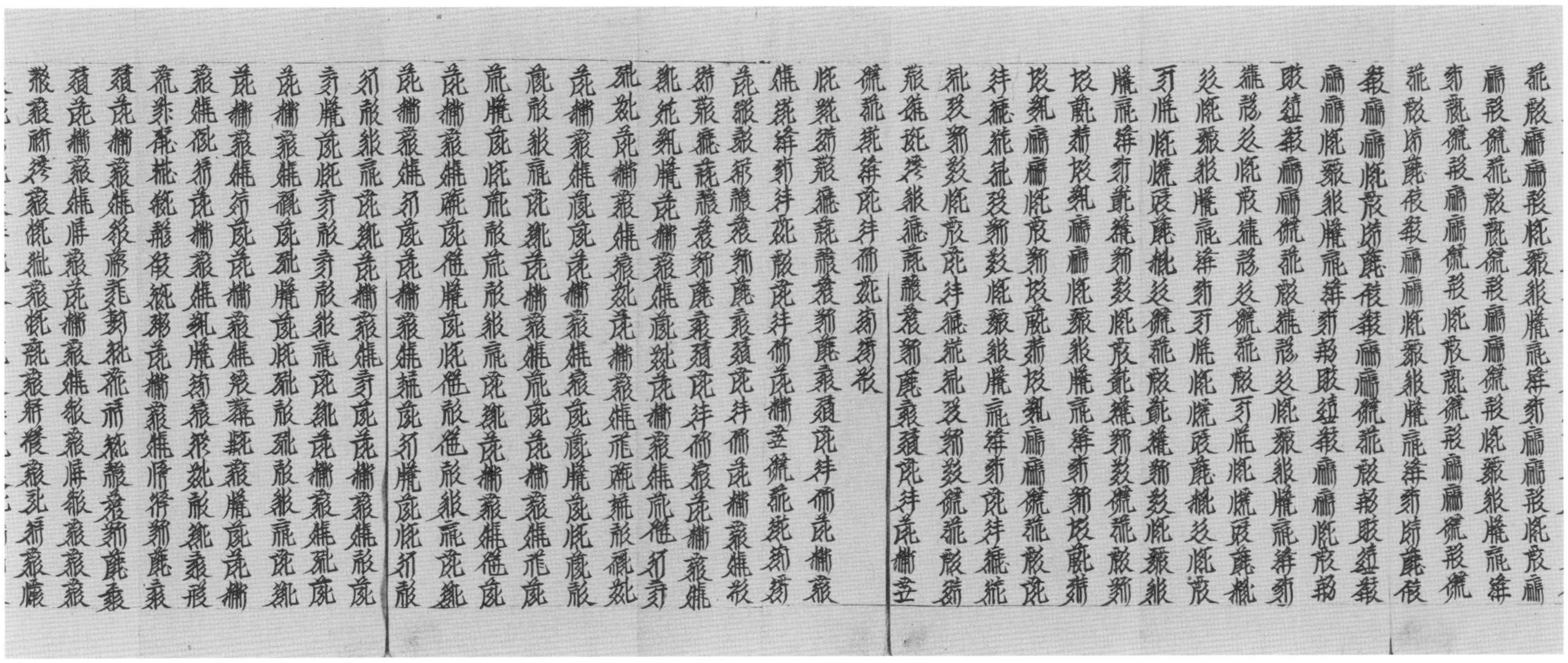

俄 Инв.No.1113　大般若波羅蜜多經卷第三百七　(13–3)

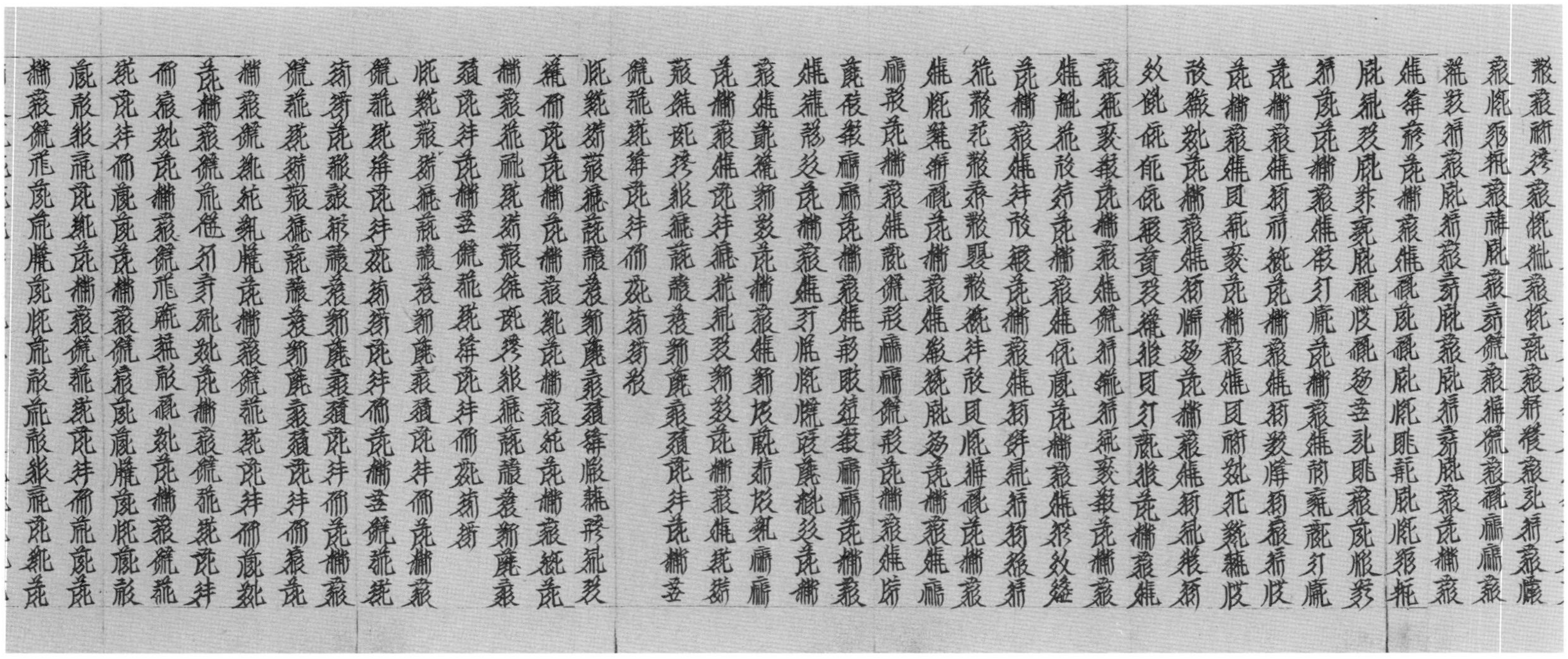

俄 Инв.No.1113　大般若波羅蜜多經卷第三百七　(13-4)

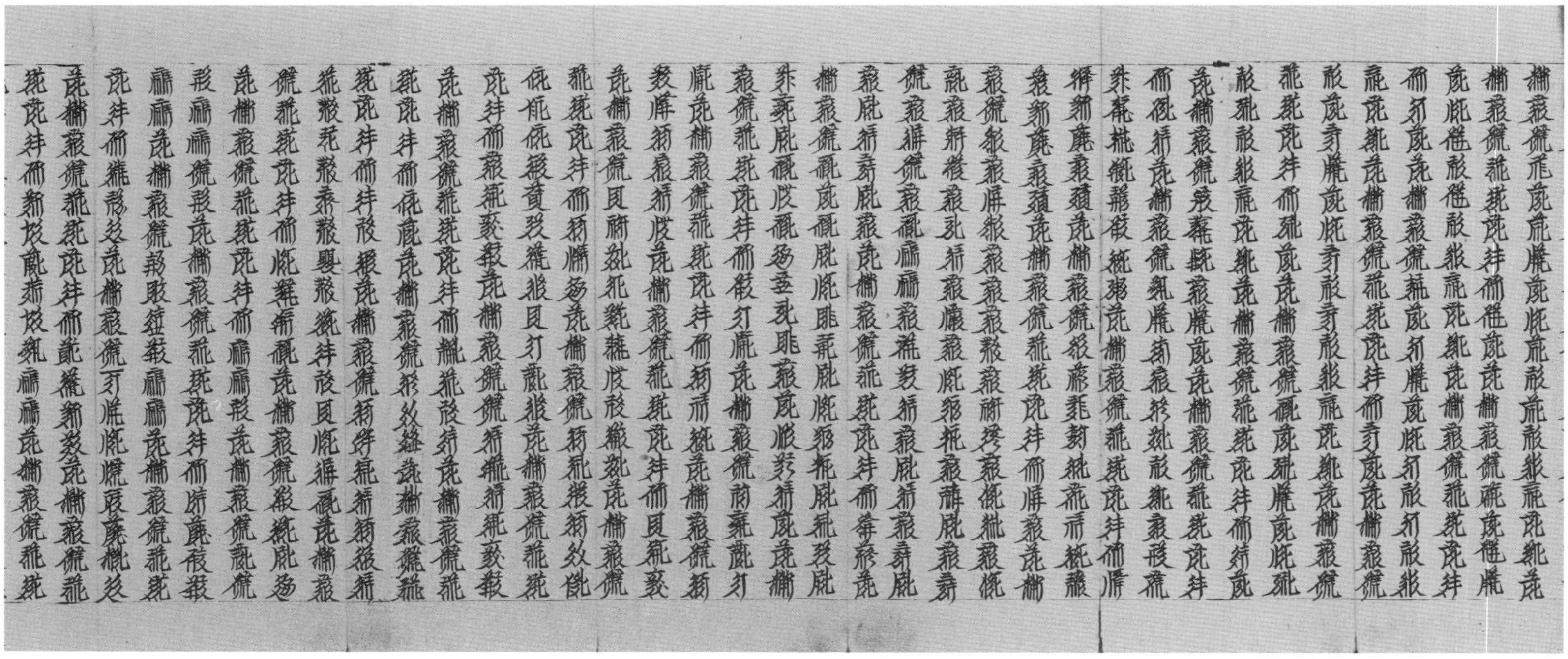

俄 Инв.No.1113　大般若波羅蜜多經卷第三百七　(13-5)

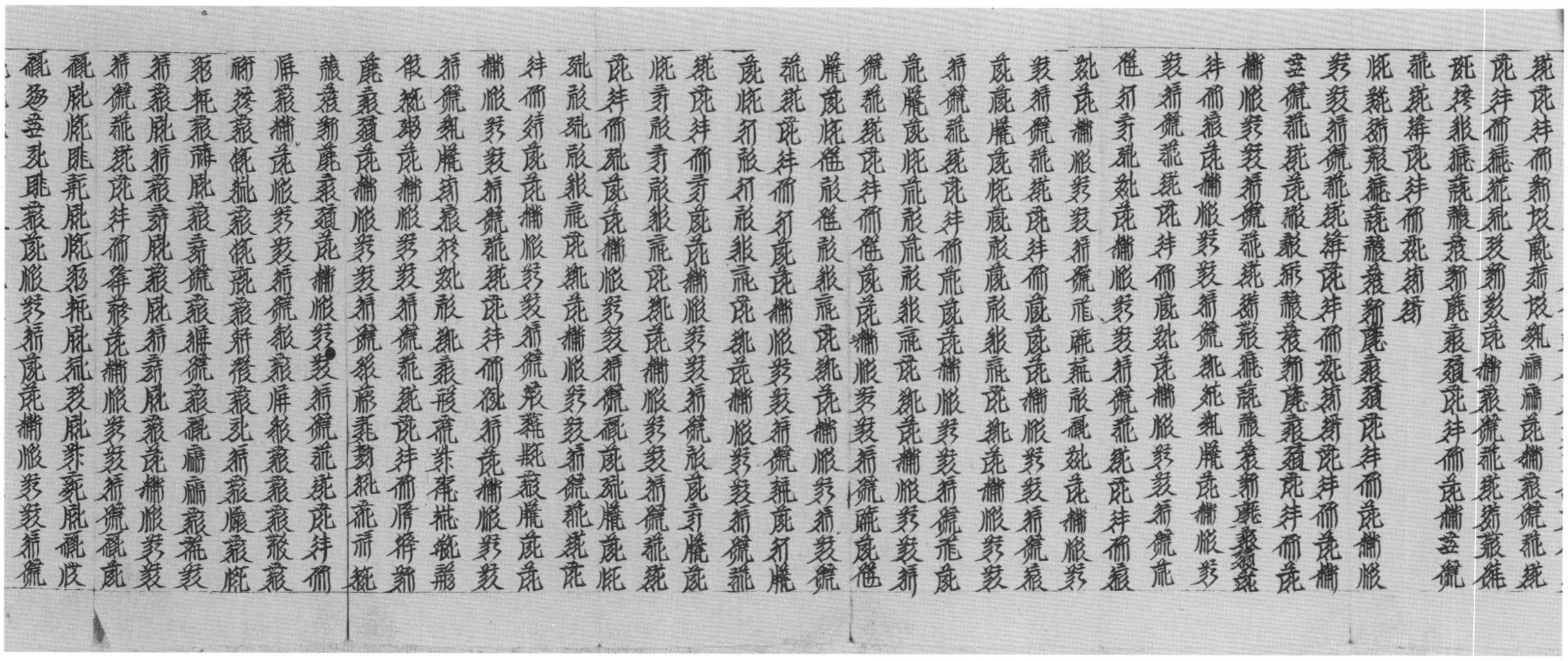

俄 Инв.No.1113　大般若波羅蜜多經卷第三百七　(13-6)

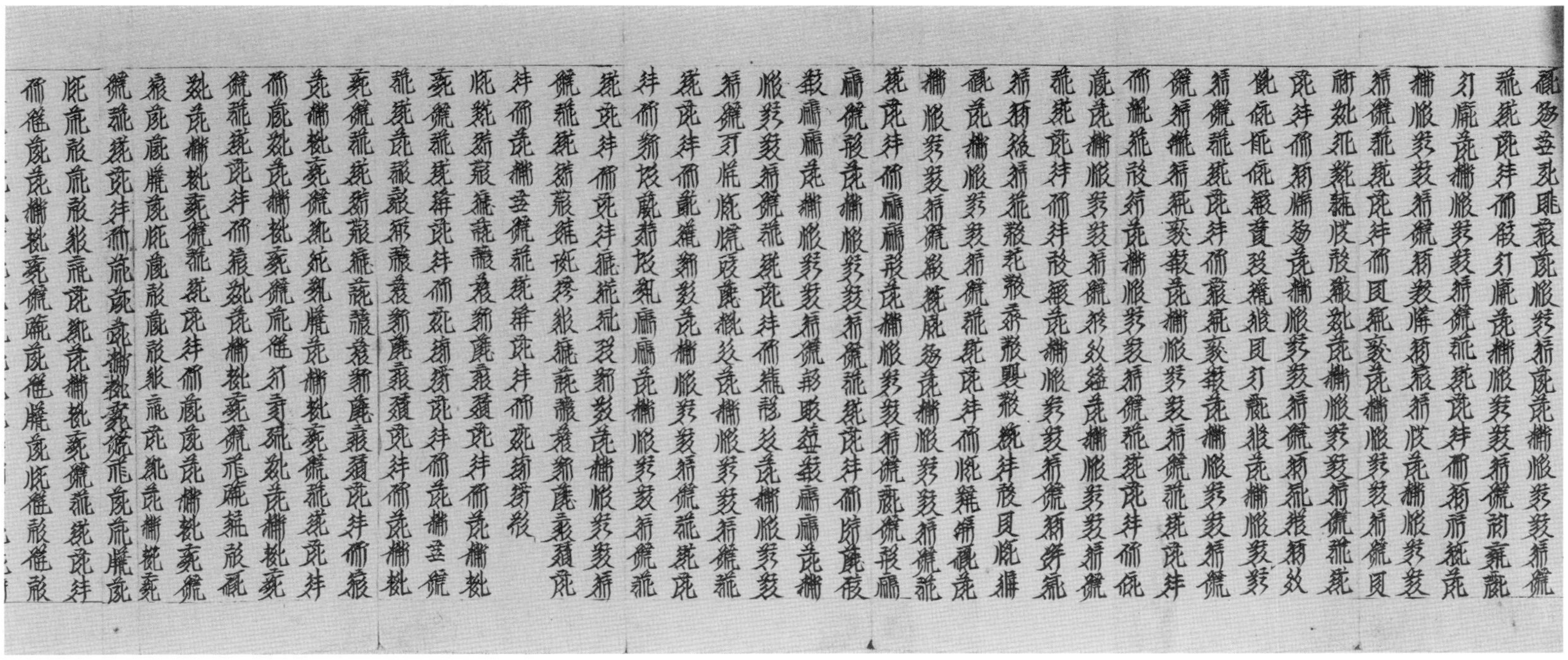

俄 Инв.No.1113　大般若波羅蜜多經卷第三百七　(13-7)

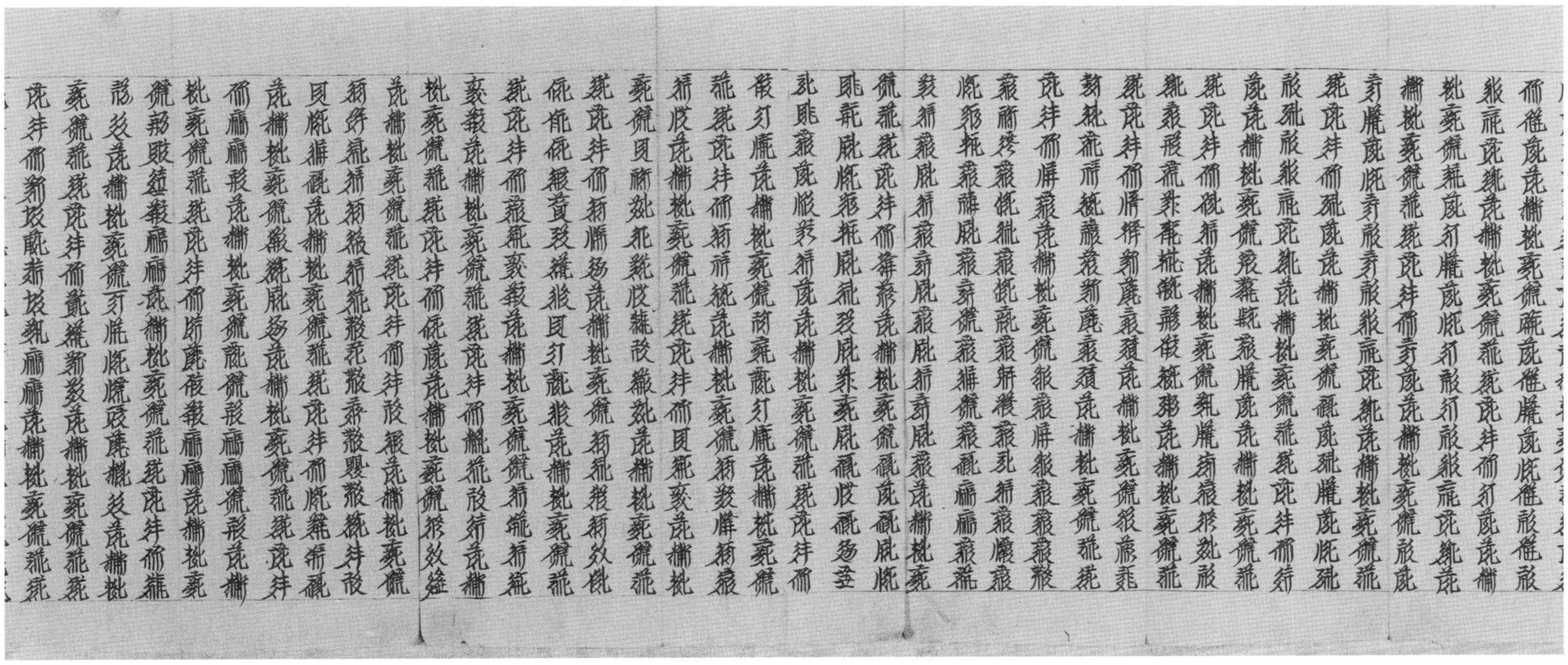

俄 Инв.No.1113　大般若波羅蜜多經卷第三百七　(13-8)

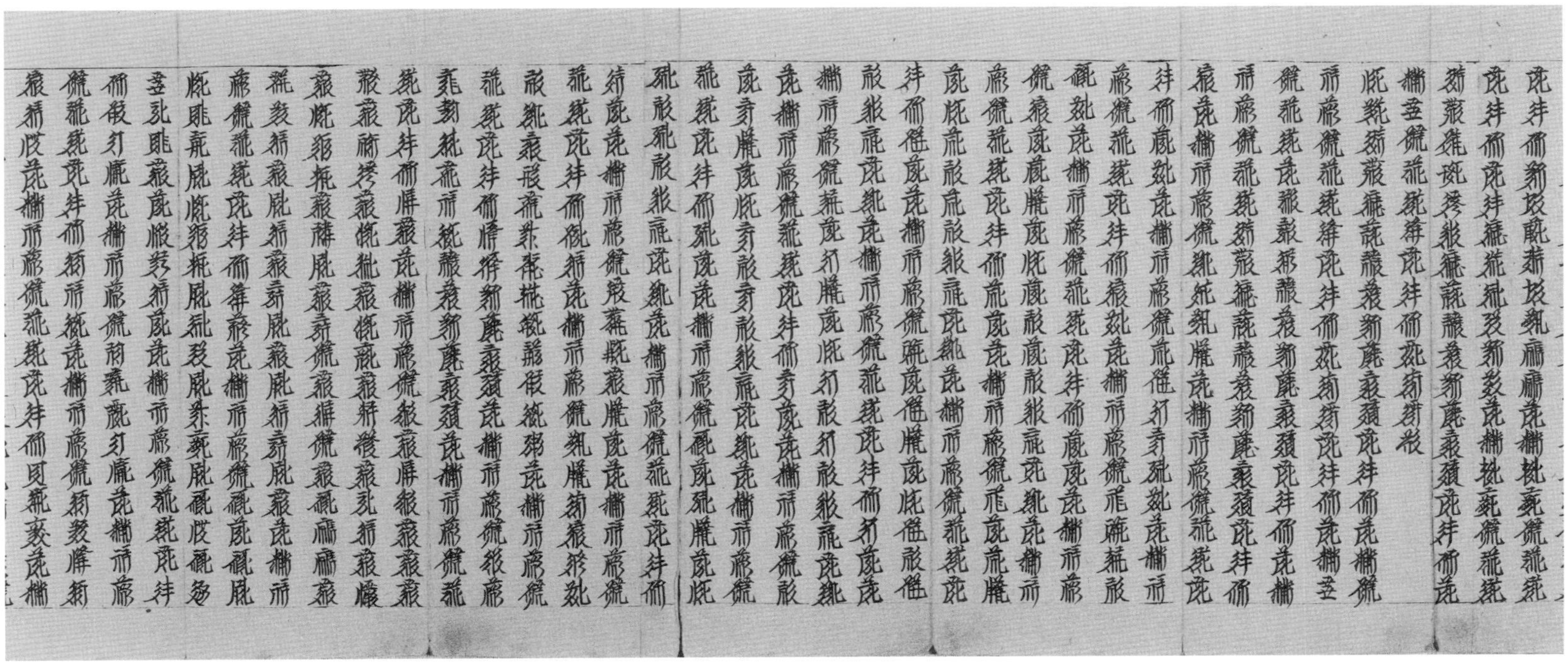

俄 Инв.No.1113　大般若波羅蜜多經卷第三百七　(13-9)

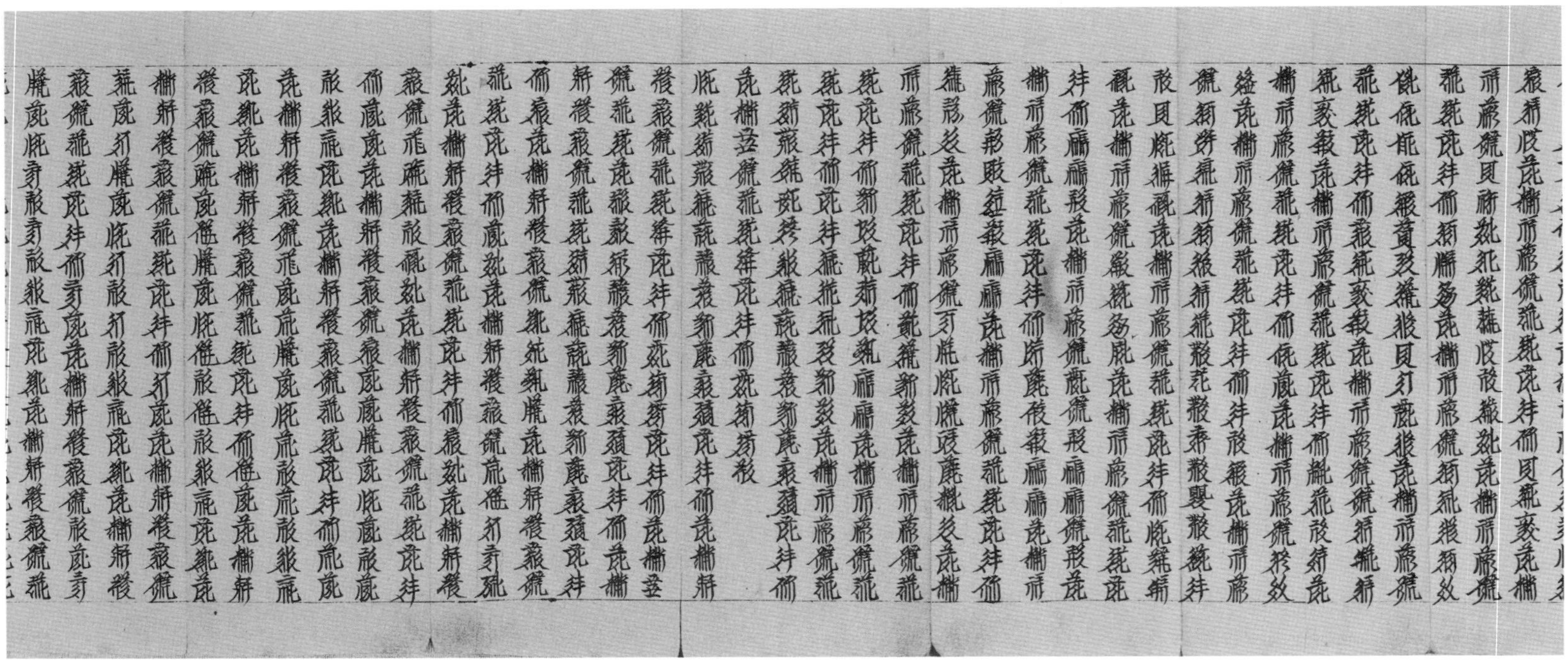

俄Инв.No.1113　大般若波羅蜜多經卷第三百七　(13-10)

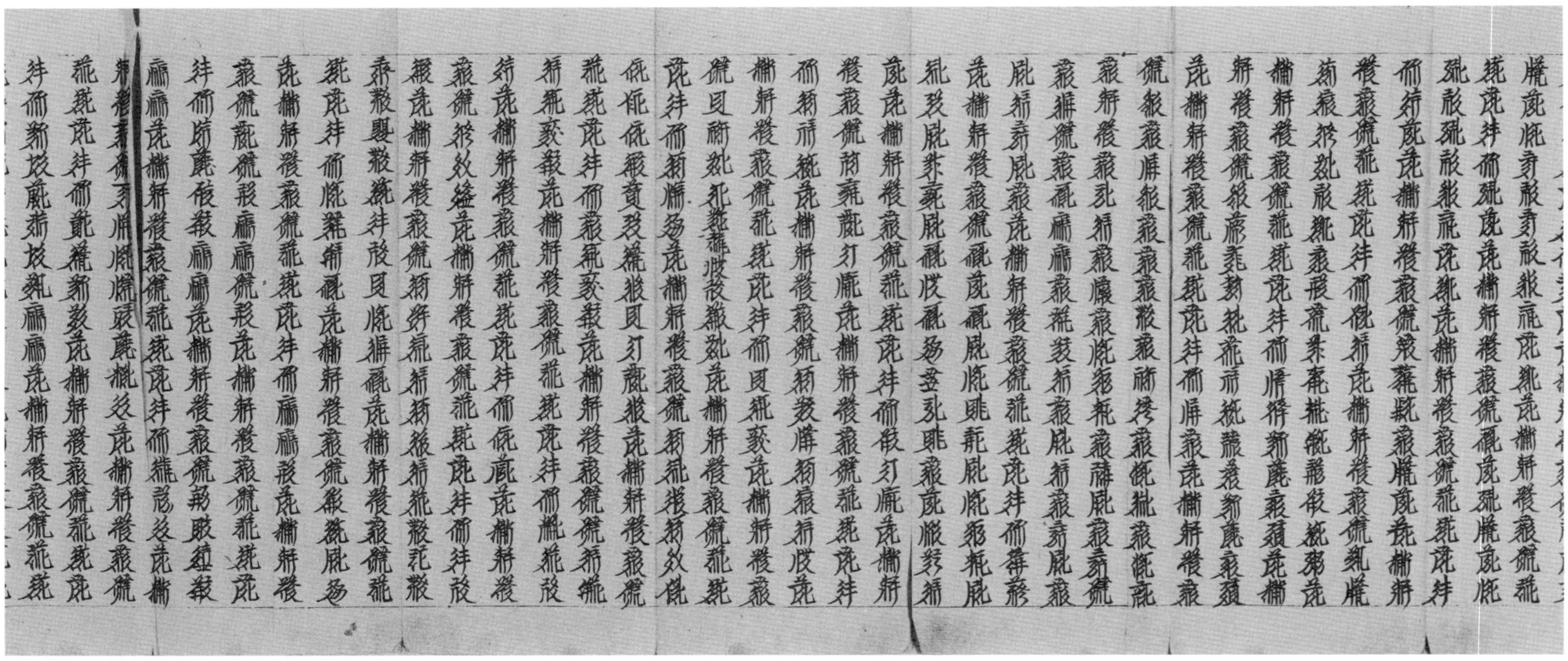

俄Инв.No.1113　大般若波羅蜜多經卷第三百七　(13-11)

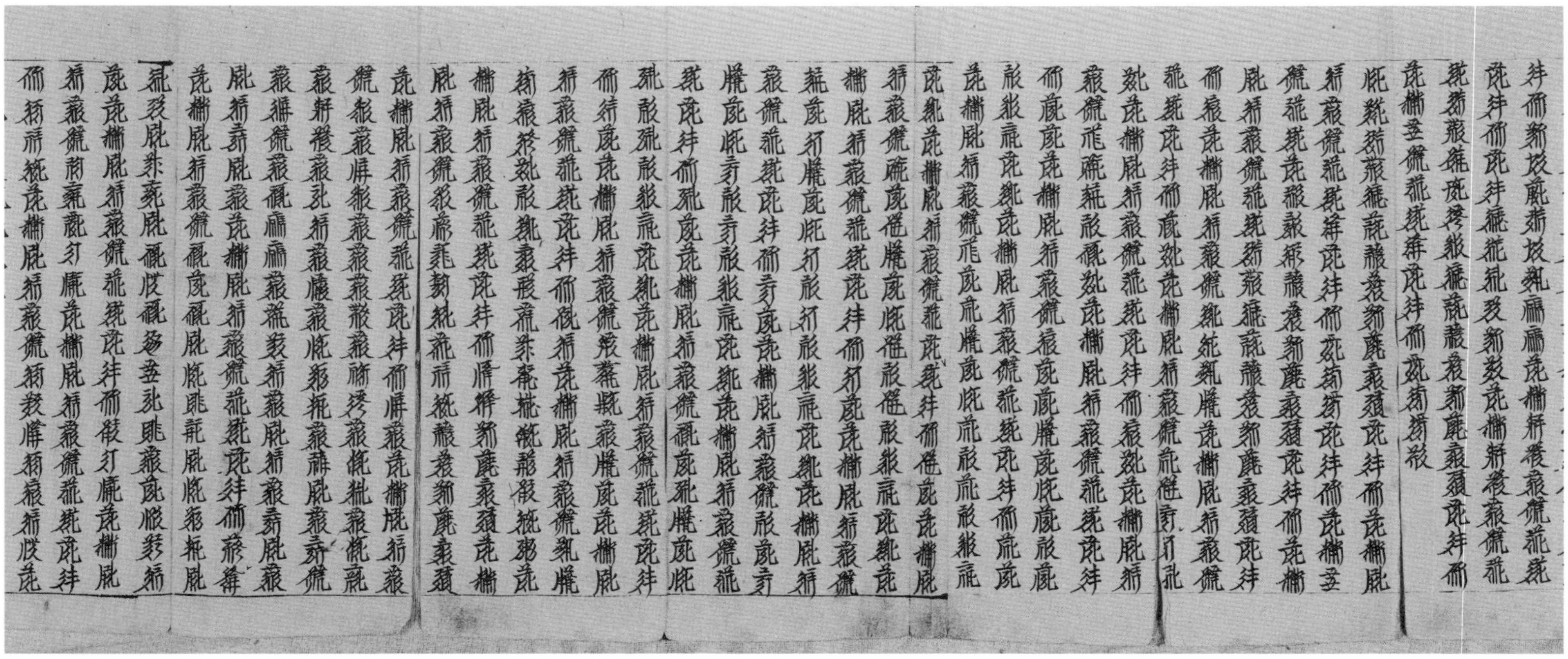

俄Инв.No.1113　大般若波羅蜜多經卷第三百七　(13-12)

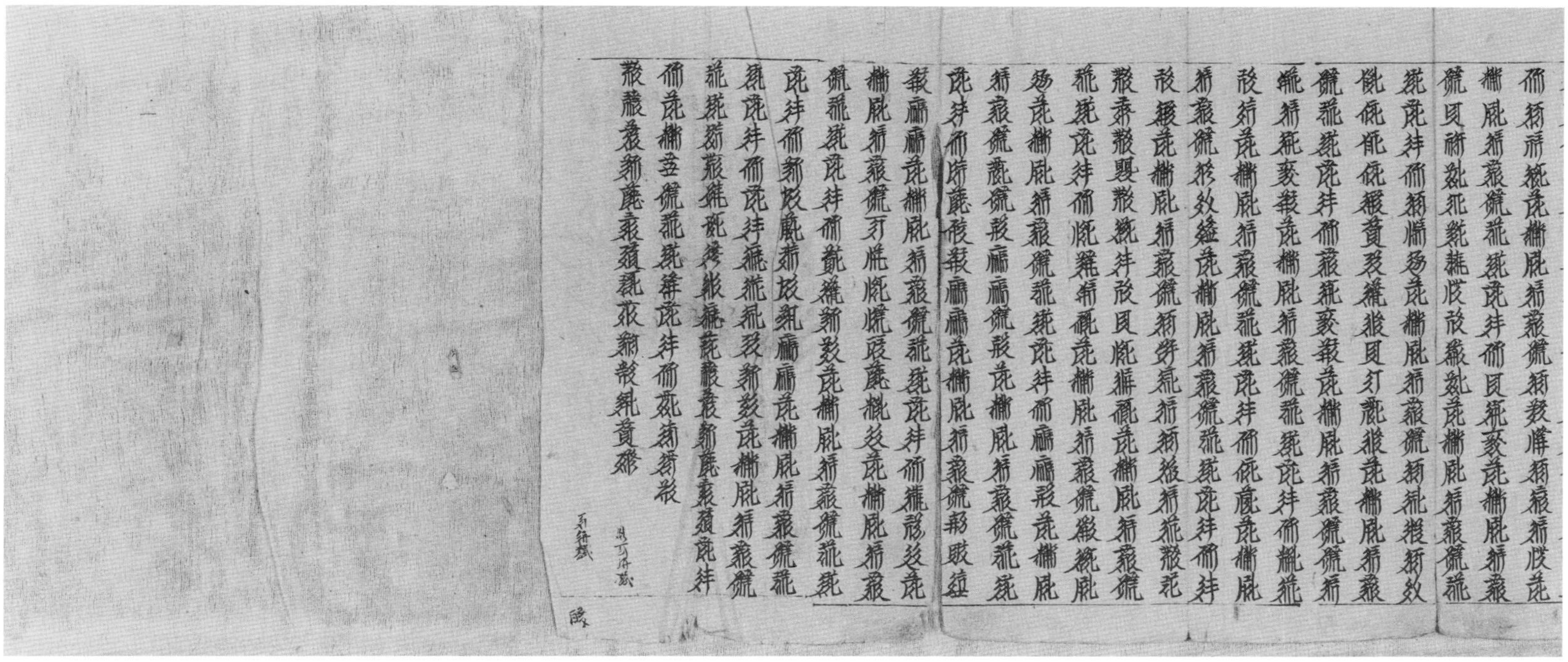

俄 Инв.No.1113　大般若波羅蜜多經卷第三百七　(13-13)

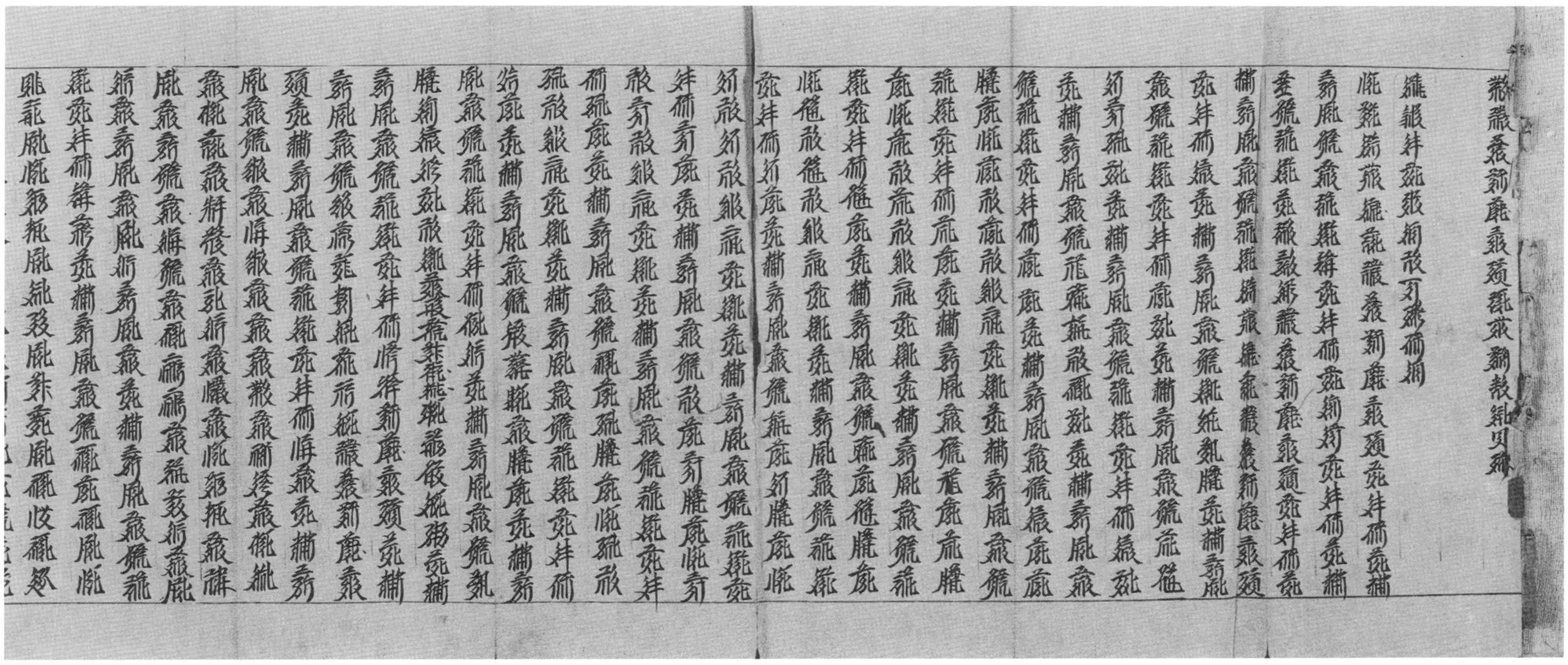

俄 Инв.No.2250　大般若波羅蜜多經卷第三百八　(13-1)

俄 Инв.No.2250　大般若波羅蜜多經卷第三百八　(13-2)

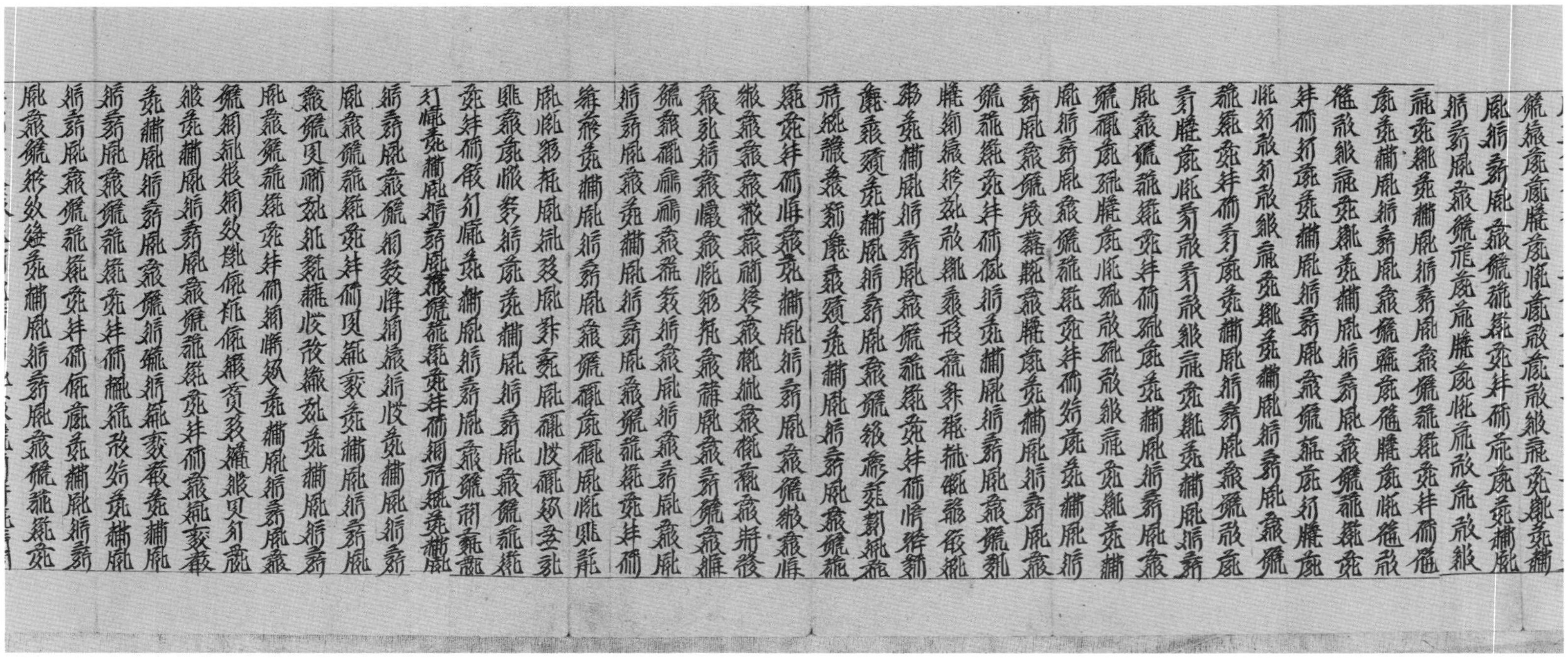

俄 Инв.No.2250　大般若波羅蜜多經卷第三百八　(13-3)

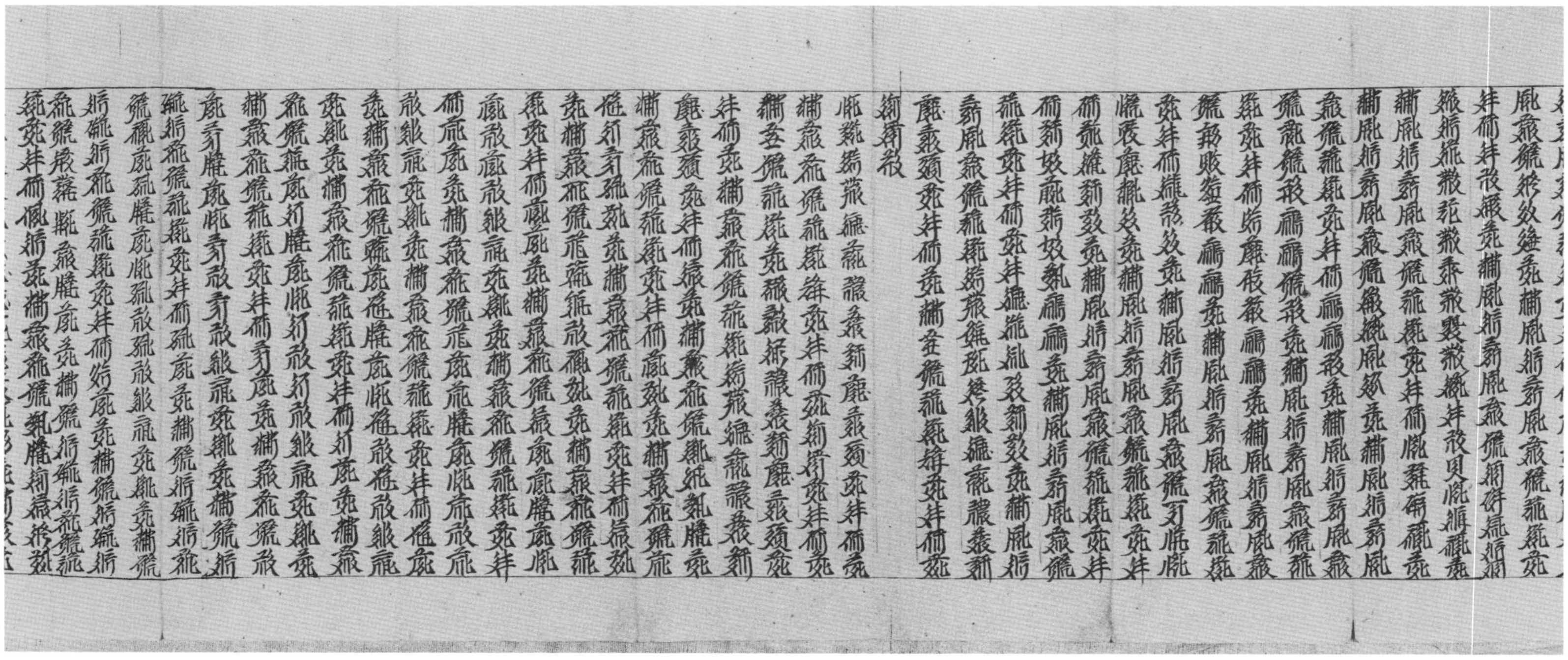

俄 Инв.No.2250　大般若波羅蜜多經卷第三百八　(13-4)

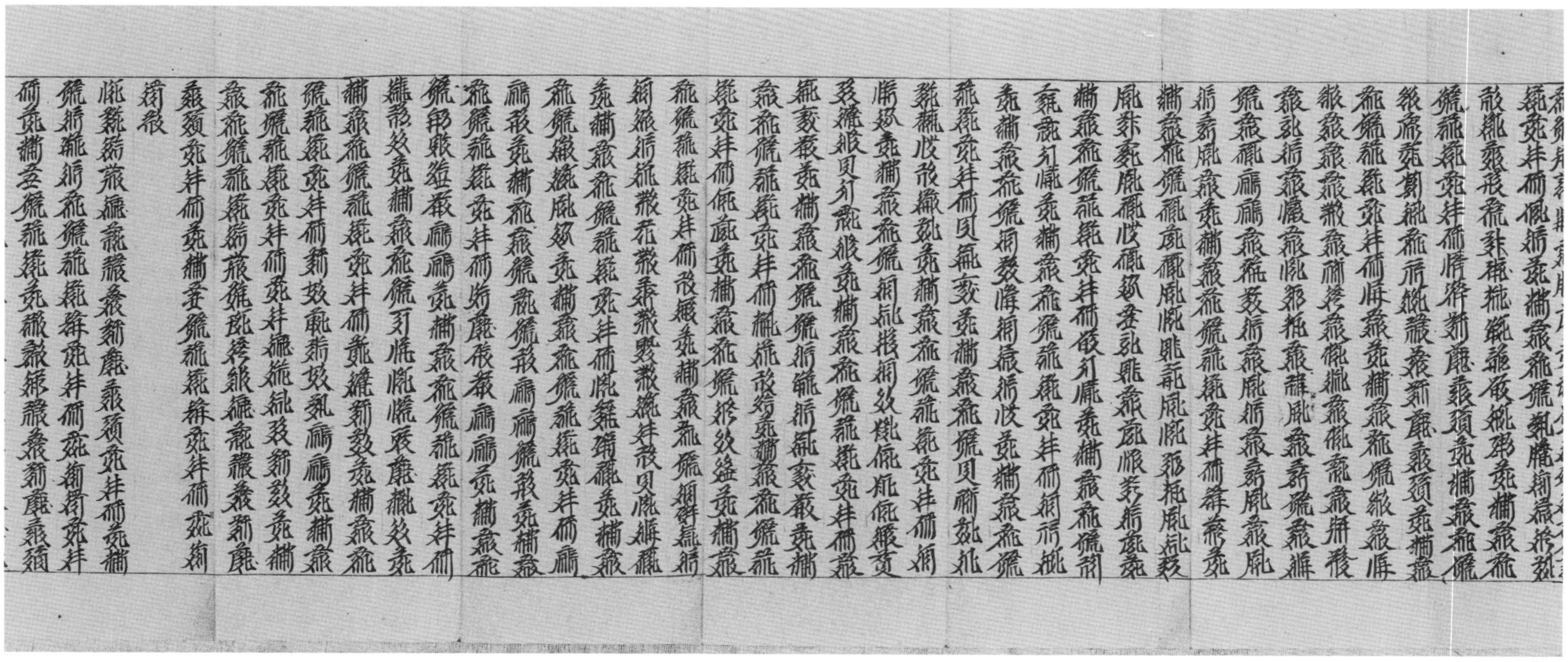

俄 Инв.No.2250　大般若波羅蜜多經卷第三百八　(13-5)

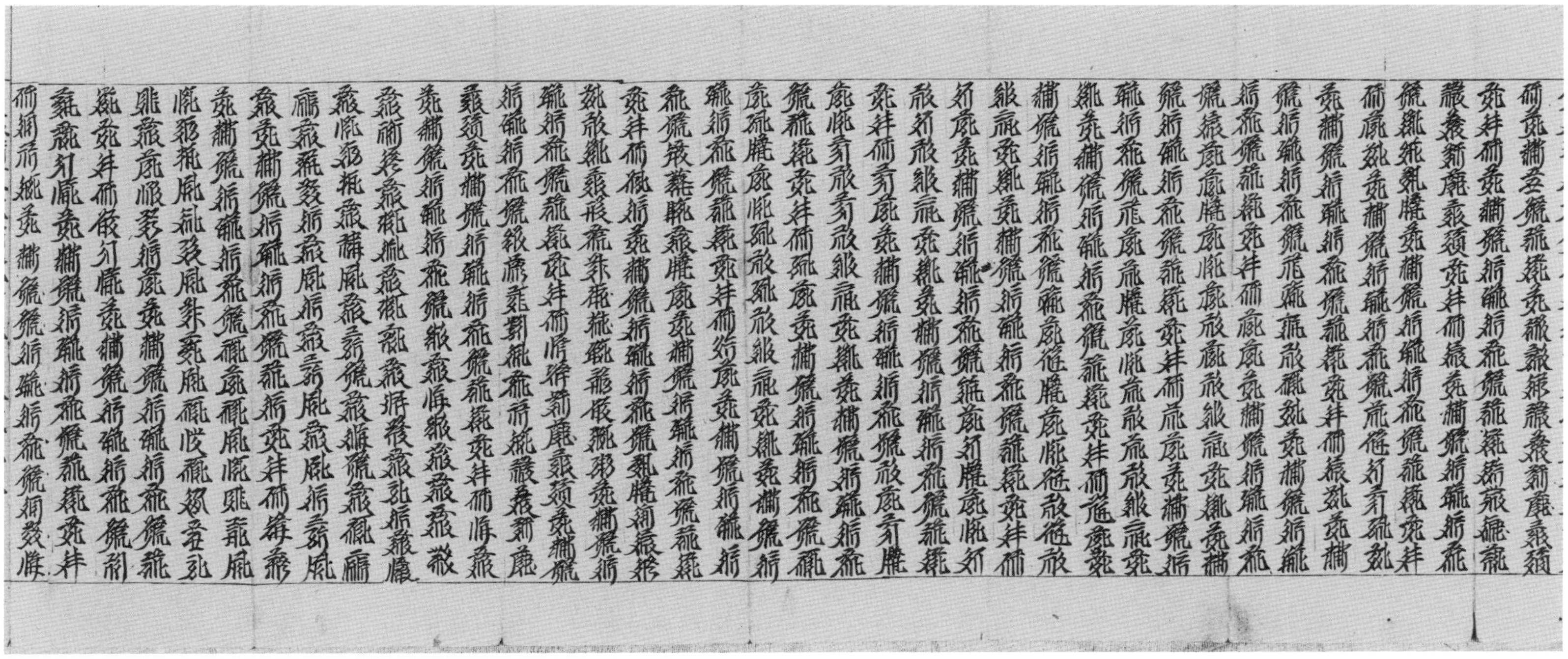

俄 Инв.No.2250　大般若波羅蜜多經卷第三百八　(13-6)

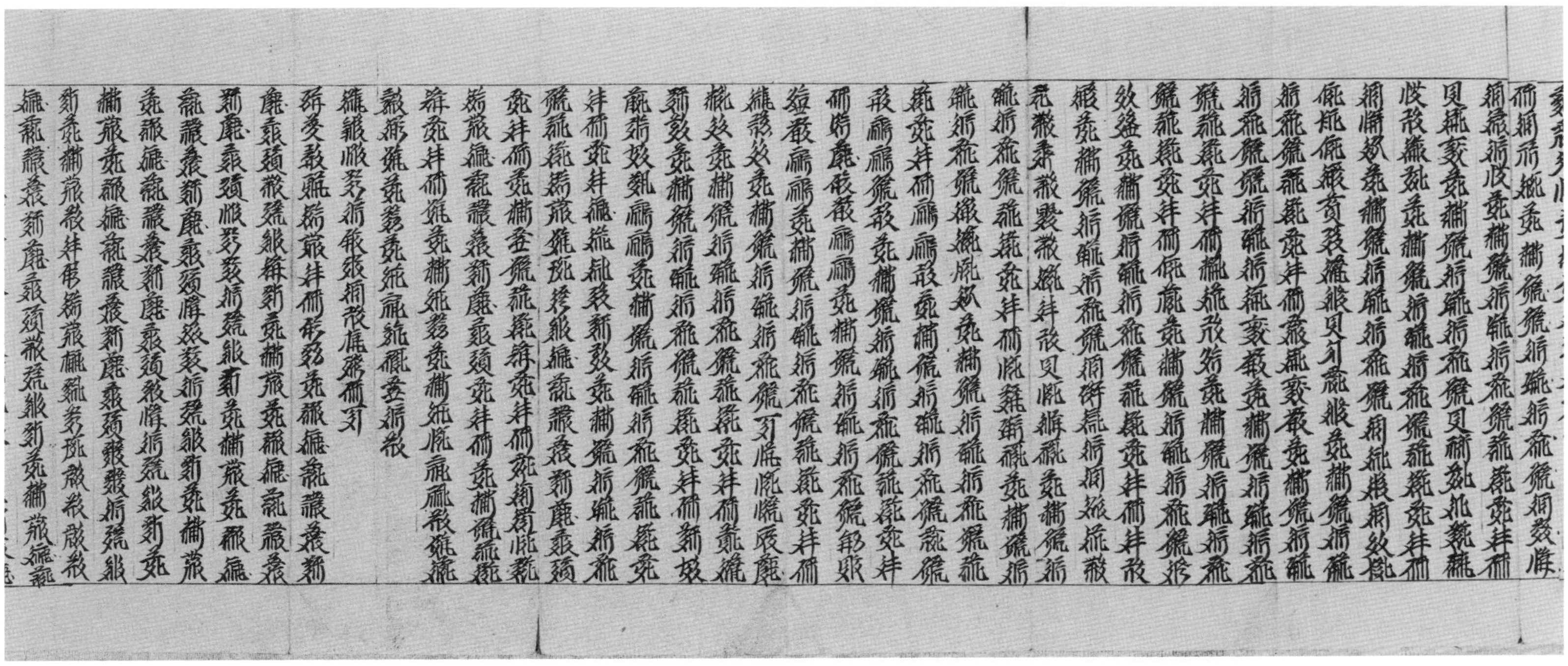

俄 Инв.No.2250　大般若波羅蜜多經卷第三百八　(13-7)

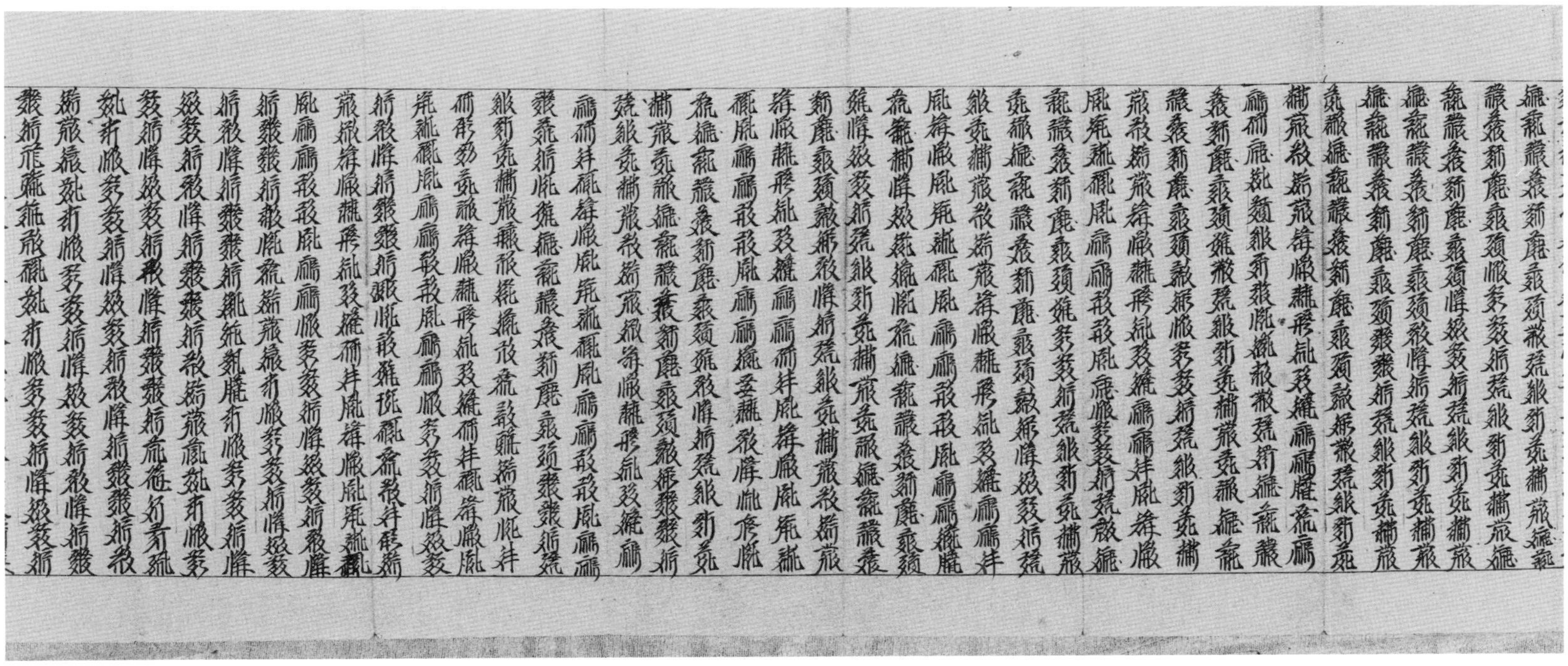

俄 Инв.No.2250　大般若波羅蜜多經卷第三百八　(13-8)

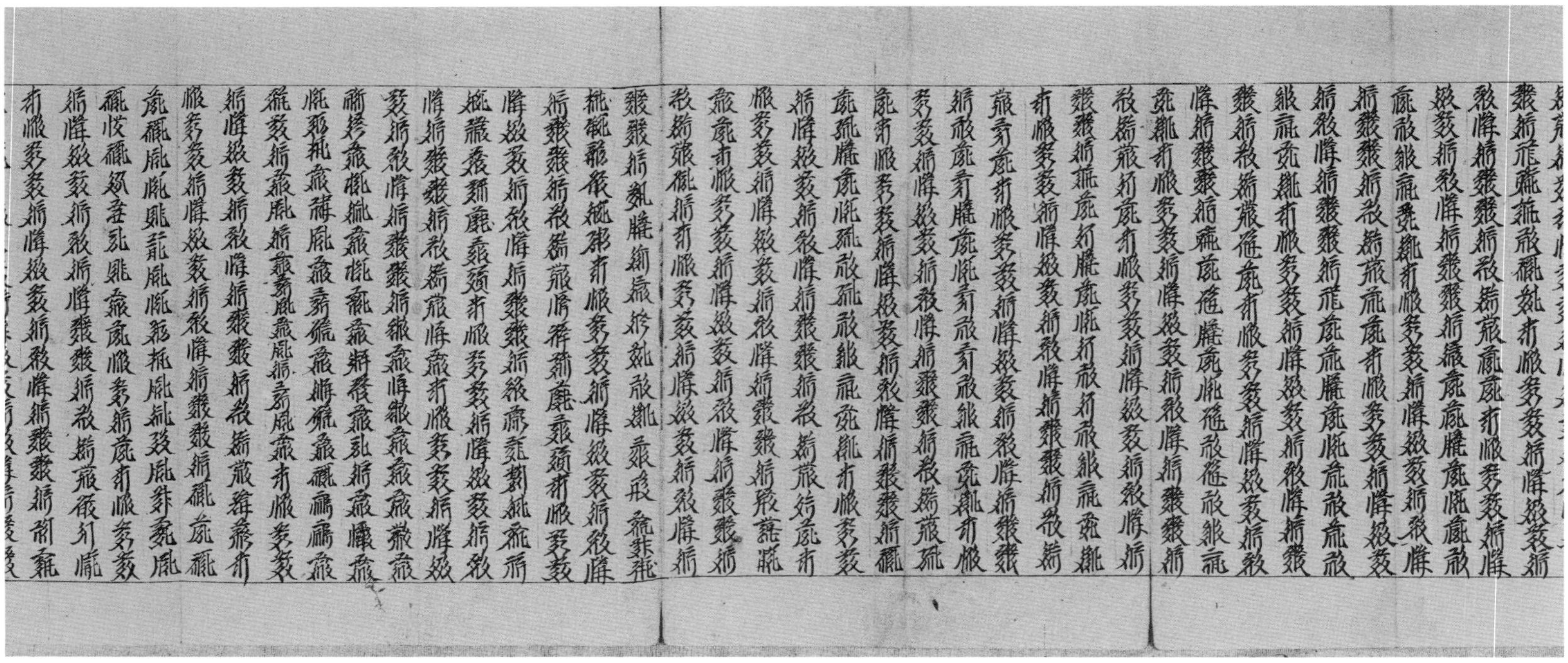

俄 Инв.No.2250　大般若波羅蜜多經卷第三百八　(13–9)

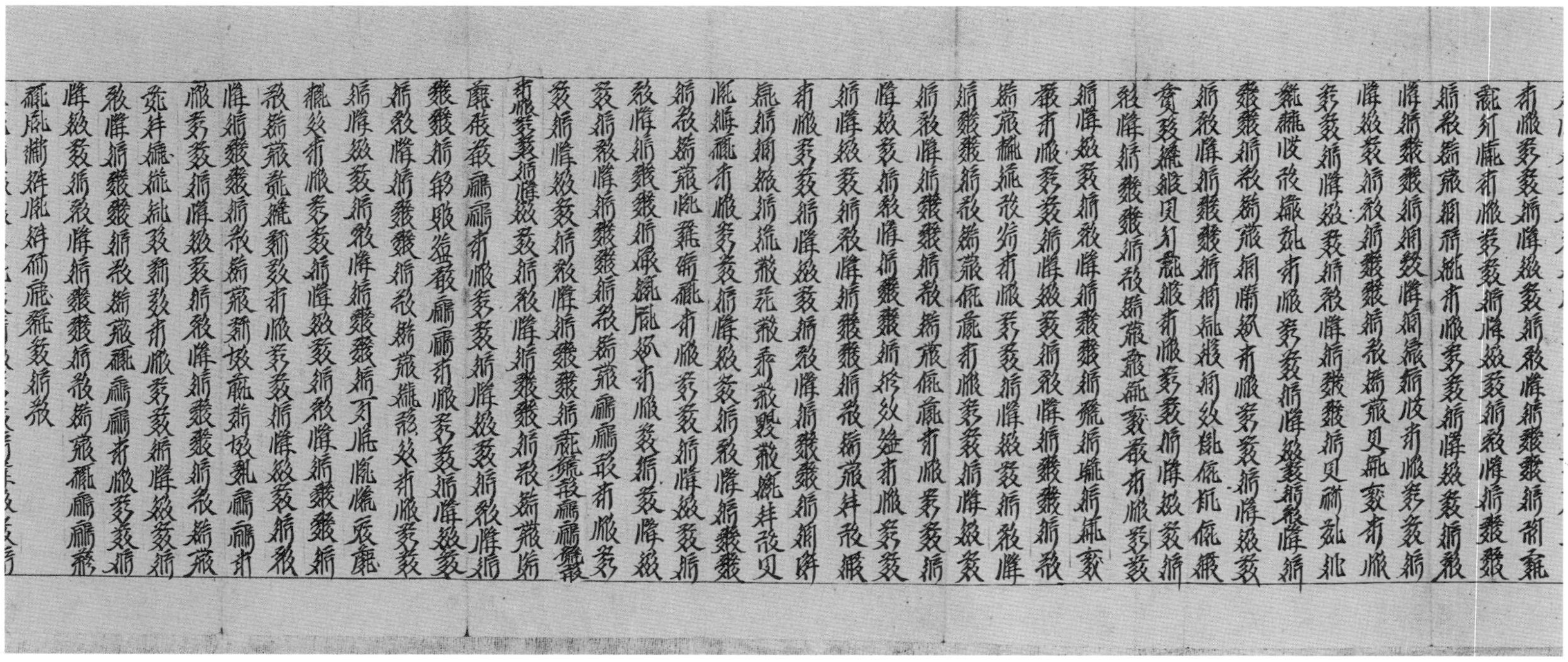

俄 Инв.No.2250　大般若波羅蜜多經卷第三百八　(13–10)

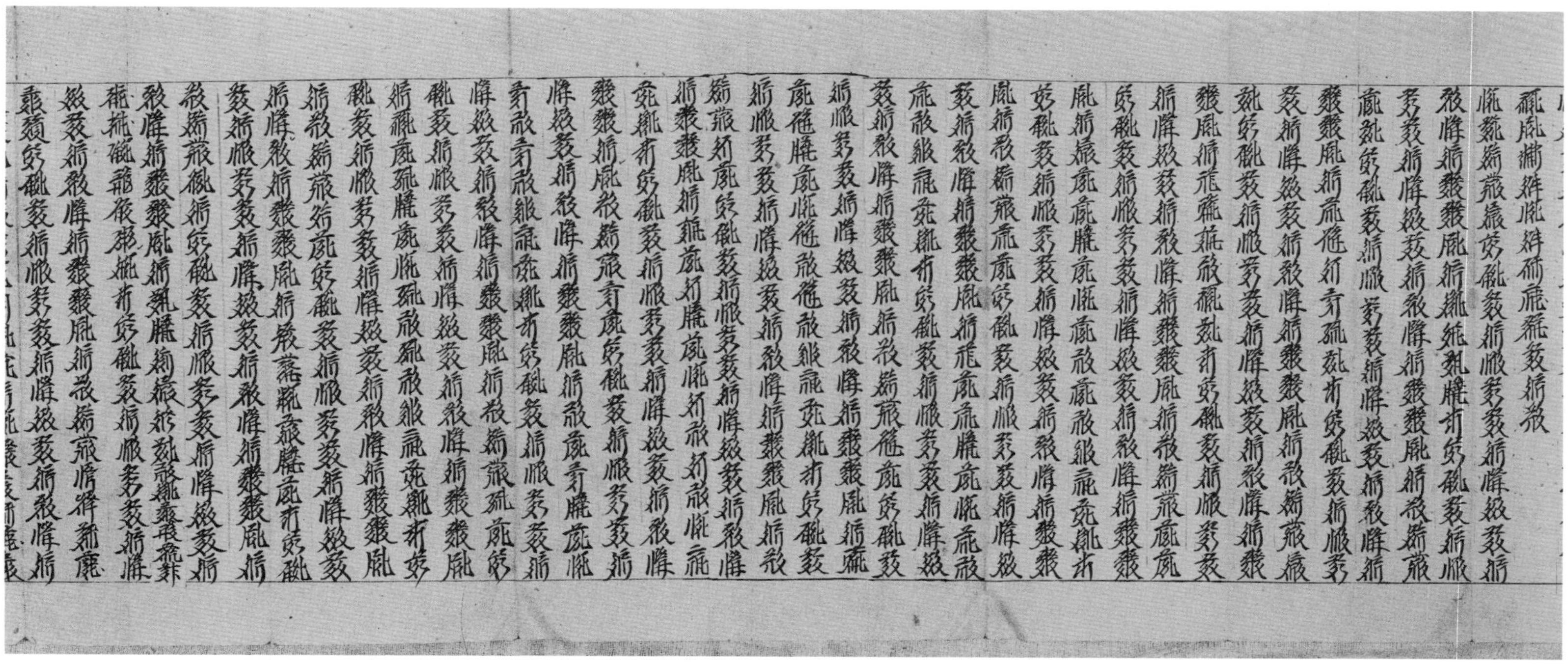

俄 Инв.No.2250　大般若波羅蜜多經卷第三百八　(13–11)

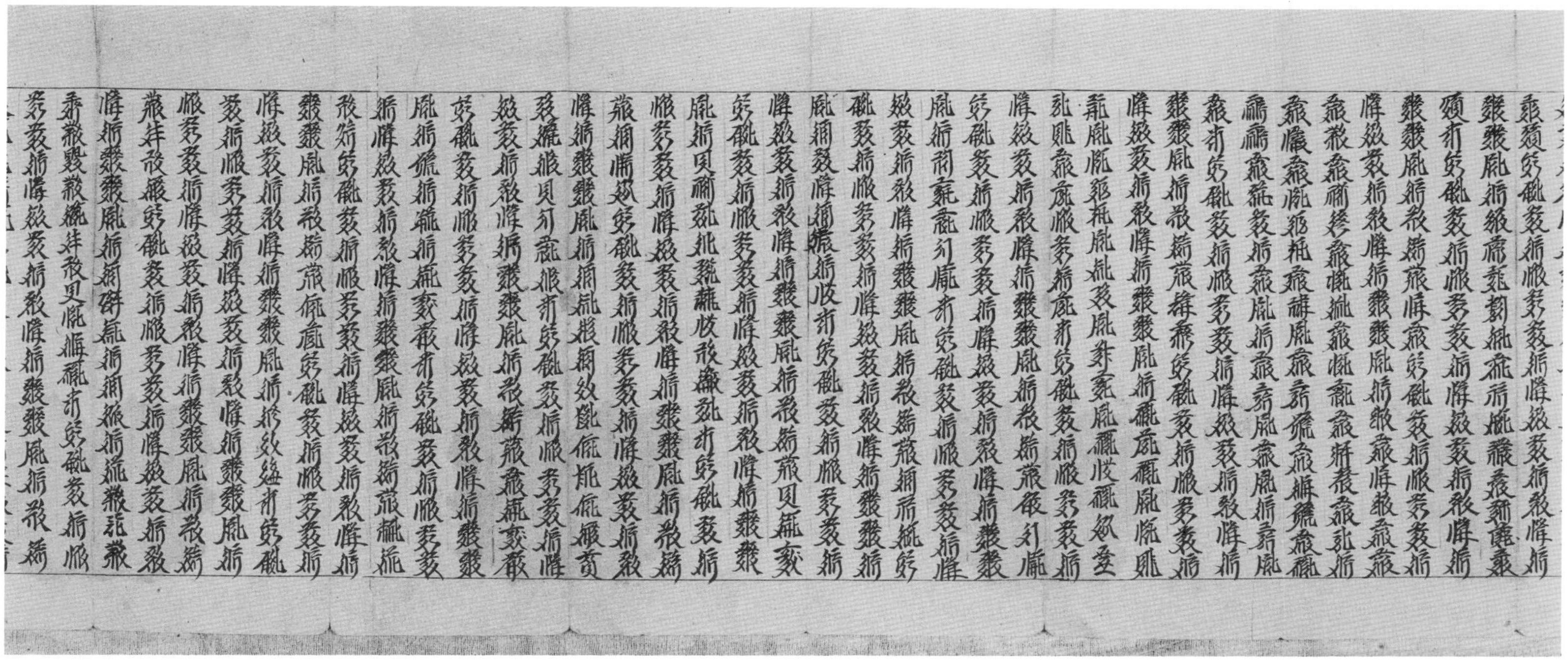

俄 Инв.No.2250　大般若波羅蜜多經卷第三百八　(13-12)

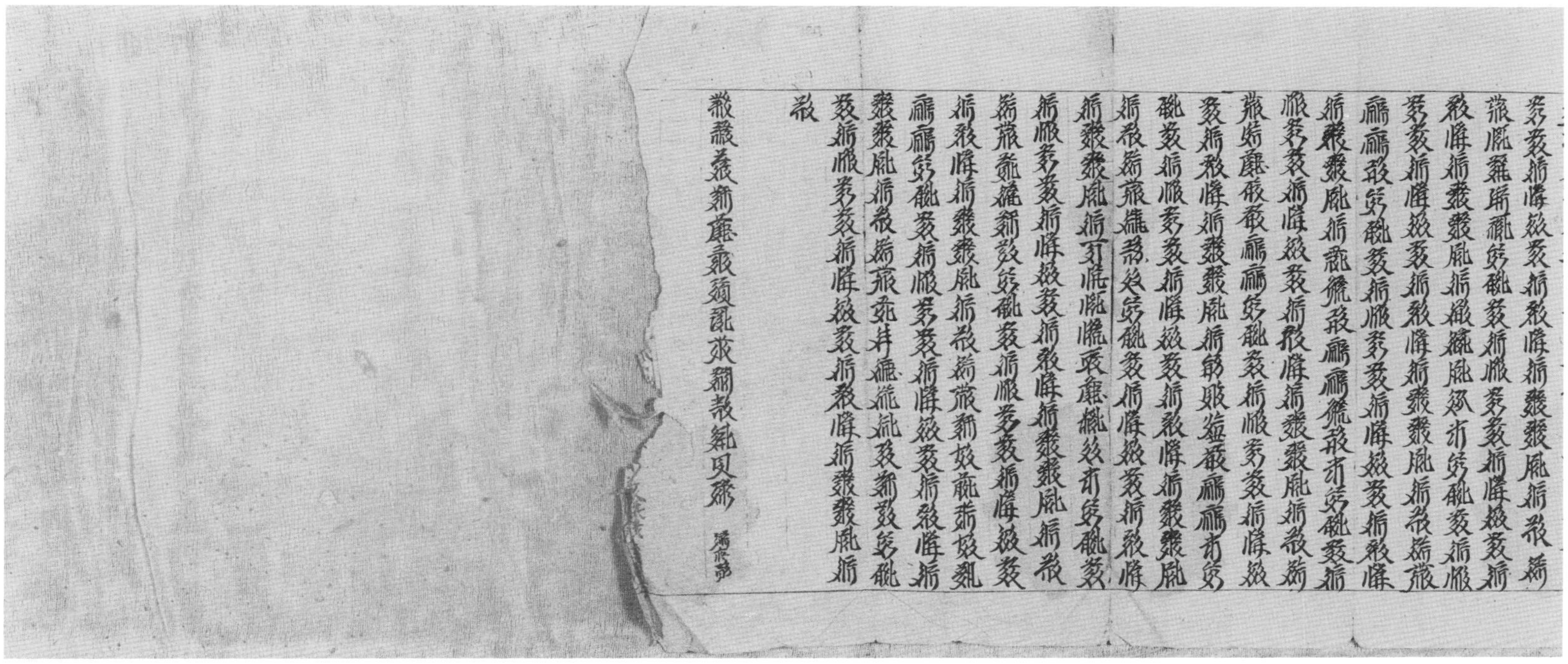

俄 Инв.No.2250　大般若波羅蜜多經卷第三百八　(13-13)

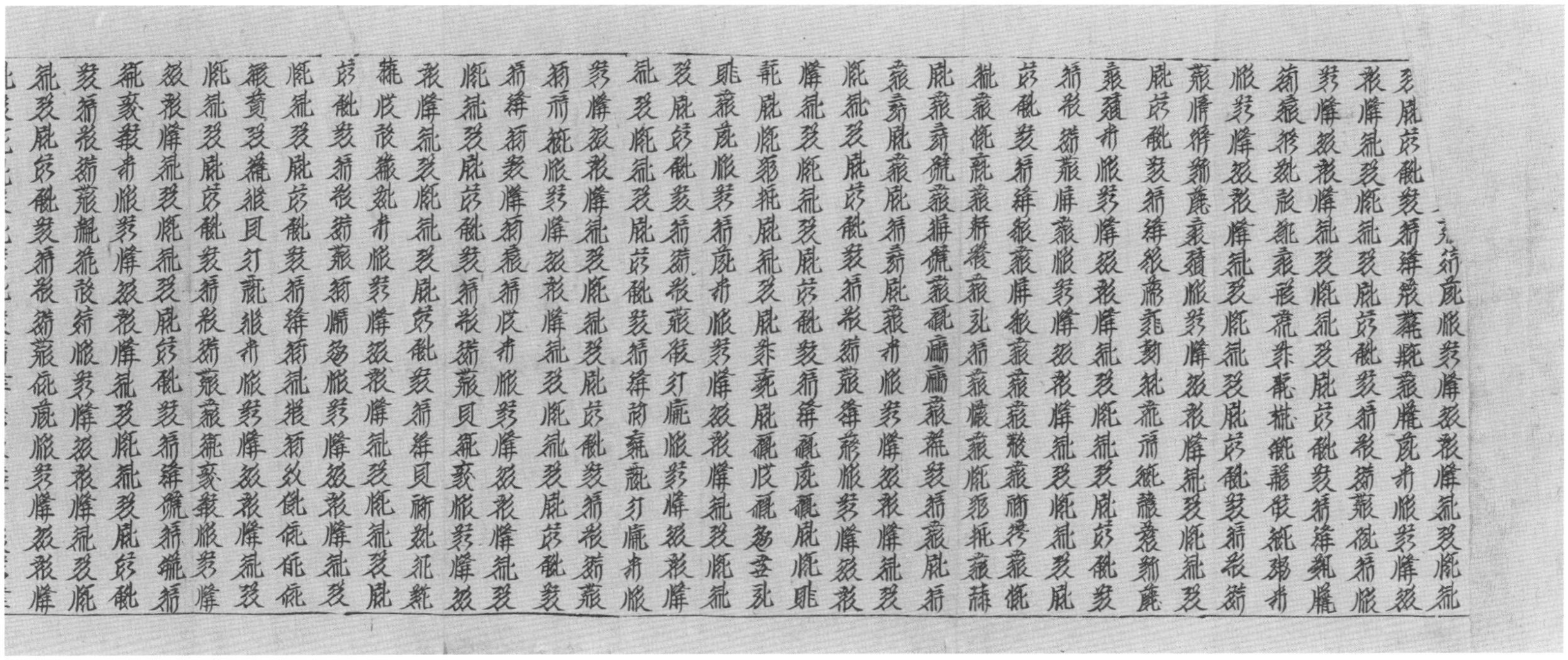

俄 Инв.No.1842　大般若波羅蜜多經卷第三百九　(9-1)

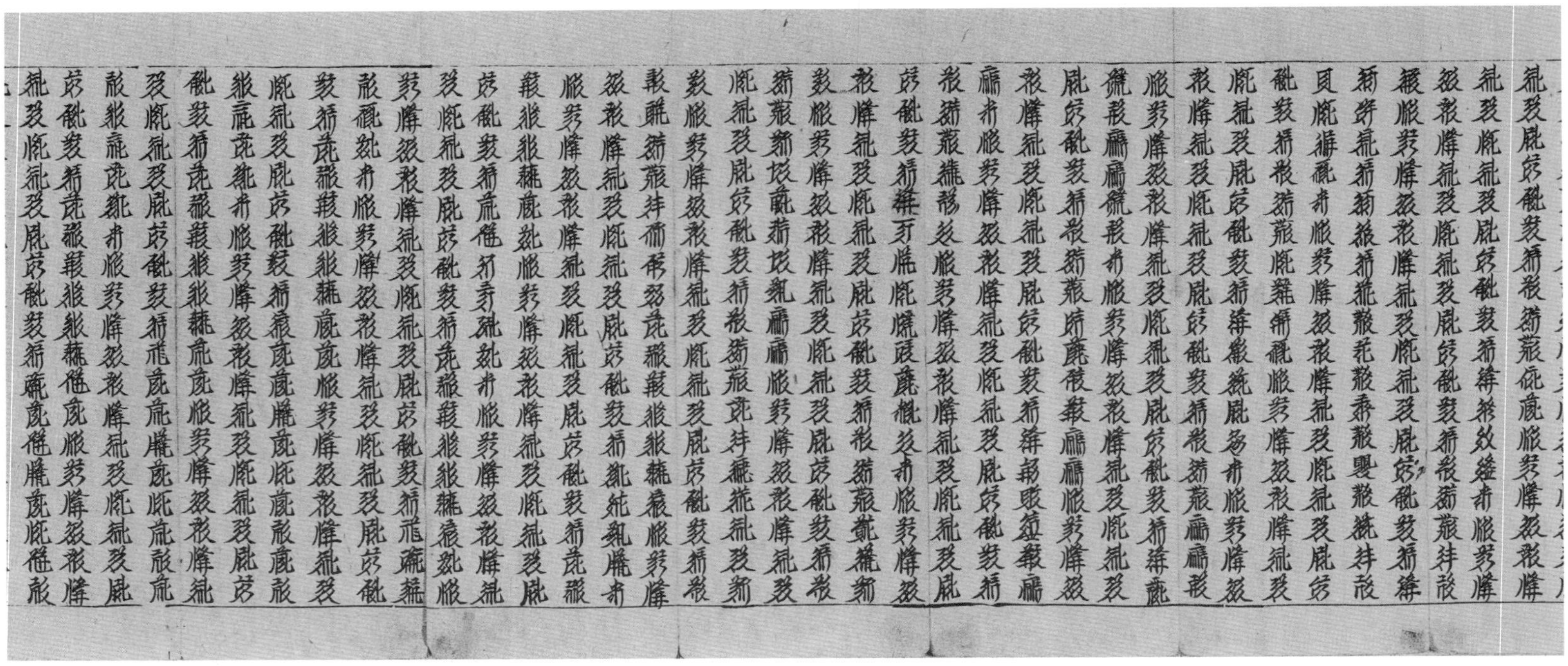

俄 Инв.No.1842　大般若波羅蜜多經卷第三百九　(9–2)

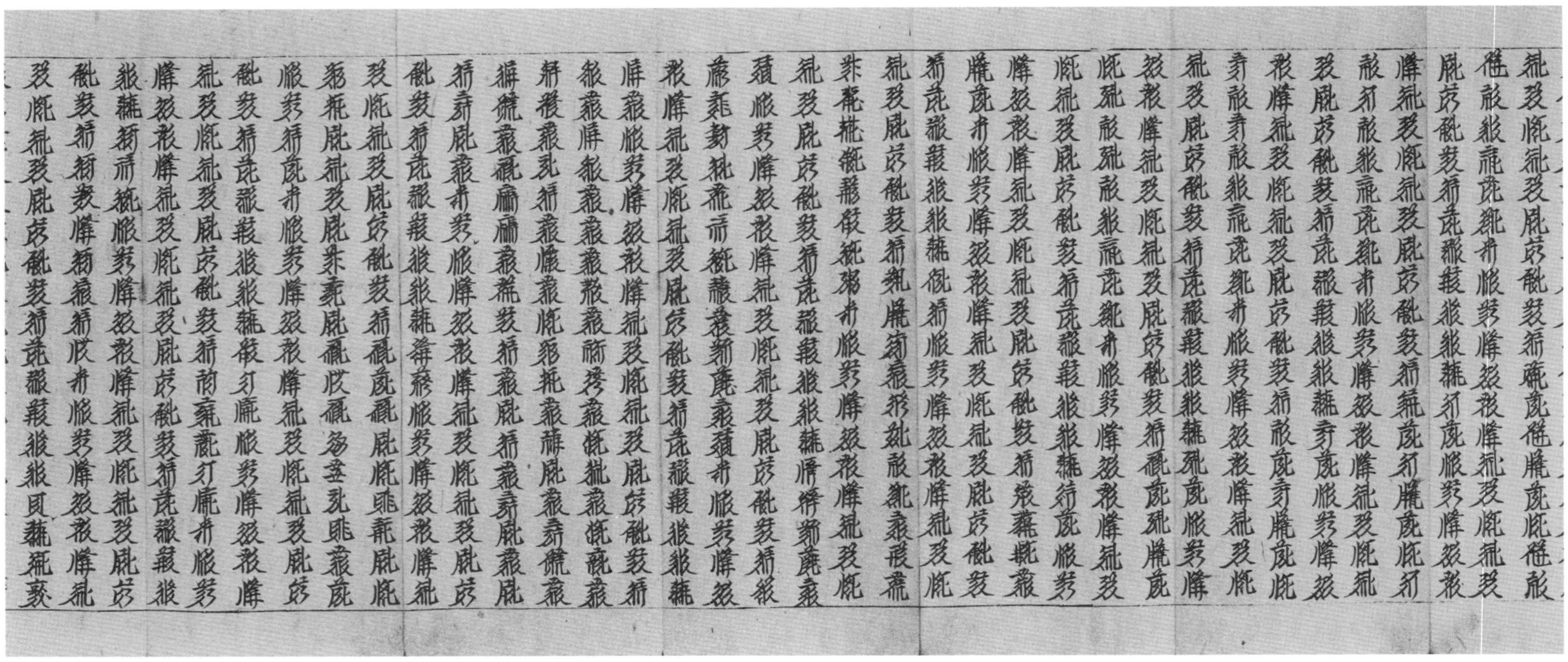

俄 Инв.No.1842　大般若波羅蜜多經卷第三百九　(9–3)

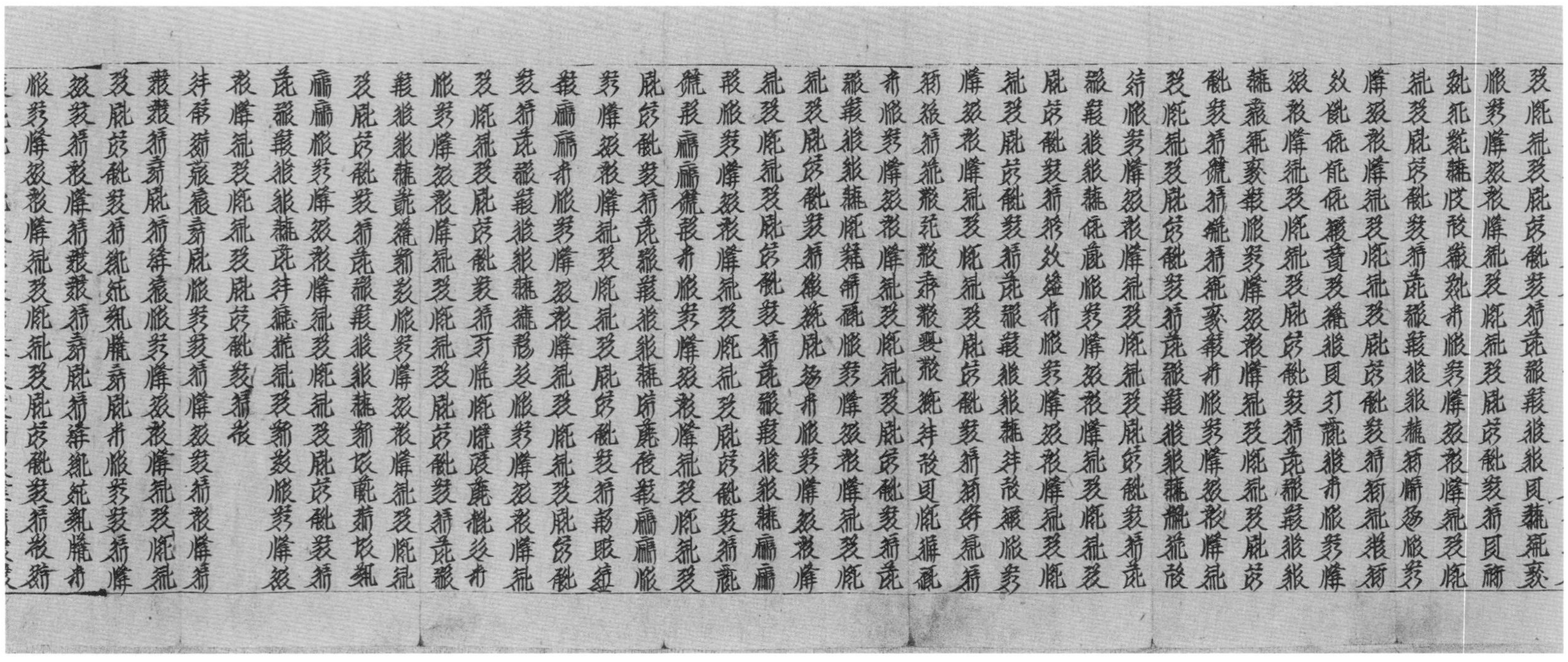

俄 Инв.No.1842　大般若波羅蜜多經卷第三百九　(9–4)

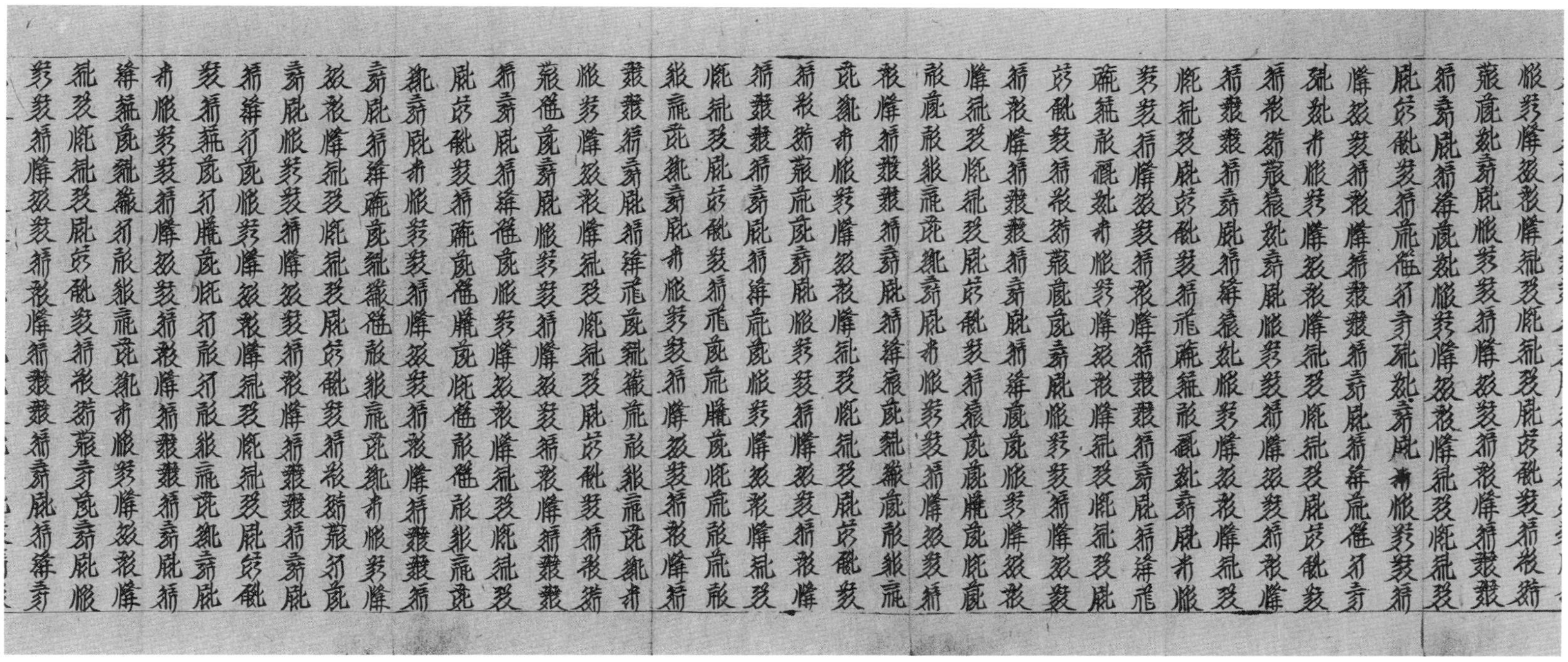

俄 Инв.No.1842　大般若波羅蜜多經卷第三百九　(9–5)

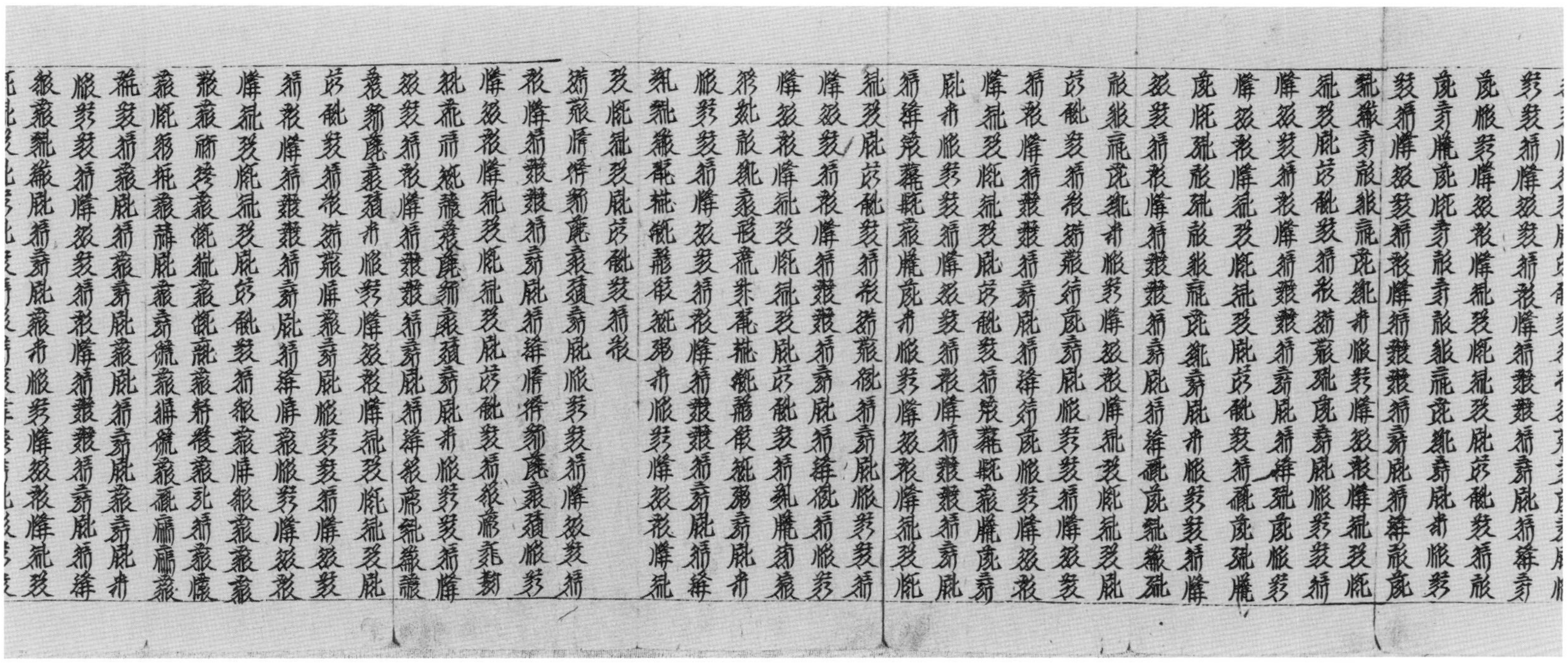

俄 Инв.No.1842　大般若波羅蜜多經卷第三百九　(9–6)

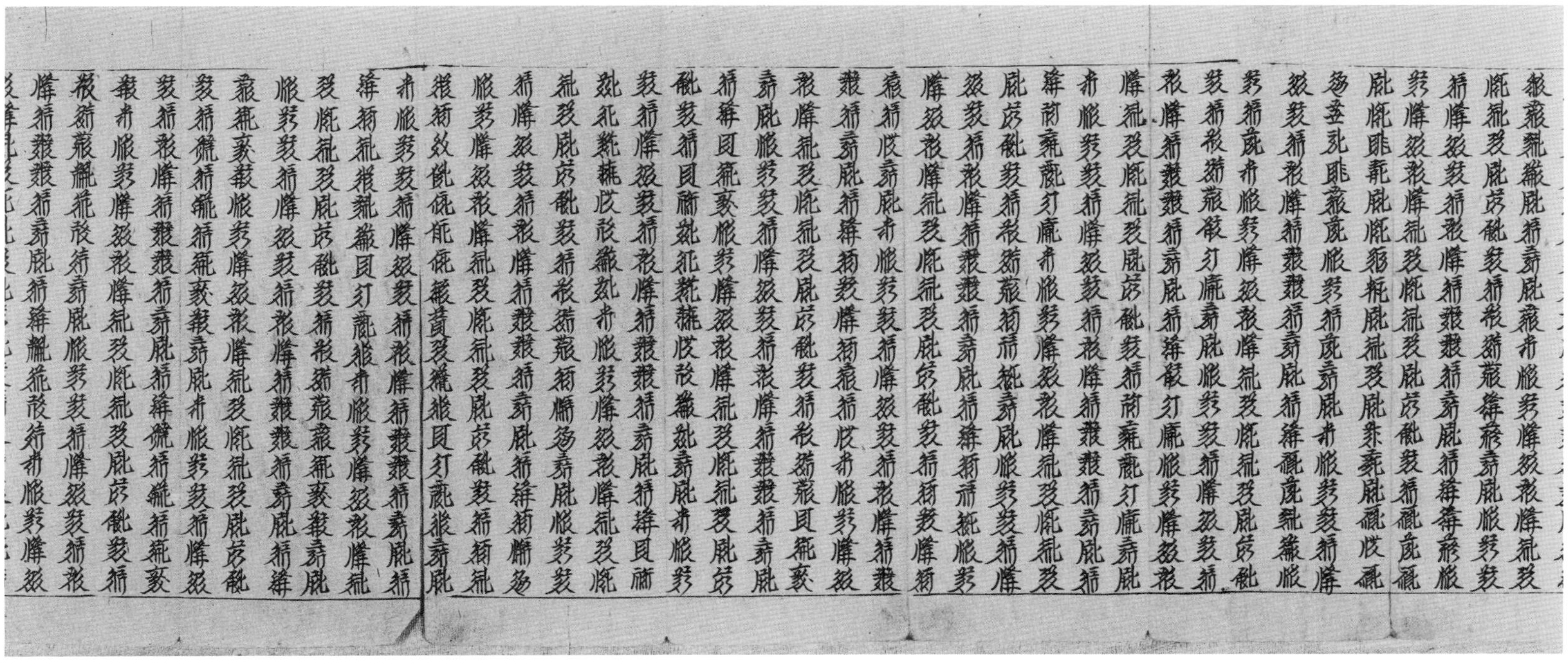

俄 Инв.No.1842　大般若波羅蜜多經卷第三百九　(9–7)

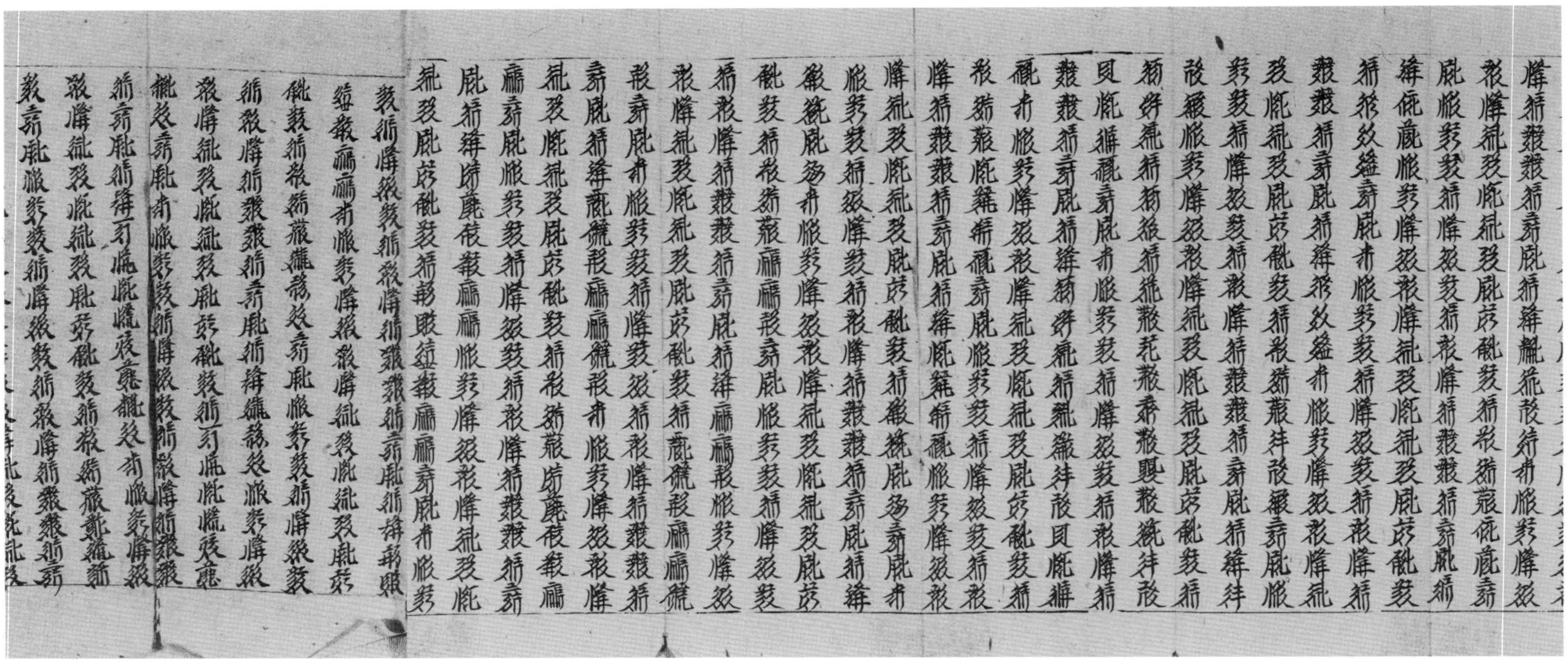

俄 Инв.No.1842　大般若波羅蜜多經卷第三百九　　(9–8)

俄 Инв.No.1842　大般若波羅蜜多經卷第三百九　　(9–9)

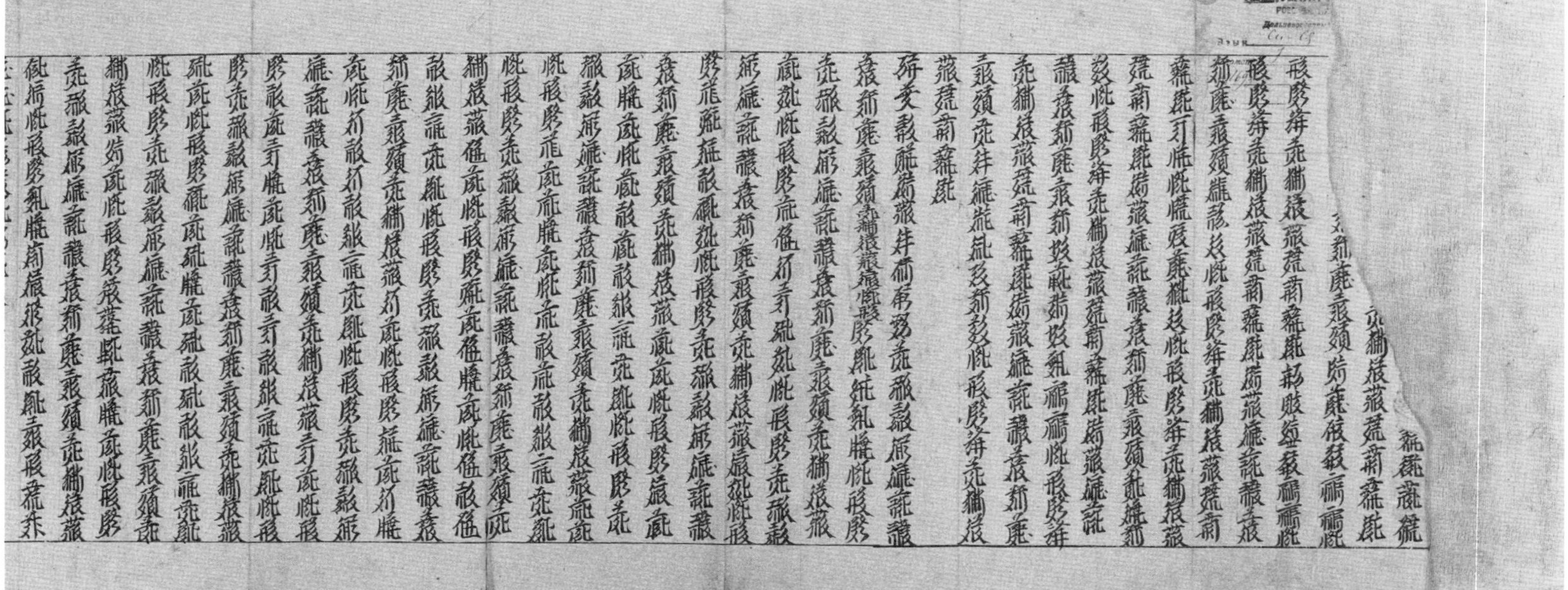

俄 Инв.No.1838　大般若波羅蜜多經卷第三百十　　(5–1)

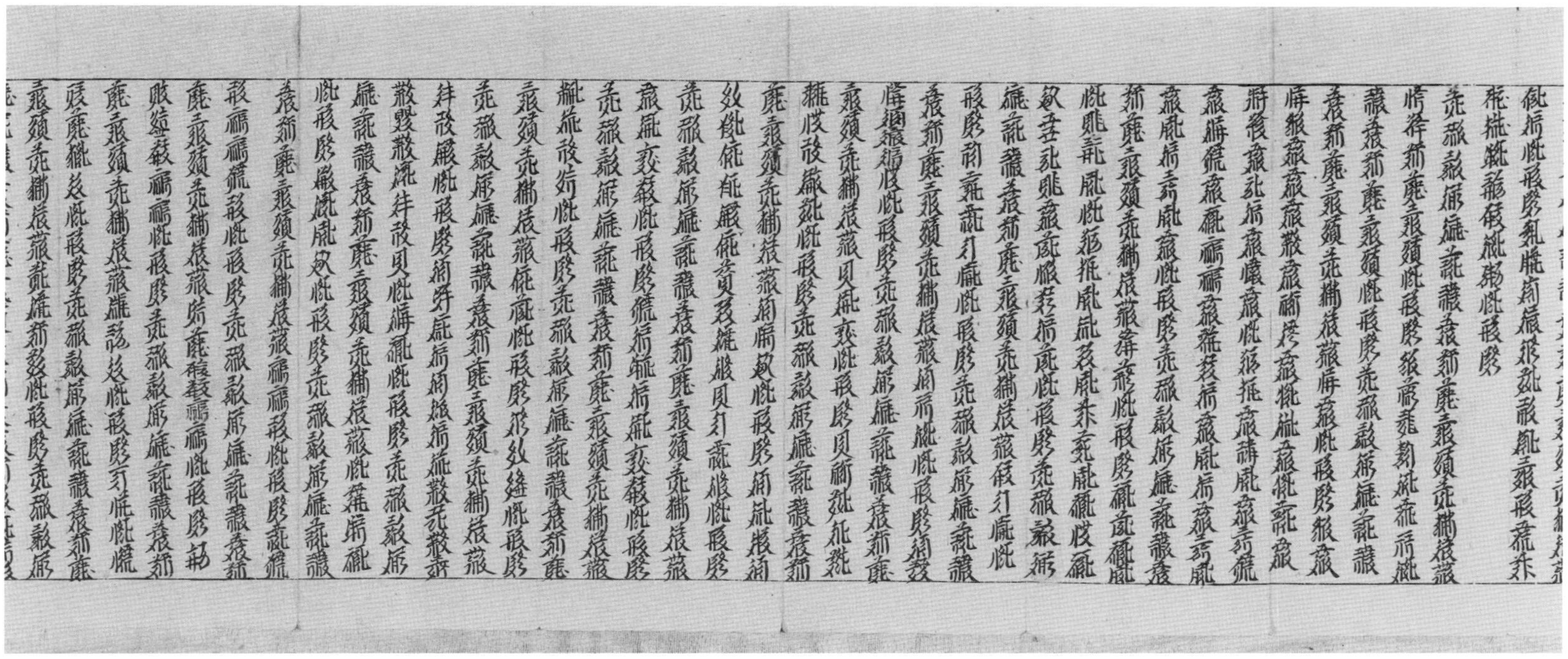

俄 Инв.No.1838　大般若波羅蜜多經卷第三百十　(5-2)

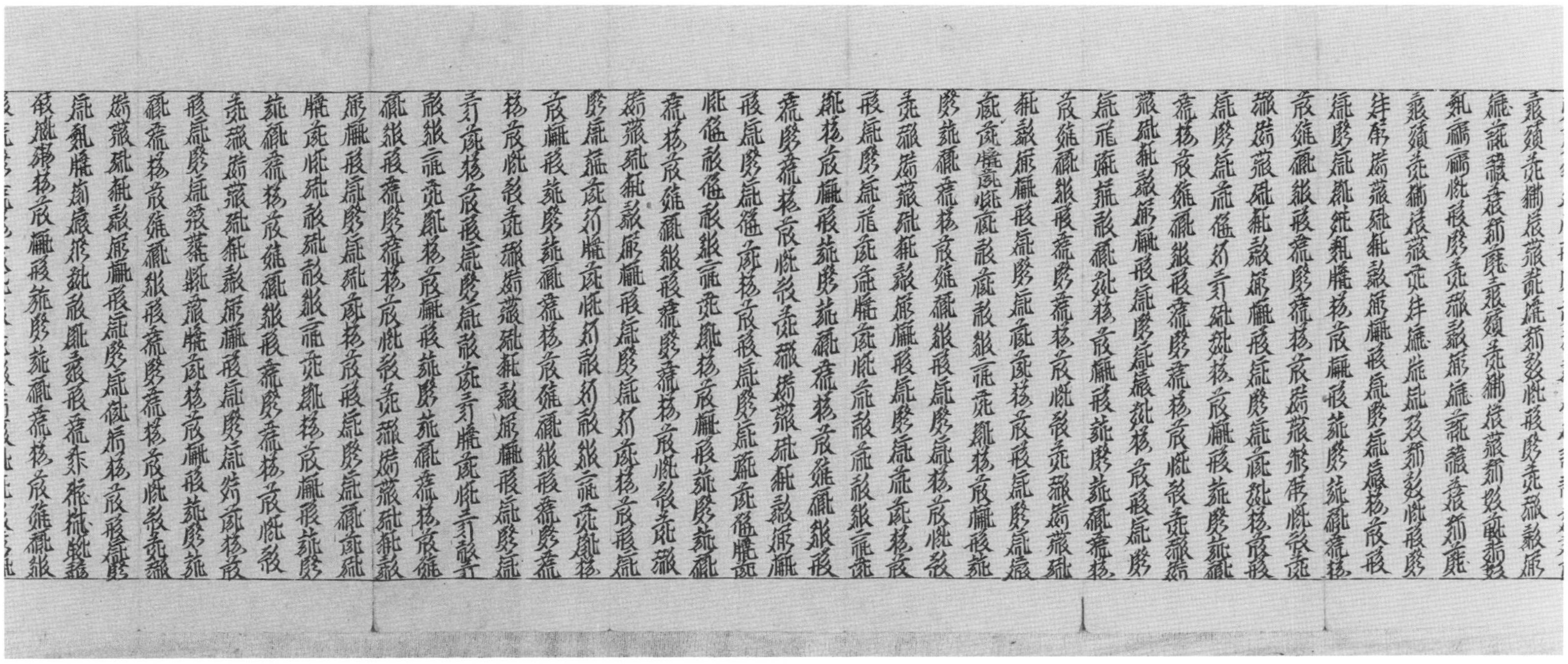

俄 Инв.No.1838　大般若波羅蜜多經卷第三百十　(5-3)

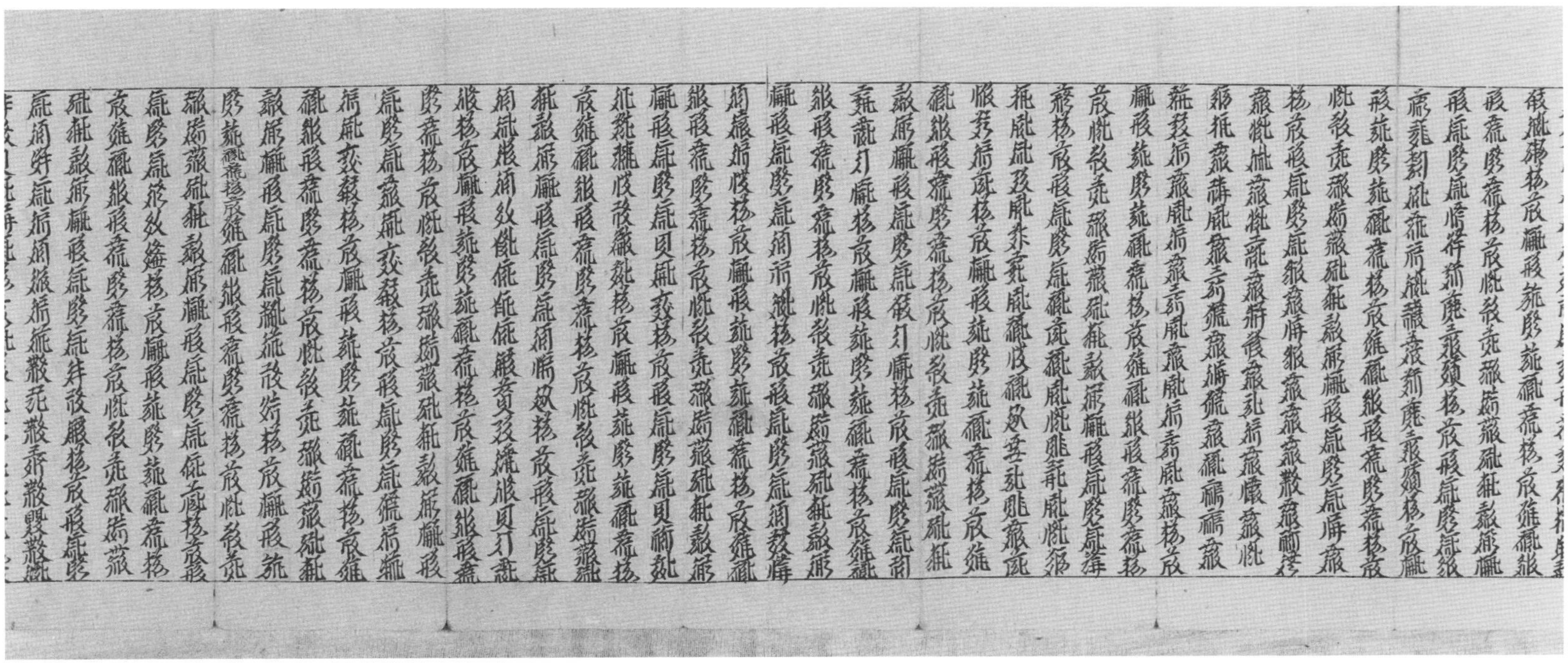

俄 Инв.No.1838　大般若波羅蜜多經卷第三百十　(5-4)

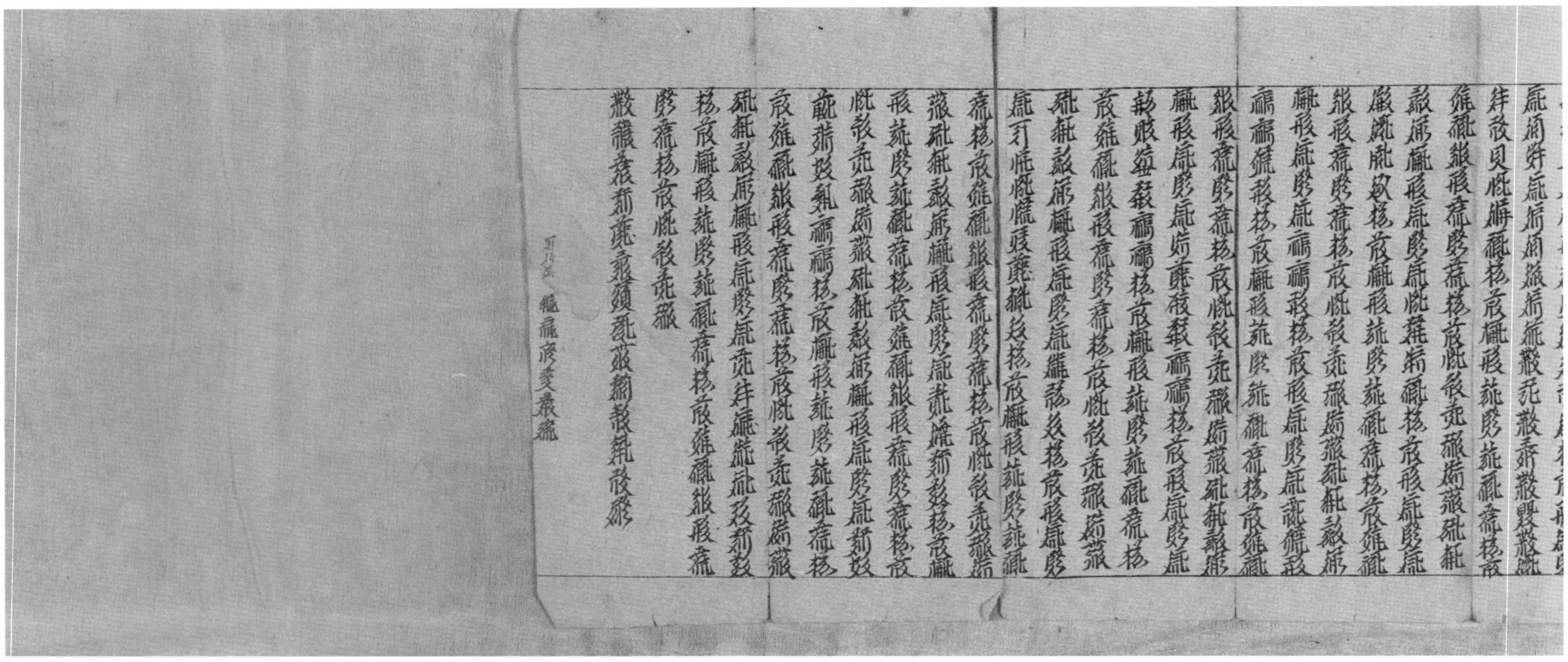

俄 Инв.No.1838　大般若波羅蜜多經卷第三百十　(5–5)

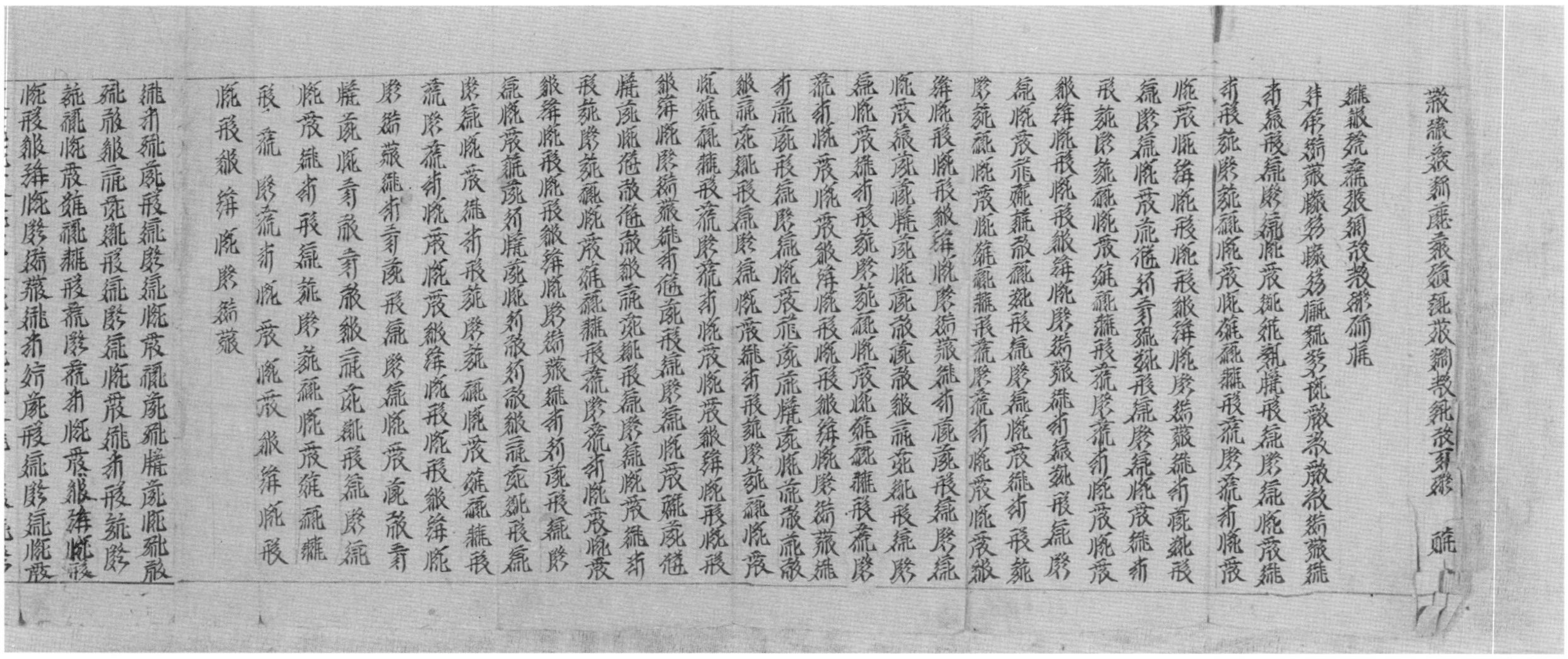

俄 Инв.No.1337　大般若波羅蜜多經卷第三百十一　(7–1)

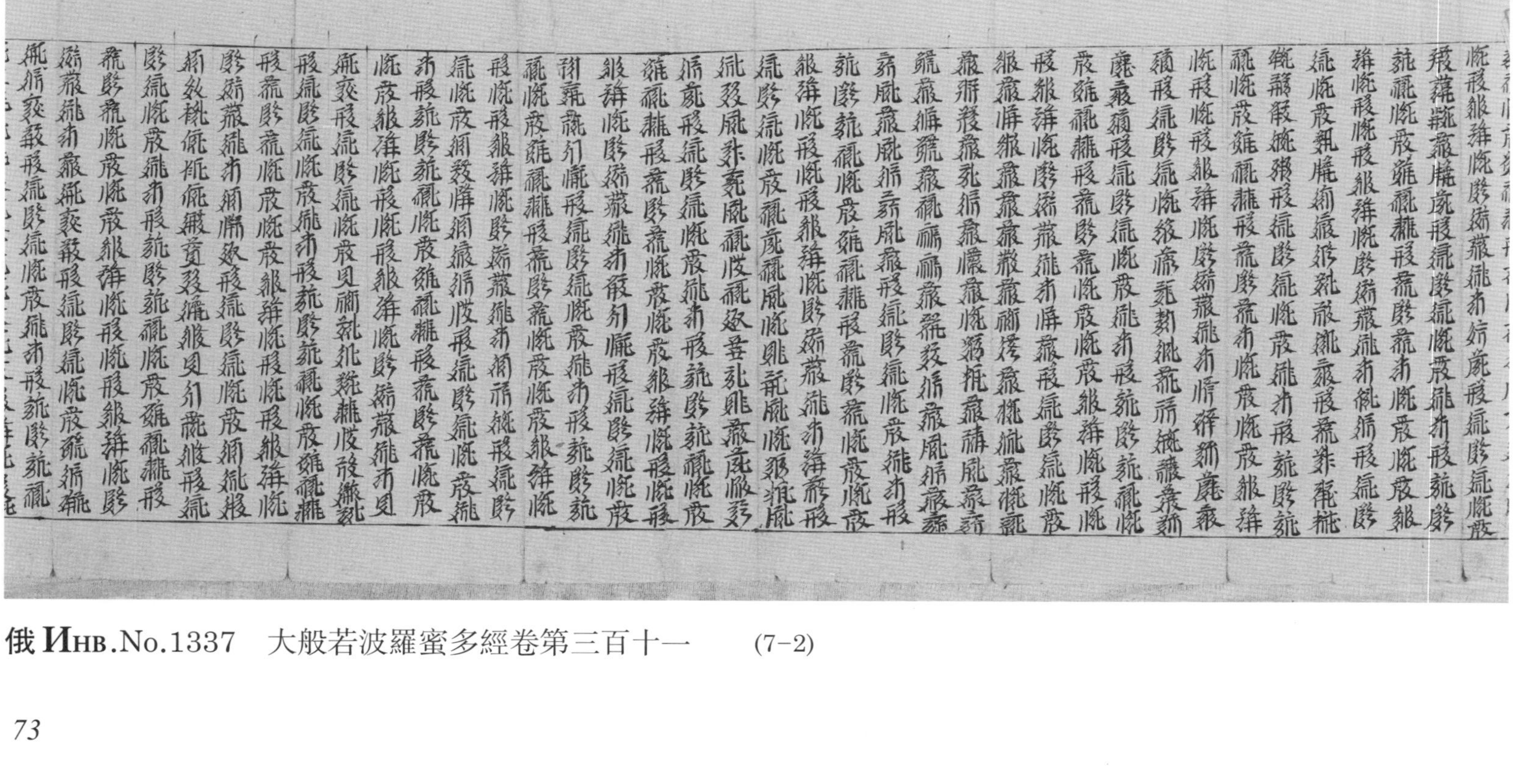

俄 Инв.No.1337　大般若波羅蜜多經卷第三百十一　(7–2)

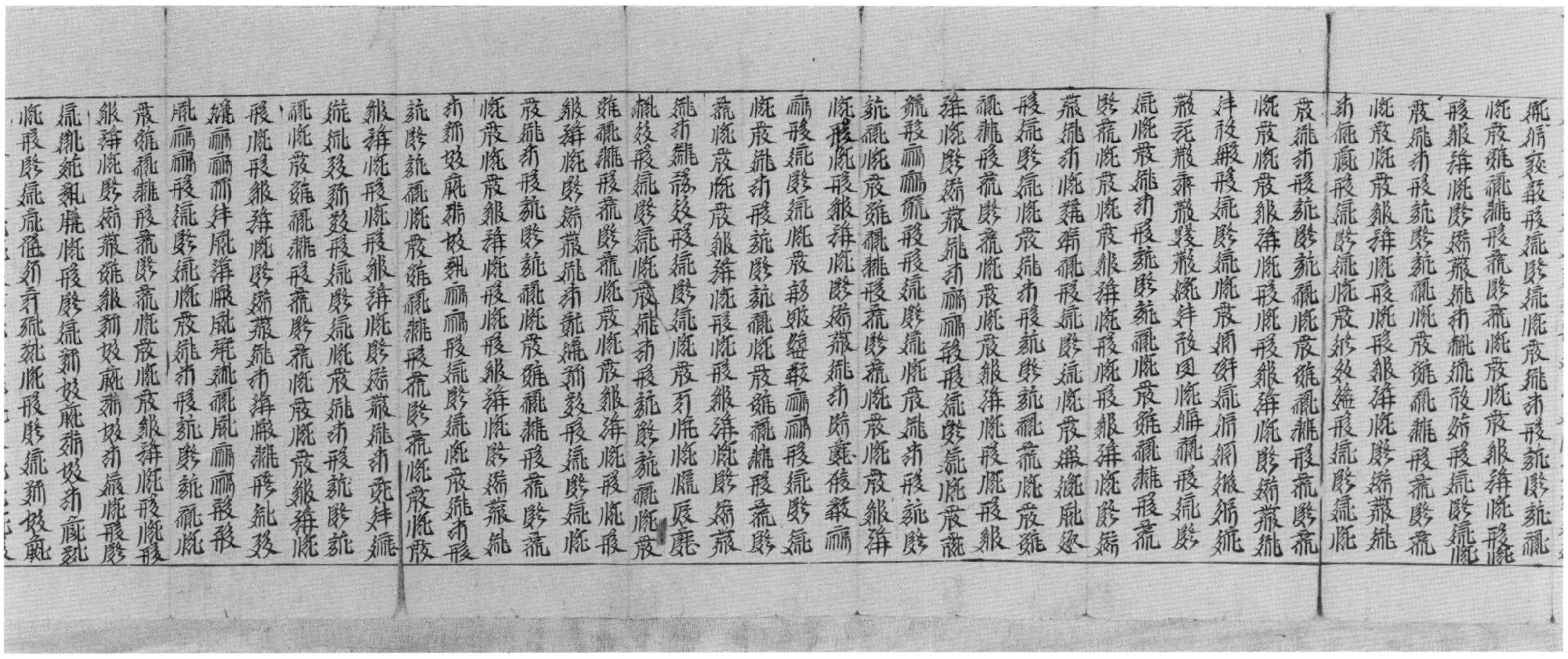

俄 Инв.No.1337　大般若波羅蜜多經卷第三百十一　(7–3)

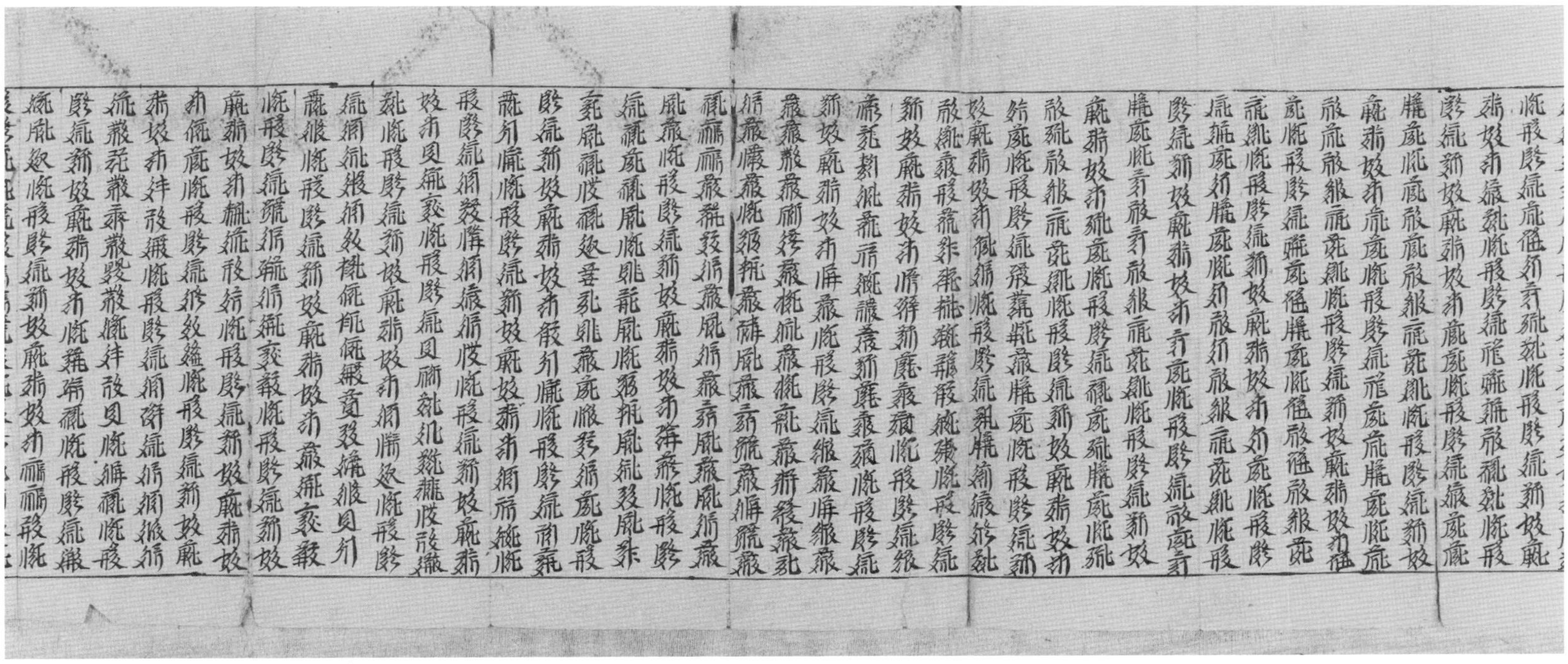

俄 Инв.No.1337　大般若波羅蜜多經卷第三百十一　(7–4)

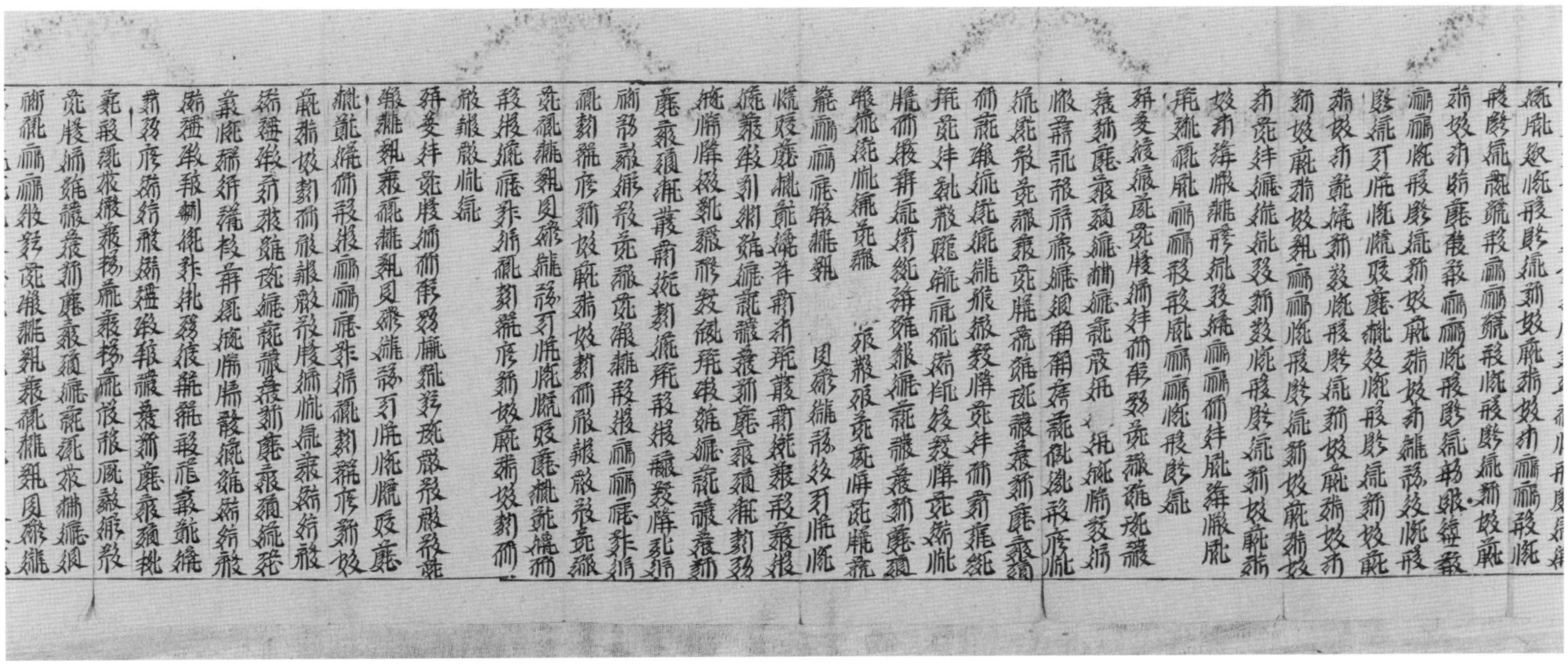

俄 Инв.No.1337　大般若波羅蜜多經卷第三百十一　(7–5)

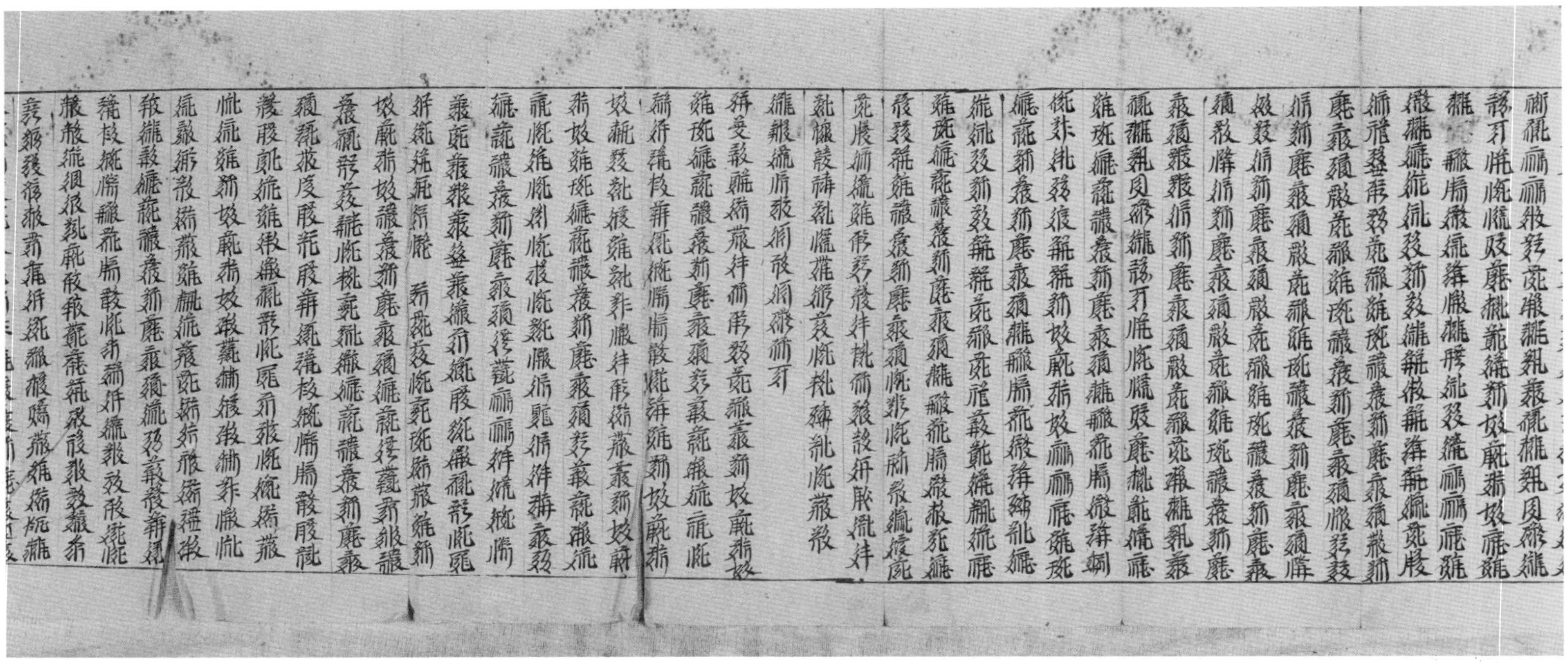

俄 Инв.No.1337 大般若波羅蜜多經卷第三百十一 (7-6)

俄 Инв.No.1337 大般若波羅蜜多經卷第三百十一 (7-7)

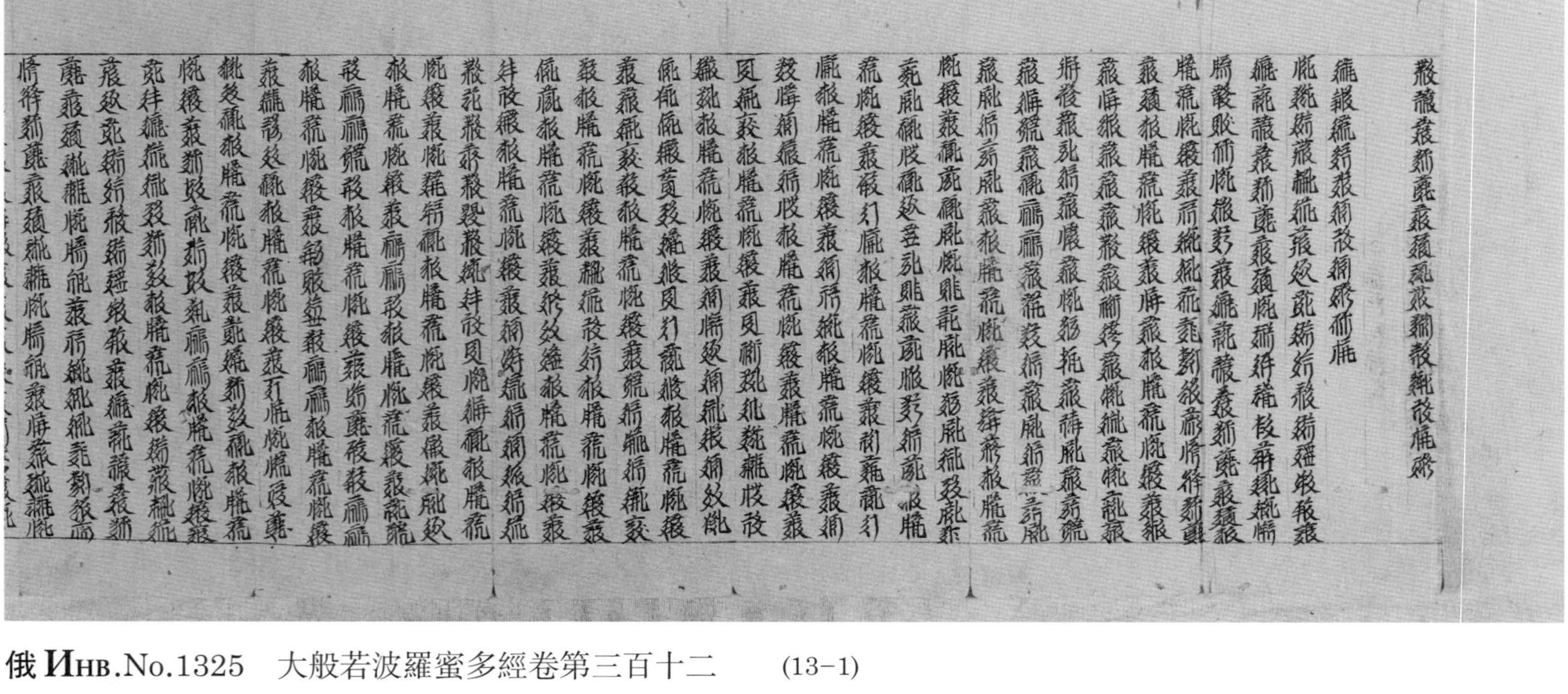

俄 Инв.No.1325 大般若波羅蜜多經卷第三百十二 (13-1)

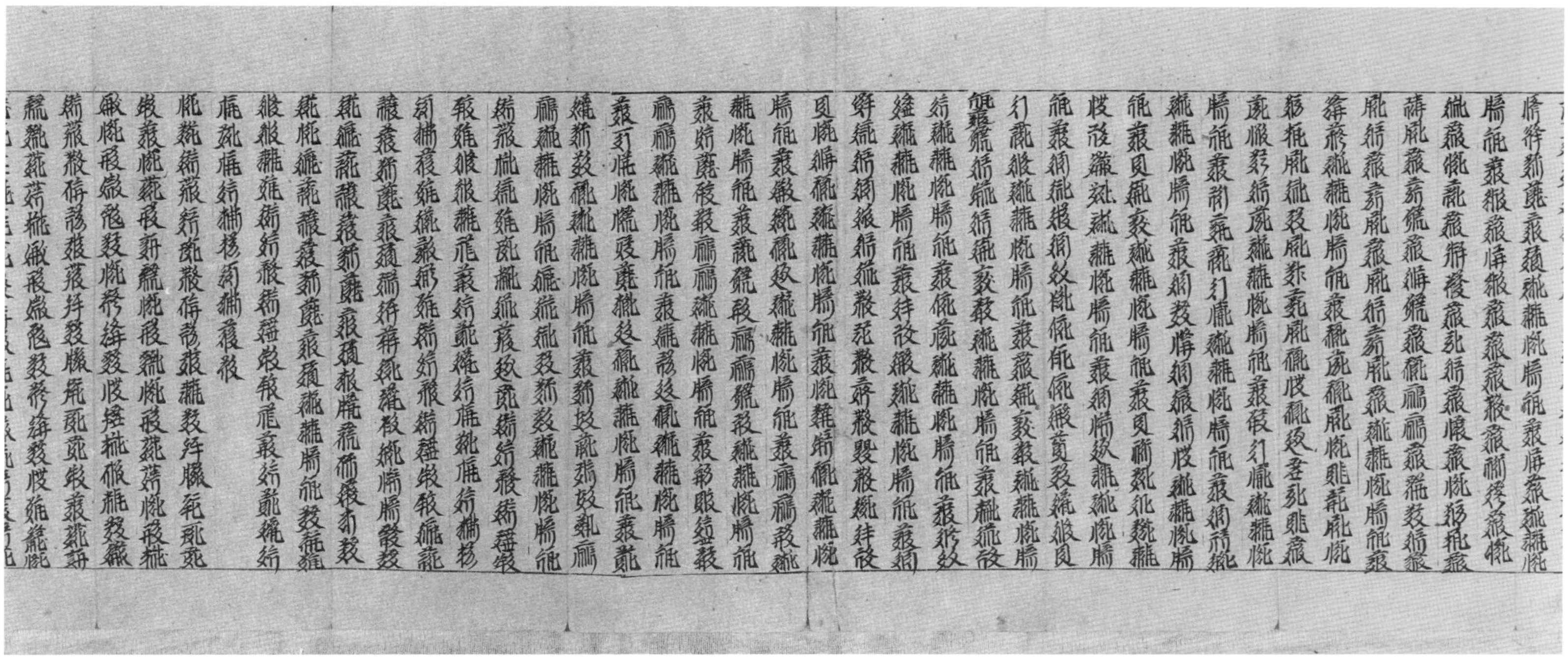

俄Инв.No.1325　大般若波羅蜜多經卷第三百十二　(13-2)

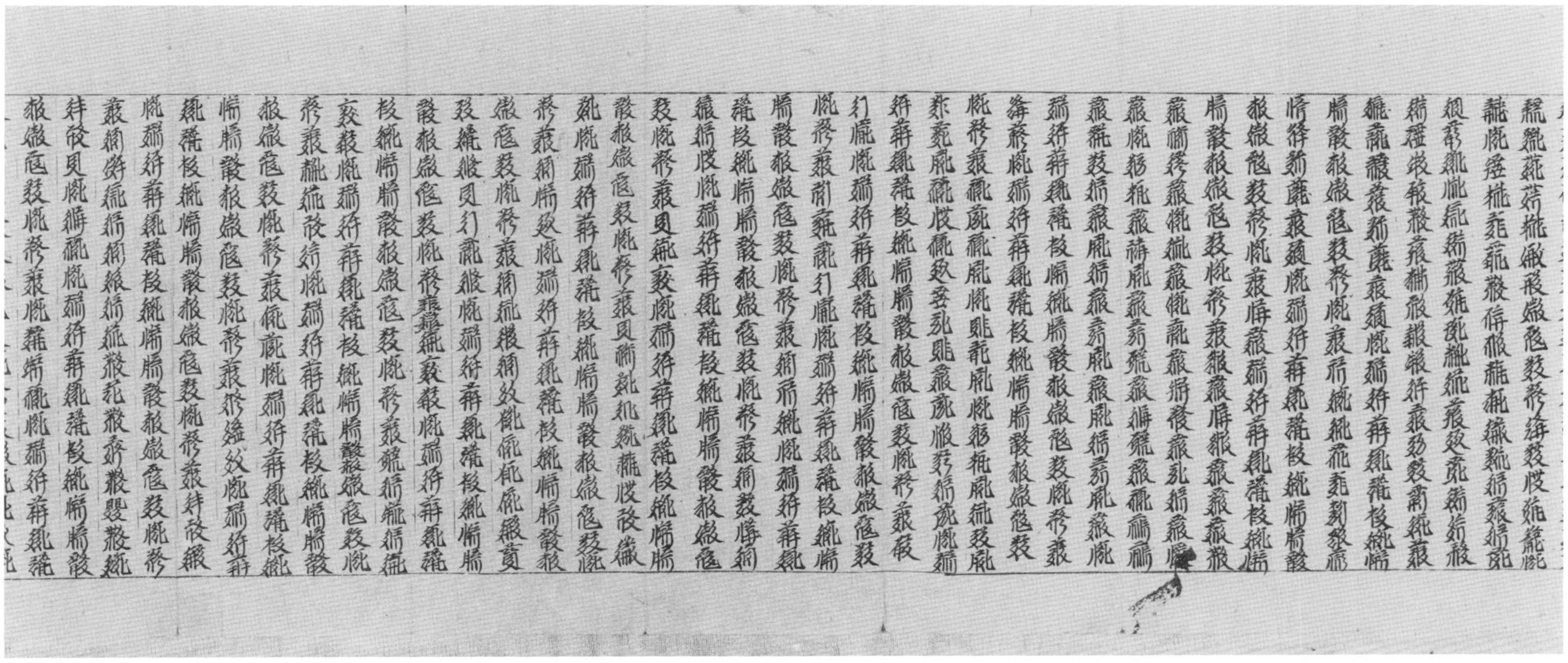

俄Инв.No.1325　大般若波羅蜜多經卷第三百十二　(13-3)

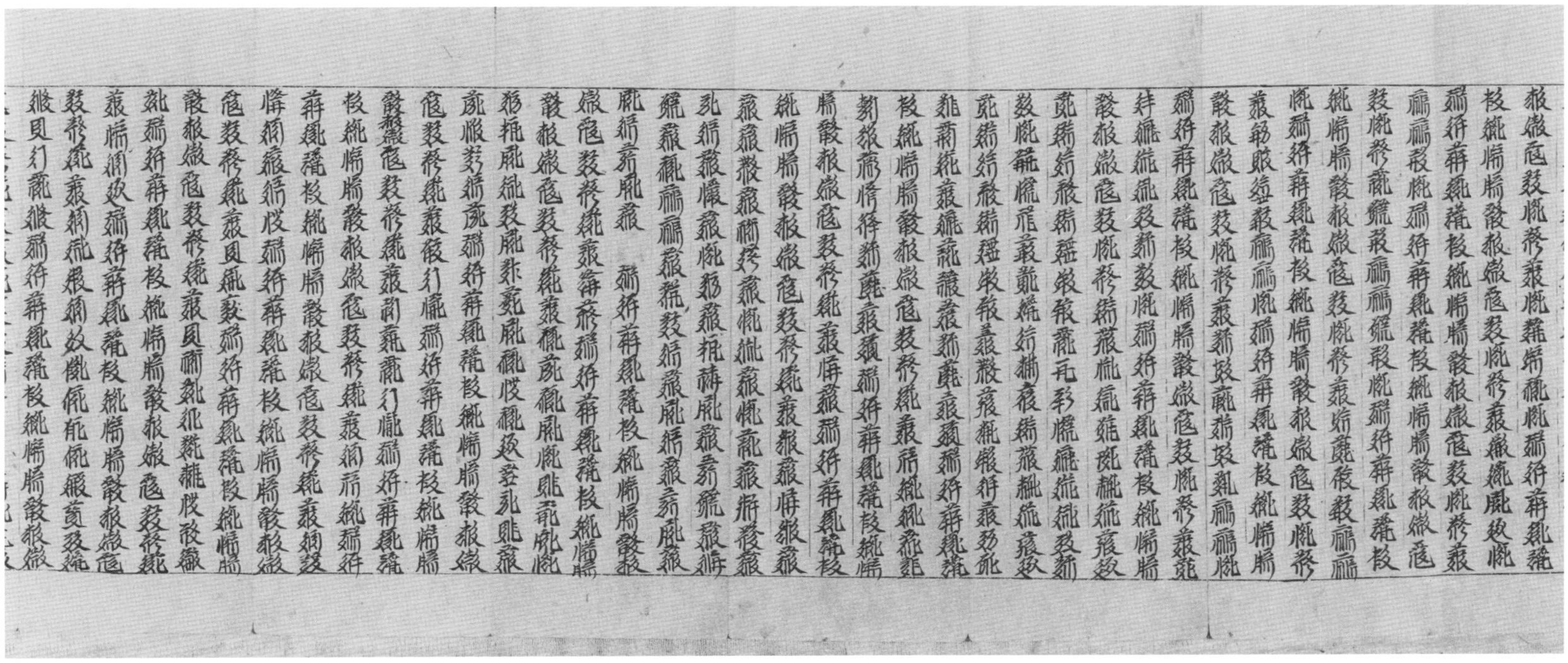

俄Инв.No.1325　大般若波羅蜜多經卷第三百十二　(13-4)

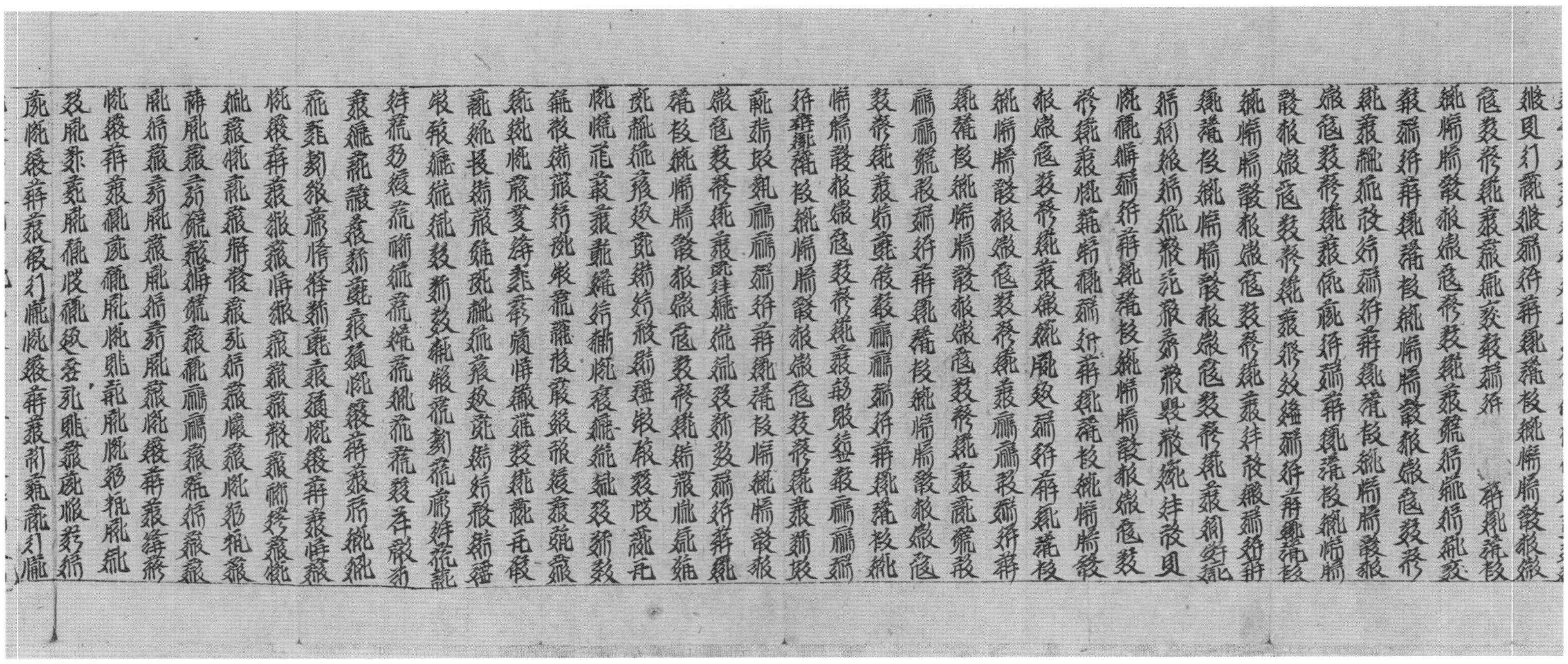

俄 Инв.No.1325　大般若波羅蜜多經卷第三百十二　(13–5)

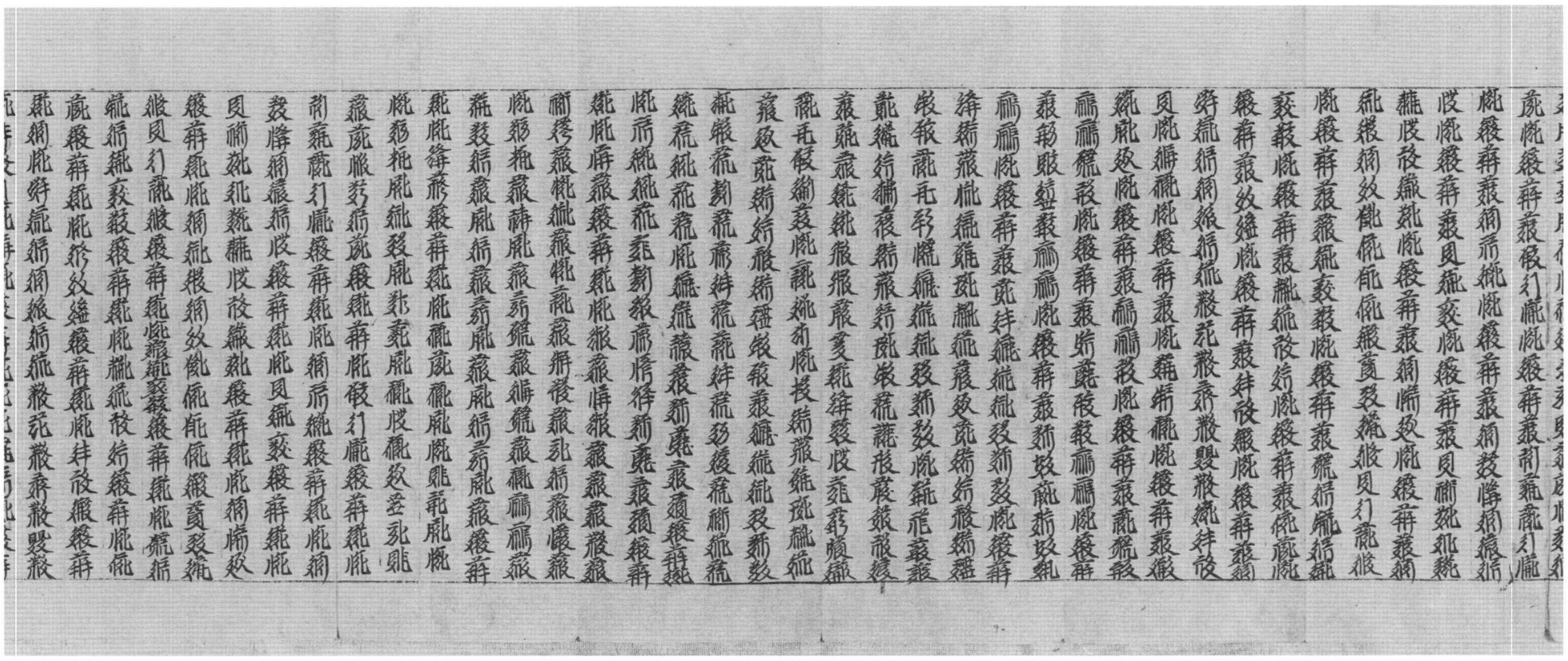

俄 Инв.No.1325　大般若波羅蜜多經卷第三百十二　(13–6)

俄 Инв.No.1325　大般若波羅蜜多經卷第三百十二　(13–7)

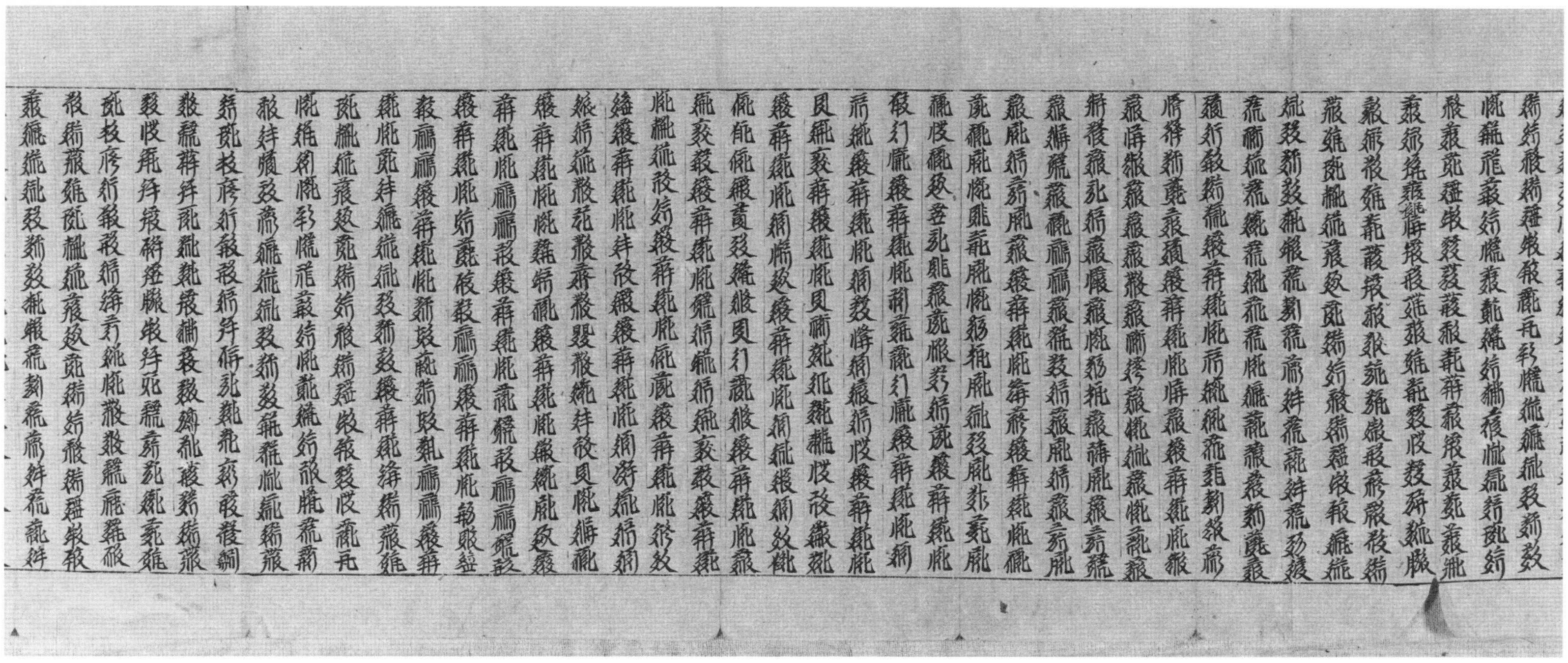

俄 **Инв**.No.1325　大般若波羅蜜多經卷第三百十二　(13–8)

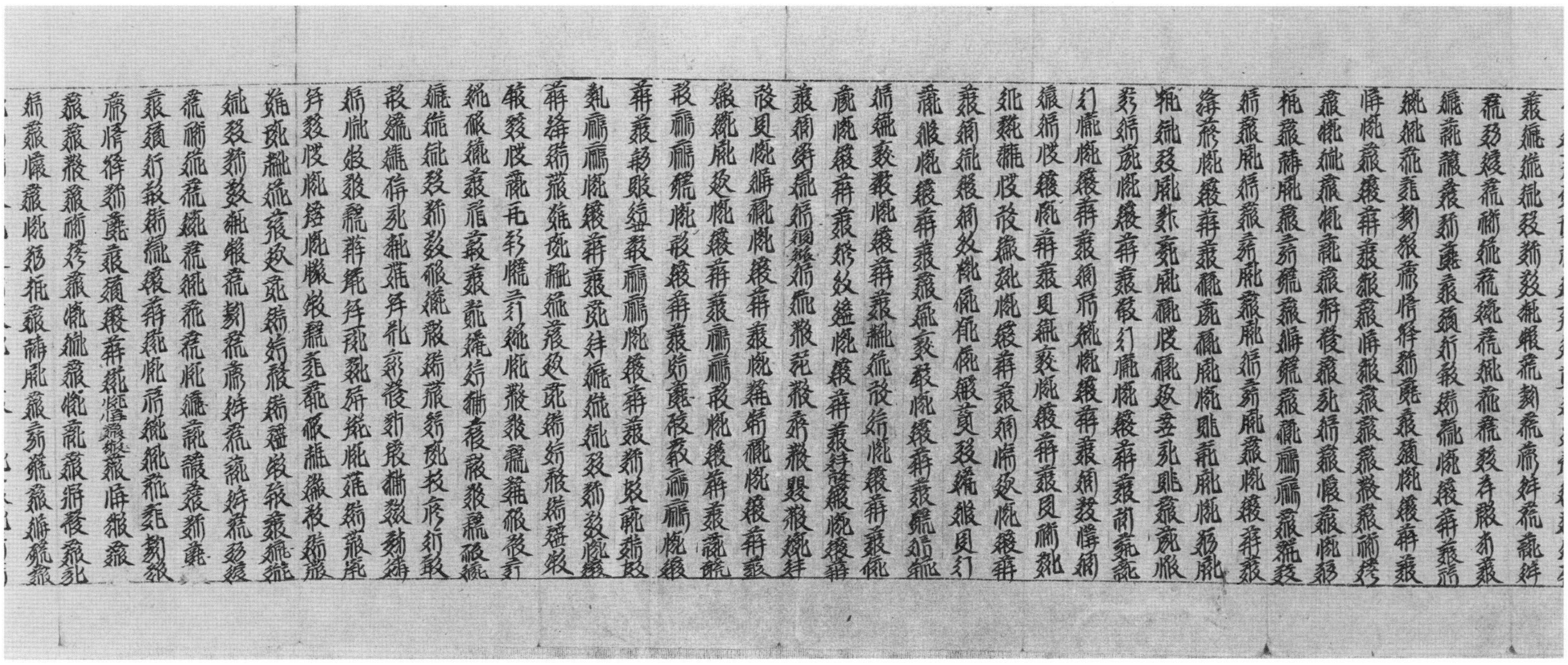

俄 **Инв**.No.1325　大般若波羅蜜多經卷第三百十二　(13–9)

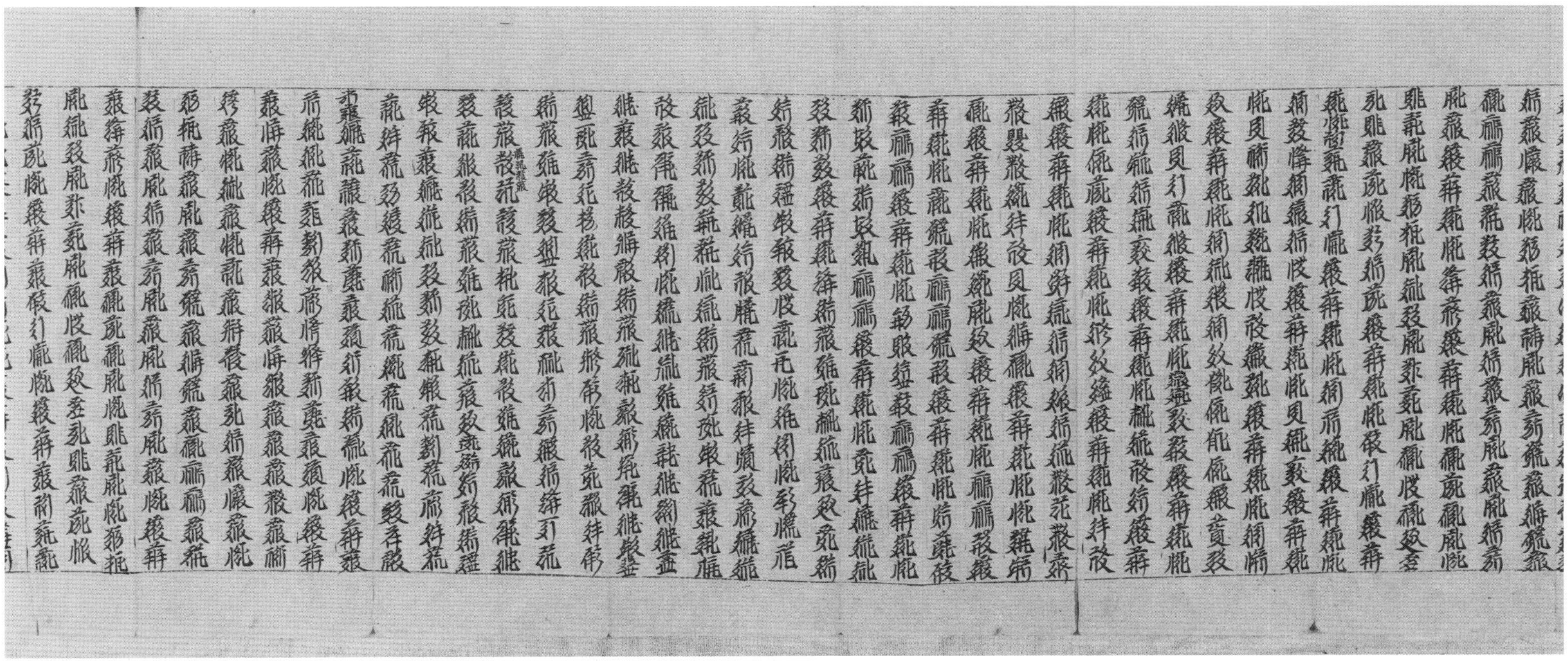

俄 **Инв**.No.1325　大般若波羅蜜多經卷第三百十二　(13–10)

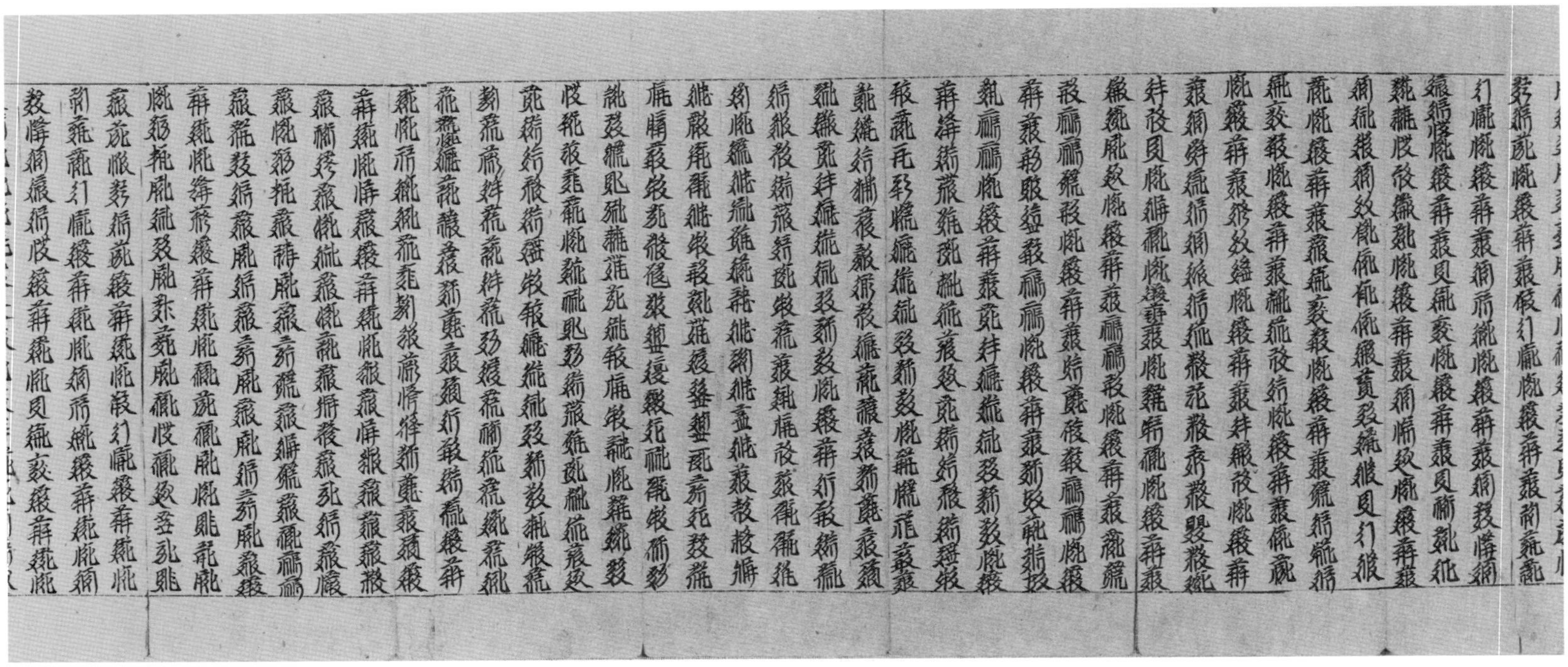

俄 Инв.No.1325　大般若波羅蜜多經卷第三百十二　(13-11)

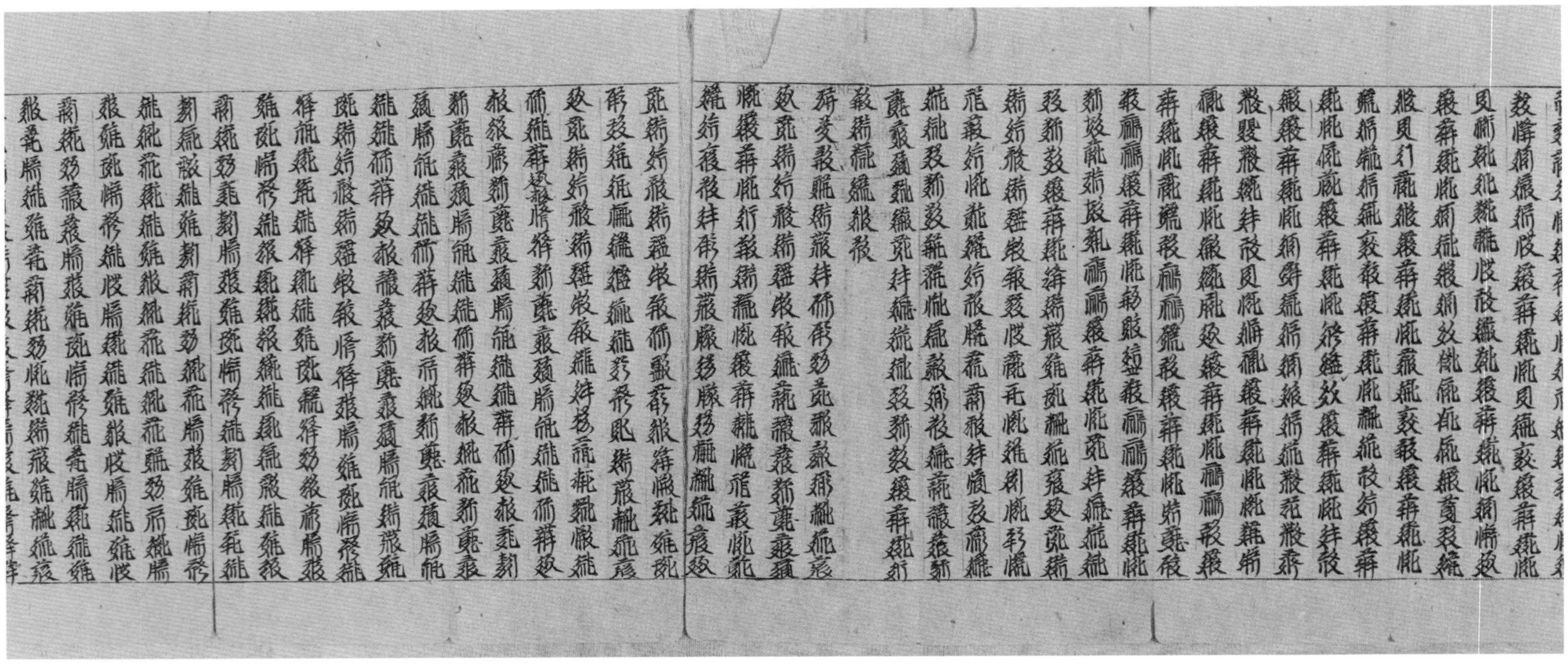

俄 Инв.No.1325　大般若波羅蜜多經卷第三百十二　(13-12)

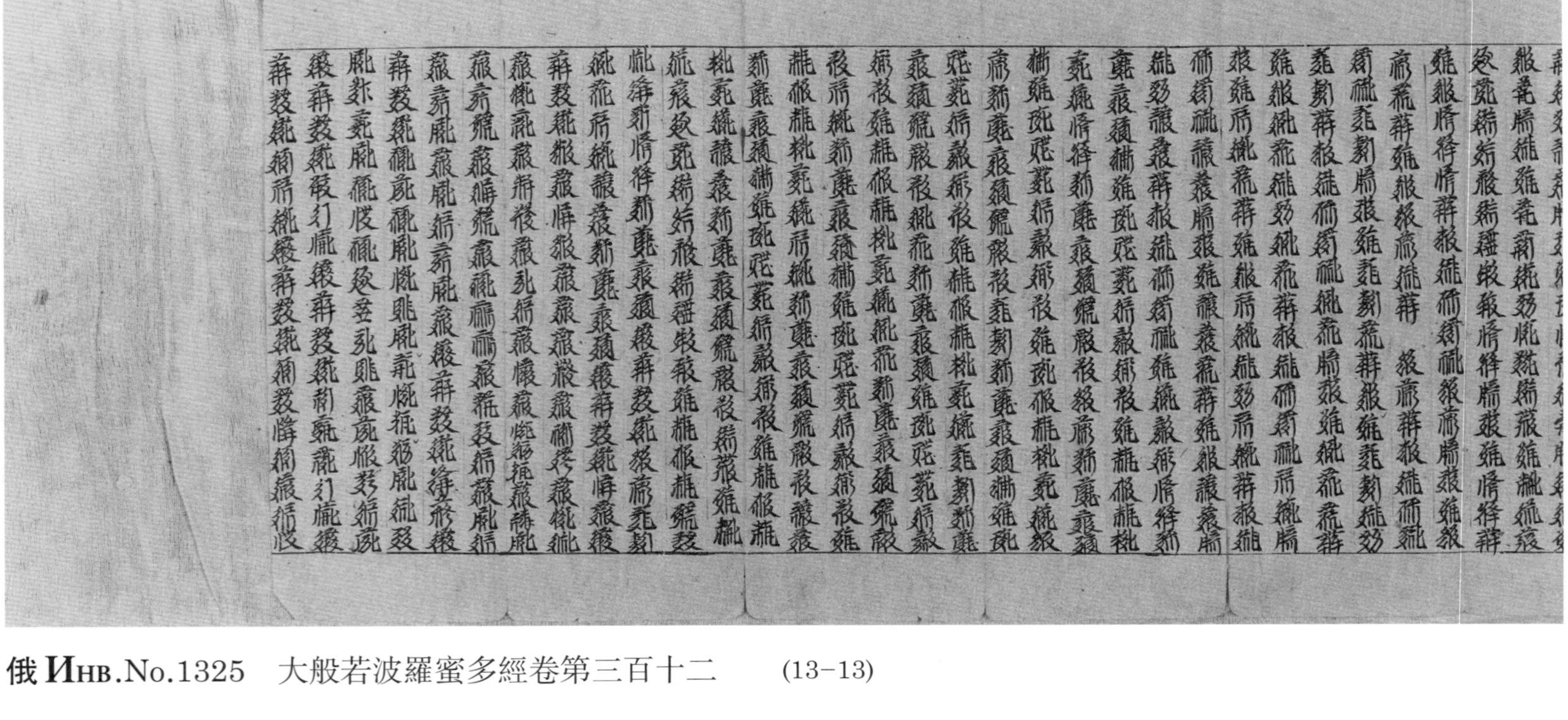

俄 Инв.No.1325　大般若波羅蜜多經卷第三百十二　(13-13)

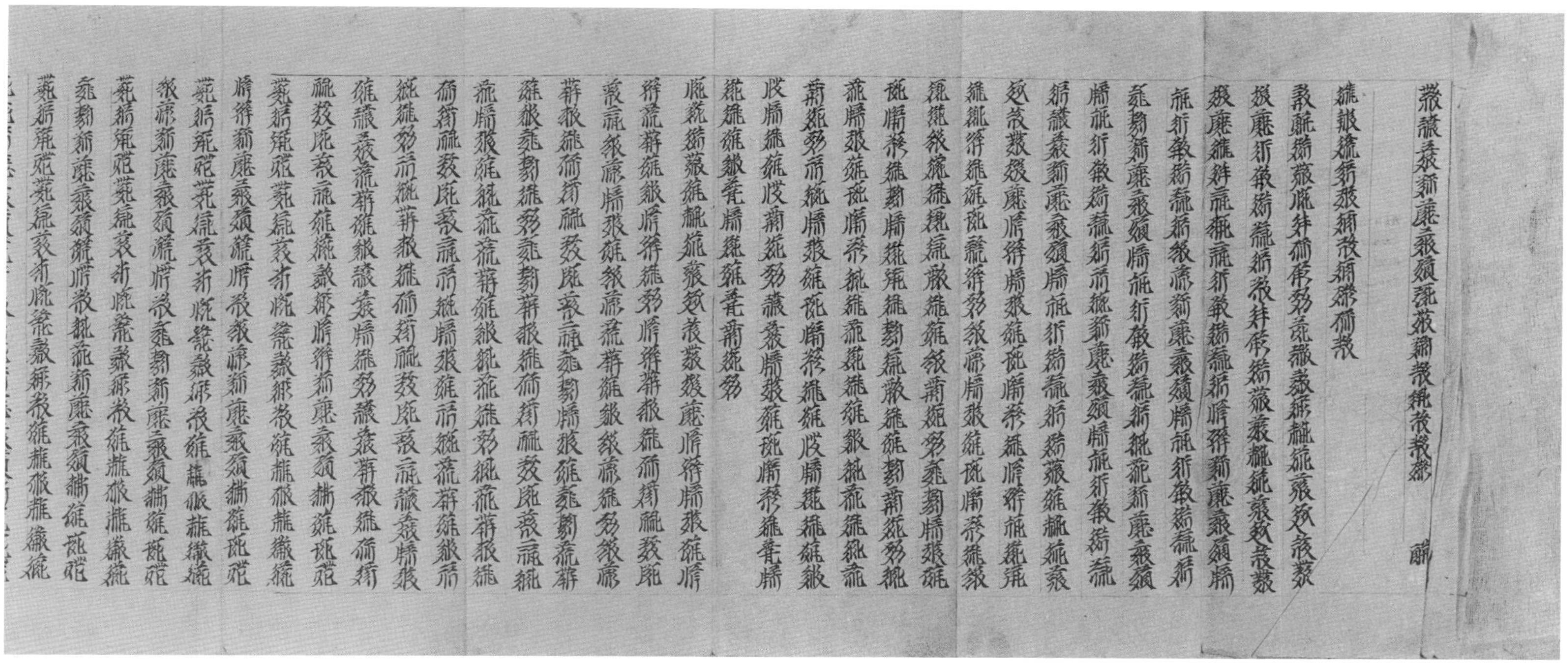

俄 Инв.No.1330　大般若波羅蜜多經卷第三百十三　(12–1)

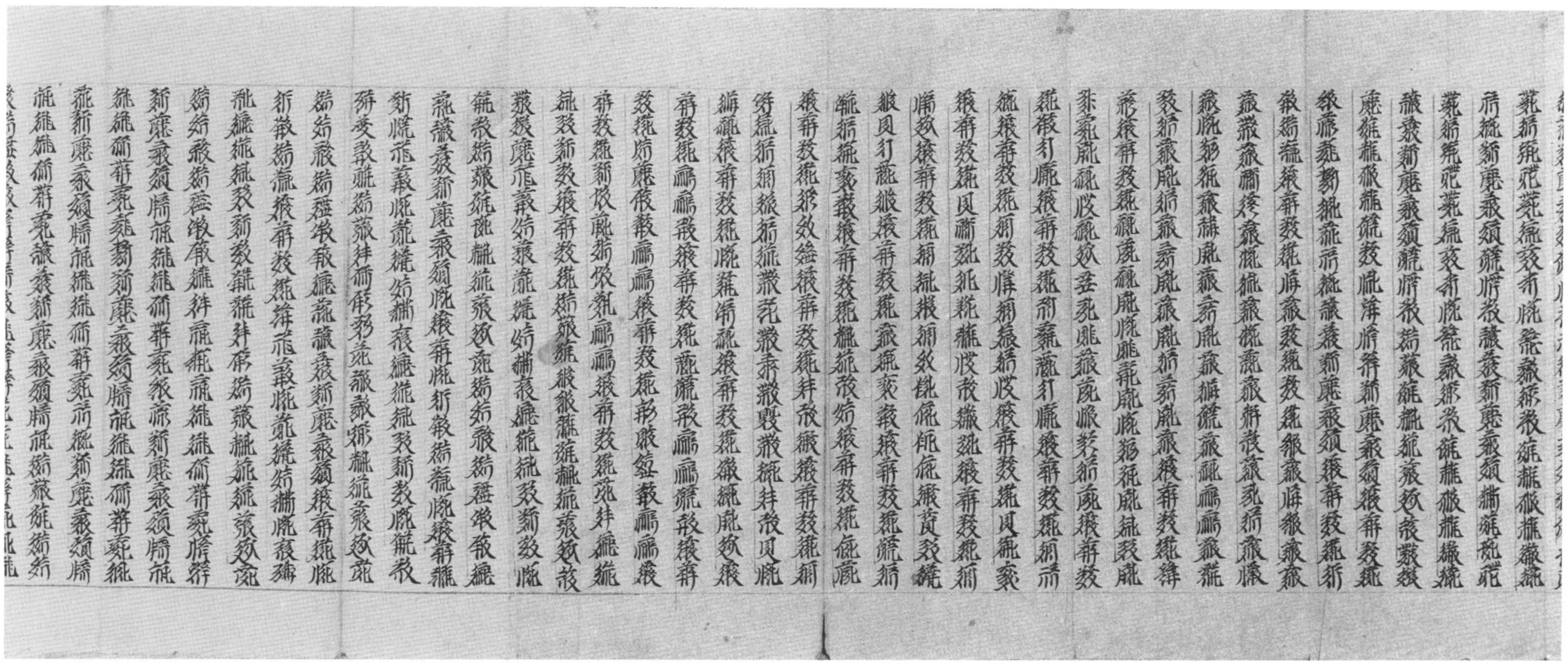

俄 Инв.No.1330　大般若波羅蜜多經卷第三百十三　(12–2)

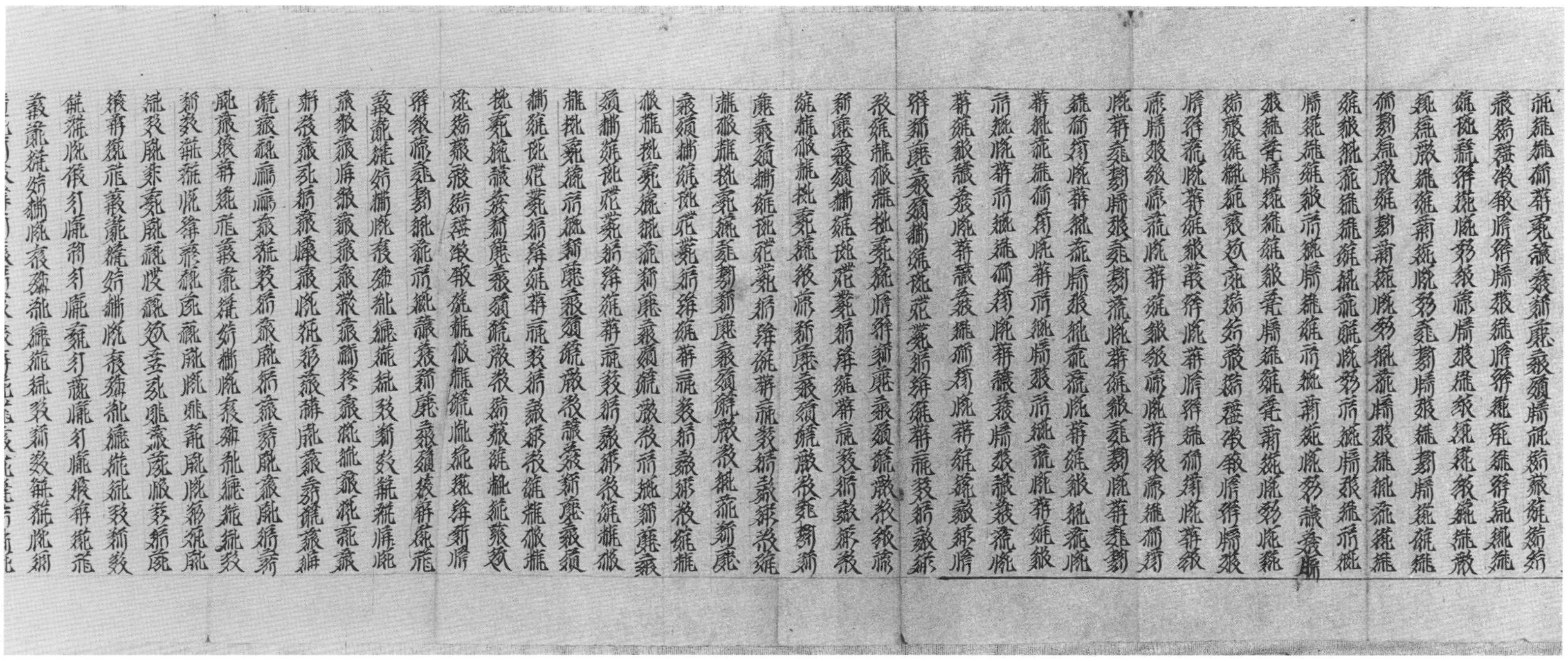

俄 Инв.No.1330　大般若波羅蜜多經卷第三百十三　(12–3)

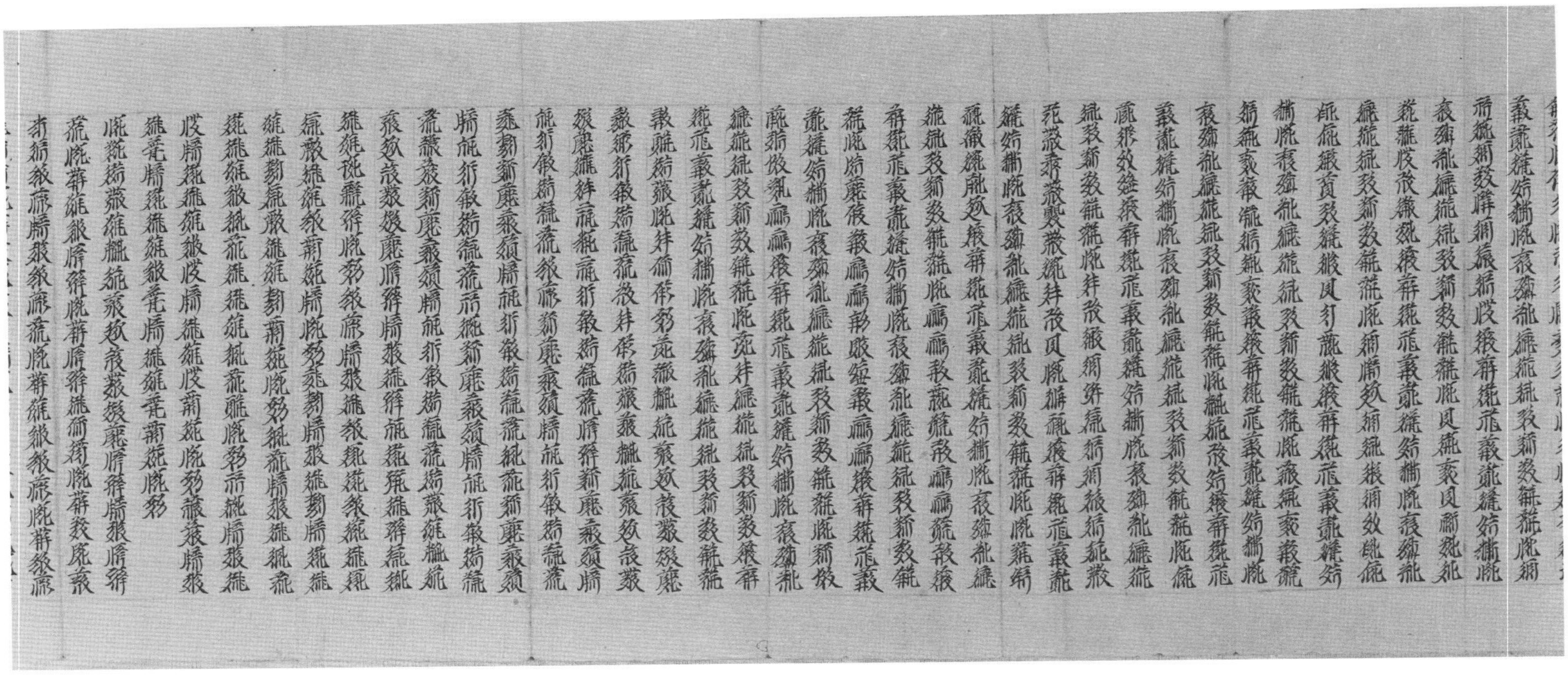

俄 Инв.No.1330　大般若波羅蜜多經卷第三百十三　(12-4)

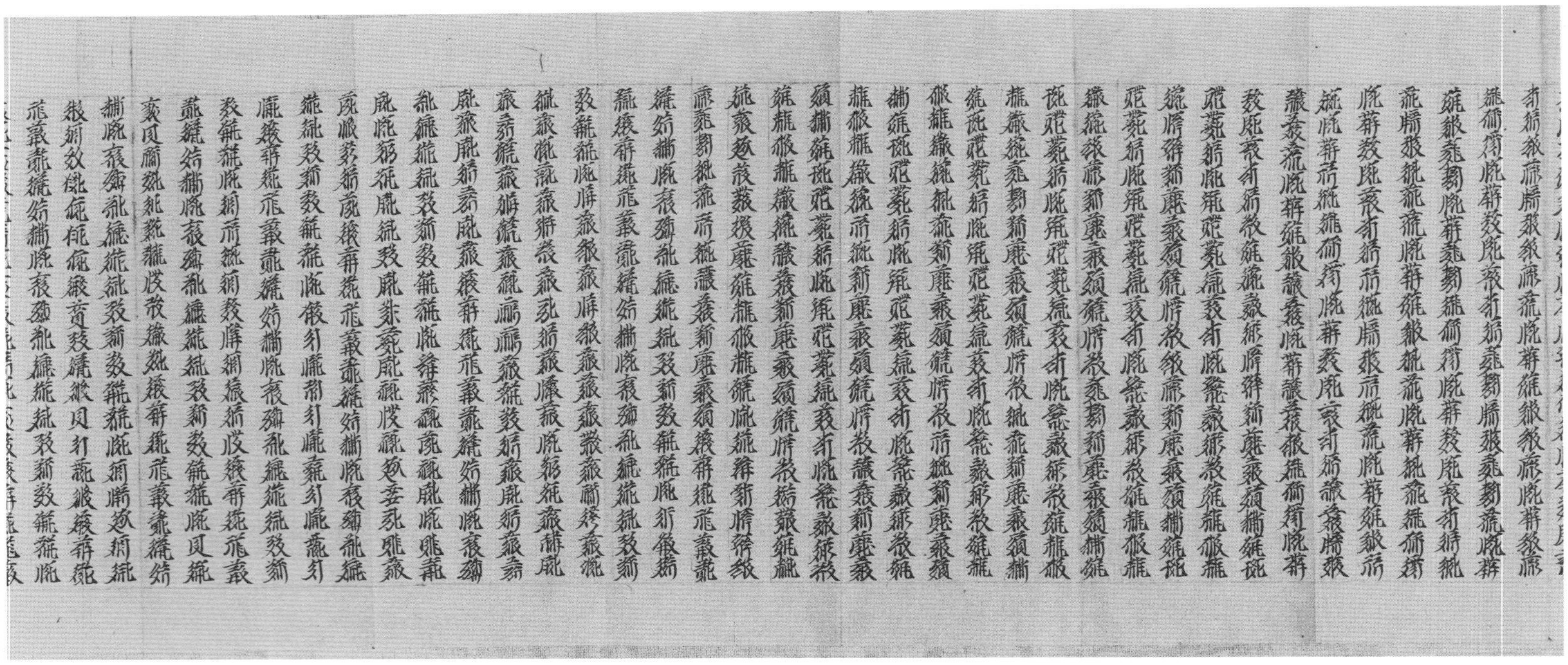

俄 Инв.No.1330　大般若波羅蜜多經卷第三百十三　(12-5)

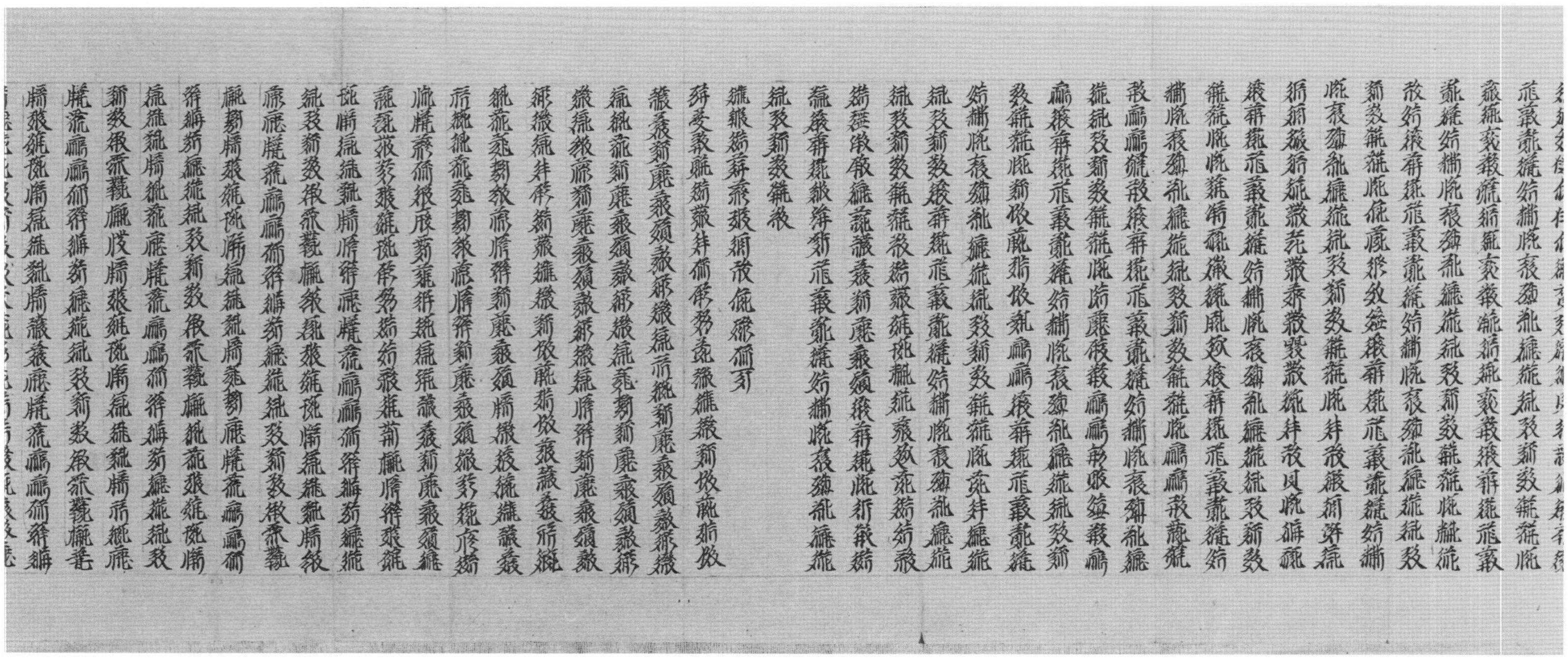

俄 Инв.No.1330　大般若波羅蜜多經卷第三百十三　(12-6)

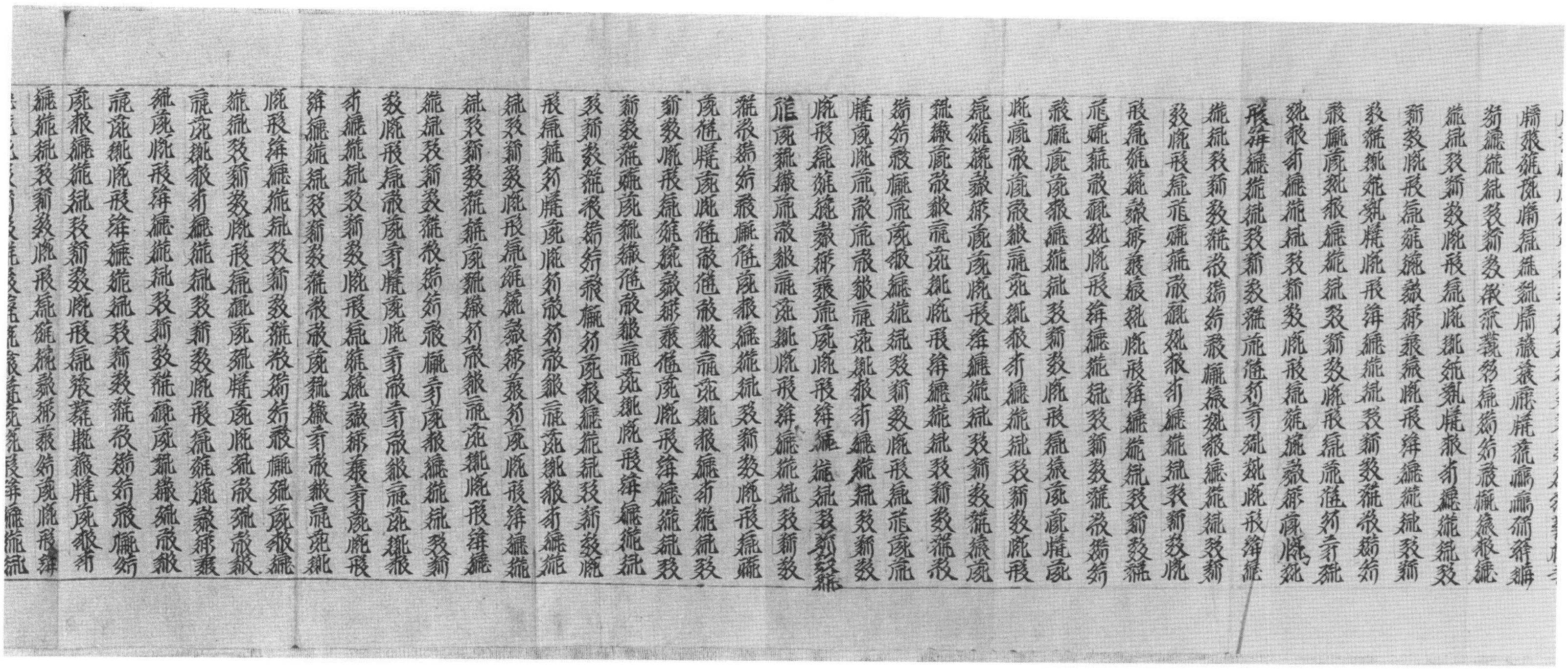

俄Инв.No.1330　大般若波羅蜜多經卷第三百十三　(12-7)

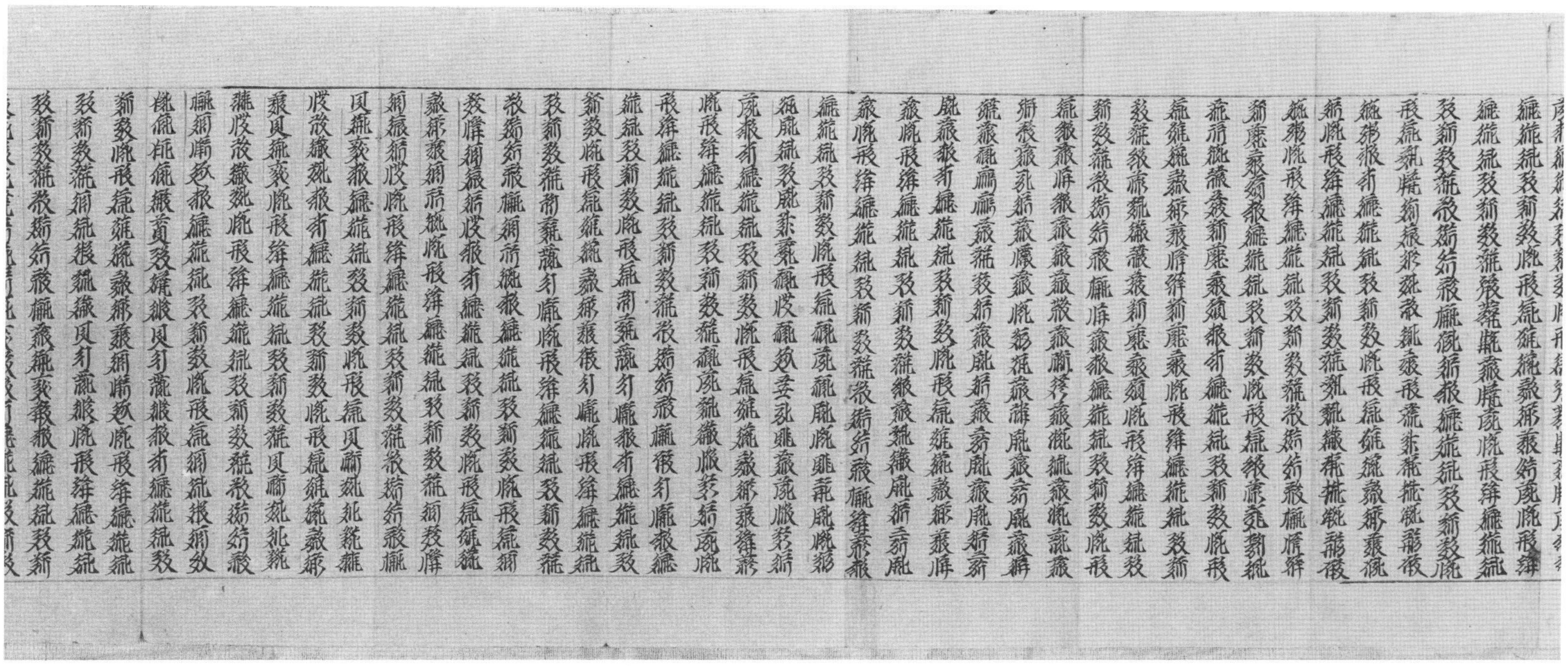

俄Инв.No.1330　大般若波羅蜜多經卷第三百十三　(12-8)

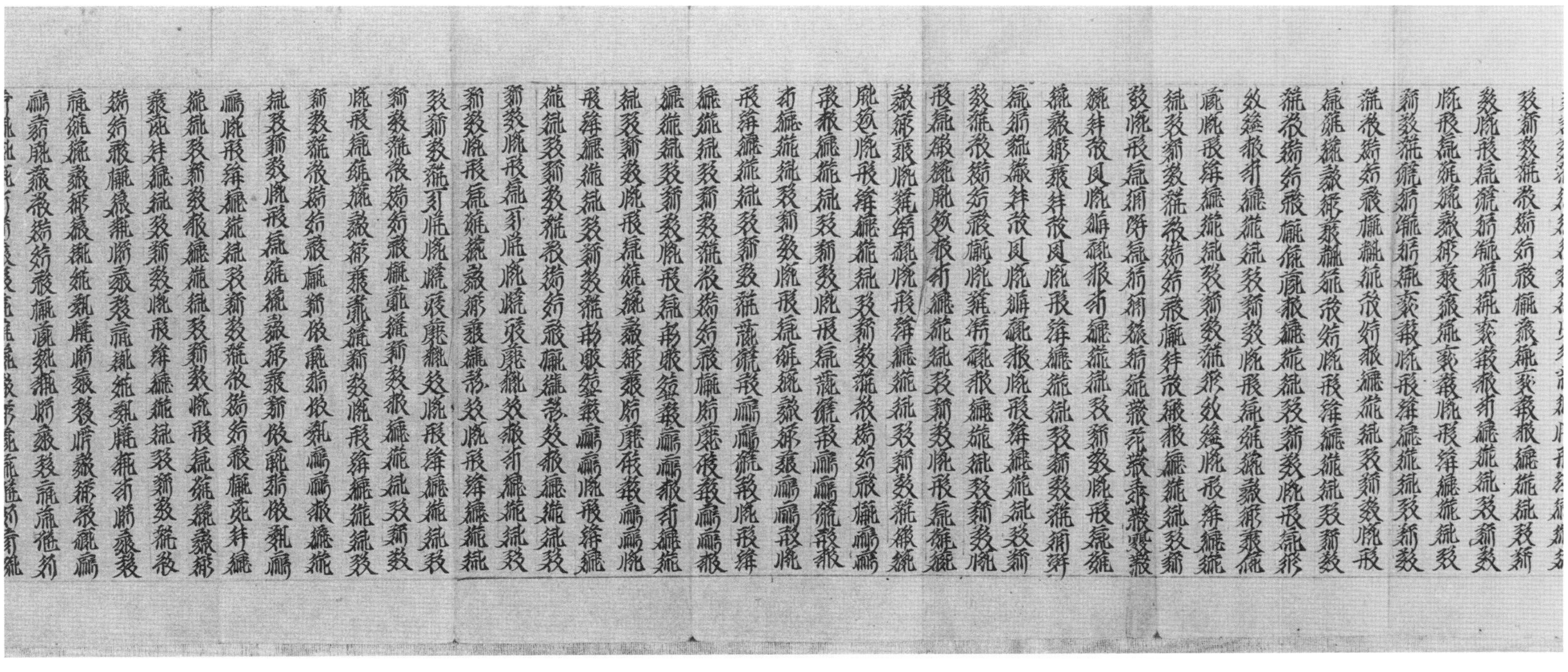

俄Инв.No.1330　大般若波羅蜜多經卷第三百十三　(12-9)

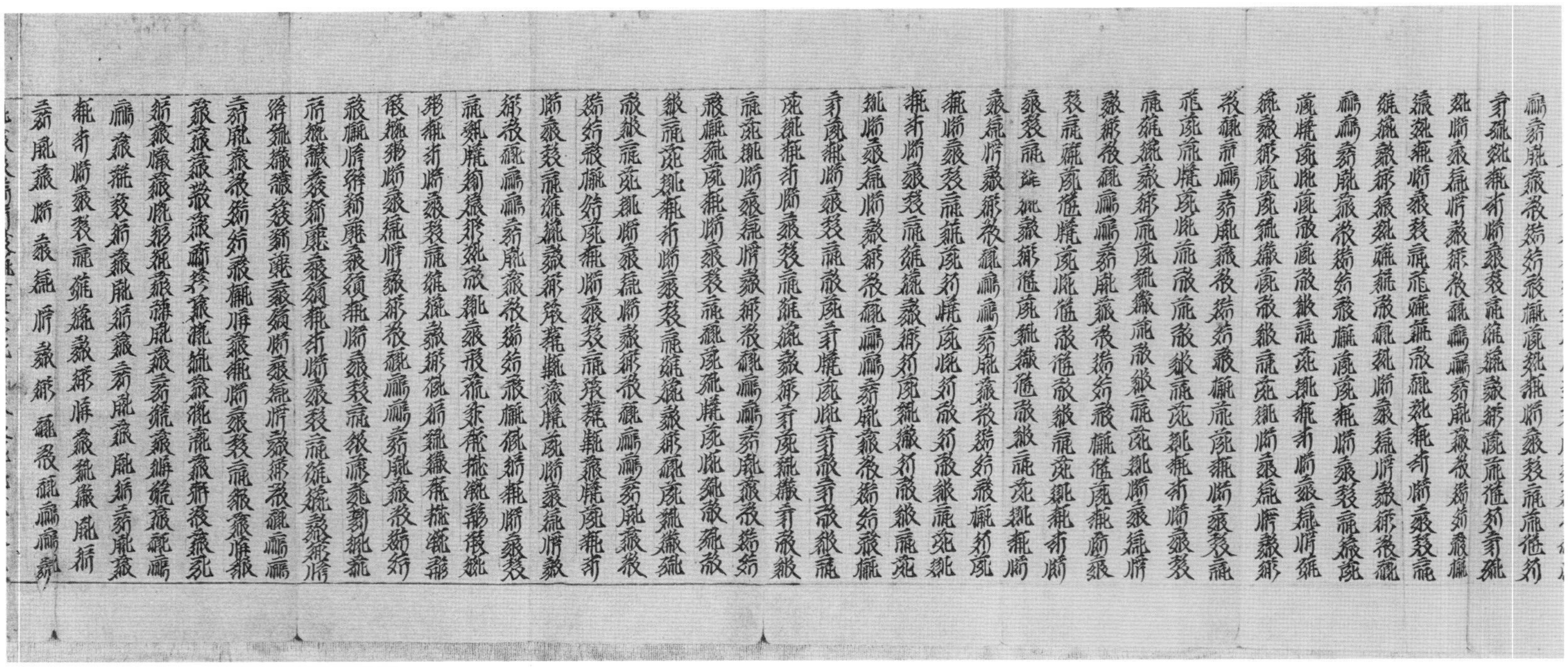

俄 Инв.No.1330　大般若波羅蜜多經卷第三百十三　(12–10)

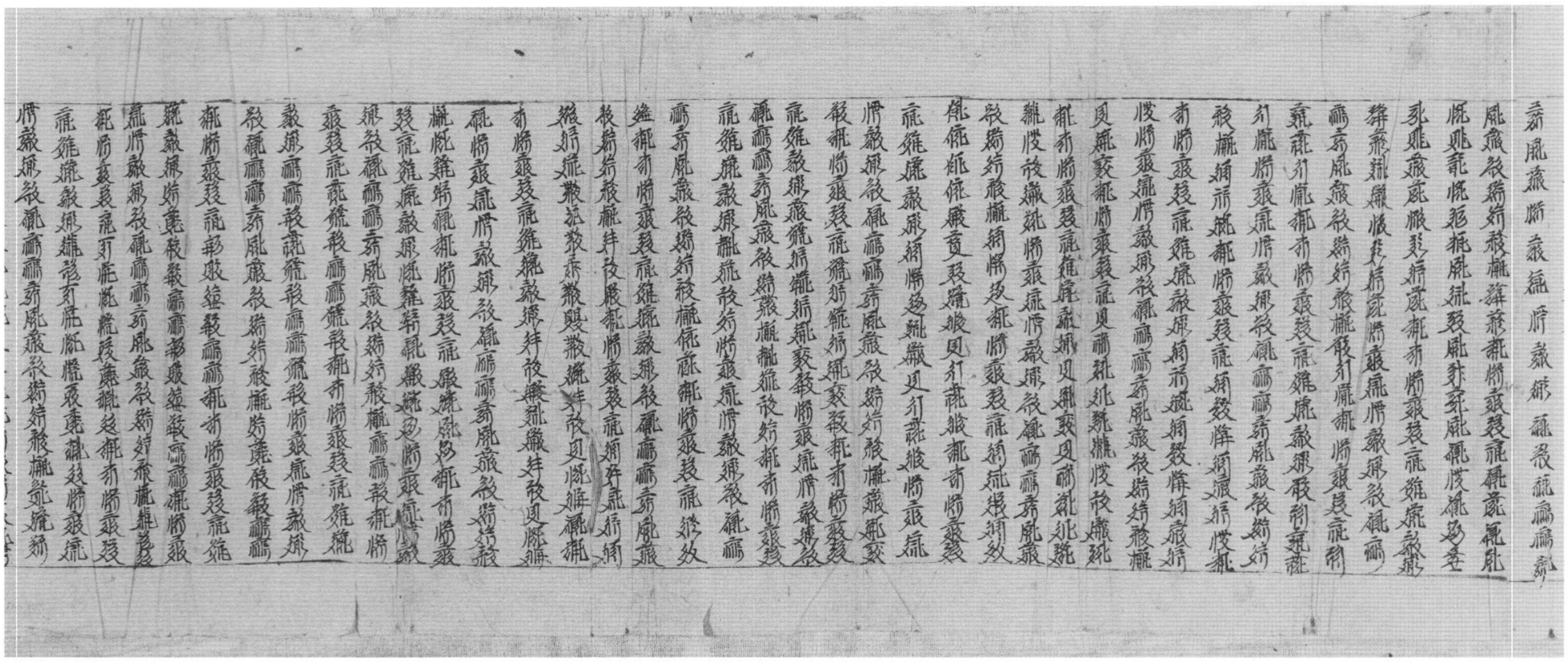

俄 Инв.No.1330　大般若波羅蜜多經卷第三百十三　(12–11)

俄 Инв.No.1330　大般若波羅蜜多經卷第三百十三　(12–12)

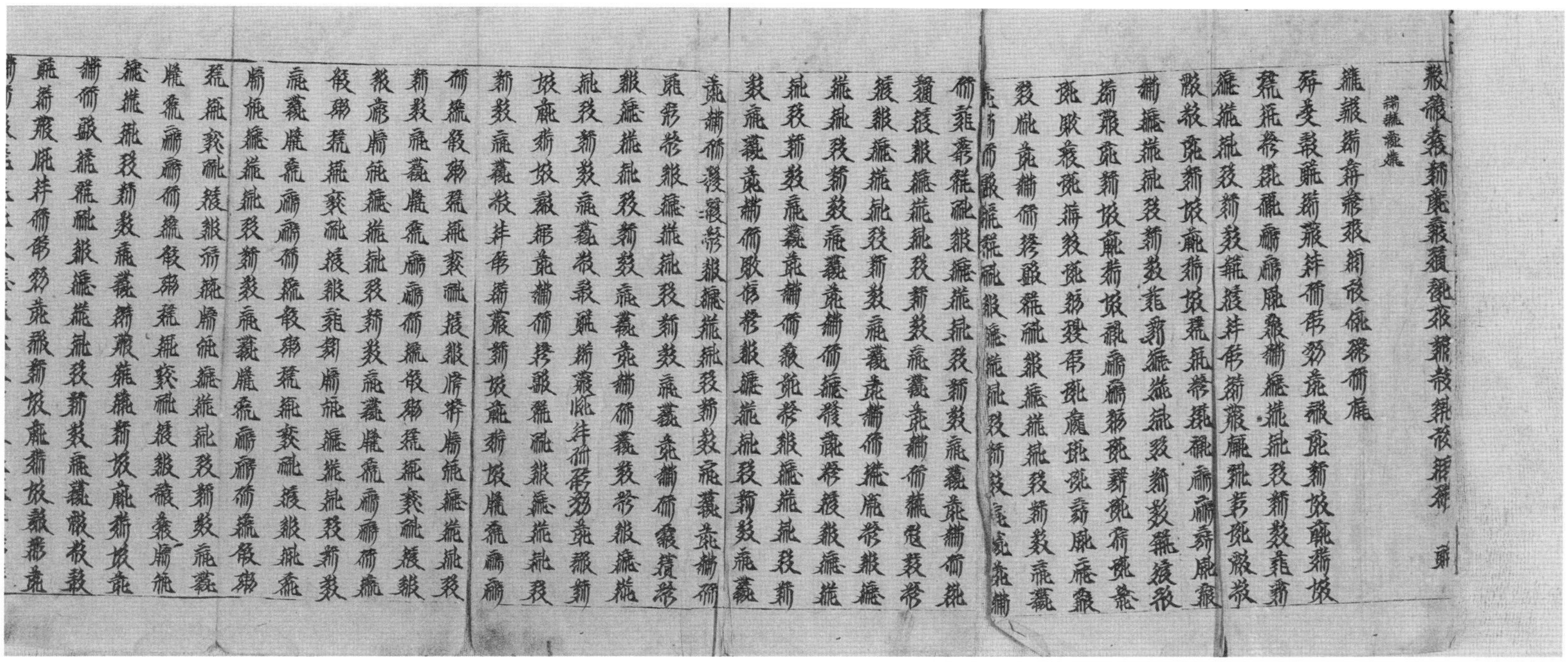

俄**Инв**.No.1333　大般若波羅蜜多經卷第三百十四　(7–1)

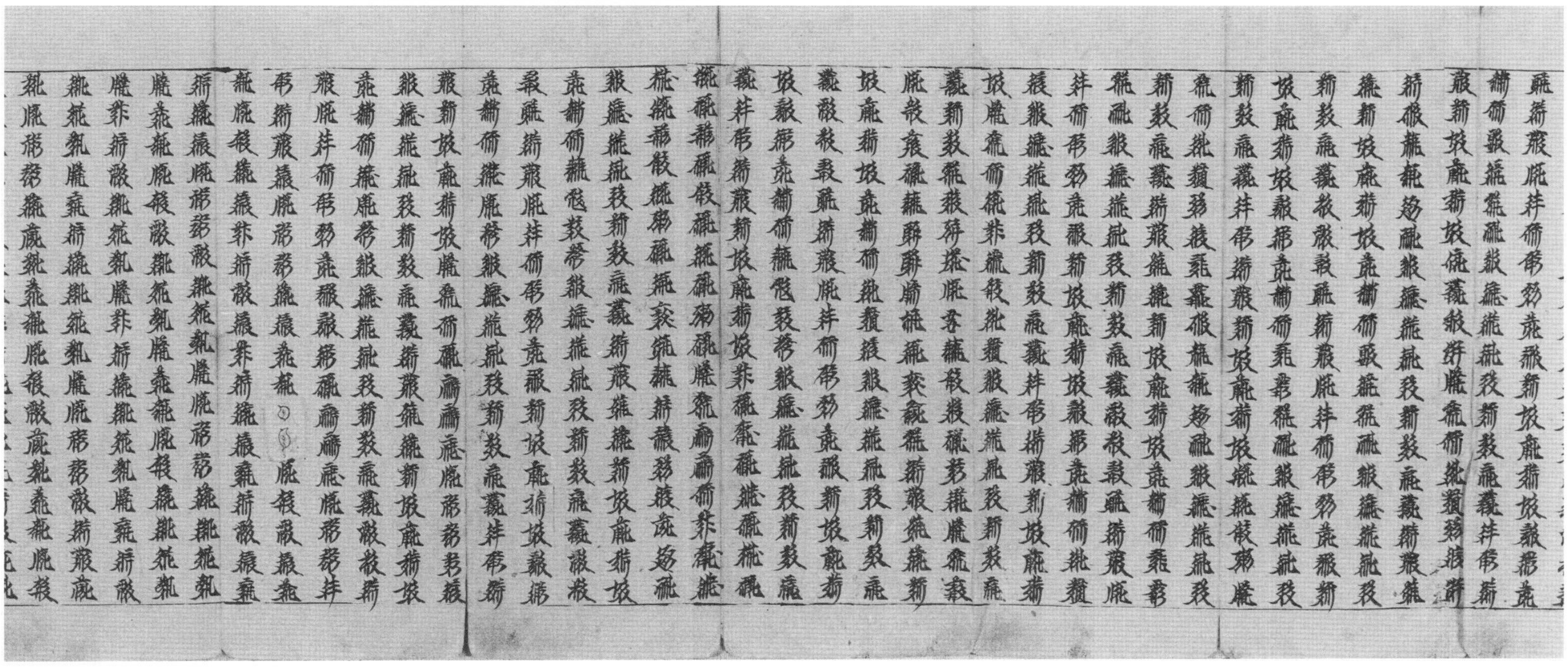

俄**Инв**.No.1333　大般若波羅蜜多經卷第三百十四　(7–2)

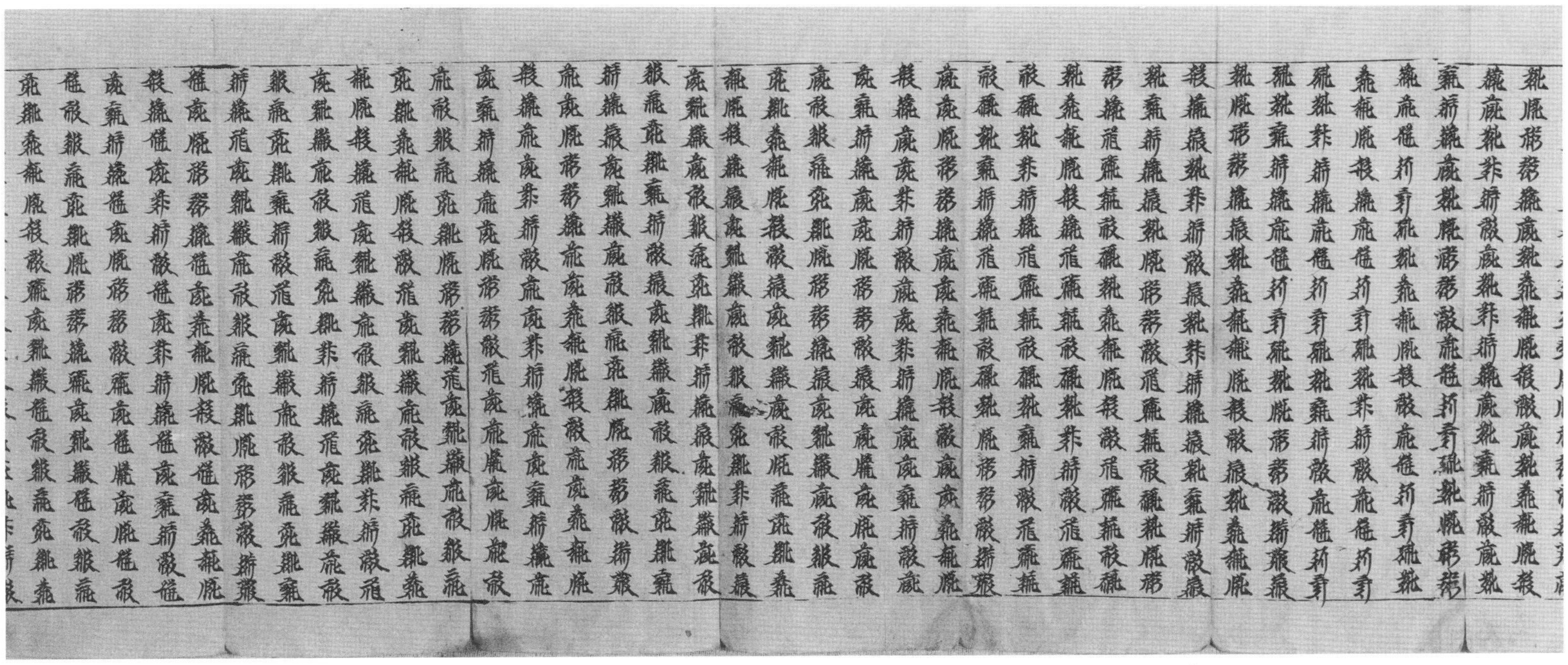

俄**Инв**.No.1333　大般若波羅蜜多經卷第三百十四　(7–3)

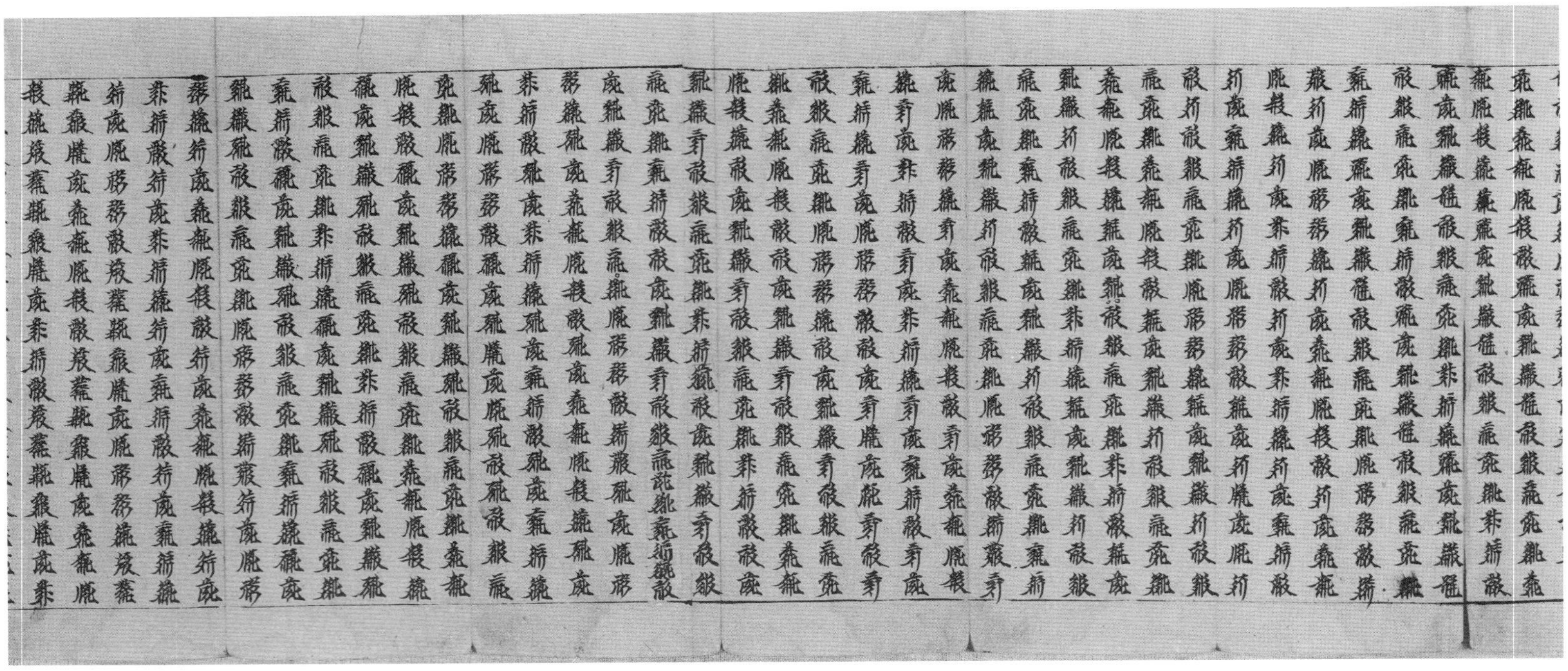

俄 Инв.No.1333　大般若波羅蜜多經卷第三百十四　(7–4)

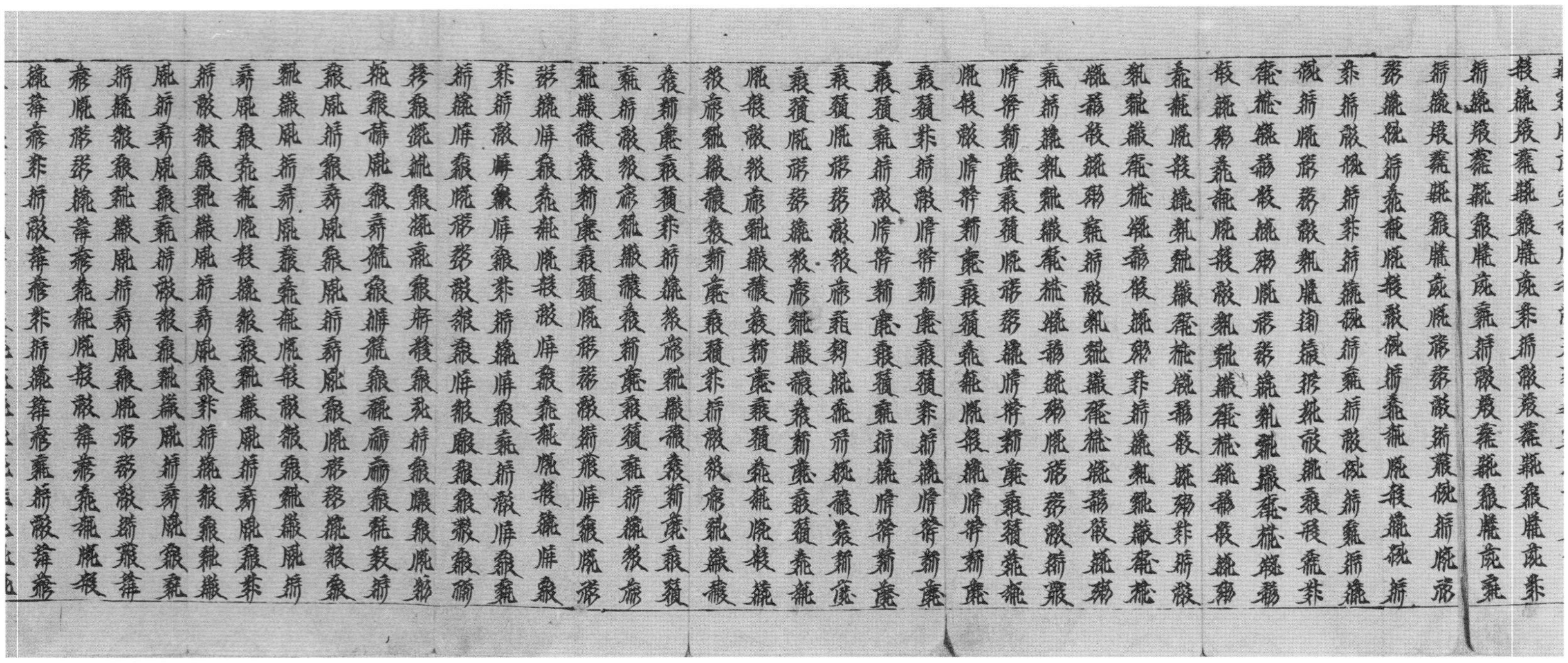

俄 Инв.No.1333　大般若波羅蜜多經卷第三百十四　(7–5)

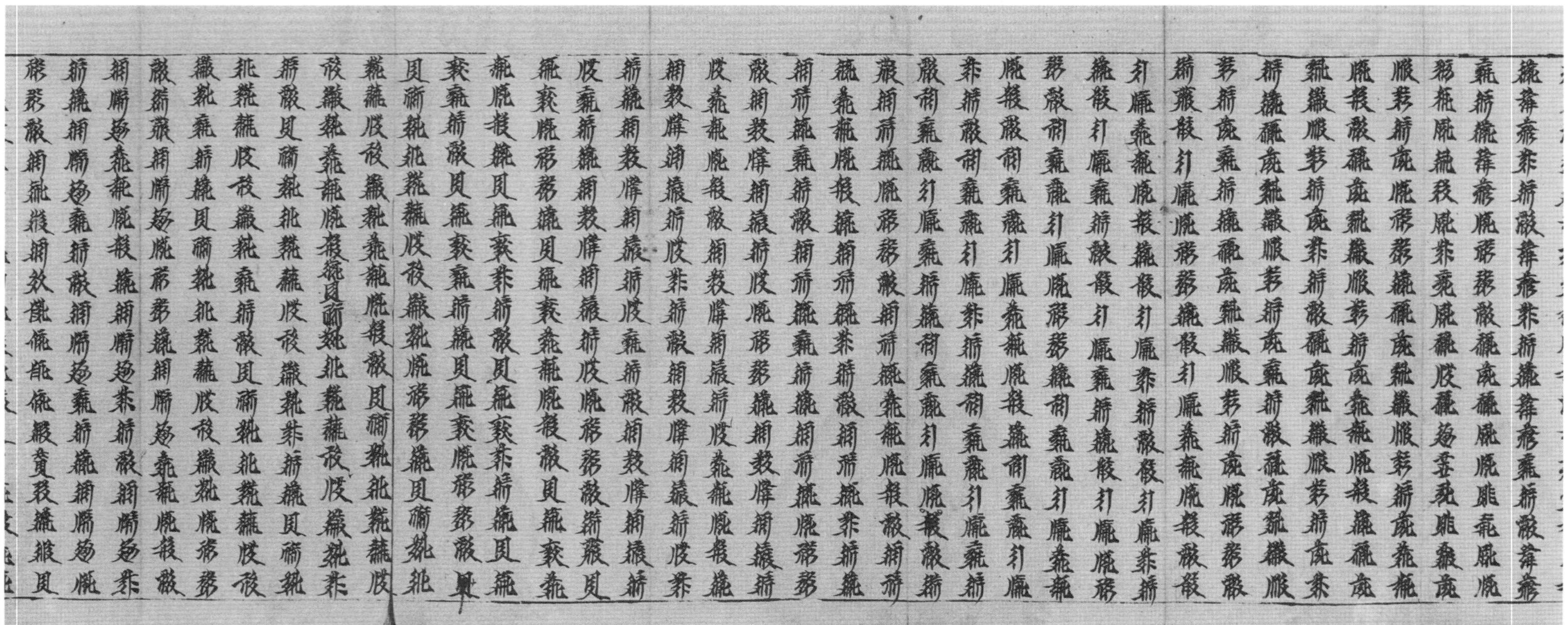

俄 Инв.No.1333　大般若波羅蜜多經卷第三百十四　(7–6)

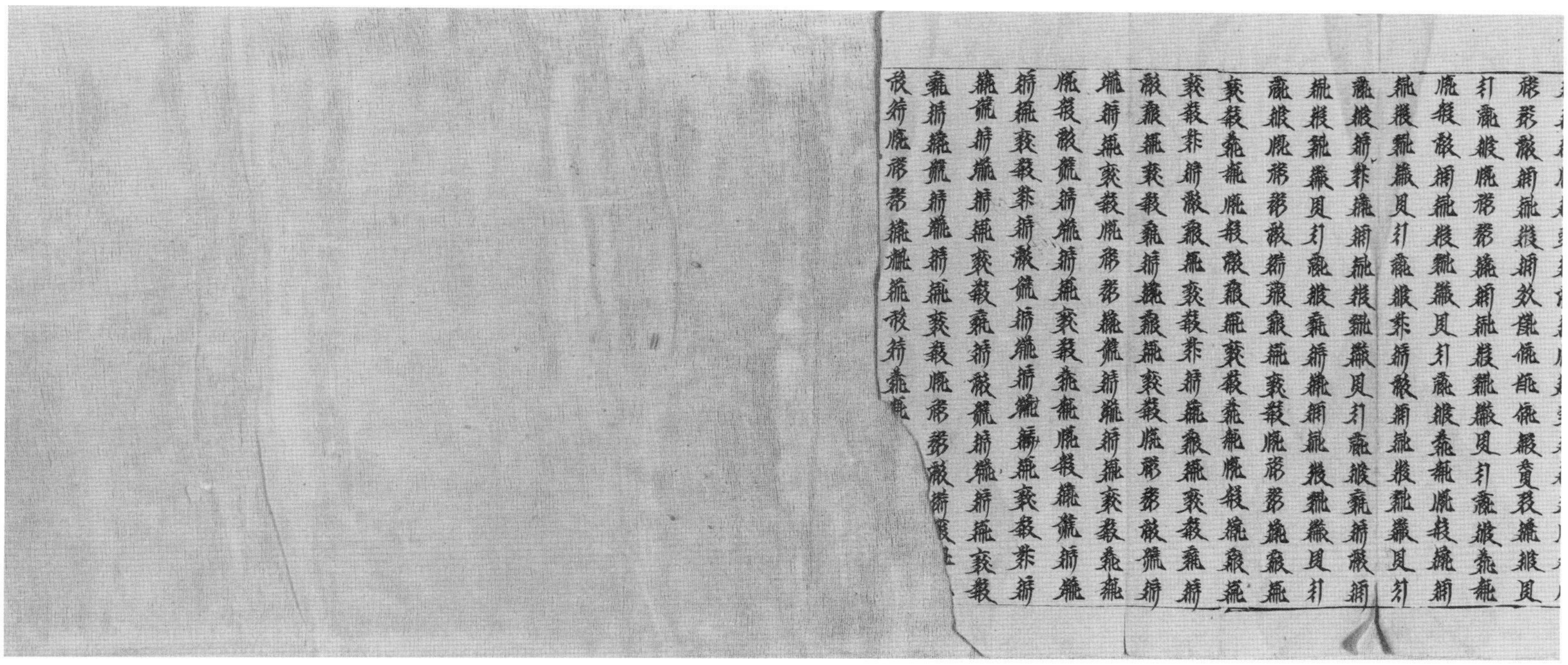

俄 Инв.No.1333　大般若波羅蜜多經卷第三百十四　(7–7)

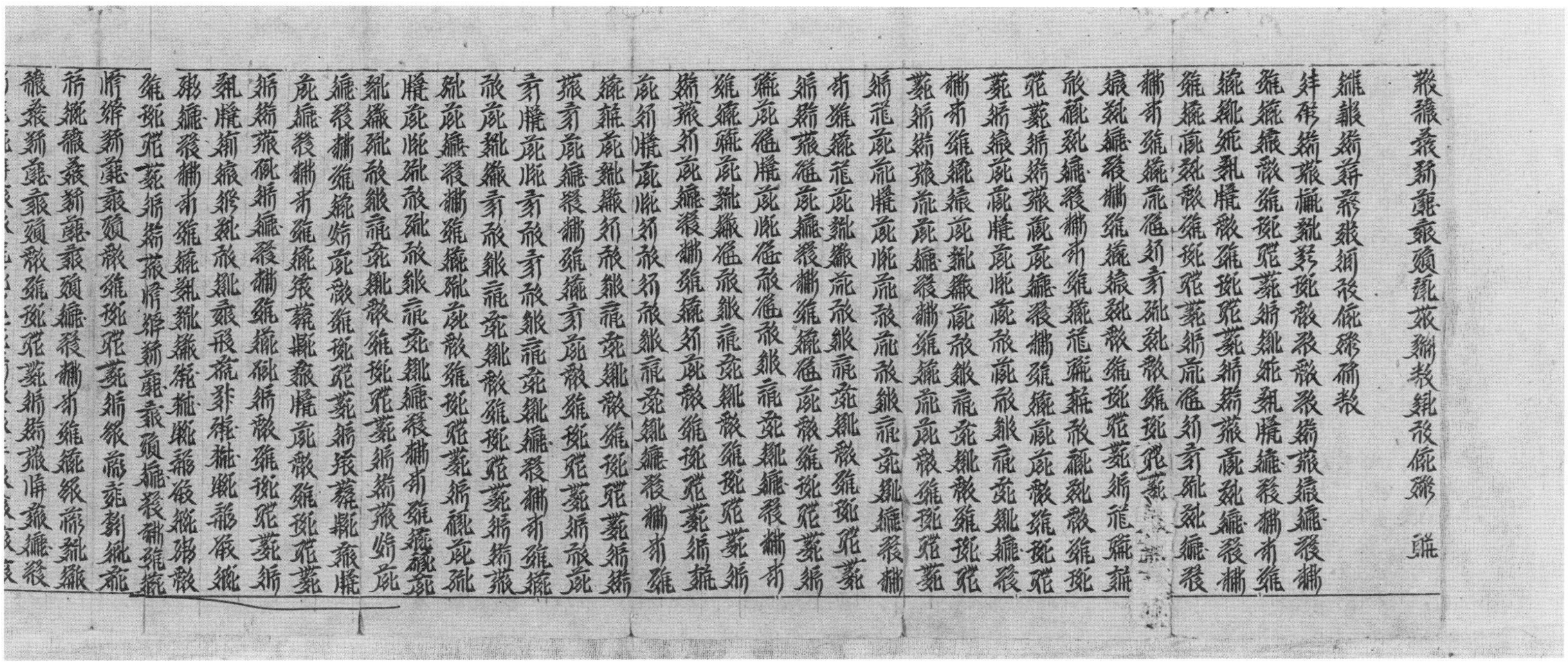

俄 Инв.No.1323　大般若波羅蜜多經卷第三百十五　(12–1)

俄 Инв.No.1323　大般若波羅蜜多經卷第三百十五　(12–2)

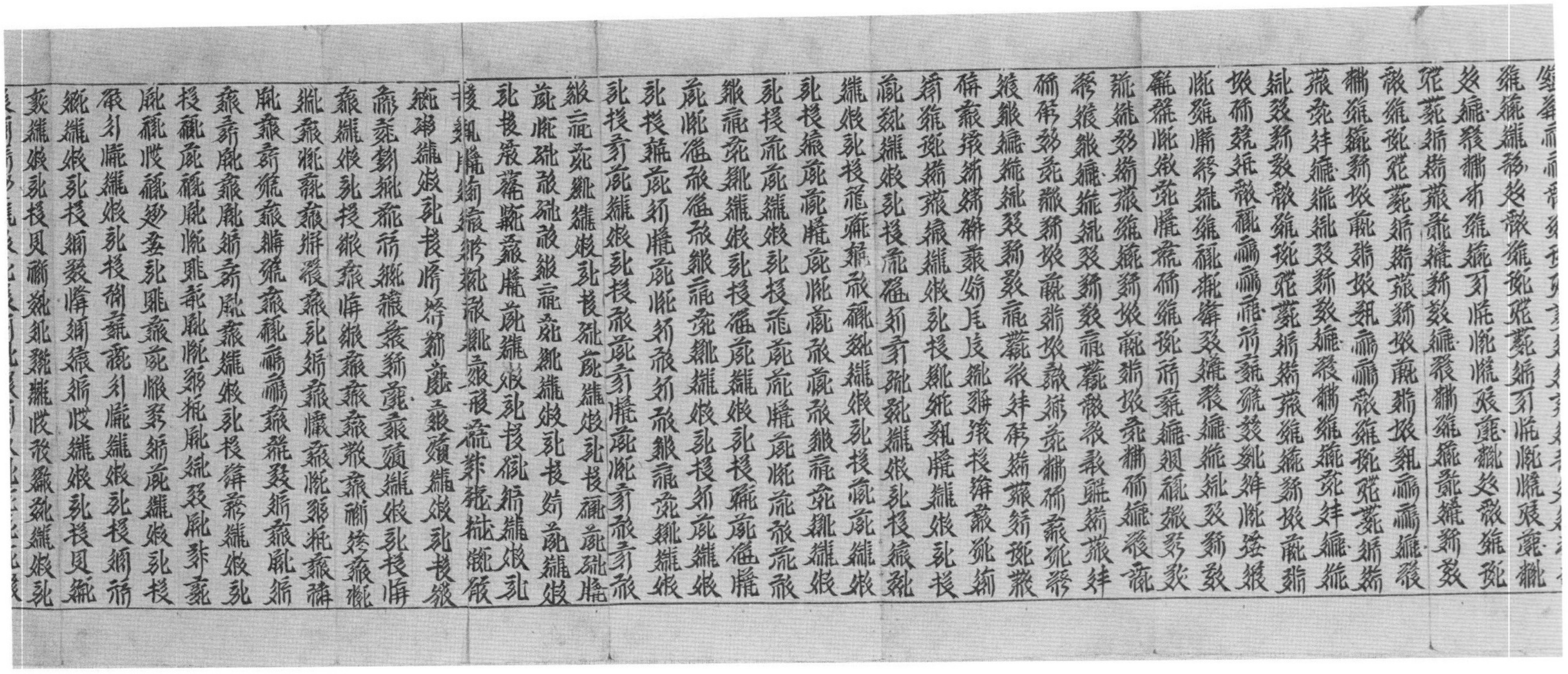

俄 Инв.No.1323　大般若波羅蜜多經卷第三百十五　(12-3)

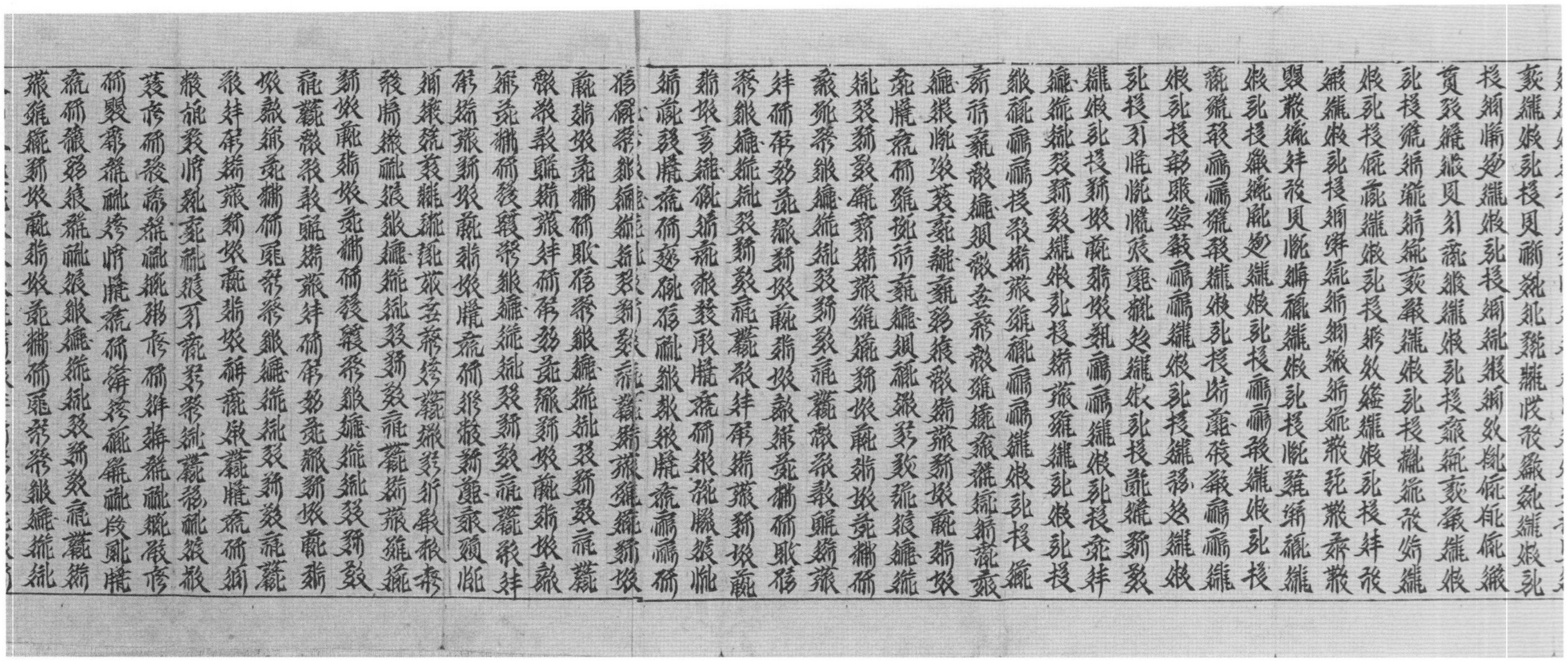

俄 Инв.No.1323　大般若波羅蜜多經卷第三百十五　(12-4)

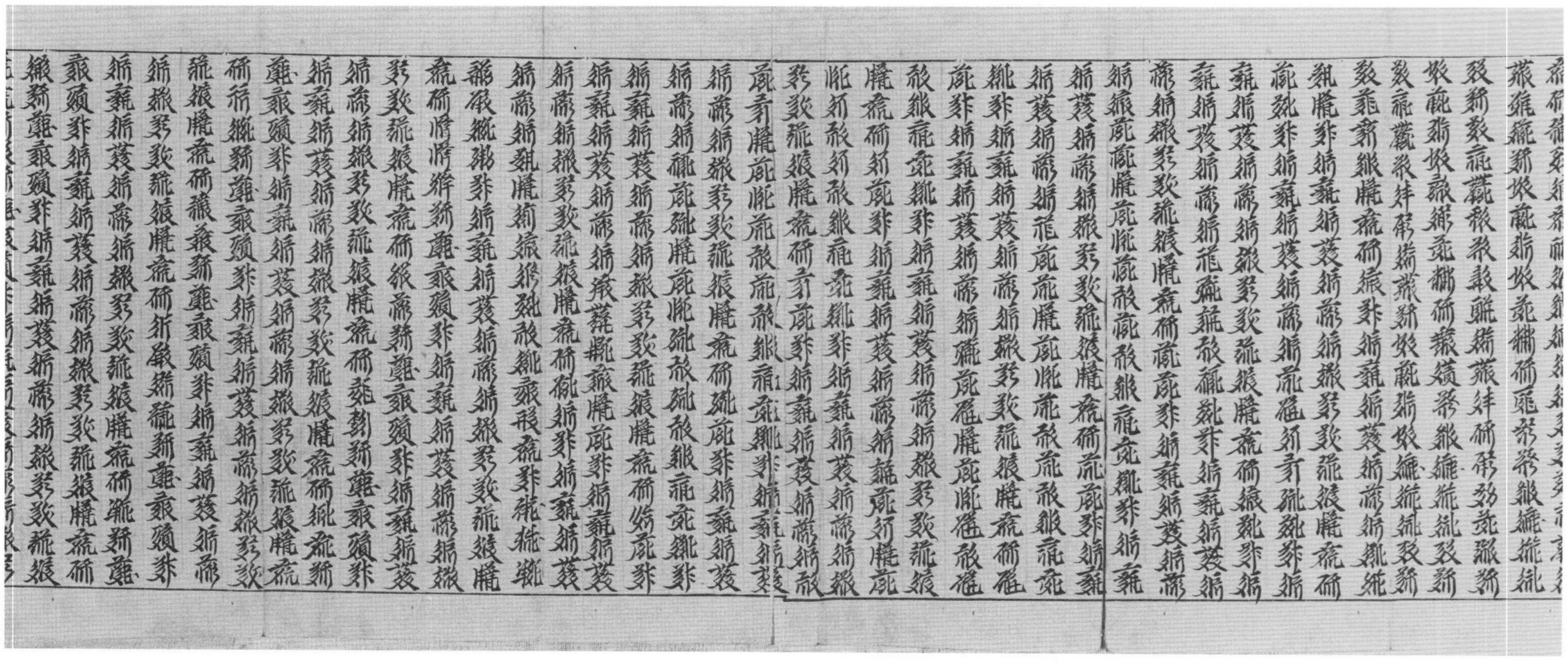

俄 Инв.No.1323　大般若波羅蜜多經卷第三百十五　(12-5)

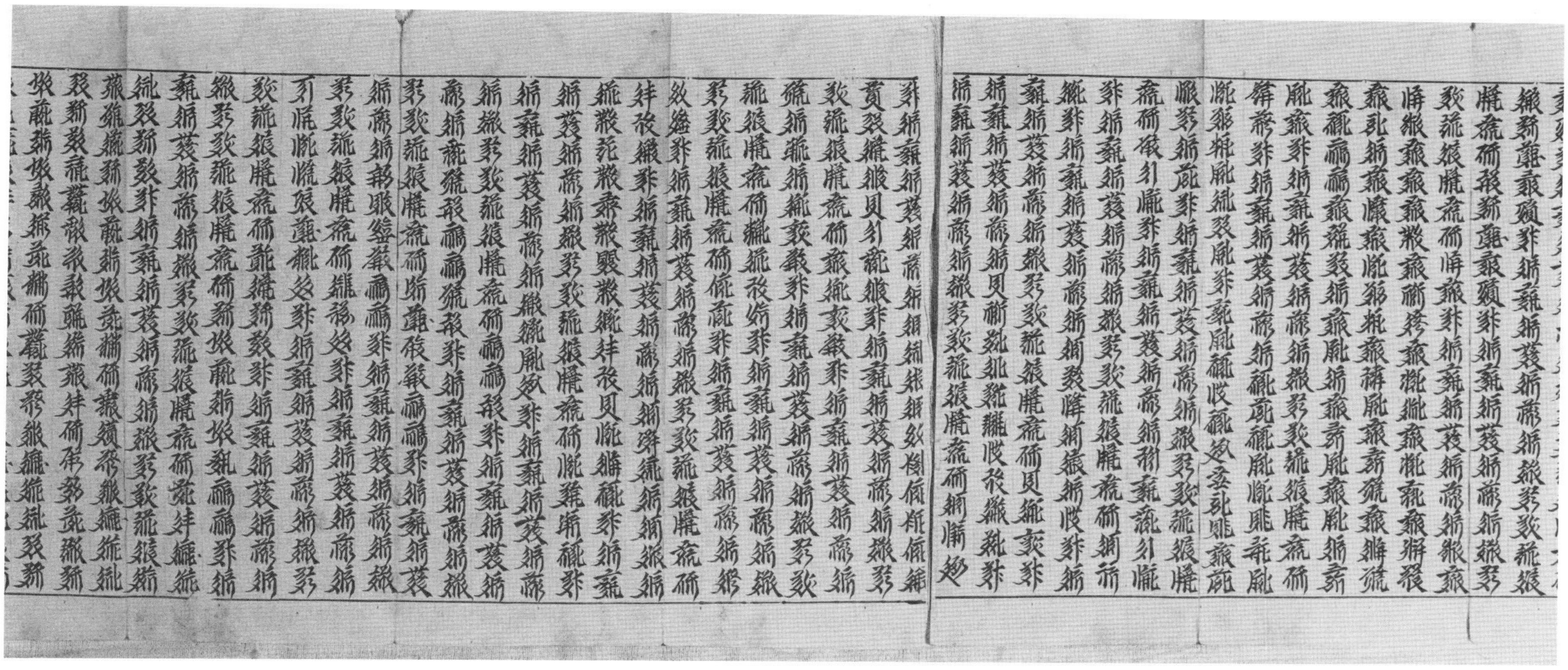

俄 Инв.No.1323　大般若波羅蜜多經卷第三百十五　(12–6)

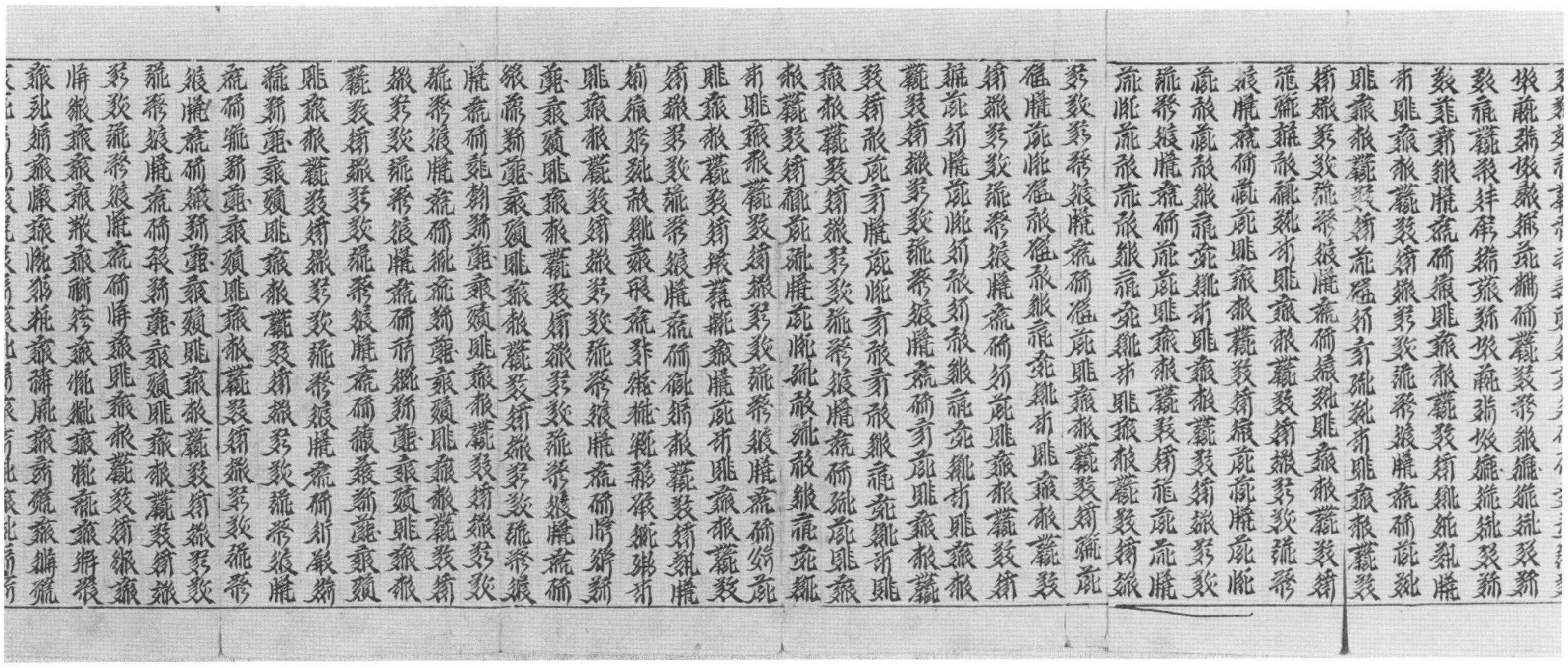

俄 Инв.No.1323　大般若波羅蜜多經卷第三百十五　(12–7)

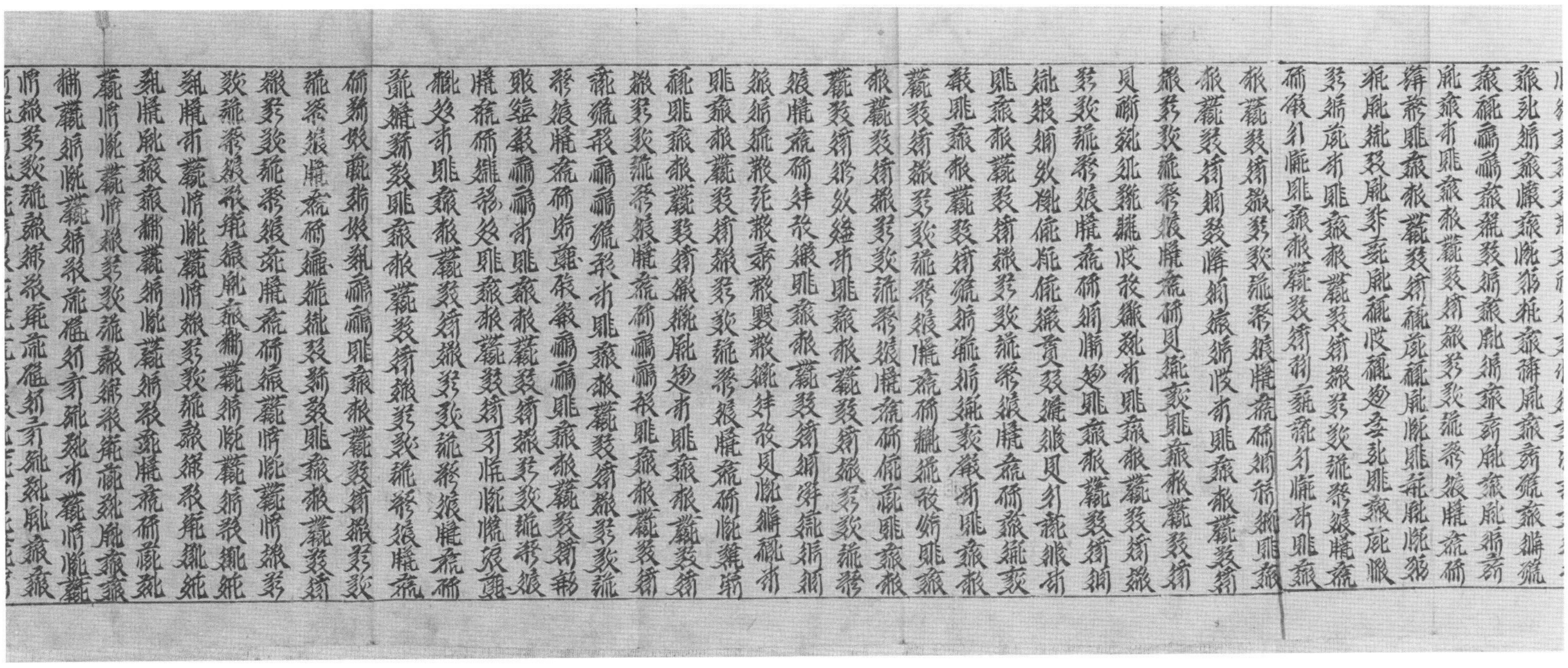

俄 Инв.No.1323　大般若波羅蜜多經卷第三百十五　(12–8)

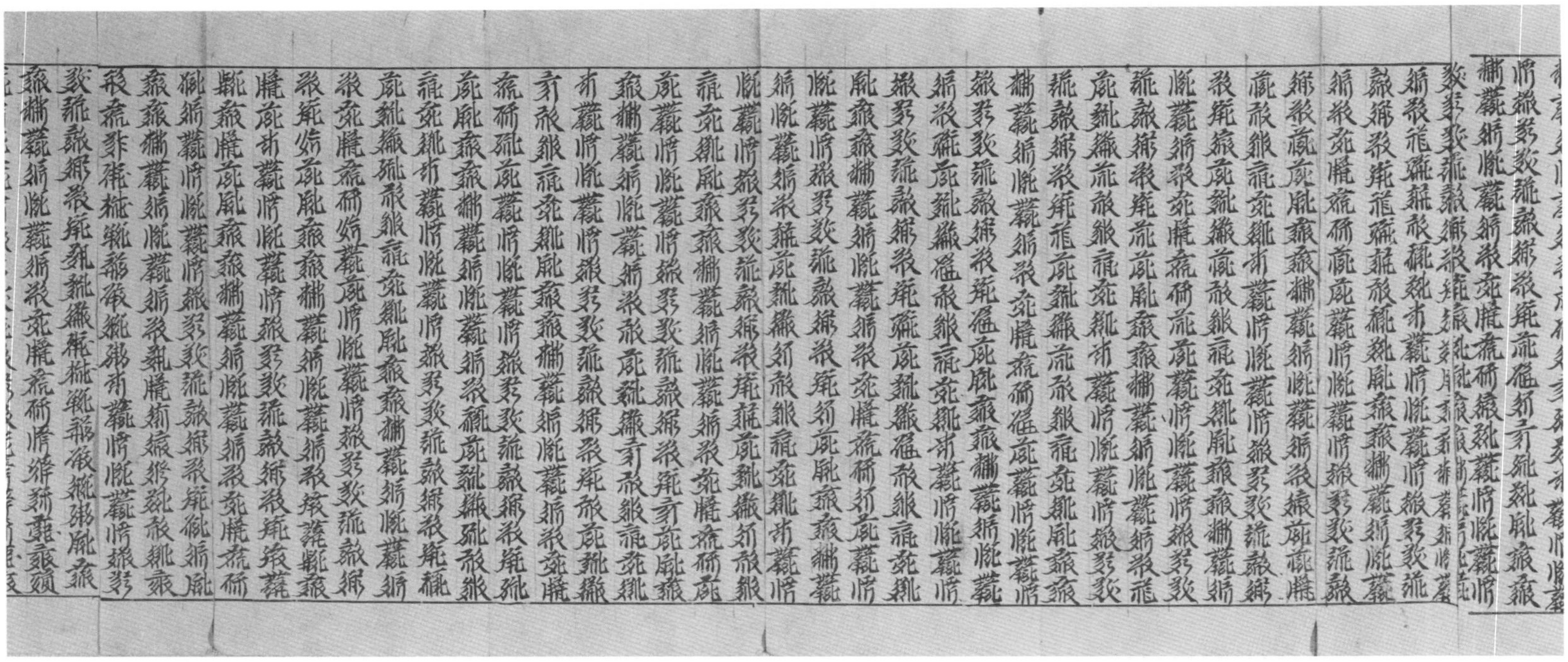

俄 Инв.No.1323　大般若波羅蜜多經卷第三百十五　(12-9)

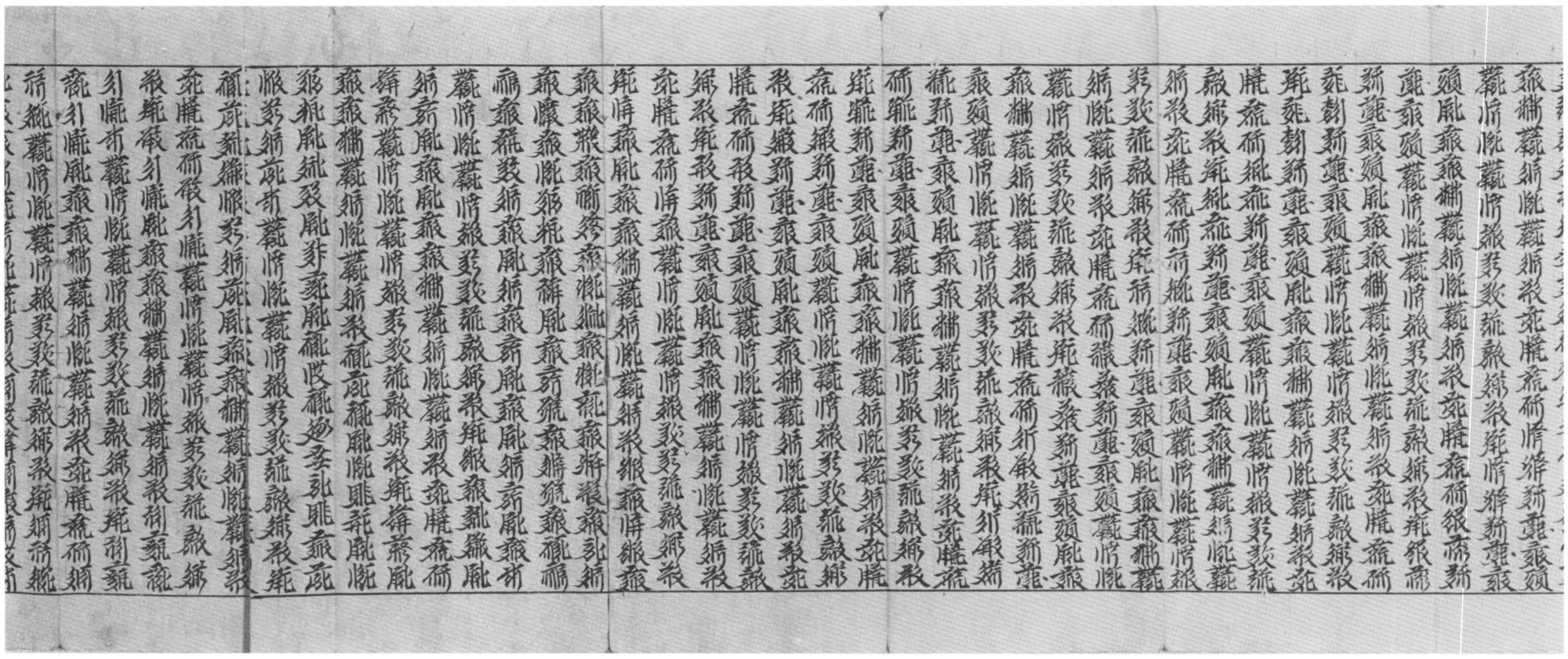

俄 Инв.No.1323　大般若波羅蜜多經卷第三百十五　(12-10)

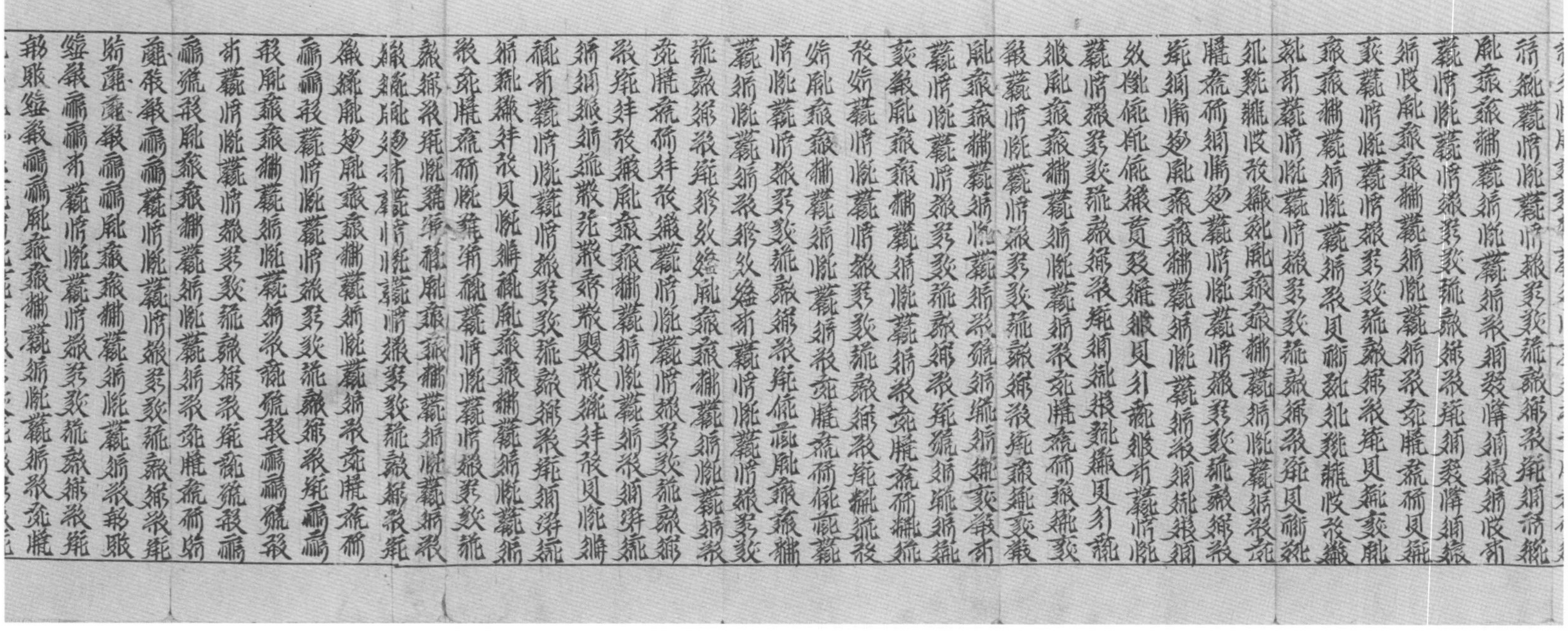

俄 Инв.No.1323　大般若波羅蜜多經卷第三百十五　(12-11)

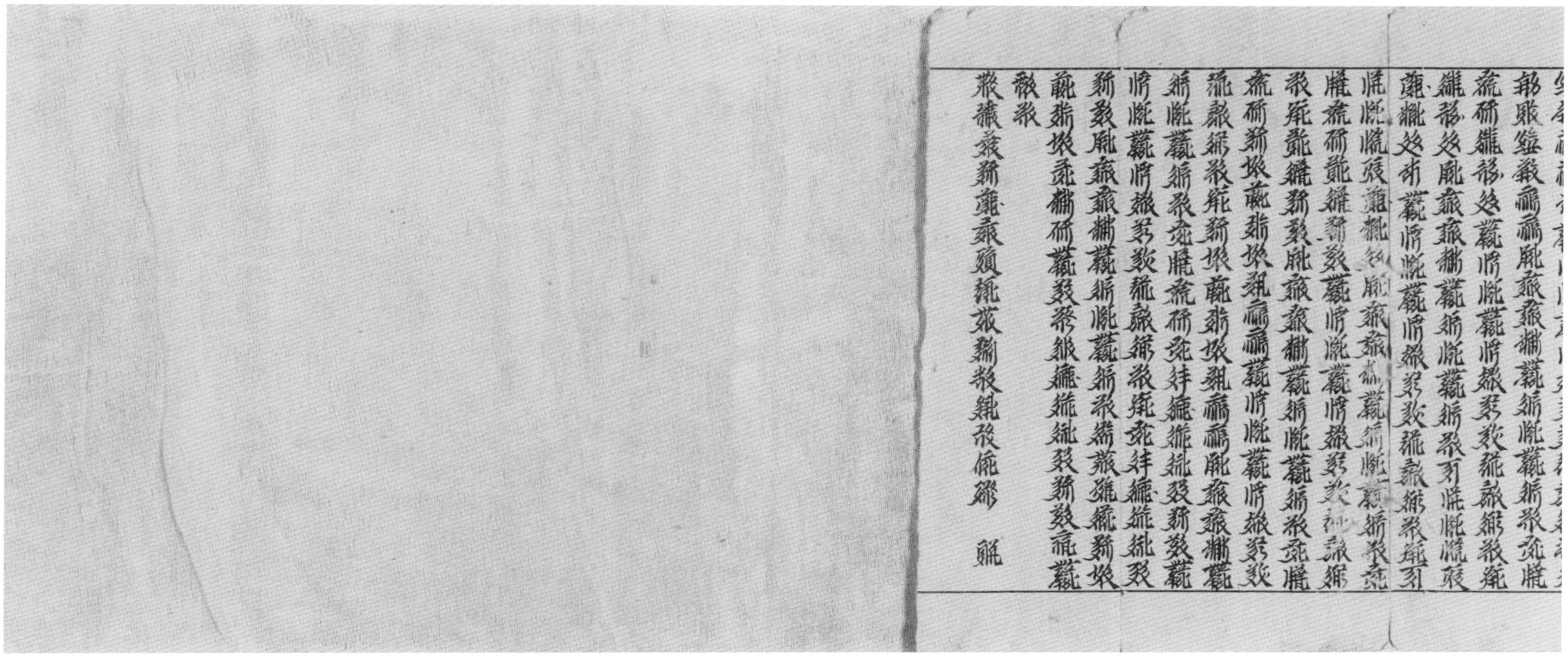

俄 Инв.No.1323　大般若波羅蜜多經卷第三百十五　(12-12)

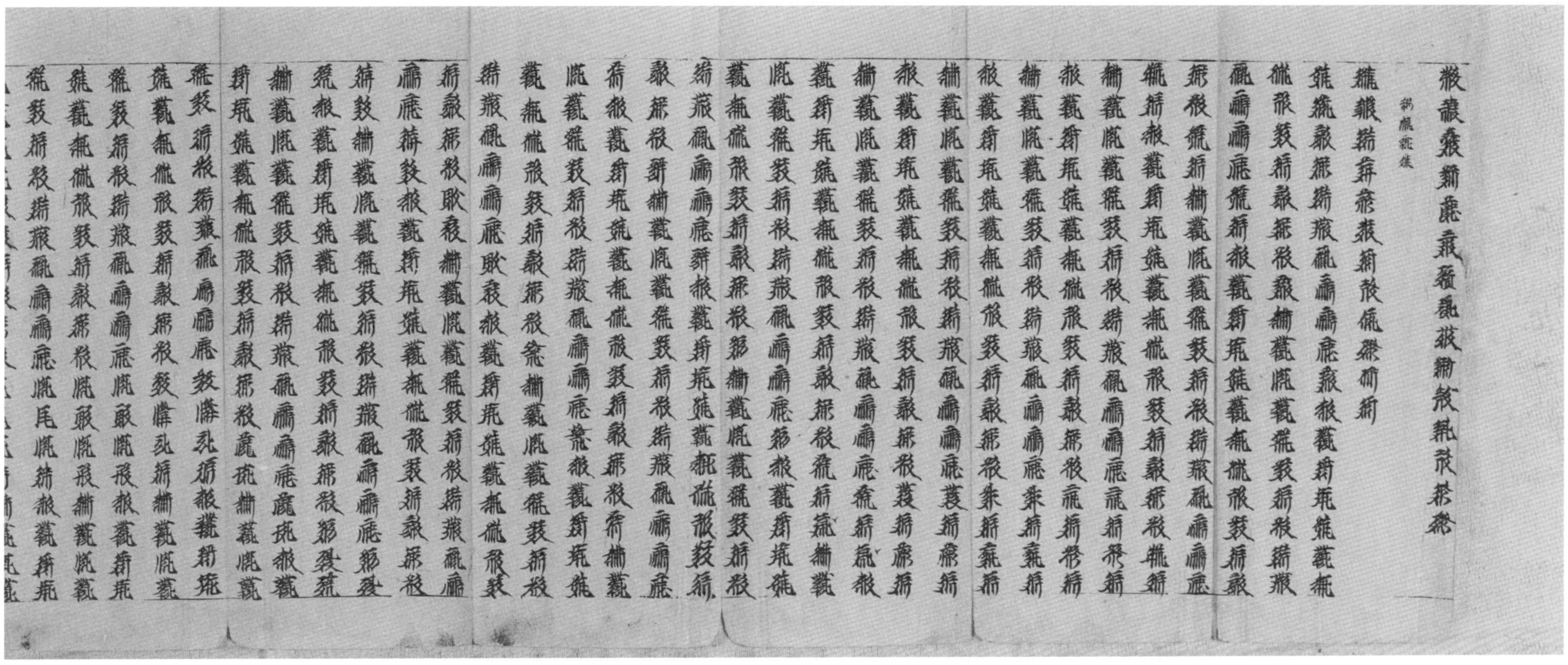

俄 Инв.No.1334　大般若波羅蜜多經卷第三百十六　(12-1)

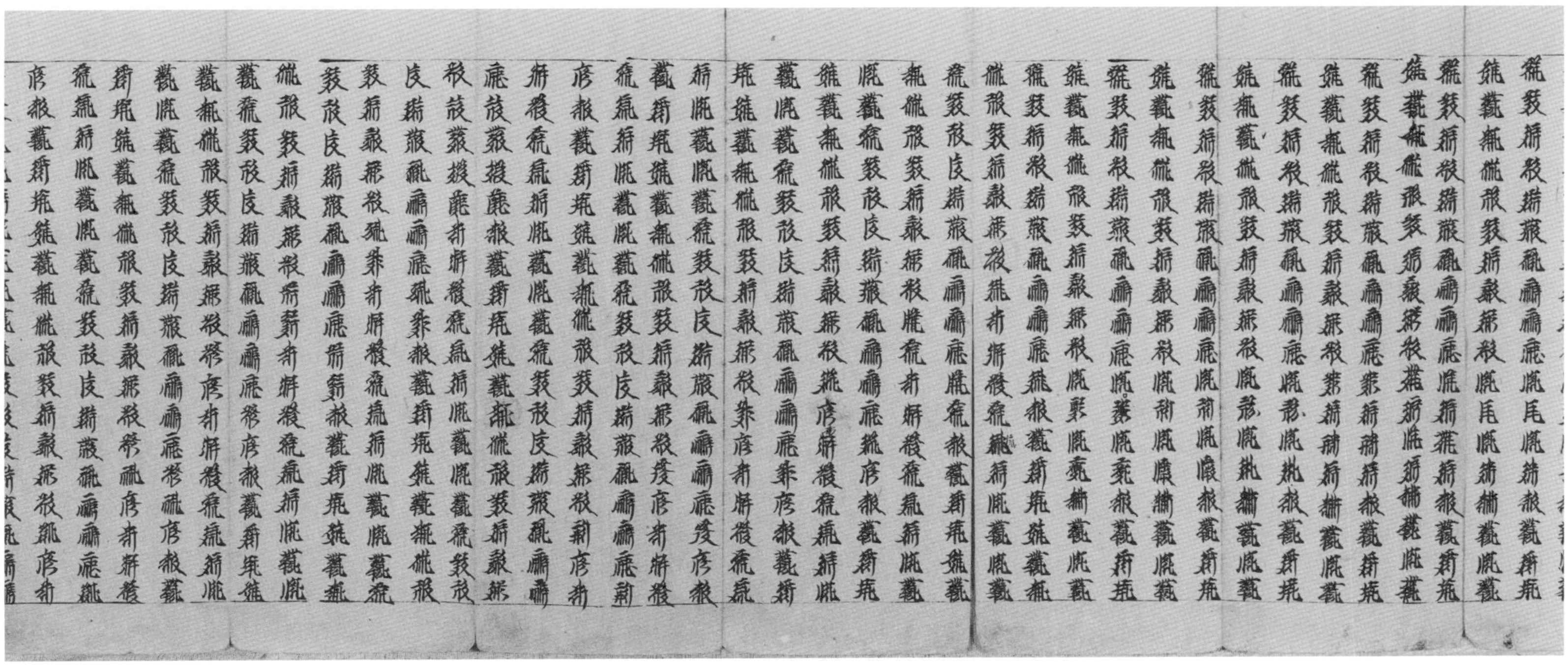

俄 Инв.No.1334　大般若波羅蜜多經卷第三百十六　(12-2)

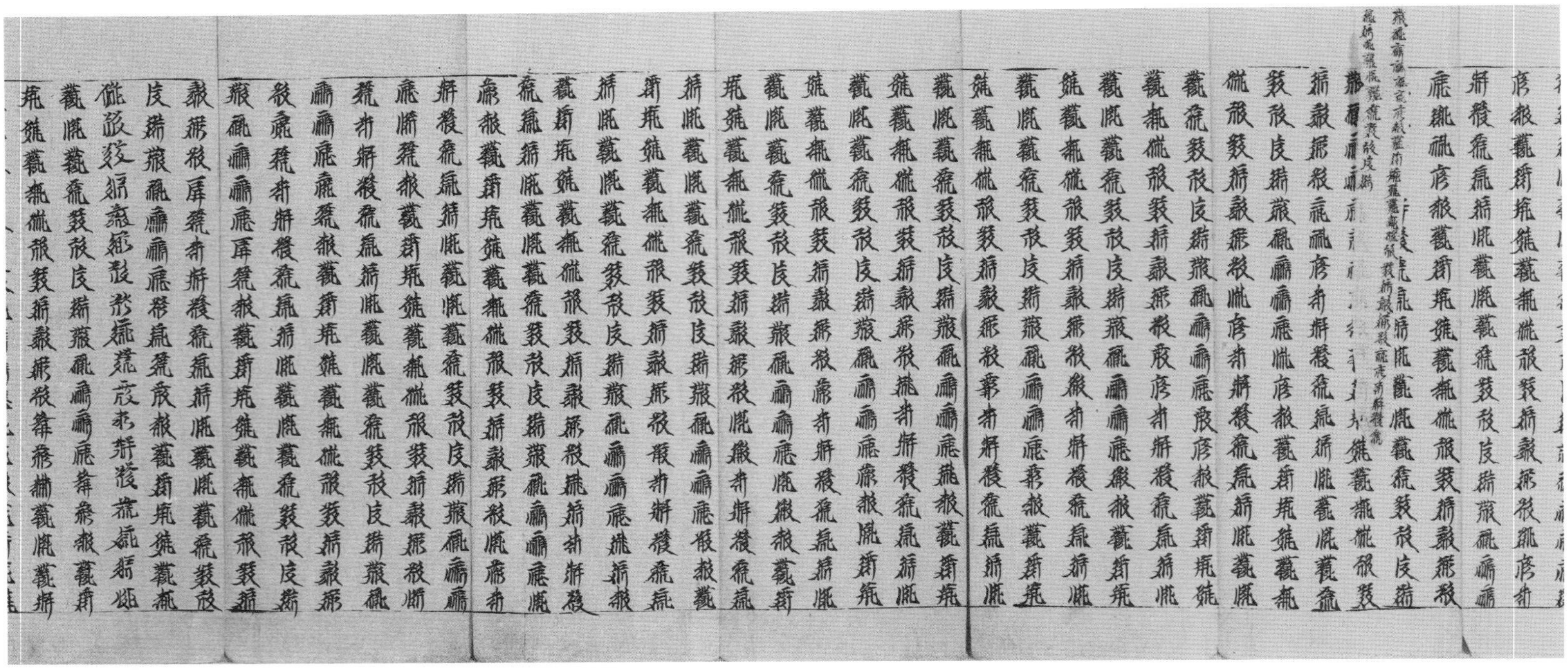

俄 Инв.No.1334　大般若波羅蜜多經卷第三百十六　(12-3)

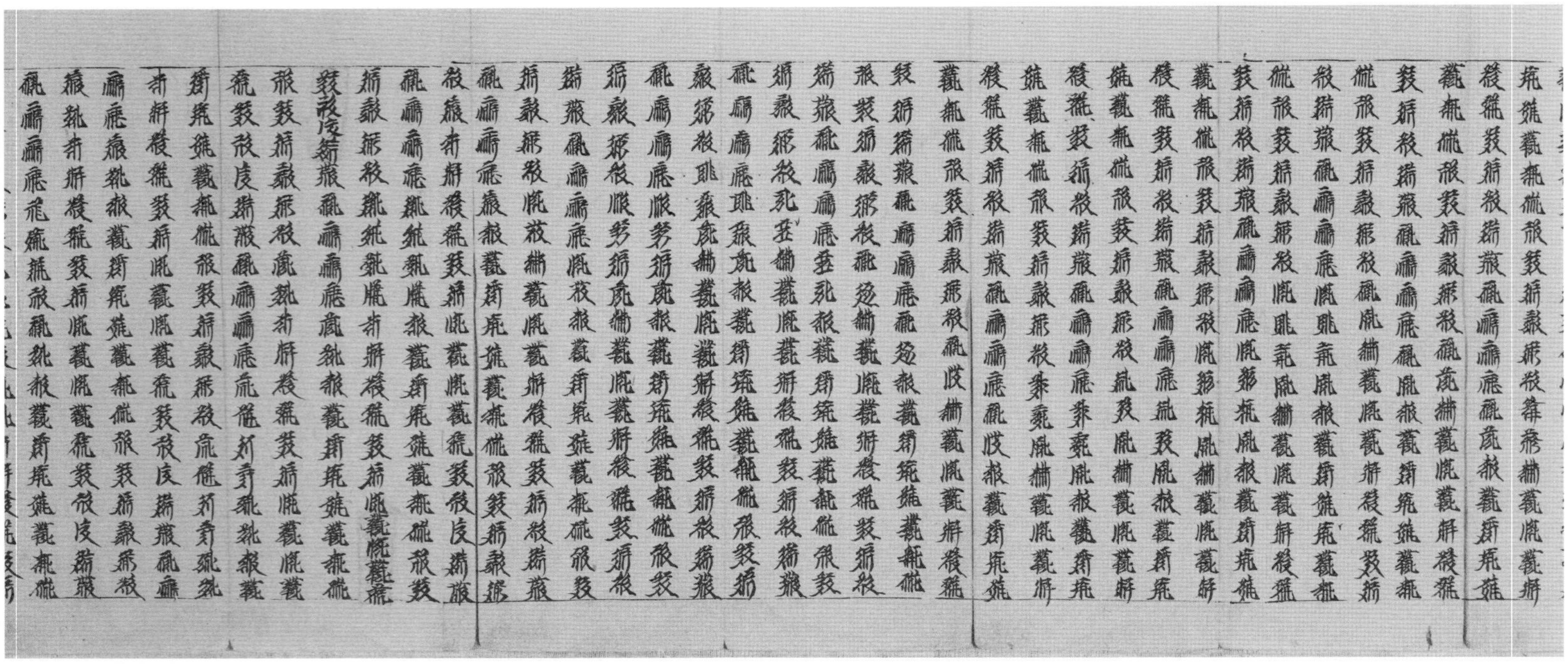

俄 Инв.No.1334　大般若波羅蜜多經卷第三百十六　(12-4)

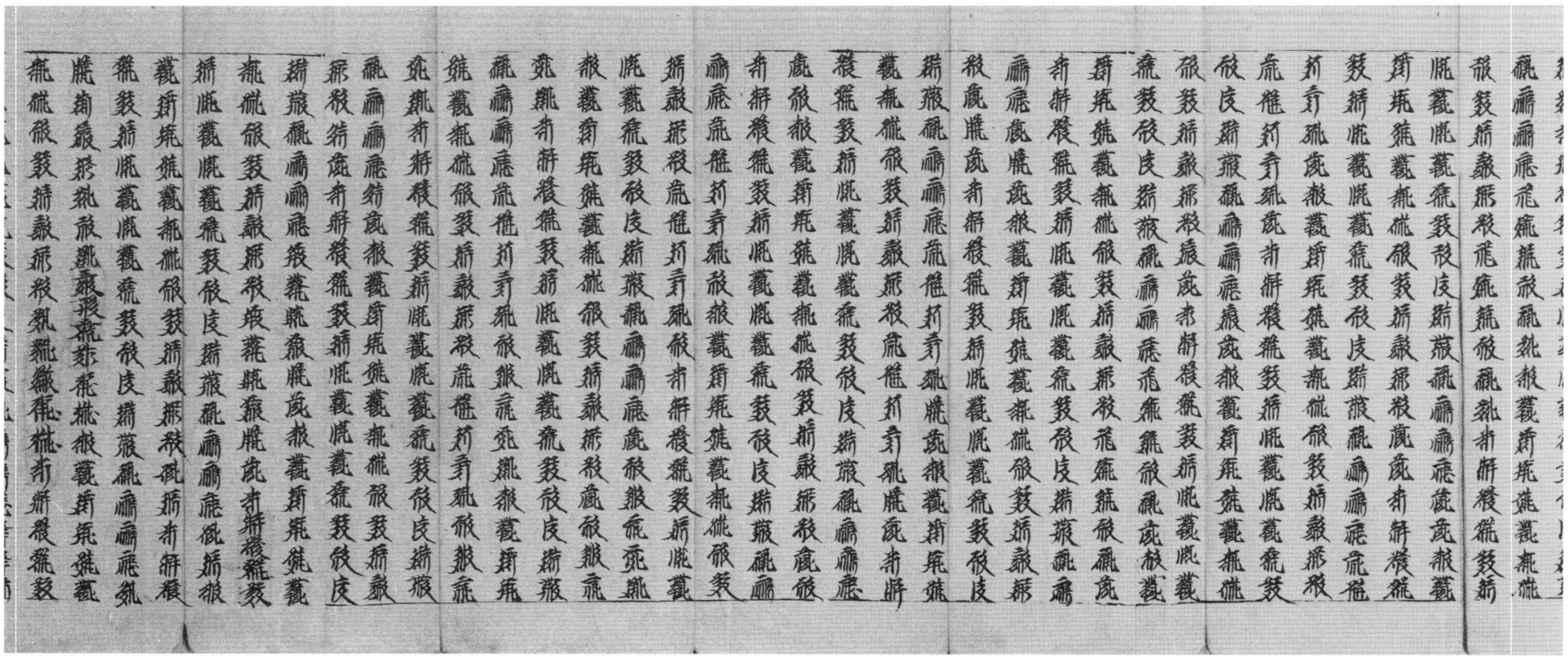

俄 Инв.No.1334　大般若波羅蜜多經卷第三百十六　(12-5)

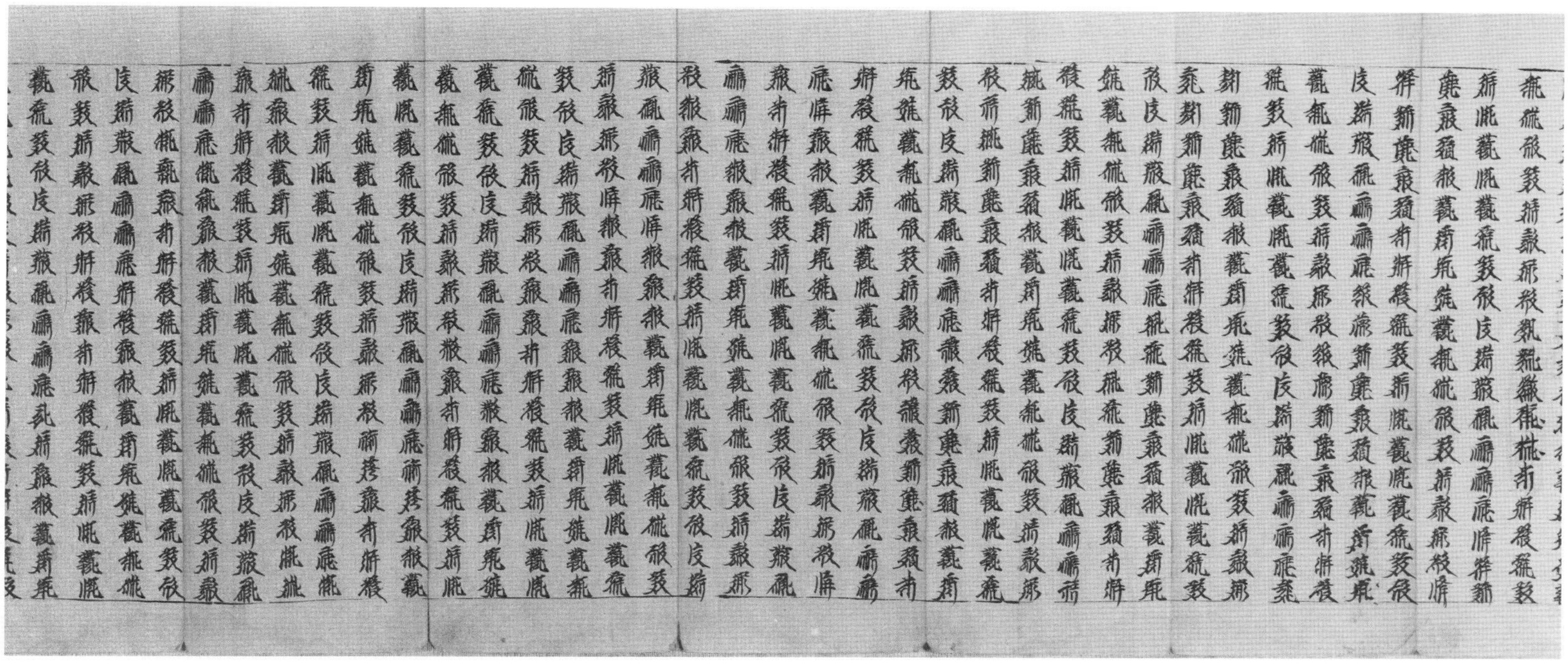

俄 Инв.No.1334　大般若波羅蜜多經卷第三百十六　(12-6)

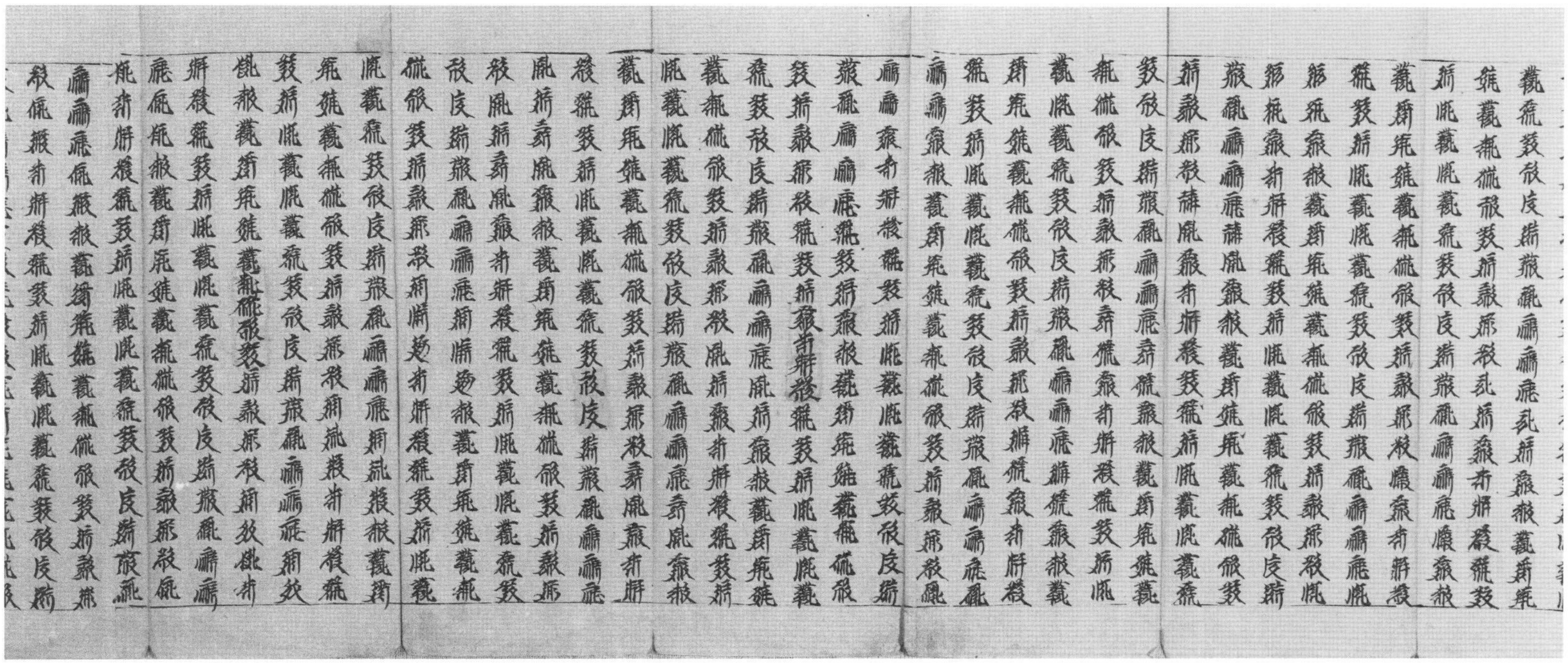

俄 Инв.No.1334　大般若波羅蜜多經卷第三百十六　(12-7)

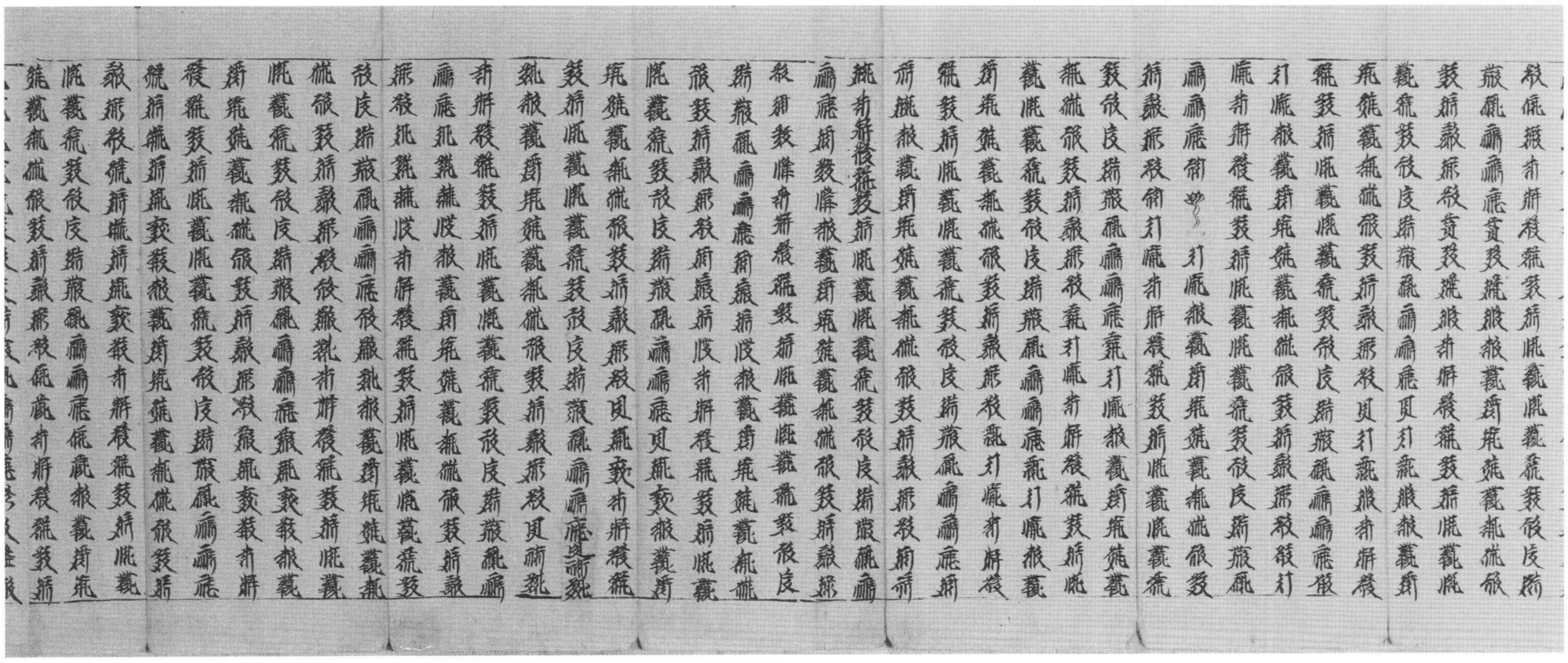

俄 Инв.No.1334　大般若波羅蜜多經卷第三百十六　(12-8)

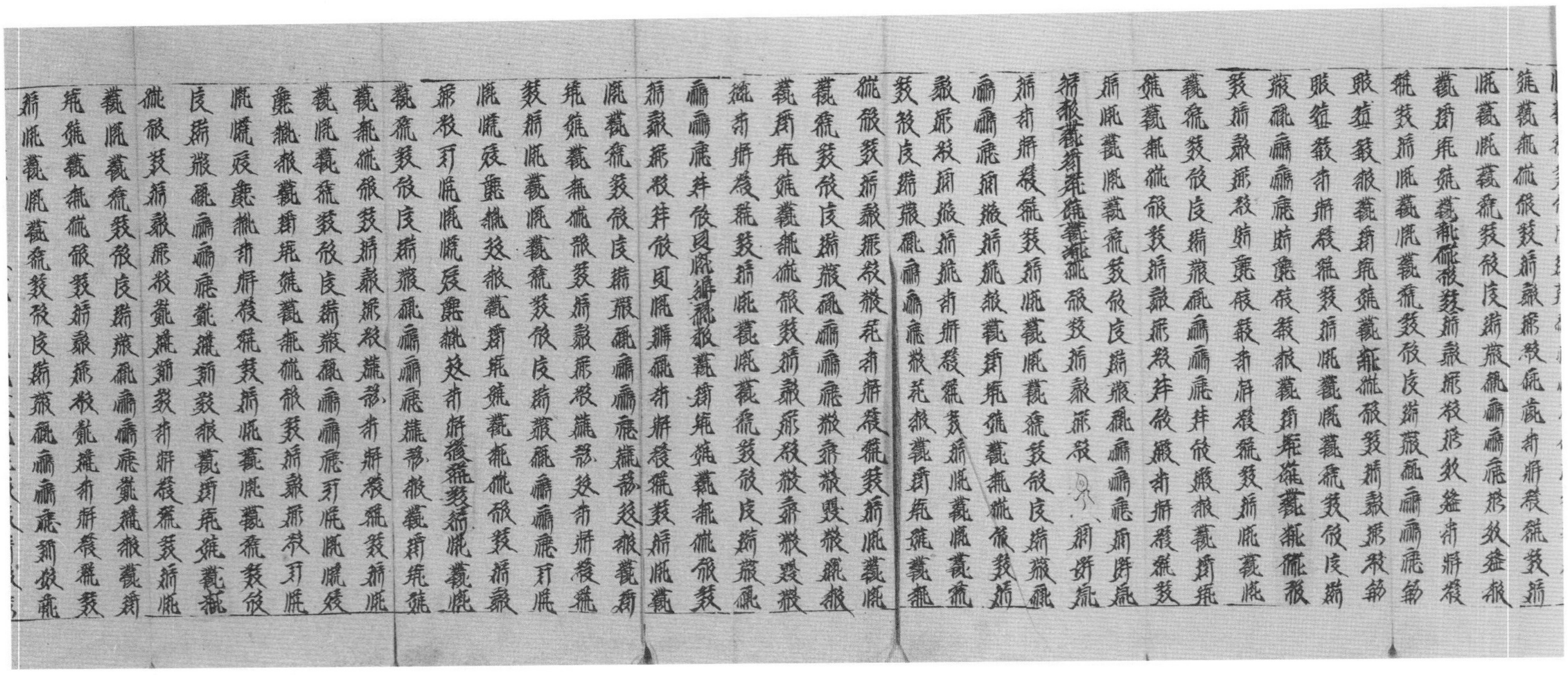

俄Инв.No.1334　大般若波羅蜜多經卷第三百十六　(12–9)

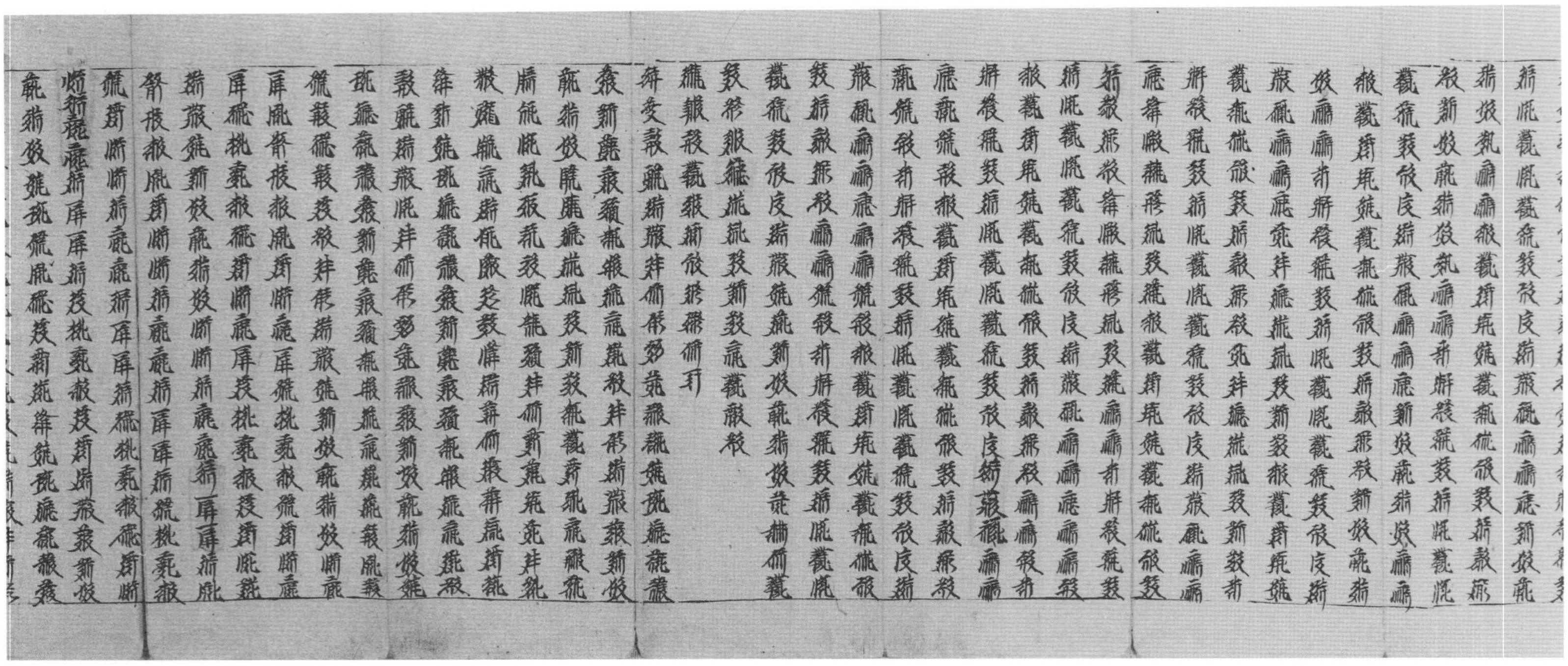

俄Инв.No.1334　大般若波羅蜜多經卷第三百十六　(12–10)

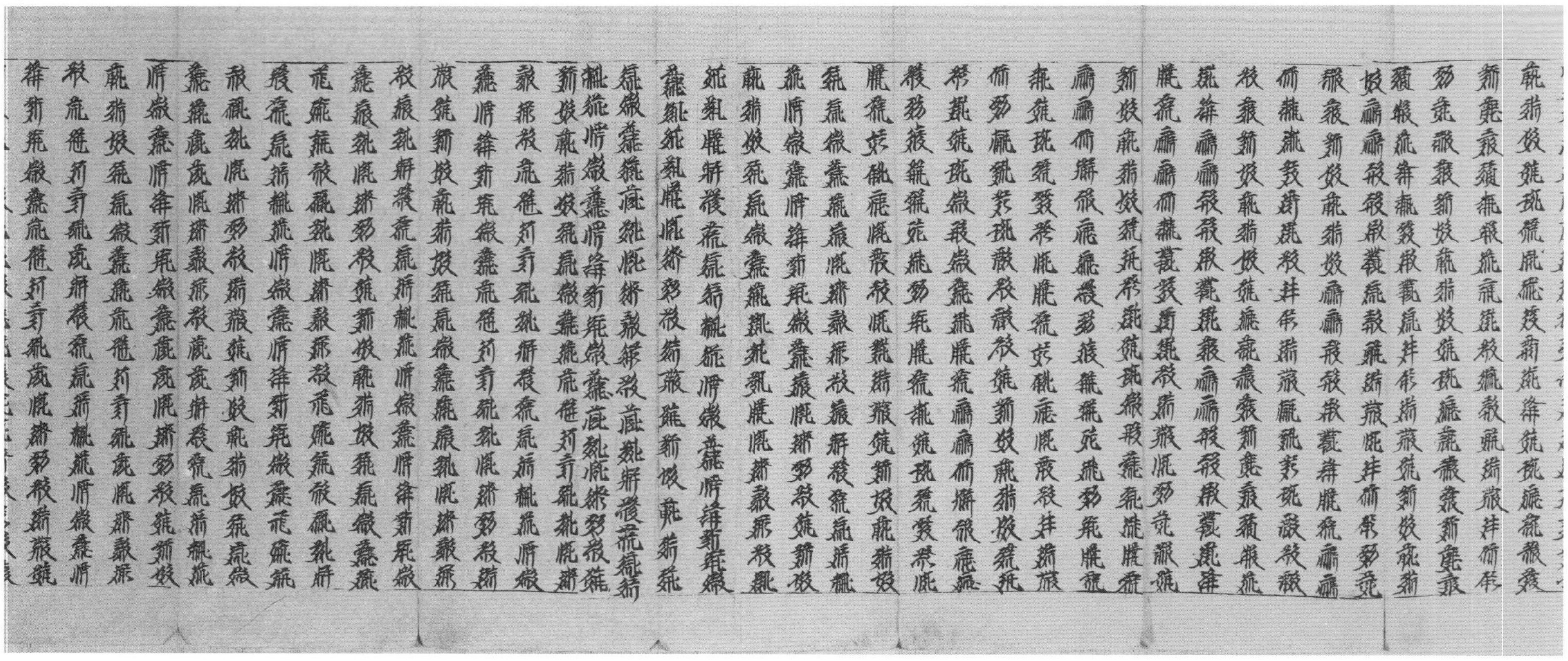

俄Инв.No.1334　大般若波羅蜜多經卷第三百十六　(12–11)

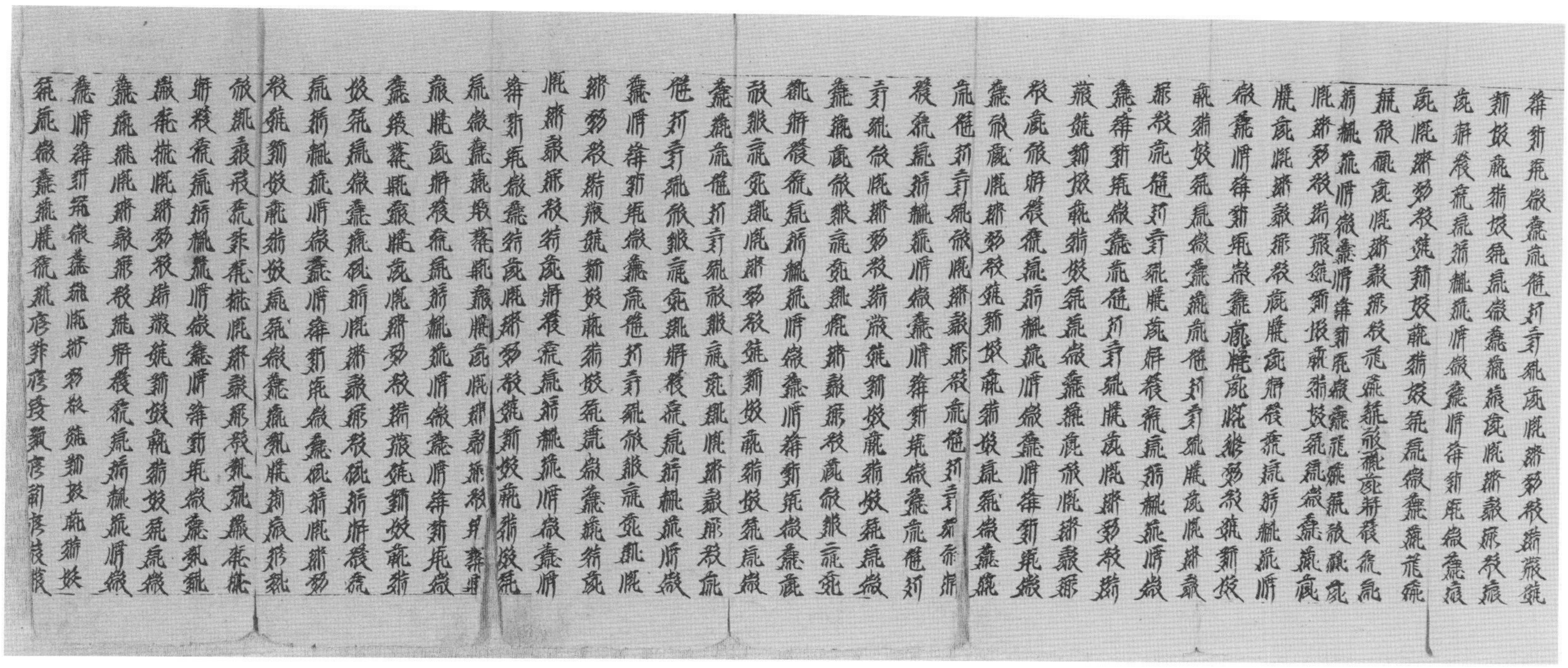

俄 Инв.No.1334　大般若波羅蜜多經卷第三百十六　(12–12)

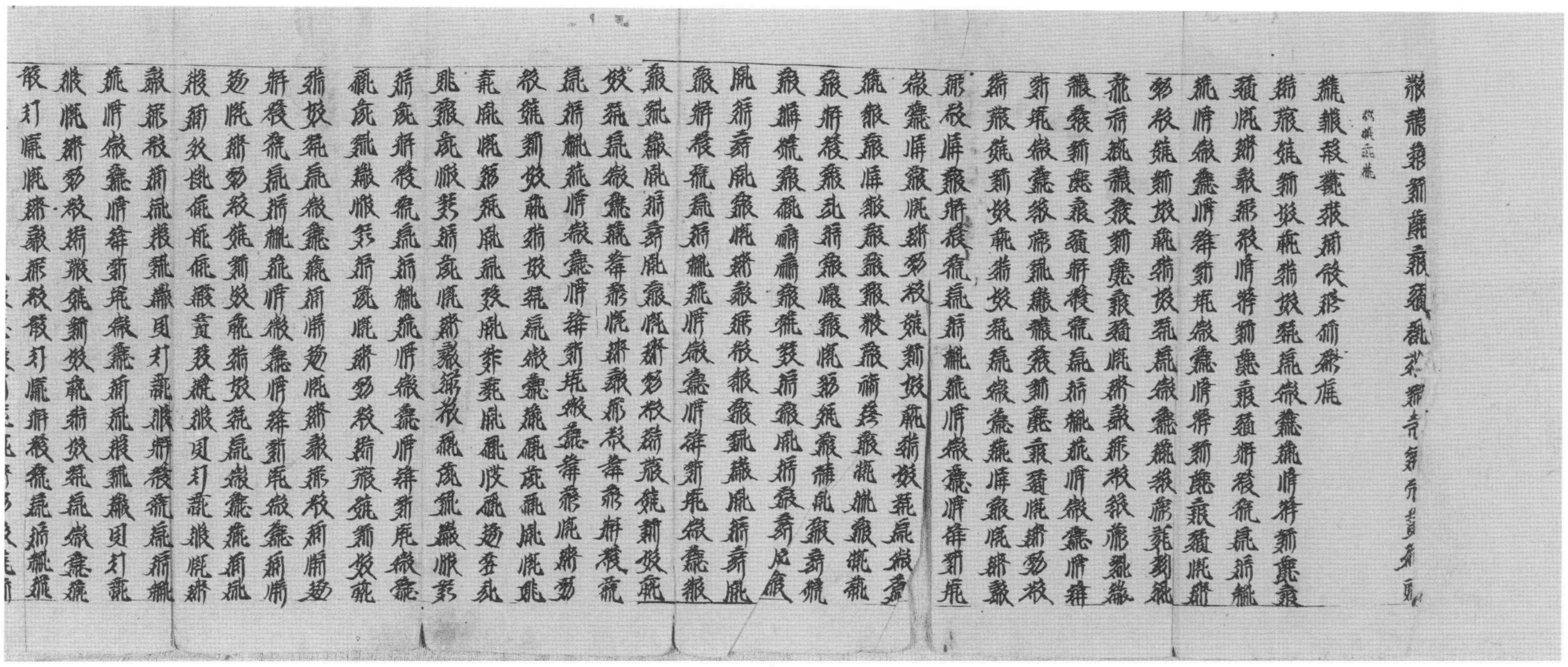

俄 Инв.No.1338　大般若波羅蜜多經卷第三百十七　(13–1)

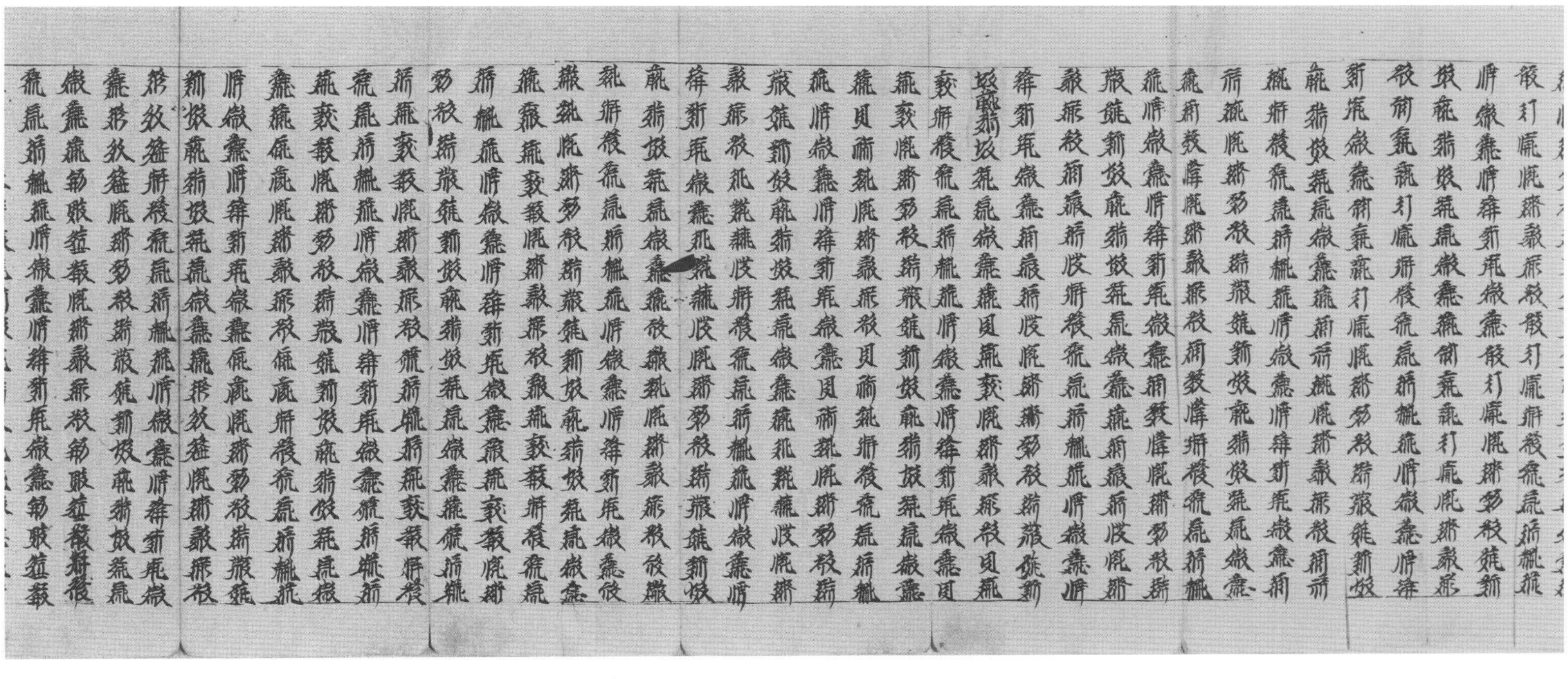

俄 Инв.No.1338　大般若波羅蜜多經卷第三百十七　(13–2)

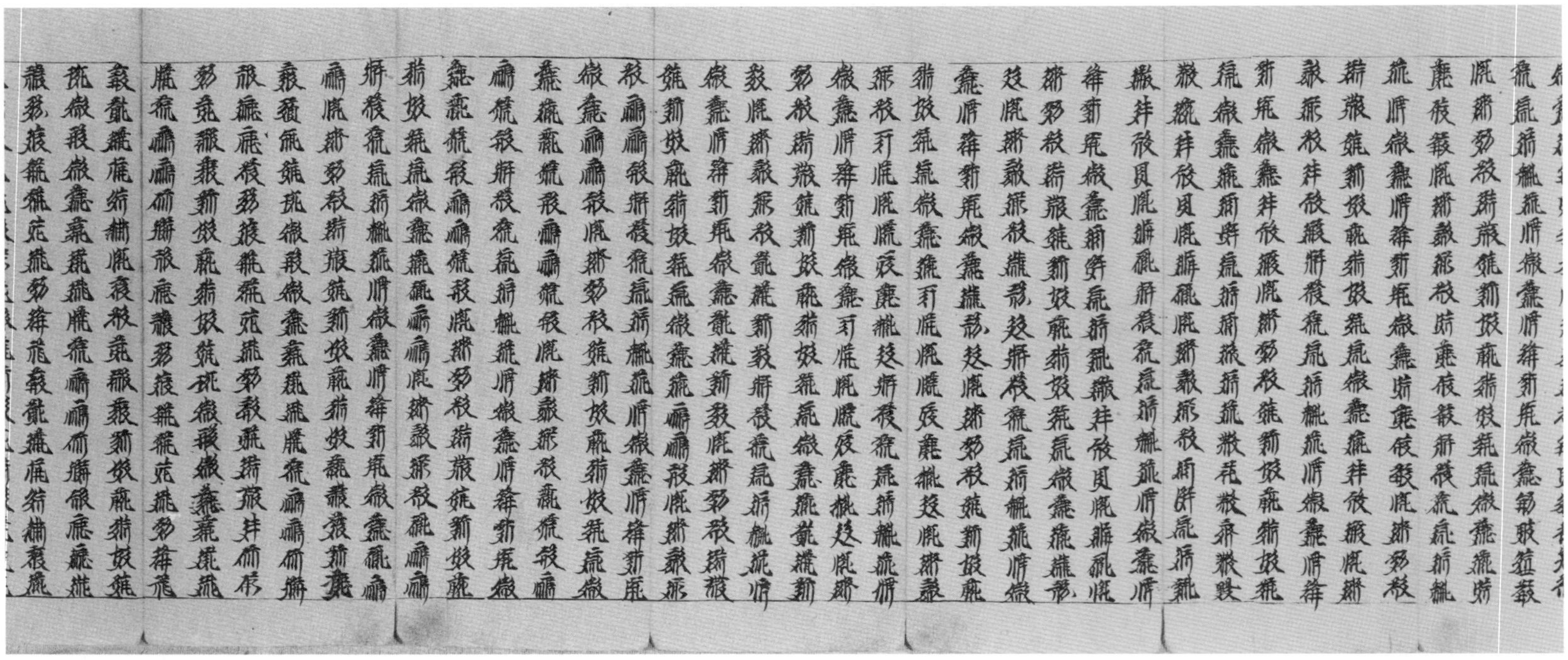

俄 Инв.No.1338　大般若波羅蜜多經卷第三百十七　(13-3)

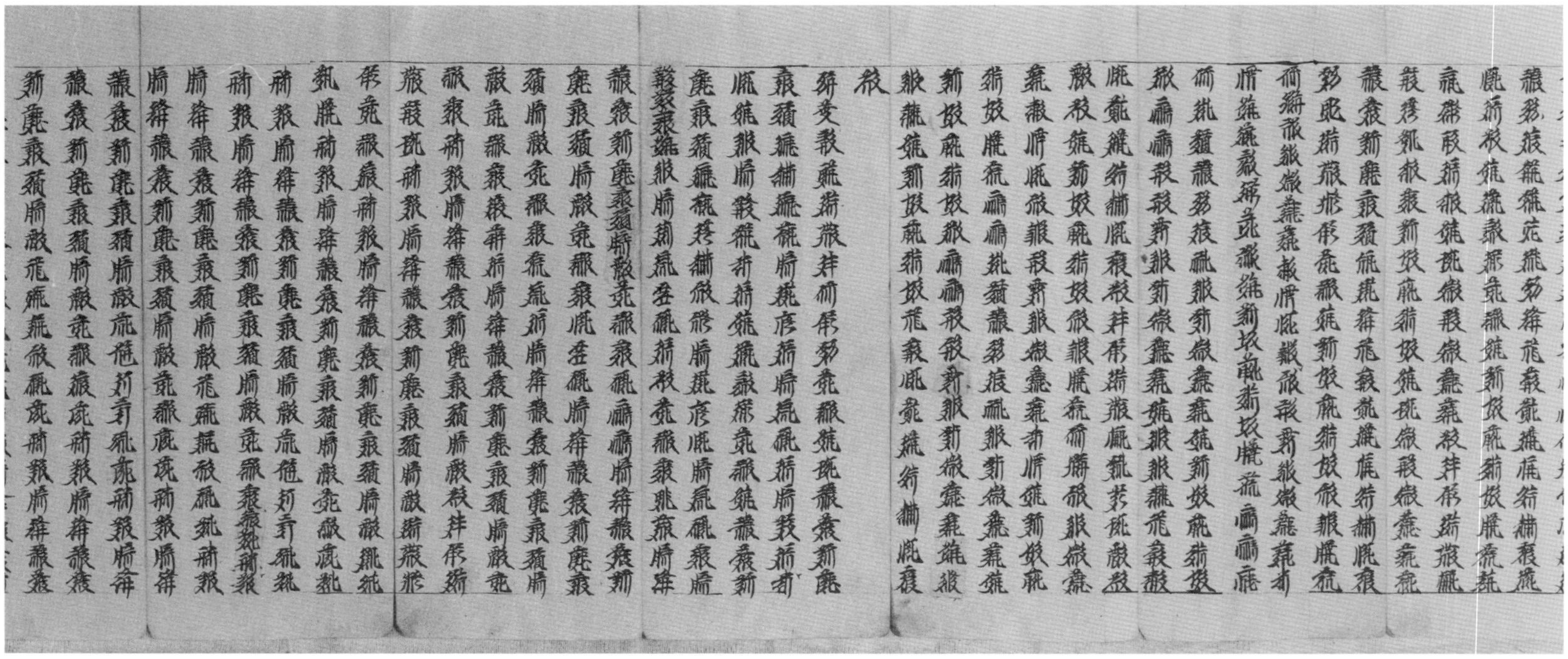

俄 Инв.No.1338　大般若波羅蜜多經卷第三百十七　(13-4)

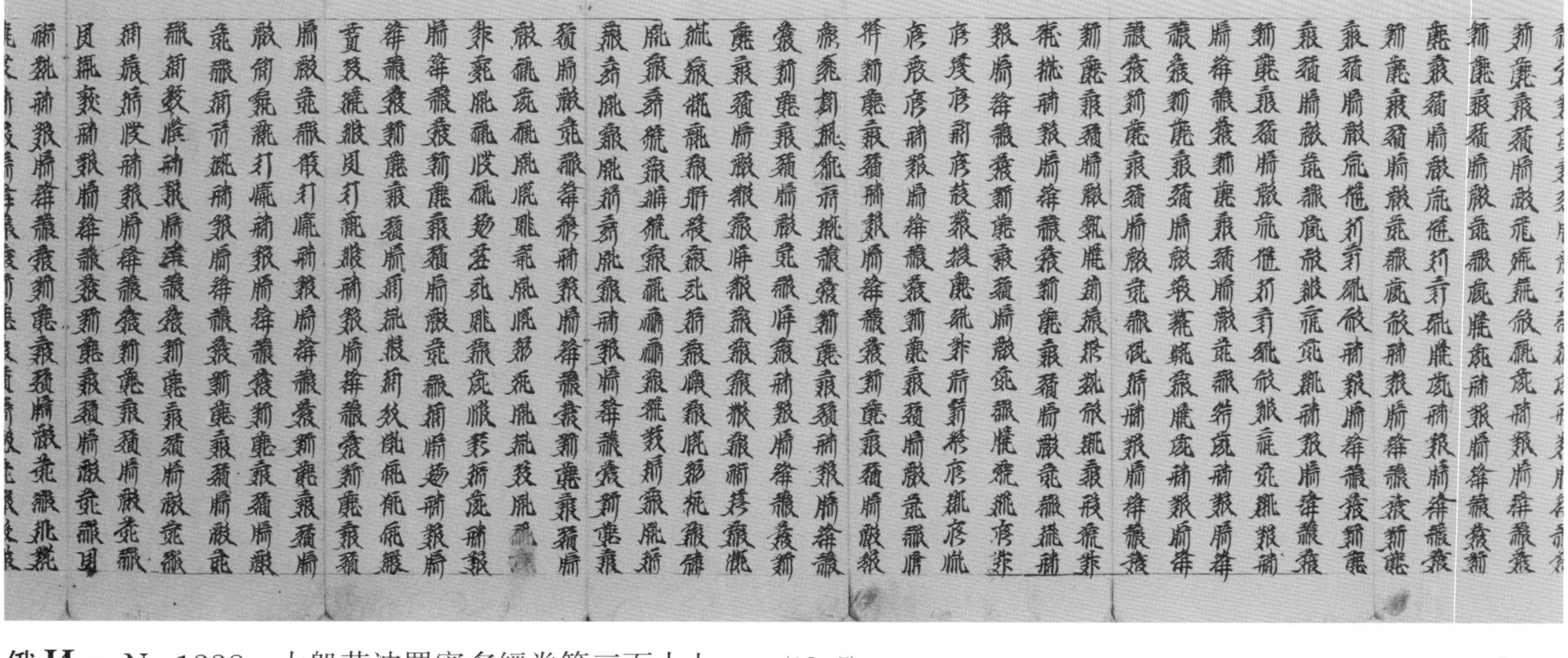

俄 Инв.No.1338　大般若波羅蜜多經卷第三百十七　(13-5)

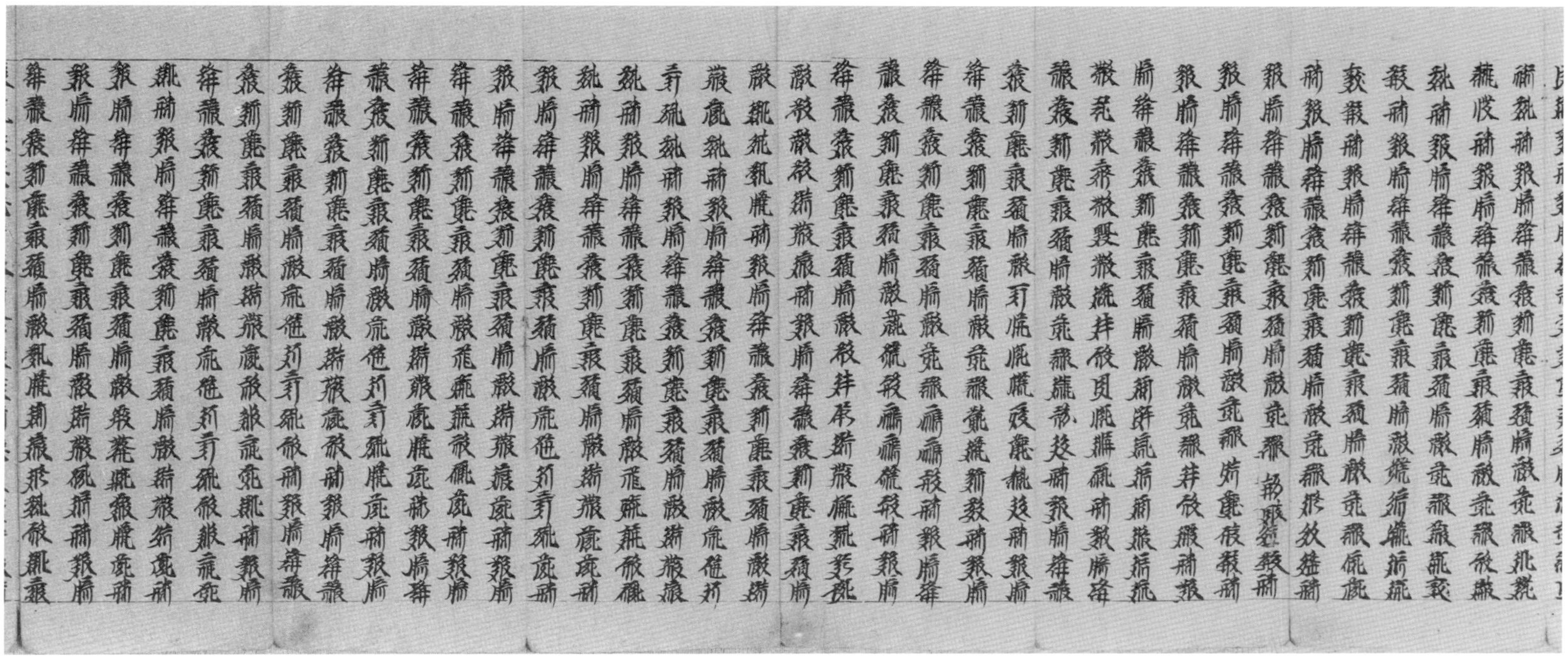

俄 Инв.No.1338　大般若波羅蜜多經卷第三百十七　(13-6)

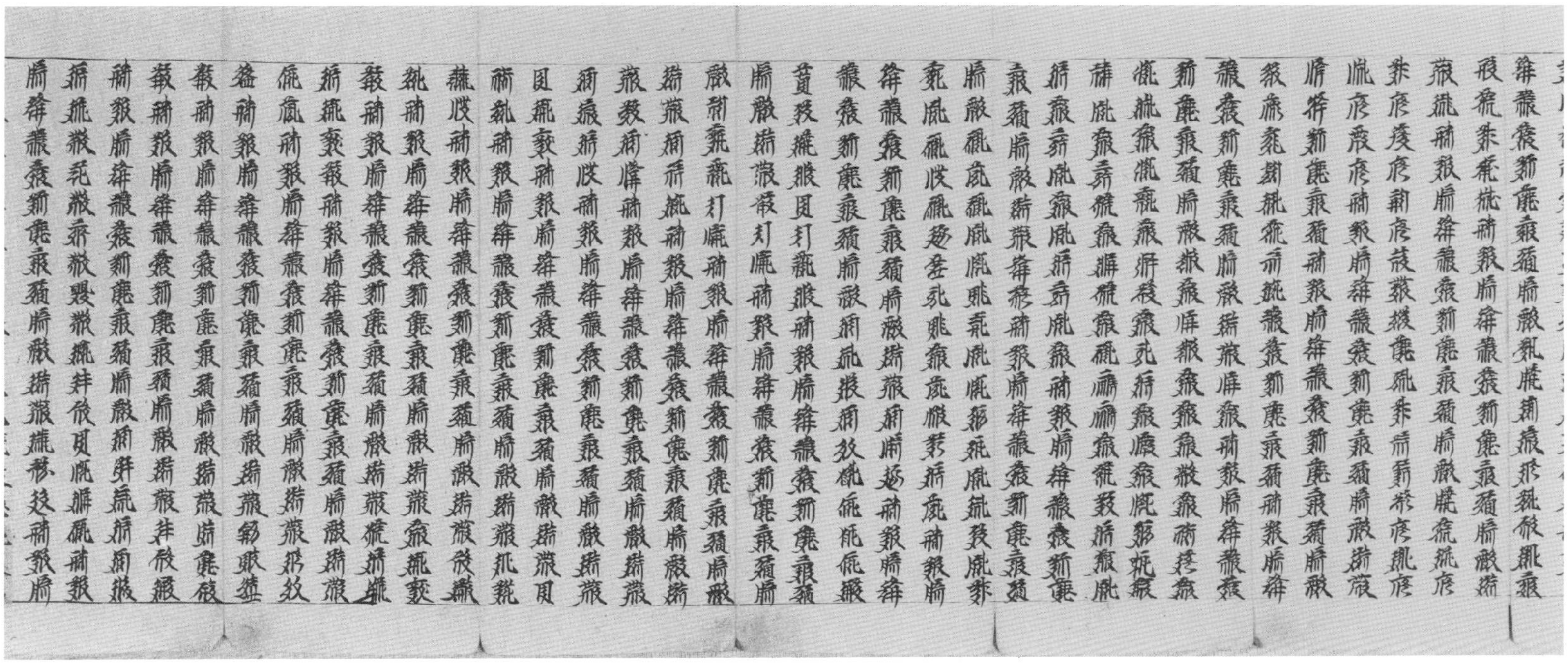

俄 Инв.No.1338　大般若波羅蜜多經卷第三百十七　(13-7)

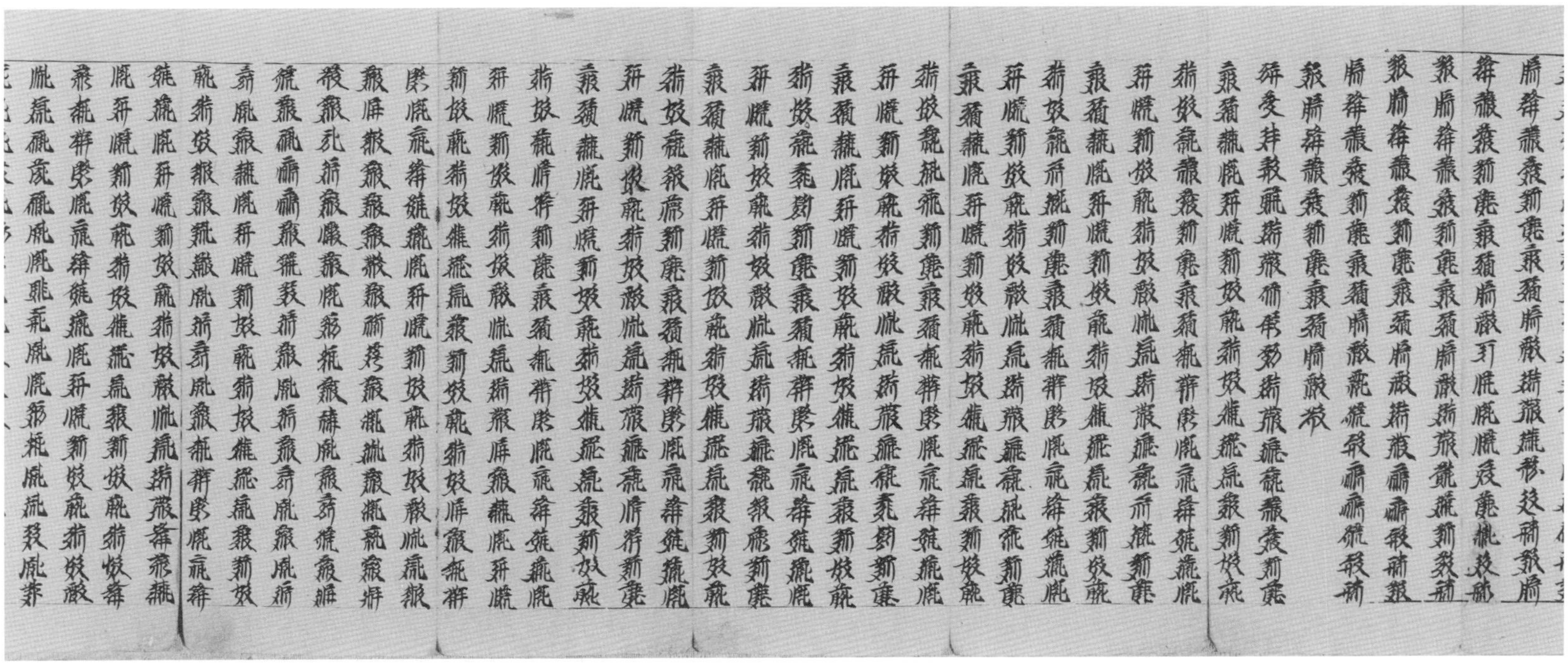

俄 Инв.No.1338　大般若波羅蜜多經卷第三百十七　(13-8)

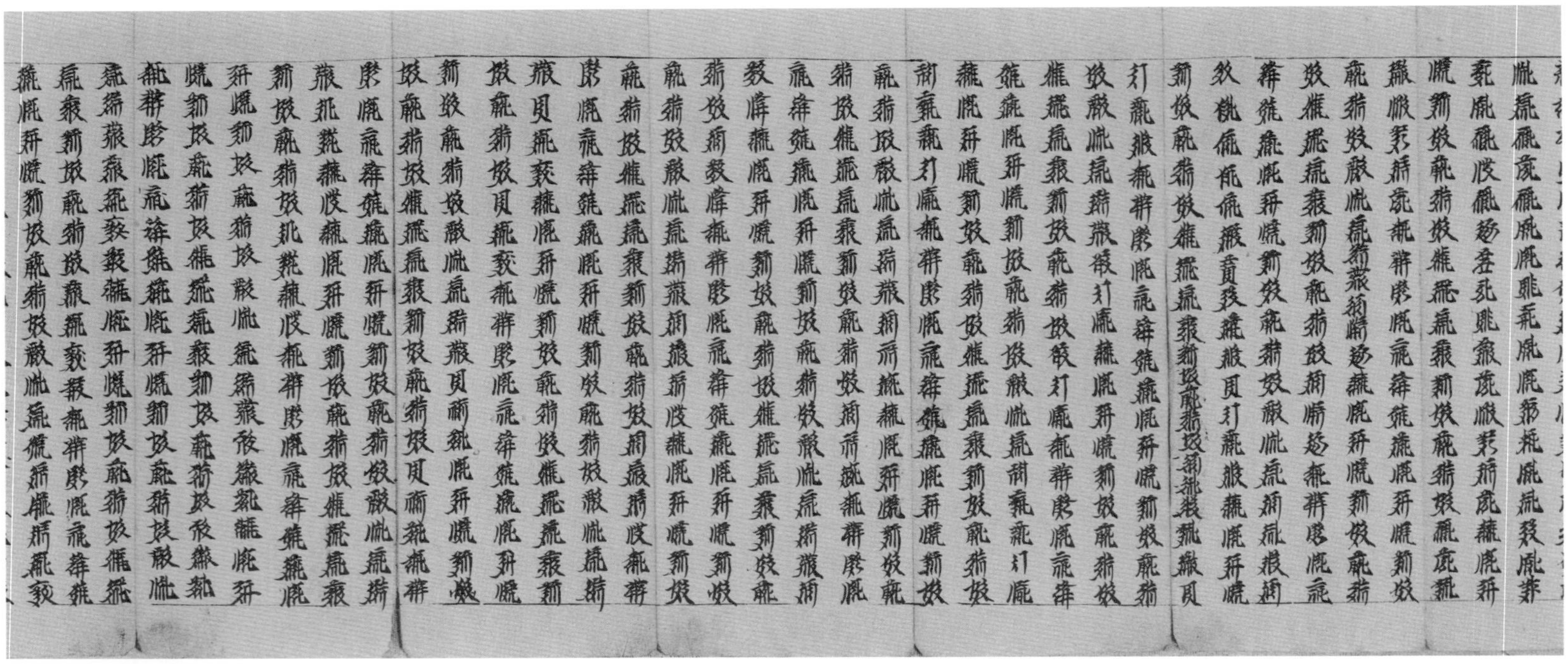

俄 Инв.No.1338　大般若波羅蜜多經卷第三百十七　(13–9)

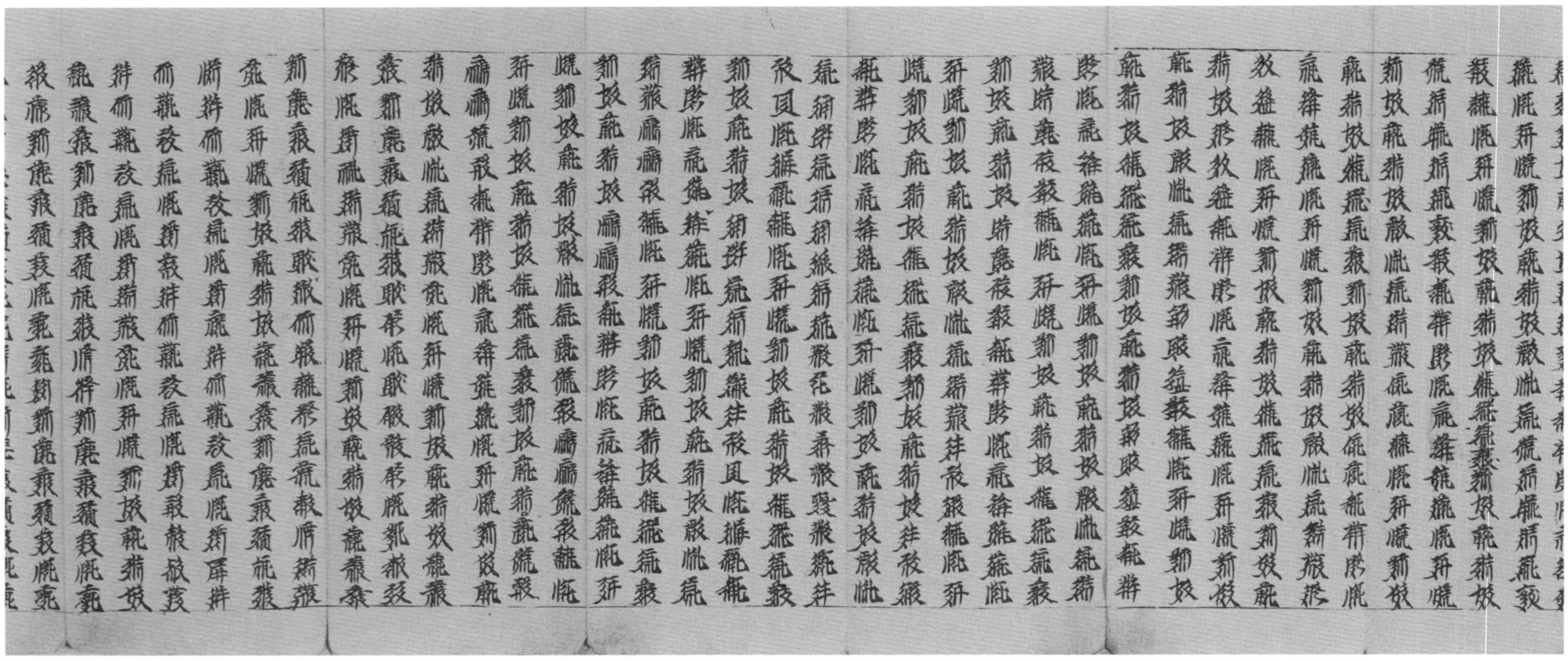

俄 Инв.No.1338　大般若波羅蜜多經卷第三百十七　(13–10)

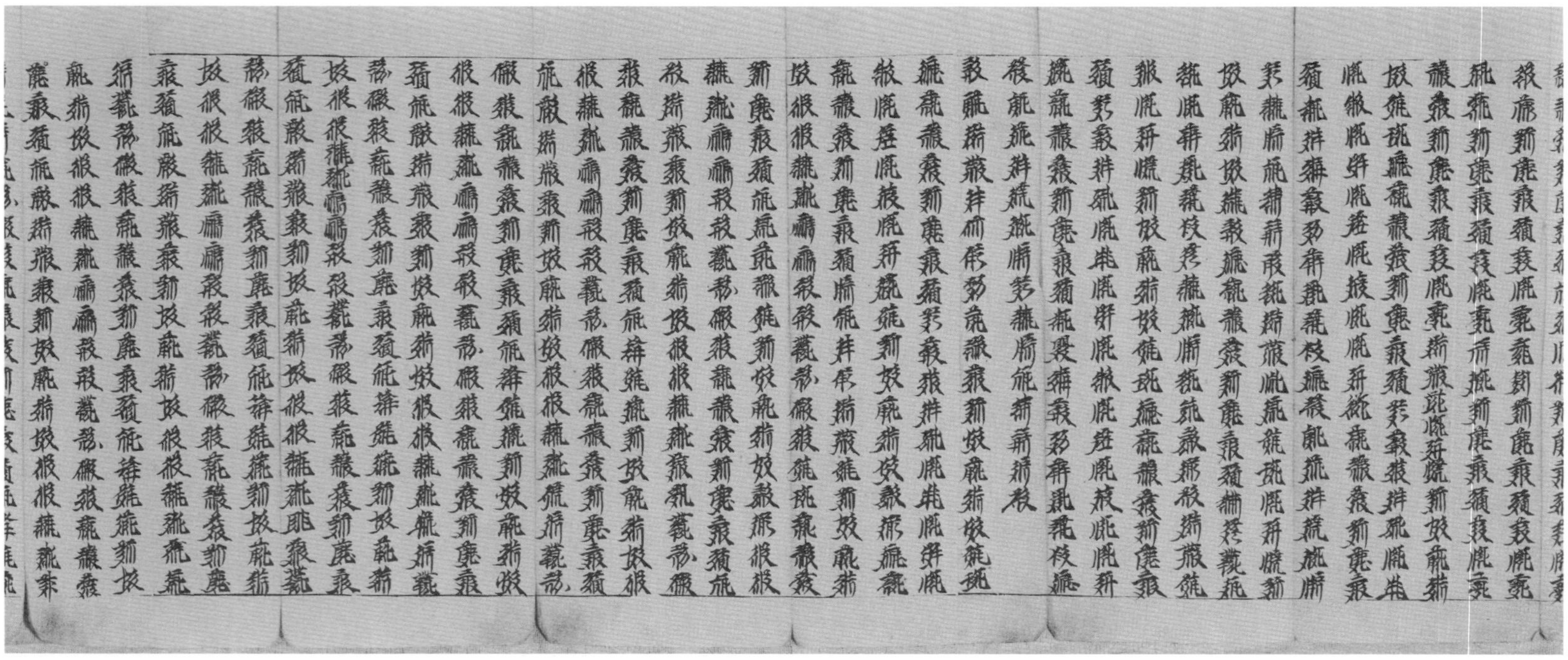

俄 Инв.No.1338　大般若波羅蜜多經卷第三百十七　(13–11)

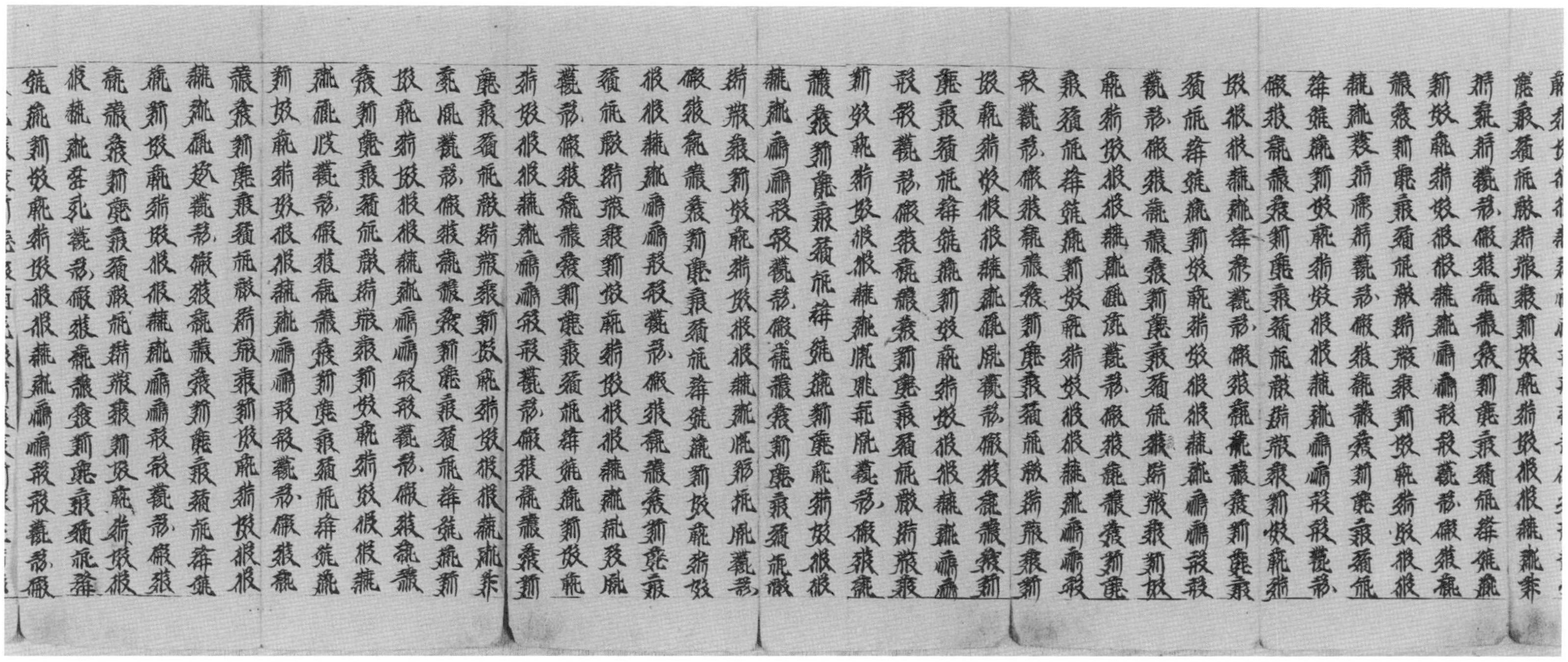

俄 Инв.No.1338　大般若波羅蜜多經卷第三百十七　(13–12)

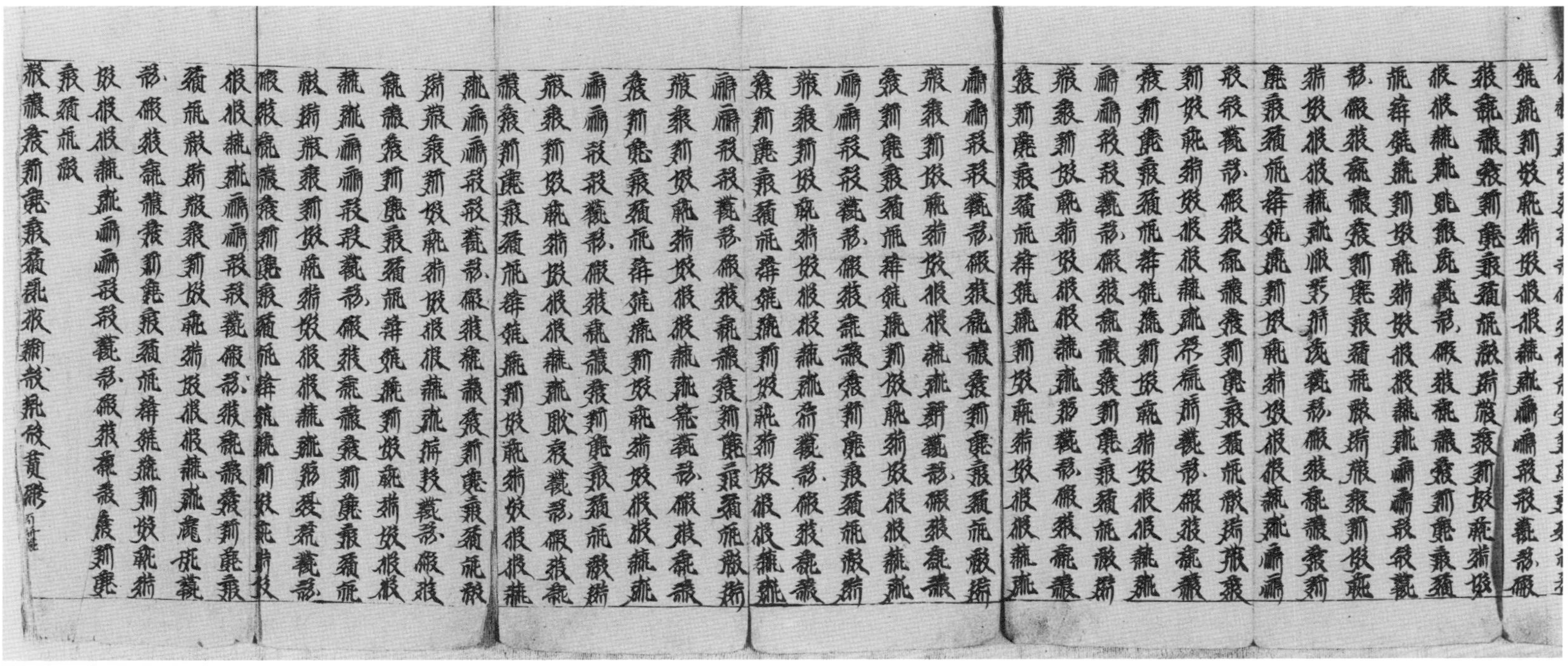

俄 Инв.No.1338　大般若波羅蜜多經卷第三百十七　(13–13)

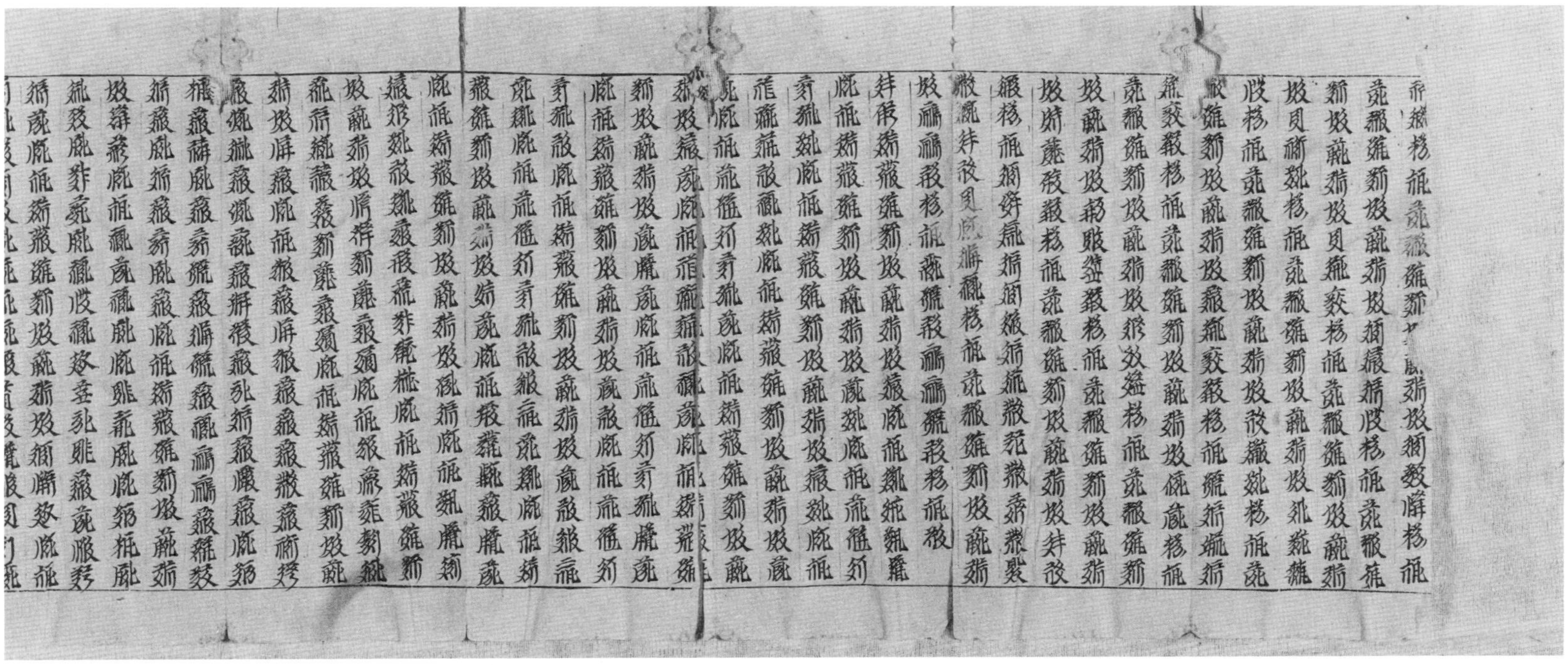

俄 Инв.No.1331　大般若波羅蜜多經卷第三百十八　(12–1)

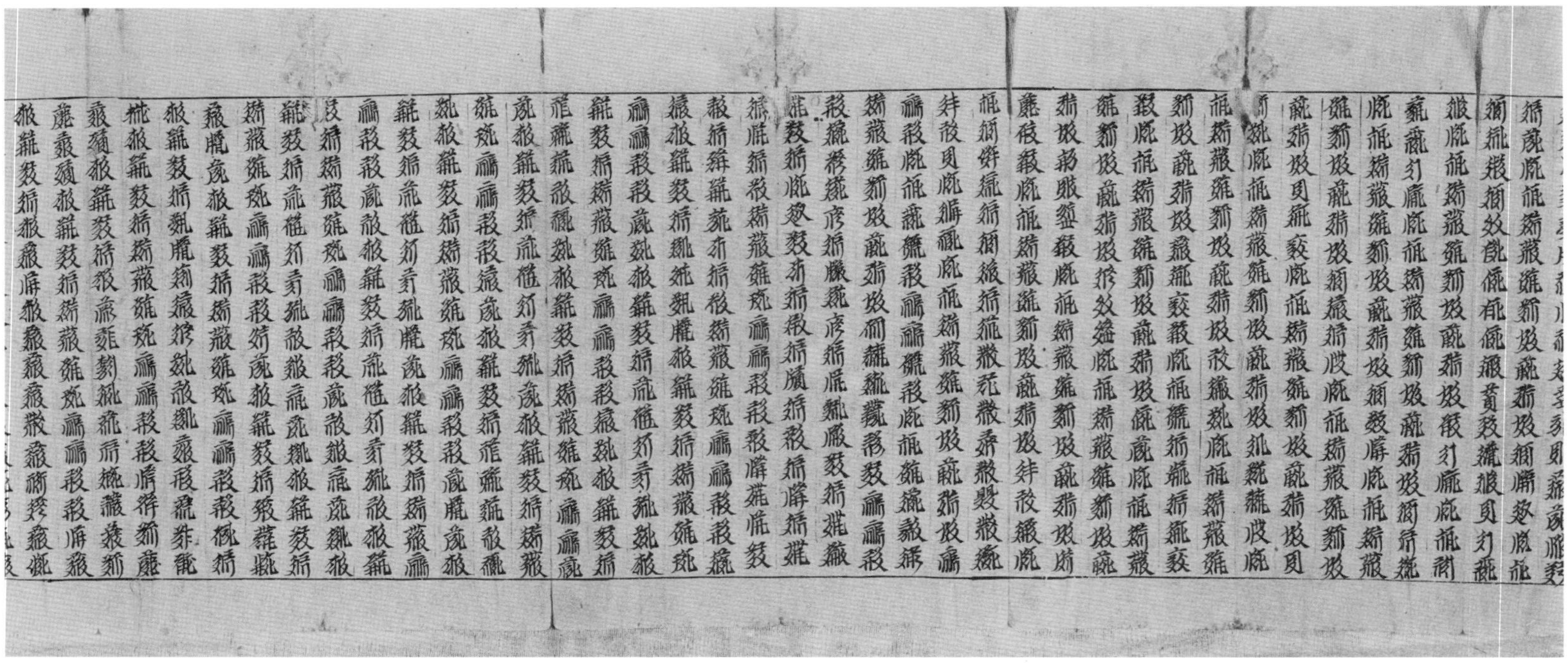

俄 Инв.No.1331　大般若波羅蜜多經卷第三百十八　(12–2)

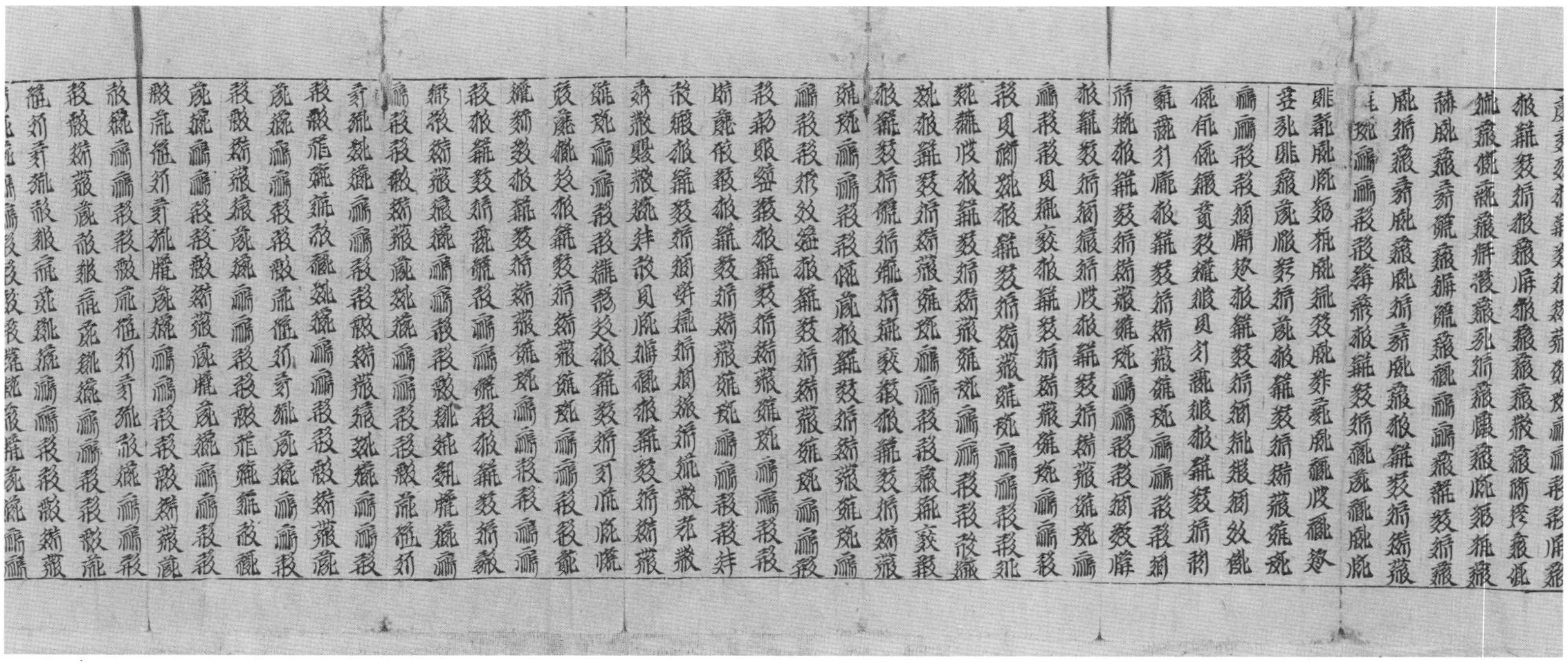

俄 Инв.No.1331　大般若波羅蜜多經卷第三百十八　(12–3)

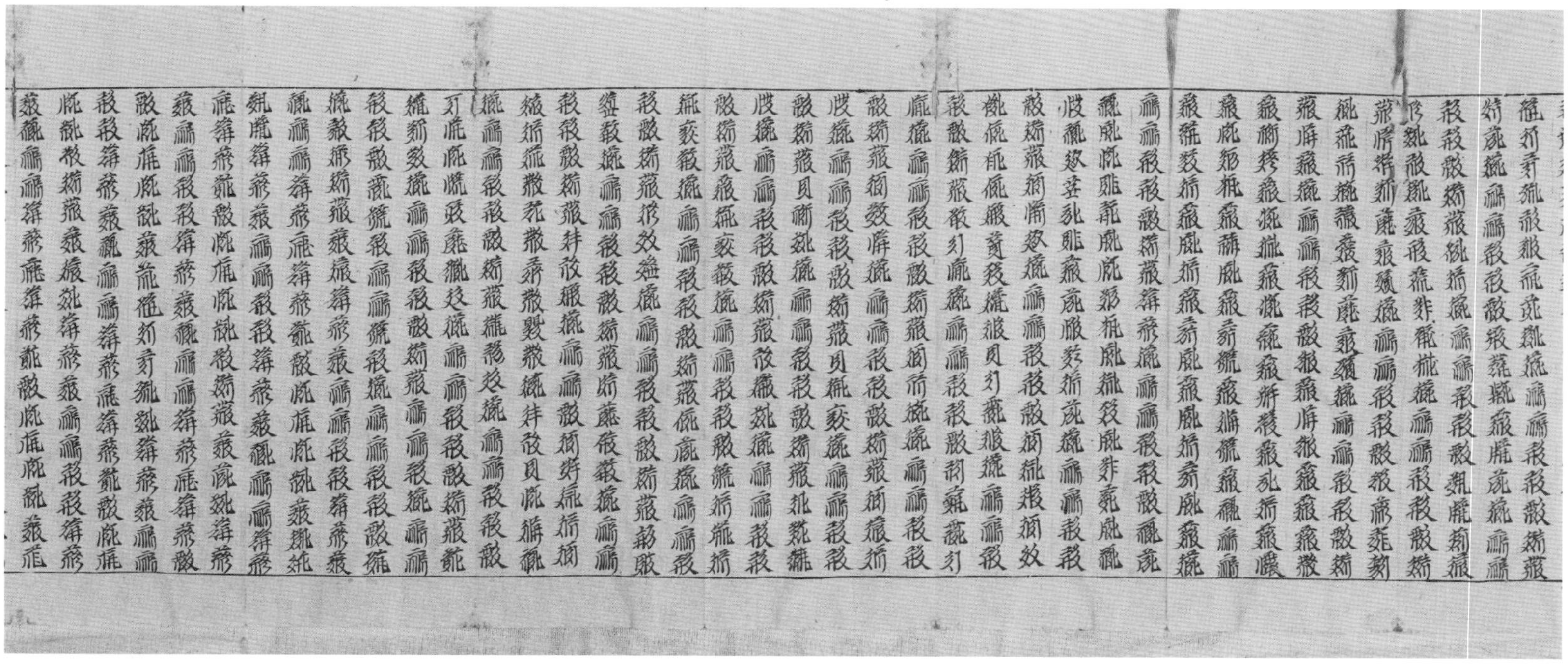

俄 Инв.No.1331　大般若波羅蜜多經卷第三百十八　(12–4)

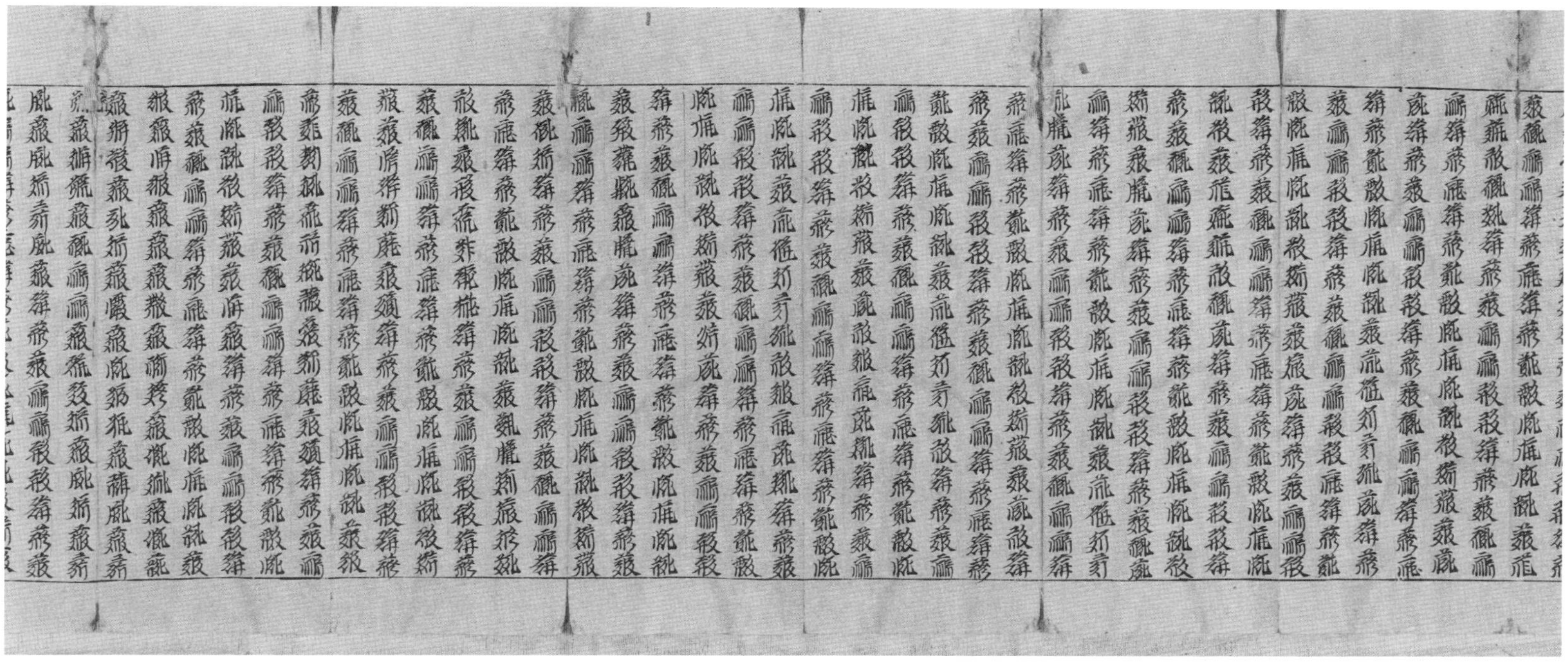

俄 Инв.No.1331　大般若波羅蜜多經卷第三百十八　(12–5)

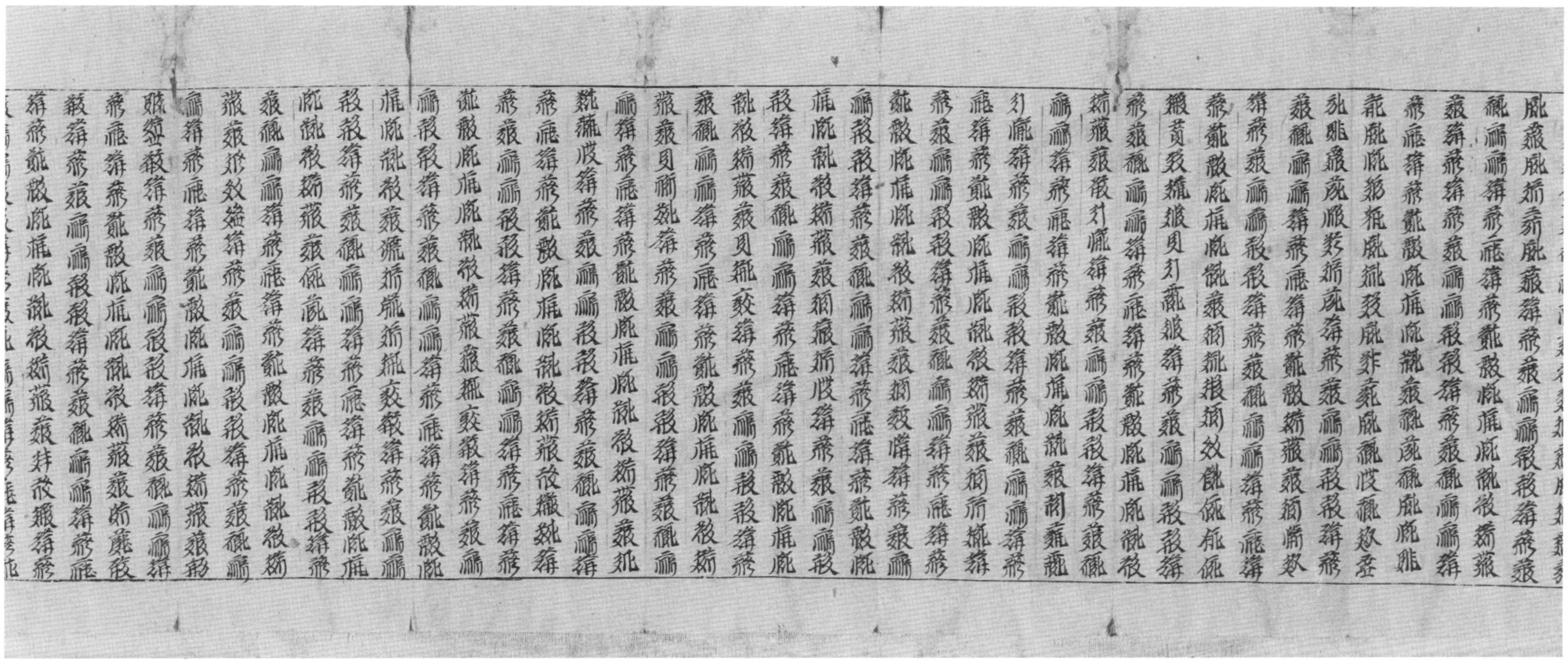

俄 Инв.No.1331　大般若波羅蜜多經卷第三百十八　(12–6)

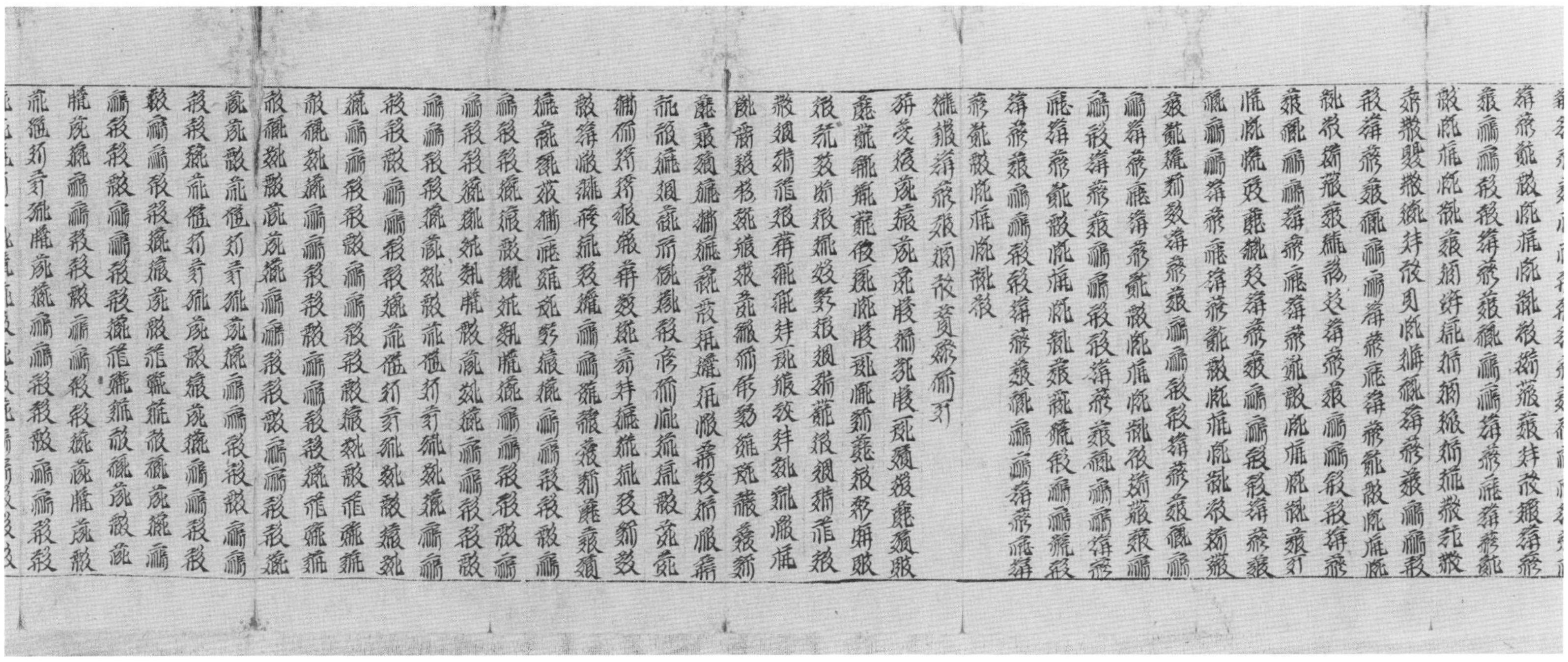

俄 Инв.No.1331　大般若波羅蜜多經卷第三百十八　(12–7)

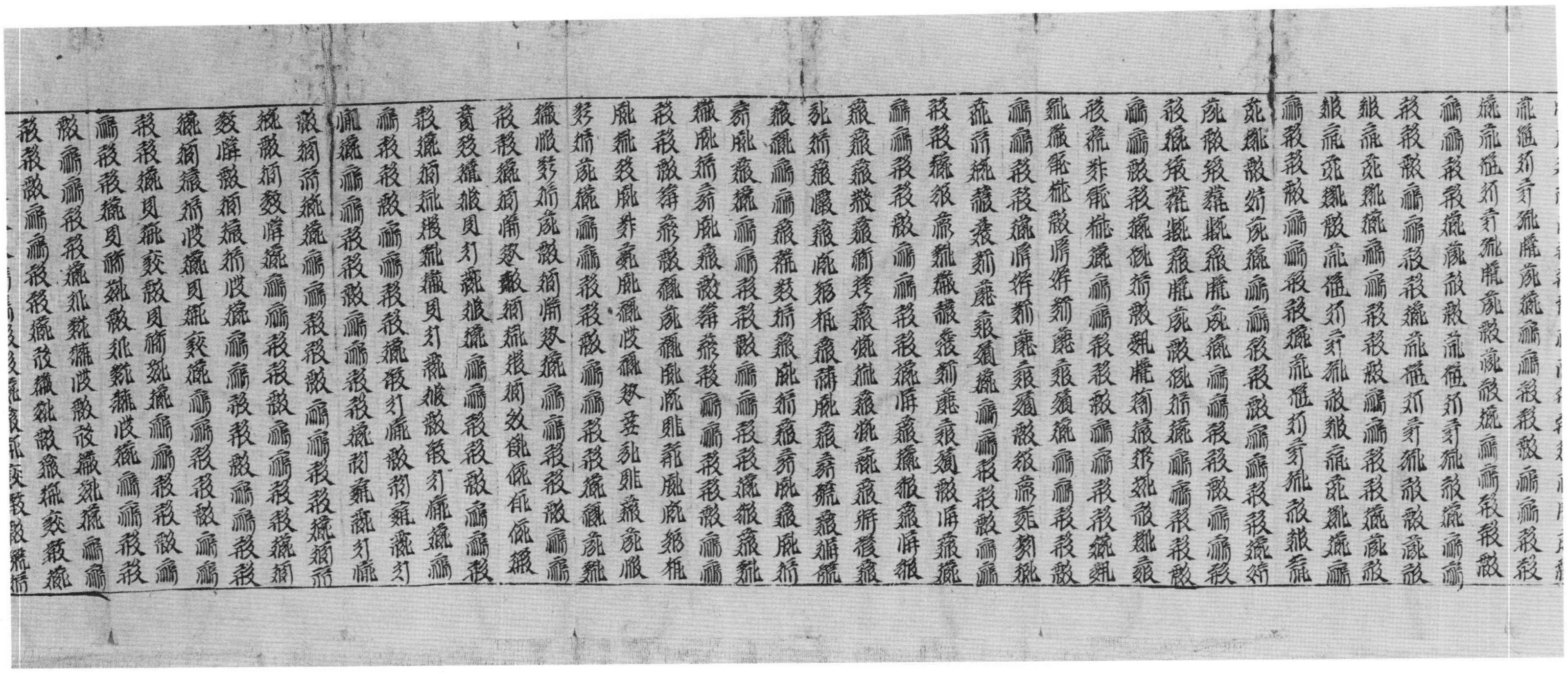

俄 Инв.No.1331　大般若波羅蜜多經卷第三百十八　(12–8)

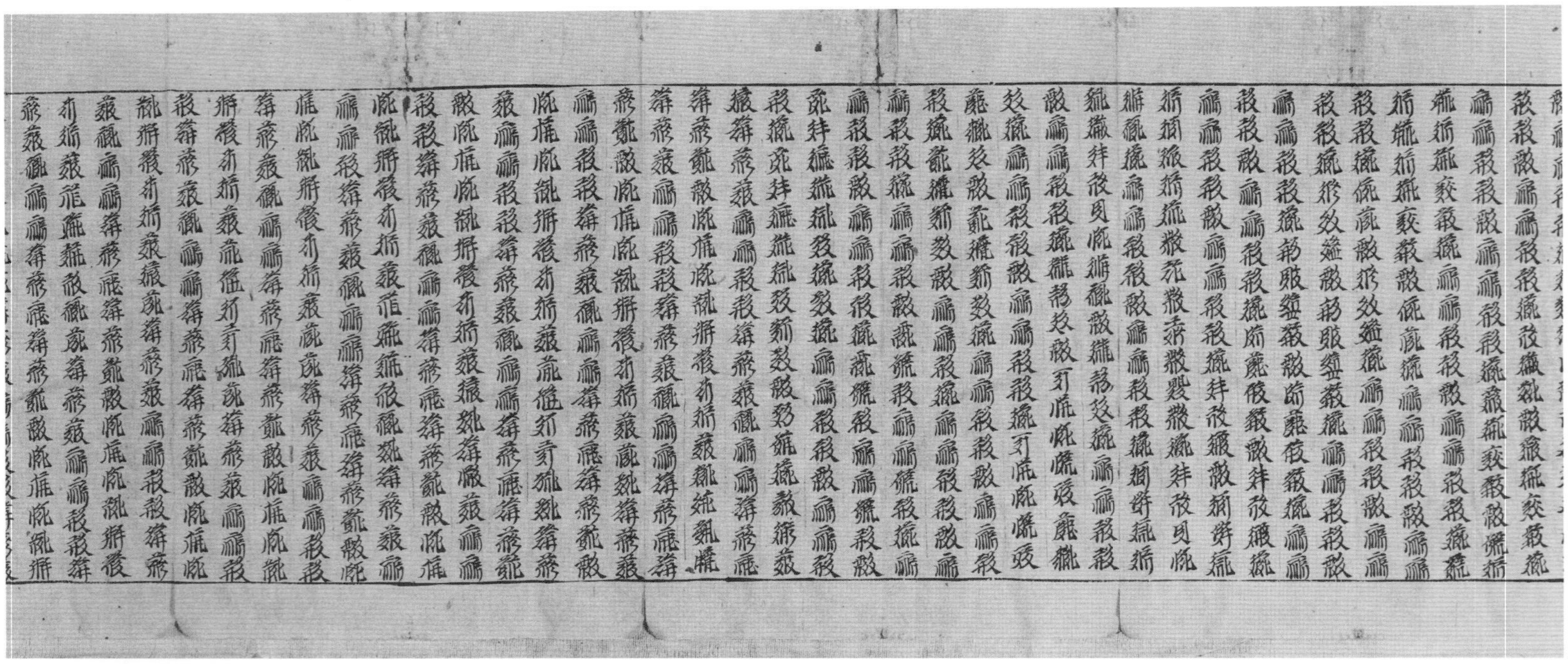

俄 Инв.No.1331　大般若波羅蜜多經卷第三百十八　(12–9)

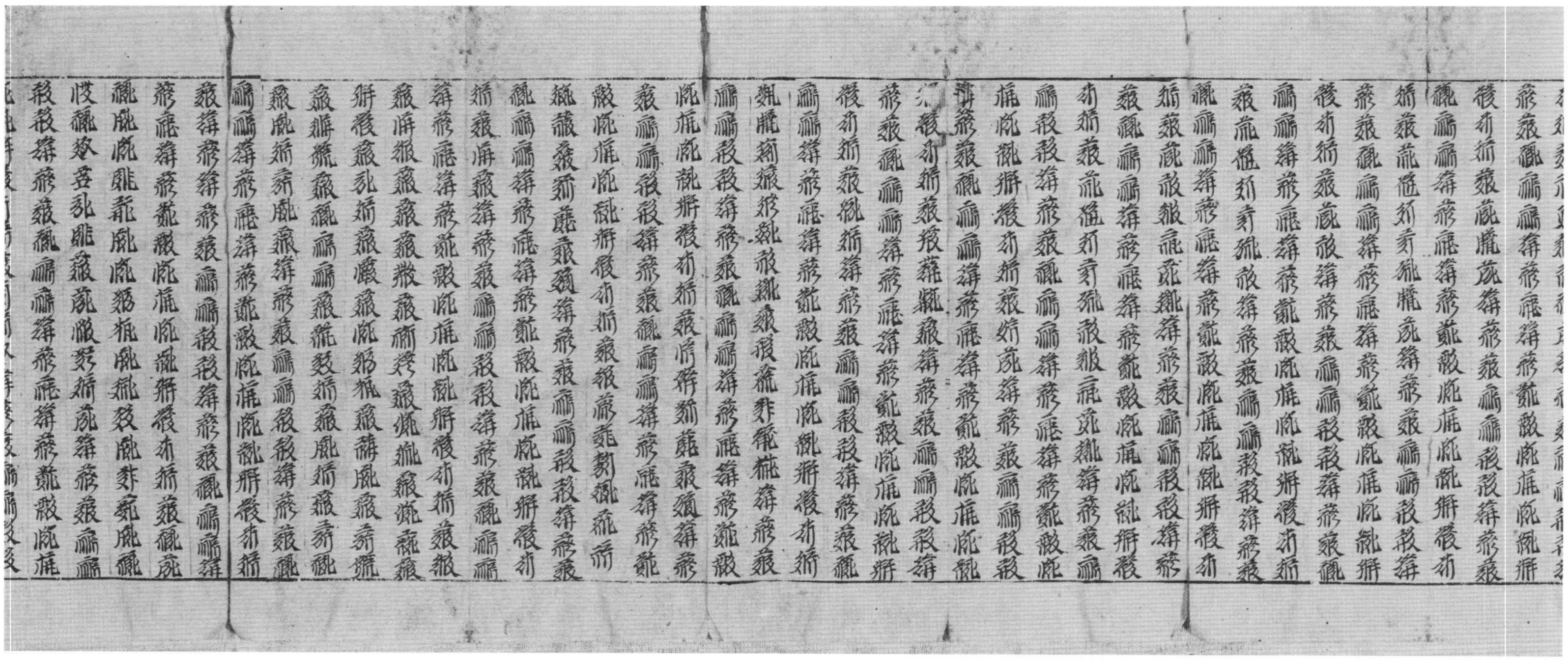

俄 Инв.No.1331　大般若波羅蜜多經卷第三百十八　(12–10)

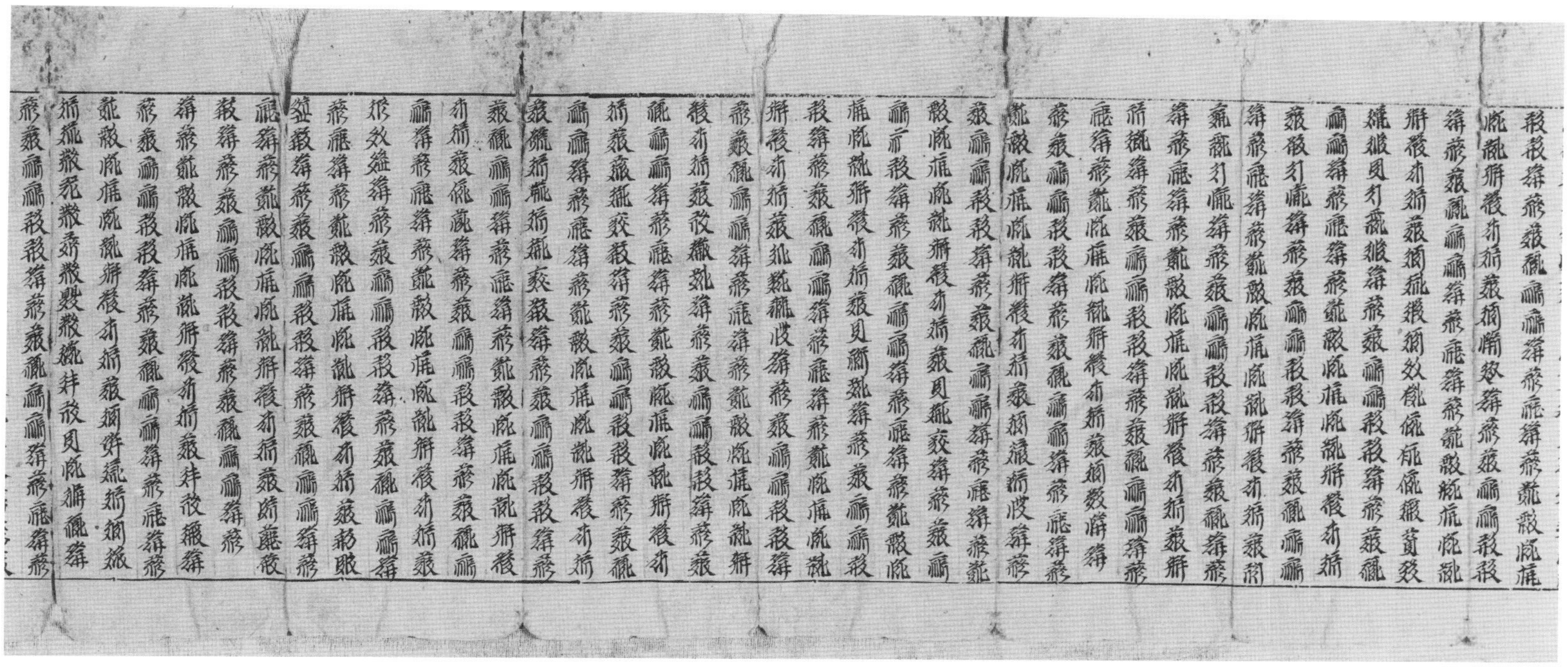

俄 Инв.No.1331　大般若波羅蜜多經卷第三百十八　(12–11)

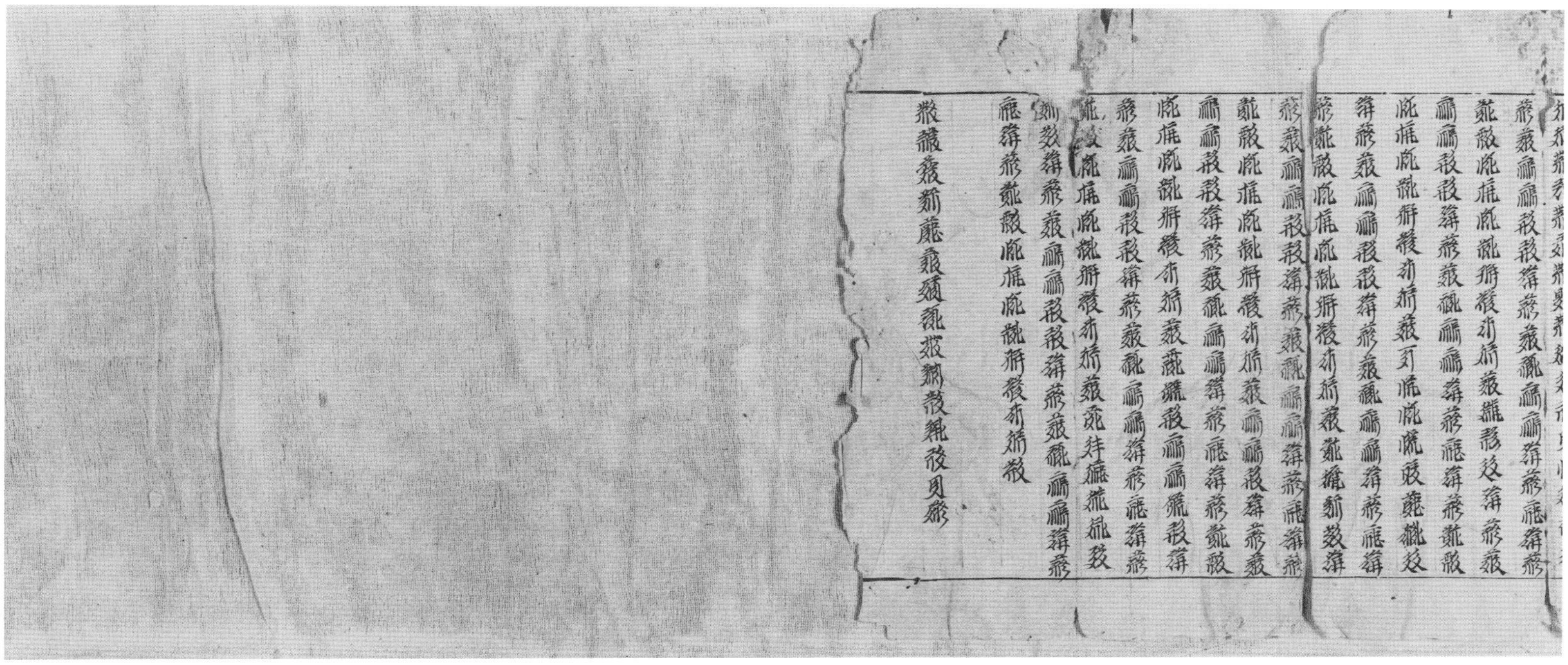

俄 Инв.No.1331　大般若波羅蜜多經卷第三百十八　(12–12)

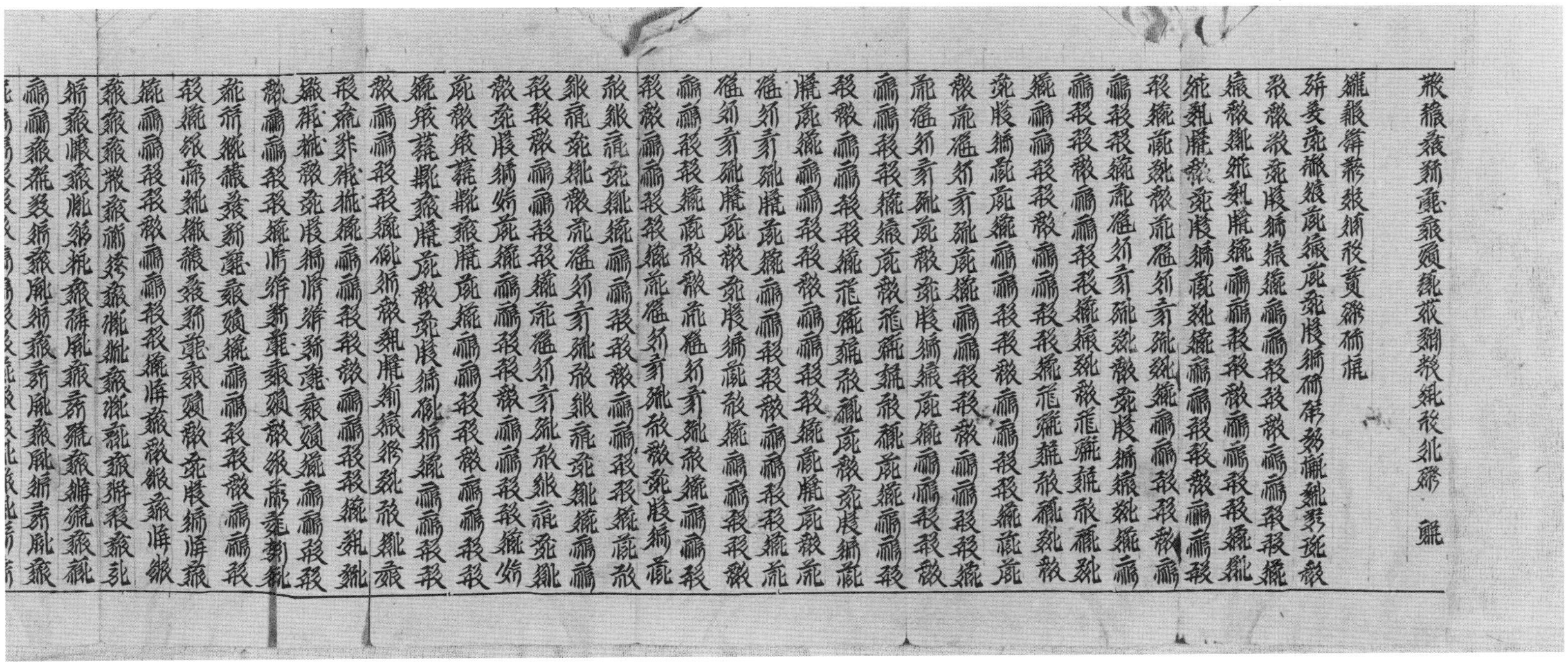

俄 Инв.No.1320　大般若波羅蜜多經卷第三百十九　(12–1)

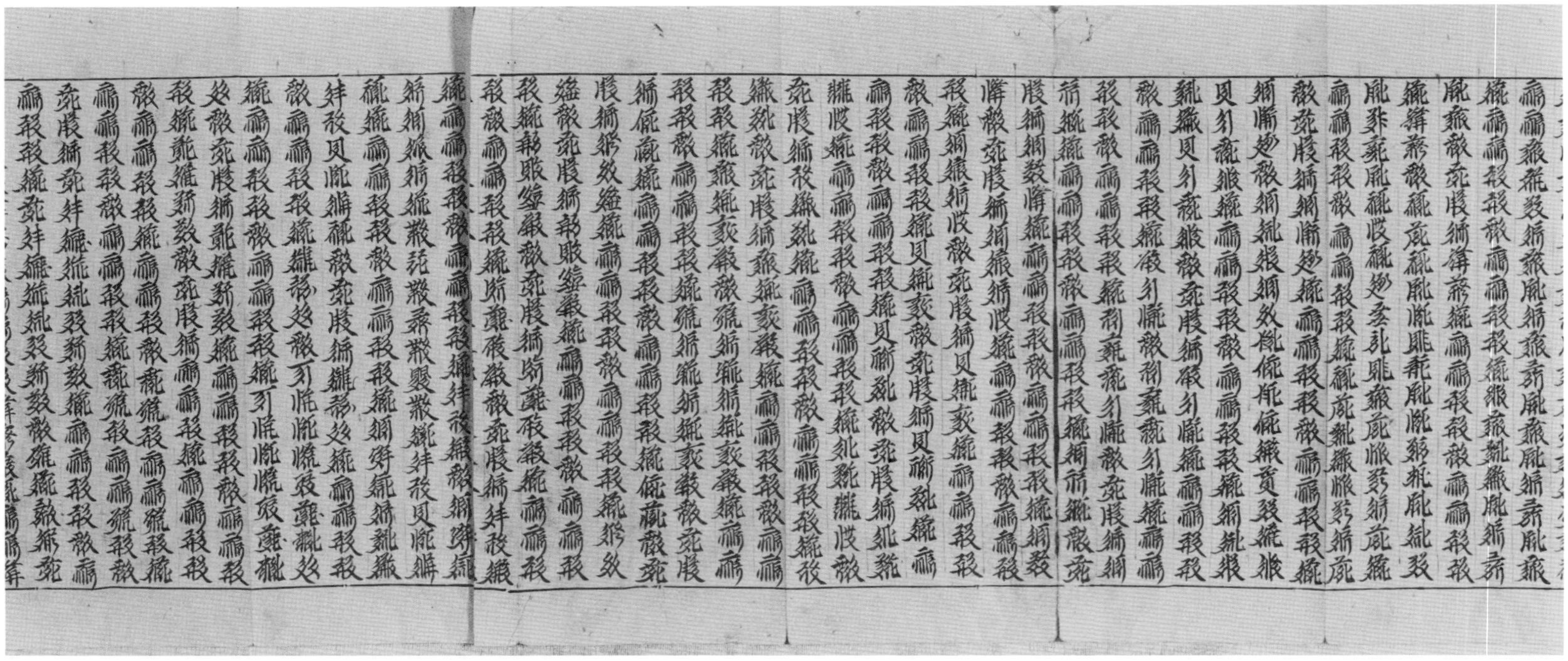

俄 Инв.No.1320　大般若波羅蜜多經卷第三百十九　(12-2)

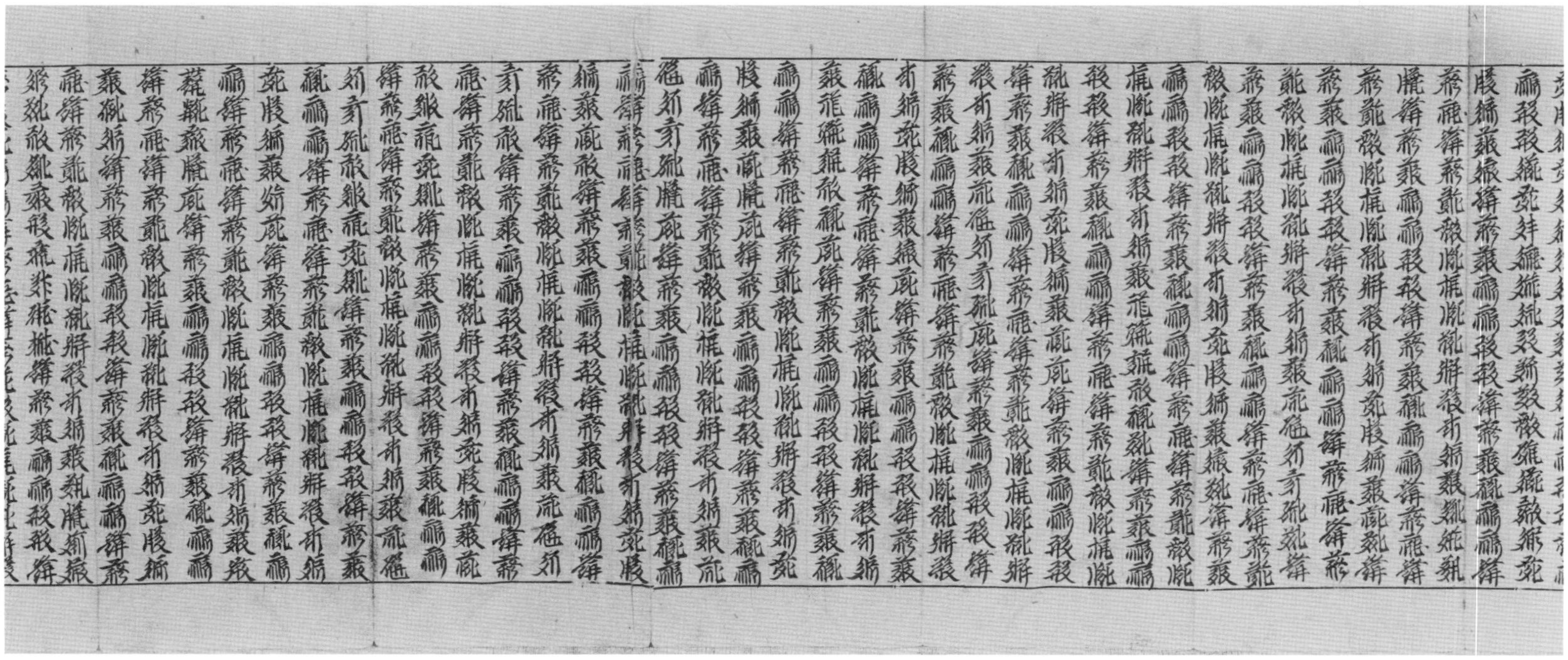

俄 Инв.No.1320　大般若波羅蜜多經卷第三百十九　(12-3)

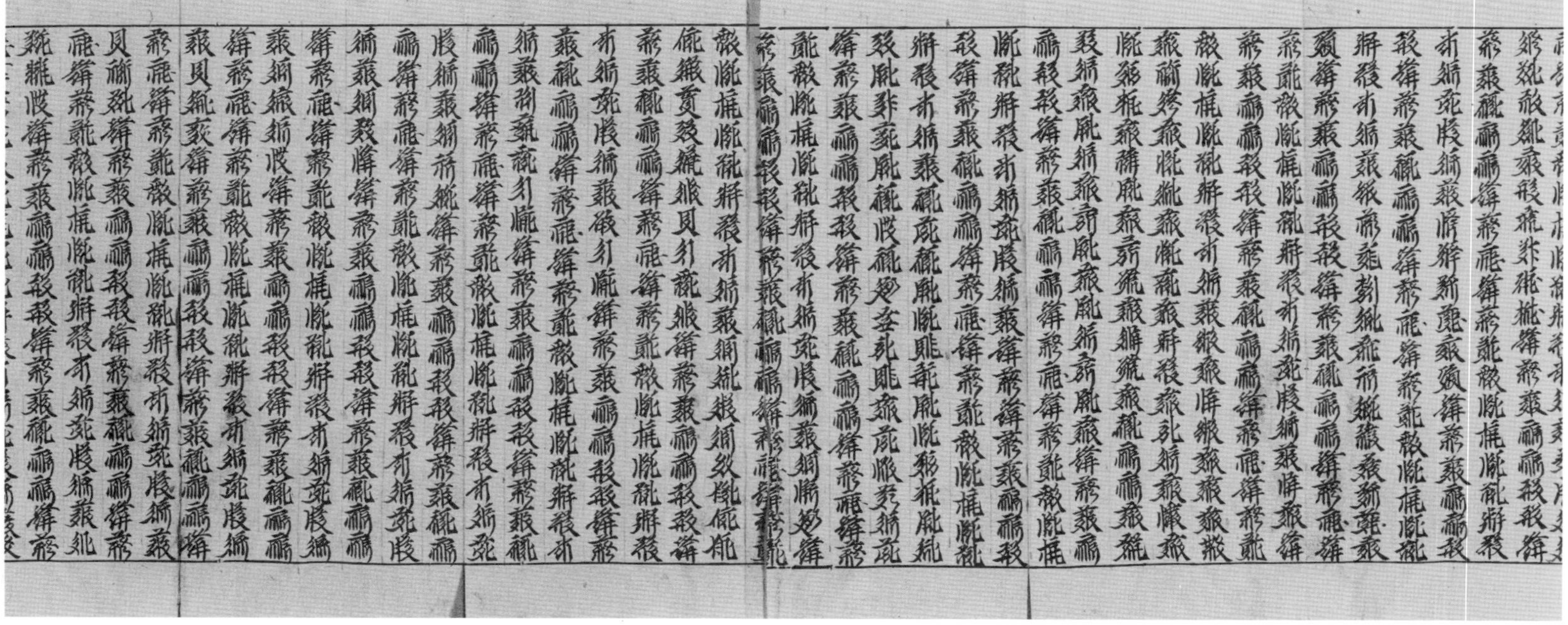

俄 Инв.No.1320　大般若波羅蜜多經卷第三百十九　(12-4)

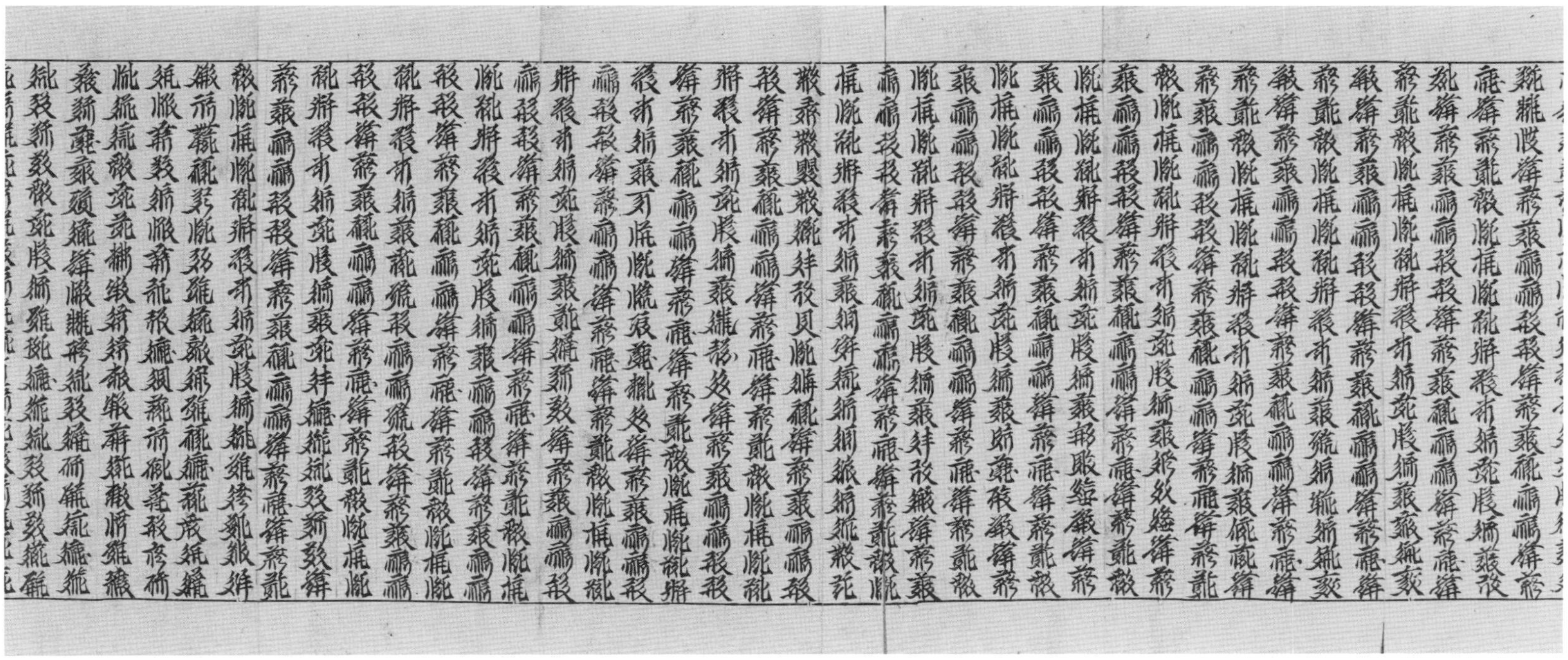

俄 Инв.No.1320　大般若波羅蜜多經卷第三百十九　(12-5)

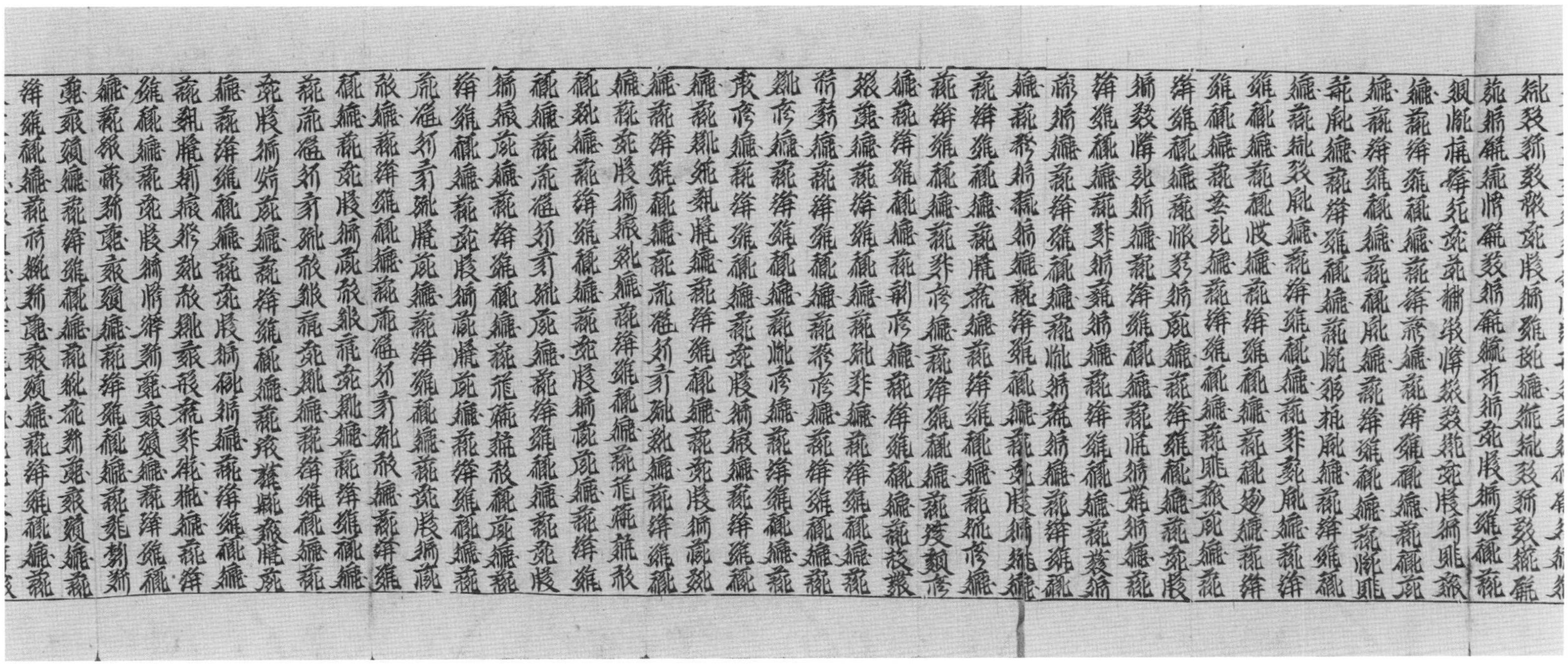

俄 Инв.No.1320　大般若波羅蜜多經卷第三百十九　(12-6)

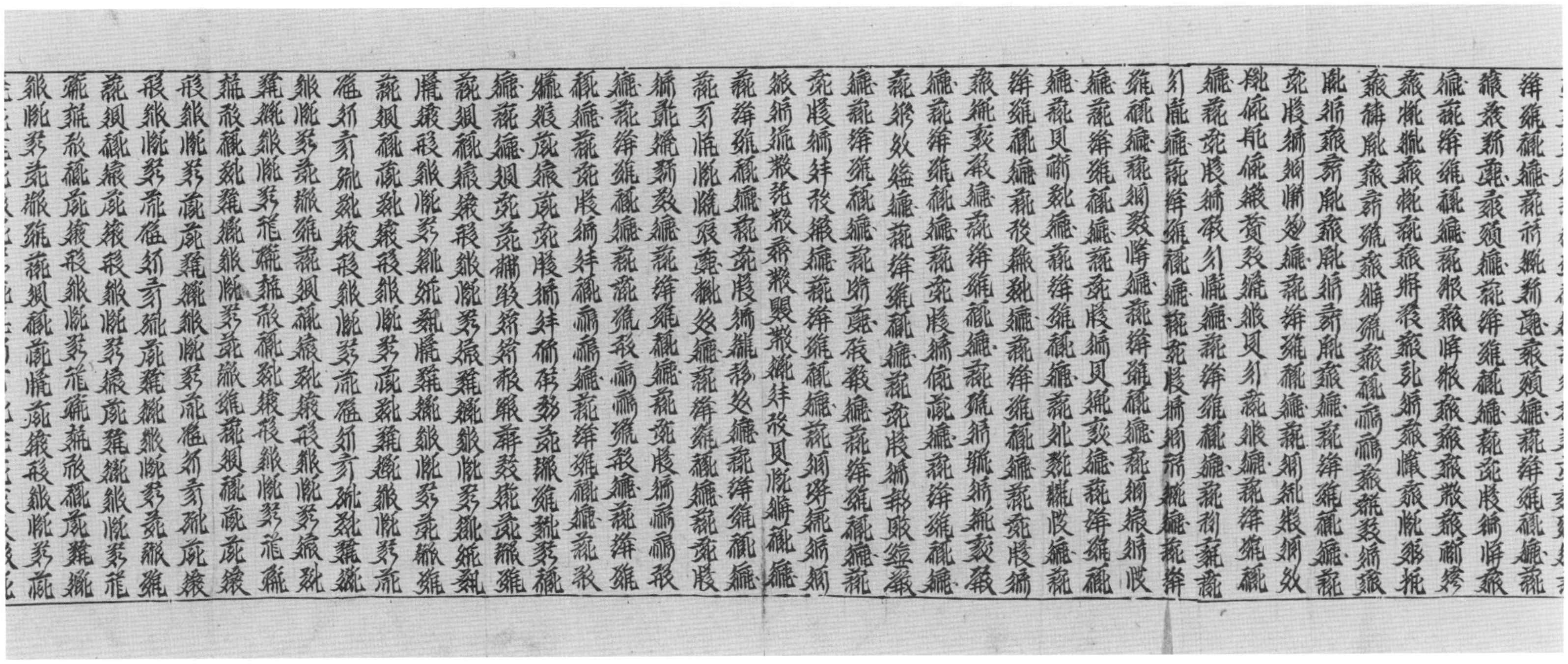

俄 Инв.No.1320　大般若波羅蜜多經卷第三百十九　(12-7)

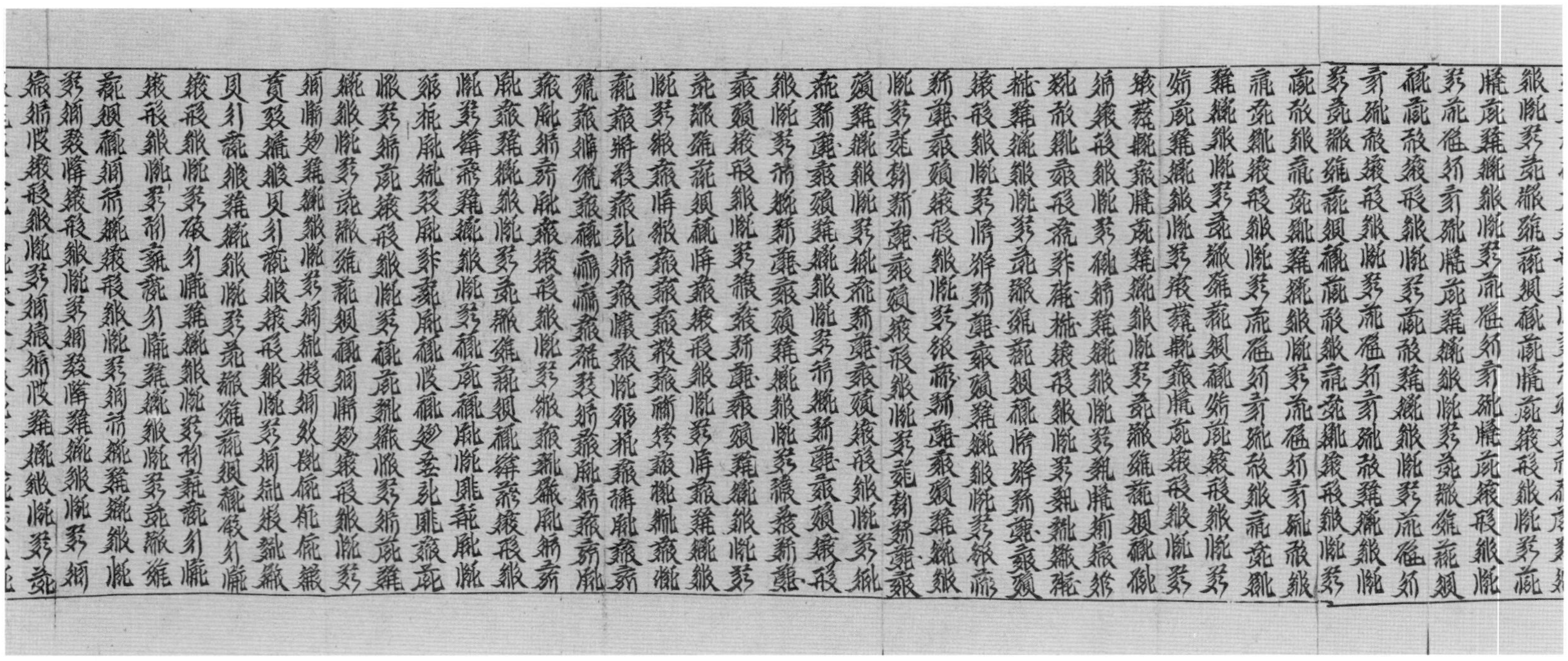

俄 Инв.No.1320 大般若波羅蜜多經卷第三百十九 (12-8)

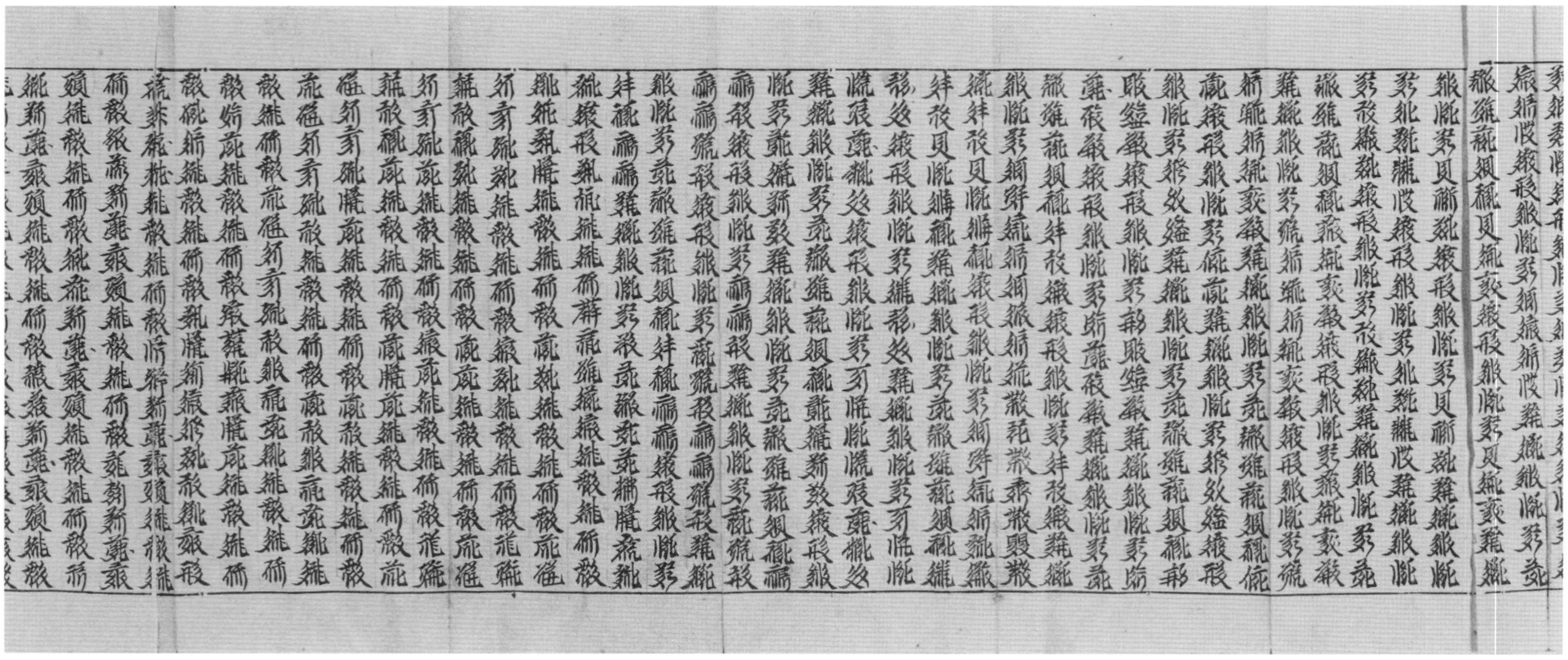

俄 Инв.No.1320 大般若波羅蜜多經卷第三百十九 (12-9)

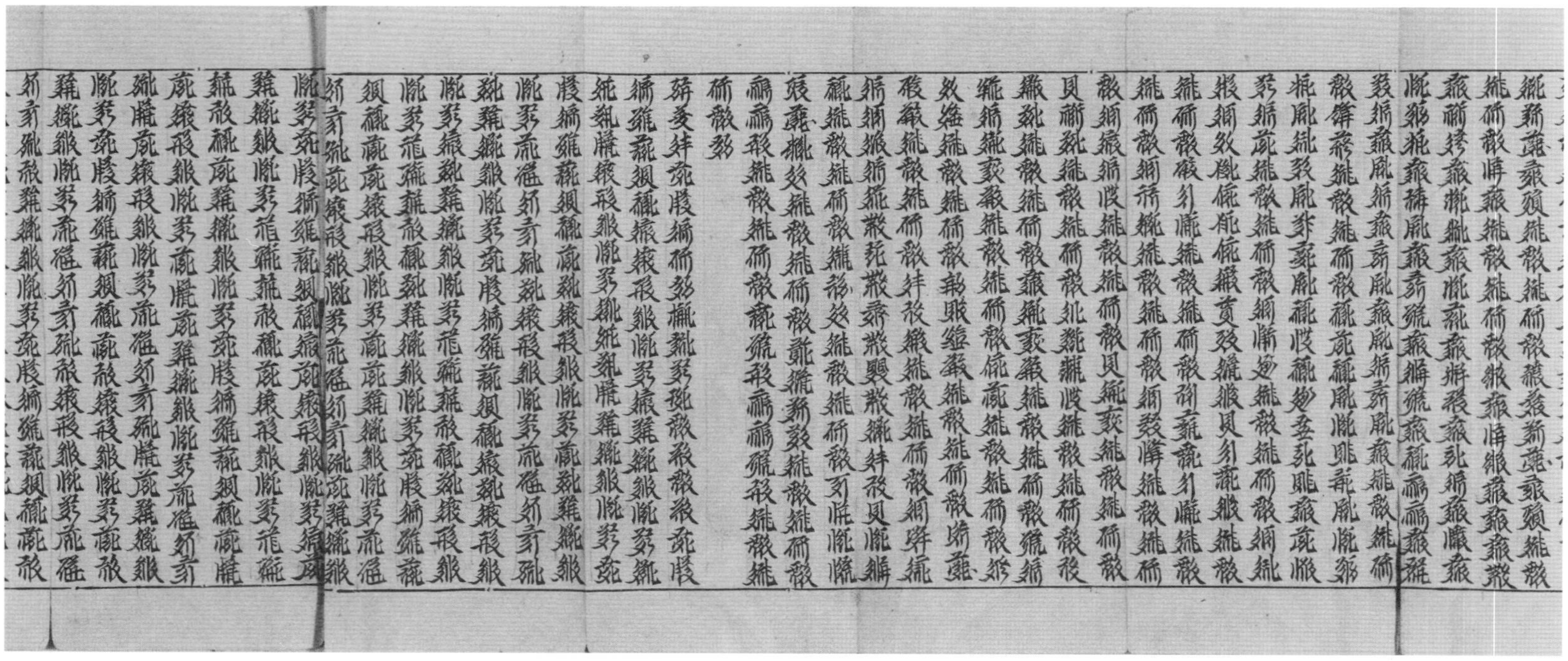

俄 Инв.No.1320 大般若波羅蜜多經卷第三百十九 (12-10)

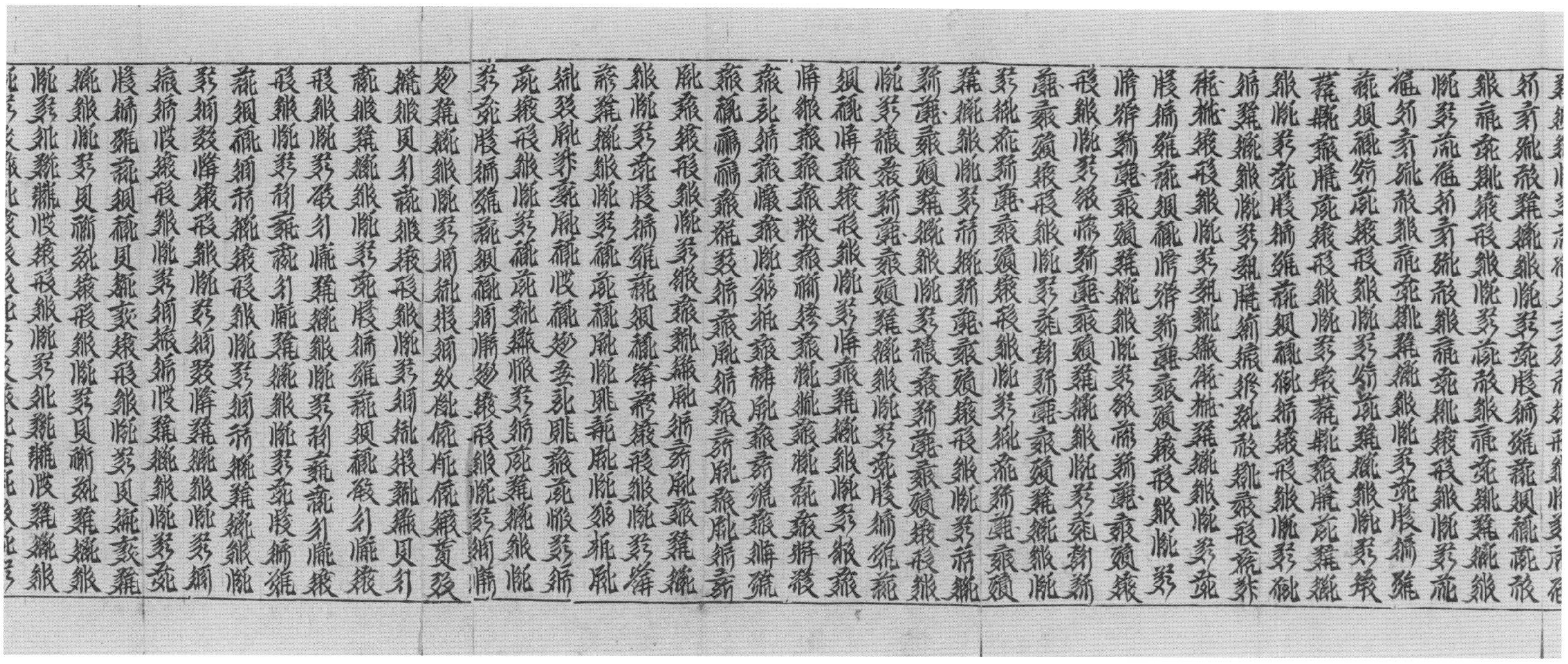

俄 Инв.No.1320　大般若波羅蜜多經卷第三百十九　(12–11)

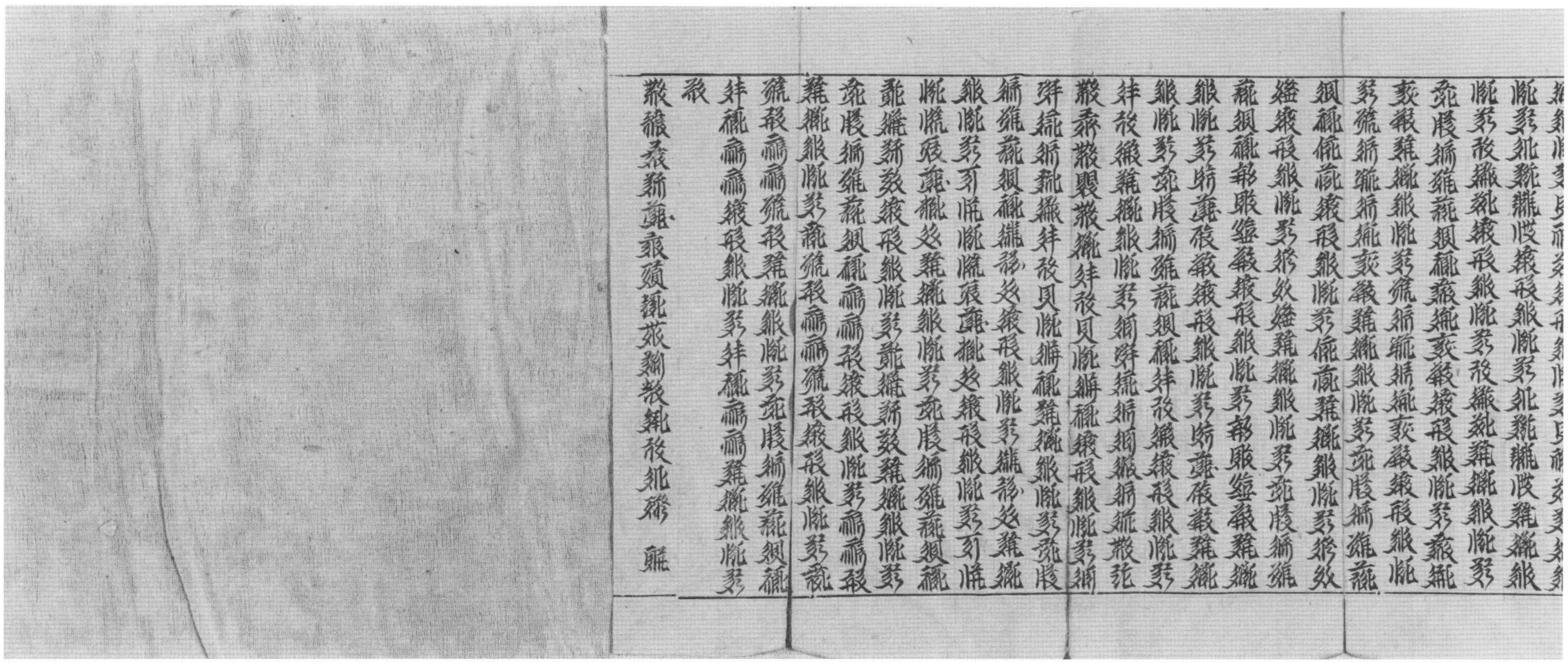

俄 Инв.No.1320　大般若波羅蜜多經卷第三百十九　(12–12)

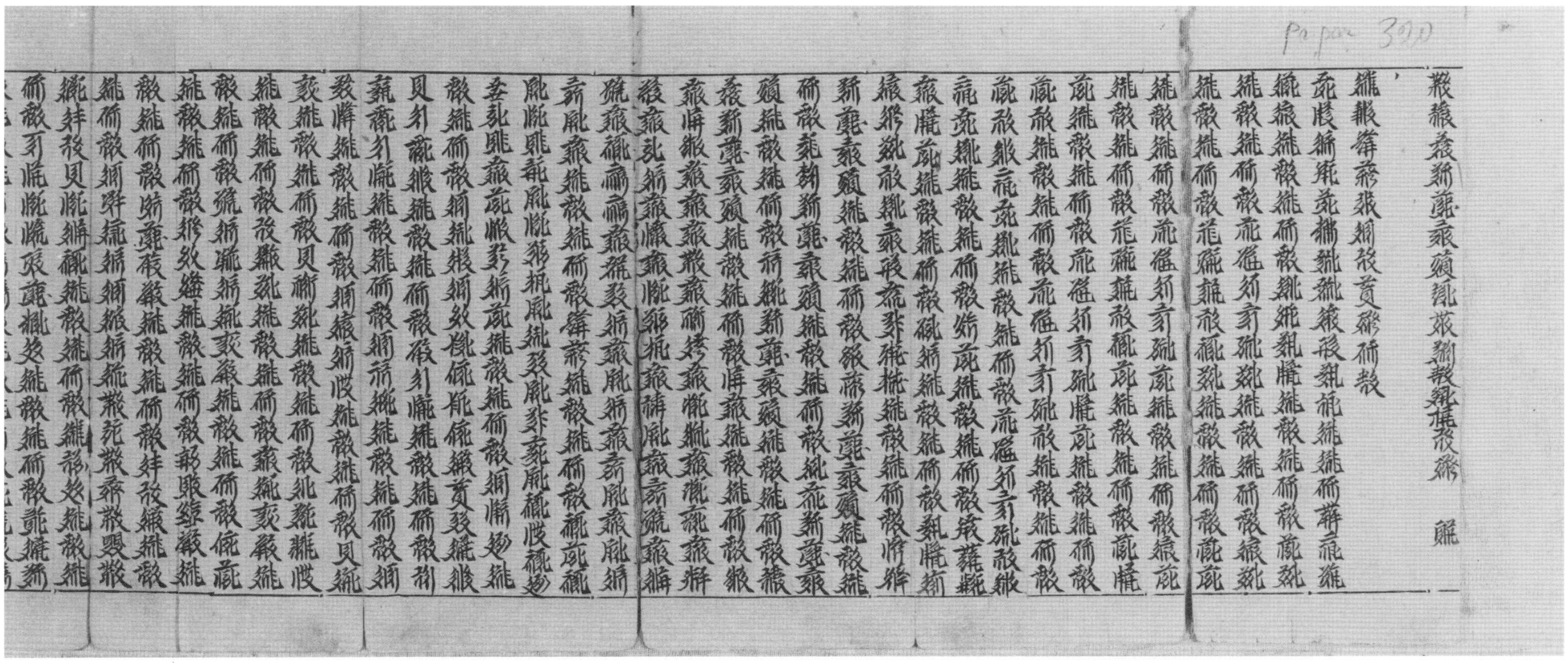

俄 Инв.No.1328　大般若波羅蜜多經卷第三百二十　(13–1)

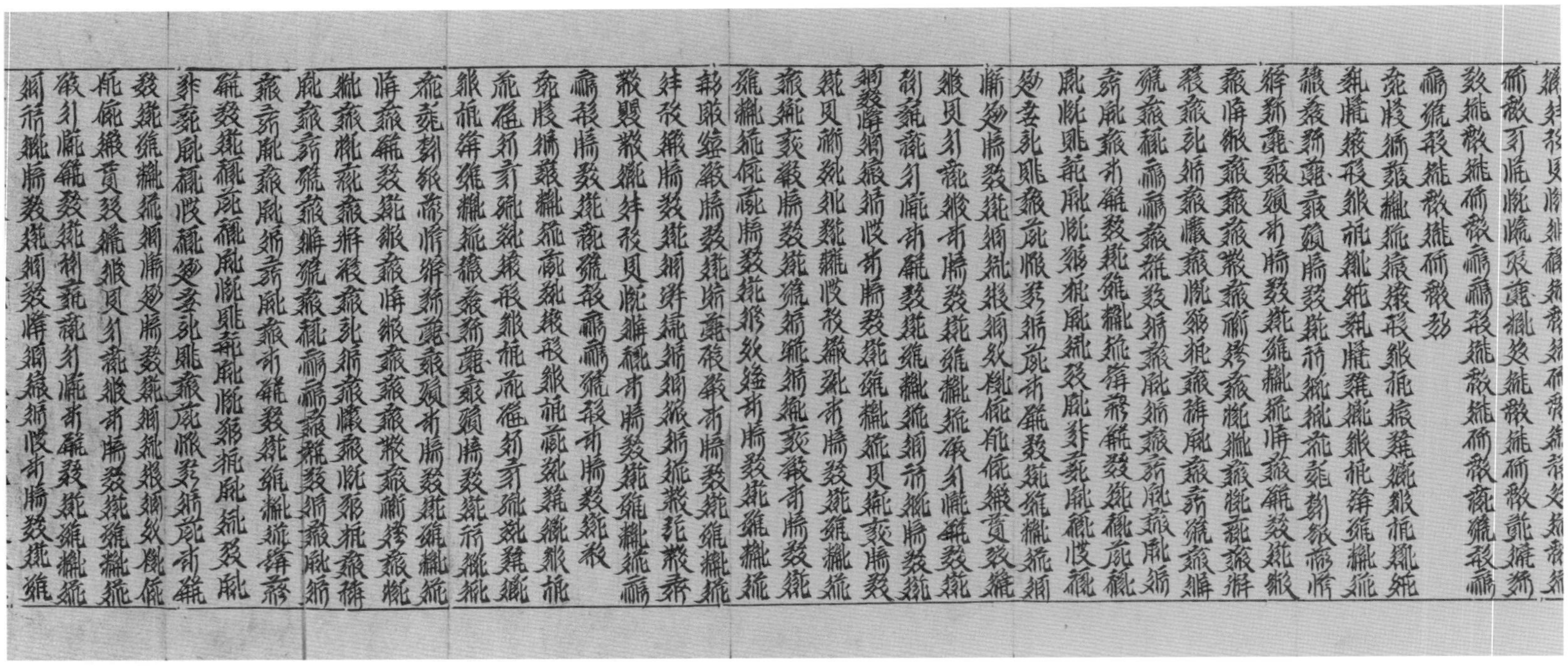

俄 Инв.No.1328 大般若波羅蜜多經卷第三百二十 (13-2)

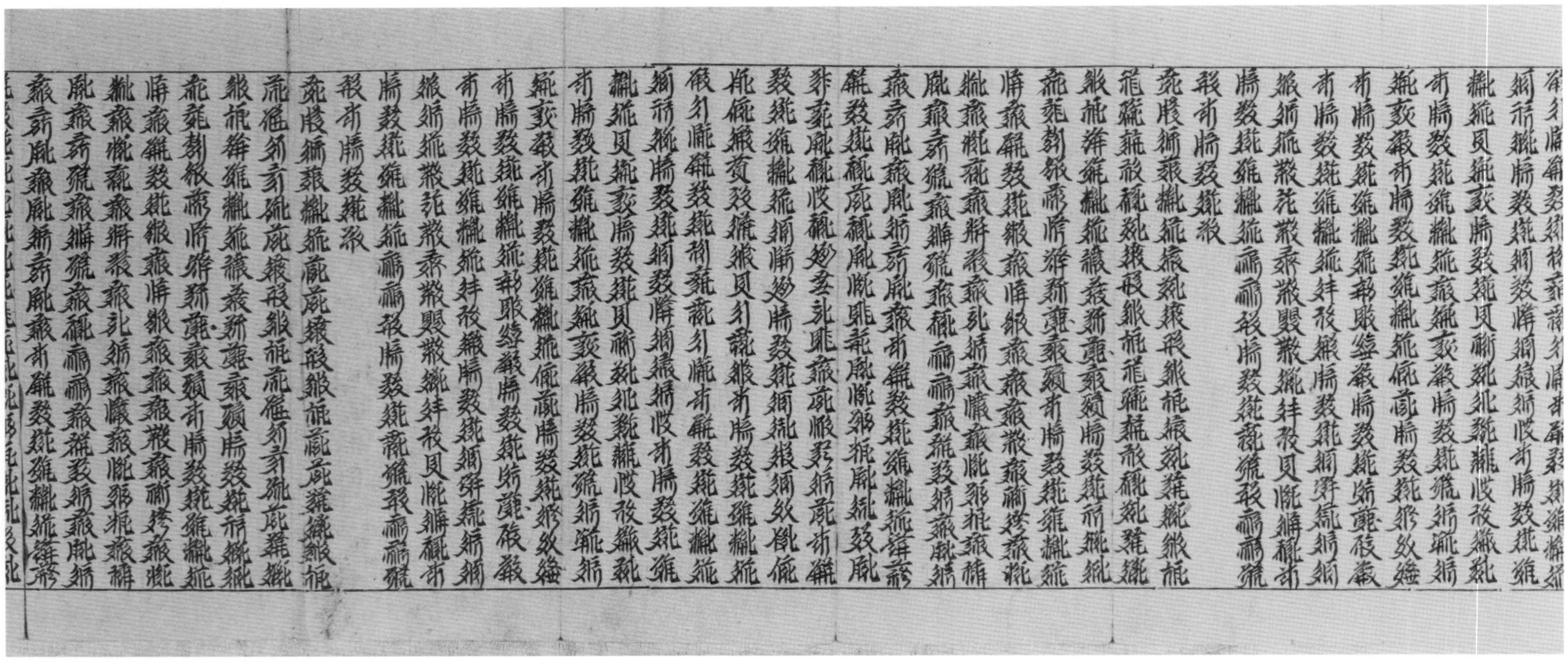

俄 Инв.No.1328 大般若波羅蜜多經卷第三百二十 (13-3)

俄 Инв.No.1328 大般若波羅蜜多經卷第三百二十 (13-4)

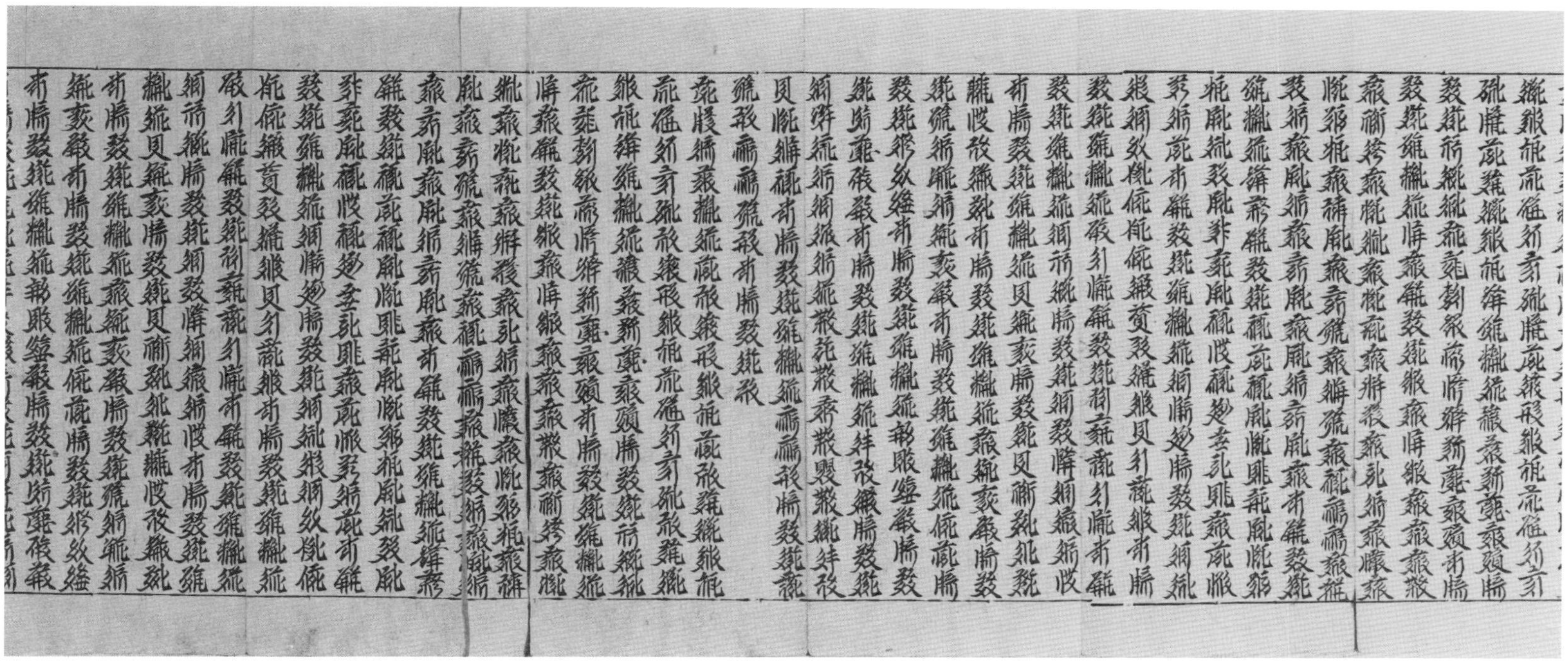

俄 Инв.No.1328　大般若波羅蜜多經卷第三百二十　　(13-5)

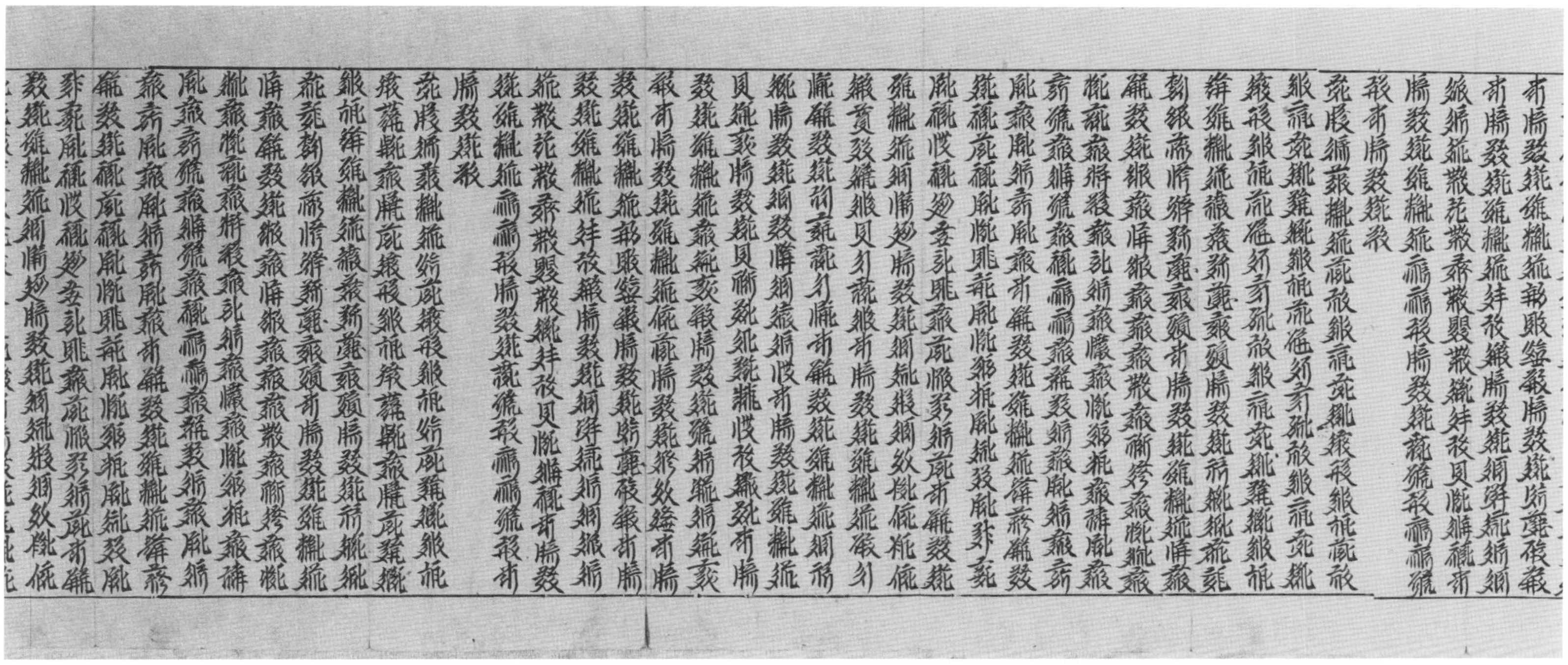

俄 Инв.No.1328　大般若波羅蜜多經卷第三百二十　　(13-6)

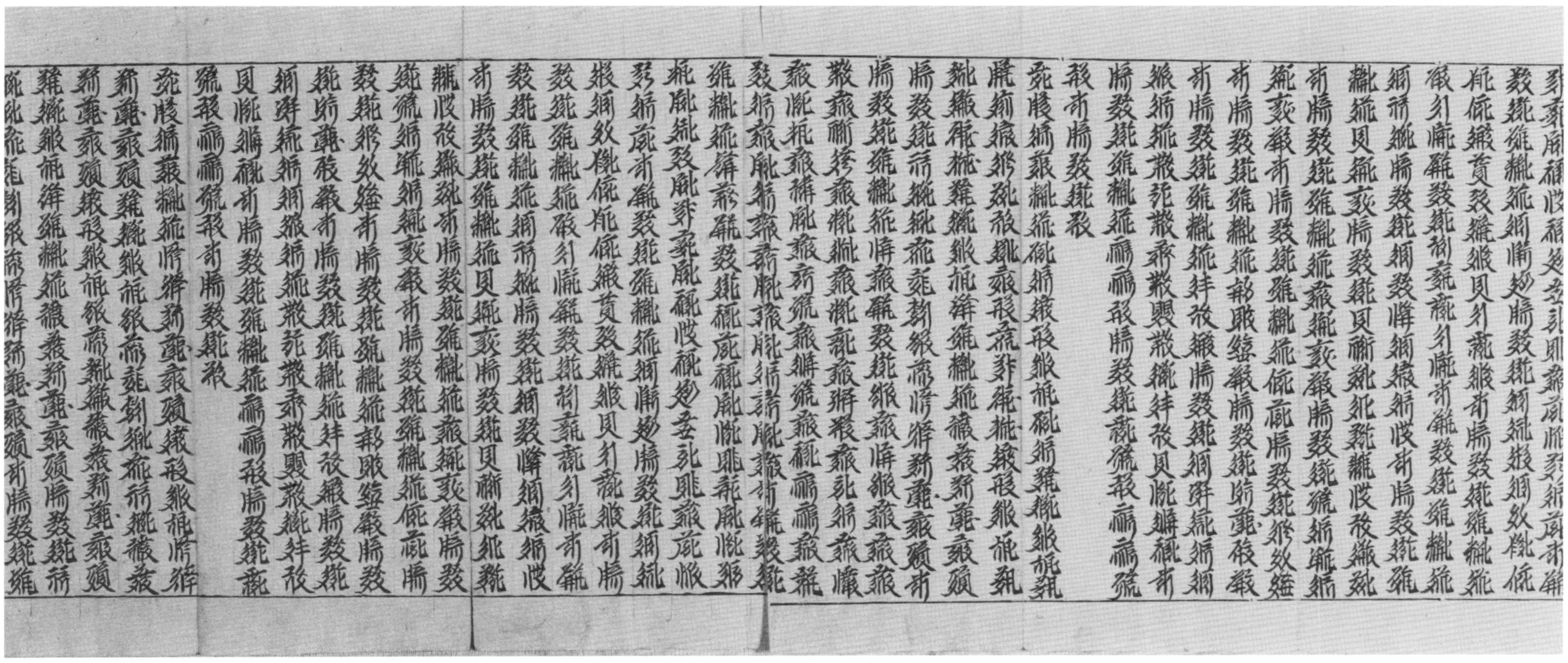

俄 Инв.No.1328　大般若波羅蜜多經卷第三百二十　　(13-7)

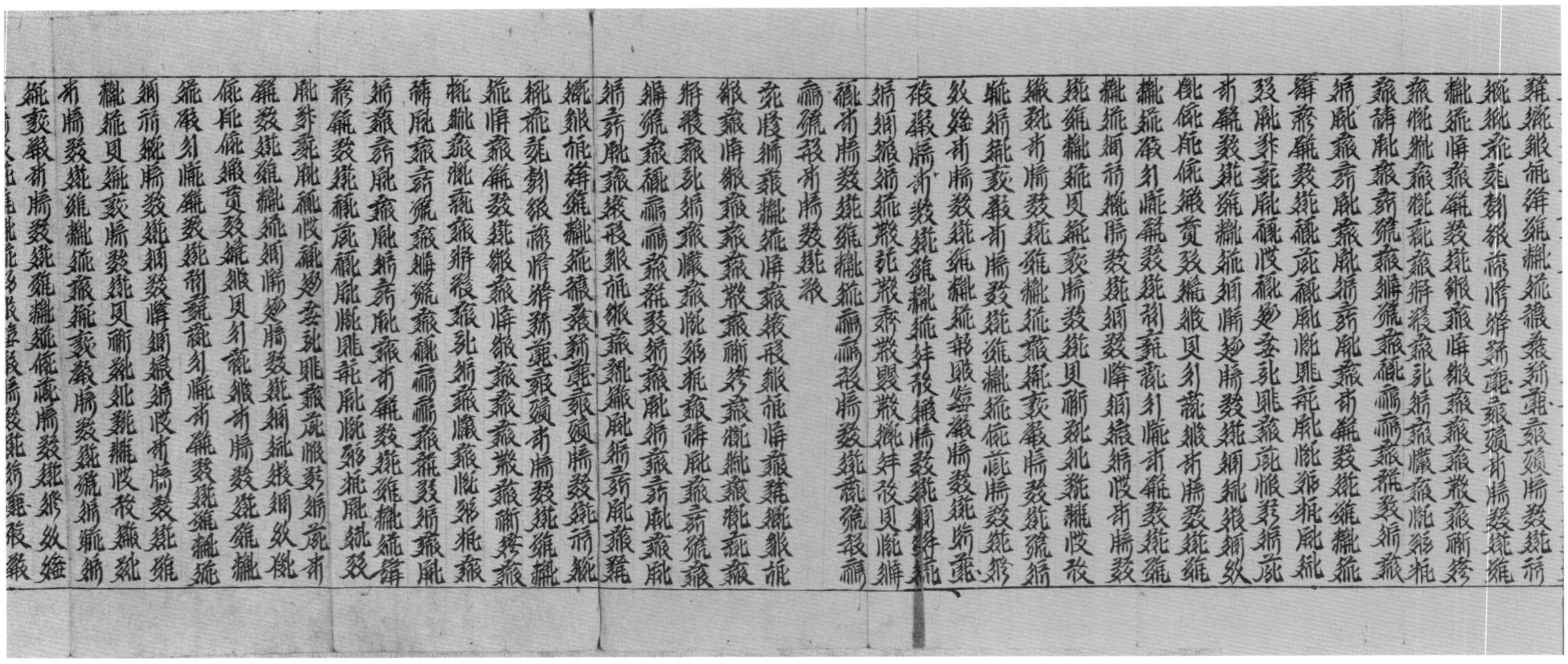

俄 Инв.No.1328　大般若波羅蜜多經卷第三百二十　(13-8)

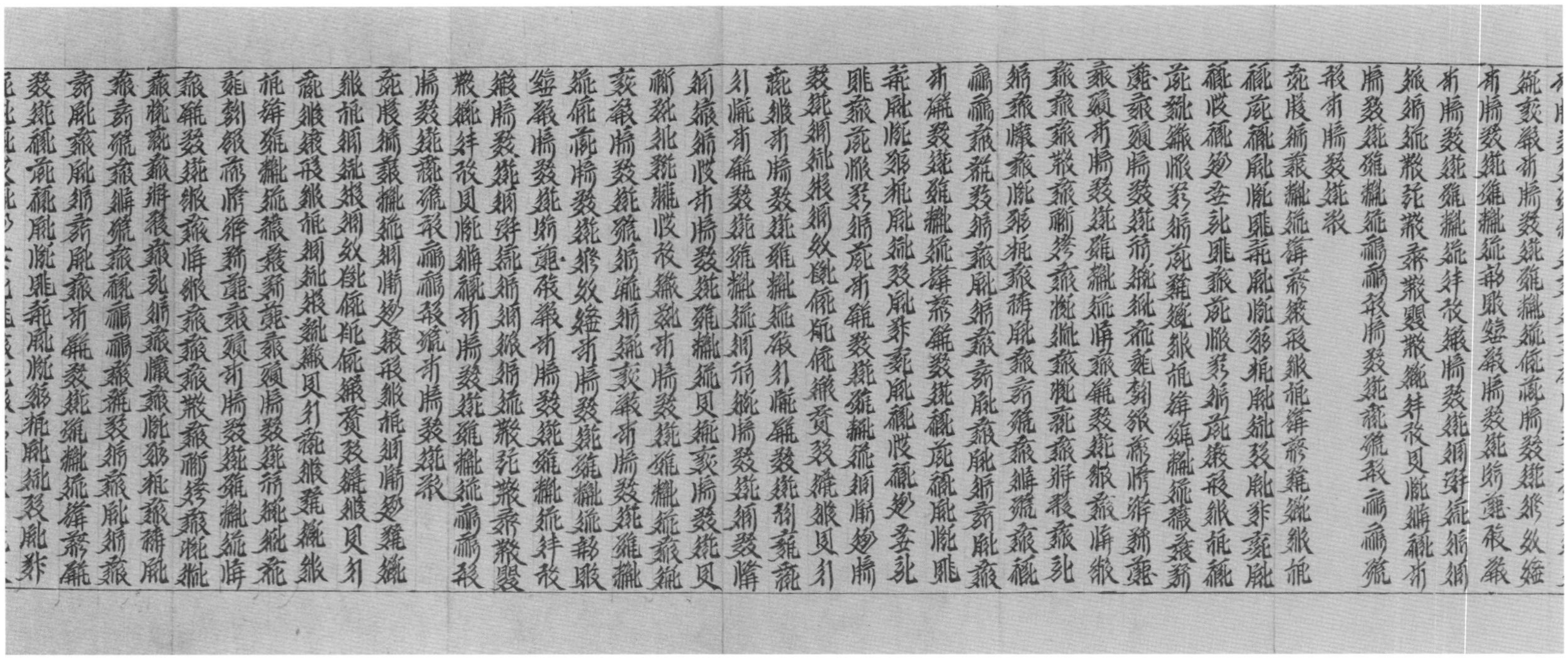

俄 Инв.No.1328　大般若波羅蜜多經卷第三百二十　(13-9)

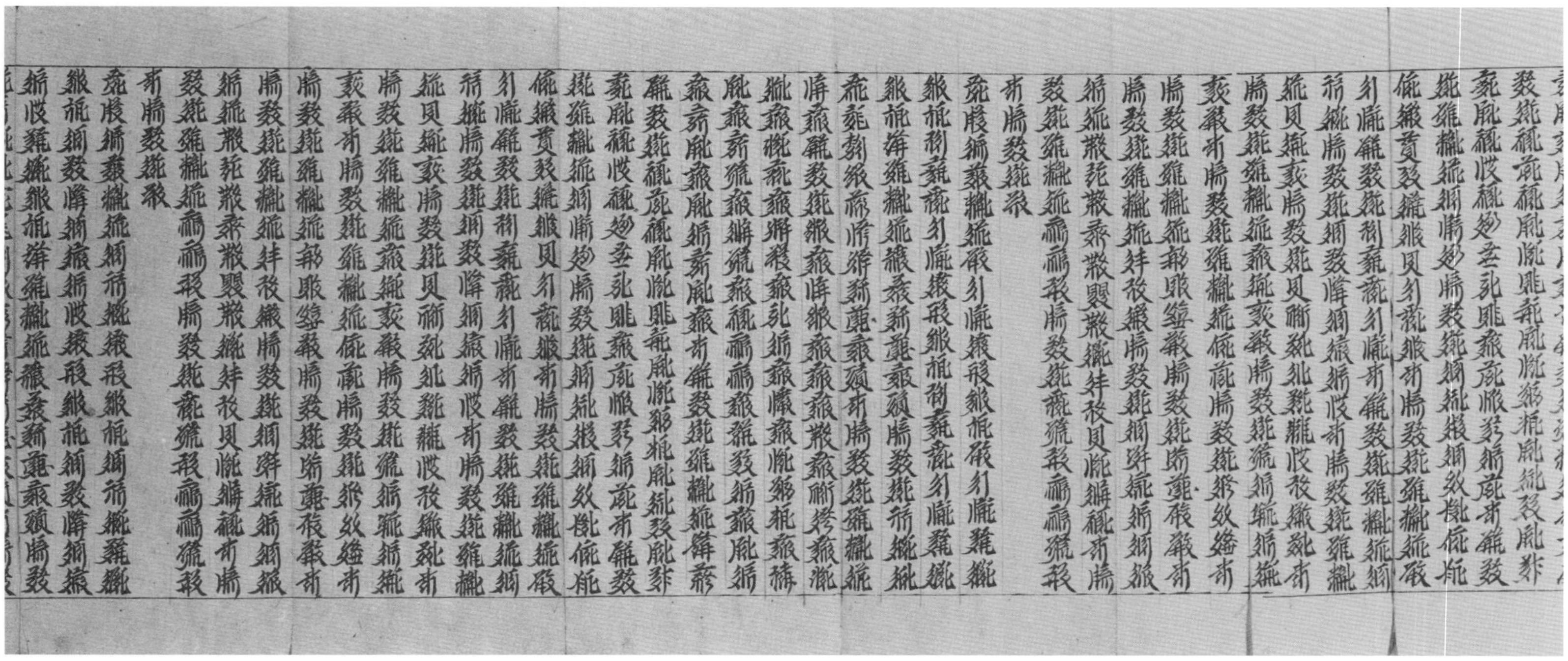

俄 Инв.No.1328　大般若波羅蜜多經卷第三百二十　(13-10)

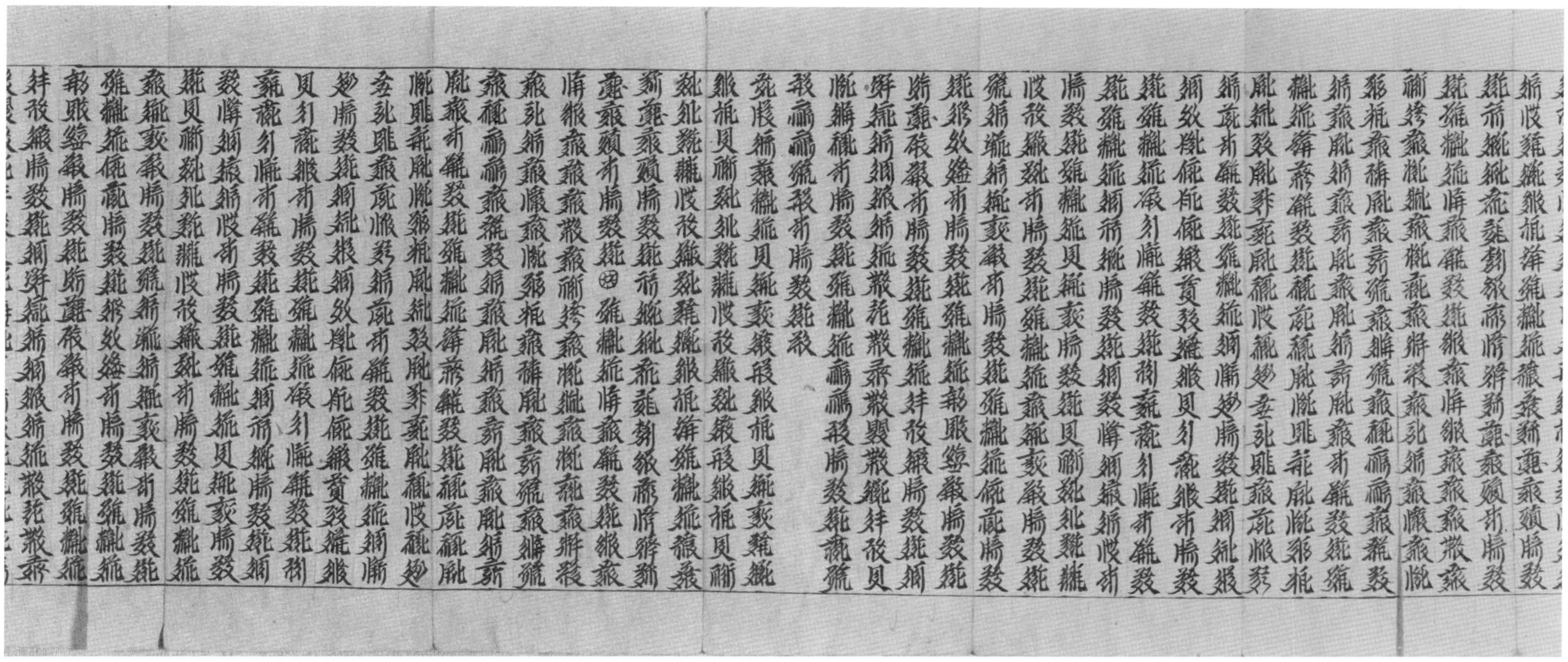

俄 Инв.No.1328　大般若波羅蜜多經卷第三百二十　(13-11)

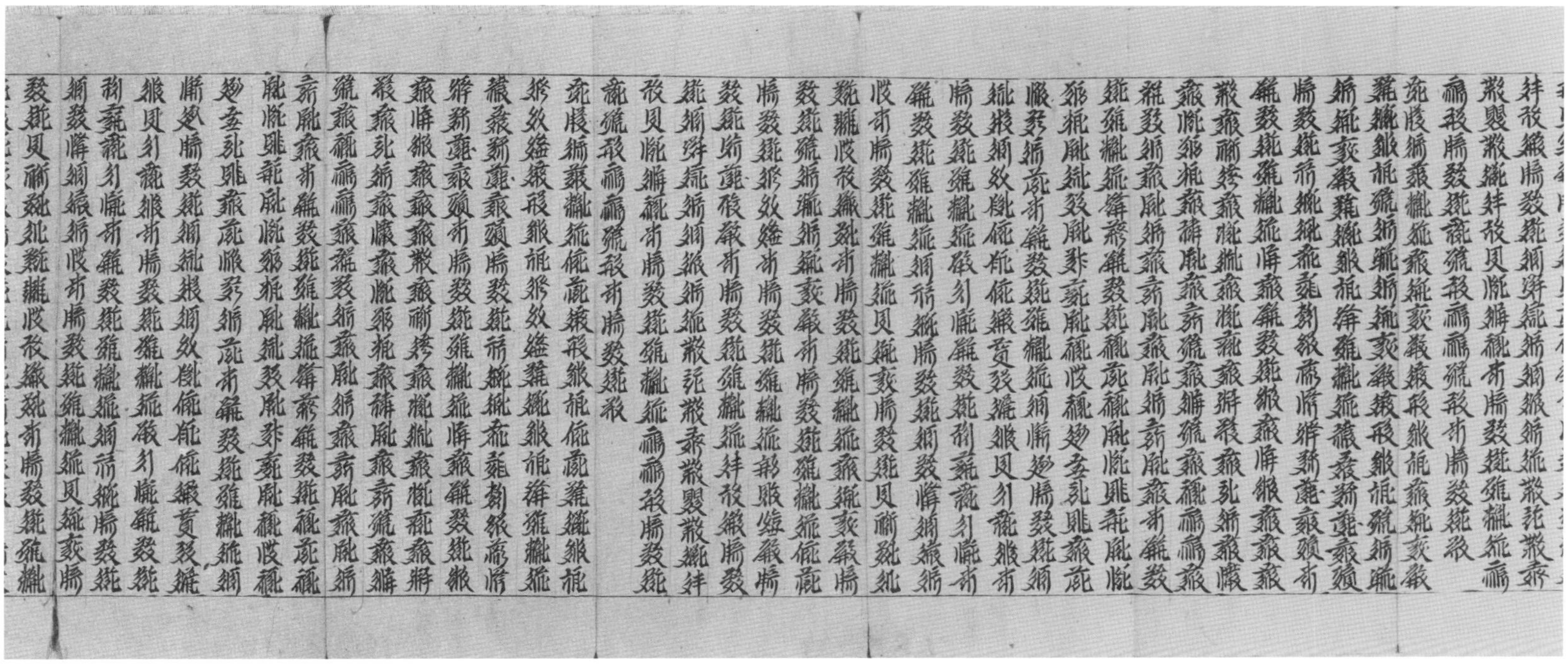

俄 Инв.No.1328　大般若波羅蜜多經卷第三百二十　(13-12)

俄 Инв.No.1328　大般若波羅蜜多經卷第三百二十　(13-13)

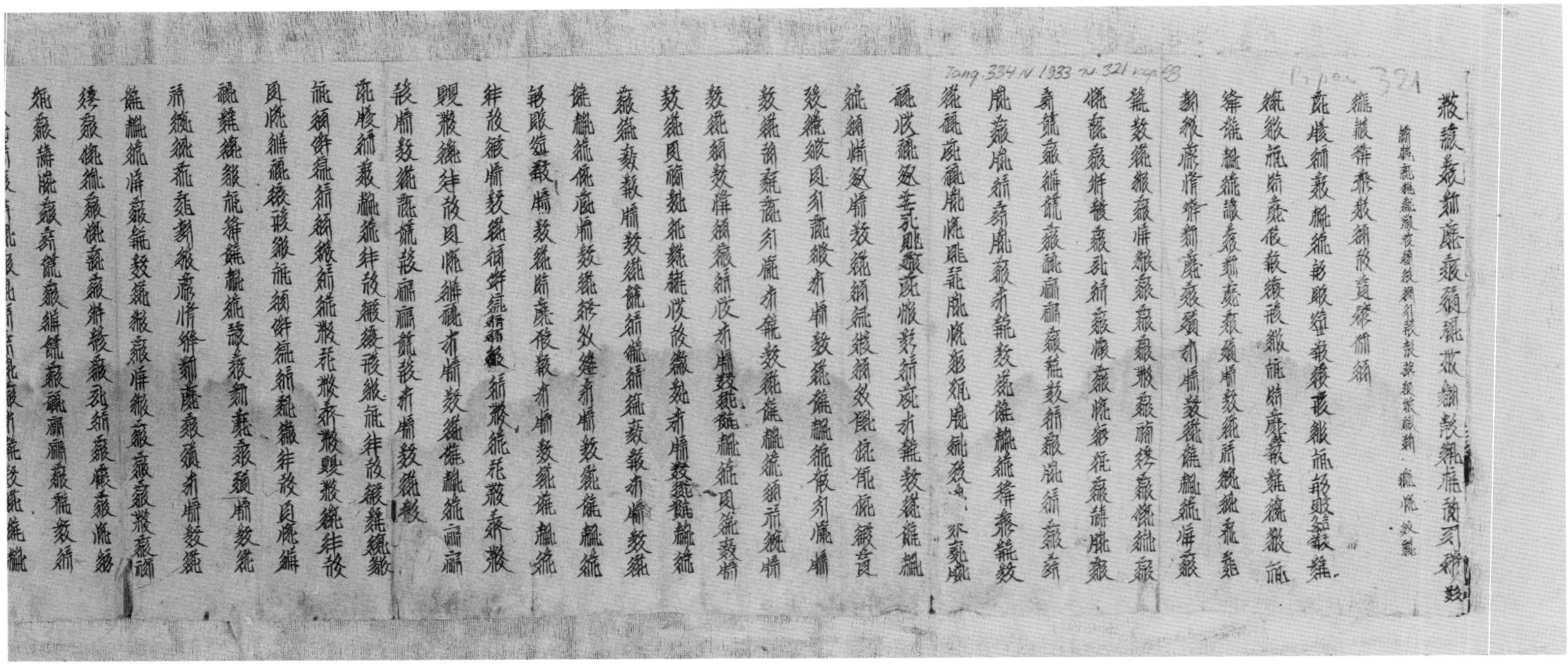

俄 Инв.No.1933　大般若波羅蜜多經卷第三百二十一　(13-1)

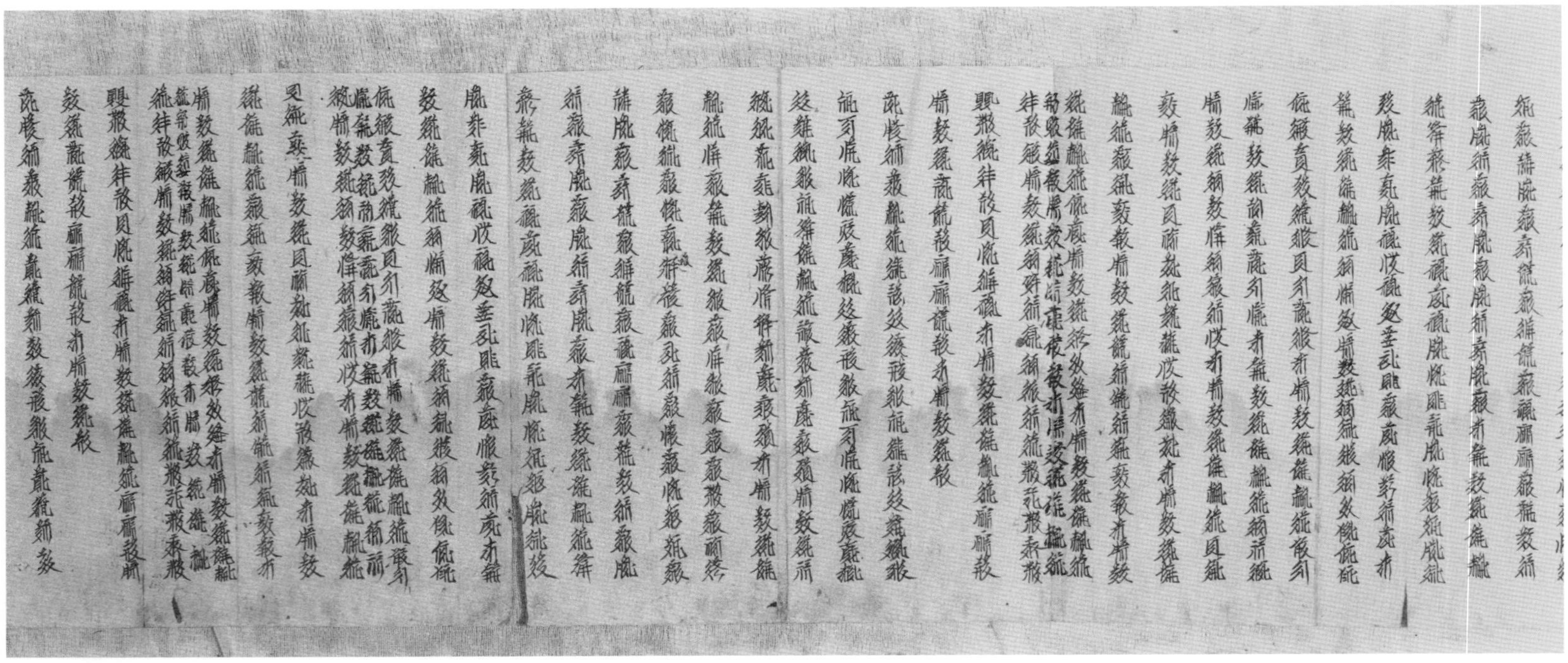

俄 Инв.No.1933　大般若波羅蜜多經卷第三百二十一　(13-2)

俄 Инв.No.1933　大般若波羅蜜多經卷第三百二十一　(13-3)

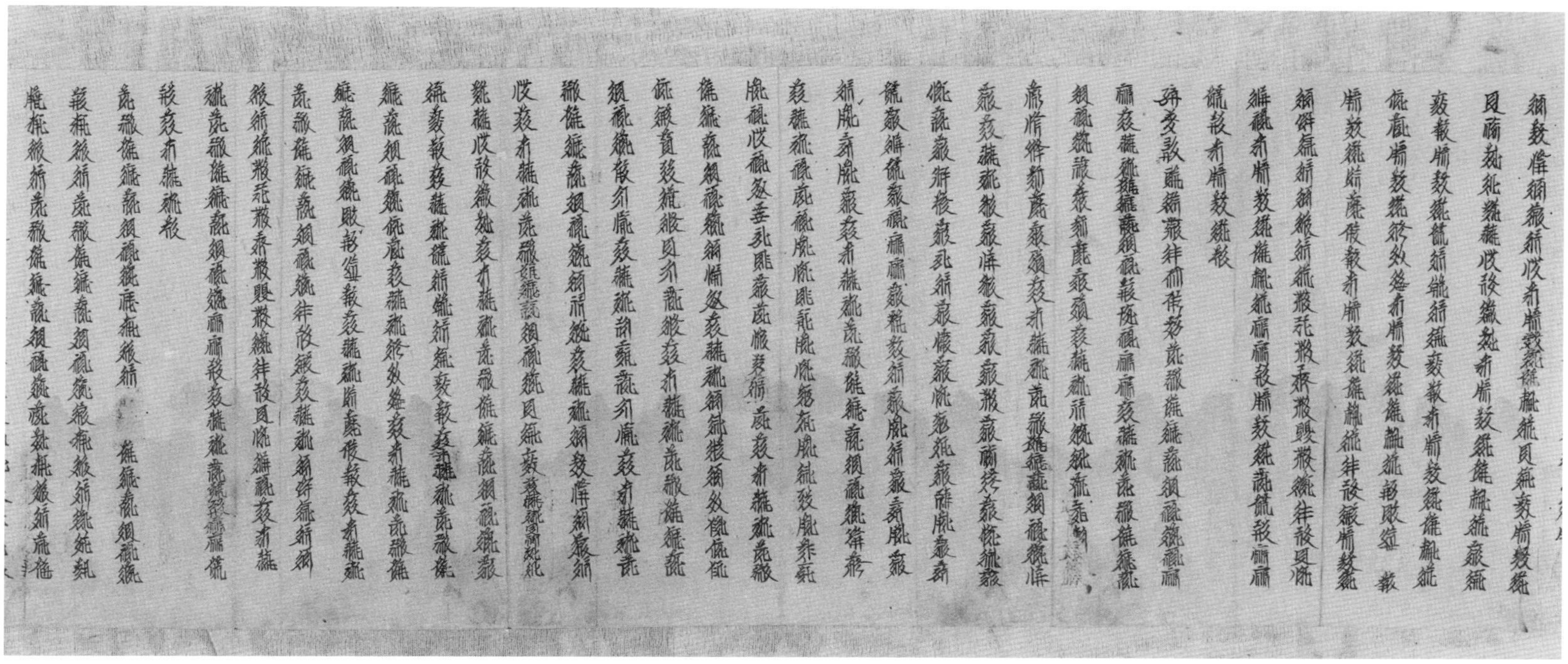

俄Инв.No.1933　大般若波羅蜜多經卷第三百二十一　(13–4)

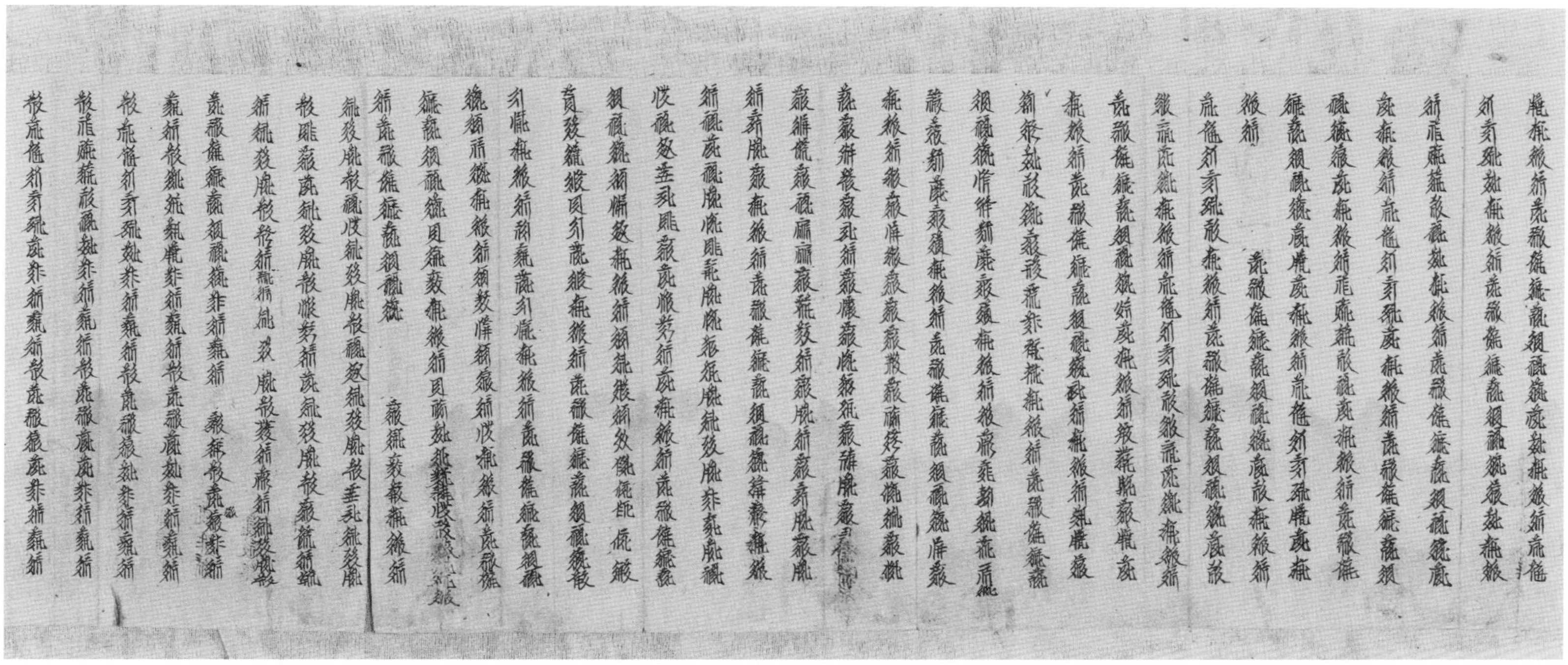

俄Инв.No.1933　大般若波羅蜜多經卷第三百二十一　(13–5)

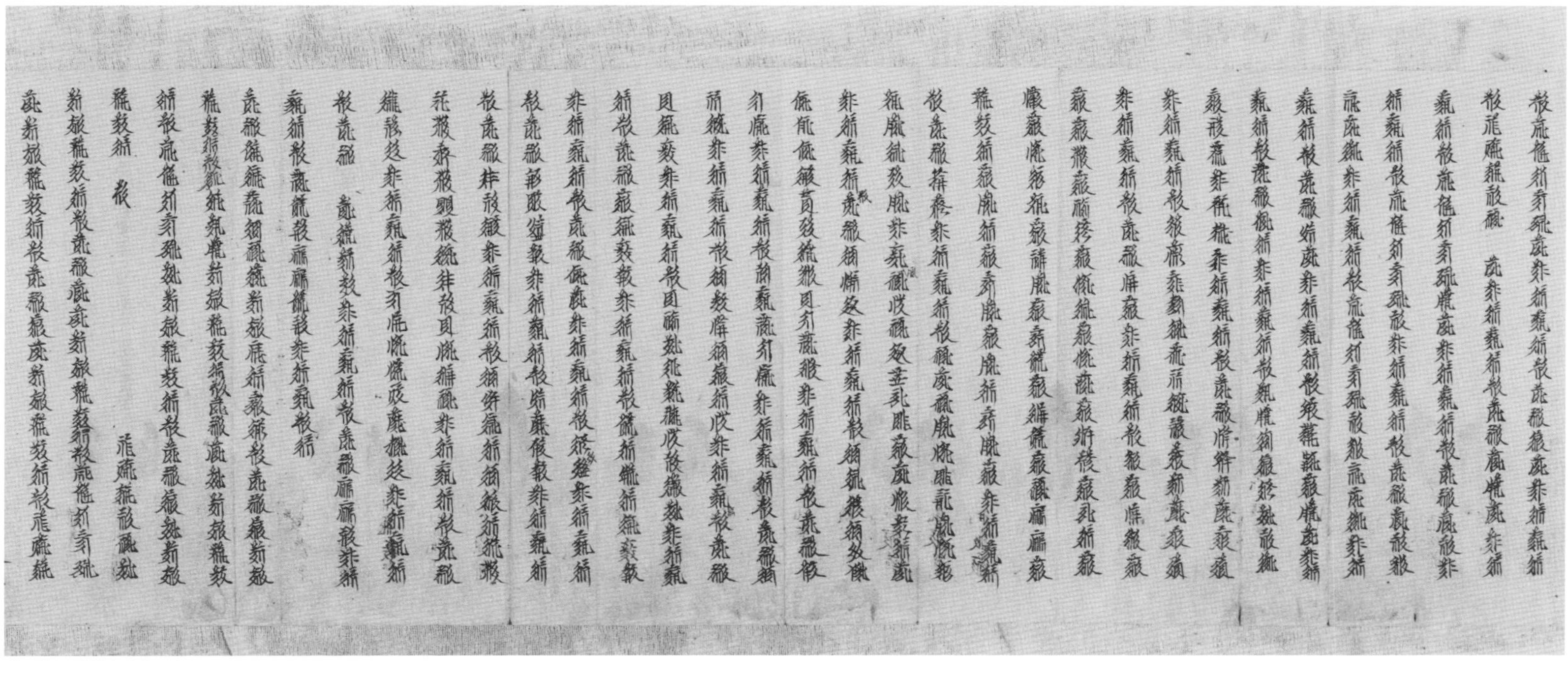

俄Инв.No.1933　大般若波羅蜜多經卷第三百二十一　(13–6)

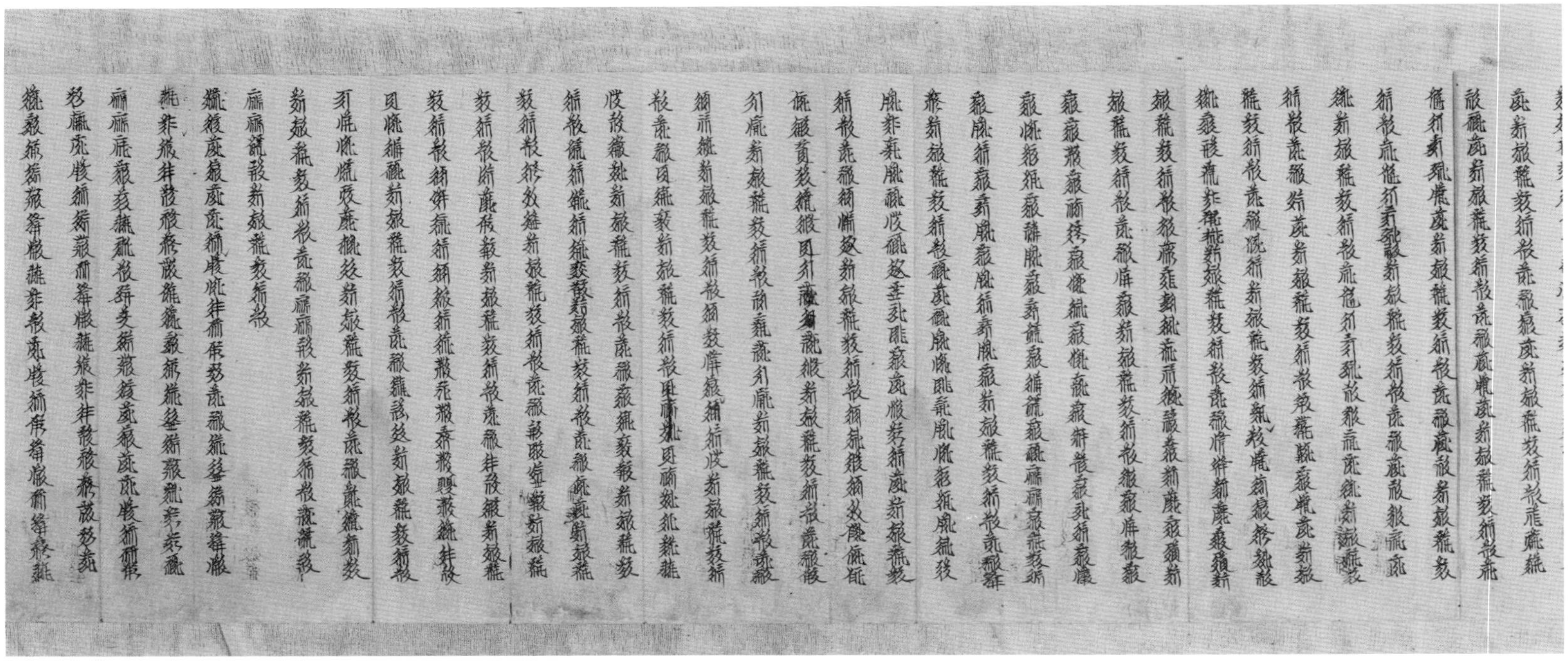

俄 Инв.No.1933　大般若波羅蜜多經卷第三百二十一　(13-7)

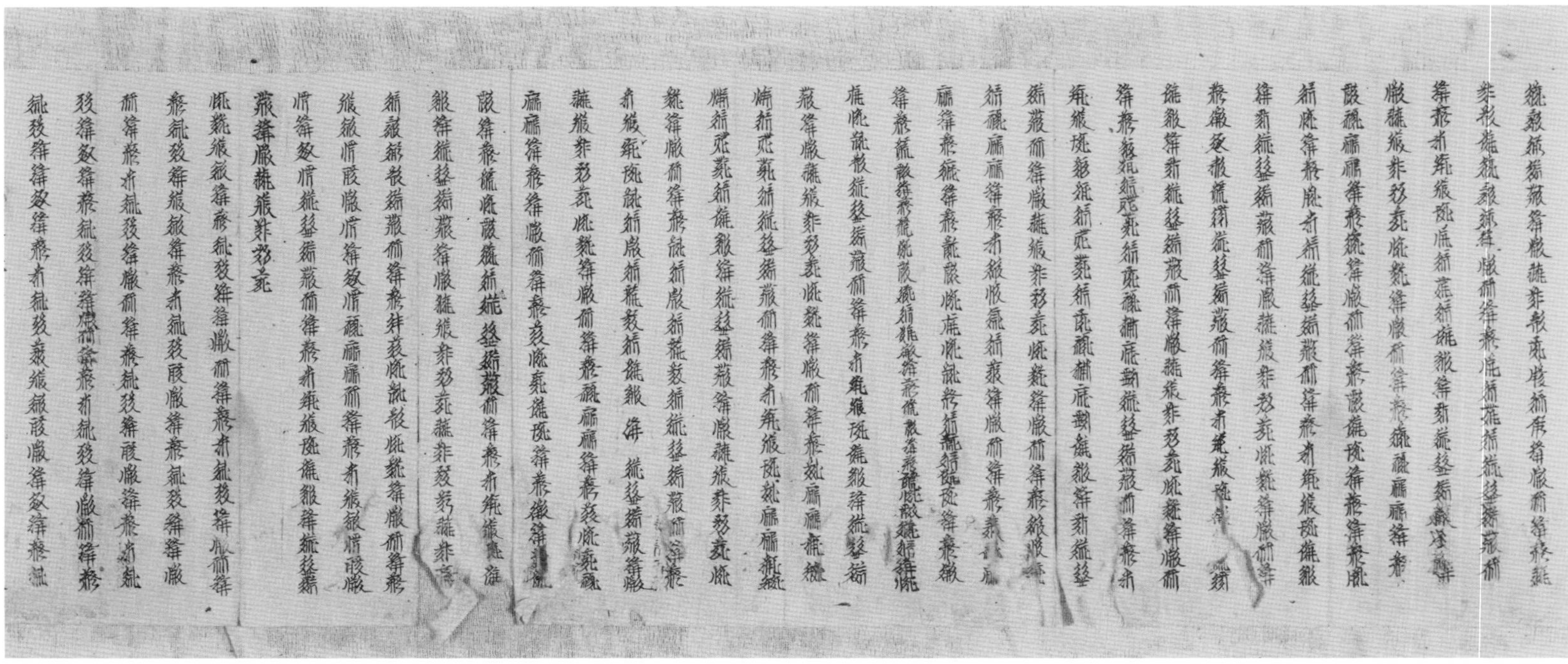

俄 Инв.No.1933　大般若波羅蜜多經卷第三百二十一　(13-8)

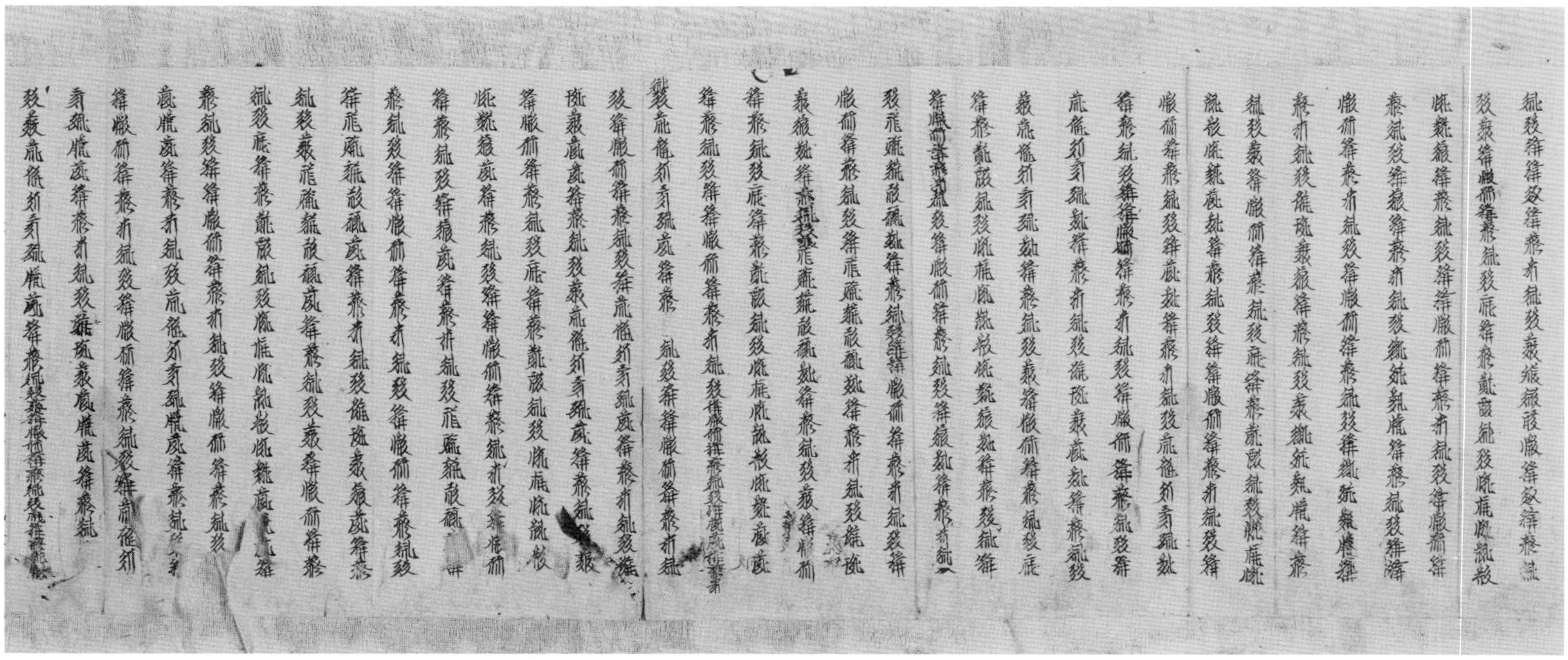

俄 Инв.No.1933　大般若波羅蜜多經卷第三百二十一　(13-9)

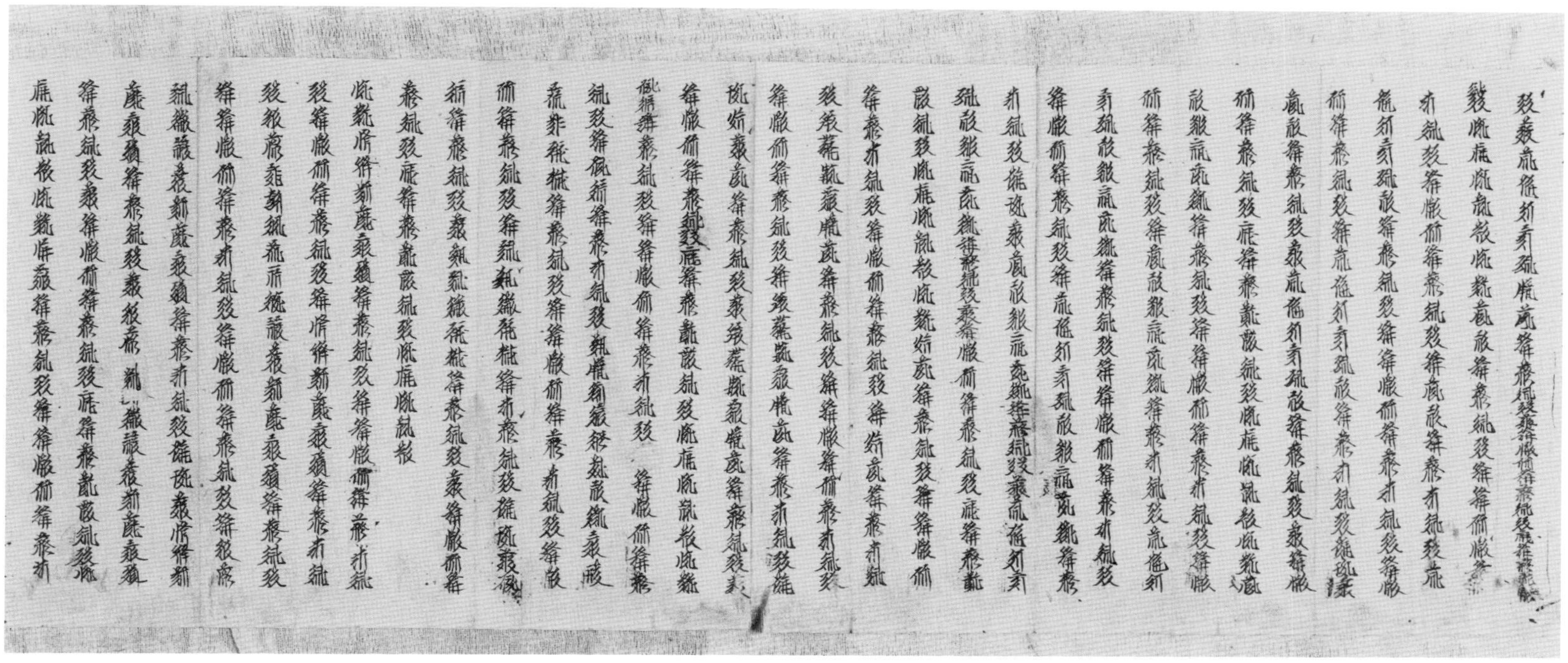

俄 Инв.No.1933　大般若波羅蜜多經卷第三百二十一　(13–10)

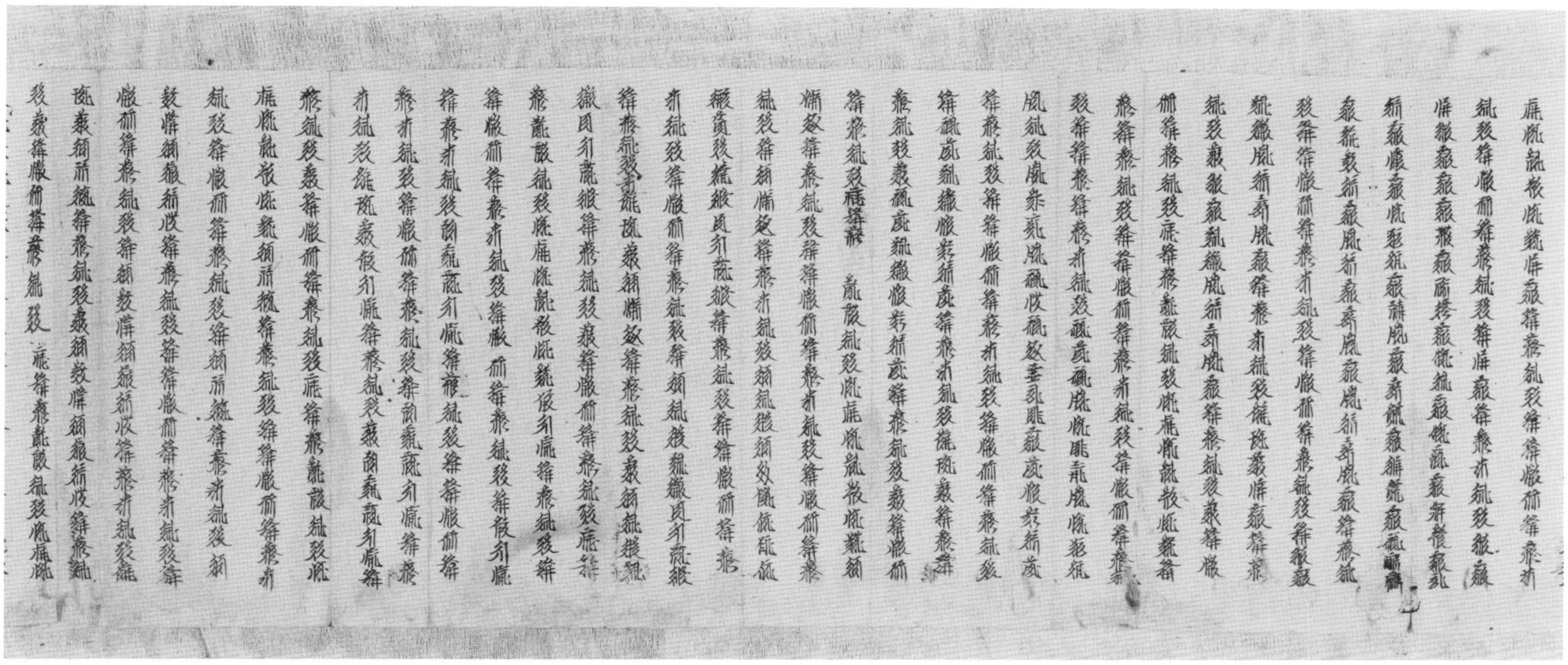

俄 Инв.No.1933　大般若波羅蜜多經卷第三百二十一　(13–11)

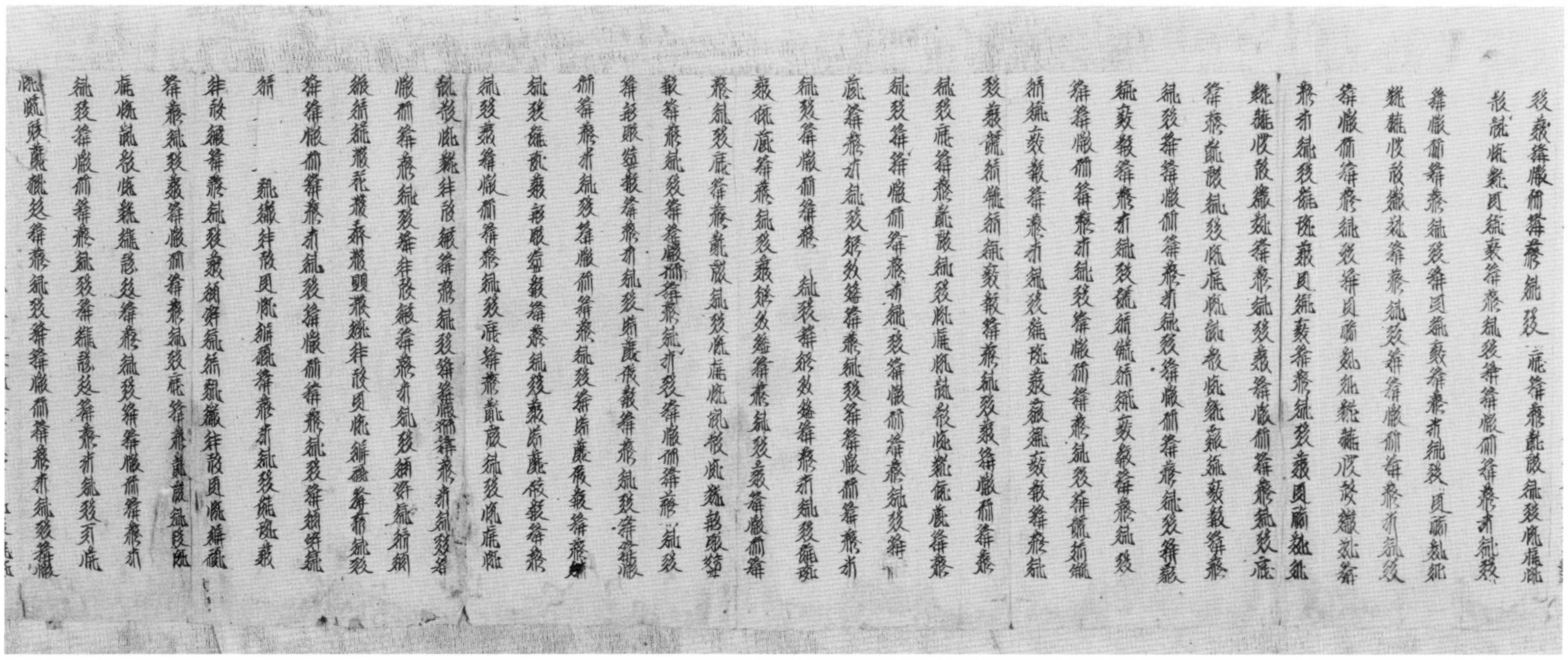

俄 Инв.No.1933　大般若波羅蜜多經卷第三百二十一　(13–12)

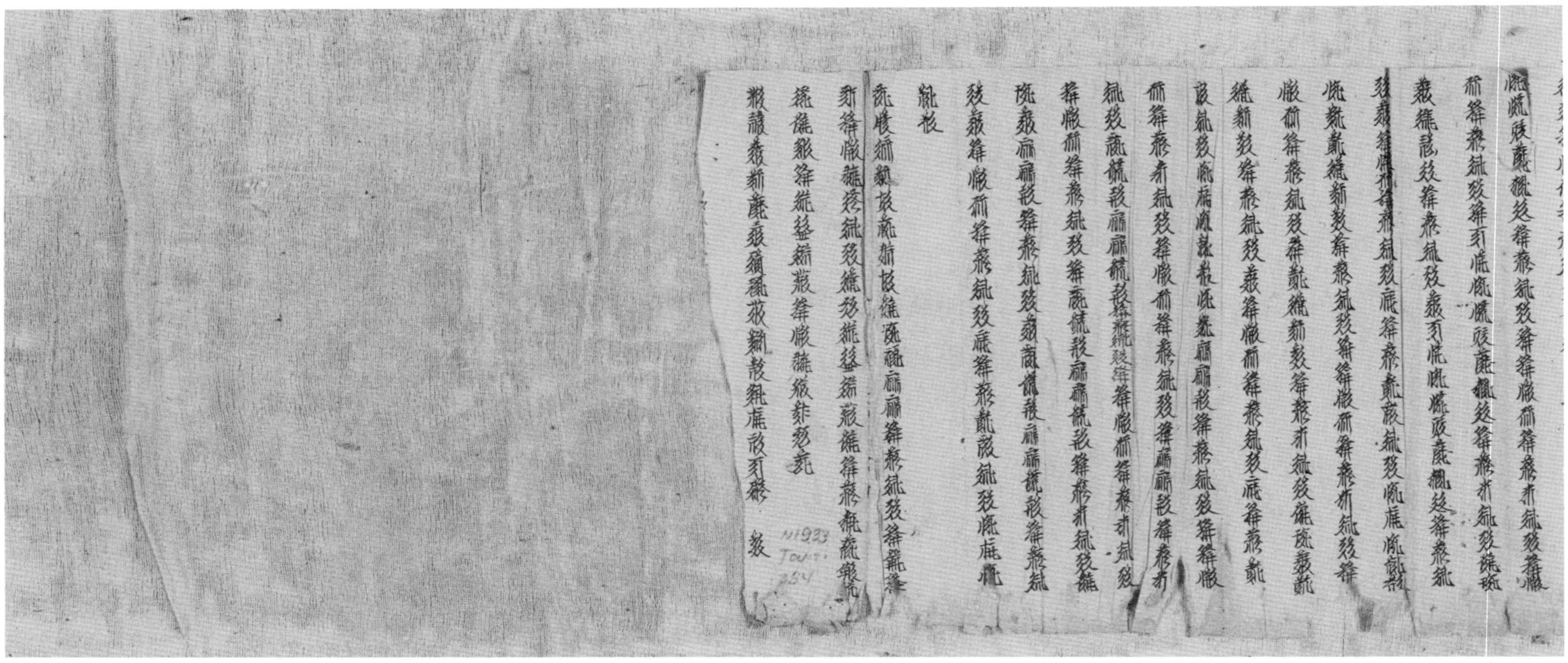

俄 Инв.No.1933　大般若波羅蜜多經卷第三百二十一　(13-13)

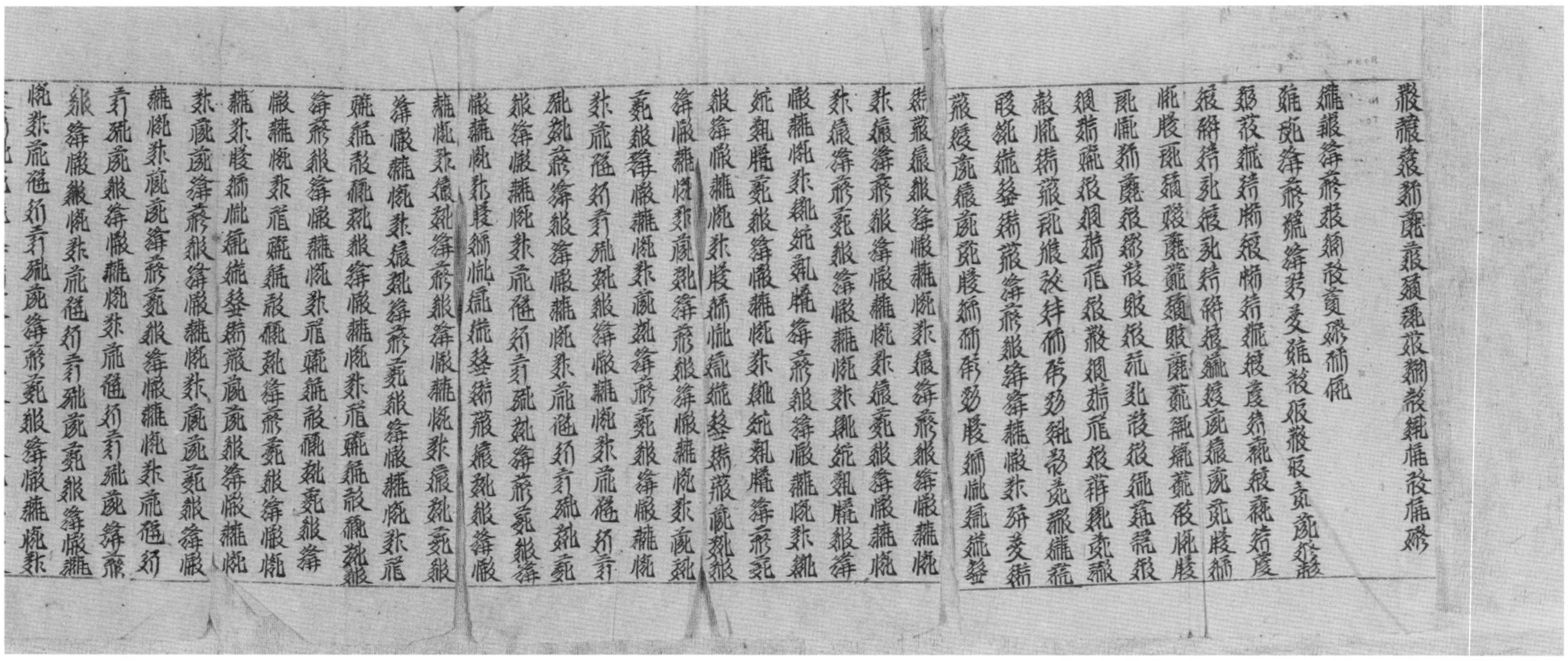

俄 Инв.No.1943　大般若波羅蜜多經卷第三百二十二　(14-1)

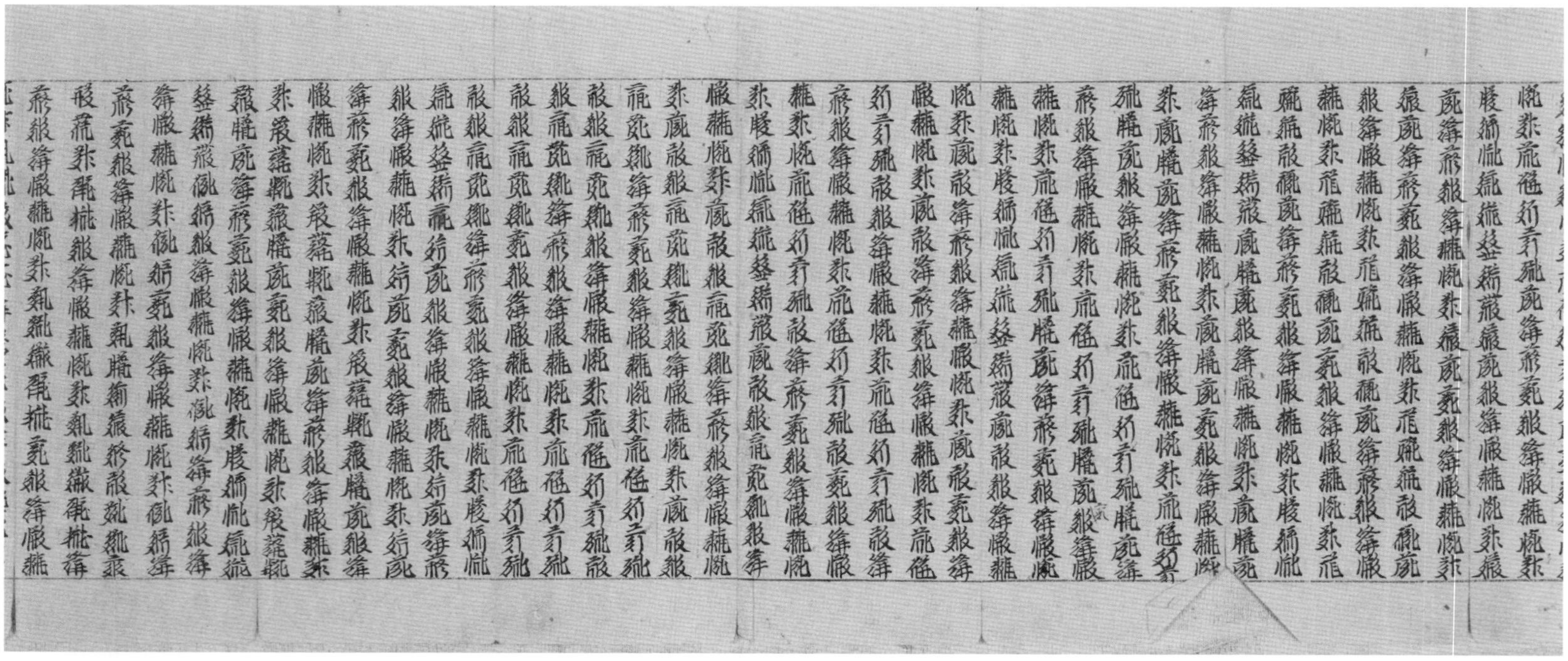

俄 Инв.No.1943　大般若波羅蜜多經卷第三百二十二　(14-2)

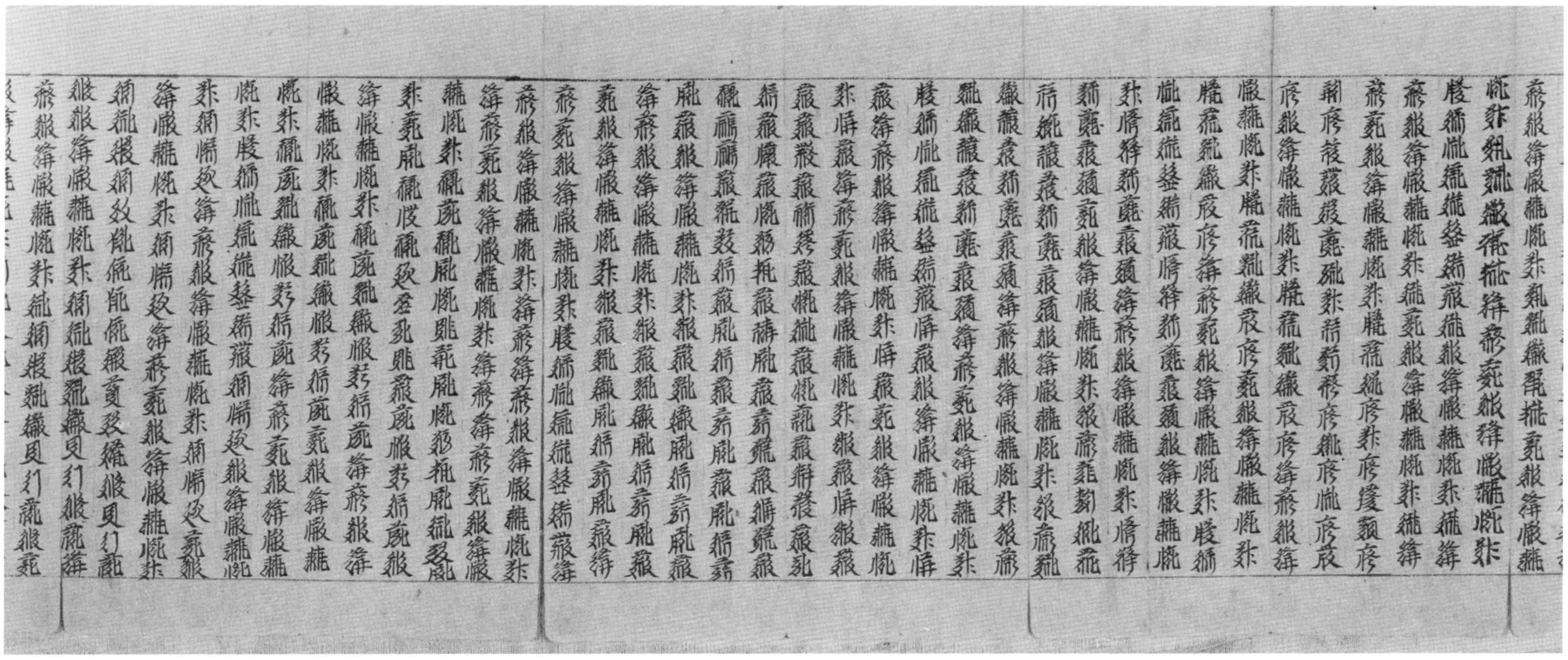

俄 Инв.No.1943　大般若波羅蜜多經卷第三百二十二　(14–3)

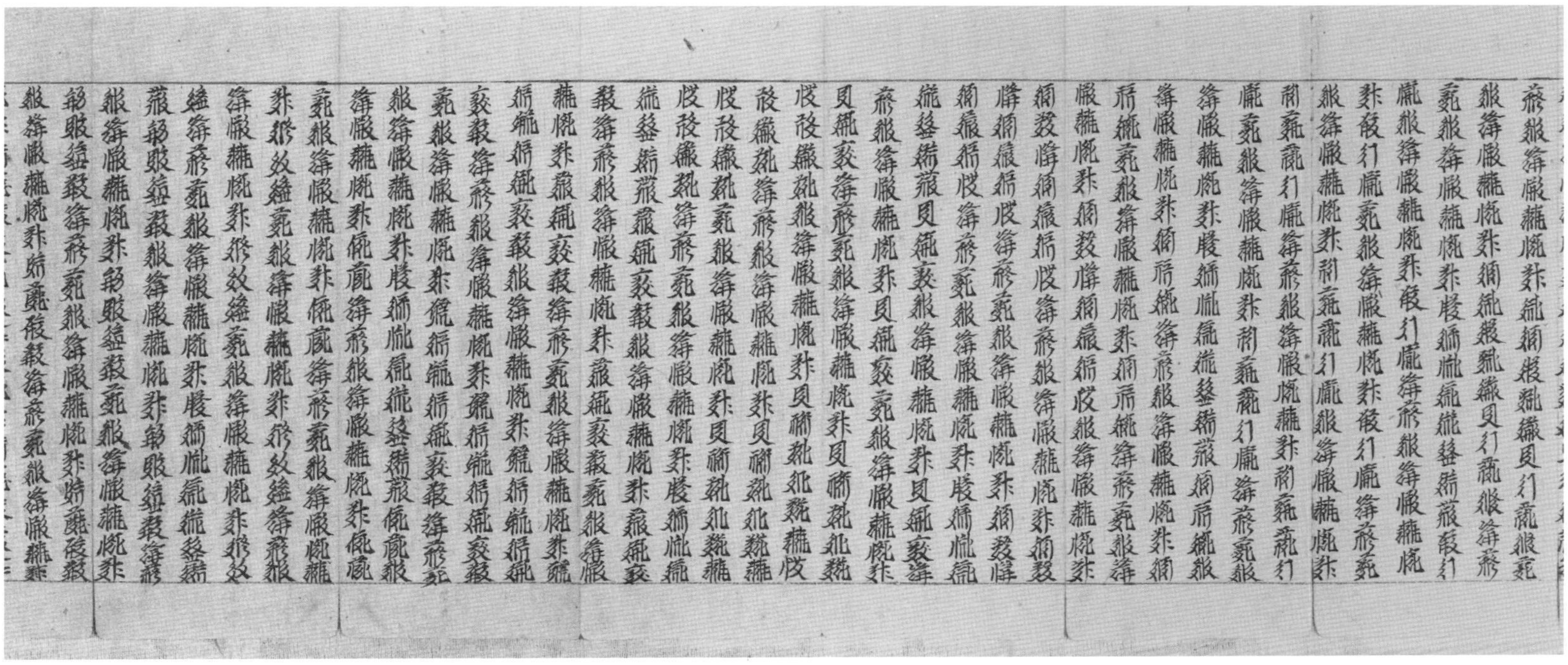

俄 Инв.No.1943　大般若波羅蜜多經卷第三百二十二　(14–4)

俄 Инв.No.1943　大般若波羅蜜多經卷第三百二十二　(14–5)

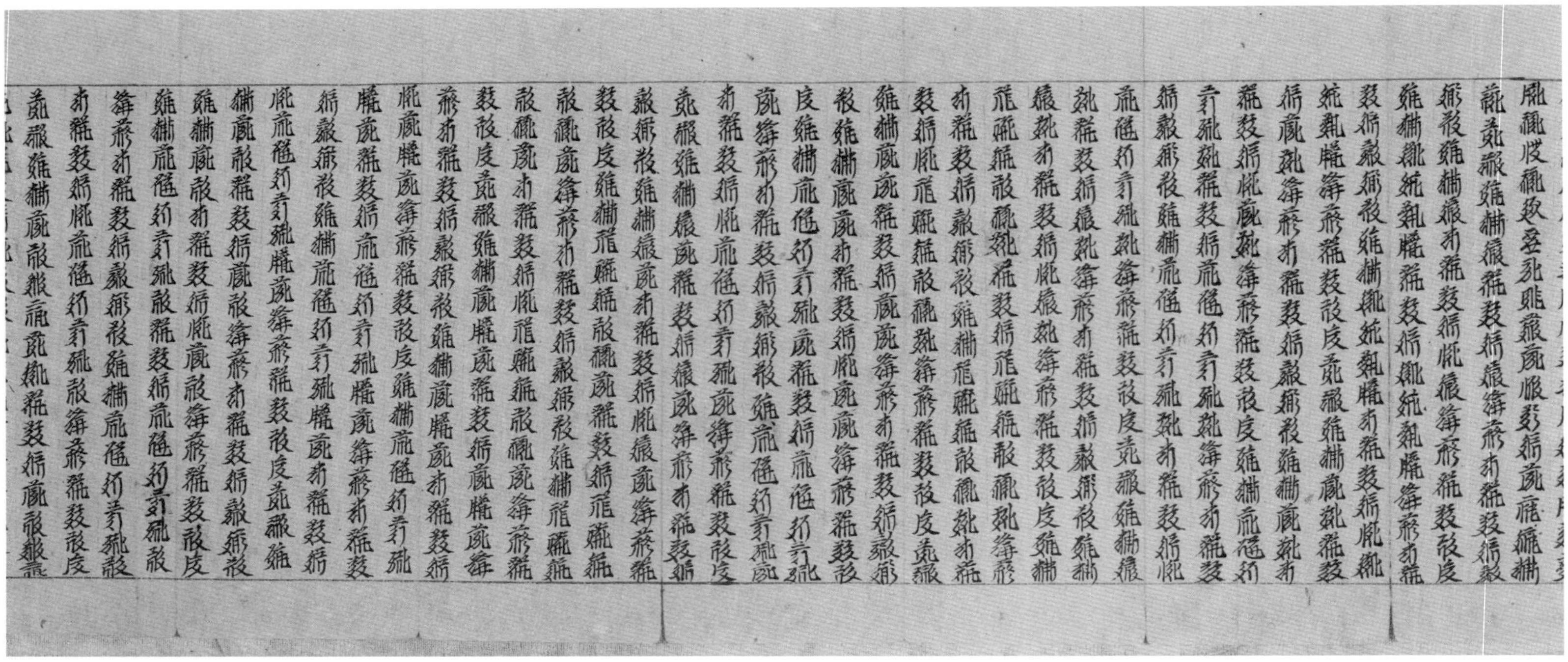

俄 Инв.No.1943　大般若波羅蜜多經卷第三百二十二　(14-6)

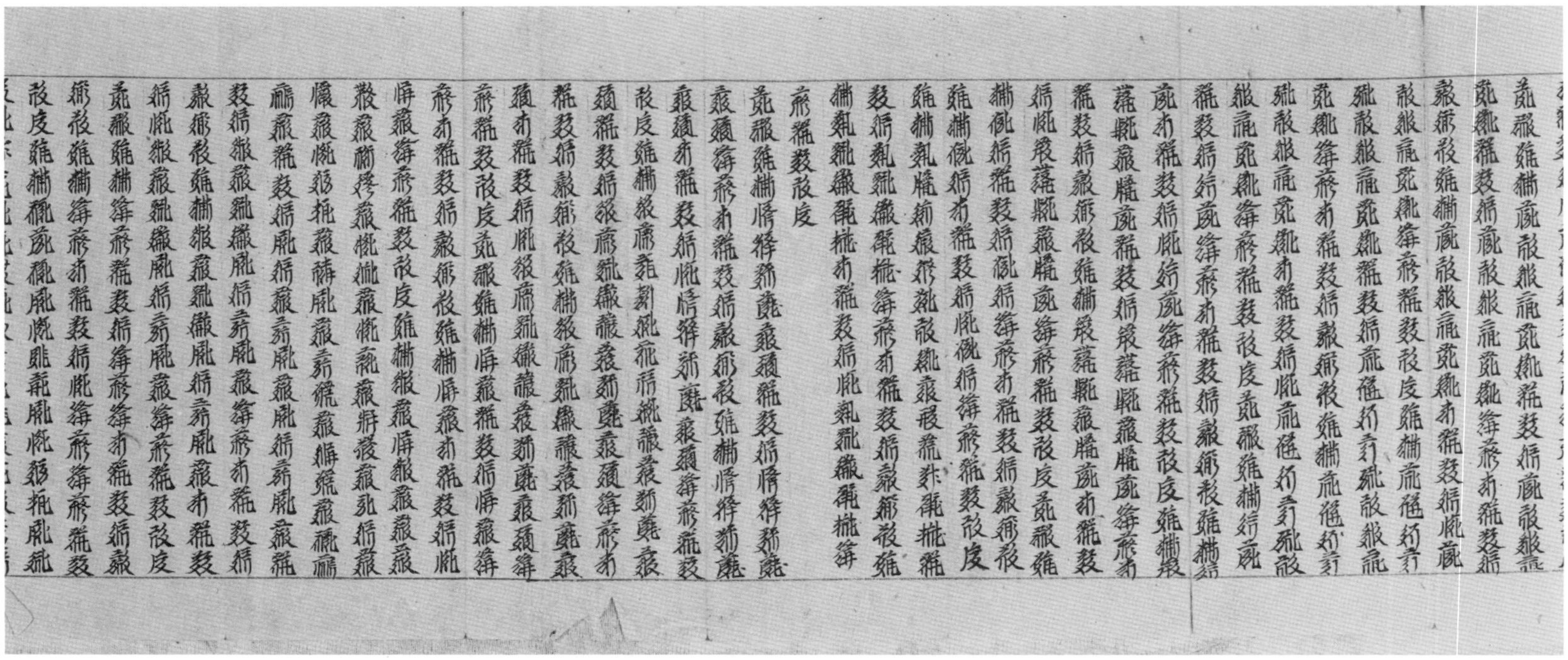

俄 Инв.No.1943　大般若波羅蜜多經卷第三百二十二　(14-7)

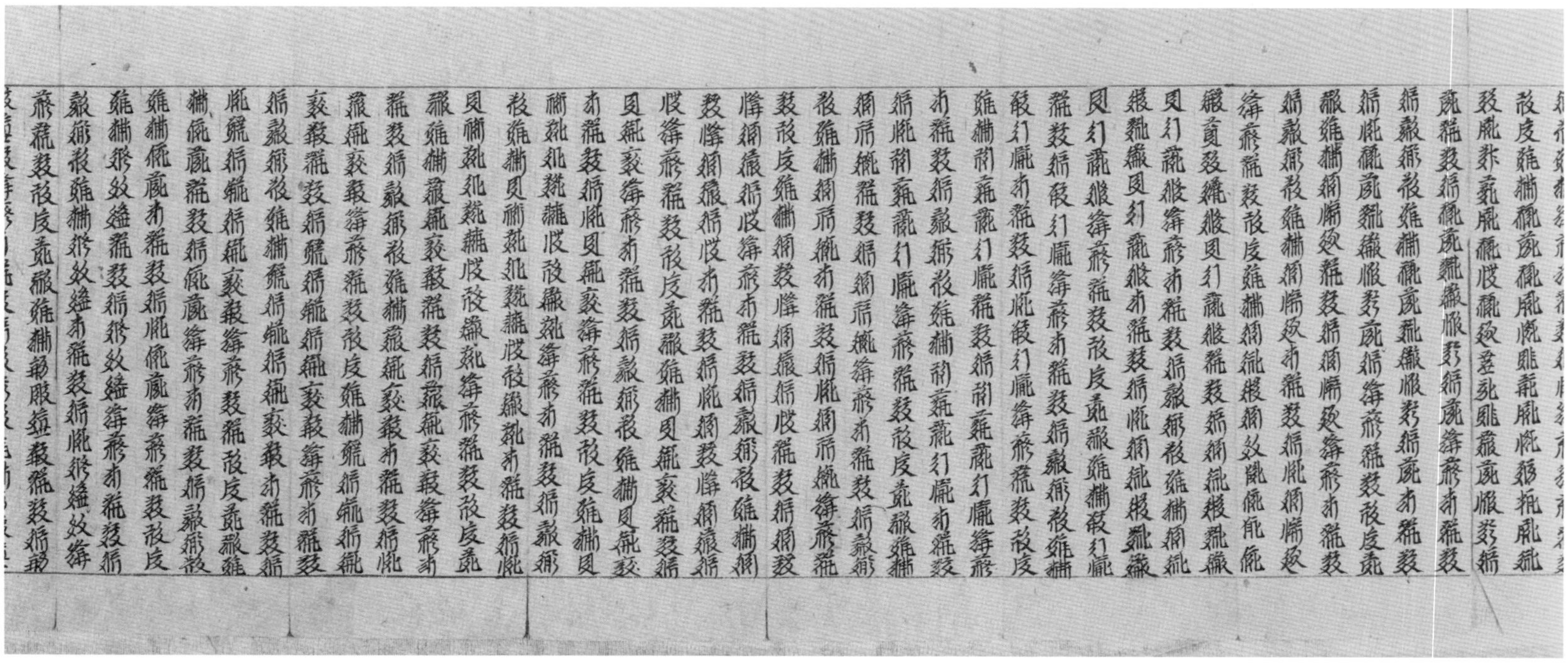

俄 Инв.No.1943　大般若波羅蜜多經卷第三百二十二　(14-8)

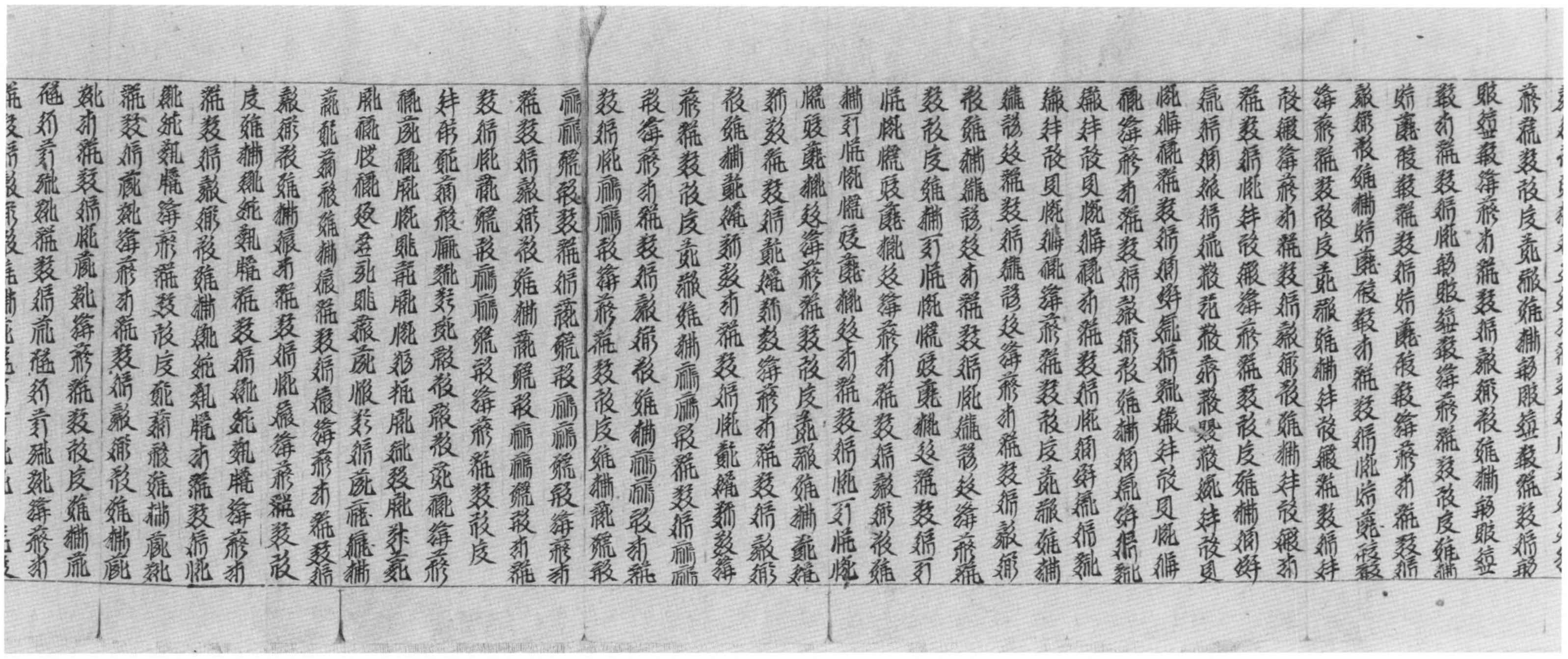

俄 Инв.No.1943　大般若波羅蜜多經卷第三百二十二　(14–9)

俄 Инв.No.1943　大般若波羅蜜多經卷第三百二十二　(14–10)

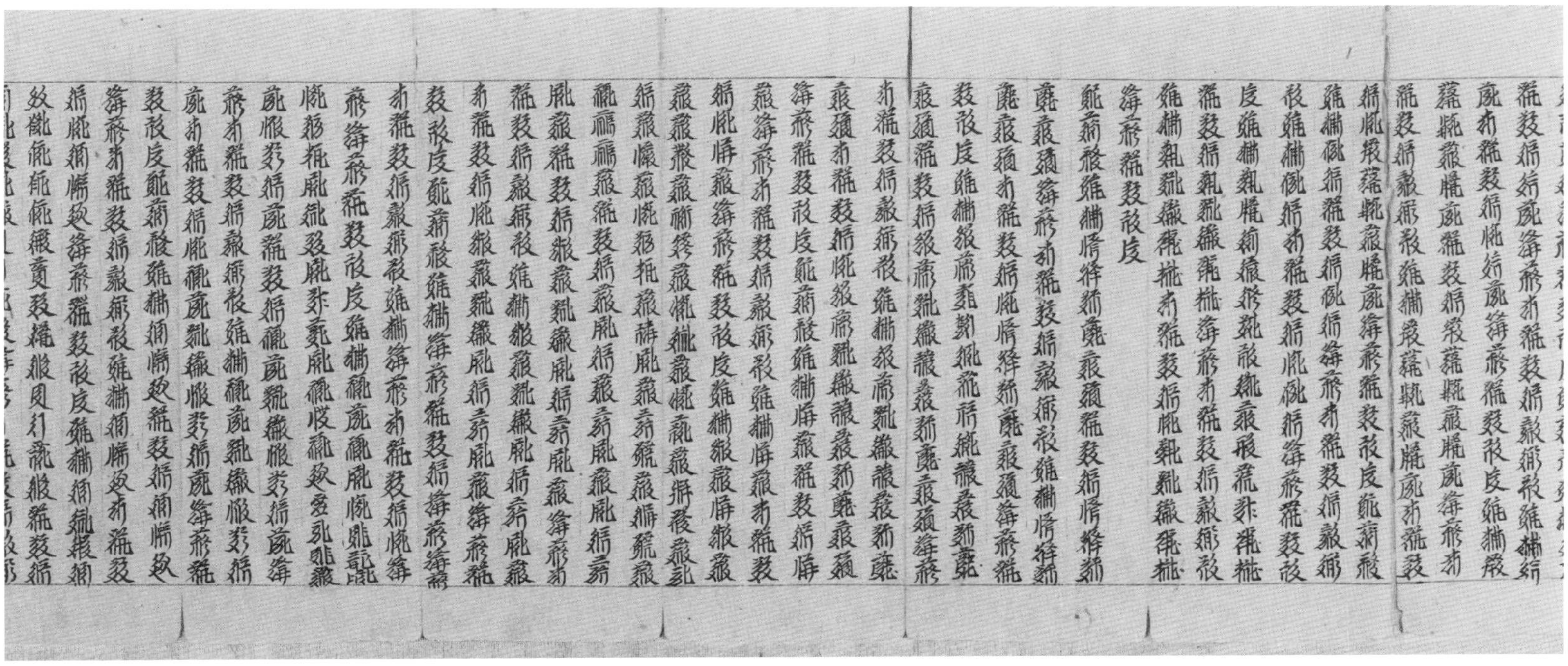

俄 Инв.No.1943　大般若波羅蜜多經卷第三百二十二　(14–11)

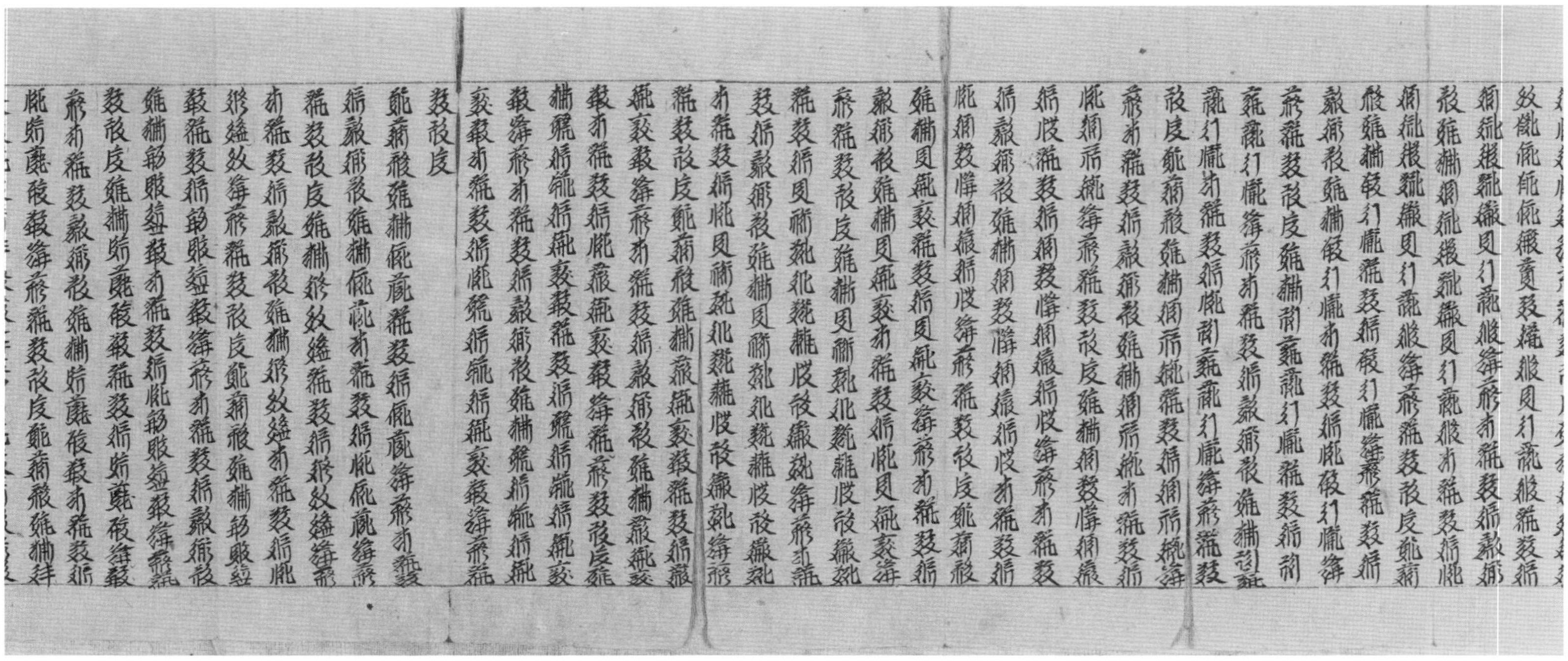

俄 Инв.No.1943　大般若波羅蜜多經卷第三百二十二　(14–12)

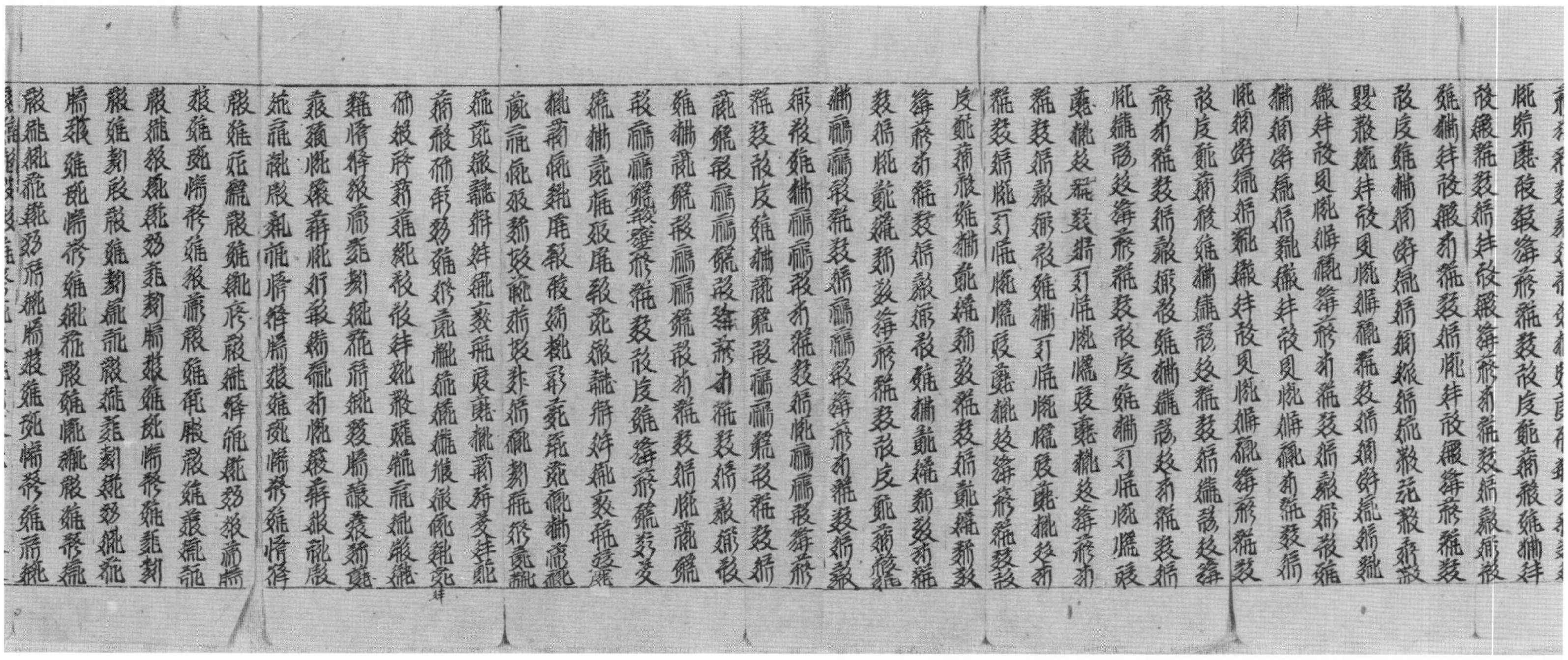

俄 Инв.No.1943　大般若波羅蜜多經卷第三百二十二　(14–13)

俄 Инв.No.1943　大般若波羅蜜多經卷第三百二十二　(14–14)

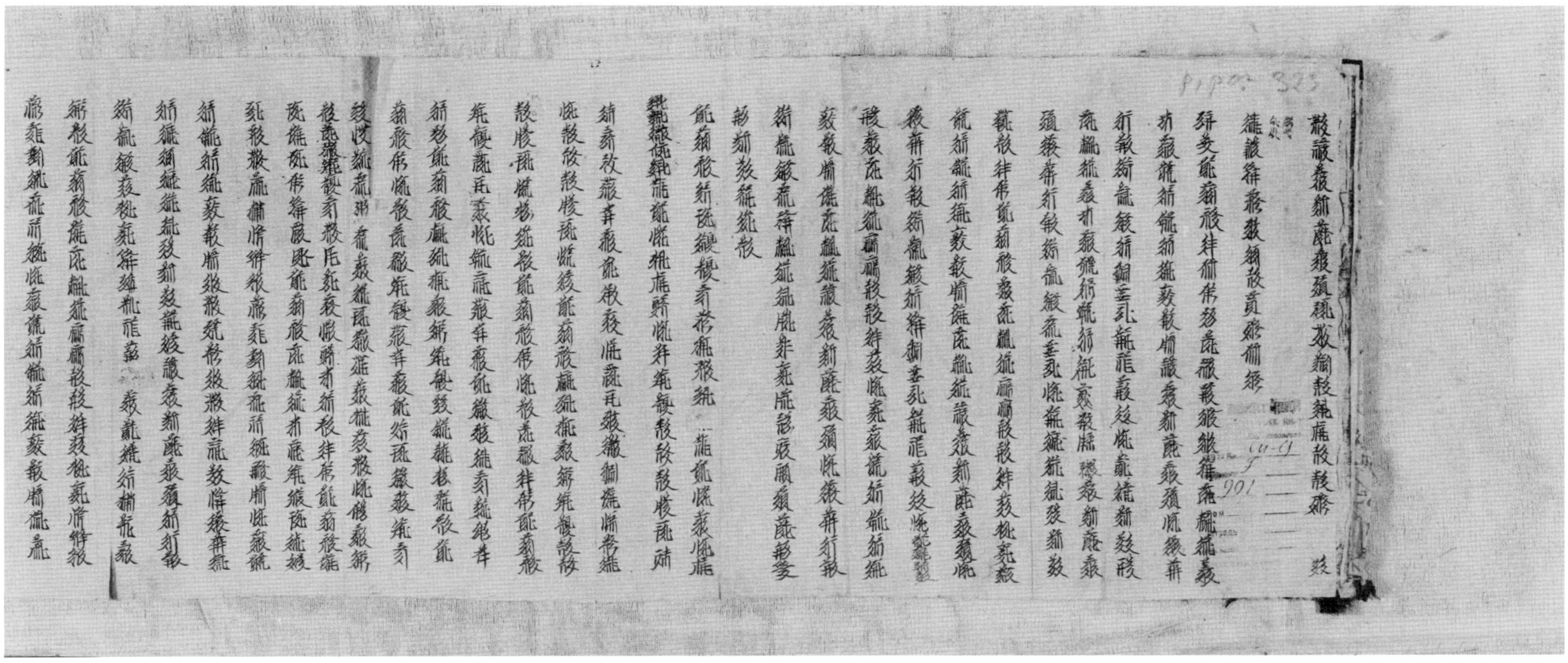

俄 Инв.No.1930　大般若波羅蜜多經卷第三百二十三　(13–1)

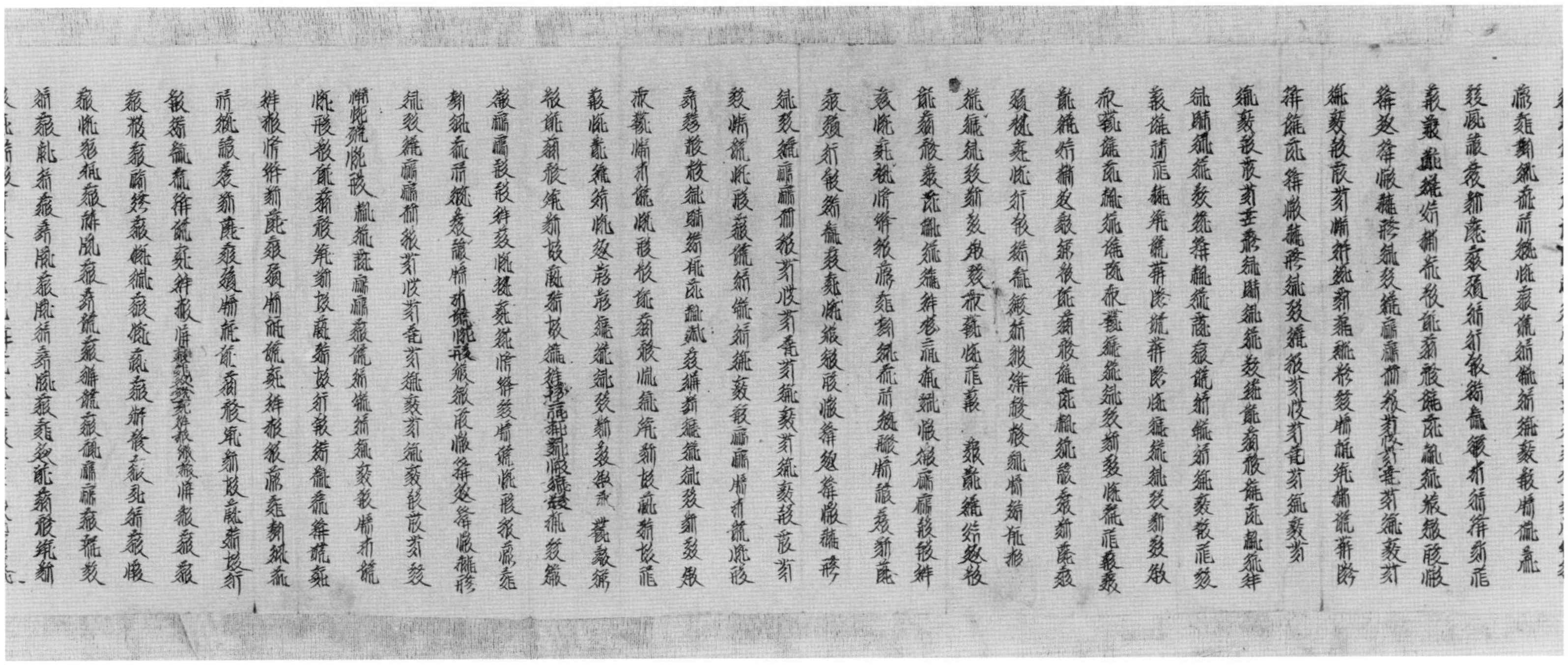

俄 Инв.No.1930　大般若波羅蜜多經卷第三百二十三　(13–2)

俄 Инв.No.1930　大般若波羅蜜多經卷第三百二十三　(13–3)

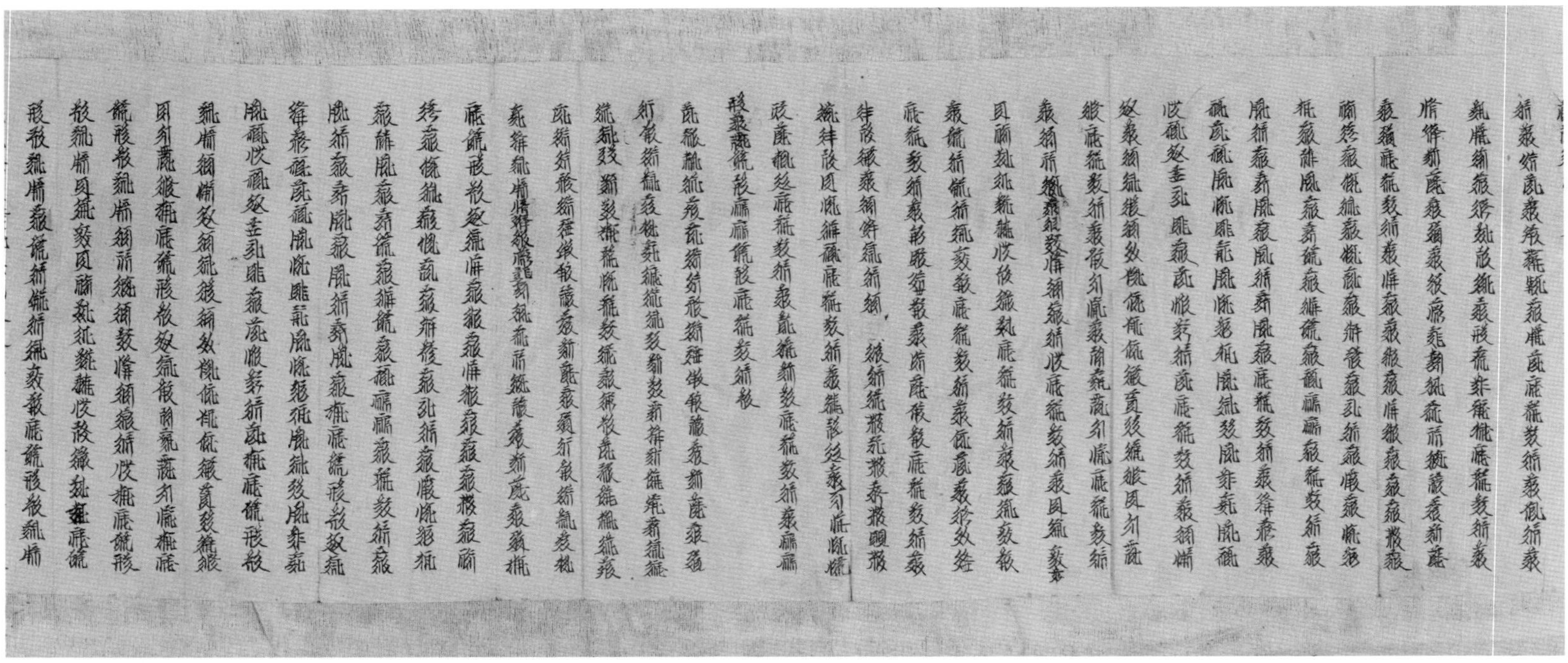

俄 Инв.No.1930　大般若波羅蜜多經卷第三百二十三　(13–4)

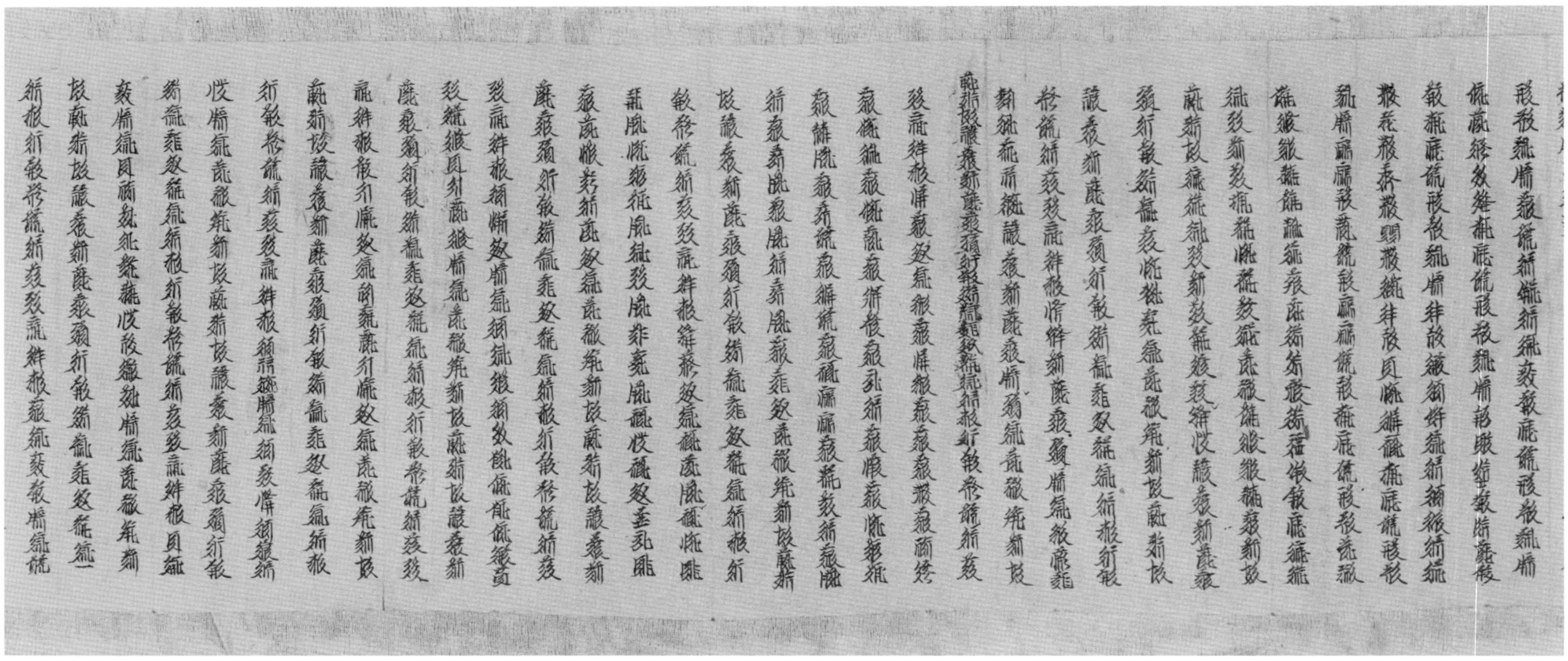

俄 Инв.No.1930　大般若波羅蜜多經卷第三百二十三　(13–5)

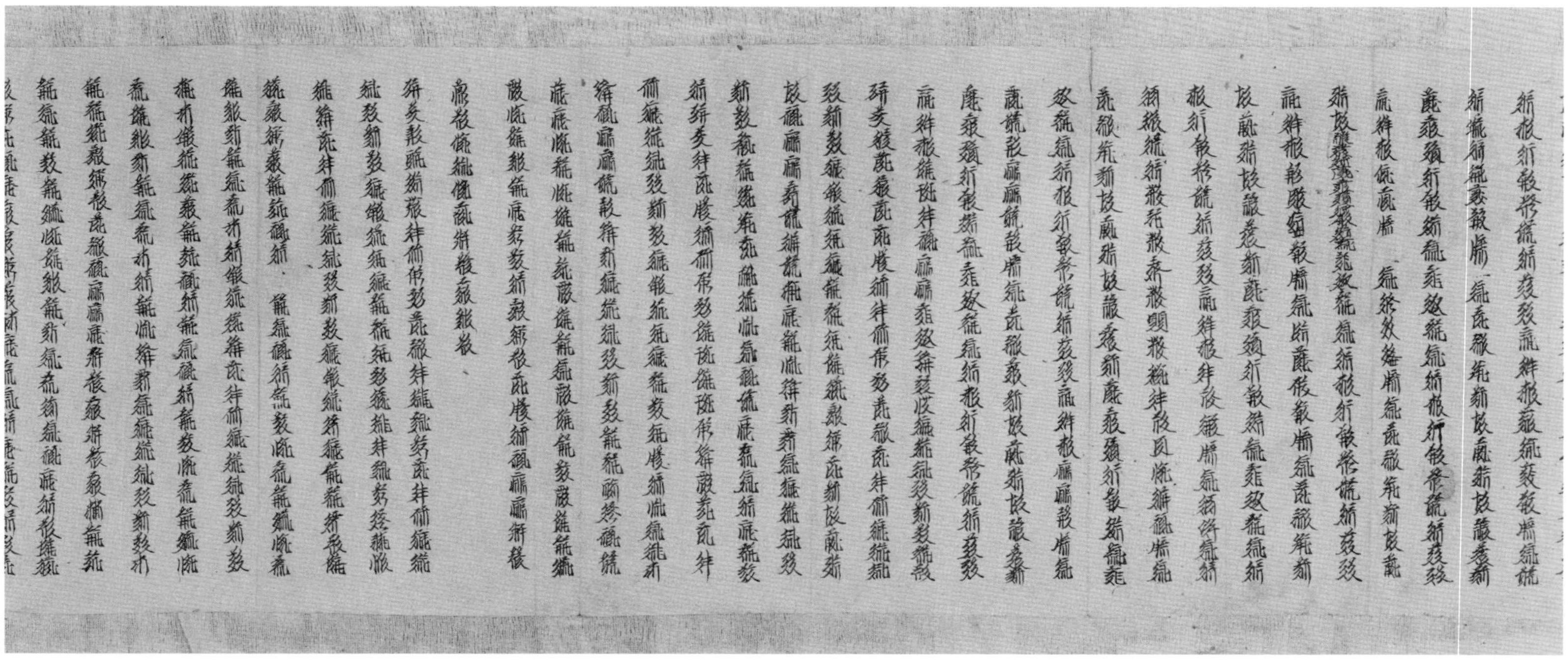

俄 Инв.No.1930　大般若波羅蜜多經卷第三百二十三　(13–6)

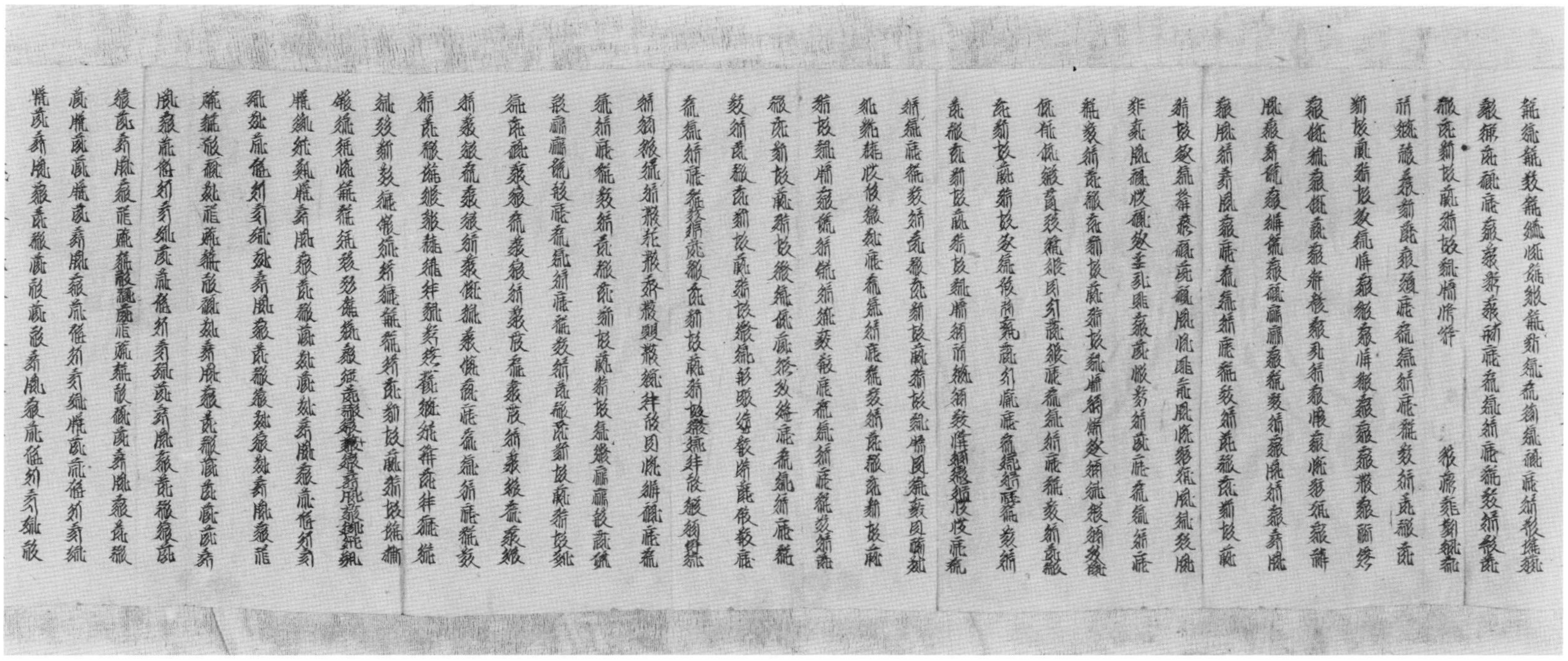

俄 Инв.No.1930　大般若波羅蜜多經卷第三百二十三　(13−7)

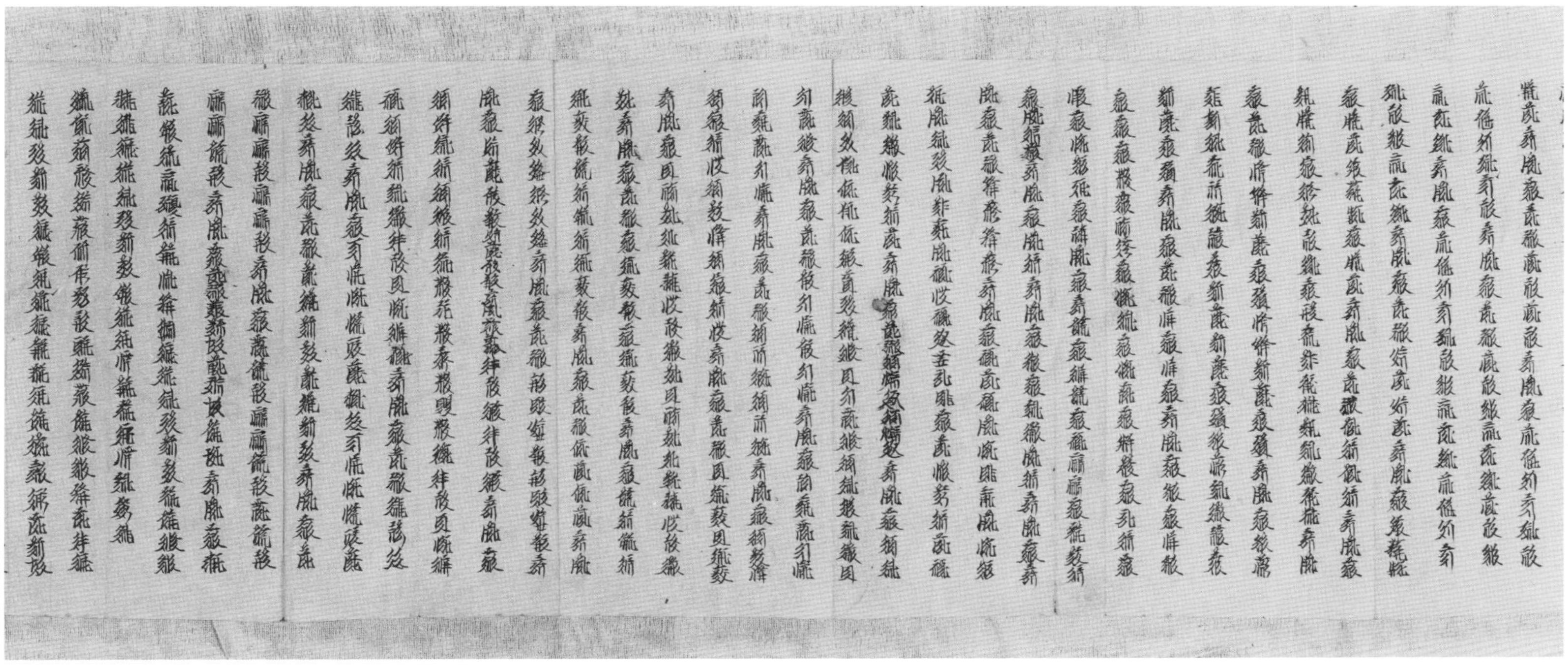

俄 Инв.No.1930　大般若波羅蜜多經卷第三百二十三　(13−8)

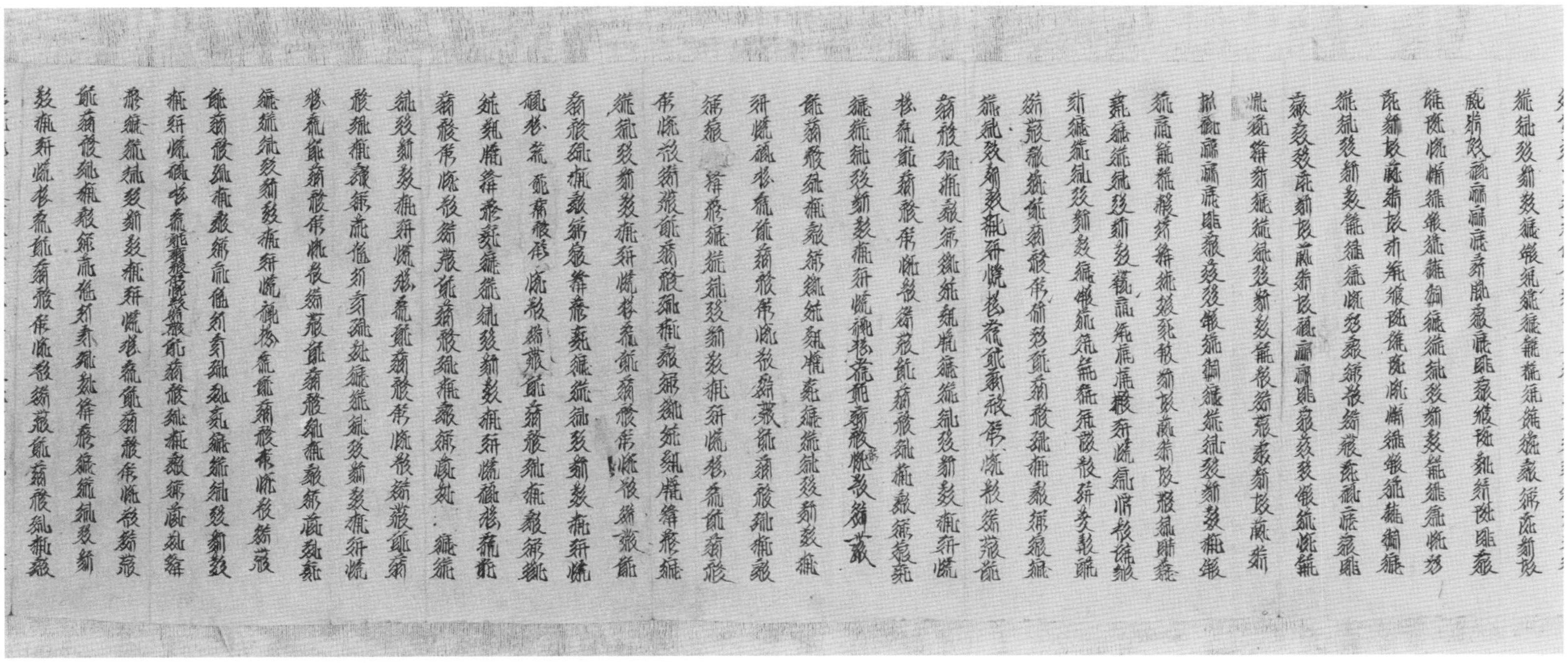

俄 Инв.No.1930　大般若波羅蜜多經卷第三百二十三　(13−9)

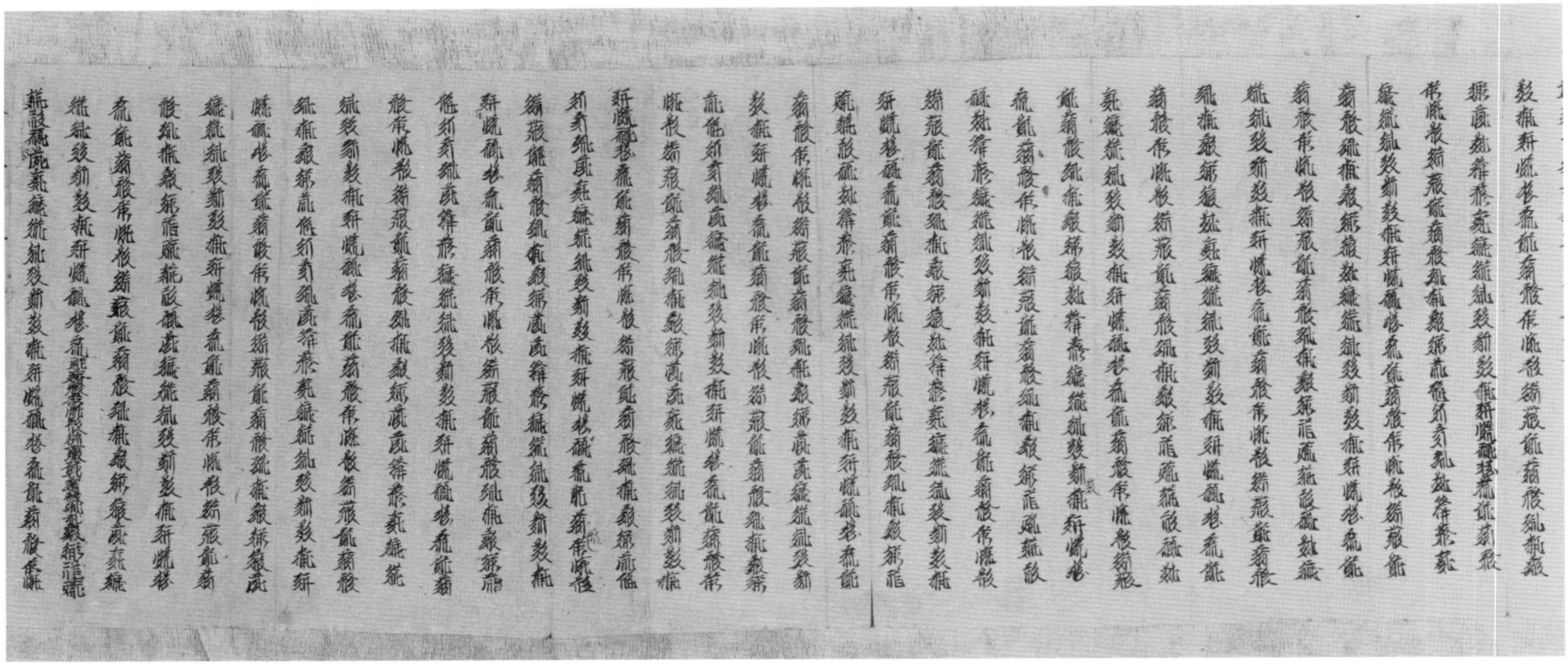

俄 Инв.No.1930　大般若波羅蜜多經卷第三百二十三　(13-10)

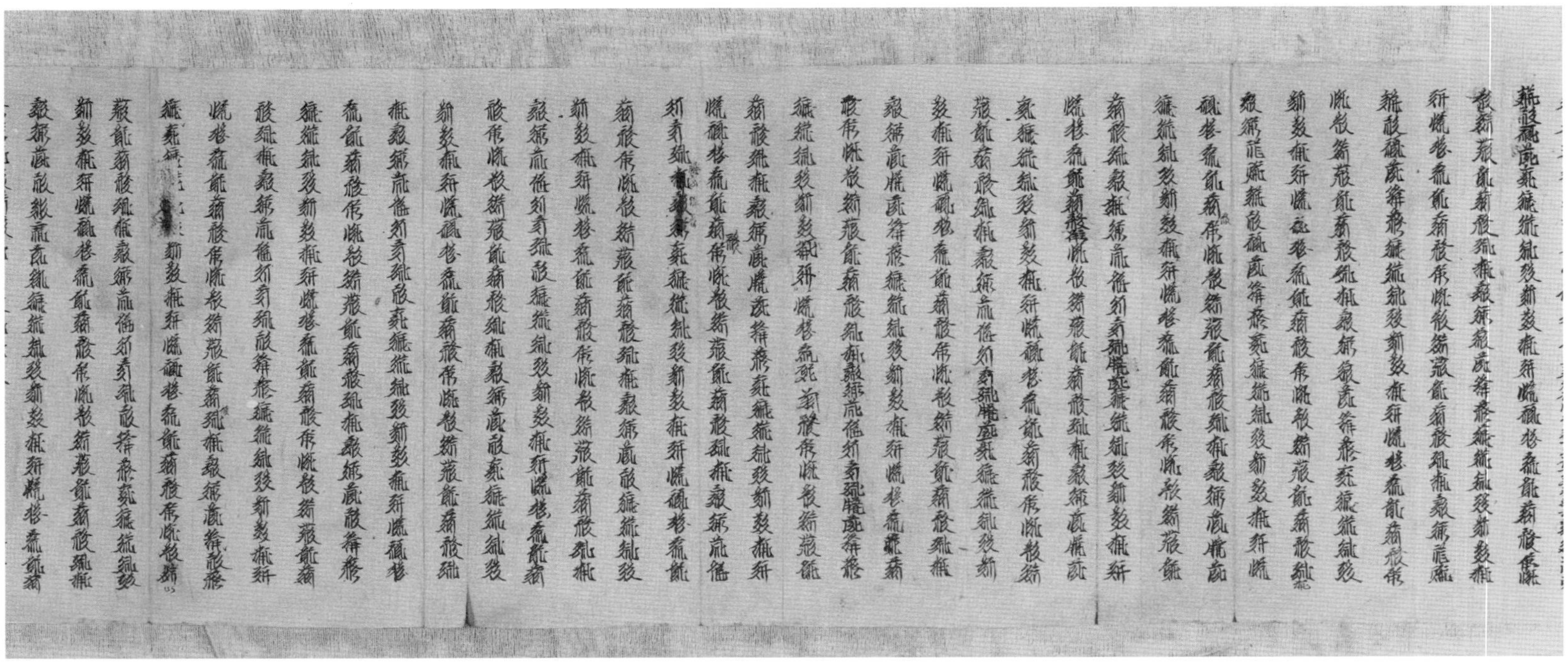

俄 Инв.No.1930　大般若波羅蜜多經卷第三百二十三　(13-11)

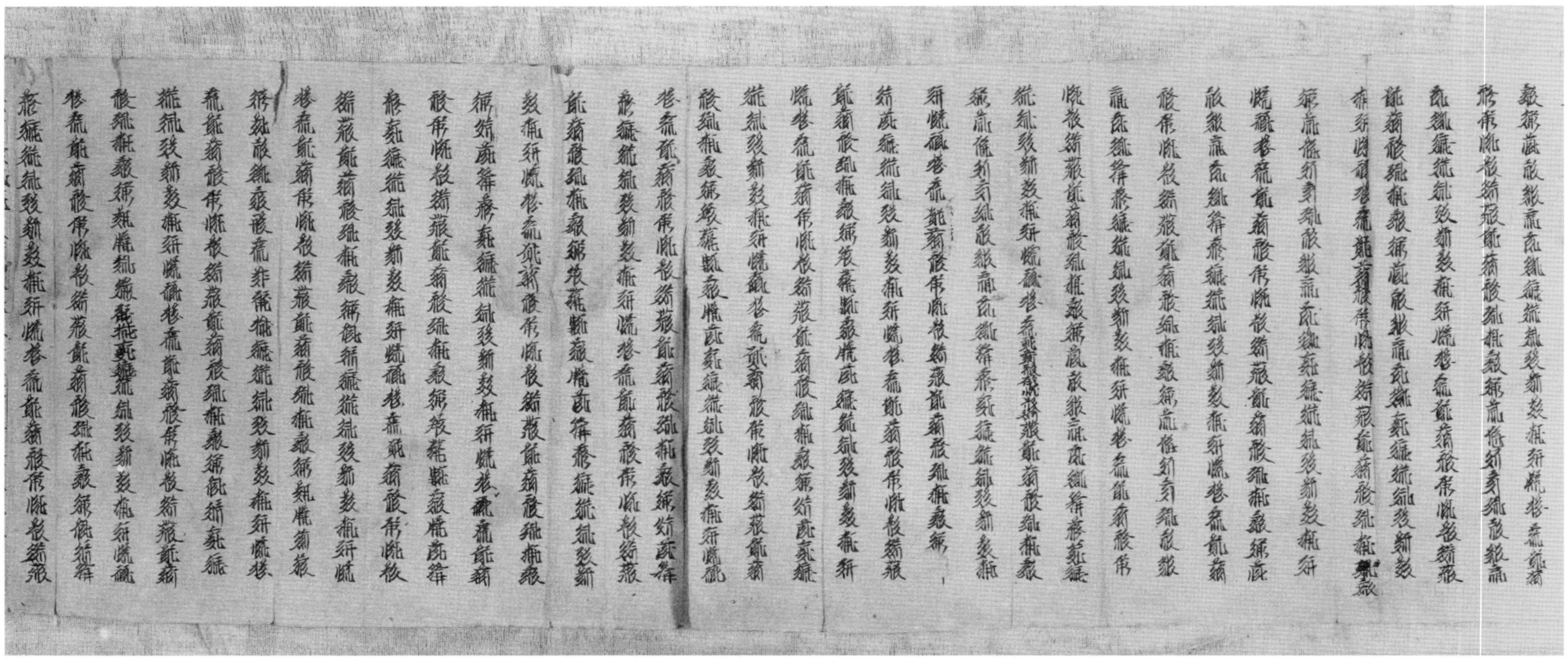

俄 Инв.No.1930　大般若波羅蜜多經卷第三百二十三　(13-12)

俄 Инв.No.1930　大般若波羅蜜多經卷第三百二十三　(13–13)

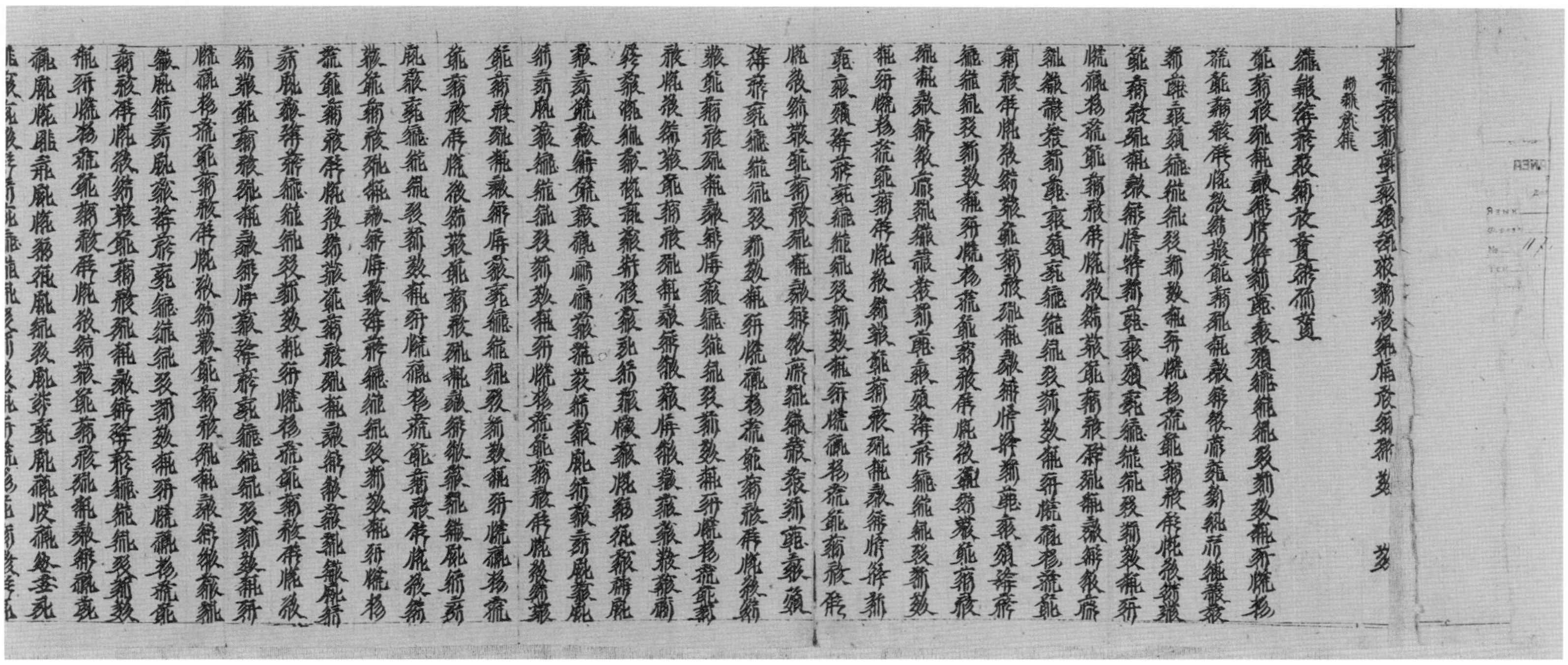

俄 Инв.No.1940　大般若波羅蜜多經卷第三百二十四　(11–1)

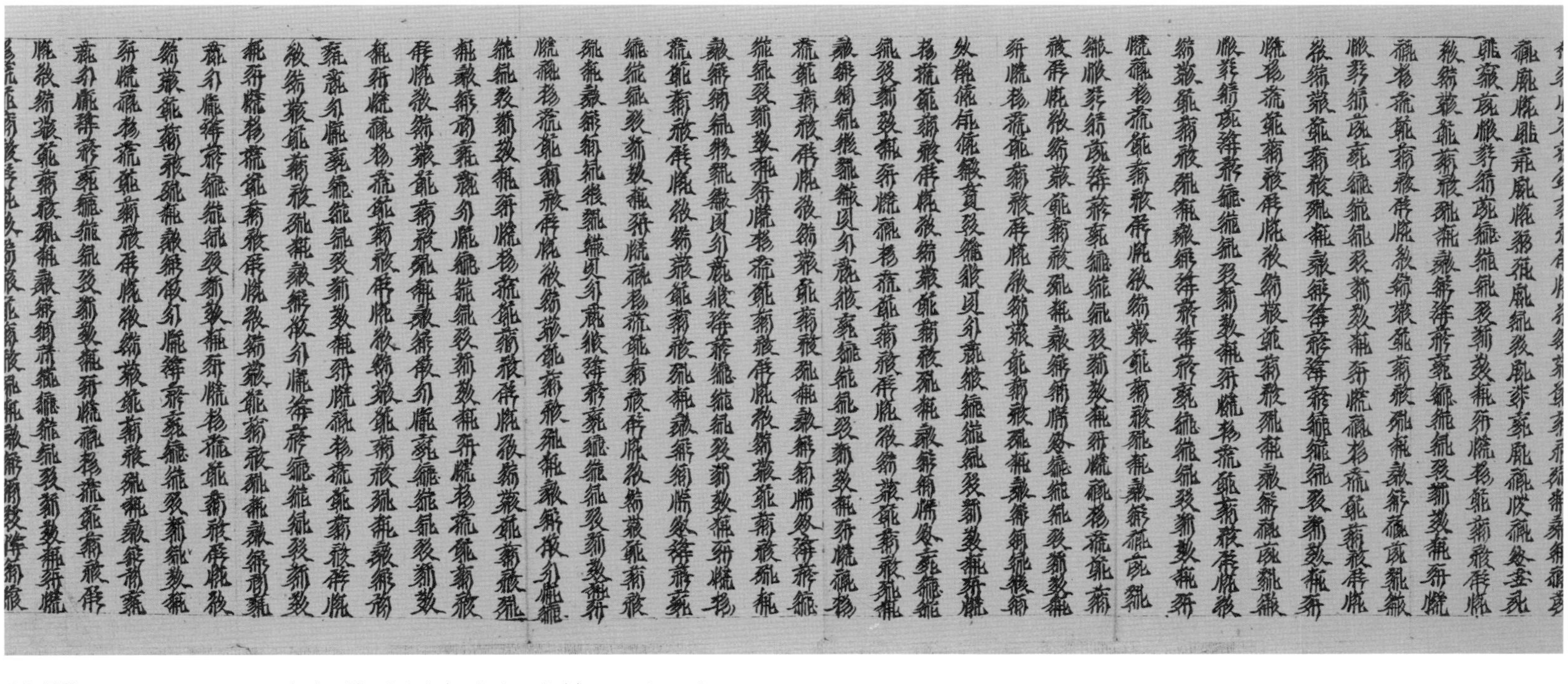

俄 Инв.No.1940　大般若波羅蜜多經卷第三百二十四　(11–2)

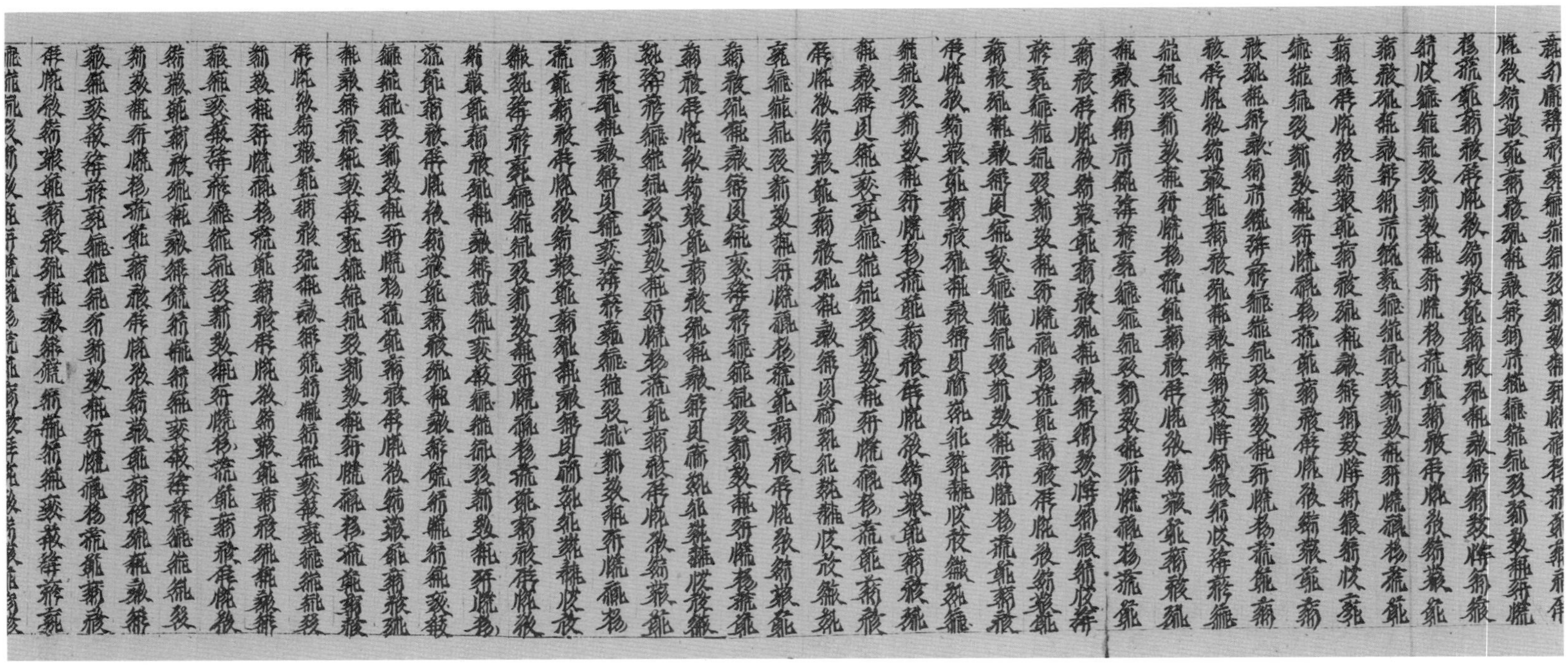

俄 Инв.No.1940　大般若波羅蜜多經卷第三百二十四　(11-3)

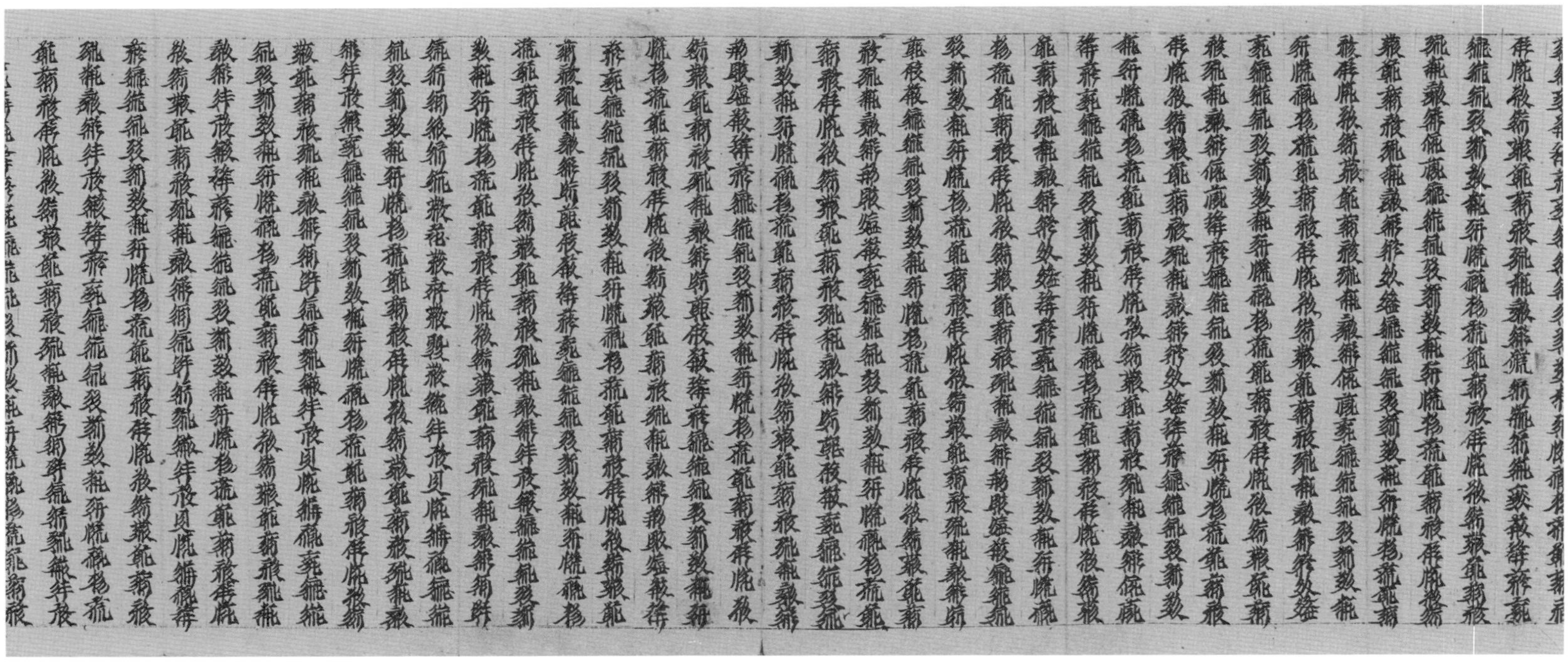

俄 Инв.No.1940　大般若波羅蜜多經卷第三百二十四　(11-4)

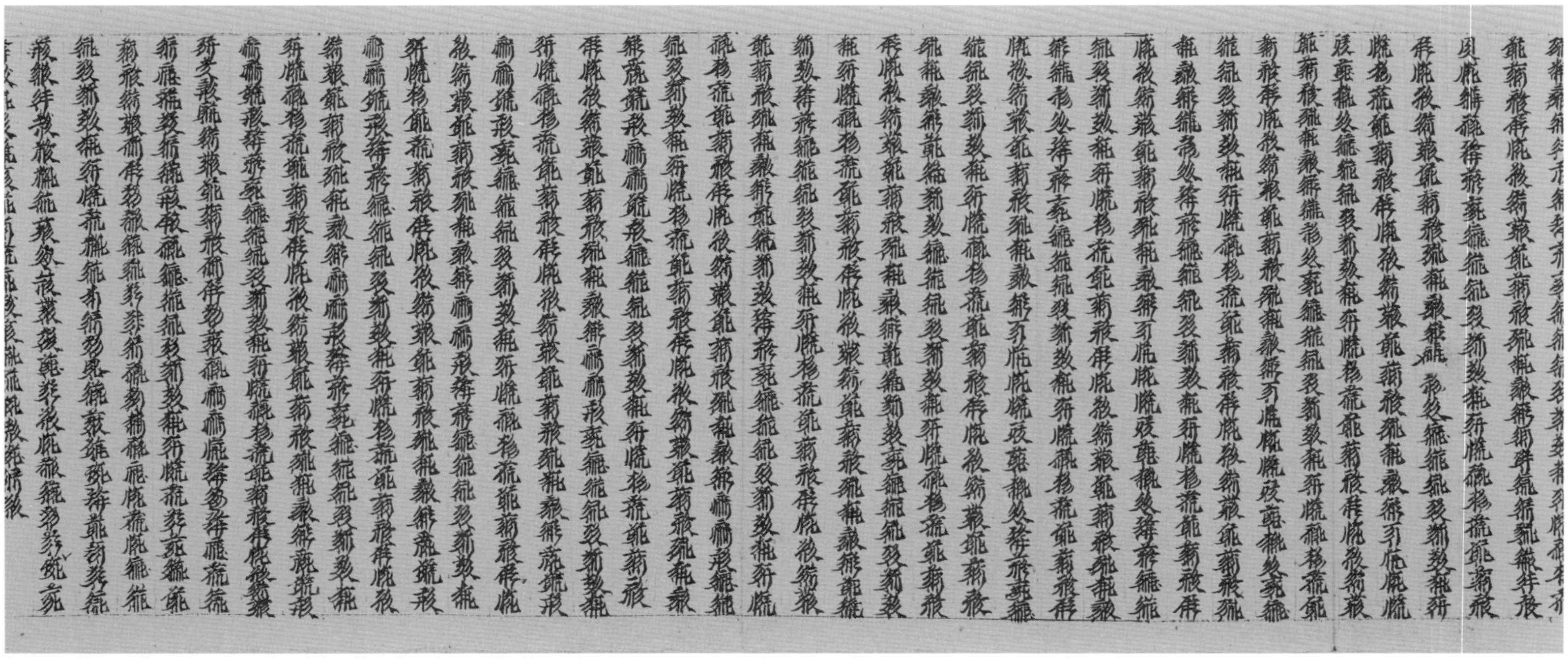

俄 Инв.No.1940　大般若波羅蜜多經卷第三百二十四　(11-5)

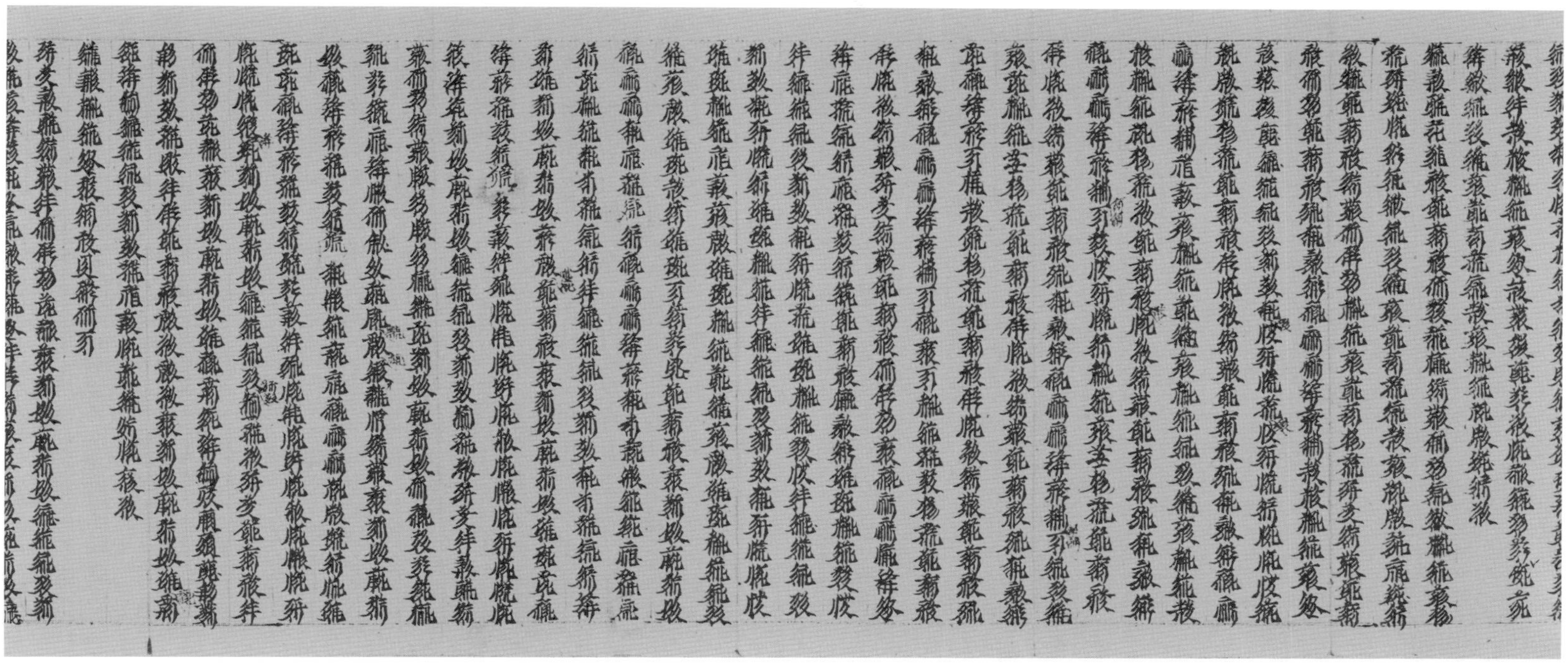

俄 Инв.No.1940　大般若波羅蜜多經卷第三百二十四　(11–6)

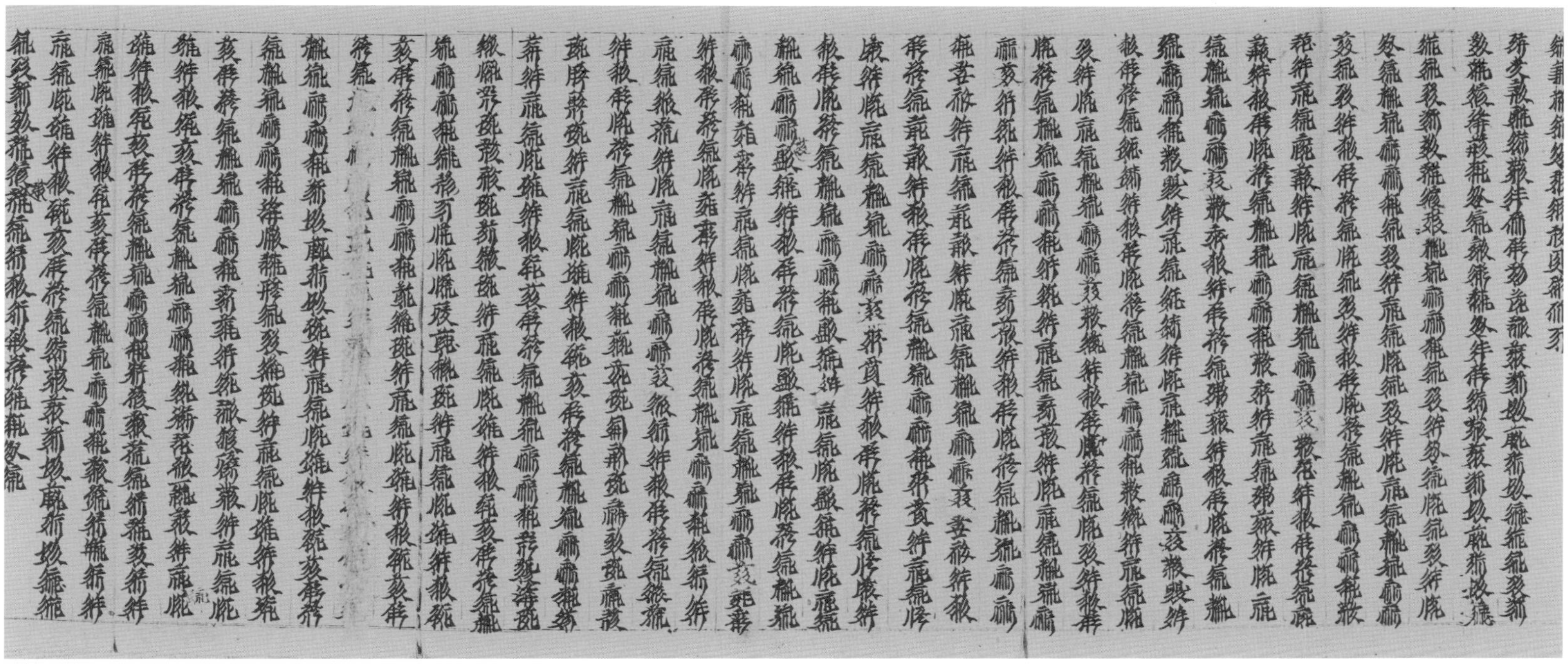

俄 Инв.No.1940　大般若波羅蜜多經卷第三百二十四　(11–7)

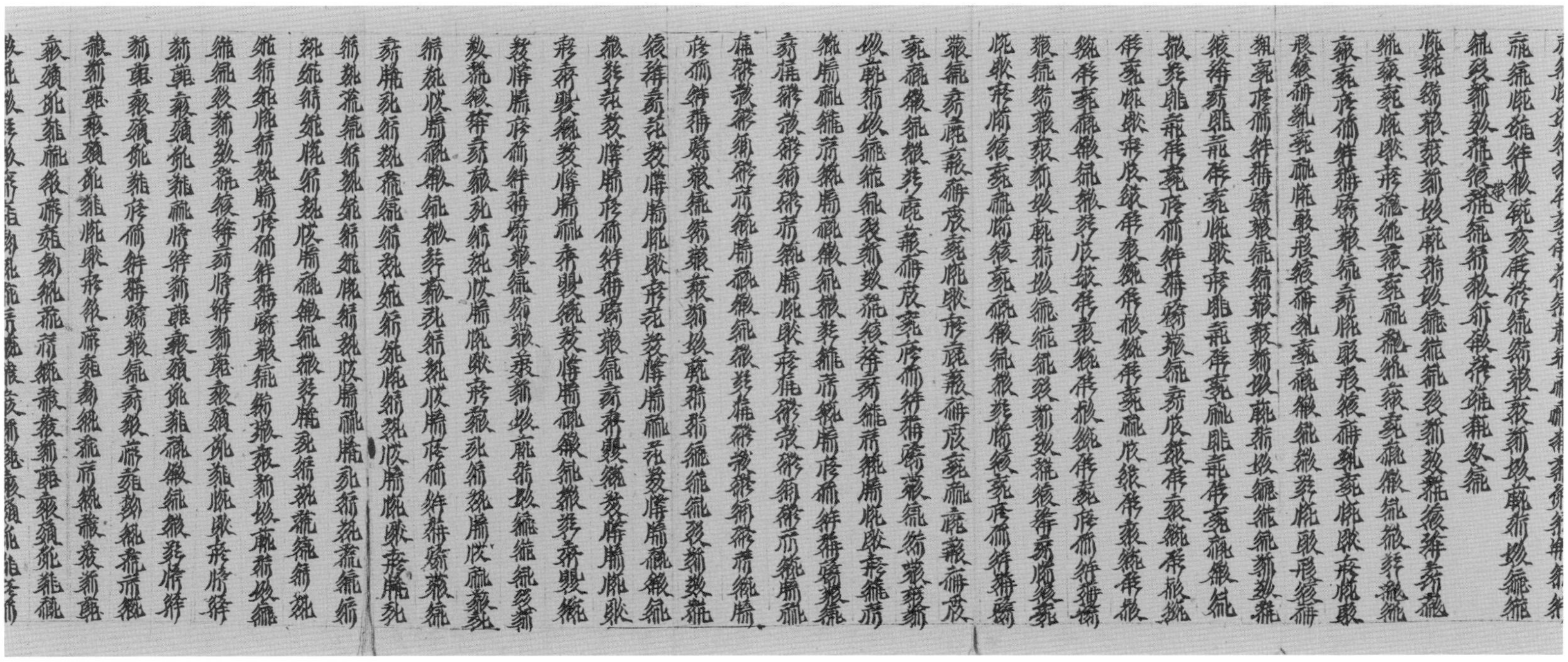

俄 Инв.No.1940　大般若波羅蜜多經卷第三百二十四　(11–8)

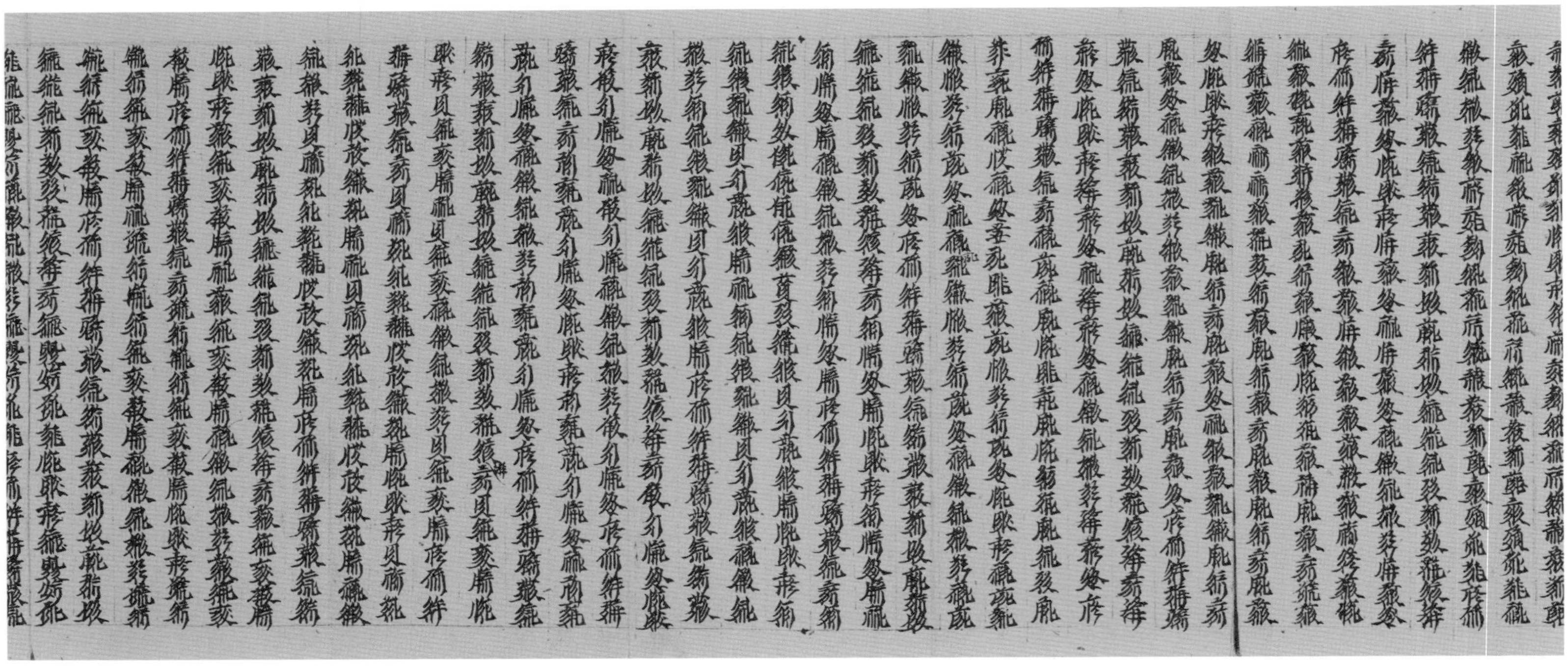

俄 Инв.No.1940　大般若波羅蜜多經卷第三百二十四　(11–9)

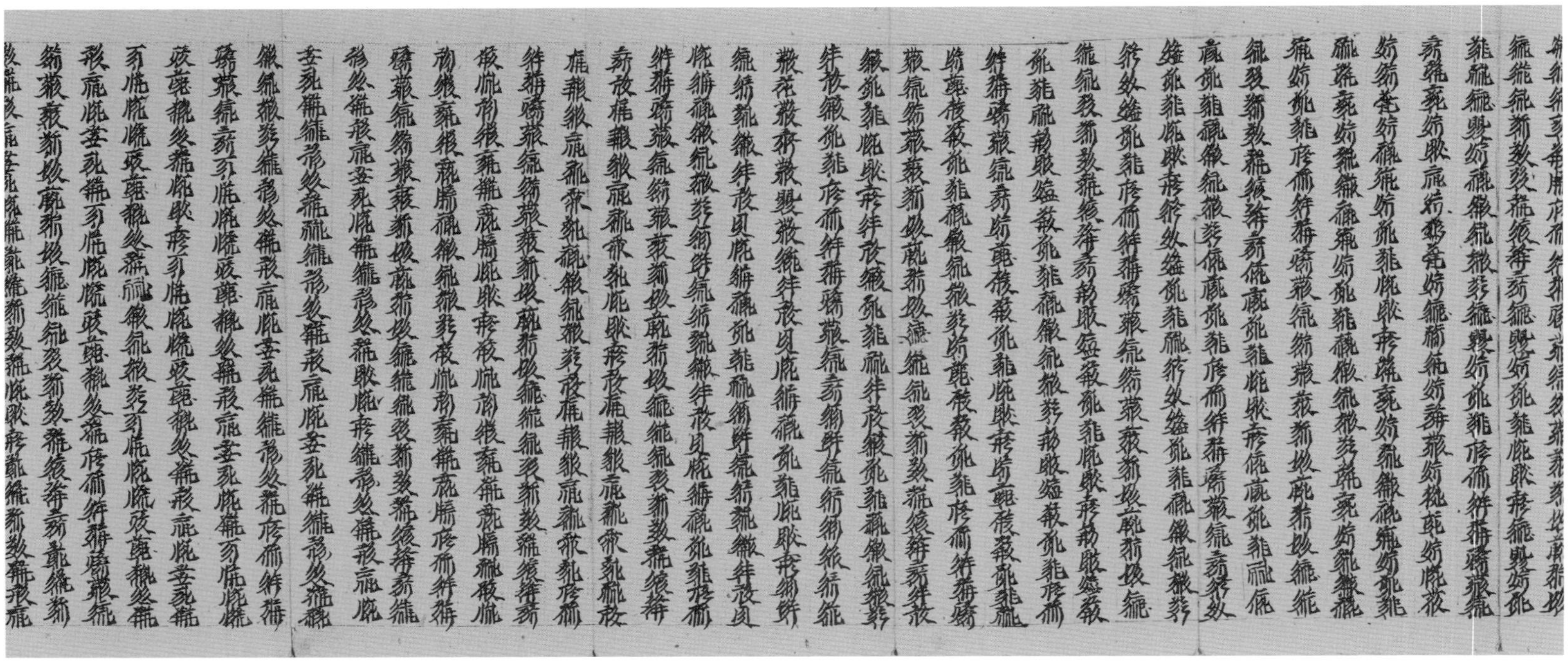

俄 Инв.No.1940　大般若波羅蜜多經卷第三百二十四　(11–10)

俄 Инв.No.1940　大般若波羅蜜多經卷第三百二十四　(11–11)

俄 Инв.No.3209　大般若波羅蜜多經卷第三百二十五　(11–1)

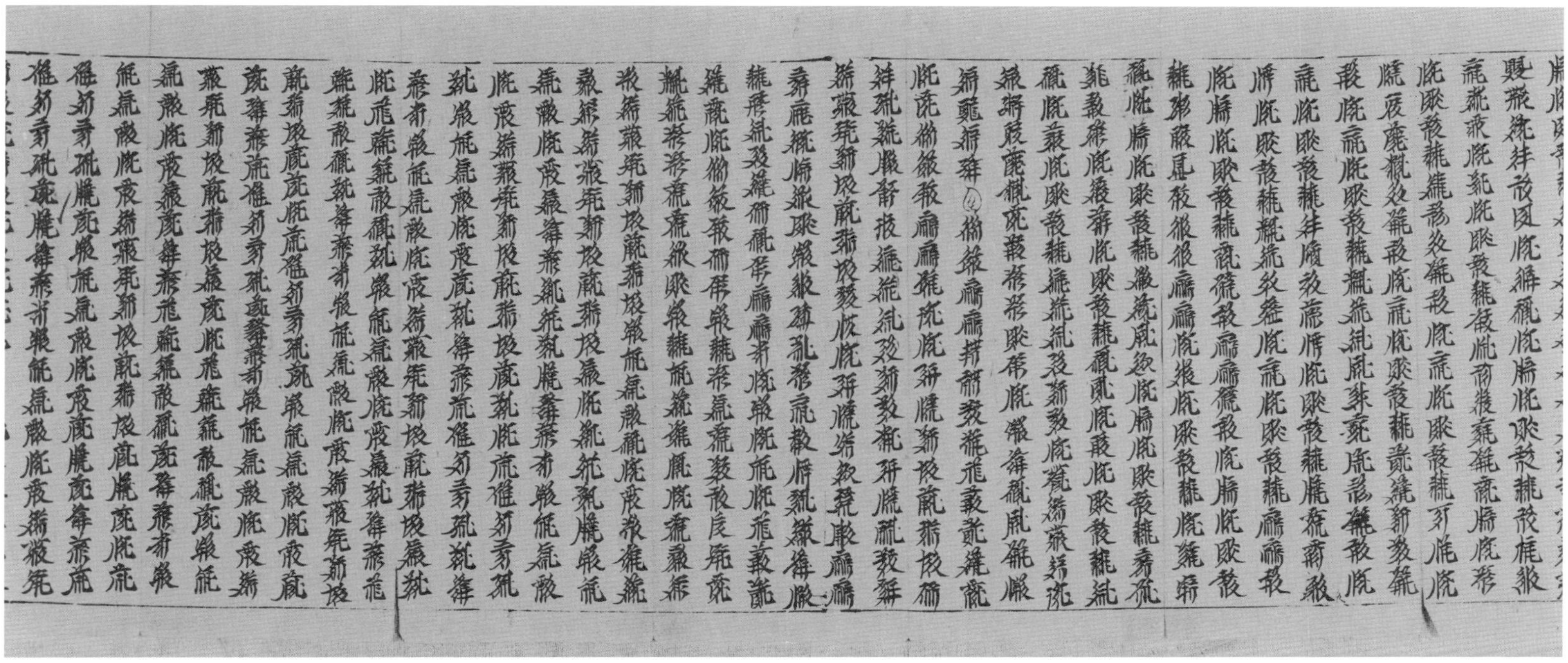

俄 Инв.No.3209　大般若波羅蜜多經卷第三百二十五　(11–2)

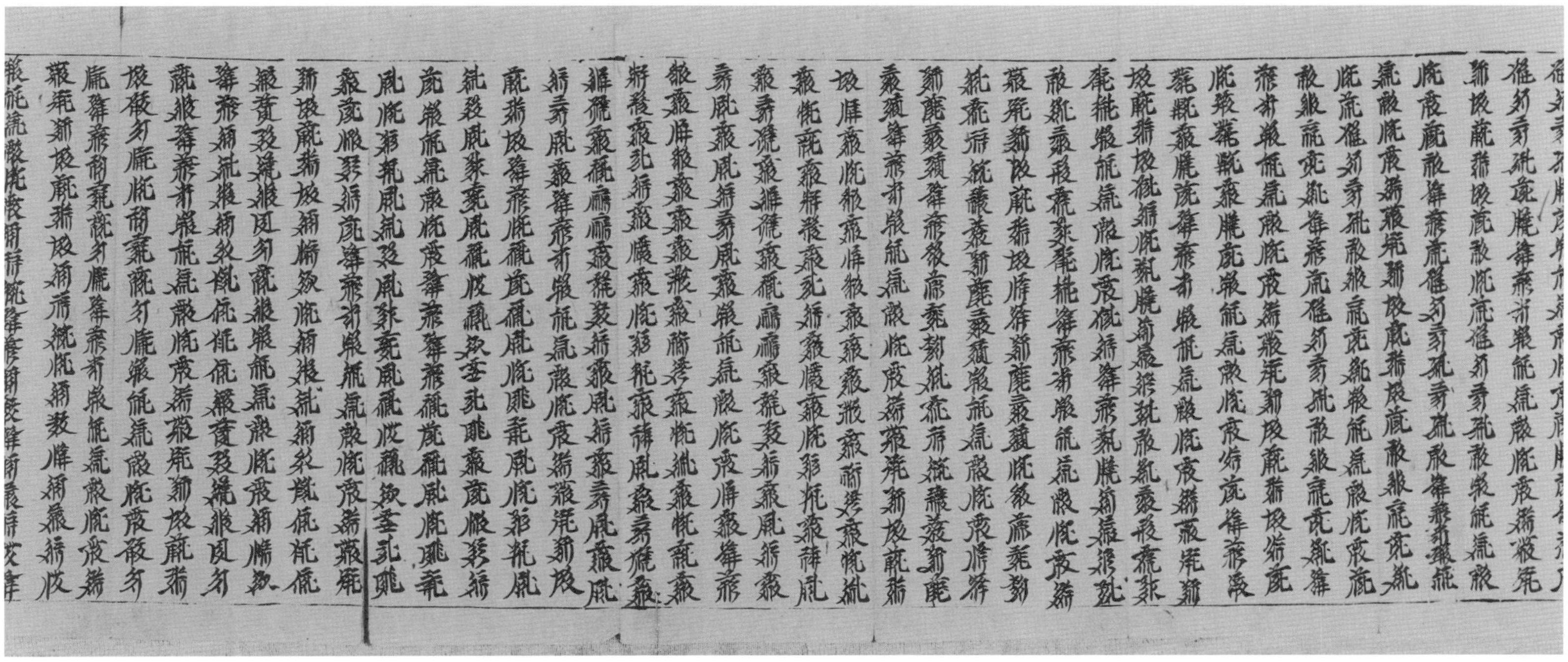

俄 Инв.No.3209　大般若波羅蜜多經卷第三百二十五　(11–3)

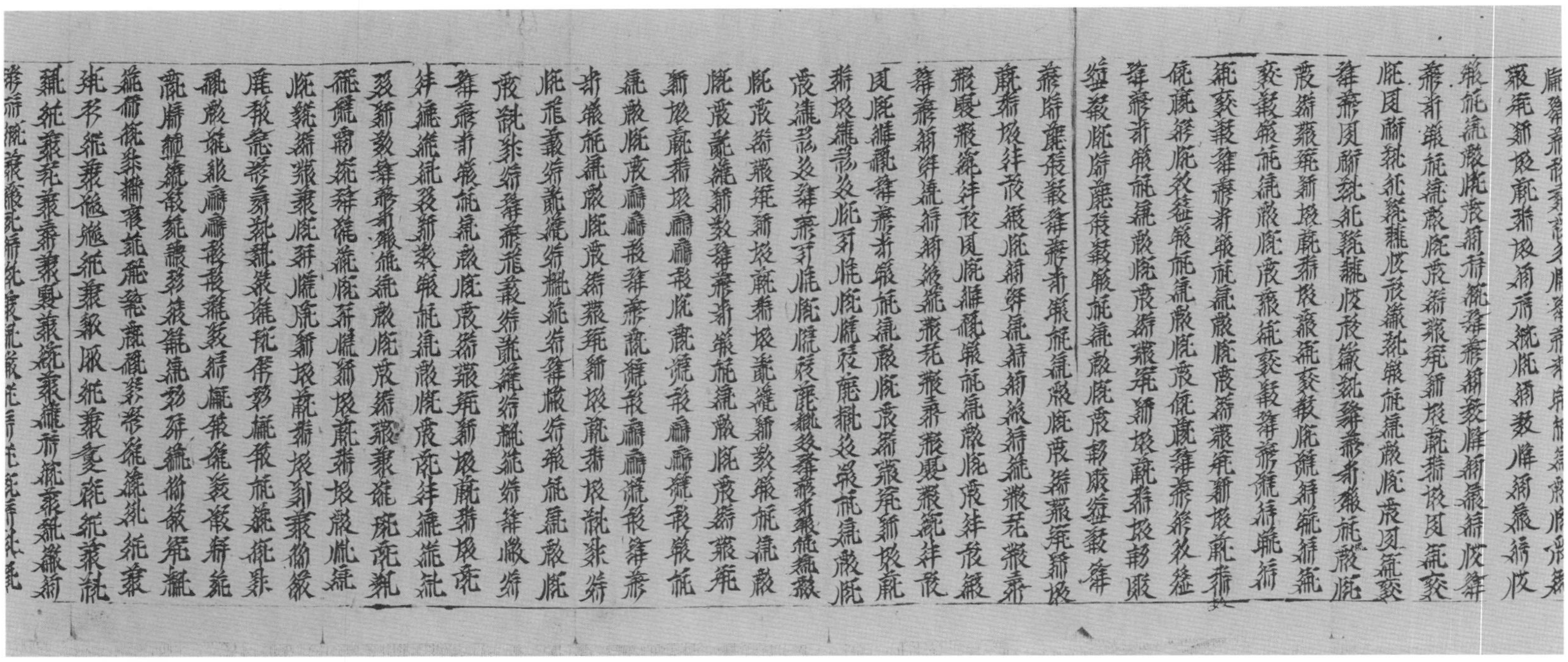

俄 Инв.No.3209　大般若波羅蜜多經卷第三百二十五　(11-4)

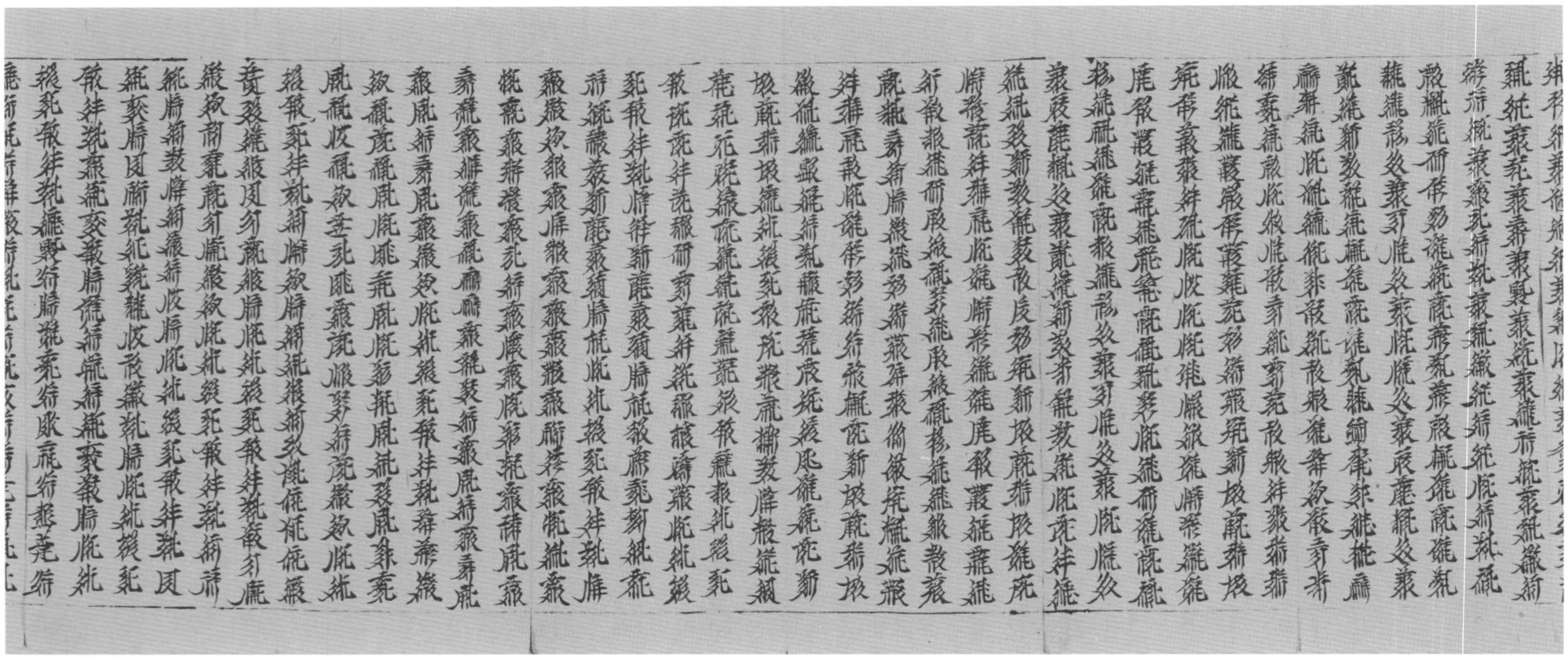

俄 Инв.No.3209　大般若波羅蜜多經卷第三百二十五　(11-5)

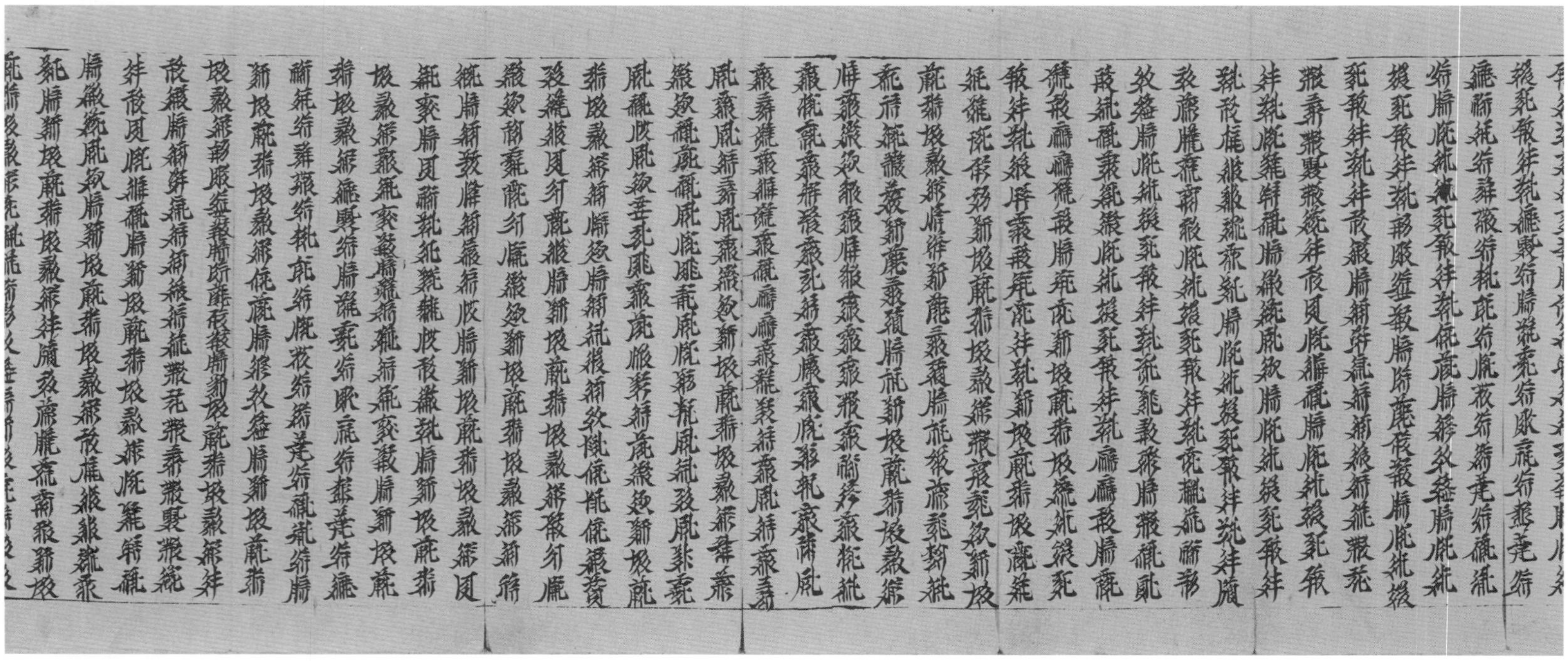

俄 Инв.No.3209　大般若波羅蜜多經卷第三百二十五　(11-6)

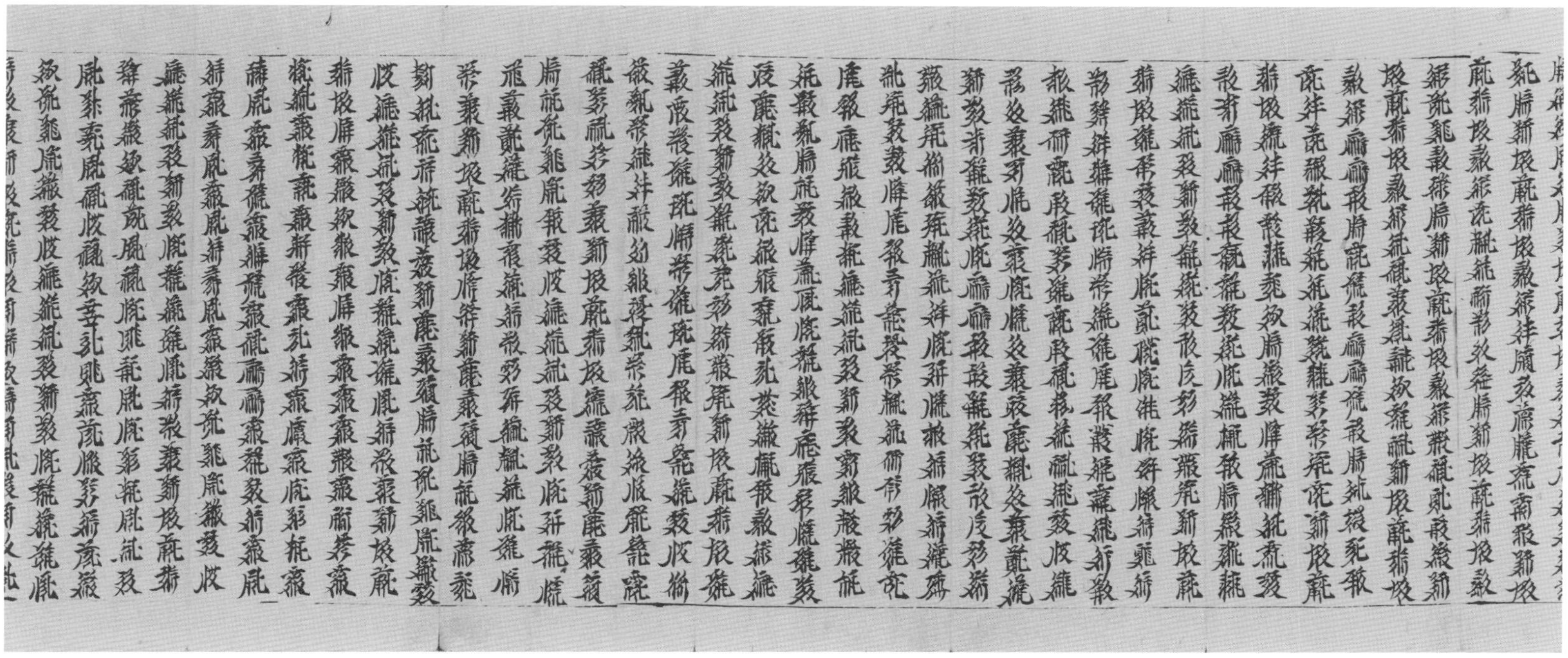

俄 Инв.No.3209　大般若波羅蜜多經卷第三百二十五　(11-7)

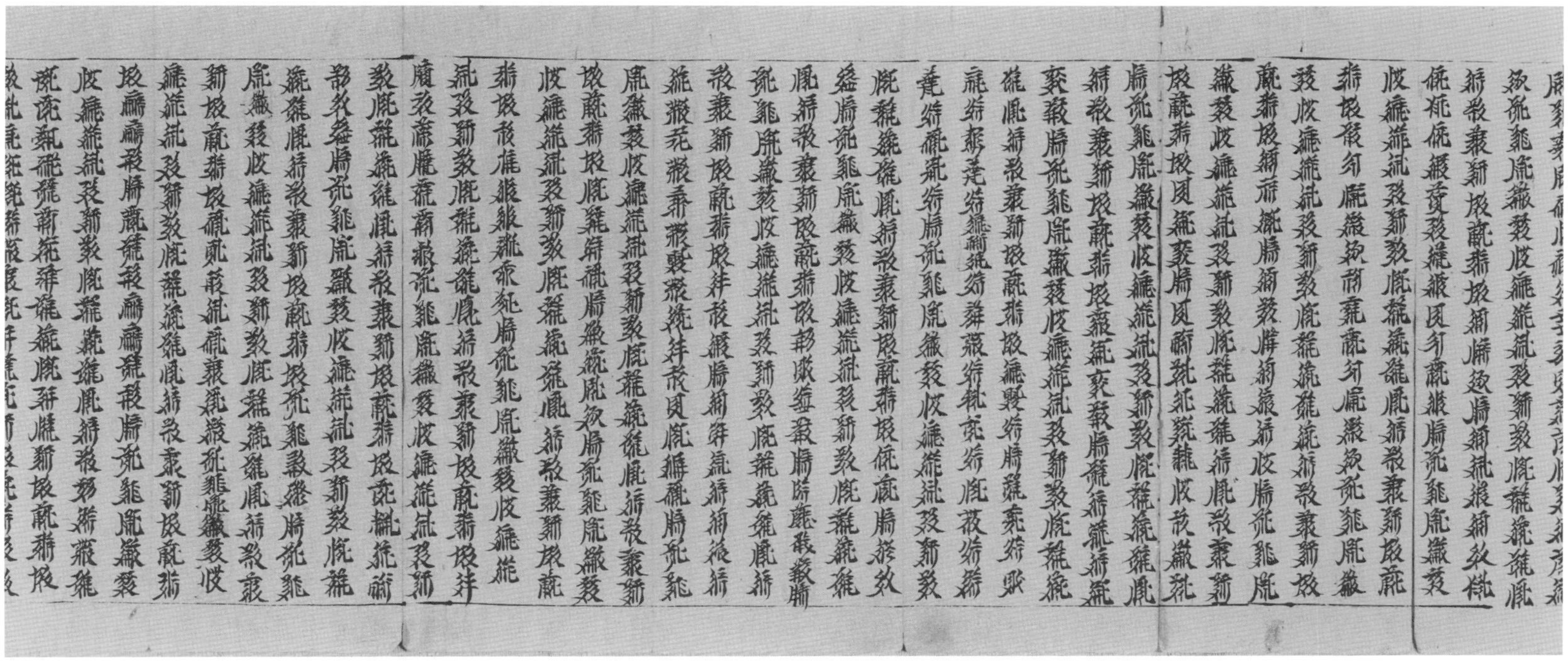

俄 Инв.No.3209　大般若波羅蜜多經卷第三百二十五　(11-8)

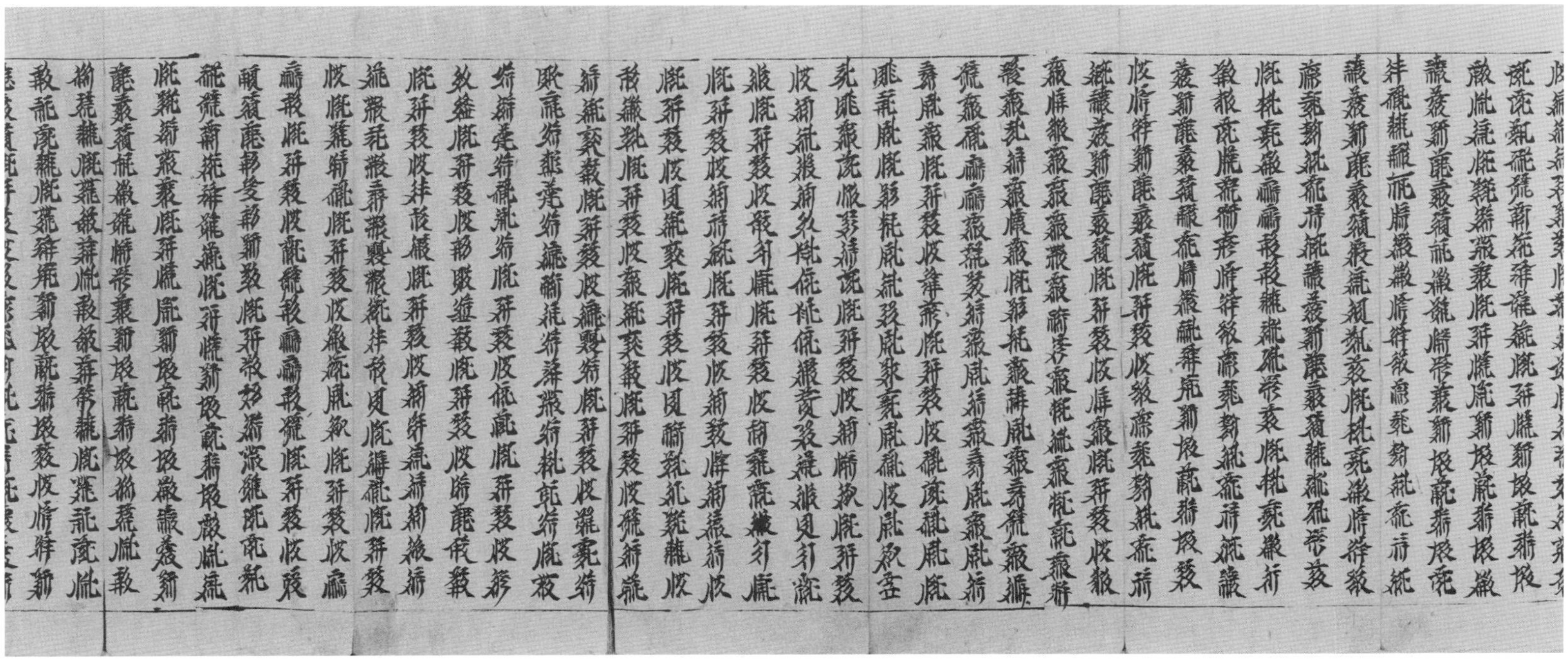

俄 Инв.No.3209　大般若波羅蜜多經卷第三百二十五　(11-9)

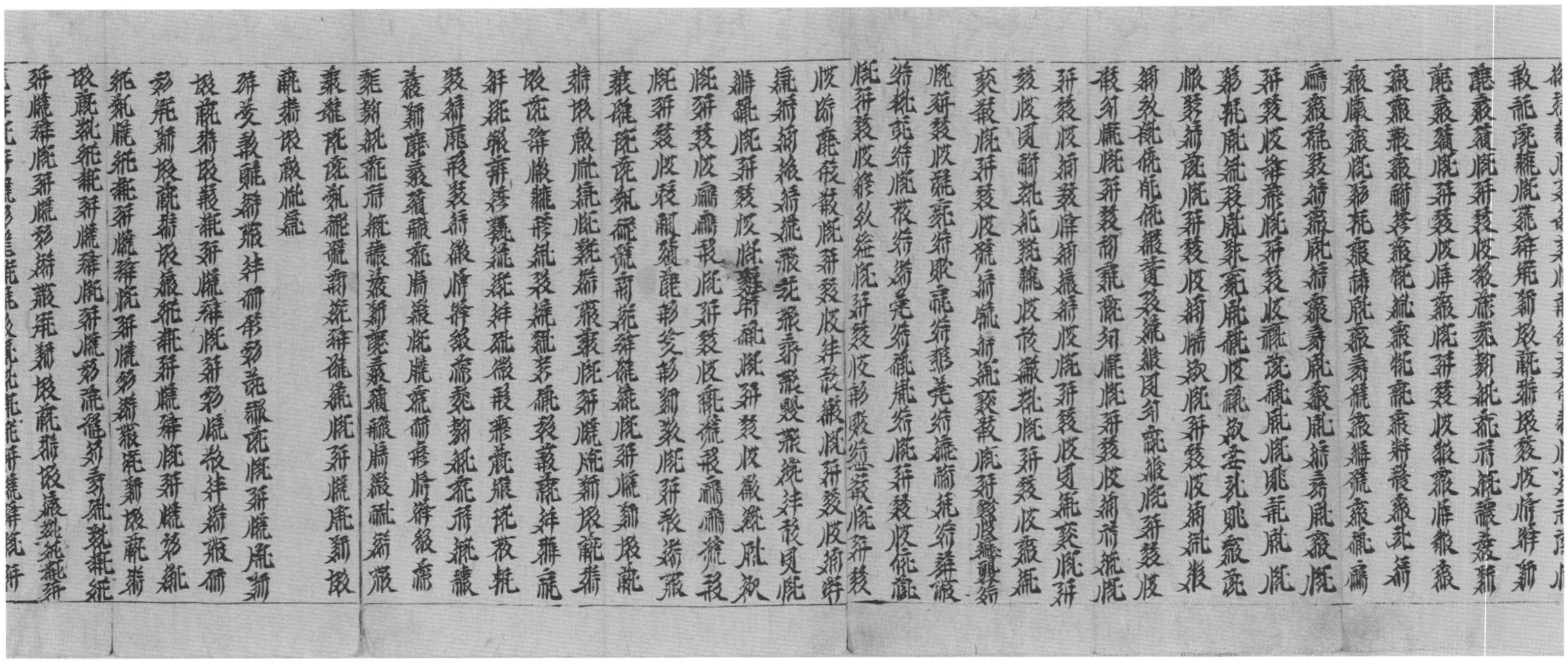

俄 Инв.No.3209　大般若波羅蜜多經卷第三百二十五　(11–10)

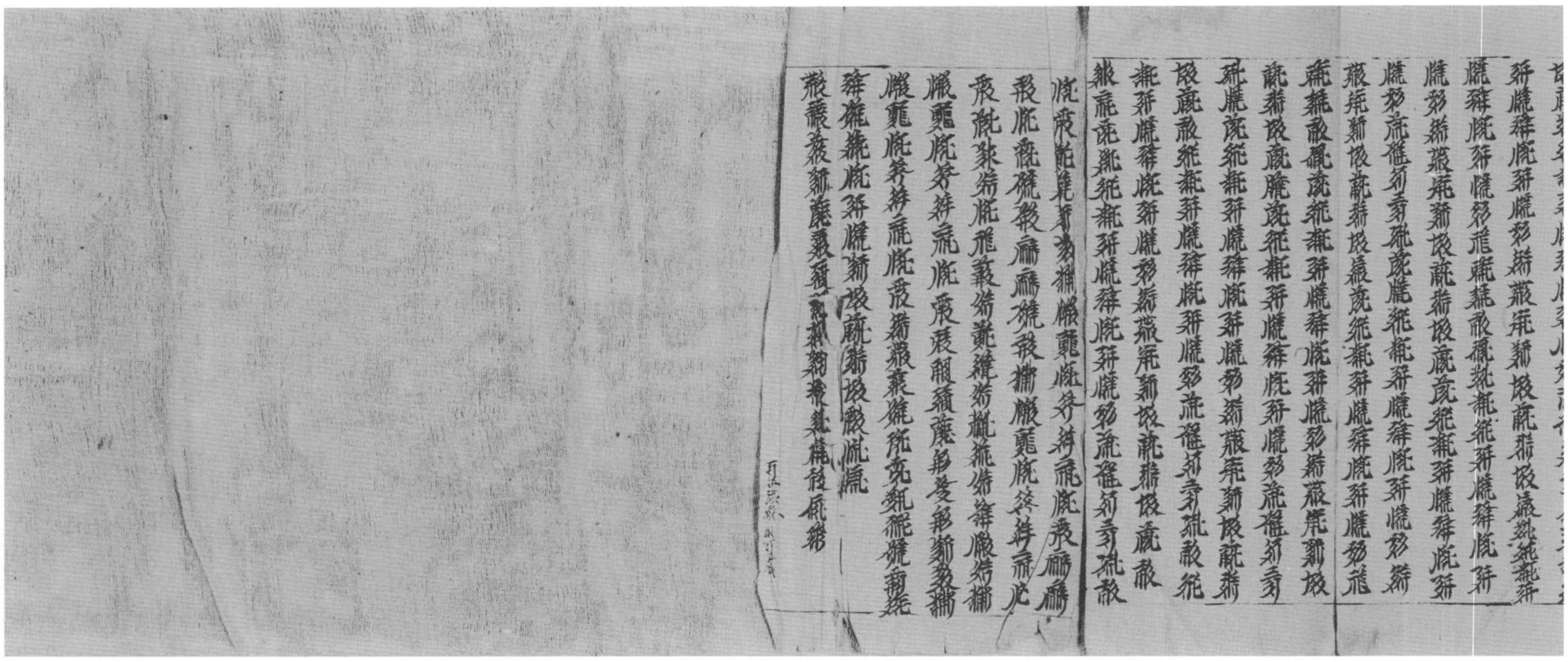

俄 Инв.No.3209　大般若波羅蜜多經卷第三百二十五　(11–11)

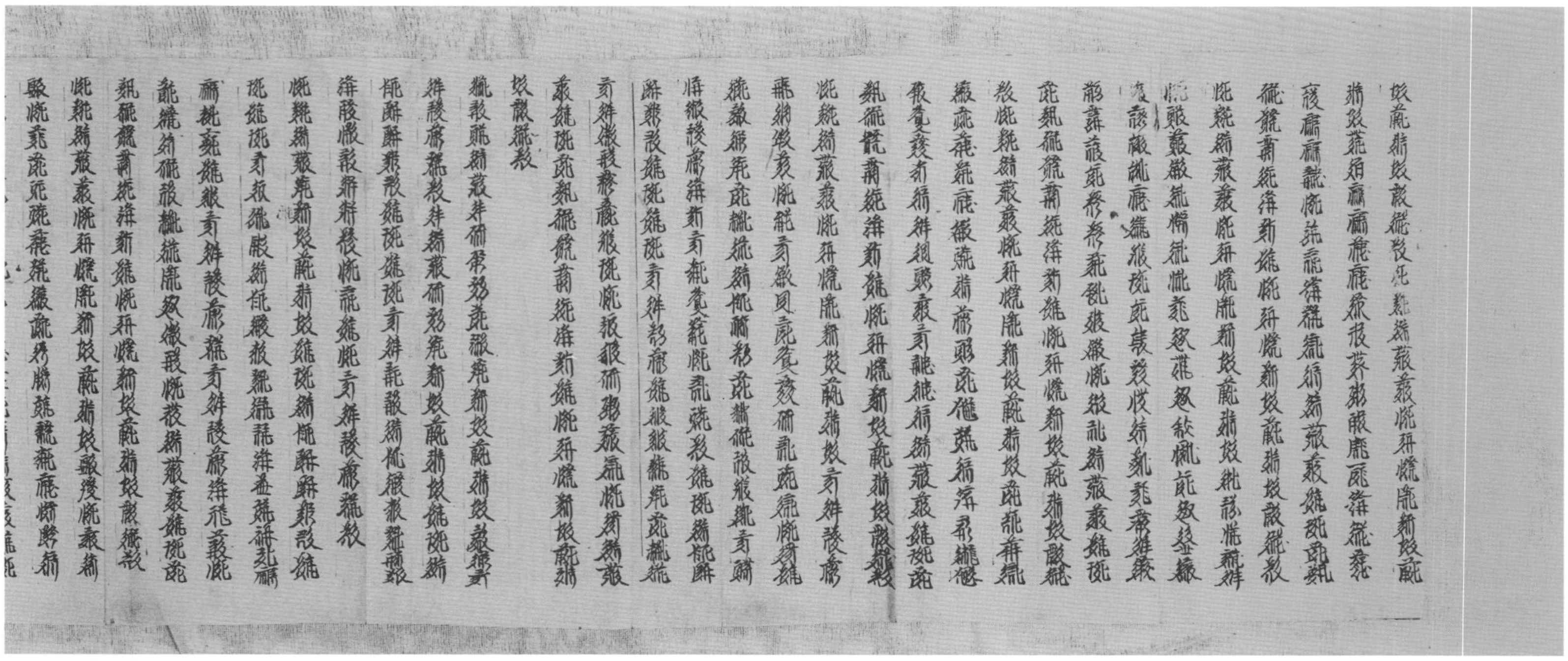

俄 Инв.No.1974　大般若波羅蜜多經卷第三百二十六　(7–1)

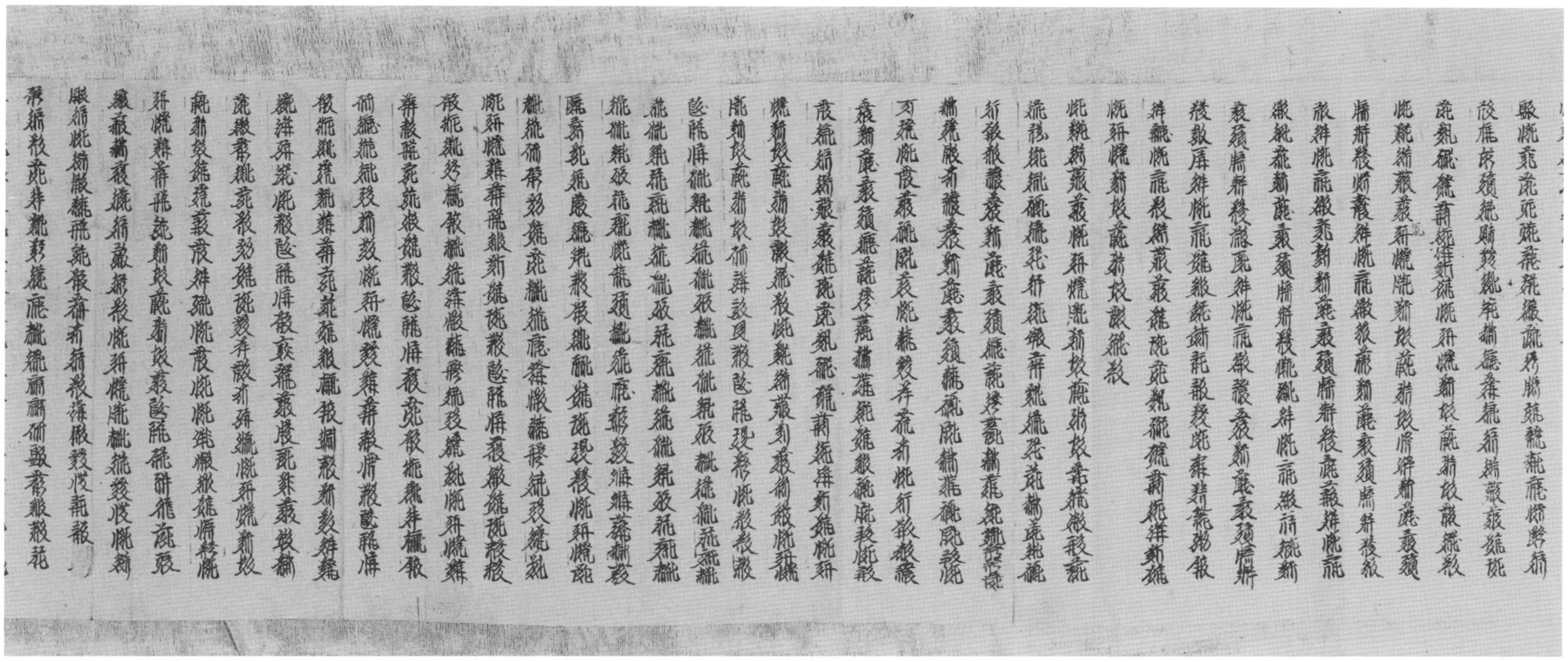

俄 Инв.No.1974　大般若波羅蜜多經卷第三百二十六　(7-2)

俄 Инв.No.1974　大般若波羅蜜多經卷第三百二十六　(7-3)

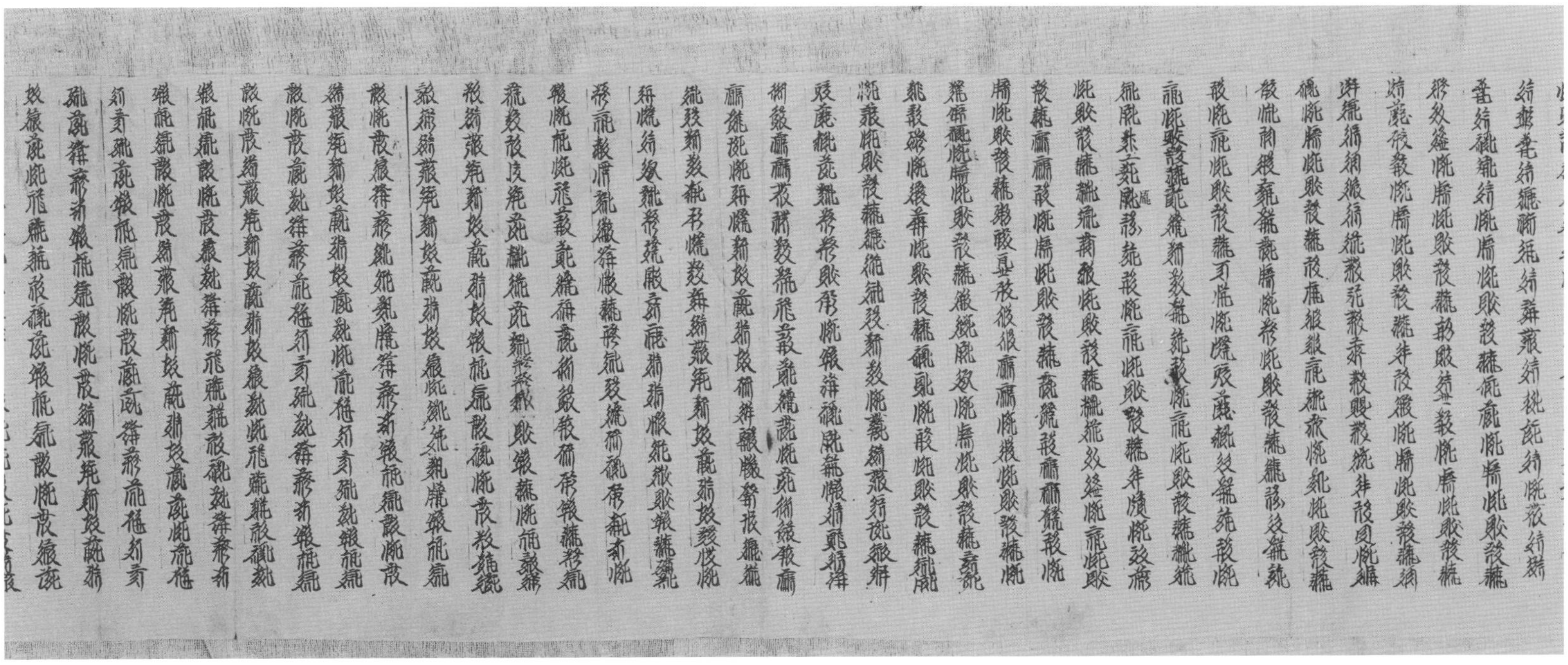

俄 Инв.No.1974　大般若波羅蜜多經卷第三百二十六　(7-4)

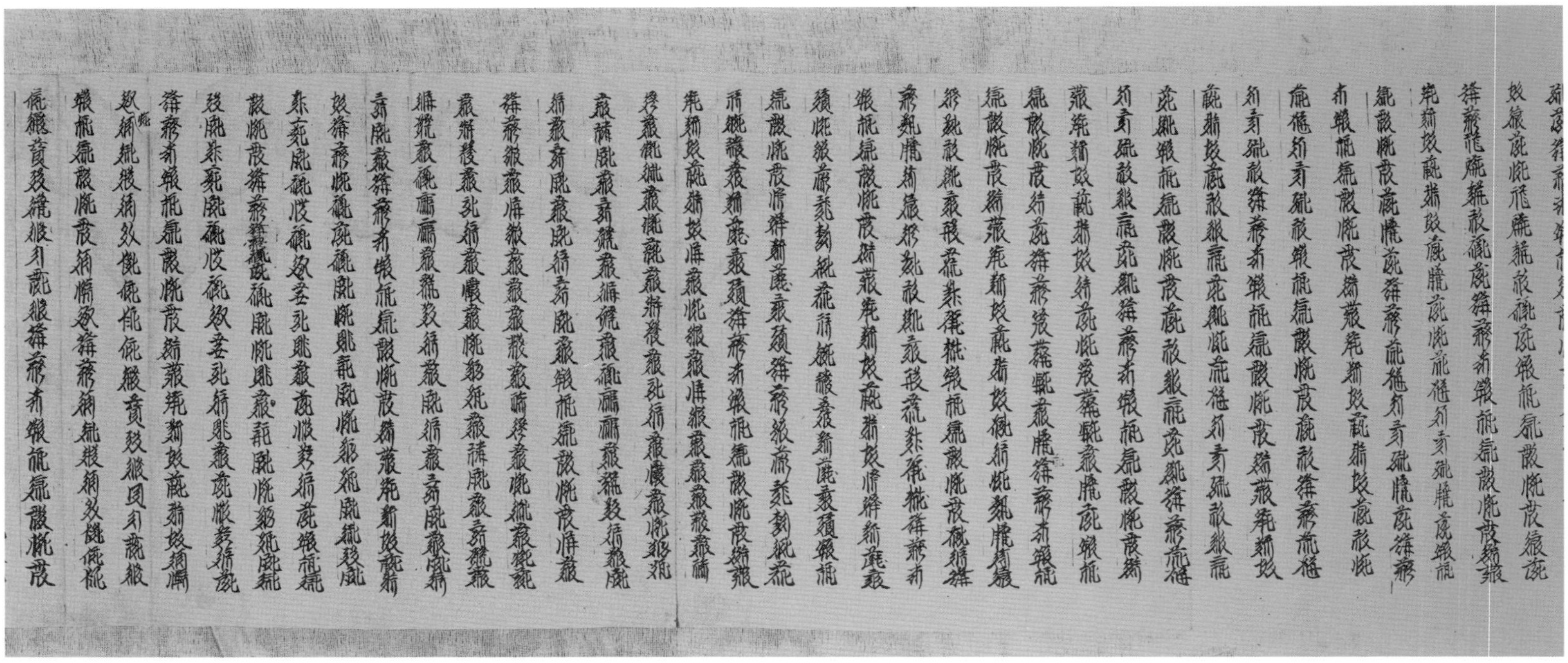

俄 Инв.No.1974　大般若波羅蜜多經卷第三百二十六　(7–5)

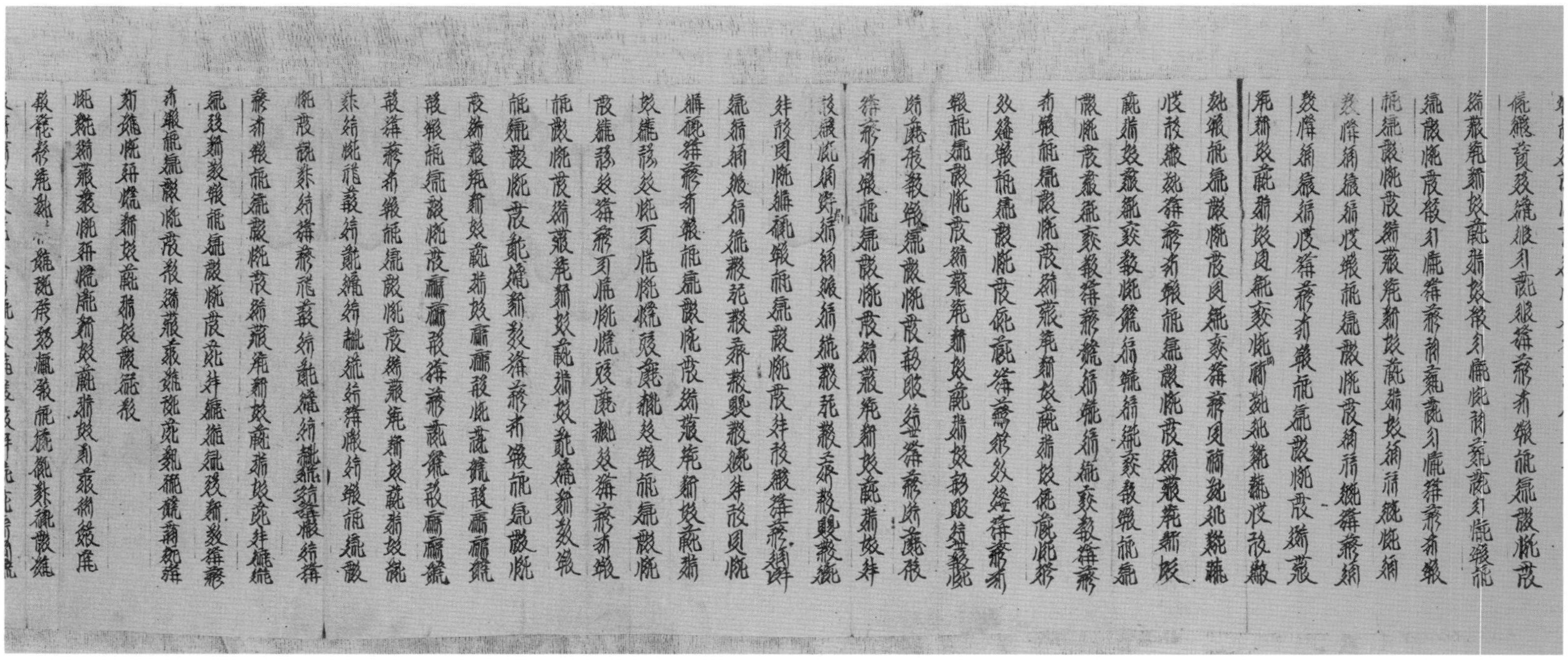

俄 Инв.No.1974　大般若波羅蜜多經卷第三百二十六　(7–6)

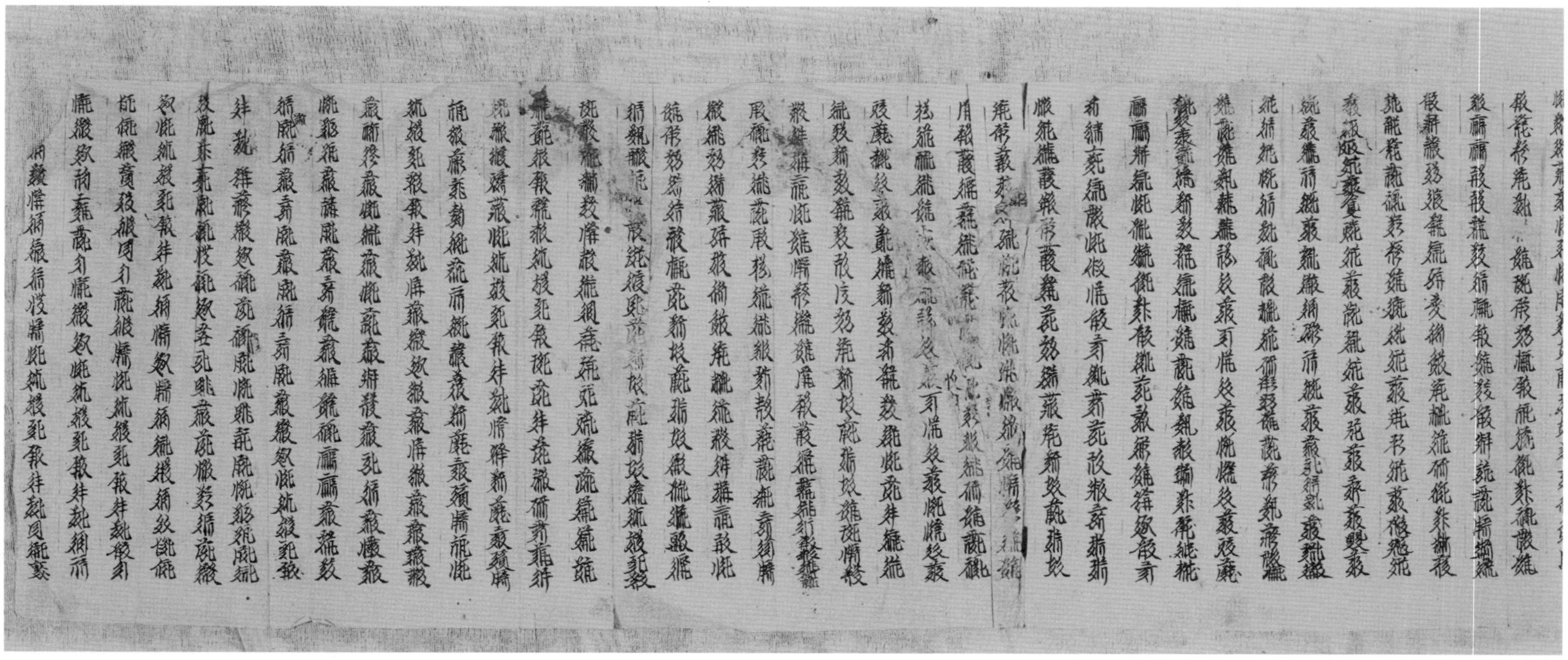

俄 Инв.No.1974　大般若波羅蜜多經卷第三百二十六　(7–7)

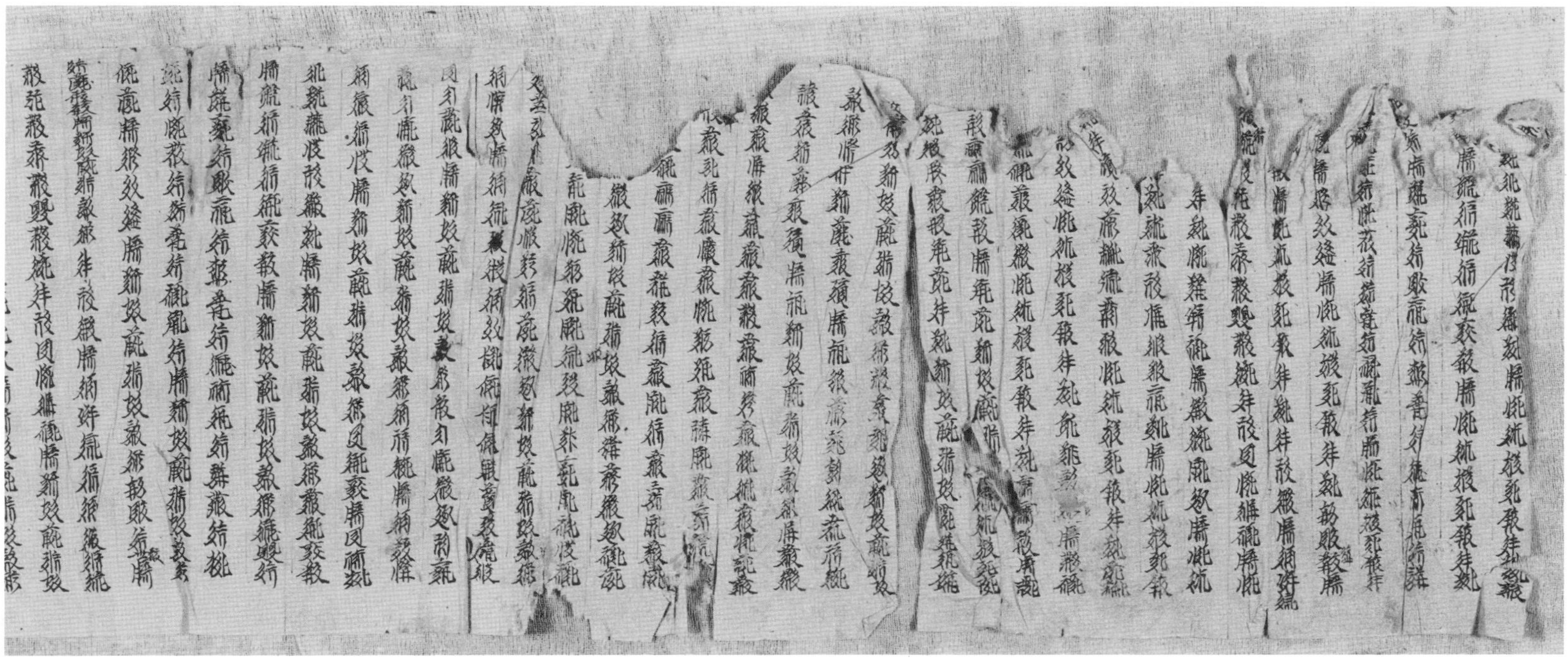

俄 Инв.No.1973　大般若波羅蜜多經卷第三百二十六　(6-1)

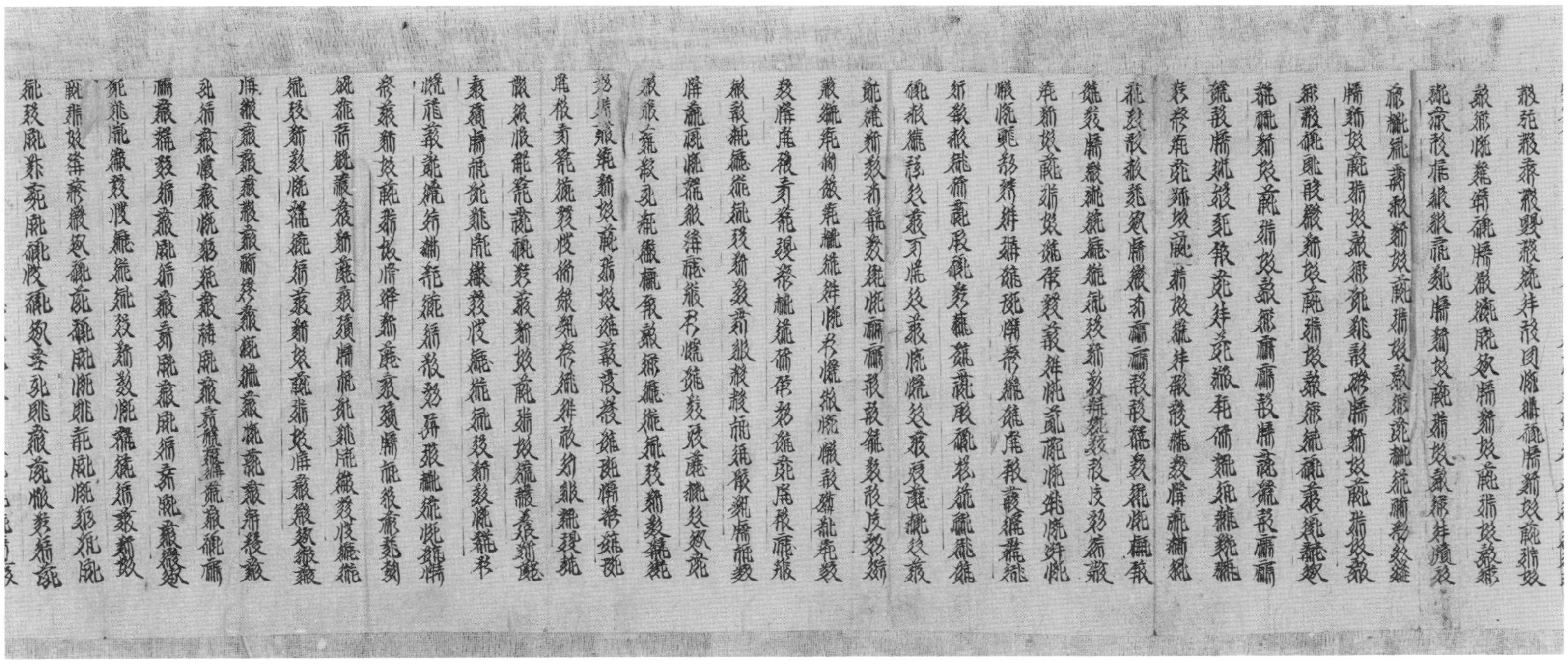

俄 Инв.No.1973　大般若波羅蜜多經卷第三百二十六　(6-2)

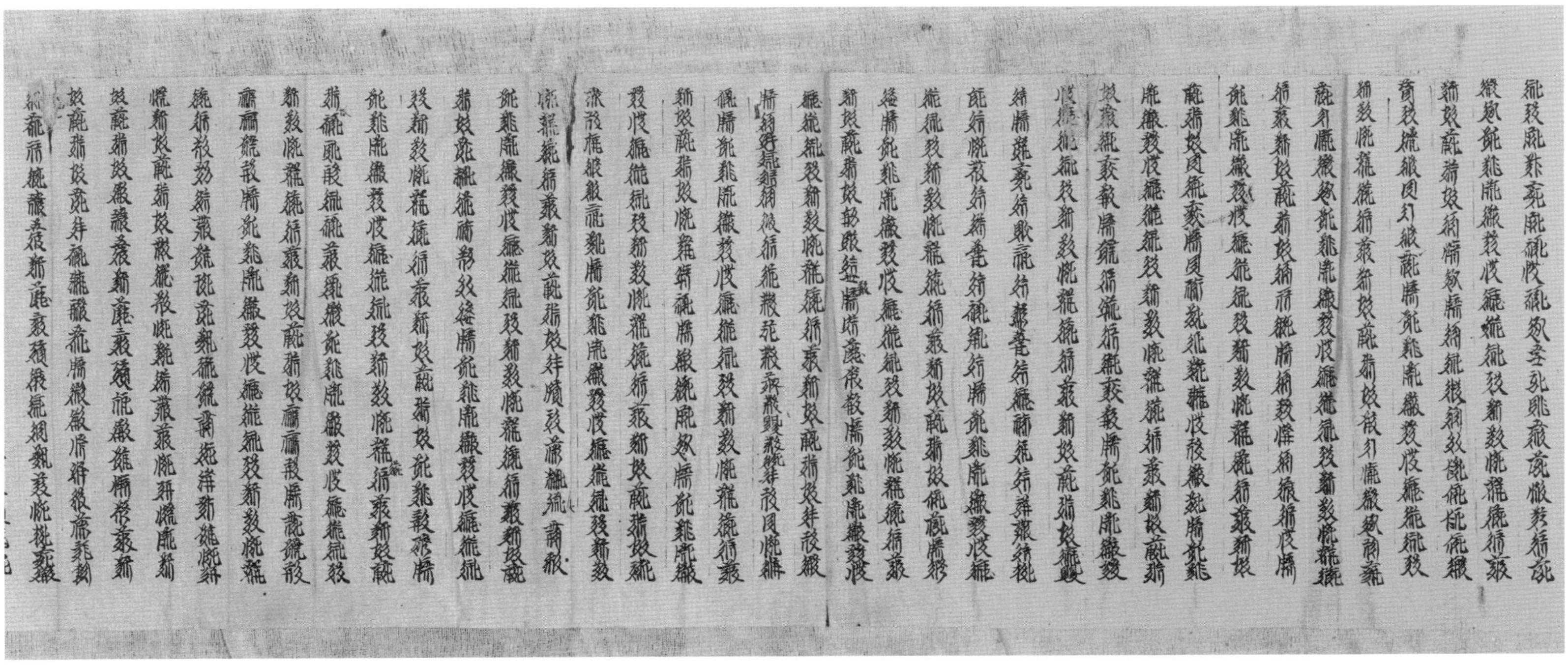

俄 Инв.No.1973　大般若波羅蜜多經卷第三百二十六　(6-3)

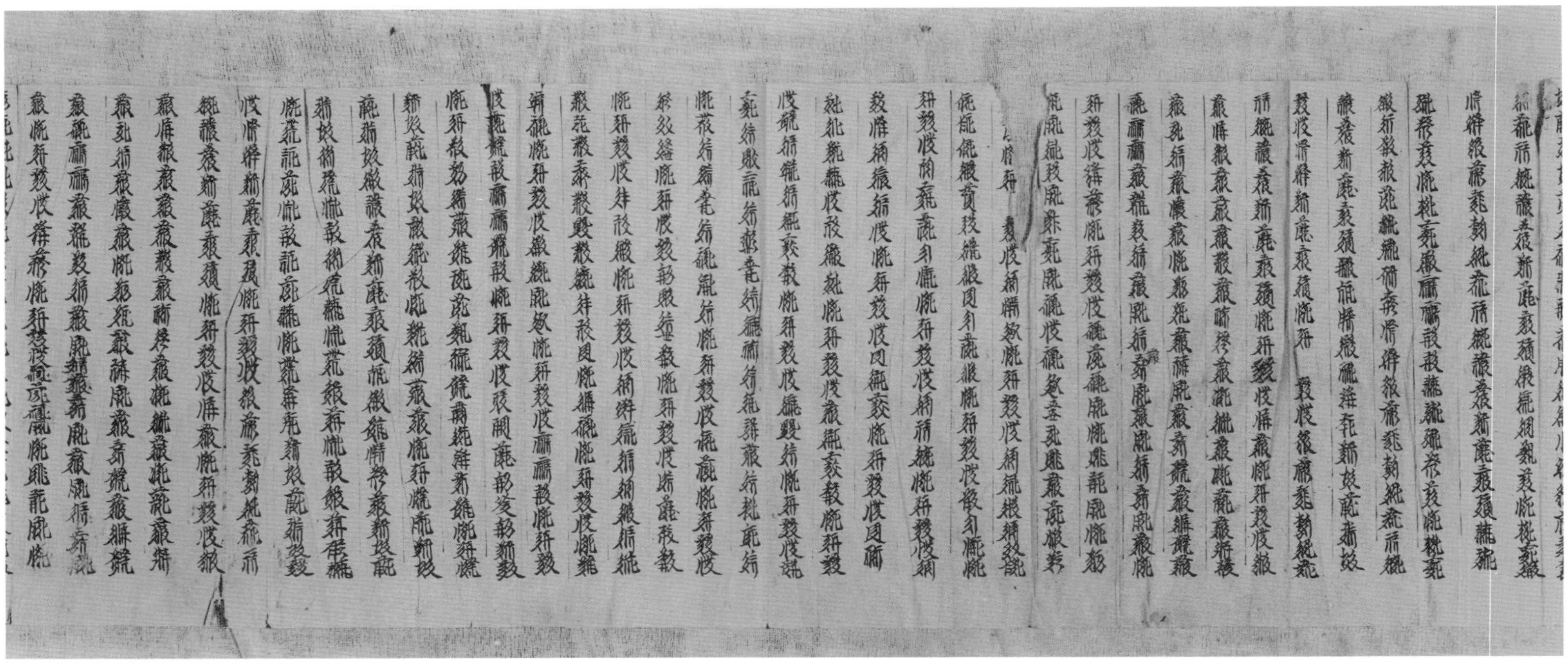

俄 Инв.No.1973　大般若波羅蜜多經卷第三百二十六　(6–4)

俄 Инв.No.1973　大般若波羅蜜多經卷第三百二十六　(6–5)

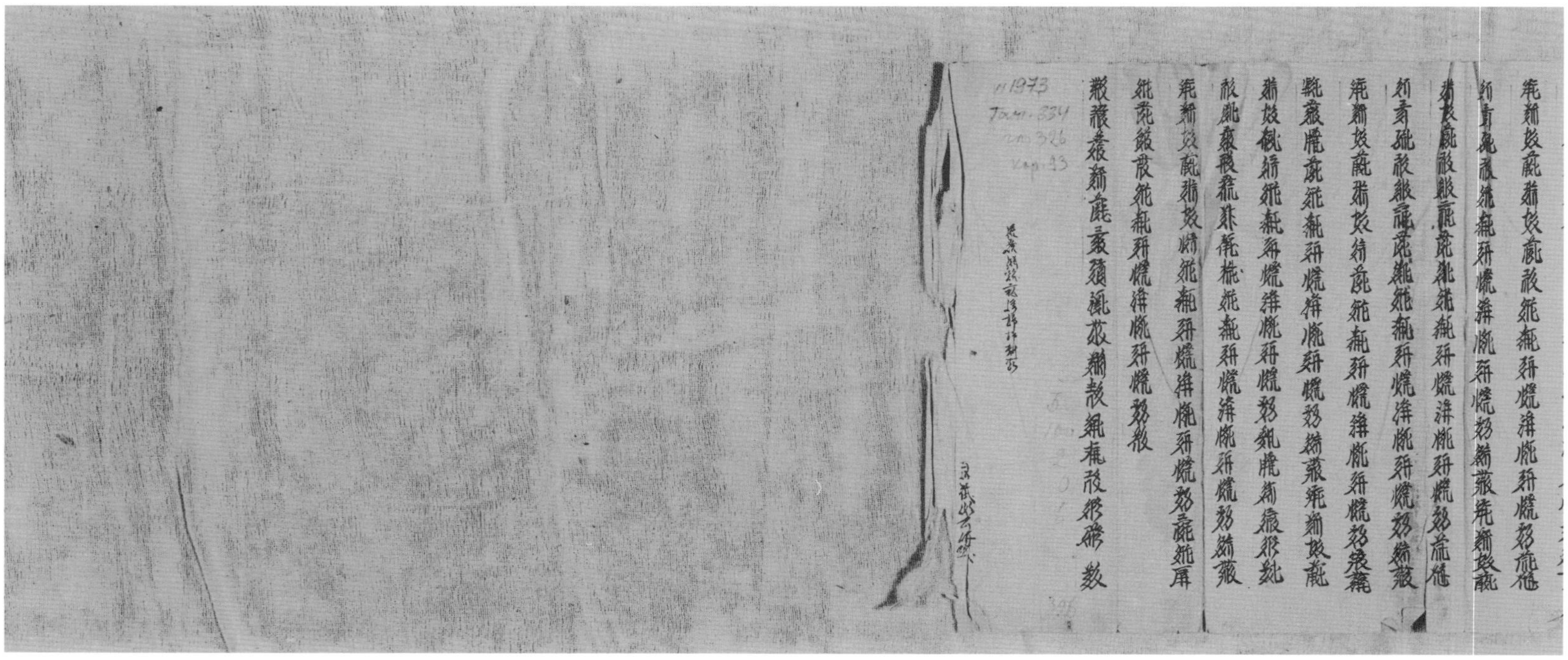

俄 Инв.No.1973　大般若波羅蜜多經卷第三百二十六　(6–6)

俄 Инв.No.1939　大般若波羅蜜多經卷第三百二十七　(14–1)

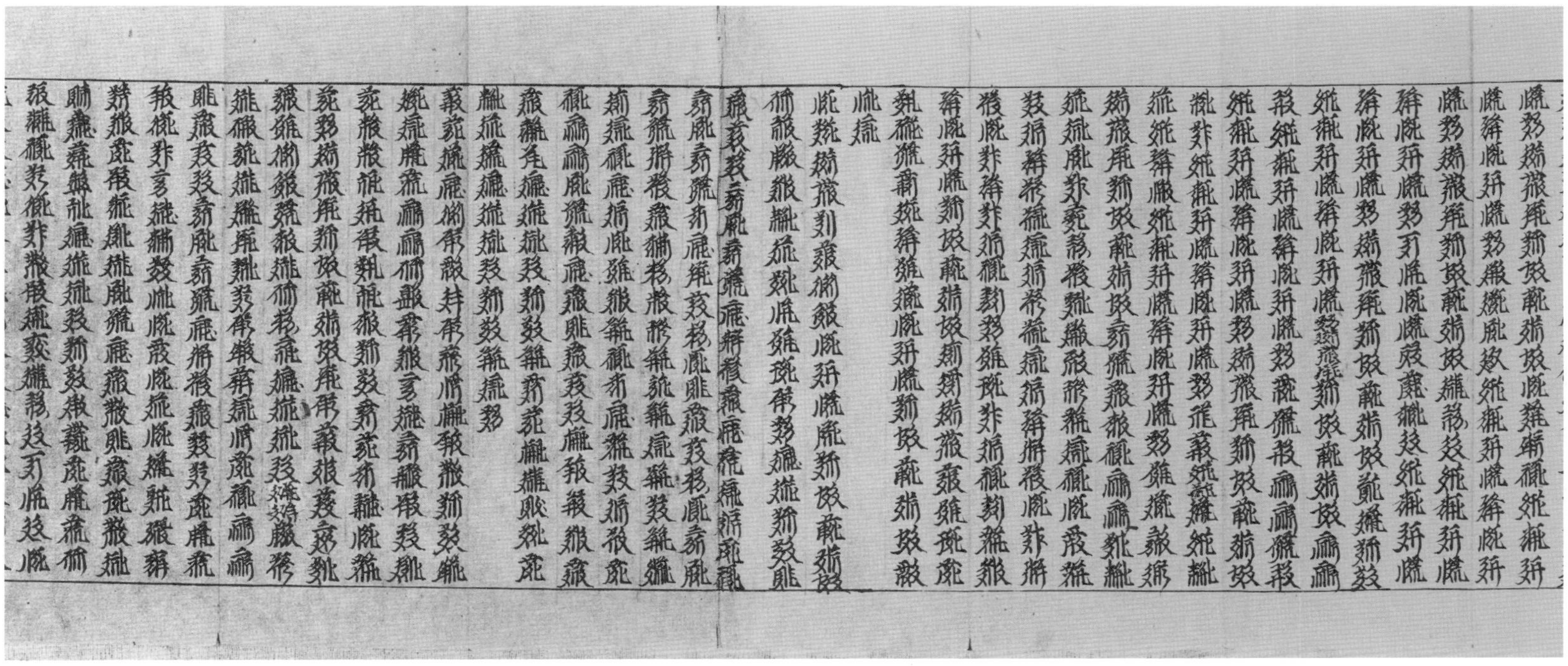

俄 Инв.No.1939　大般若波羅蜜多經卷第三百二十七　(14–2)

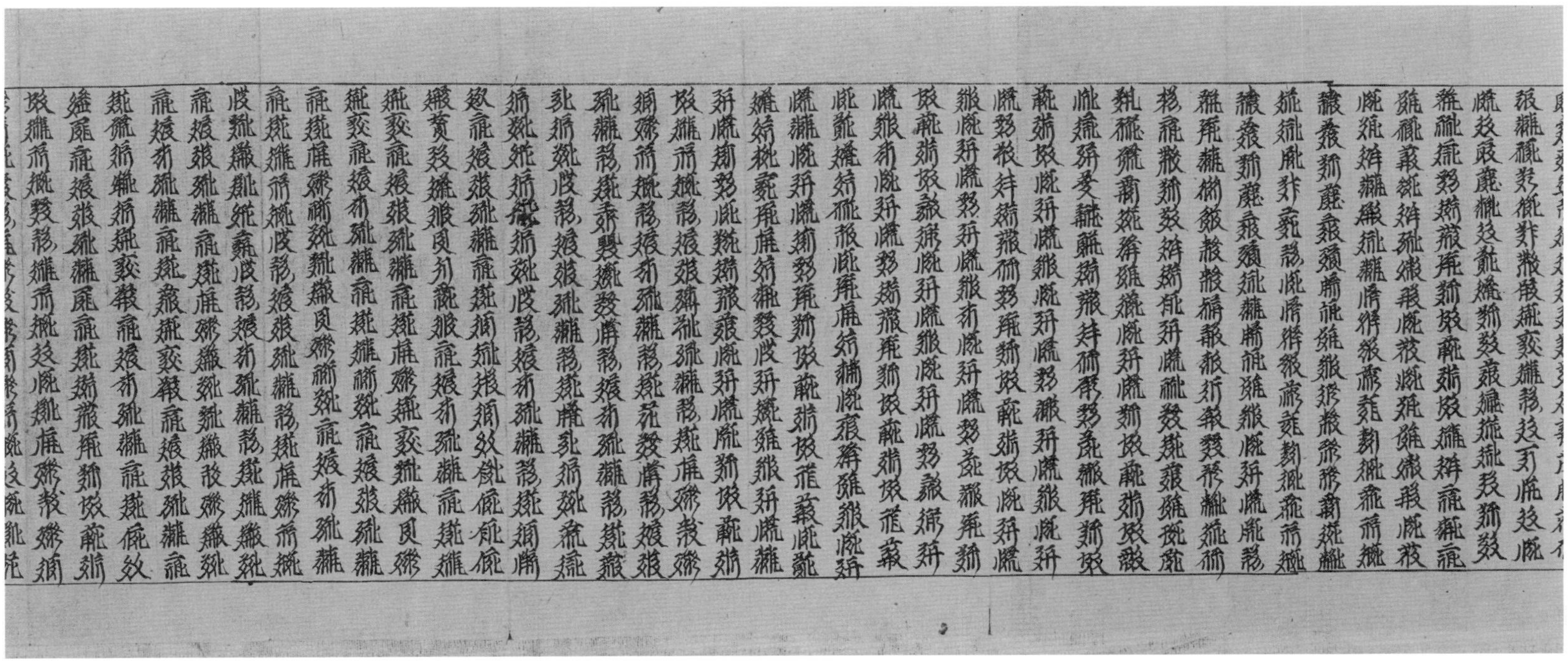

俄 Инв.No.1939　大般若波羅蜜多經卷第三百二十七　(14–3)

俄 Инв.No.1939　大般若波羅蜜多經卷第三百二十七　(14-4)

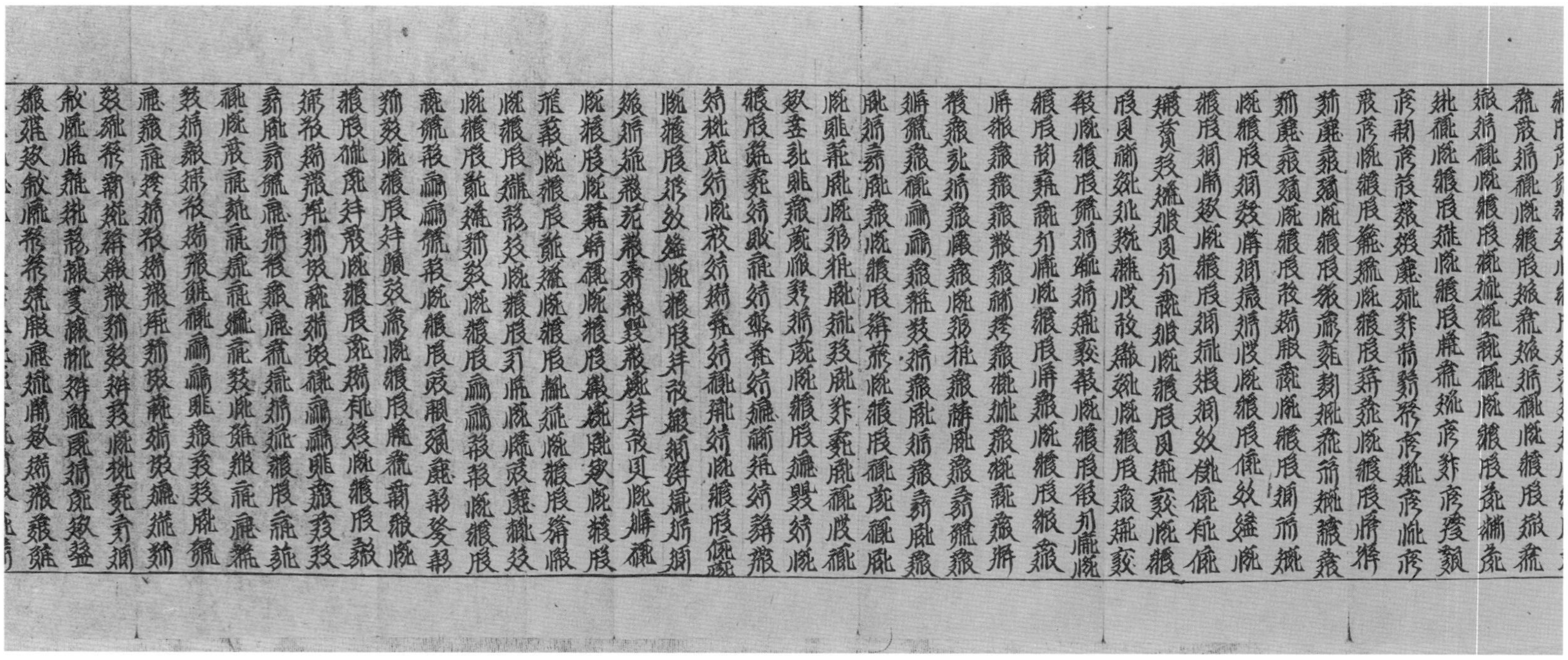

俄 Инв.No.1939　大般若波羅蜜多經卷第三百二十七　(14-5)

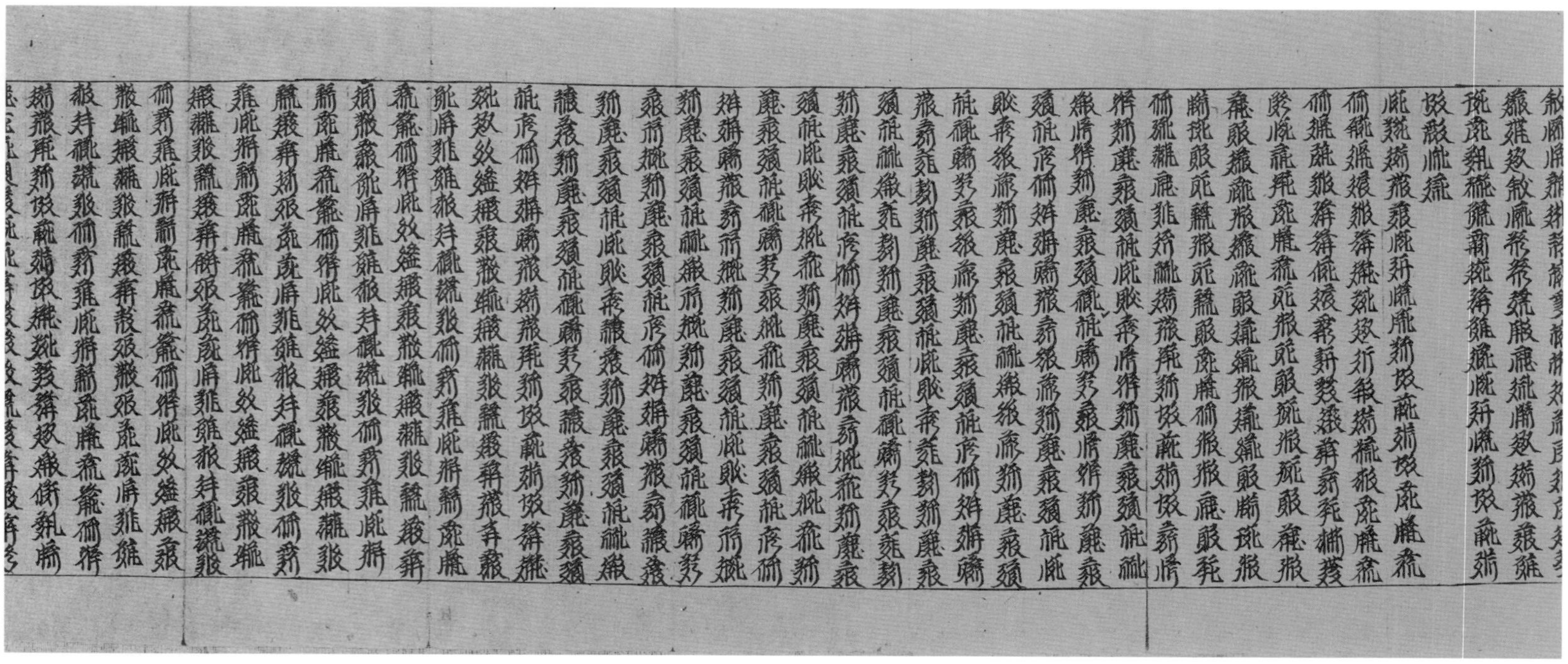

俄 Инв.No.1939　大般若波羅蜜多經卷第三百二十七　(14-6)

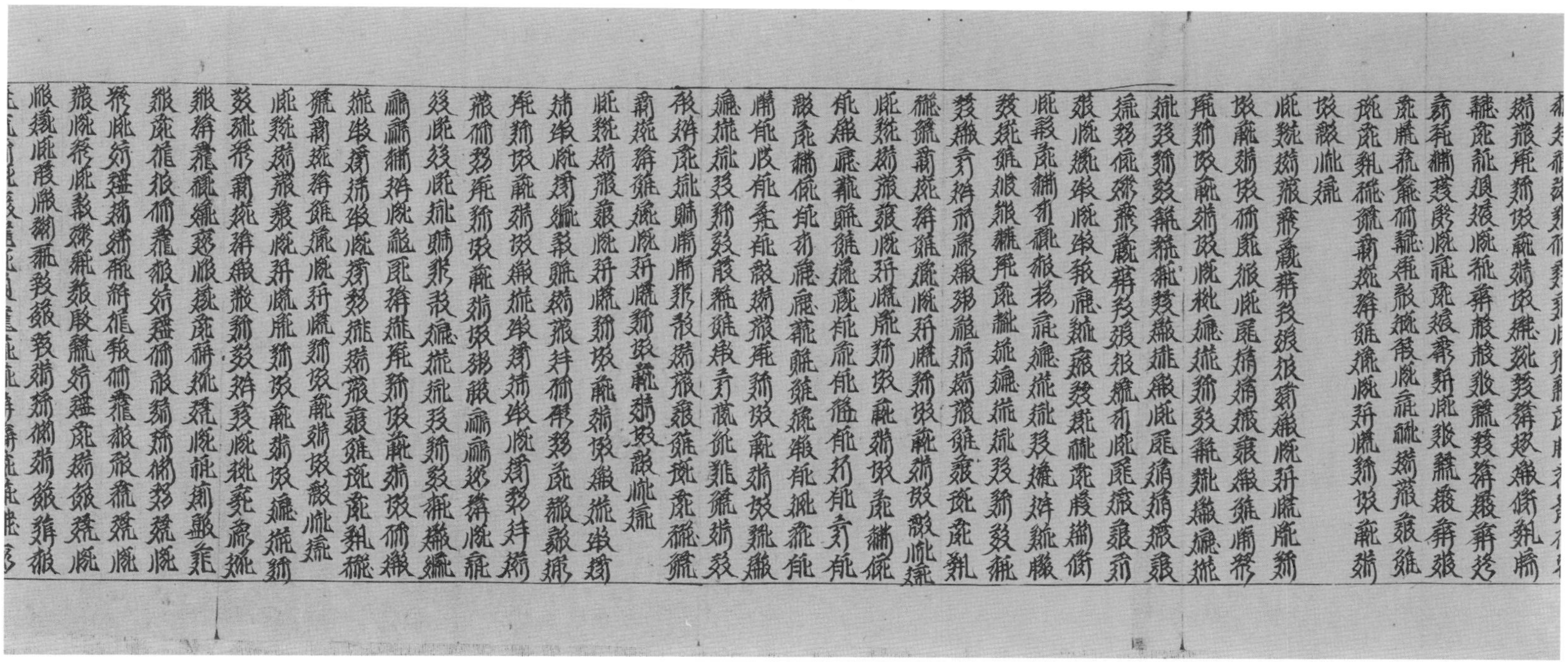

俄 Инв.No.1939　大般若波羅蜜多經卷第三百二十七　(14–7)

俄 Инв.No.1939　大般若波羅蜜多經卷第三百二十七　(14–8)

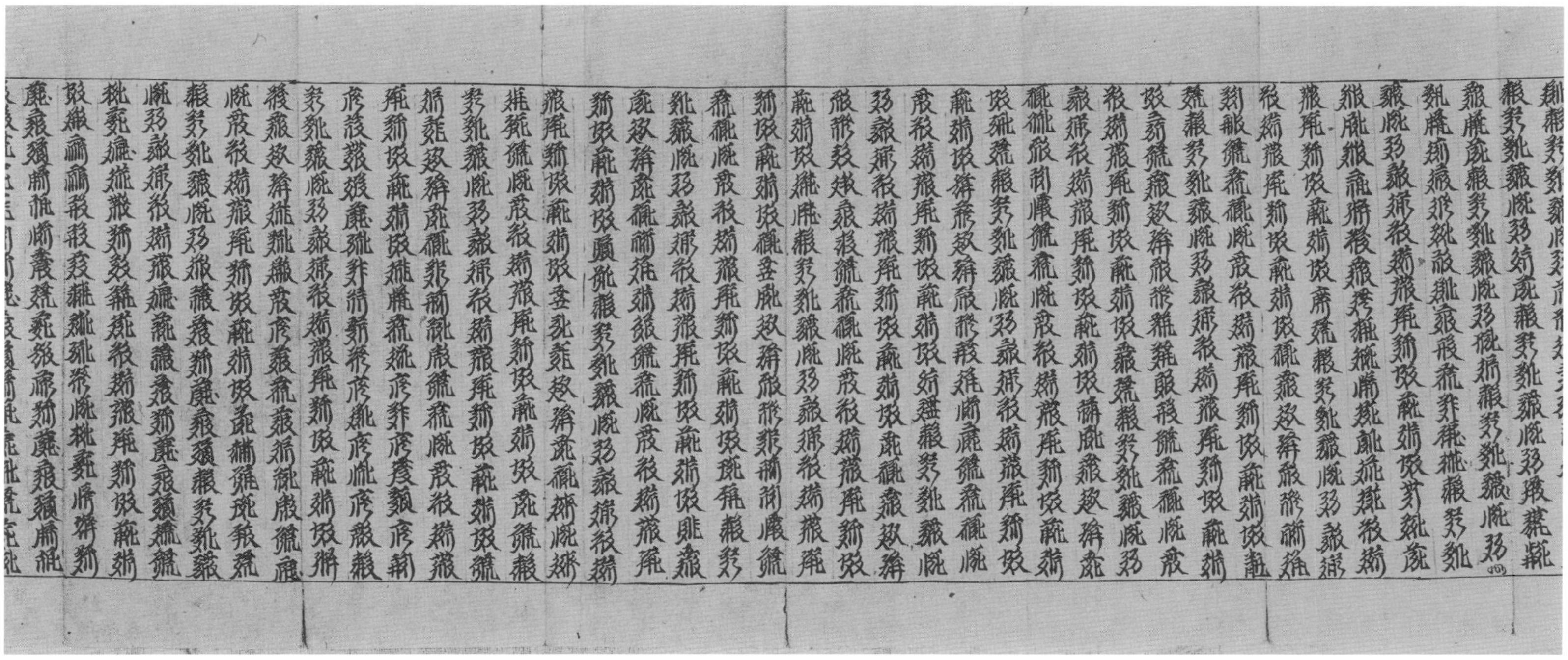

俄 Инв.No.1939　大般若波羅蜜多經卷第三百二十七　(14–9)

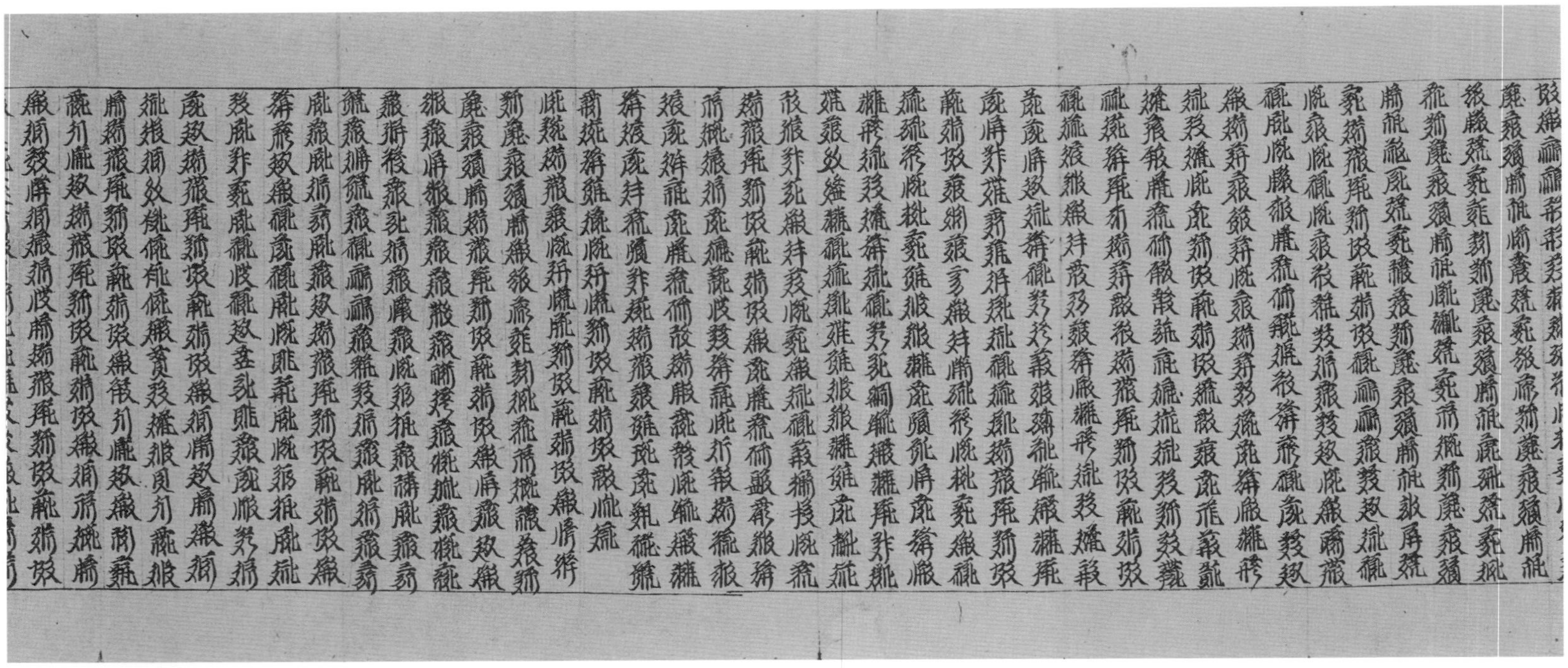

俄 Инв.No.1939　大般若波羅蜜多經卷第三百二十七　(14–10)

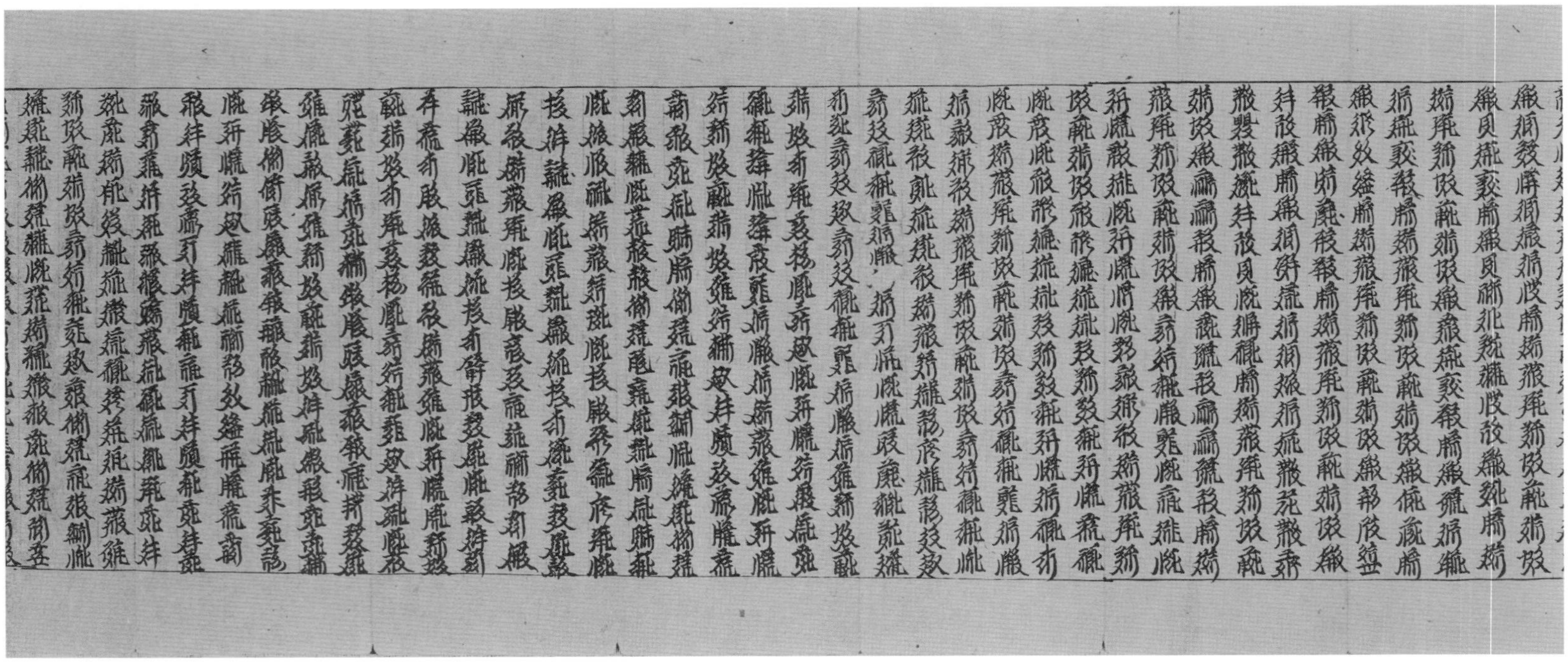

俄 Инв.No.1939　大般若波羅蜜多經卷第三百二十七　(14–11)

俄 Инв.No.1939　大般若波羅蜜多經卷第三百二十七　(14–12)

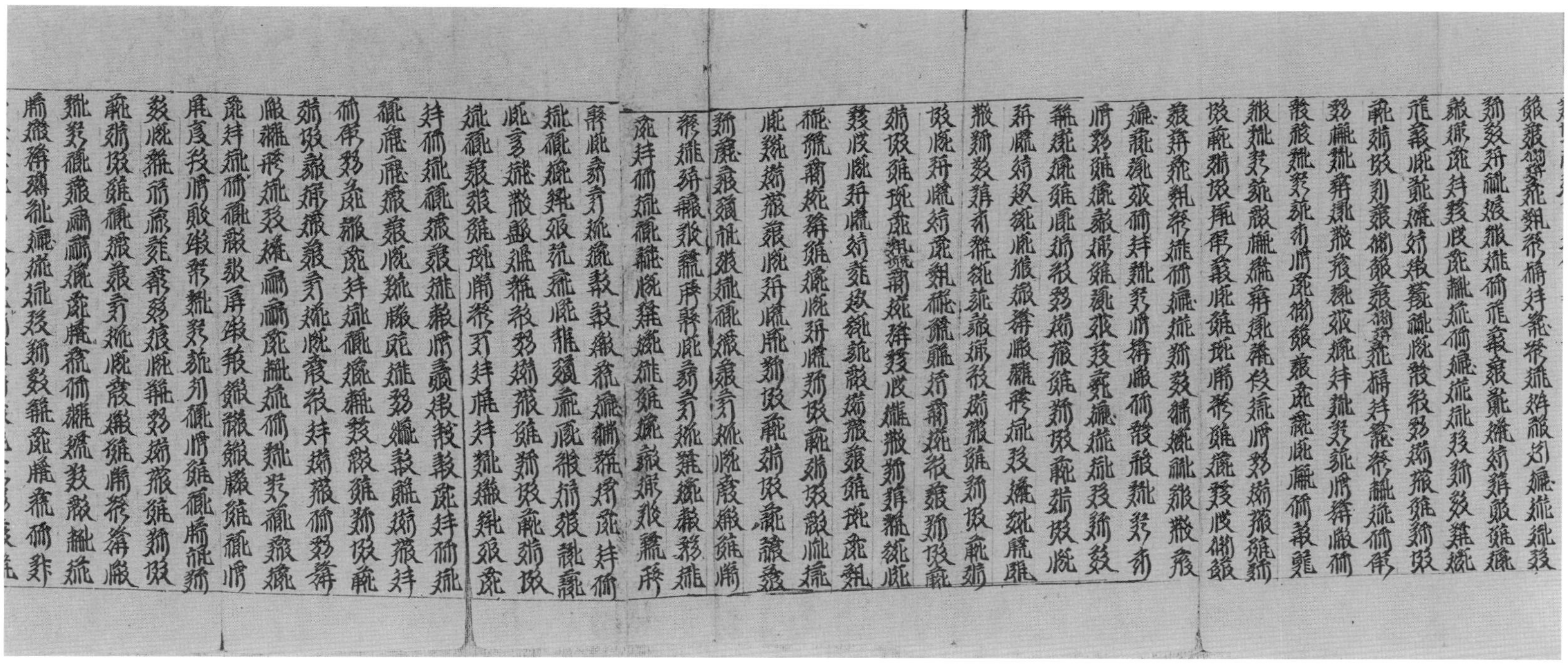

俄 Инв.No.1939　大般若波羅蜜多經卷第三百二十七　(14–13)

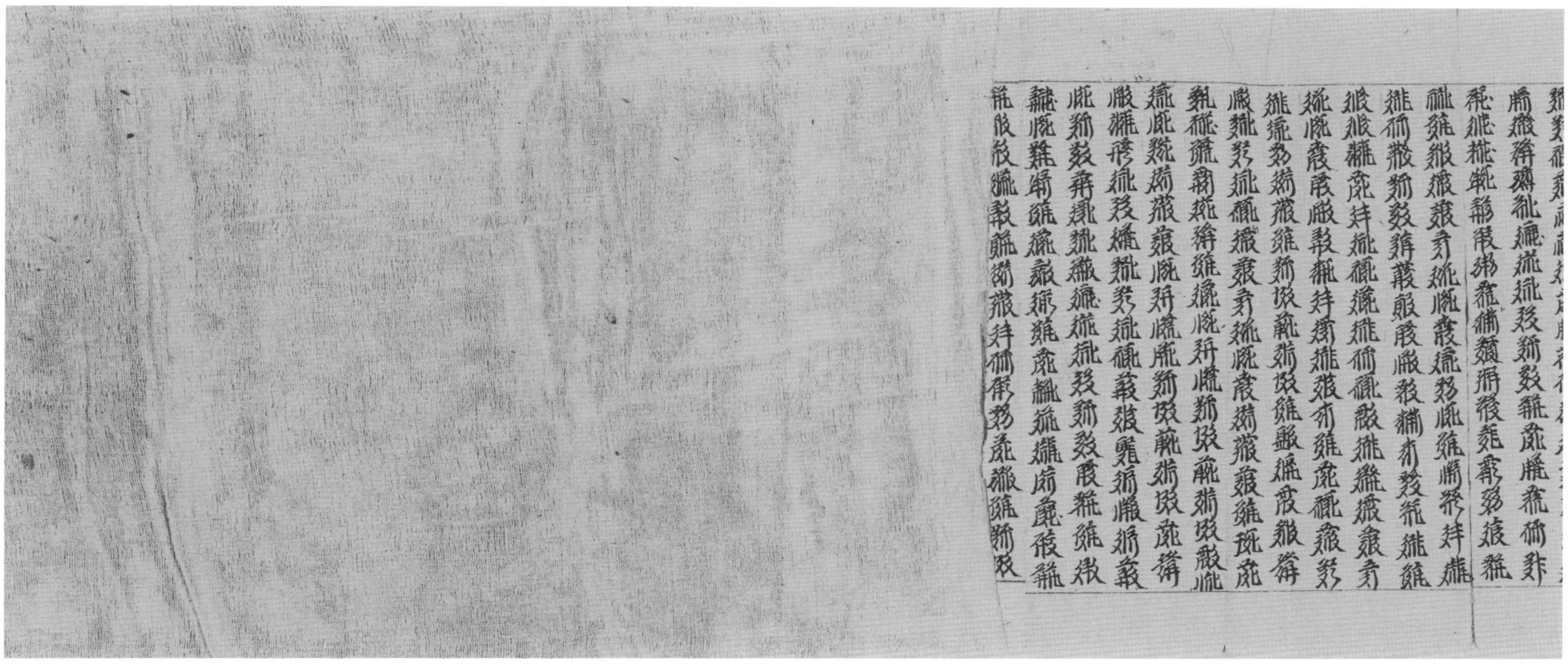

俄 Инв.No.1939　大般若波羅蜜多經卷第三百二十七　(14–14)

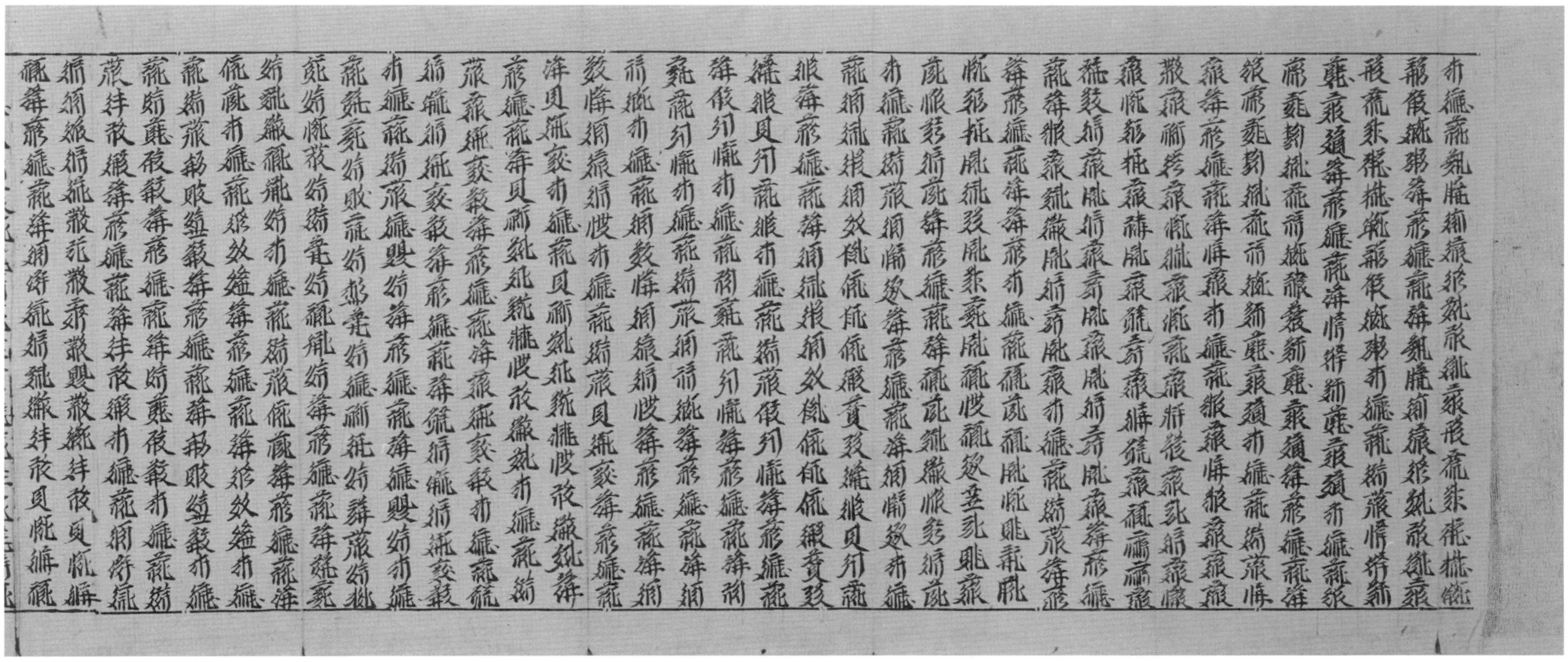

俄 Инв.No.1938　大般若波羅蜜多經卷第三百二十八　(9–1)

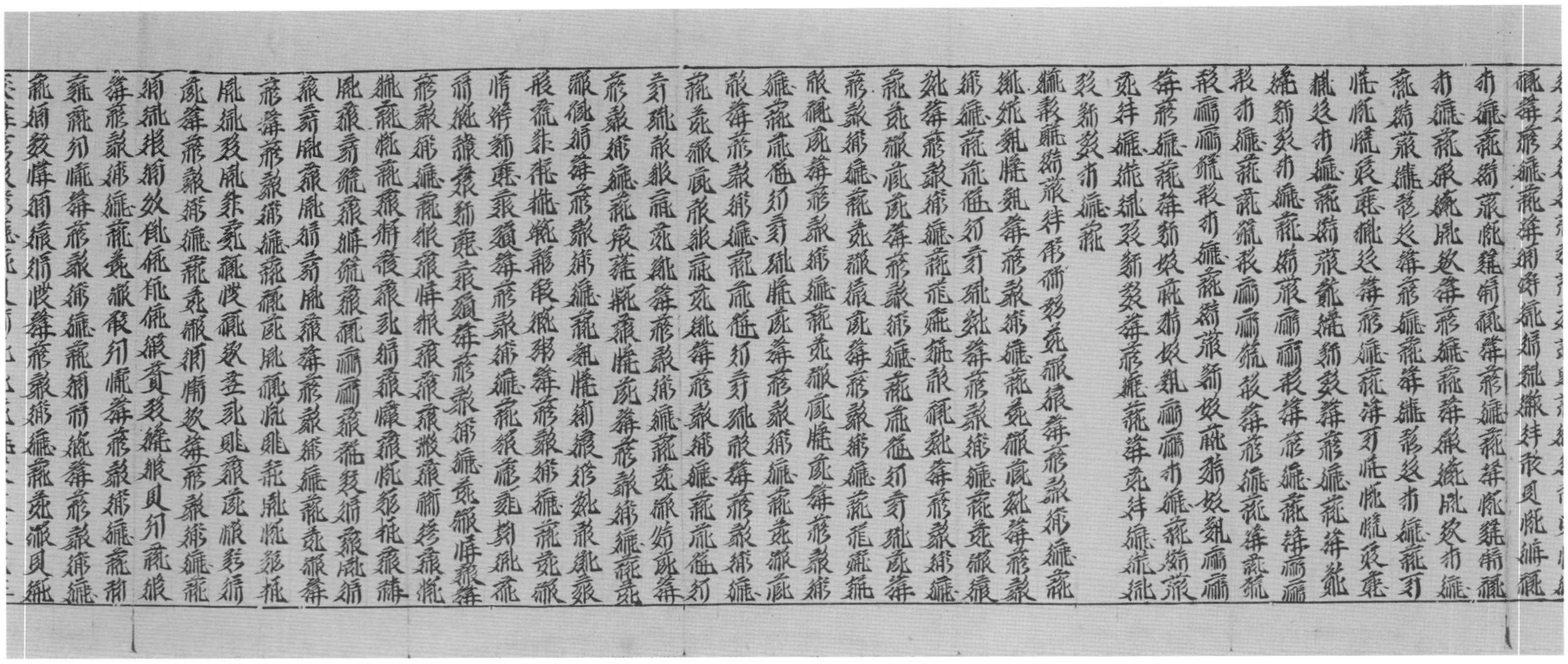

俄 Инв.No.1938　大般若波羅蜜多經卷第三百二十八　(9-2)

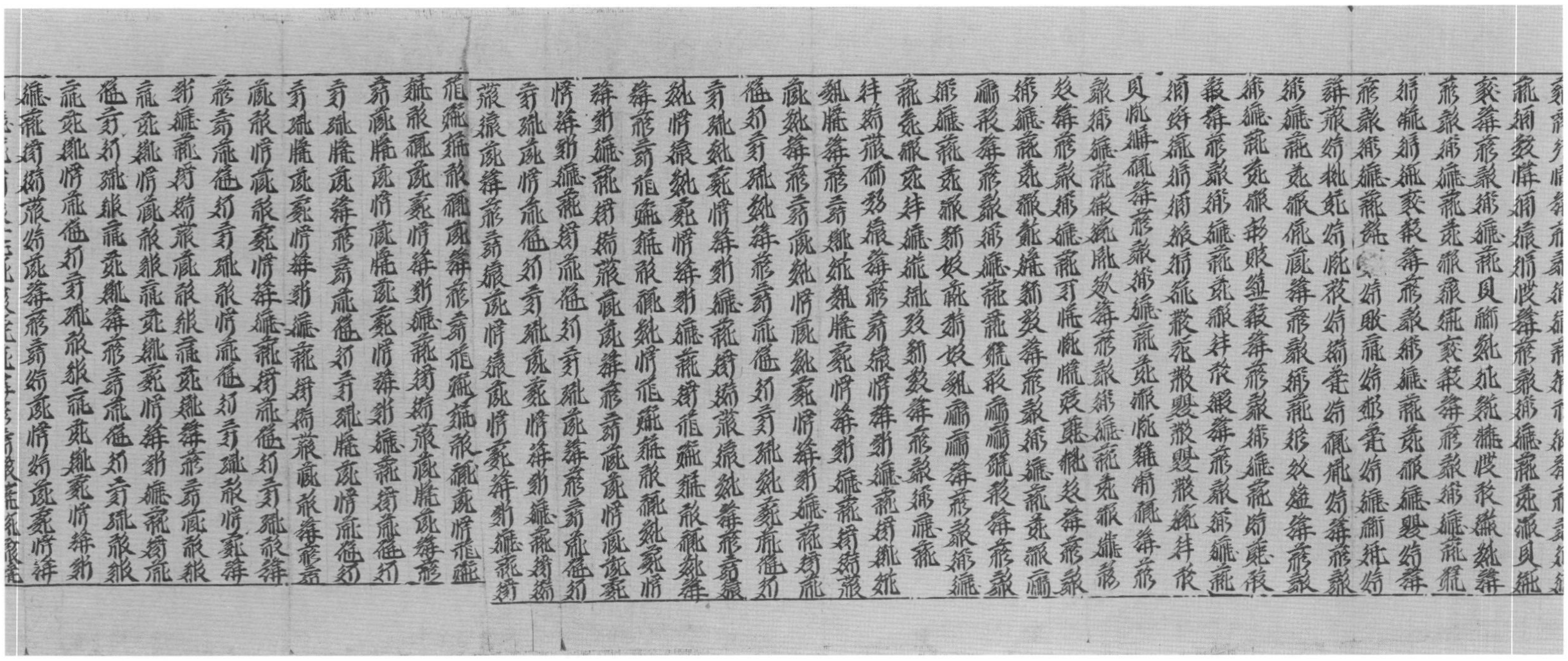

俄 Инв.No.1938　大般若波羅蜜多經卷第三百二十八　(9-3)

俄 Инв.No.1938　大般若波羅蜜多經卷第三百二十八　(9-4)

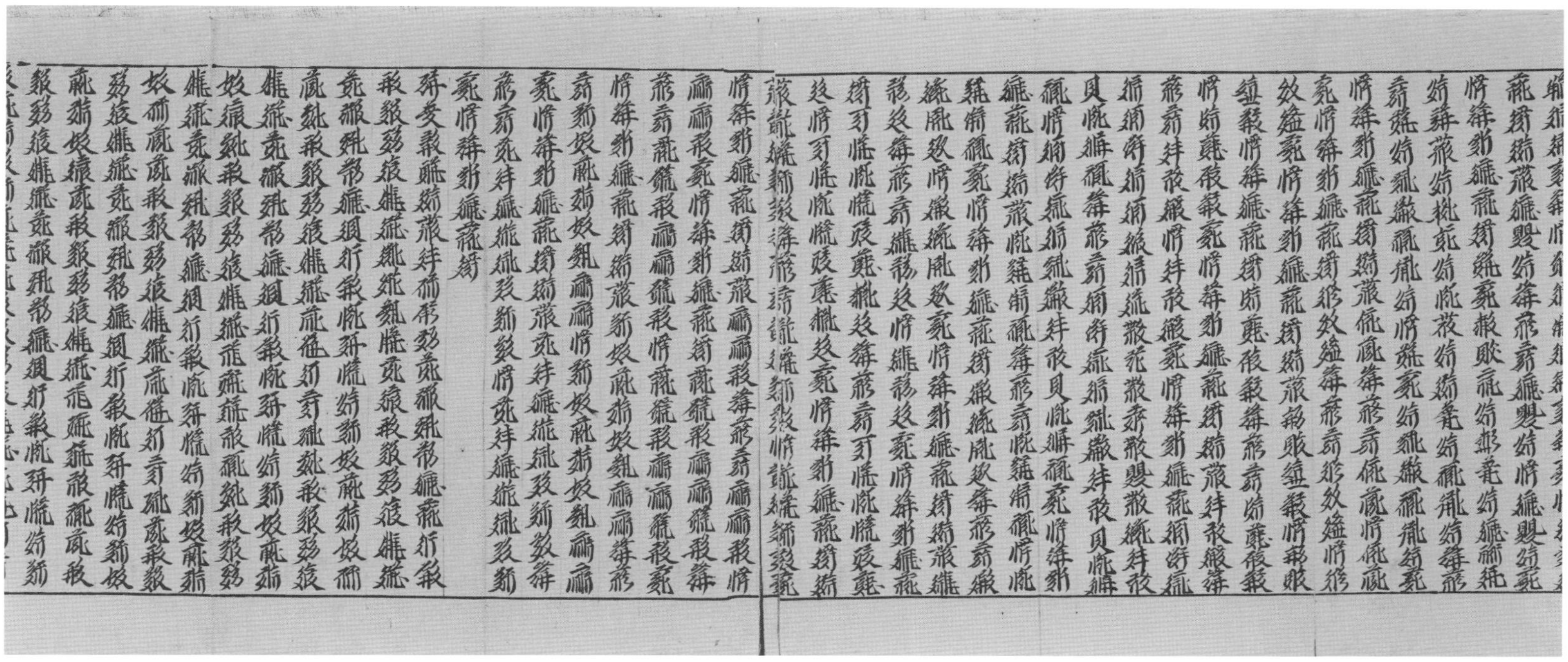

俄 Инв.No.1938　大般若波羅蜜多經卷第三百二十八　(9–5)

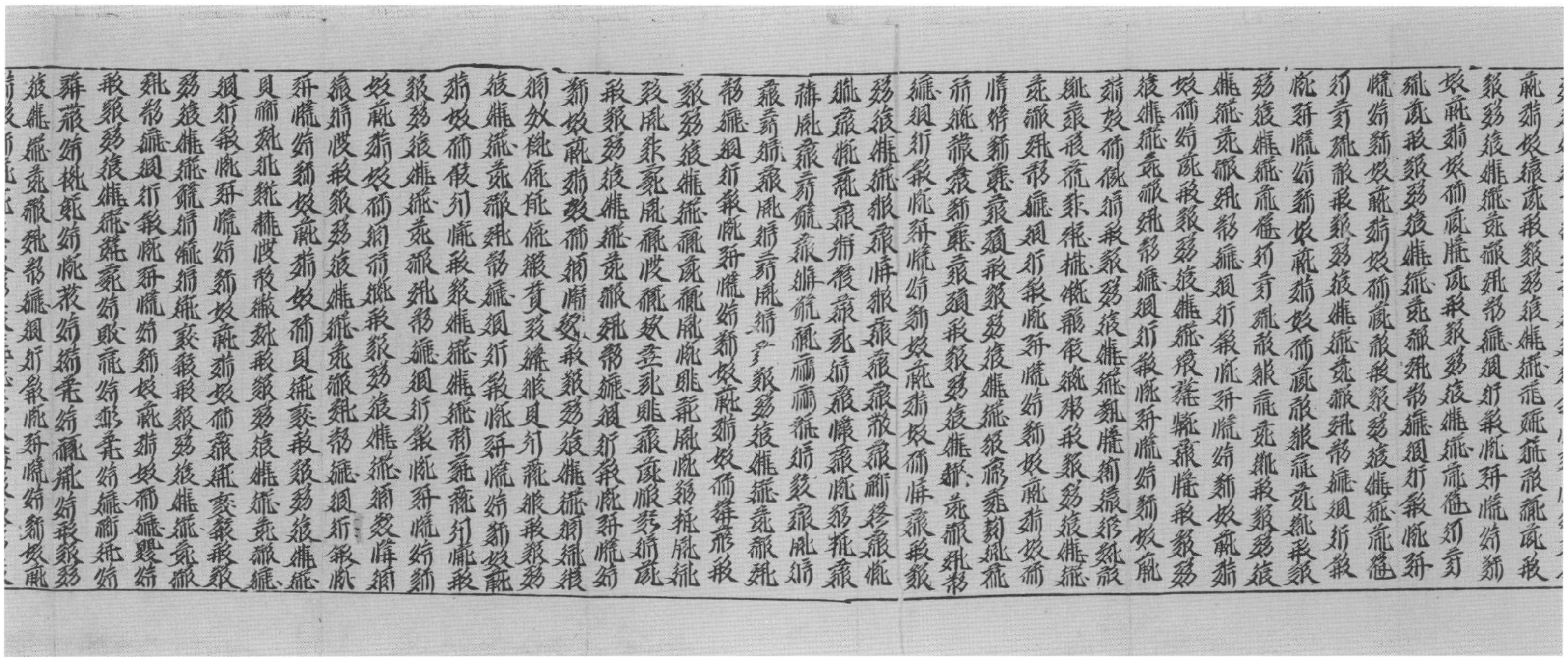

俄 Инв.No.1938　大般若波羅蜜多經卷第三百二十八　(9–6)

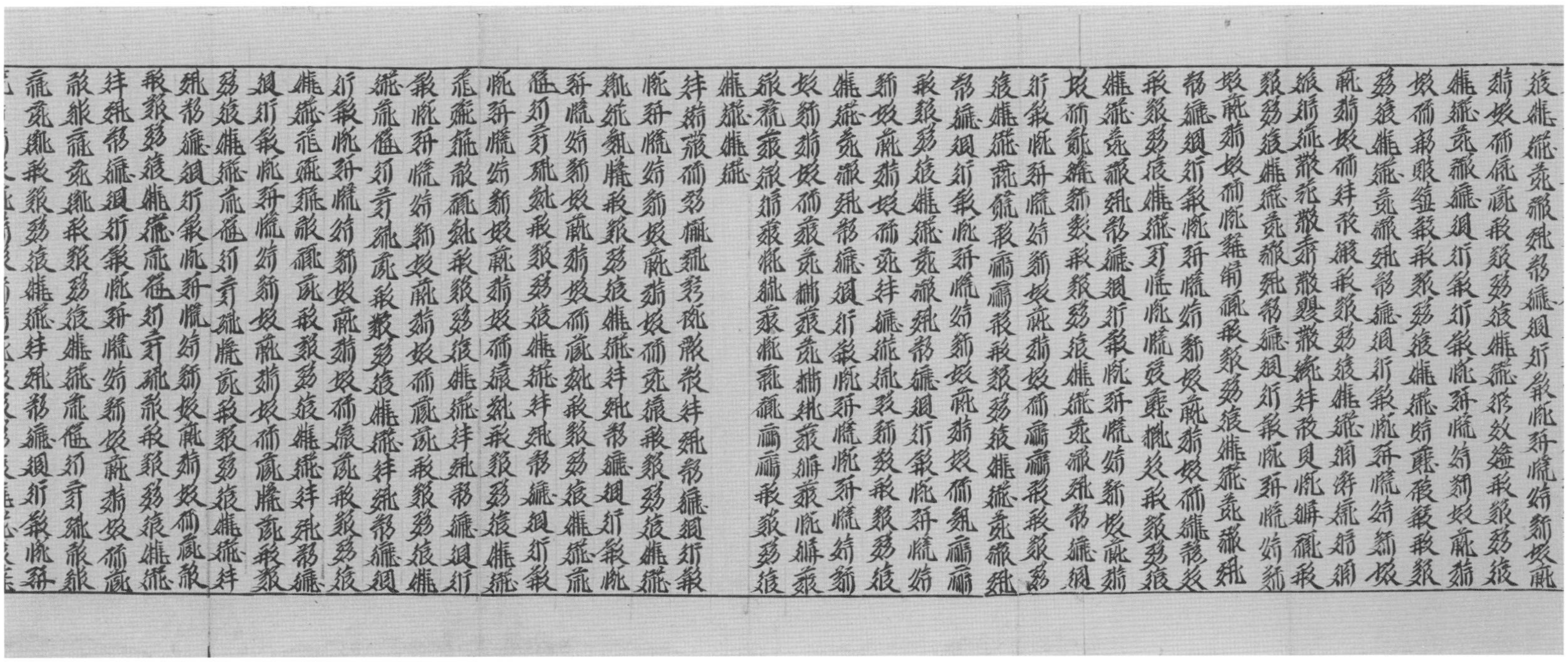

俄 Инв.No.1938　大般若波羅蜜多經卷第三百二十八　(9–7)

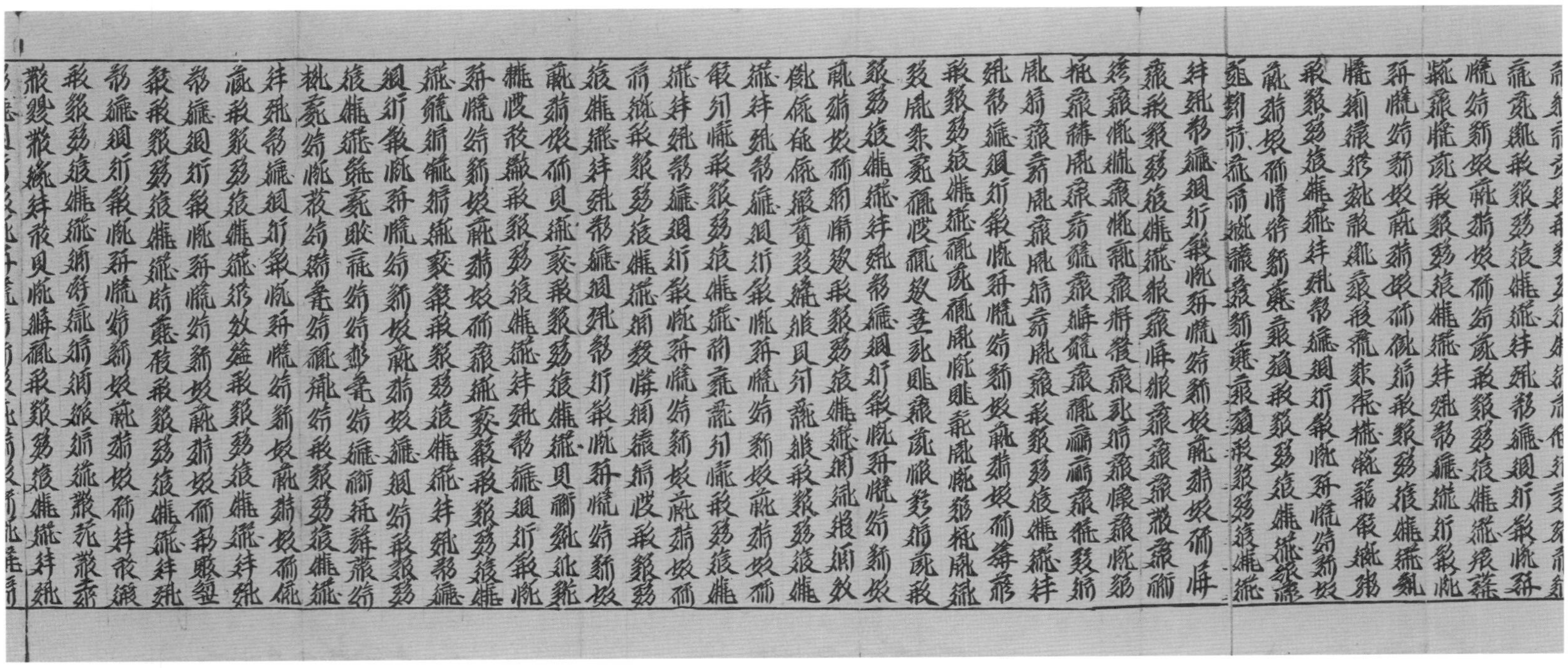

俄 Инв.No.1938　大般若波羅蜜多經卷第三百二十八　(9-8)

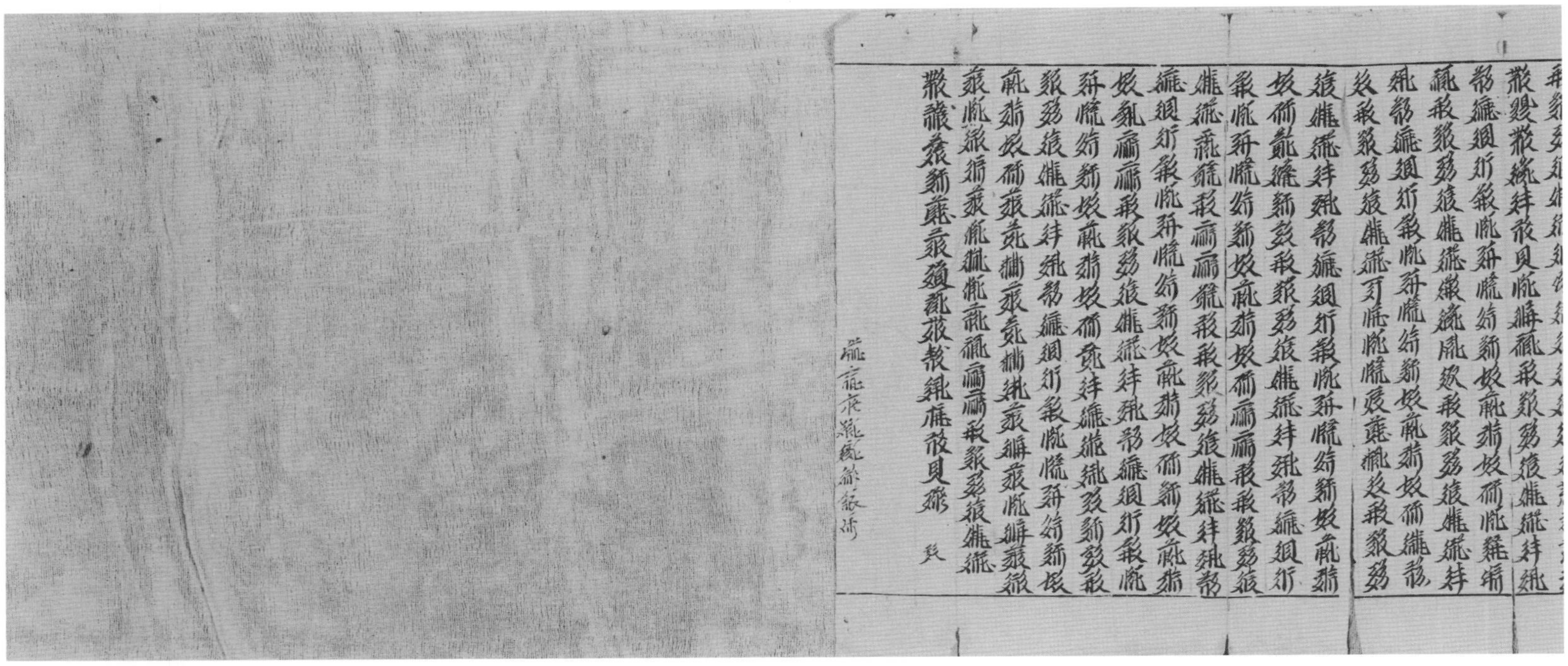

俄 Инв.No.1938　大般若波羅蜜多經卷第三百二十八　(9-9)

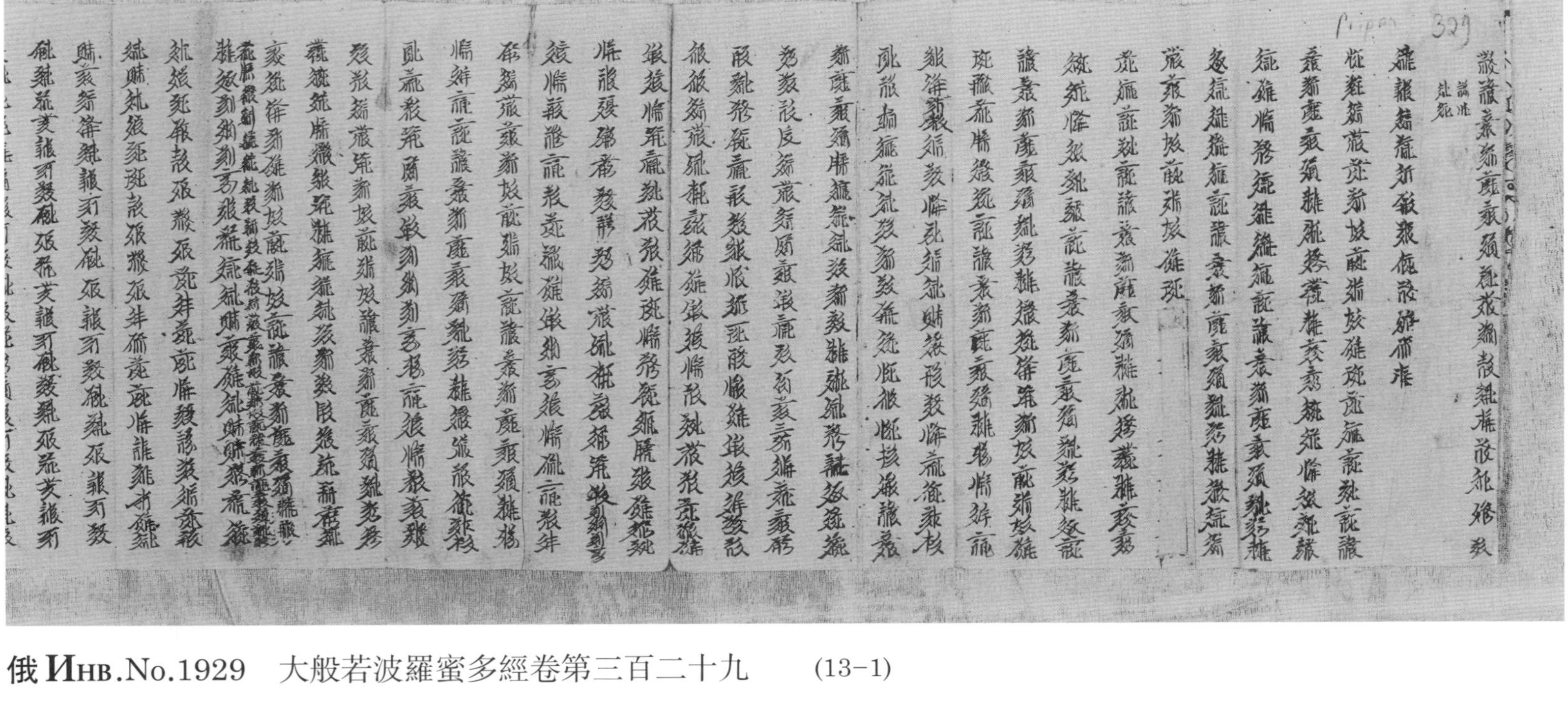

俄 Инв.No.1929　大般若波羅蜜多經卷第三百二十九　(13-1)

俄 Инв.No.1929　大般若波羅蜜多經卷第三百二十九　(13-2)

俄 Инв.No.1929　大般若波羅蜜多經卷第三百二十九　(13-3)

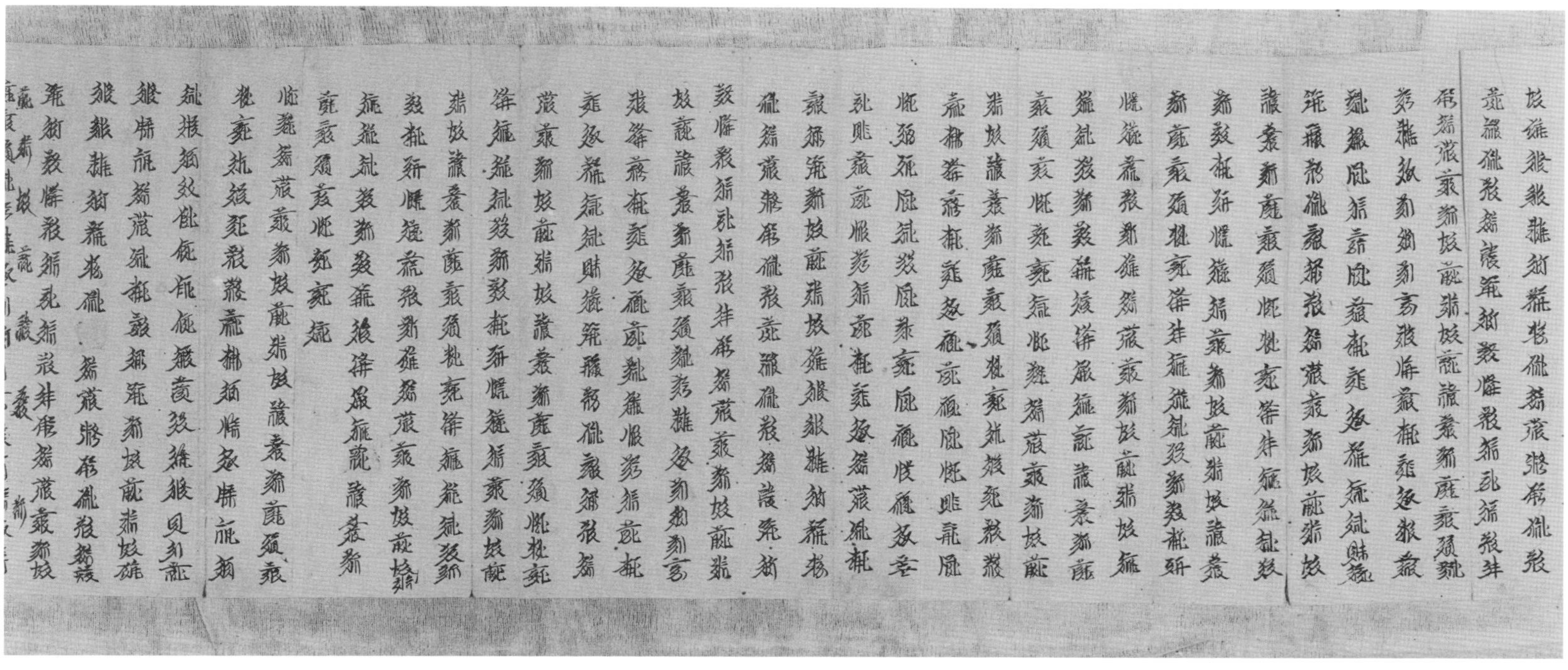

俄 Инв.No.1929　大般若波羅蜜多經卷第三百二十九　(13-4)

俄 Инв.No.1929　大般若波羅蜜多經卷第三百二十九　(13–5)

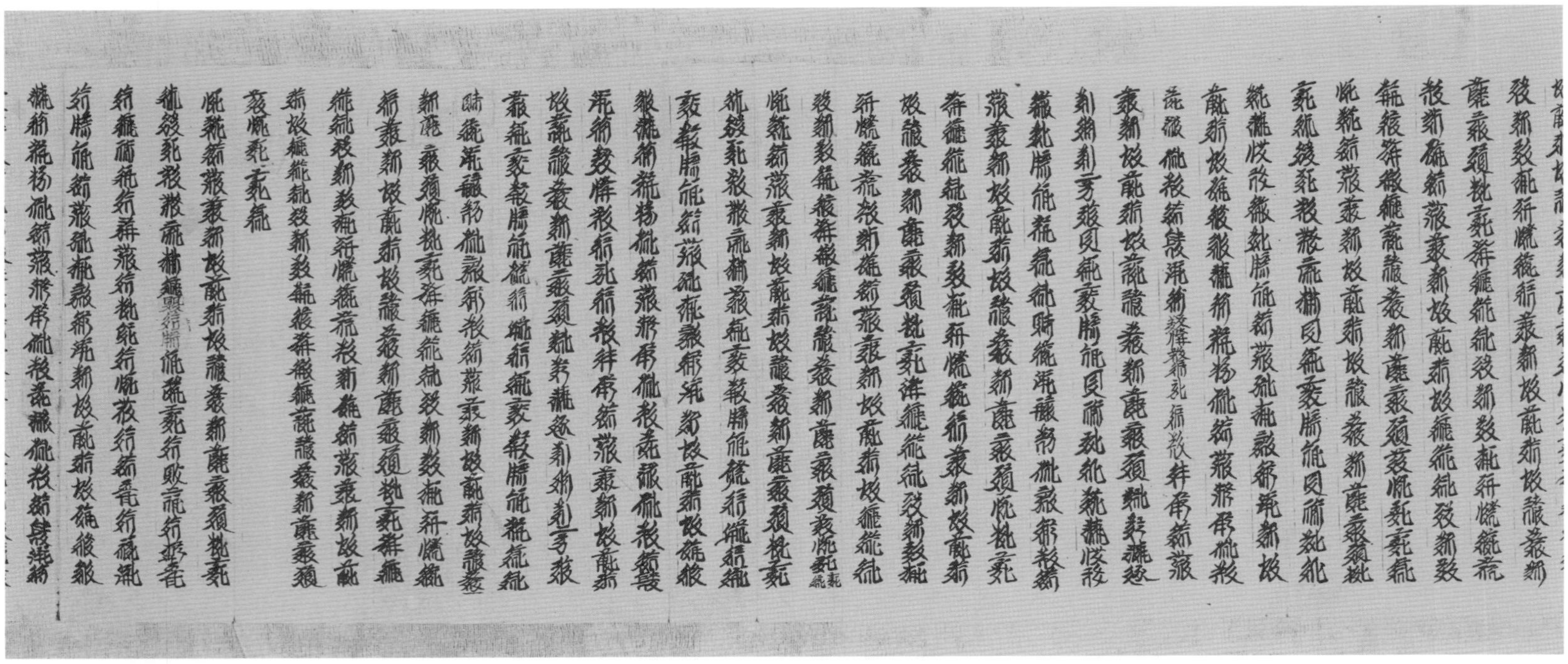

俄 Инв.No.1929　大般若波羅蜜多經卷第三百二十九　(13–6)

俄 Инв.No.1929　大般若波羅蜜多經卷第三百二十九　(13–7)

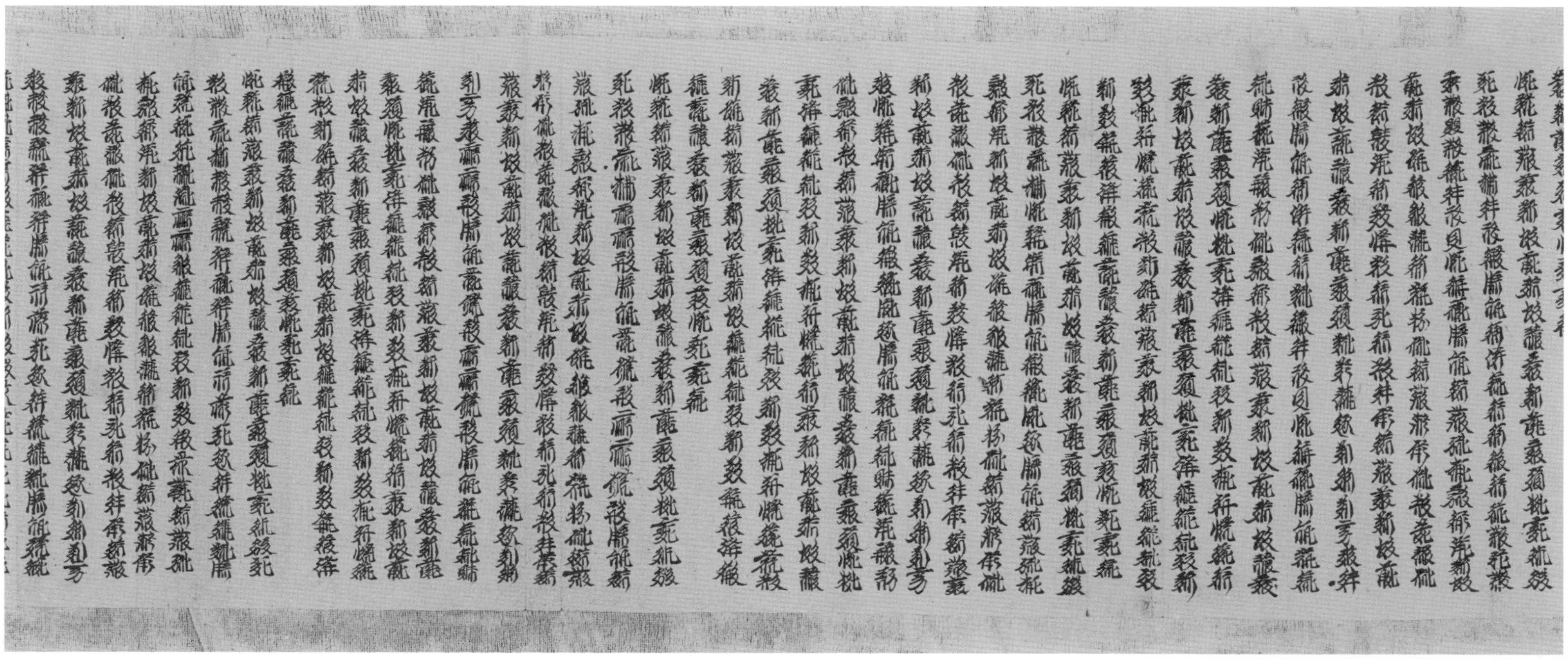

俄 Инв.No.1929　大般若波羅蜜多經卷第三百二十九　(13–8)

俄 Инв.No.1929　大般若波羅蜜多經卷第三百二十九　(13–9)

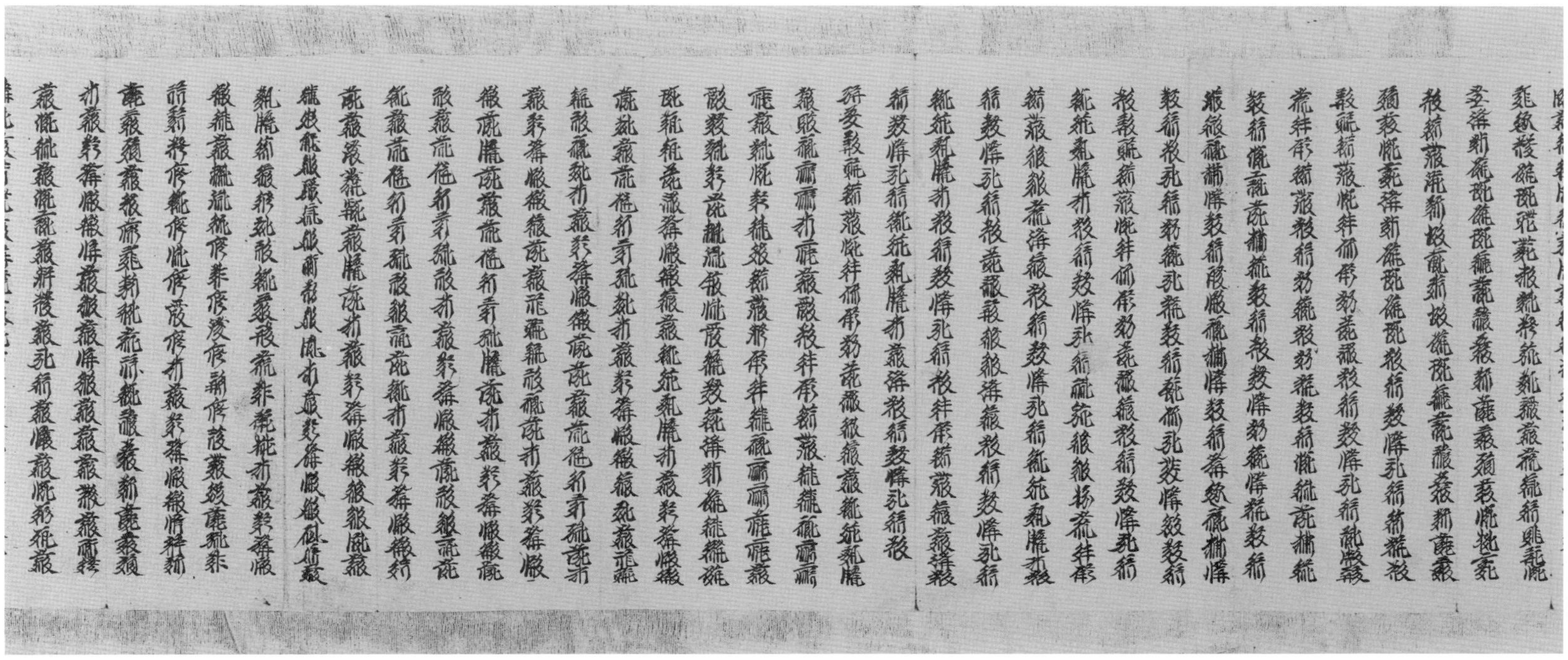

俄 Инв.No.1929　大般若波羅蜜多經卷第三百二十九　(13–10)

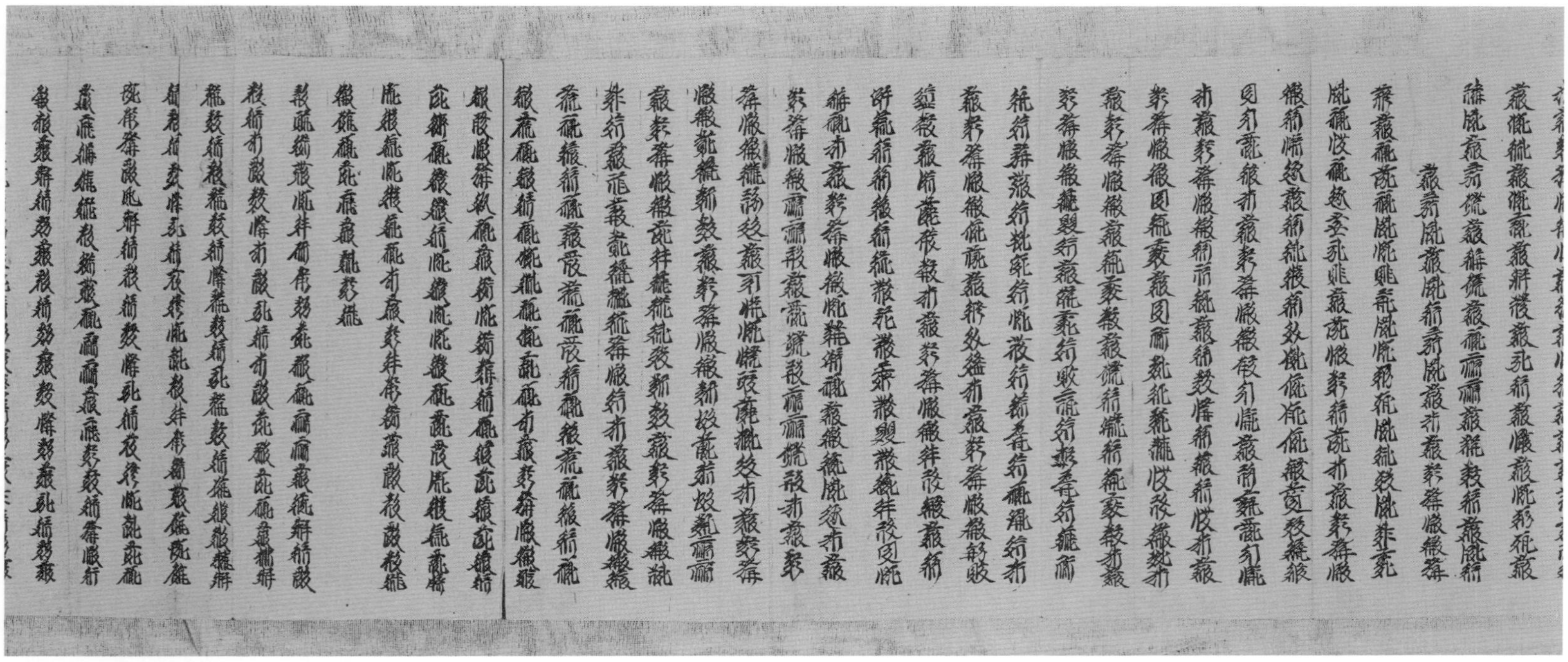

俄 Инв.No.1929　大般若波羅蜜多經卷第三百二十九　(13-11)

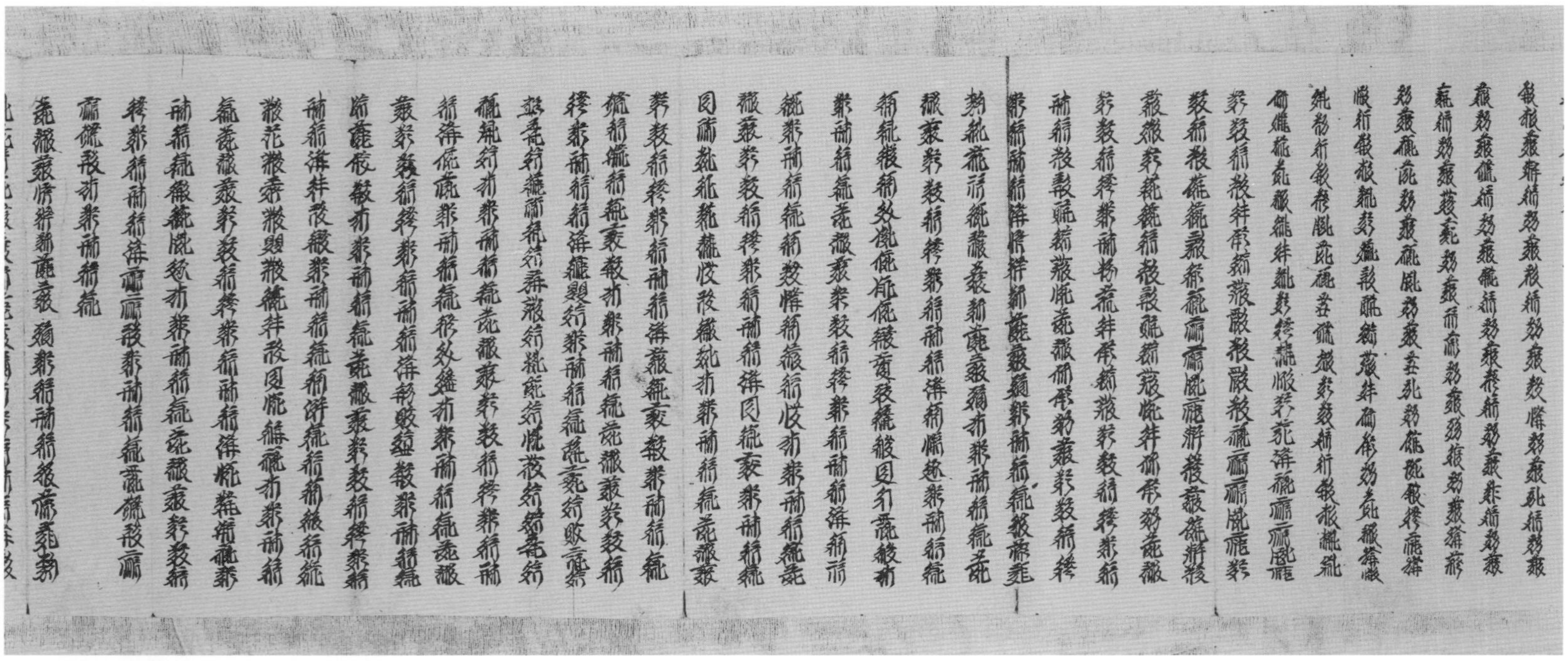

俄 Инв.No.1929　大般若波羅蜜多經卷第三百二十九　(13-12)

俄 Инв.No.1929　大般若波羅蜜多經卷第三百二十九　(13-13)

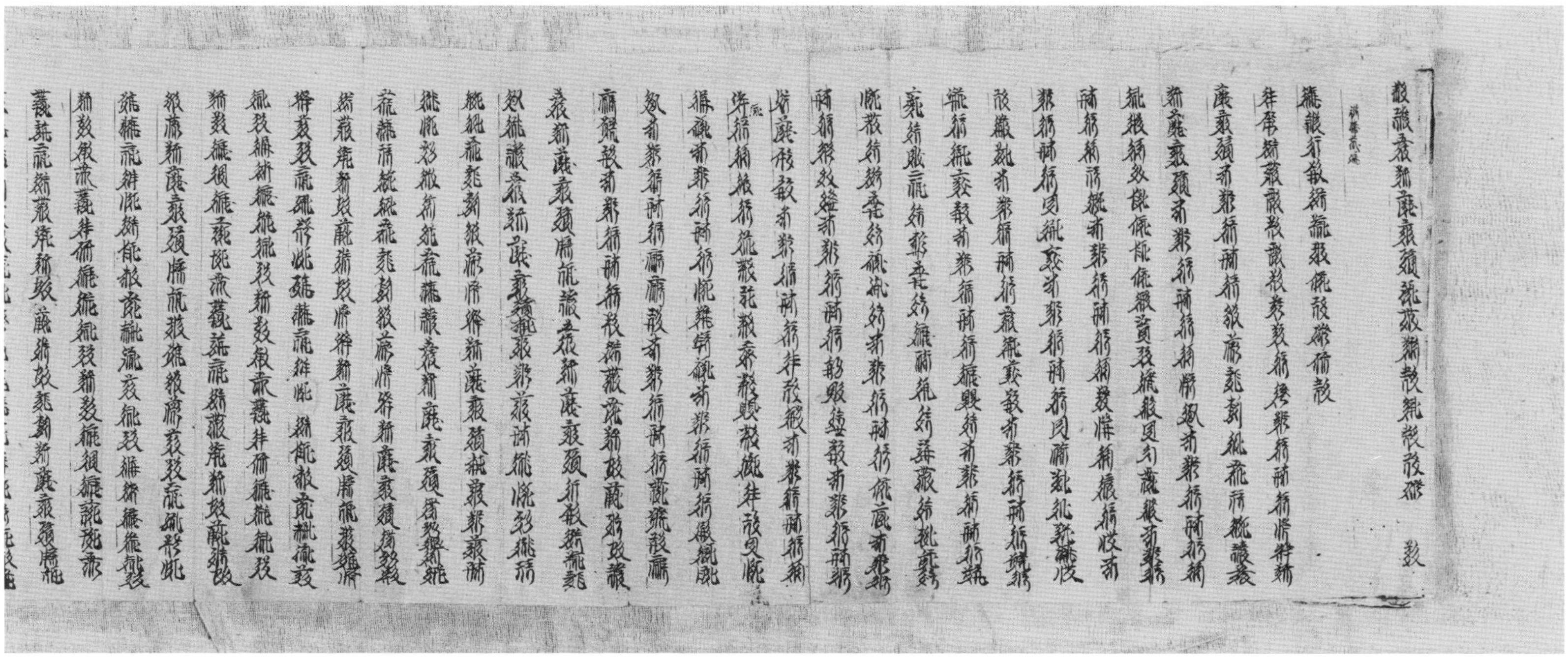

俄 Инв.No.1970　大般若波羅蜜多經卷第三百三十　　(14–1)

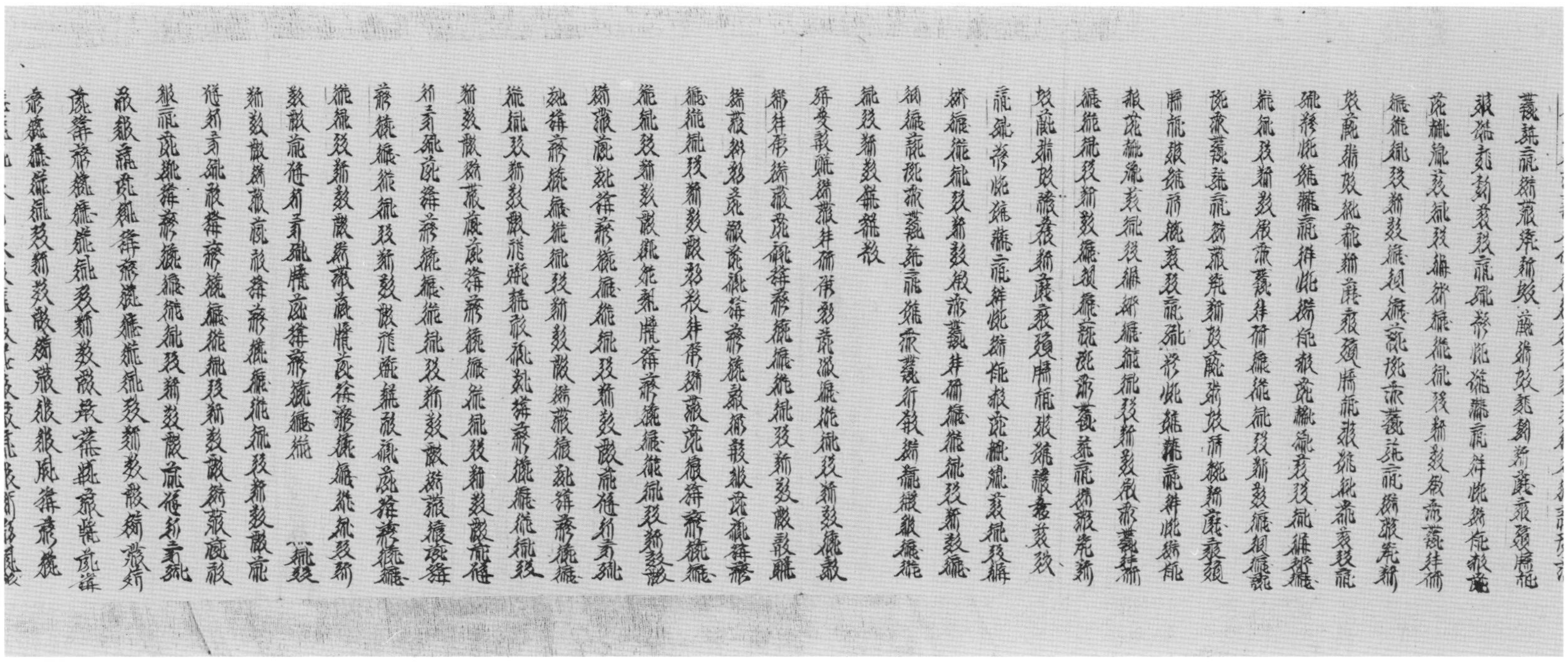

俄 Инв.No.1970　大般若波羅蜜多經卷第三百三十　　(14–2)

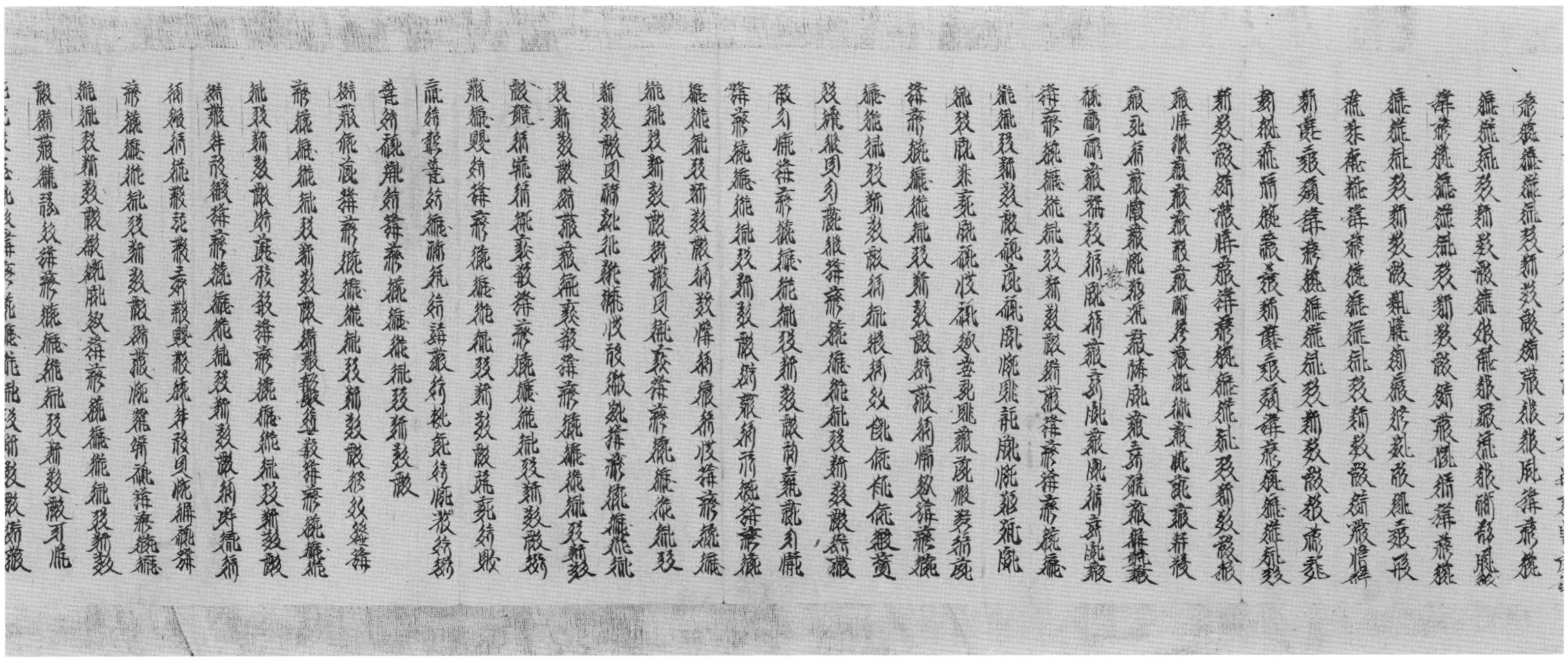

俄 Инв.No.1970　大般若波羅蜜多經卷第三百三十　　(14–3)

俄 Инв.No.1970　大般若波羅蜜多經卷第三百三十　(14–4)

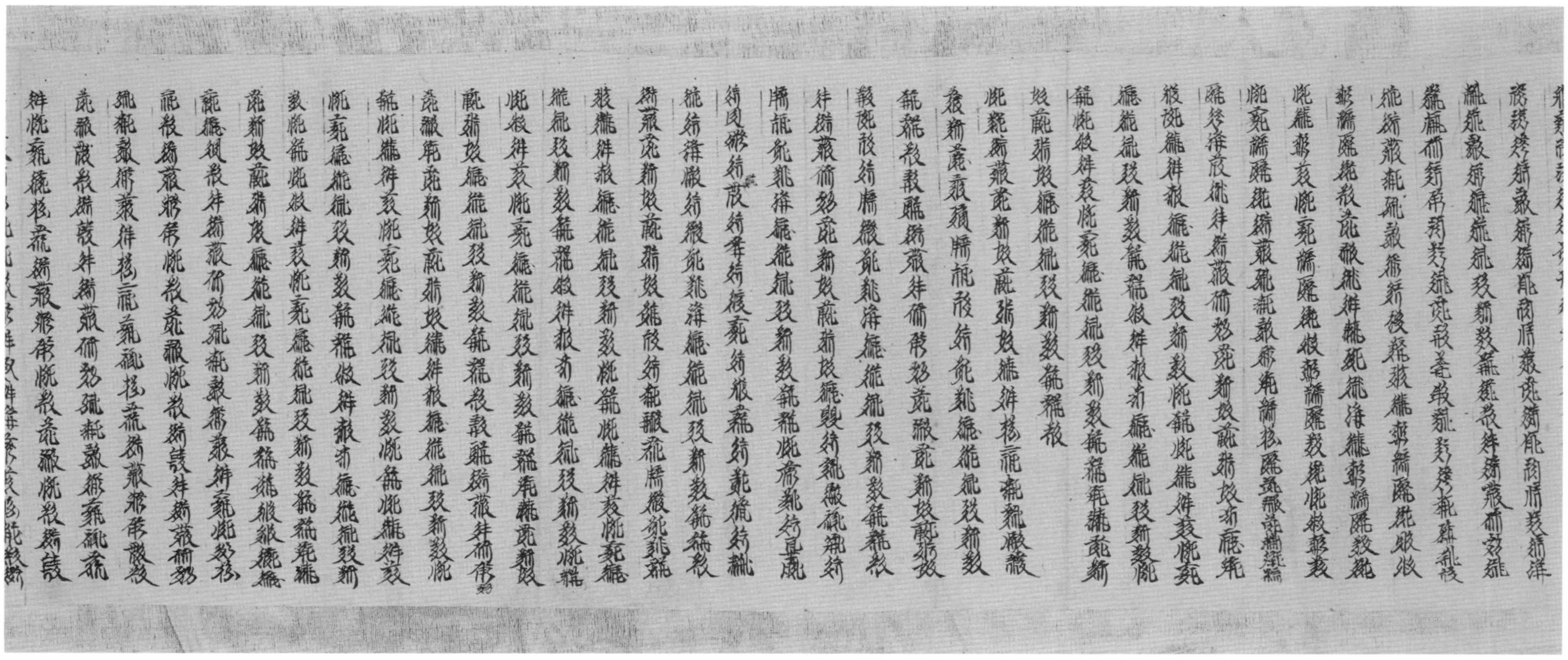

俄 Инв.No.1970　大般若波羅蜜多經卷第三百三十　(14–5)

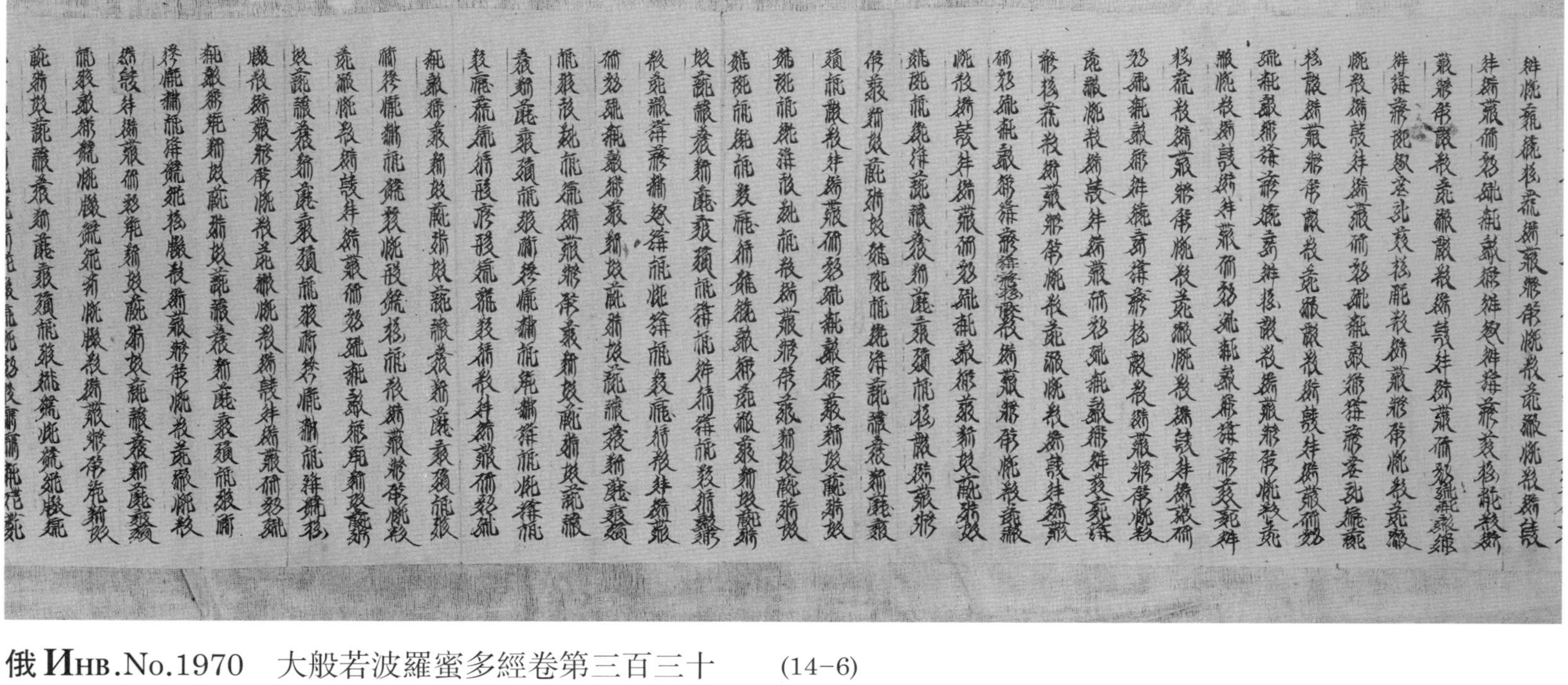

俄 Инв.No.1970　大般若波羅蜜多經卷第三百三十　(14–6)

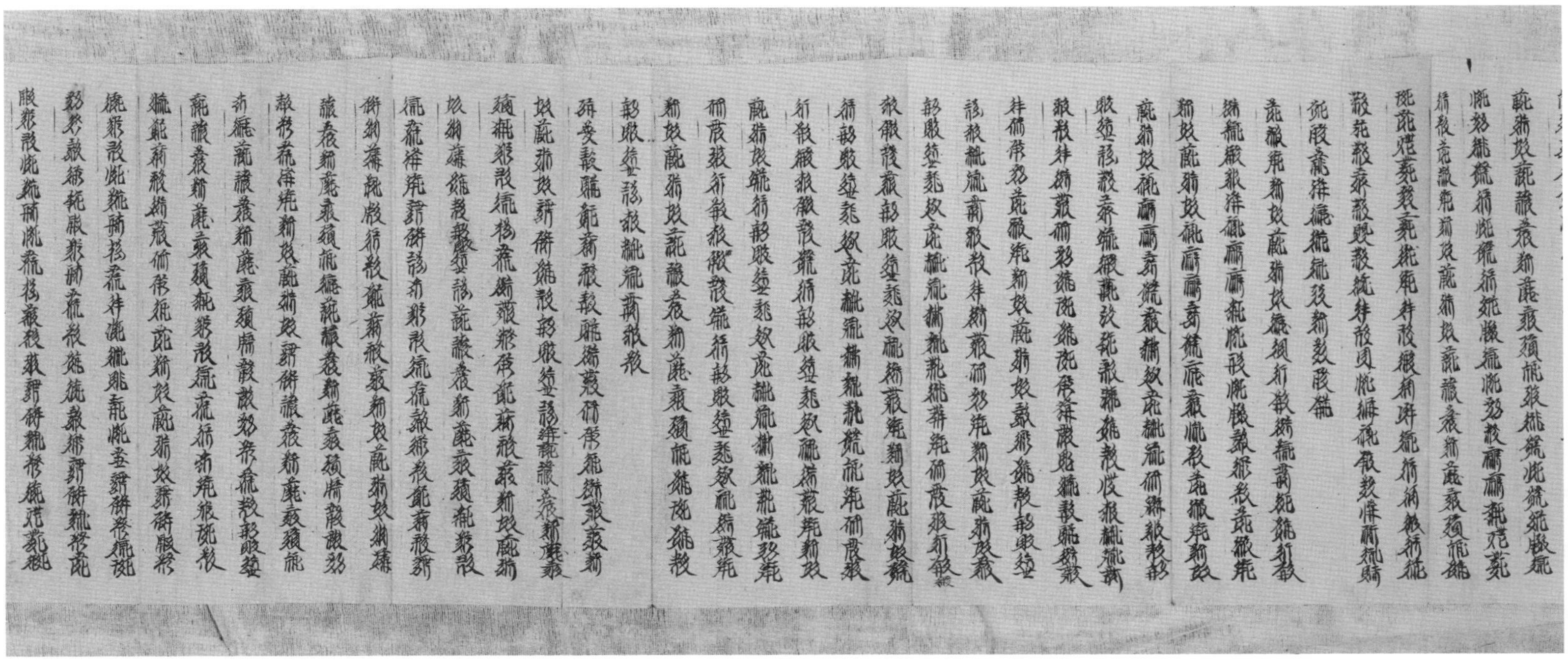

俄 Инв.No.1970　大般若波羅蜜多經卷第三百三十　(14-7)

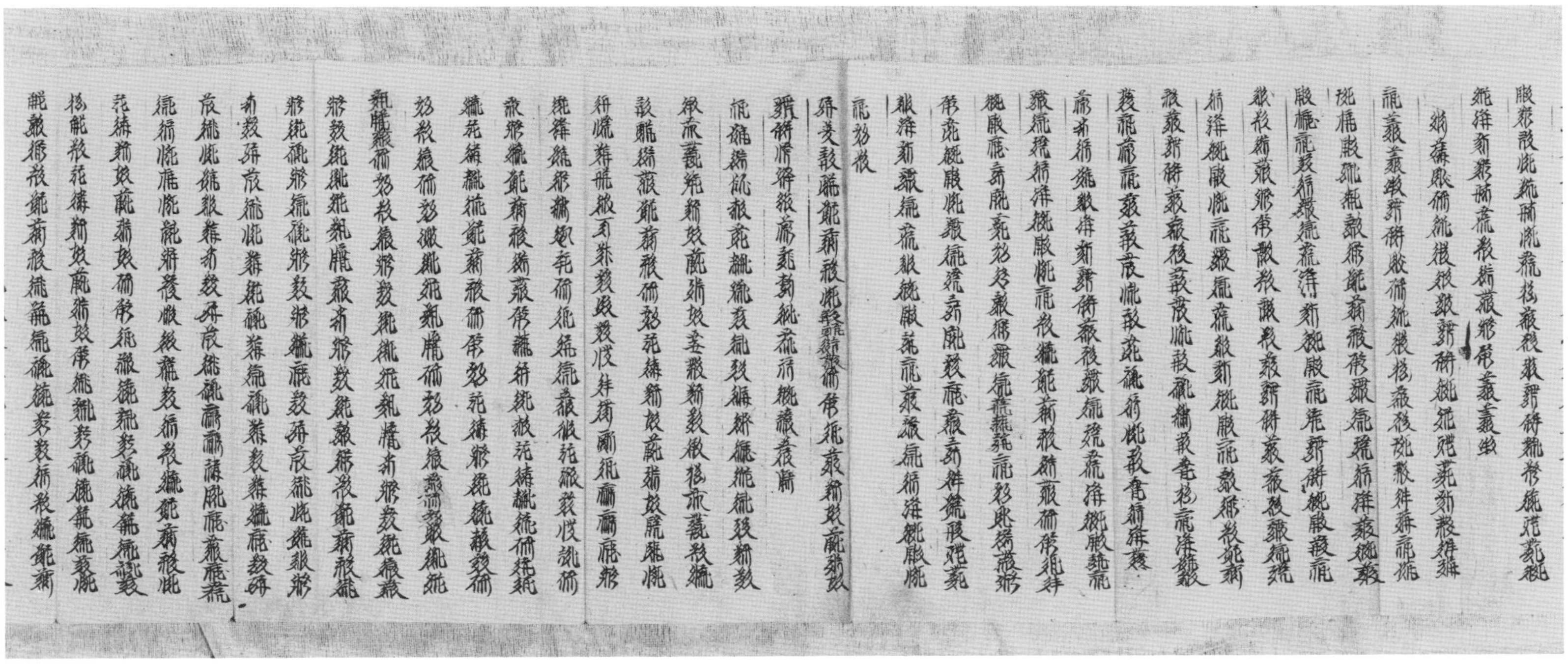

俄 Инв.No.1970　大般若波羅蜜多經卷第三百三十　(14-8)

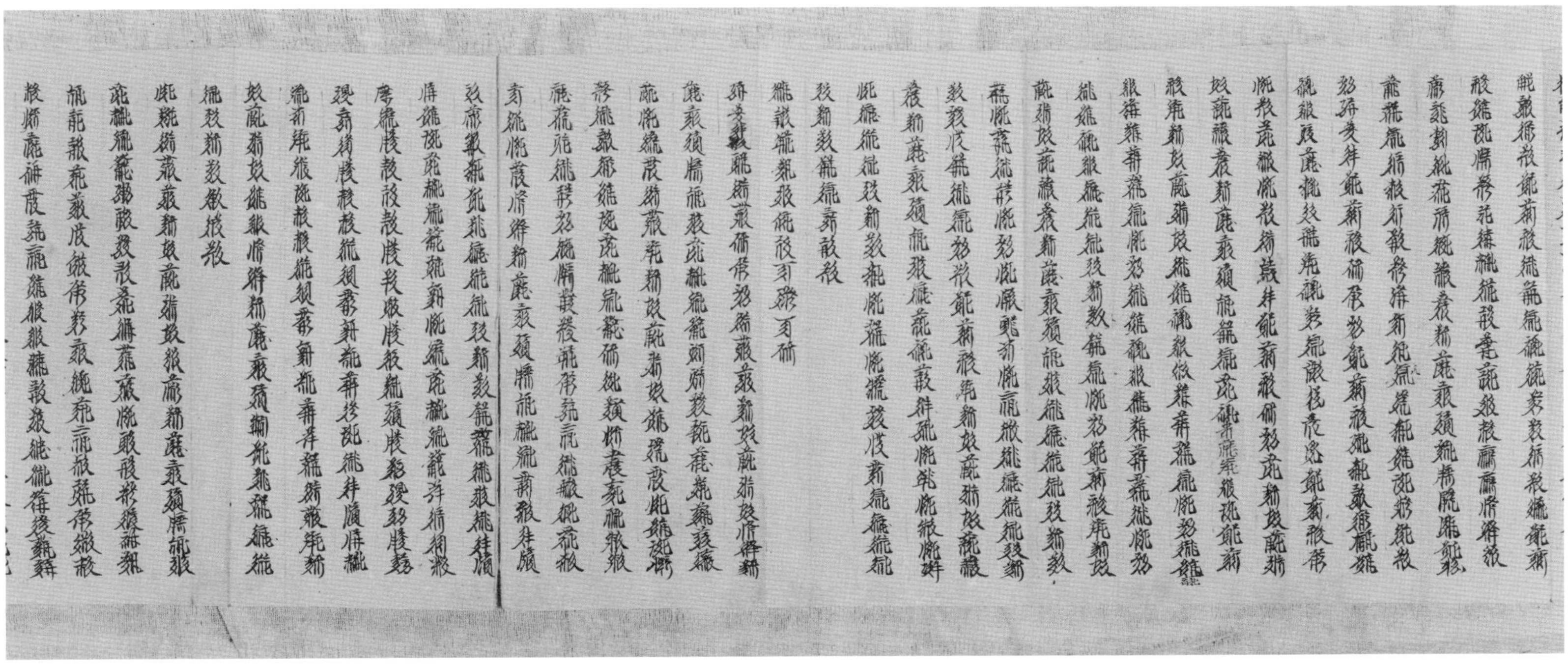

俄 Инв.No.1970　大般若波羅蜜多經卷第三百三十　(14-9)

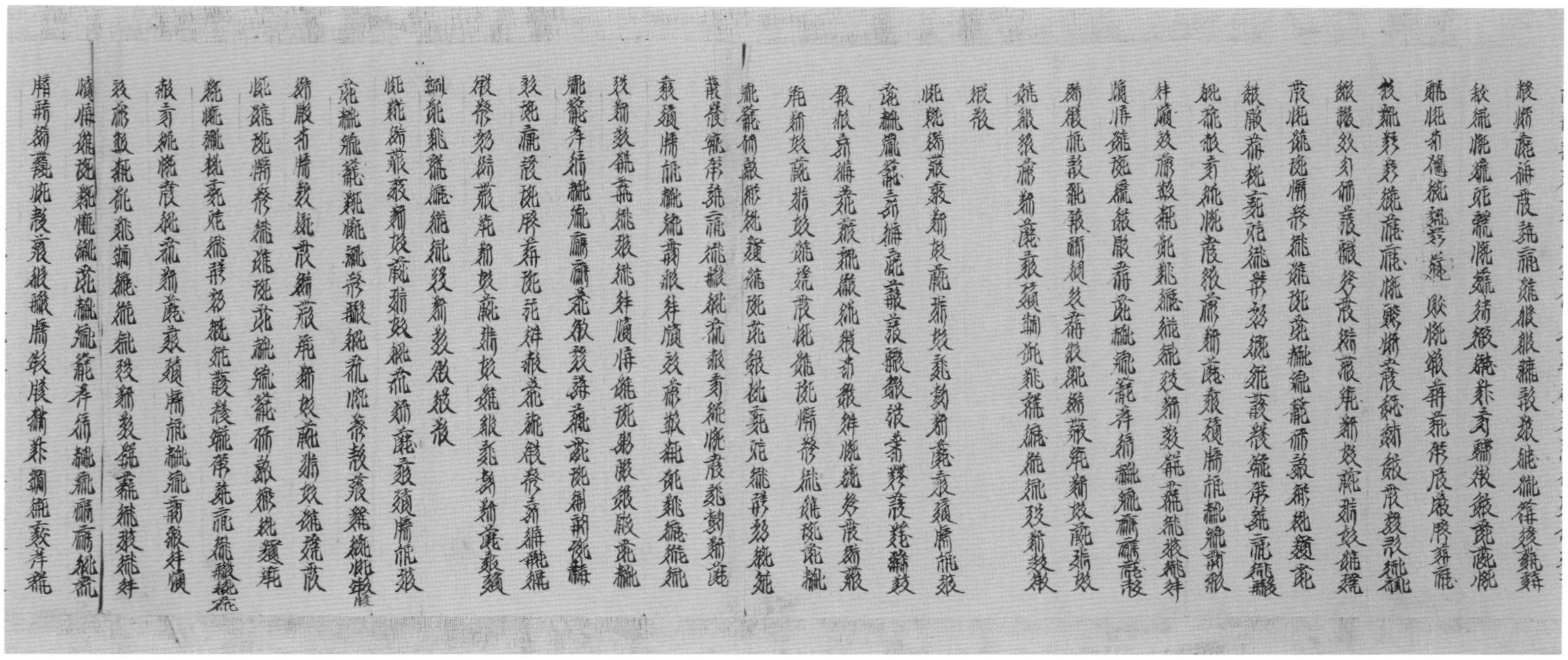

俄 Инв.No.1970　大般若波羅蜜多經卷第三百三十　(14–10)

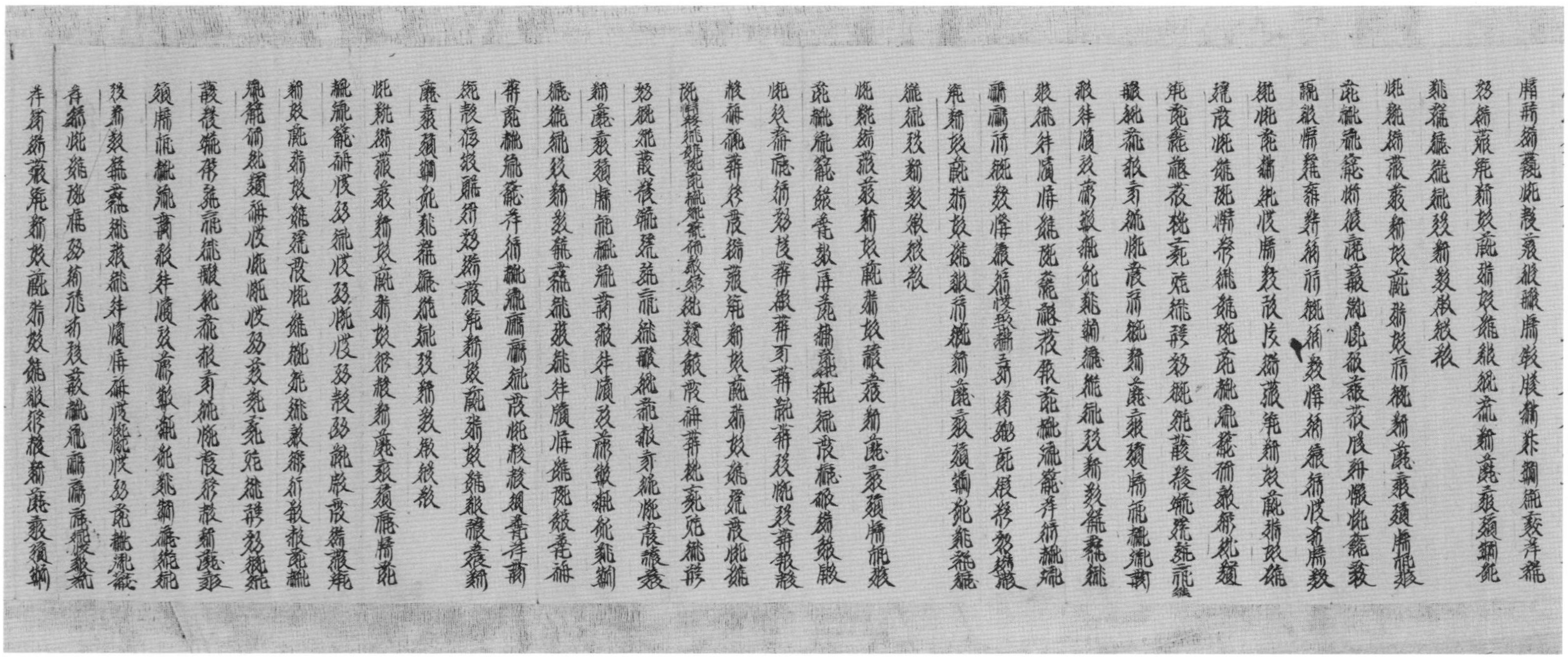

俄 Инв.No.1970　大般若波羅蜜多經卷第三百三十　(14–11)

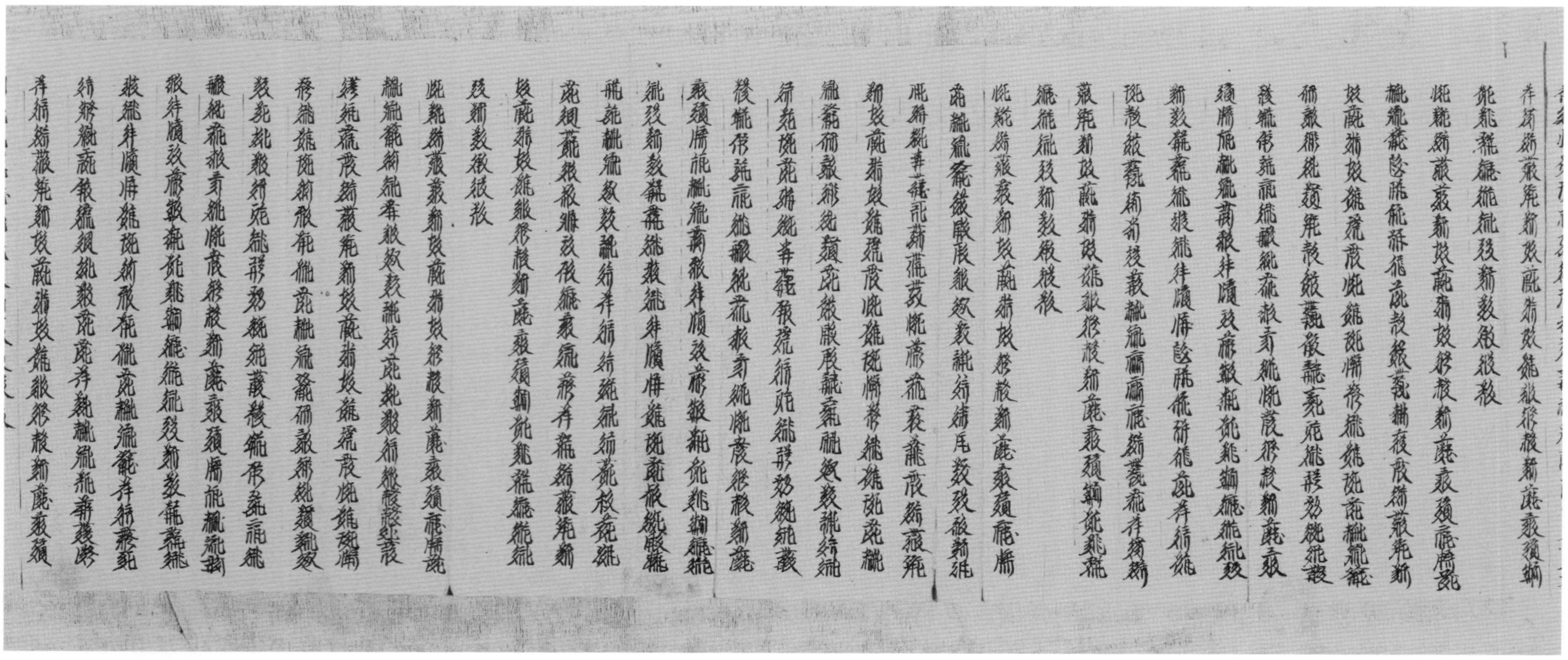

俄 Инв.No.1970　大般若波羅蜜多經卷第三百三十　(14–12)

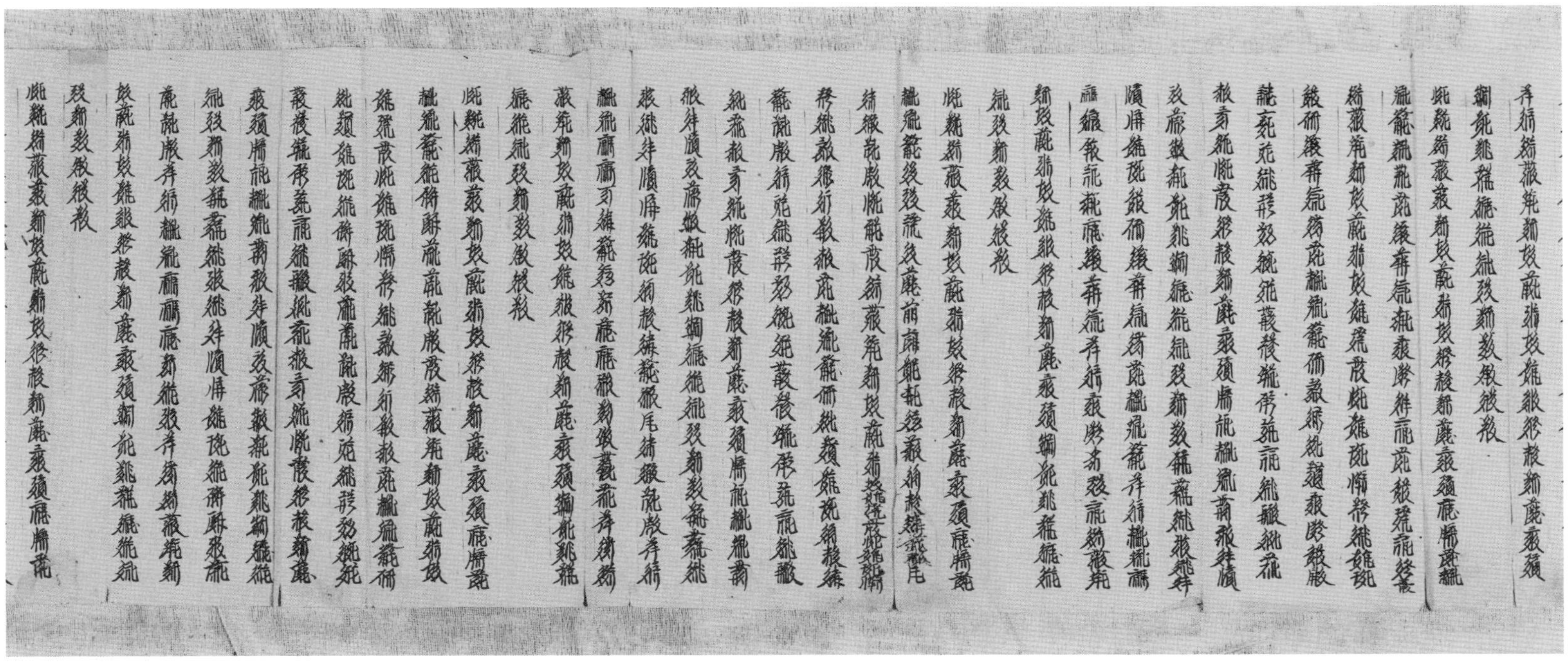

俄 Инв.No.1970　大般若波羅蜜多經卷第三百三十　(14–13)

俄 Инв.No.1970　大般若波羅蜜多經卷第三百三十　(14–14)

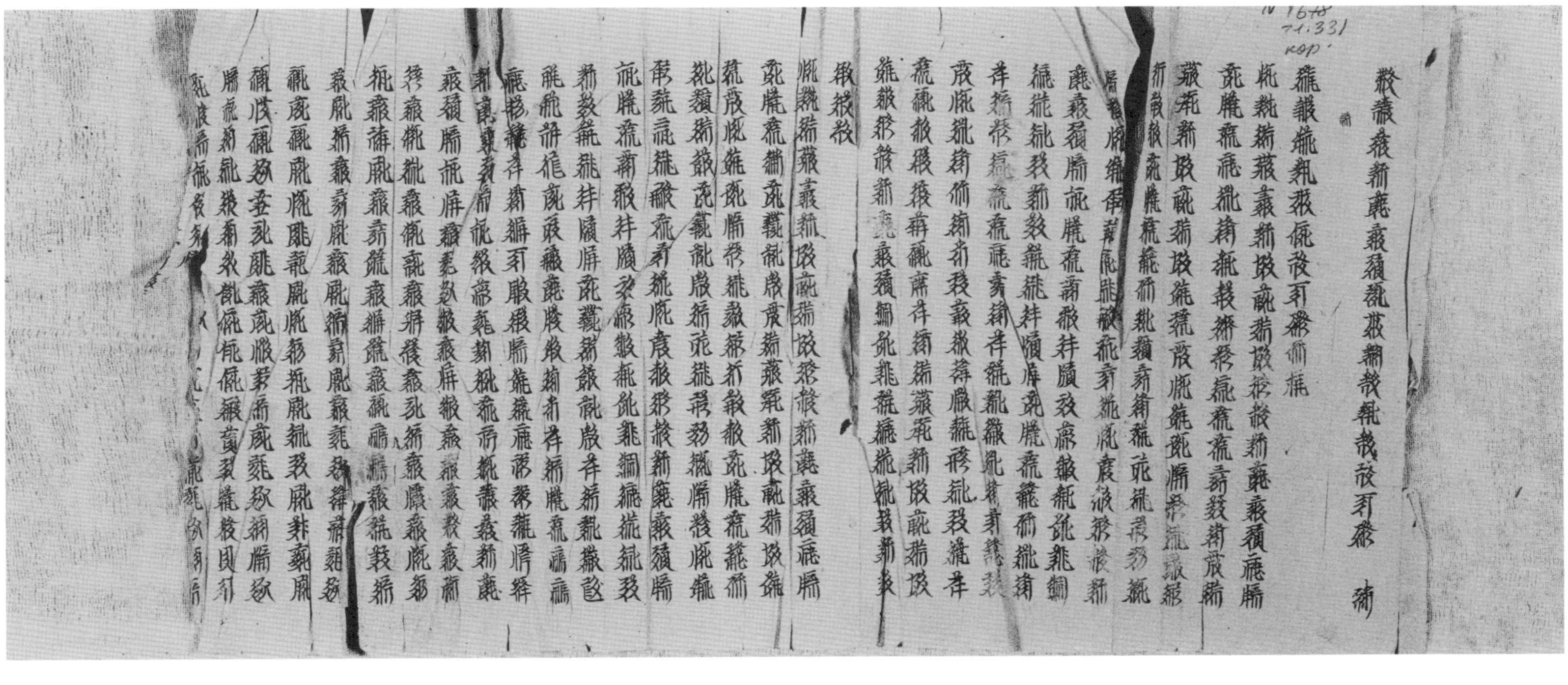

俄 Инв.No.1678　大般若波羅蜜多經卷第三百三十一

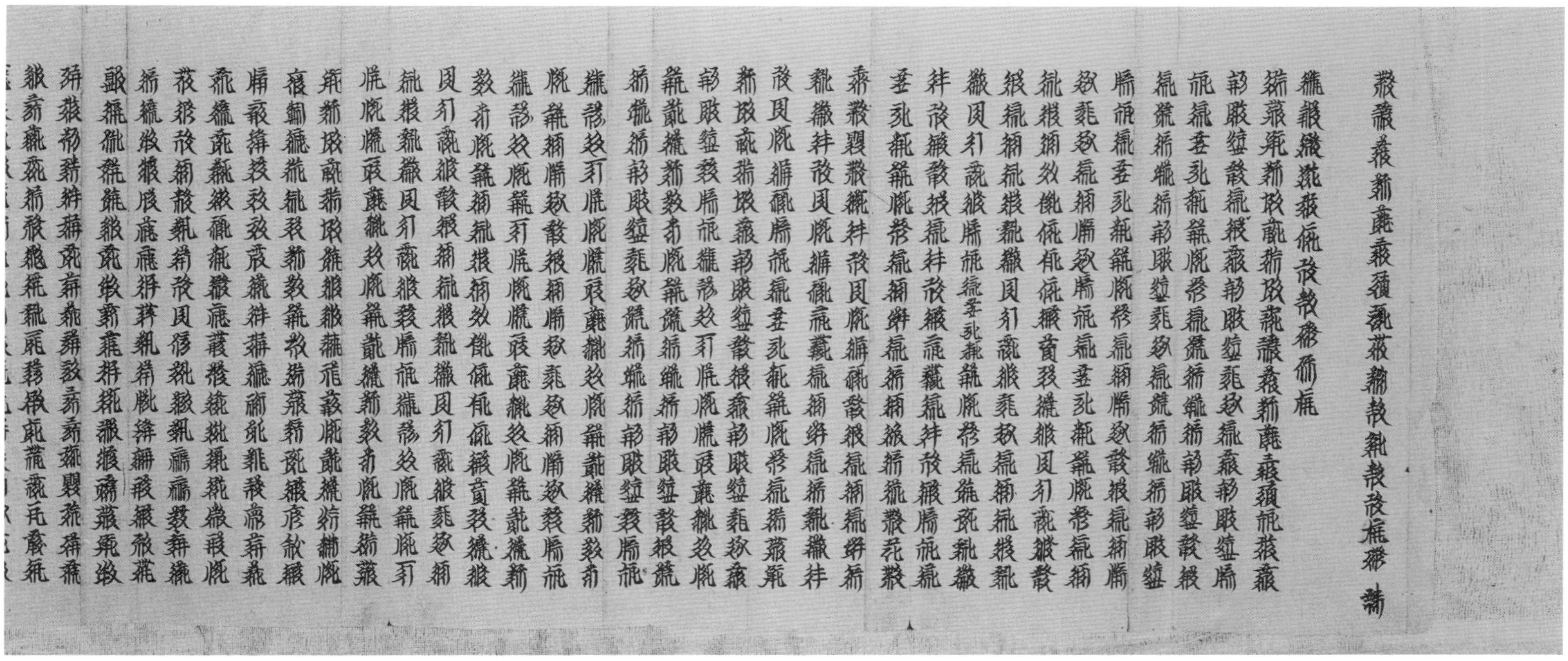

俄 Инв.No.1953　大般若波羅蜜多經卷第三百三十二　(12-1)

俄 Инв.No.1953　大般若波羅蜜多經卷第三百三十二　(12-2)

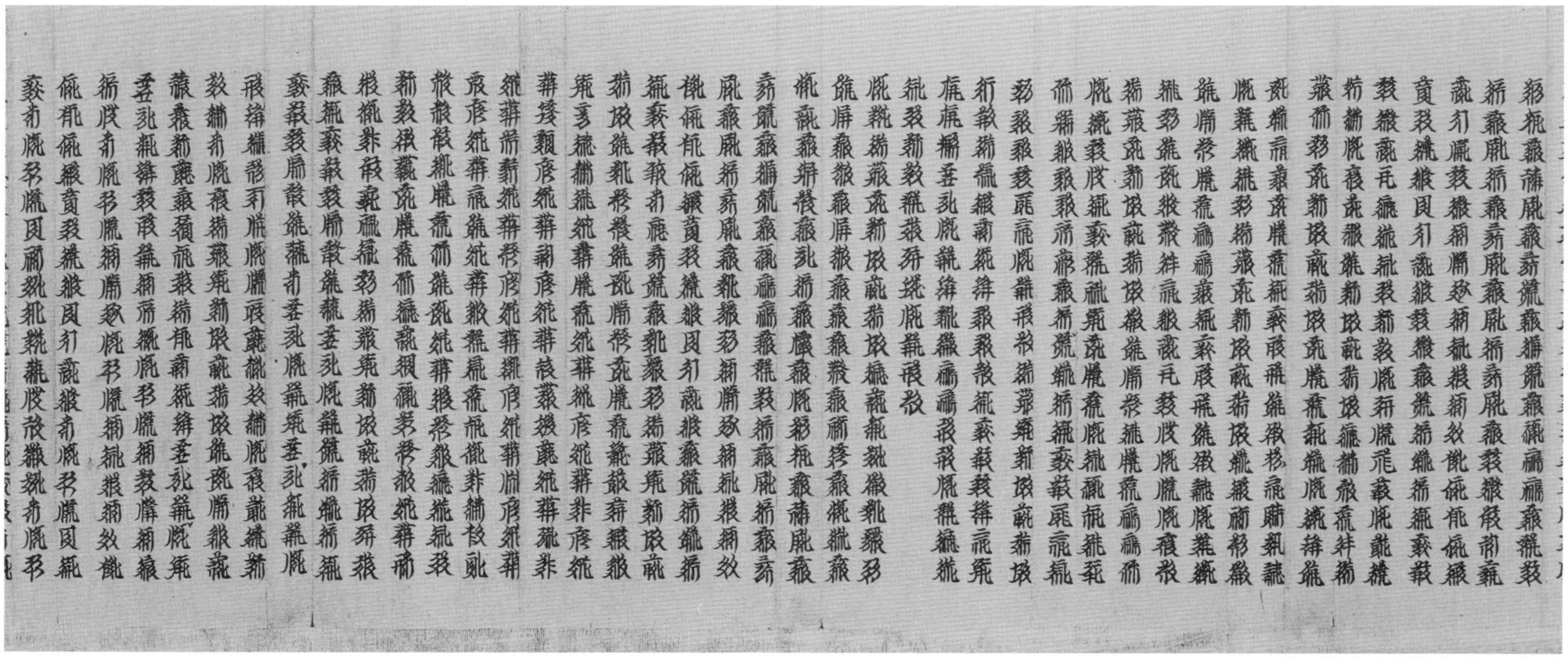

俄 Инв.No.1953　大般若波羅蜜多經卷第三百三十二　(12-3)

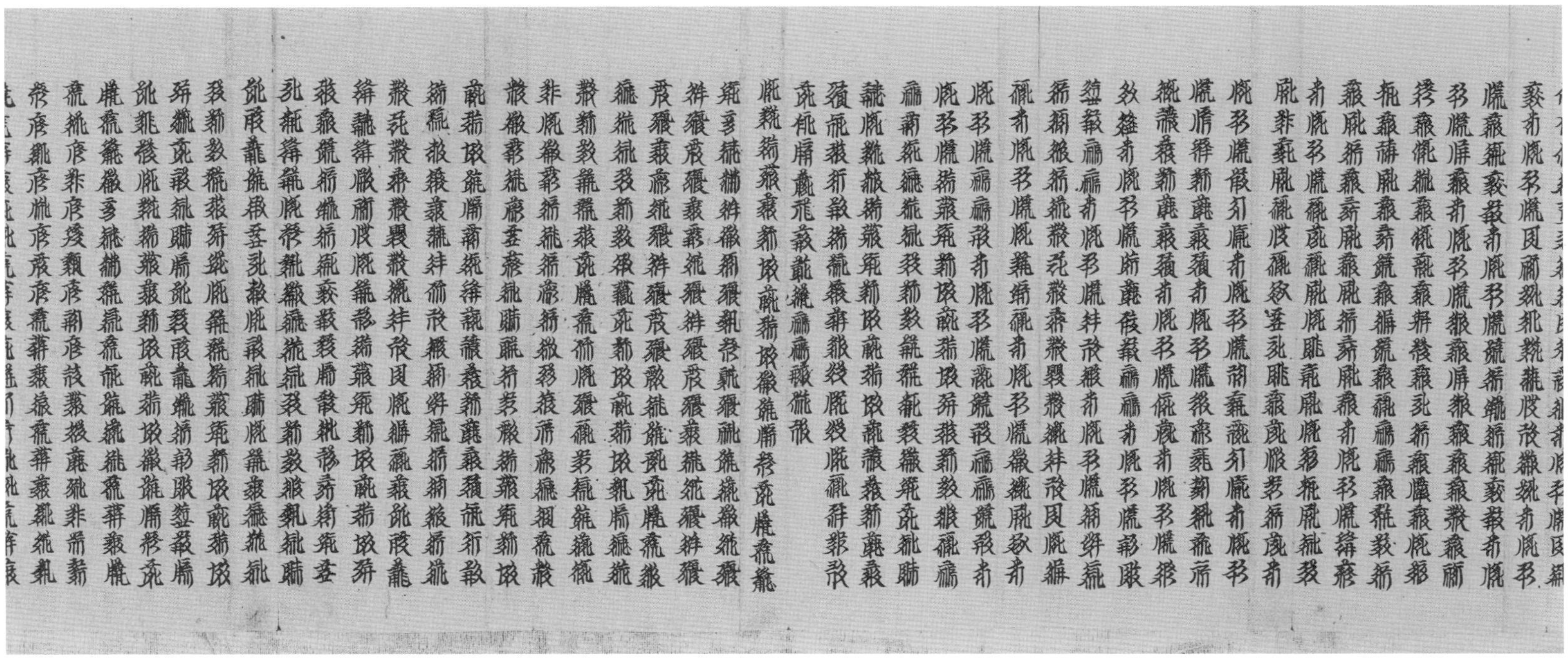

俄 Инв.No.1953　大般若波羅蜜多經卷第三百三十二　(12-4)

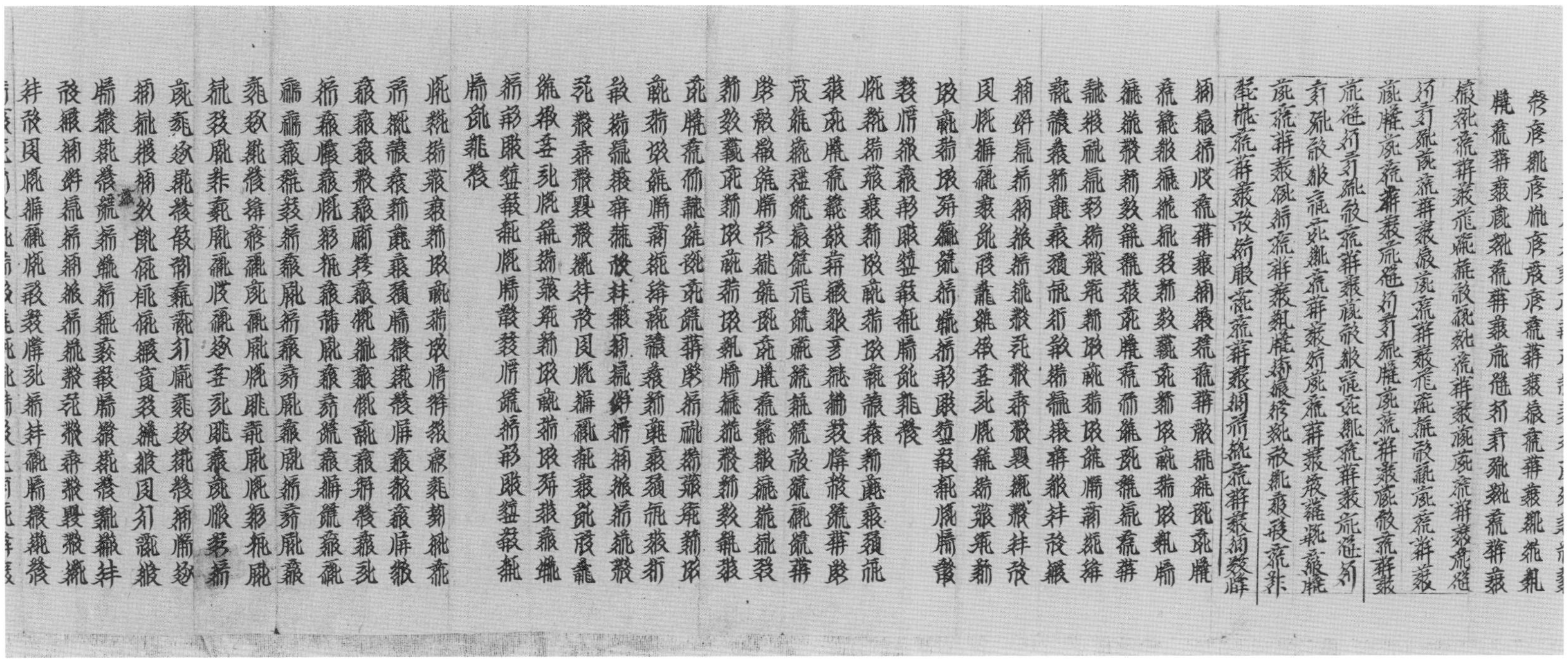

俄 Инв.No.1953　大般若波羅蜜多經卷第三百三十二　(12-5)

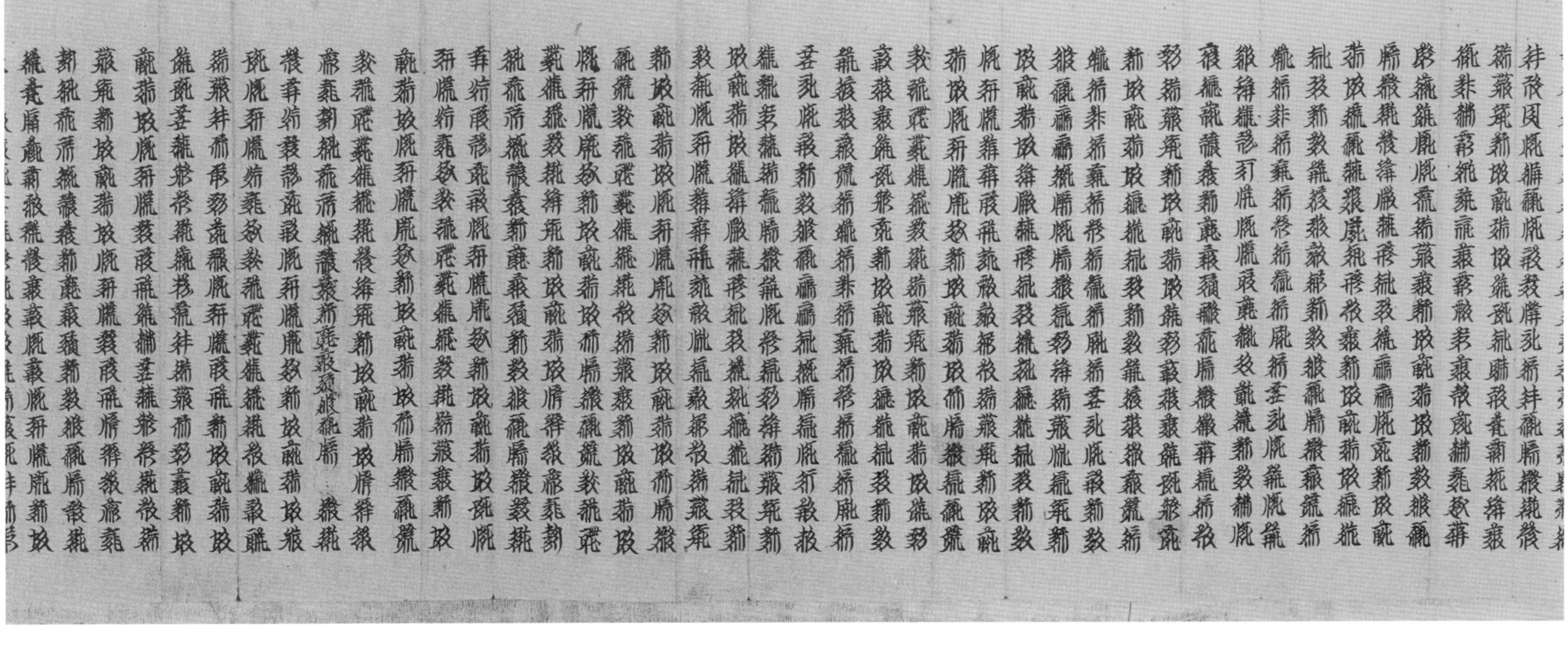

俄 Инв.No.1953　大般若波羅蜜多經卷第三百三十二　(12-6)

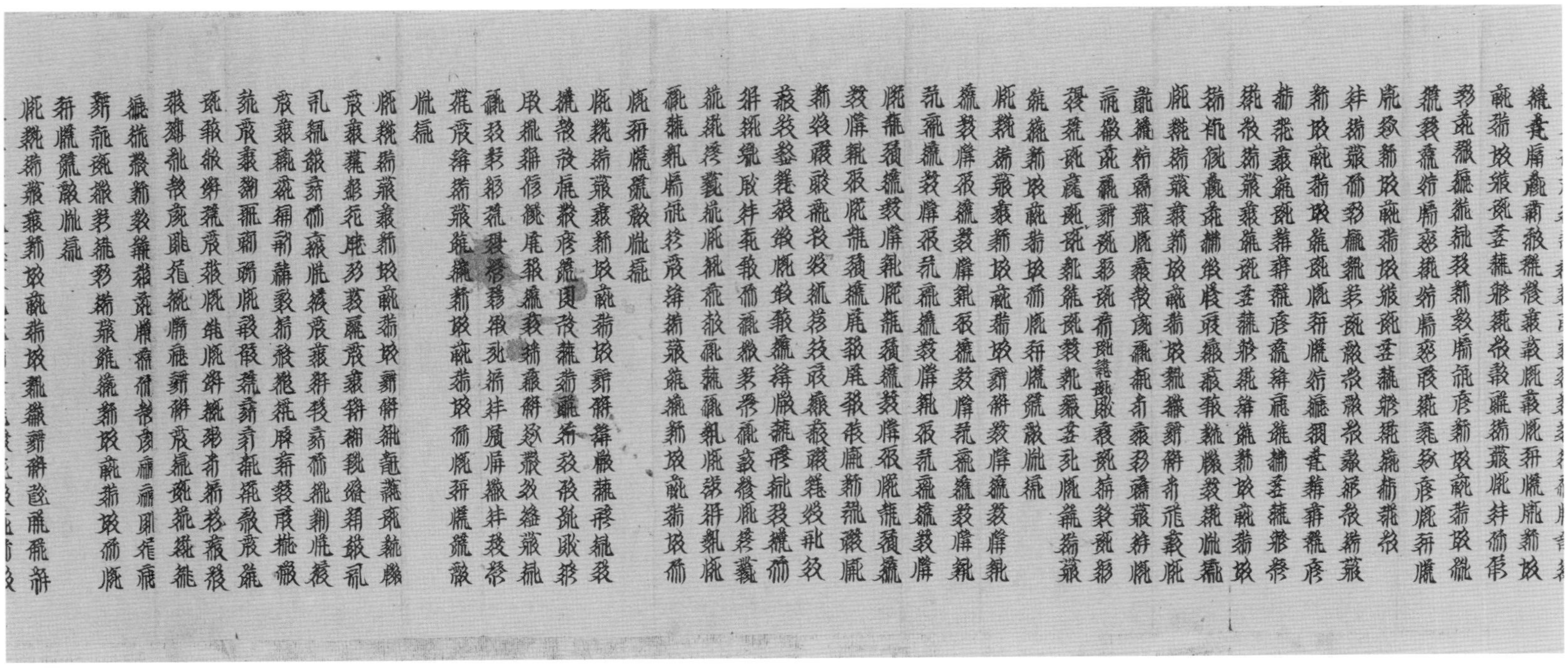

俄 Инв.No.1953　大般若波羅蜜多經卷第三百三十二　(12–7)

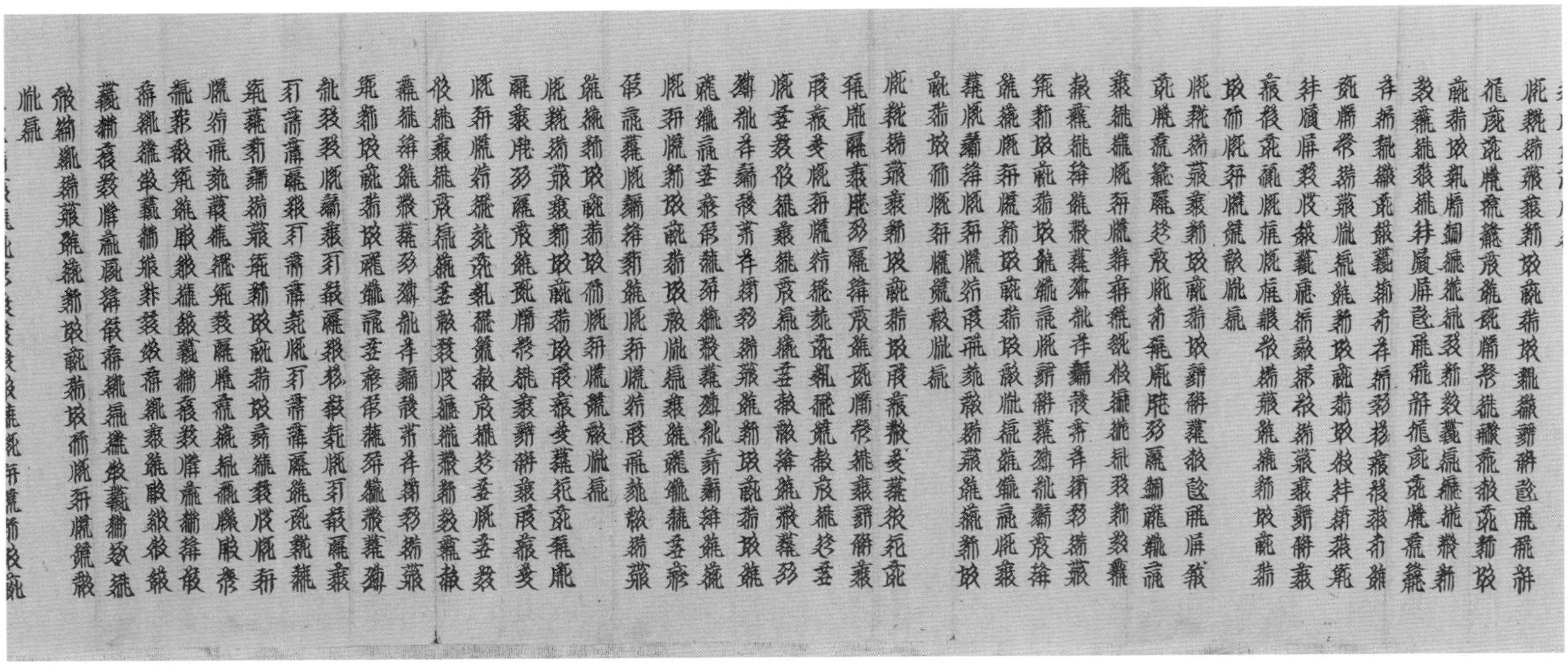

俄 Инв.No.1953　大般若波羅蜜多經卷第三百三十二　(12–8)

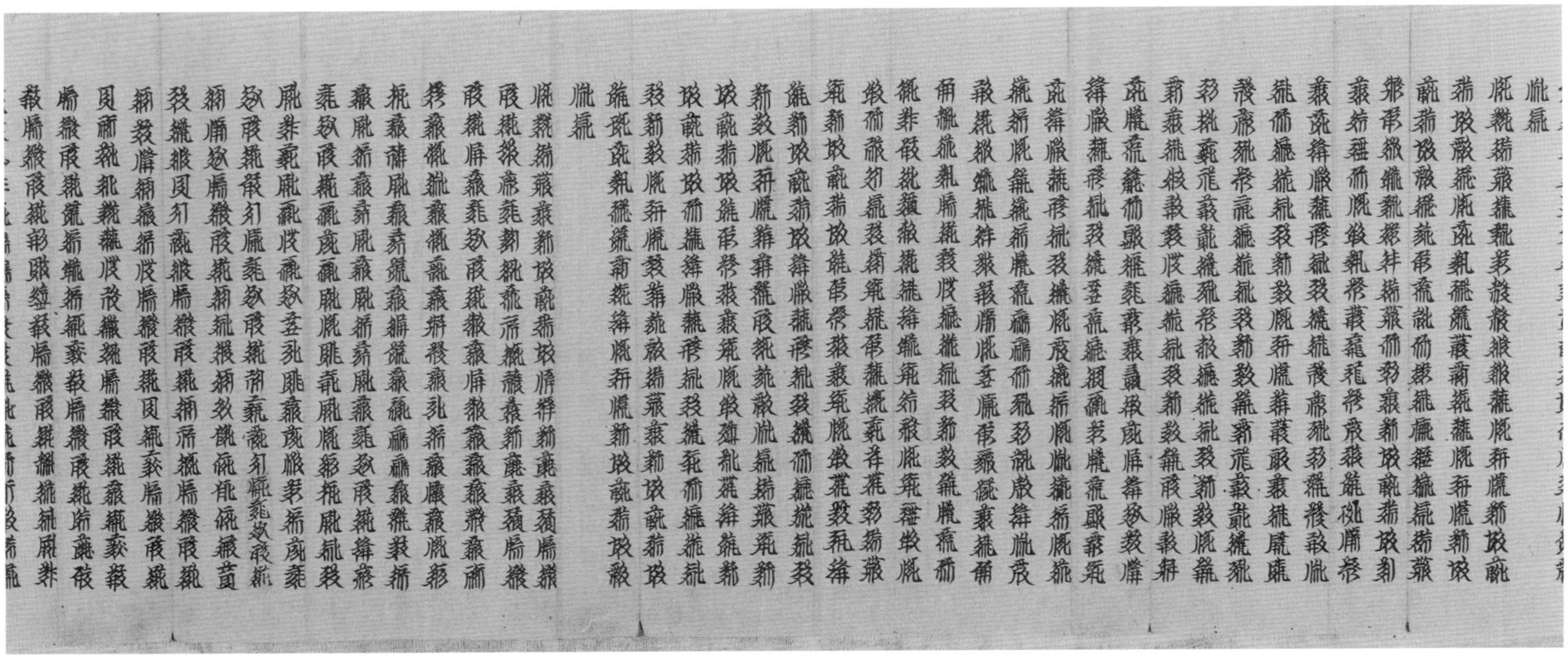

俄 Инв.No.1953　大般若波羅蜜多經卷第三百三十二　(12–9)

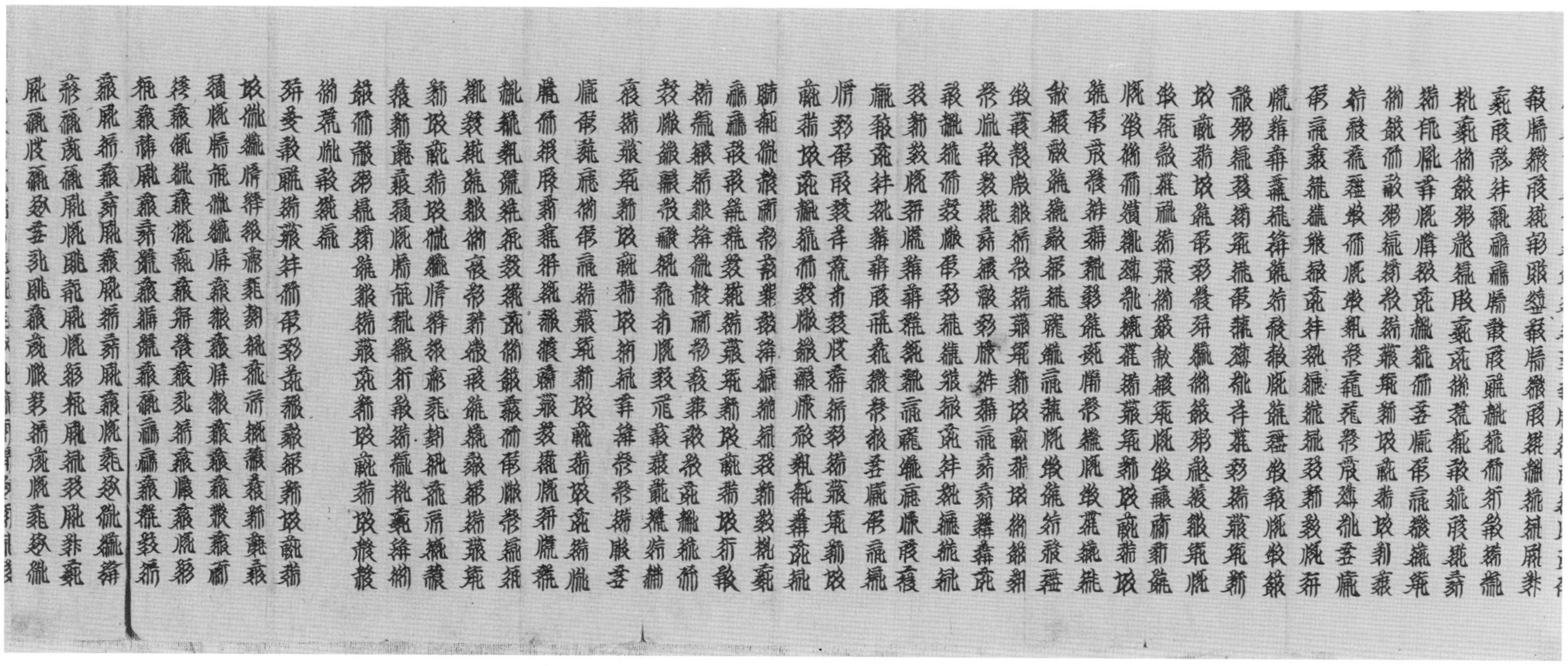

俄 Инв.No.1953　大般若波羅蜜多經卷第三百三十二　(12–10)

俄 Инв.No.1953　大般若波羅蜜多經卷第三百三十二　(12–11)

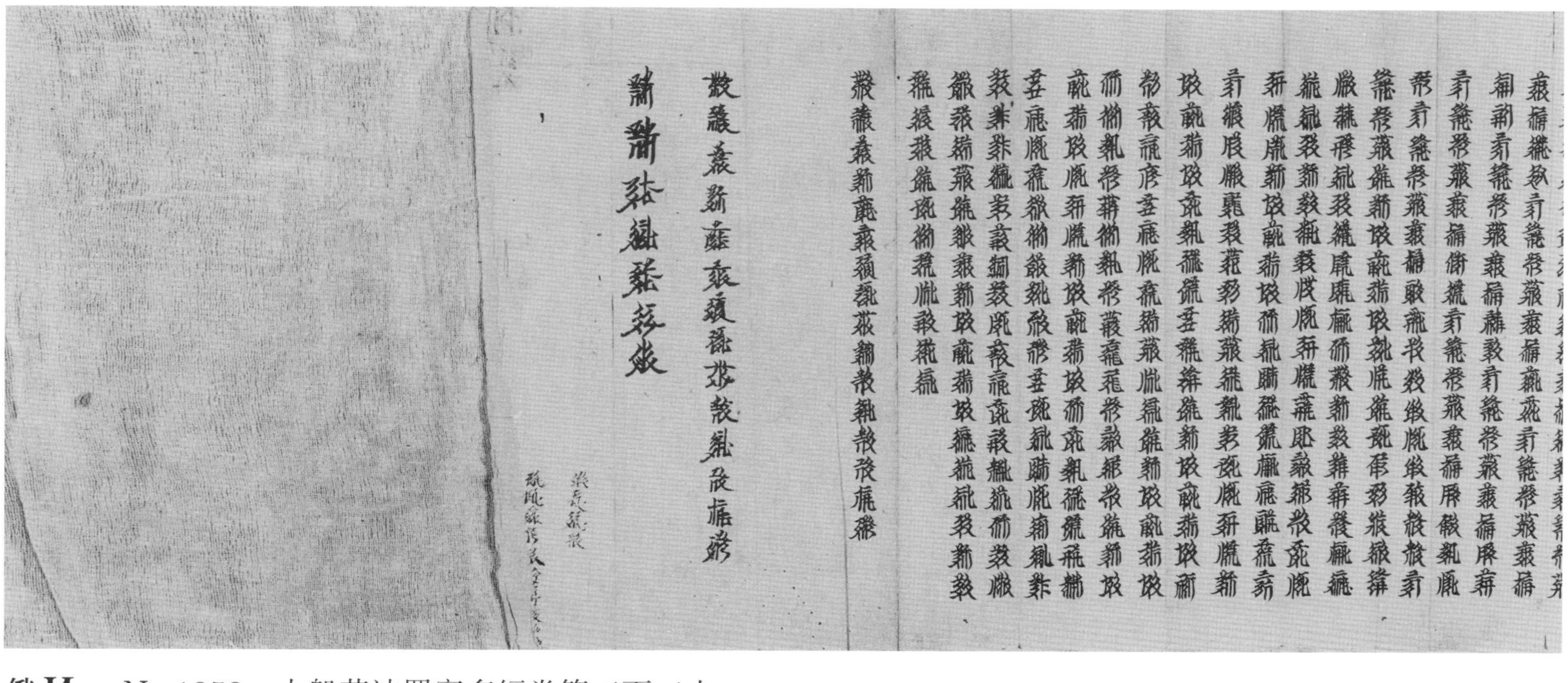

俄 Инв.No.1953　大般若波羅蜜多經卷第三百三十二　(12–12)

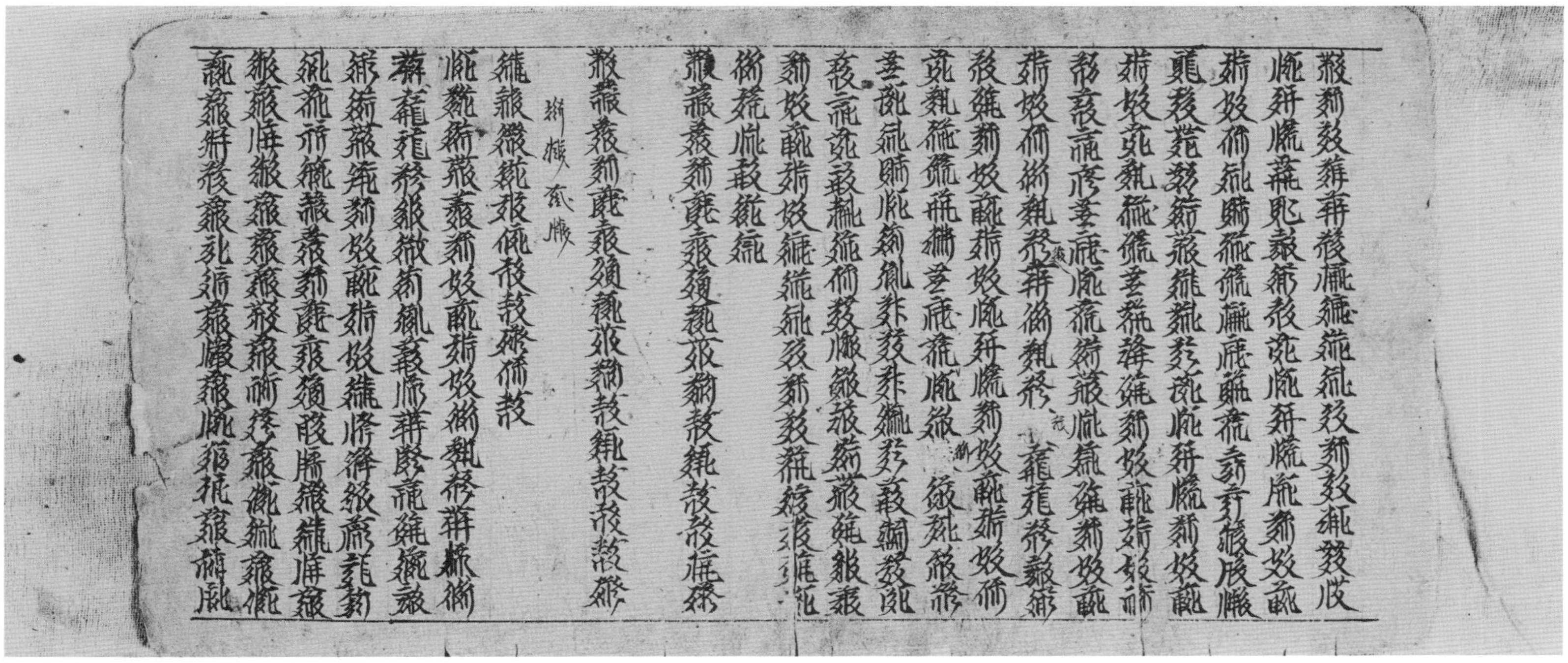

俄 Инв.No.3709　大般若波羅蜜多經卷第三百三十三　(11–1)

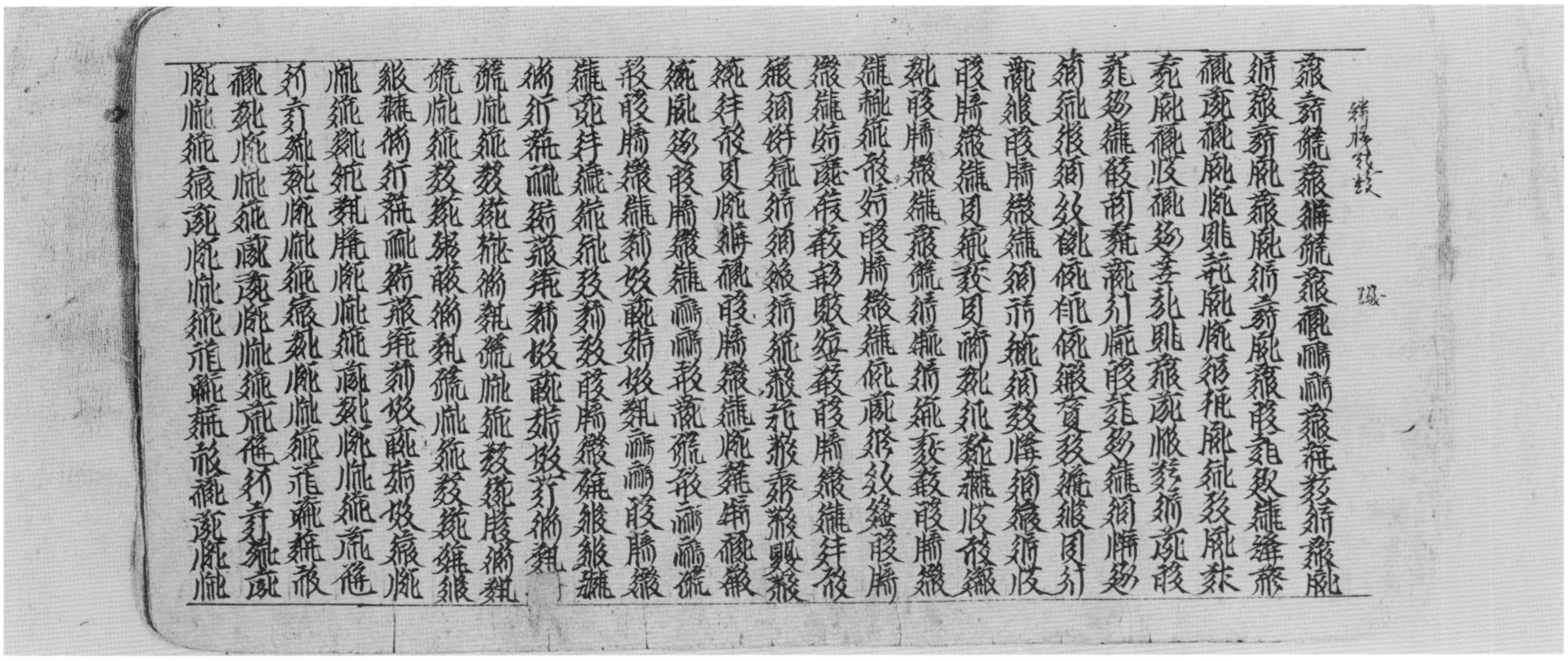

俄 Инв.No.3709　大般若波羅蜜多經卷第三百三十三　(11–2)

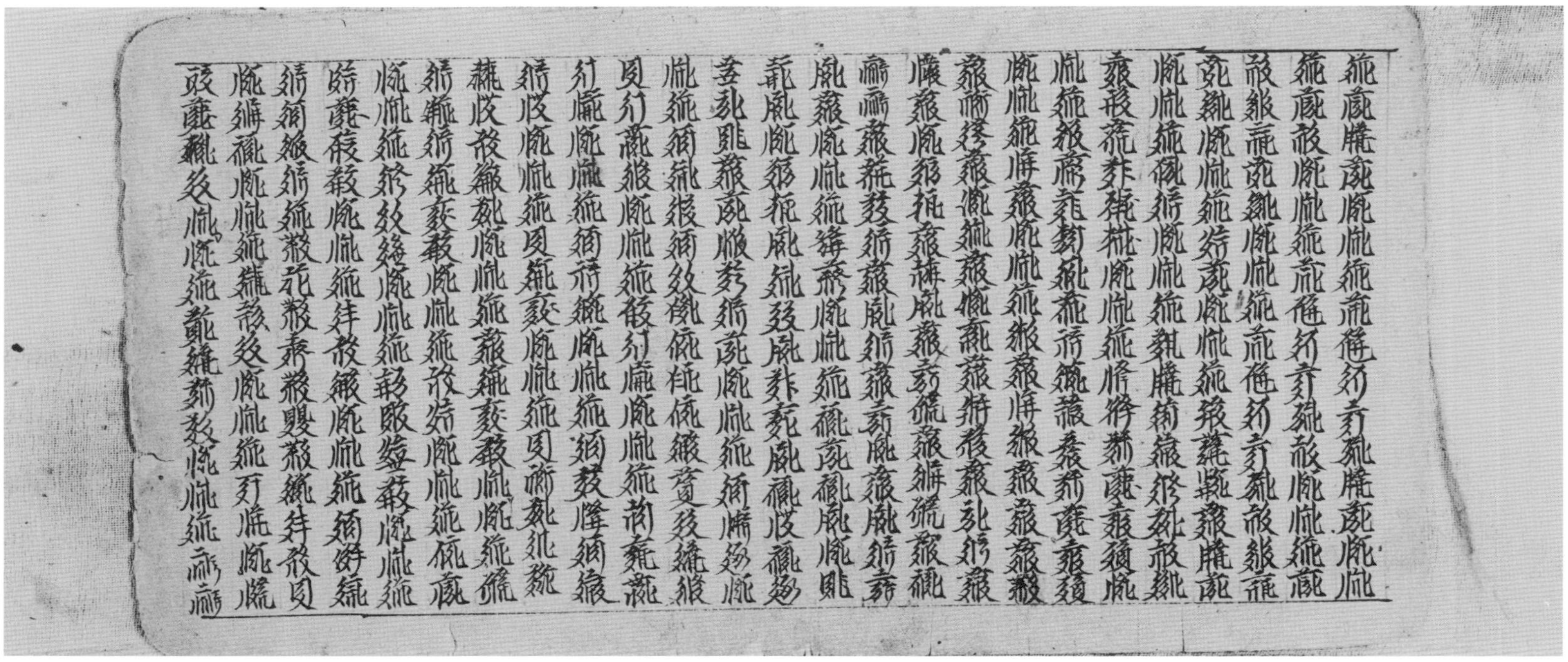

俄 Инв.No.3709　大般若波羅蜜多經卷第三百三十三　(11–3)

俄 Инв.No.3709　大般若波羅蜜多經卷第三百三十三　(11-4)

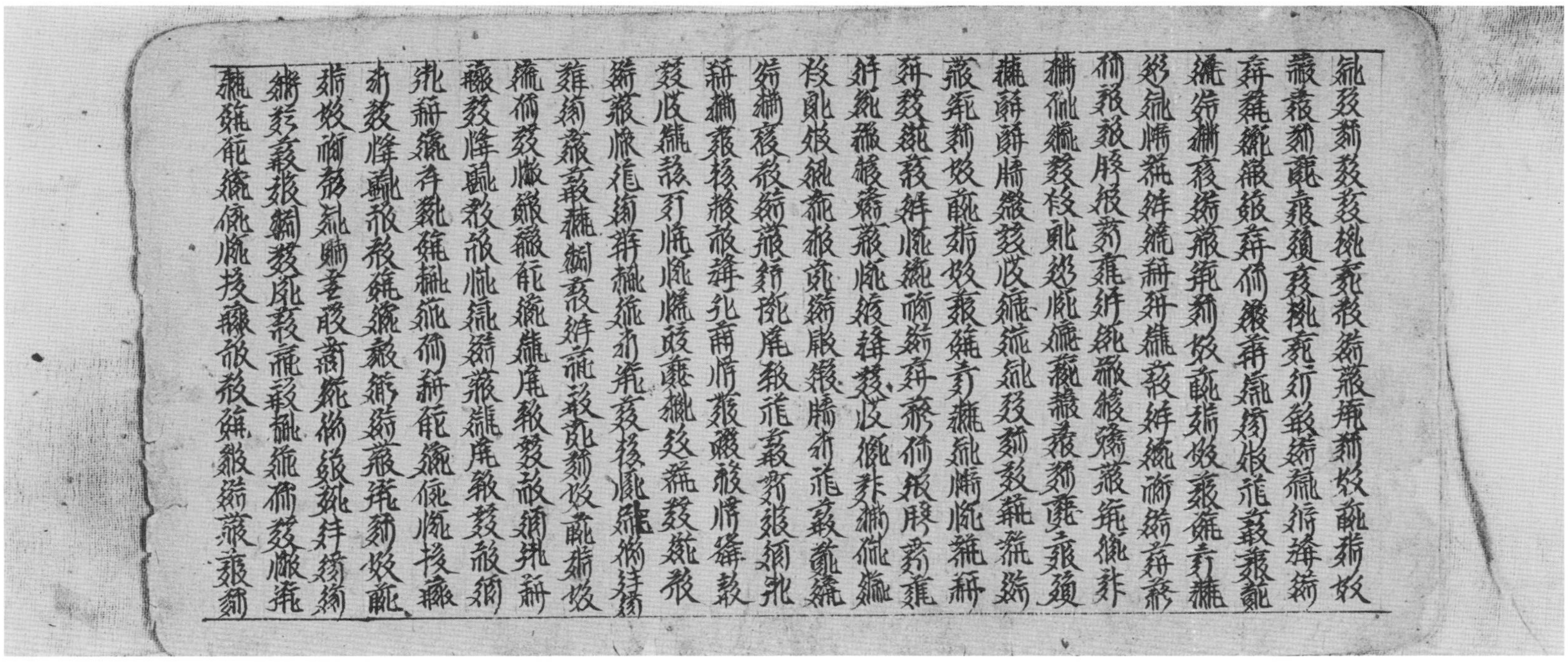

俄 Инв.No.3709　大般若波羅蜜多經卷第三百三十三　(11-5)

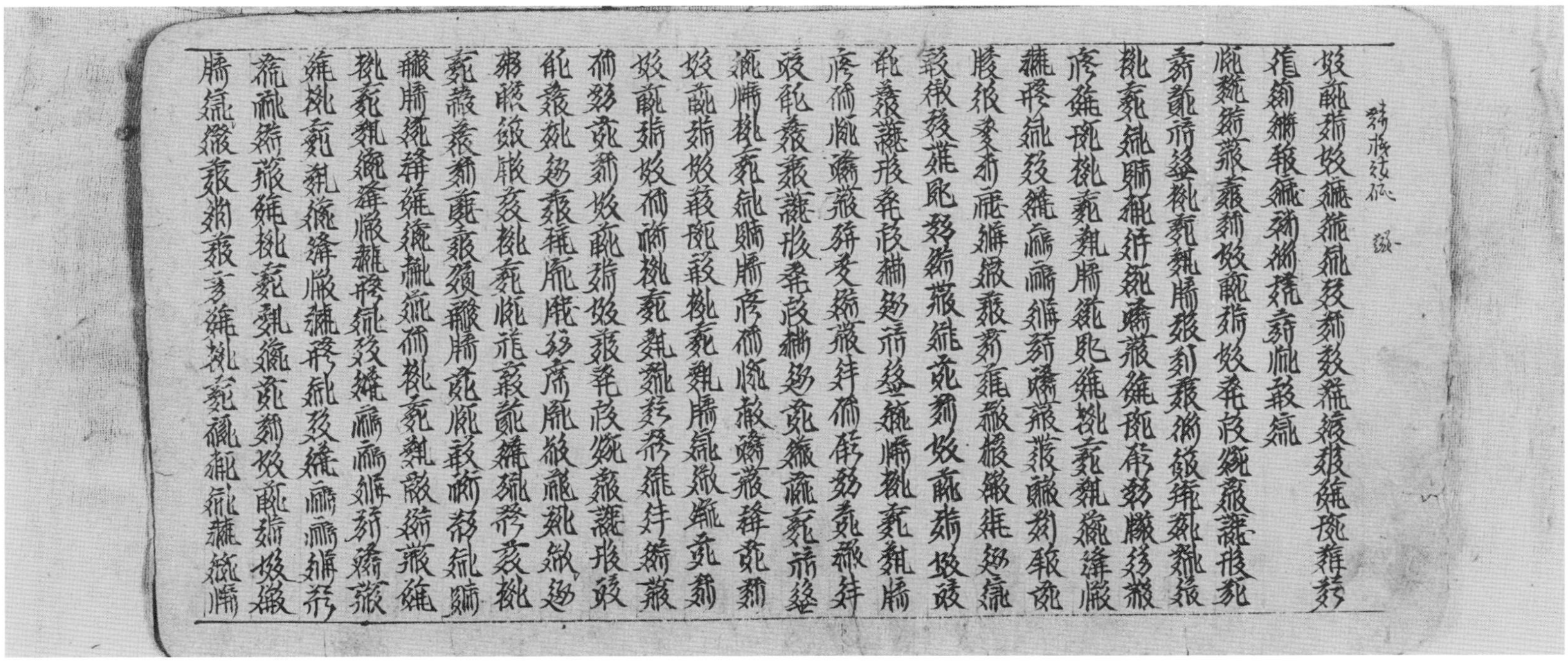

俄 Инв.No.3709　大般若波羅蜜多經卷第三百三十三　(11-6)

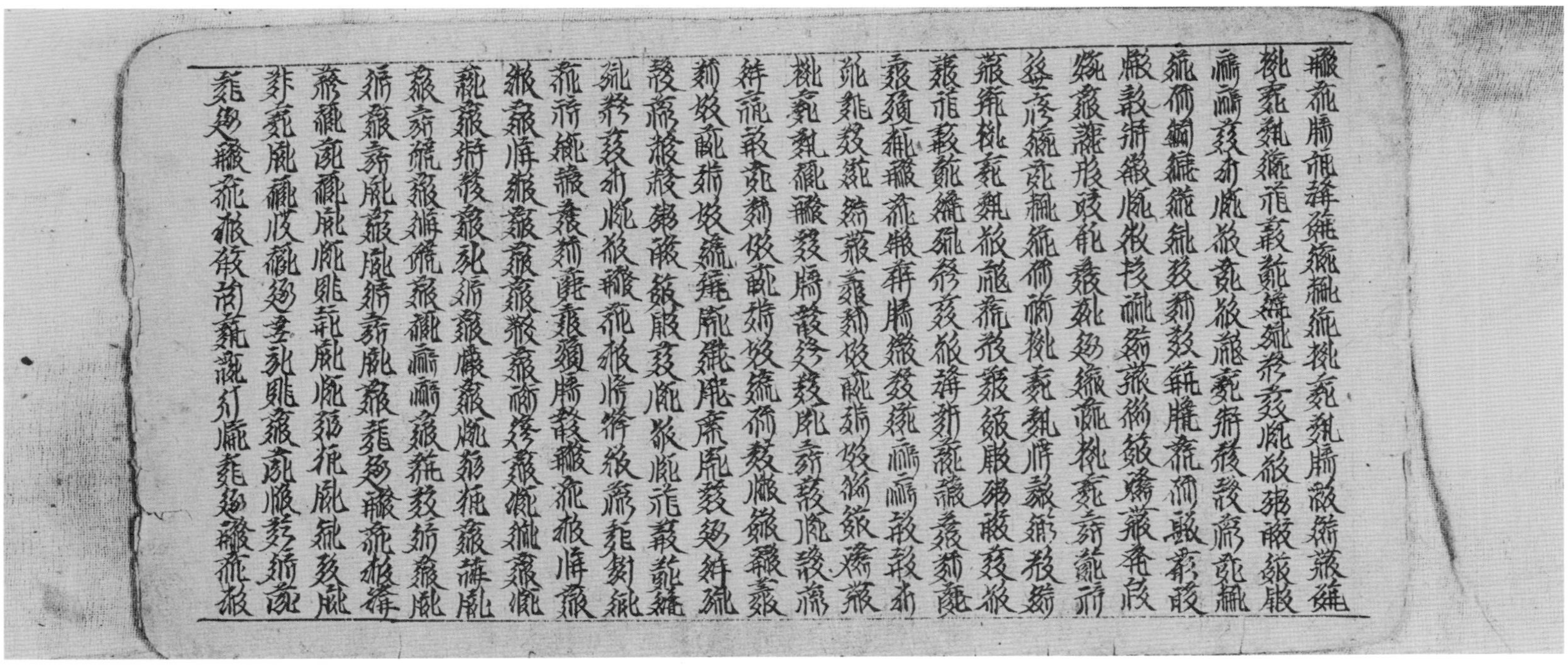

俄 Инв.No.3709　大般若波羅蜜多經卷第三百三十三　(11–7)

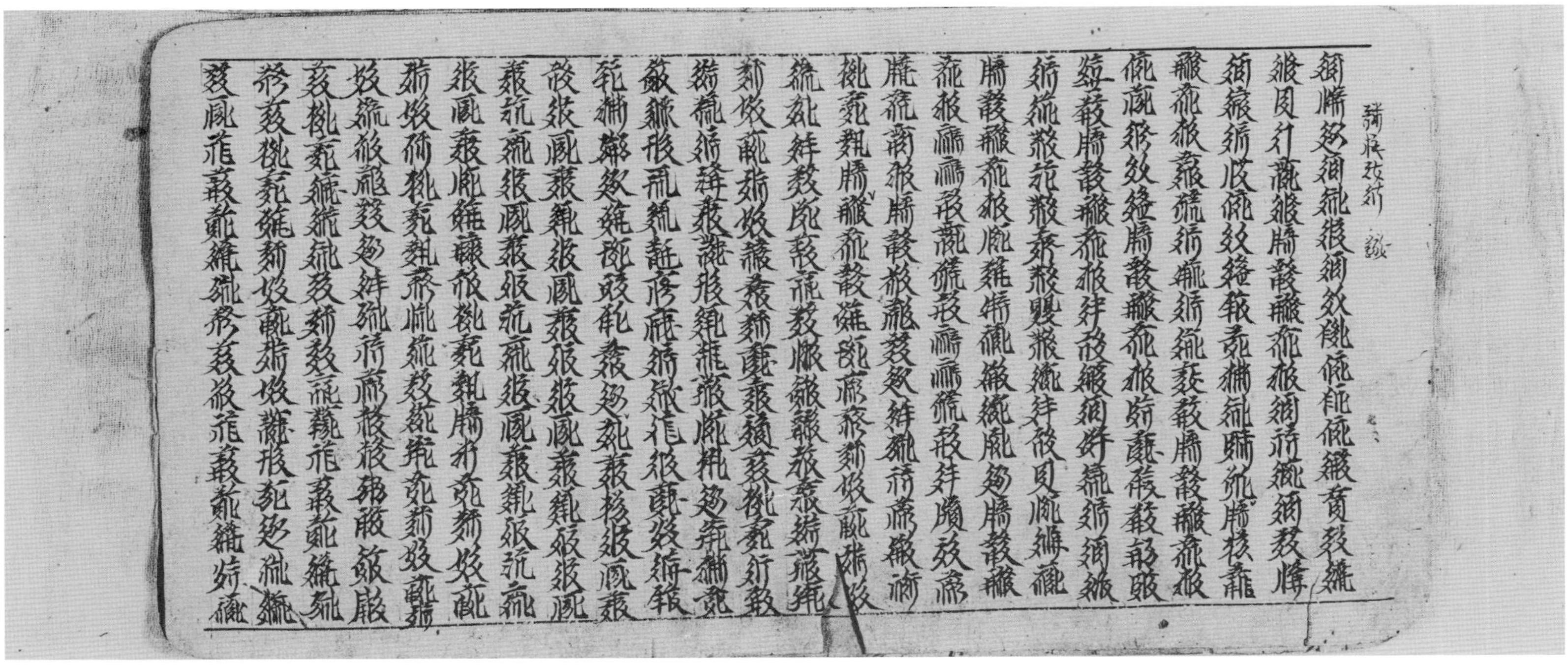

俄 Инв.No.3709　大般若波羅蜜多經卷第三百三十三　(11–8)

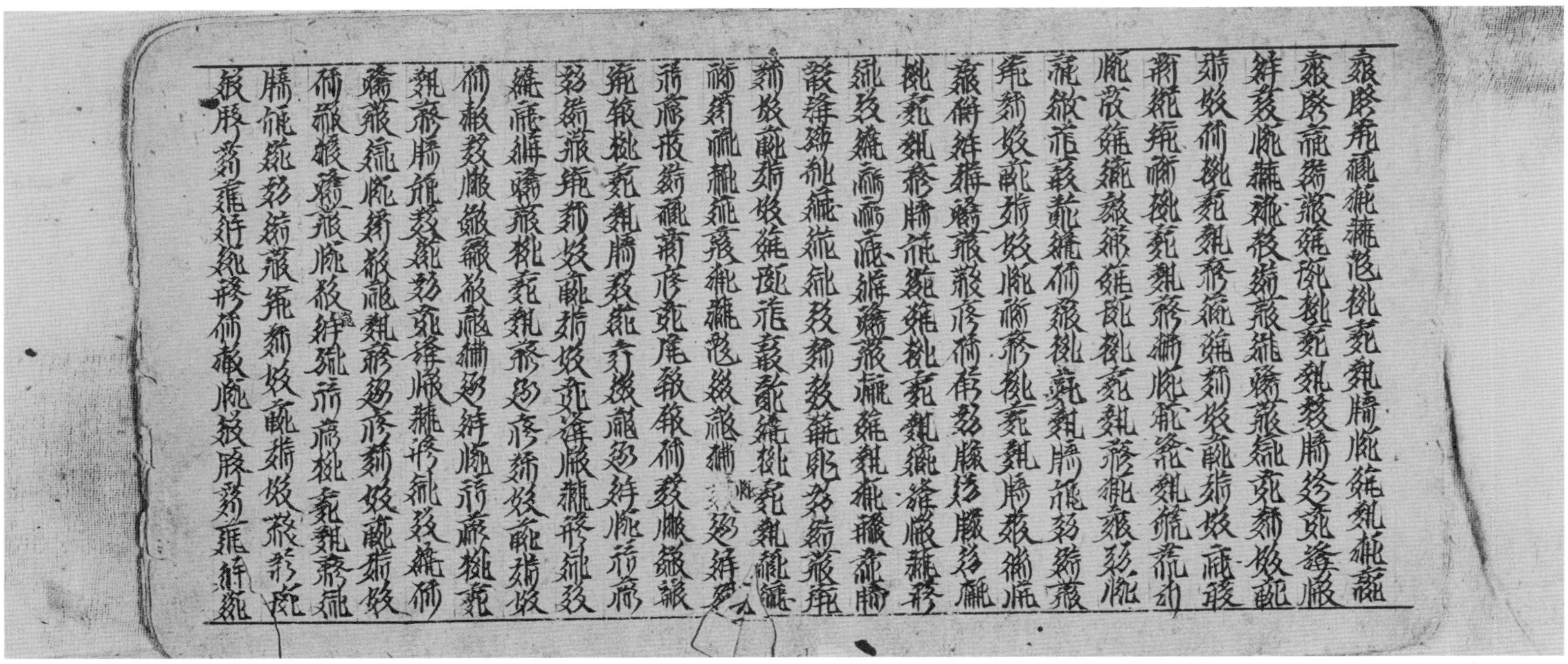

俄 Инв.No.3709　大般若波羅蜜多經卷第三百三十三　(11–9)

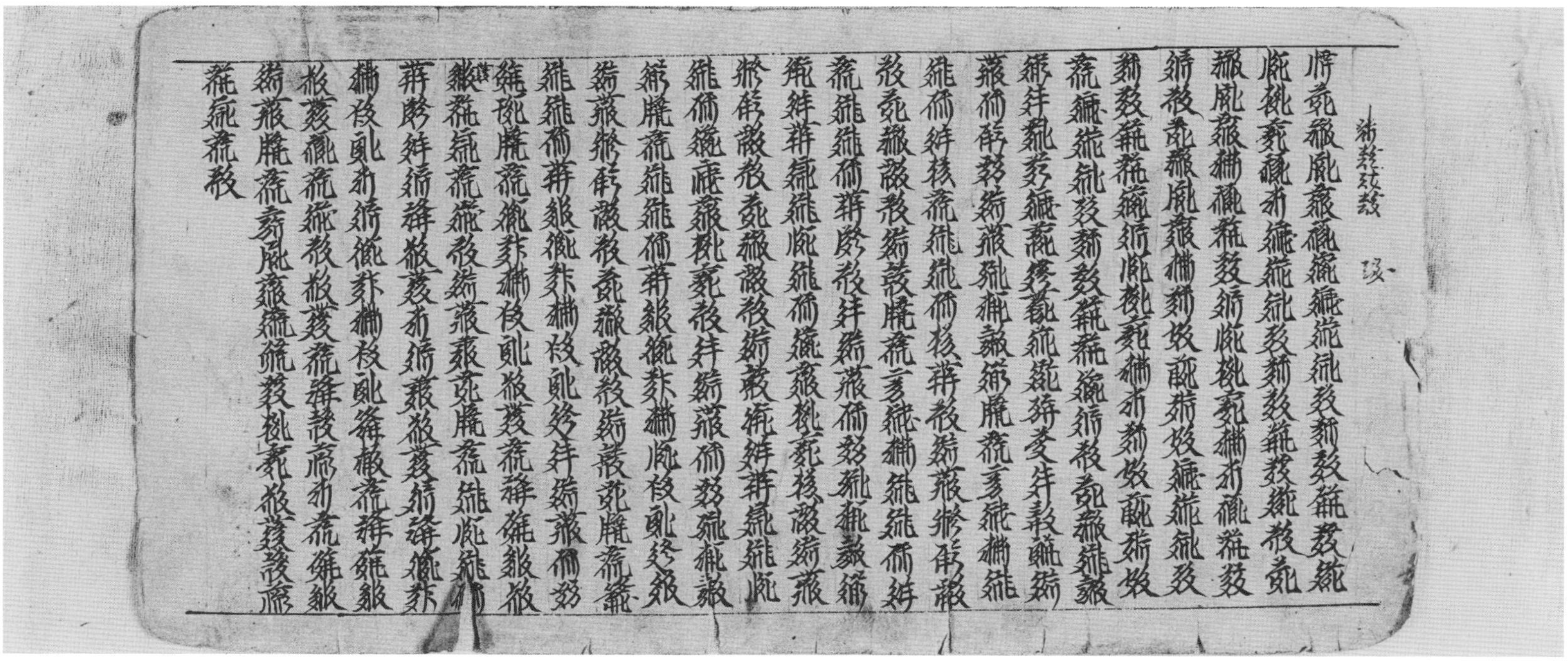

俄 Инв.No.3709　大般若波羅蜜多經卷第三百三十三　(11–10)

俄 Инв.No.3709　大般若波羅蜜多經卷第三百三十三　(11–11)

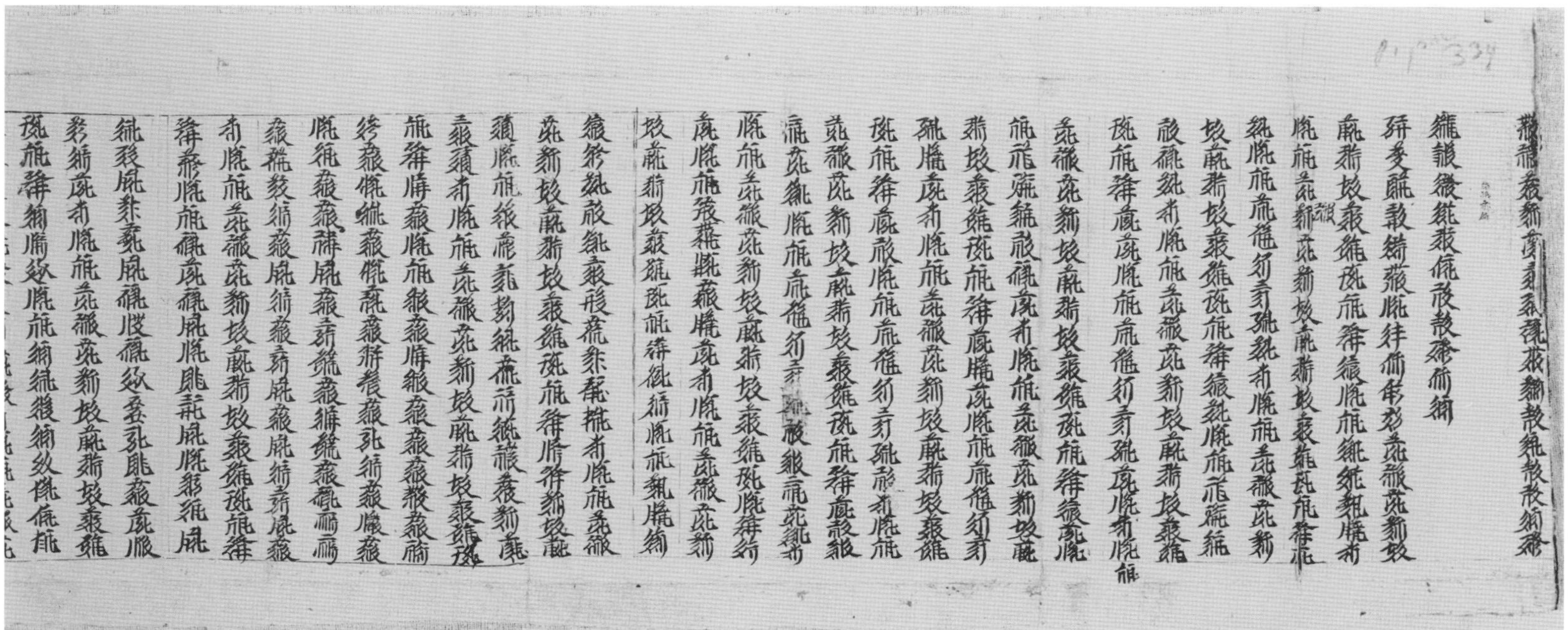

俄 Инв.No.1969　大般若波羅蜜多經卷第三百三十四　(15–1)

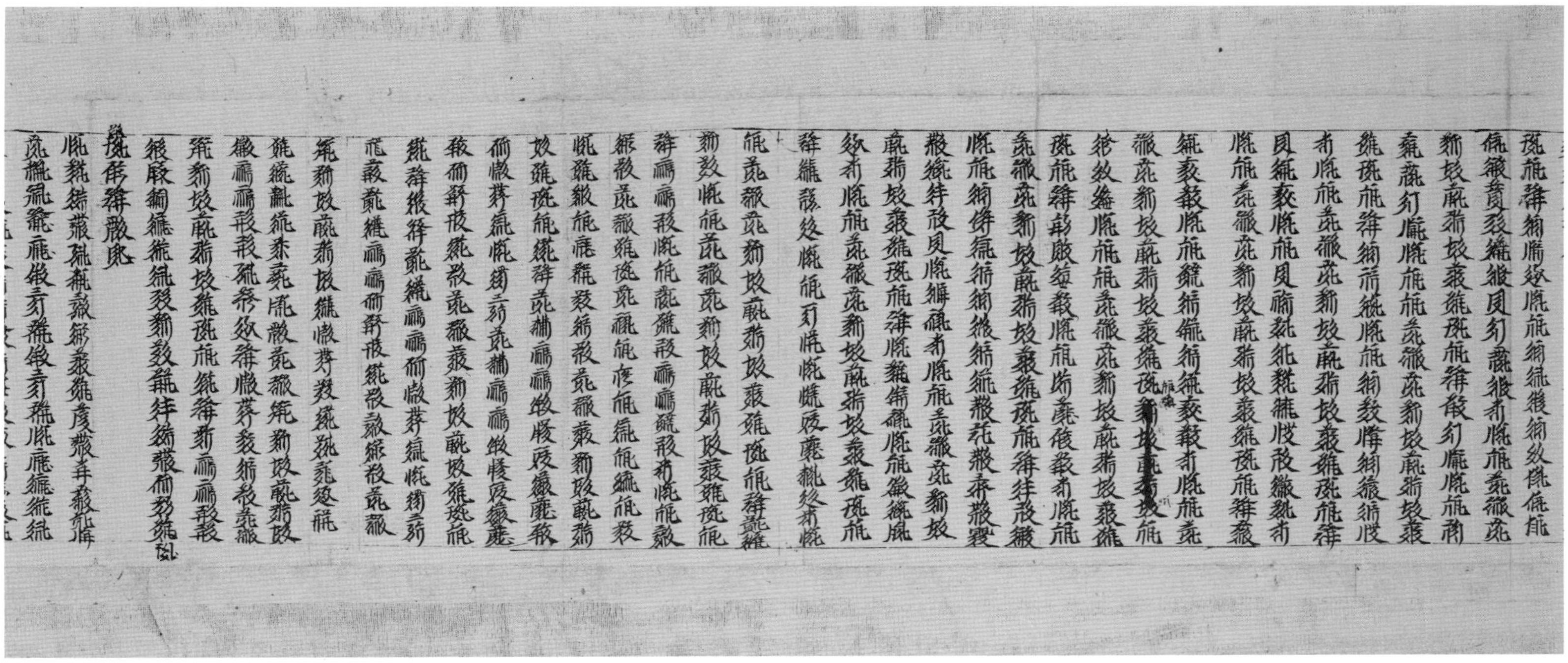

俄 Инв.No.1969　大般若波羅蜜多經卷第三百三十四　(15-2)

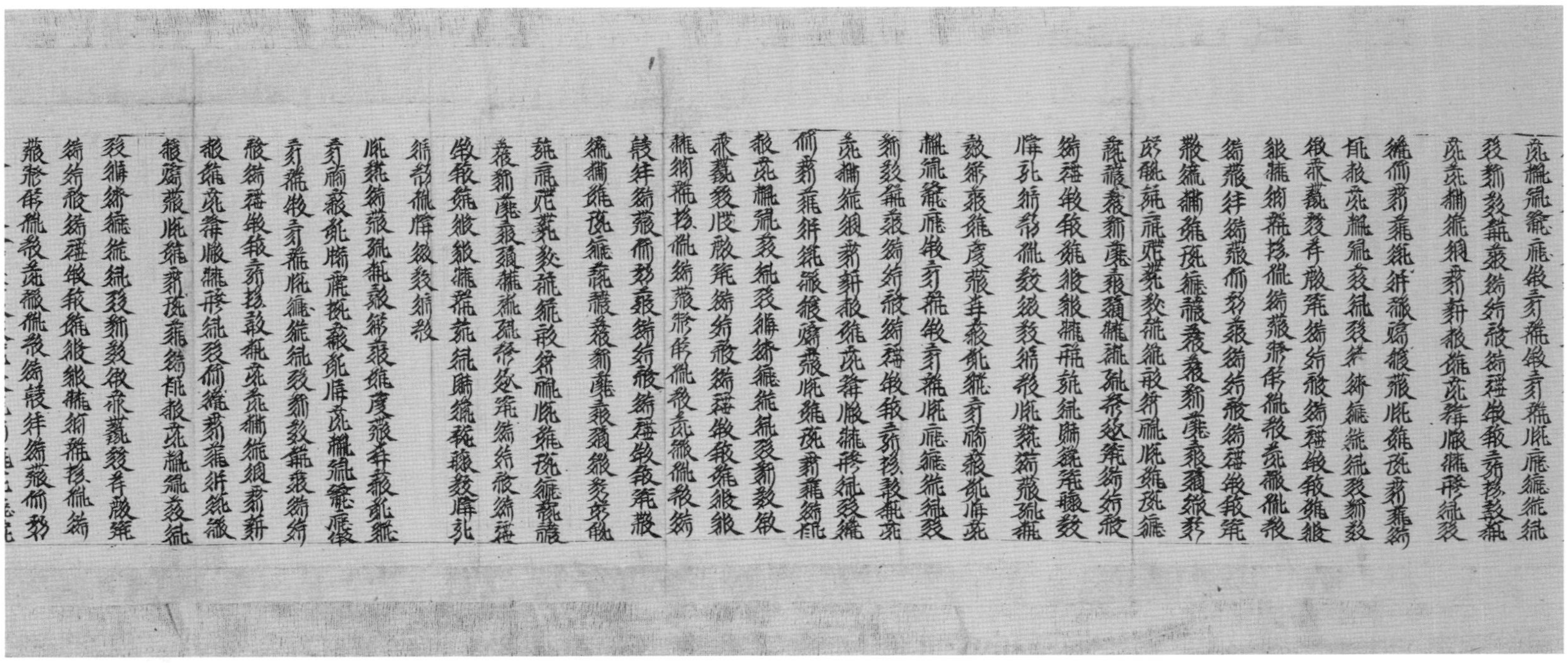

俄 Инв.No.1969　大般若波羅蜜多經卷第三百三十四　(15-3)

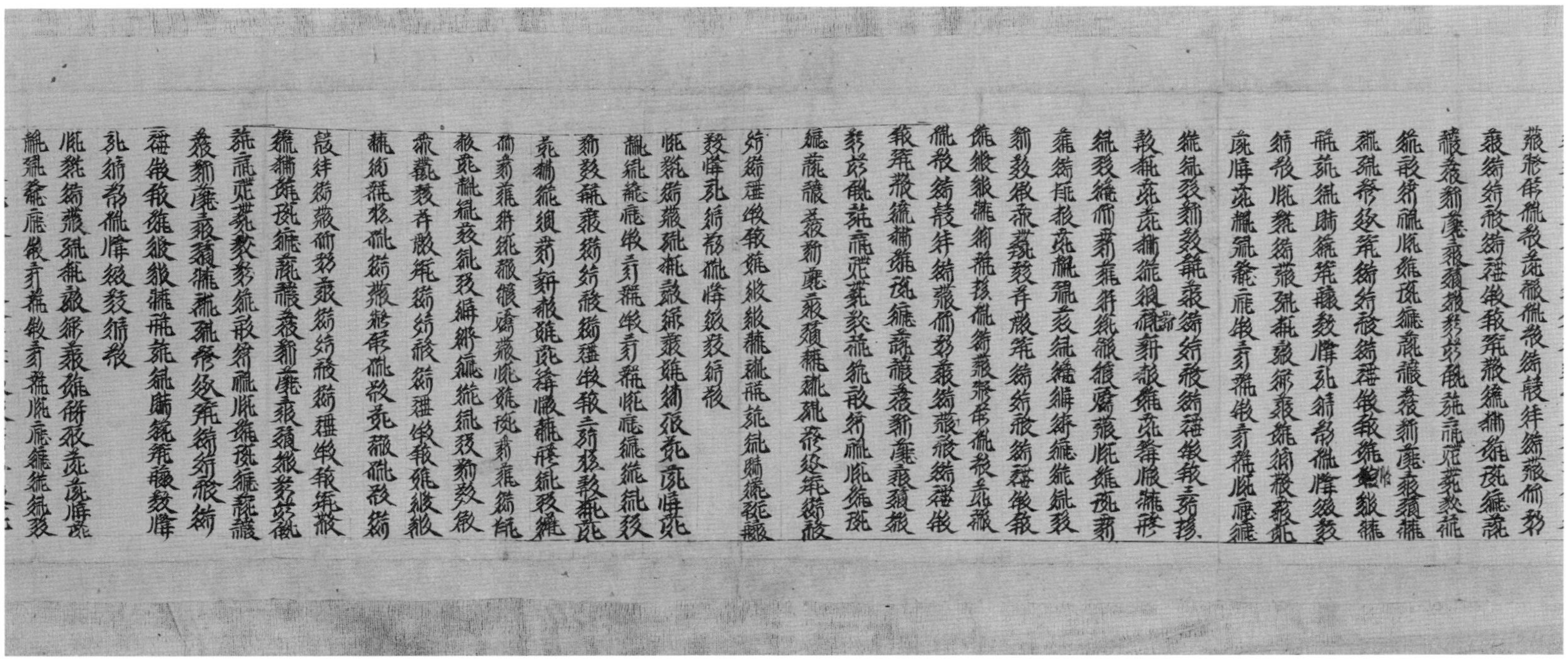

俄 Инв.No.1969　大般若波羅蜜多經卷第三百三十四　(15-4)

俄 Инв.No.1969　大般若波羅蜜多經卷第三百三十四　(15-5)

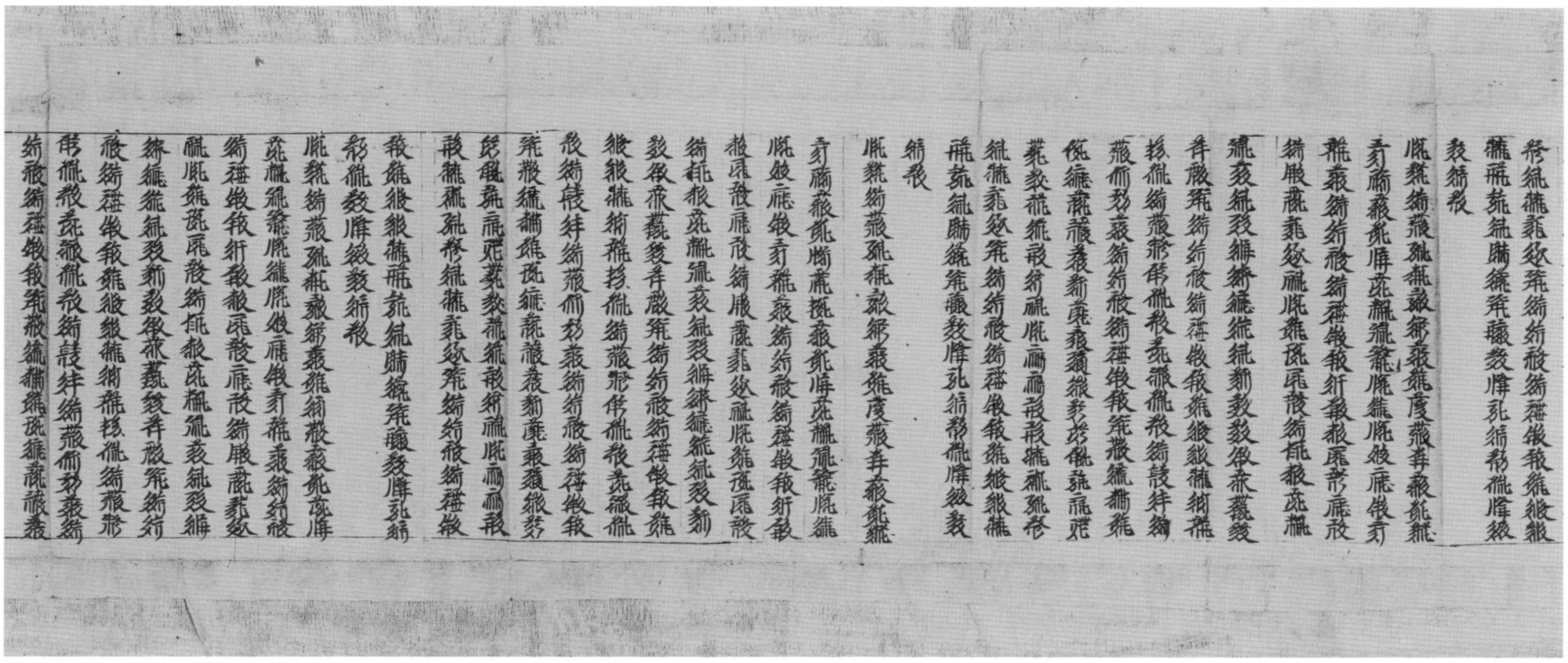

俄 Инв.No.1969　大般若波羅蜜多經卷第三百三十四　(15-6)

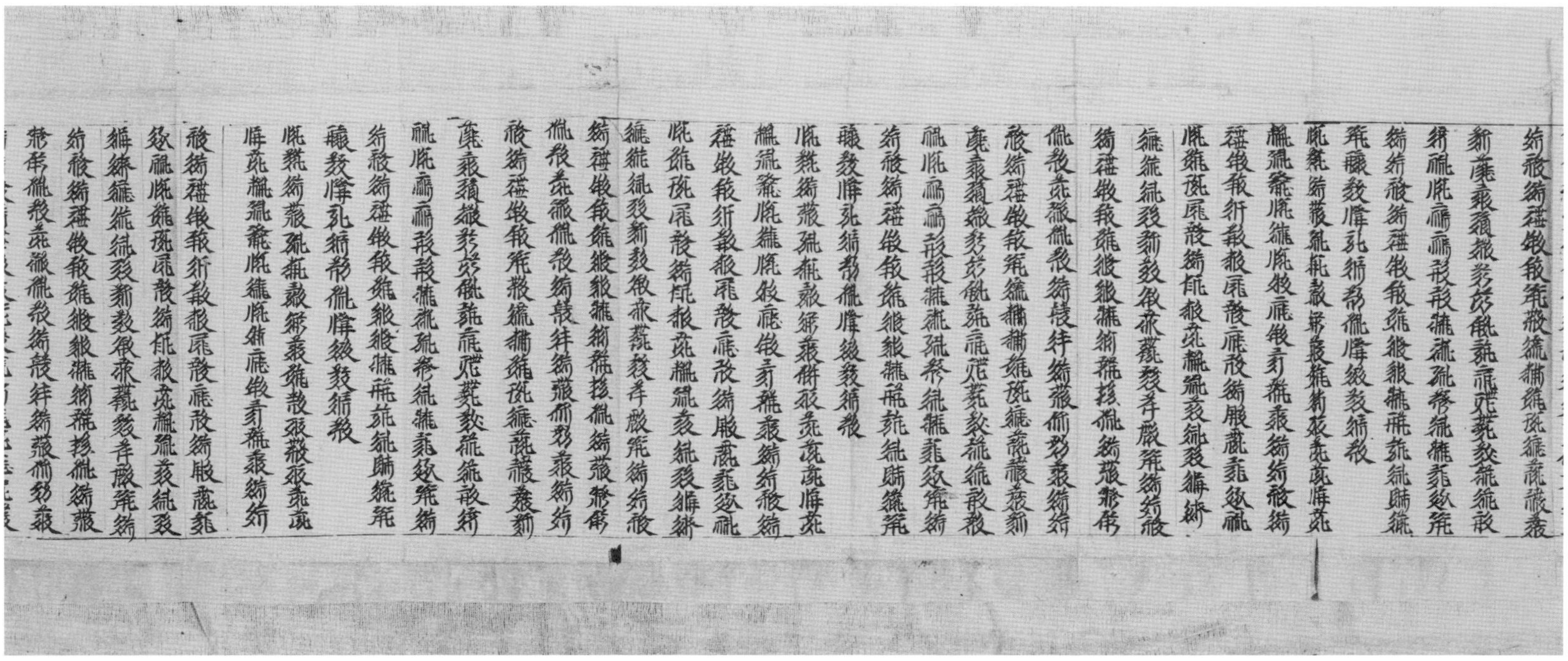

俄 Инв.No.1969　大般若波羅蜜多經卷第三百三十四　(15-7)

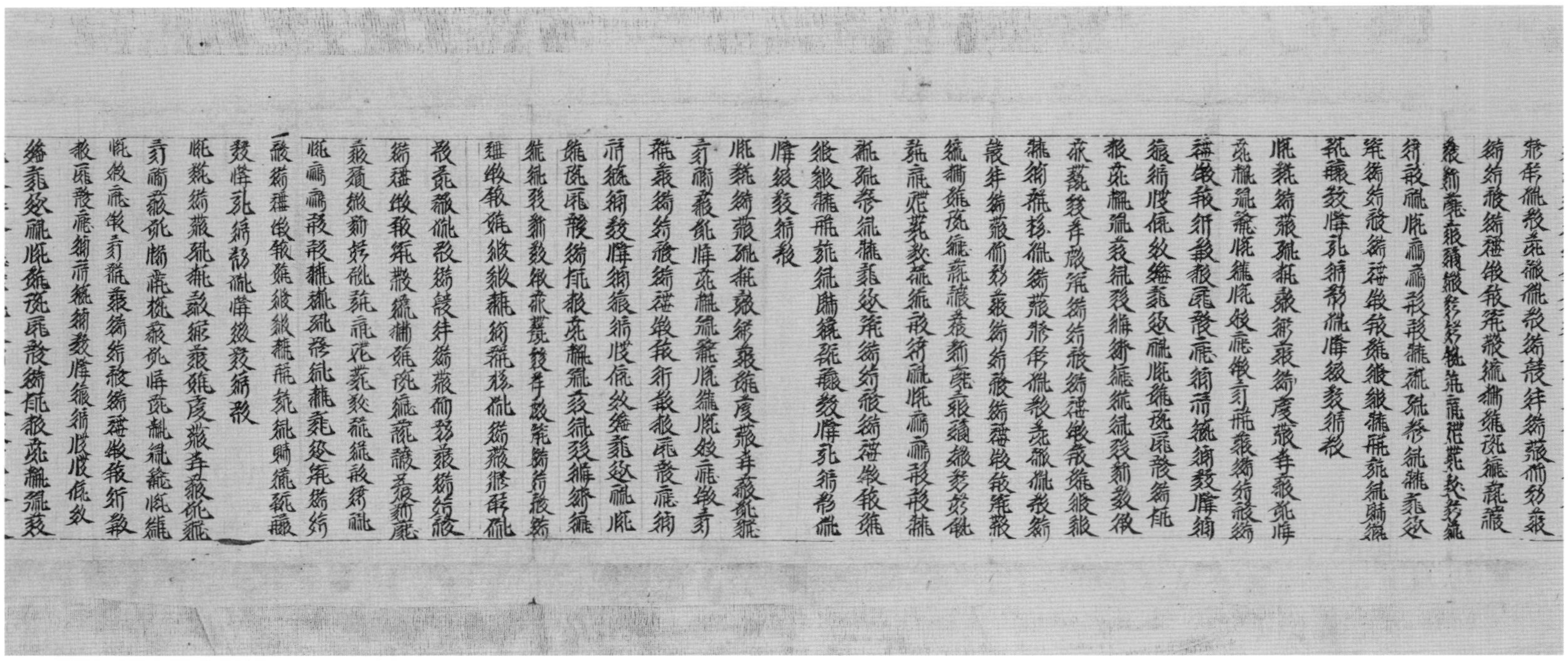

俄 Инв.No.1969　大般若波羅蜜多經卷第三百三十四　(15-8)

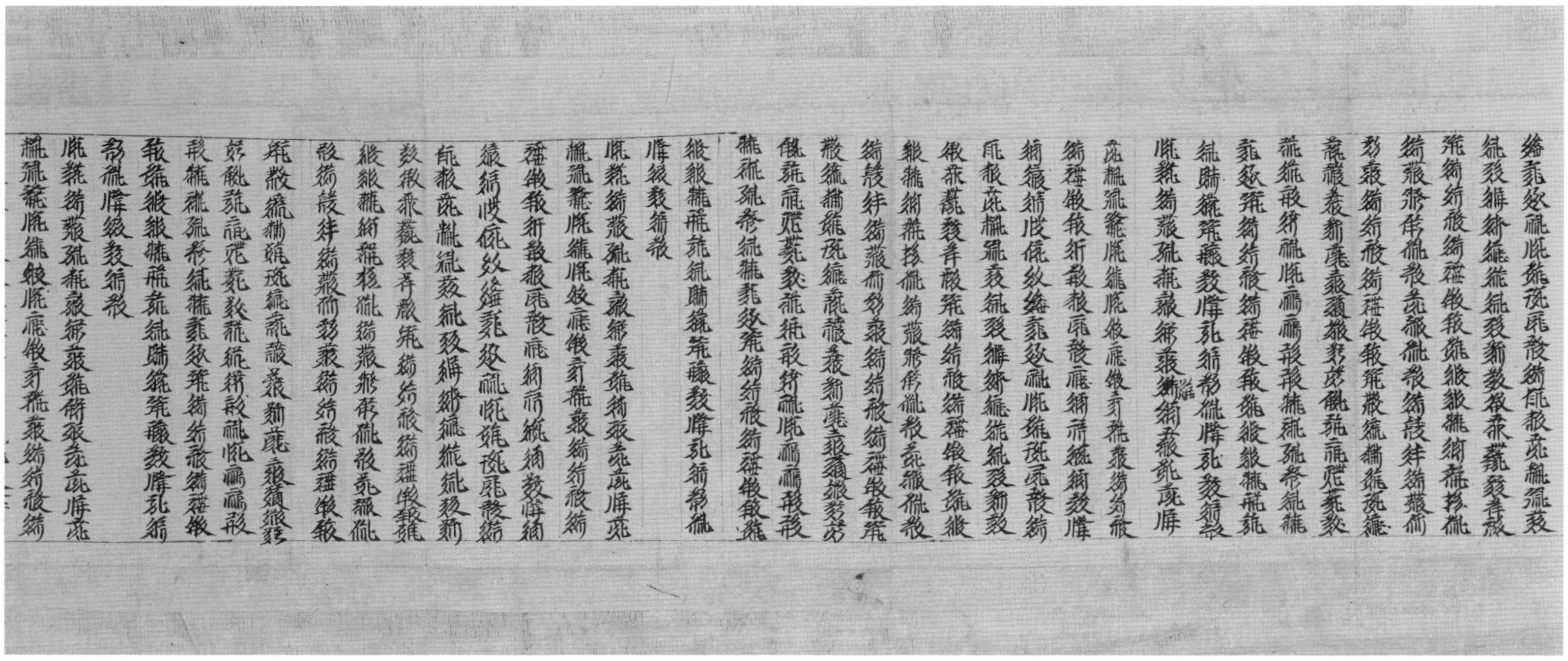

俄 Инв.No.1969　大般若波羅蜜多經卷第三百三十四　(15-9)

俄 Инв.No.1969　大般若波羅蜜多經卷第三百三十四　(15-10)

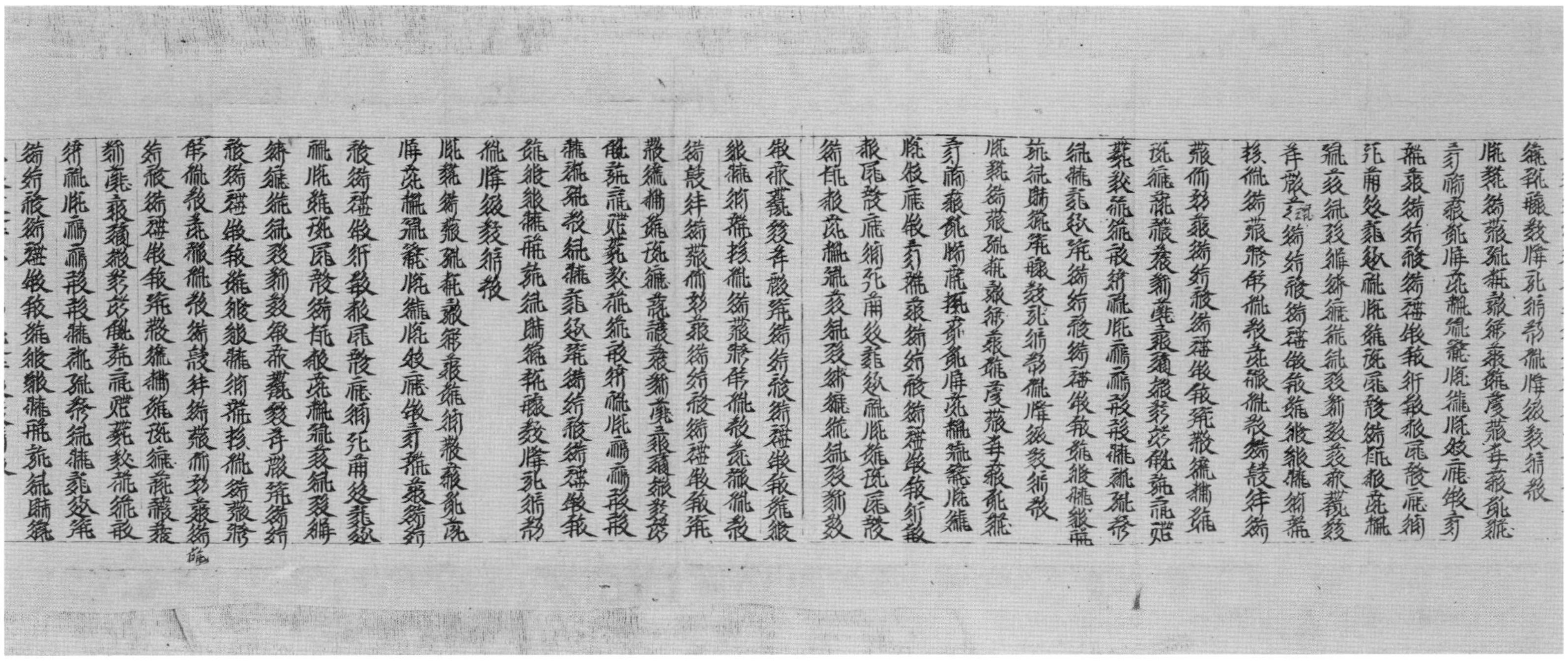

俄 Инв.No.1969　大般若波羅蜜多經卷第三百三十四　(15-11)

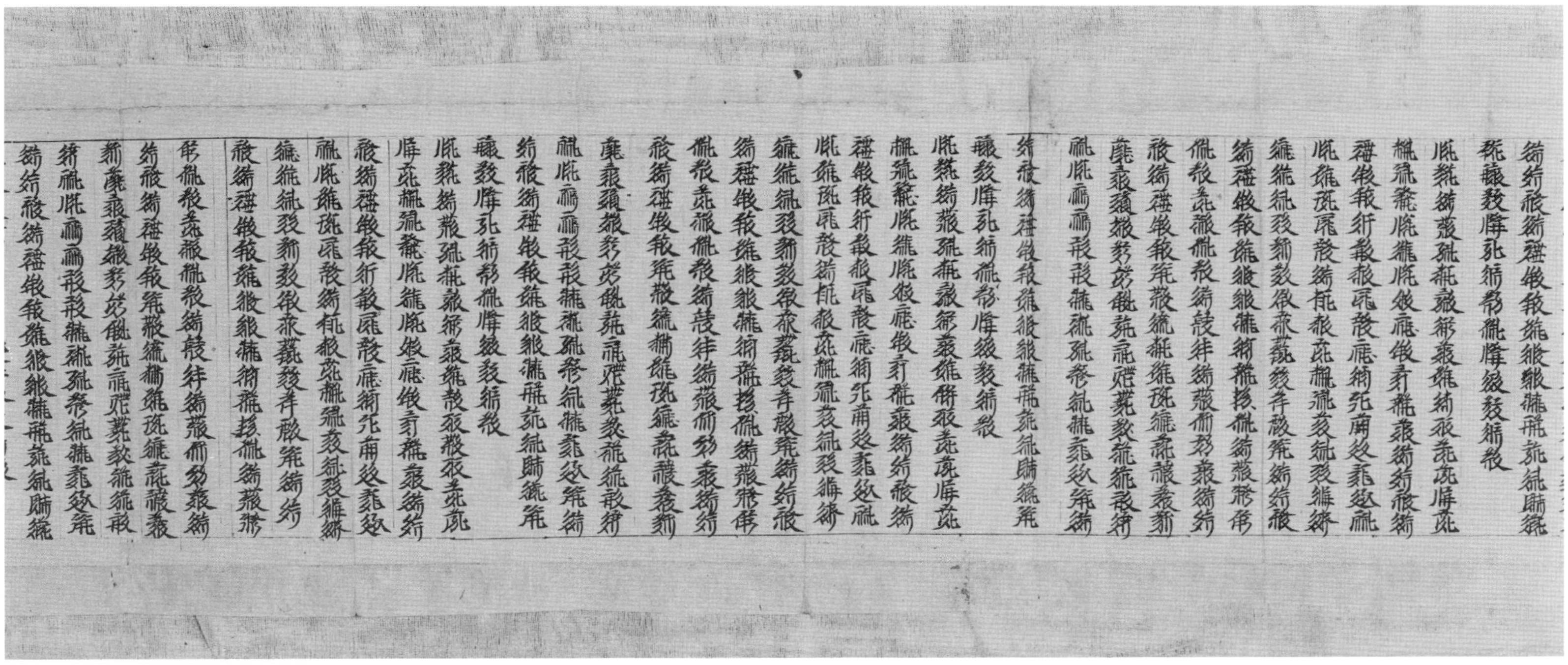

俄 Инв.No.1969　大般若波羅蜜多經卷第三百三十四　(15-12)

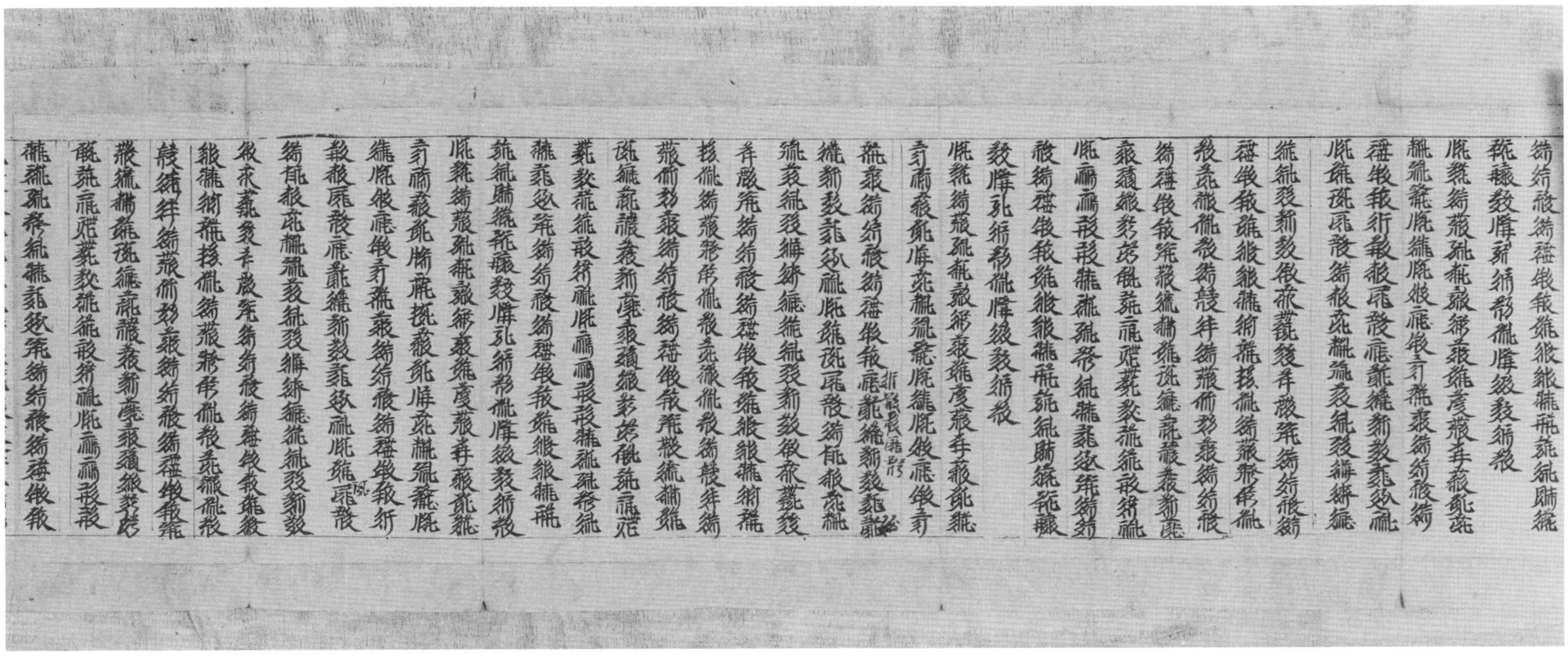

俄 Инв.No.1969　大般若波羅蜜多經卷第三百三十四　(15-13)

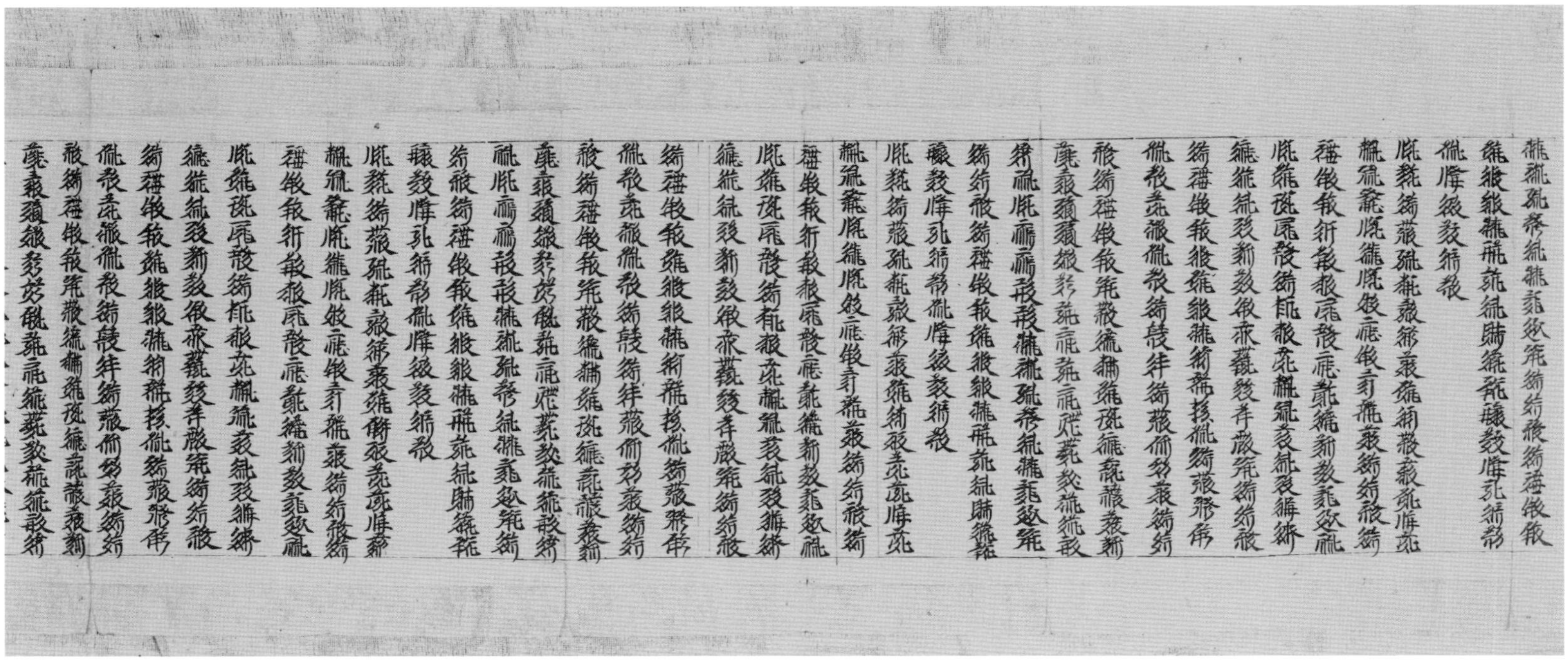

俄 Инв.No.1969　大般若波羅蜜多經卷第三百三十四　(15–14)

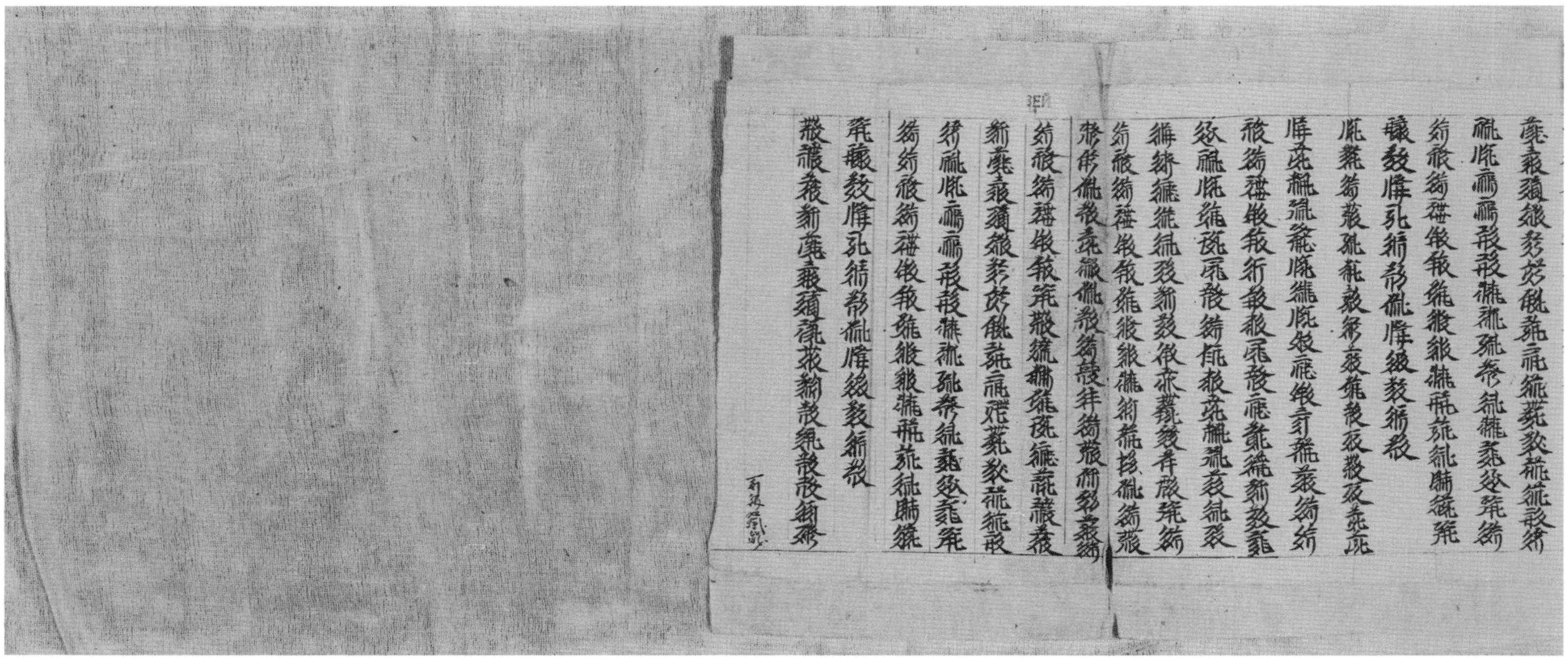

俄 Инв.No.1969　大般若波羅蜜多經卷第三百三十四　(15–15)

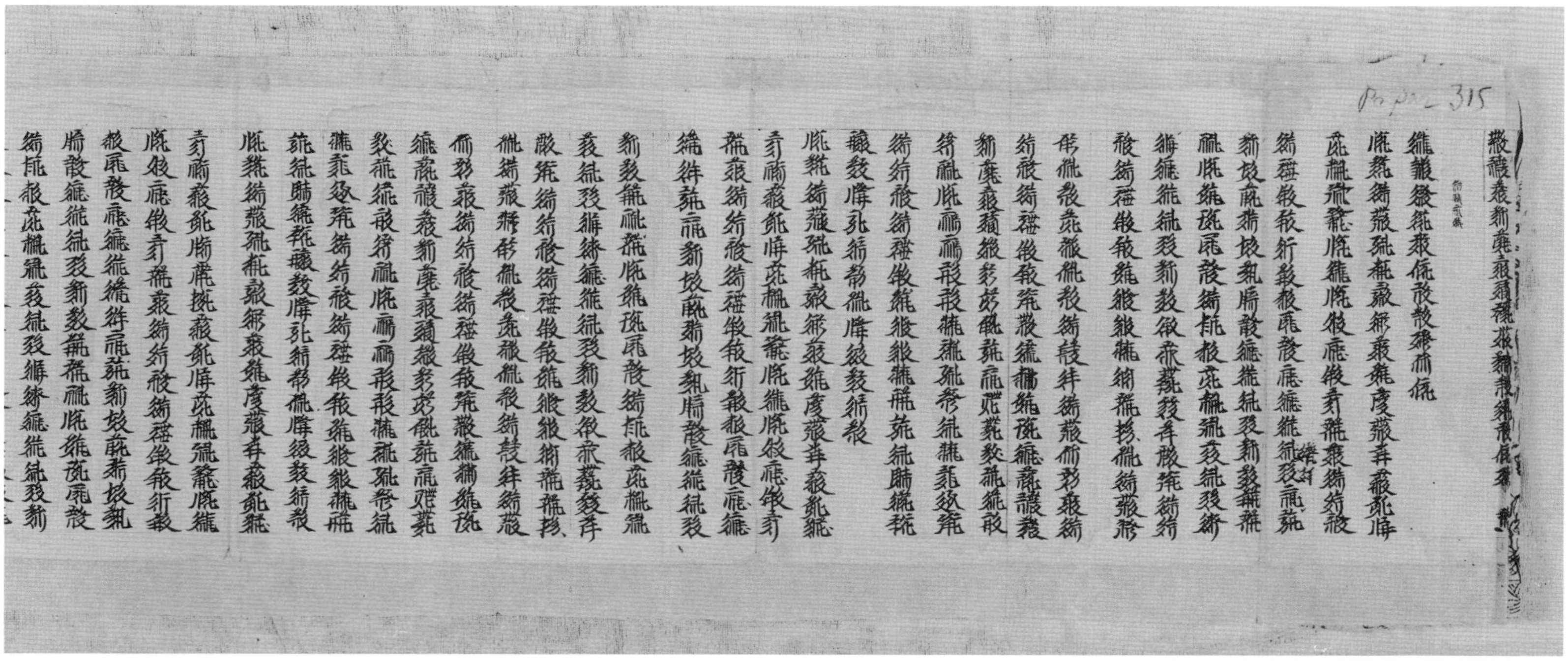

俄 Инв.No.1964　大般若波羅蜜多經卷第三百三十五　(15–1)

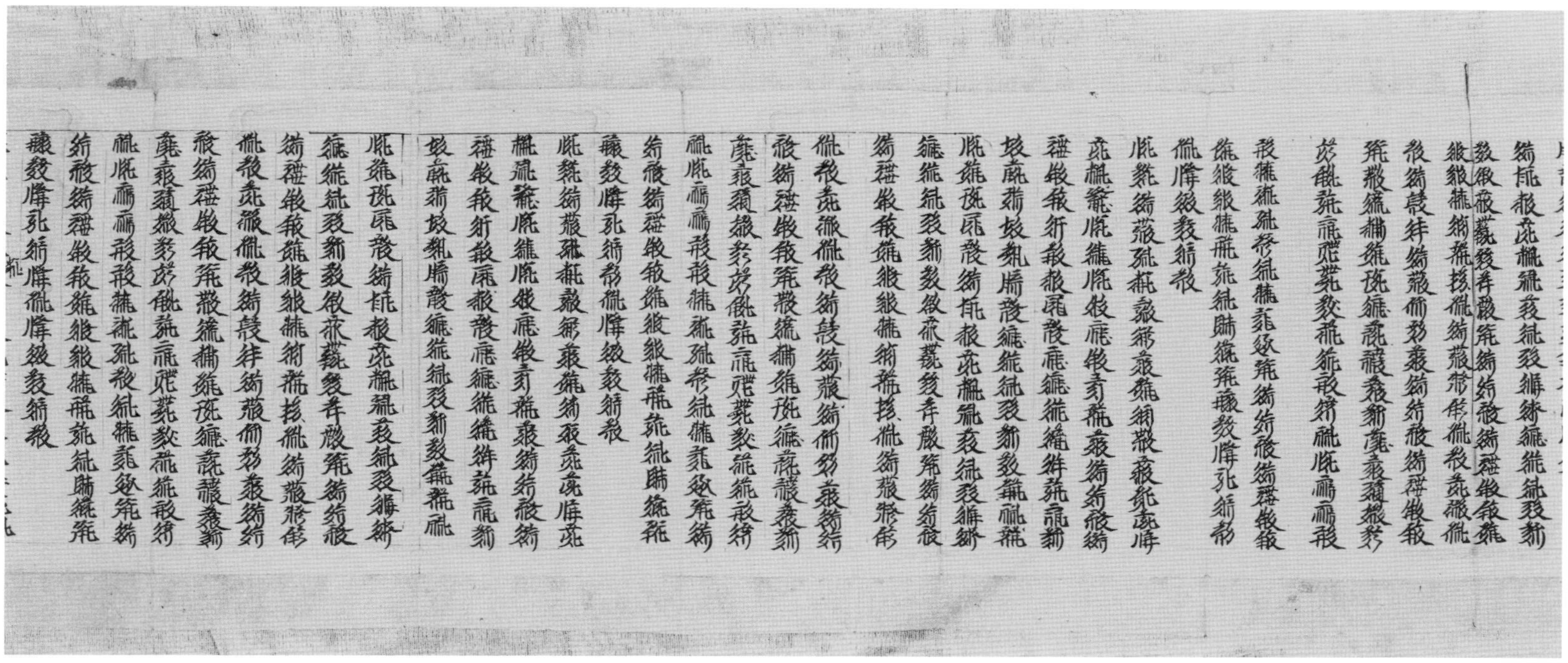

俄Инв.No.1964　大般若波羅蜜多經卷第三百三十五　(15-2)

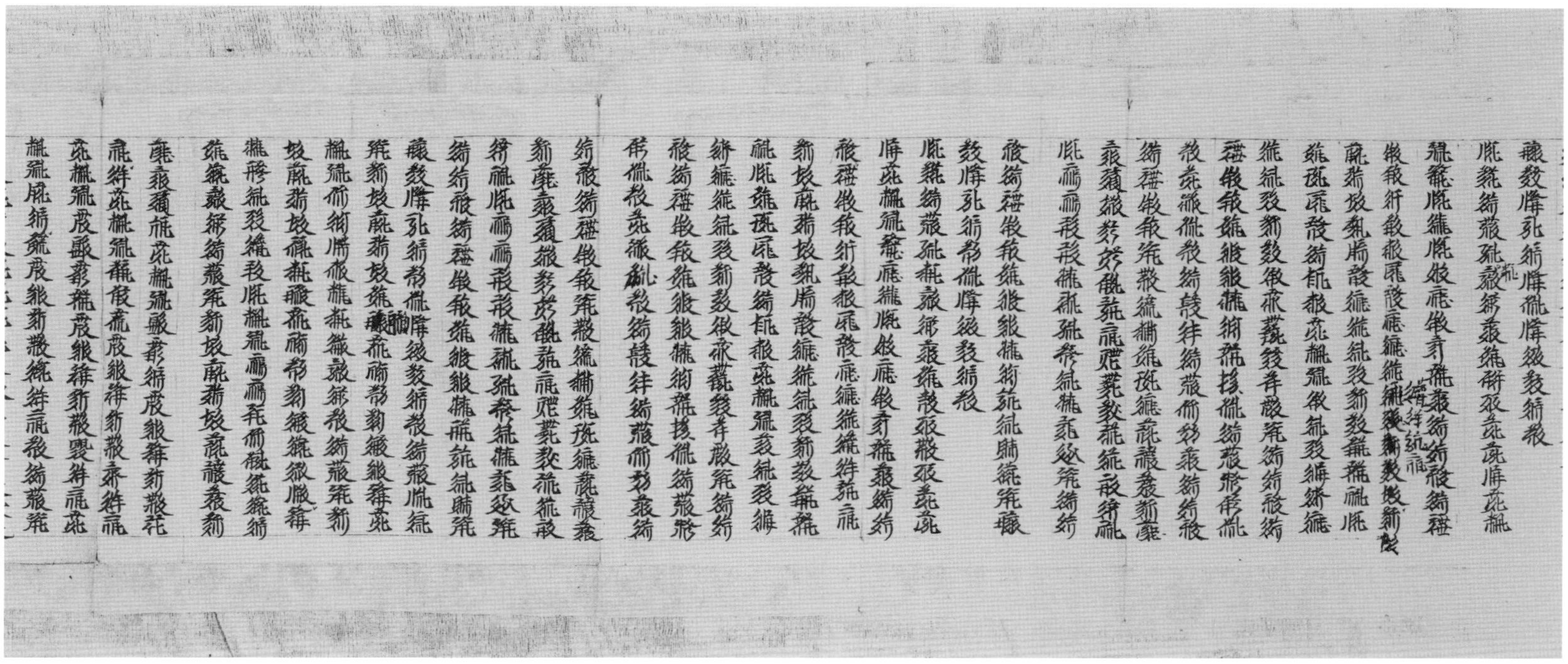

俄Инв.No.1964　大般若波羅蜜多經卷第三百三十五　(15-3)

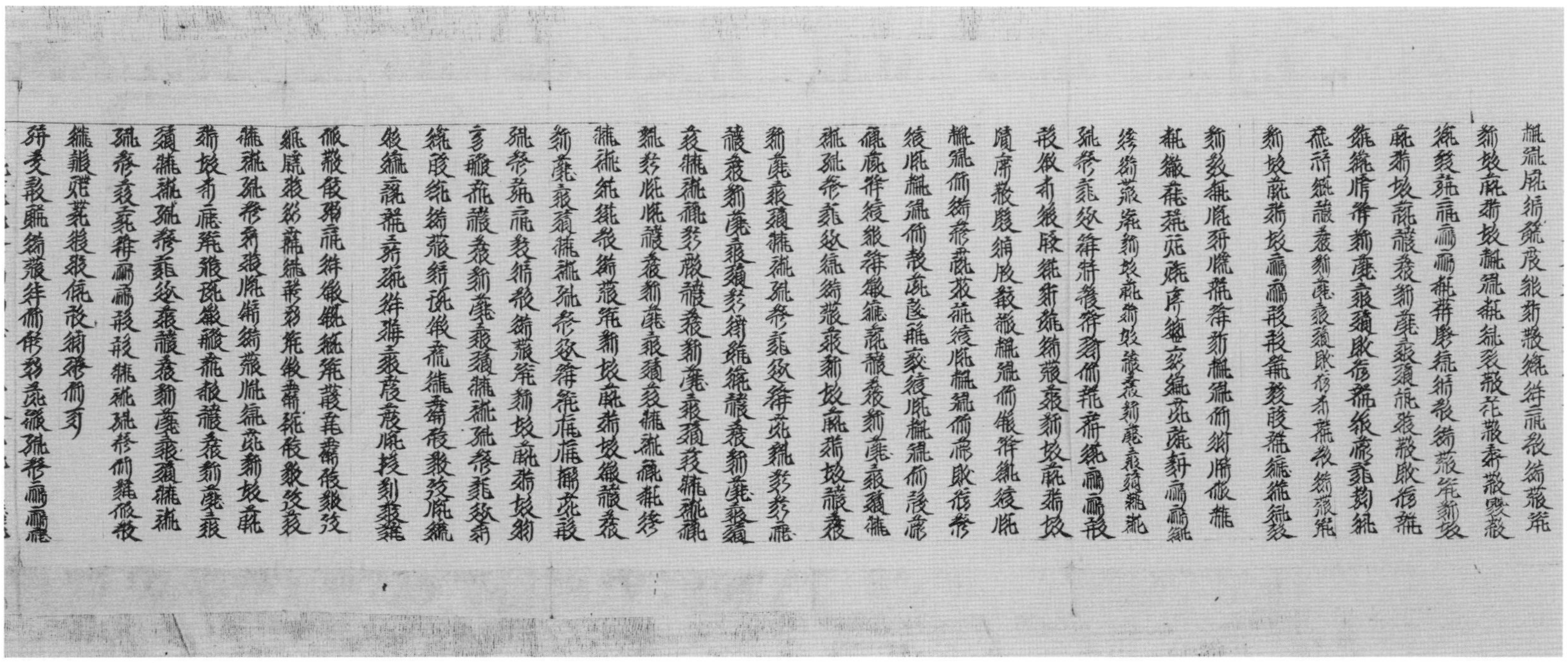

俄Инв.No.1964　大般若波羅蜜多經卷第三百三十五　(15-4)

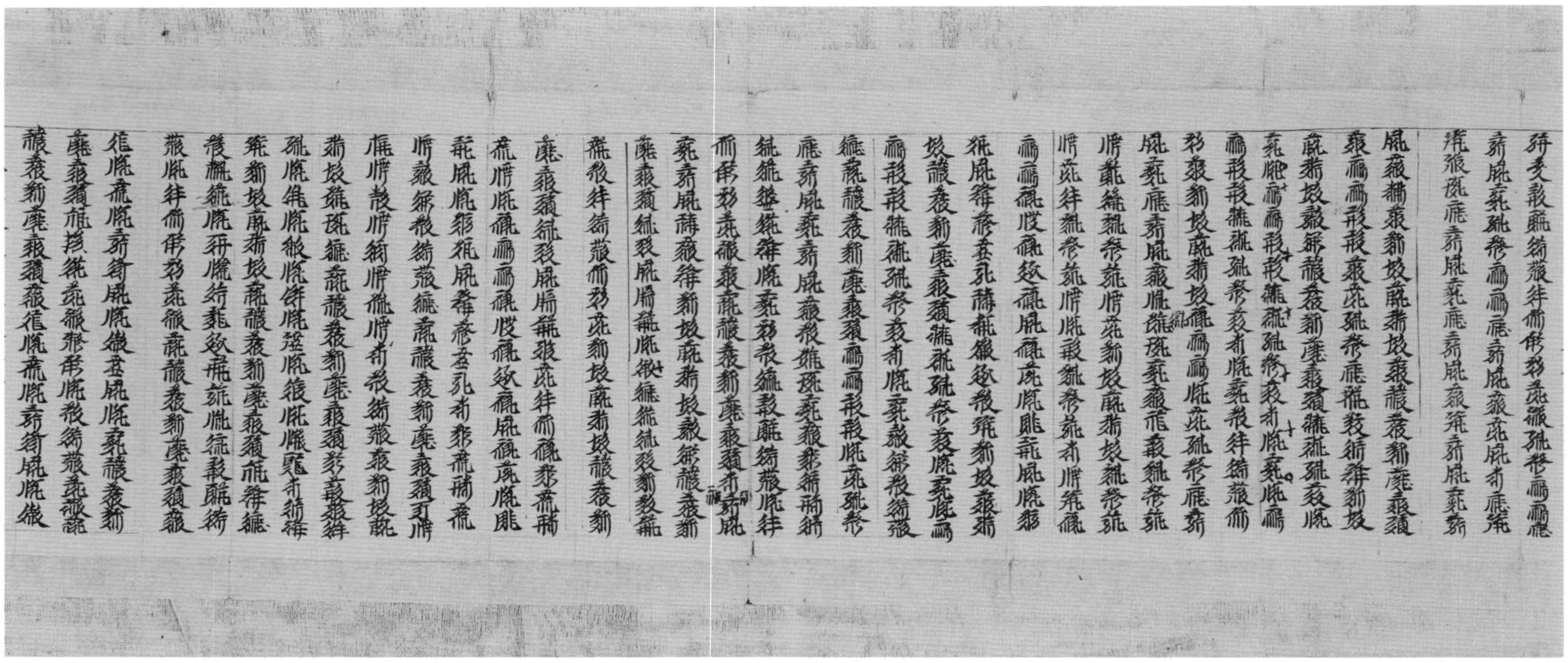

俄 Инв.No.1964　大般若波羅蜜多經卷第三百三十五　(15–5)

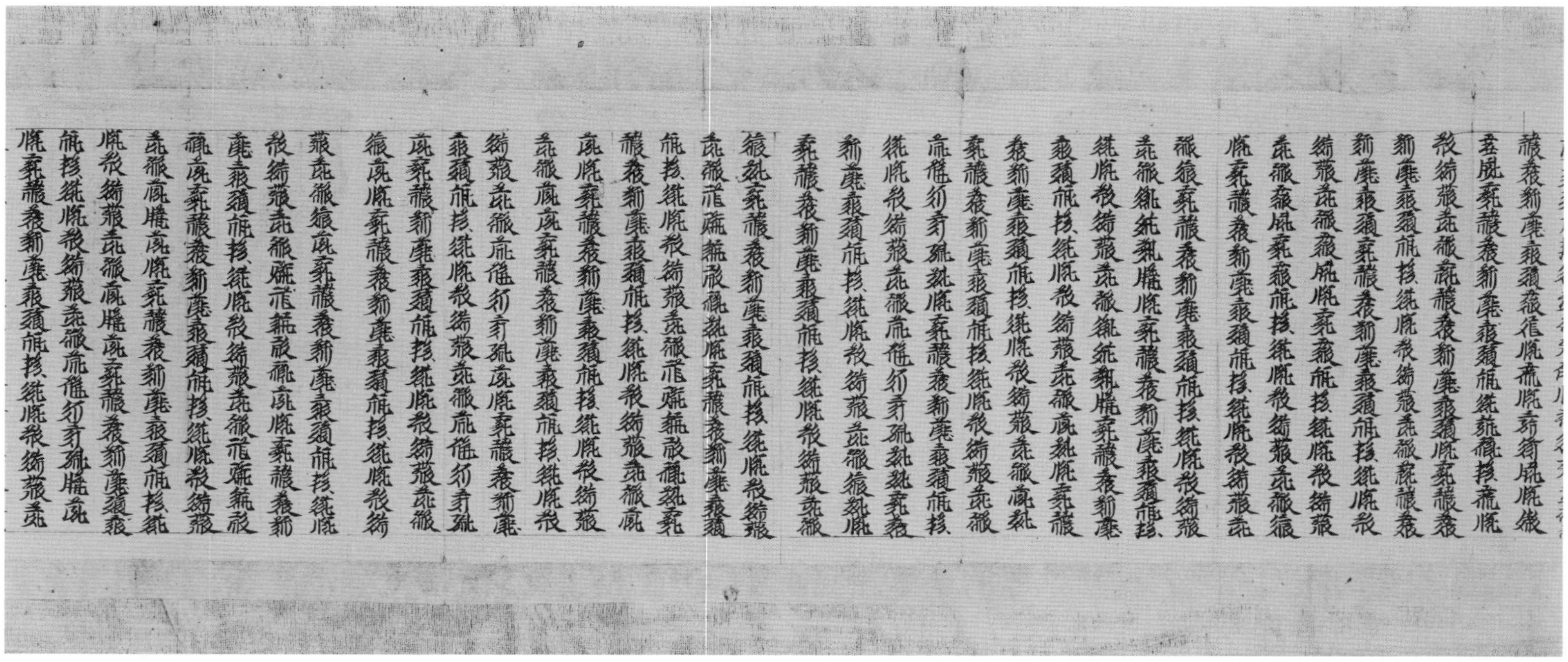

俄 Инв.No.1964　大般若波羅蜜多經卷第三百三十五　(15–6)

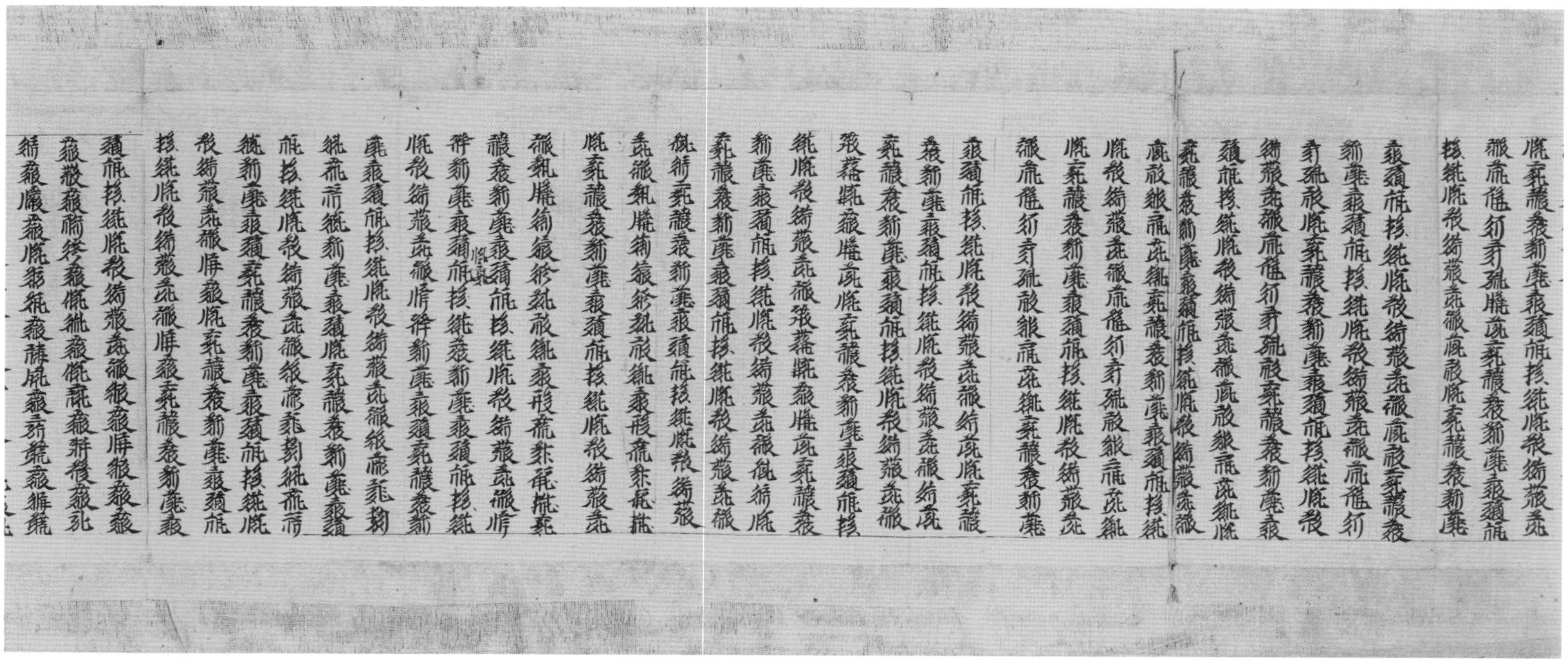

俄 Инв.No.1964　大般若波羅蜜多經卷第三百三十五　(15–7)

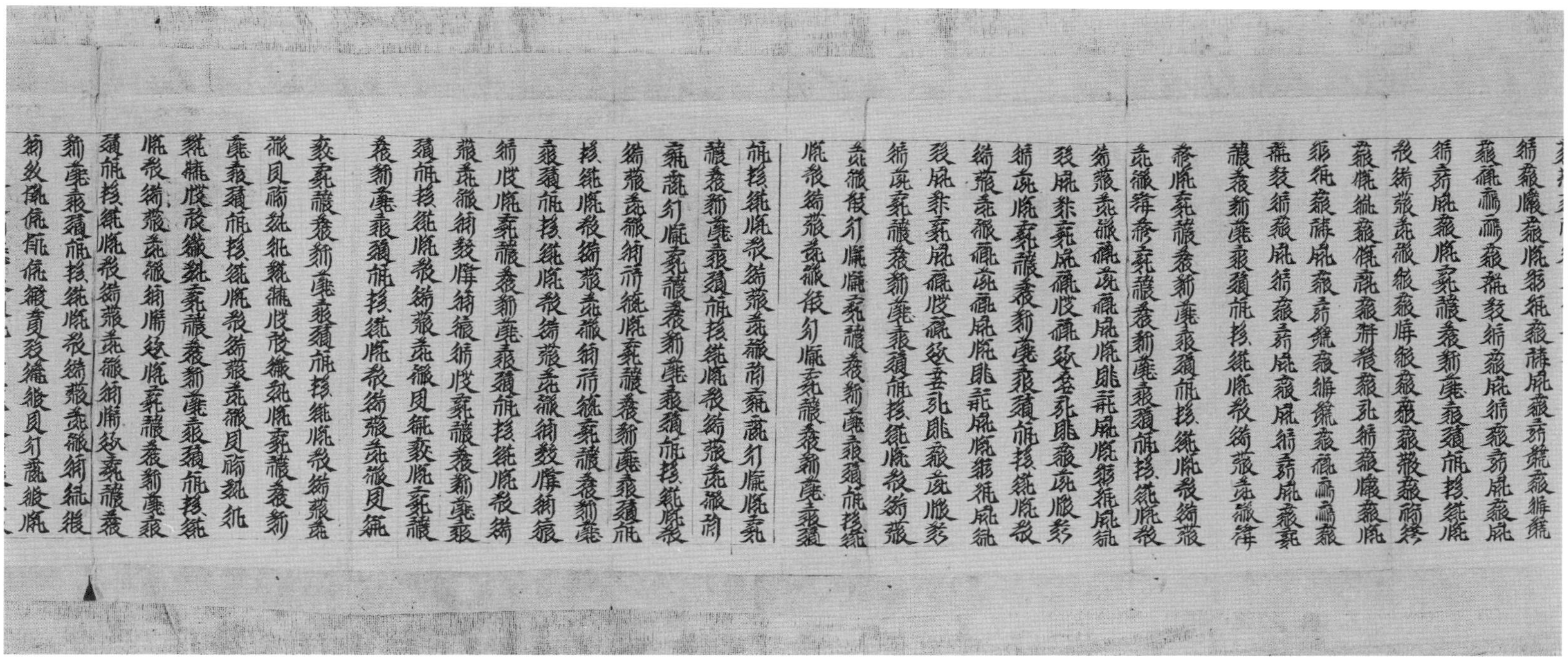

俄 Инв.No.1964　大般若波羅蜜多經卷第三百三十五　(15-8)

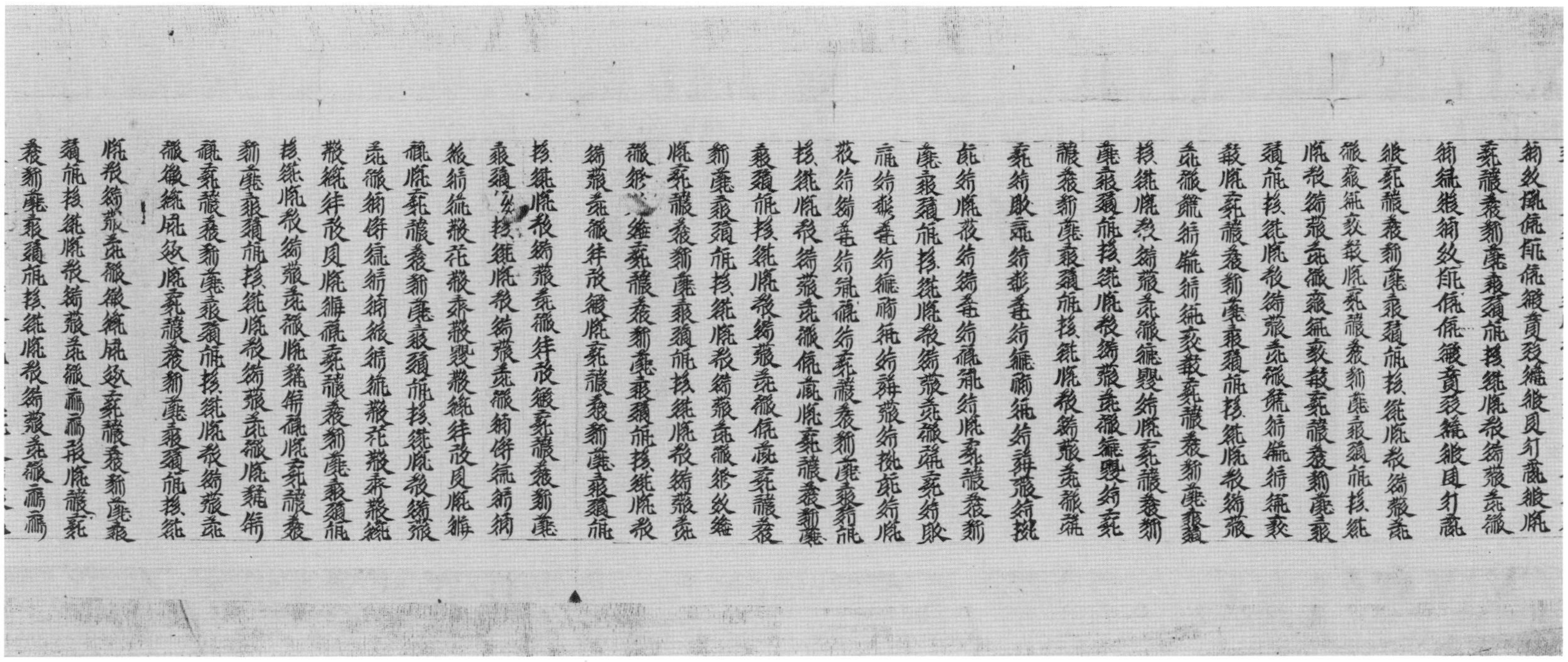

俄 Инв.No.1964　大般若波羅蜜多經卷第三百三十五　(15-9)

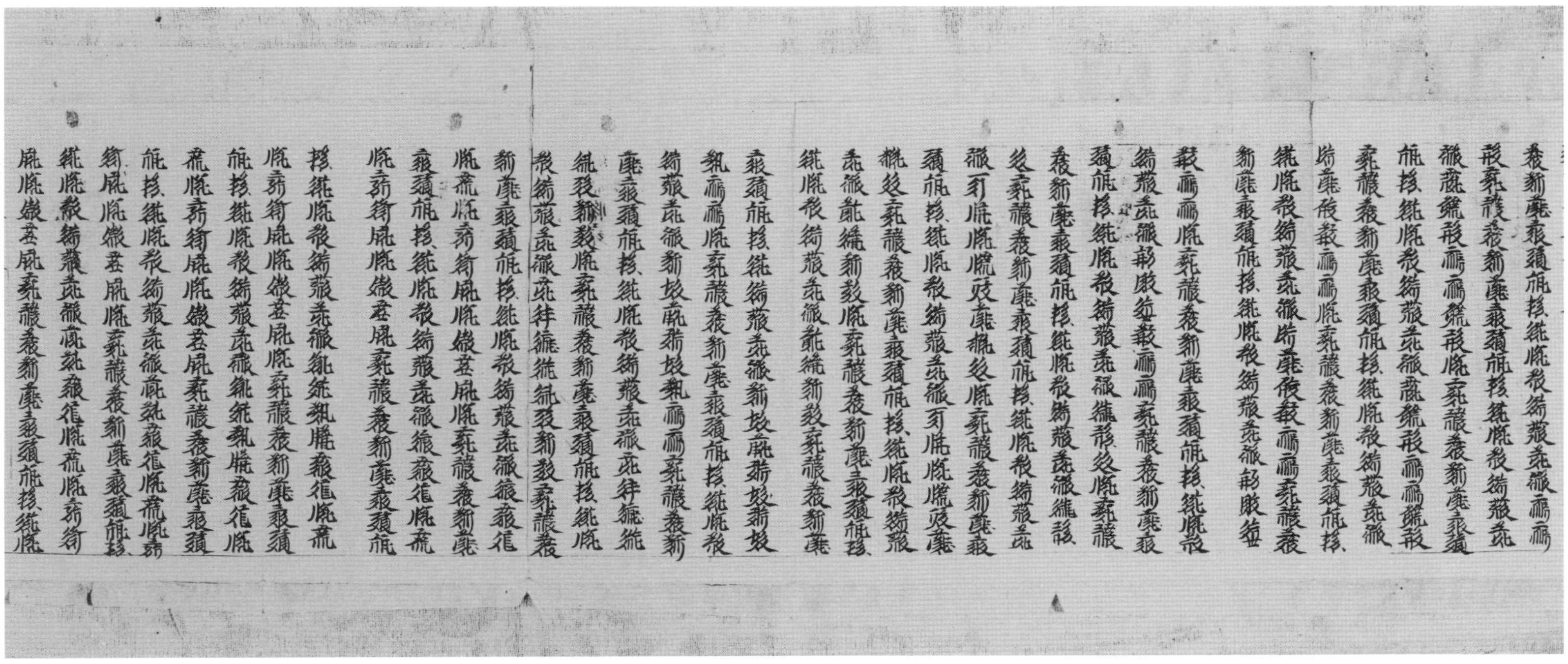

俄 Инв.No.1964　大般若波羅蜜多經卷第三百三十五　(15-10)

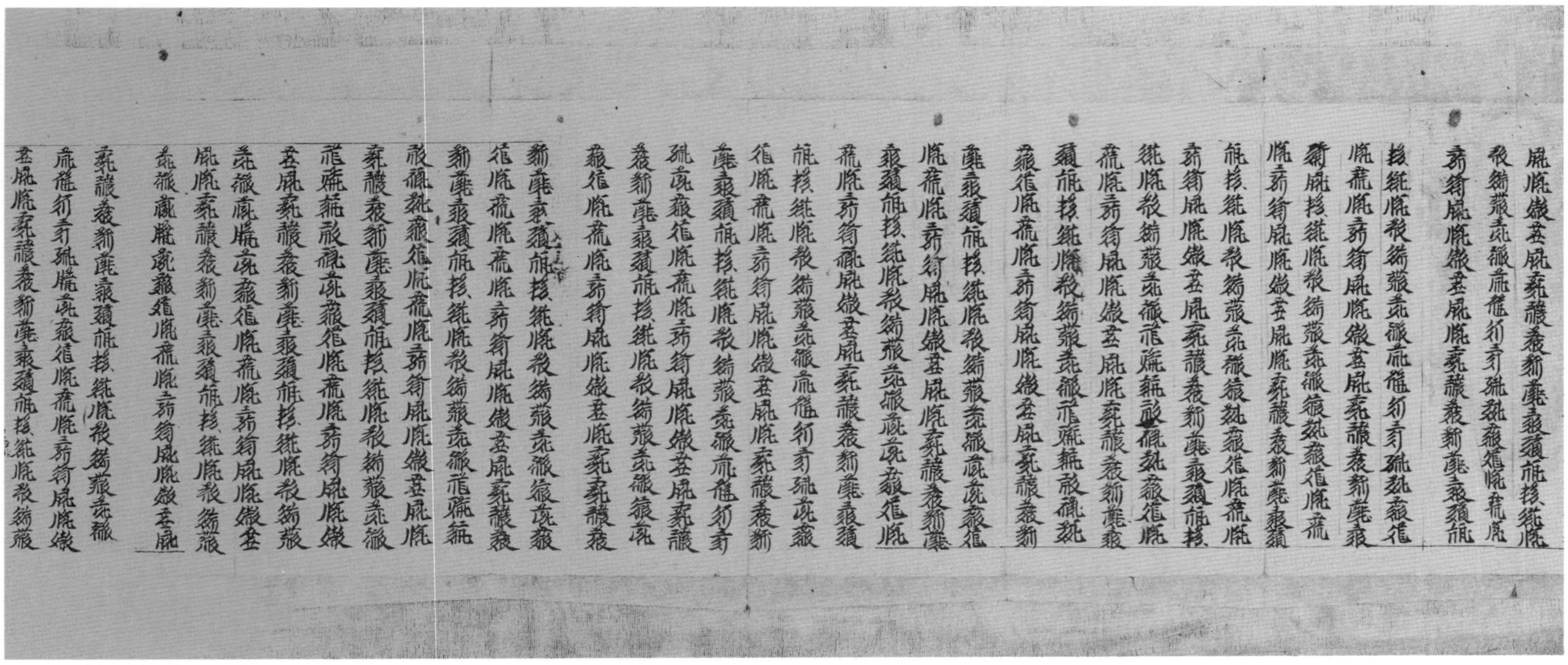

俄 Инв.No.1964　大般若波羅蜜多經卷第三百三十五　(15-11)

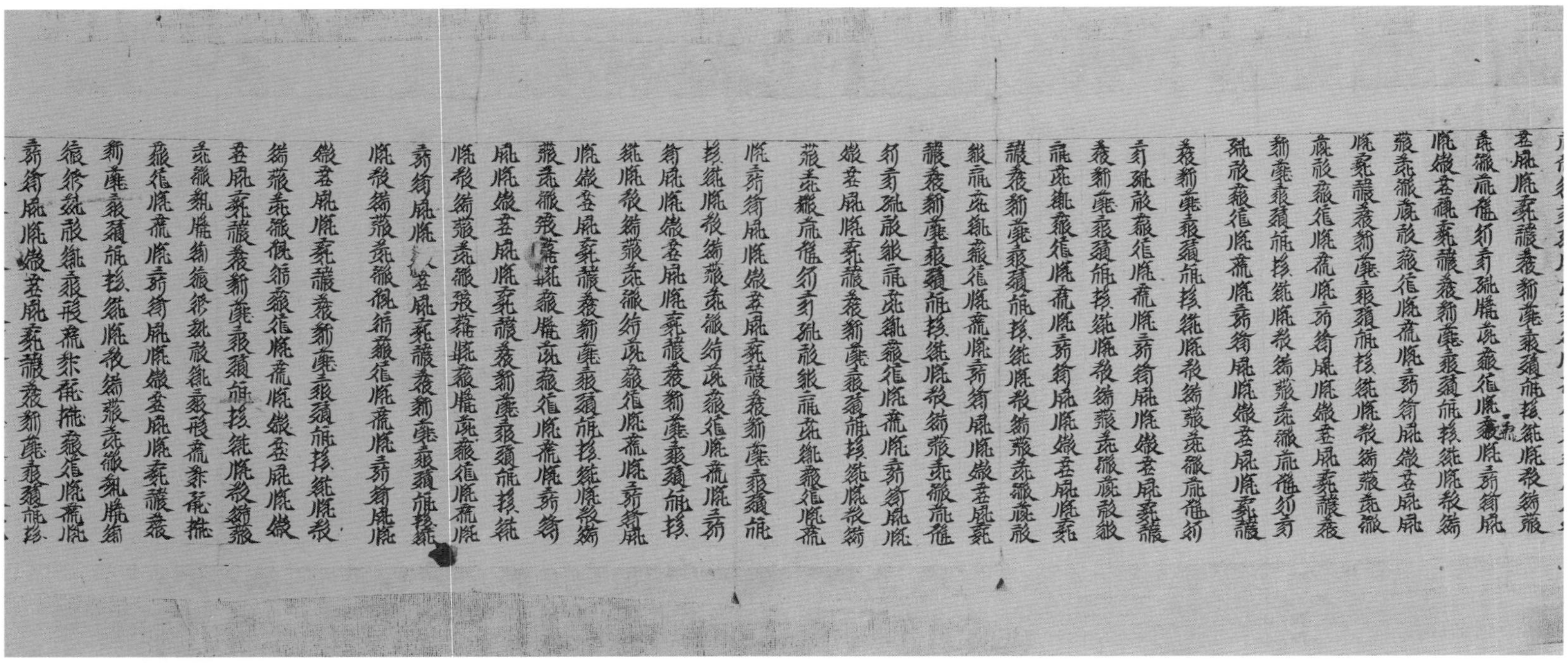

俄 Инв.No.1964　大般若波羅蜜多經卷第三百三十五　(15-12)

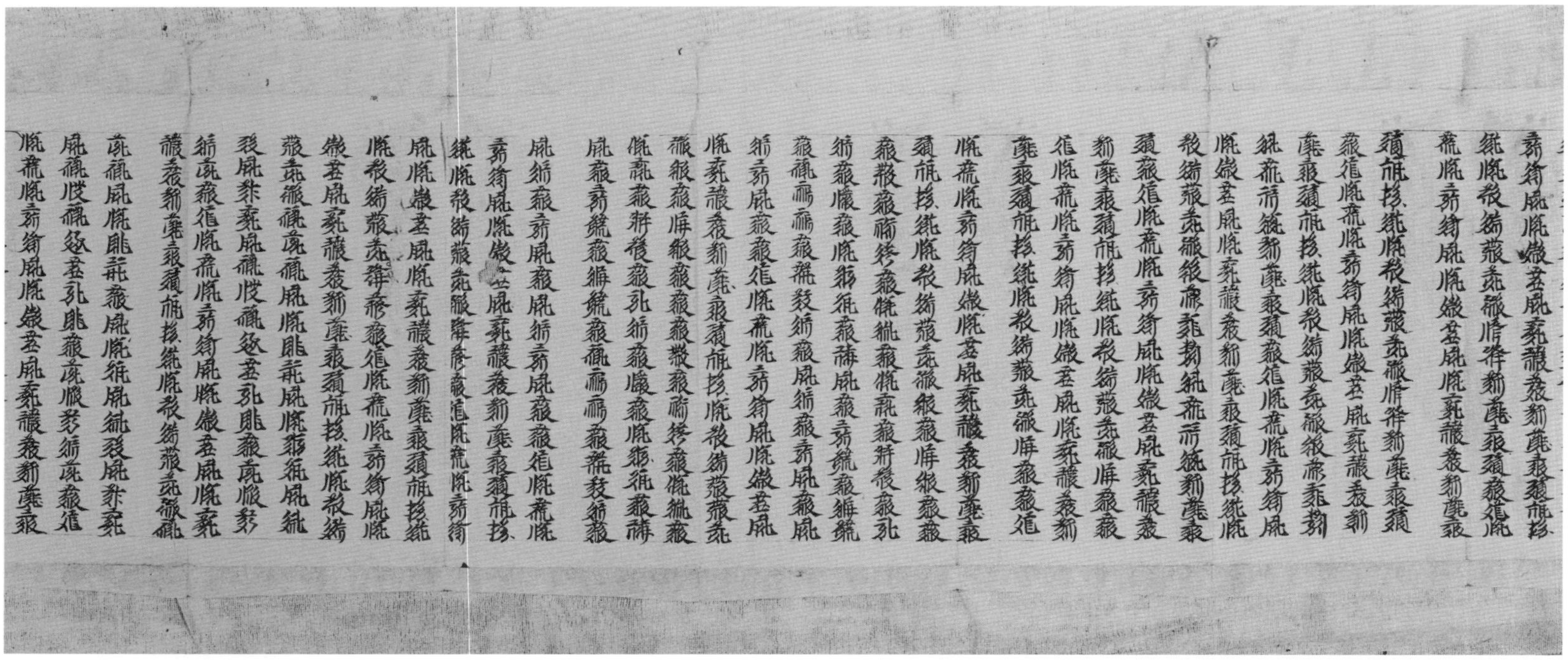

俄 Инв.No.1964　大般若波羅蜜多經卷第三百三十五　(15-13)

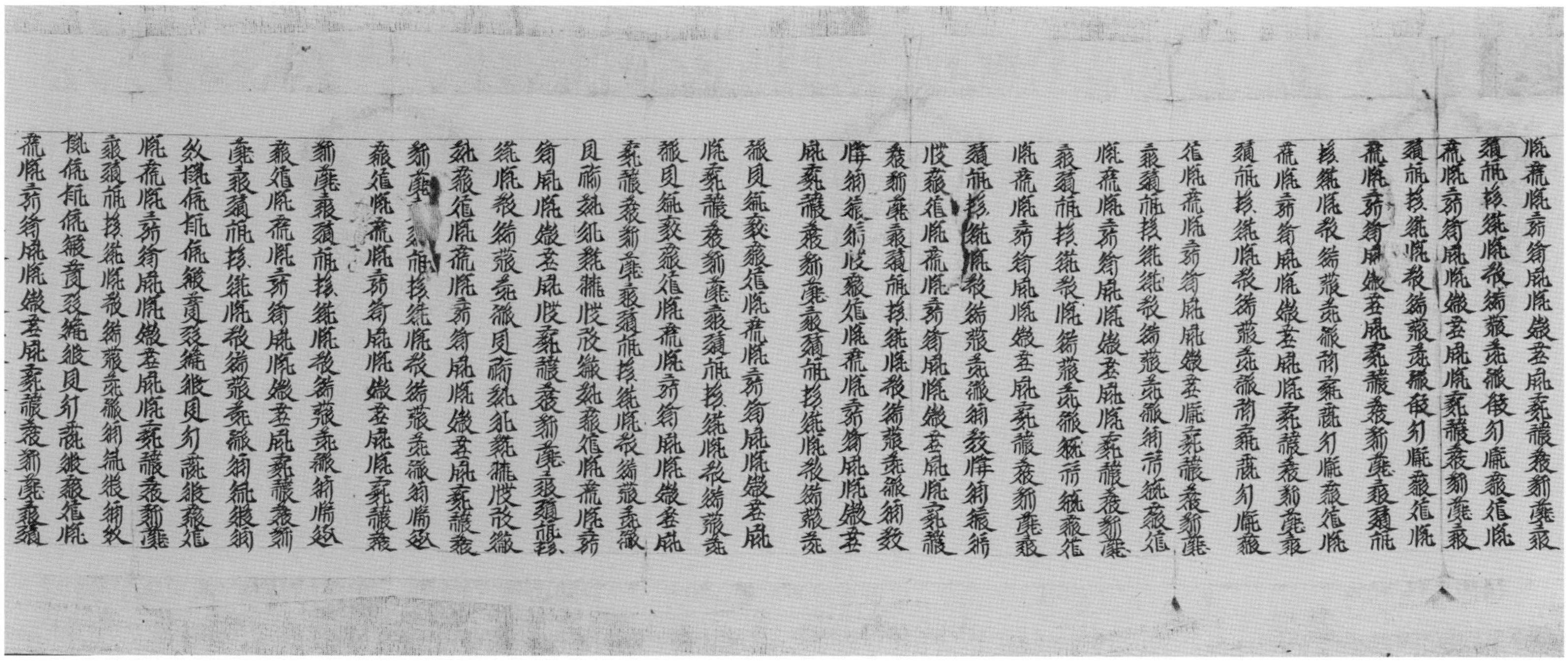

俄 Инв.No.1964　大般若波羅蜜多經卷第三百三十五　　(15–14)

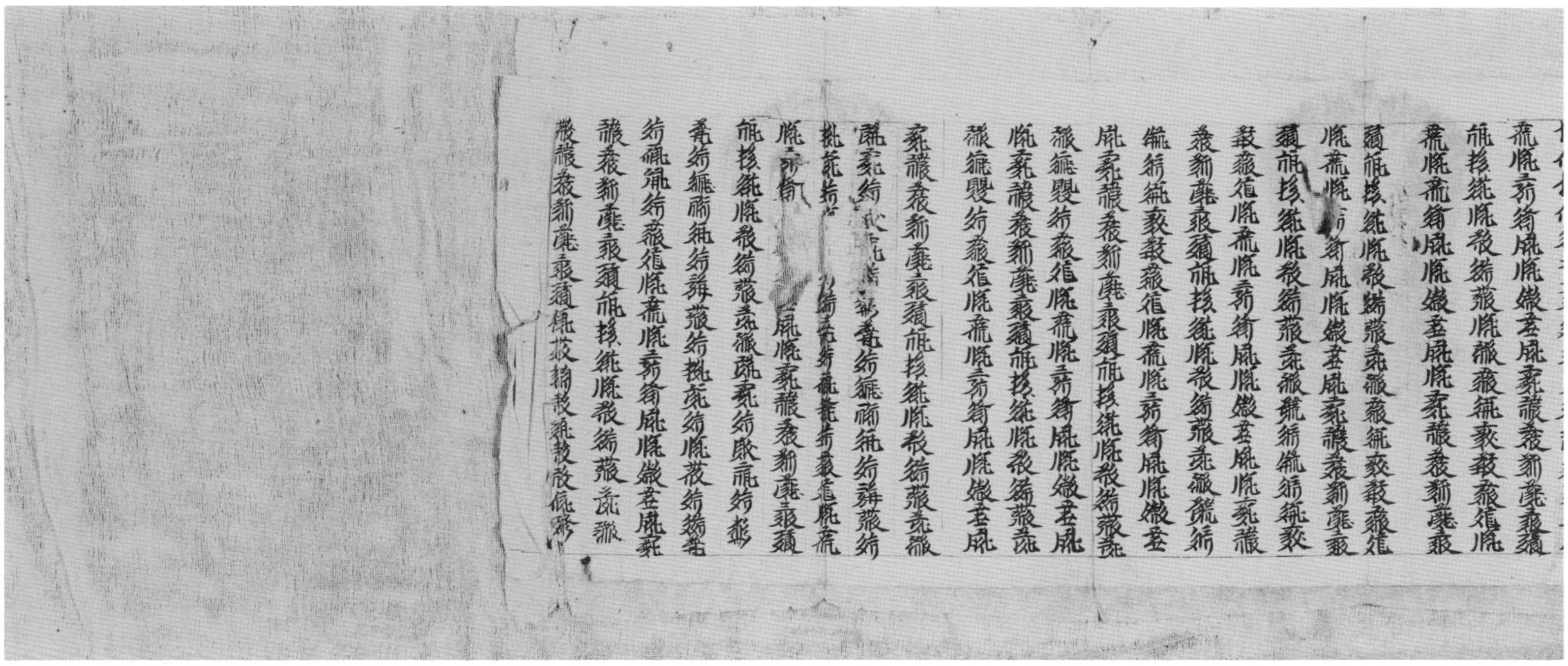

俄 Инв.No.1964　大般若波羅蜜多經卷第三百三十五　　(15–15)

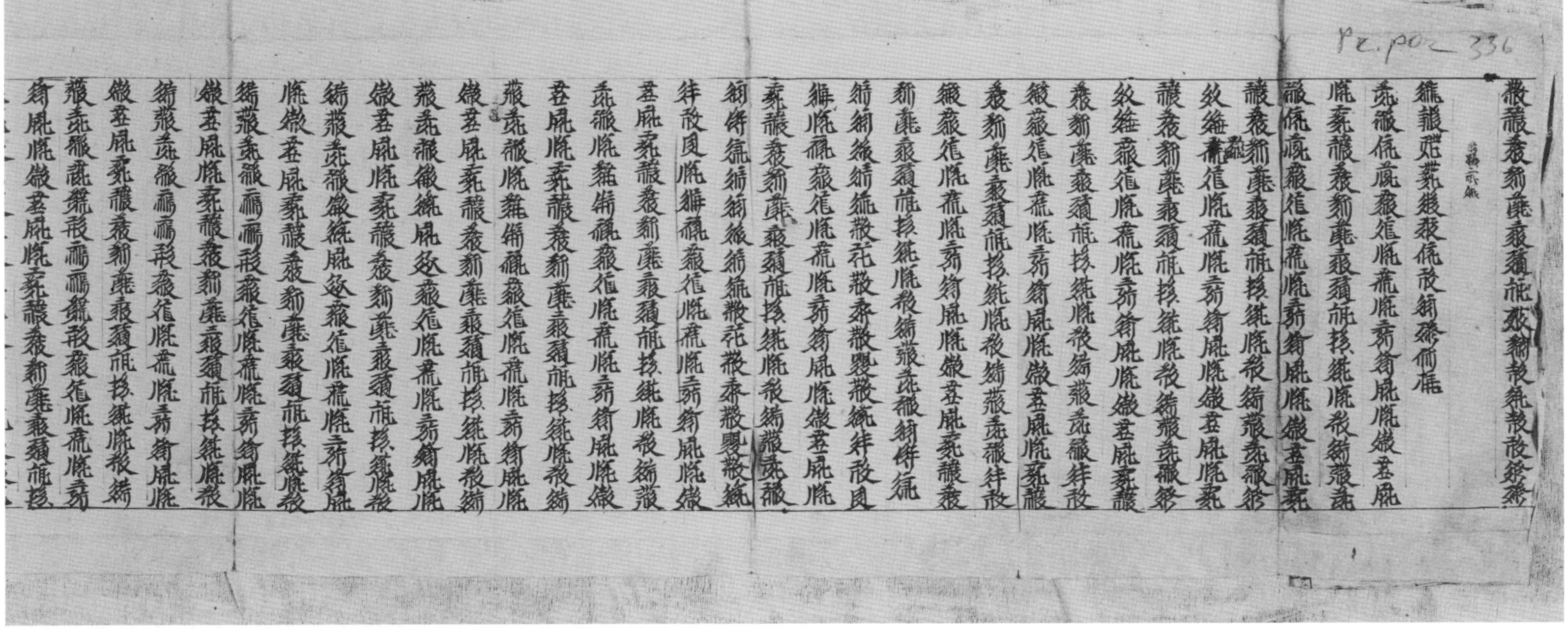

俄 Инв.No.1965　大般若波羅蜜多經卷第三百三十六　　(13–1)

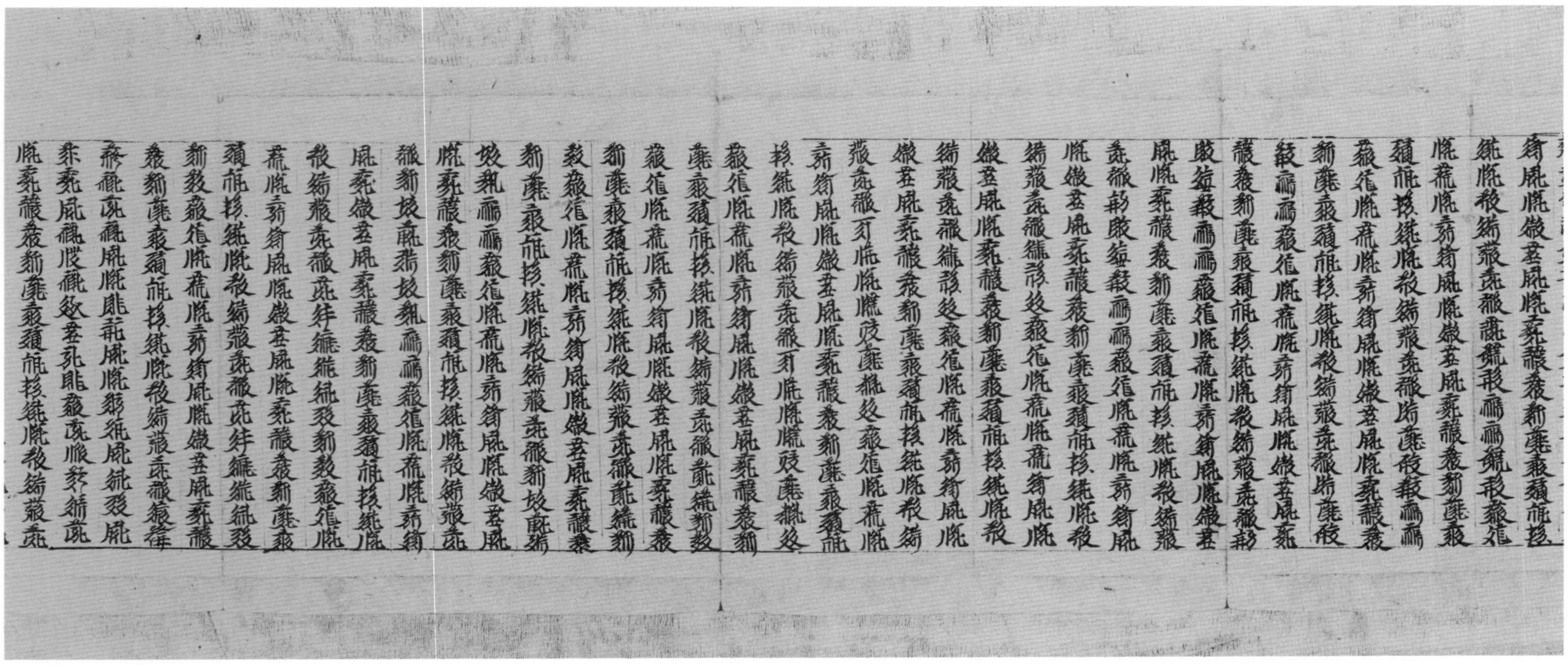

俄 Инв.No.1965　大般若波羅蜜多經卷第三百三十六　(13-2)

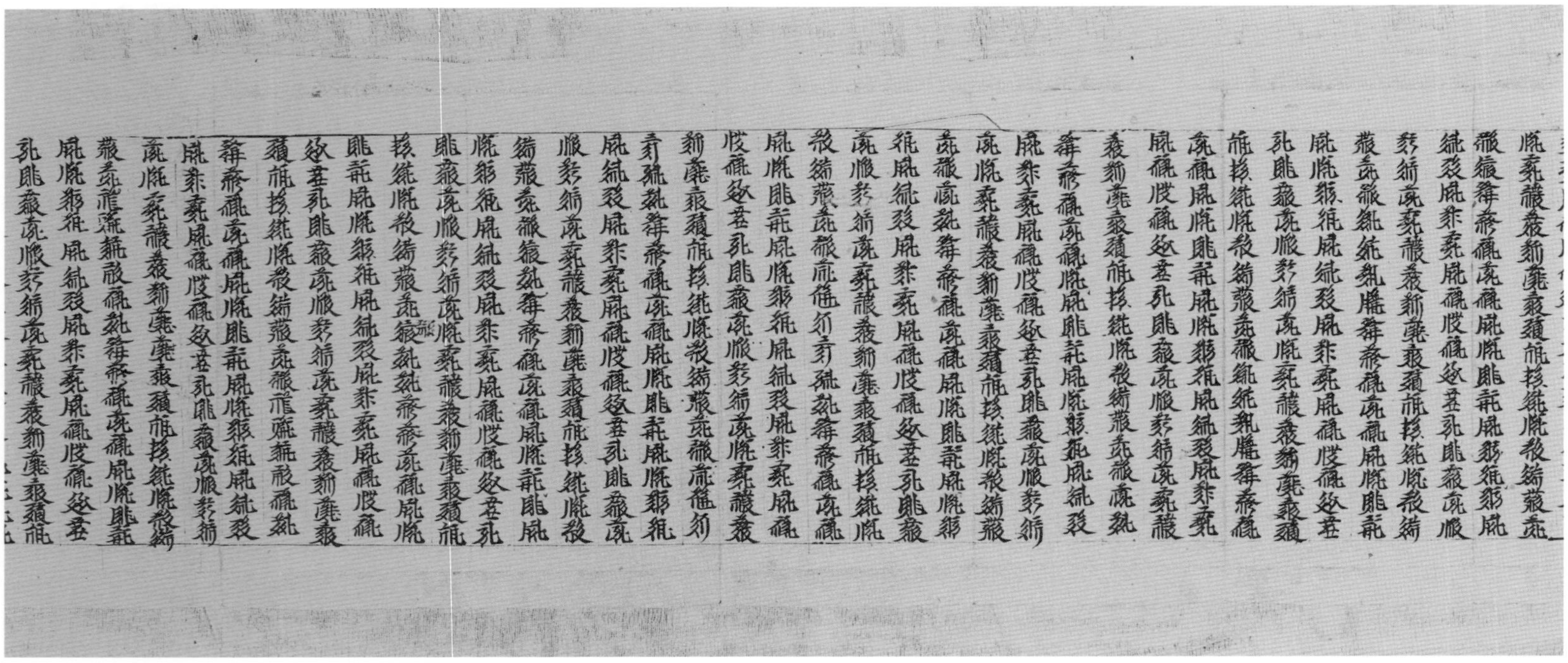

俄 Инв.No.1965　大般若波羅蜜多經卷第三百三十六　(13-3)

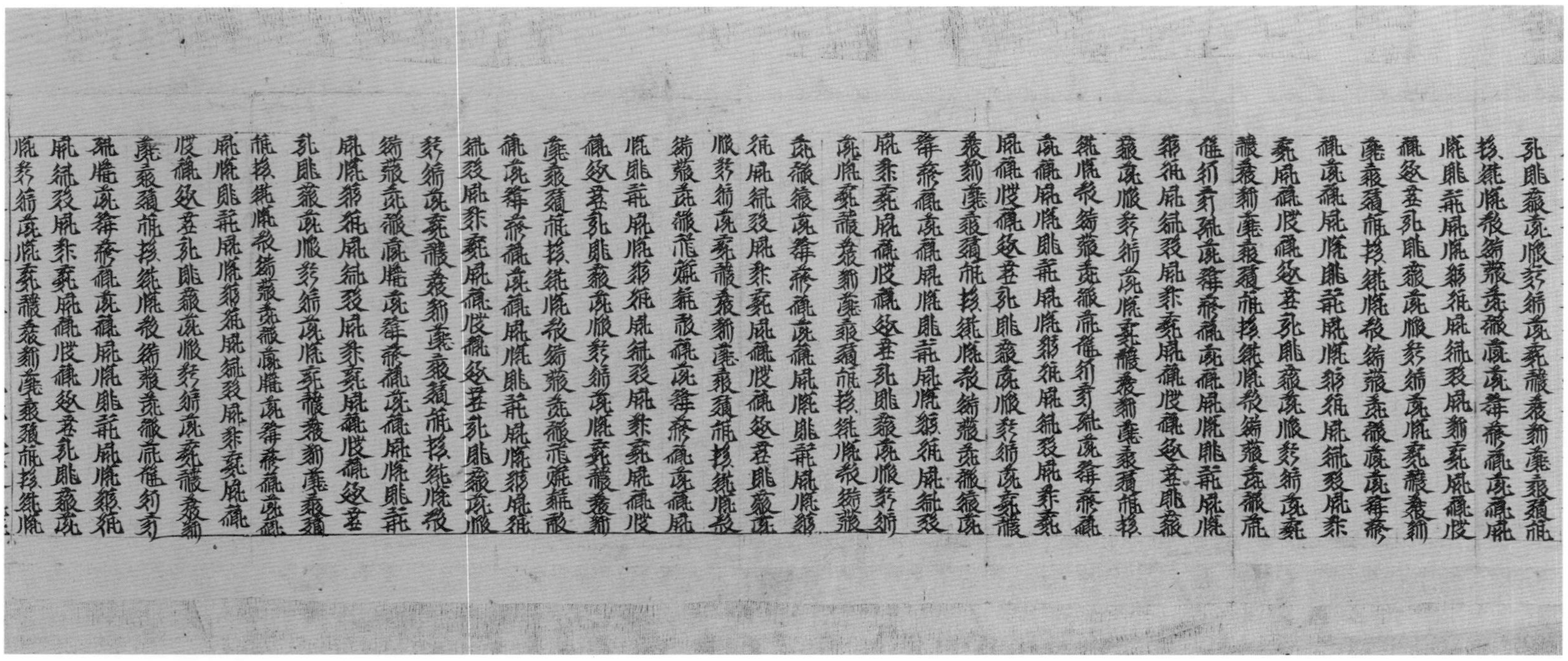

俄 Инв.No.1965　大般若波羅蜜多經卷第三百三十六　(13-4)

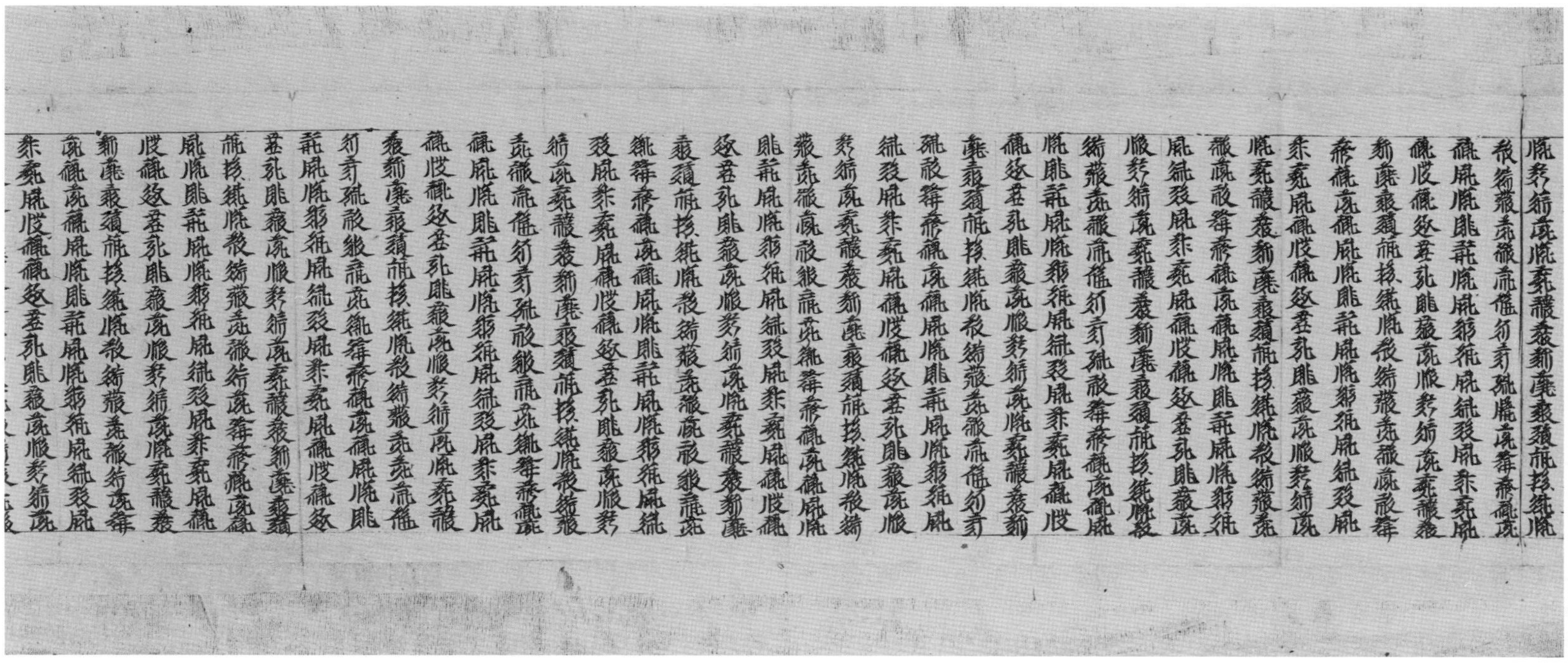

俄 Инв.No.1965　大般若波羅蜜多經卷第三百三十六　(13–5)

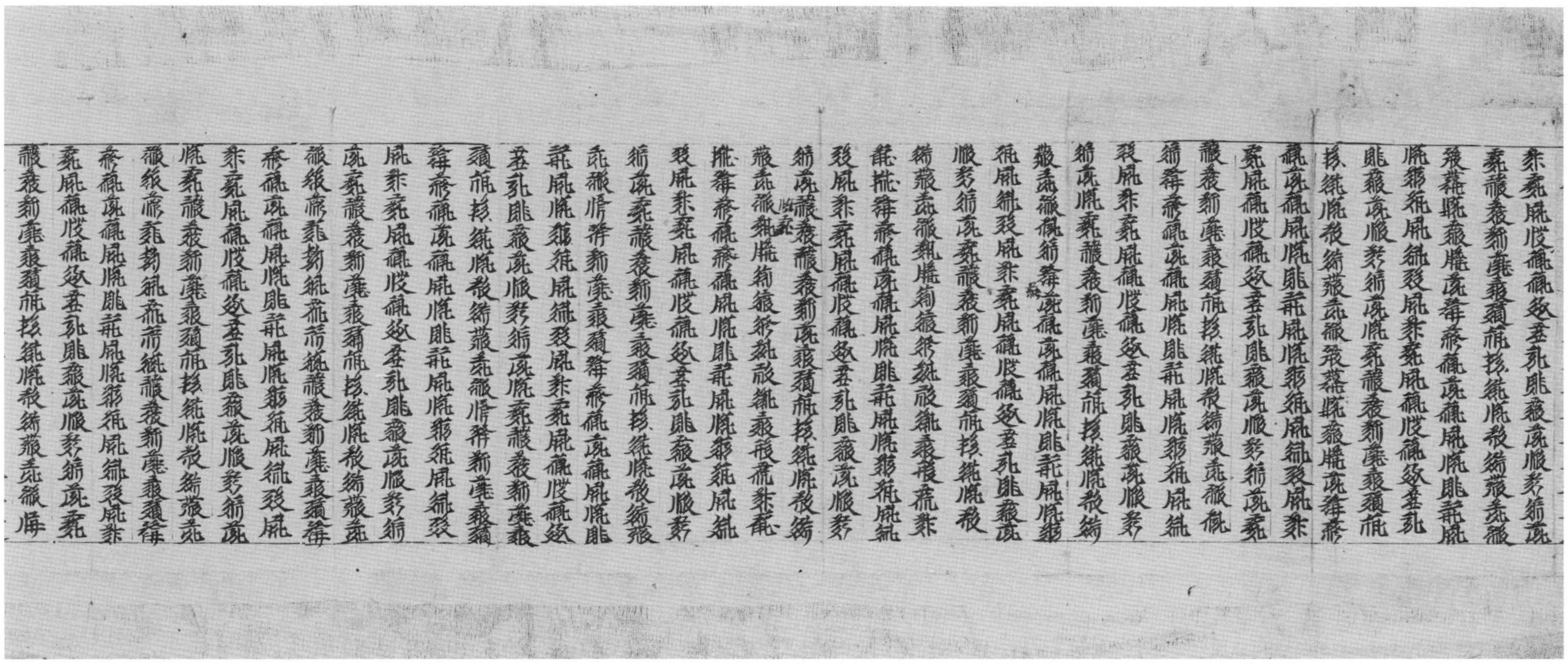

俄 Инв.No.1965　大般若波羅蜜多經卷第三百三十六　(13–6)

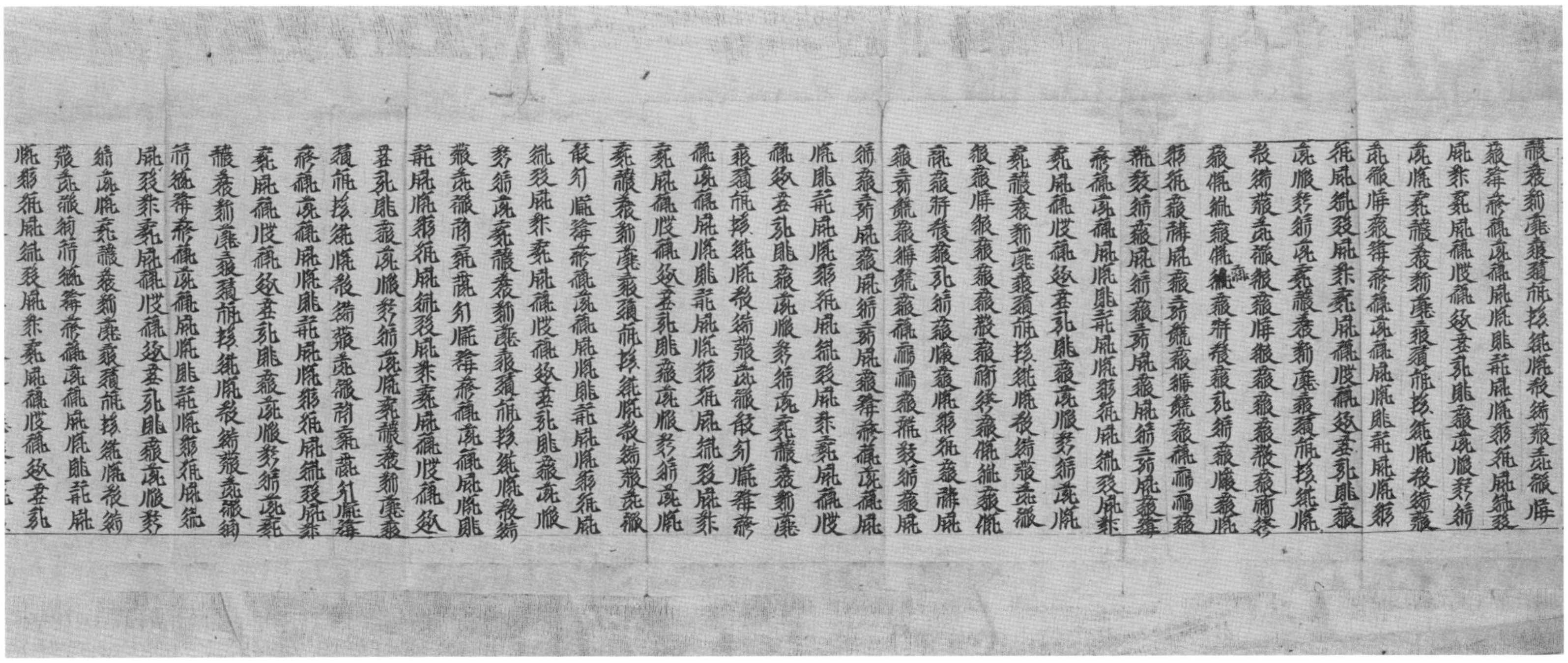

俄 Инв.No.1965　大般若波羅蜜多經卷第三百三十六　(13–7)

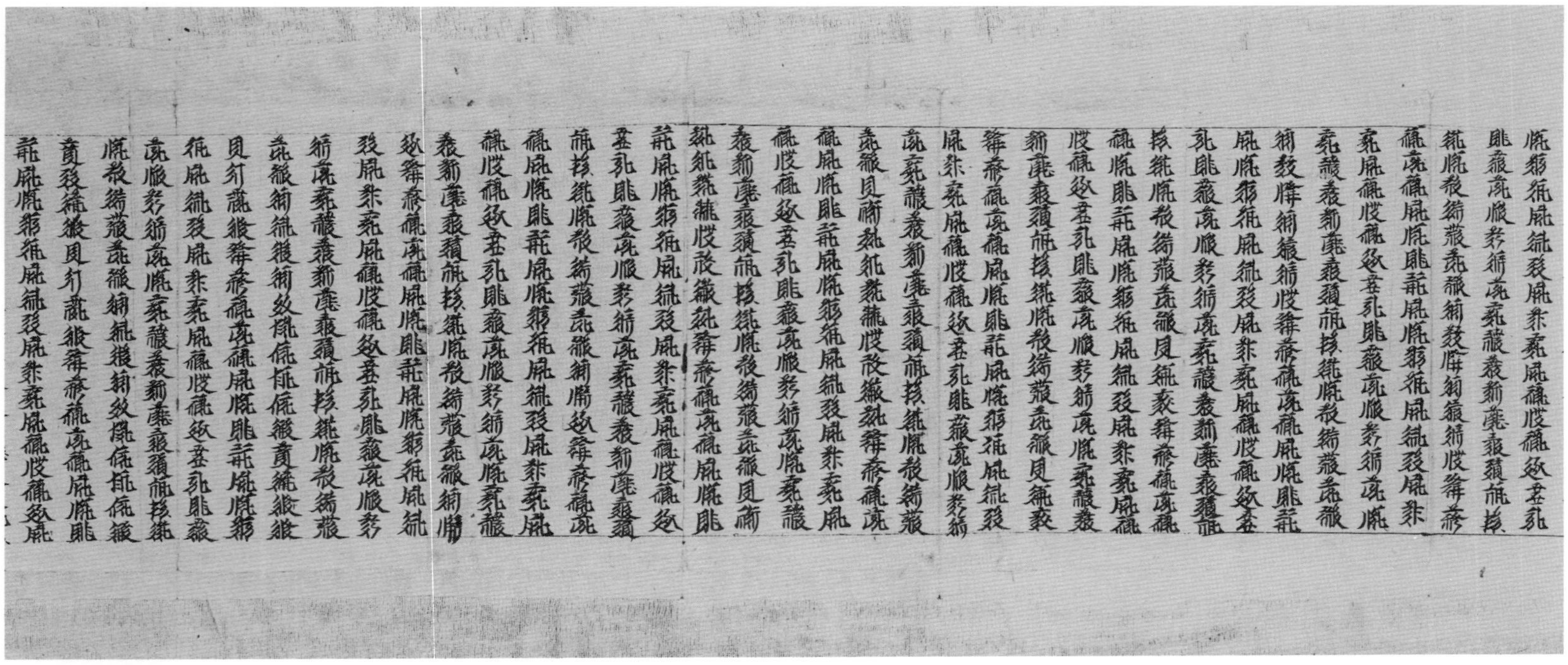

俄 Инв.No.1965 大般若波羅蜜多經卷第三百三十六 (13-8)

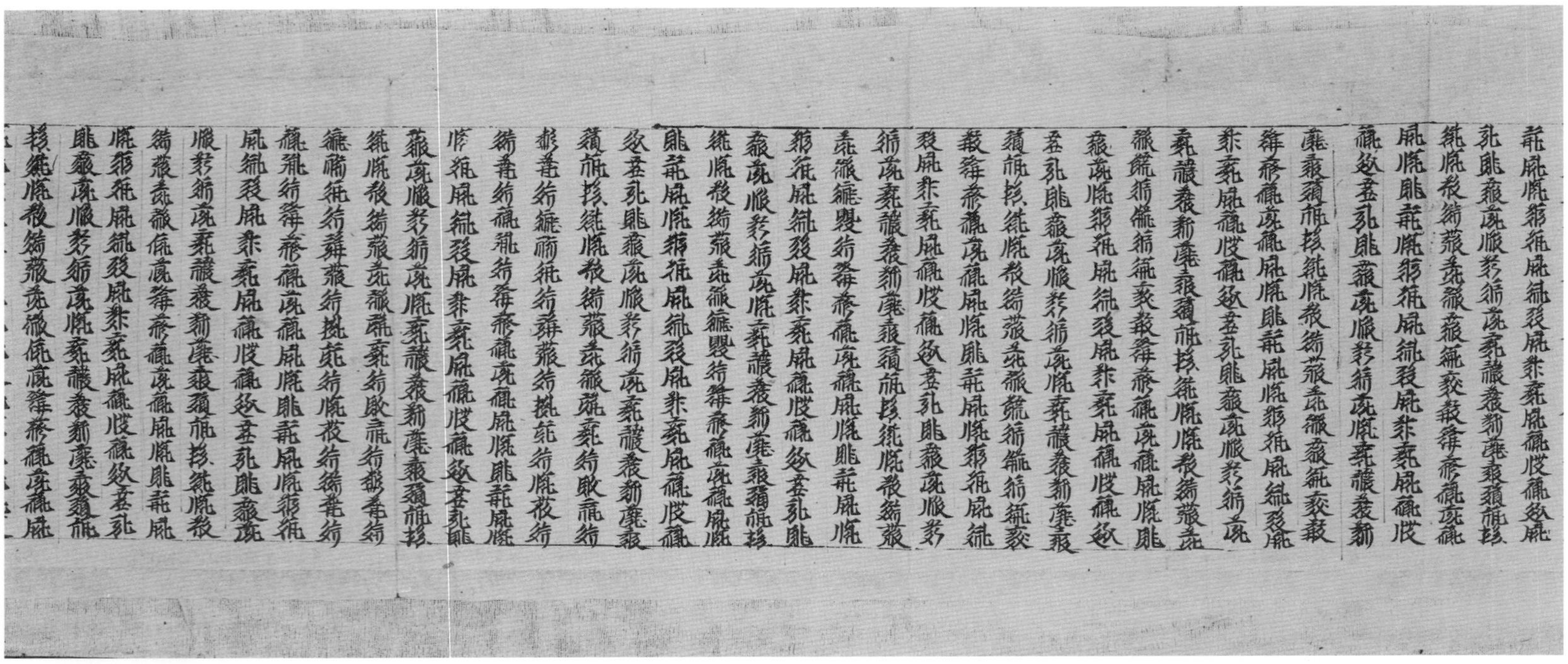

俄 Инв.No.1965 大般若波羅蜜多經卷第三百三十六 (13-9)

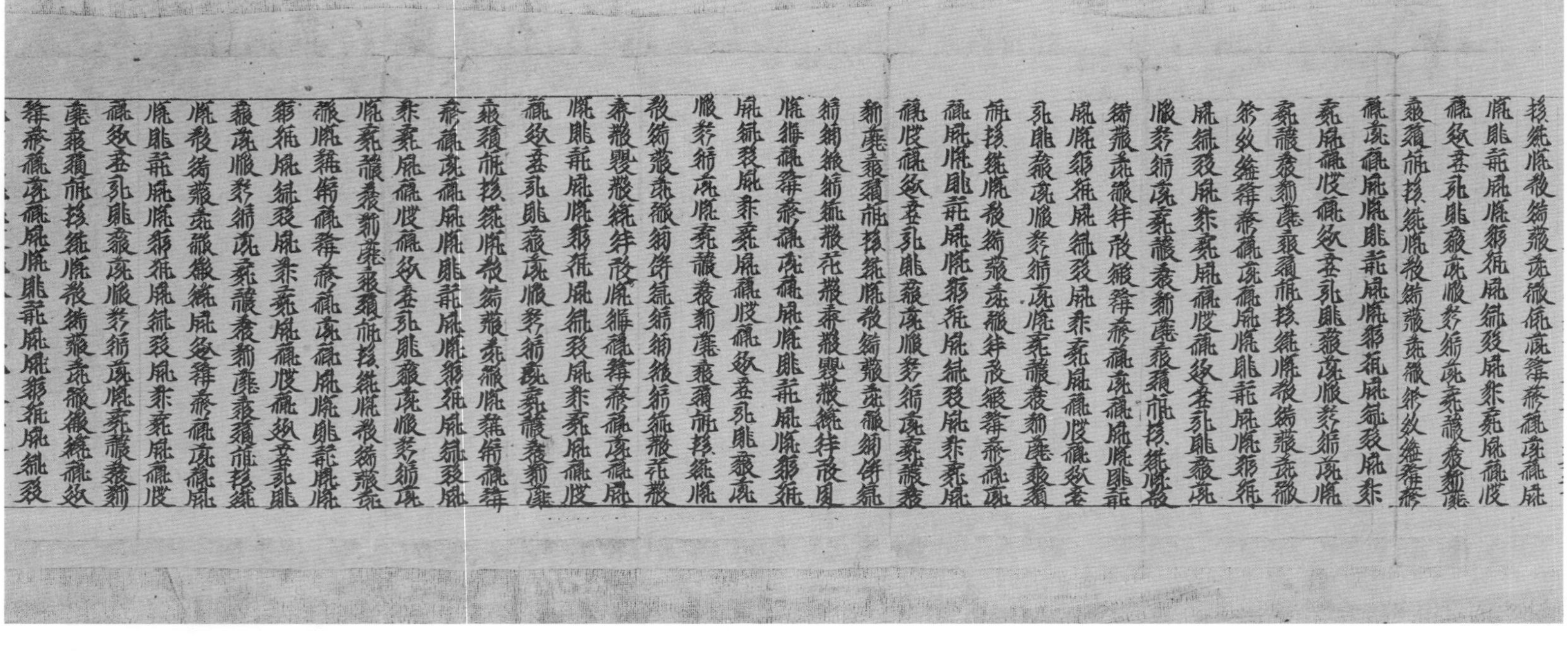

俄 Инв.No.1965 大般若波羅蜜多經卷第三百三十六 (13-10)

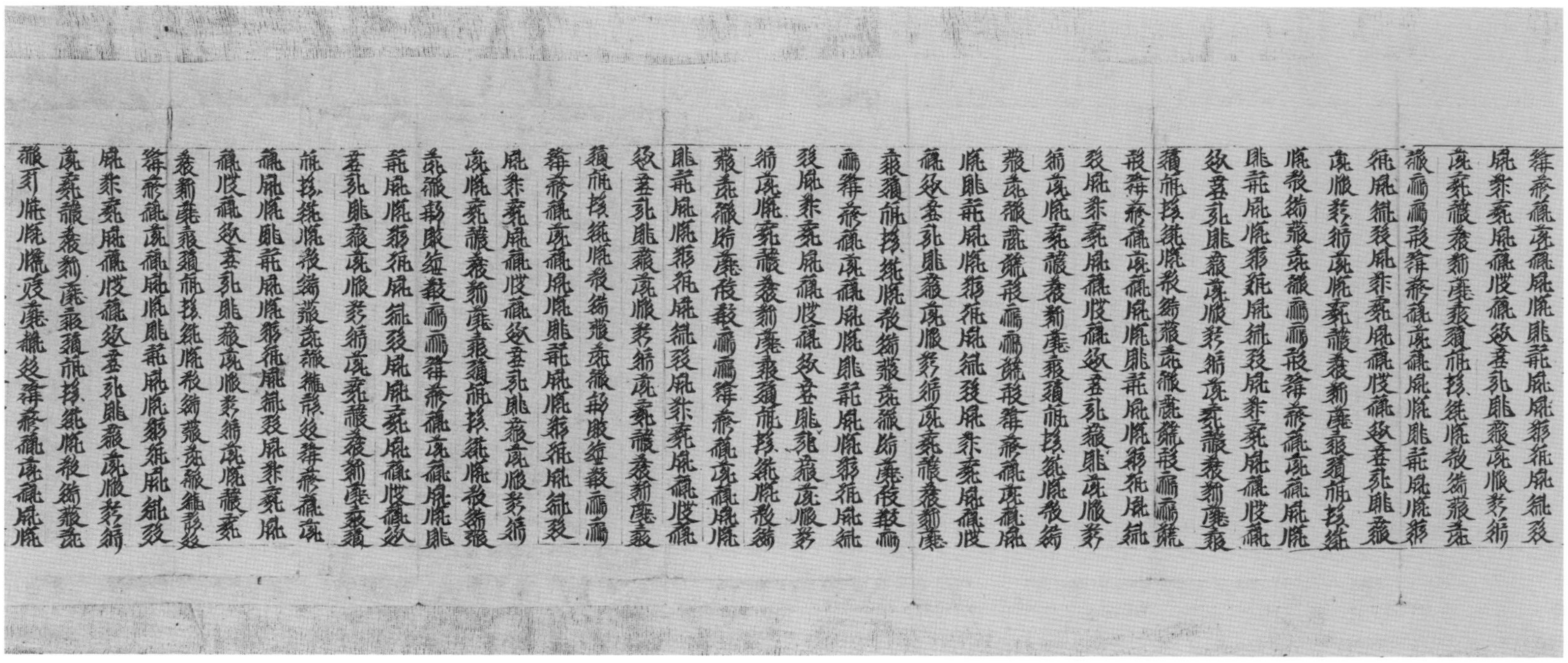

俄 Инв.No.1965　大般若波羅蜜多經卷第三百三十六　(13-11)

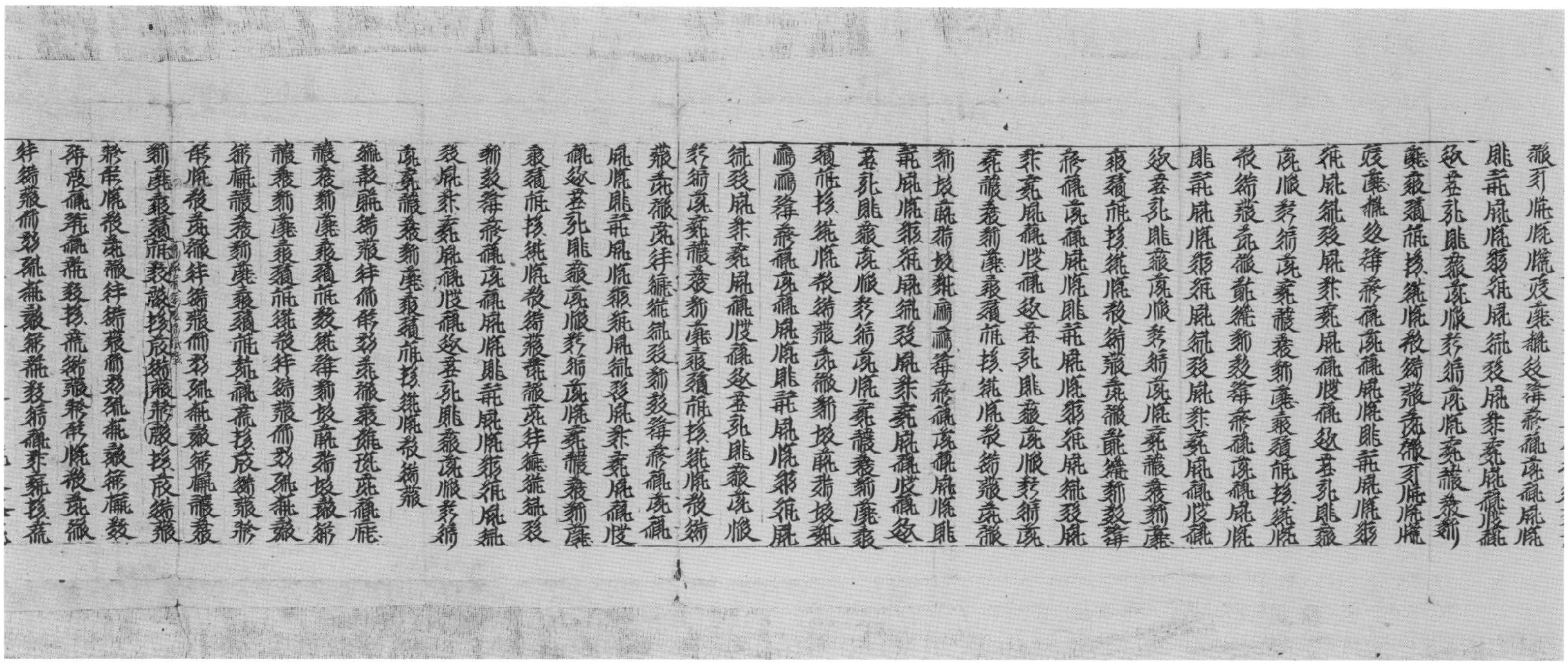

俄 Инв.No.1965　大般若波羅蜜多經卷第三百三十六　(13-12)

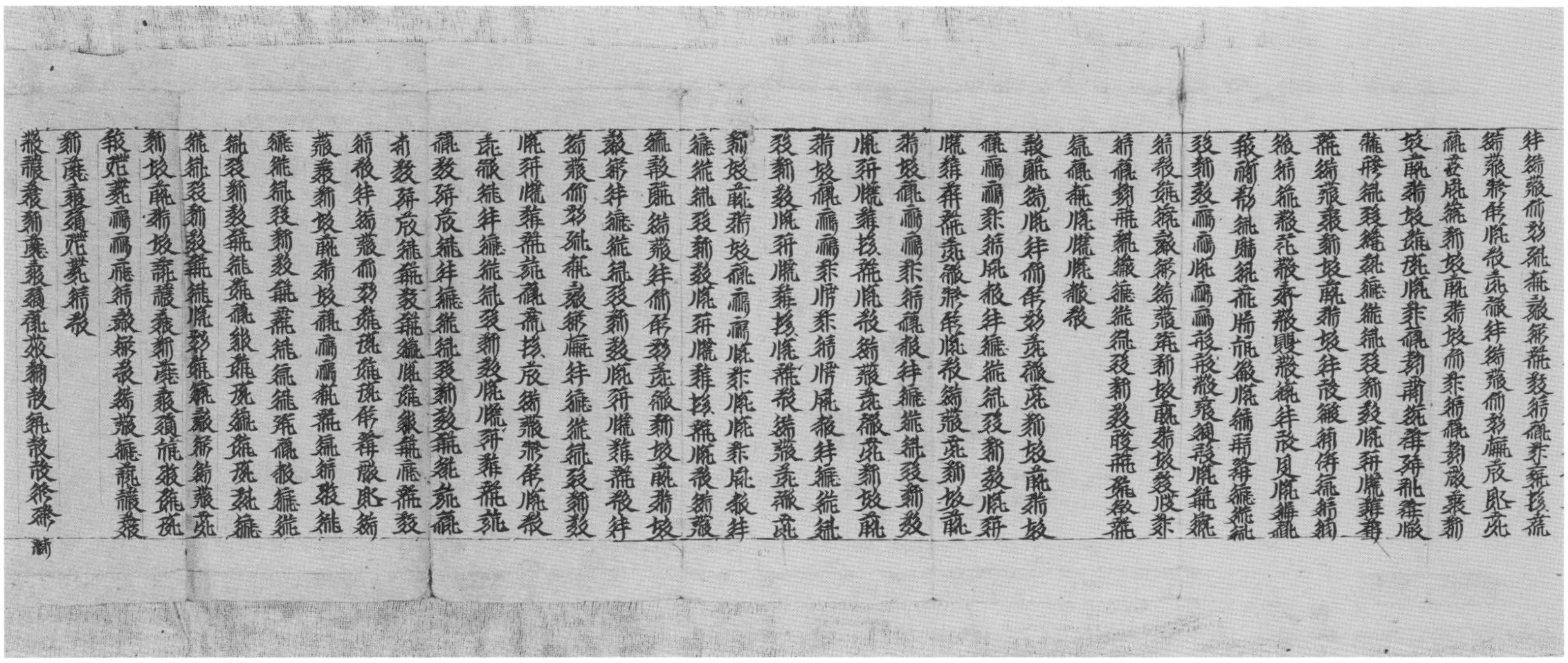

俄 Инв.No.1965　大般若波羅蜜多經卷第三百三十六　(13-13)

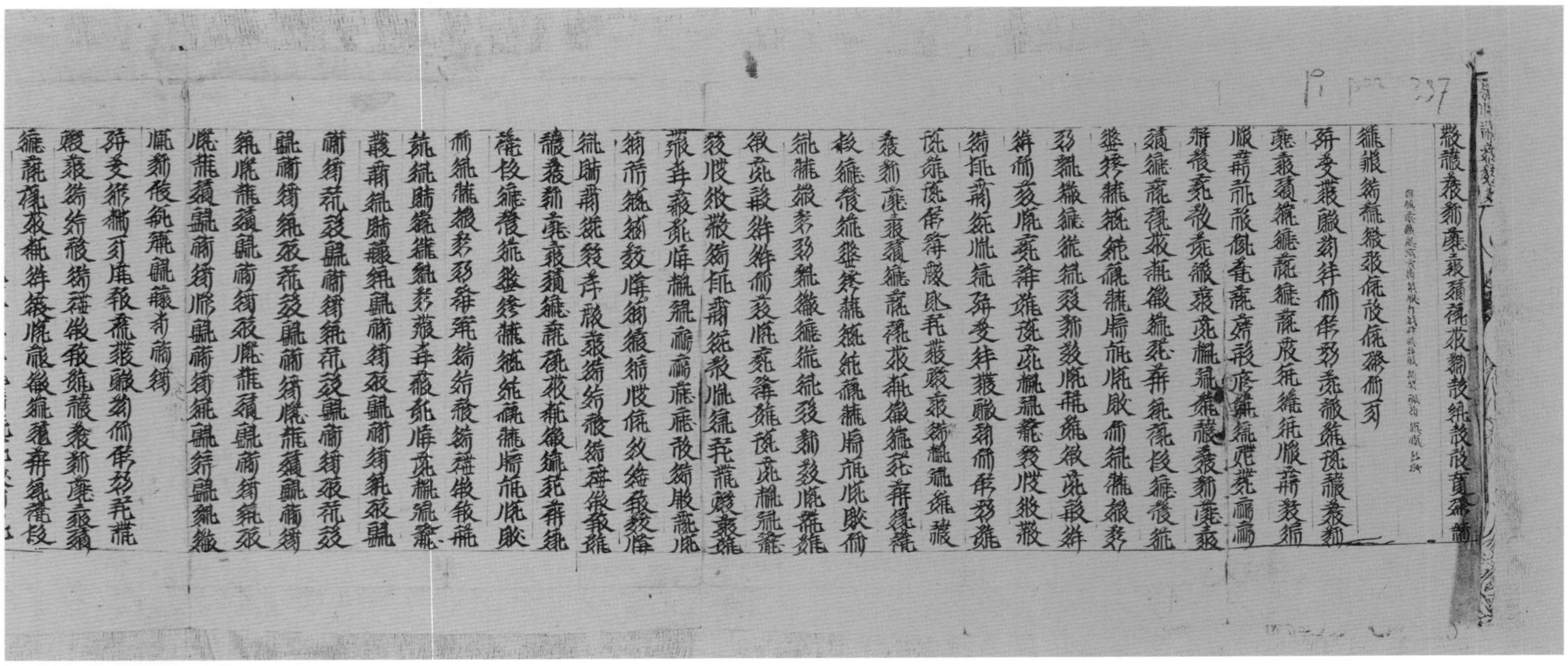

俄 Инв.No.1968　大般若波羅蜜多經卷第三百三十七　(15–1)

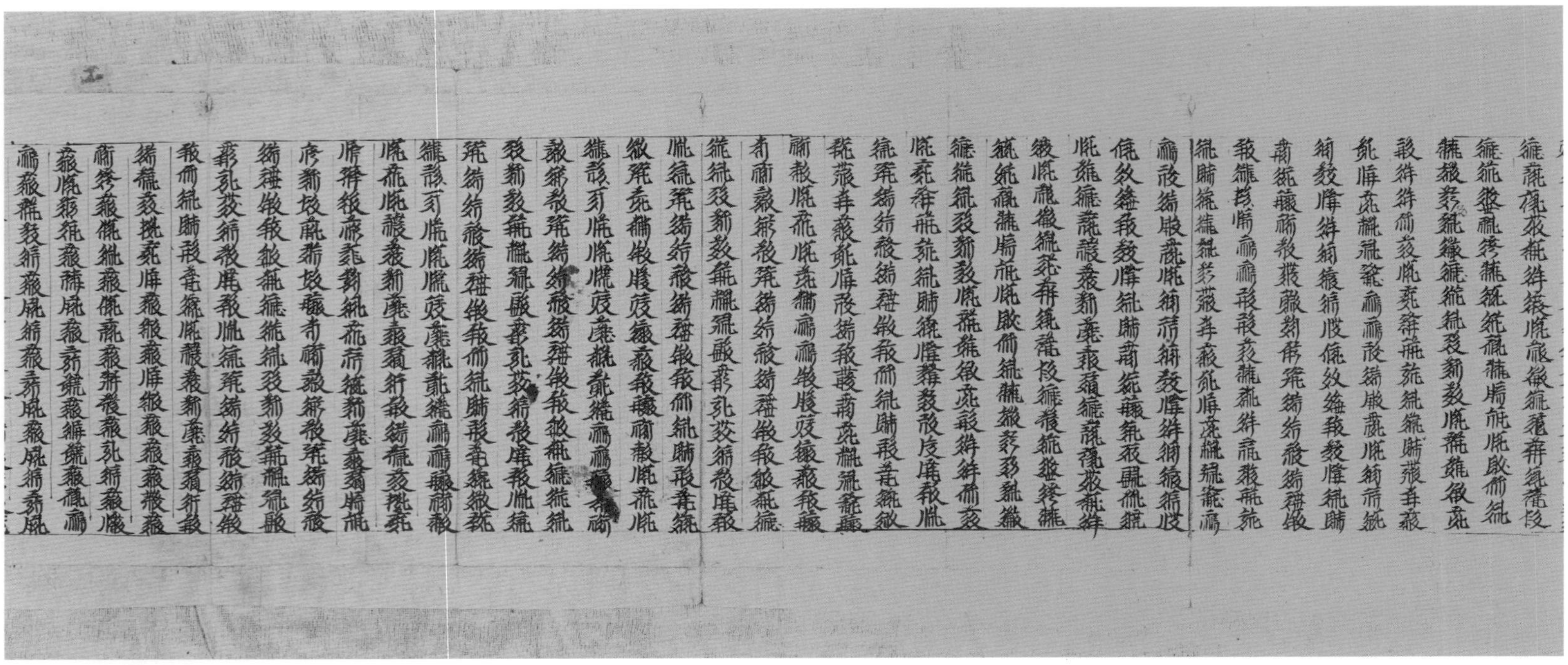

俄 Инв.No.1968　大般若波羅蜜多經卷第三百三十七　(15–2)

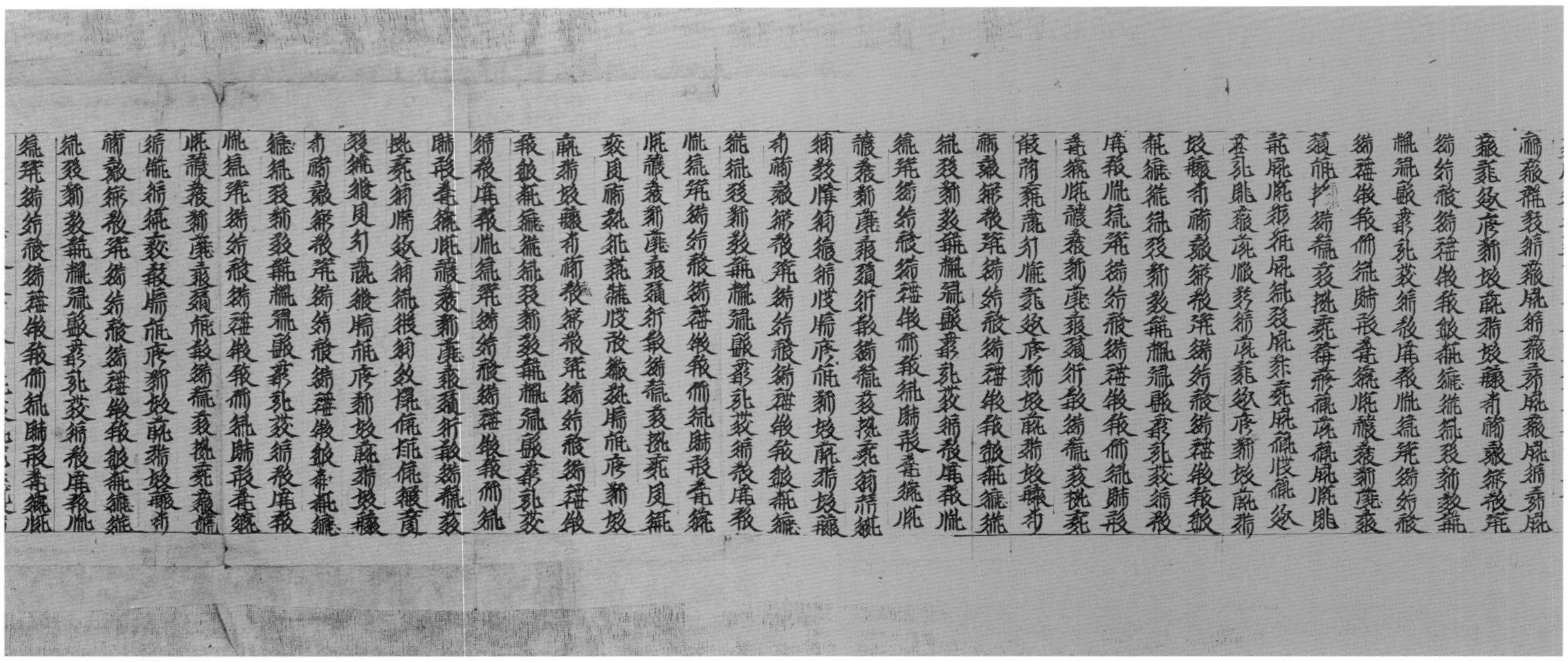

俄 Инв.No.1968　大般若波羅蜜多經卷第三百三十七　(15–3)

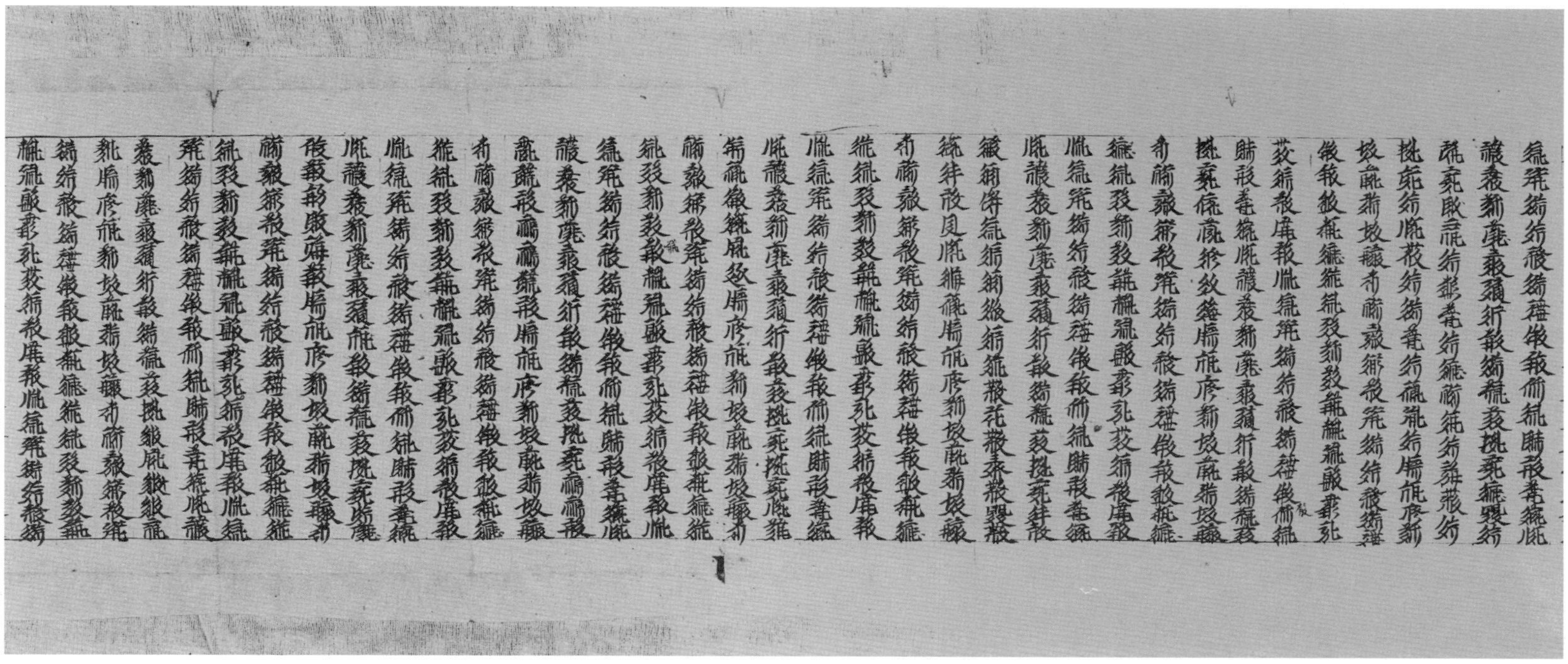

俄 Инв.No.1968　大般若波羅蜜多經卷第三百三十七　(15–4)

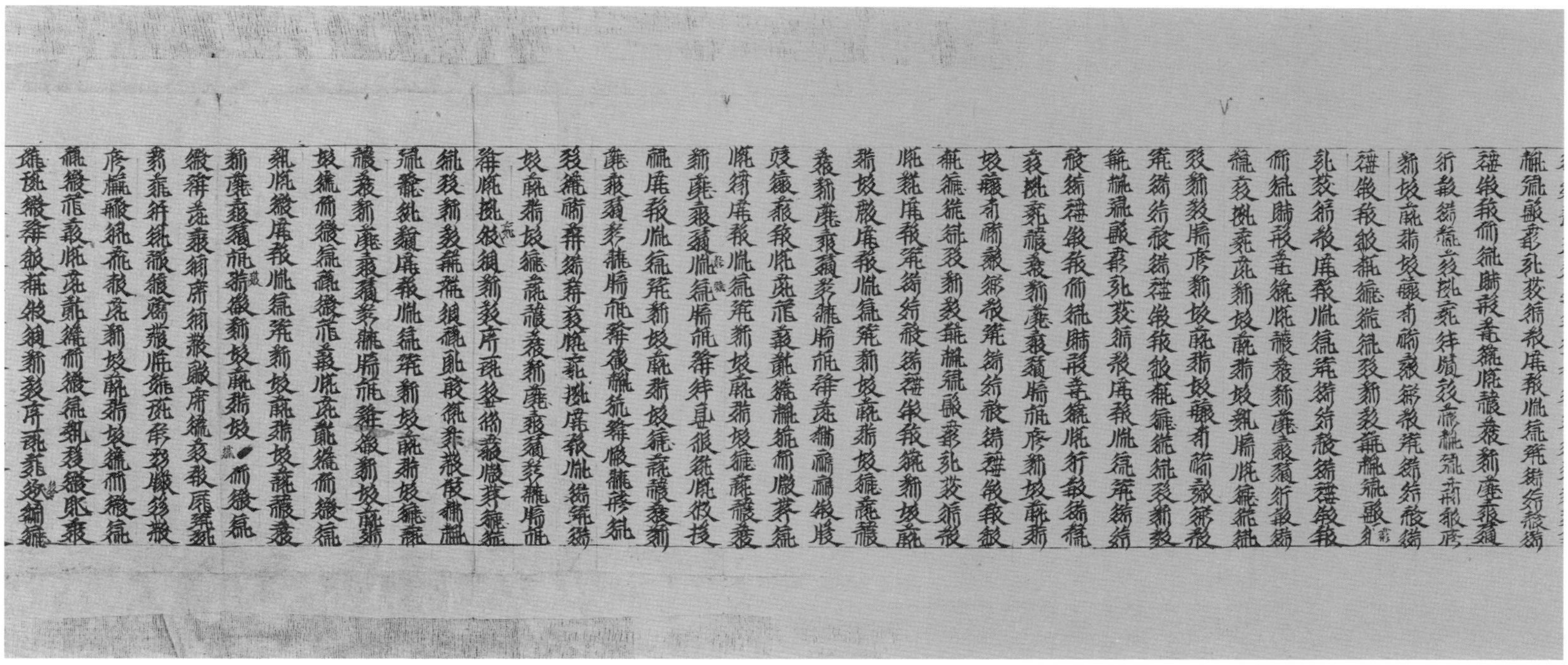

俄 Инв.No.1968　大般若波羅蜜多經卷第三百三十七　(15–5)

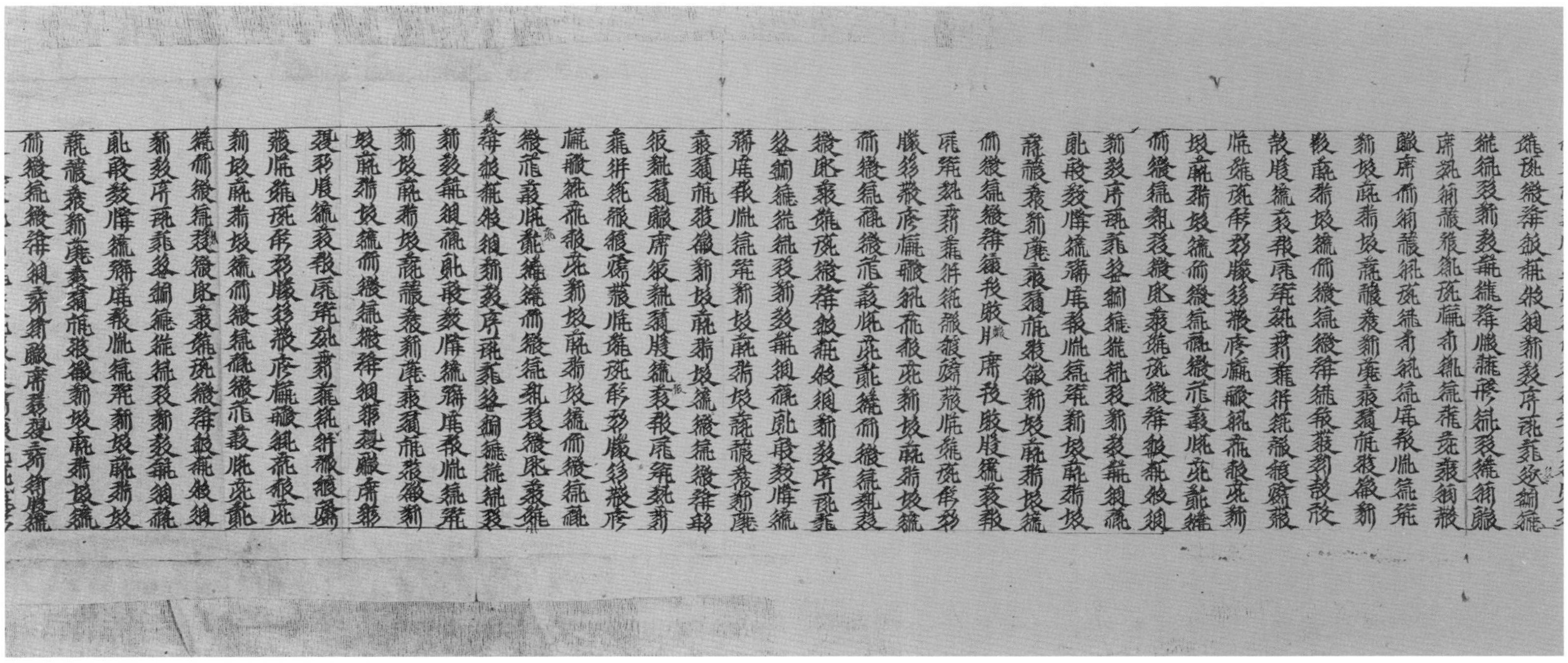

俄 Инв.No.1968　大般若波羅蜜多經卷第三百三十七　(15–6)

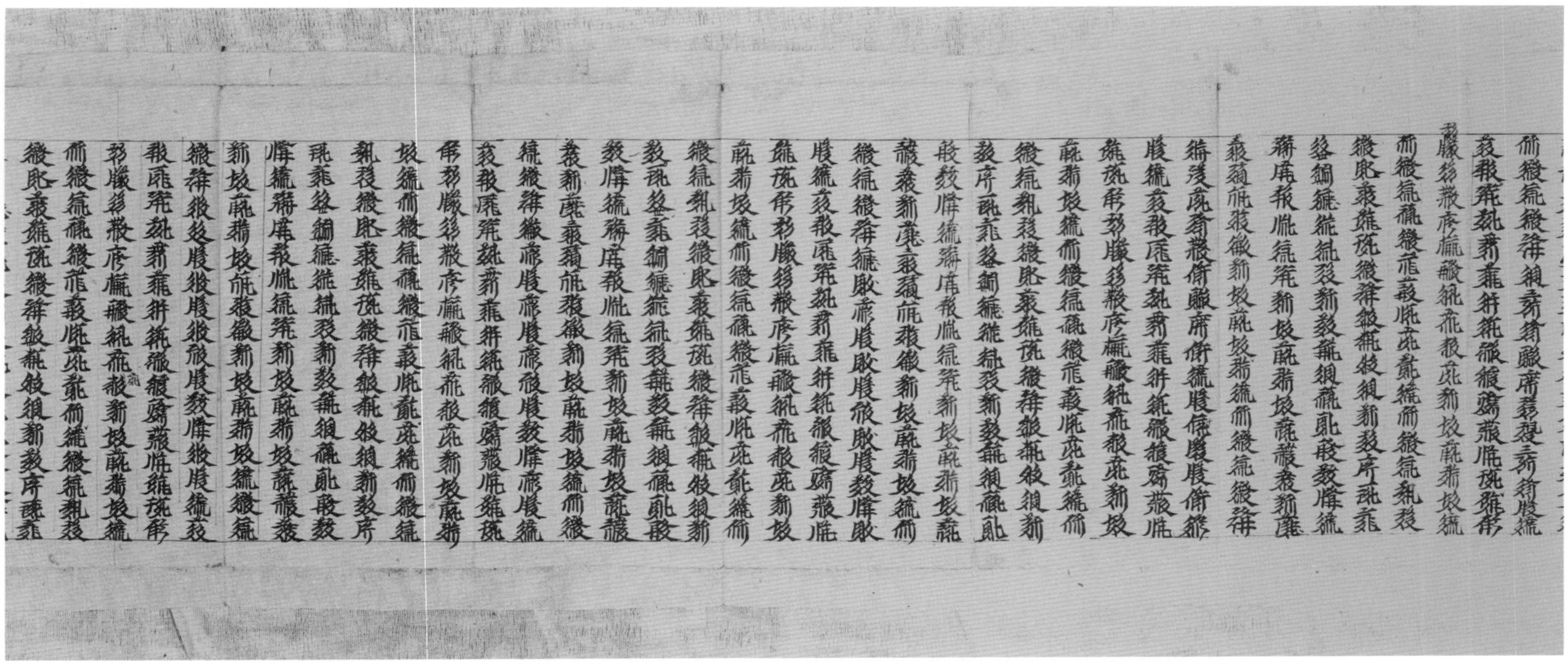

俄 Инв.No.1968　大般若波羅蜜多經卷第三百三十七　(15-7)

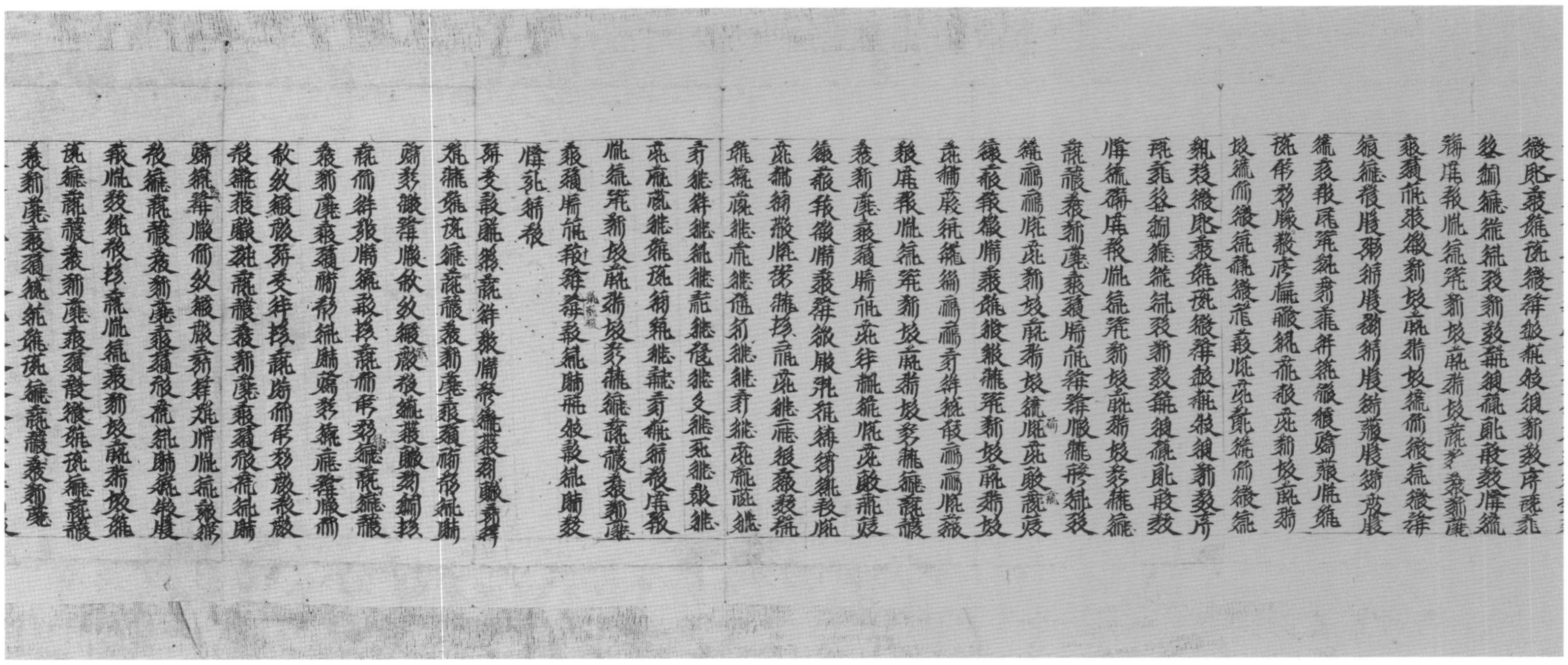

俄 Инв.No.1968　大般若波羅蜜多經卷第三百三十七　(15-8)

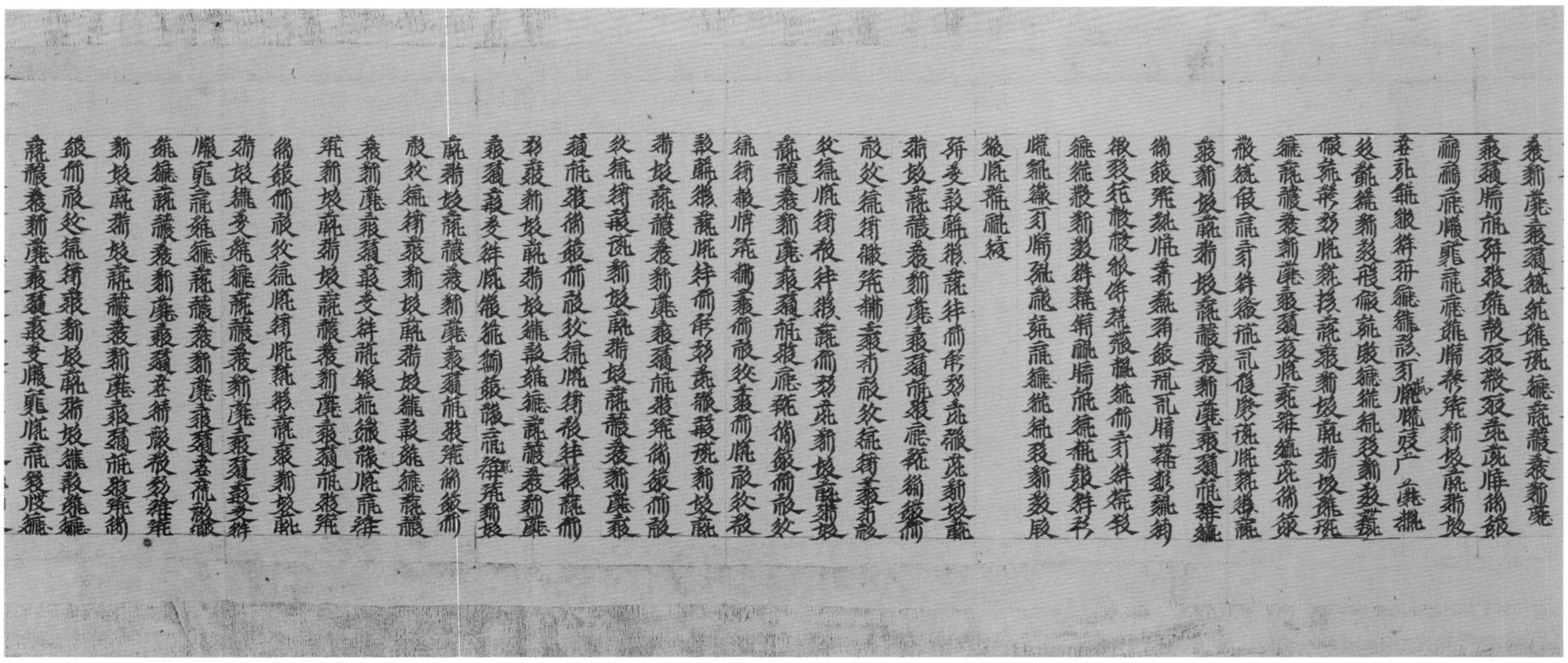

俄 Инв.No.1968　大般若波羅蜜多經卷第三百三十七　(15-9)

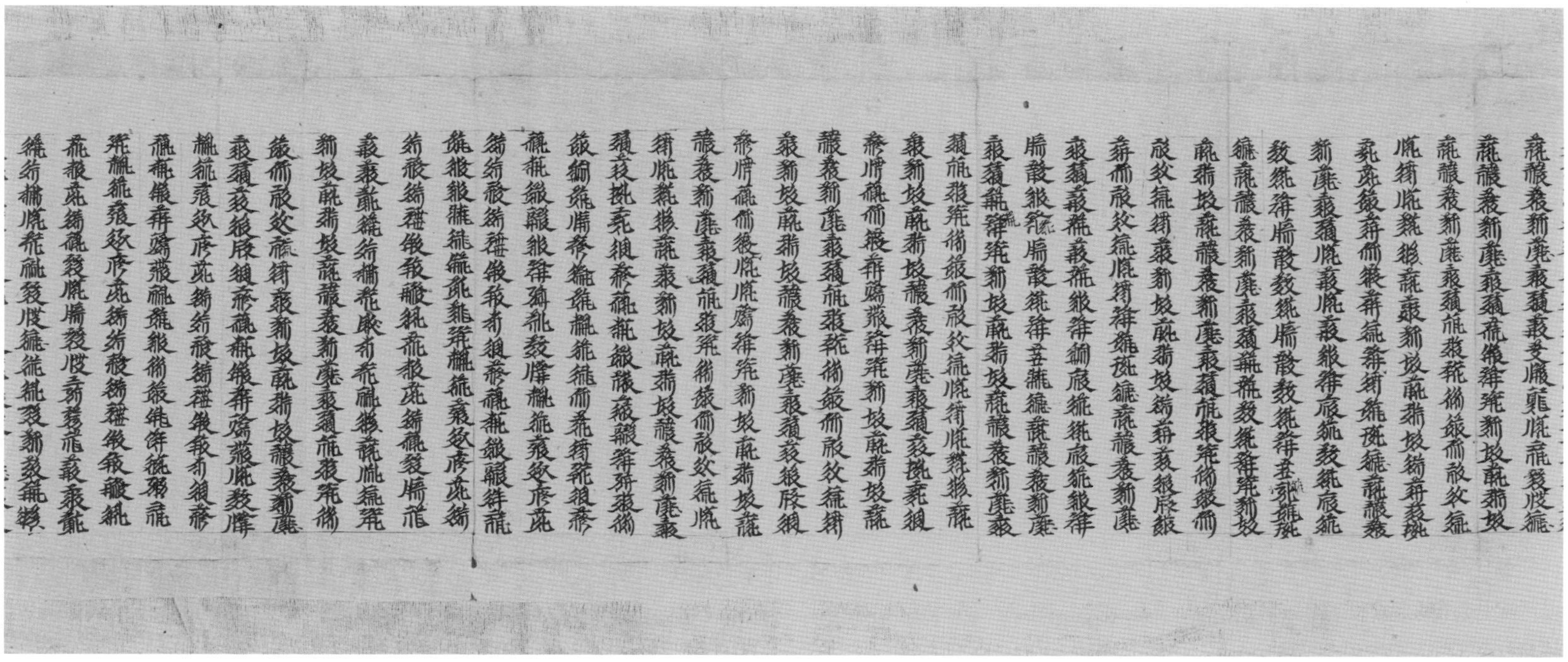

俄 Инв.No.1968　大般若波羅蜜多經卷第三百三十七　(15–10)

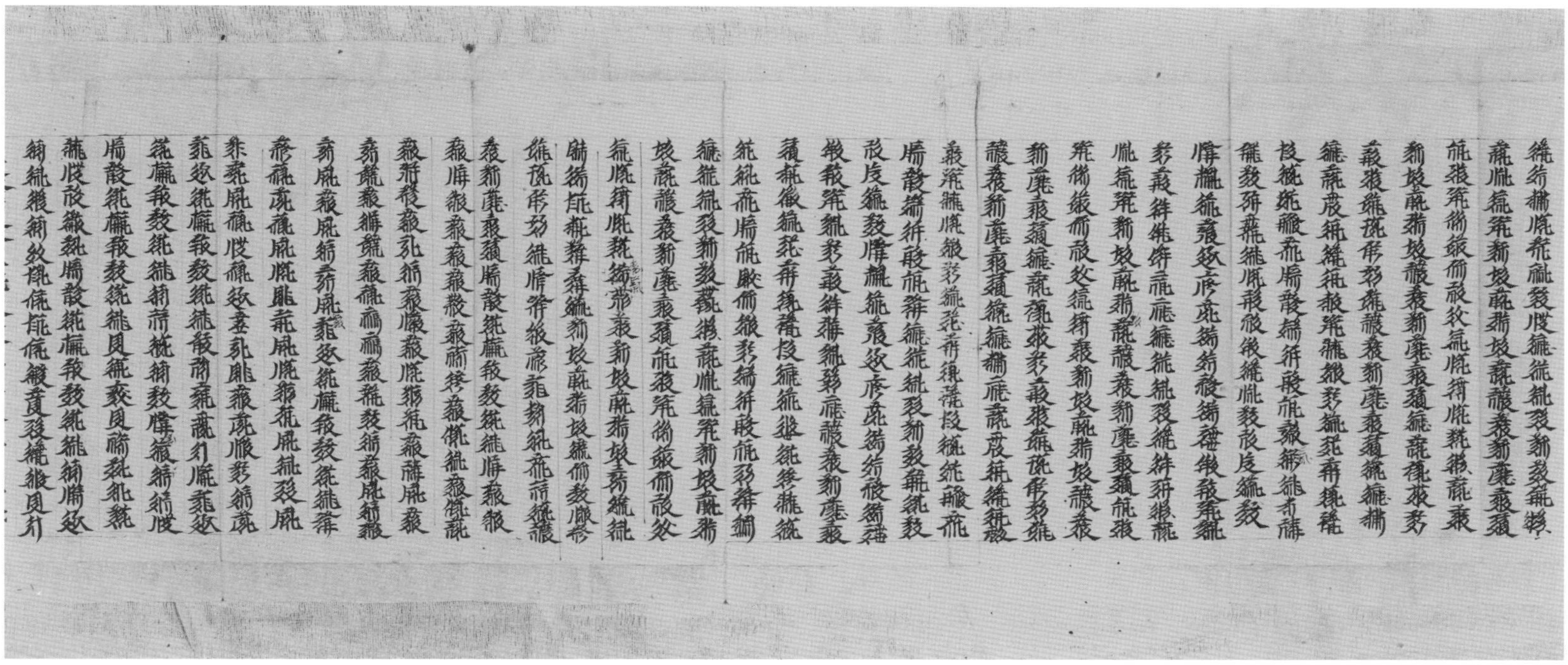

俄 Инв.No.1968　大般若波羅蜜多經卷第三百三十七　(15–11)

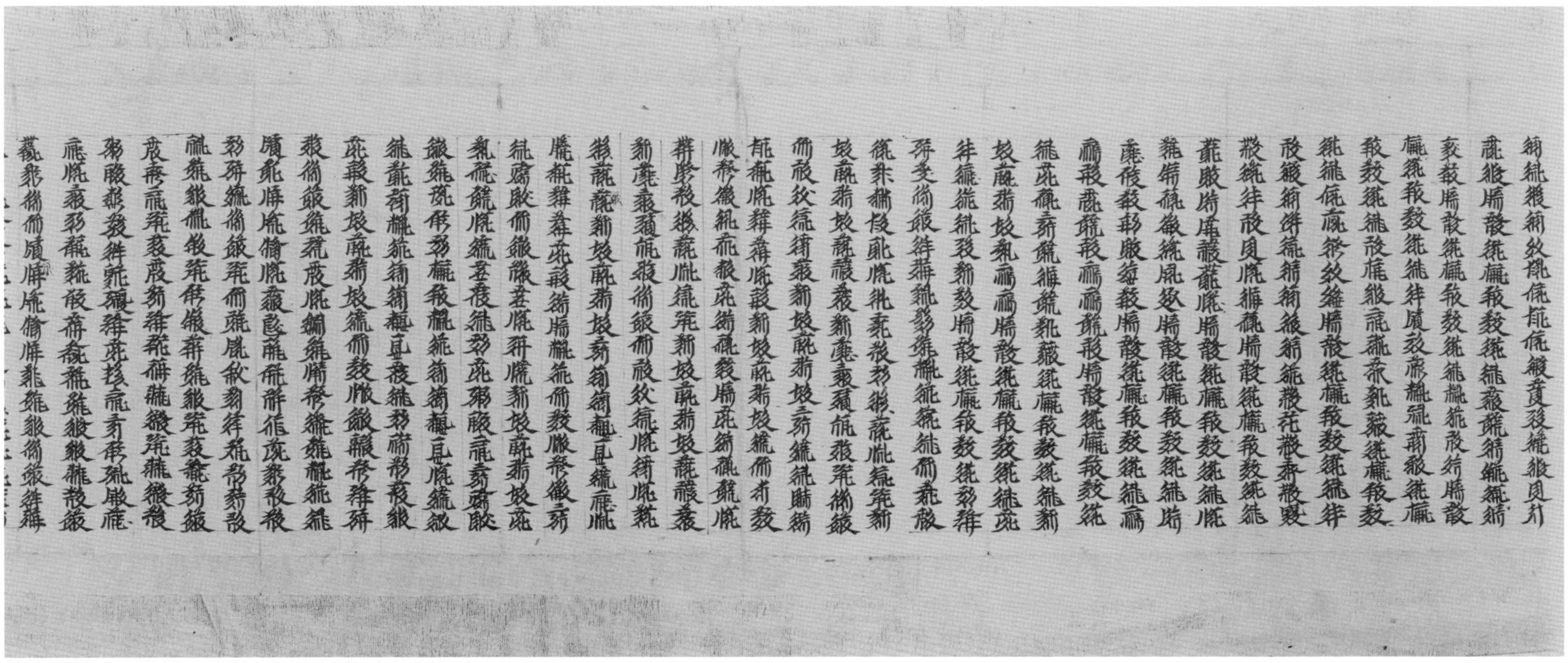

俄 Инв.No.1968　大般若波羅蜜多經卷第三百三十七　(15–12)

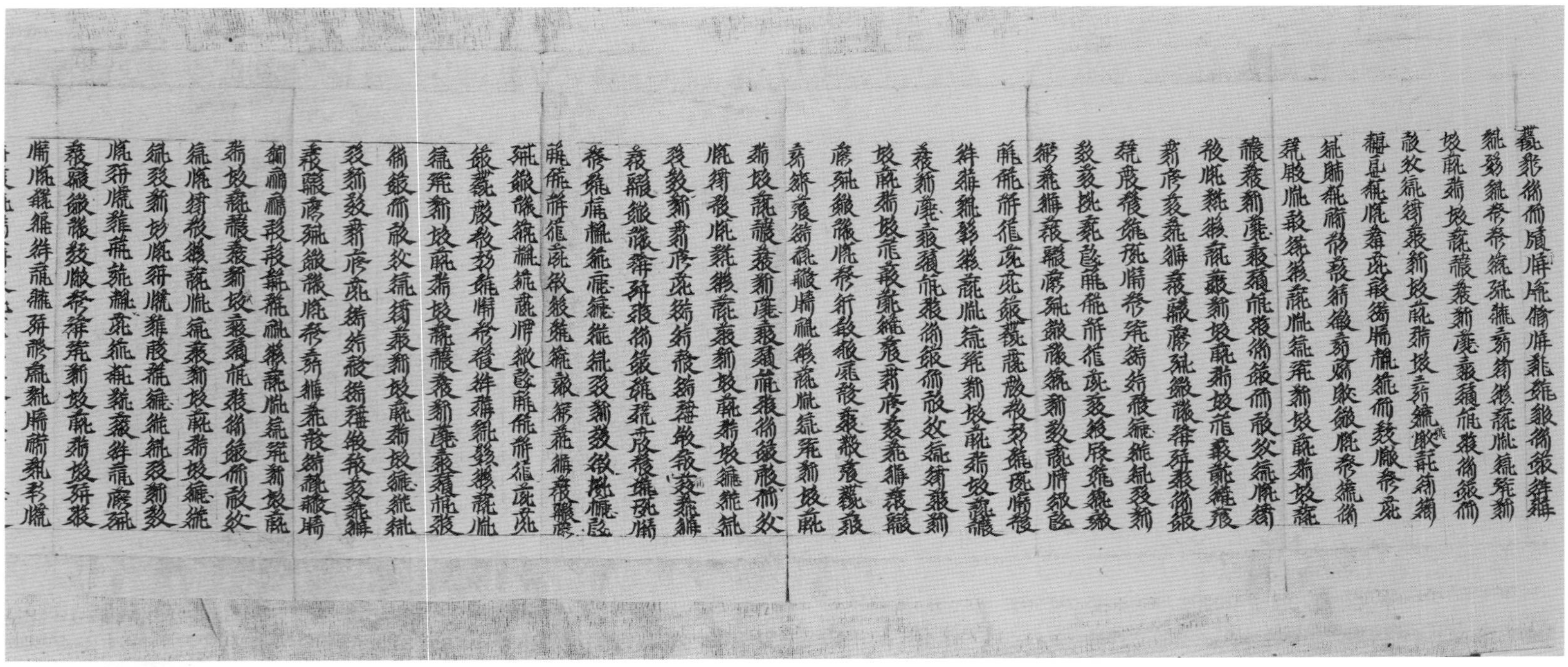

俄Инв.No.1968　大般若波羅蜜多經卷第三百三十七　　(15-13)

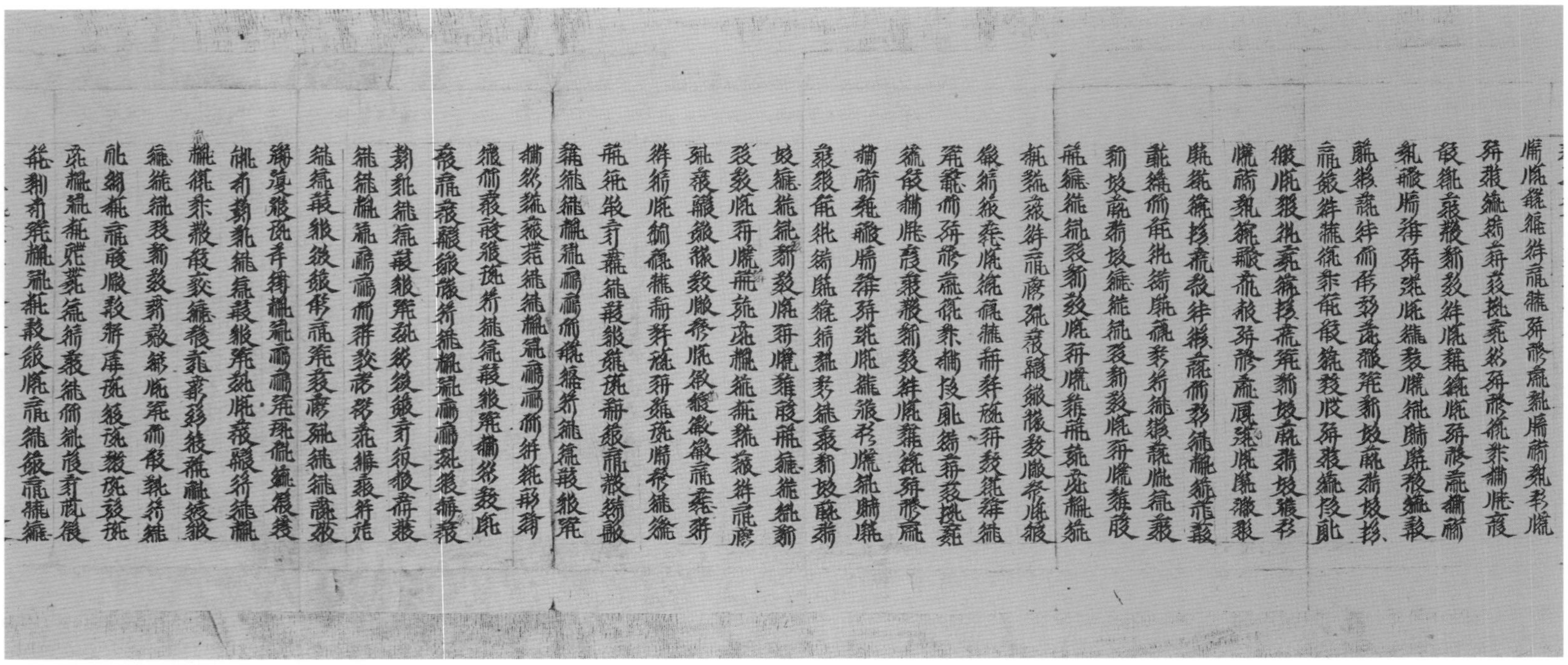

俄Инв.No.1968　大般若波羅蜜多經卷第三百三十七　　(15-14)

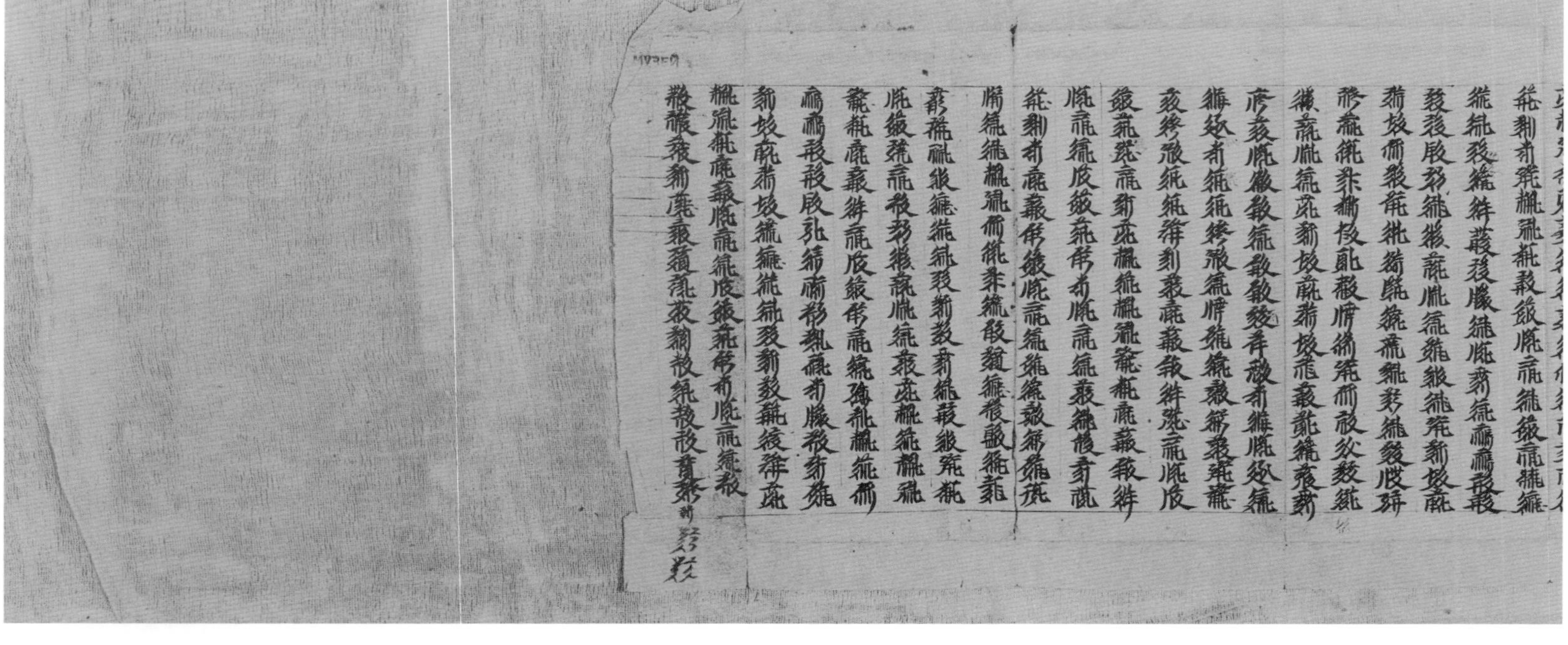

俄Инв.No.1968　大般若波羅蜜多經卷第三百三十七　　(15-15)

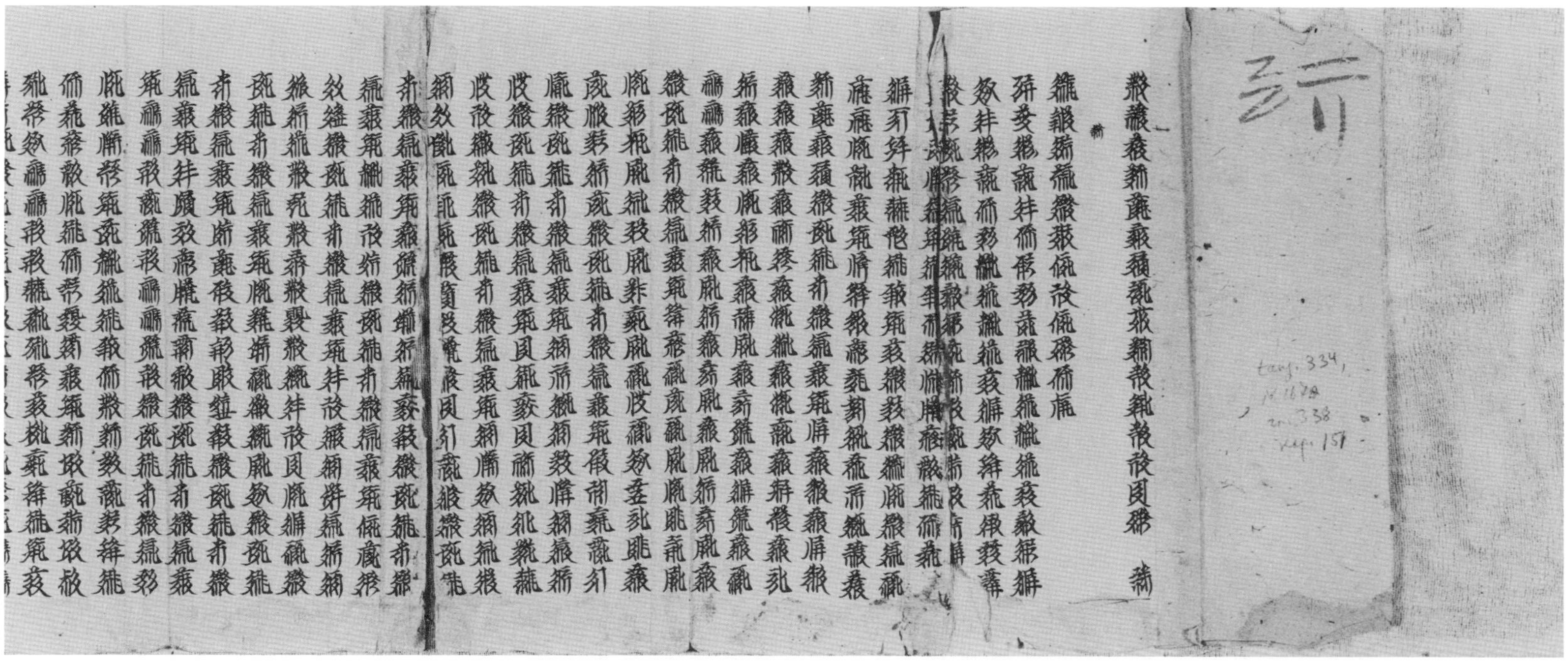

俄 Инв.No.1979　大般若波羅蜜多經卷第三百三十八　(11–1)

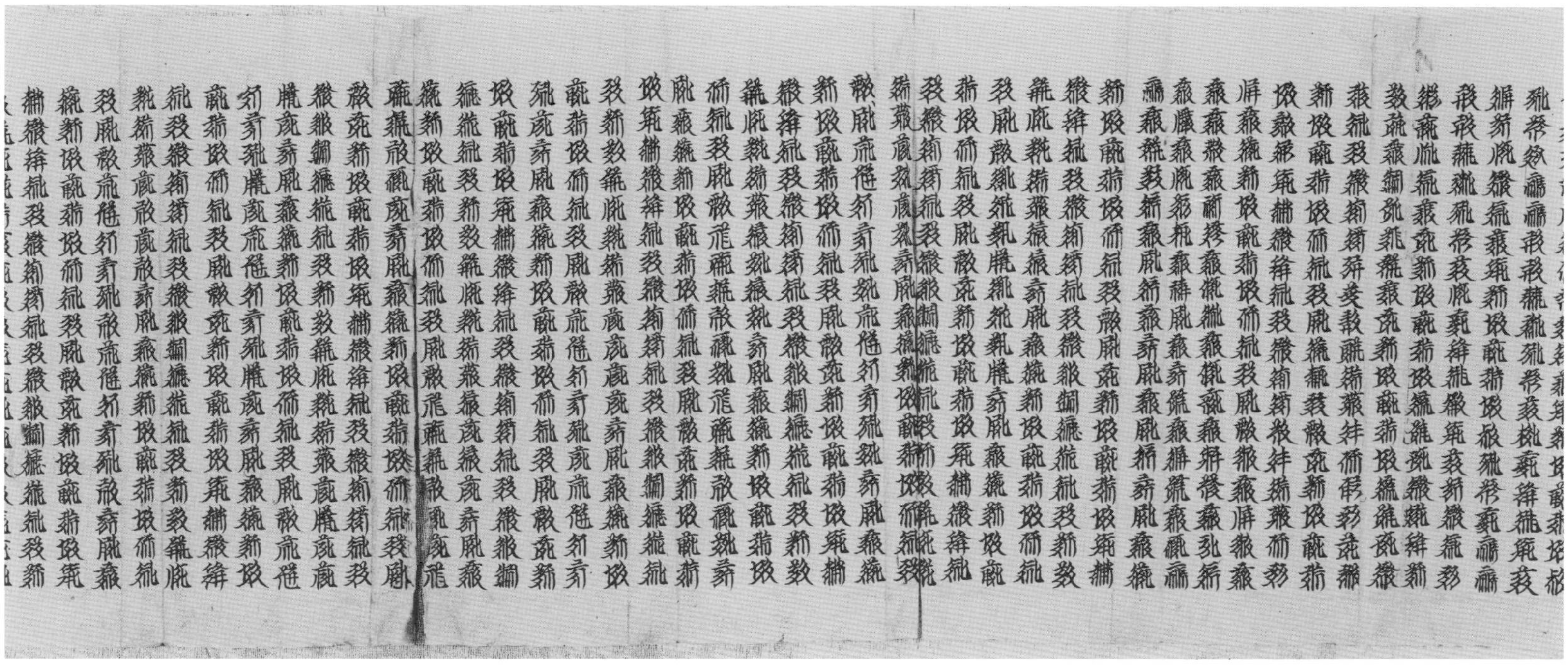

俄 Инв.No.1979　大般若波羅蜜多經卷第三百三十八　(11–2)

俄 Инв.No.1979　大般若波羅蜜多經卷第三百三十八　(11–3)

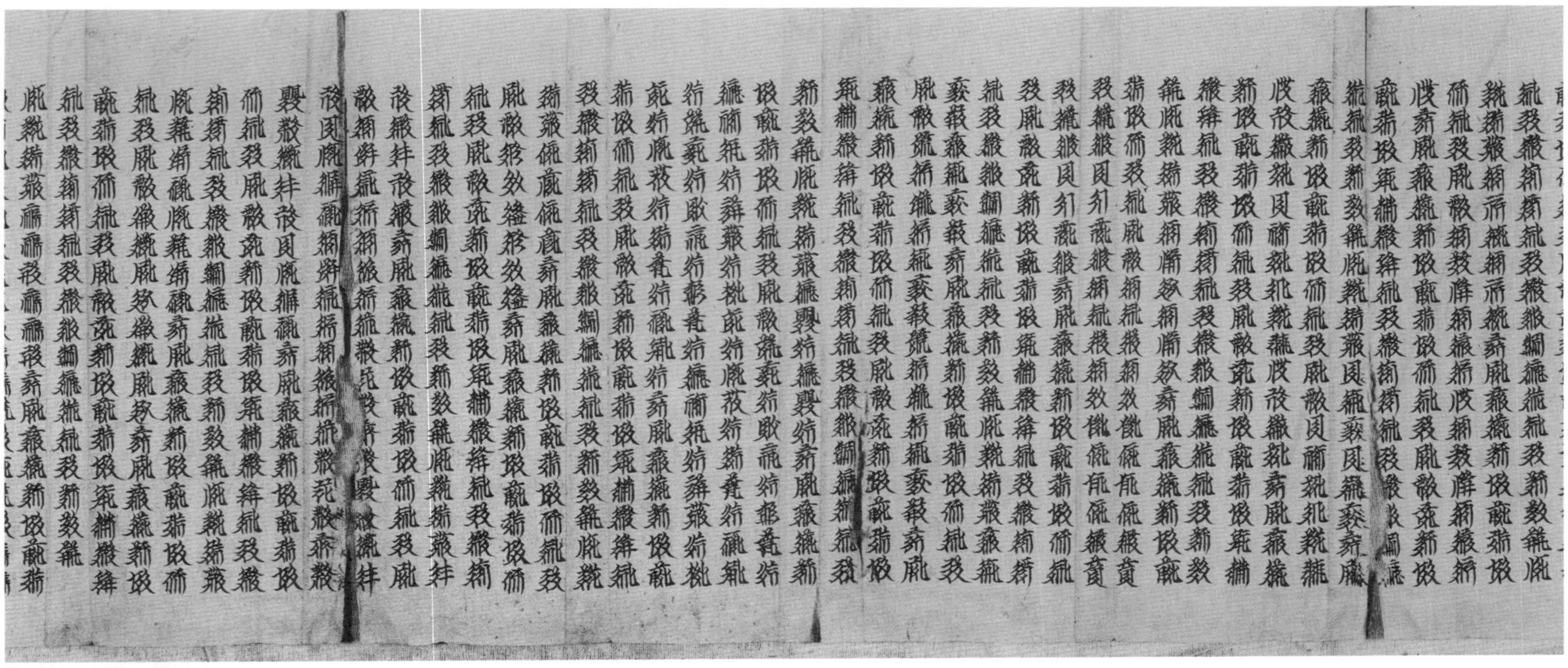

俄**Инв**.No.1979　大般若波羅蜜多經卷第三百三十八　(11–4)

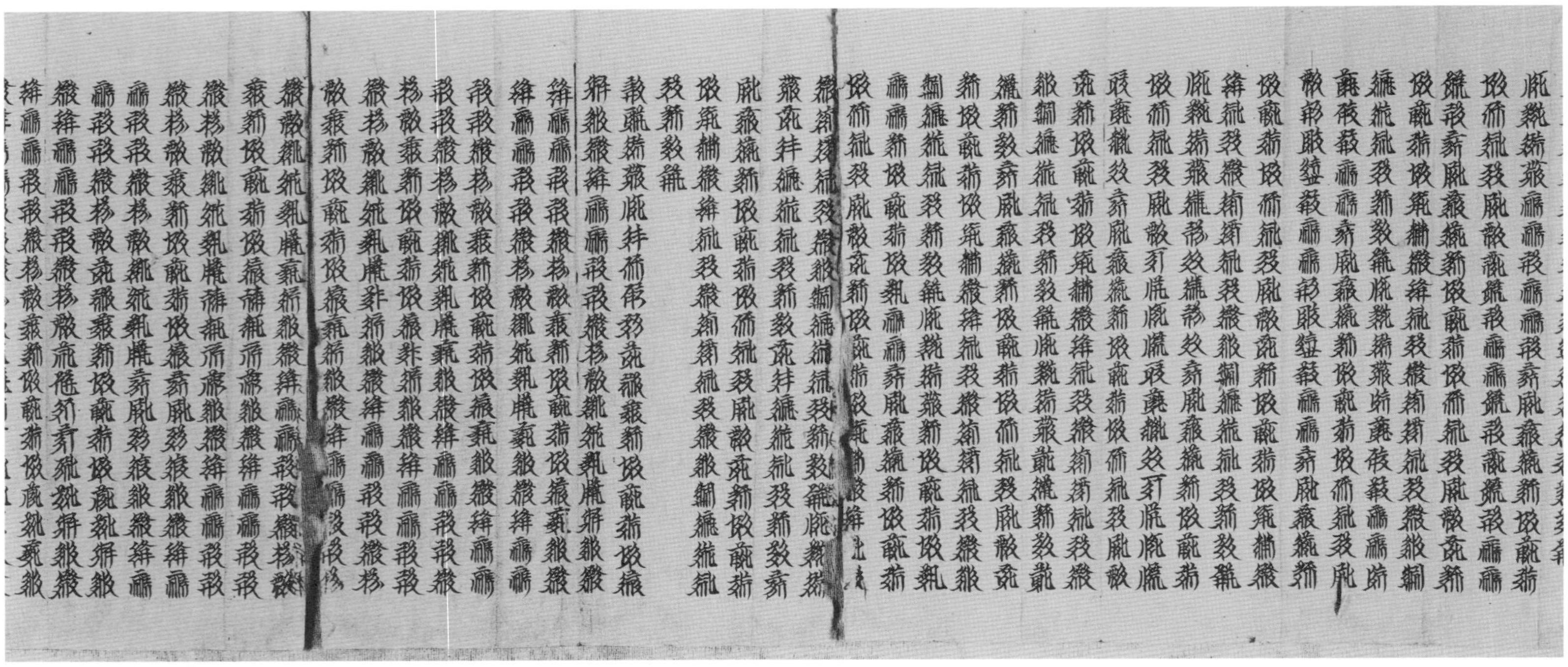

俄**Инв**.No.1979　大般若波羅蜜多經卷第三百三十八　(11–5)

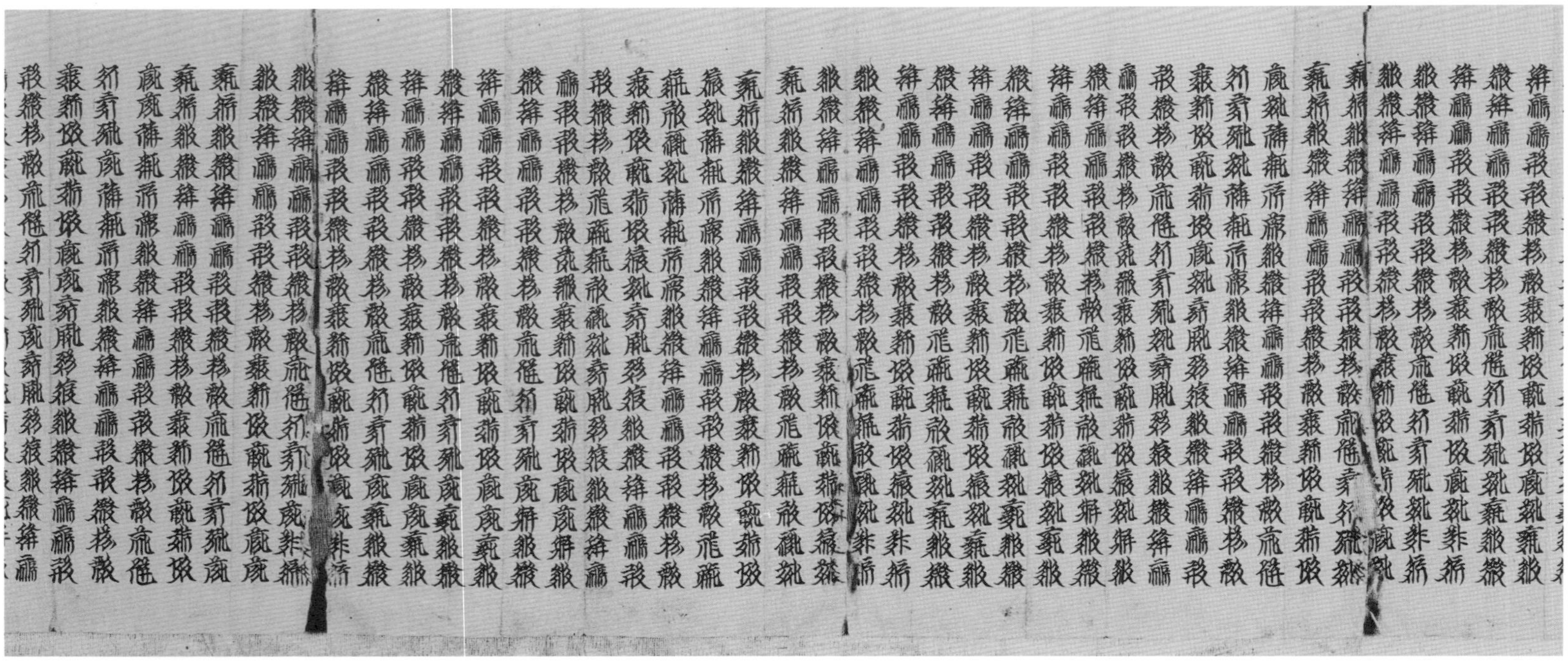

俄**Инв**.No.1979　大般若波羅蜜多經卷第三百三十八　(11–6)

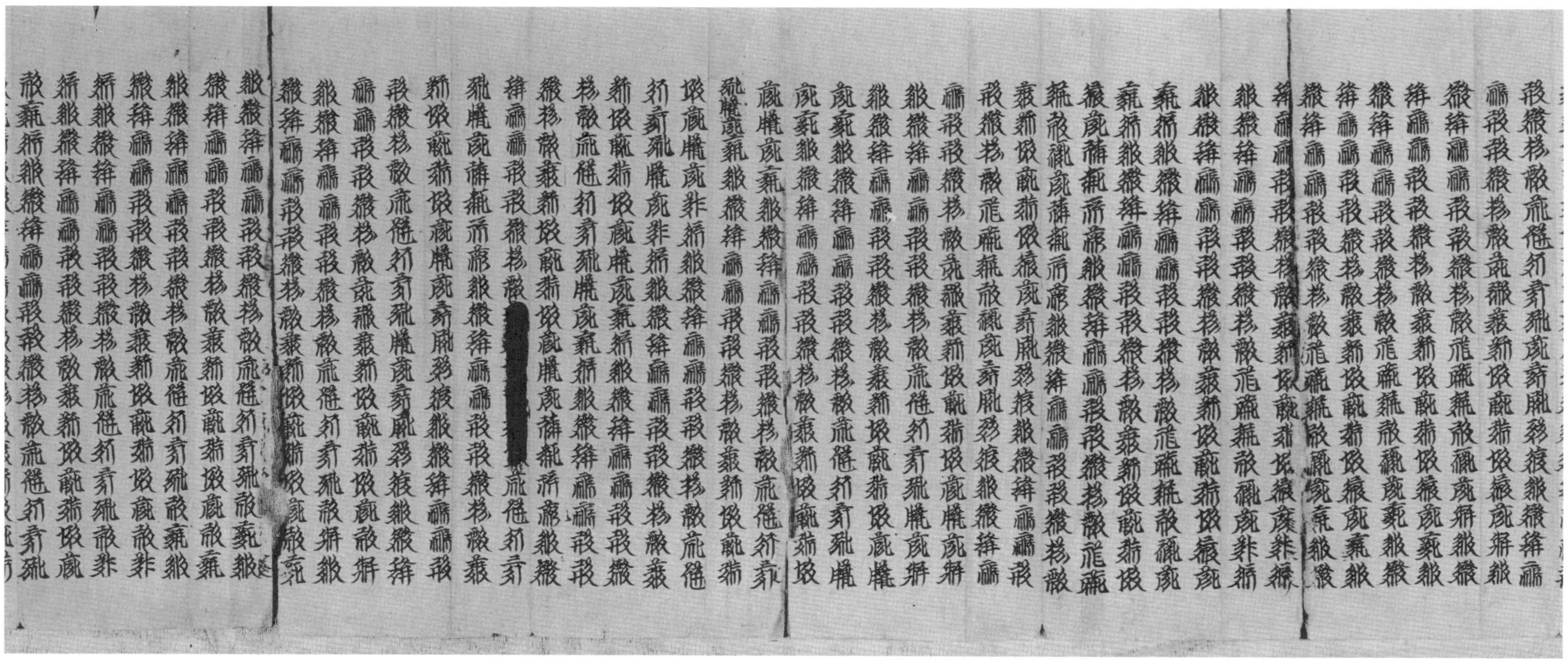

俄 Инв.No.1979　大般若波羅蜜多經卷第三百三十八　(11–7)

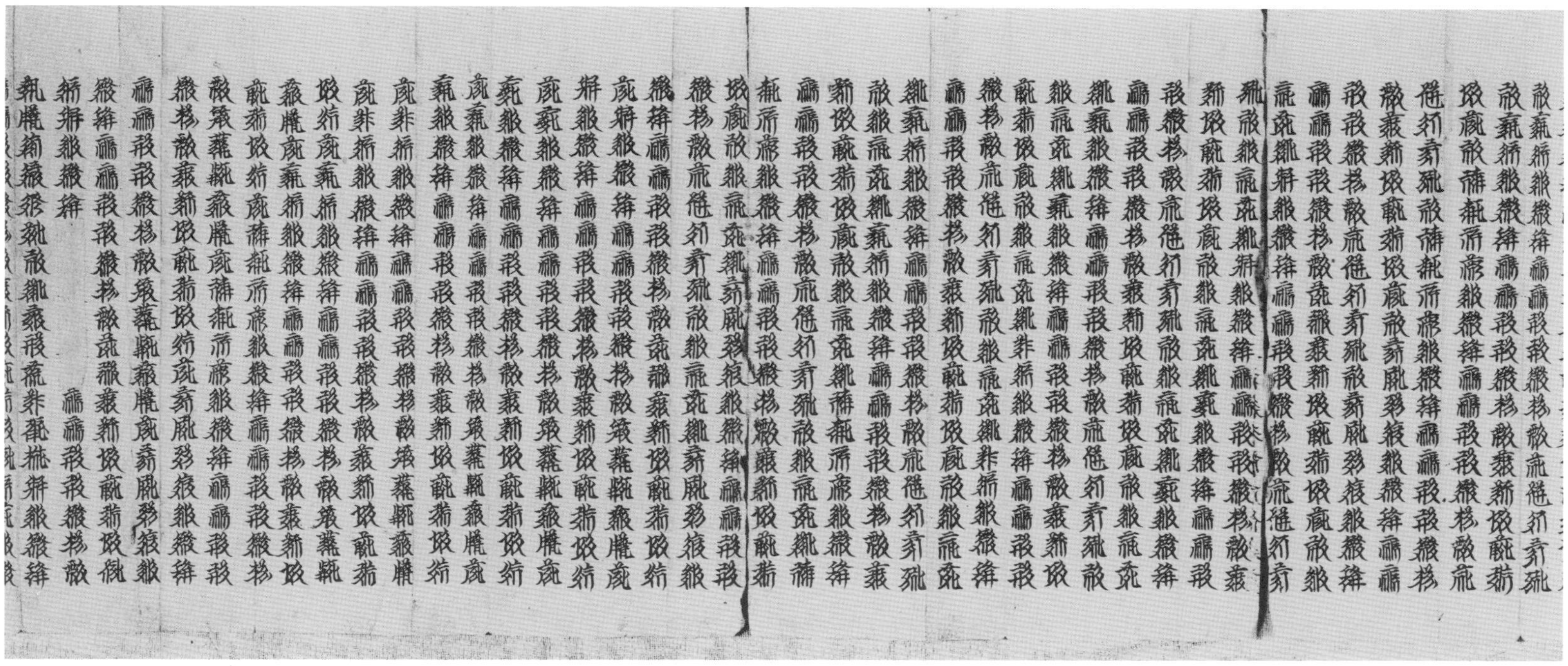

俄 Инв.No.1979　大般若波羅蜜多經卷第三百三十八　(11–8)

俄 Инв.No.1979　大般若波羅蜜多經卷第三百三十八　(11–9)

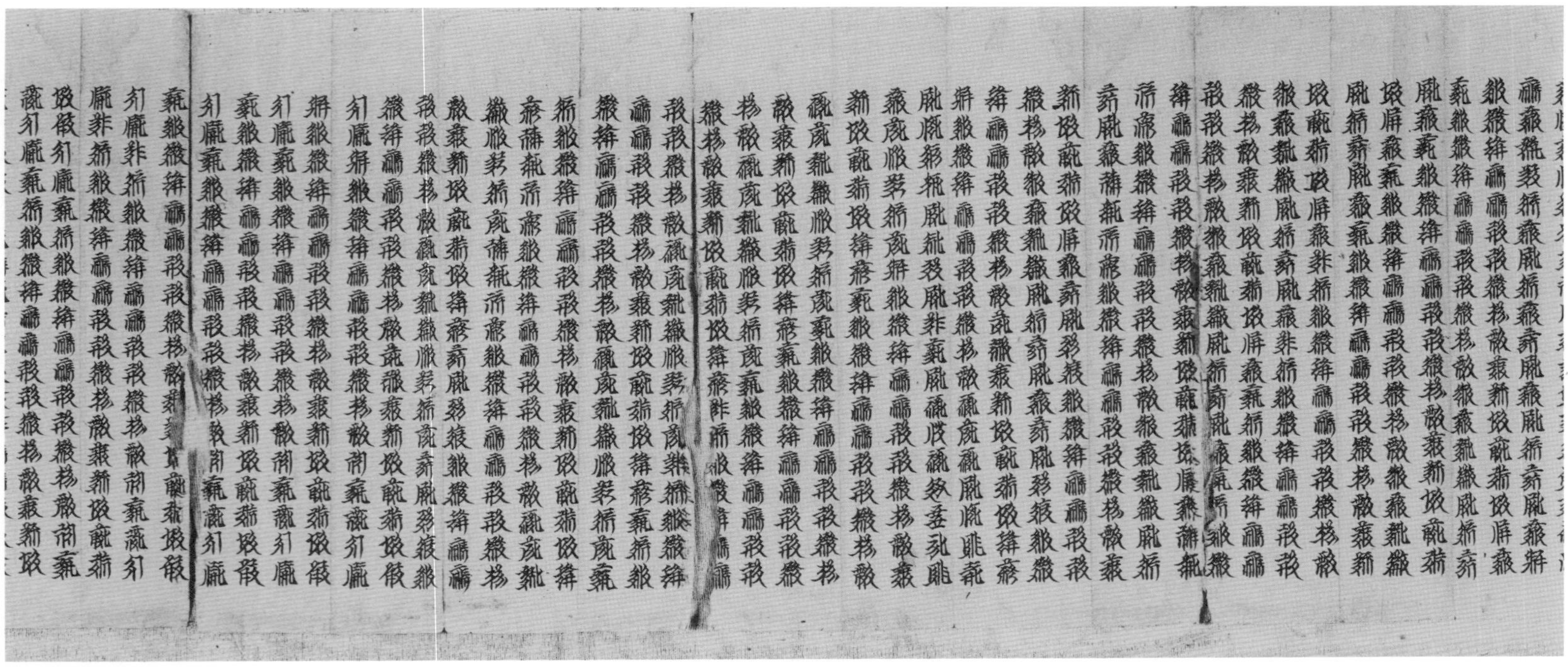

俄 Инв.No.1979 大般若波羅蜜多經卷第三百三十八 (11-10)

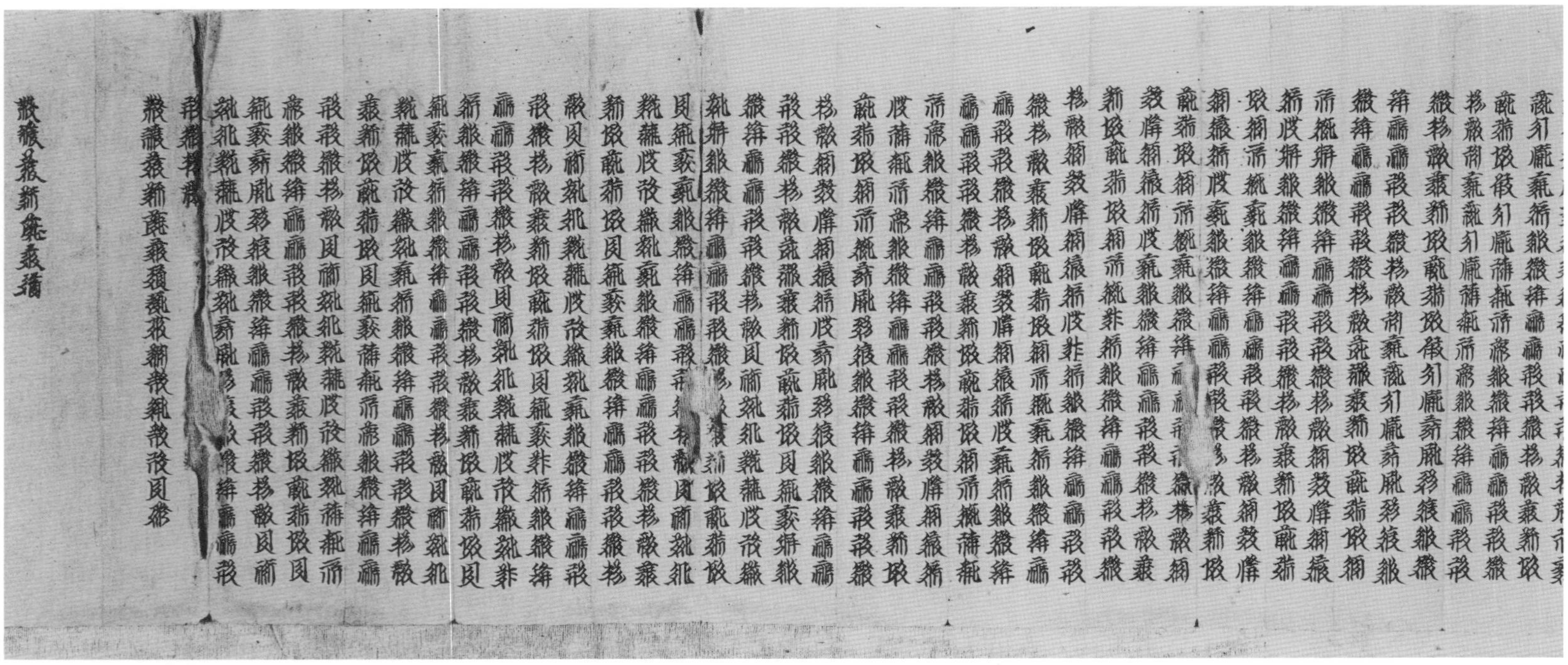

俄 Инв.No.1979 大般若波羅蜜多經卷第三百三十八 (11-11)

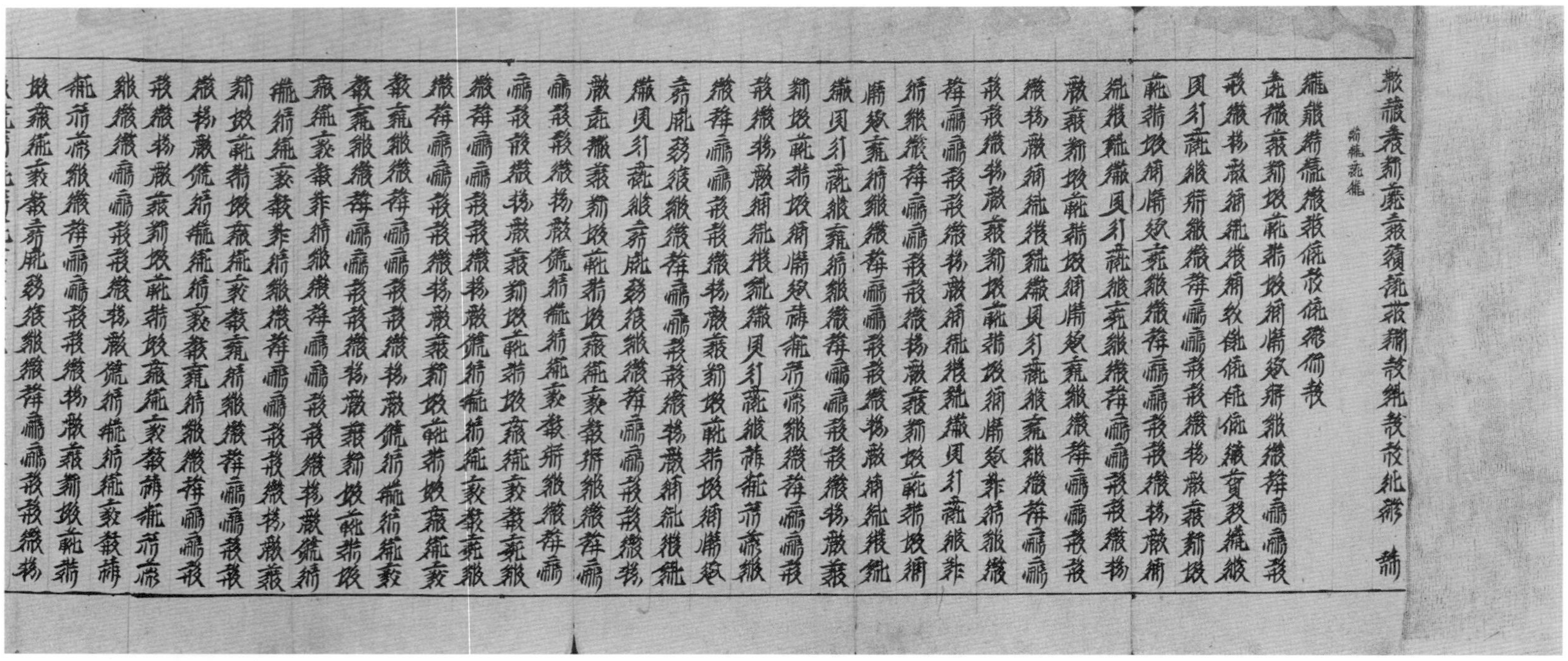

俄 Инв.No.1954 大般若波羅蜜多經卷第三百三十九 (12-1)

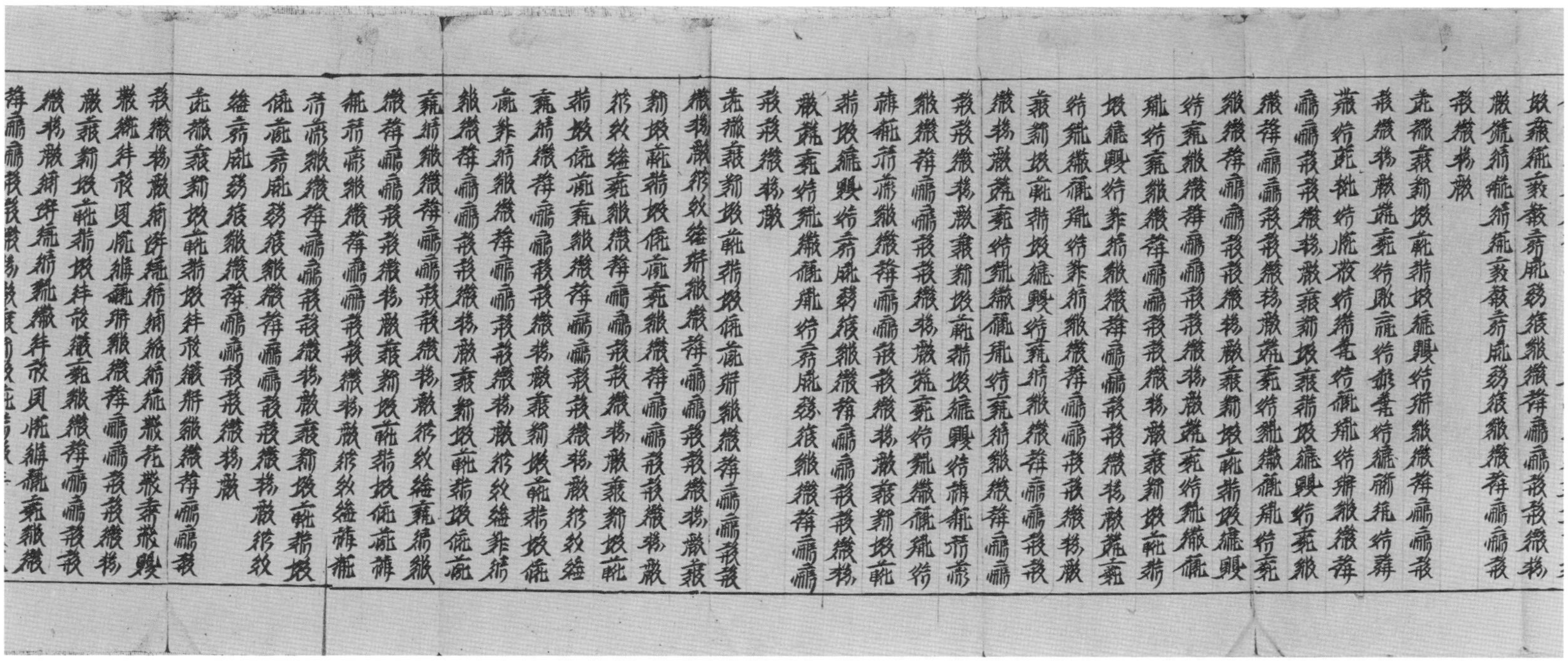

俄 Инв.No.1954　大般若波羅蜜多經卷第三百三十九　(12–2)

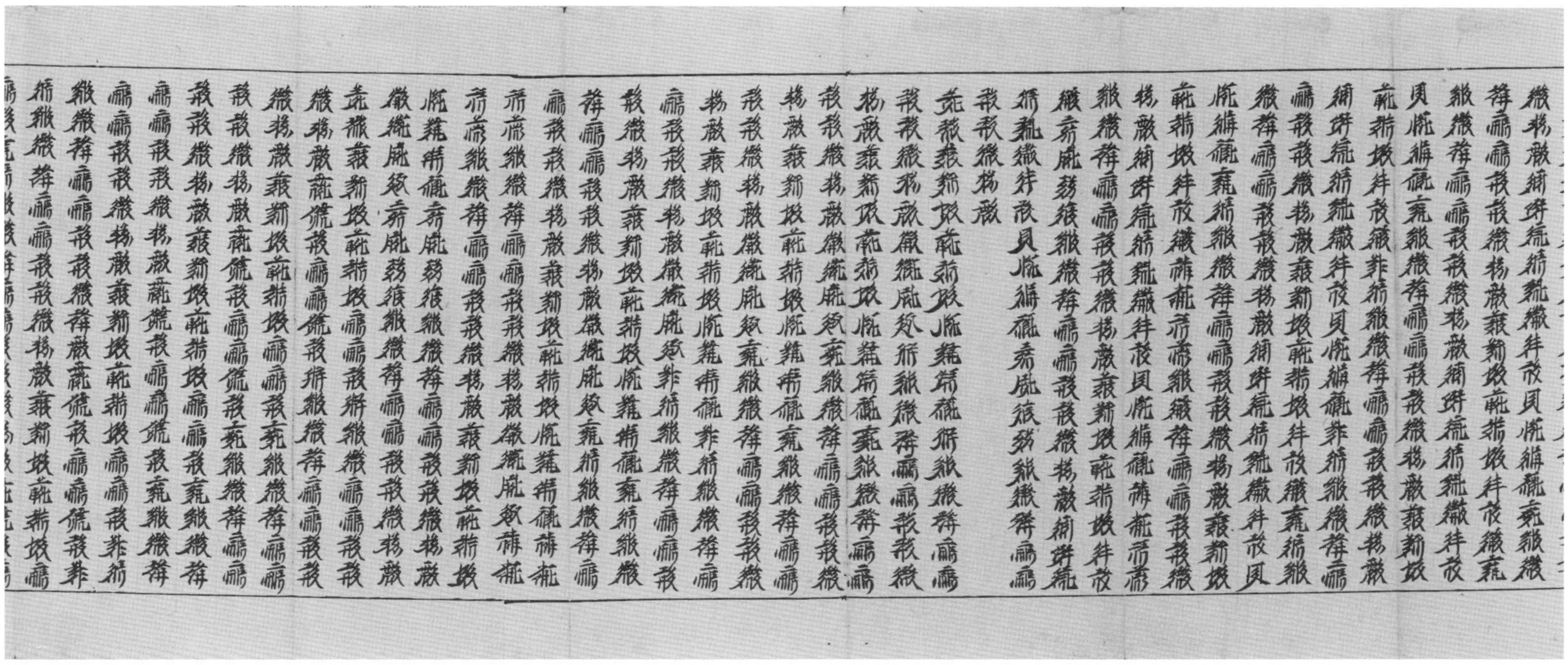

俄 Инв.No.1954　大般若波羅蜜多經卷第三百三十九　(12–3)

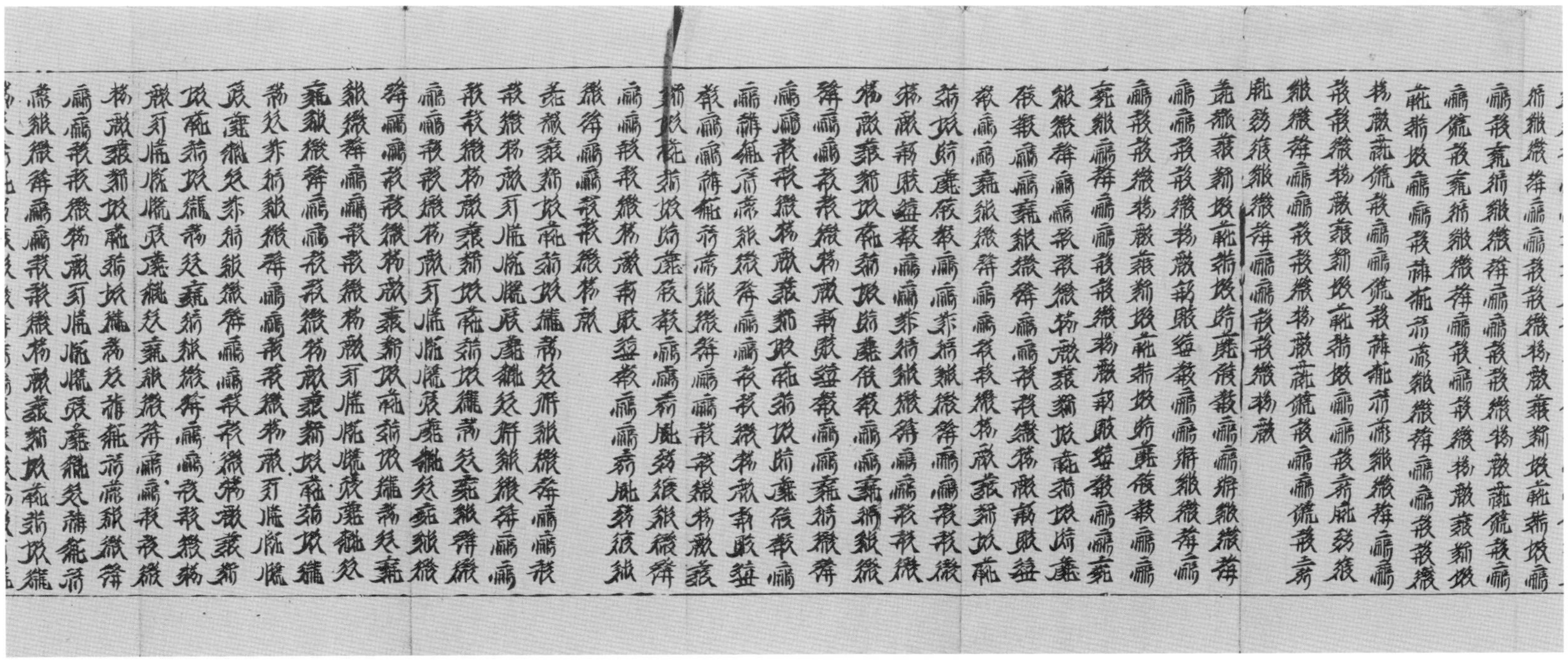

俄 Инв.No.1954　大般若波羅蜜多經卷第三百三十九　(12–4)

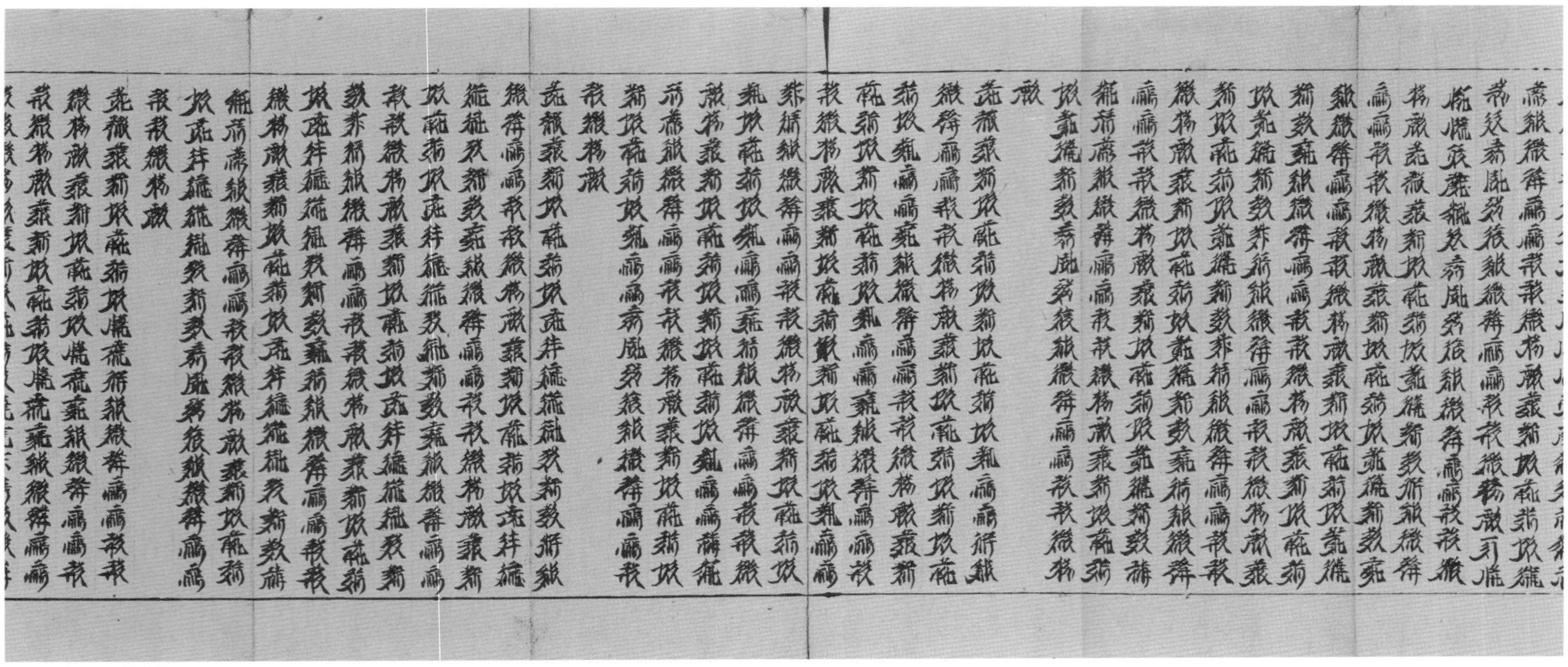

俄 Инв.No.1954　大般若波羅蜜多經卷第三百三十九　(12–5)

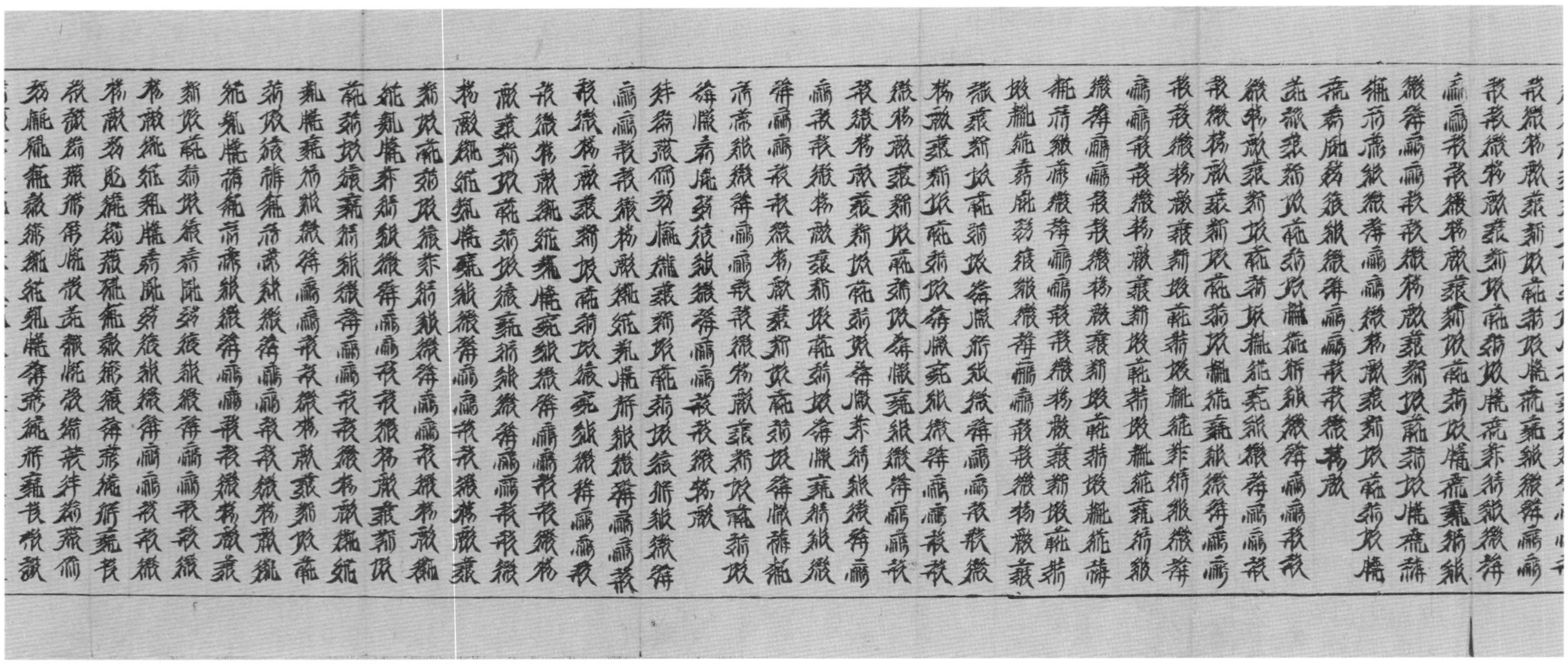

俄 Инв.No.1954　大般若波羅蜜多經卷第三百三十九　(12–6)

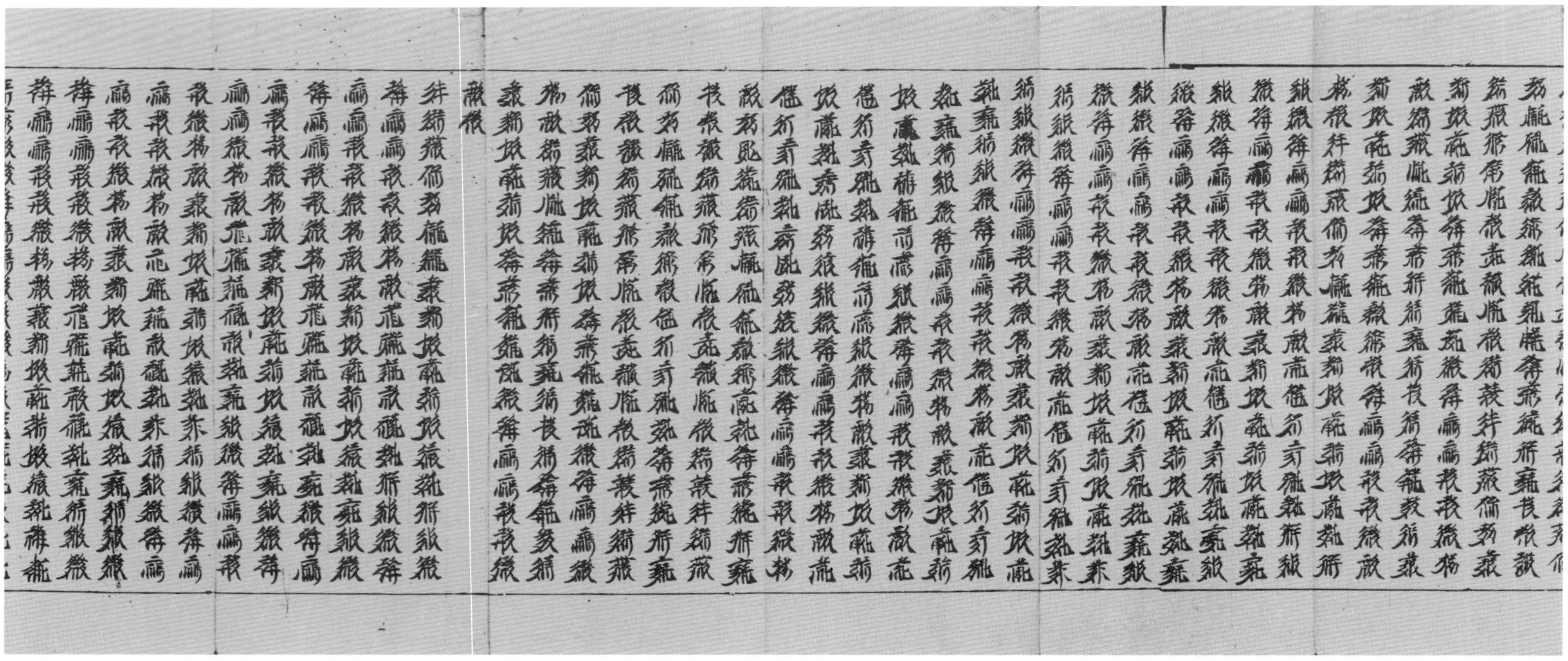

俄 Инв.No.1954　大般若波羅蜜多經卷第三百三十九　(12–7)

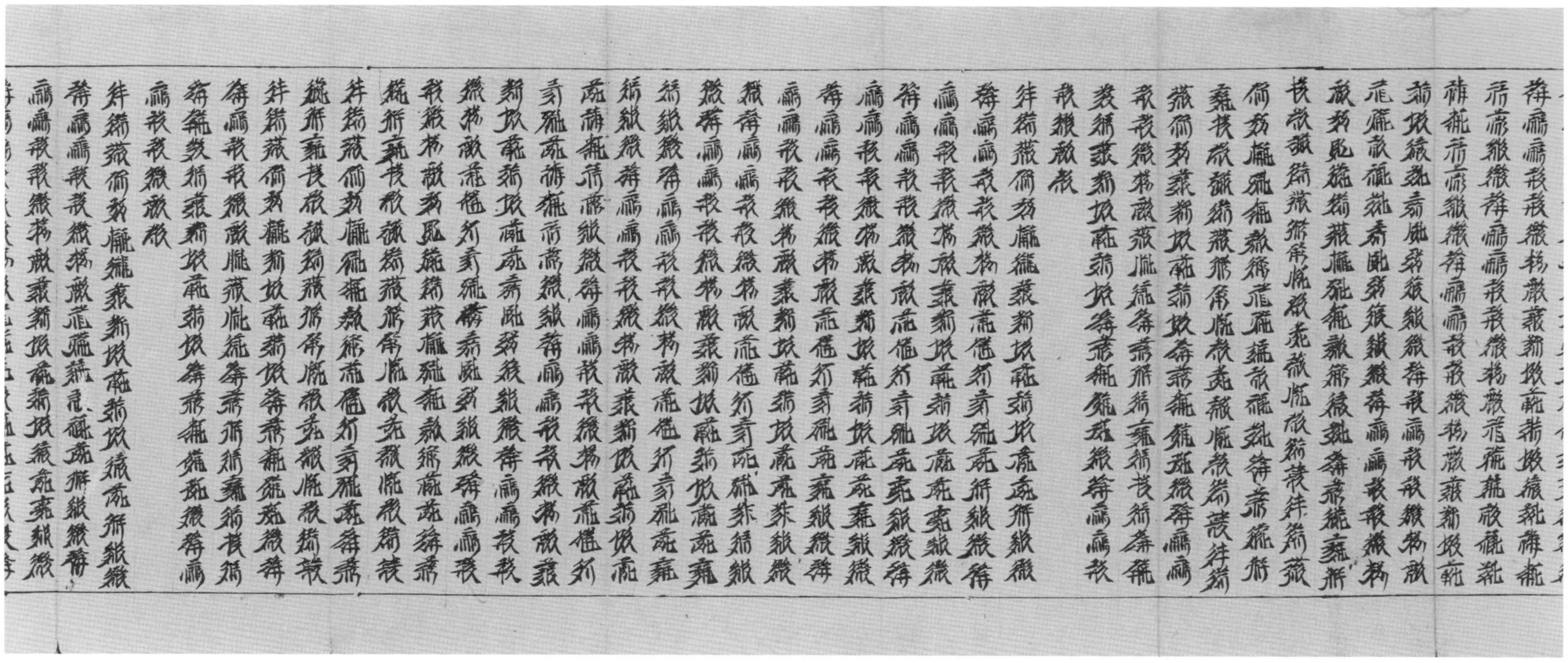

俄 Инв.No.1954　大般若波羅蜜多經卷第三百三十九　(12–8)

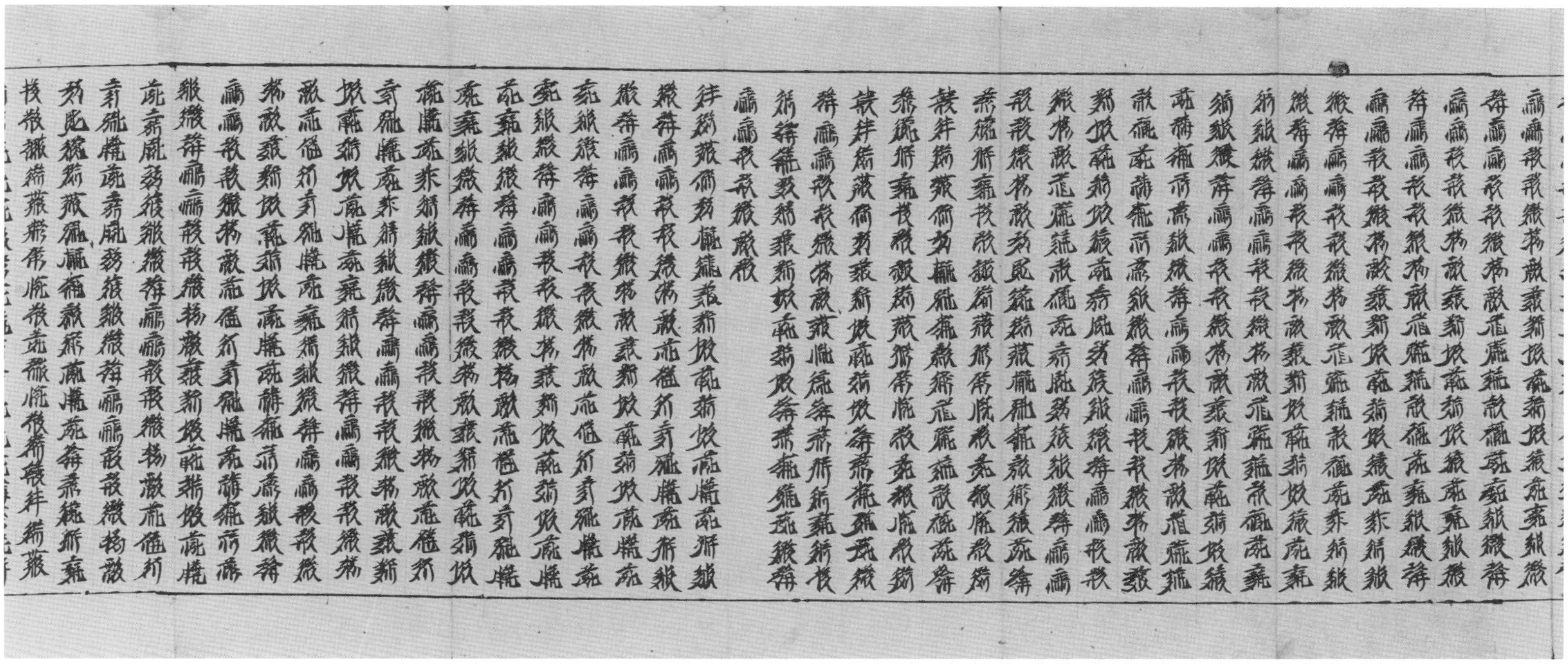

俄 Инв.No.1954　大般若波羅蜜多經卷第三百三十九　(12–9)

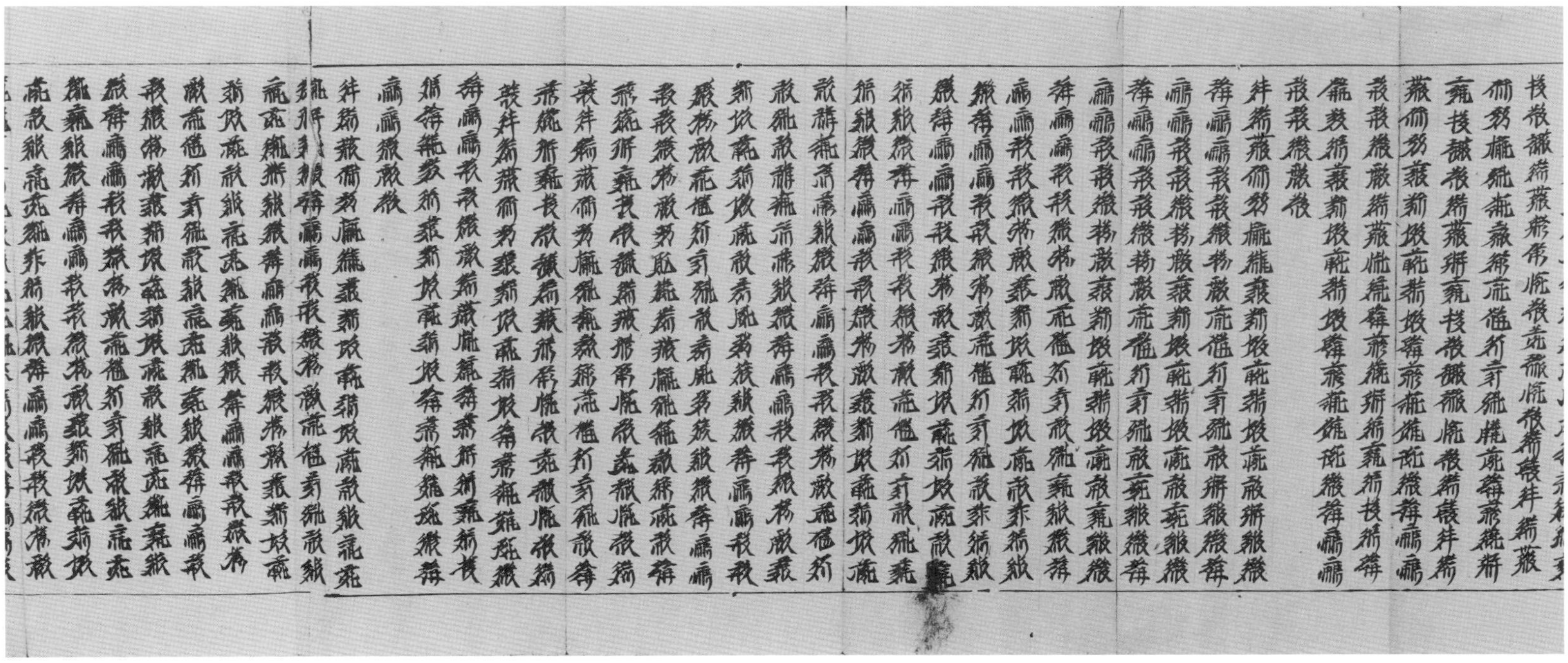

俄 Инв.No.1954　大般若波羅蜜多經卷第三百三十九　(12–10)

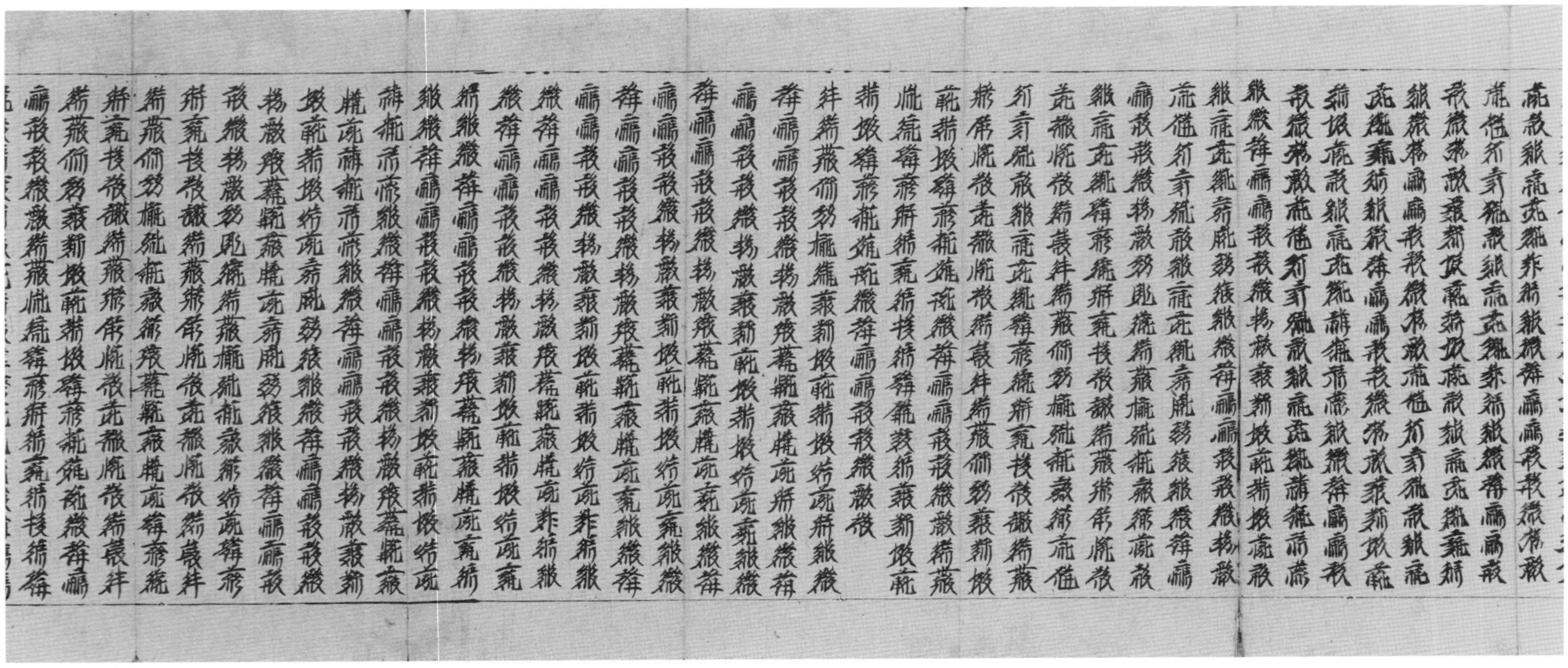

俄 Инв.No.1954　大般若波羅蜜多經卷第三百三十九　(12–11)

俄 Инв.No.1954　大般若波羅蜜多經卷第三百三十九　(12–12)

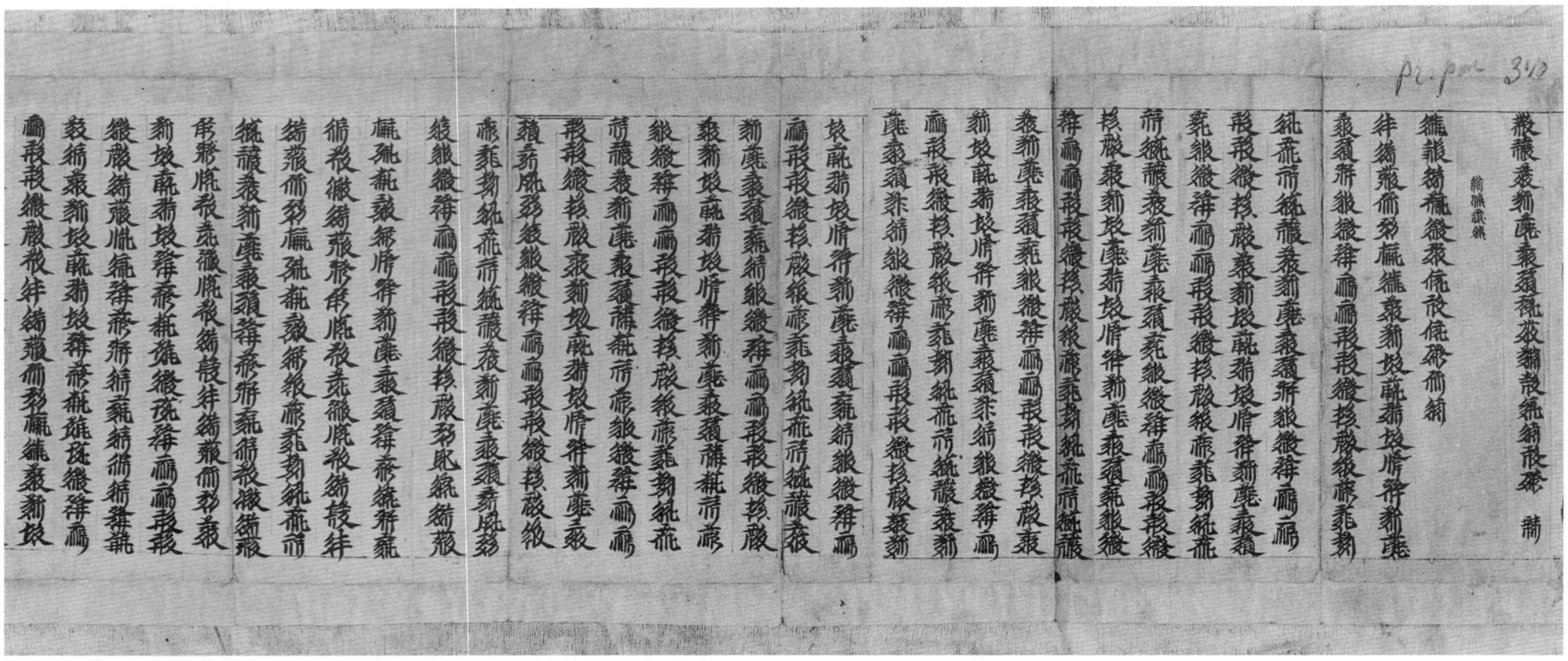

俄 Инв.No.1967　大般若波羅蜜多經卷第三百四十　(14–1)

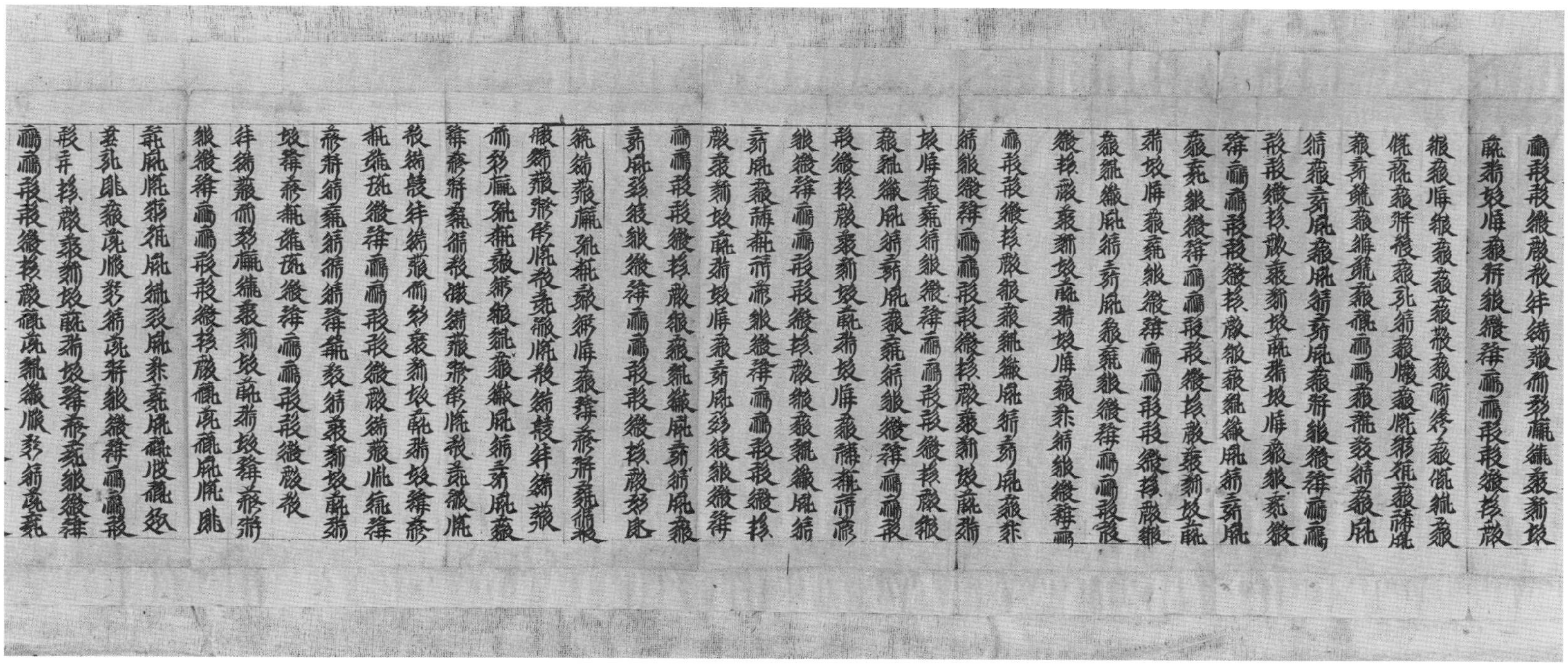

俄 Инв.No.1967　大般若波羅蜜多經卷第三百四十　(14–2)

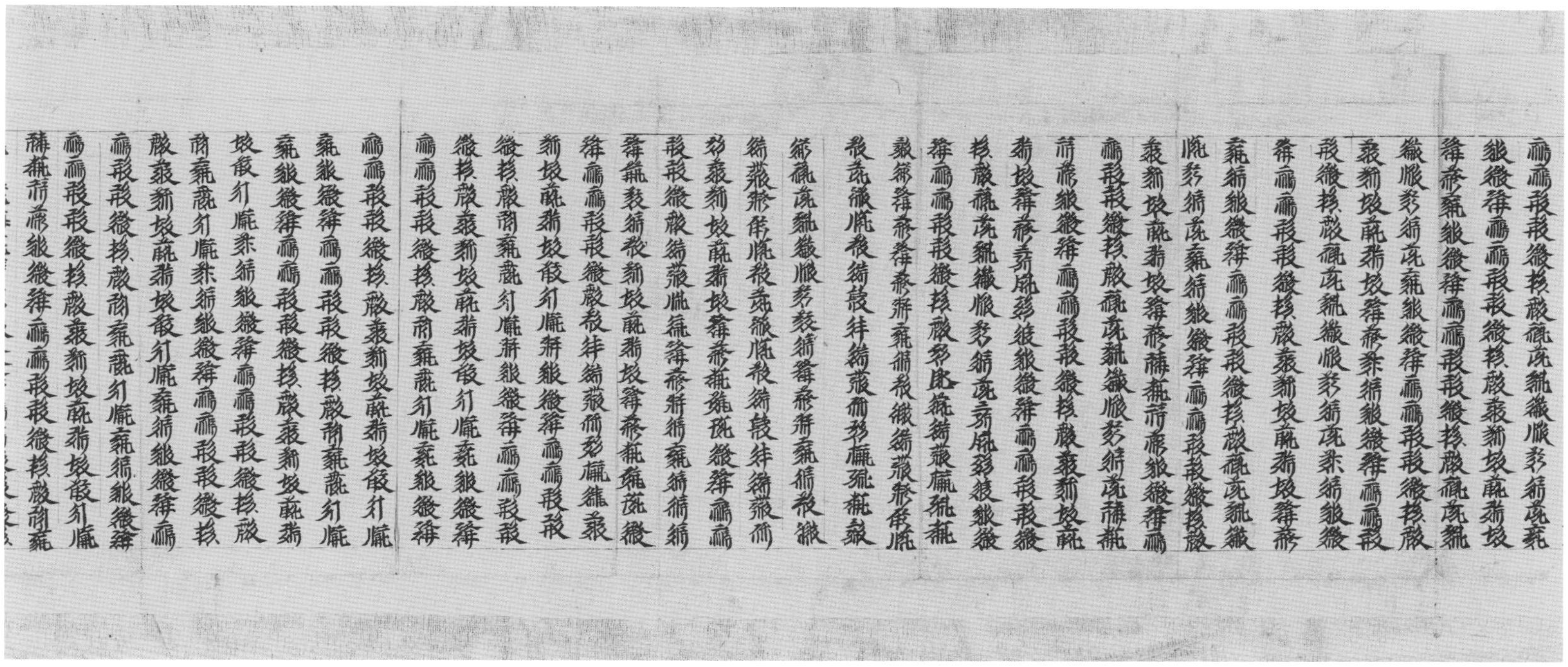

俄 Инв.No.1967　大般若波羅蜜多經卷第三百四十　(14–3)

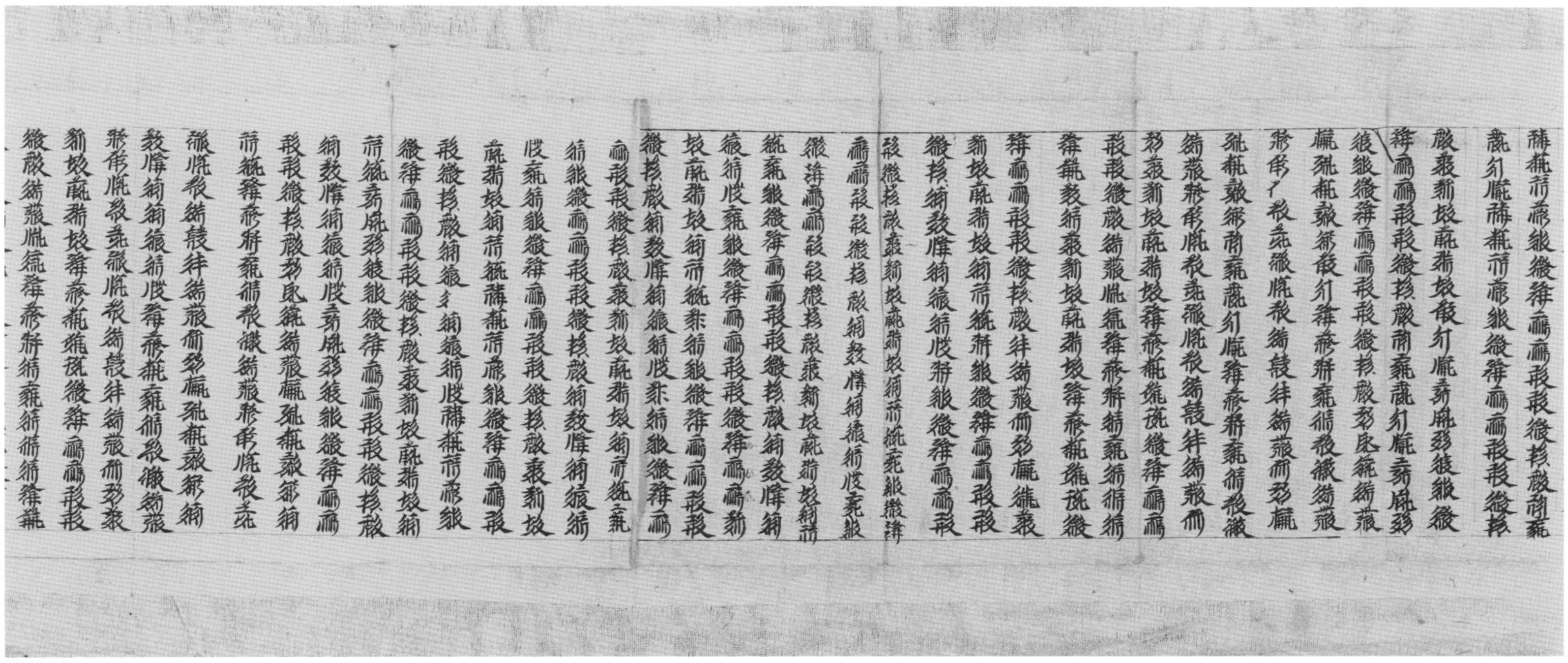

俄 Инв.No.1967　大般若波羅蜜多經卷第三百四十　(14–4)

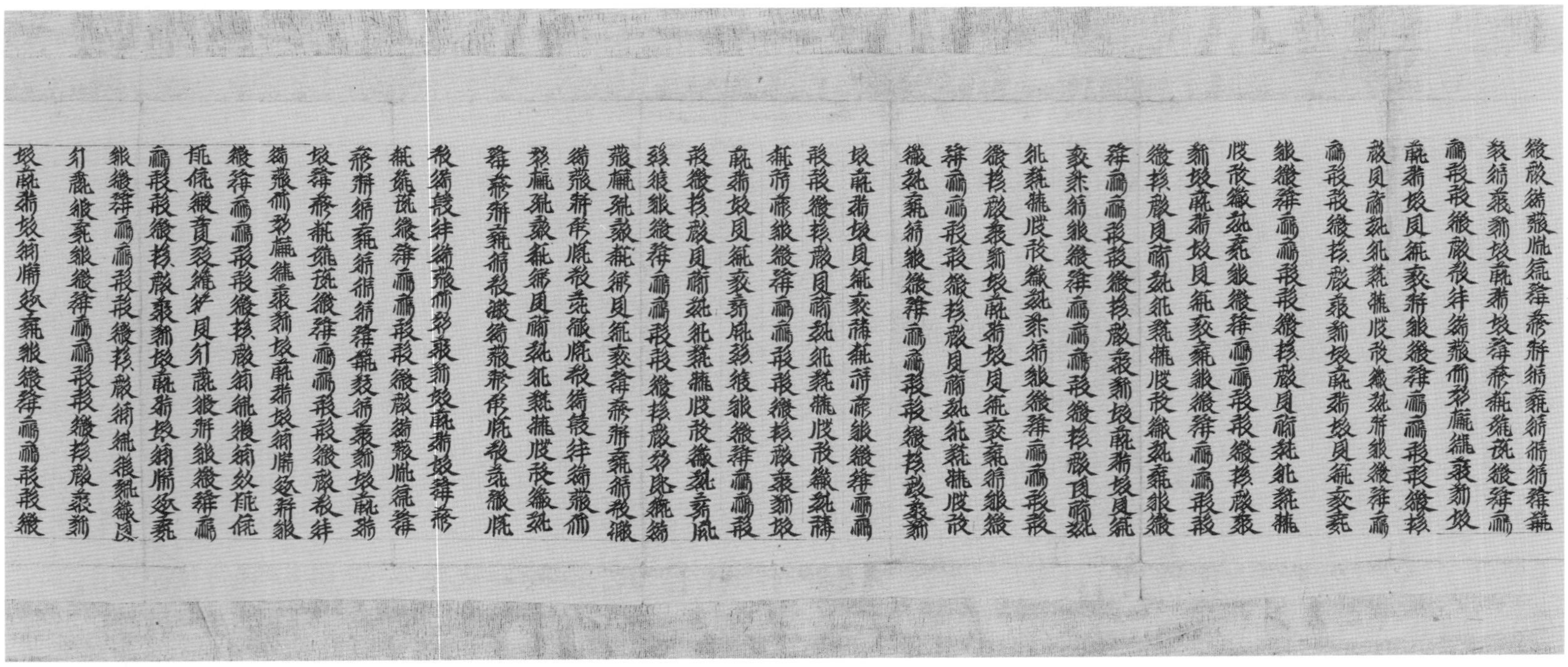

俄 Инв.No.1967　大般若波羅蜜多經卷第三百四十　(14–5)

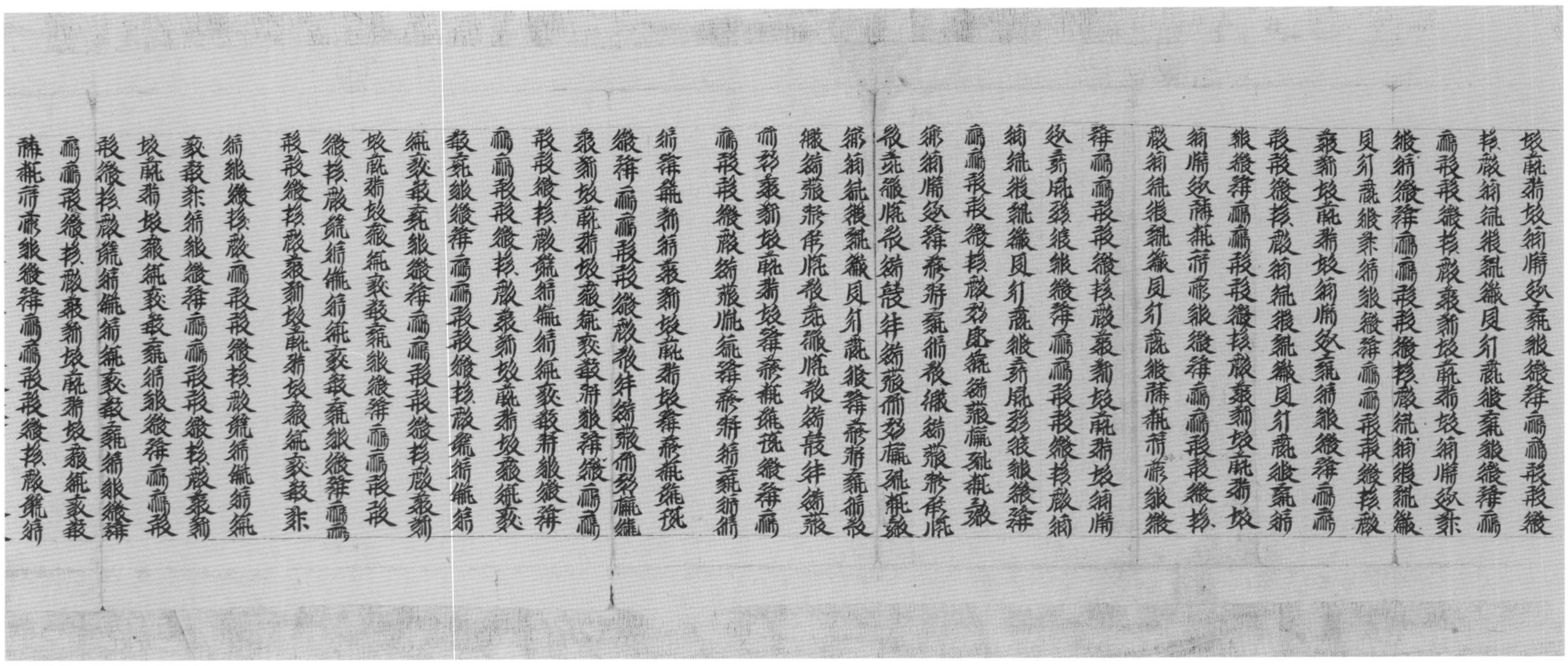

俄 Инв.No.1967　大般若波羅蜜多經卷第三百四十　(14–6)

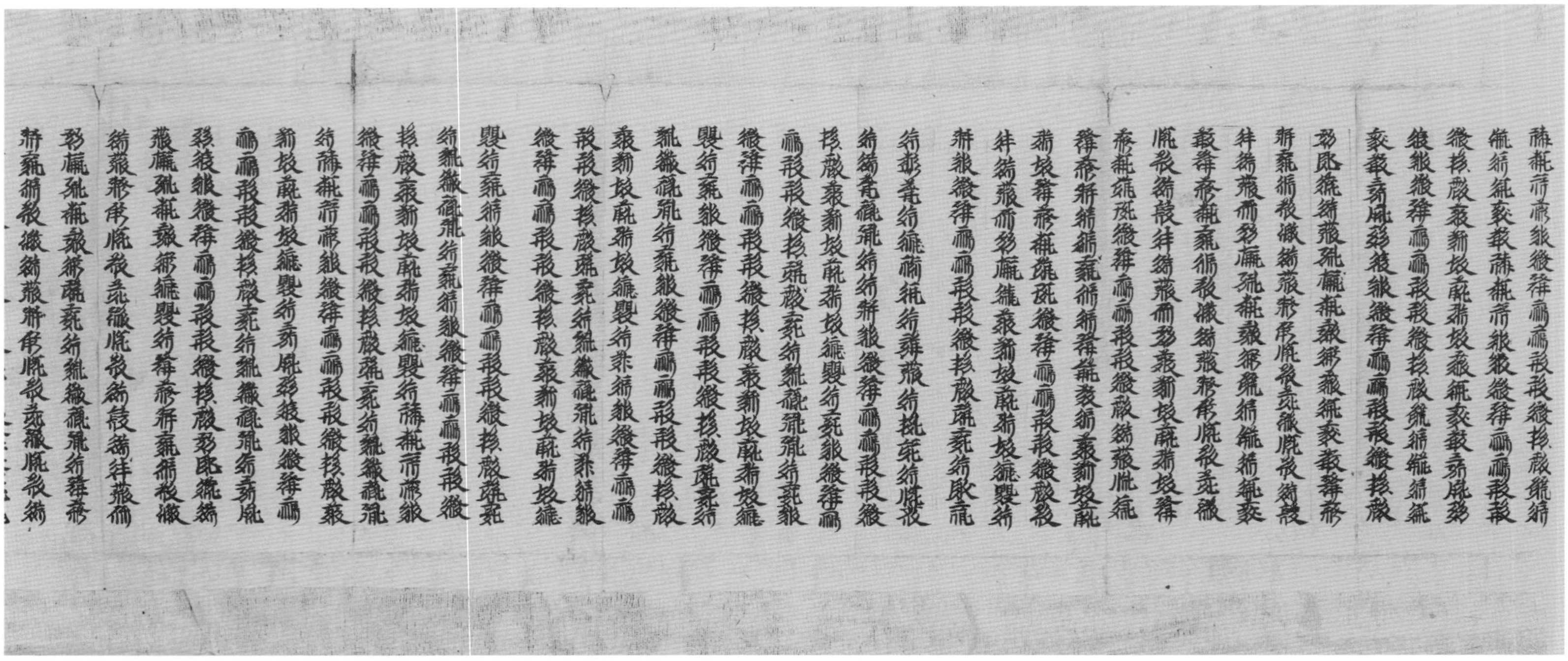

俄 Инв.No.1967　大般若波羅蜜多經卷第三百四十　(14–7)

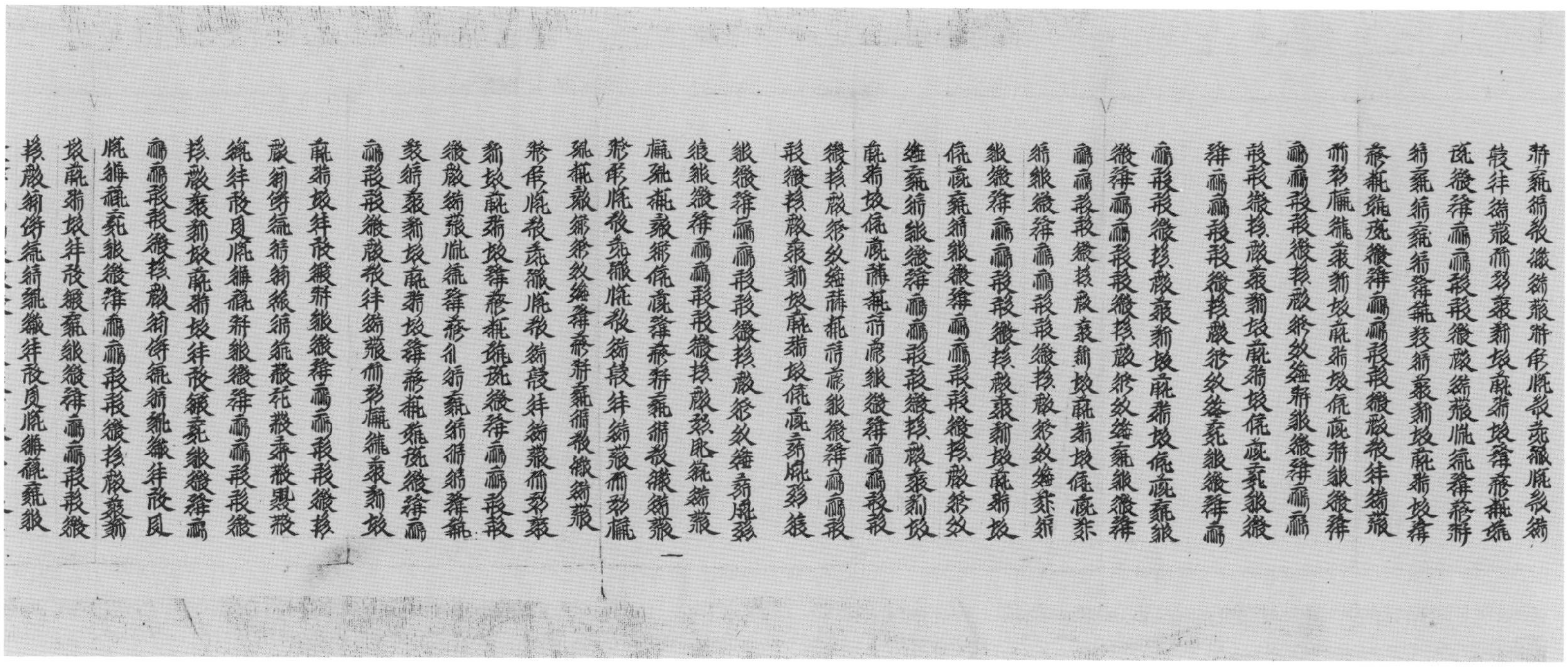

俄 Инв.No.1967　大般若波羅蜜多經卷第三百四十　(14–8)

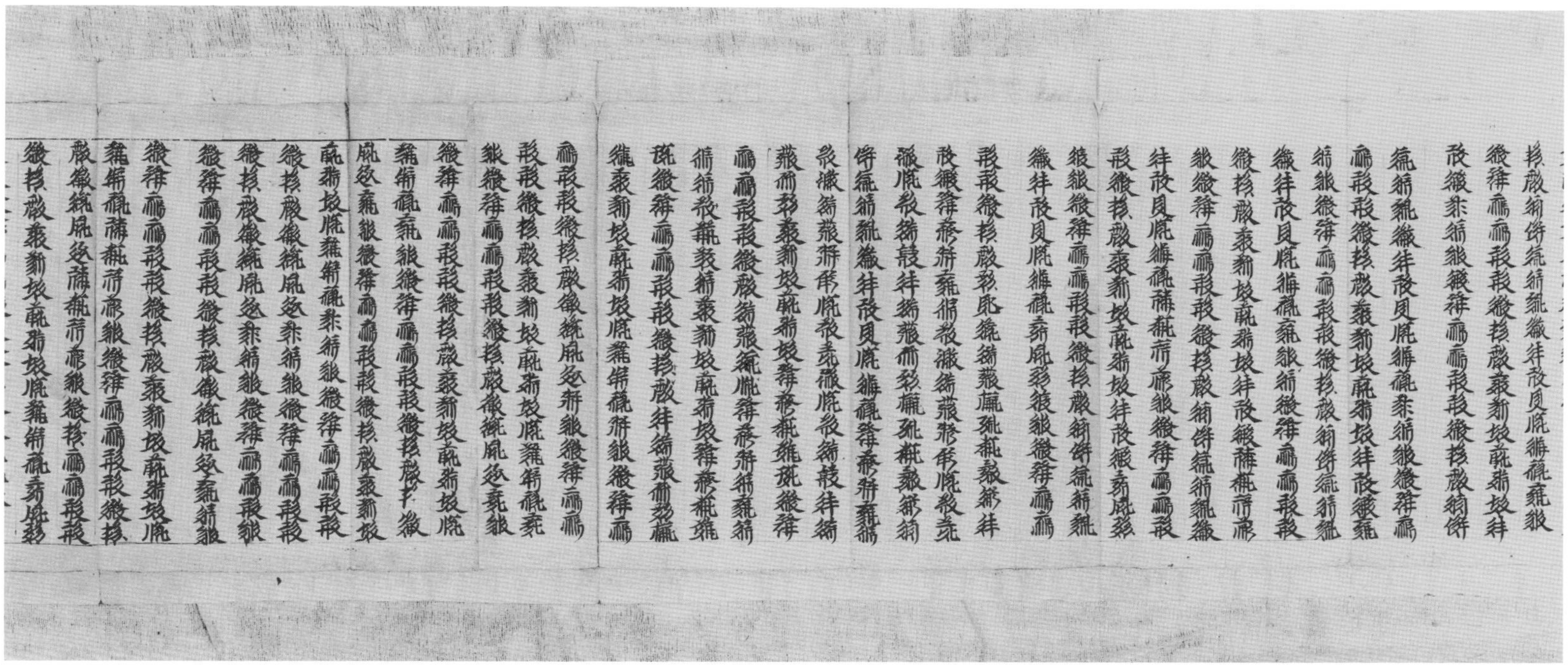

俄 Инв.No.1967　大般若波羅蜜多經卷第三百四十　(14–9)

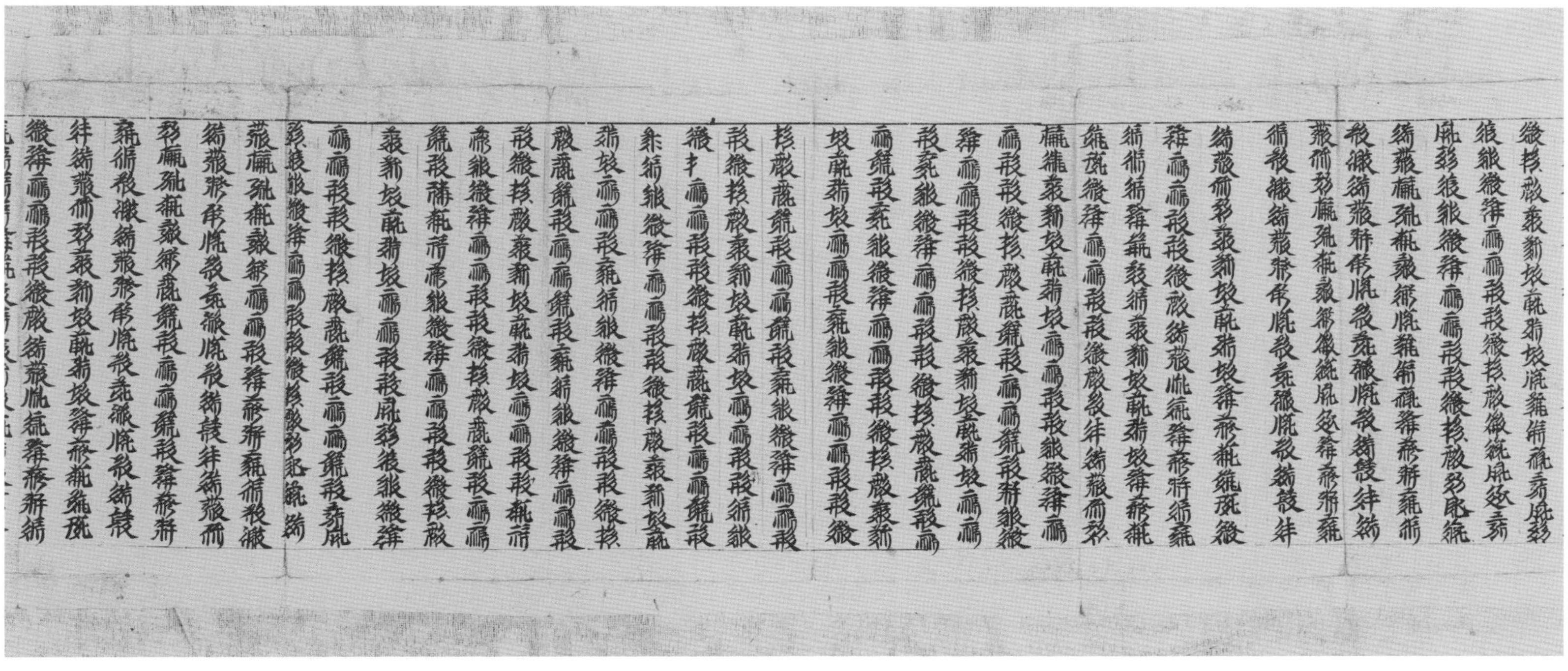

俄 Инв.No.1967　大般若波羅蜜多經卷第三百四十　(14–10)

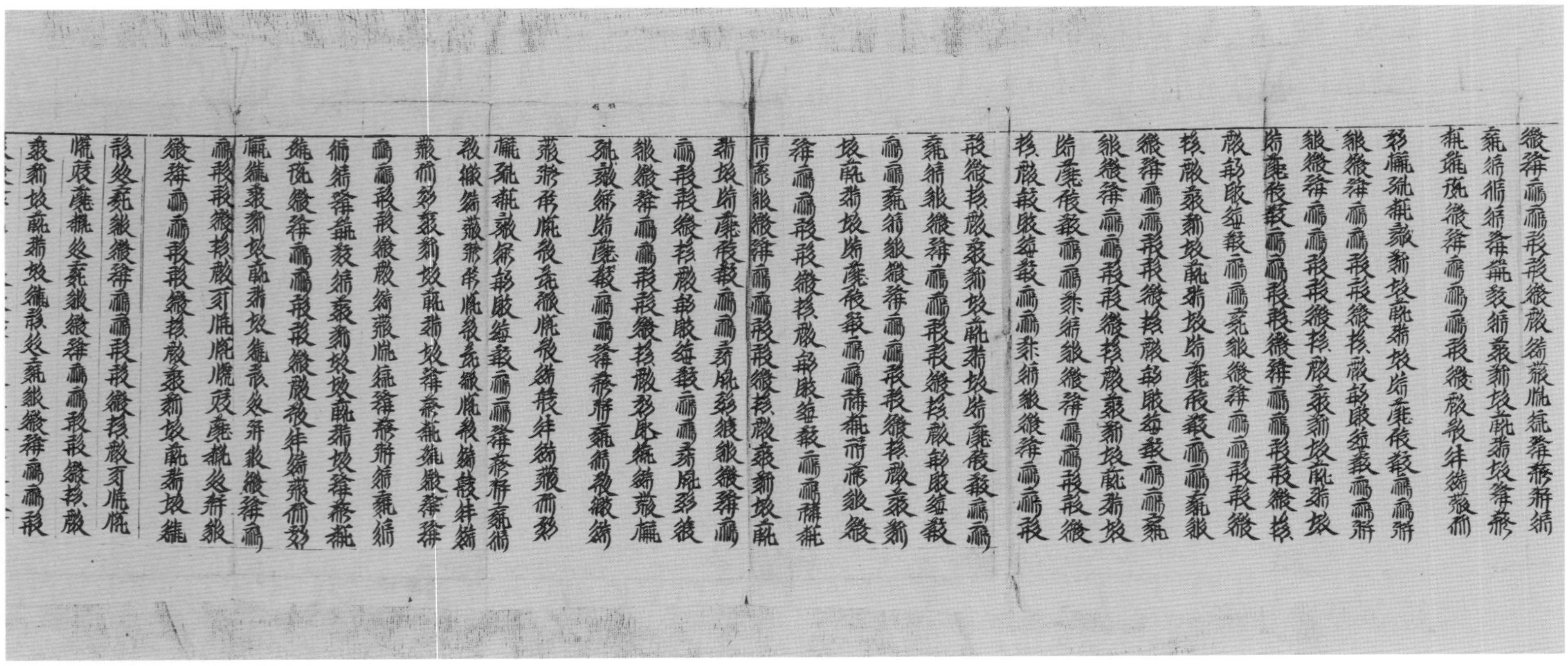

俄 Инв.No.1967　大般若波羅蜜多經卷第三百四十　(14–11)

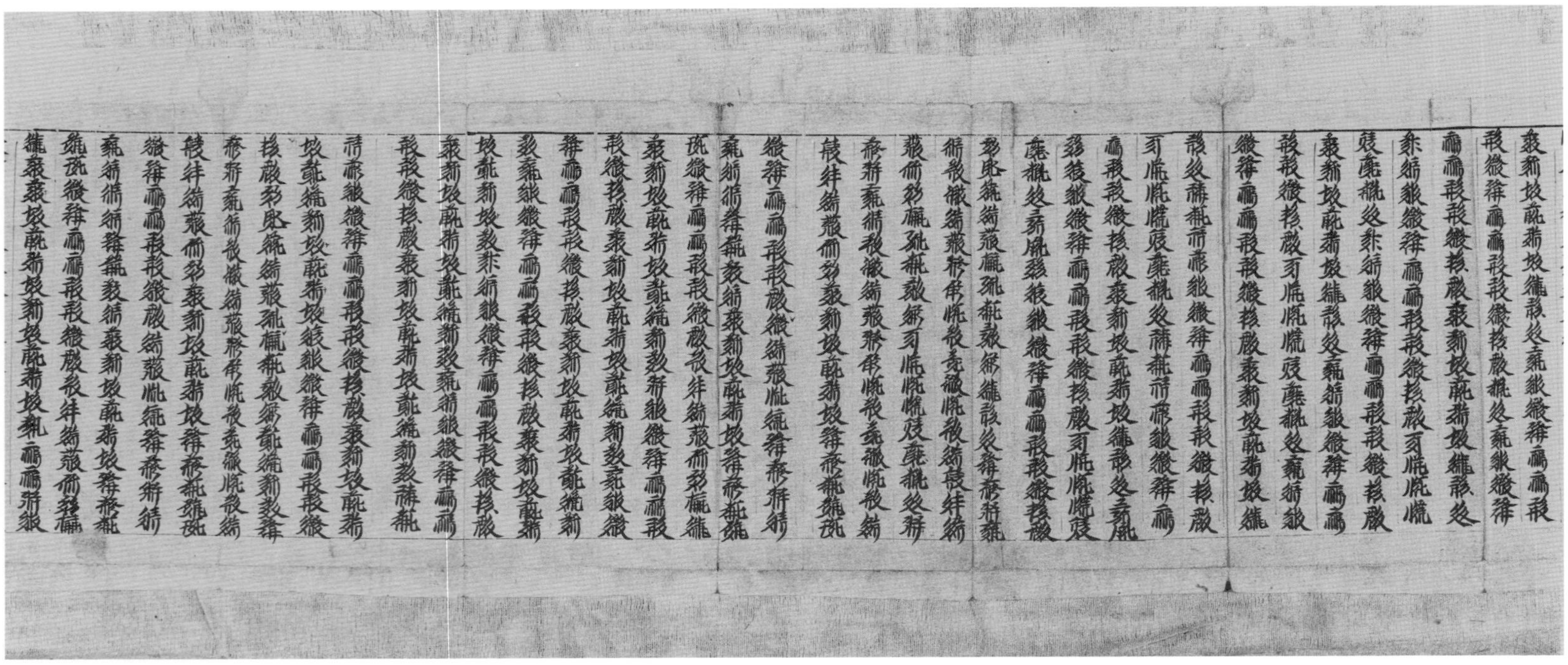

俄 Инв.No.1967　大般若波羅蜜多經卷第三百四十　(14–12)

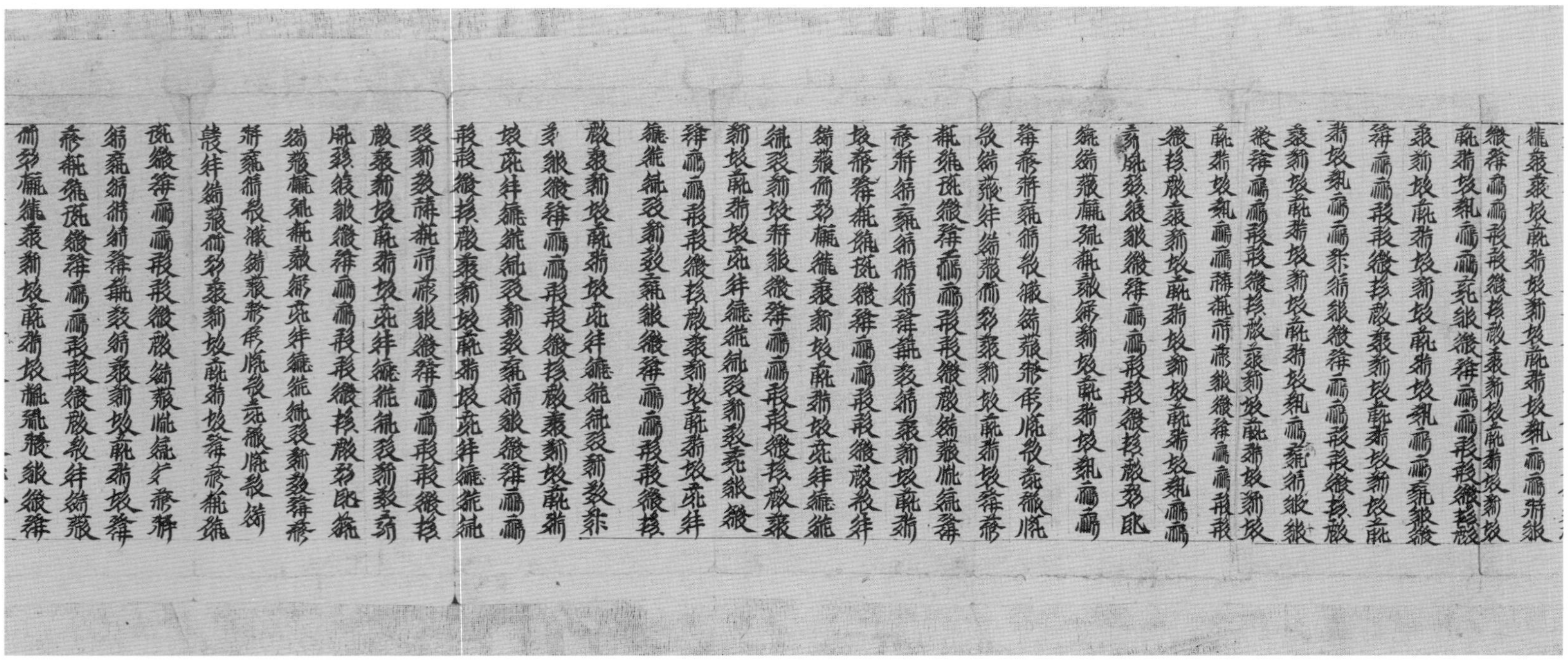

俄 Инв.No.1967　大般若波羅蜜多經卷第三百四十　(14–13)

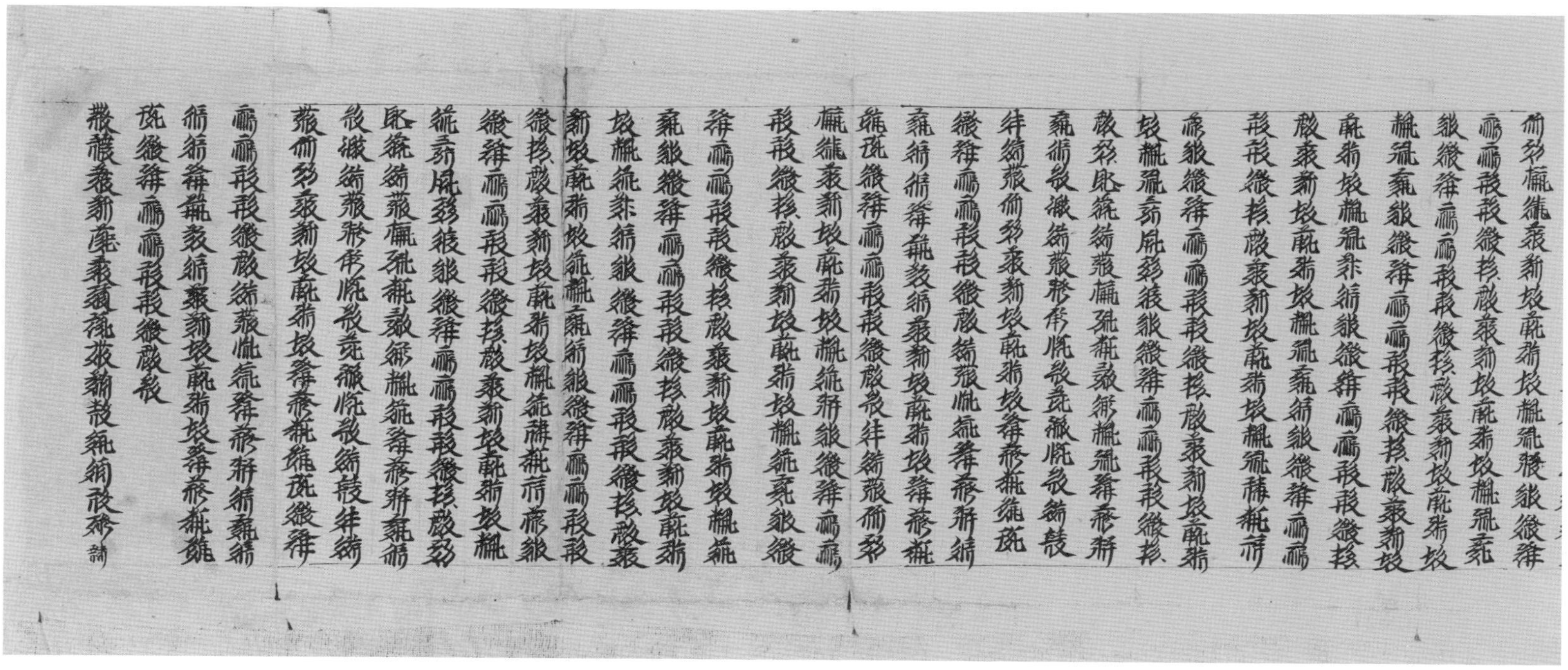

俄 Инв.No.1967　大般若波羅蜜多經卷第三百四十　(14–14)

俄 Инв.No.1660　大般若波羅蜜多經卷第三百四十一　(5–1)

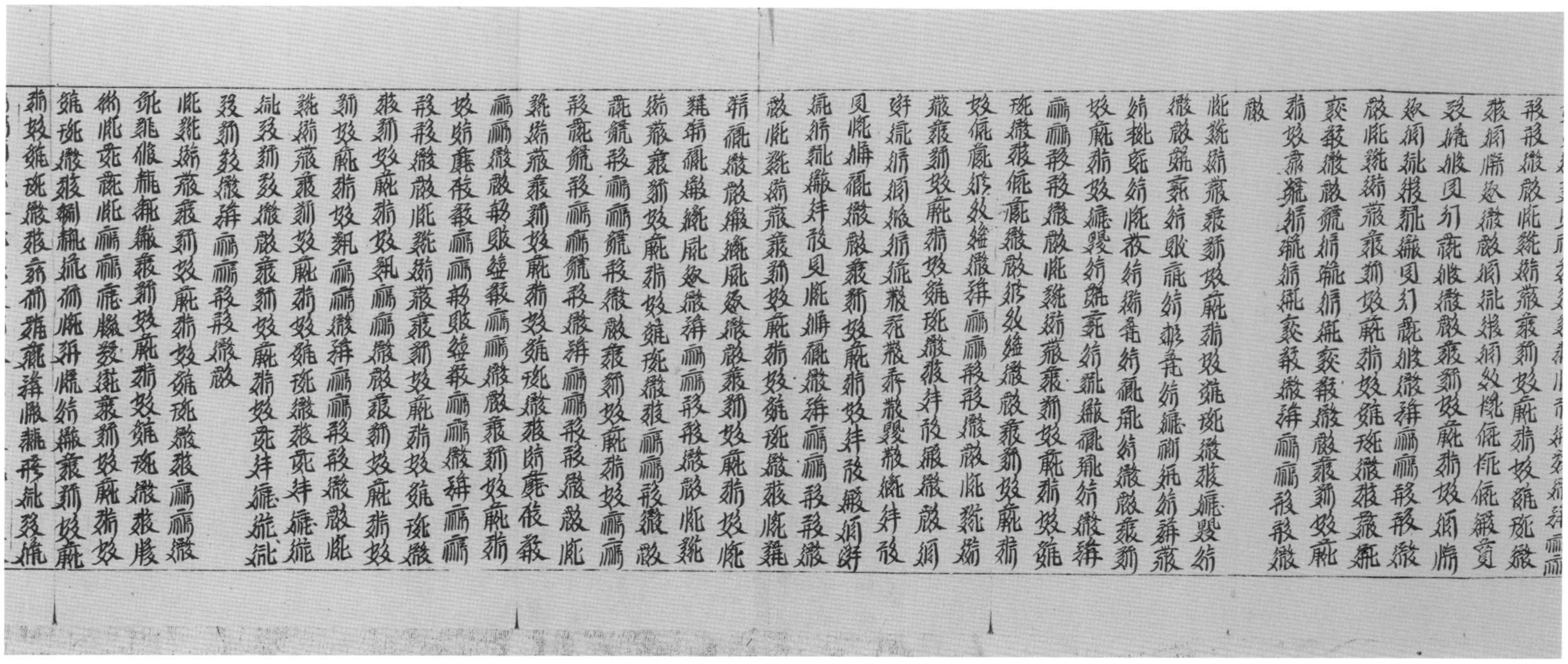

俄 Инв.No.1660　大般若波羅蜜多經卷第三百四十一　(5–2)

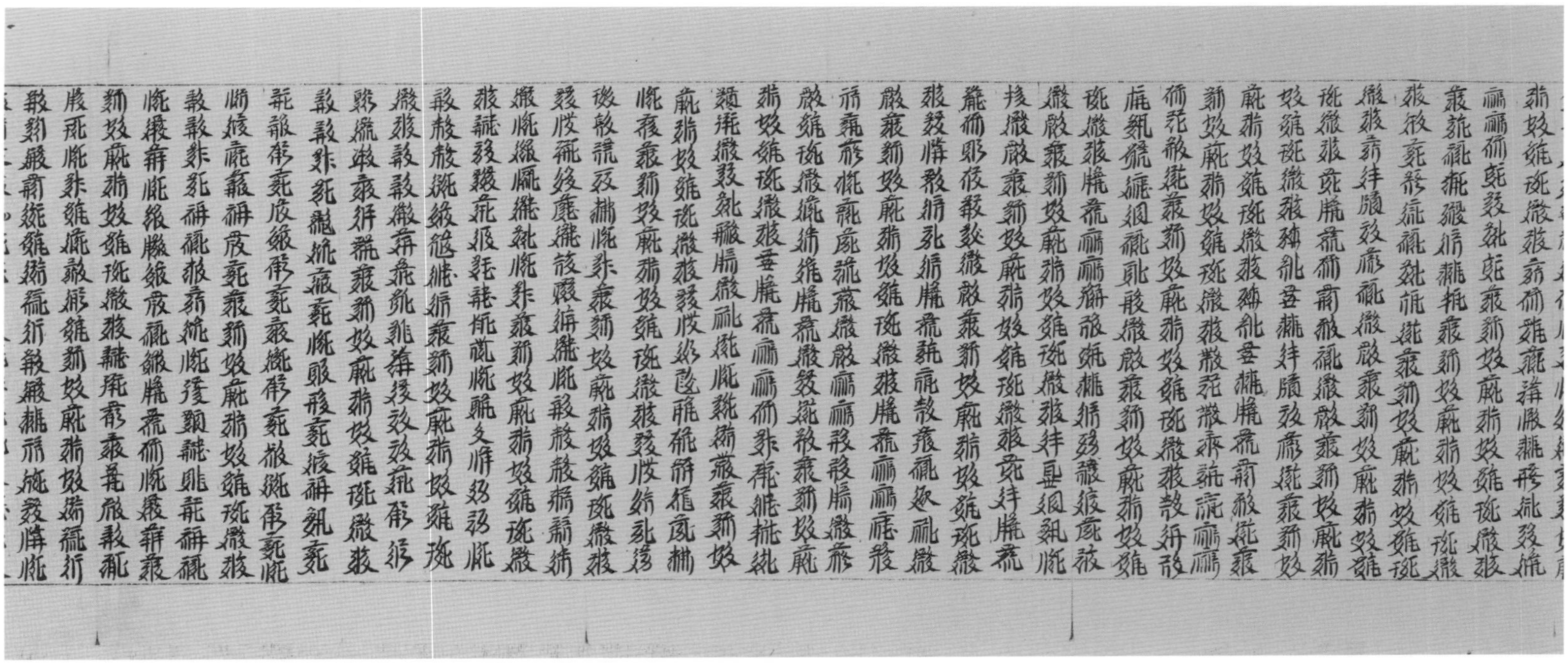

俄 Инв.No.1660　大般若波羅蜜多經卷第三百四十一　(5-3)

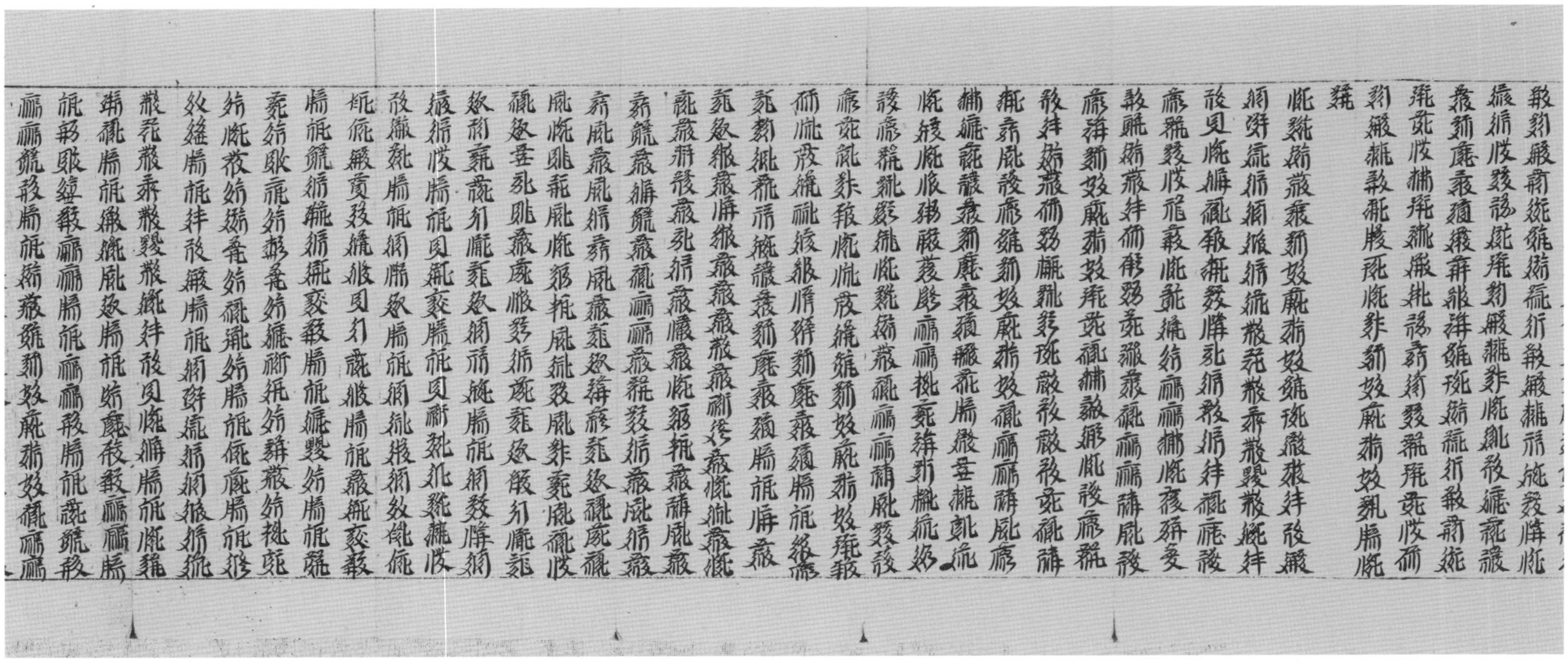

俄 Инв.No.1660　大般若波羅蜜多經卷第三百四十一　(5-4)

俄 Инв.No.1660　大般若波羅蜜多經卷第三百四十一　(5-5)

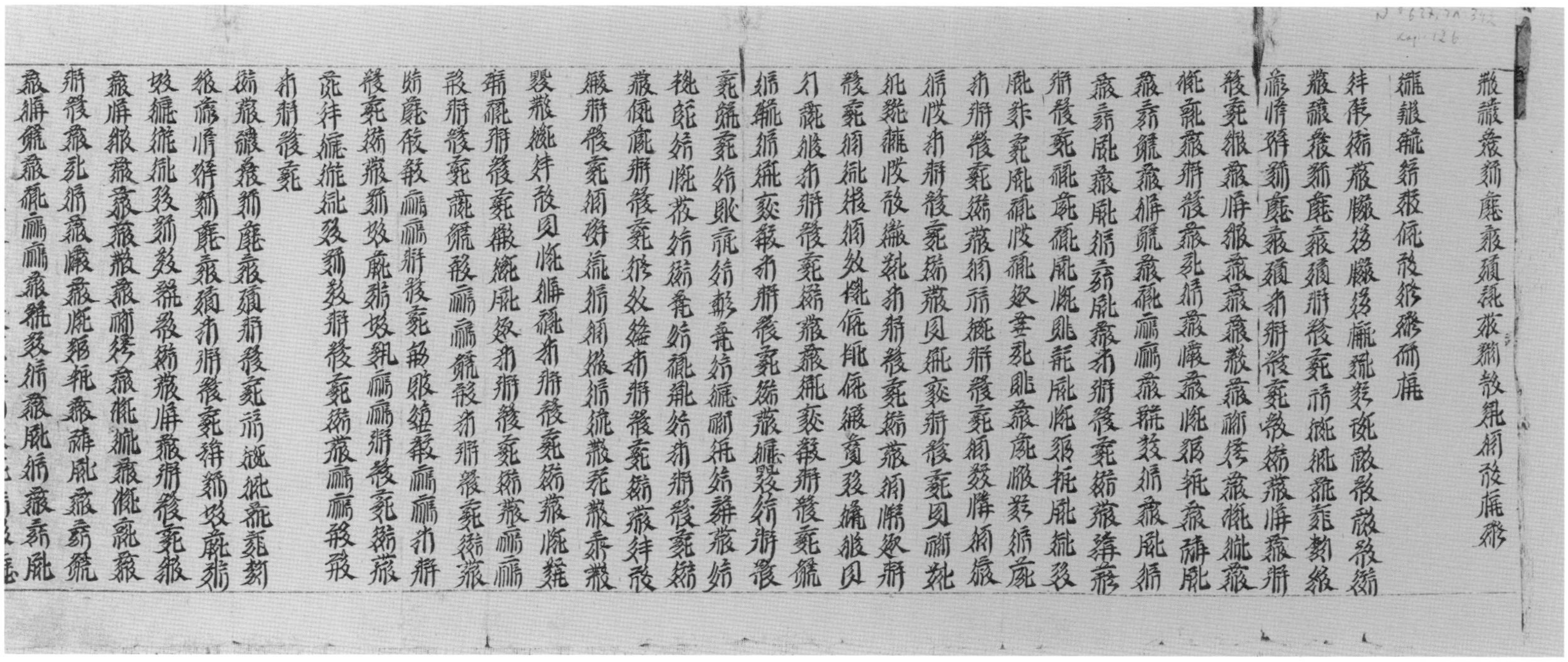

俄 Инв.No.637　大般若波羅蜜多經卷第三百四十二　(11–1)

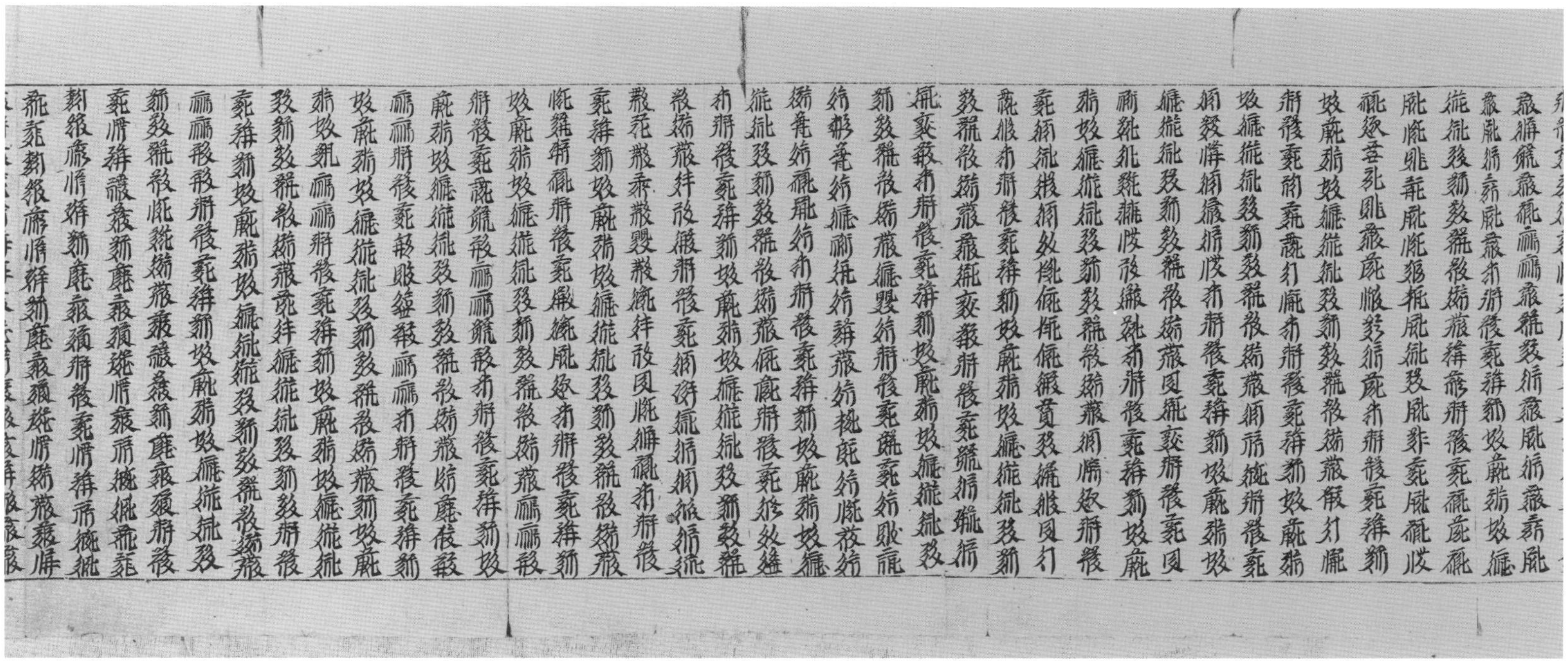

俄 Инв.No.637　大般若波羅蜜多經卷第三百四十二　(11–2)

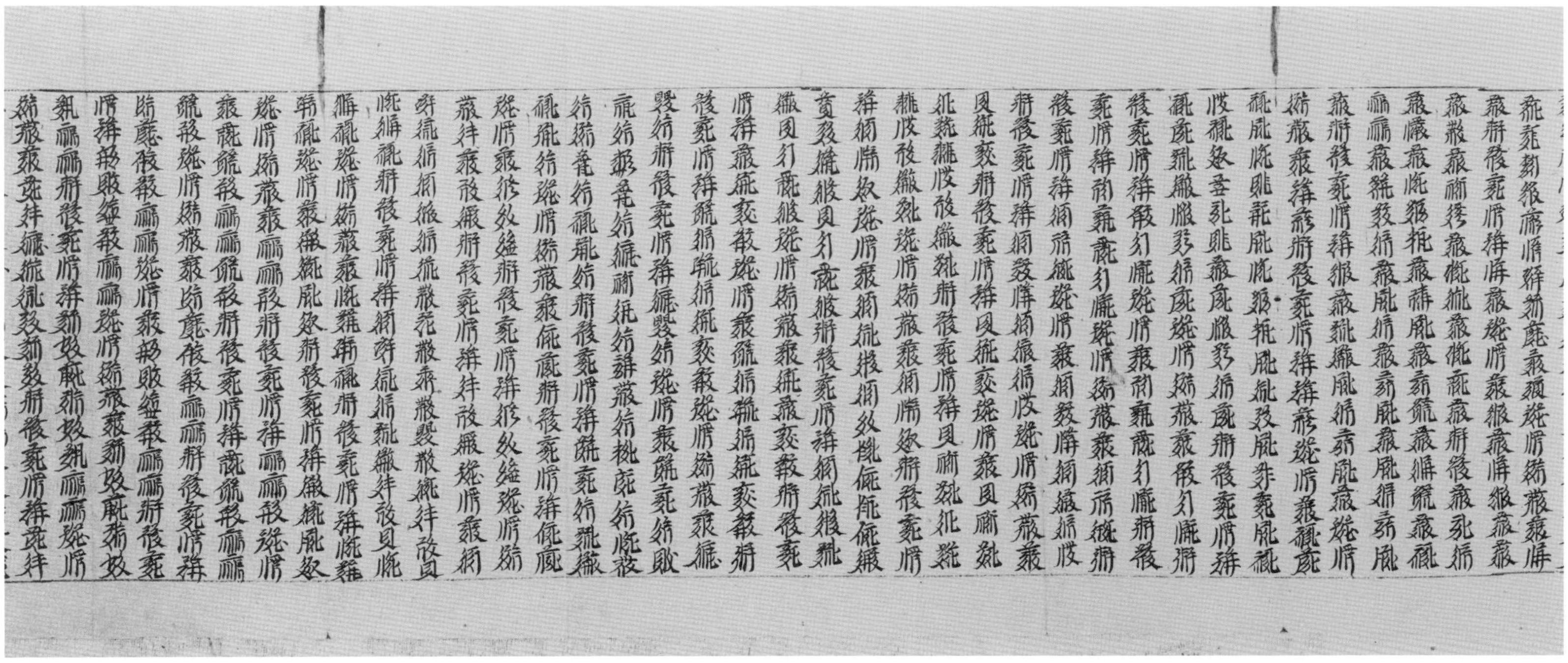

俄 Инв.No.637　大般若波羅蜜多經卷第三百四十二　(11–3)

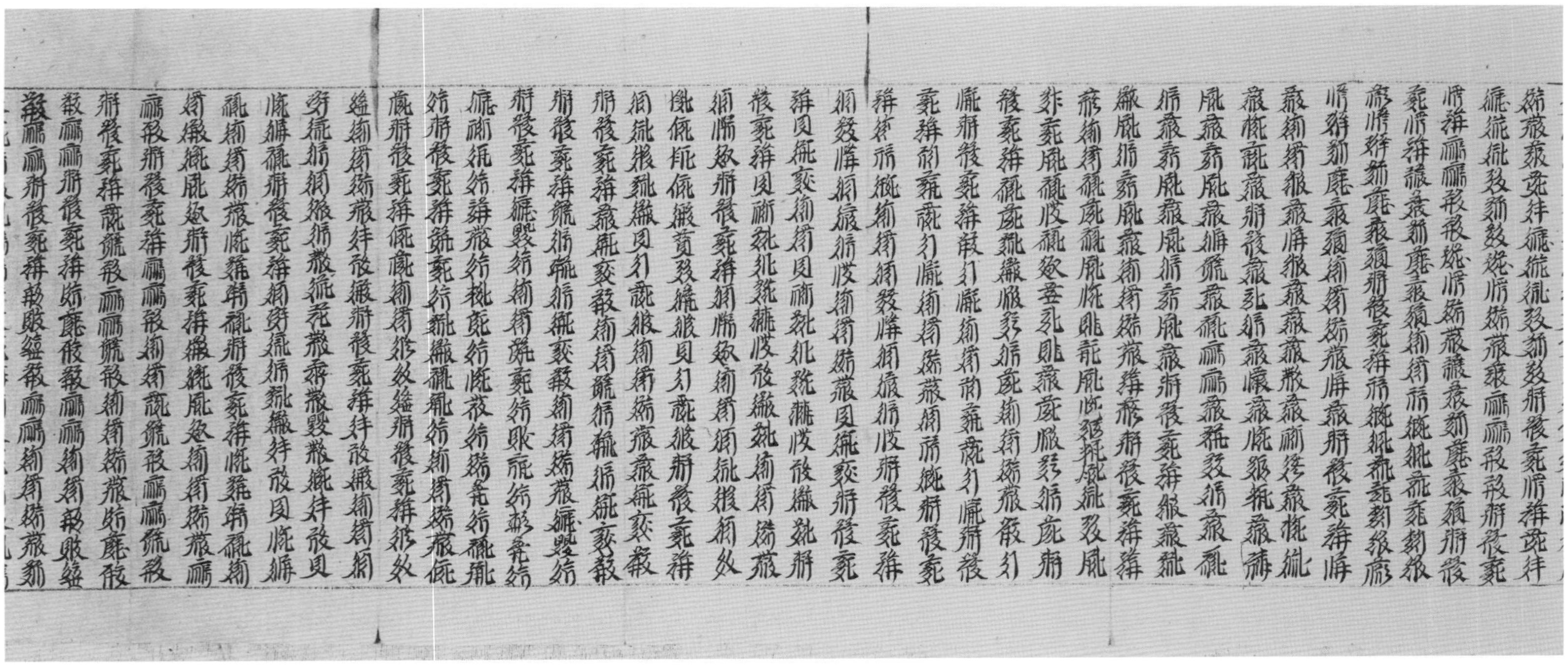

俄 Инв.No.637 大般若波羅蜜多經卷第三百四十二 (11–4)

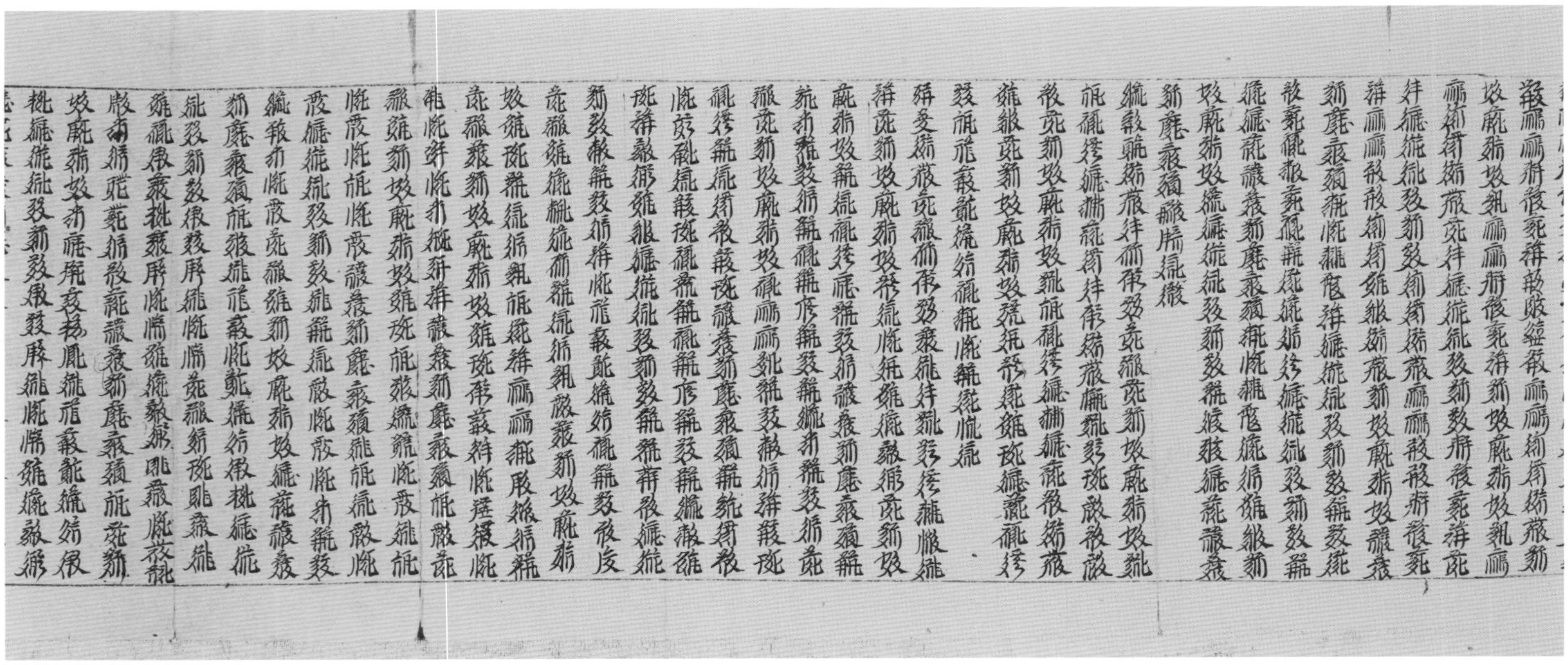

俄 Инв.No.637 大般若波羅蜜多經卷第三百四十二 (11–5)

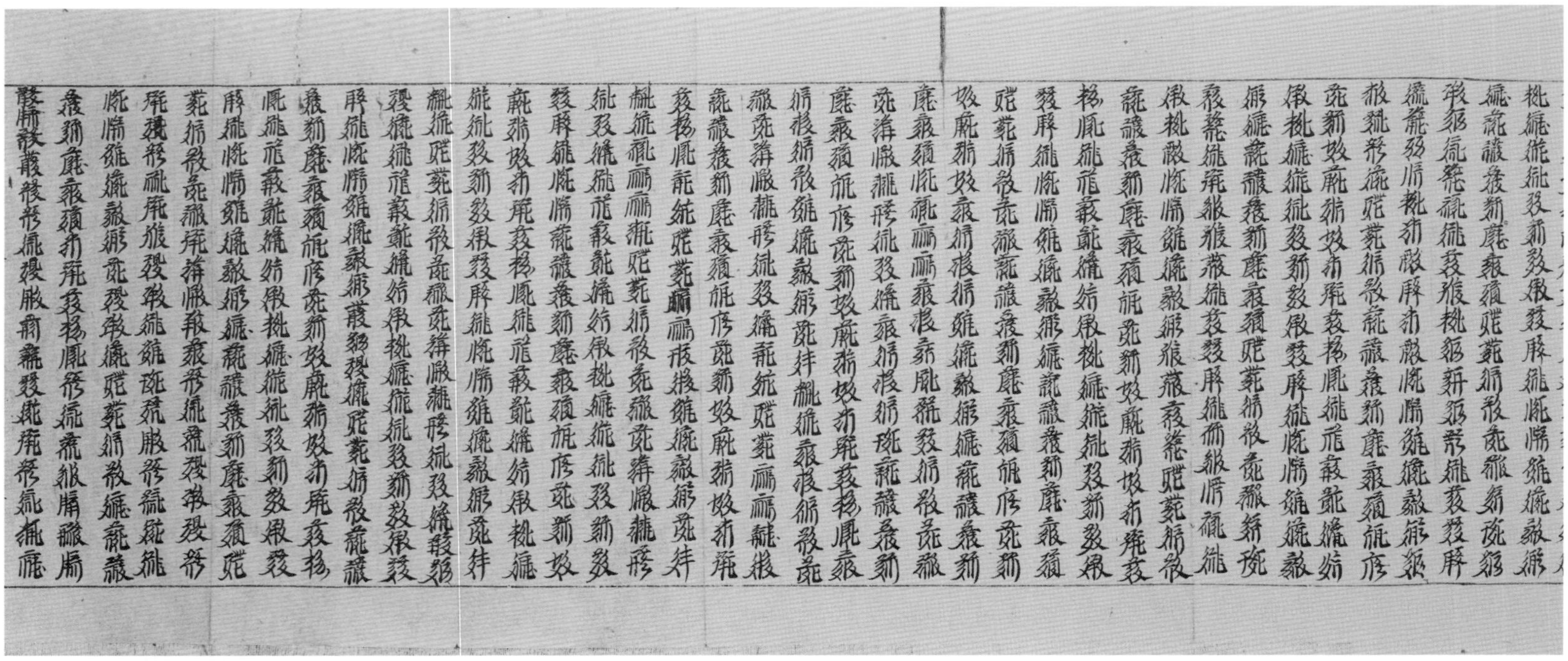

俄 Инв.No.637 大般若波羅蜜多經卷第三百四十二 (11–6)

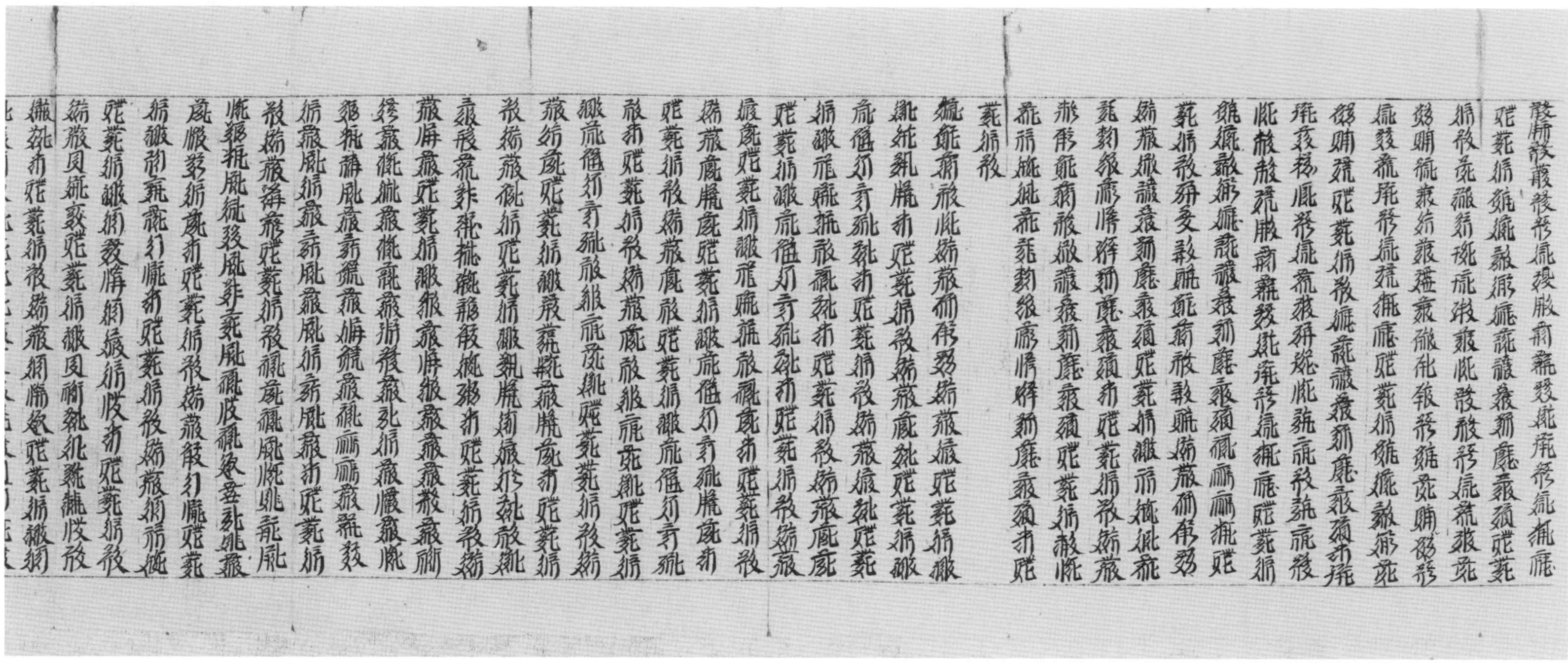

俄 Инв.No.637 大般若波羅蜜多經卷第三百四十二 (11-7)

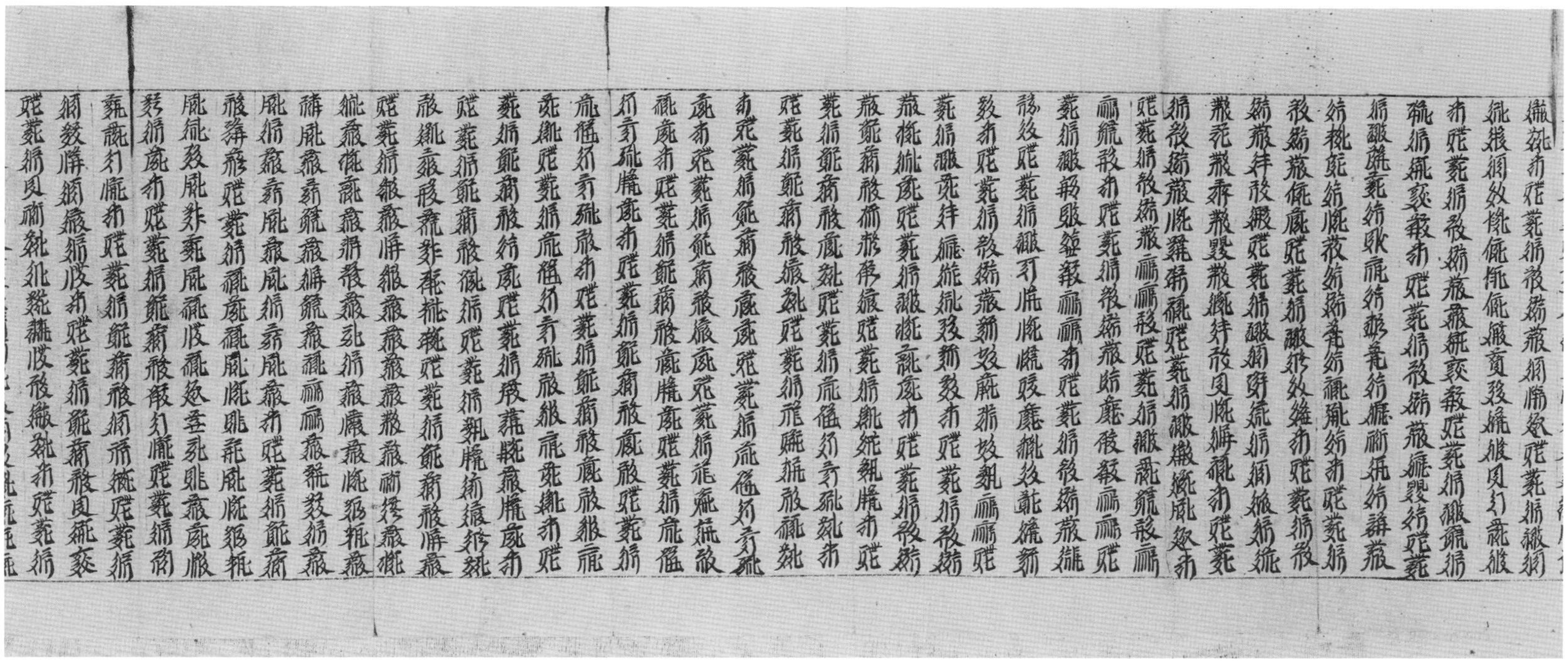

俄 Инв.No.637 大般若波羅蜜多經卷第三百四十二 (11-8)

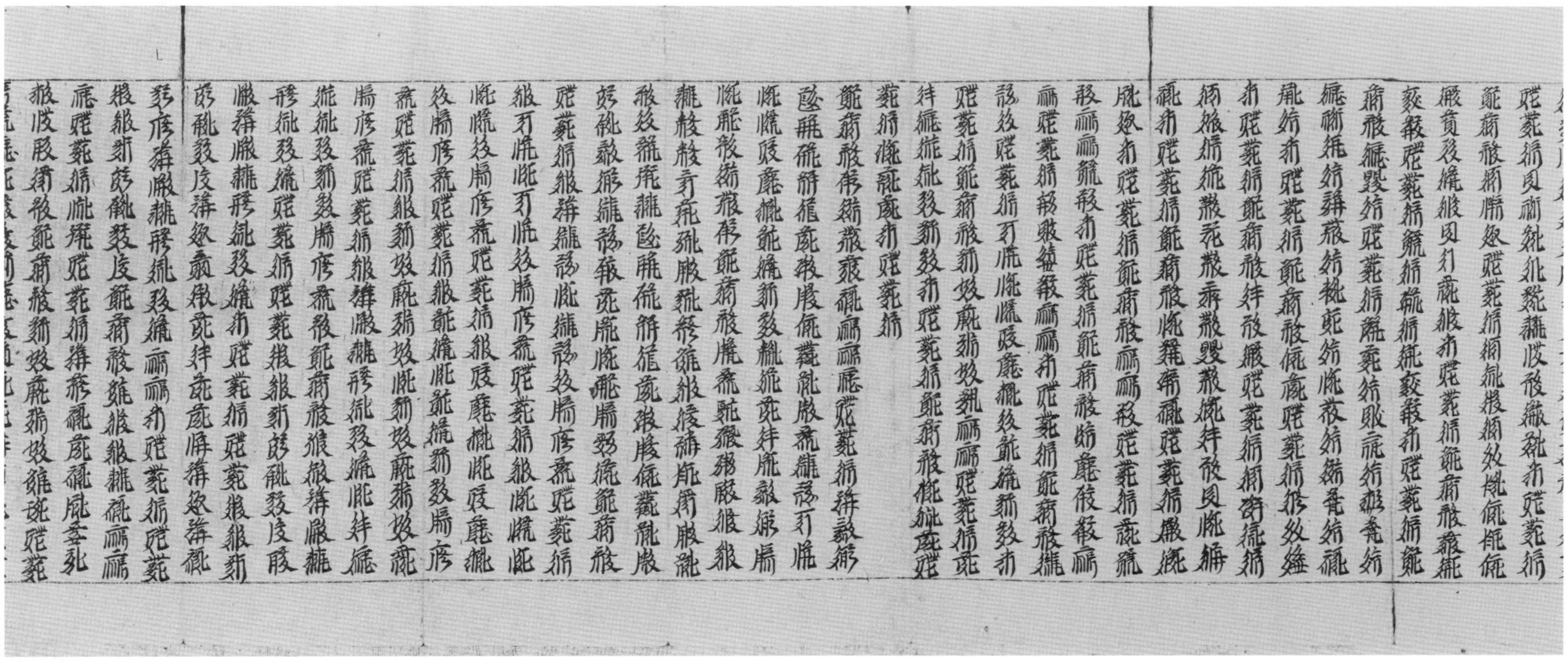

俄 Инв.No.637 大般若波羅蜜多經卷第三百四十二 (11-9)

俄 Инв.No.637　大般若波羅蜜多經卷第三百四十二　(11–10)

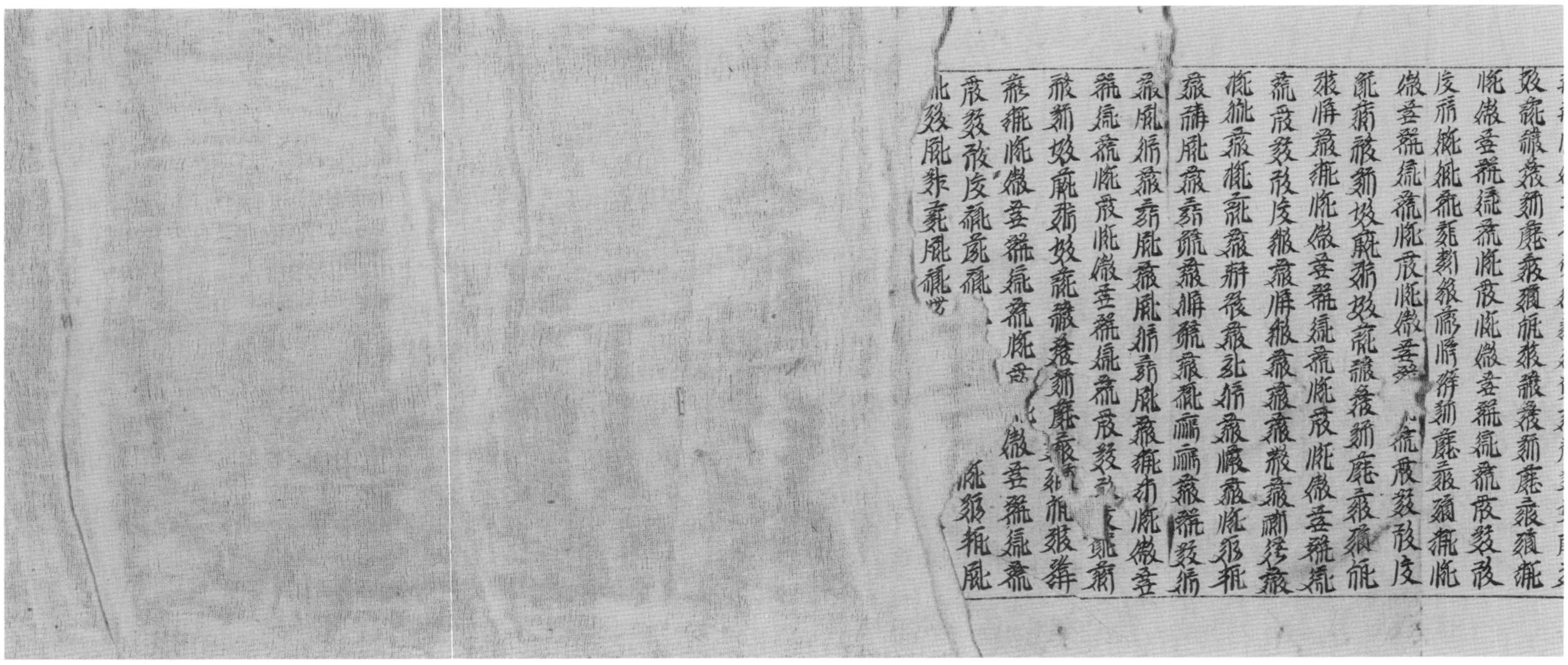

俄 Инв.No.637　大般若波羅蜜多經卷第三百四十二　(11–11)

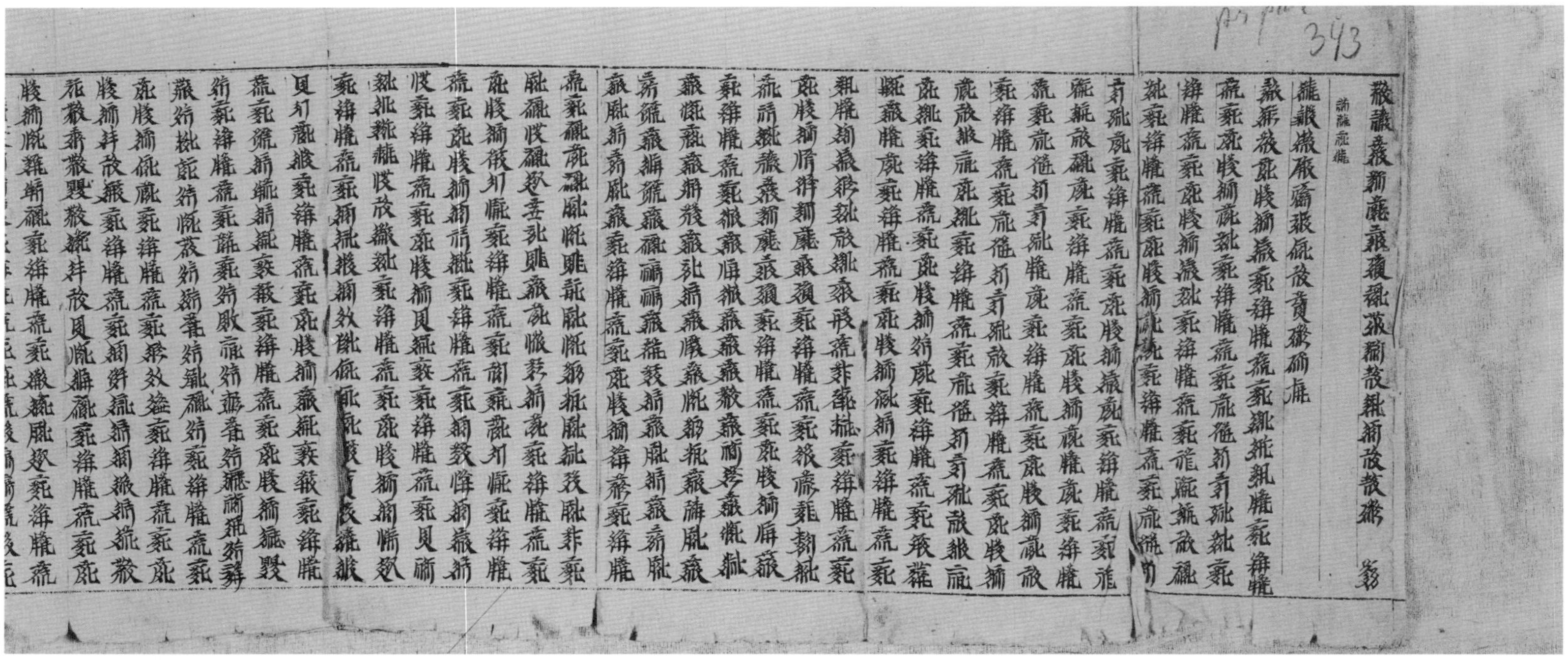

俄 Инв.No.1920　大般若波羅蜜多經卷第三百四十三　(11–1)

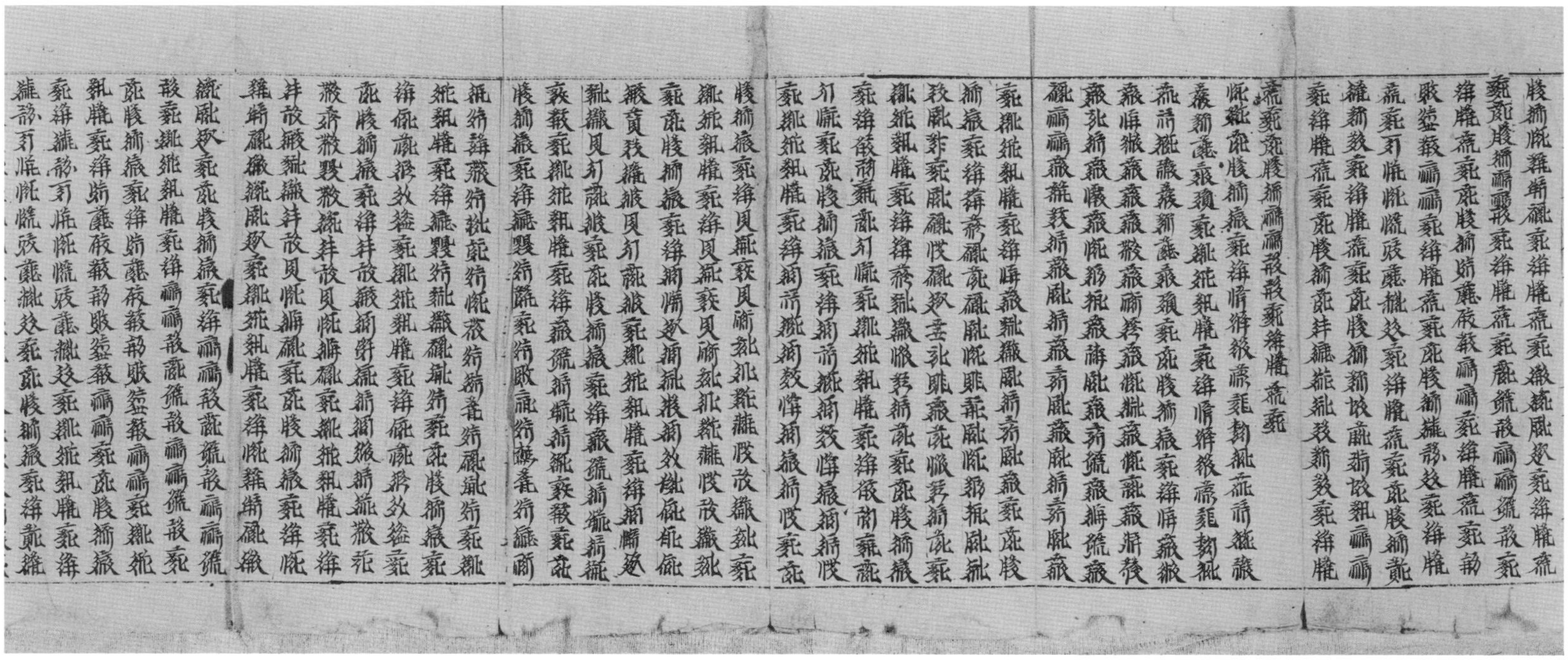

俄 Инв.No.1920　大般若波羅蜜多經卷第三百四十三　(11–2)

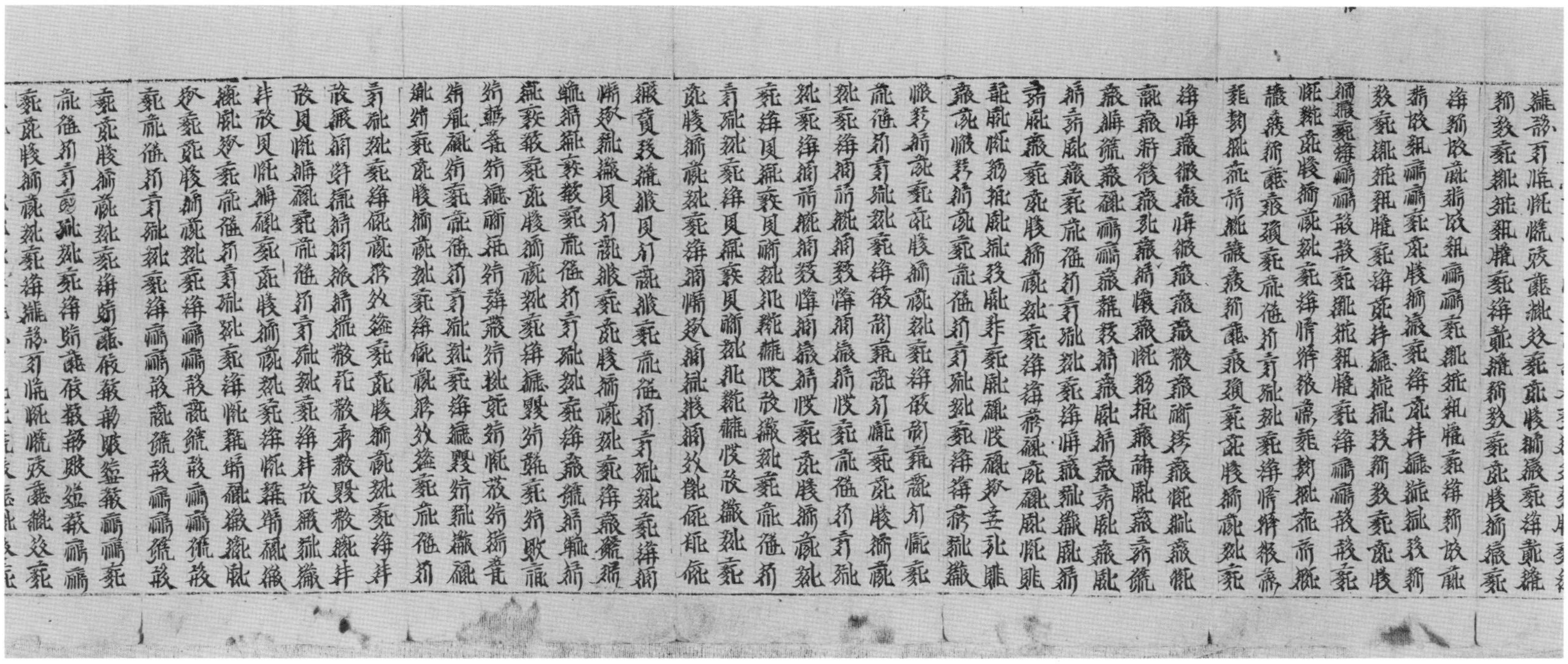

俄 Инв.No.1920　大般若波羅蜜多經卷第三百四十三　(11–3)

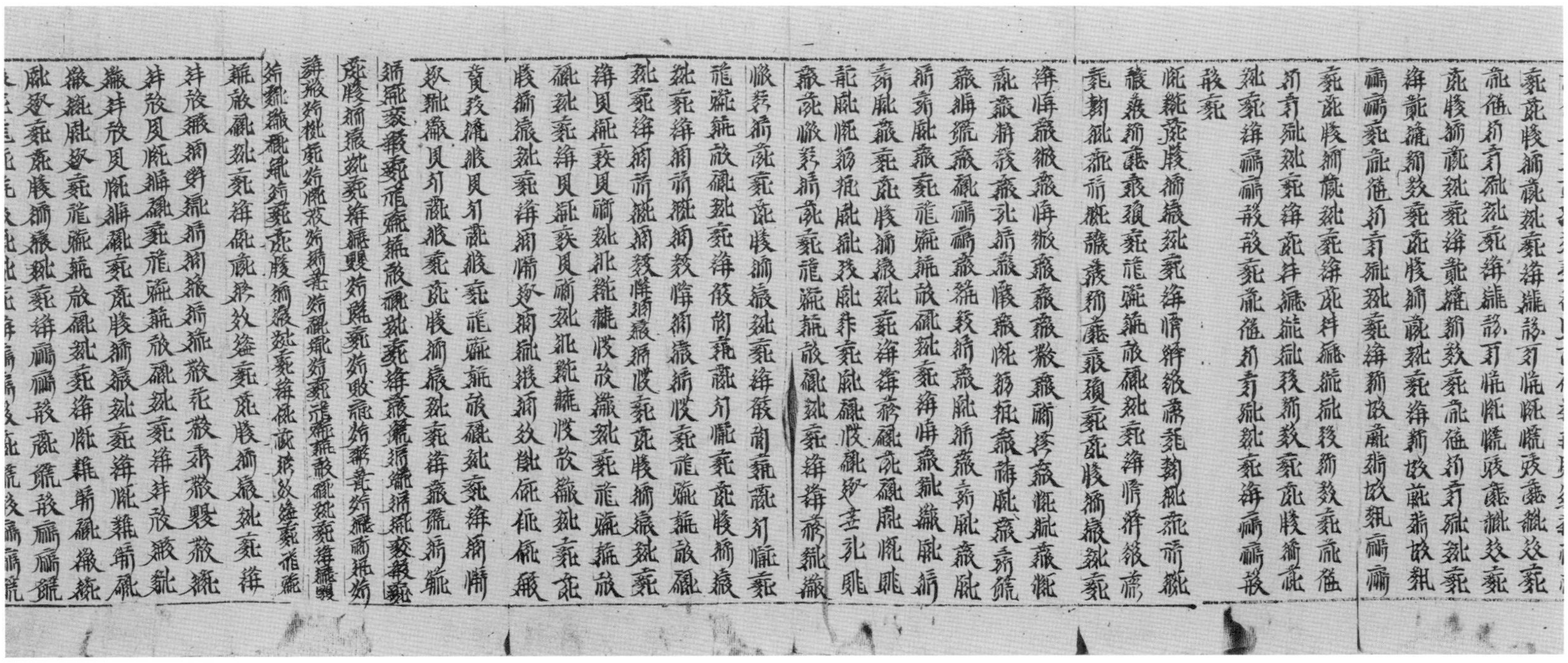

俄 Инв.No.1920　大般若波羅蜜多經卷第三百四十三　(11–4)

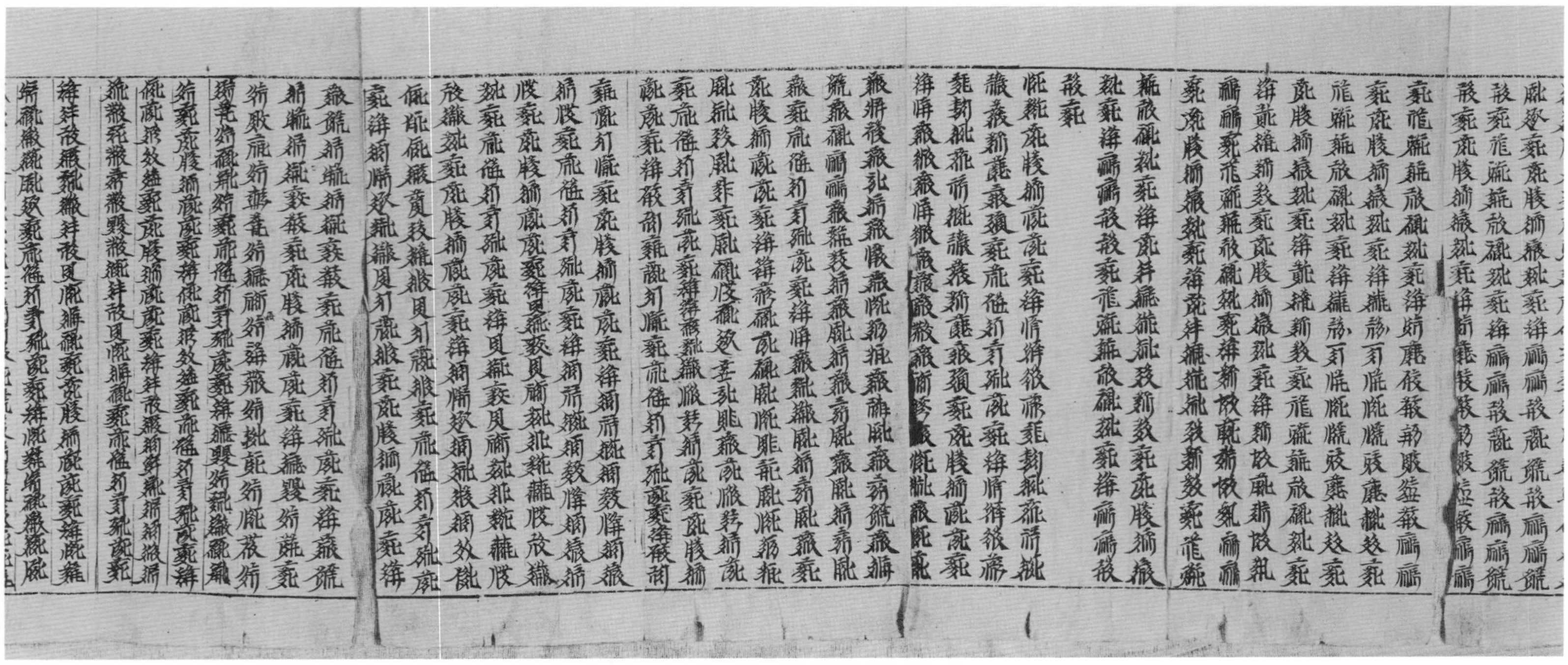

俄Инв.No.1920　大般若波羅蜜多經卷第三百四十三　(11–5)

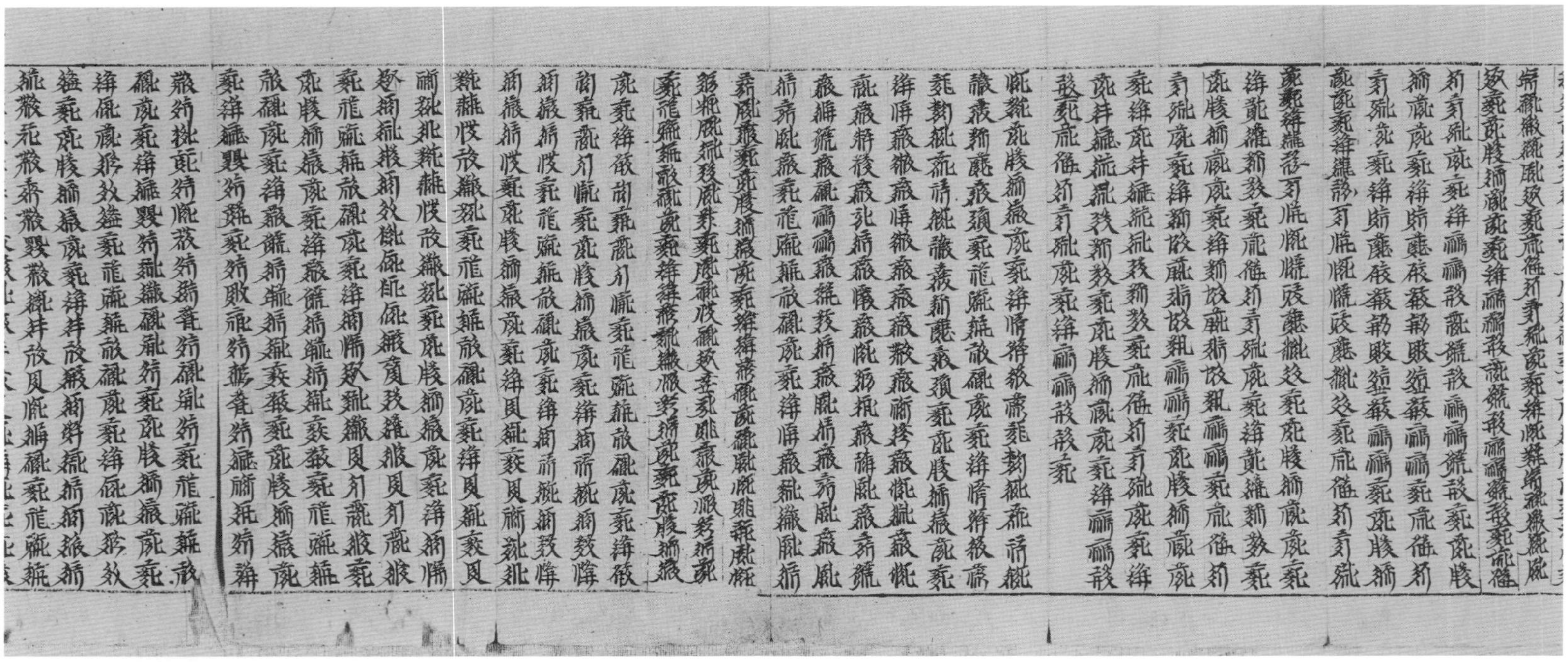

俄Инв.No.1920　大般若波羅蜜多經卷第三百四十三　(11–6)

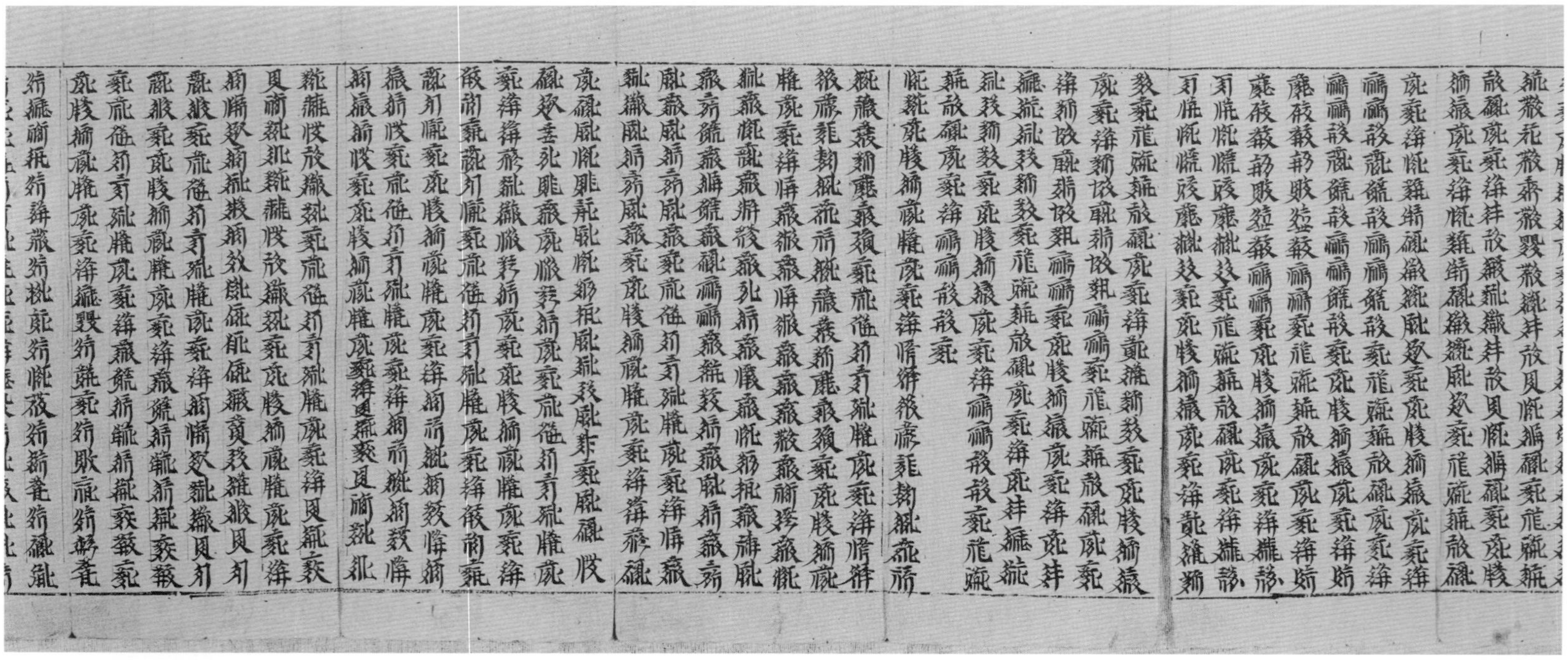

俄Инв.No.1920　大般若波羅蜜多經卷第三百四十三　(11–7)

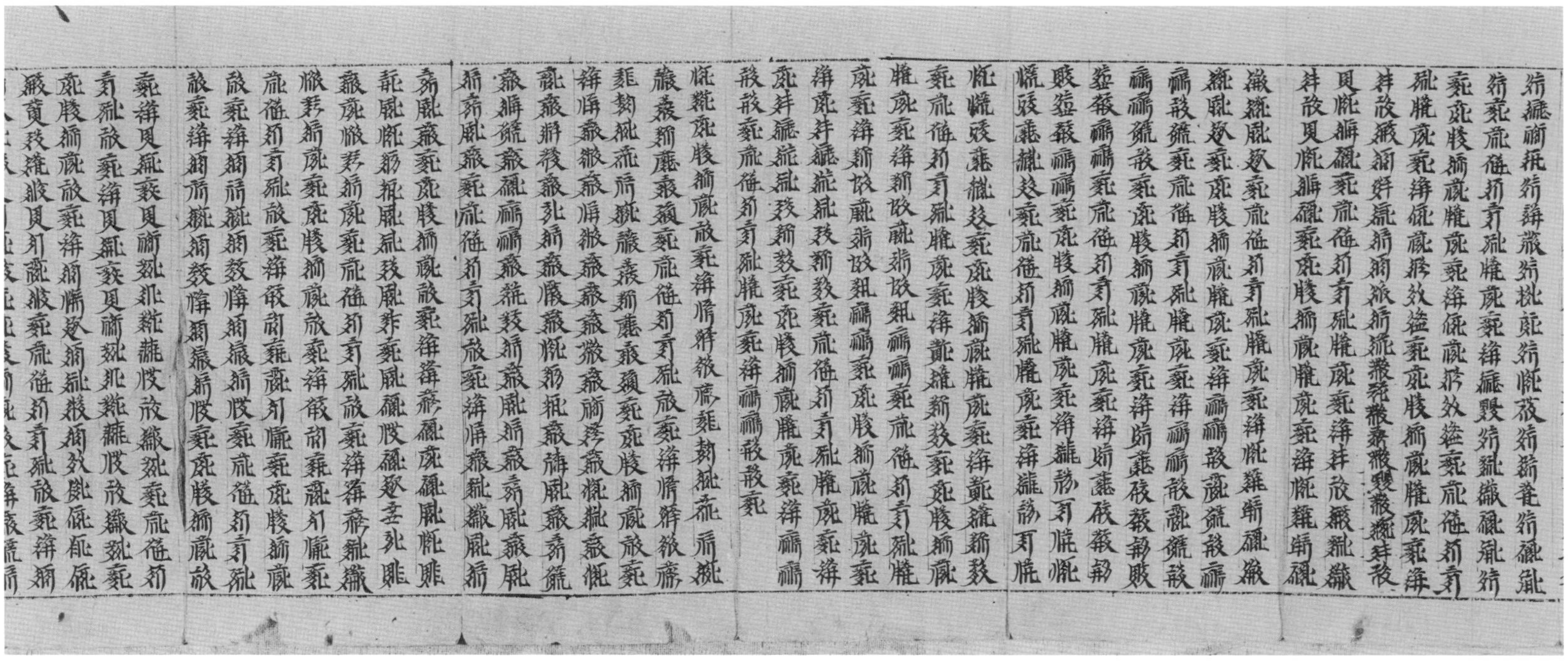

俄 Инв.No.1920　大般若波羅蜜多經卷第三百四十三　(11–8)

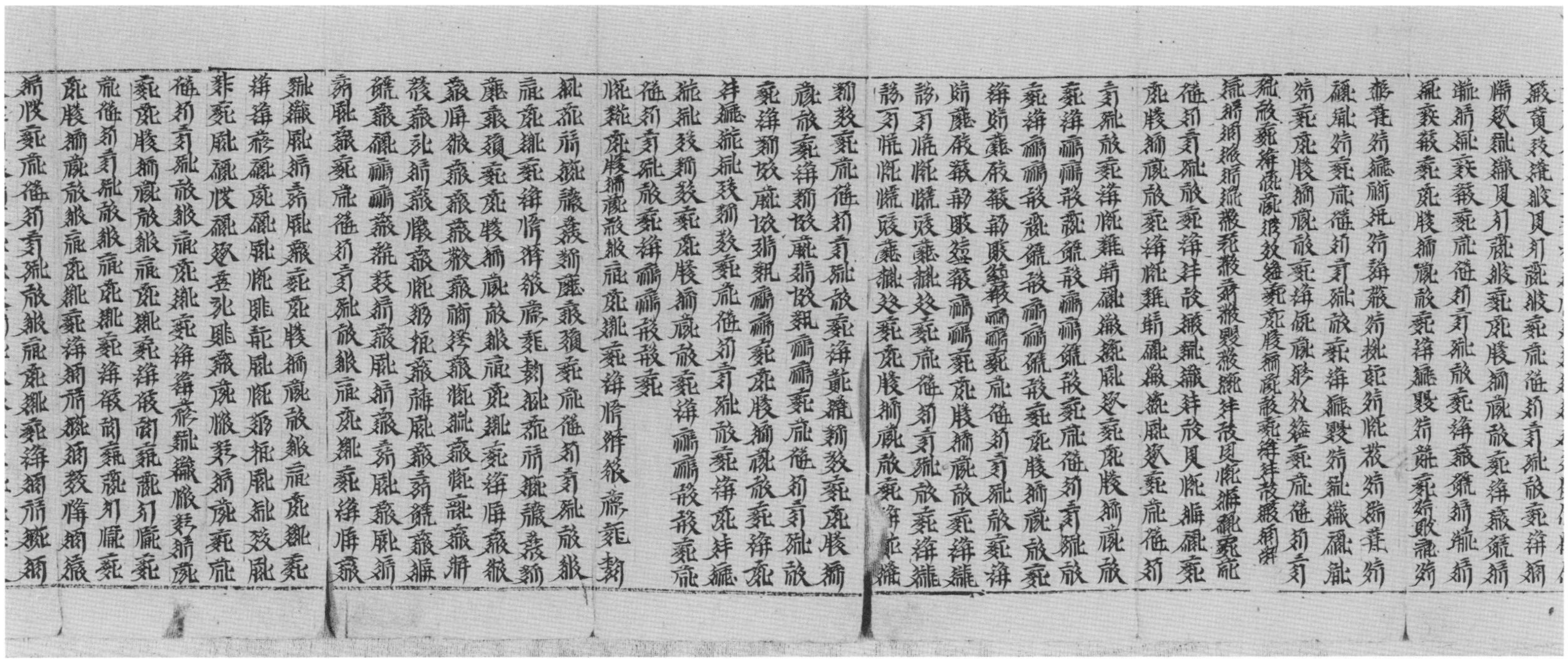

俄 Инв.No.1920　大般若波羅蜜多經卷第三百四十三　(11–9)

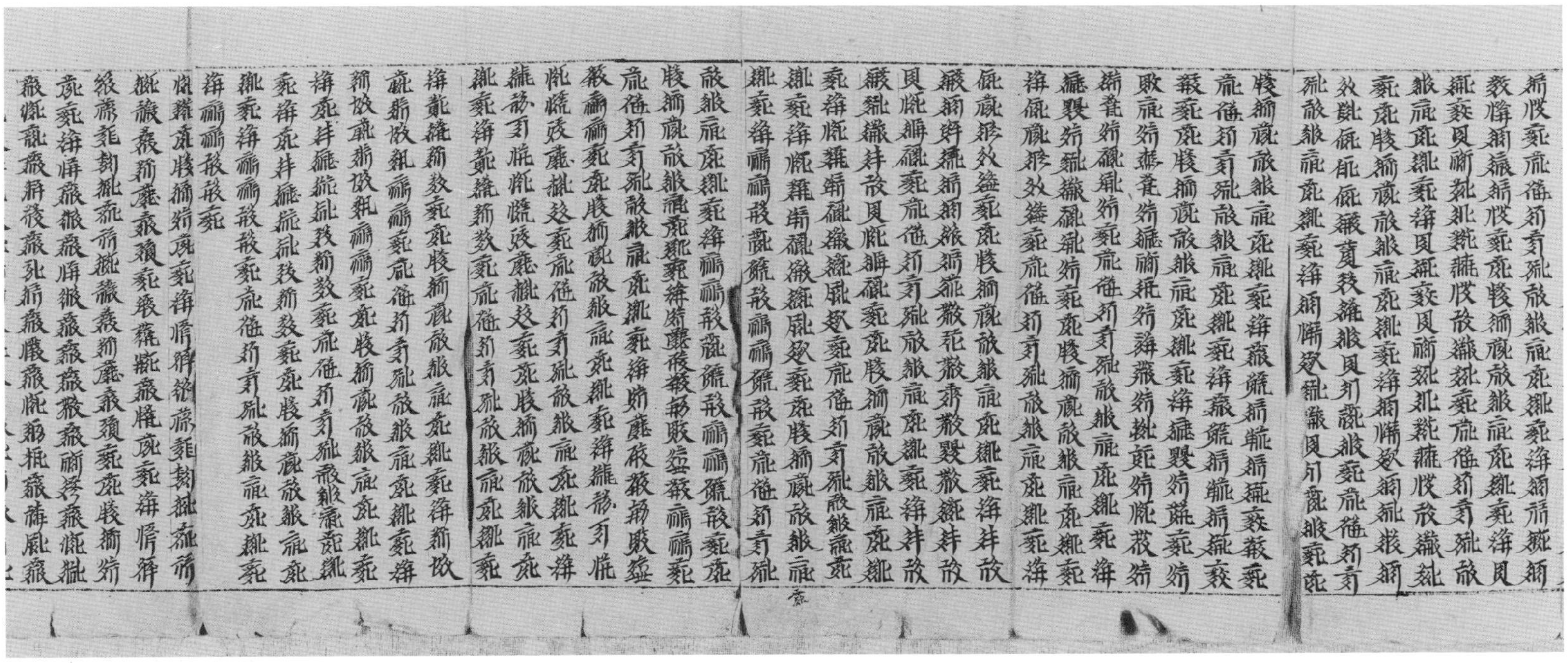

俄 Инв.No.1920　大般若波羅蜜多經卷第三百四十三　(11–10)

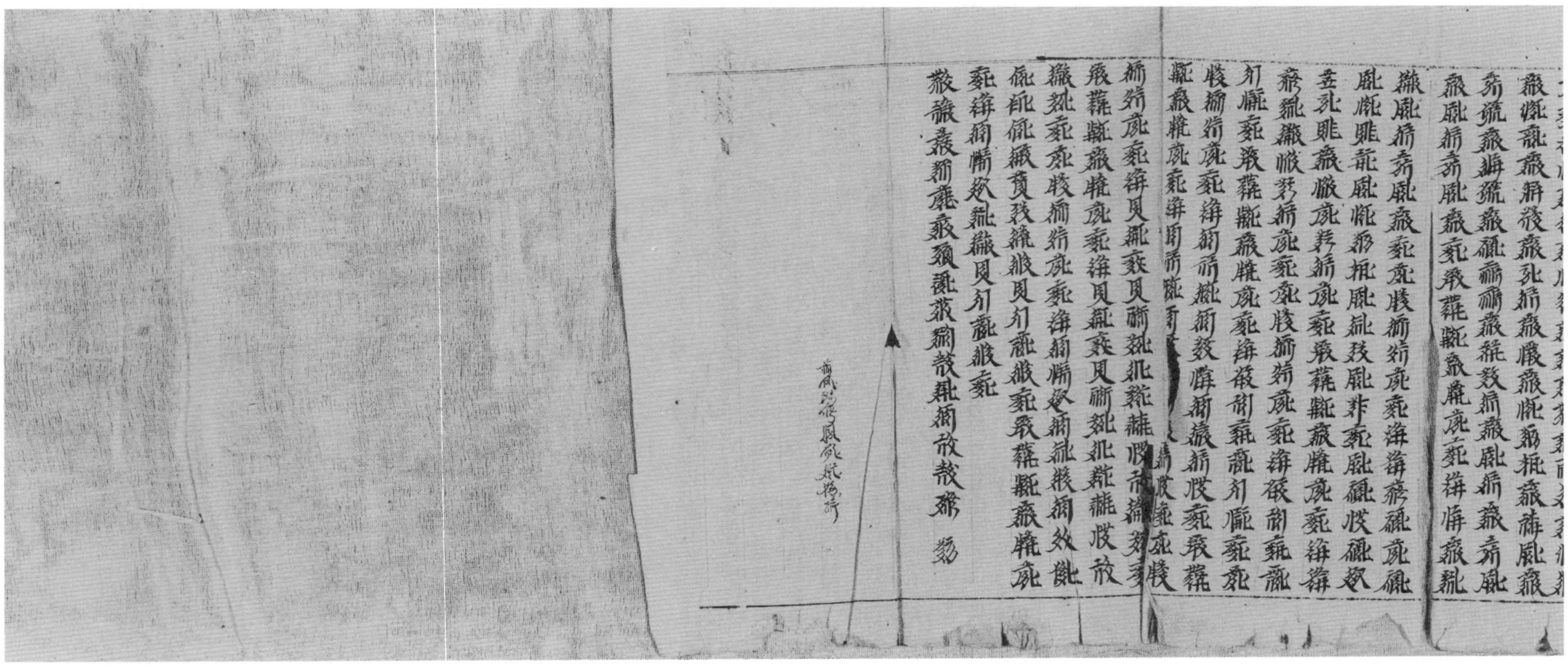

俄 Инв.No.1920 大般若波羅蜜多經卷第三百四十三 (11-11)

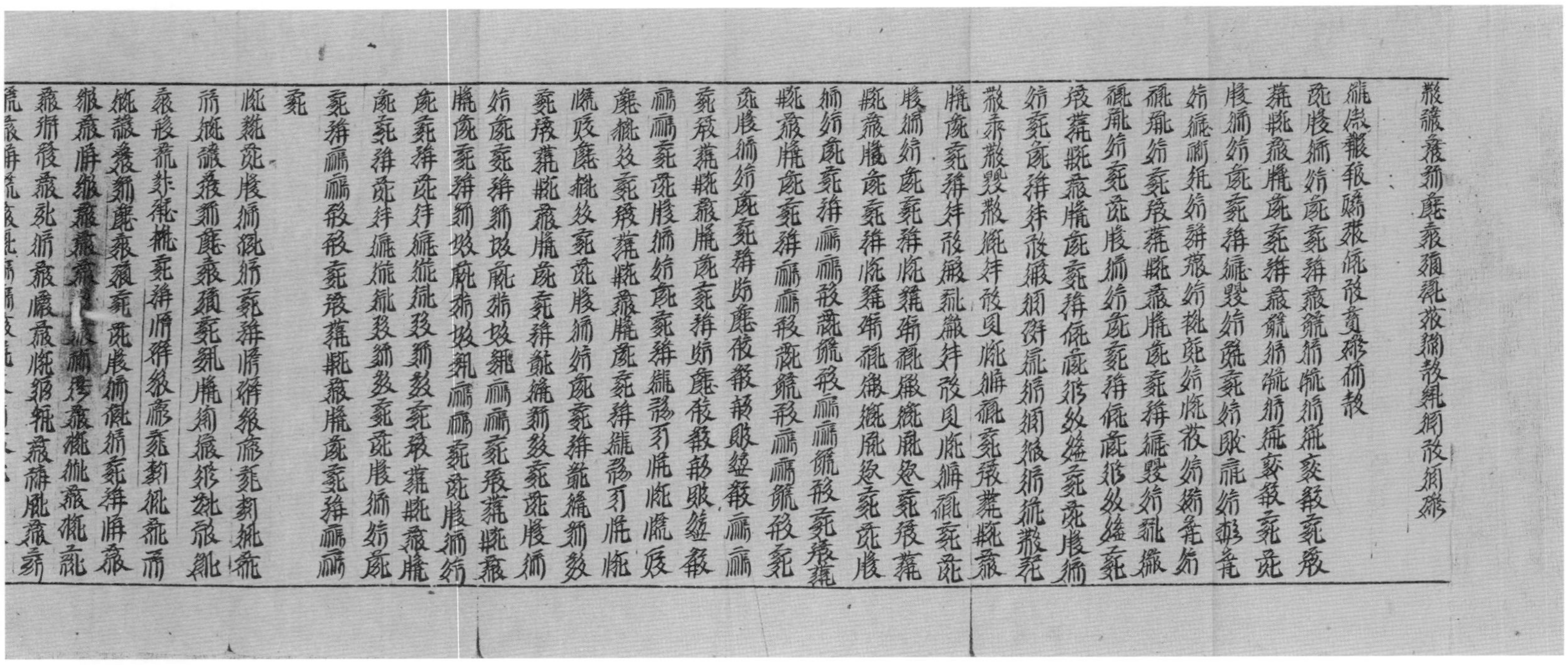

俄 Инв.No.1670 大般若波羅蜜多經卷第三百四十四 (13-1)

俄 Инв.No.1670 大般若波羅蜜多經卷第三百四十四 (13-2)

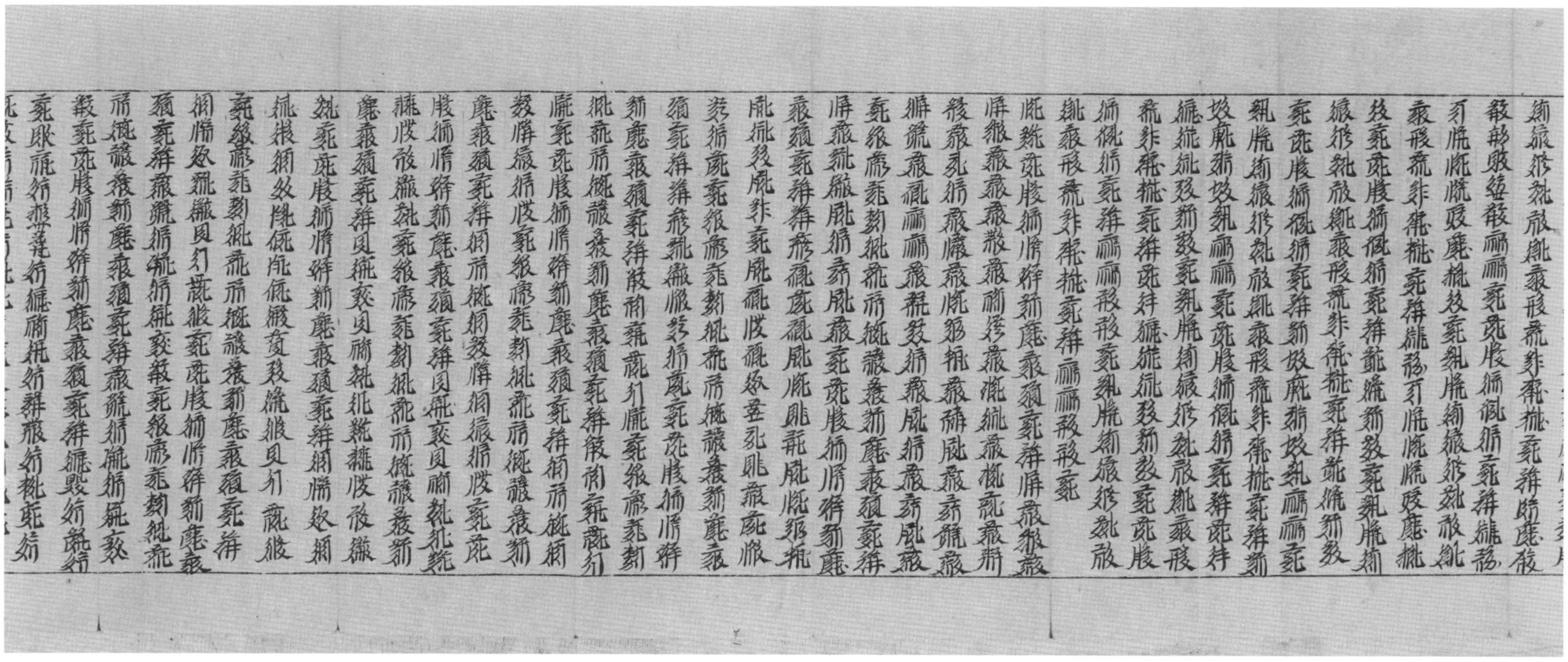

俄 Инв.No.1670 大般若波羅蜜多經卷第三百四十四 (13-3)

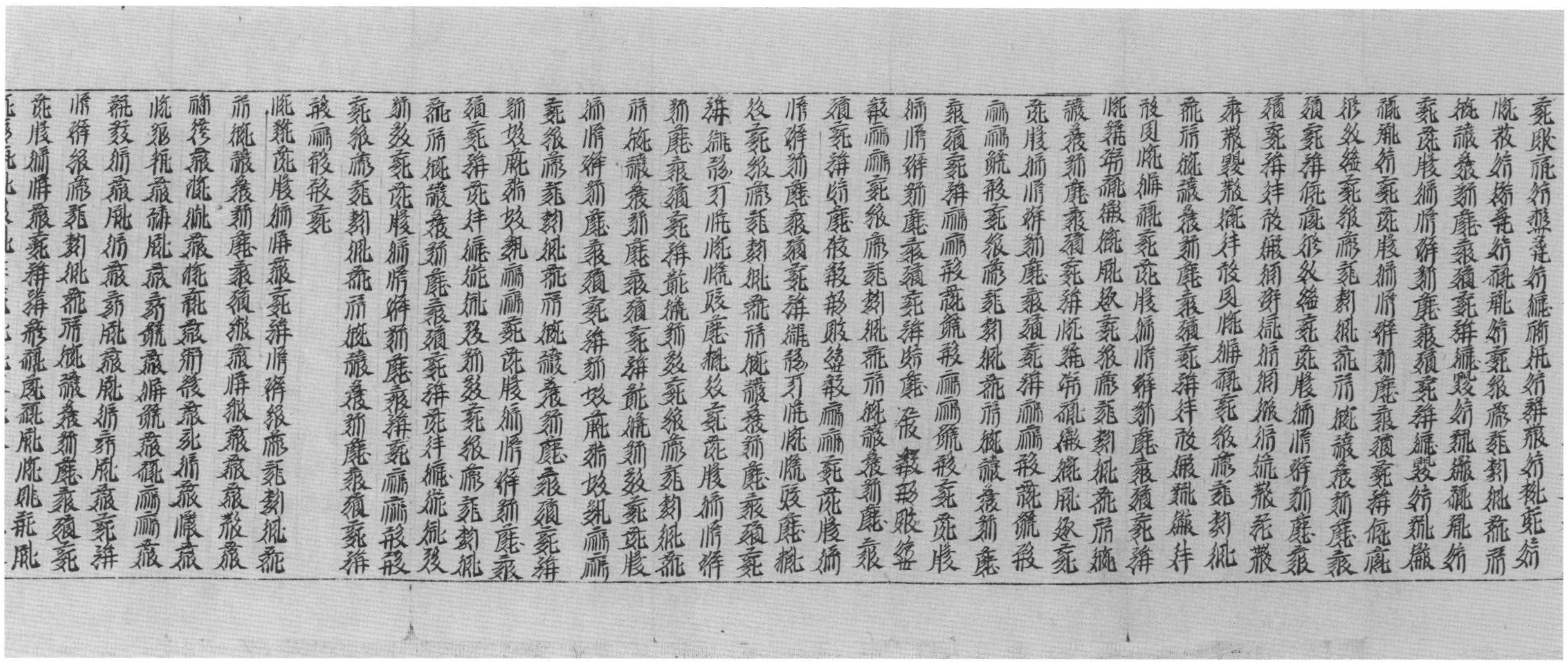

俄 Инв.No.1670 大般若波羅蜜多經卷第三百四十四 (13-4)

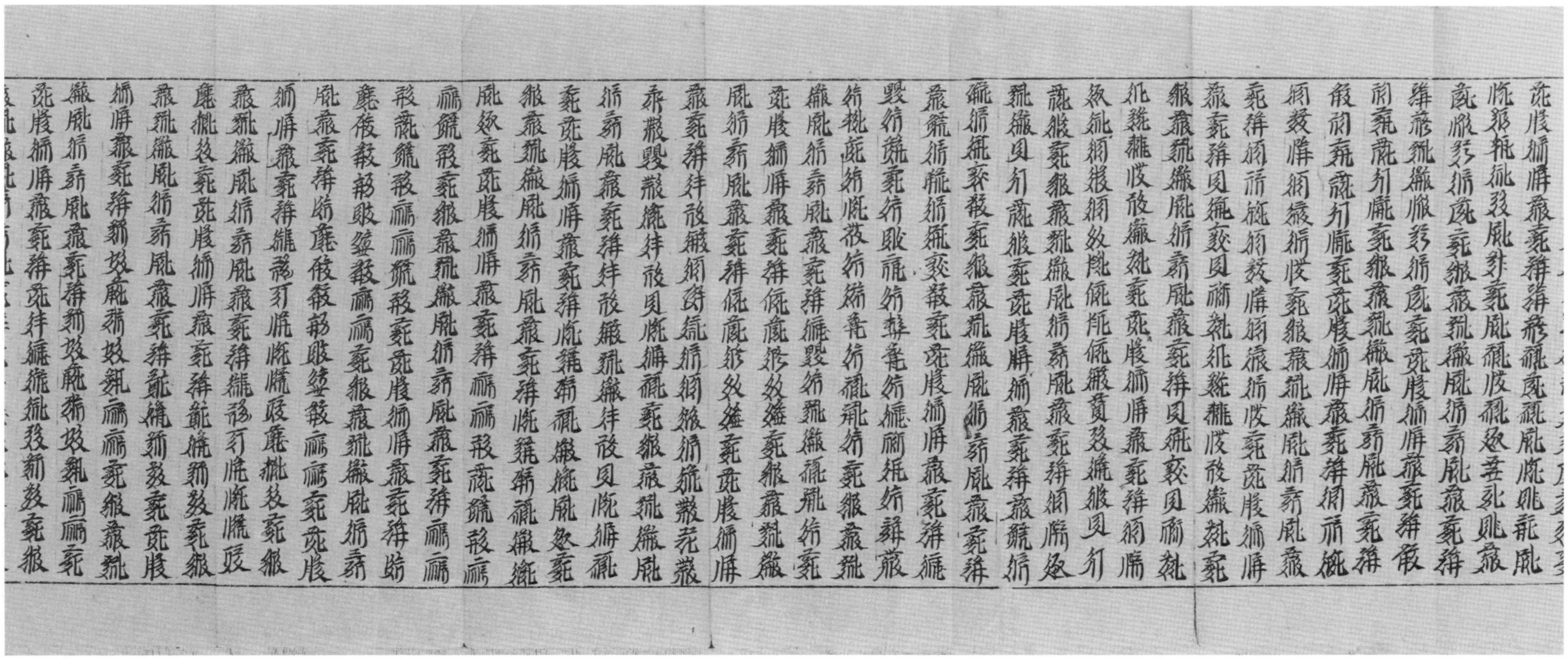

俄 Инв.No.1670 大般若波羅蜜多經卷第三百四十四 (13-5)

俄 Инв.No.1670　大般若波羅蜜多經卷第三百四十四　(13–6)

俄 Инв.No.1670　大般若波羅蜜多經卷第三百四十四　(13–7)

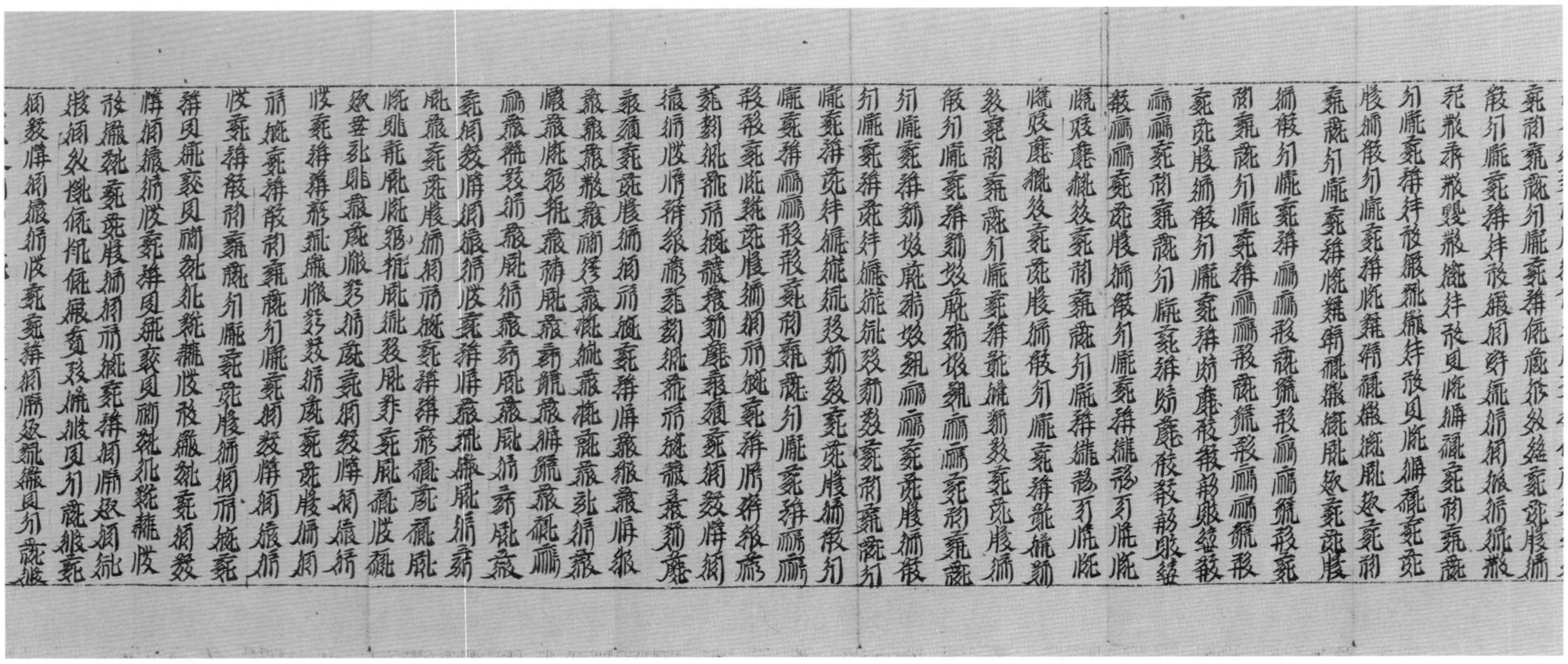

俄 Инв.No.1670　大般若波羅蜜多經卷第三百四十四　(13–8)

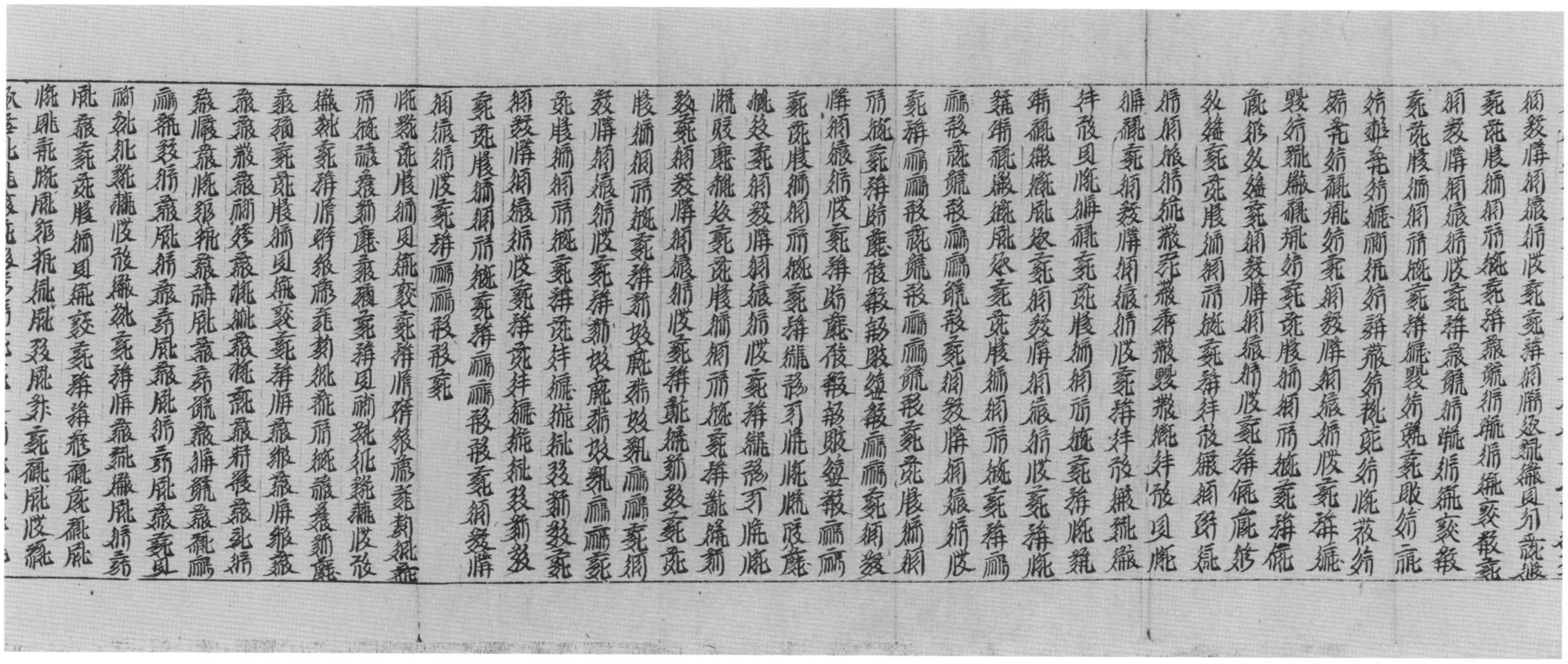

俄 Инв.No.1670 大般若波羅蜜多經卷第三百四十四 (13-9)

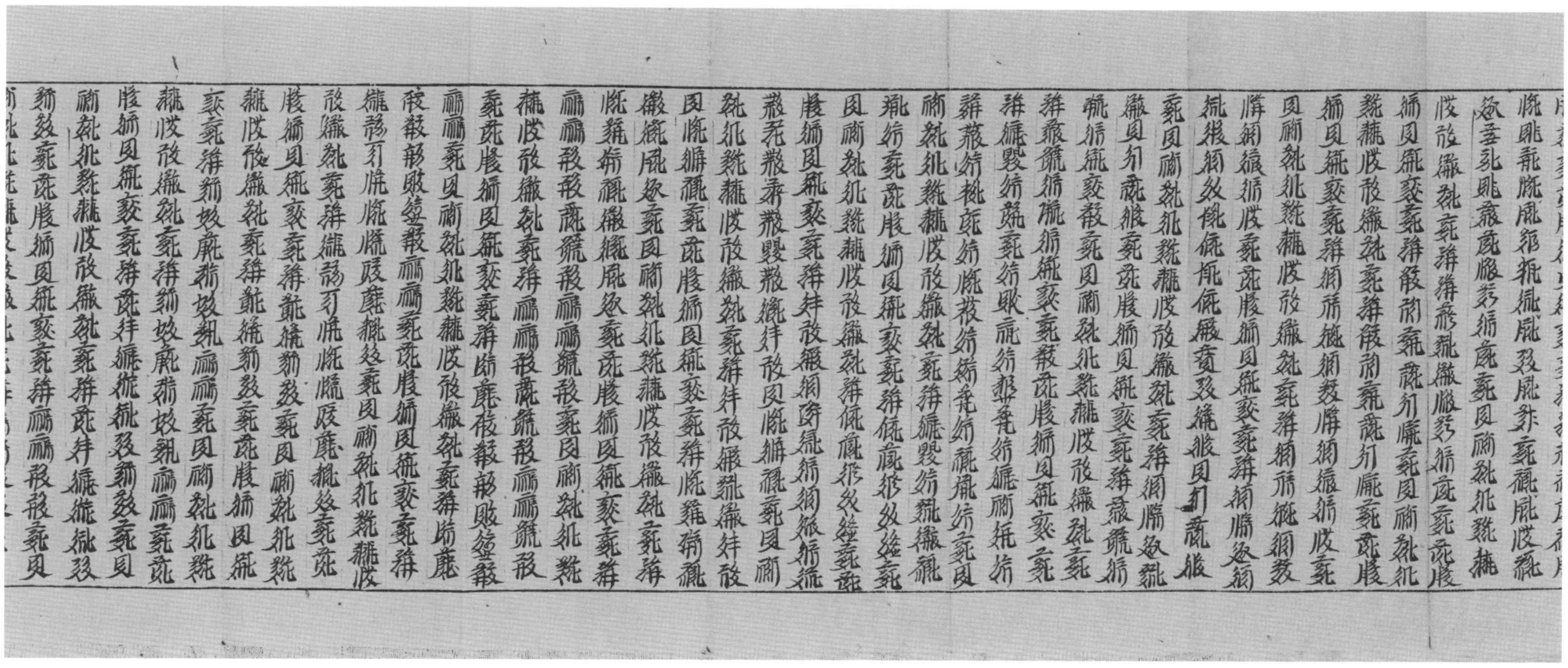

俄 Инв.No.1670 大般若波羅蜜多經卷第三百四十四 (13-10)

俄 Инв.No.1670 大般若波羅蜜多經卷第三百四十四 (13-11)

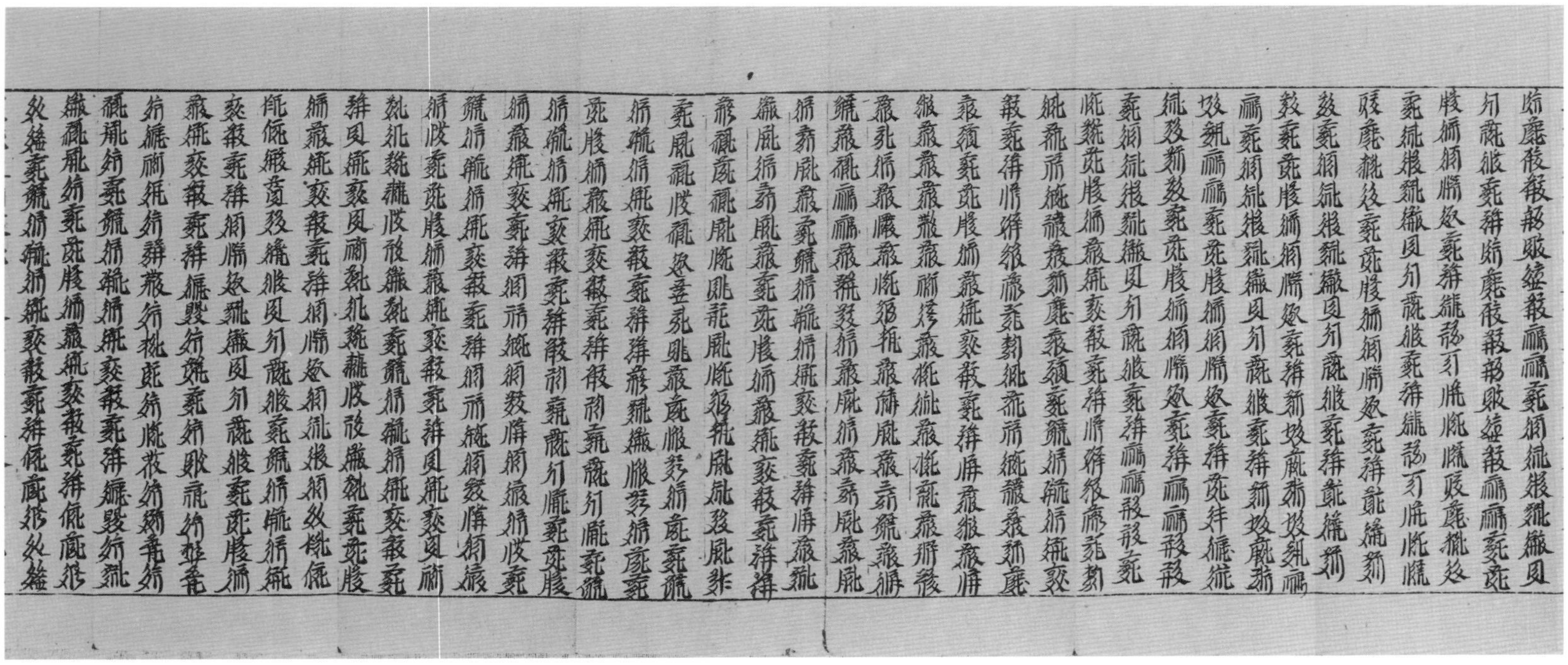

俄 Инв. No.1670　大般若波羅蜜多經卷第三百四十四　(13–12)

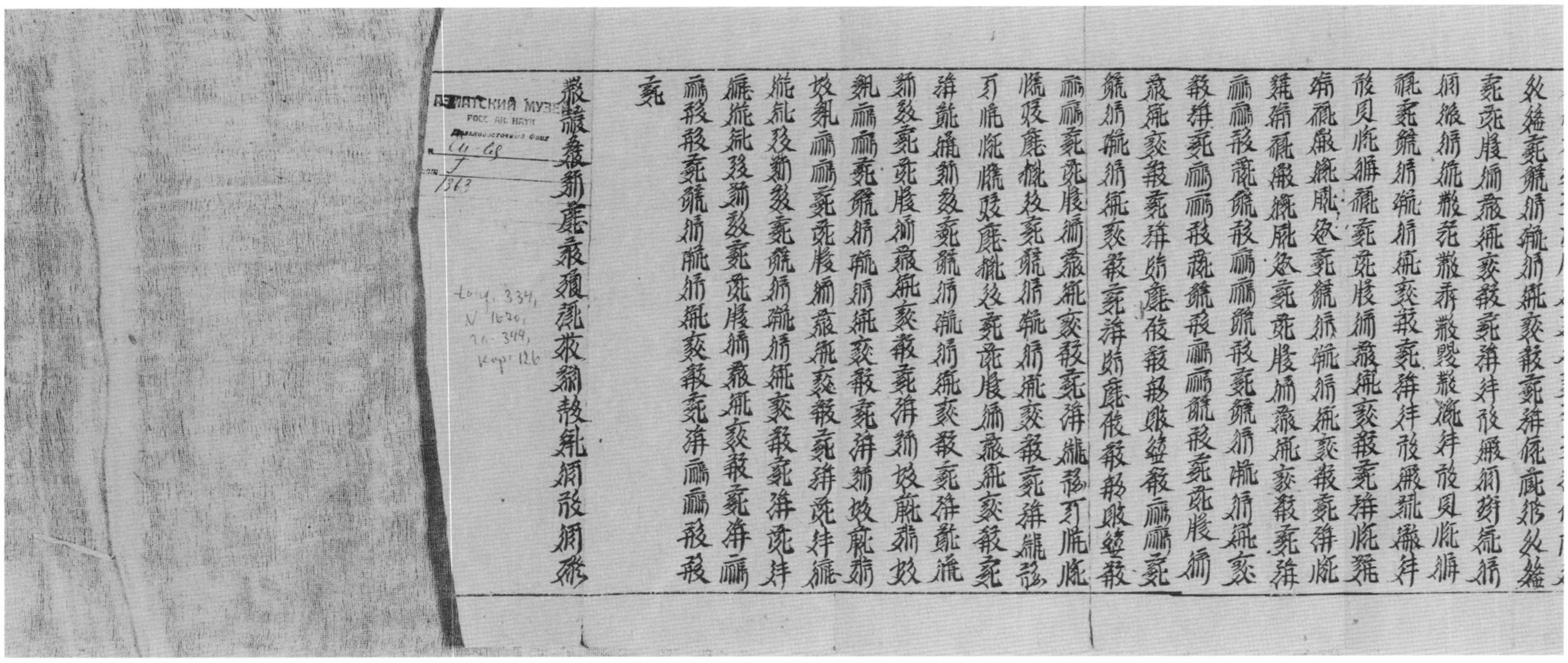

俄 Инв. No.1670　大般若波羅蜜多經卷第三百四十四　(13–13)

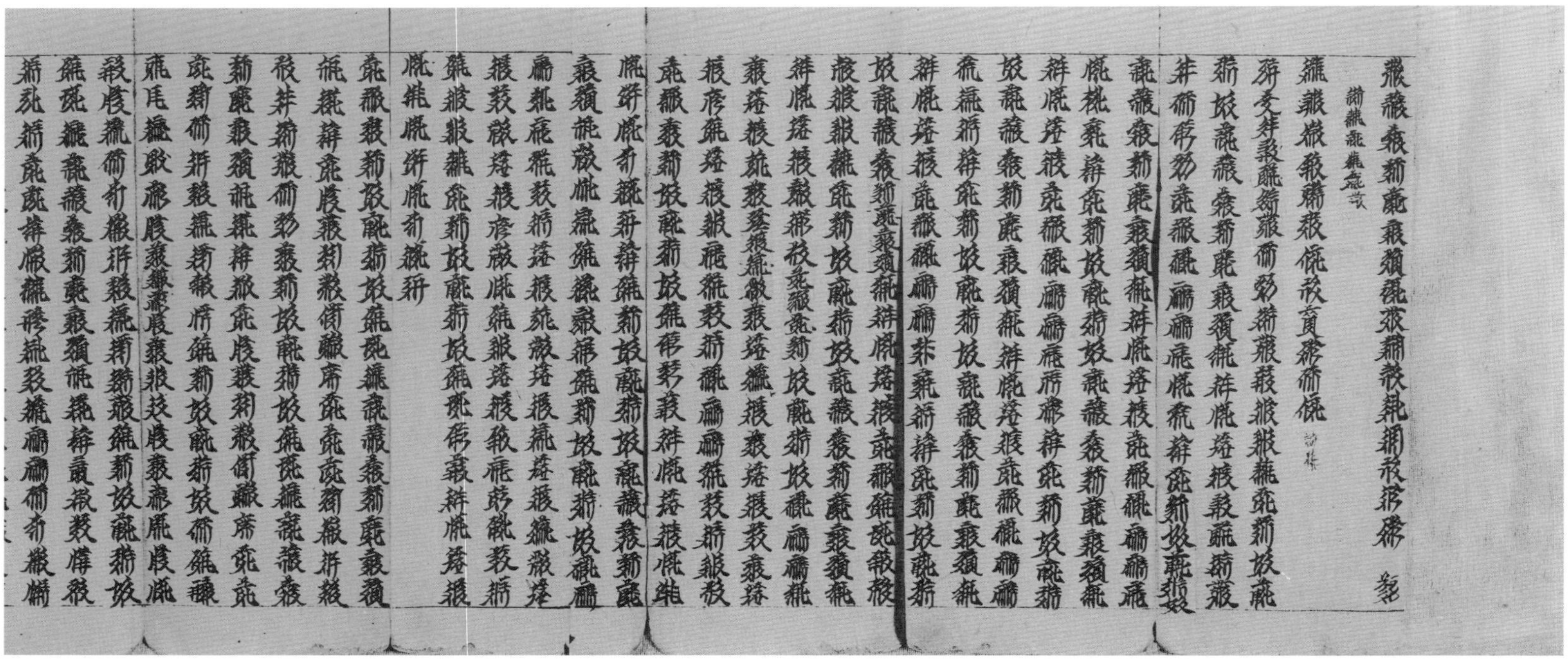

俄 Инв. No.1923　大般若波羅蜜多經卷第三百四十六　(8–1)

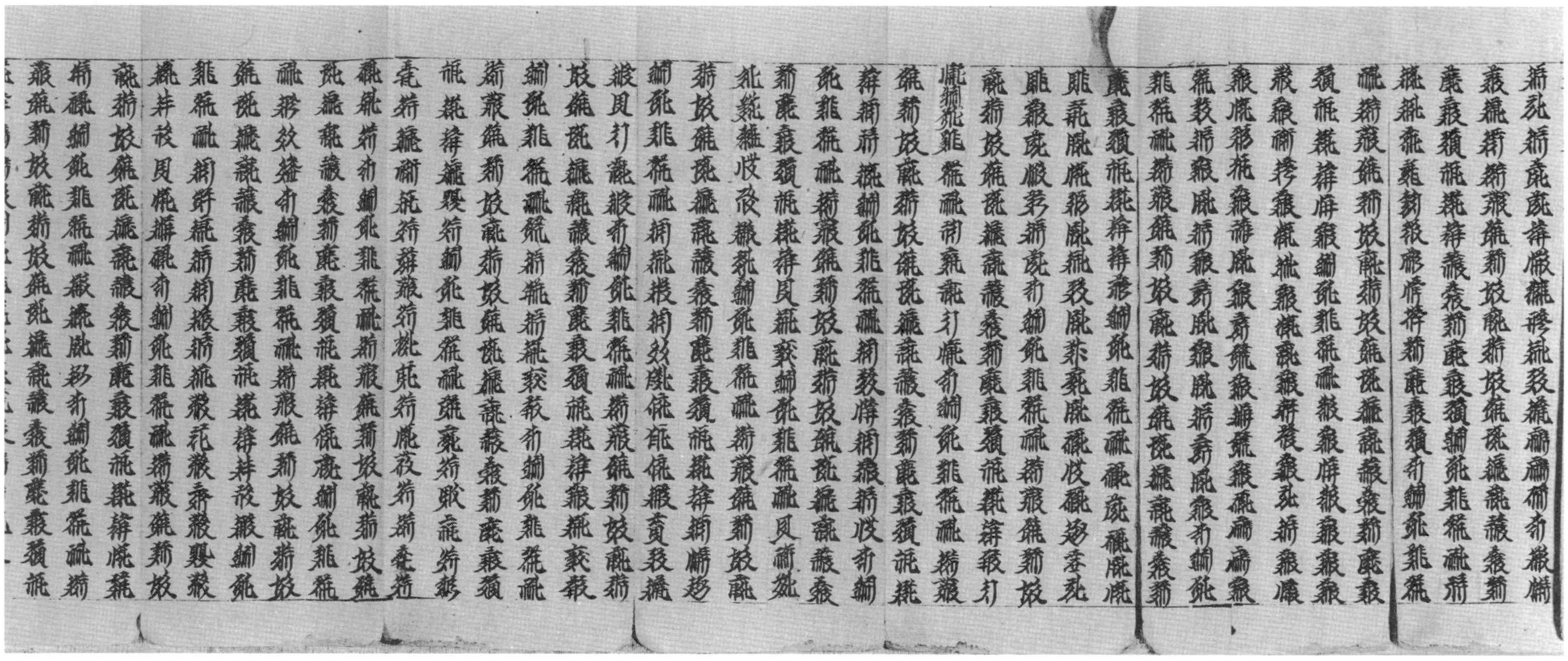

俄 Инв.No.1923　大般若波羅蜜多經卷第三百四十六　(8–2)

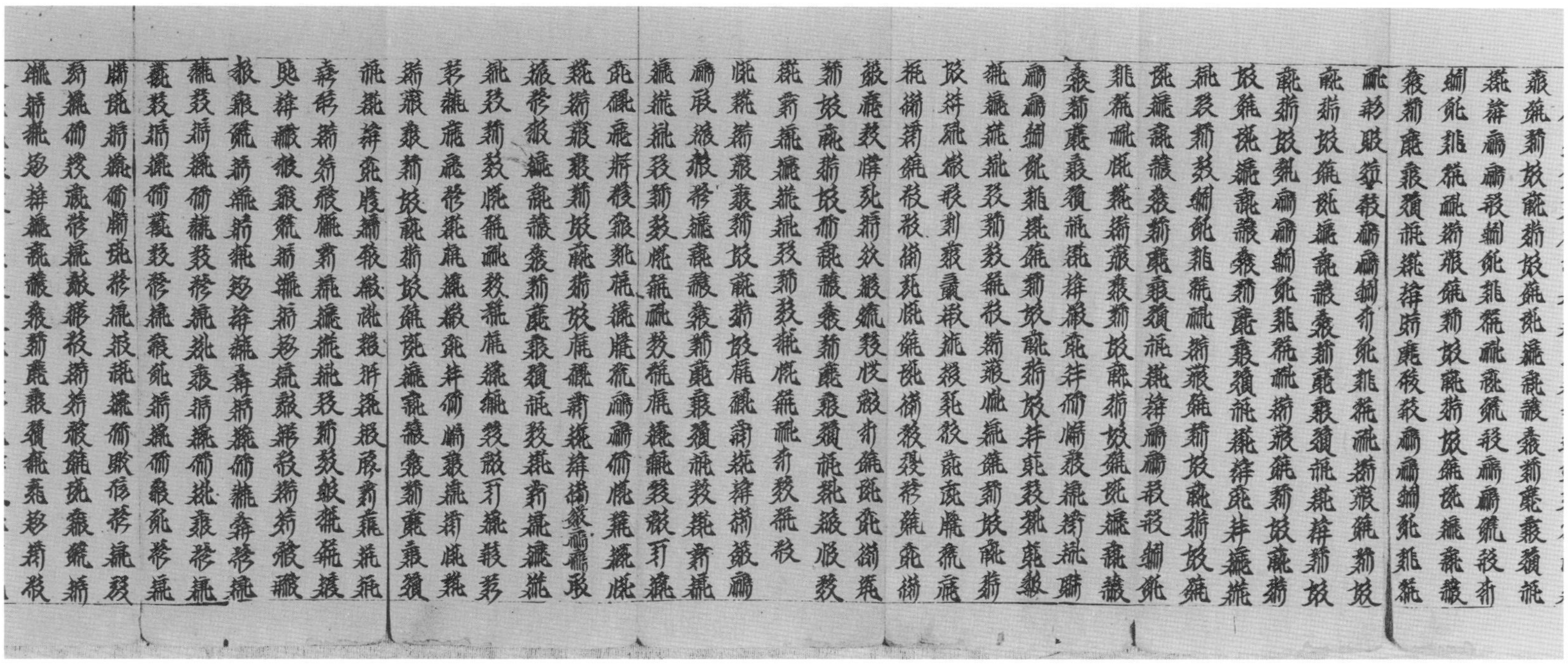

俄 Инв.No.1923　大般若波羅蜜多經卷第三百四十六　(8–3)

俄 Инв.No.1923　大般若波羅蜜多經卷第三百四十六　(8–4)

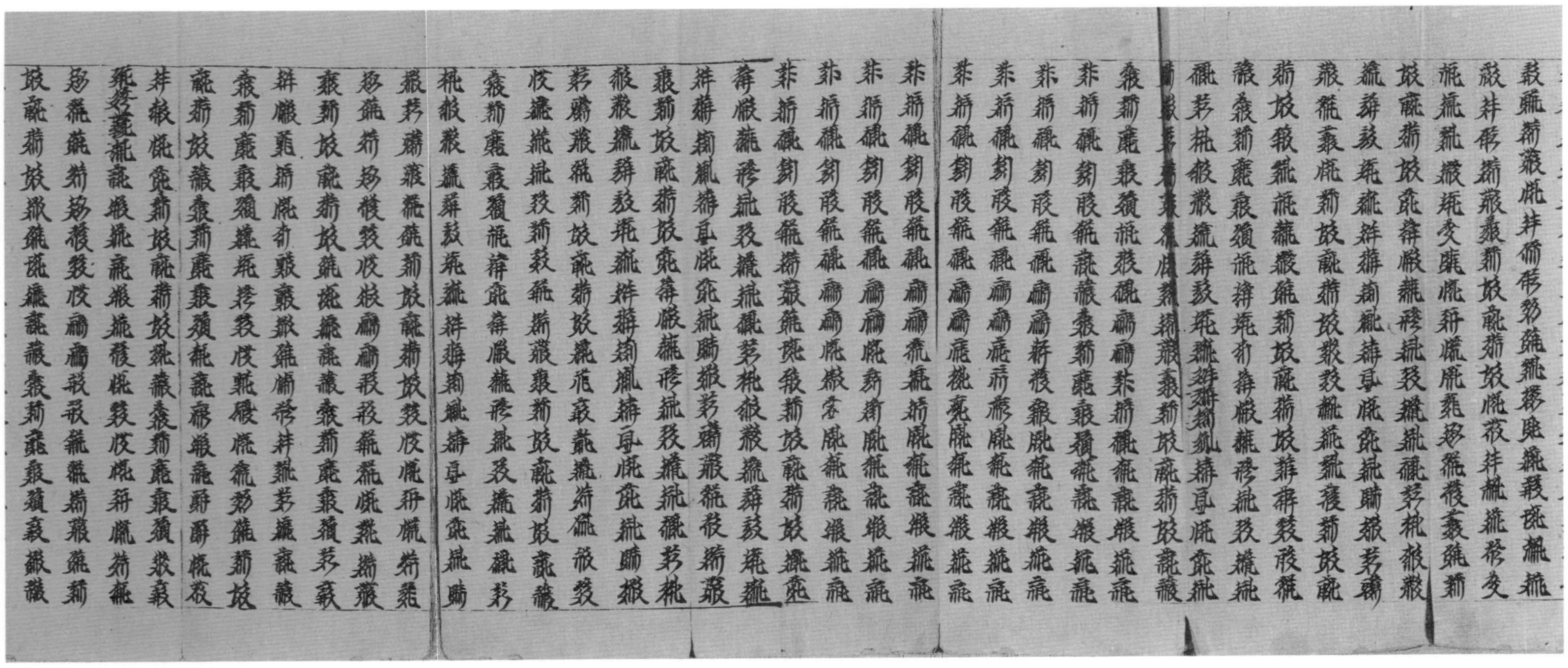

俄 Инв.No.1923　大般若波羅蜜多經卷第三百四十六　(8–5)

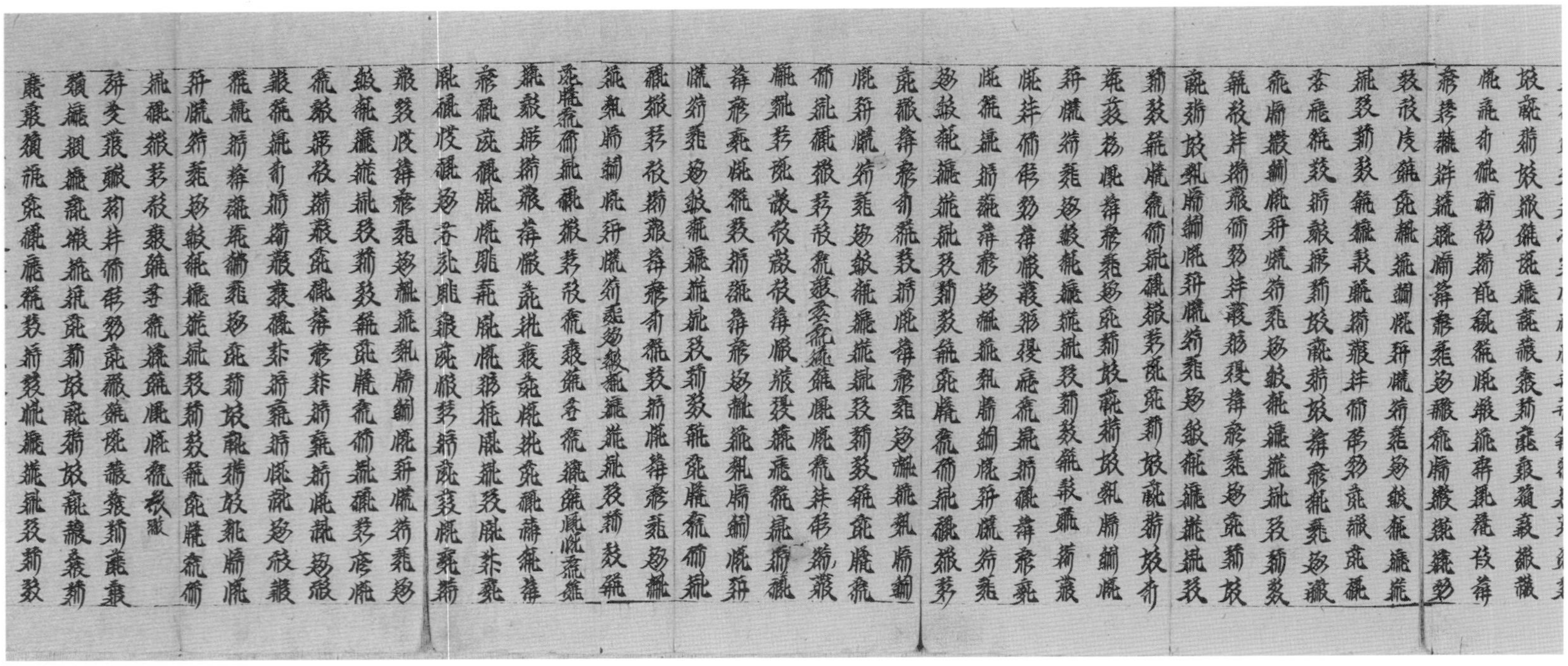

俄 Инв.No.1923　大般若波羅蜜多經卷第三百四十六　(8–6)

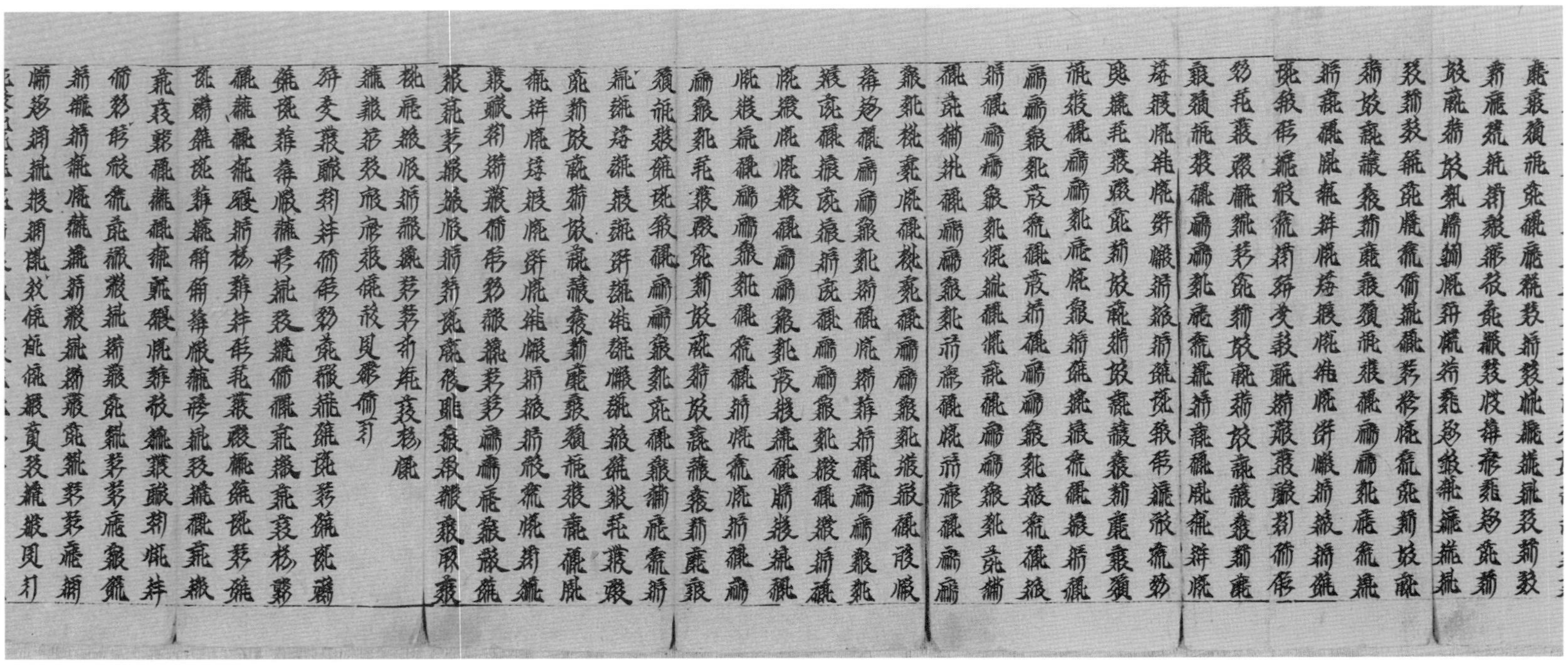

俄 Инв.No.1923　大般若波羅蜜多經卷第三百四十六　(8–7)

俄 Инв.No.1923　大般若波羅蜜多經卷第三百四十六　(8–8)

俄 Инв.No.1662　大般若波羅蜜多經卷第三百四十七　(11–1)

俄 Инв.No.1662　大般若波羅蜜多經卷第三百四十七　(11–2)

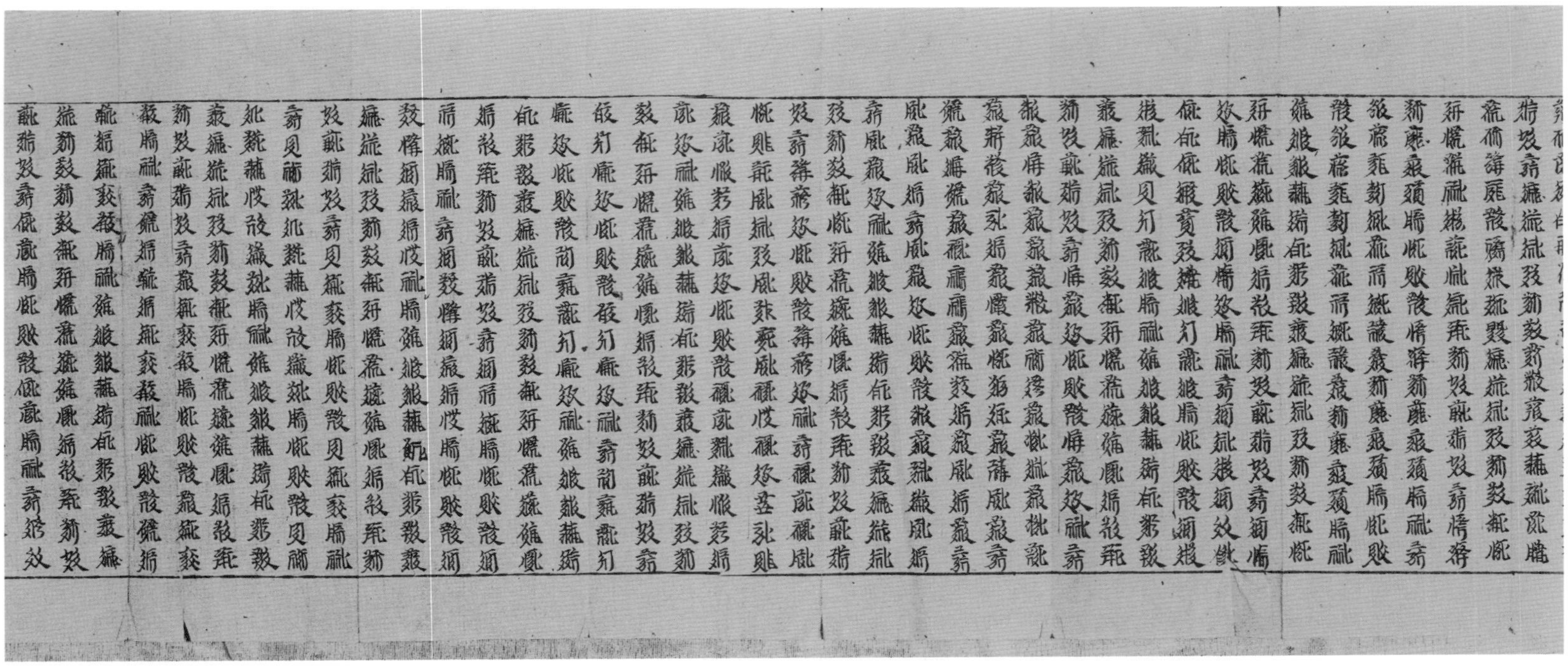

俄 Инв.No.1662　大般若波羅蜜多經卷第三百四十七　　(11-3)

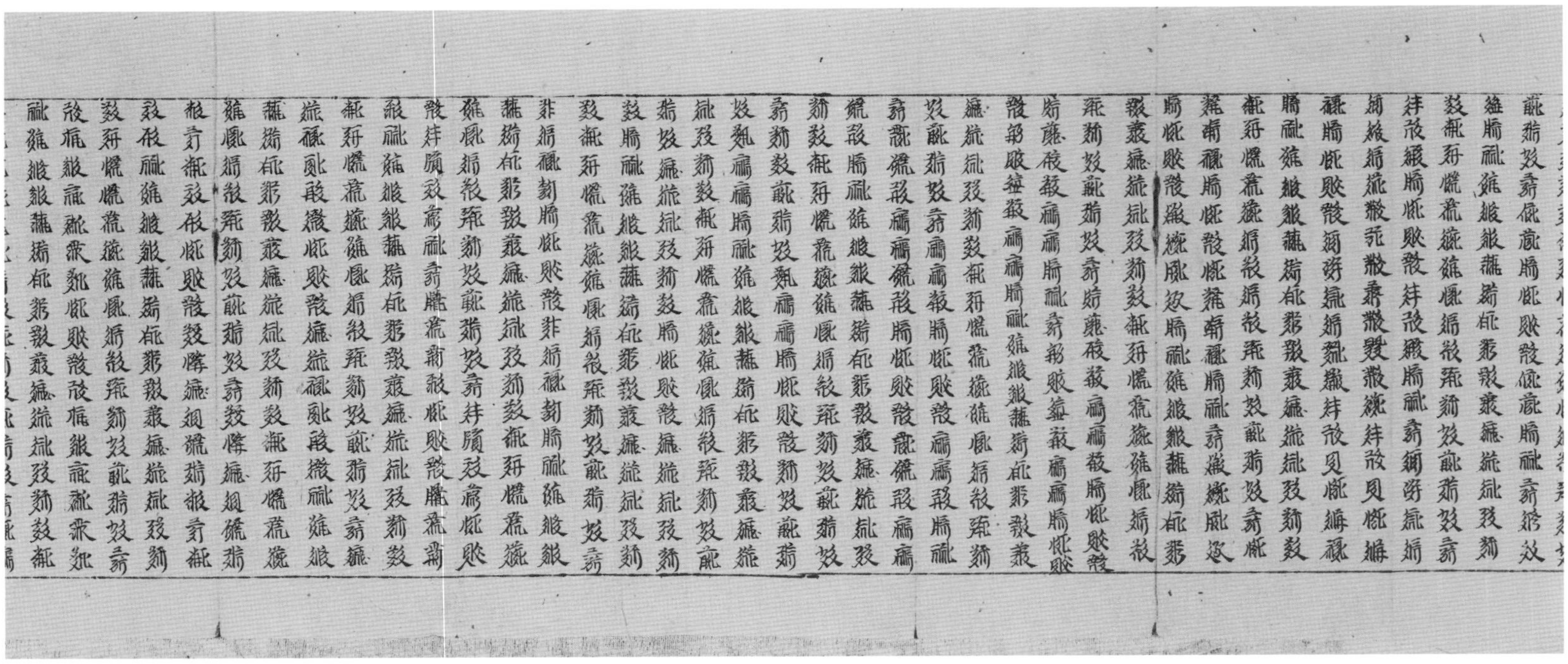

俄 Инв.No.1662　大般若波羅蜜多經卷第三百四十七　　(11-4)

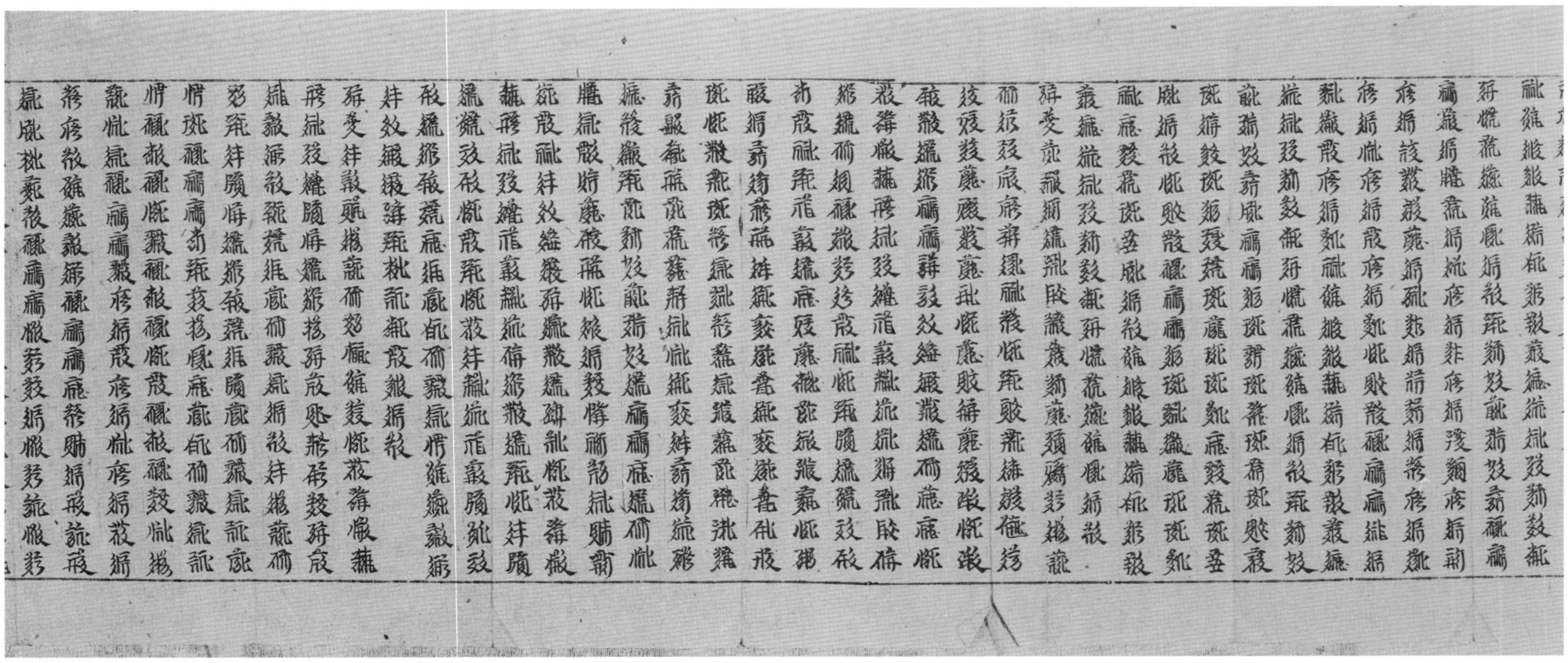

俄 Инв.No.1662　大般若波羅蜜多經卷第三百四十七　　(11-5)

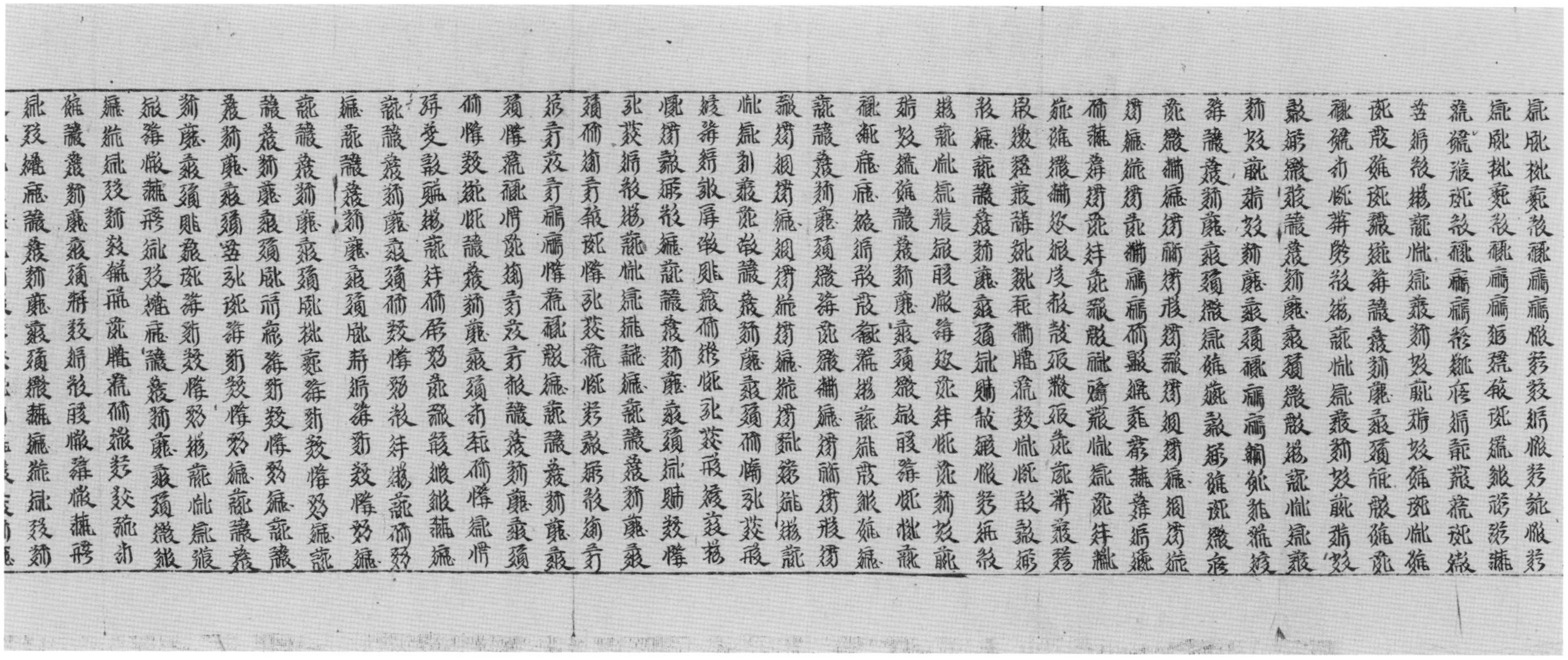

俄 Инв.No.1662　大般若波羅蜜多經卷第三百四十七　(11-6)

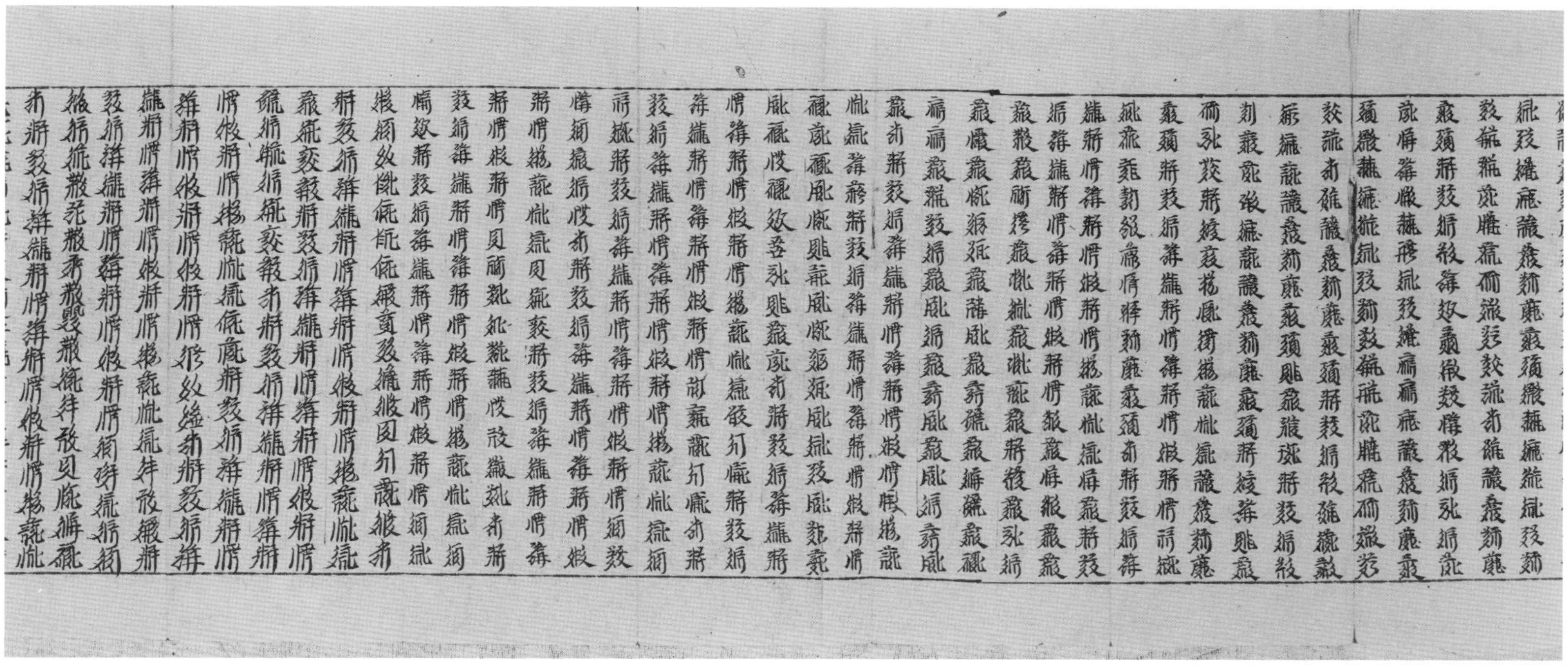

俄 Инв.No.1662　大般若波羅蜜多經卷第三百四十七　(11-7)

俄 Инв.No.1662　大般若波羅蜜多經卷第三百四十七　(11-8)

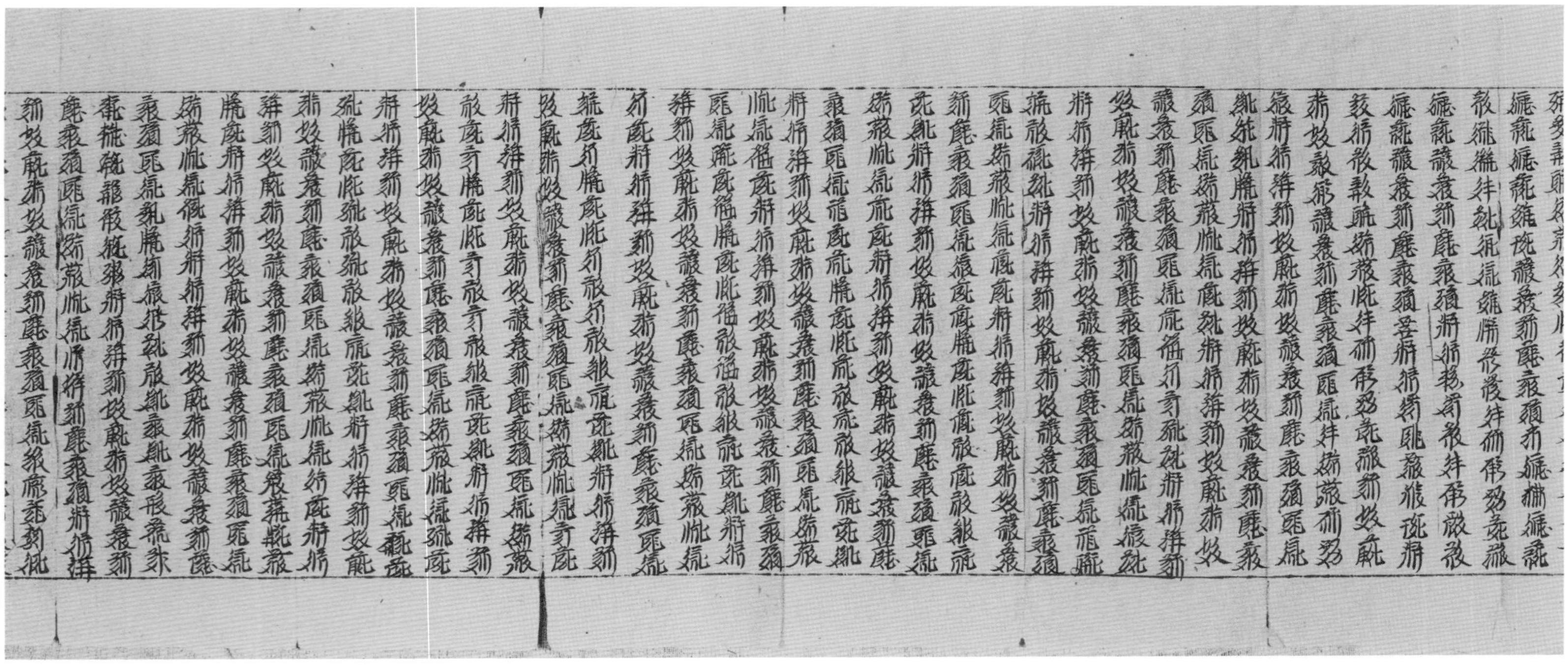

俄 **Инв**.No.1662　大般若波羅蜜多經卷第三百四十七　(11-9)

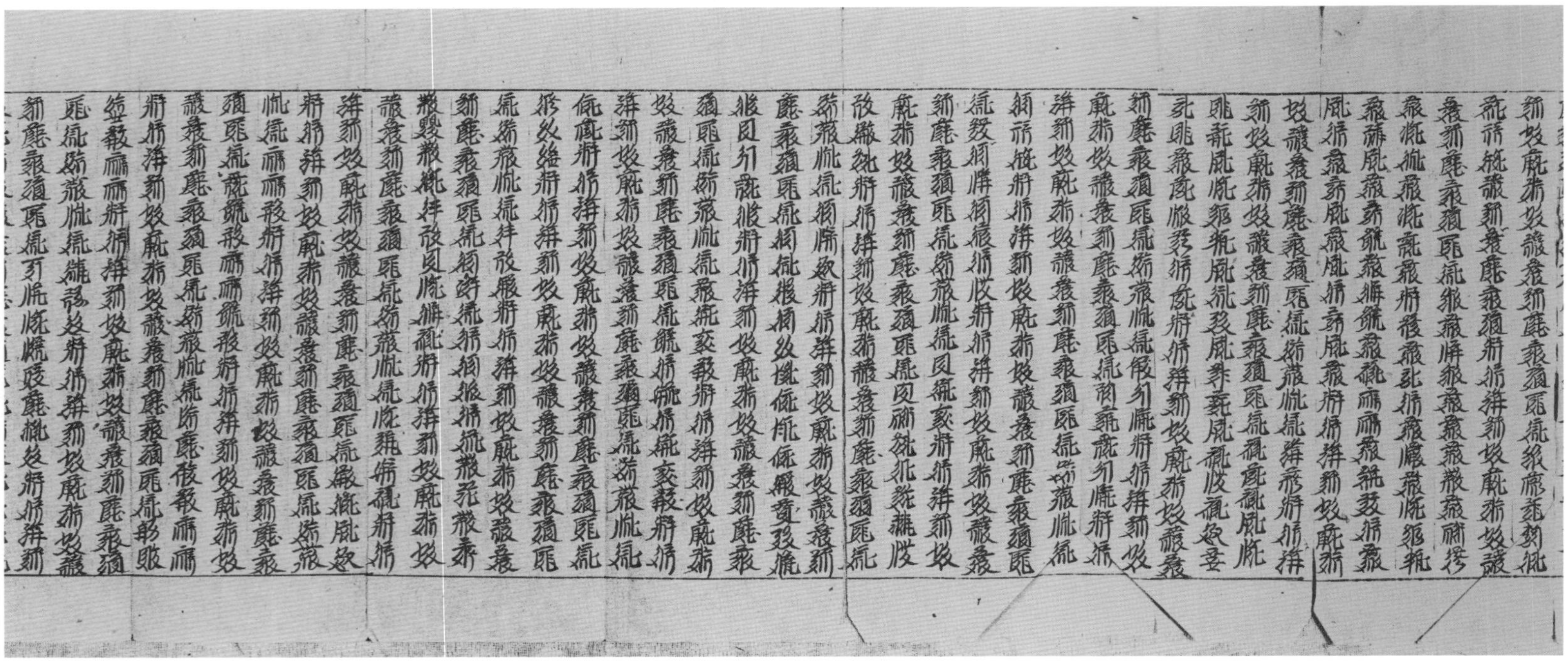

俄 **Инв**.No.1662　大般若波羅蜜多經卷第三百四十七　(11-10)

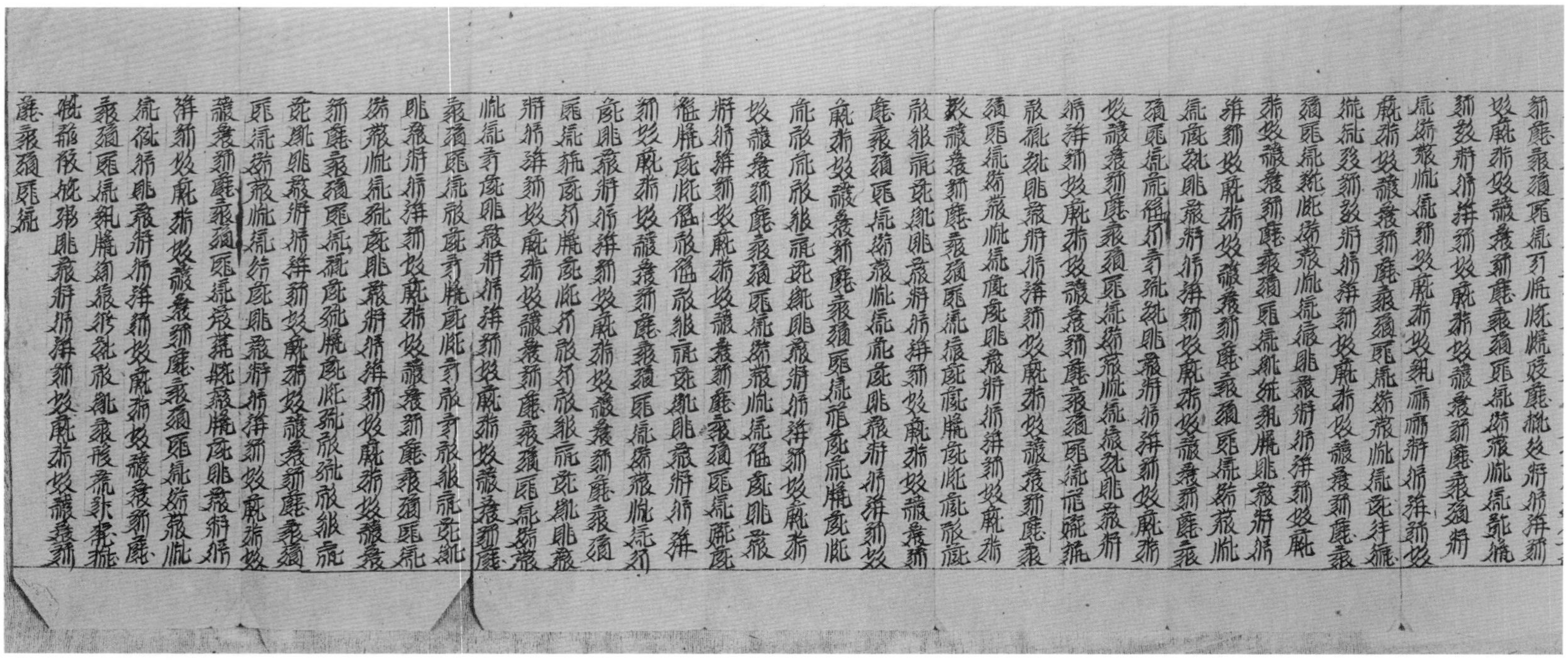

俄 **Инв**.No.1662　大般若波羅蜜多經卷第三百四十七　(11-11)

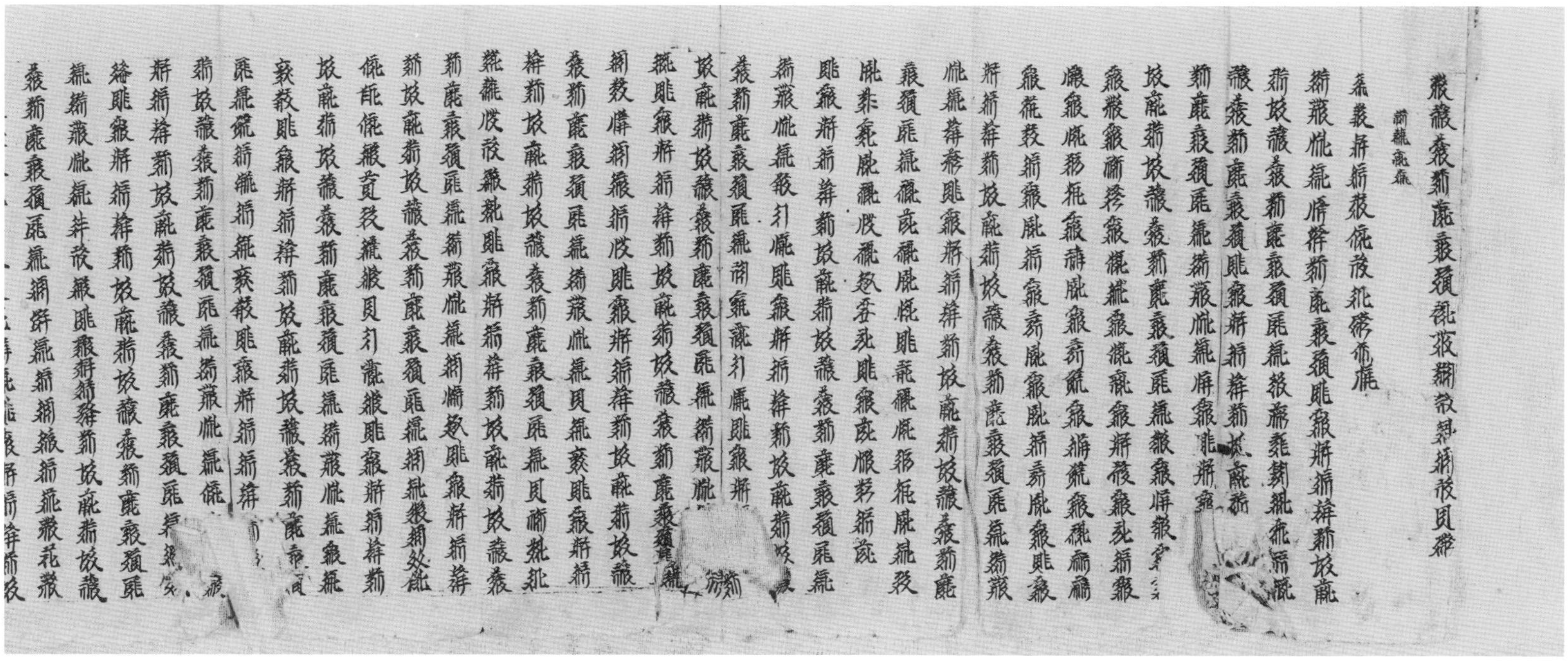

俄Инв.No.1669　大般若波羅蜜多經卷第三百四十八　　(11-1)

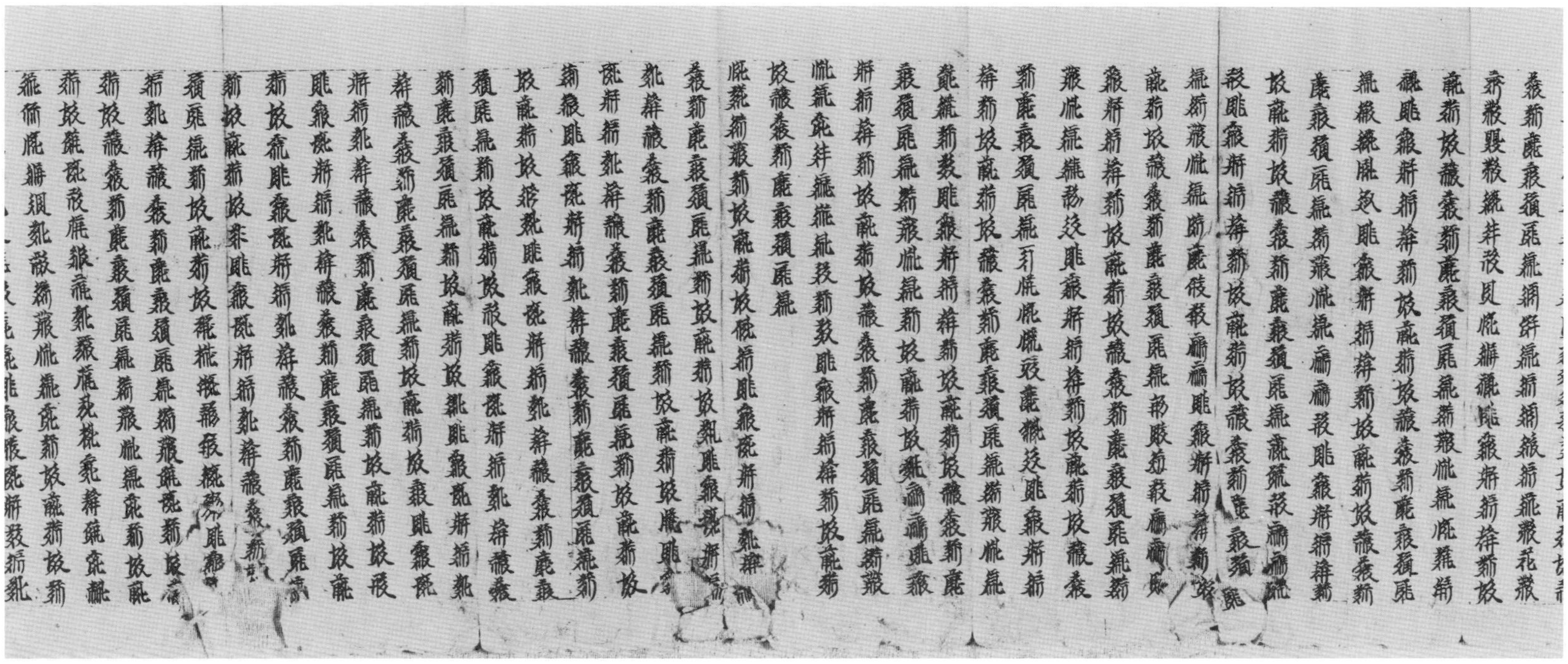

俄Инв.No.1669　大般若波羅蜜多經卷第三百四十八　　(11-2)

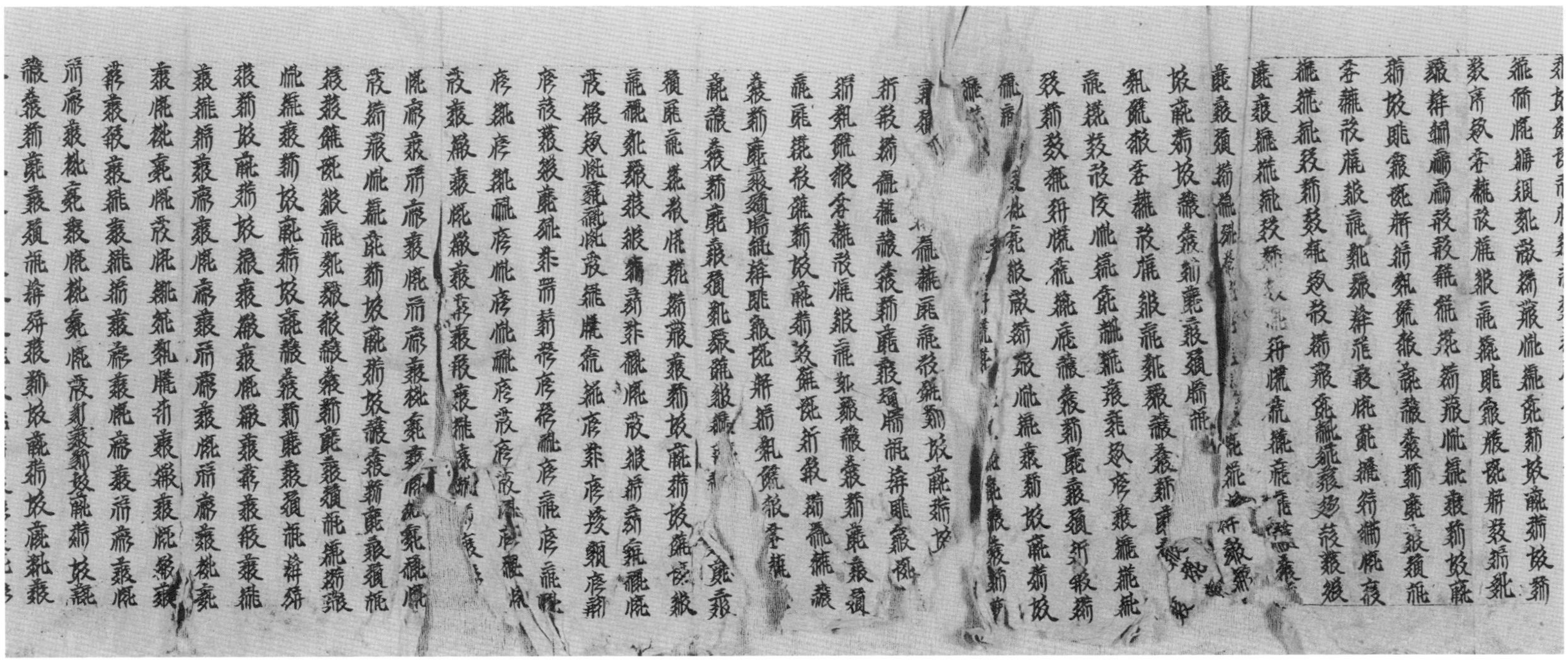

俄Инв.No.1669　大般若波羅蜜多經卷第三百四十八　　(11-3)

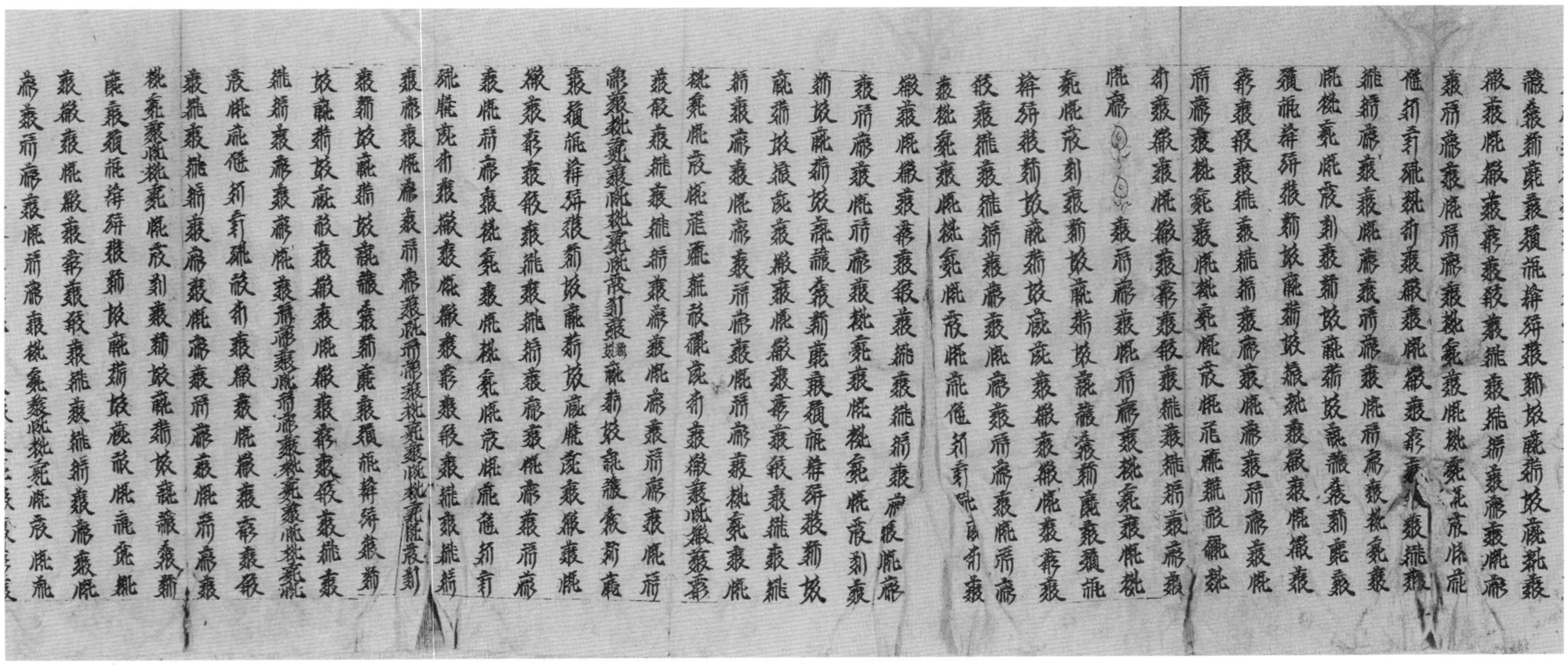

俄 Инв.No.1669　大般若波羅蜜多經卷第三百四十八　(11–4)

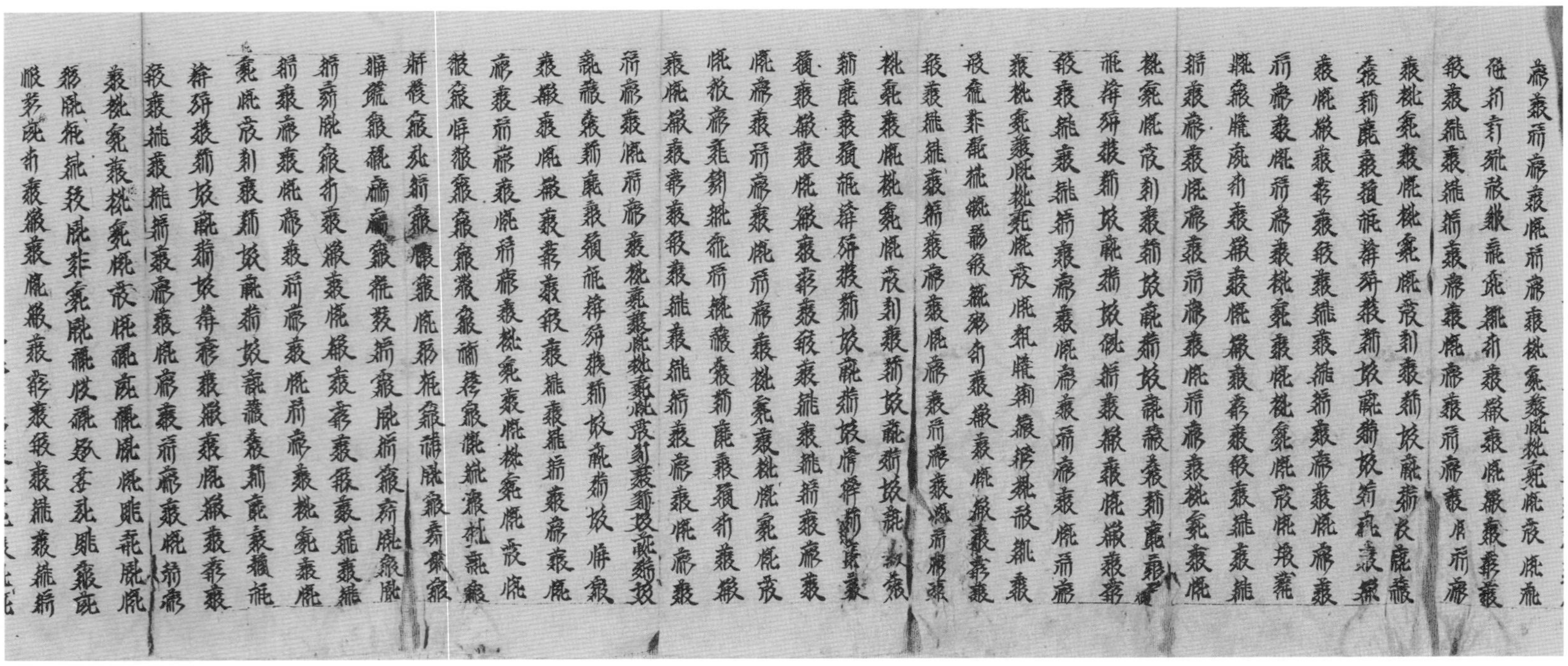

俄 Инв.No.1669　大般若波羅蜜多經卷第三百四十八　(11–5)

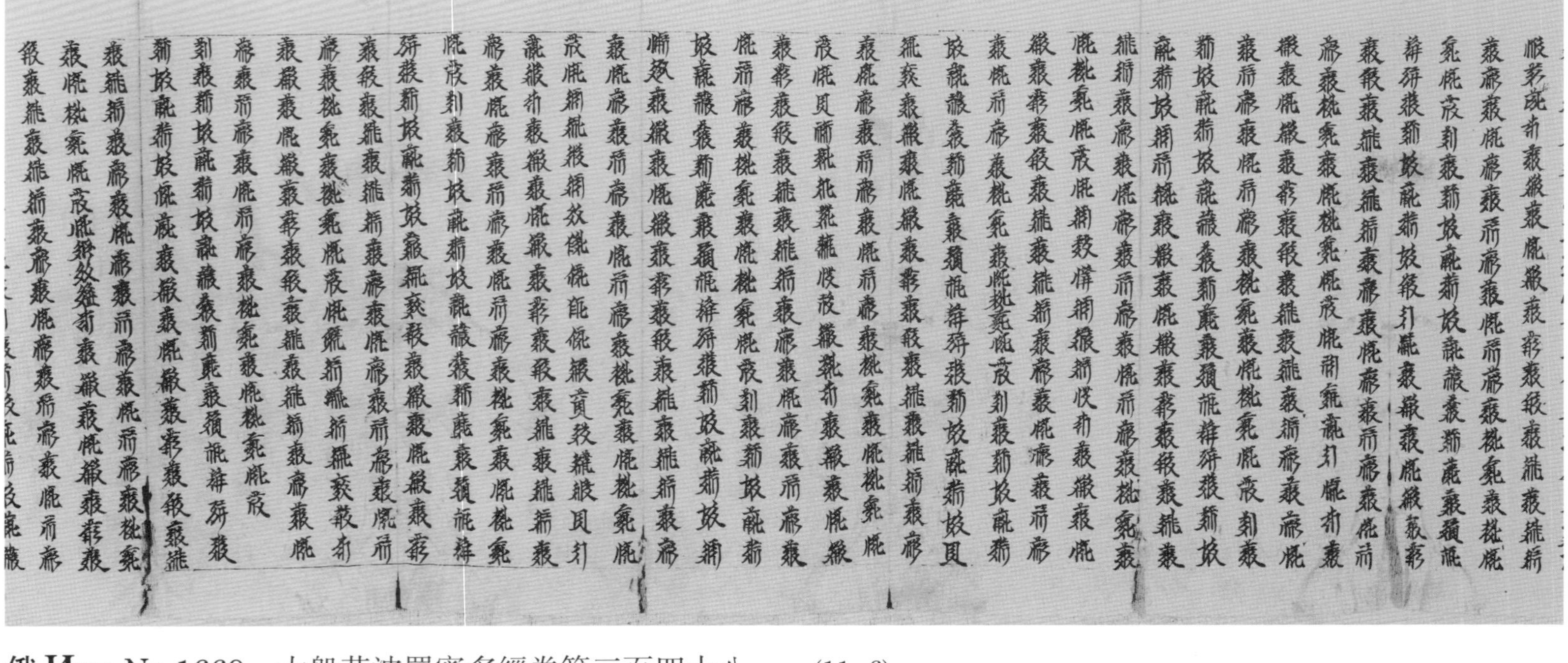

俄 Инв.No.1669　大般若波羅蜜多經卷第三百四十八　(11–6)

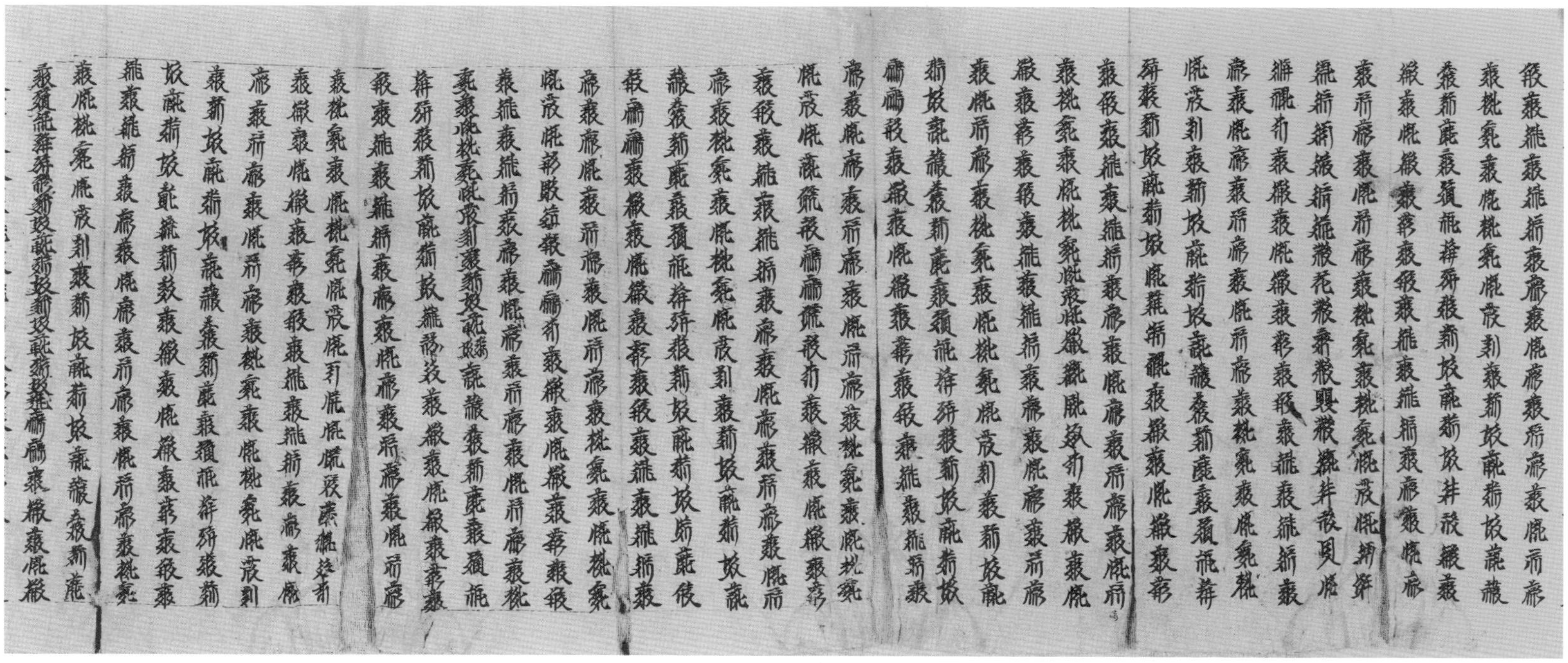

俄 Инв.No.1669　大般若波羅蜜多經卷第三百四十八　(11–7)

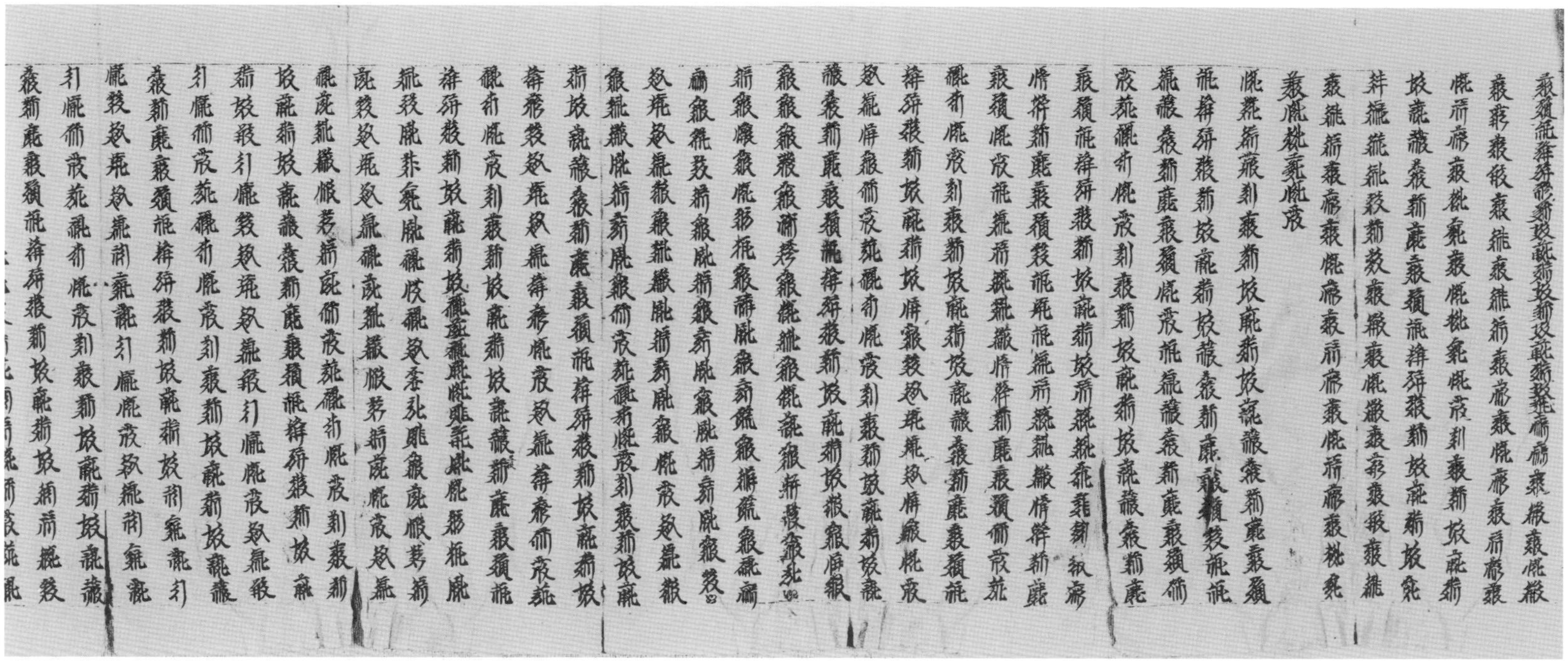

俄 Инв.No.1669　大般若波羅蜜多經卷第三百四十八　(11–8)

俄 Инв.No.1669　大般若波羅蜜多經卷第三百四十八　(11–9)

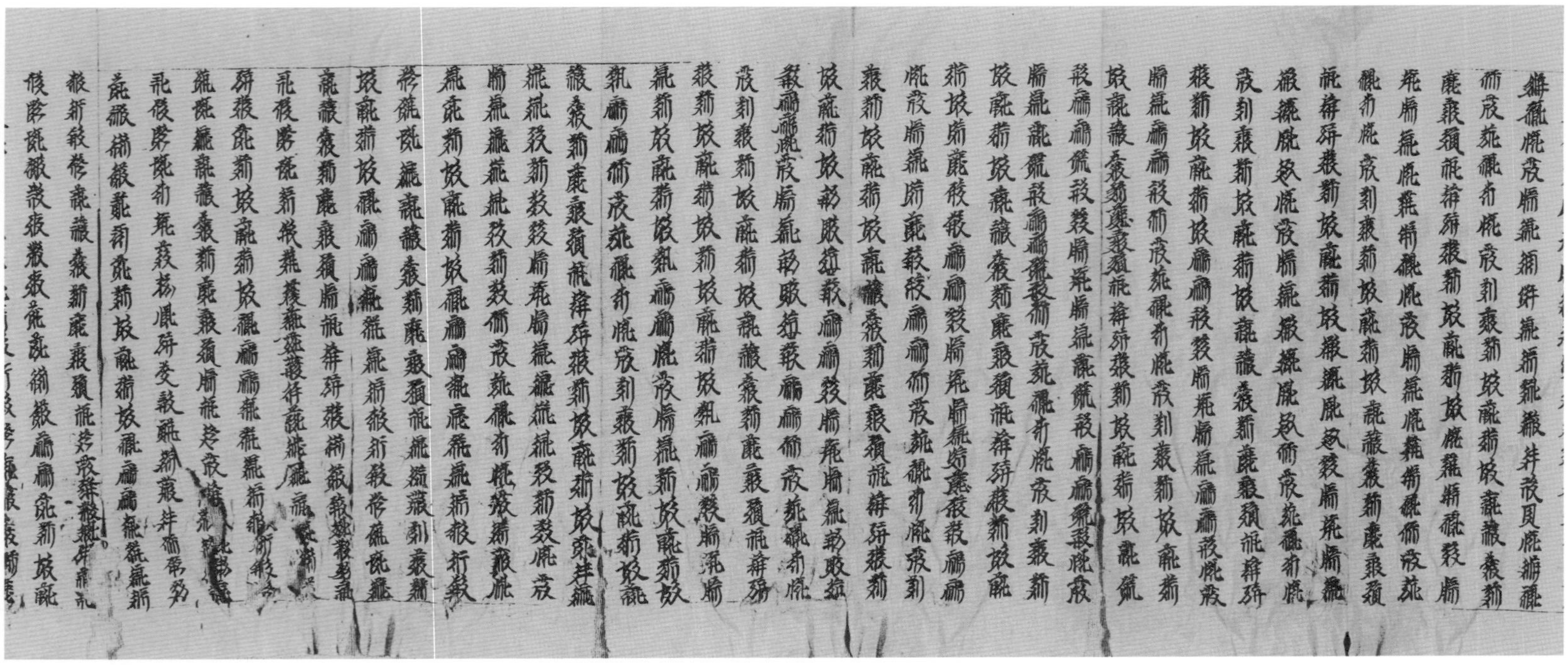

俄 Инв.No.1669　大般若波羅蜜多經卷第三百四十八　(11–10)

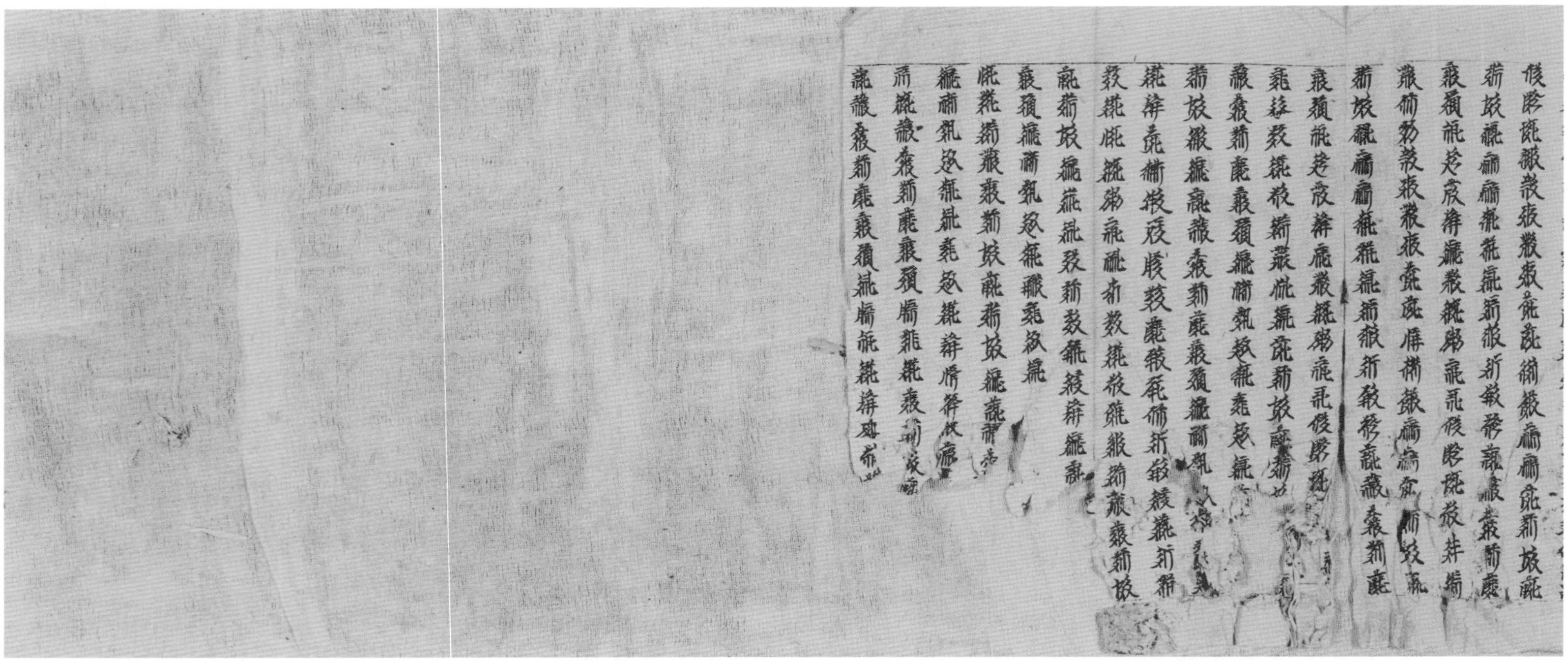

俄 Инв.No.1669　大般若波羅蜜多經卷第三百四十八　(11–11)

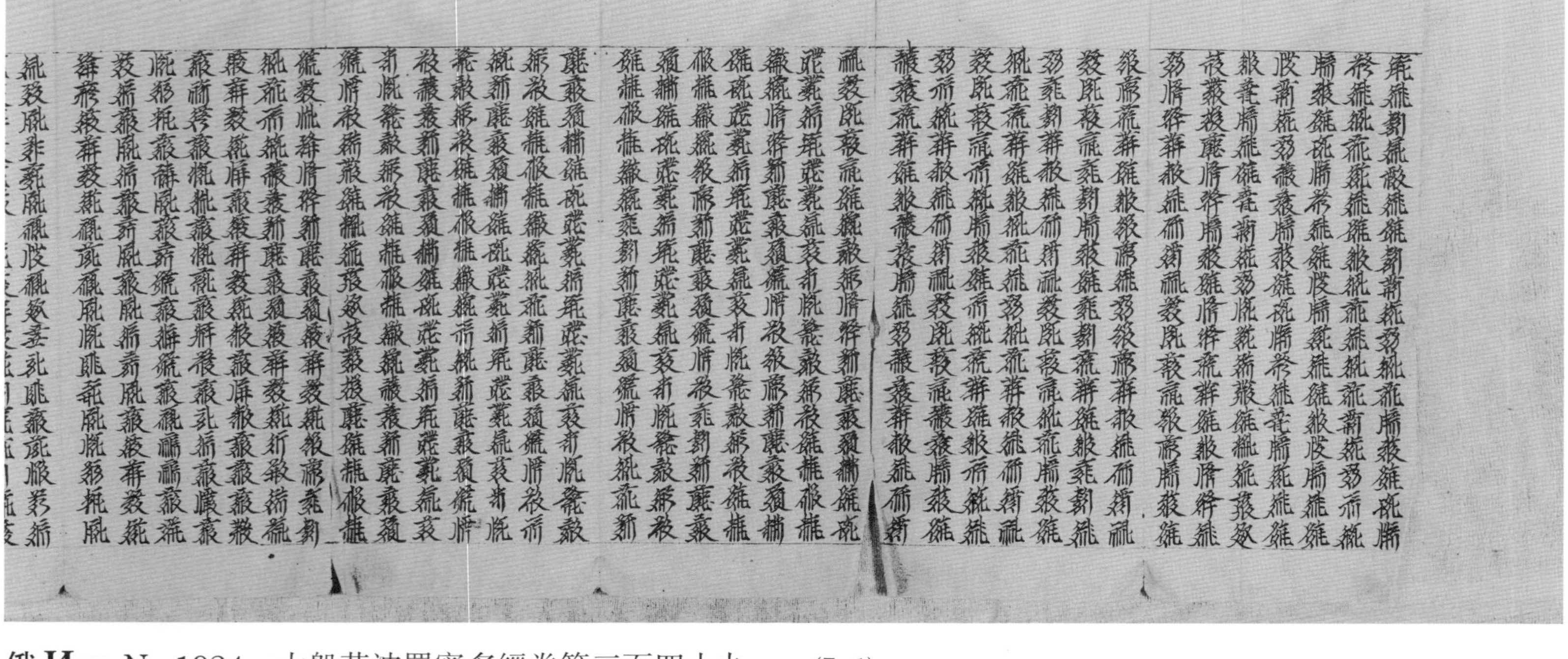

俄 Инв.No.1924　大般若波羅蜜多經卷第三百四十九　(7–1)

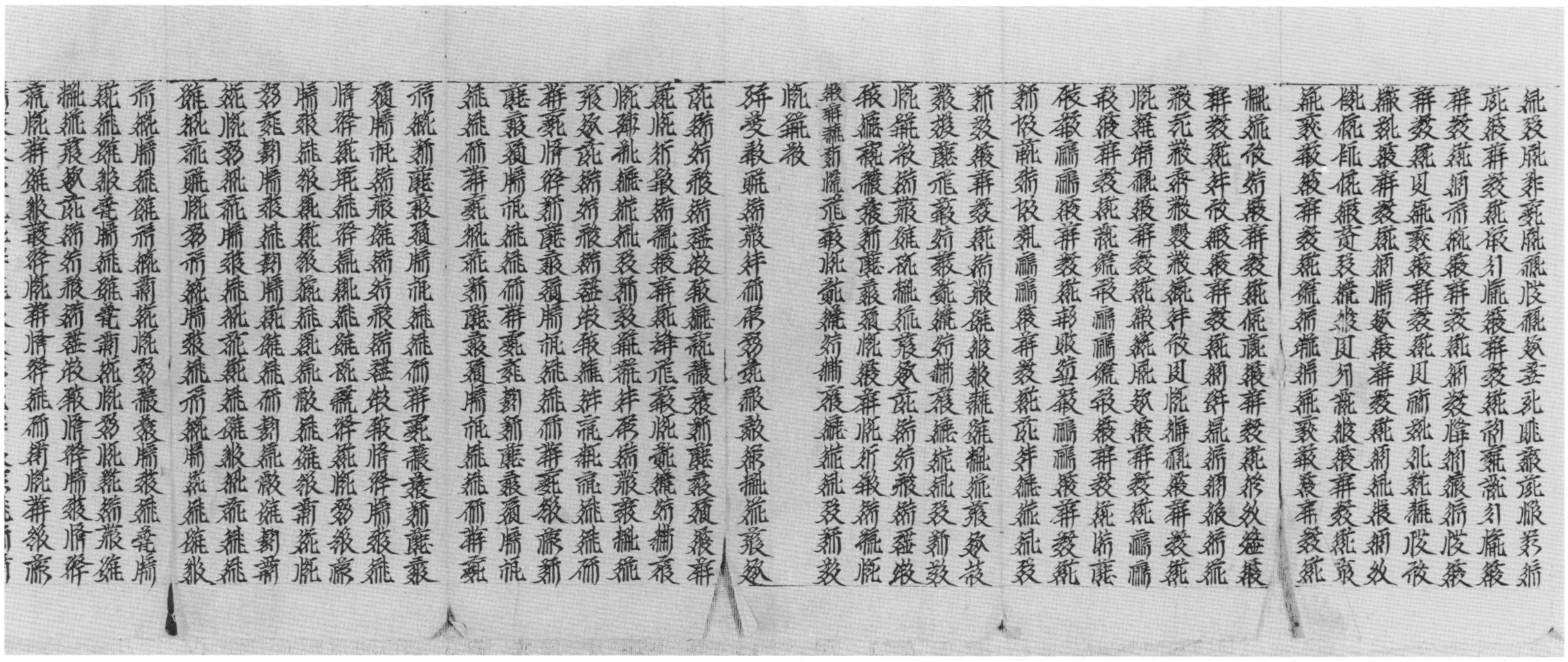

俄 Инв.No.1924　大般若波羅蜜多經卷第三百四十九　(7-2)

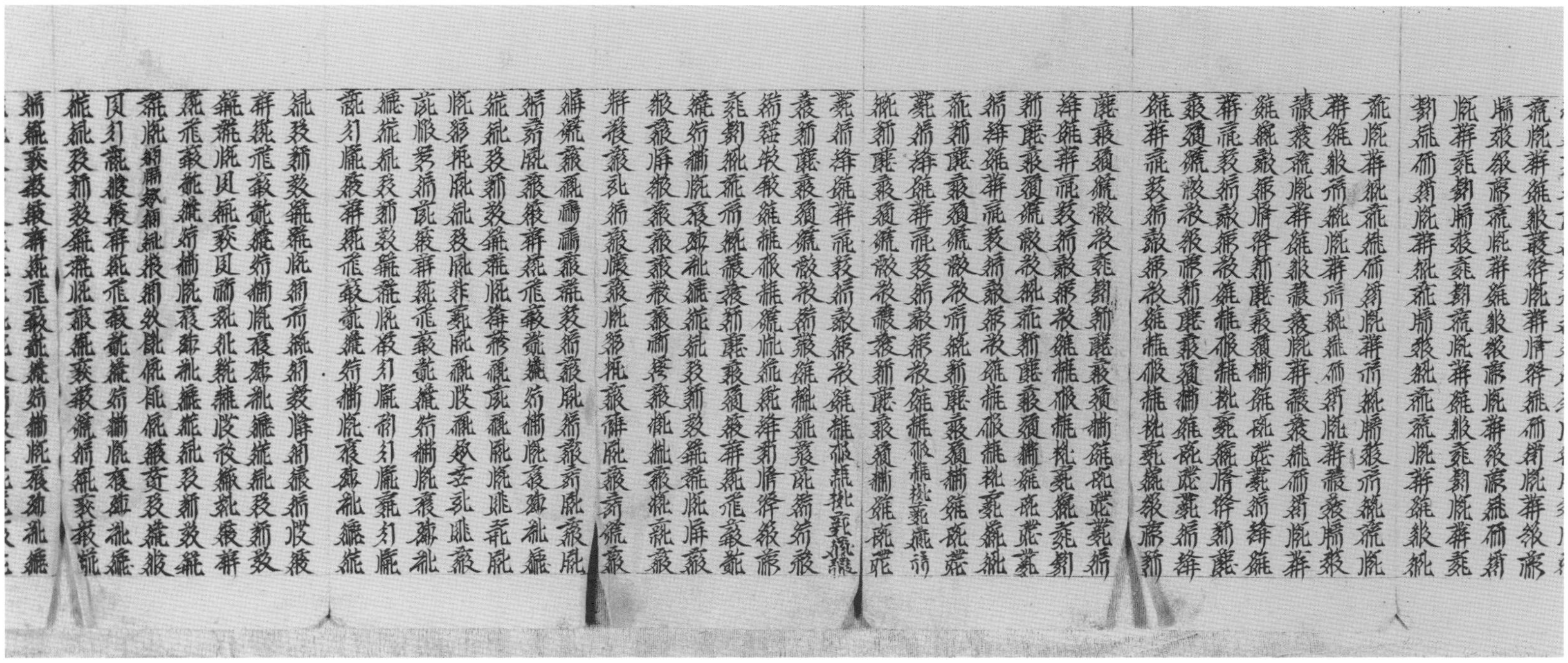

俄 Инв.No.1924　大般若波羅蜜多經卷第三百四十九　(7-3)

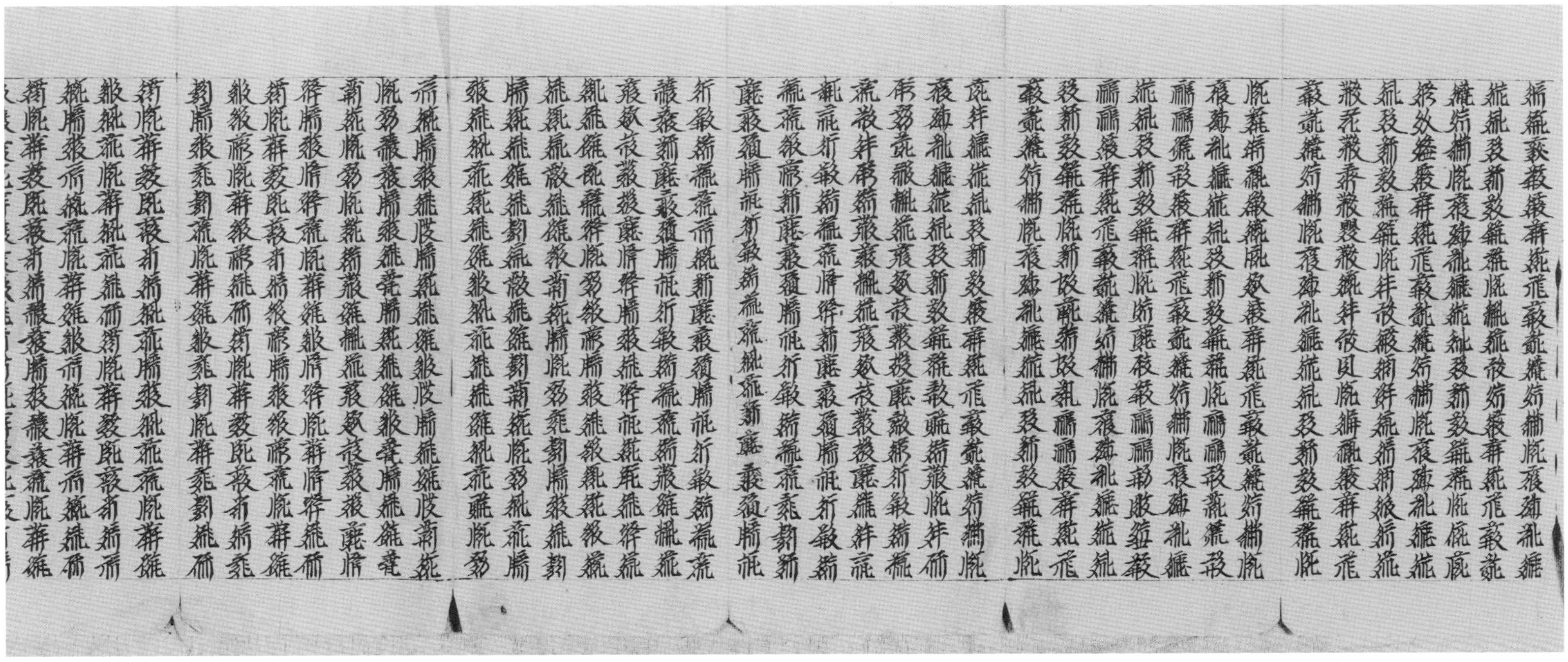

俄 Инв.No.1924　大般若波羅蜜多經卷第三百四十九　(7-4)

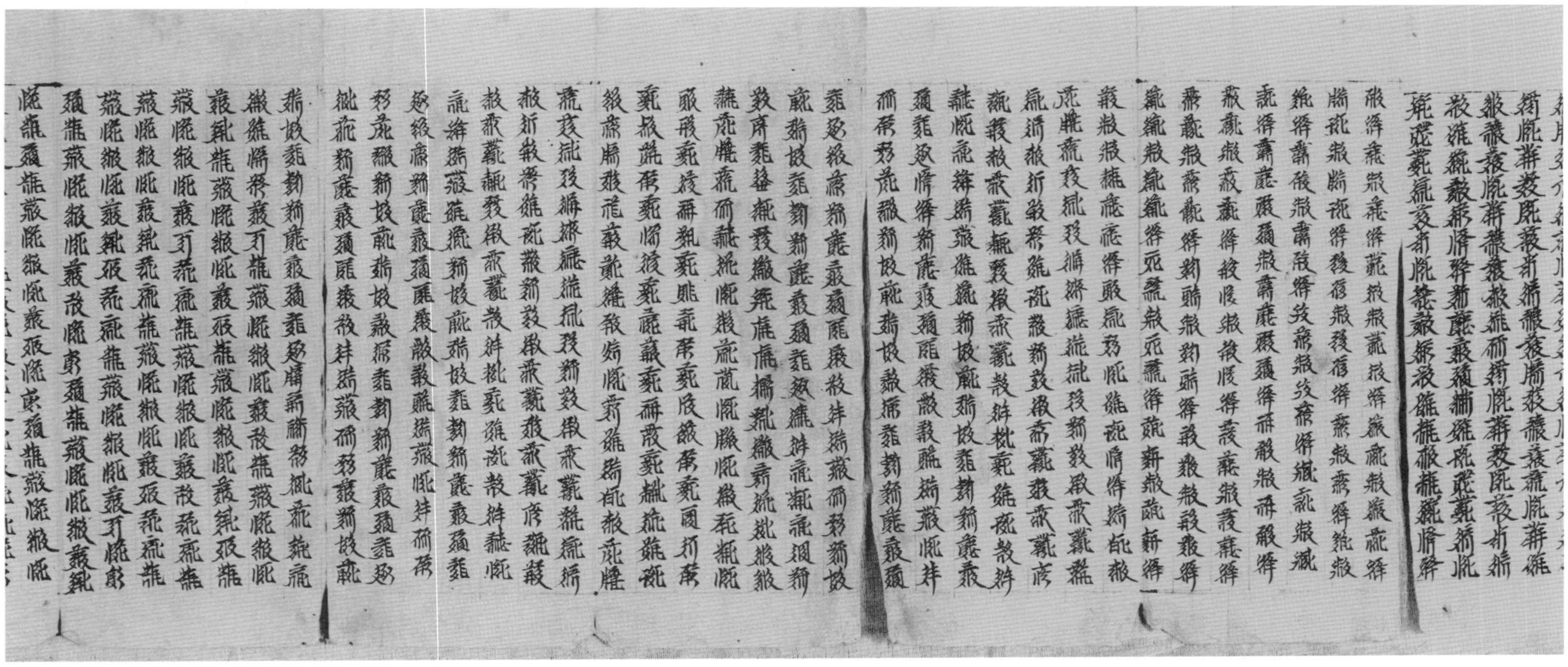

俄 Инв.No.1924　大般若波羅蜜多經卷第三百四十九　(7–5)

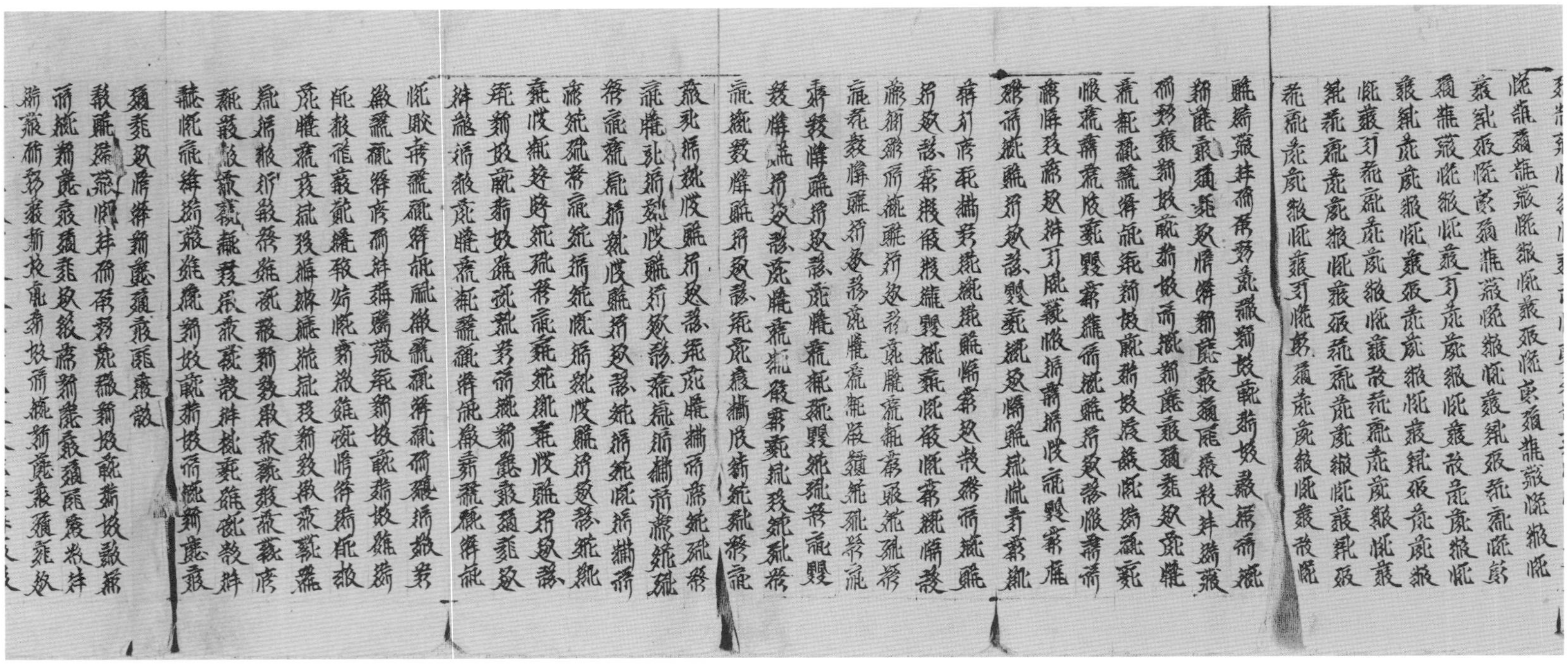

俄 Инв.No.1924　大般若波羅蜜多經卷第三百四十九　(7–6)

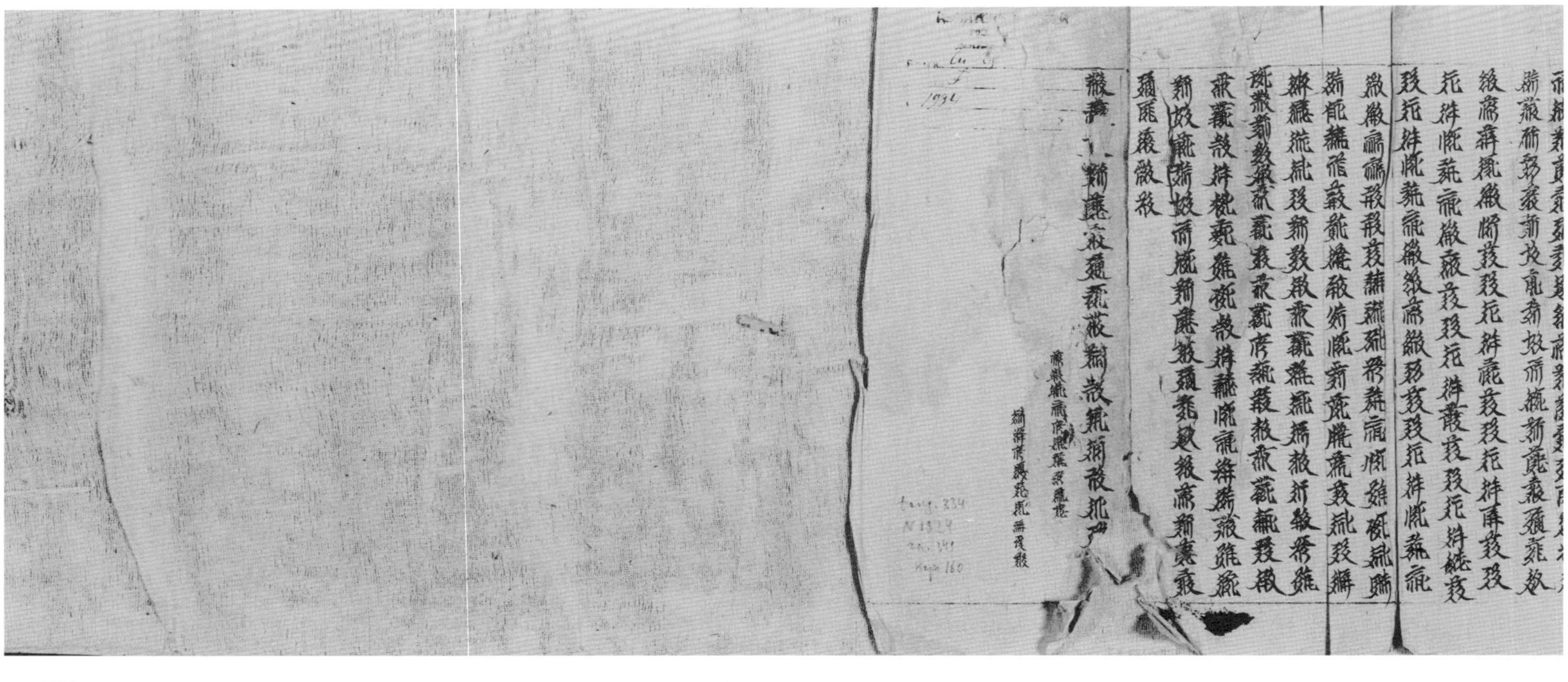

俄 Инв.No.1924　大般若波羅蜜多經卷第三百四十九　(7–7)

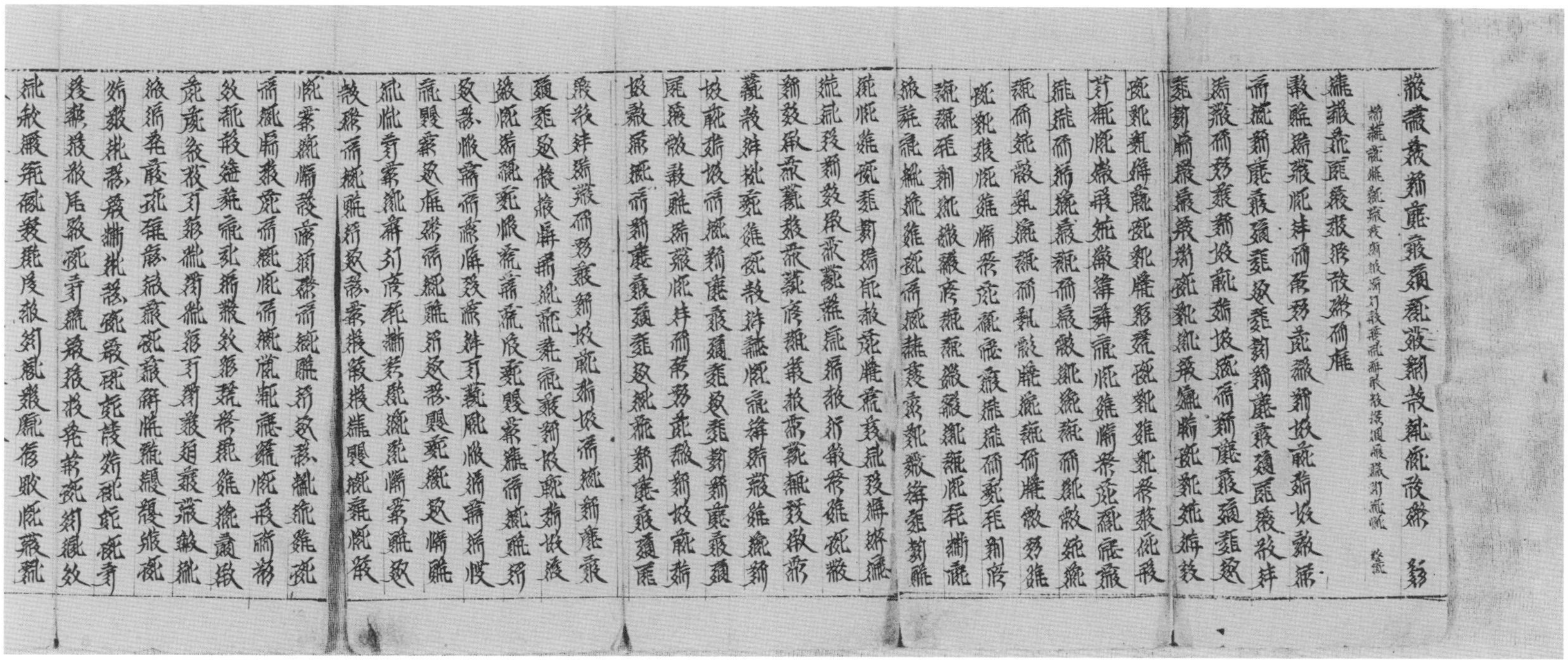

俄 Инв.No.1917　大般若波羅蜜多經卷第三百五十　(11–1)

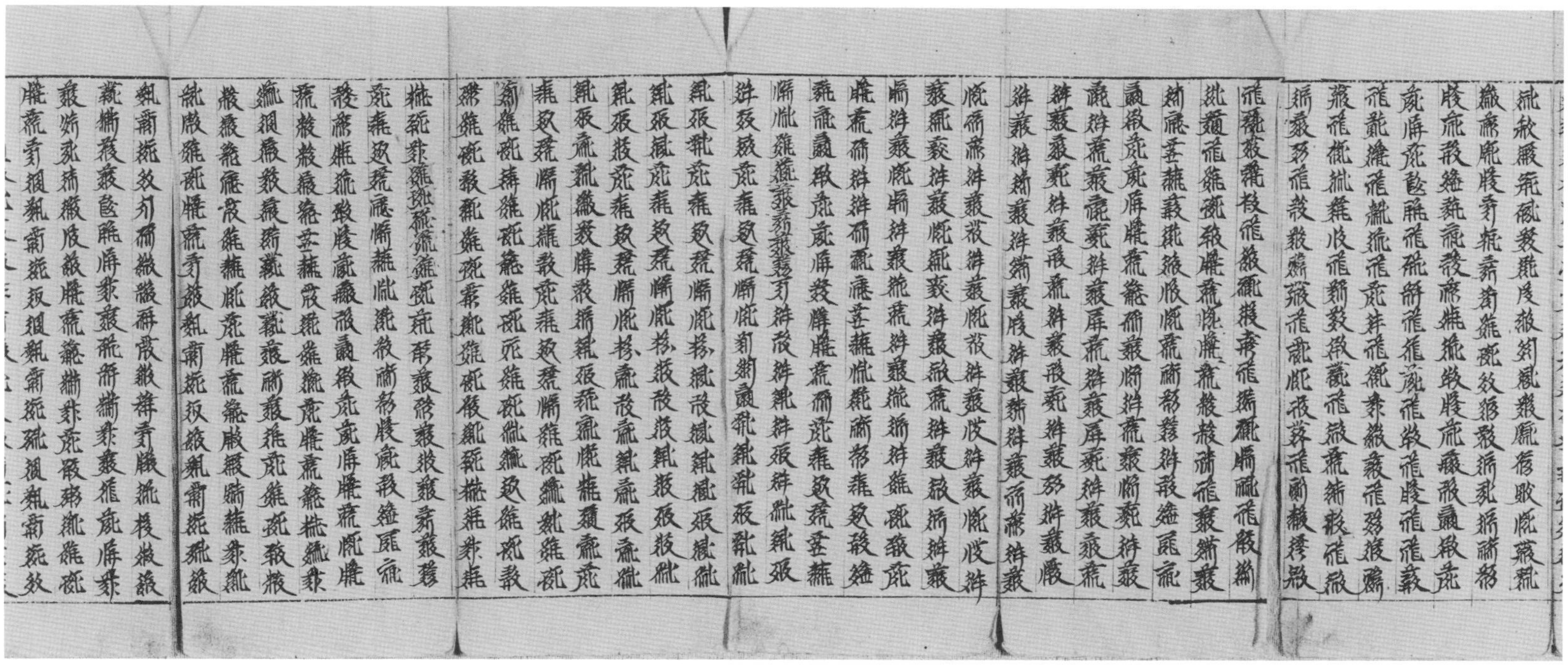

俄 Инв.No.1917　大般若波羅蜜多經卷第三百五十　(11–2)

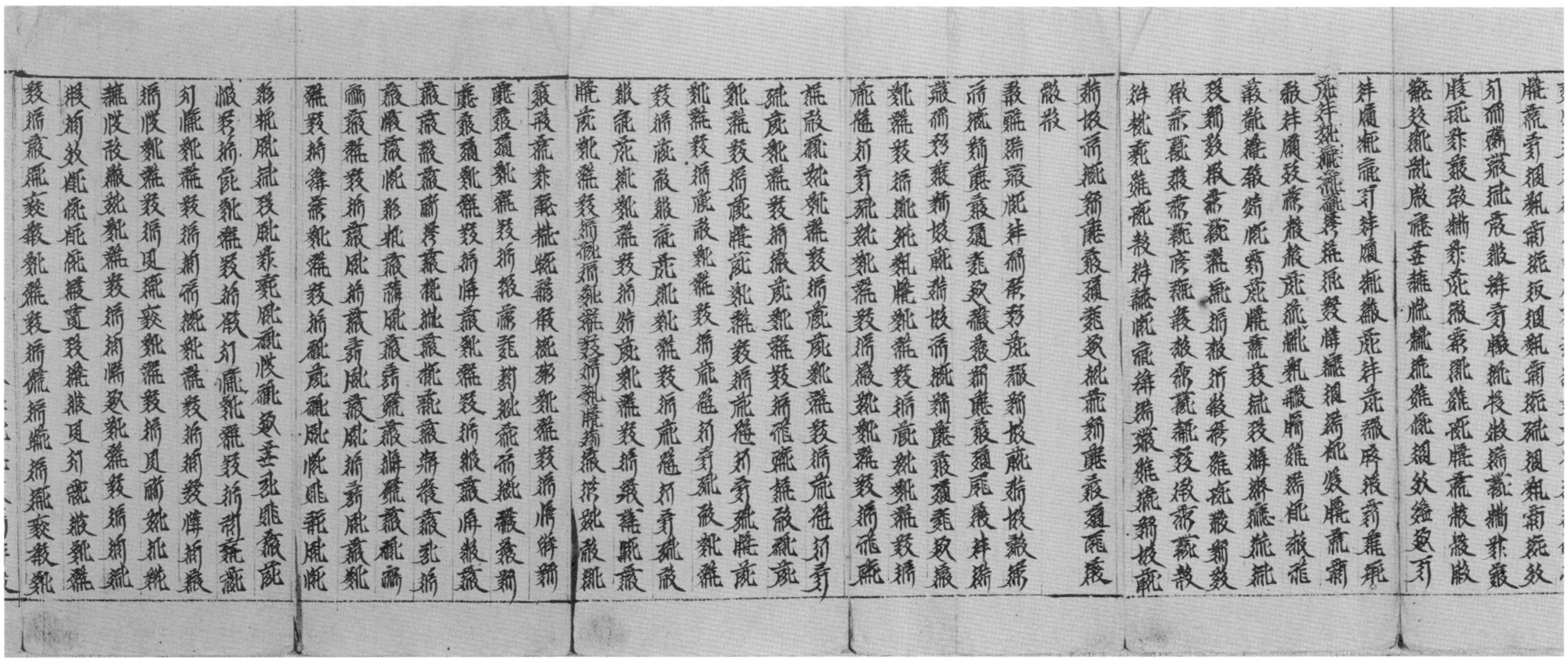

俄 Инв.No.1917　大般若波羅蜜多經卷第三百五十　(11–3)

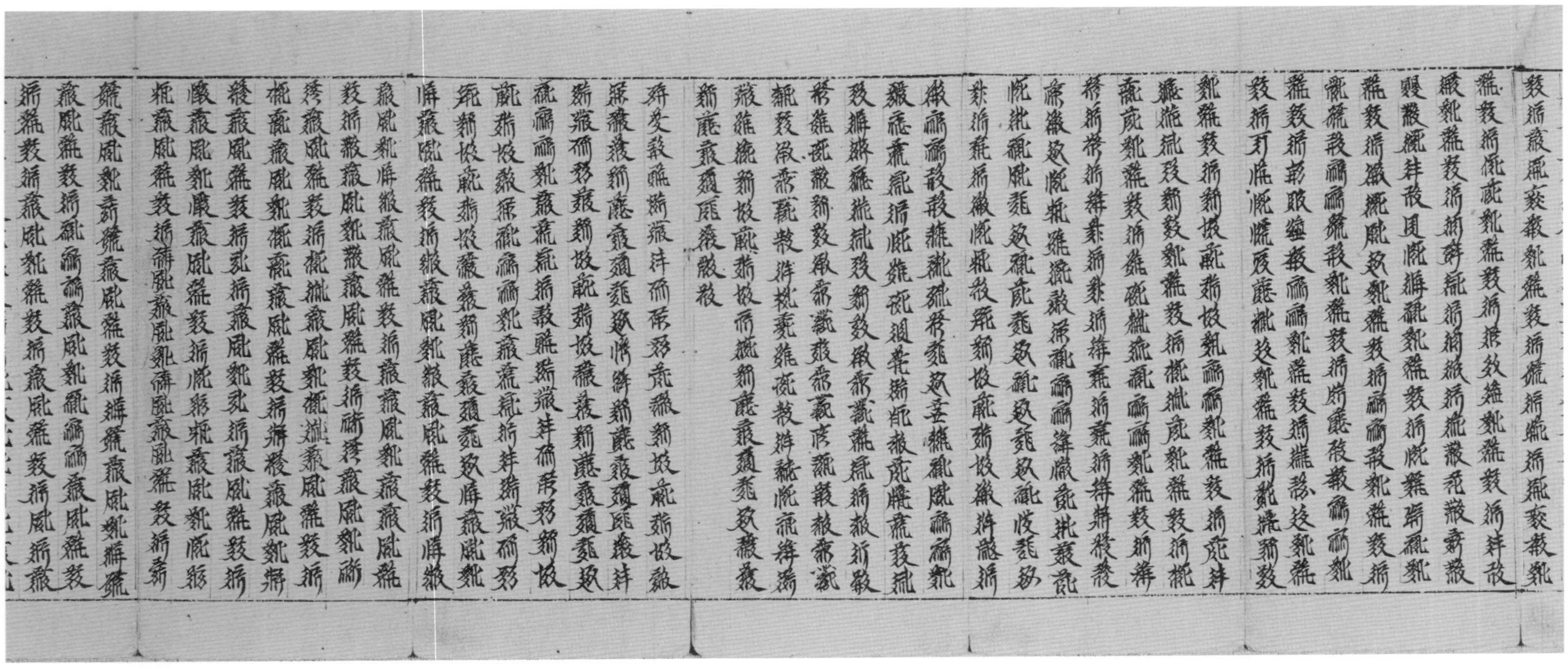

俄 Инв.No.1917　大般若波羅蜜多經卷第三百五十　(11–4)

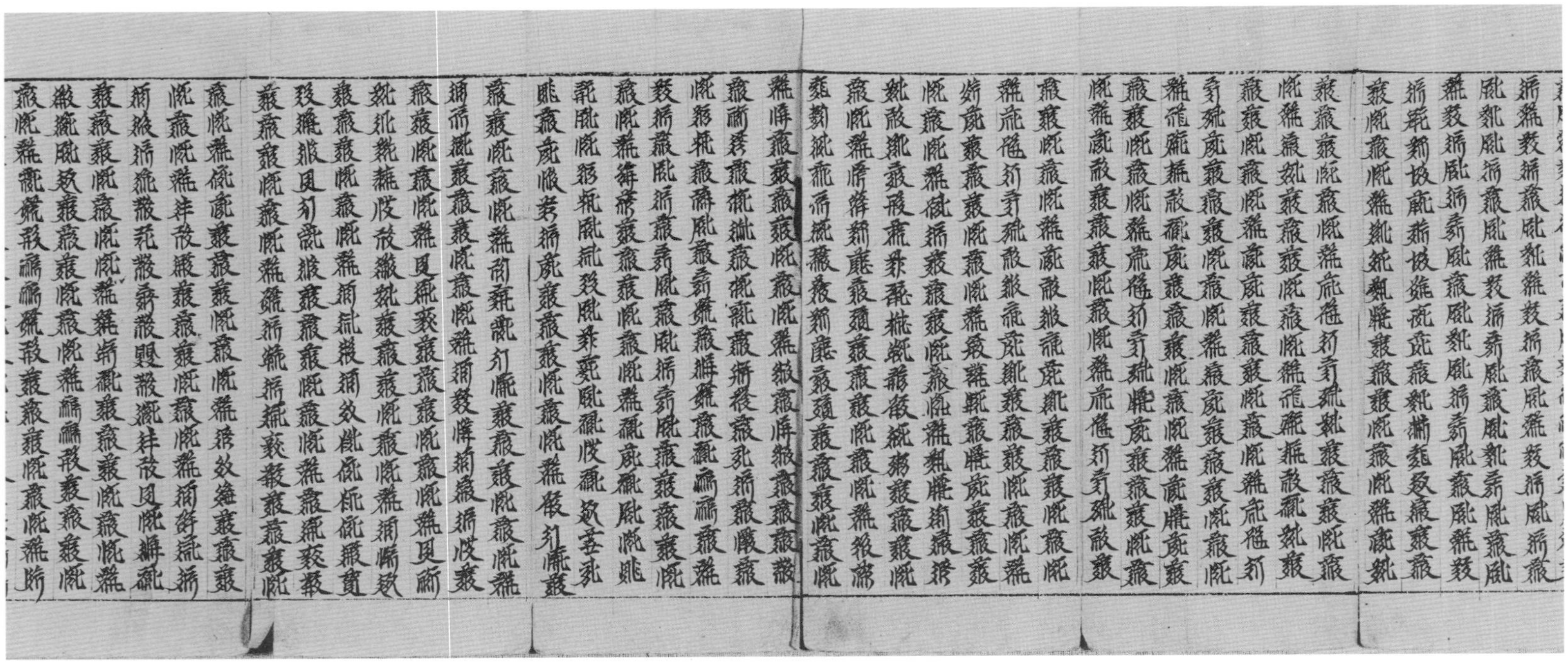

俄 Инв.No.1917　大般若波羅蜜多經卷第三百五十　(11–5)

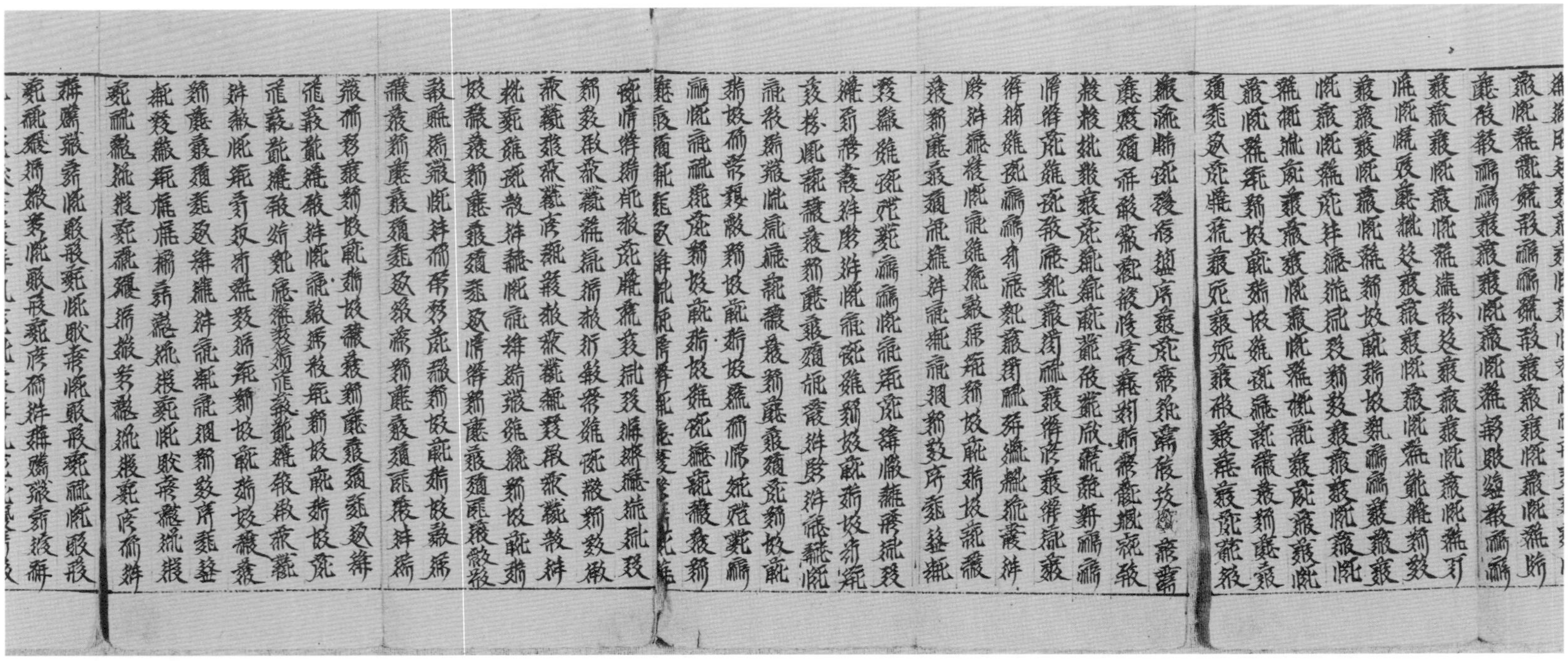

俄 Инв.No.1917　大般若波羅蜜多經卷第三百五十　(11–6)

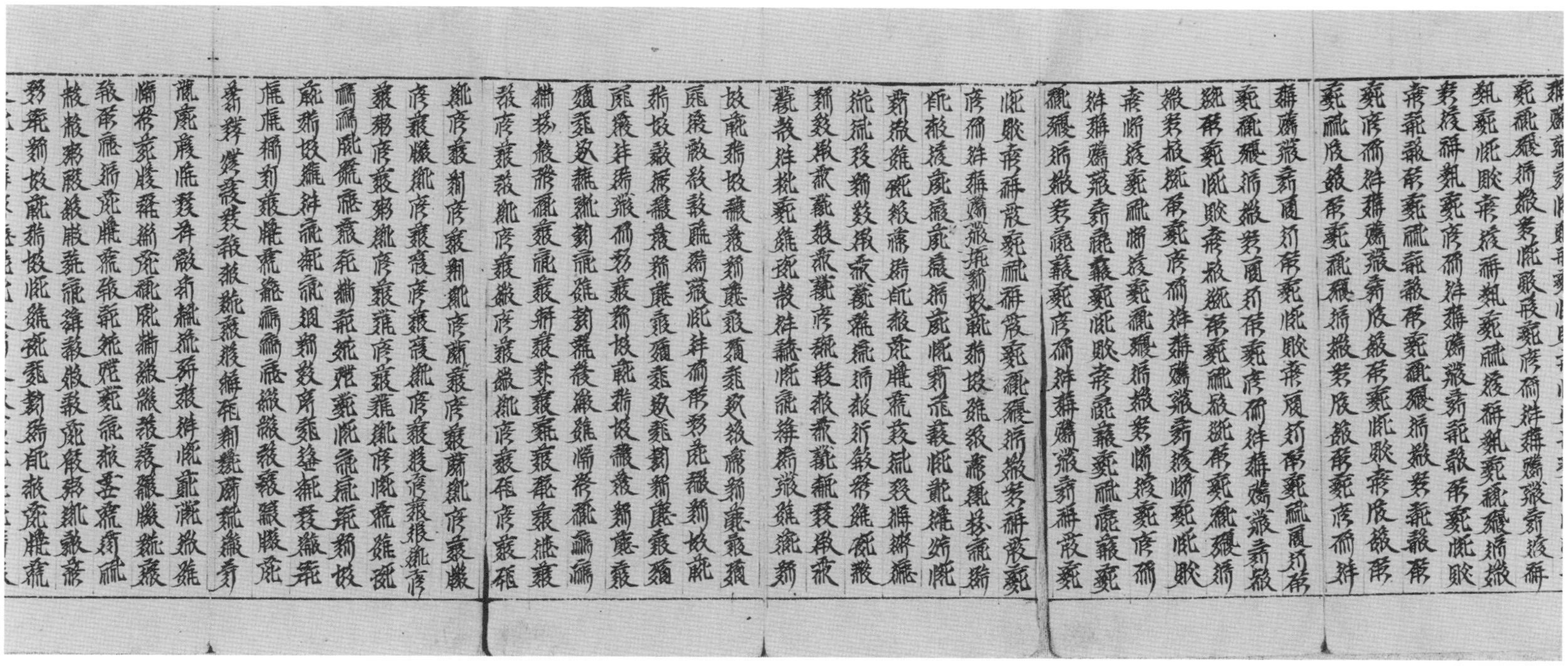

俄 Инв.No.1917　大般若波羅蜜多經卷第三百五十　(11-7)

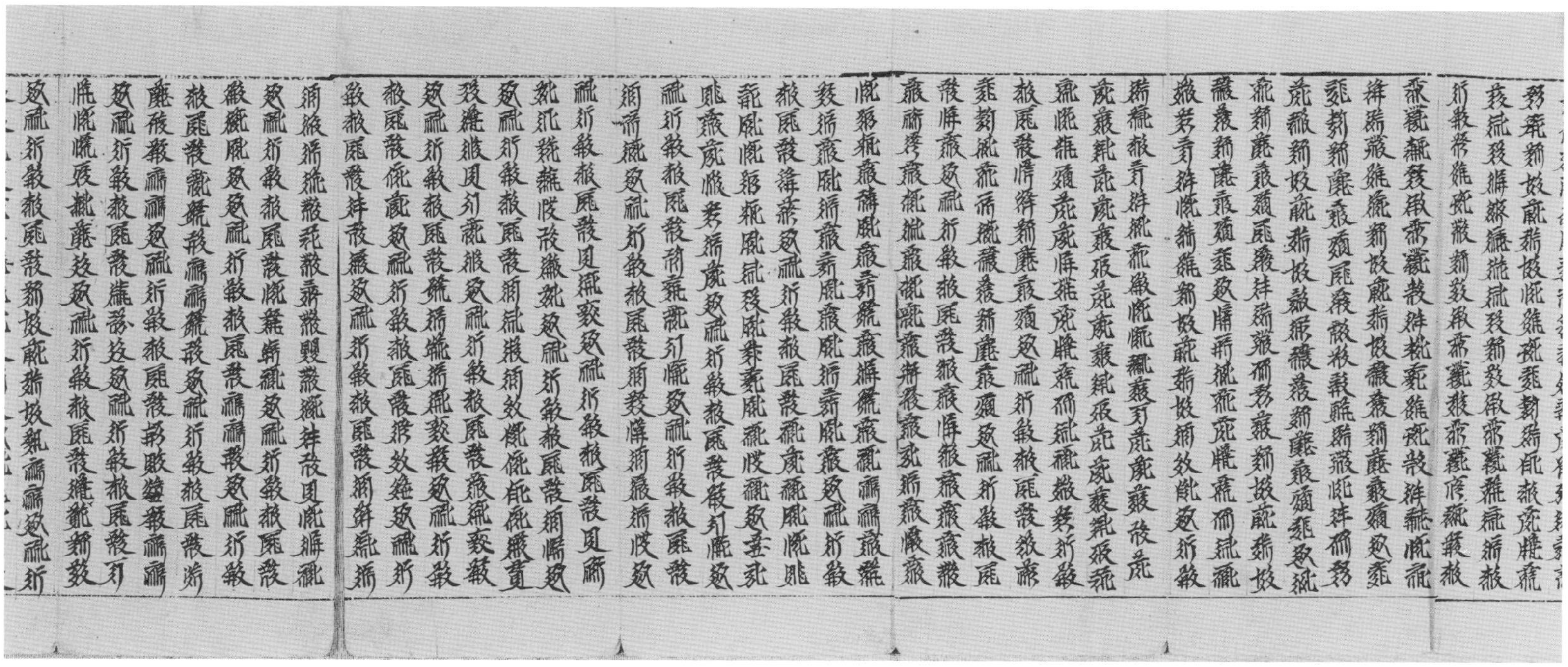

俄 Инв.No.1917　大般若波羅蜜多經卷第三百五十　(11-8)

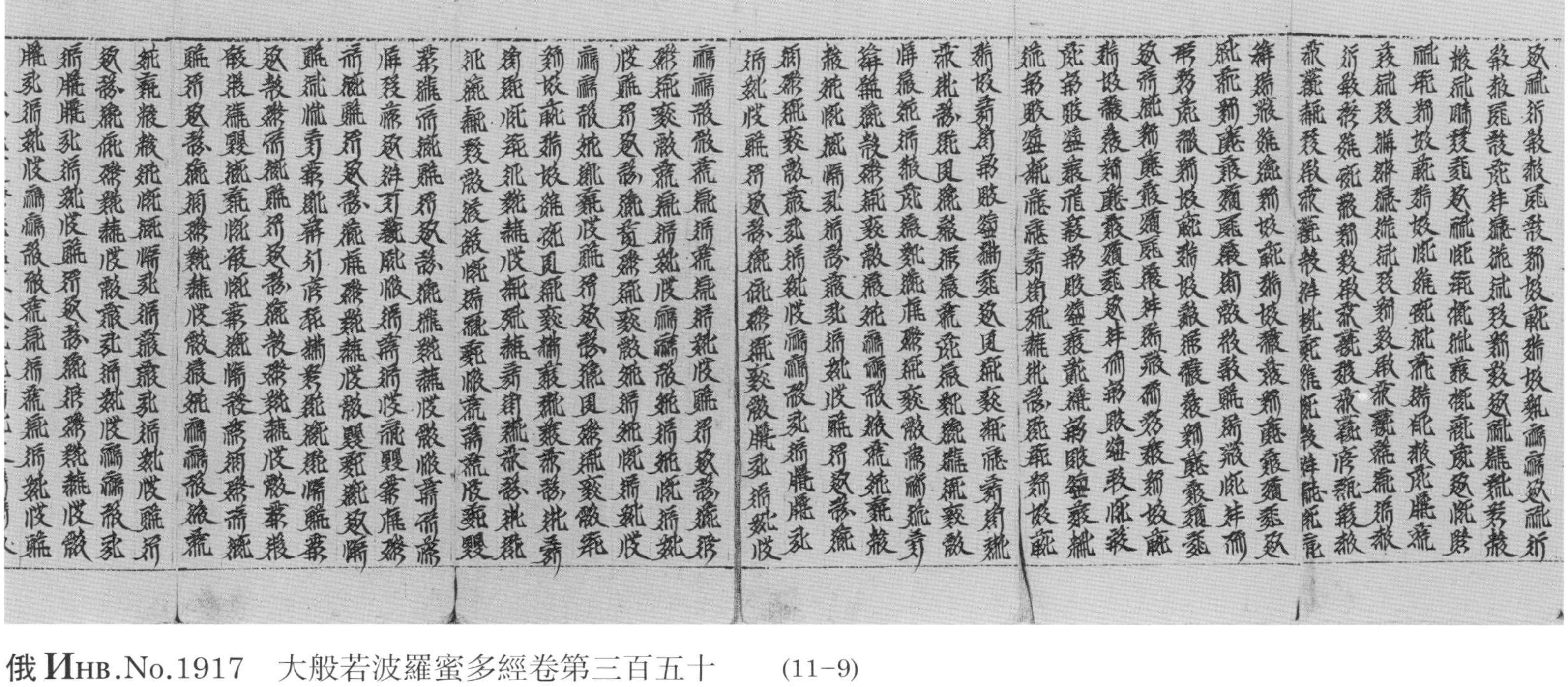

俄 Инв.No.1917　大般若波羅蜜多經卷第三百五十　(11-9)

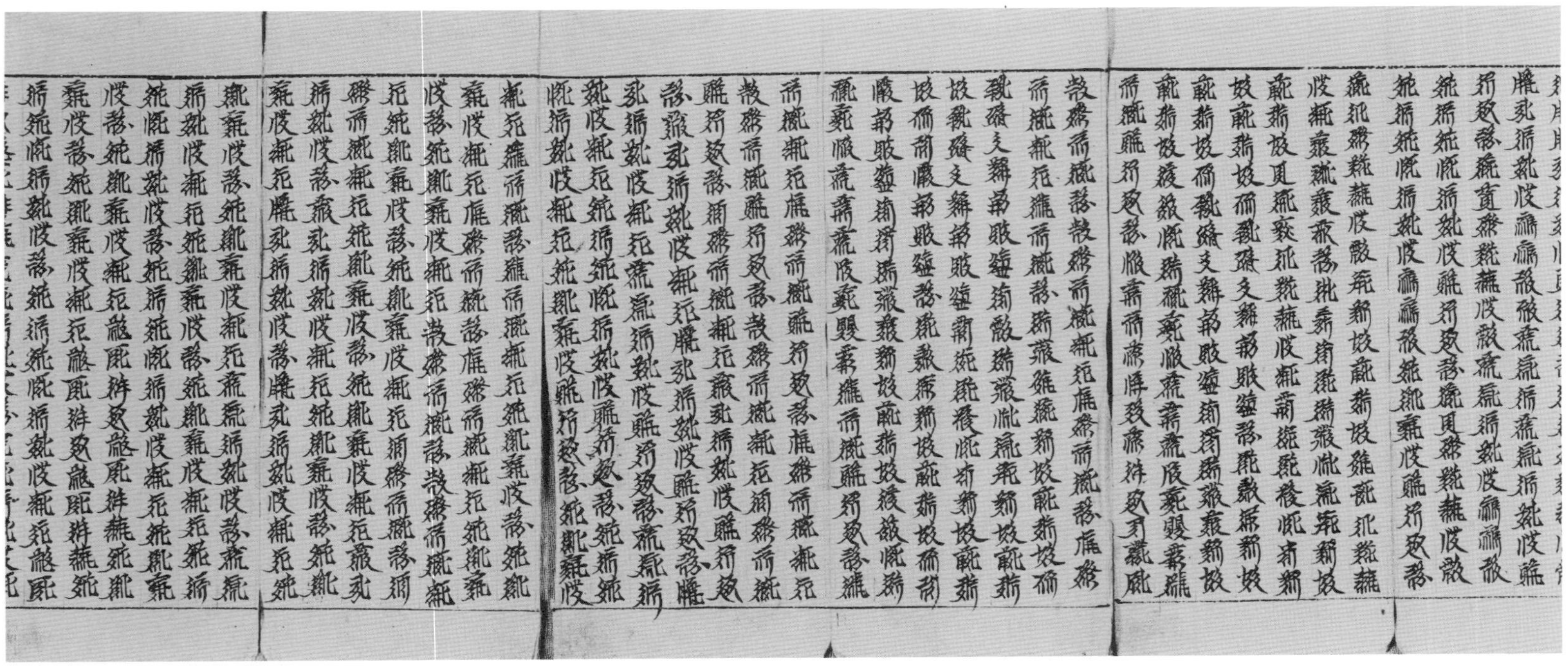

俄 Инв.No.1917 大般若波羅蜜多經卷第三百五十 (11-10)

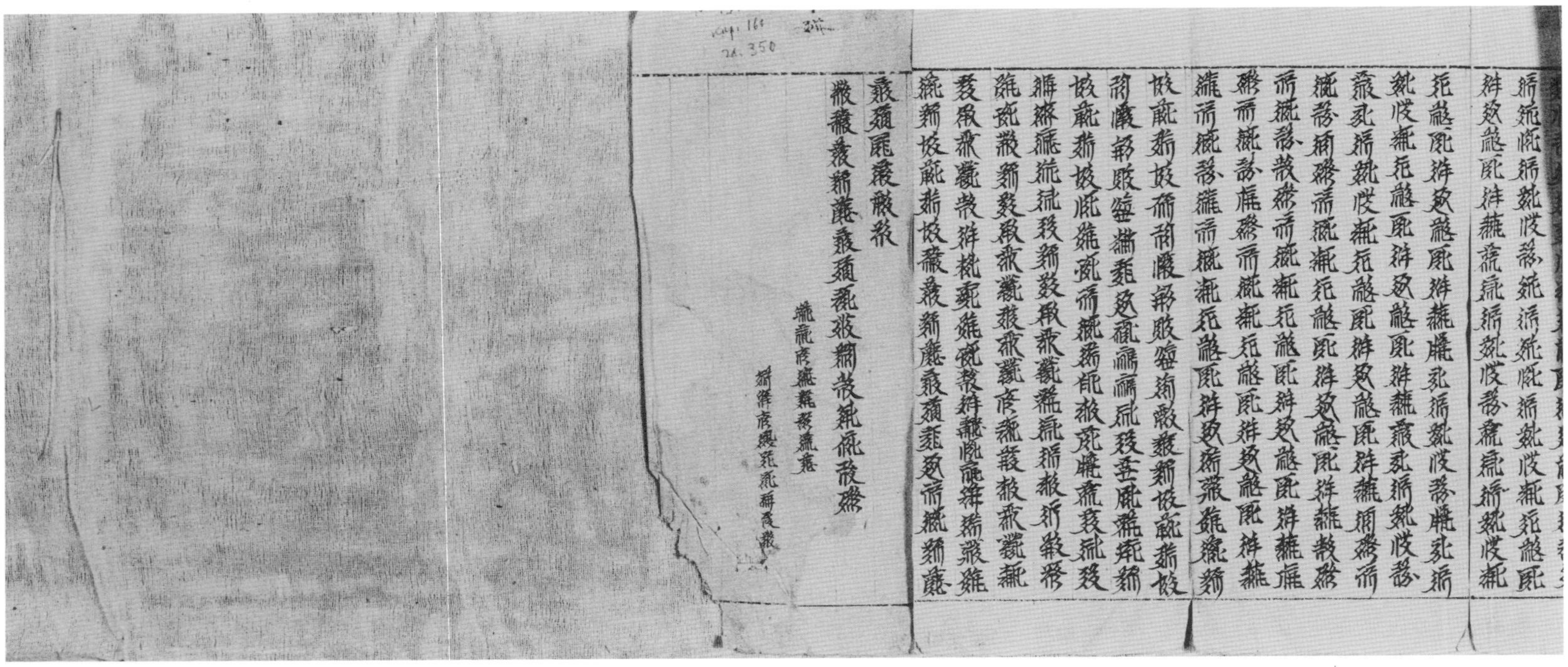

俄 Инв.No.1917 大般若波羅蜜多經卷第三百五十 (11-11)

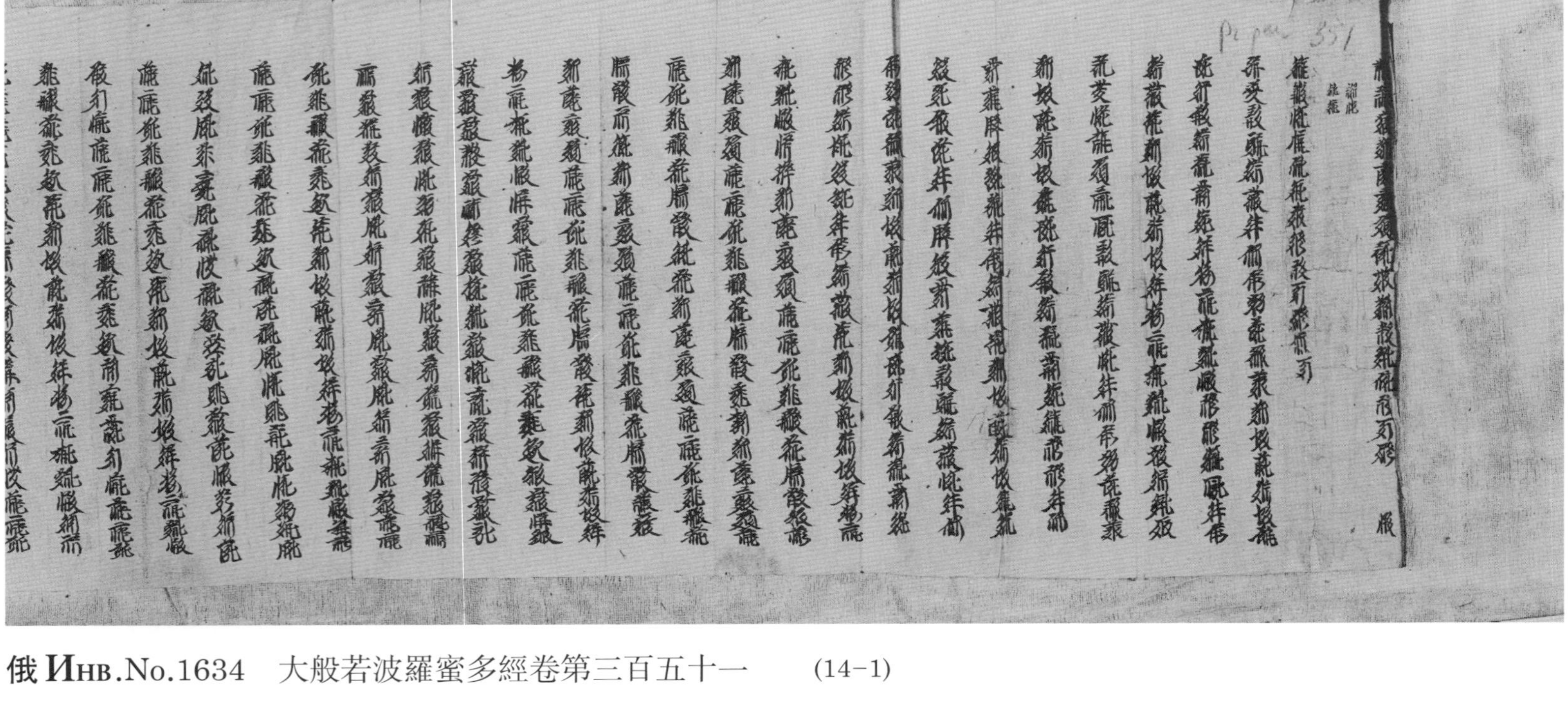

俄 Инв.No.1634 大般若波羅蜜多經卷第三百五十一 (14-1)

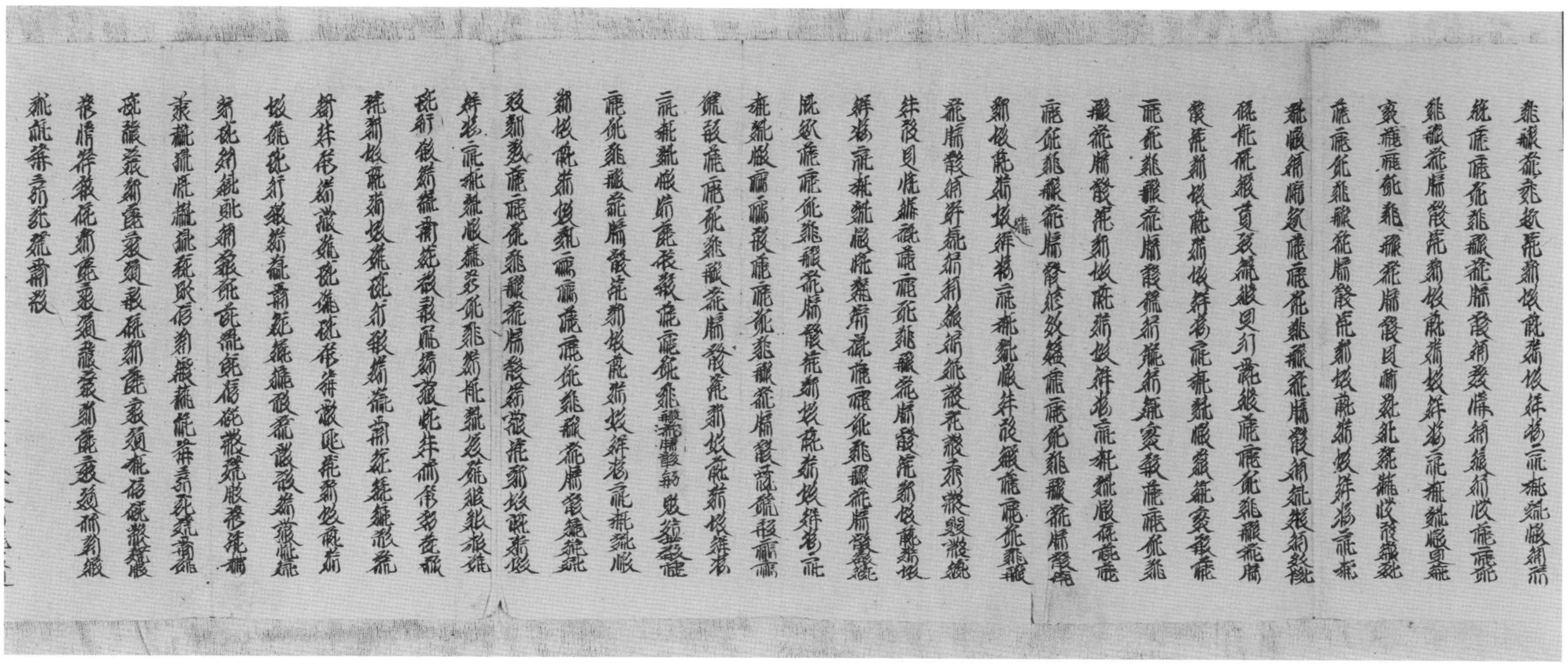

俄 Инв.No.1634　大般若波羅蜜多經卷第三百五十一　(14–2)

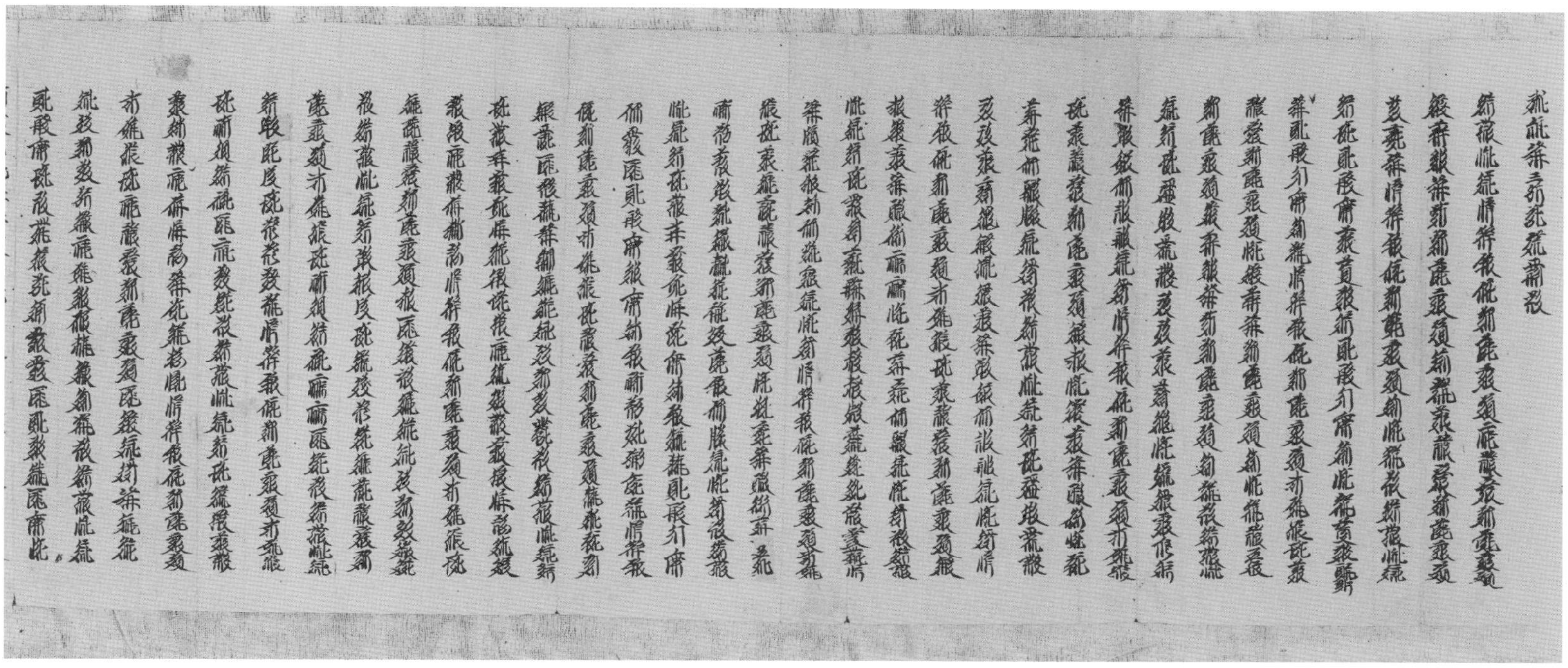

俄 Инв.No.1634　大般若波羅蜜多經卷第三百五十一　(14–3)

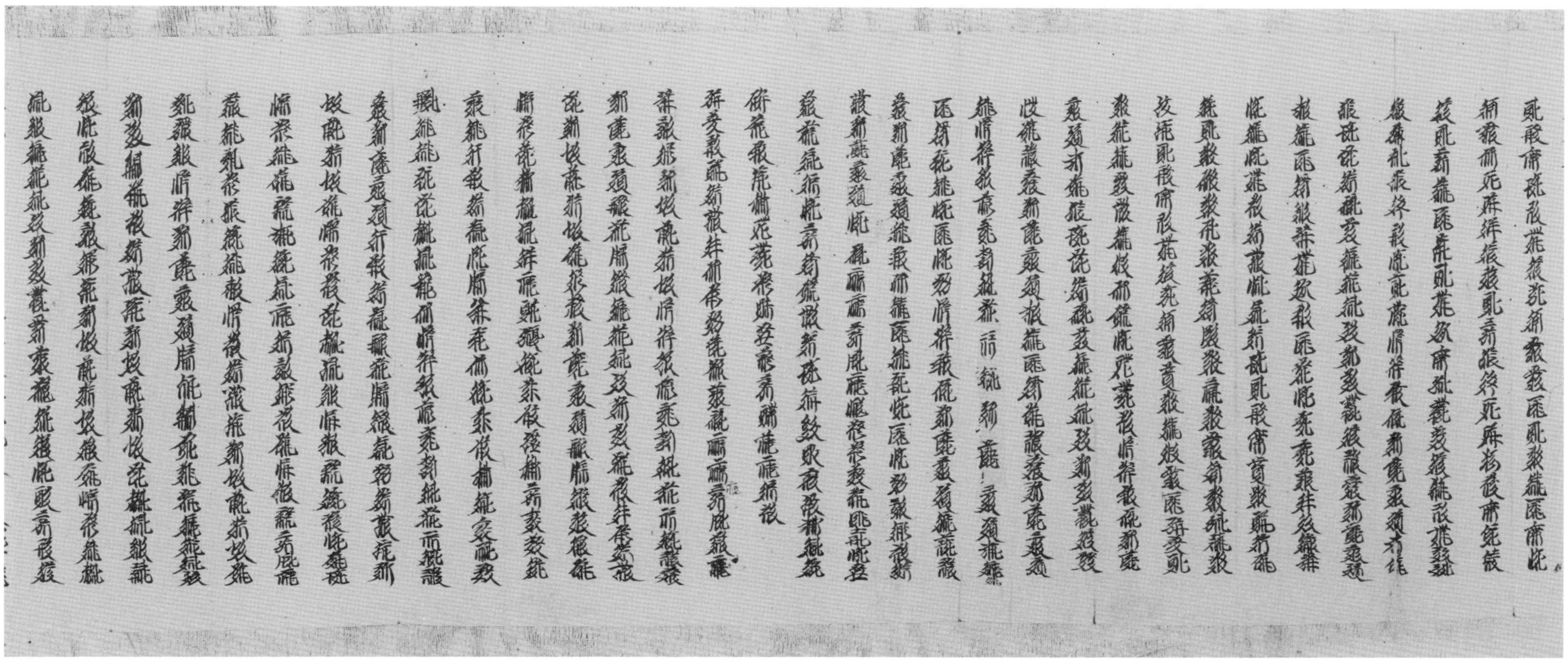

俄 Инв.No.1634　大般若波羅蜜多經卷第三百五十一　(14–4)

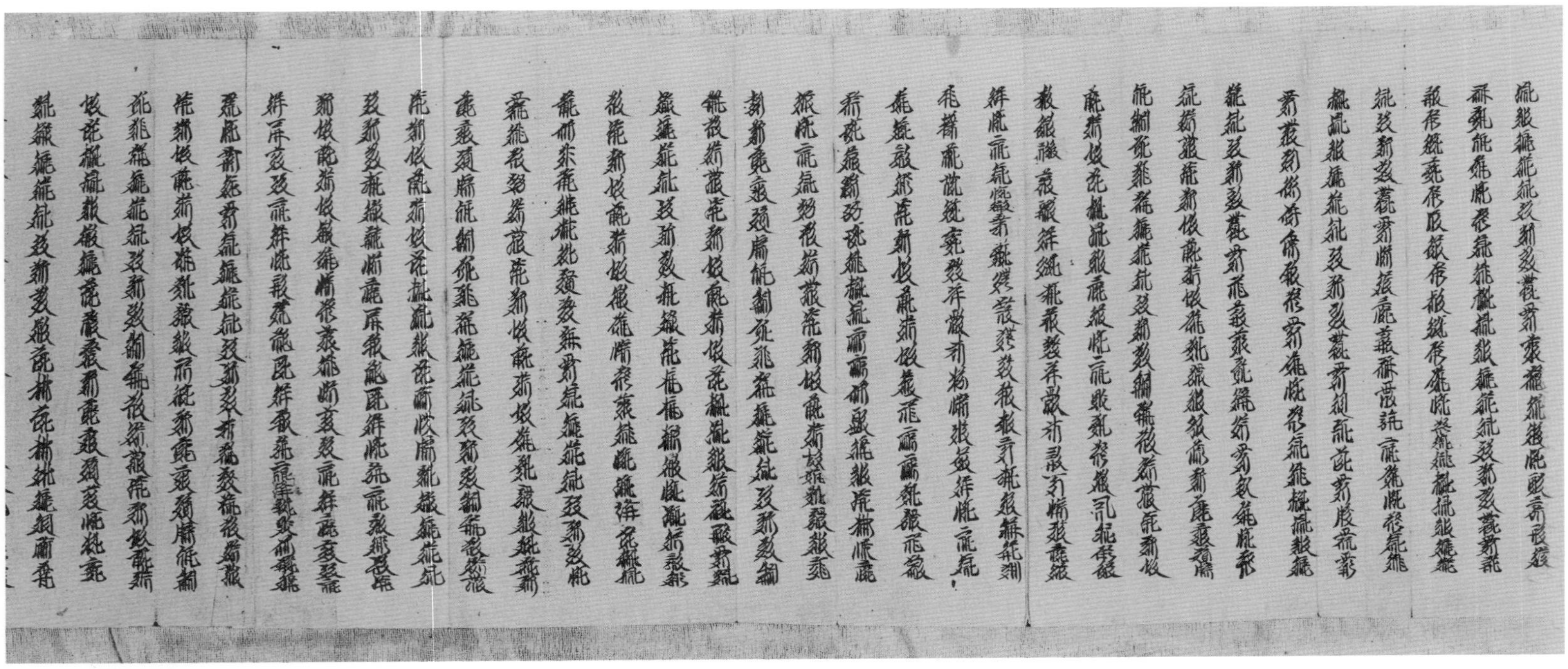

俄 Инв.No.1634　大般若波羅蜜多經卷第三百五十一　(14–5)

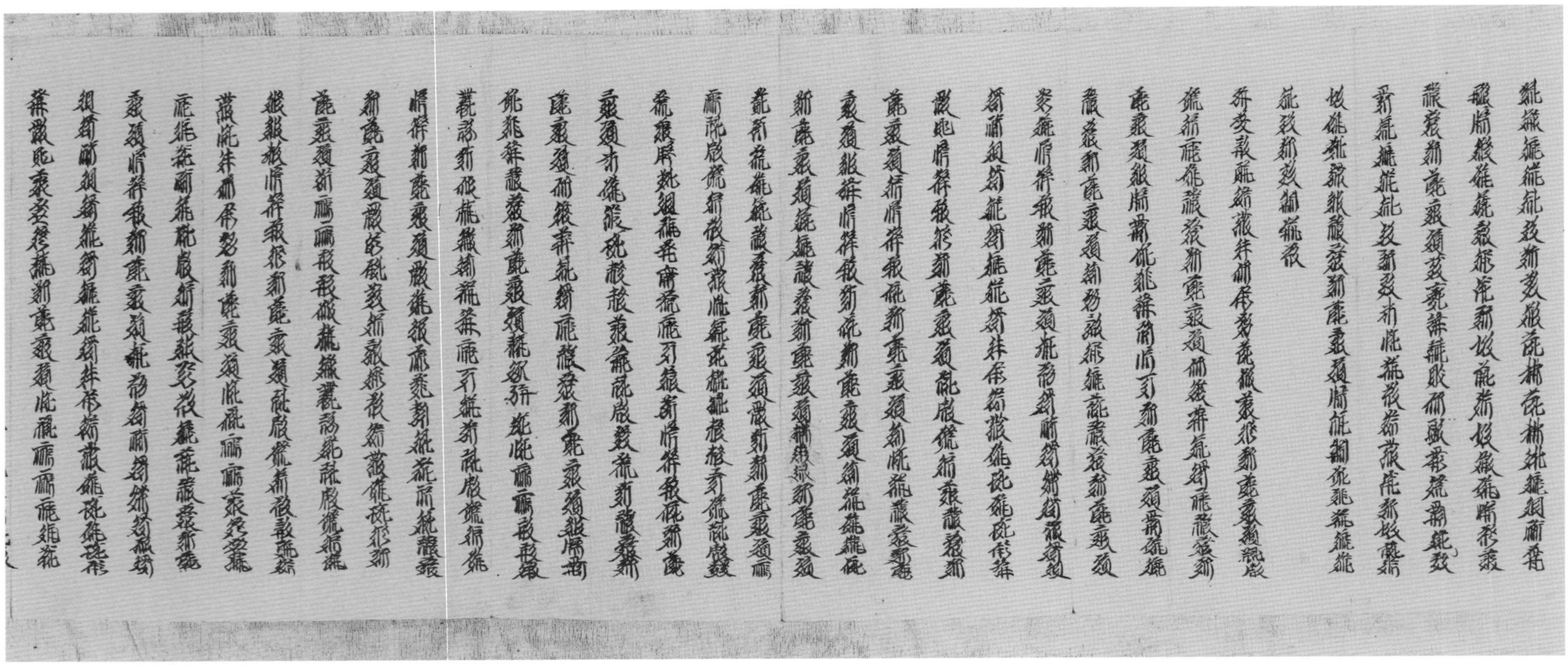

俄 Инв.No.1634　大般若波羅蜜多經卷第三百五十一　(14–6)

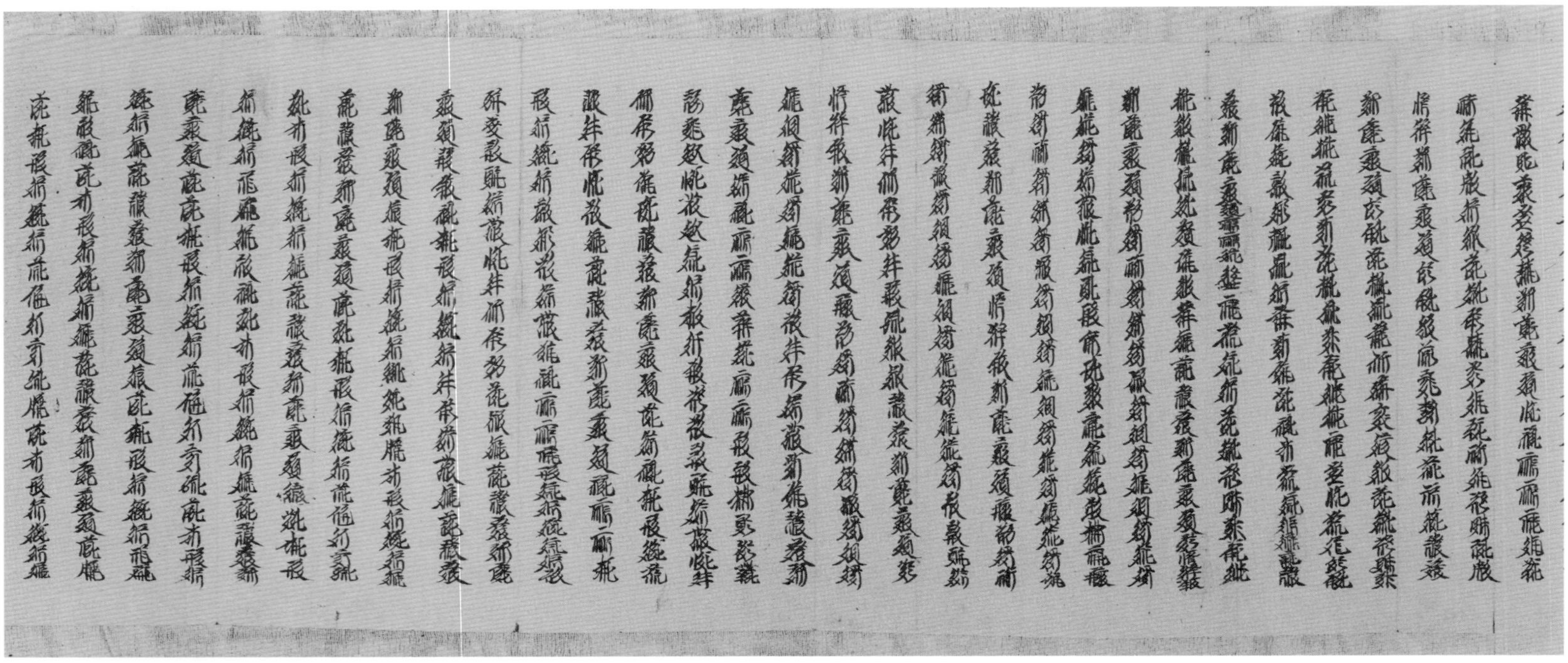

俄 Инв.No.1634　大般若波羅蜜多經卷第三百五十一　(14–7)

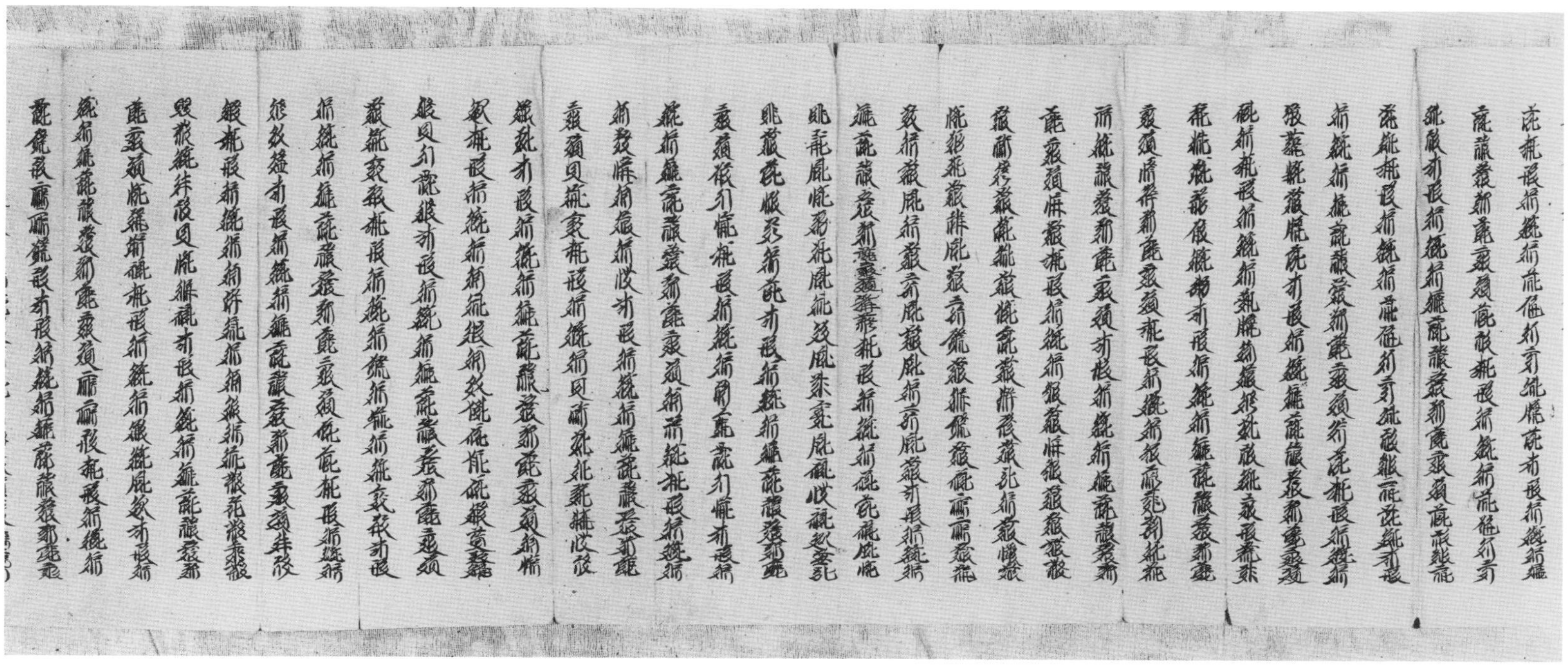

俄 Инв.No.1634 大般若波羅蜜多經卷第三百五十一 (14-8)

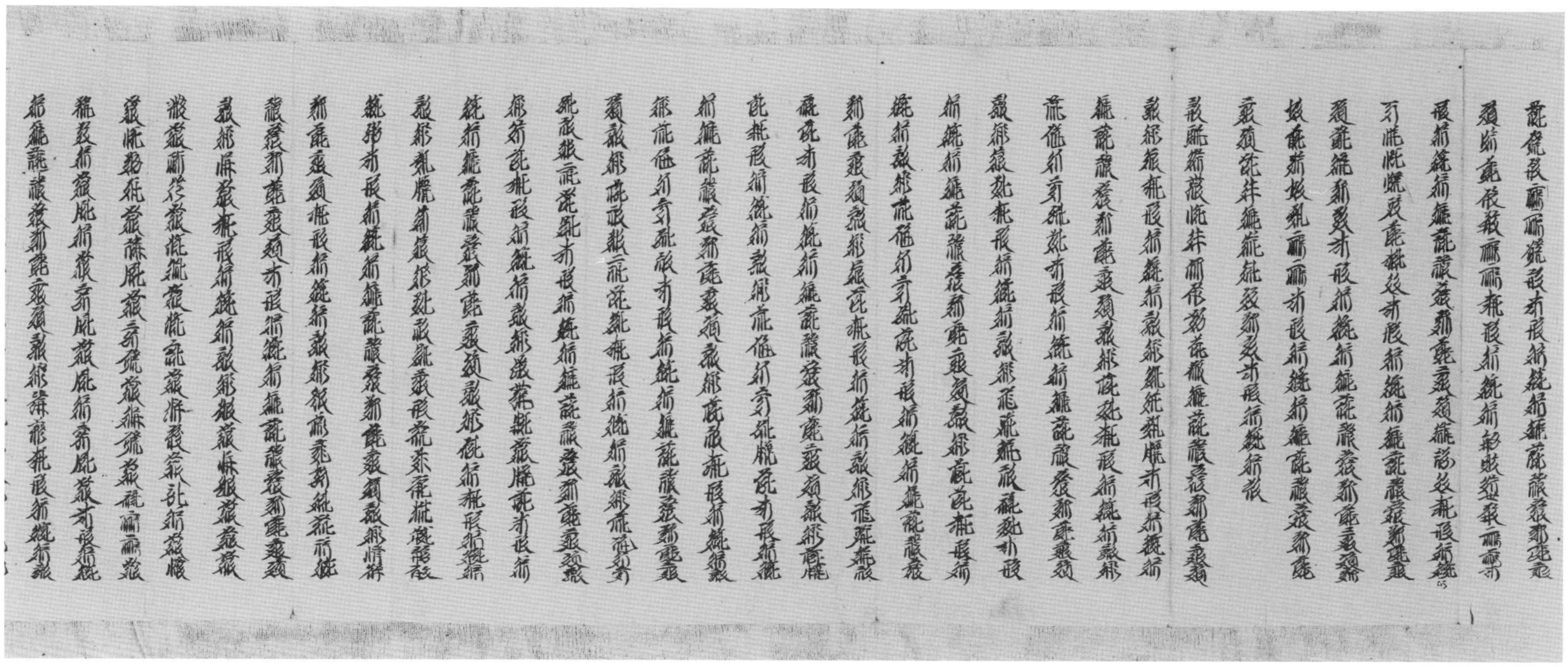

俄 Инв.No.1634 大般若波羅蜜多經卷第三百五十一 (14-9)

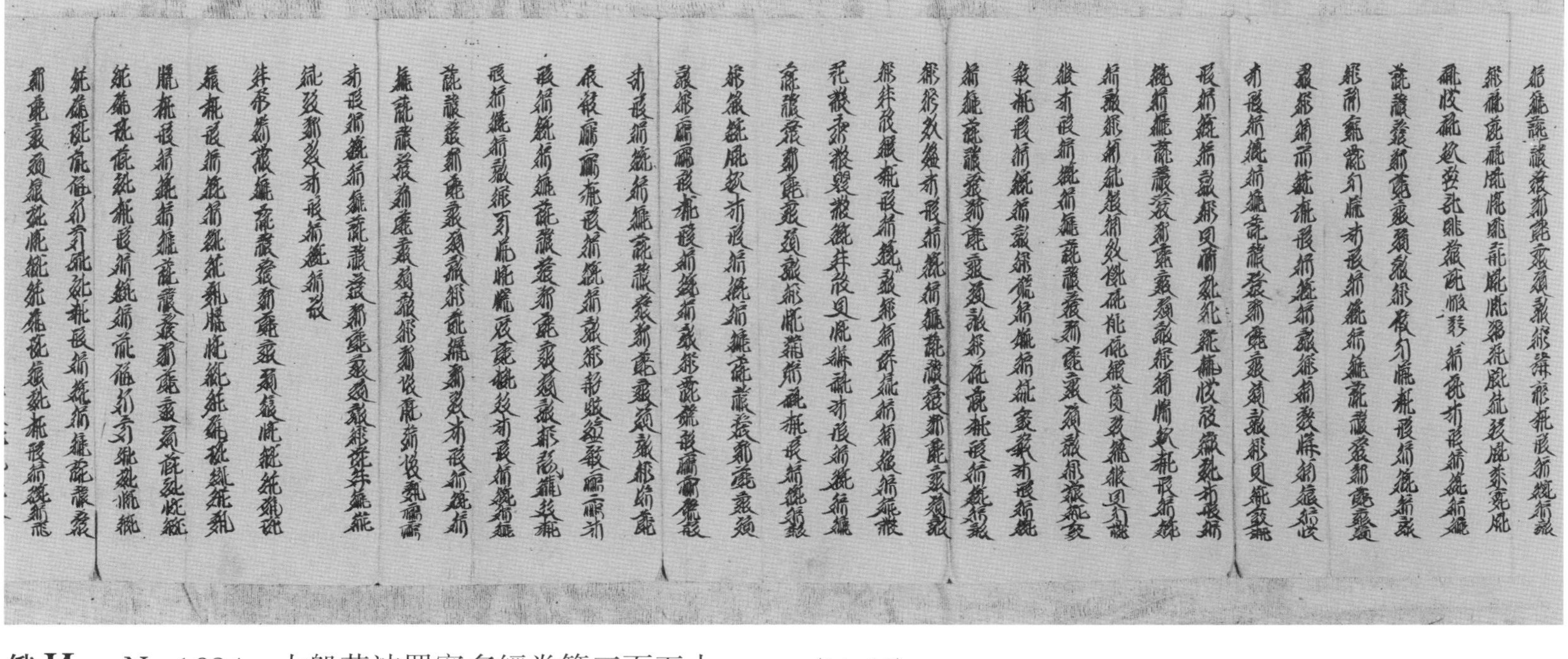

俄 Инв.No.1634 大般若波羅蜜多經卷第三百五十一 (14-10)

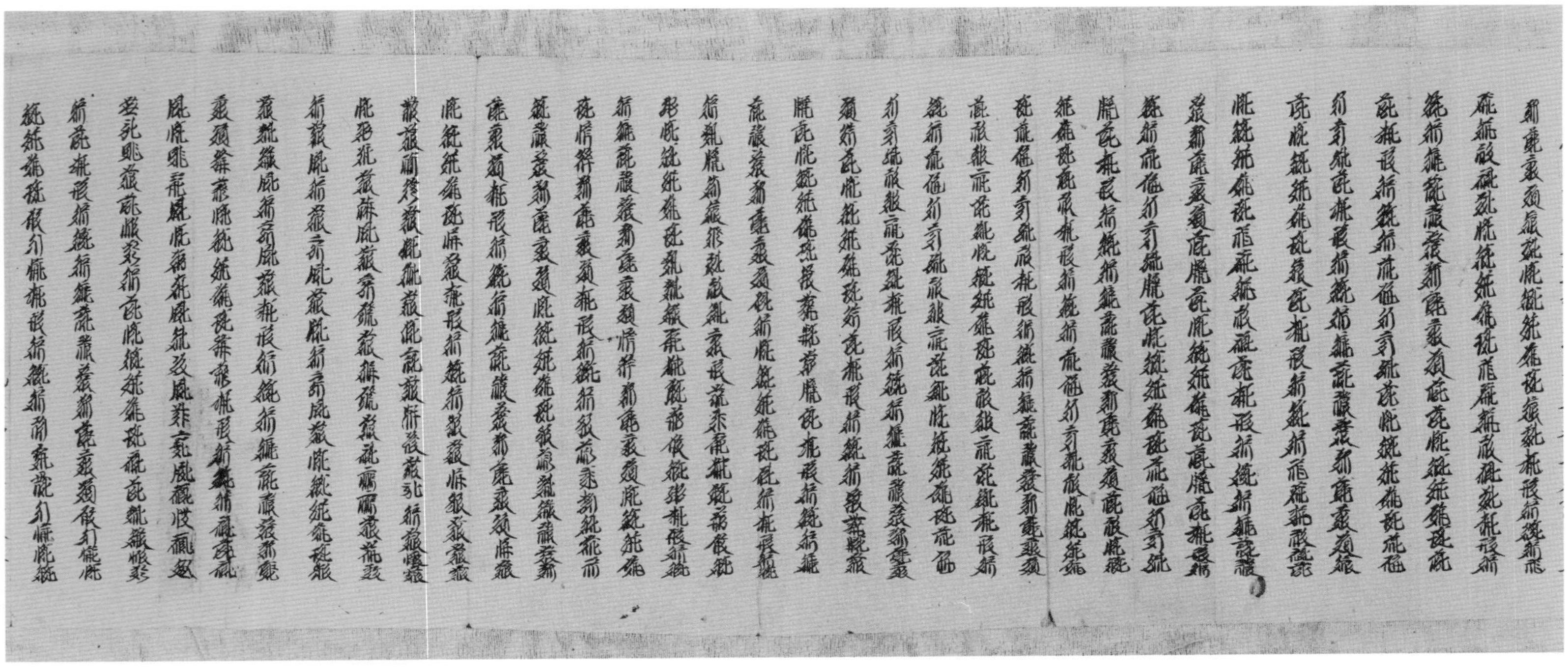

俄 Инв.No.1634　大般若波羅蜜多經卷第三百五十一　(14–11)

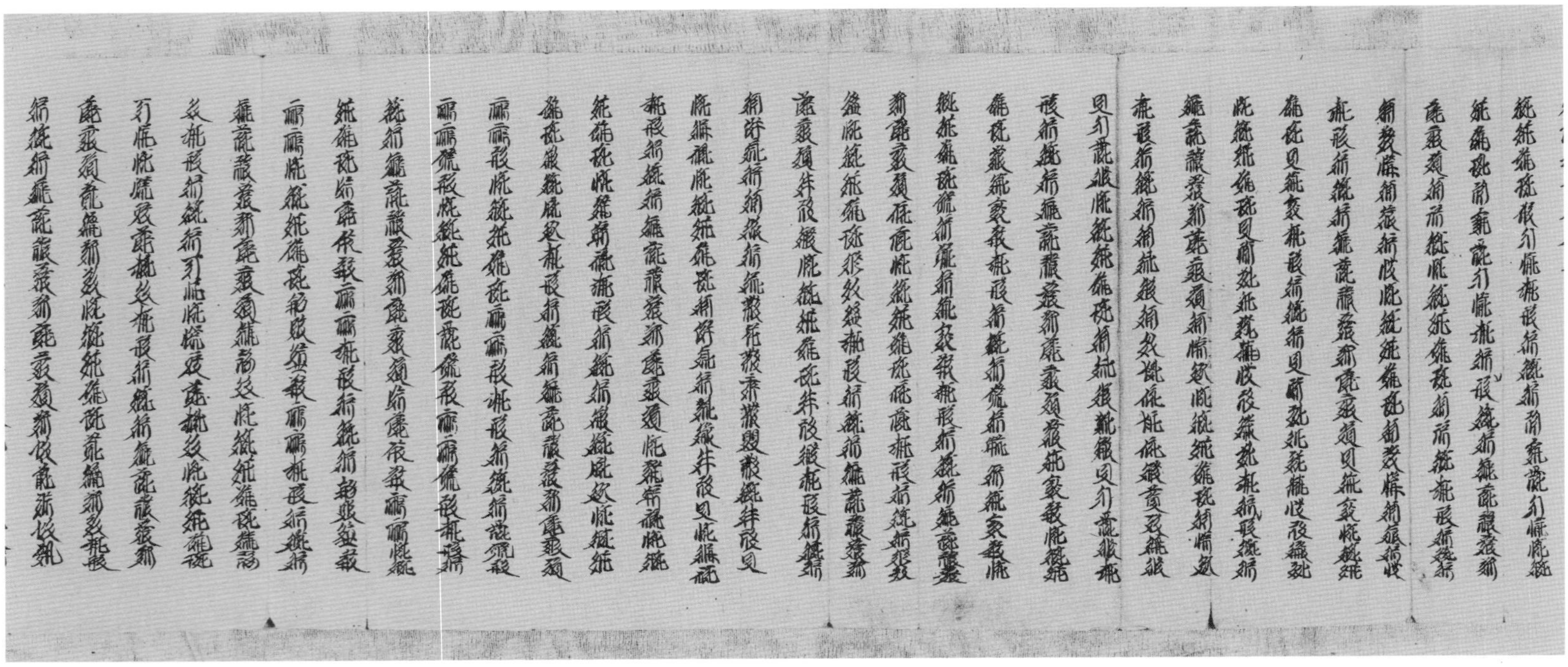

俄 Инв.No.1634　大般若波羅蜜多經卷第三百五十一　(14–12)

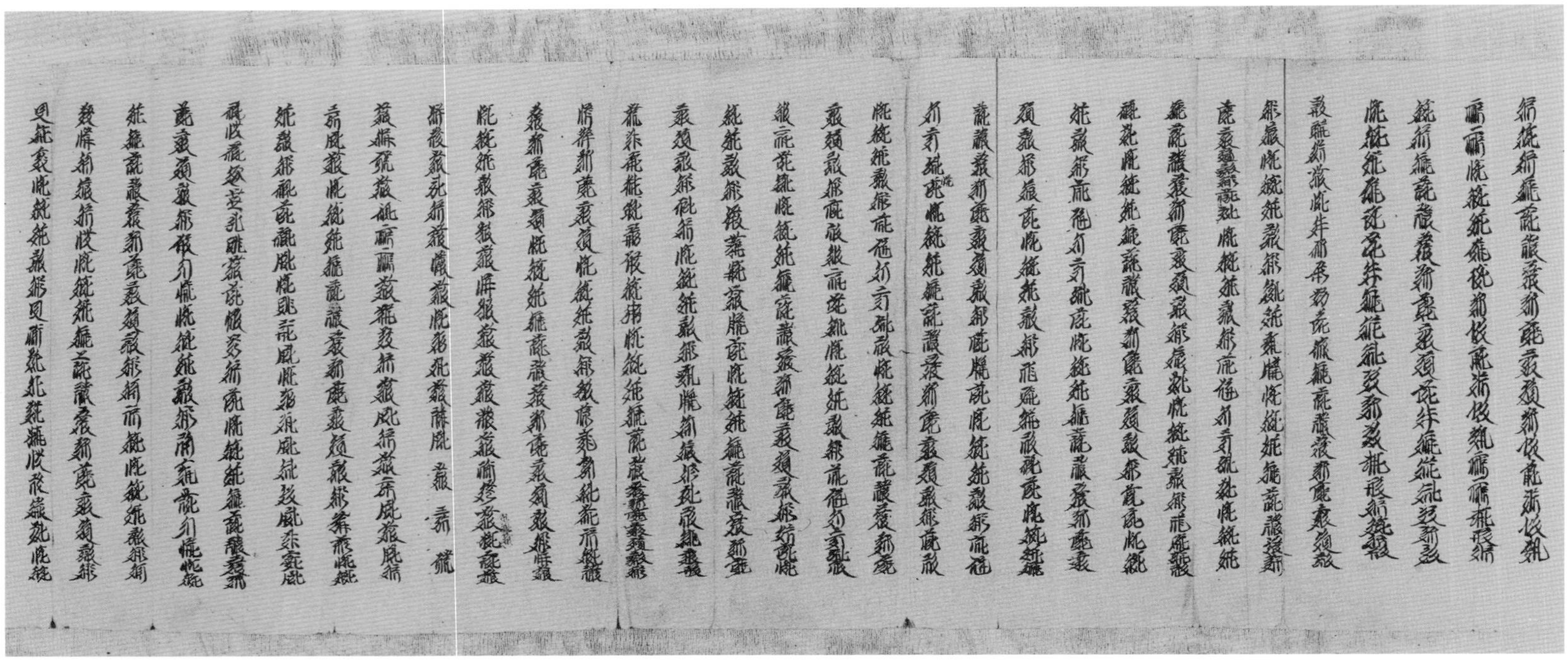

俄 Инв.No.1634　大般若波羅蜜多經卷第三百五十一　(14–13)

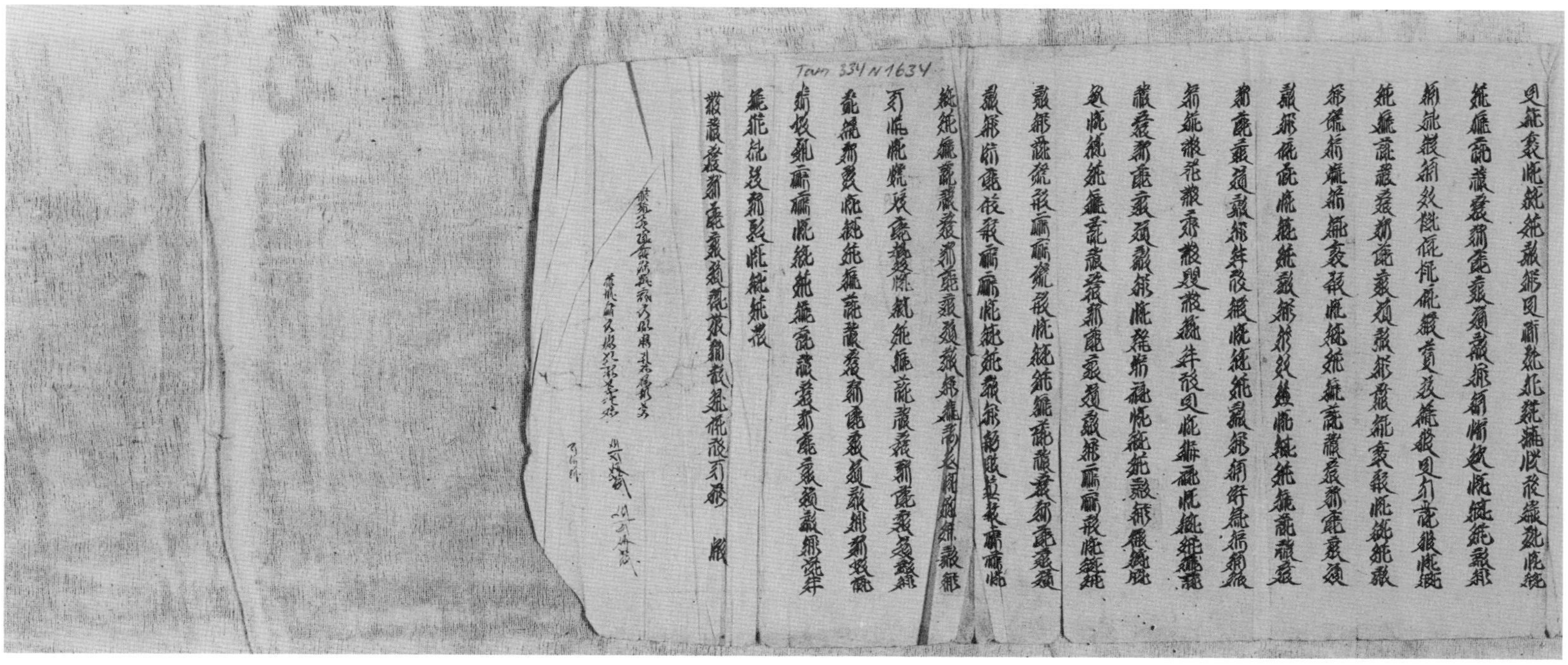

俄 **Инв**.No.1634　大般若波羅蜜多經卷第三百五十一　(14–14)

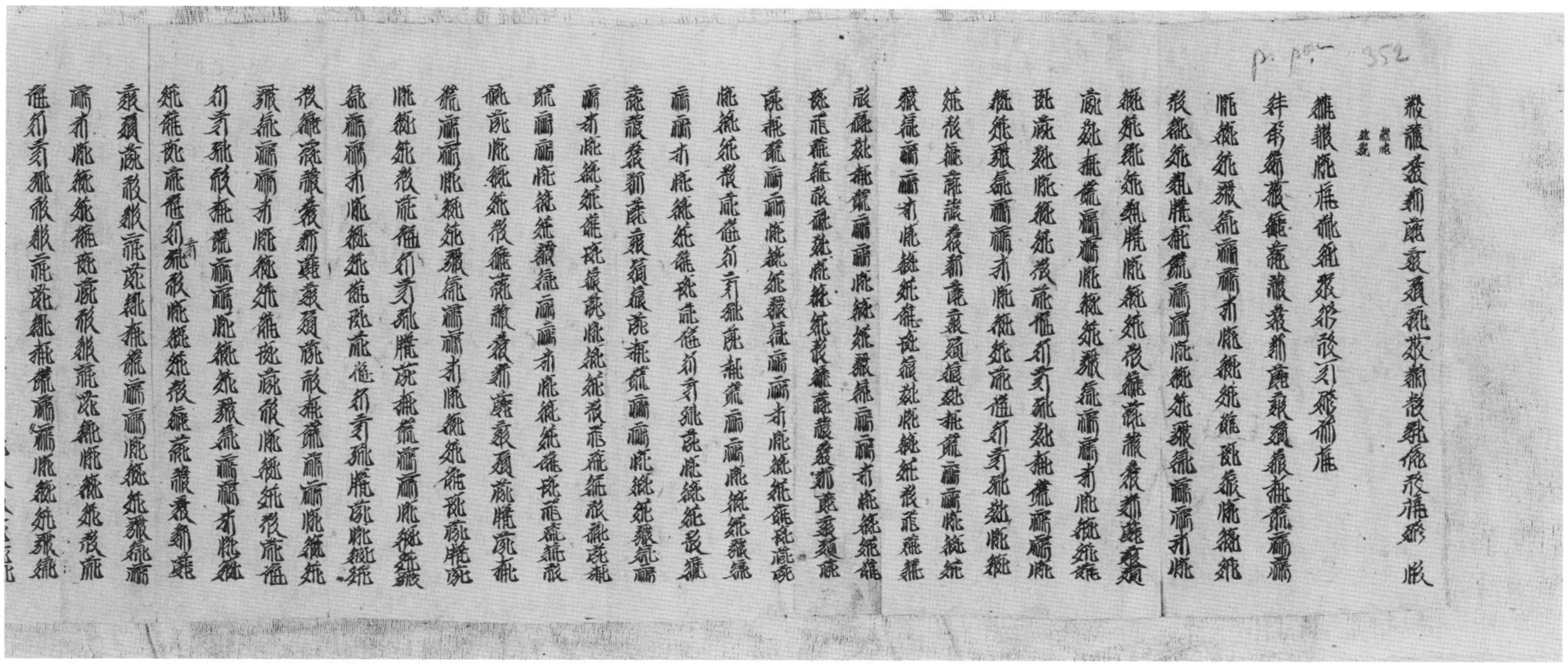

俄 **Инв**.No.1916　大般若波羅蜜多經卷第三百五十二　(15–1)

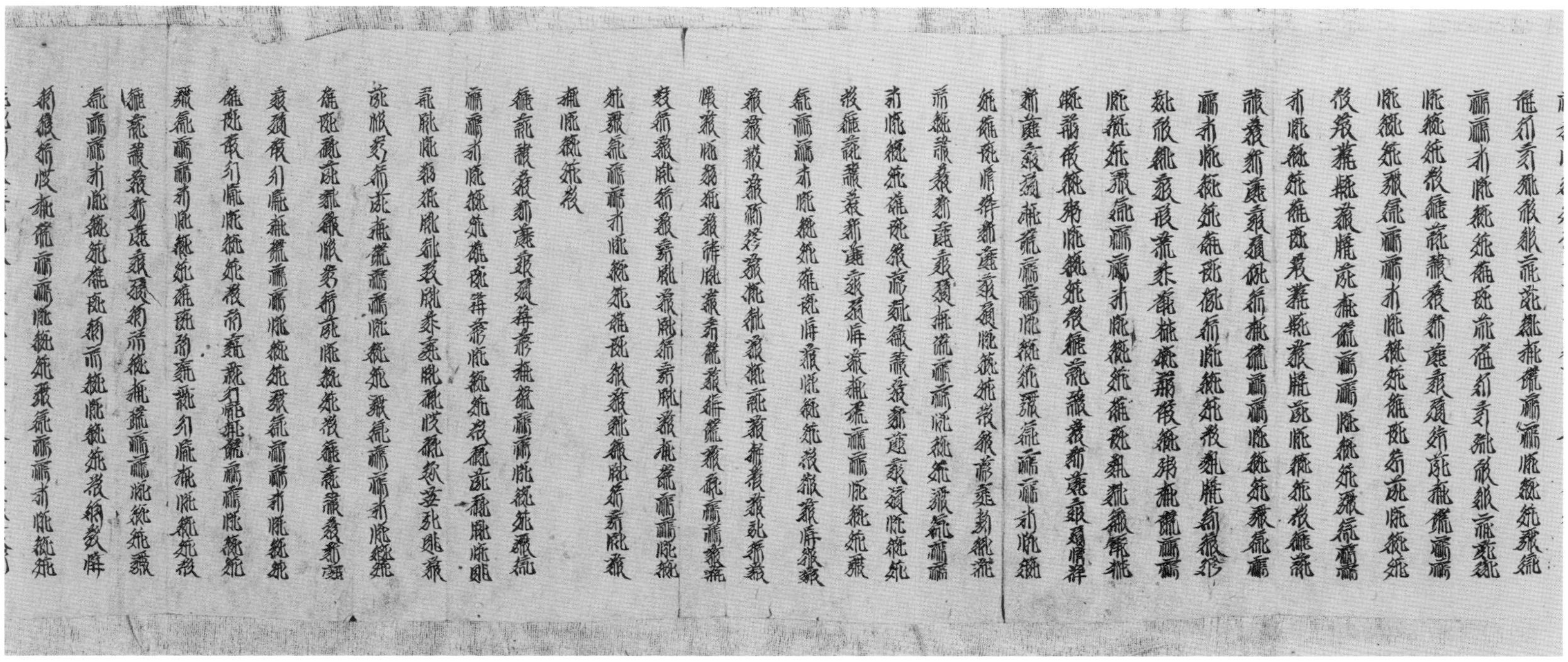

俄 **Инв**.No.1916　大般若波羅蜜多經卷第三百五十二　(15–2)

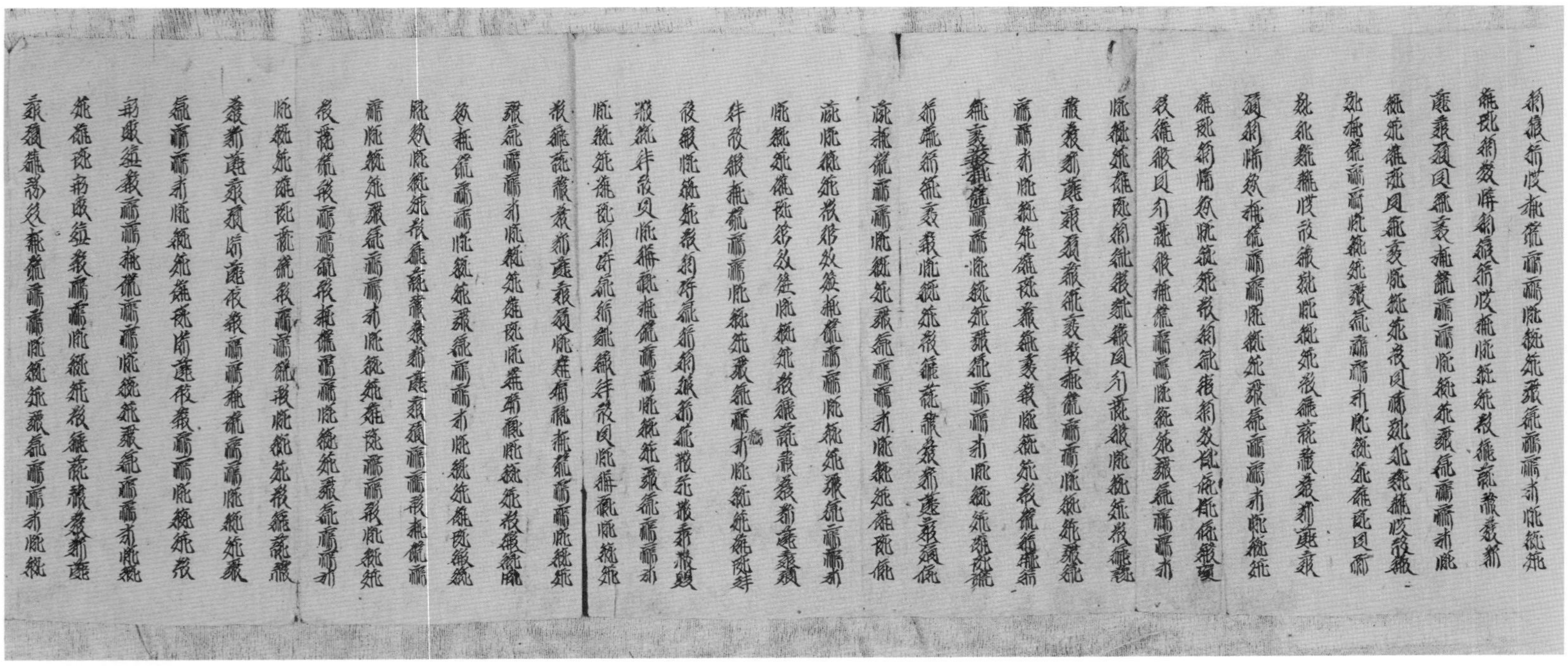

俄 Инв.No.1916　大般若波羅蜜多經卷第三百五十二　(15-3)

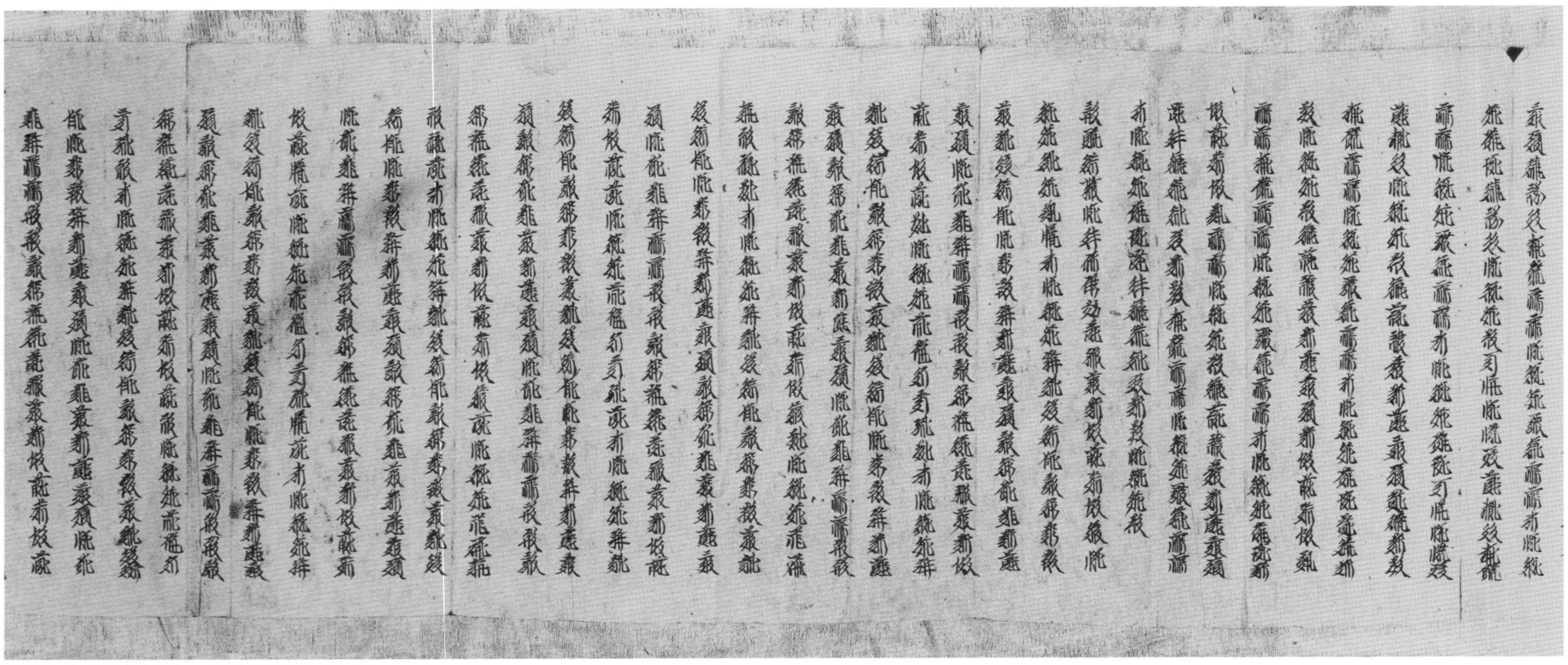

俄 Инв.No.1916　大般若波羅蜜多經卷第三百五十二　(15-4)

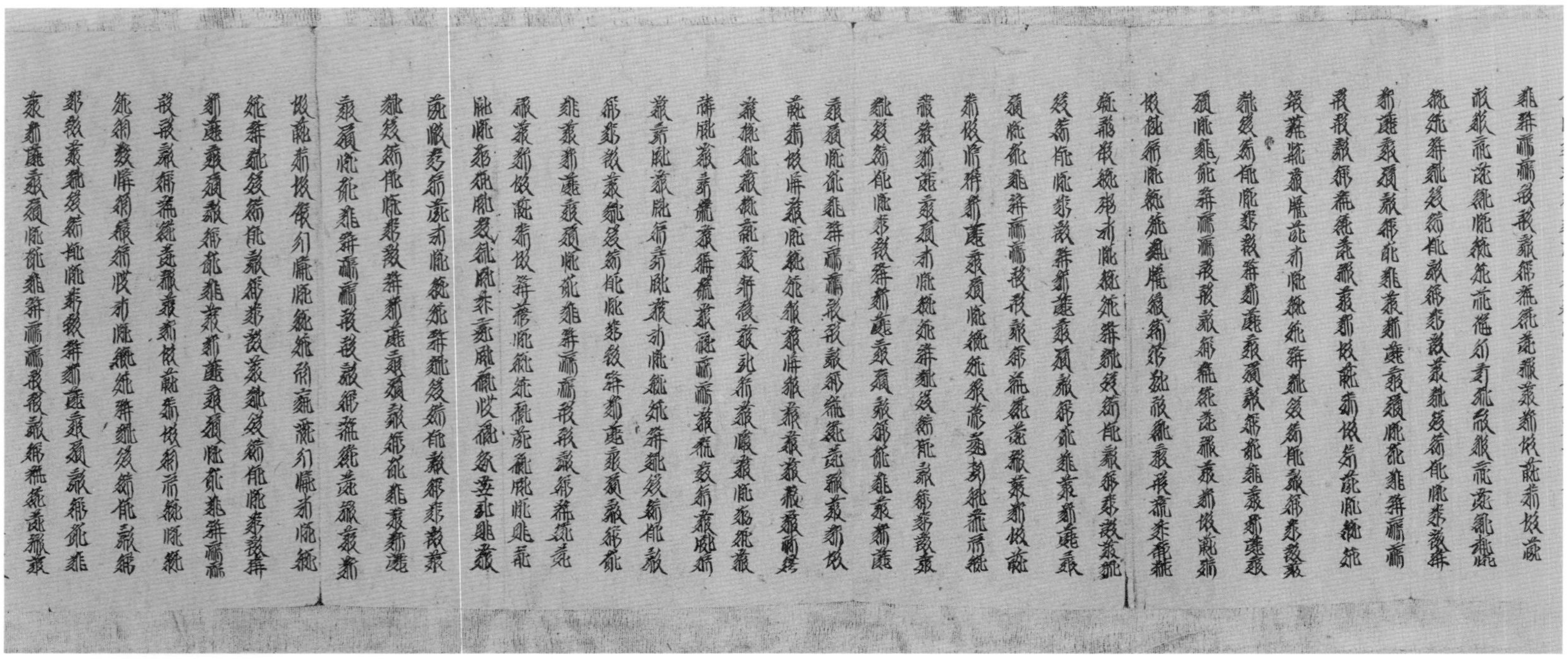

俄 Инв.No.1916　大般若波羅蜜多經卷第三百五十二　(15-5)

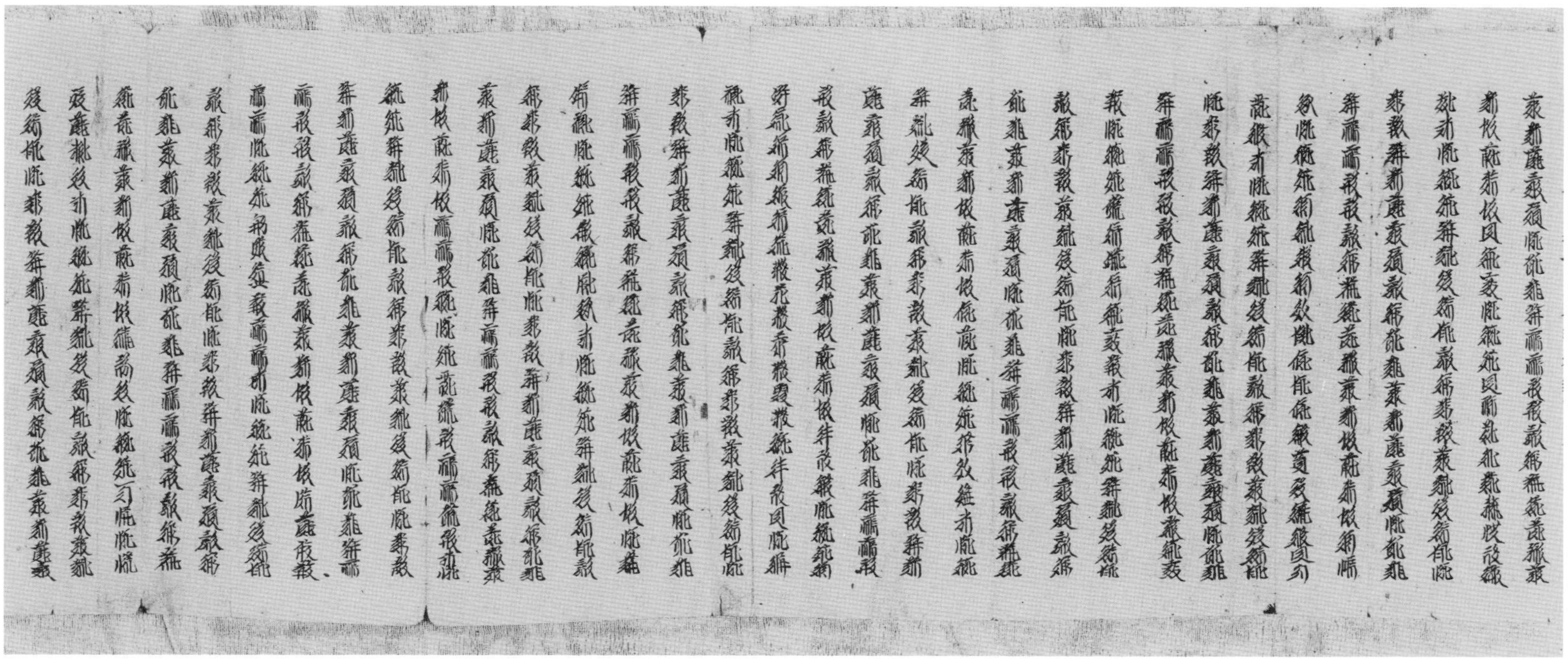

俄 Инв.No.1916　大般若波羅蜜多經卷第三百五十二　(15-6)

俄 Инв.No.1916　大般若波羅蜜多經卷第三百五十二　(15-7)

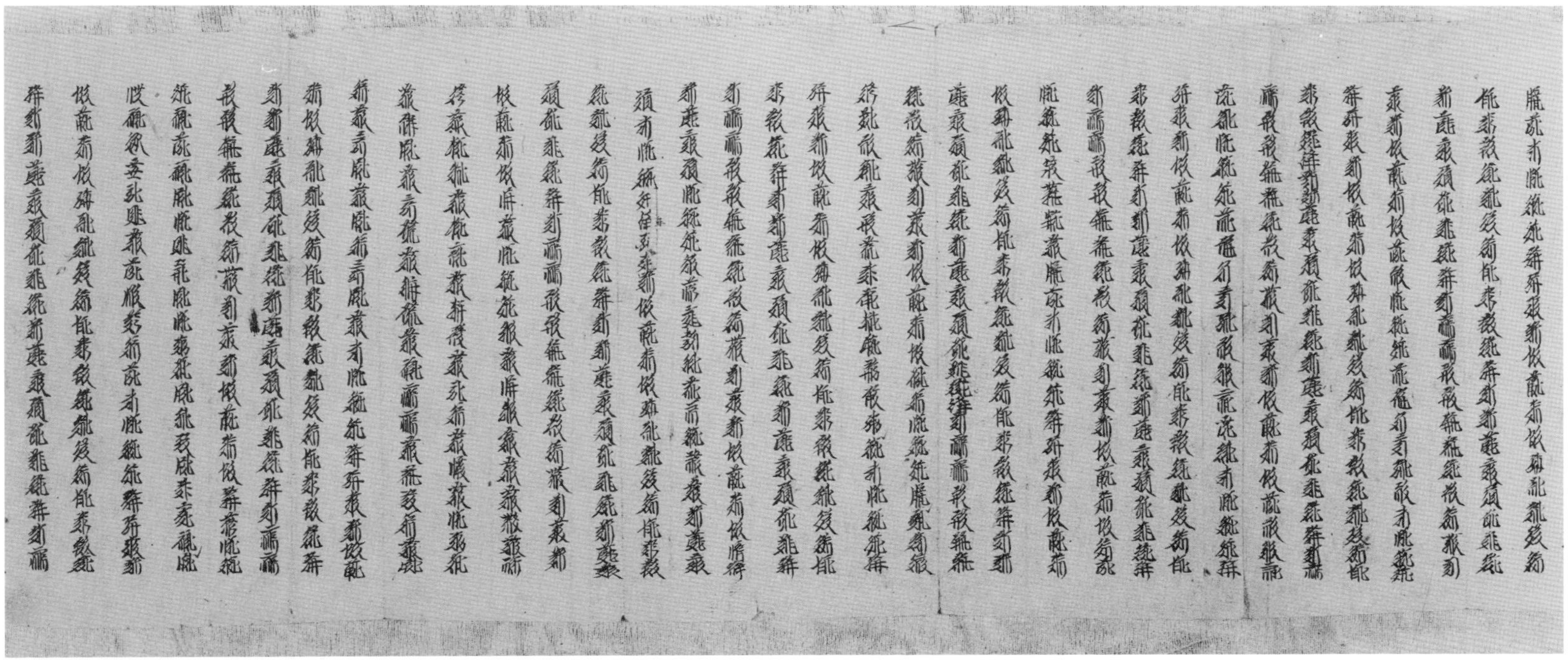

俄 Инв.No.1916　大般若波羅蜜多經卷第三百五十二　(15-8)

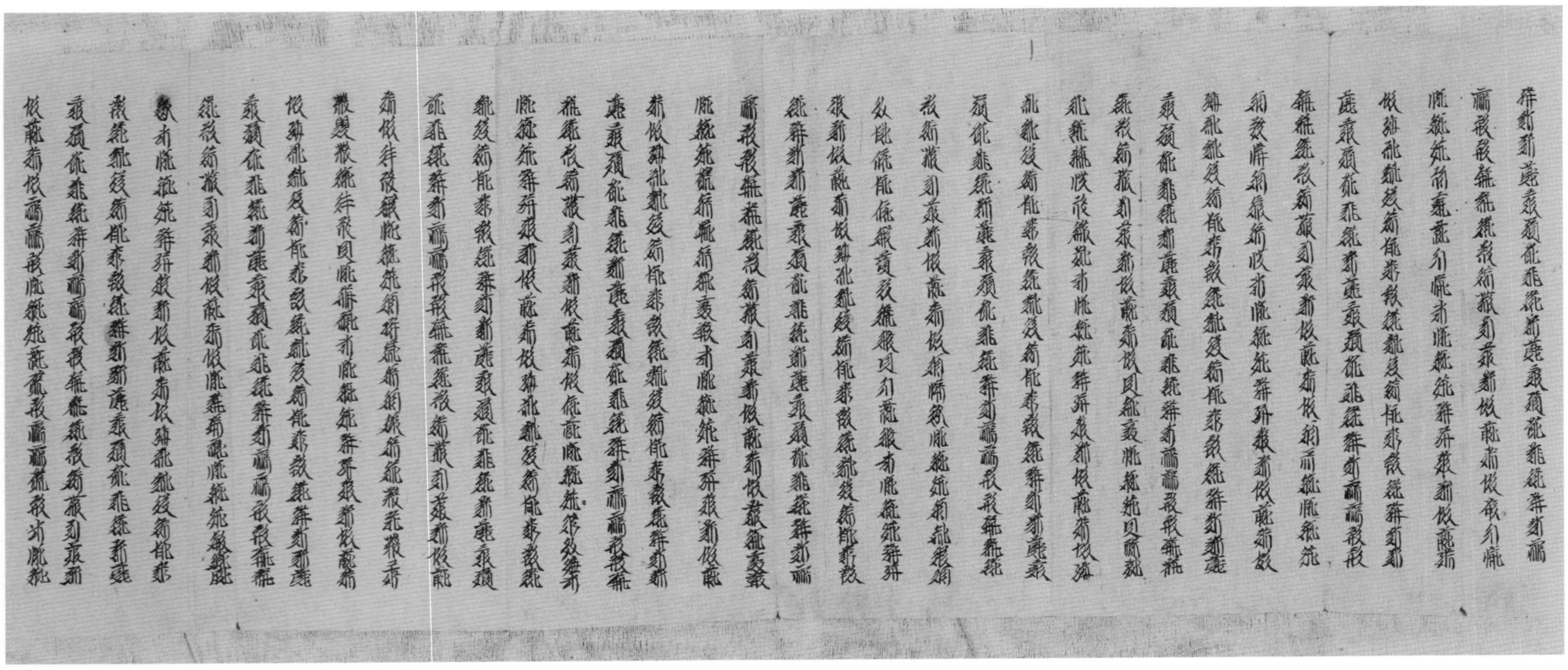

俄 Инв.No.1916　大般若波羅蜜多經卷第三百五十二　(15–9)

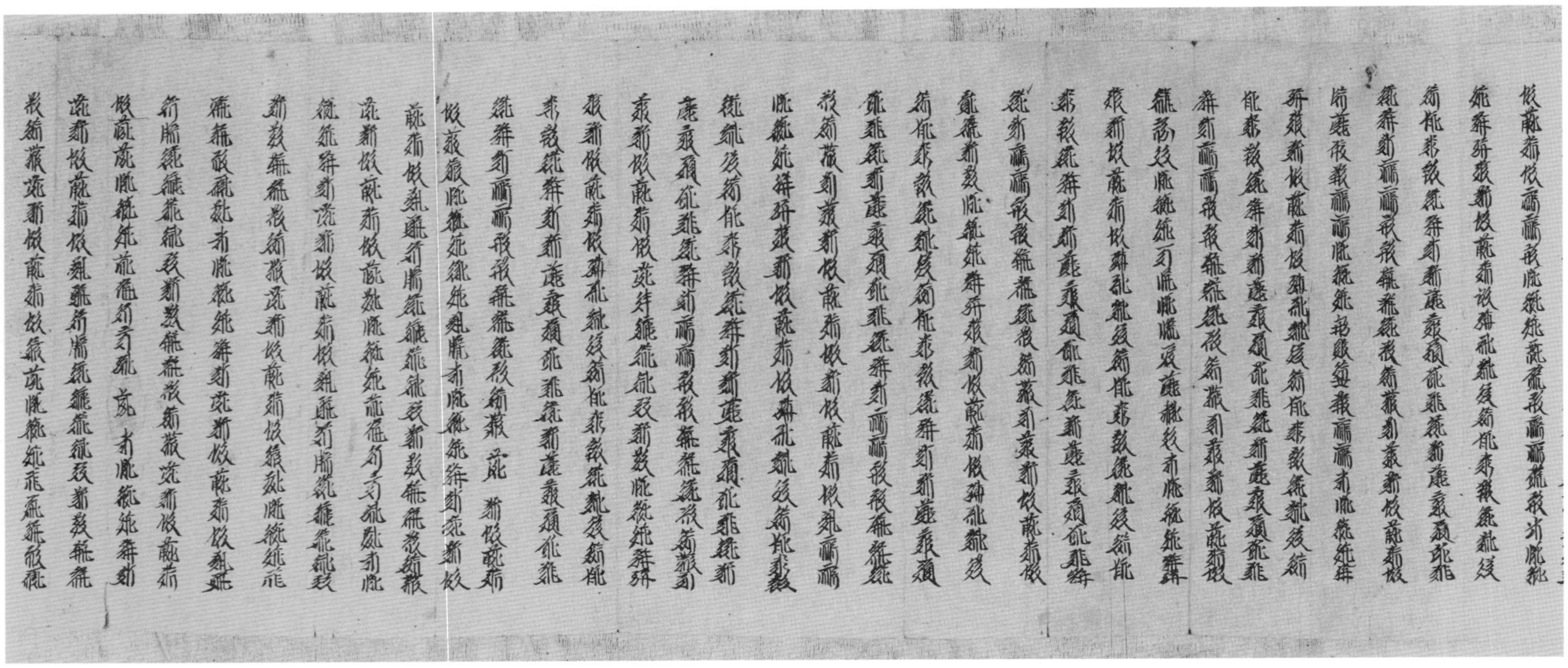

俄 Инв.No.1916　大般若波羅蜜多經卷第三百五十二　(15–10)

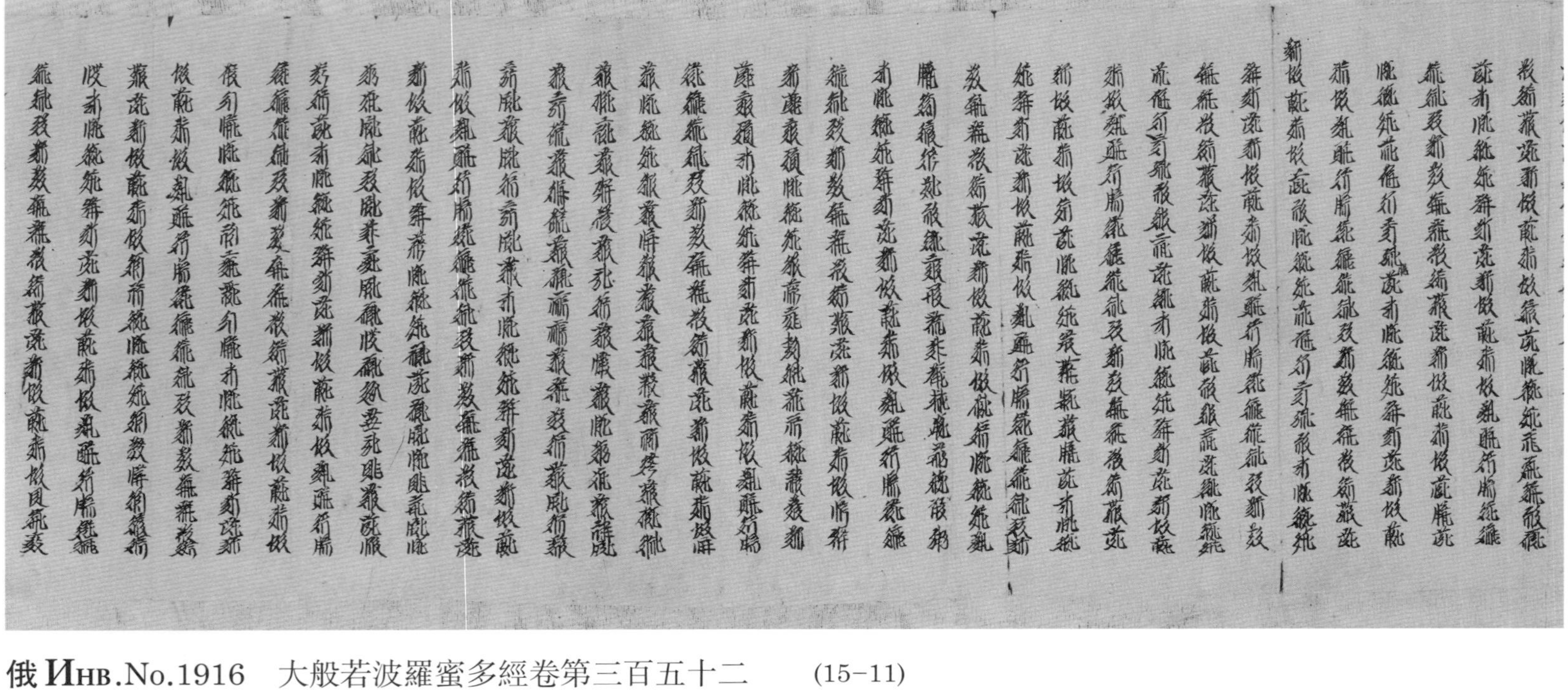

俄 Инв.No.1916　大般若波羅蜜多經卷第三百五十二　(15–11)

俄Инв.No.1916　大般若波羅蜜多經卷第三百五十二　(15–12)

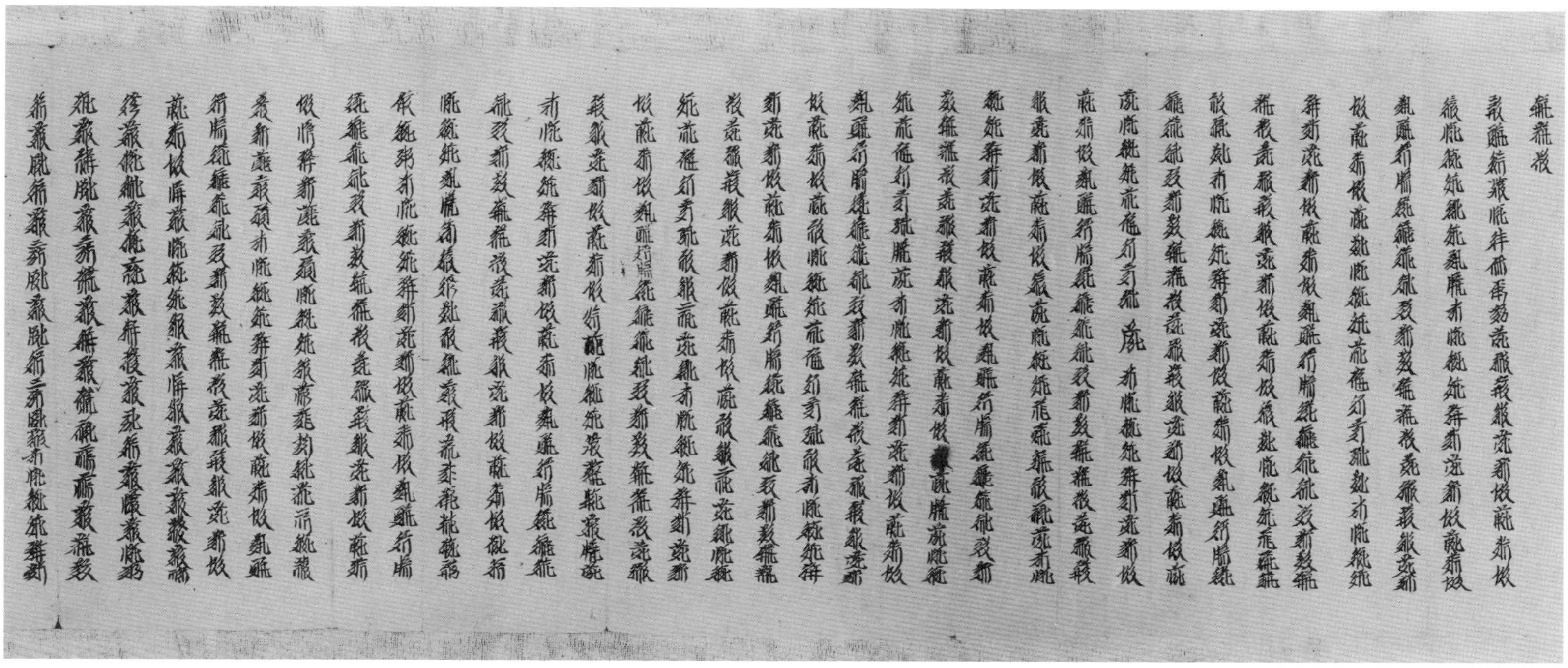

俄Инв.No.1916　大般若波羅蜜多經卷第三百五十二　(15–13)

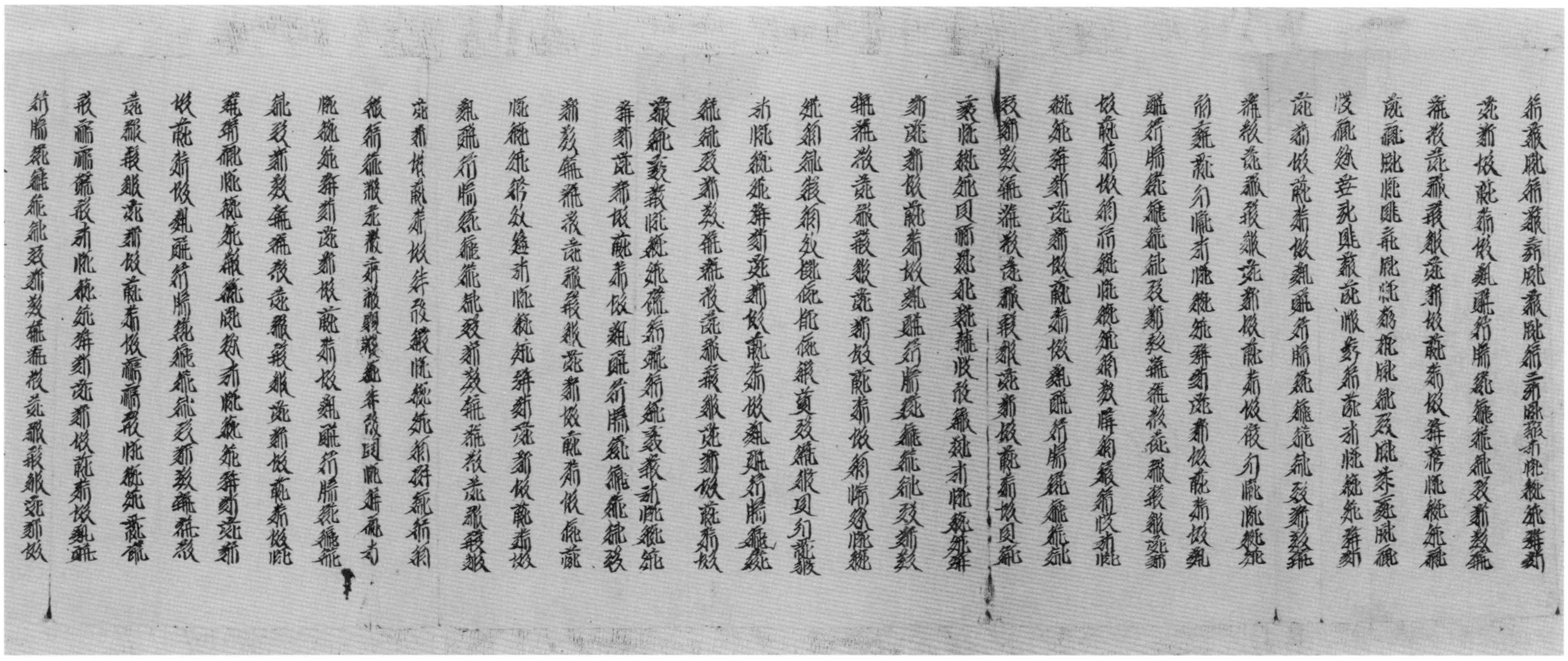

俄Инв.No.1916　大般若波羅蜜多經卷第三百五十二　(15–14)

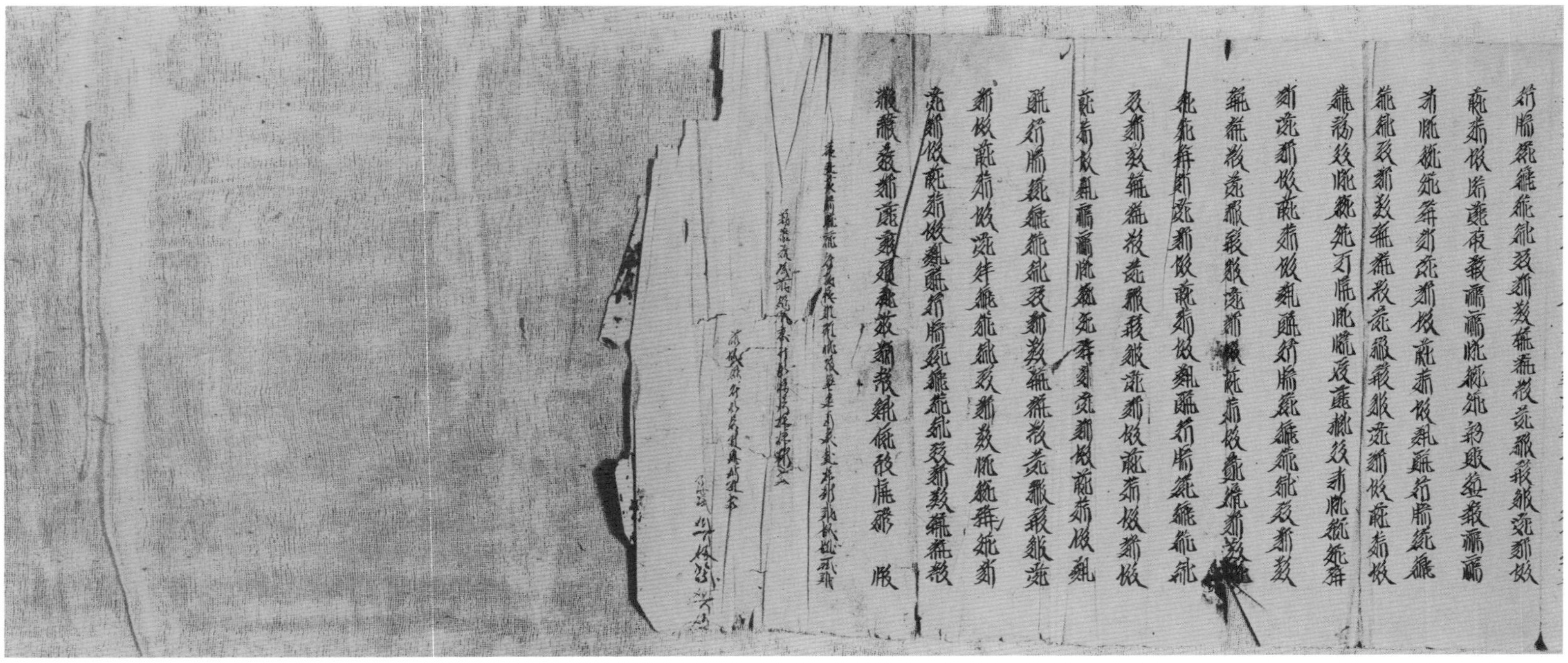

俄 Инв.No.1916　大般若波羅蜜多經卷第三百五十二　(15-15)

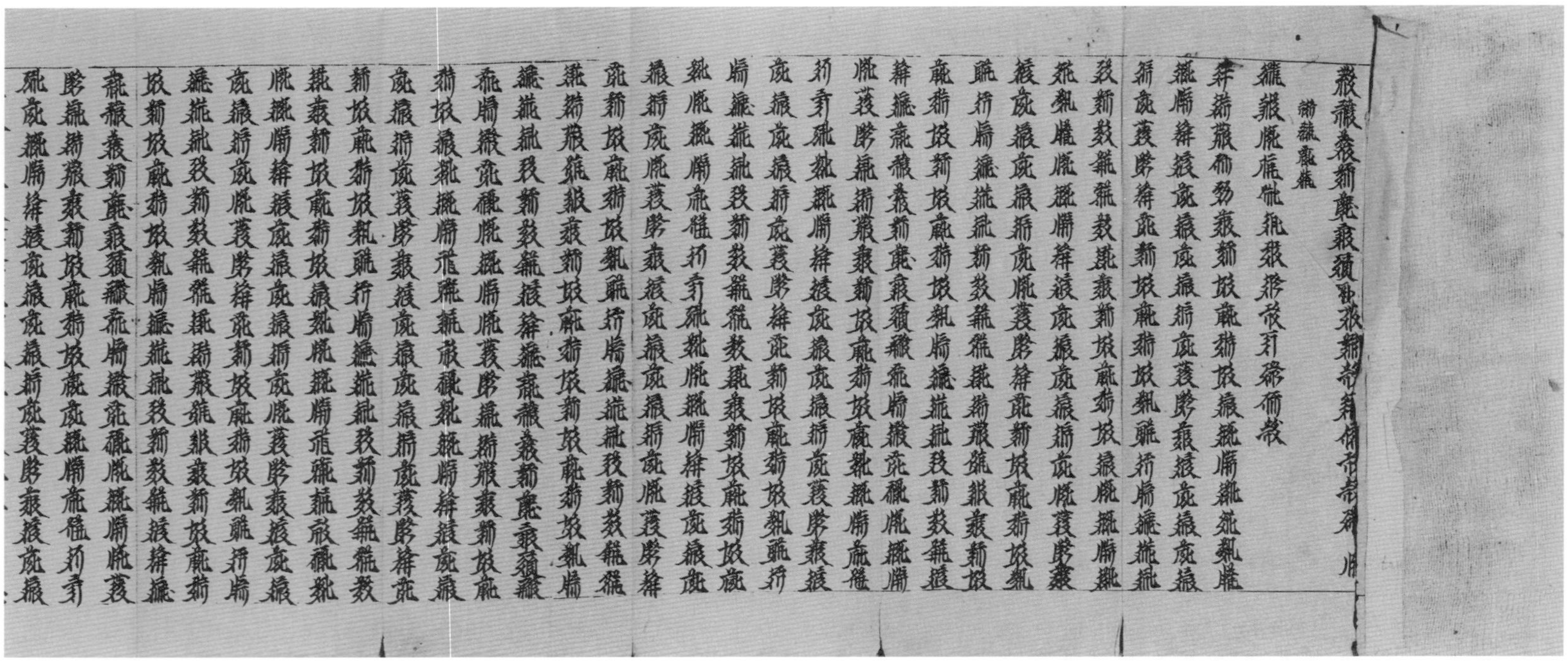

俄 Инв.No.1904　大般若波羅蜜多經卷第三百五十三　(14-1)

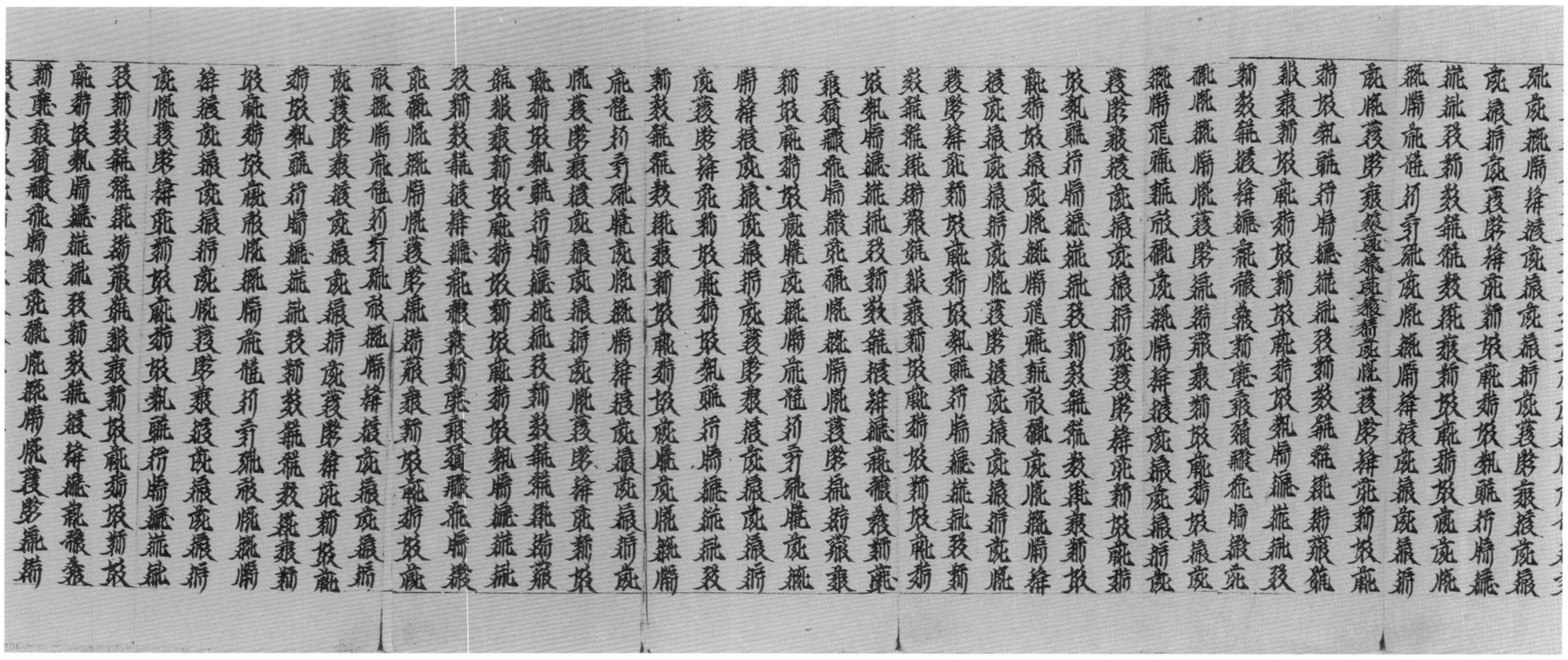

俄 Инв.No.1904　大般若波羅蜜多經卷第三百五十三　(14-2)

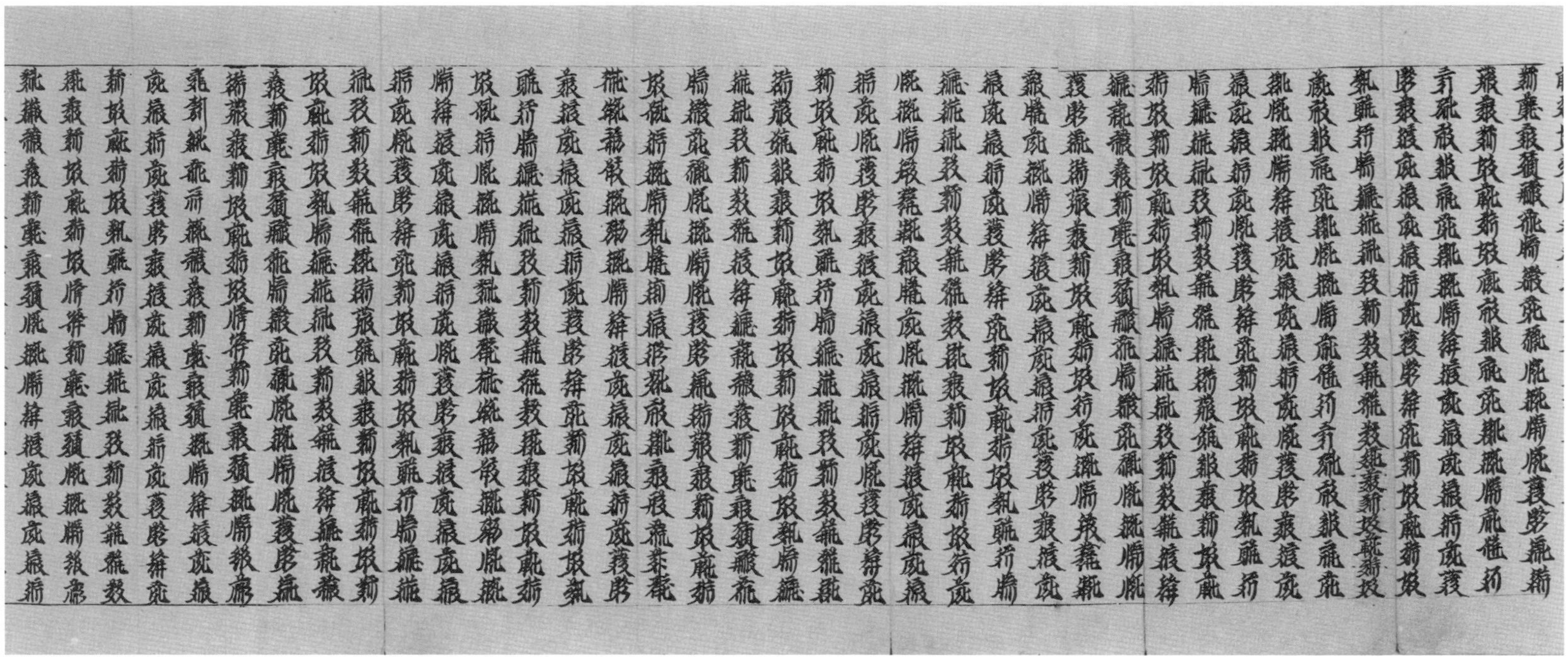

俄 Инв.No.1904　大般若波羅蜜多經卷第三百五十三　(14–3)

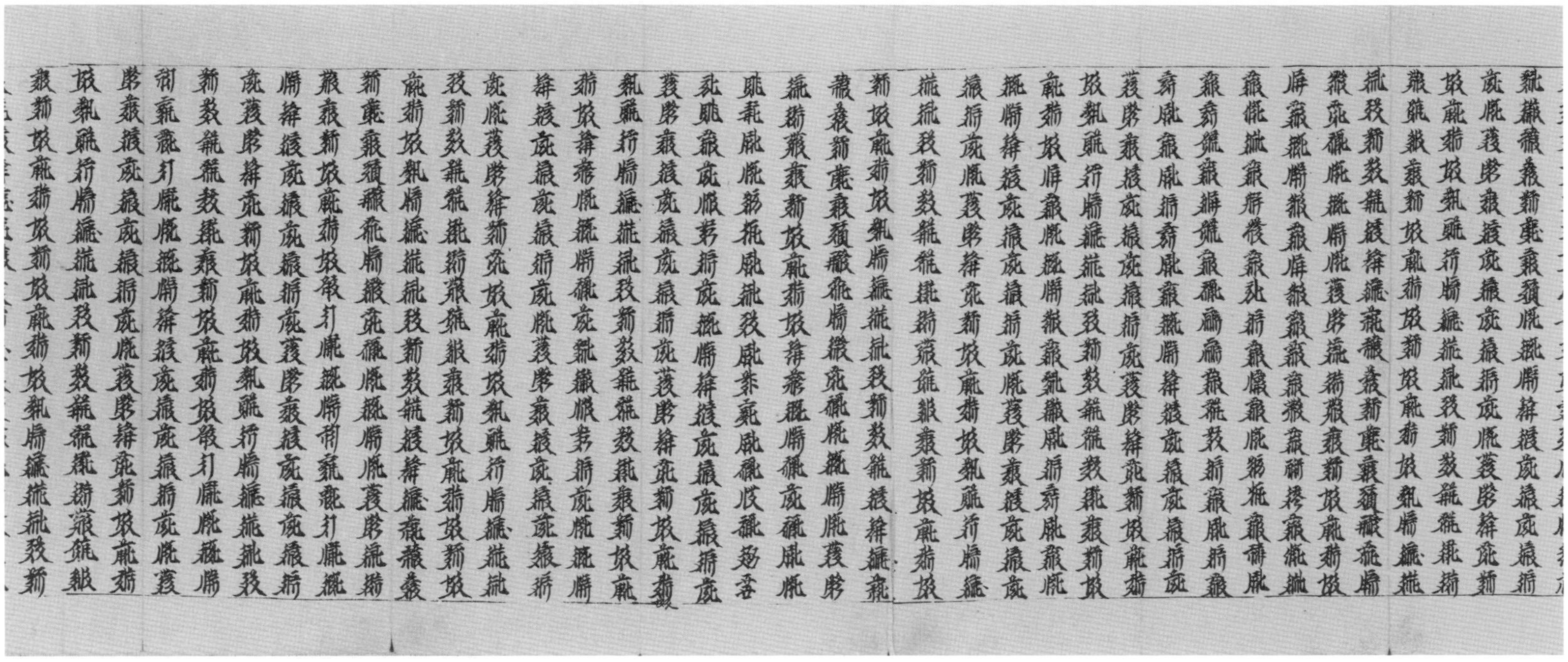

俄 Инв.No.1904　大般若波羅蜜多經卷第三百五十三　(14–4)

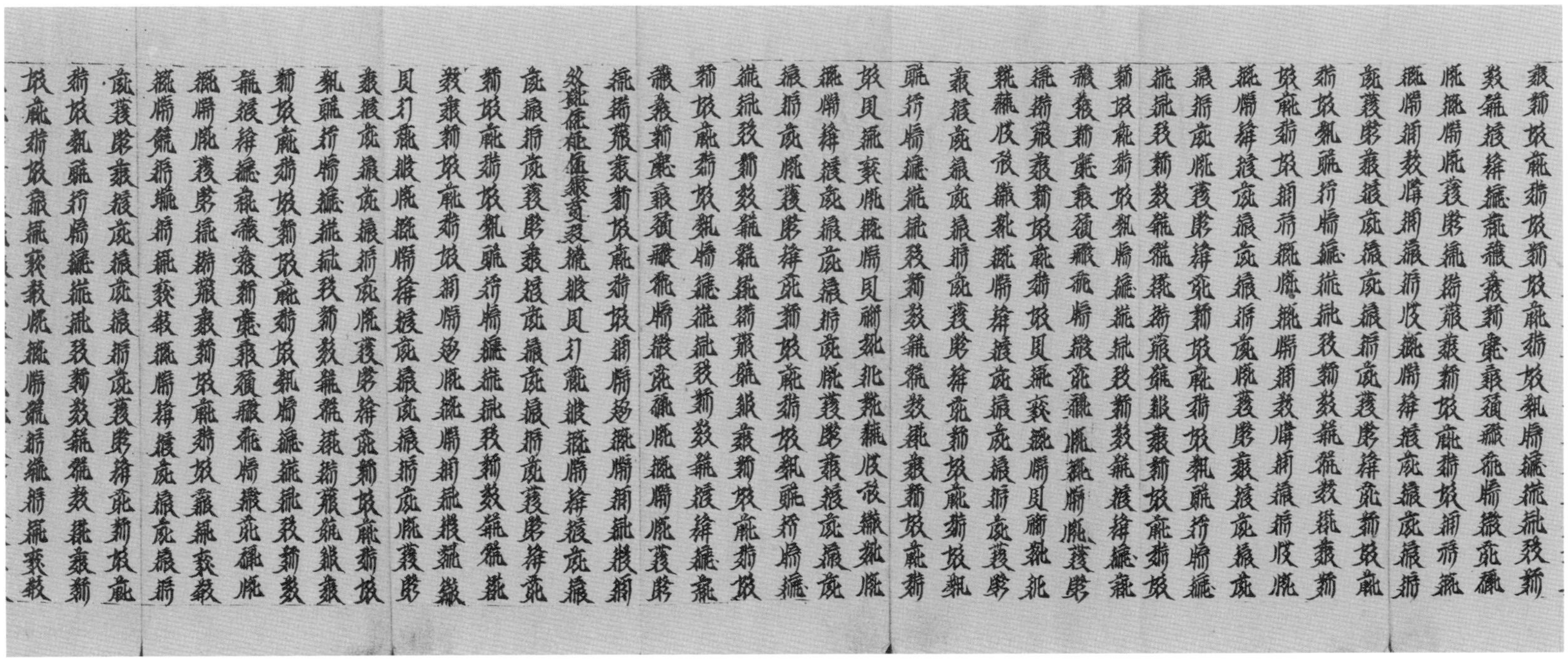

俄 Инв.No.1904　大般若波羅蜜多經卷第三百五十三　(14–5)

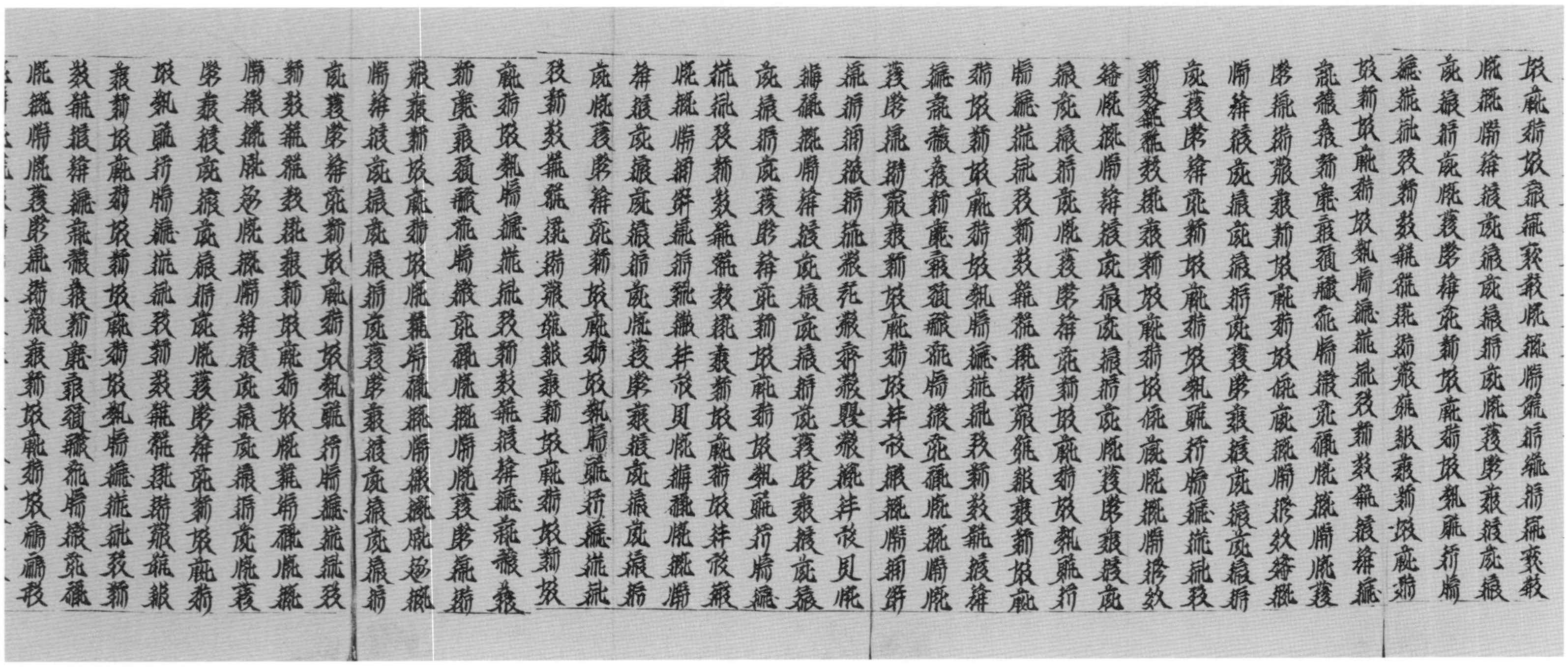

俄 Инв.No.1904　大般若波羅蜜多經卷第三百五十三　(14–6)

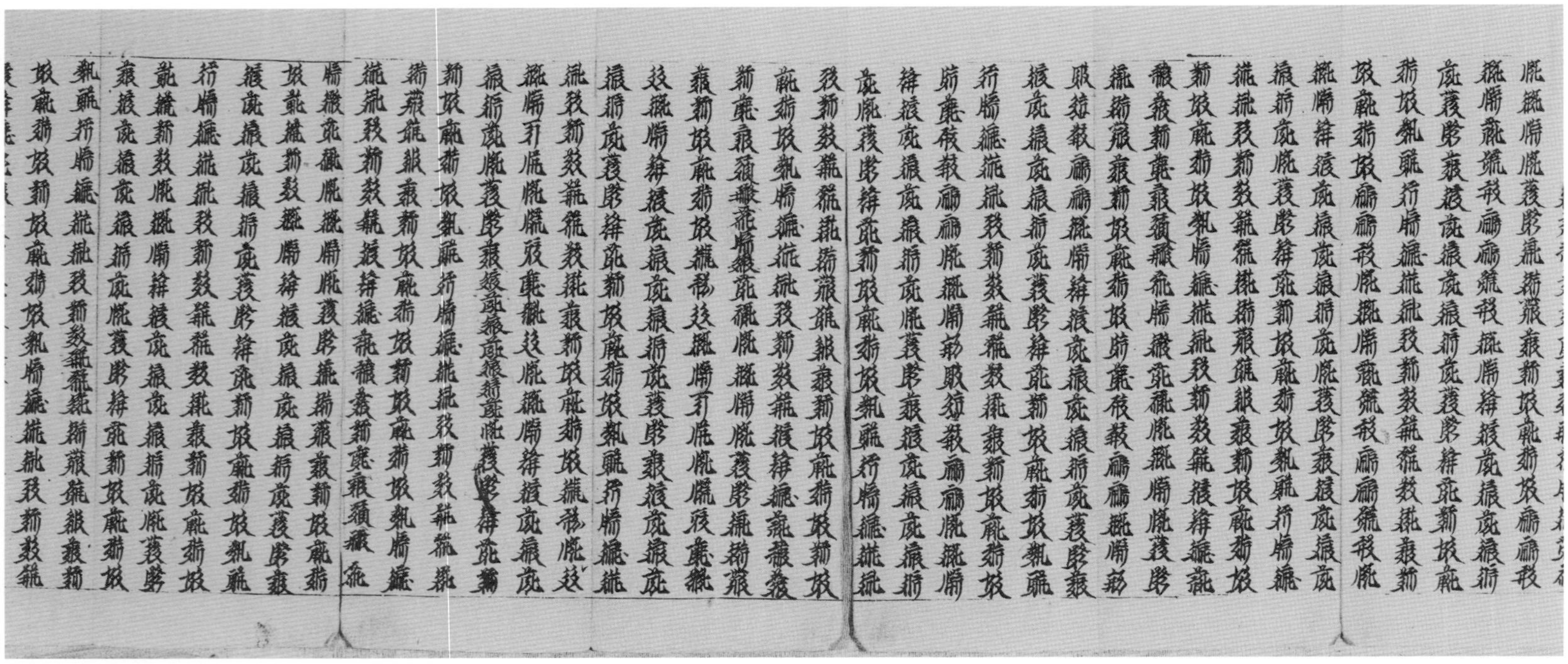

俄 Инв.No.1904　大般若波羅蜜多經卷第三百五十三　(14–7)

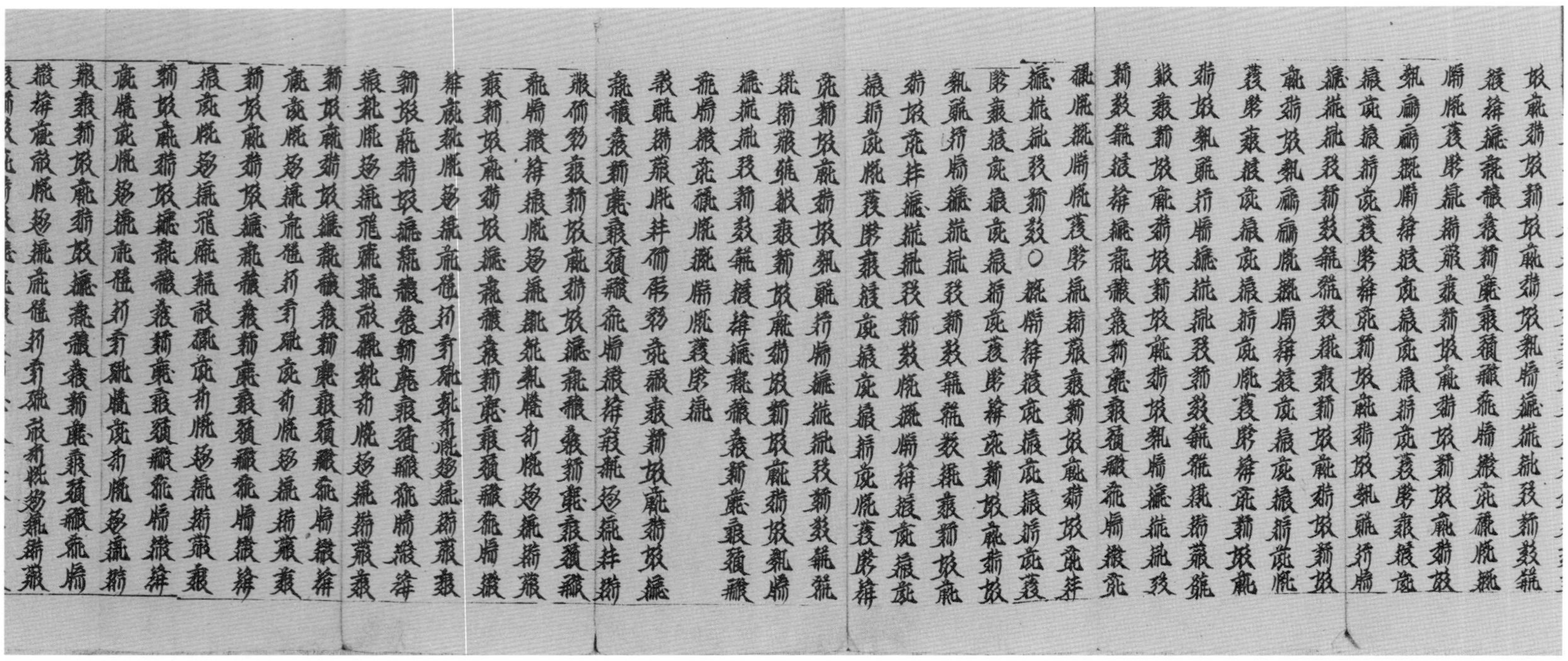

俄 Инв.No.1904　大般若波羅蜜多經卷第三百五十三　(14–8)

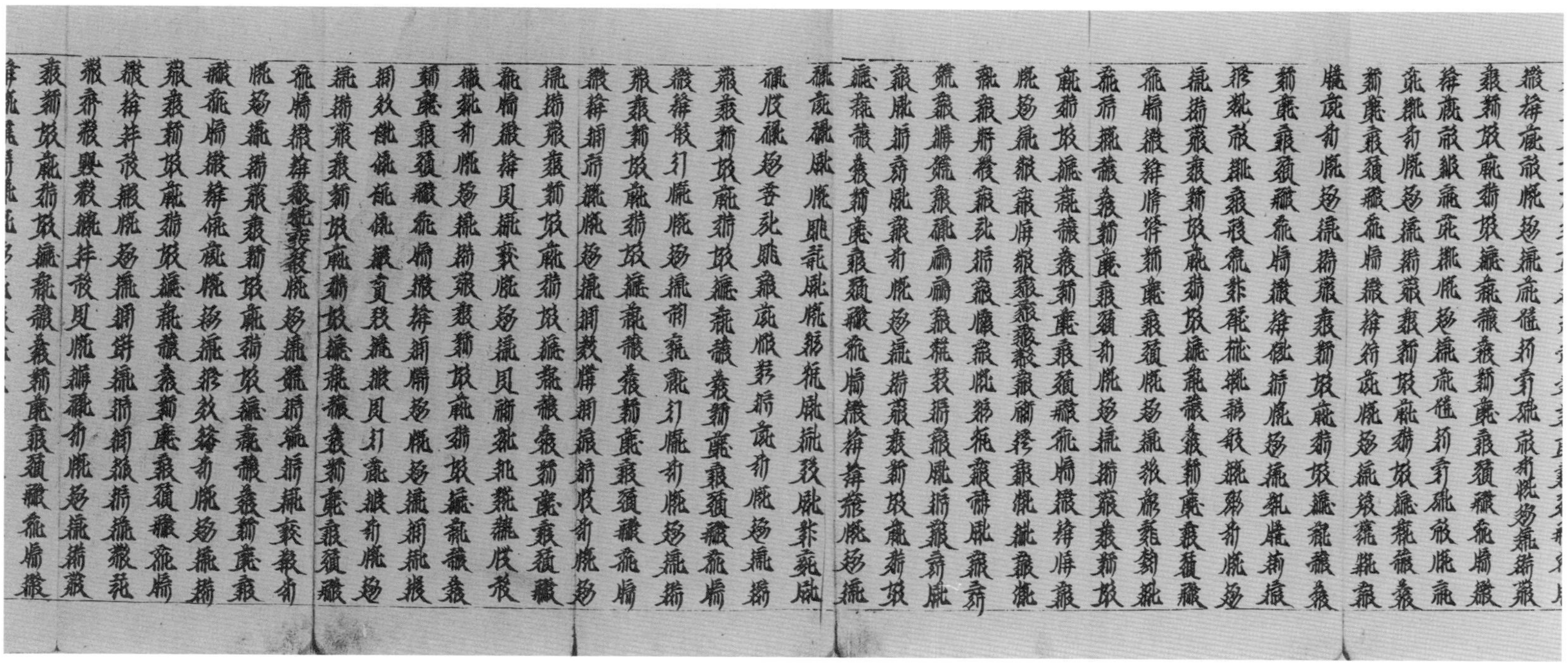

俄 Инв.No.1904　大般若波羅蜜多經卷第三百五十三　(14-9)

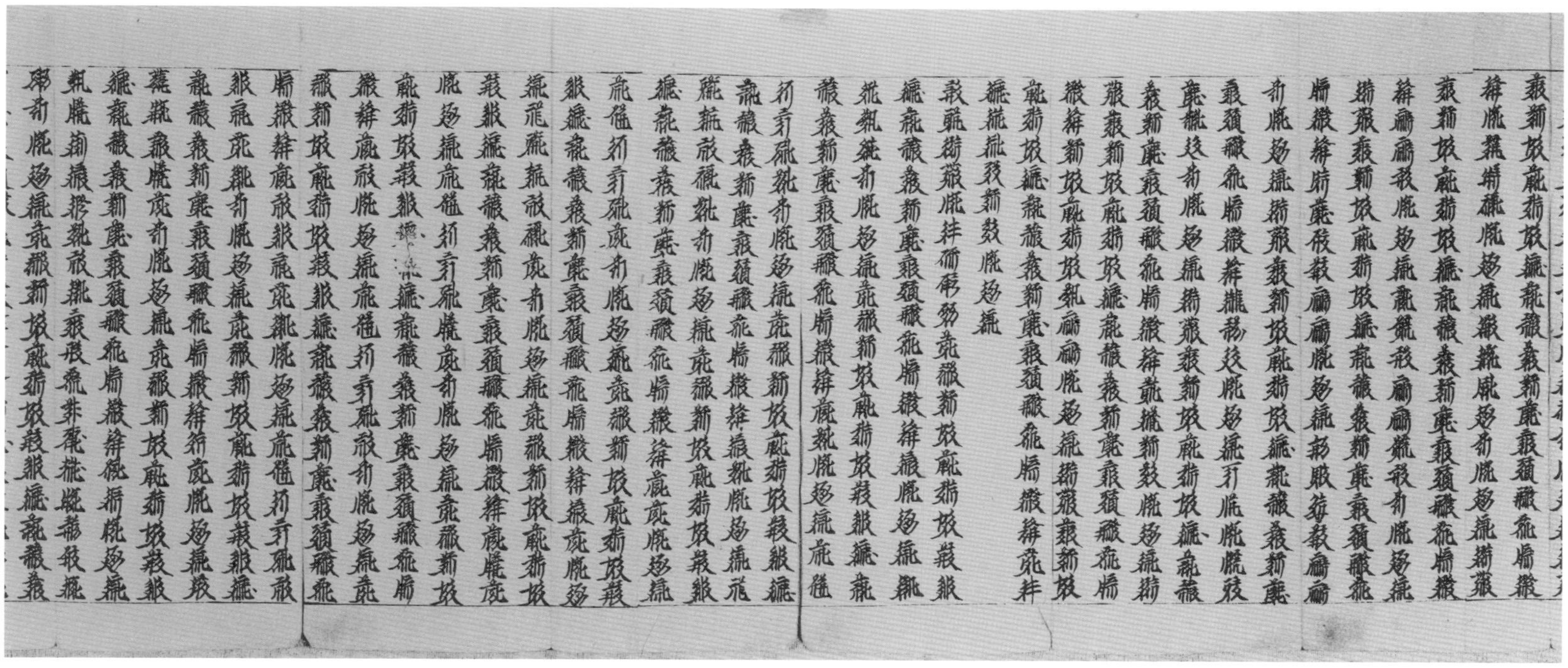

俄 Инв.No.1904　大般若波羅蜜多經卷第三百五十三　(14-10)

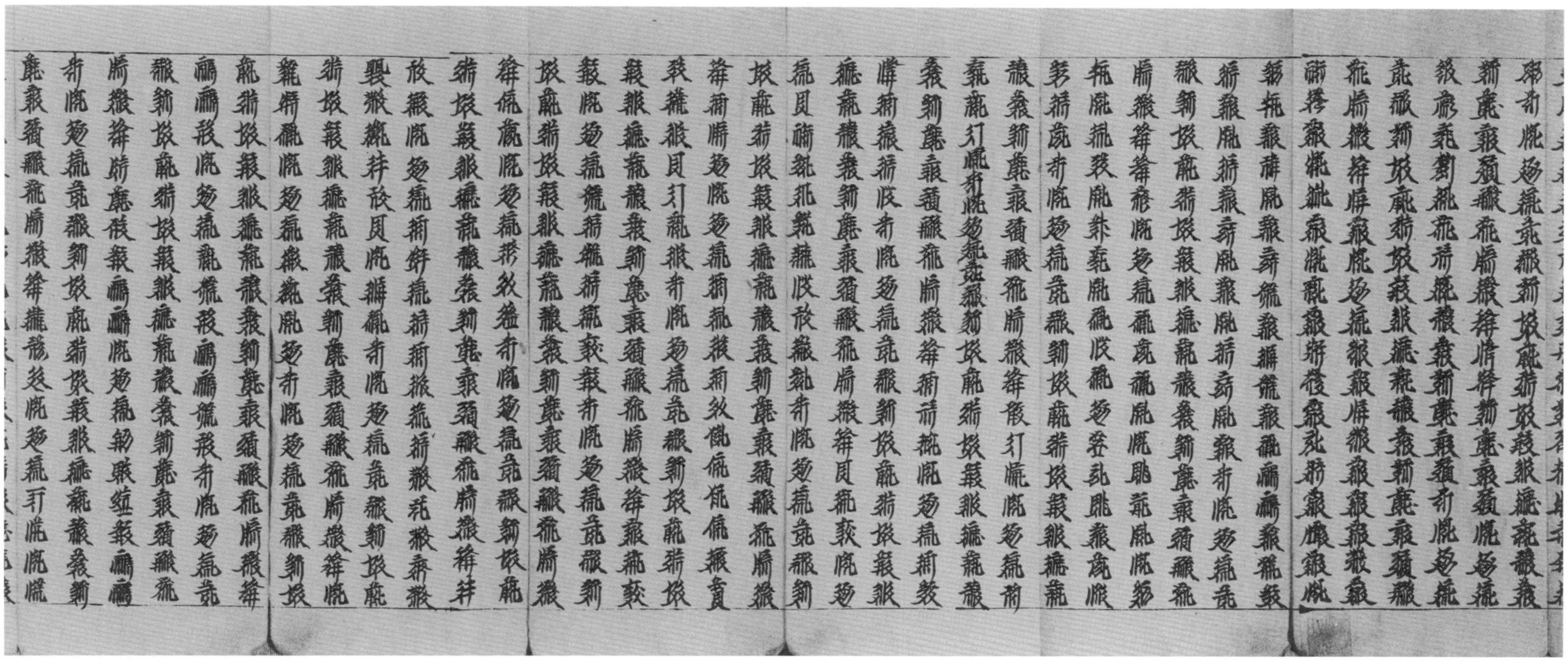

俄 Инв.No.1904　大般若波羅蜜多經卷第三百五十三　(14-11)

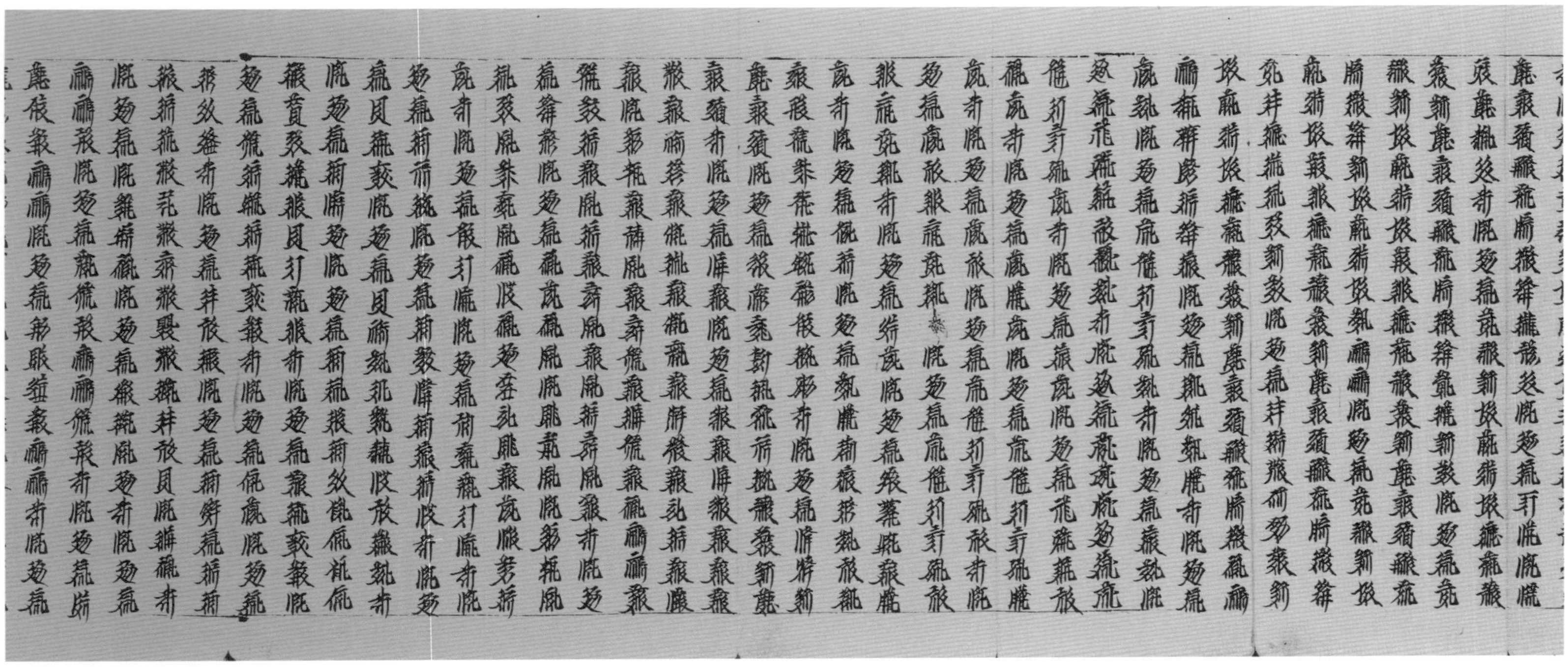

俄 Инв.No.1904　大般若波羅蜜多經卷第三百五十三　(14–12)

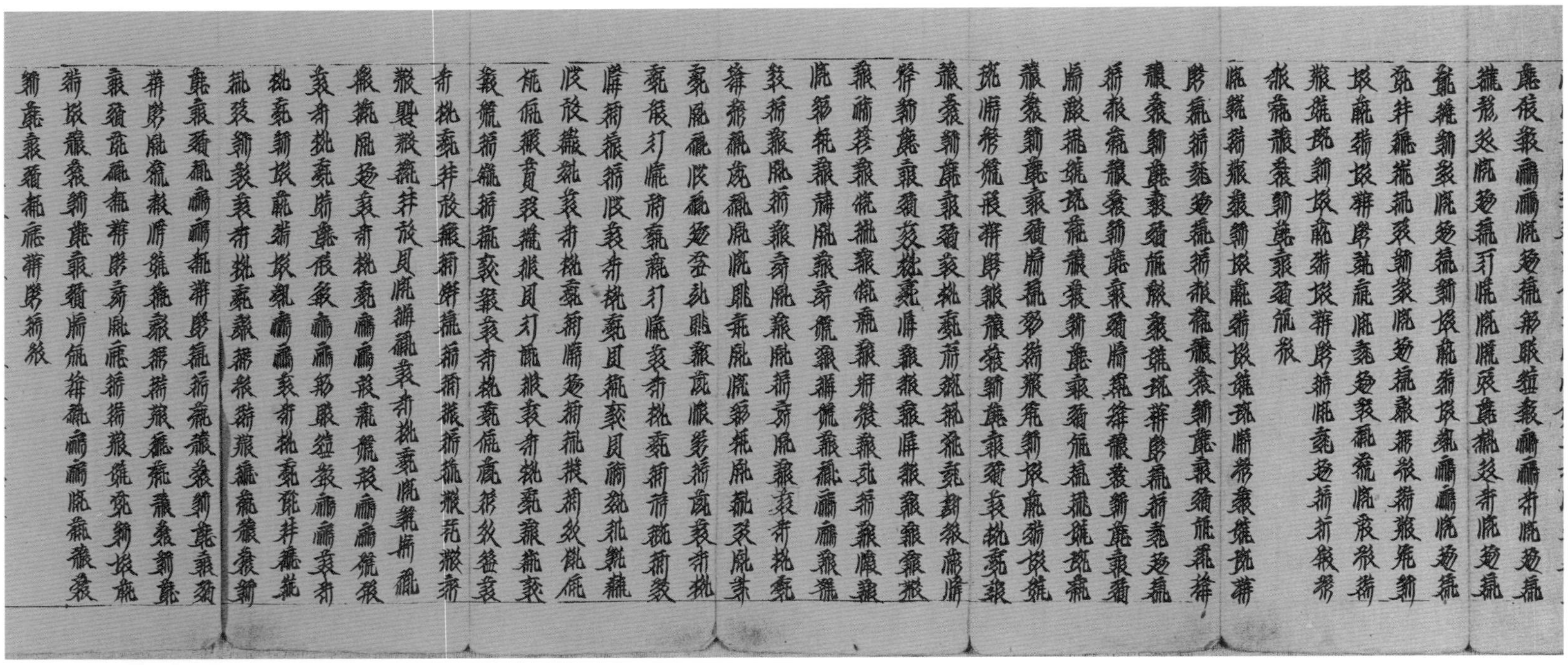

俄 Инв.No.1904　大般若波羅蜜多經卷第三百五十三　(14–13)

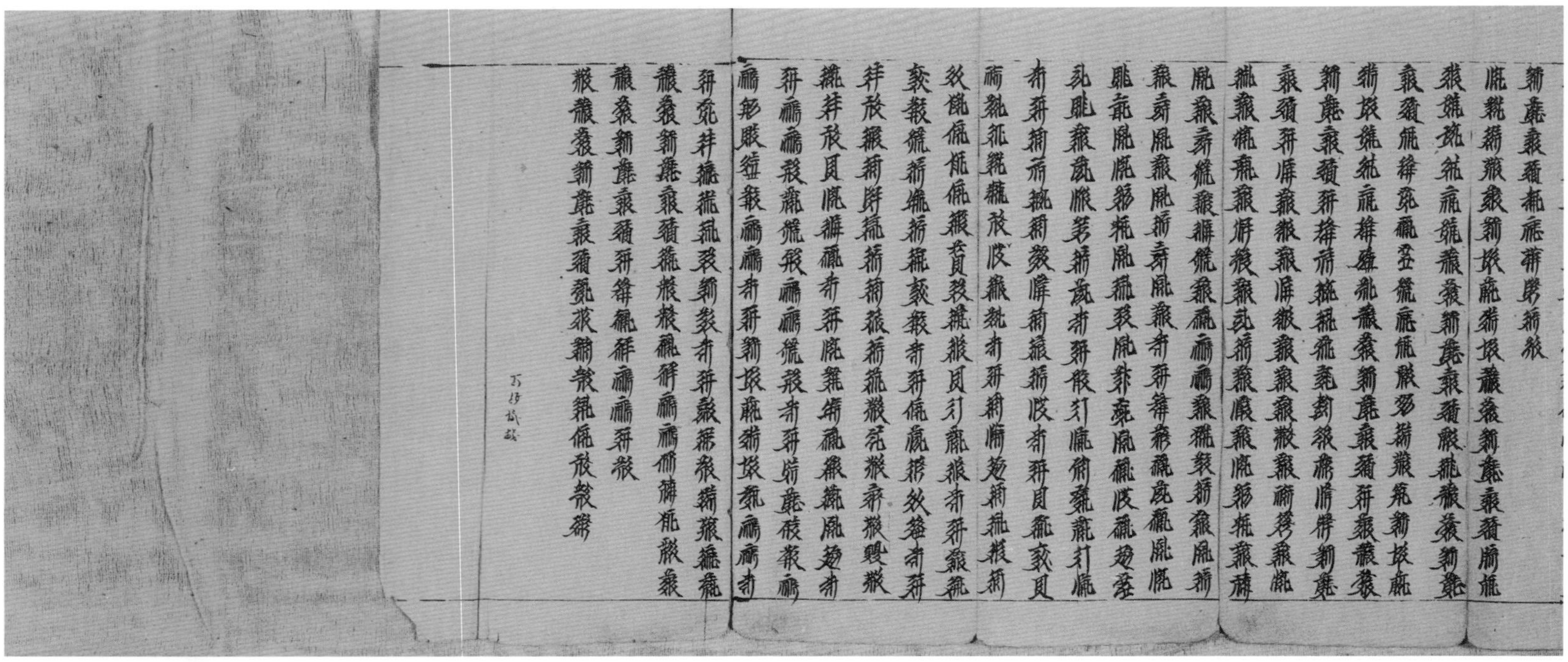

俄 Инв.No.1904　大般若波羅蜜多經卷第三百五十三　(14–14)

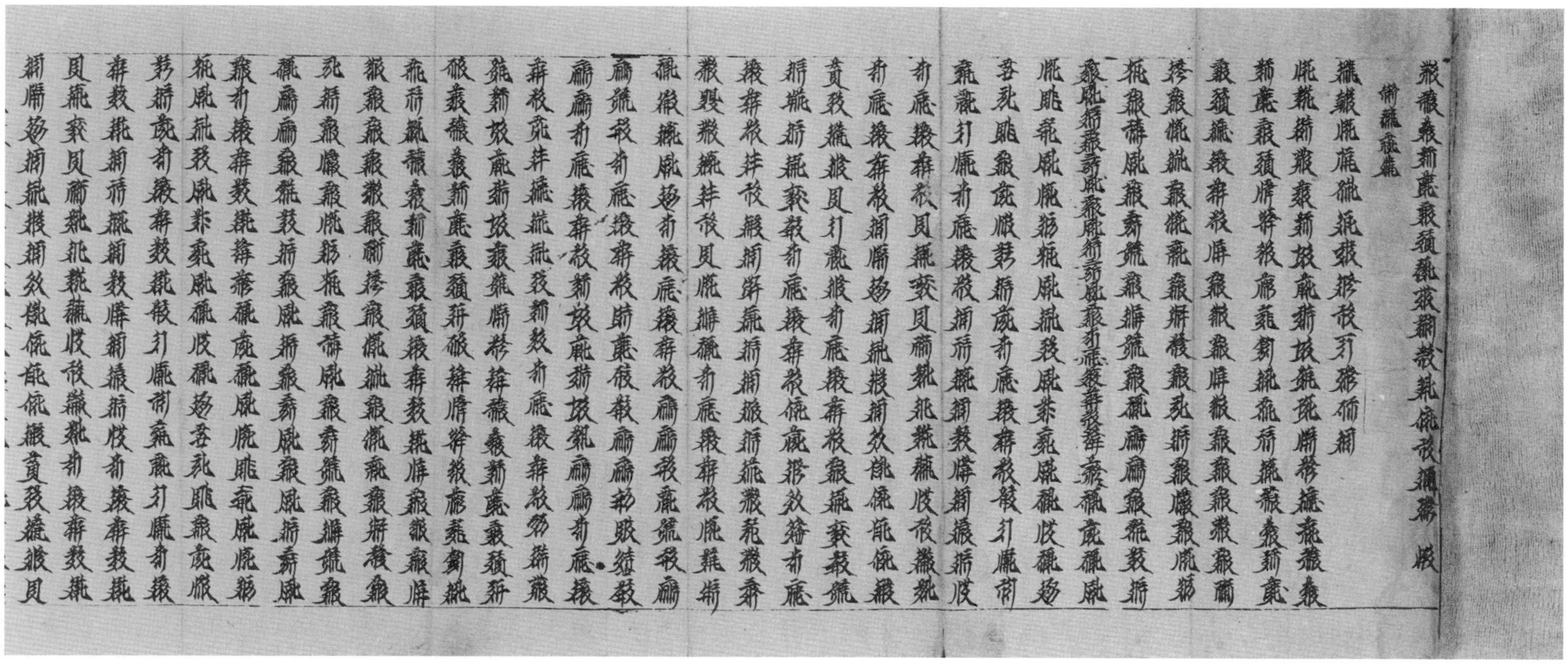

俄 Инв.No.1905　大般若波羅蜜多經卷第三百五十四　(13–1)

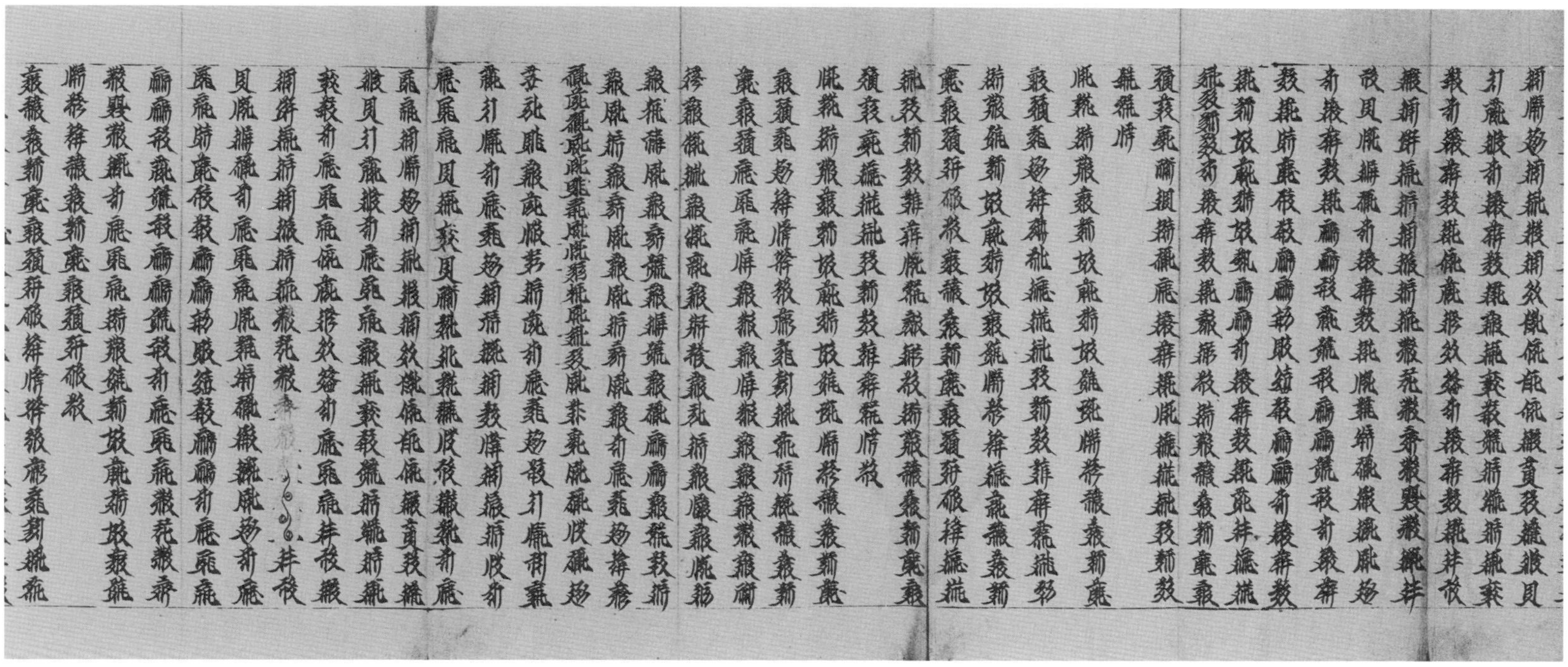

俄 Инв.No.1905　大般若波羅蜜多經卷第三百五十四　(13–2)

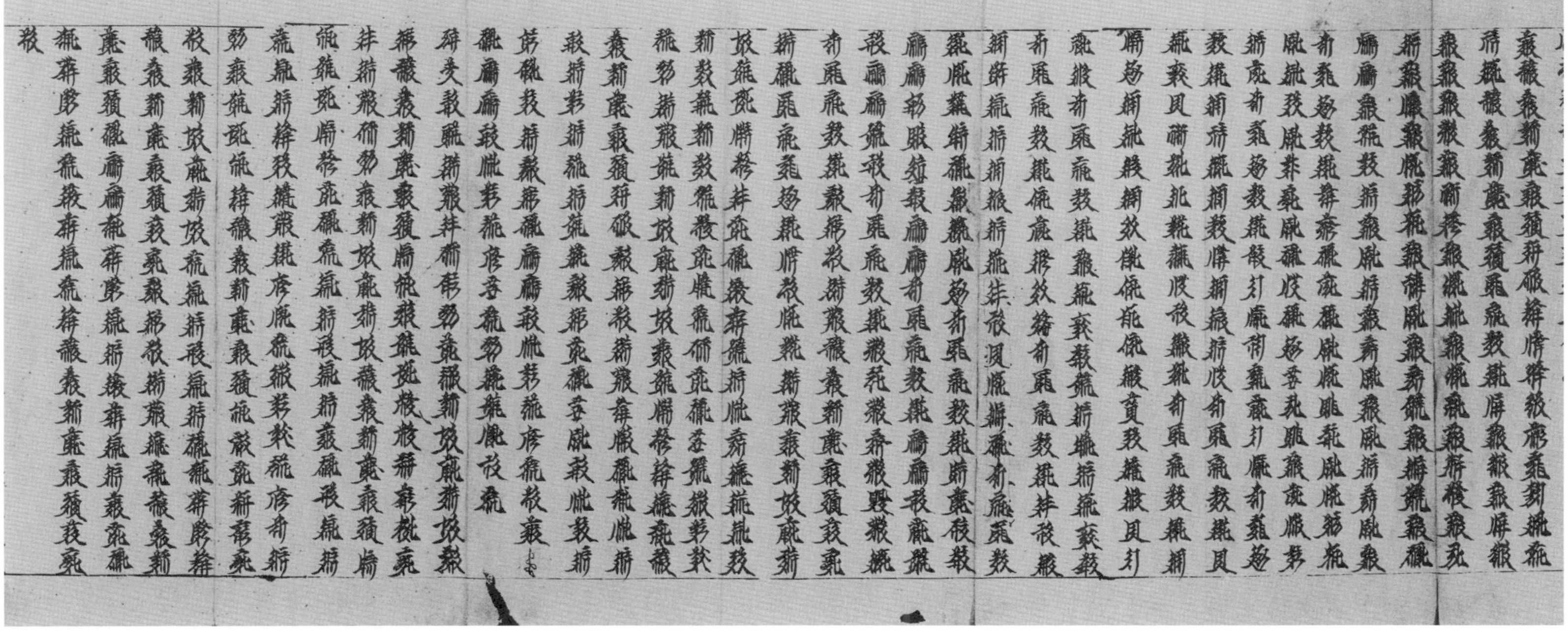

俄 Инв.No.1905　大般若波羅蜜多經卷第三百五十四　(13–3)

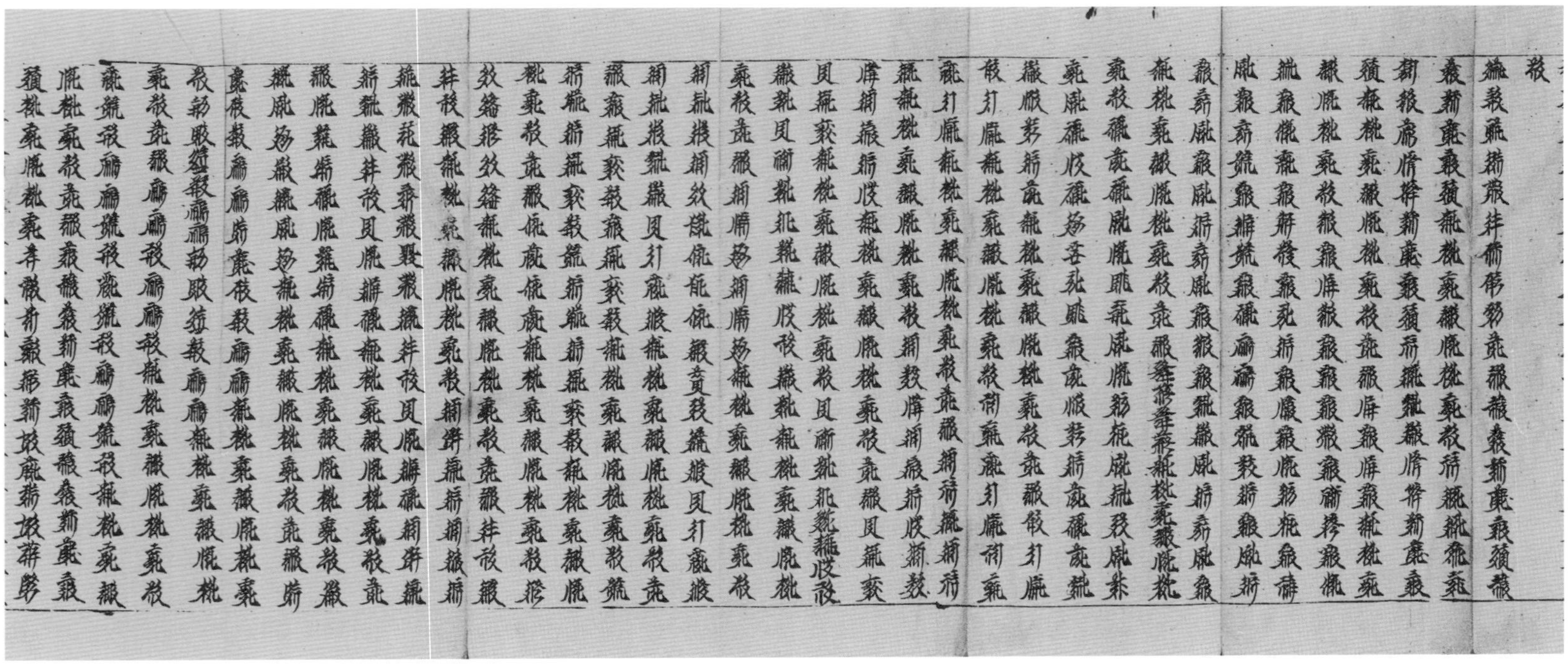

俄 Инв.No.1905　大般若波羅蜜多經卷第三百五十四　(13–4)

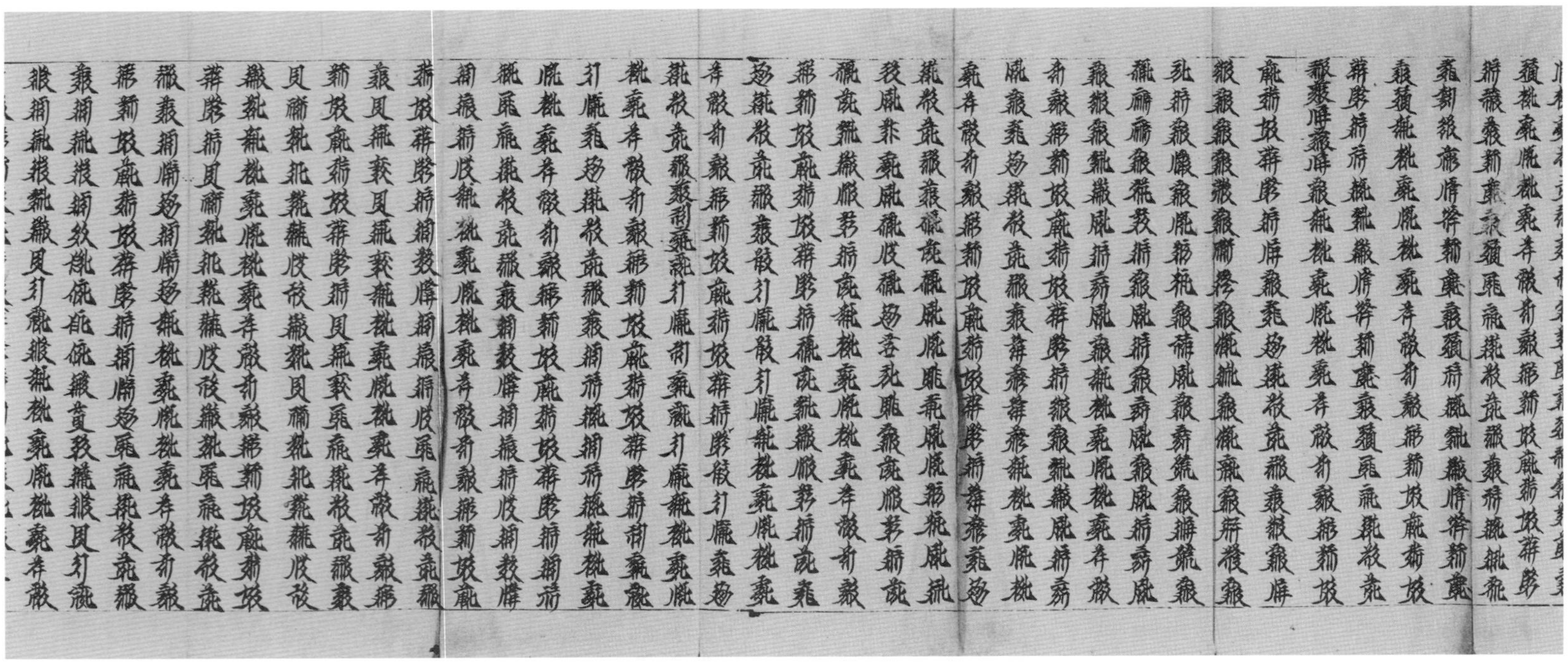

俄 Инв.No.1905　大般若波羅蜜多經卷第三百五十四　(13–5)

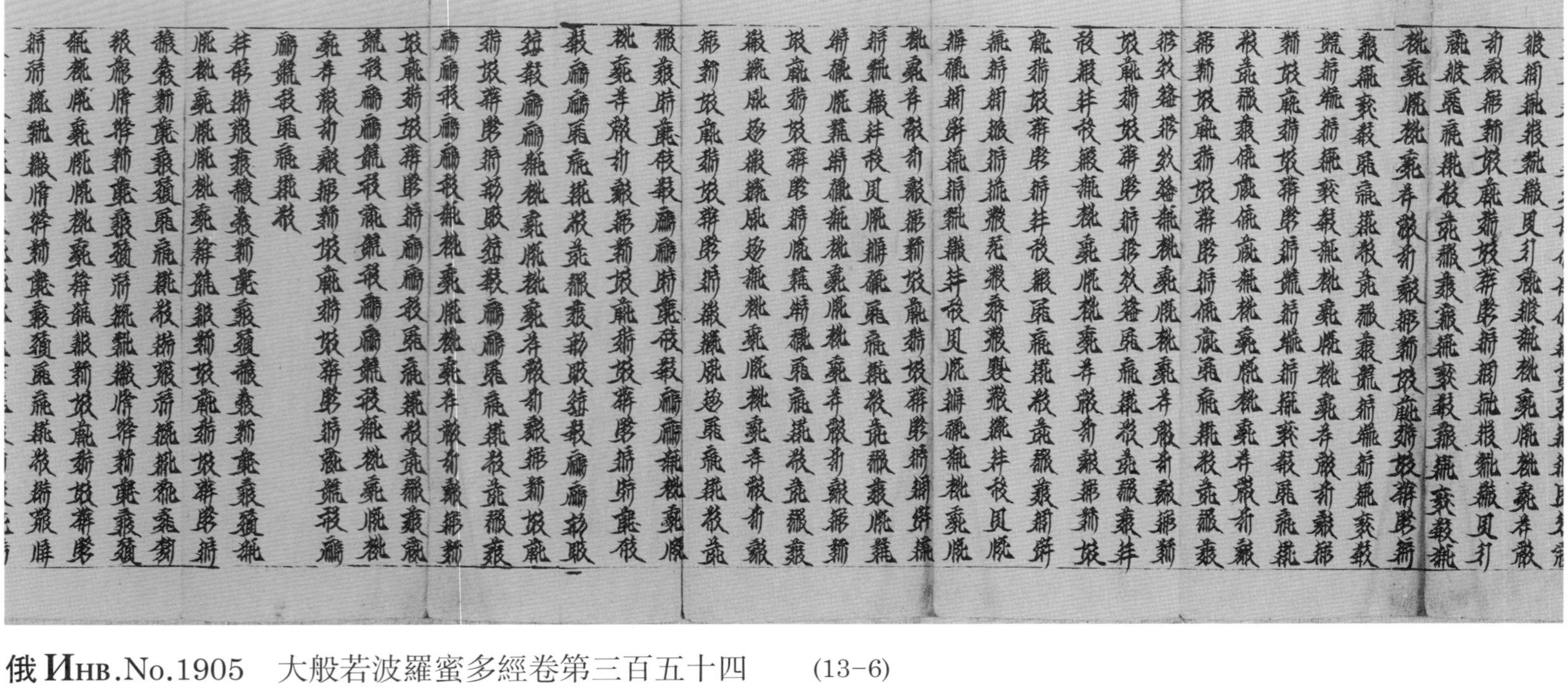

俄 Инв.No.1905　大般若波羅蜜多經卷第三百五十四　(13–6)

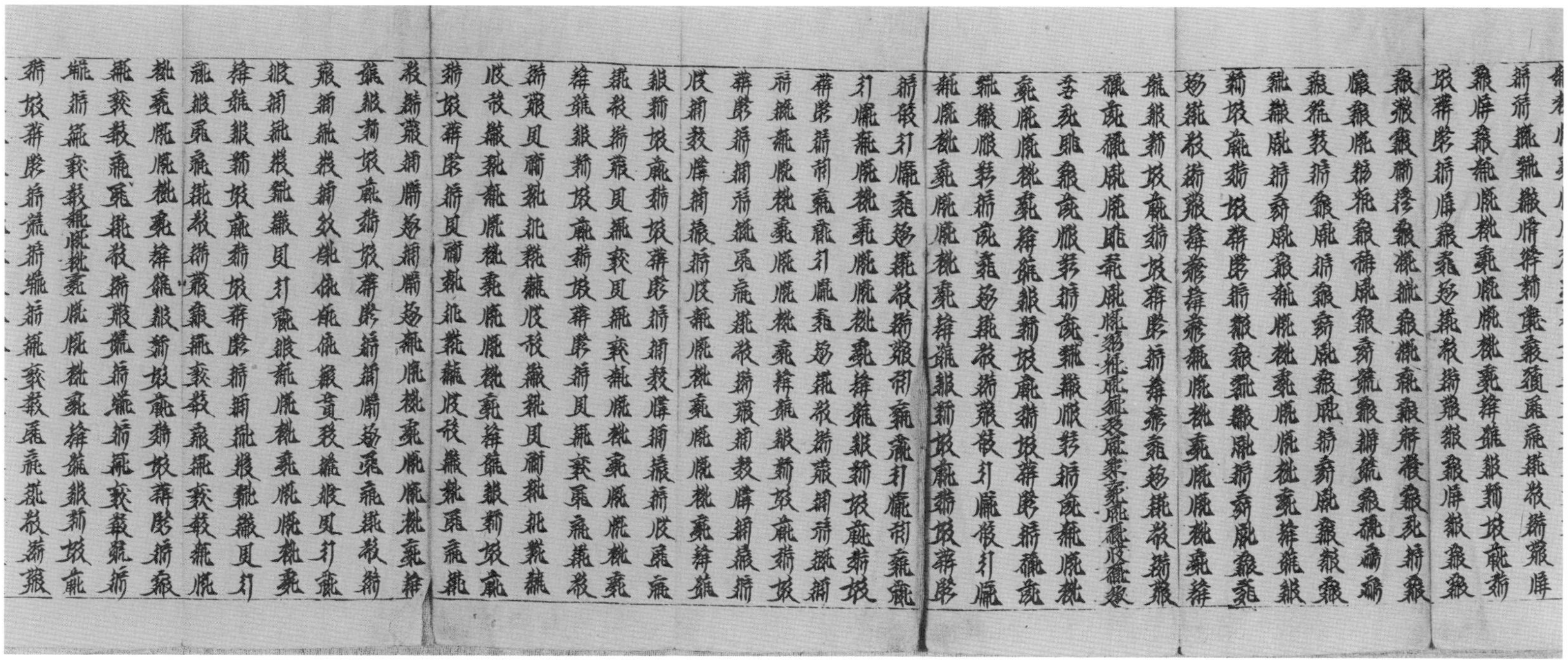

俄 Инв.No.1905　大般若波羅蜜多經卷第三百五十四　(13–7)

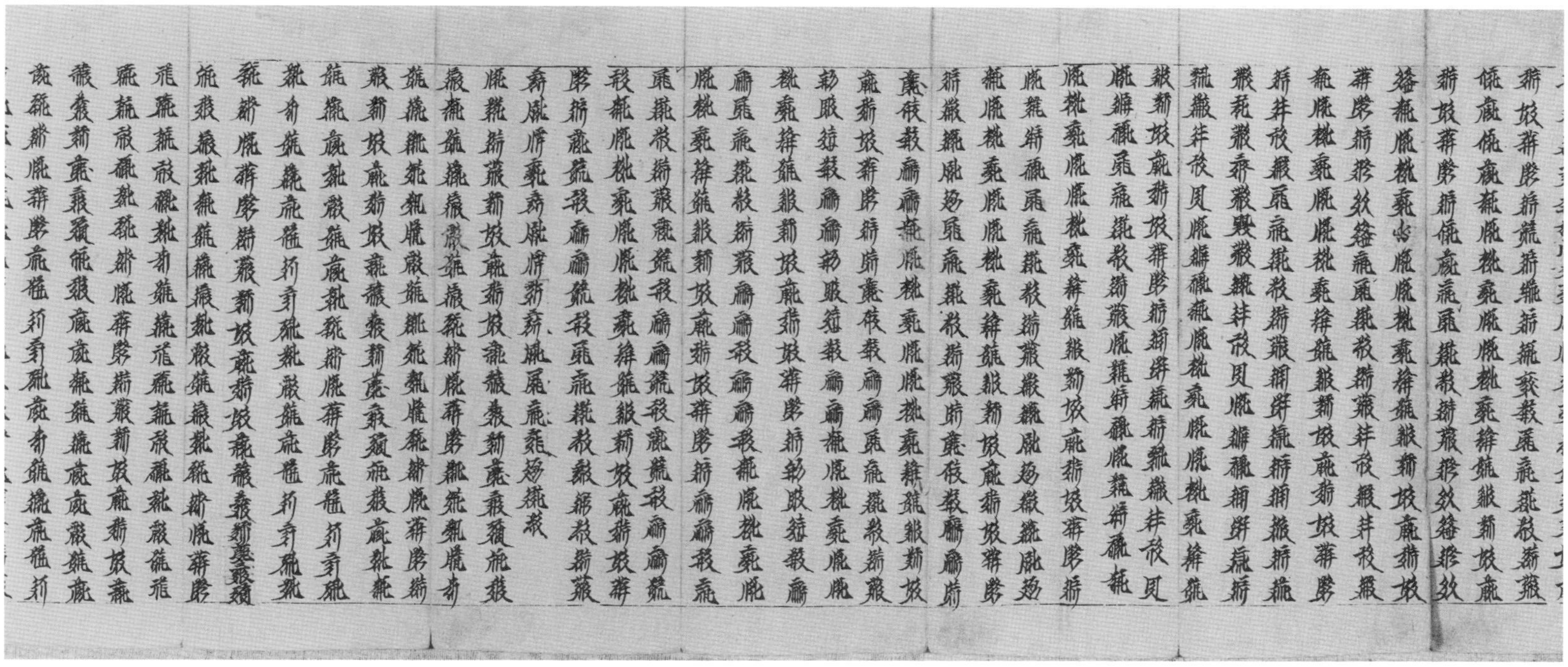

俄 Инв.No.1905　大般若波羅蜜多經卷第三百五十四　(13–8)

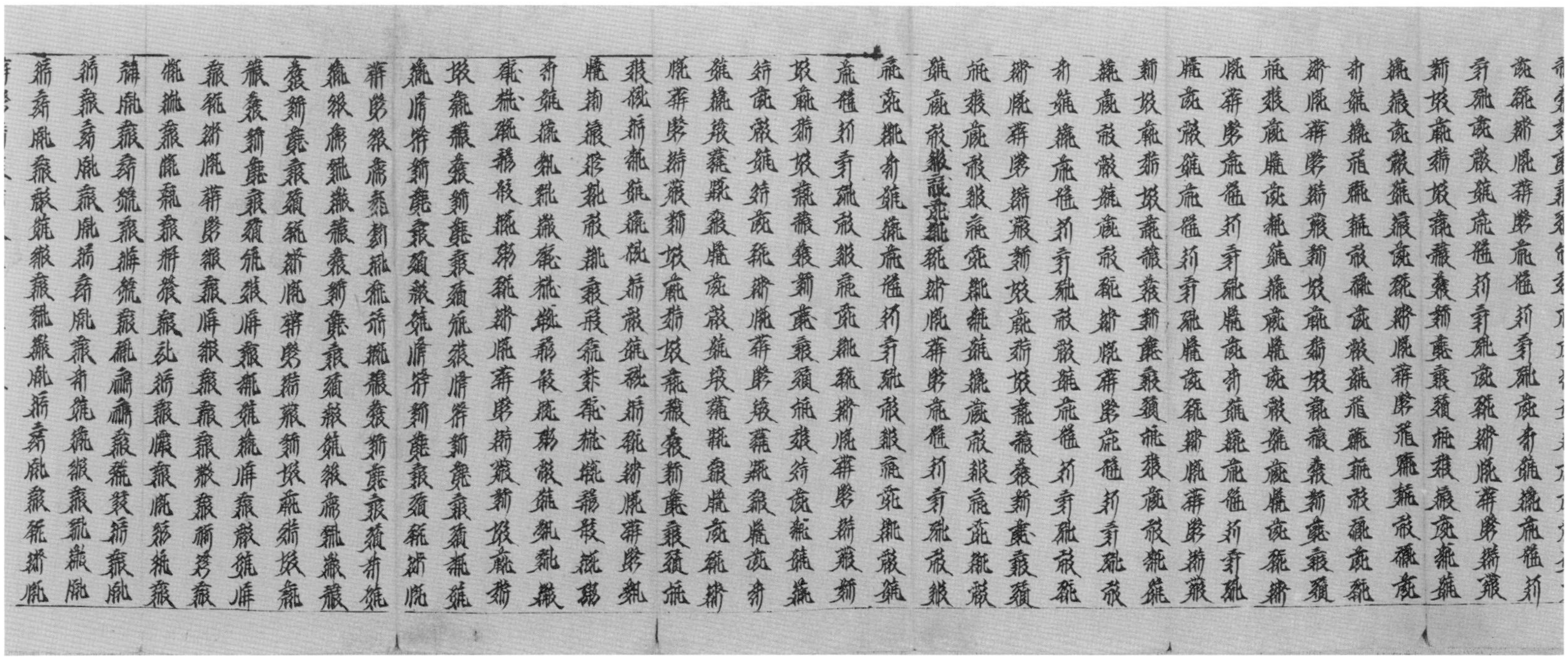

俄 Инв.No.1905　大般若波羅蜜多經卷第三百五十四　(13–9)

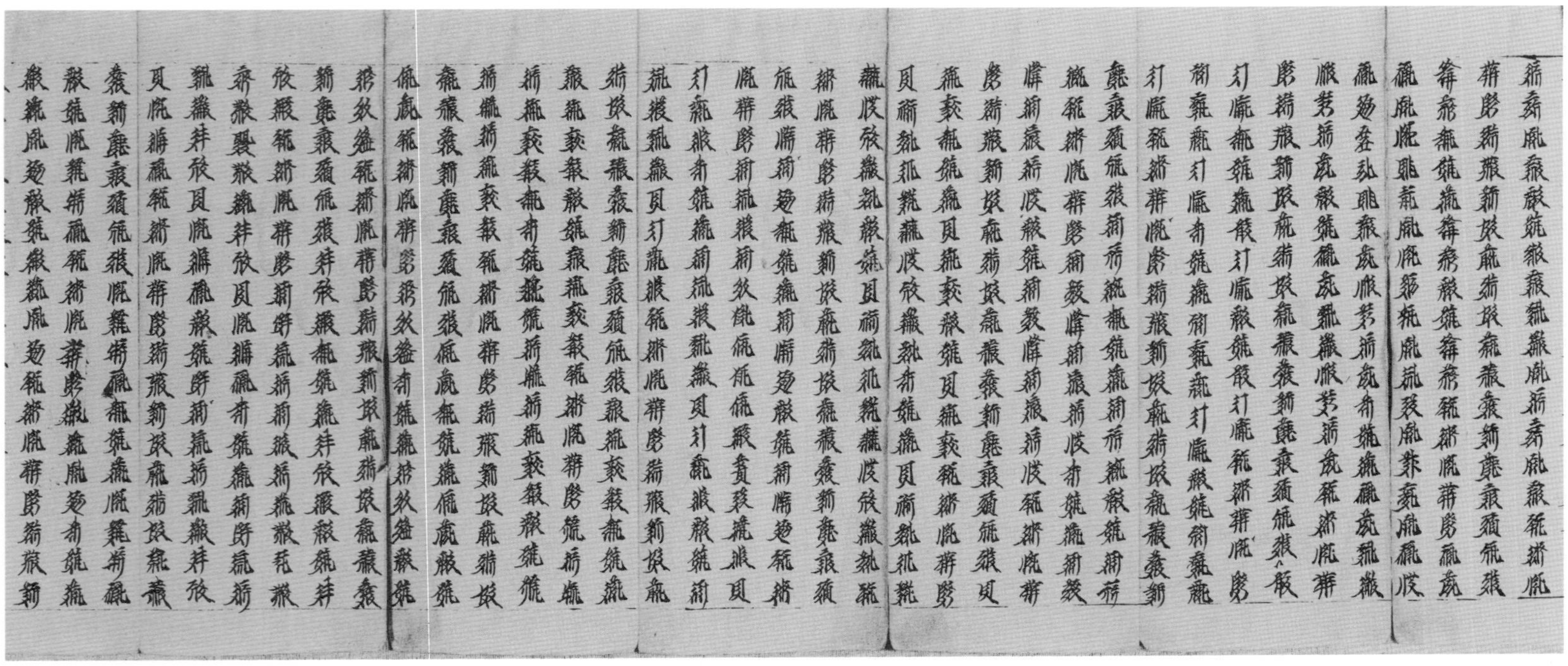

俄 Инв.No.1905　大般若波羅蜜多經卷第三百五十四　(13-10)

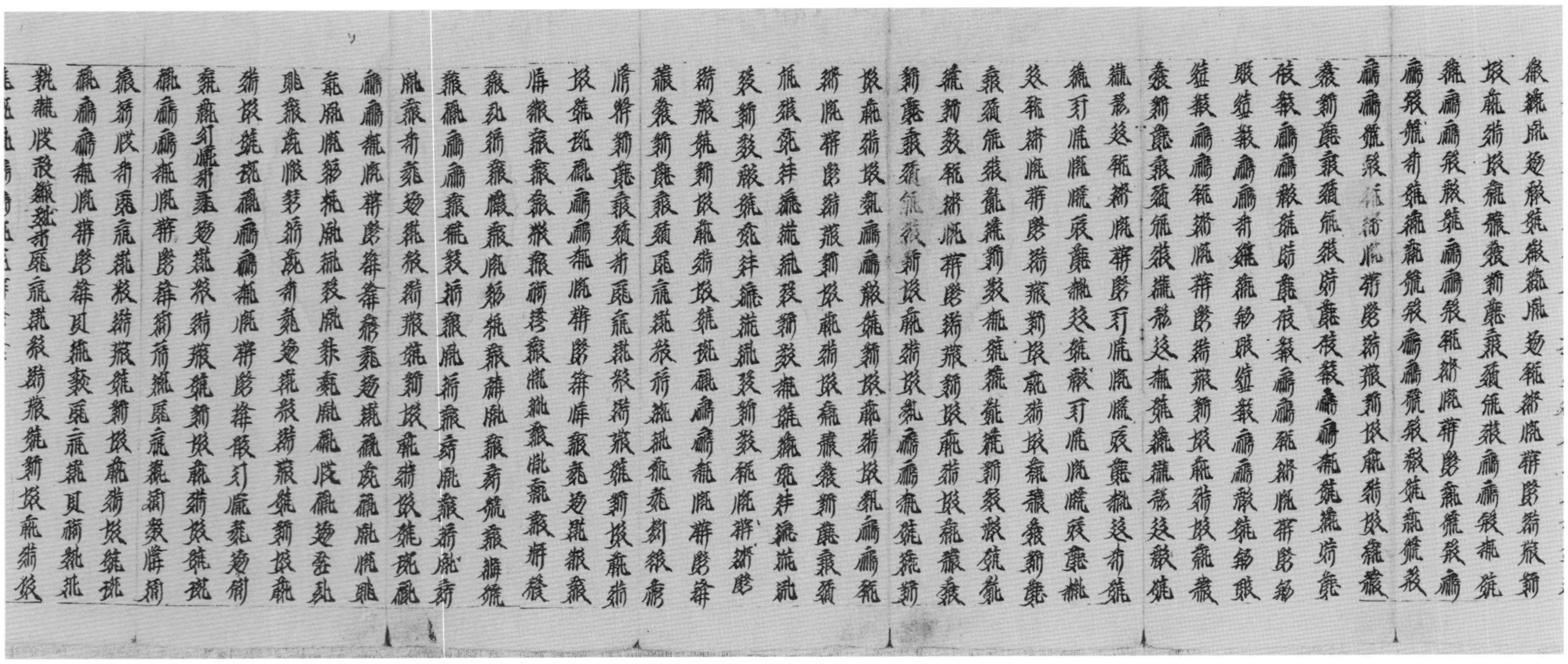

俄 Инв.No.1905　大般若波羅蜜多經卷第三百五十四　(13-11)

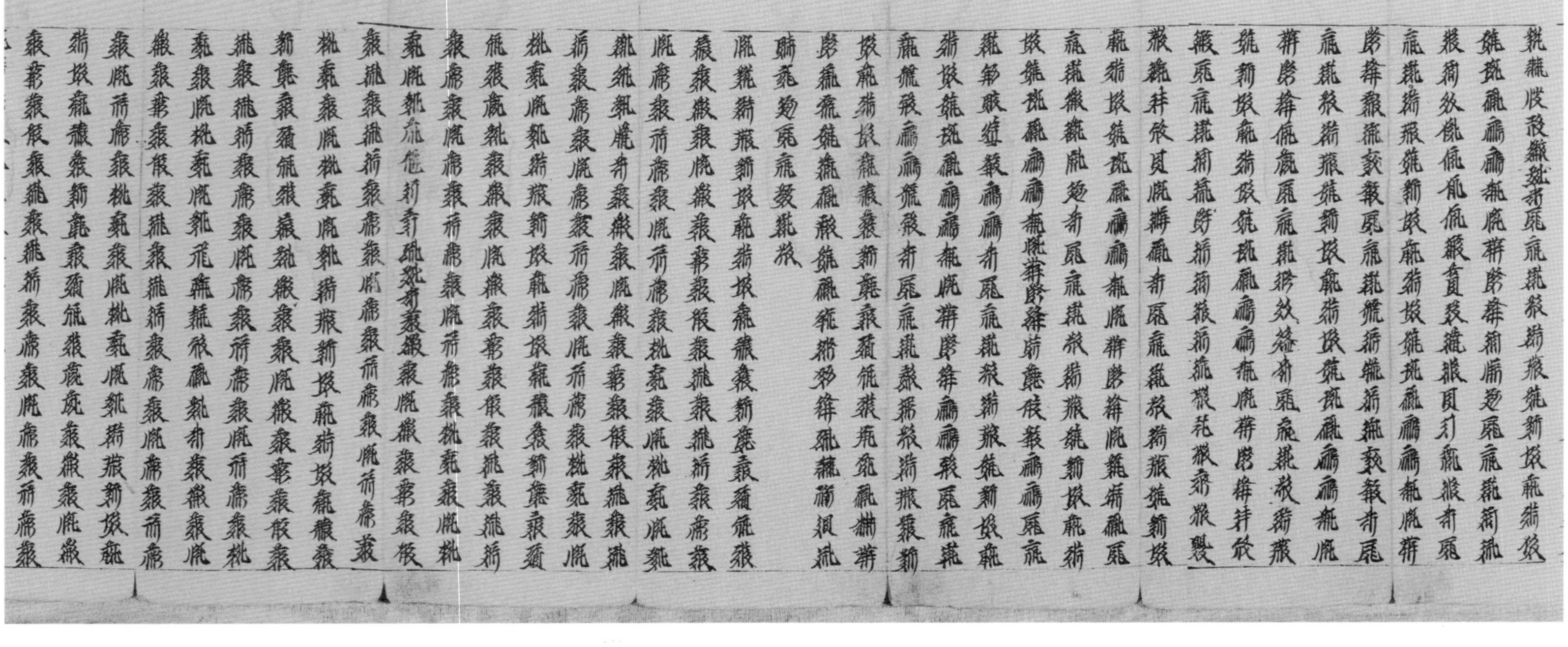

俄 Инв.No.1905　大般若波羅蜜多經卷第三百五十四　(13-12)

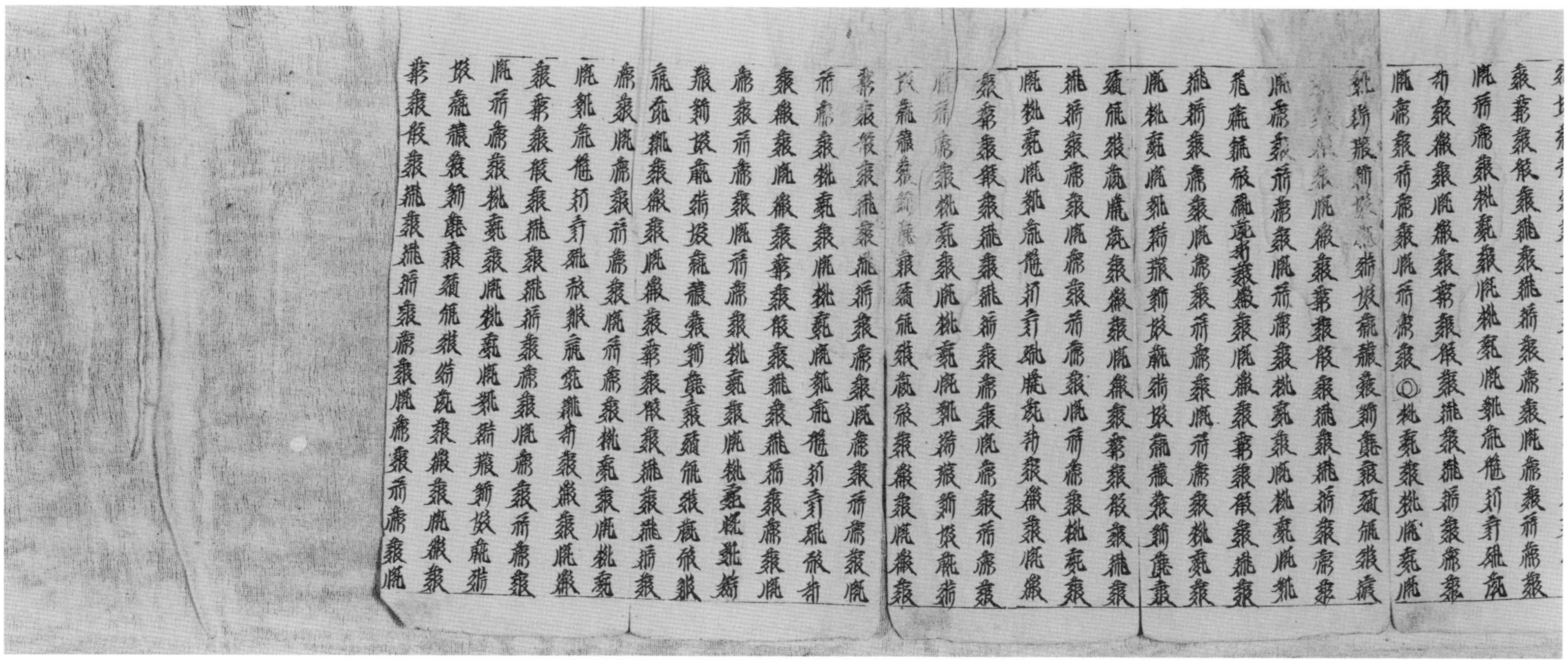

俄 Инв.No.1905　大般若波羅蜜多經卷第三百五十四　(13–13)

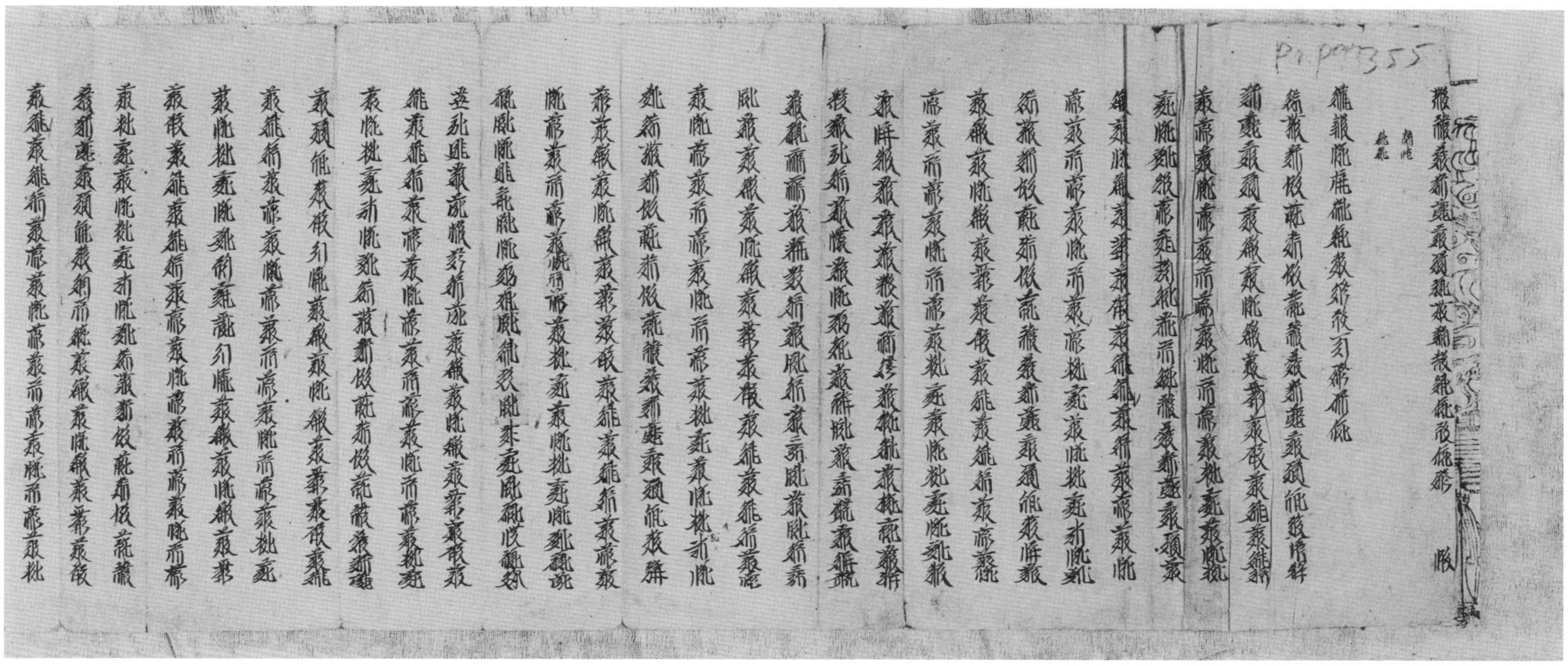

俄 Инв.No.1915　大般若波羅蜜多經卷第三百五十五　(13–1)

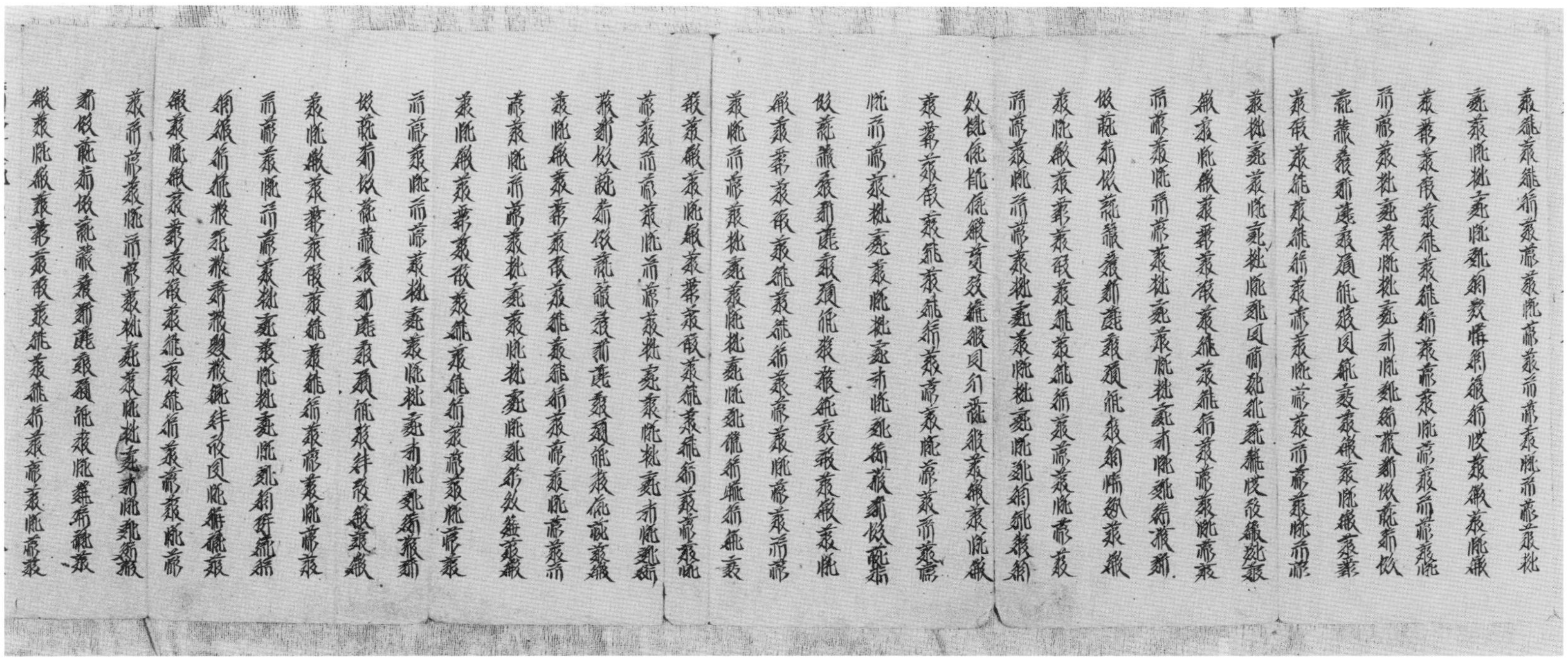

俄 Инв.No.1915　大般若波羅蜜多經卷第三百五十五　(13–2)

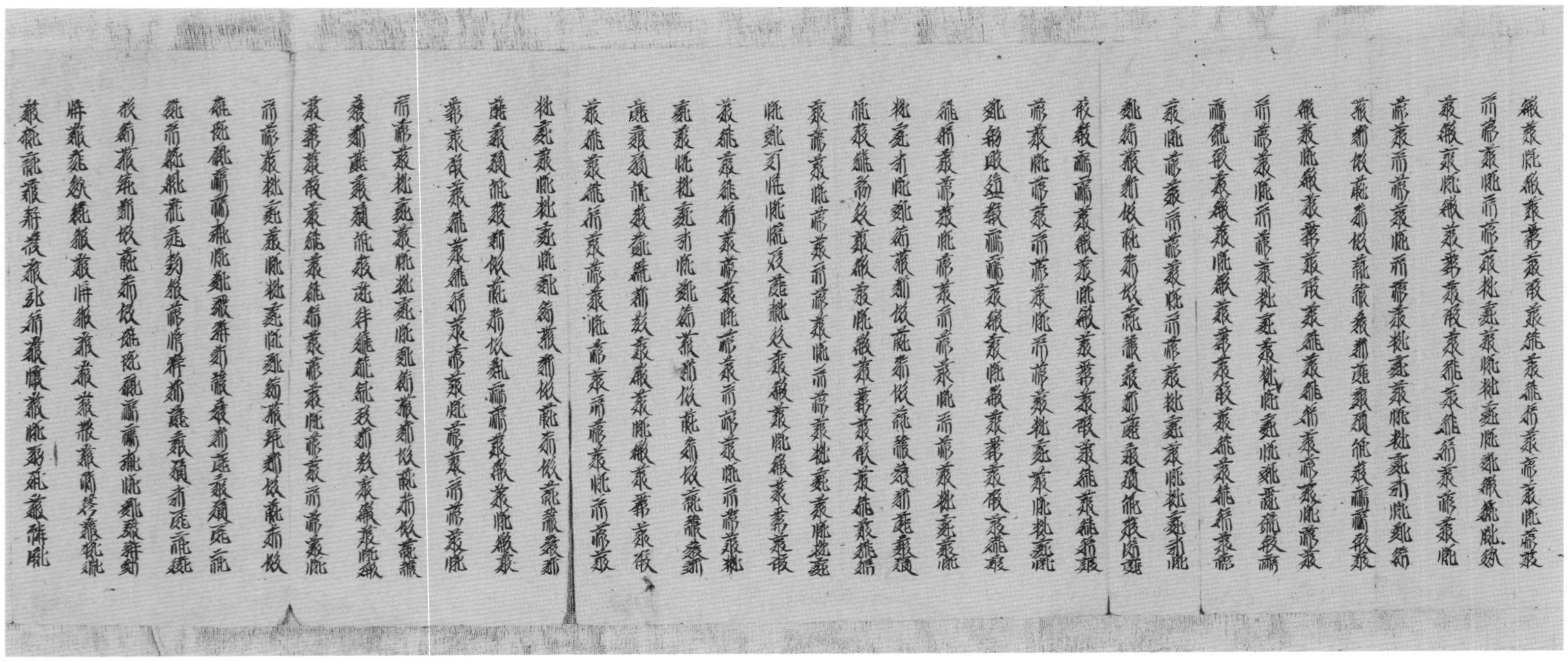

俄 Инв.No.1915　大般若波羅蜜多經卷第三百五十五　(13-3)

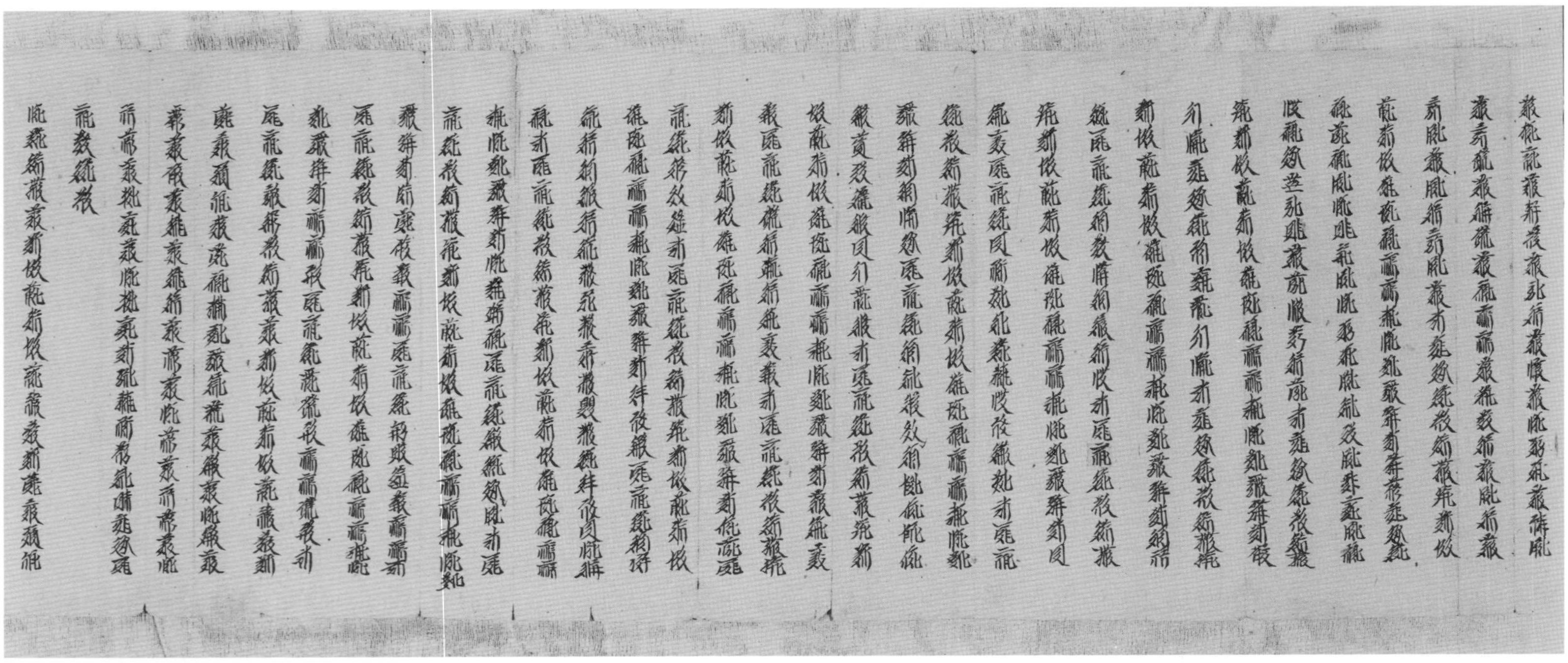

俄 Инв.No.1915　大般若波羅蜜多經卷第三百五十五　(13-4)

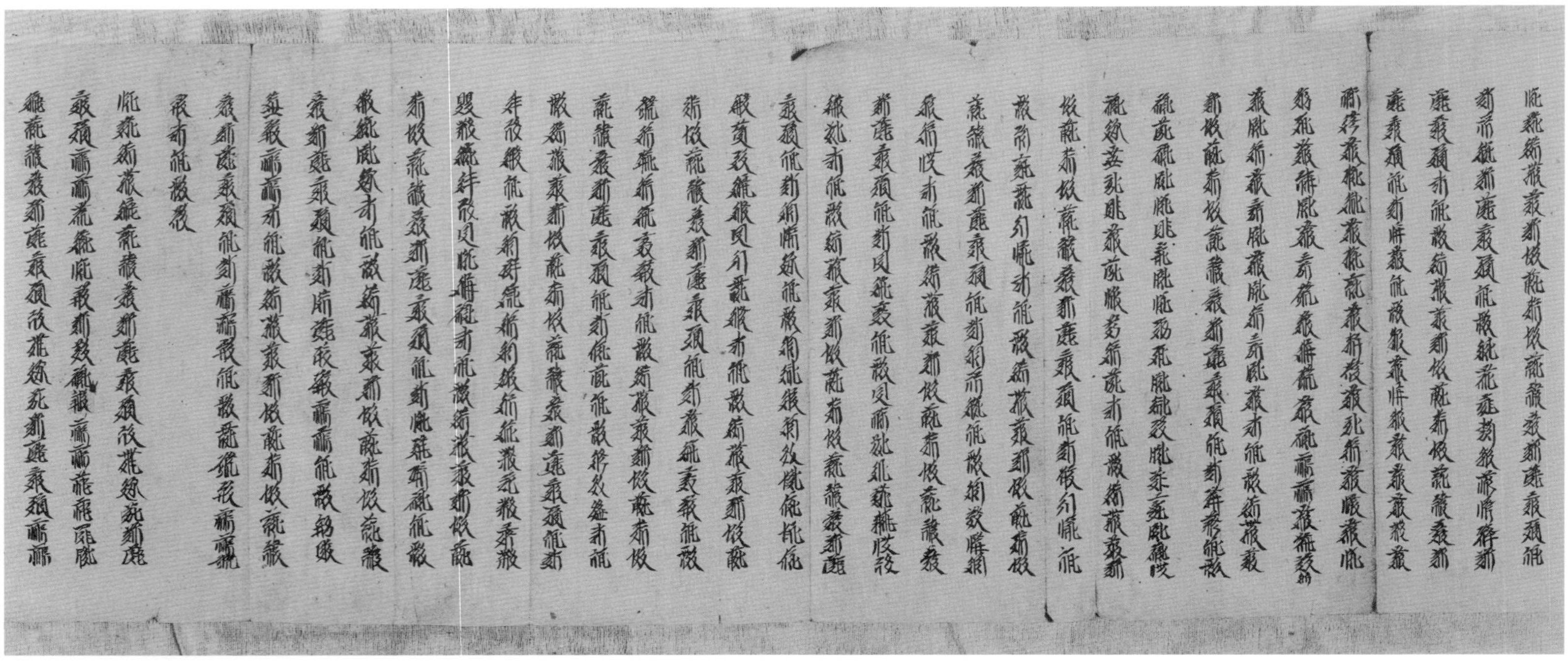

俄 Инв.No.1915　大般若波羅蜜多經卷第三百五十五　(13-5)

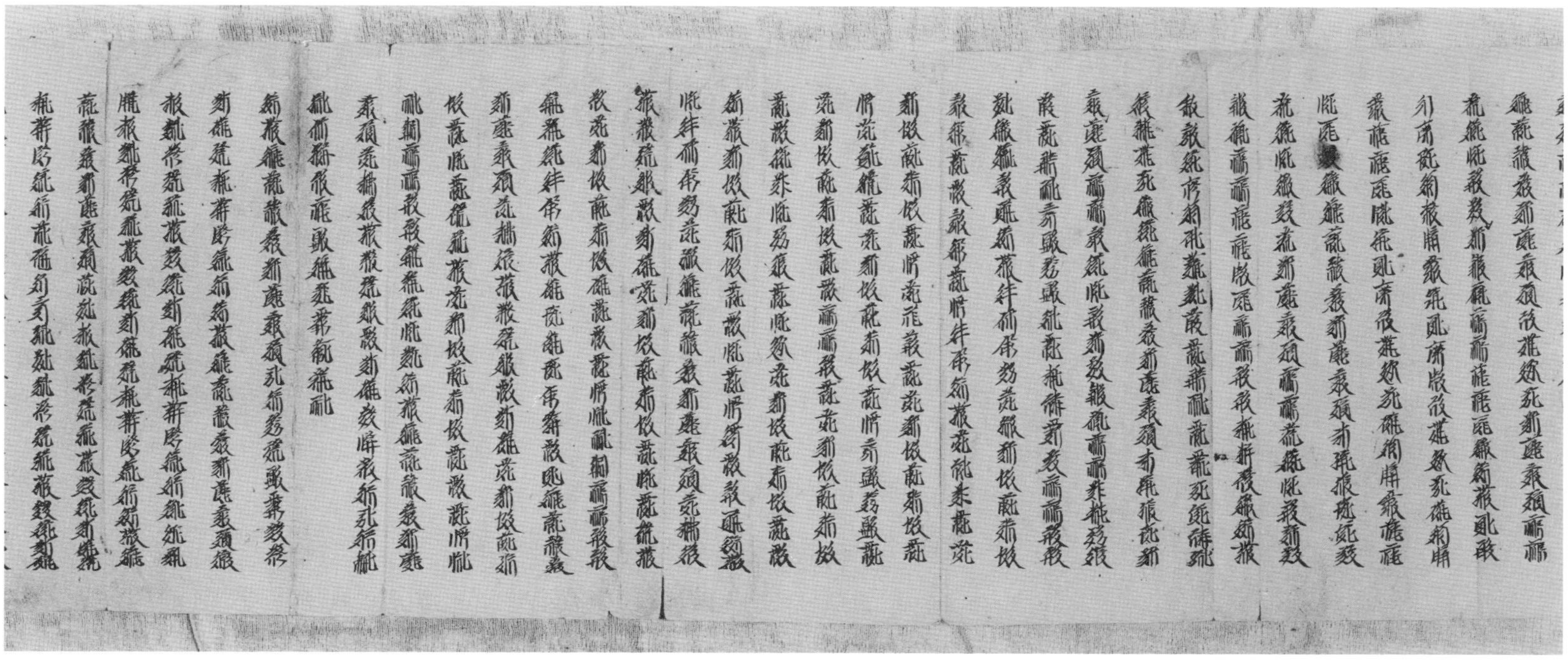

俄 Инв.No.1915　大般若波羅蜜多經卷第三百五十五　(13-6)

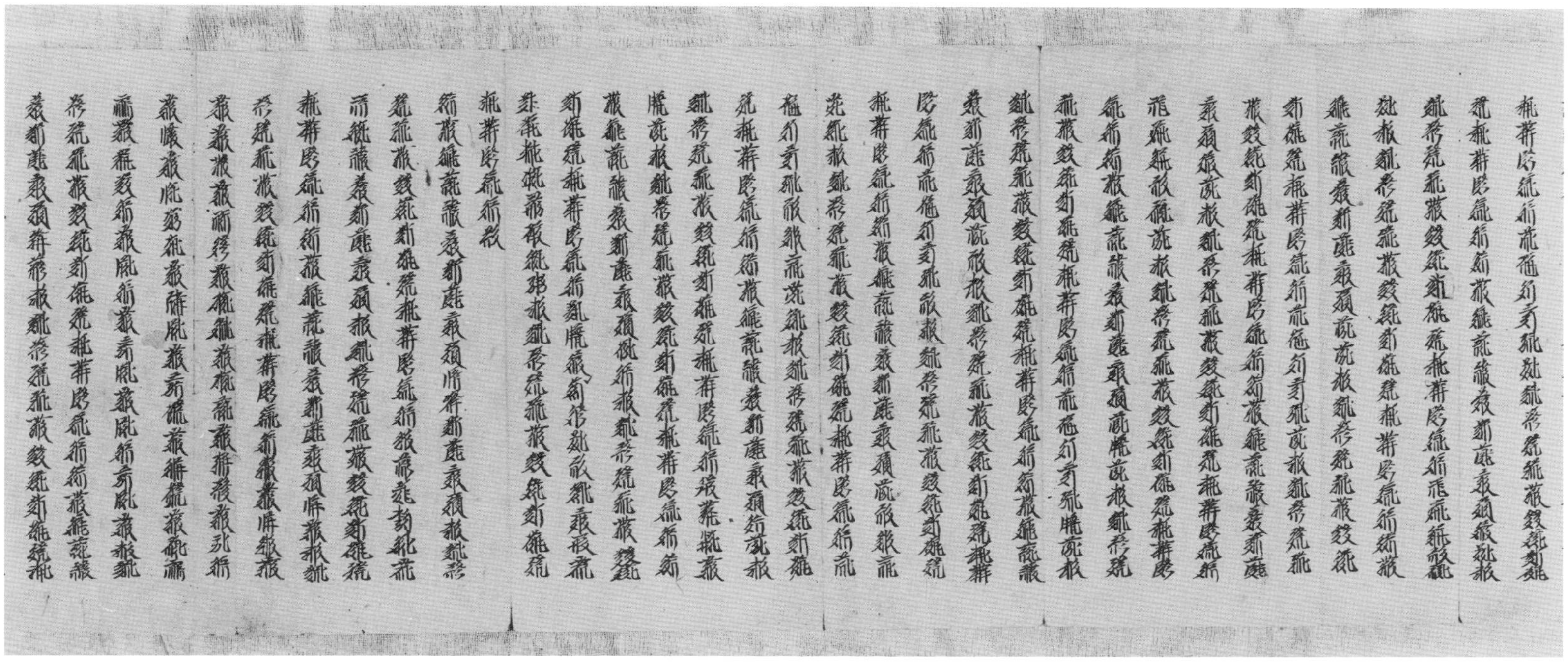

俄 Инв.No.1915　大般若波羅蜜多經卷第三百五十五　(13-7)

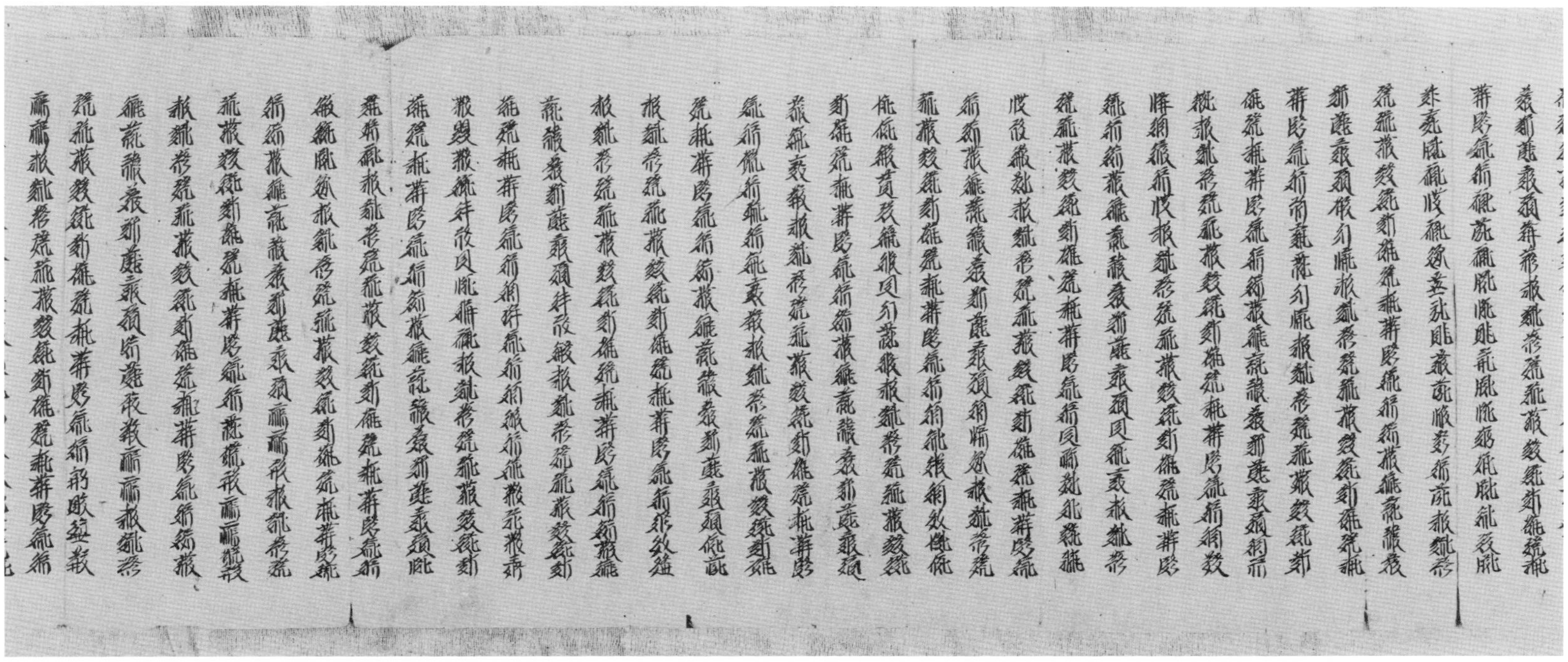

俄 Инв.No.1915　大般若波羅蜜多經卷第三百五十五　(13-8)

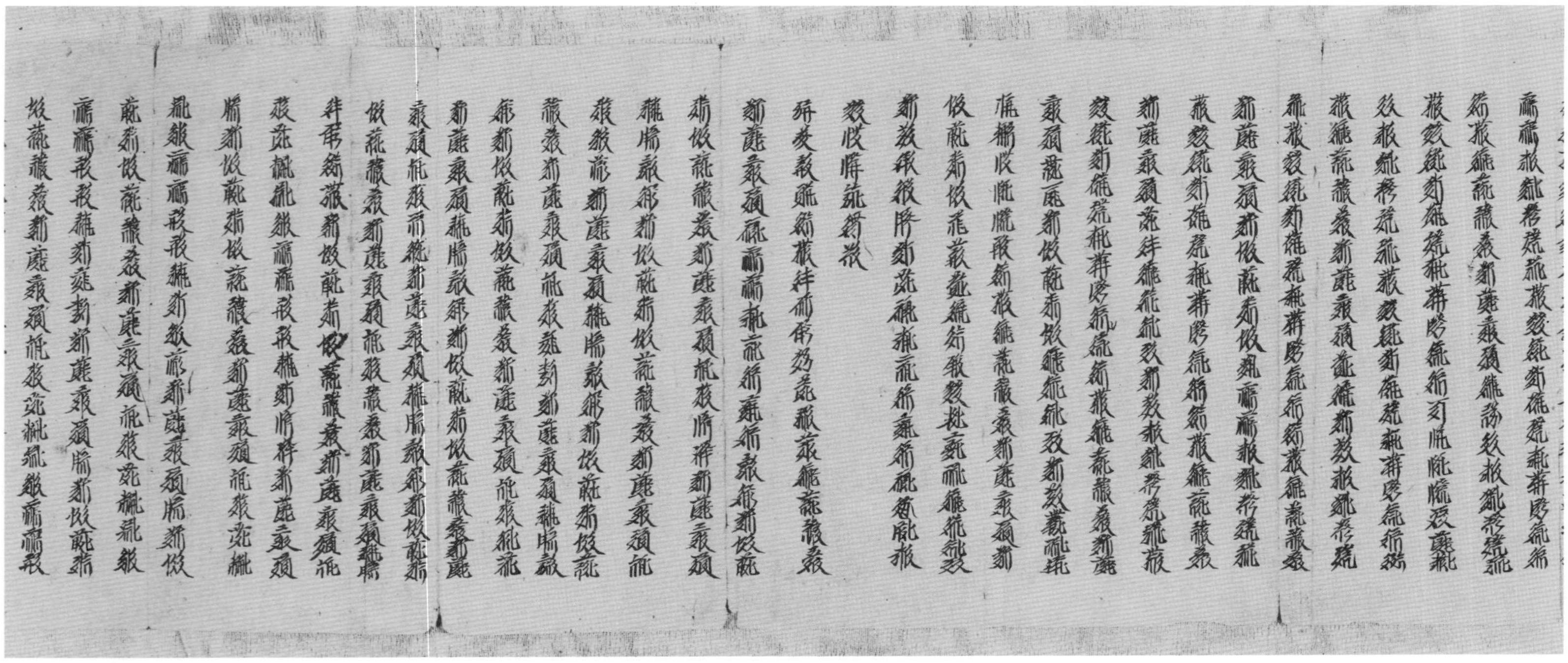

俄 Инв.No.1915　大般若波羅蜜多經卷第三百五十五　(13-9)

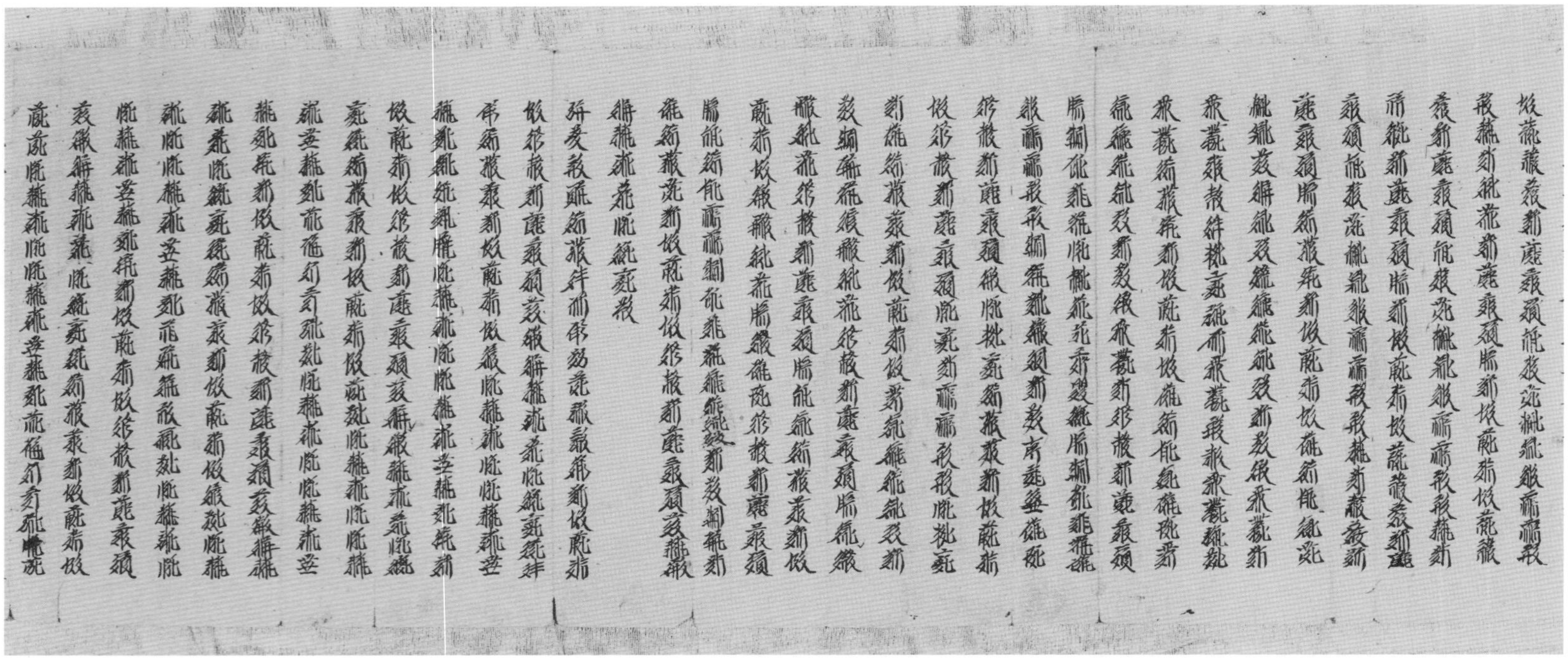

俄 Инв.No.1915　大般若波羅蜜多經卷第三百五十五　(13-10)

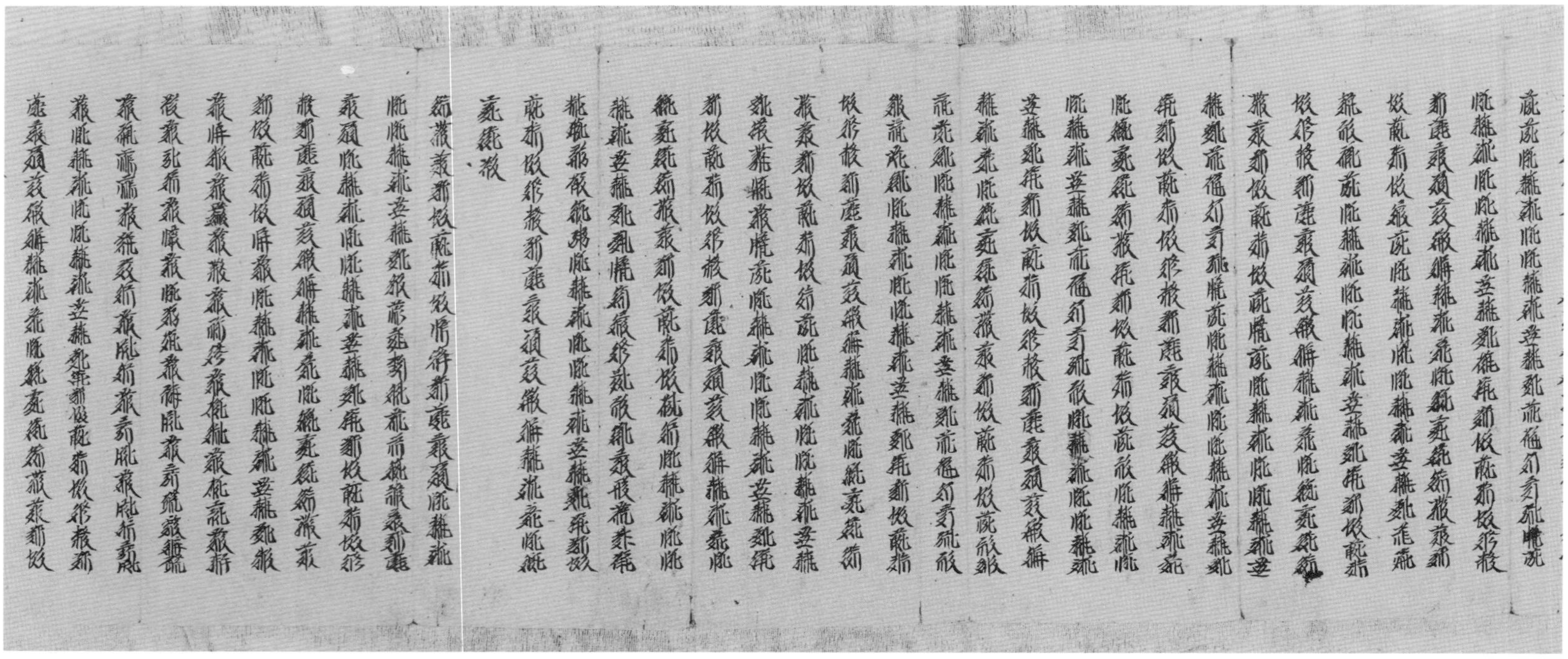

俄 Инв.No.1915　大般若波羅蜜多經卷第三百五十五　(13-11)

俄 Инв.No.1915　大般若波羅蜜多經卷第三百五十五　(13–12)

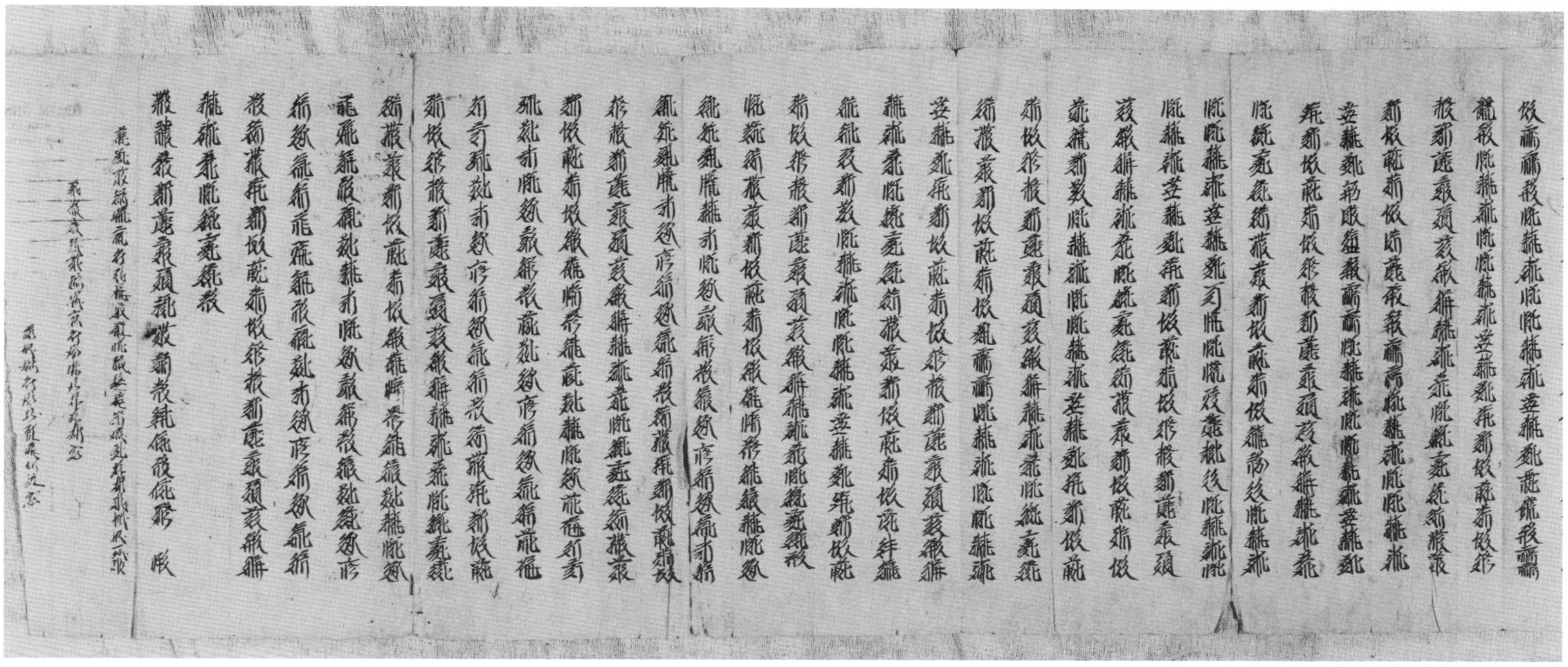

俄 Инв.No.1915　大般若波羅蜜多經卷第三百五十五　(13–13)

俄 Инв.No.1910　大般若波羅蜜多經卷第三百五十六　(13–1)

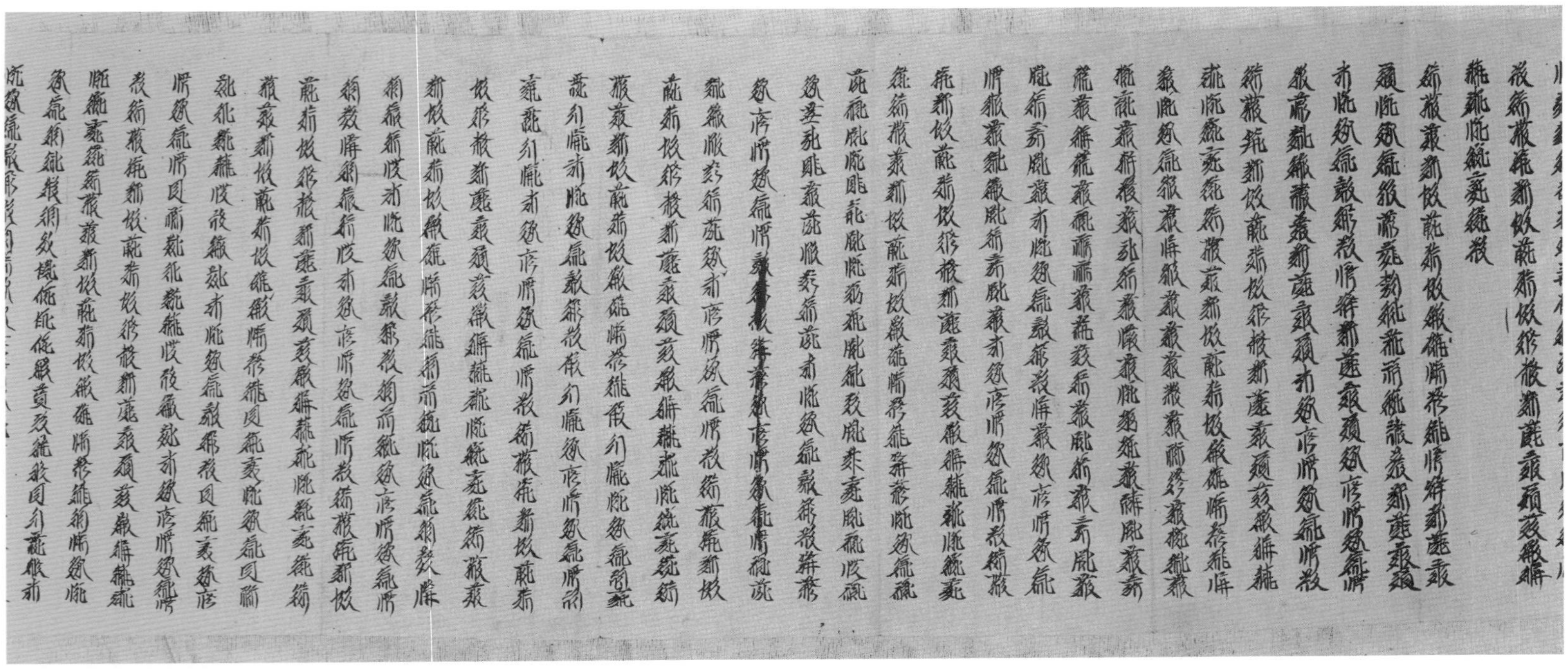

俄 Инв.No.1910　大般若波羅蜜多經卷第三百五十六　　(13-2)

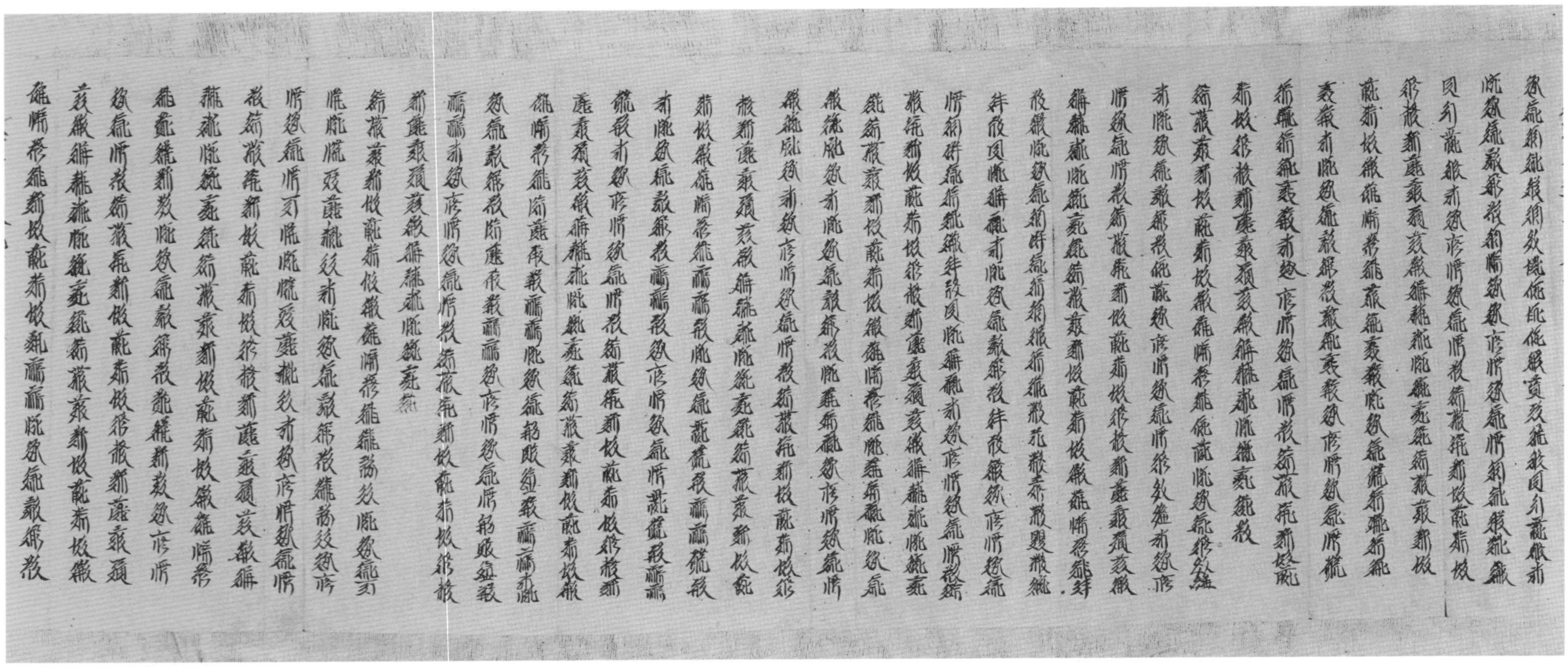

俄 Инв.No.1910　大般若波羅蜜多經卷第三百五十六　　(13-3)

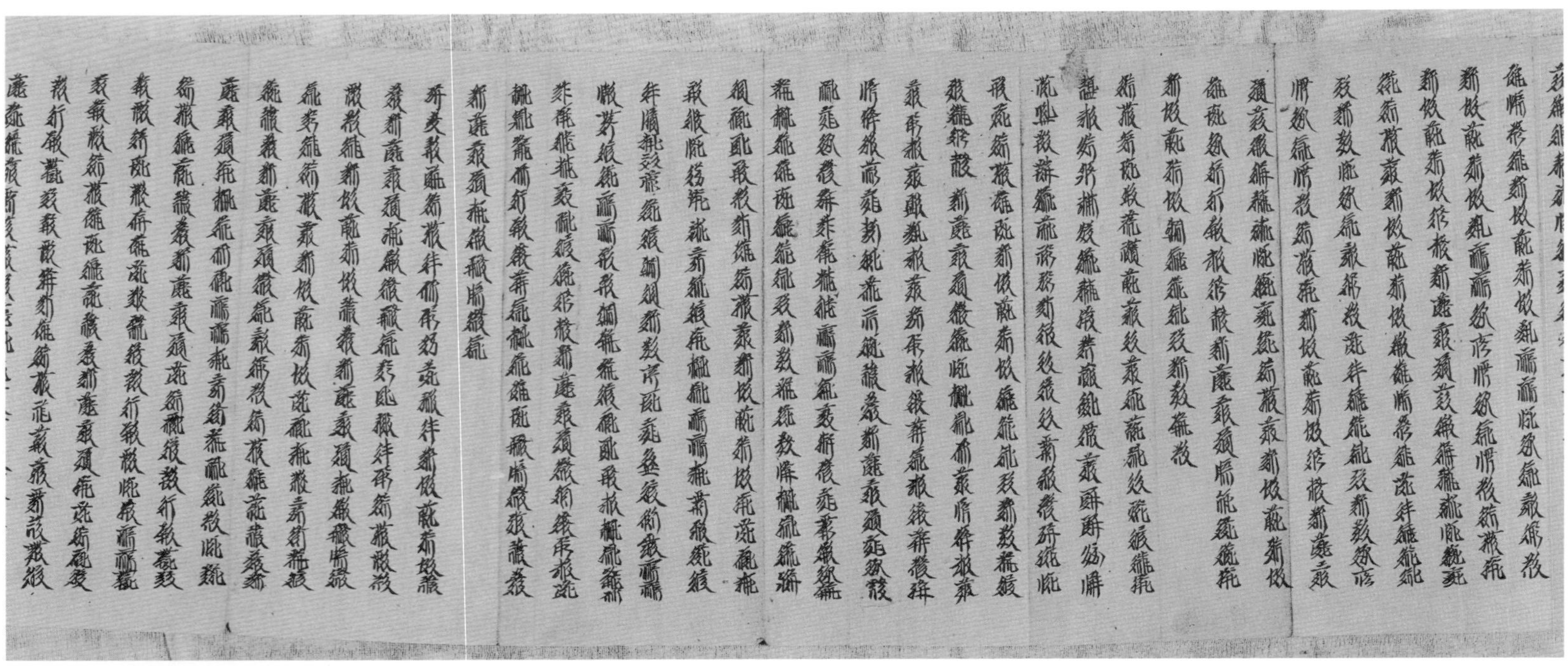

俄 Инв.No.1910　大般若波羅蜜多經卷第三百五十六　　(13-4)

俄 Инв.No.1910　大般若波羅蜜多經卷第三百五十六　(13-5)

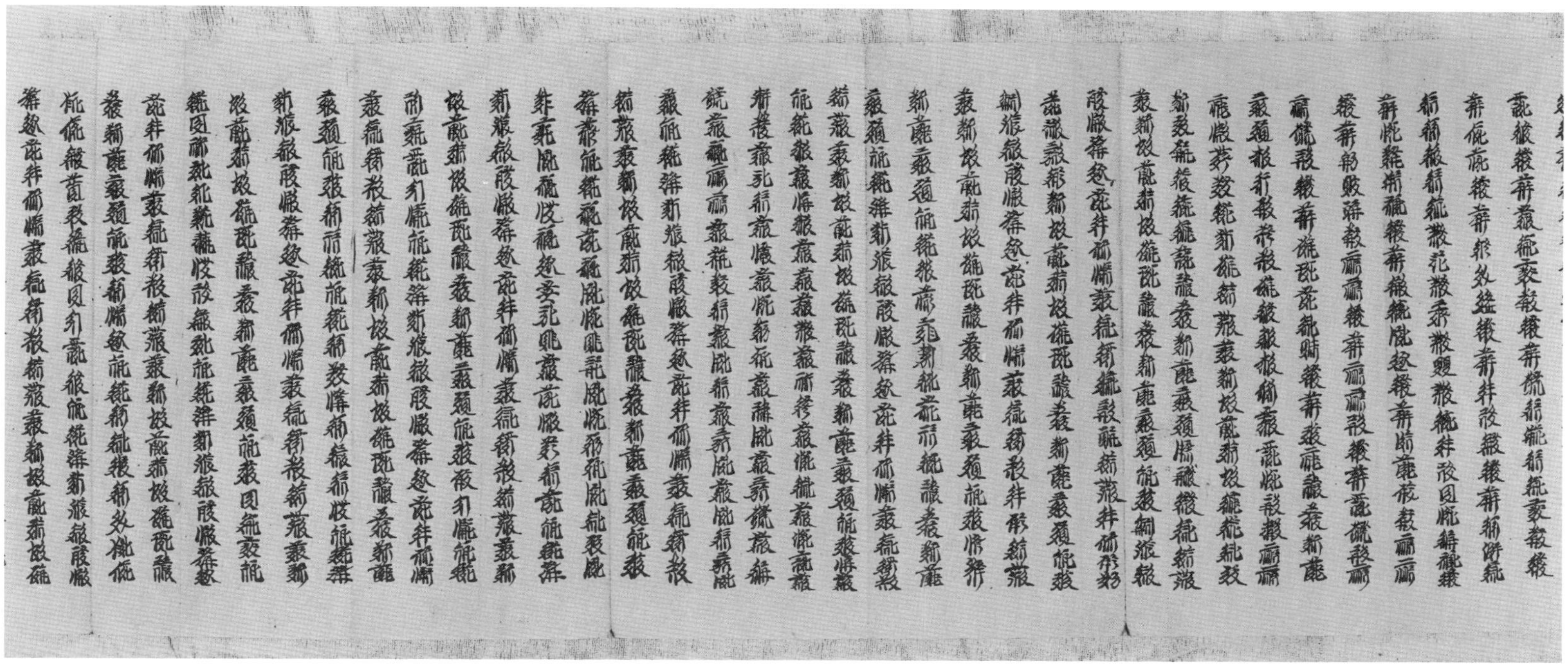

俄 Инв.No.1910　大般若波羅蜜多經卷第三百五十六　(13-6)

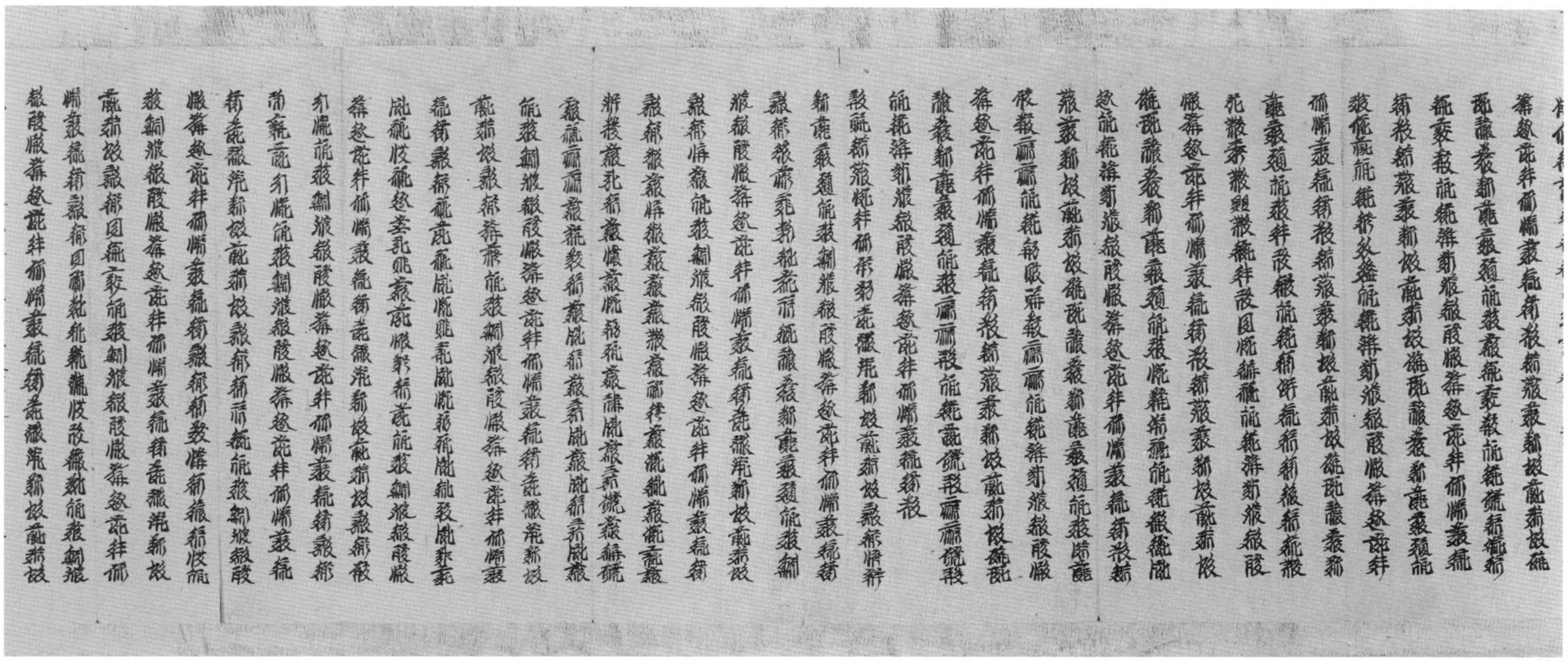

俄 Инв.No.1910　大般若波羅蜜多經卷第三百五十六　(13-7)

俄 Инв.No.1910　大般若波羅蜜多經卷第三百五十六　(13–8)

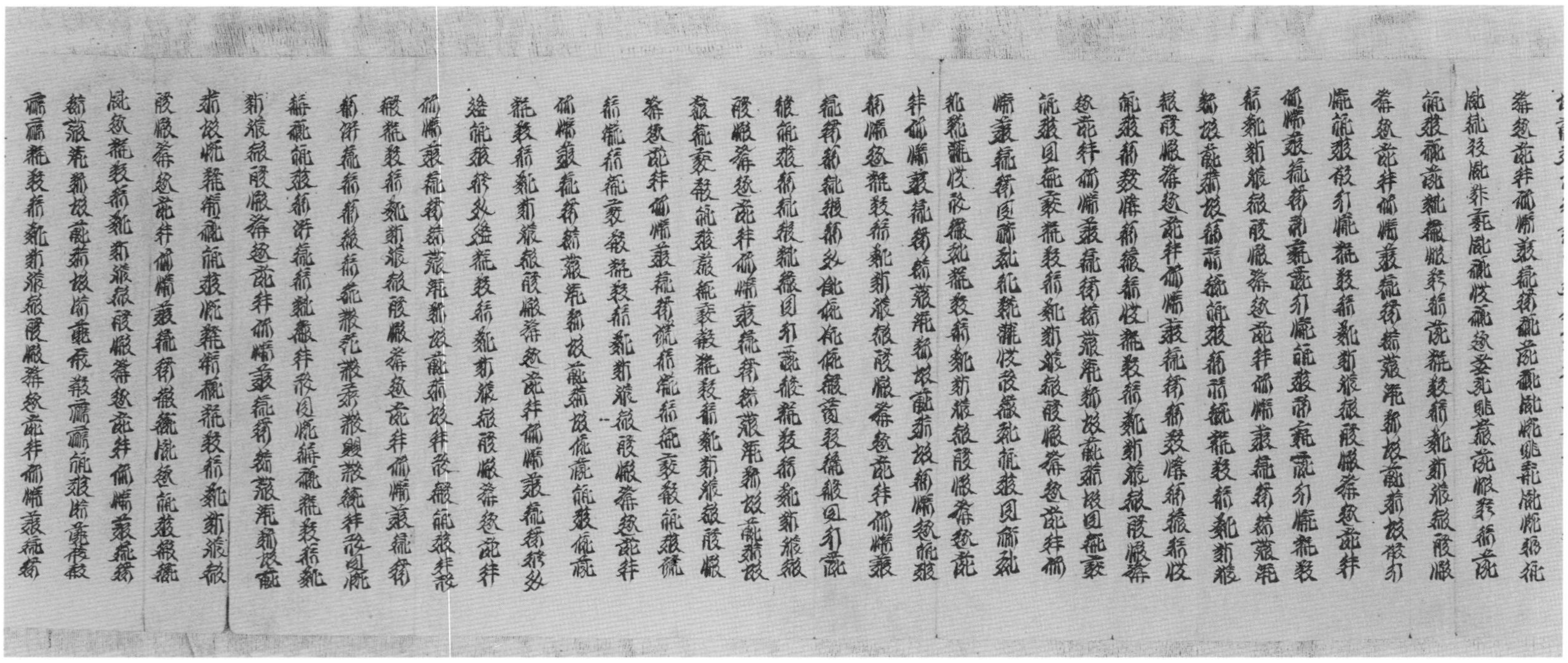

俄 Инв.No.1910　大般若波羅蜜多經卷第三百五十六　(13–9)

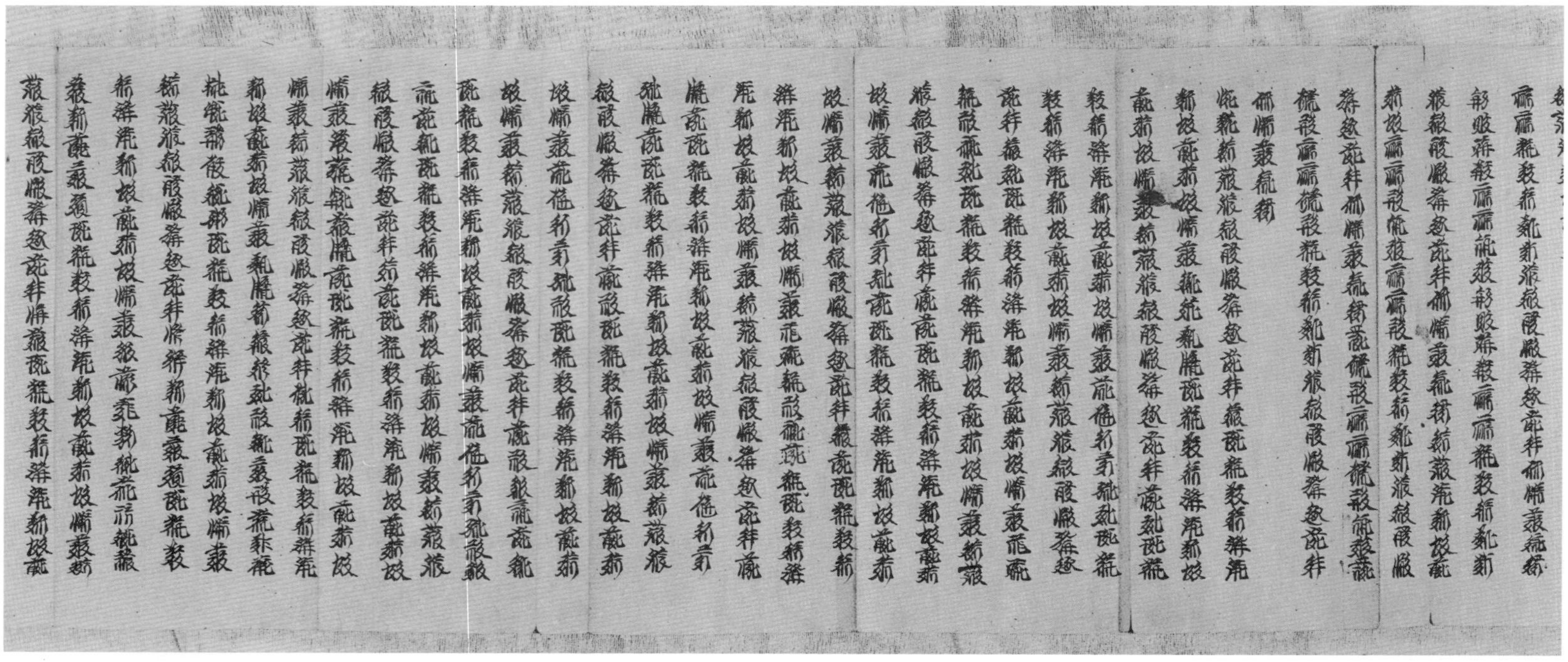

俄 Инв.No.1910　大般若波羅蜜多經卷第三百五十六　(13–10)

俄 Инв.No.1910　大般若波羅蜜多經卷第三百五十六　(13-11)

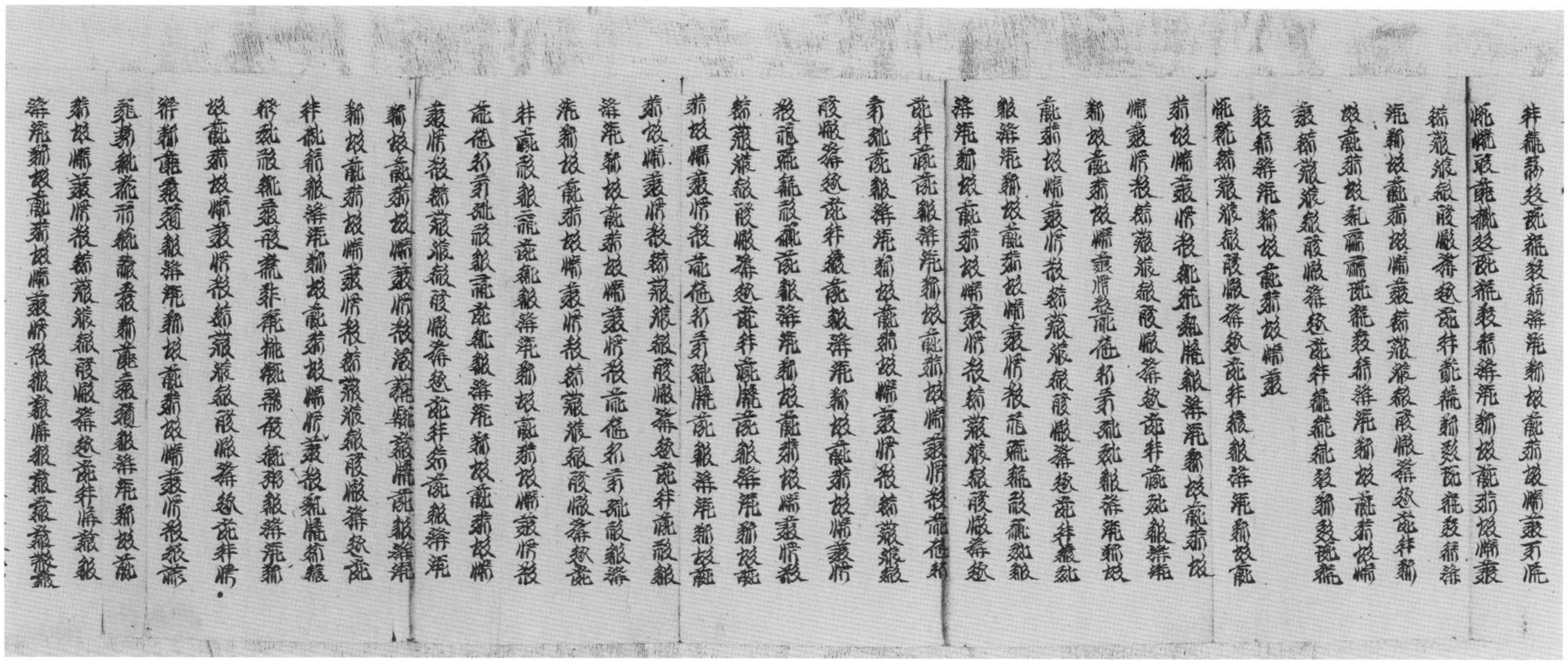

俄 Инв.No.1910　大般若波羅蜜多經卷第三百五十六　(13-12)

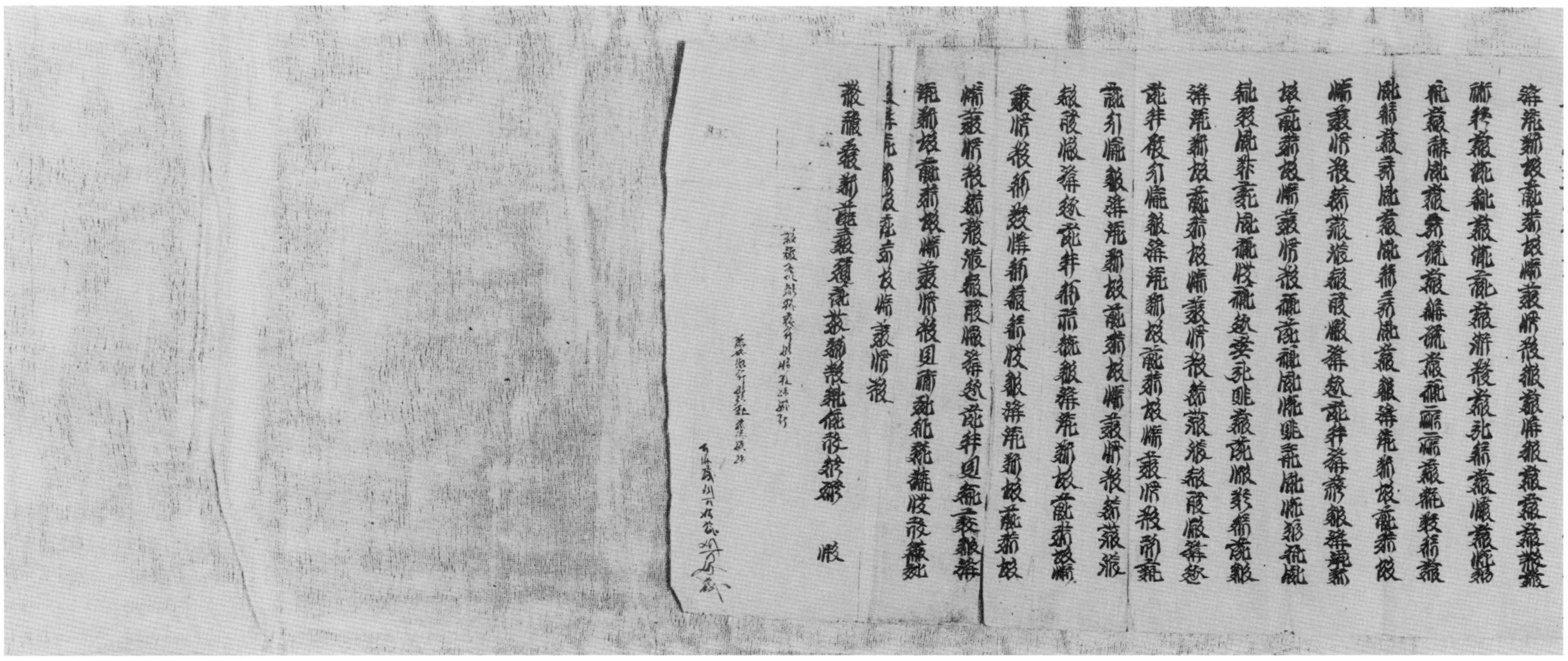

俄 Инв.No.1910　大般若波羅蜜多經卷第三百五十六　(13-13)

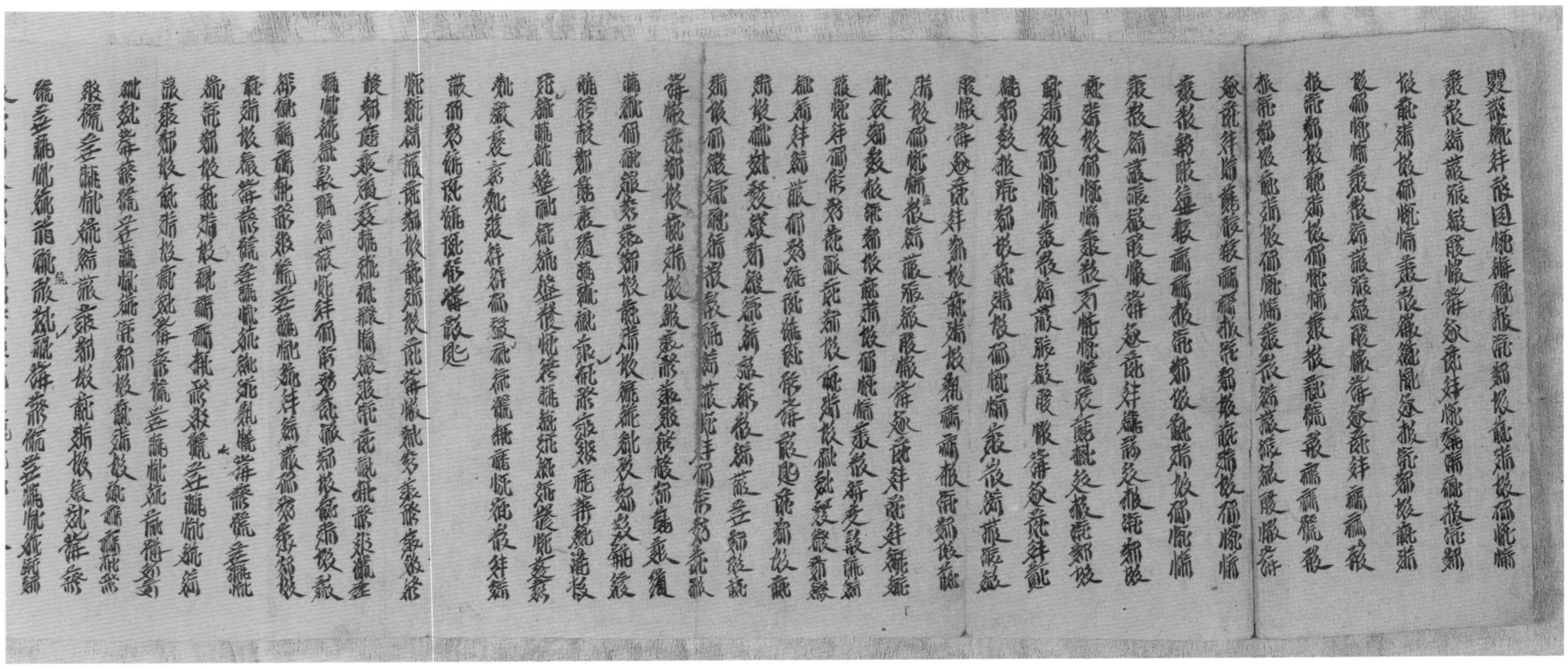

俄 Инв.No.1897 大般若波羅蜜多經卷第三百五十七 (14-1)

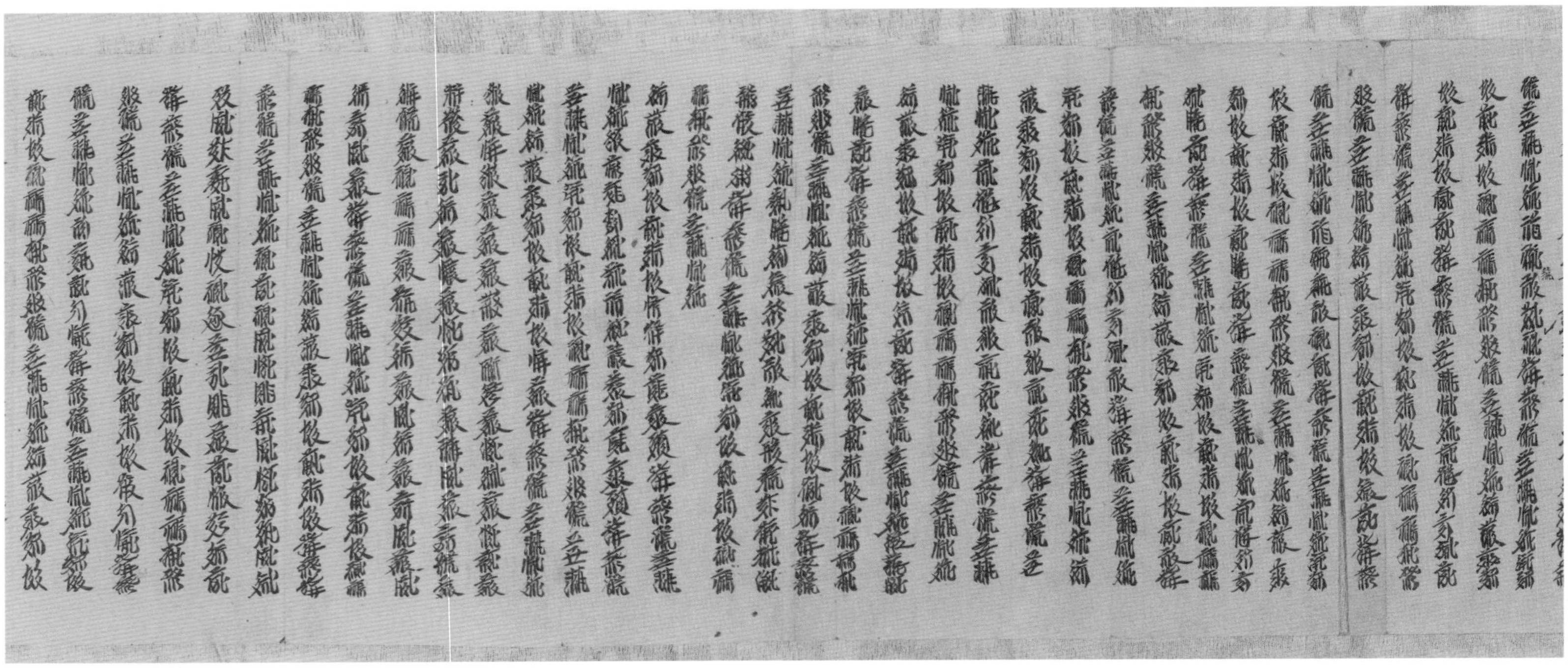

俄 Инв.No.1897 大般若波羅蜜多經卷第三百五十七 (14-2)

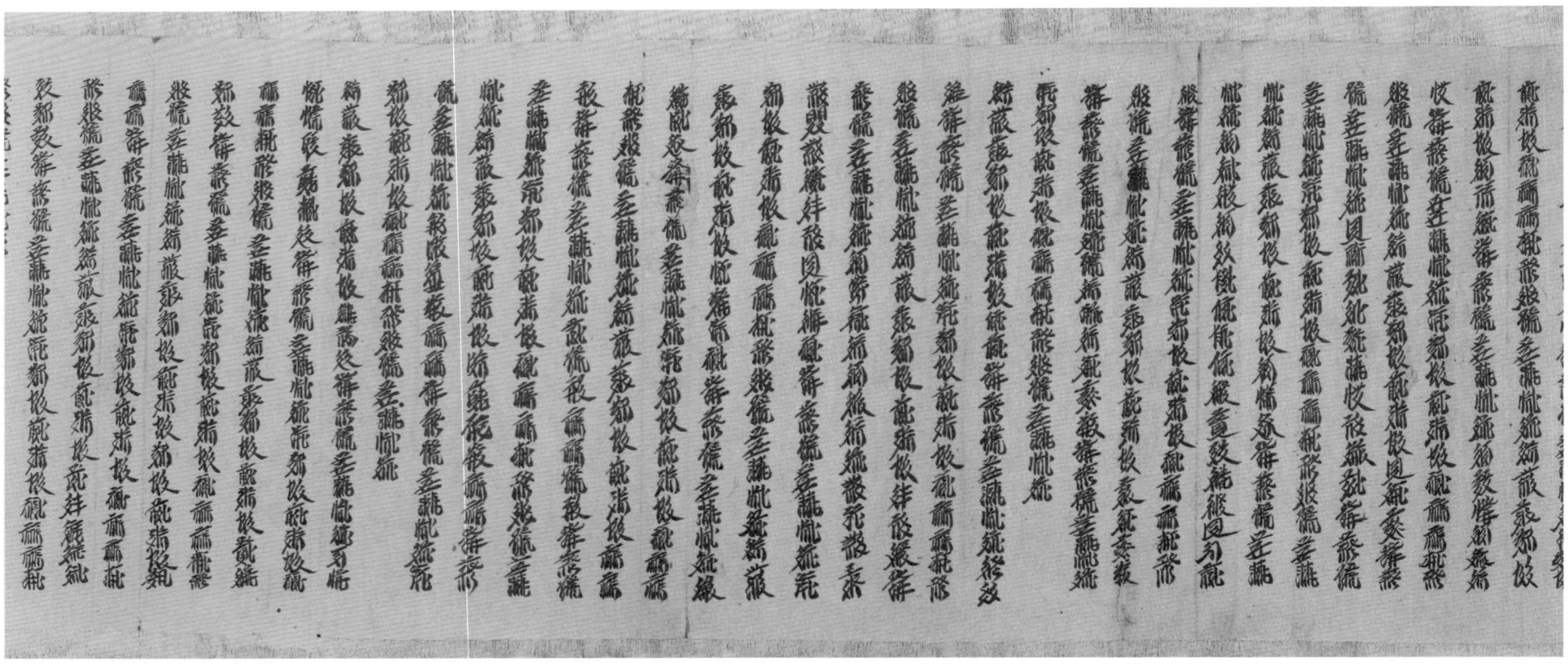

俄 Инв.No.1897 大般若波羅蜜多經卷第三百五十七 (14-3)

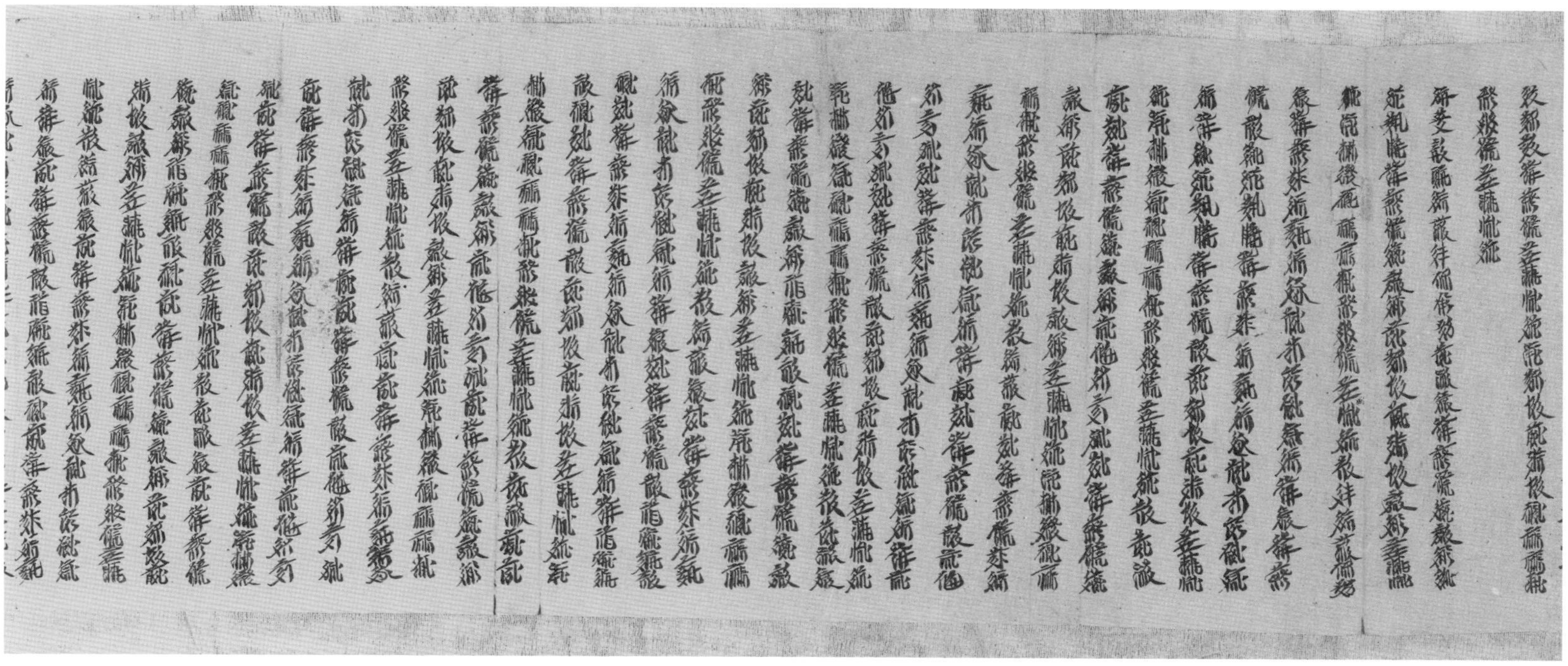

俄 Инв.No.1897　大般若波羅蜜多經卷第三百五十七　　(14-4)

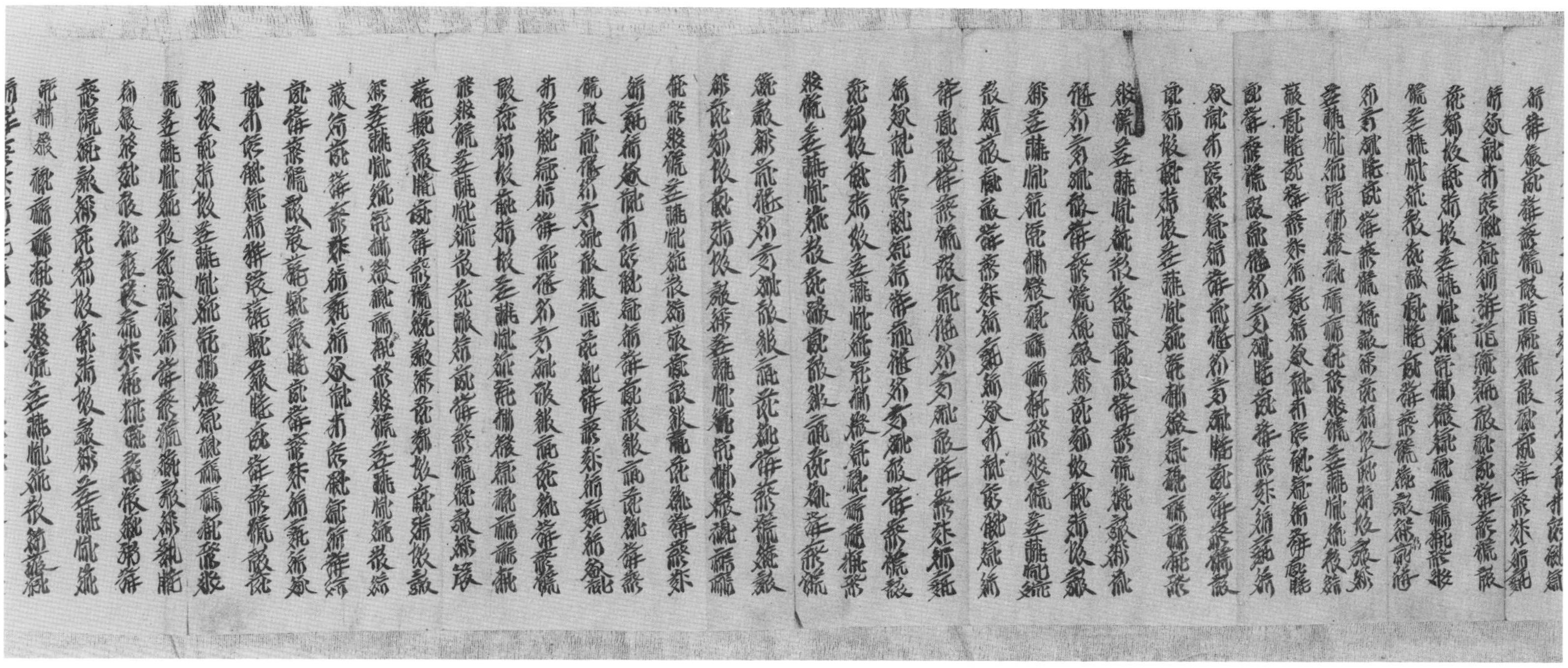

俄 Инв.No.1897　大般若波羅蜜多經卷第三百五十七　　(14-5)

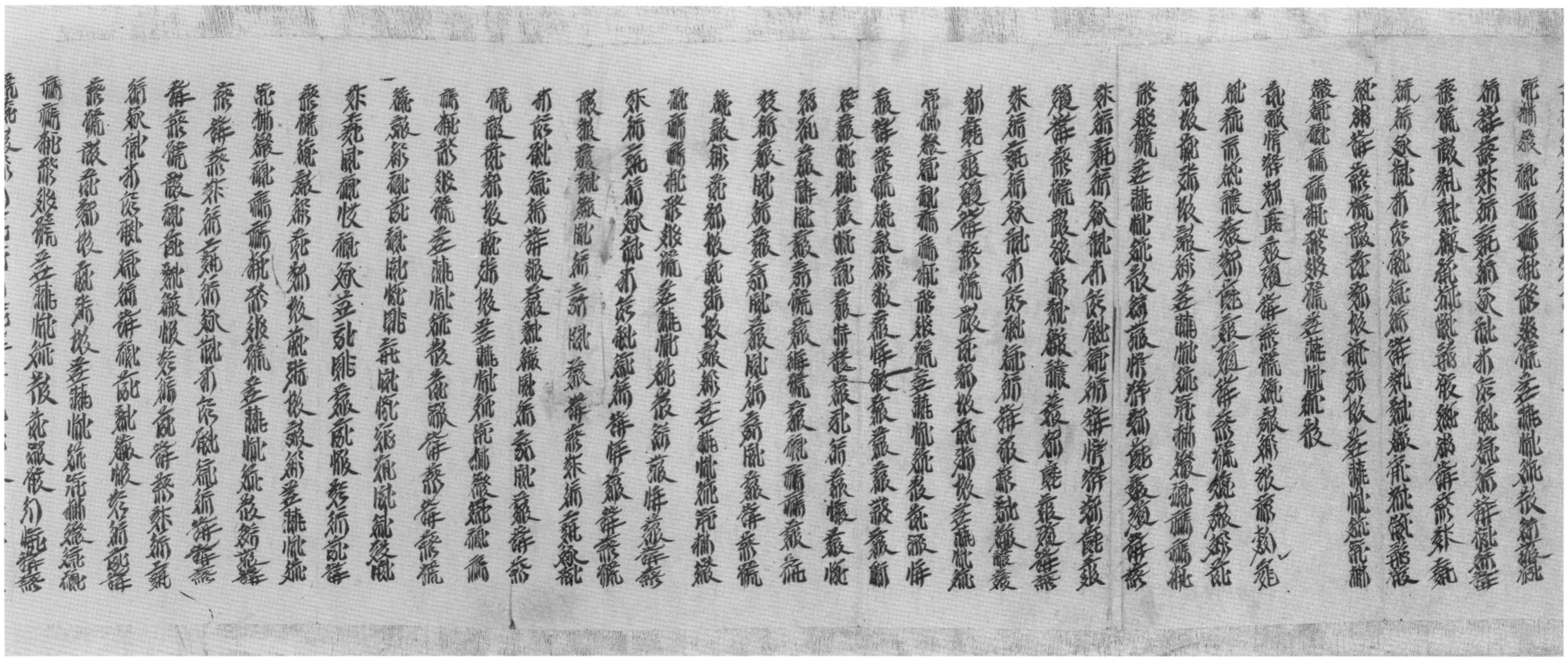

俄 Инв.No.1897　大般若波羅蜜多經卷第三百五十七　　(14-6)

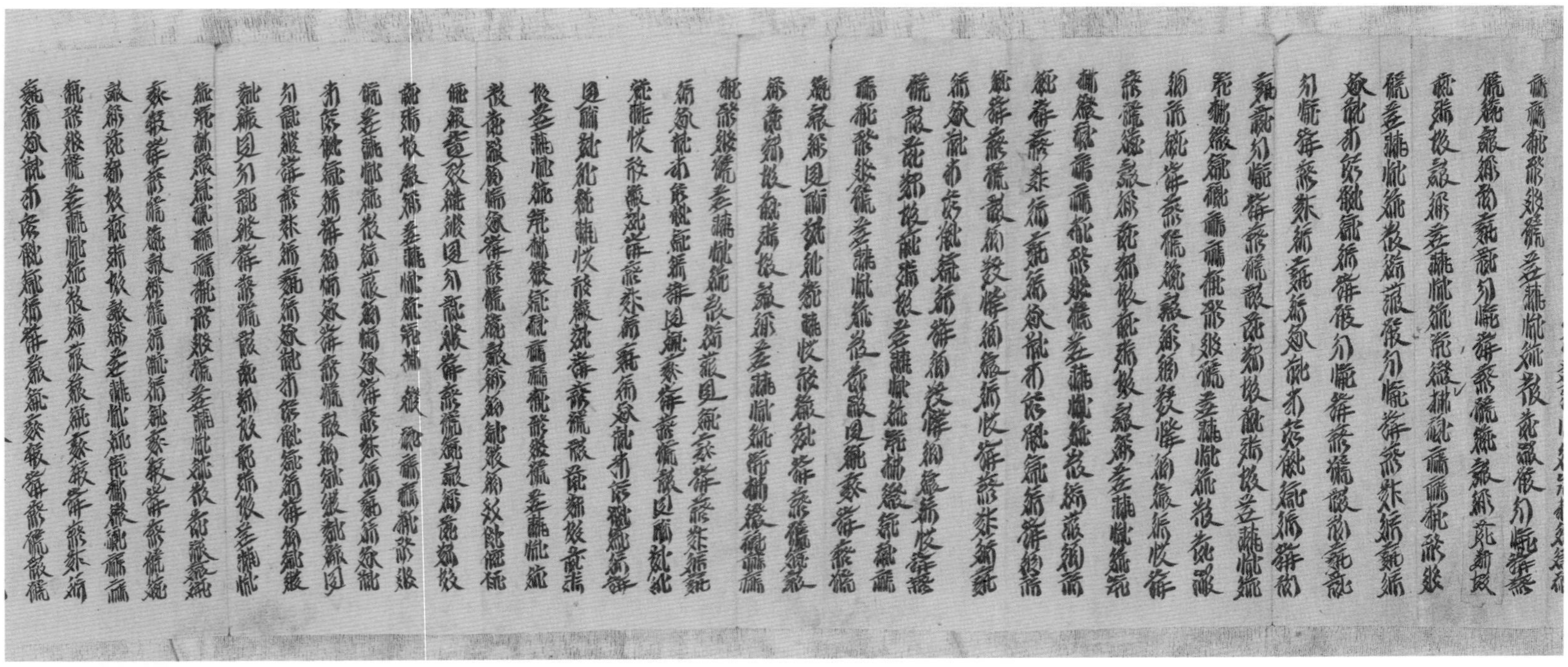

俄 Инв.No.1897 大般若波羅蜜多經卷第三百五十七 (14–7)

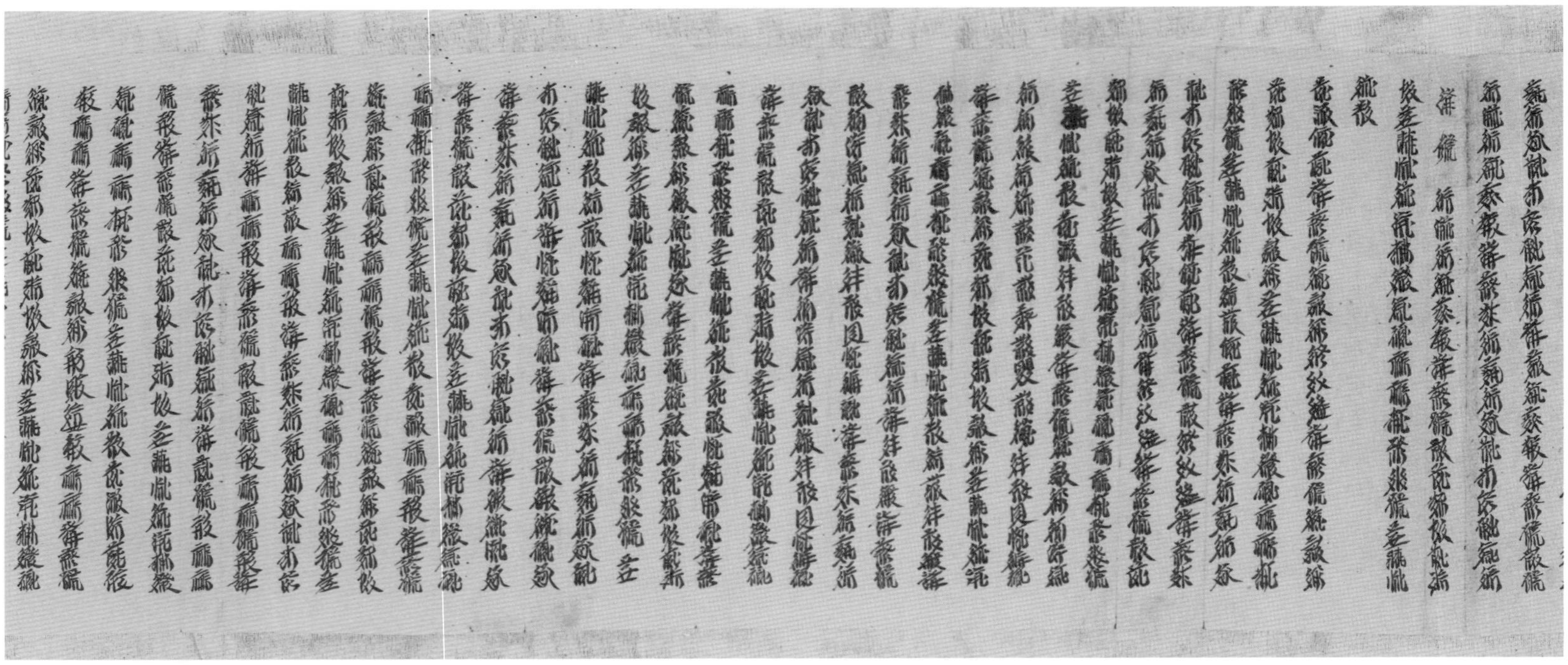

俄 Инв.No.1897 大般若波羅蜜多經卷第三百五十七 (14–8)

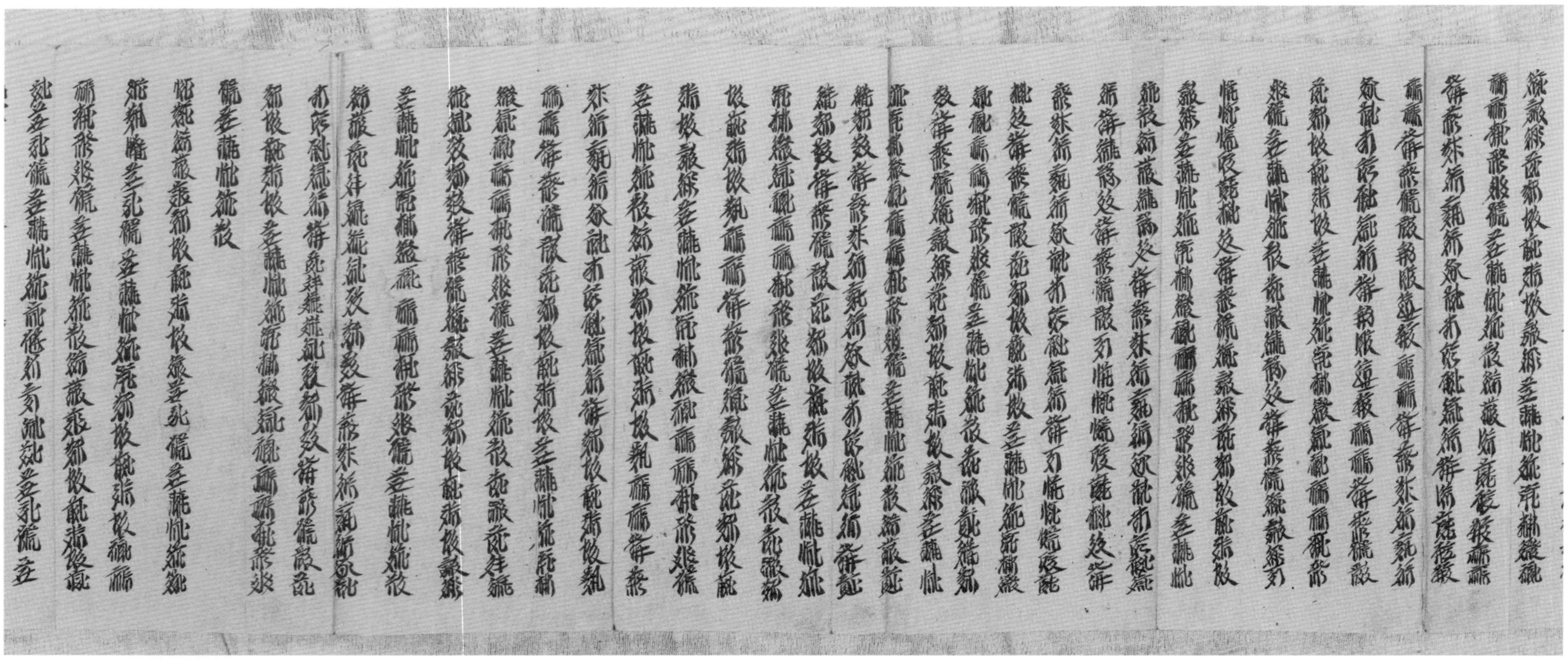

俄 Инв.No.1897 大般若波羅蜜多經卷第三百五十七 (14–9)

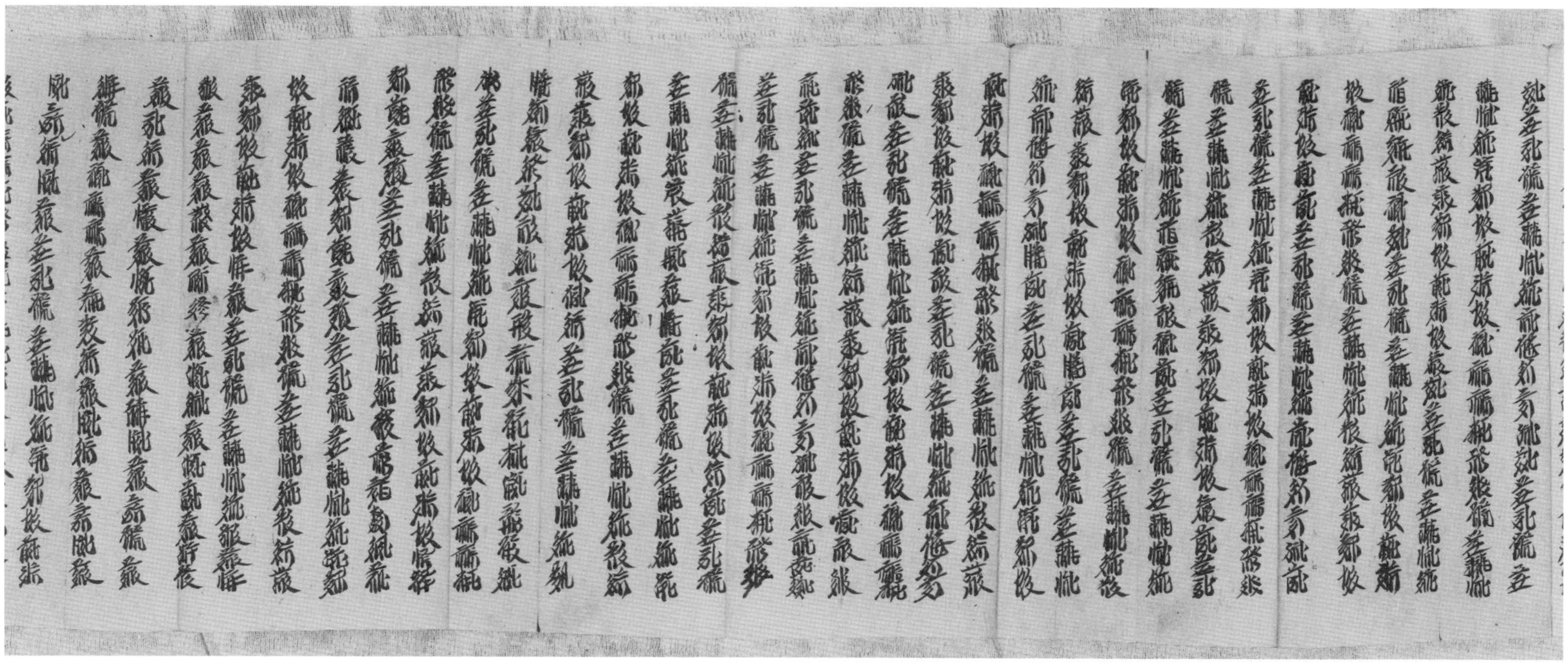

俄 Инв.No.1897　大般若波羅蜜多經卷第三百五十七　(14–10)

俄 Инв.No.1897　大般若波羅蜜多經卷第三百五十七　(14–11)

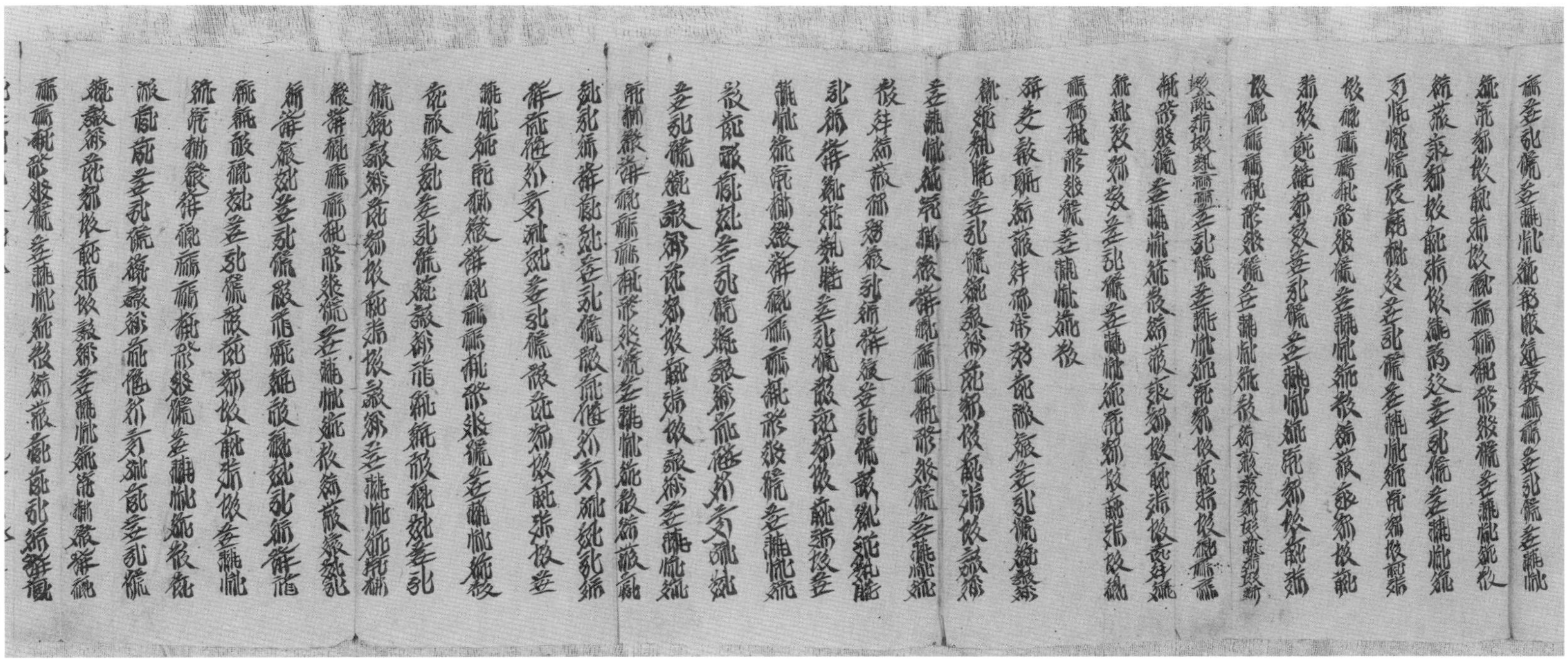

俄 Инв.No.1897　大般若波羅蜜多經卷第三百五十七　(14–12)

俄Инв.No.1897　大般若波羅蜜多經卷第三百五十七　(14–13)

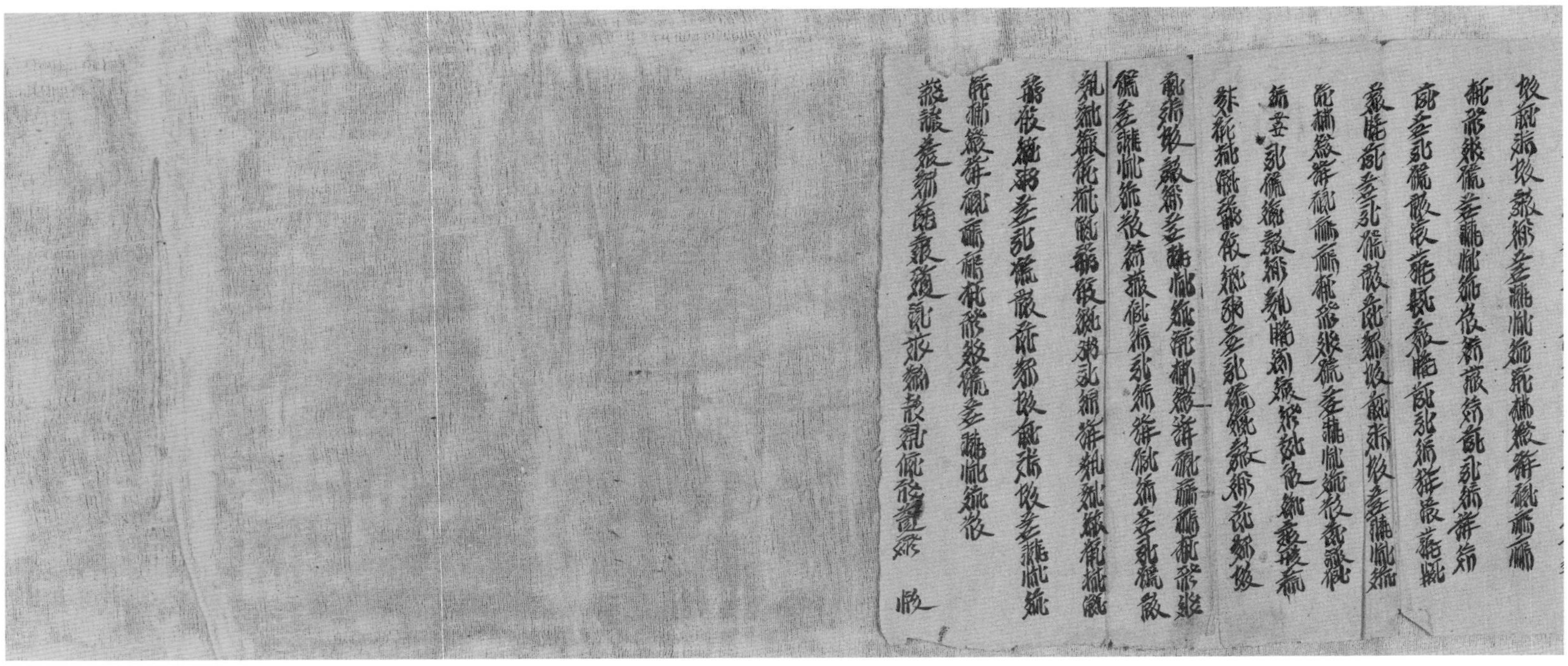

俄Инв.No.1897　大般若波羅蜜多經卷第三百五十七　(14–14)

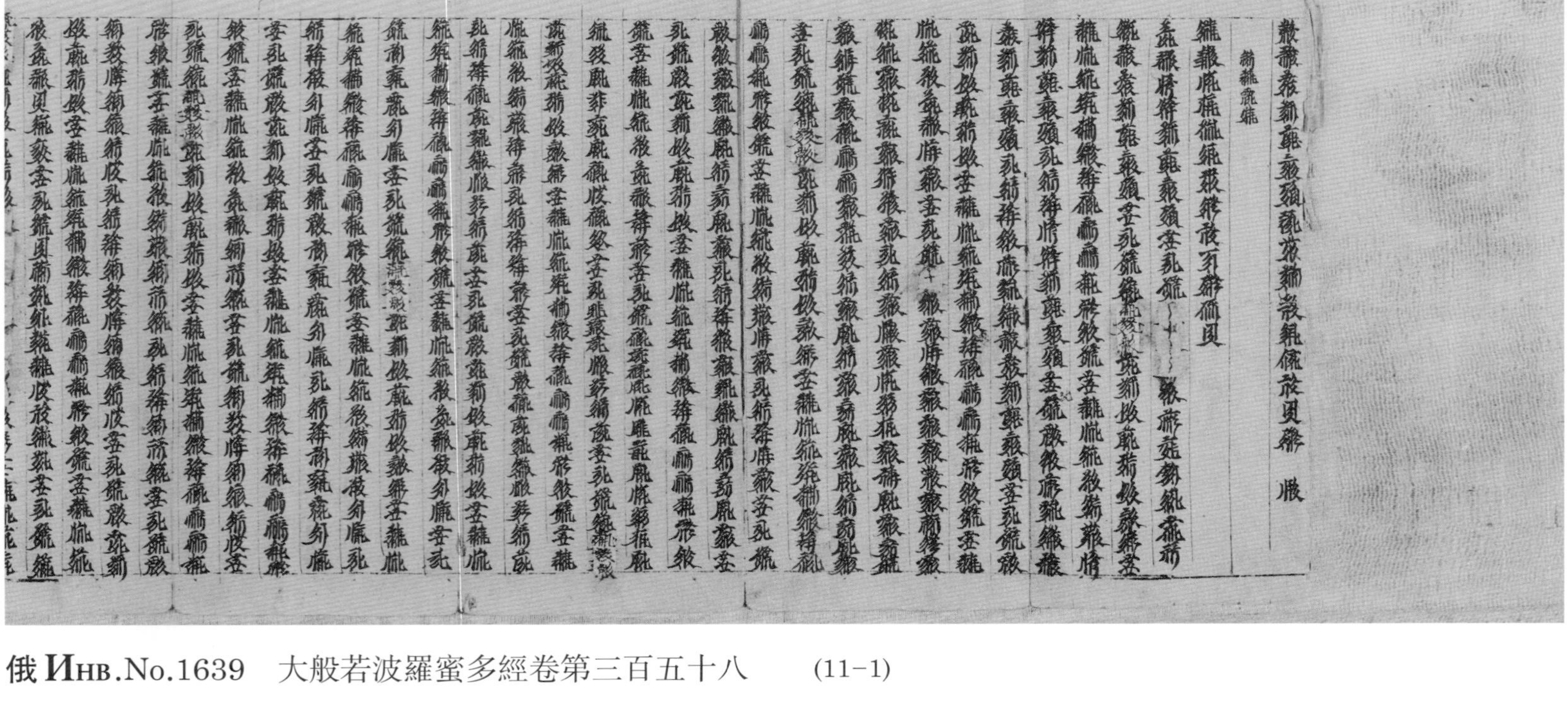

俄Инв.No.1639　大般若波羅蜜多經卷第三百五十八　(11–1)

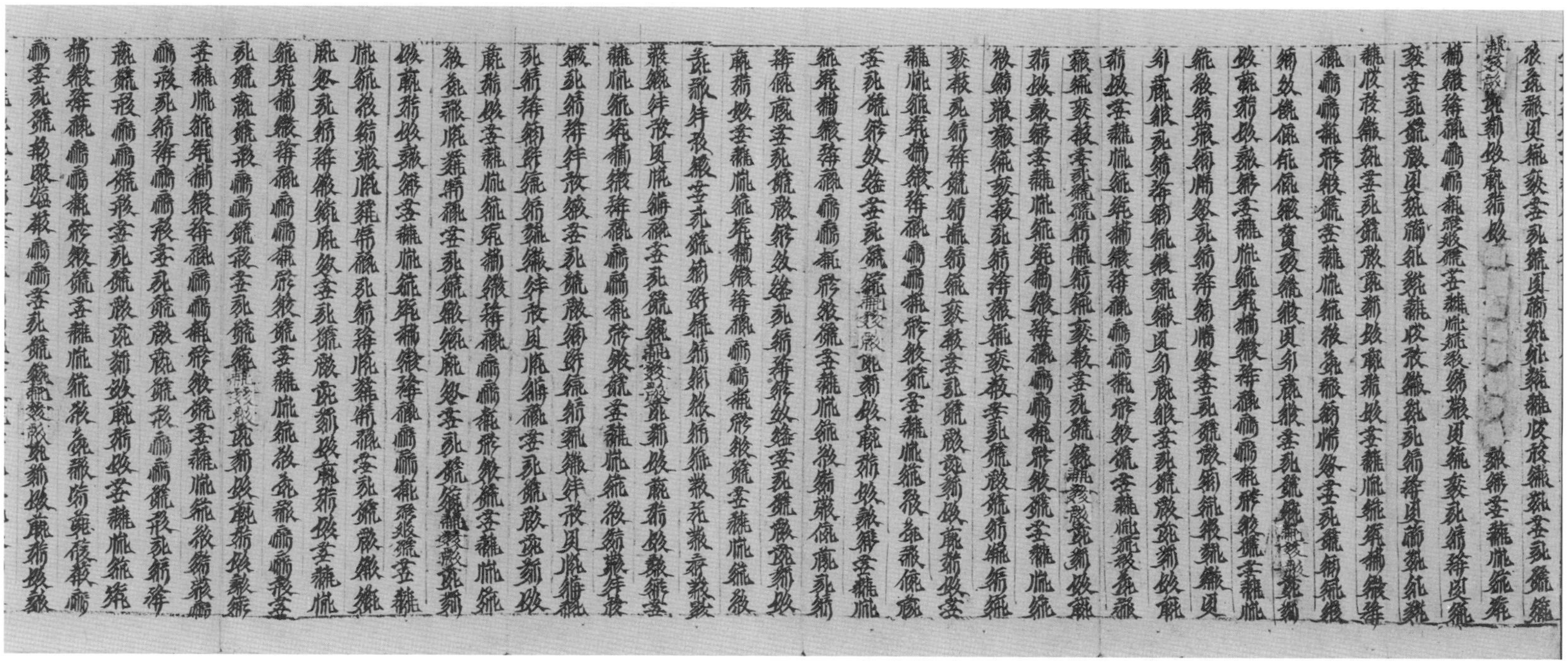

俄 Инв.No.1639　大般若波羅蜜多經卷第三百五十八　(11-2)

俄 Инв.No.1639　大般若波羅蜜多經卷第三百五十八　(11-3)

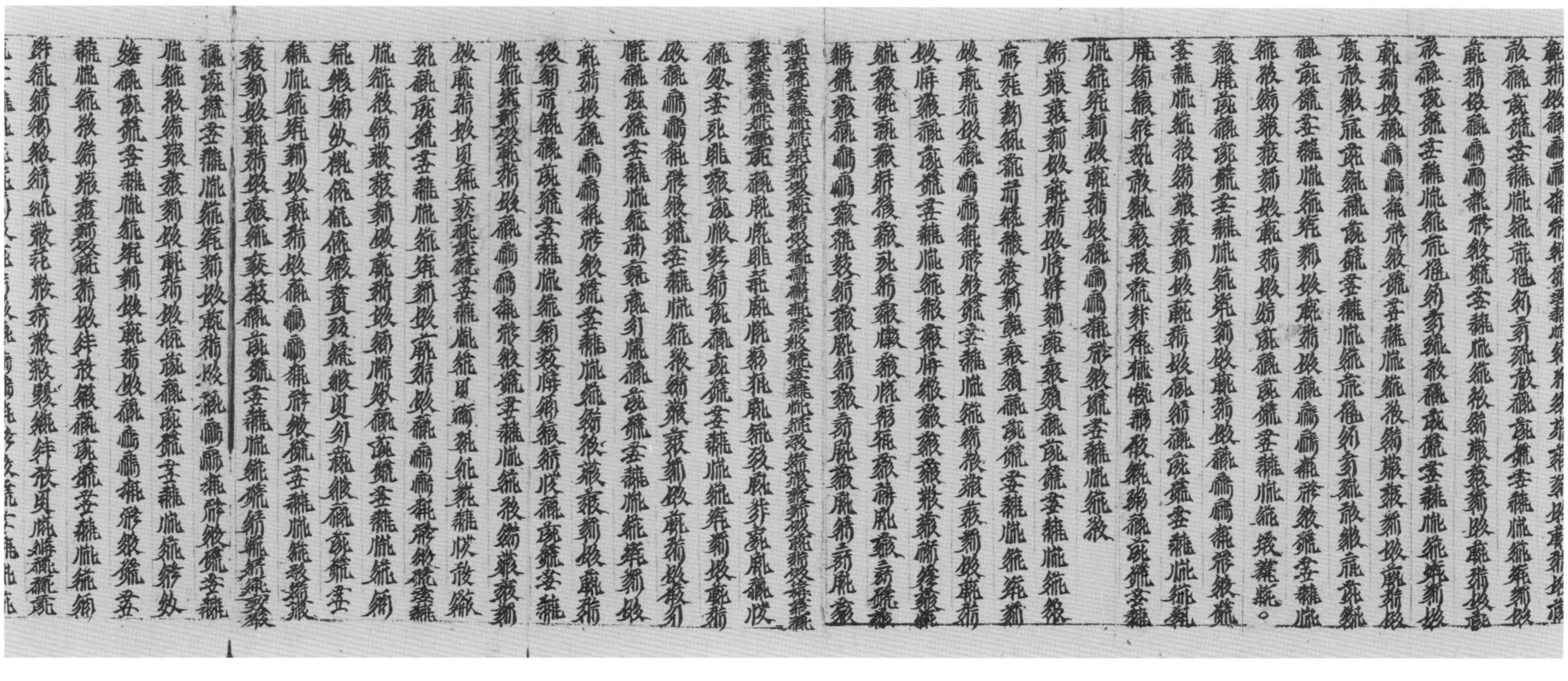

俄 Инв.No.1639　大般若波羅蜜多經卷第三百五十八　(11-4)

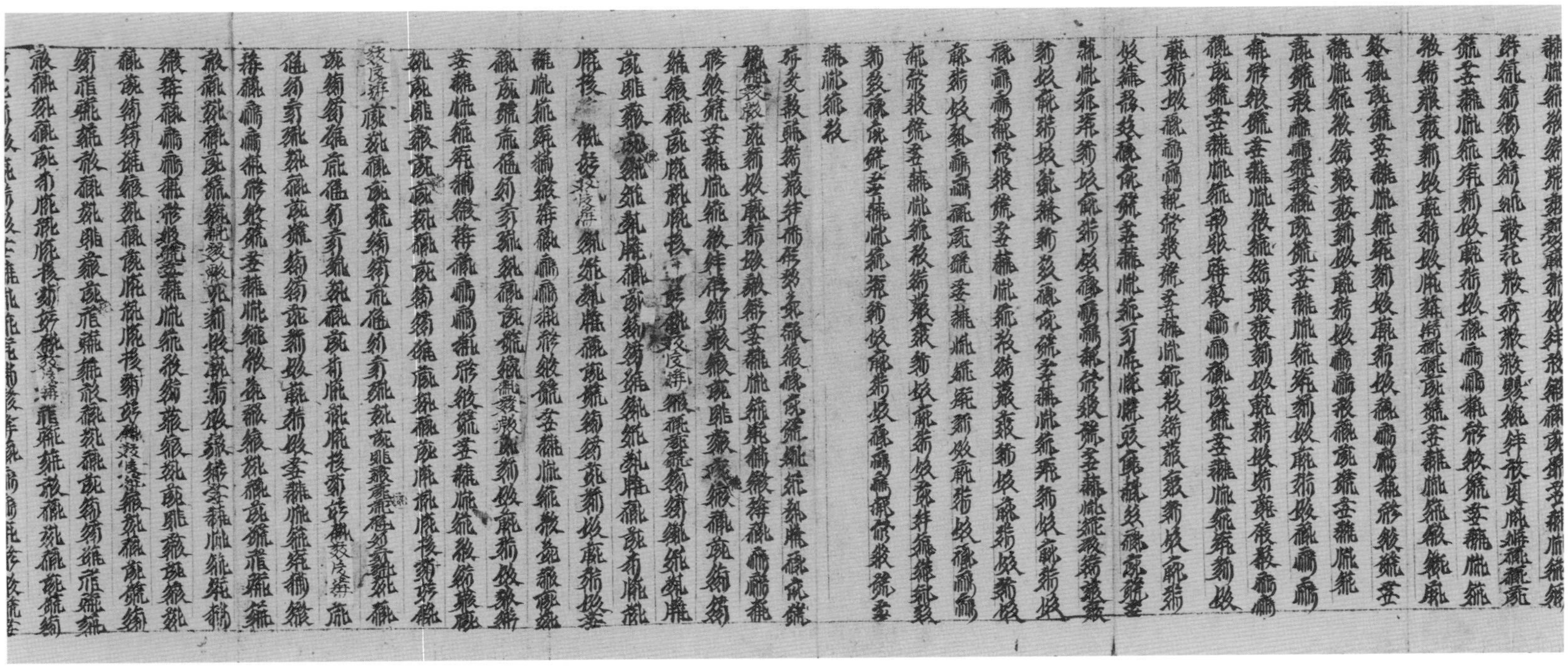

俄 Инв.No.1639　大般若波羅蜜多經卷第三百五十八　(11-5)

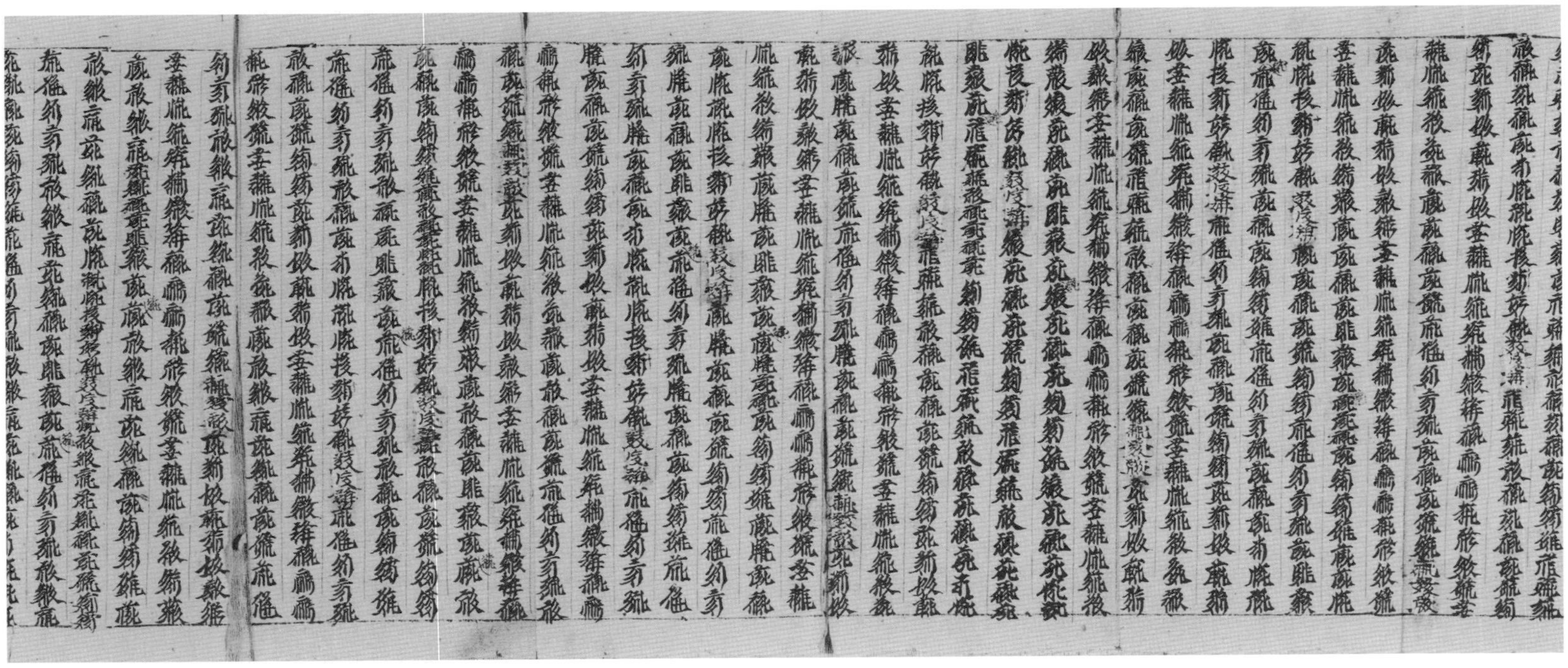

俄 Инв.No.1639　大般若波羅蜜多經卷第三百五十八　(11-6)

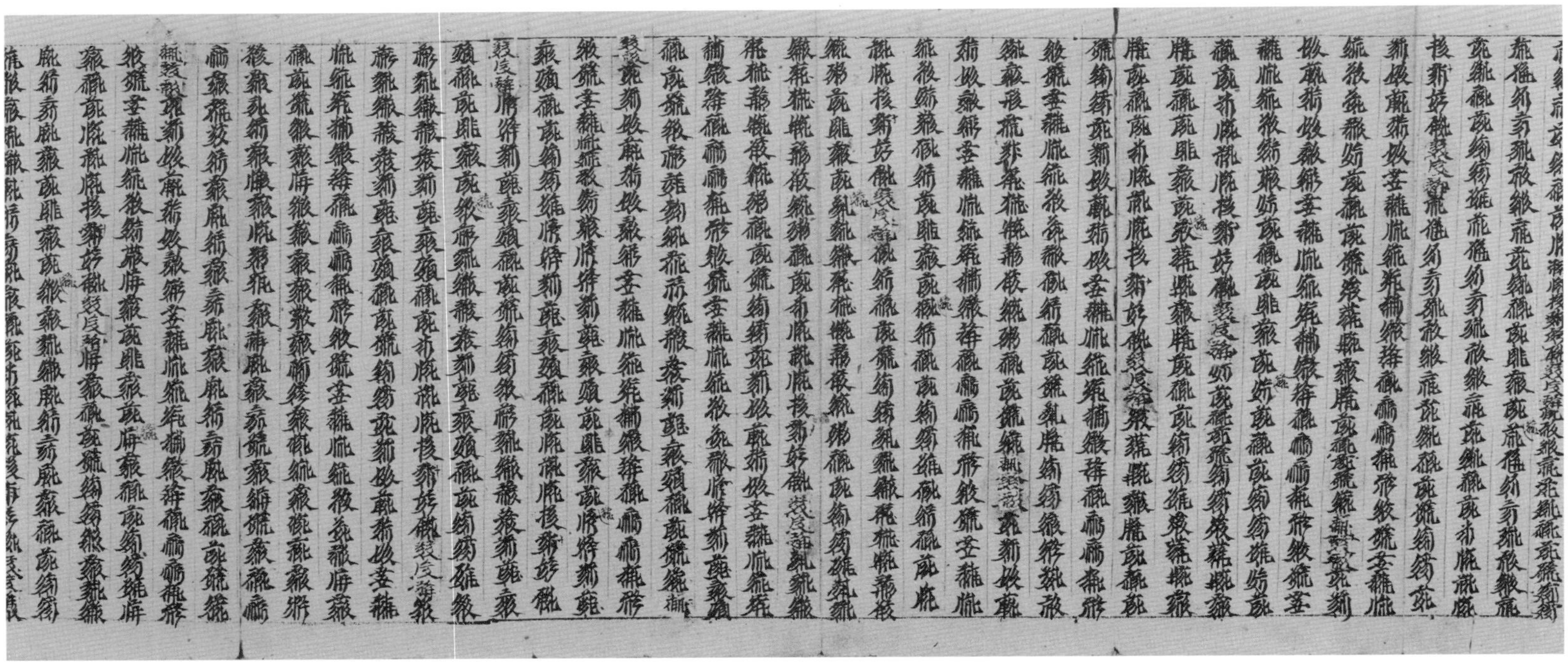

俄 Инв.No.1639　大般若波羅蜜多經卷第三百五十八　(11-7)

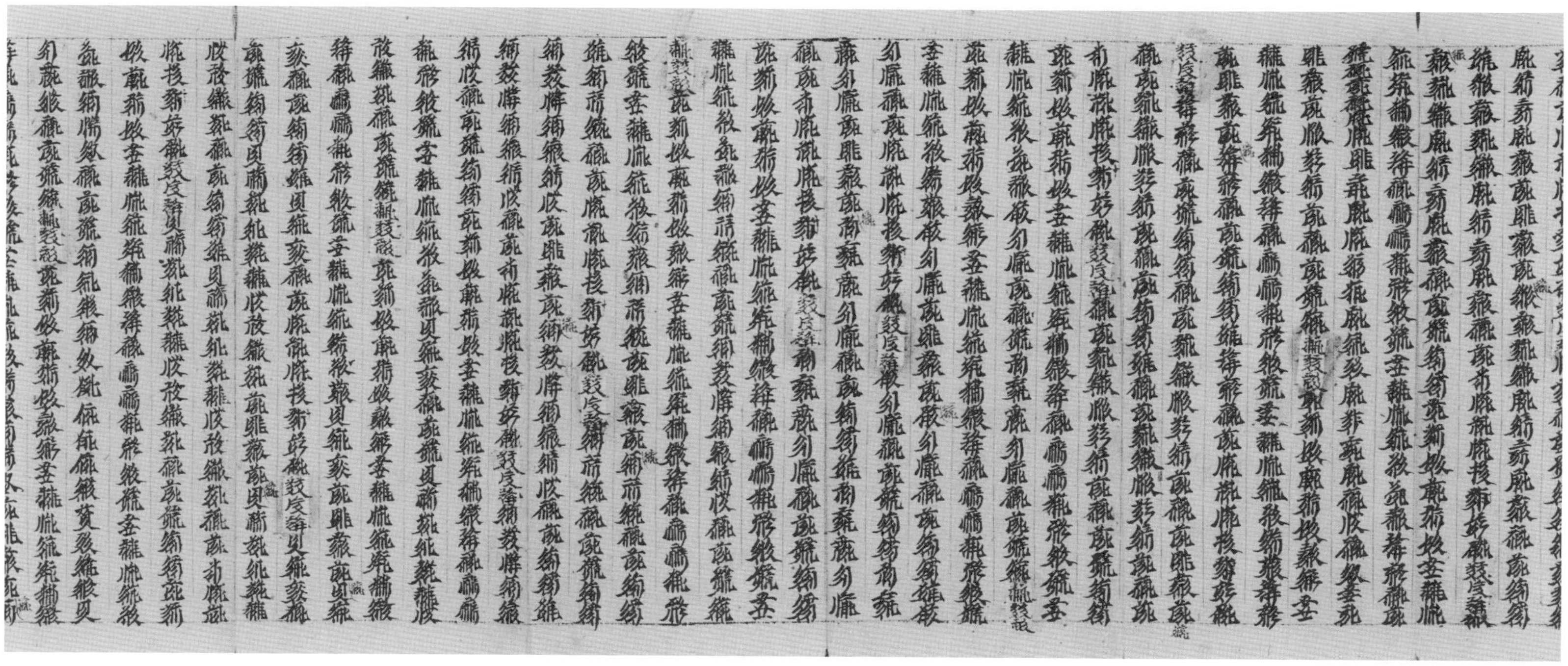

俄 Инв.No.1639　大般若波羅蜜多經卷第三百五十八　(11-8)

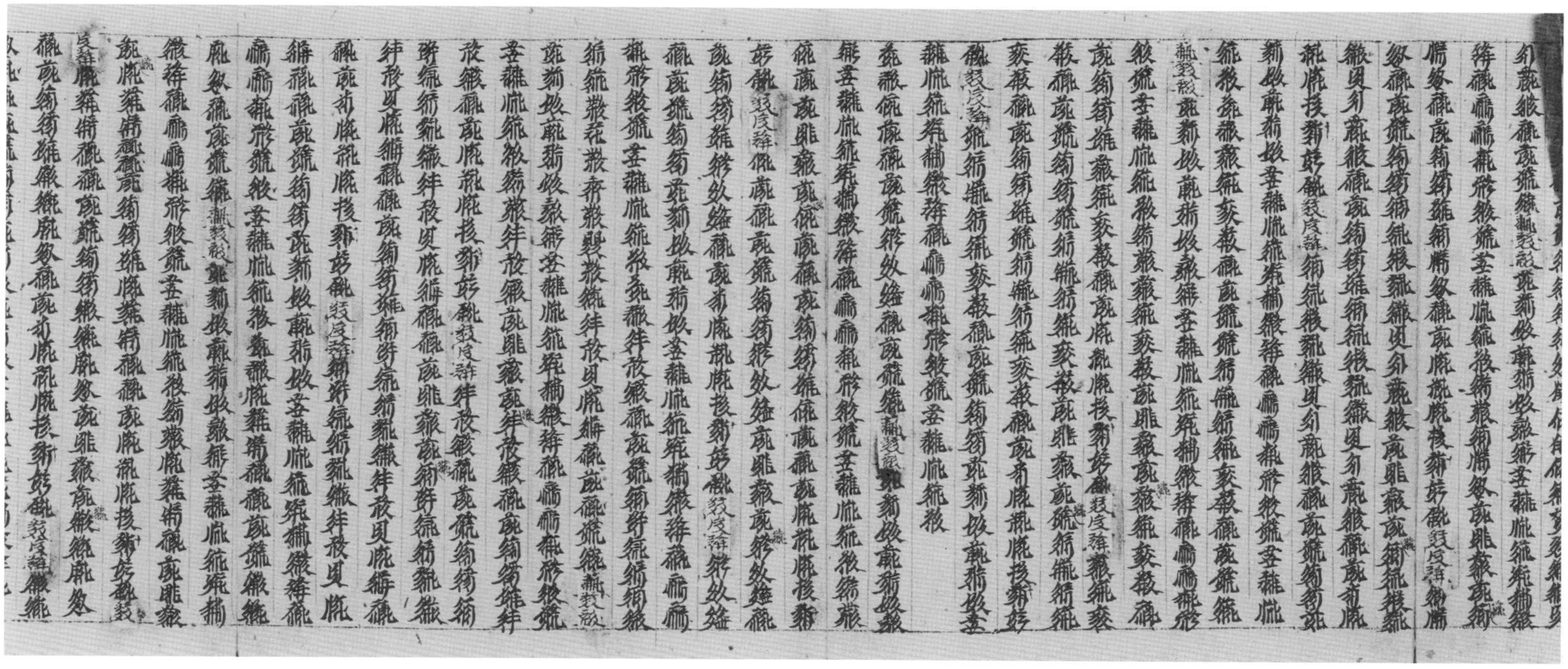

俄 Инв.No.1639　大般若波羅蜜多經卷第三百五十八　(11-9)

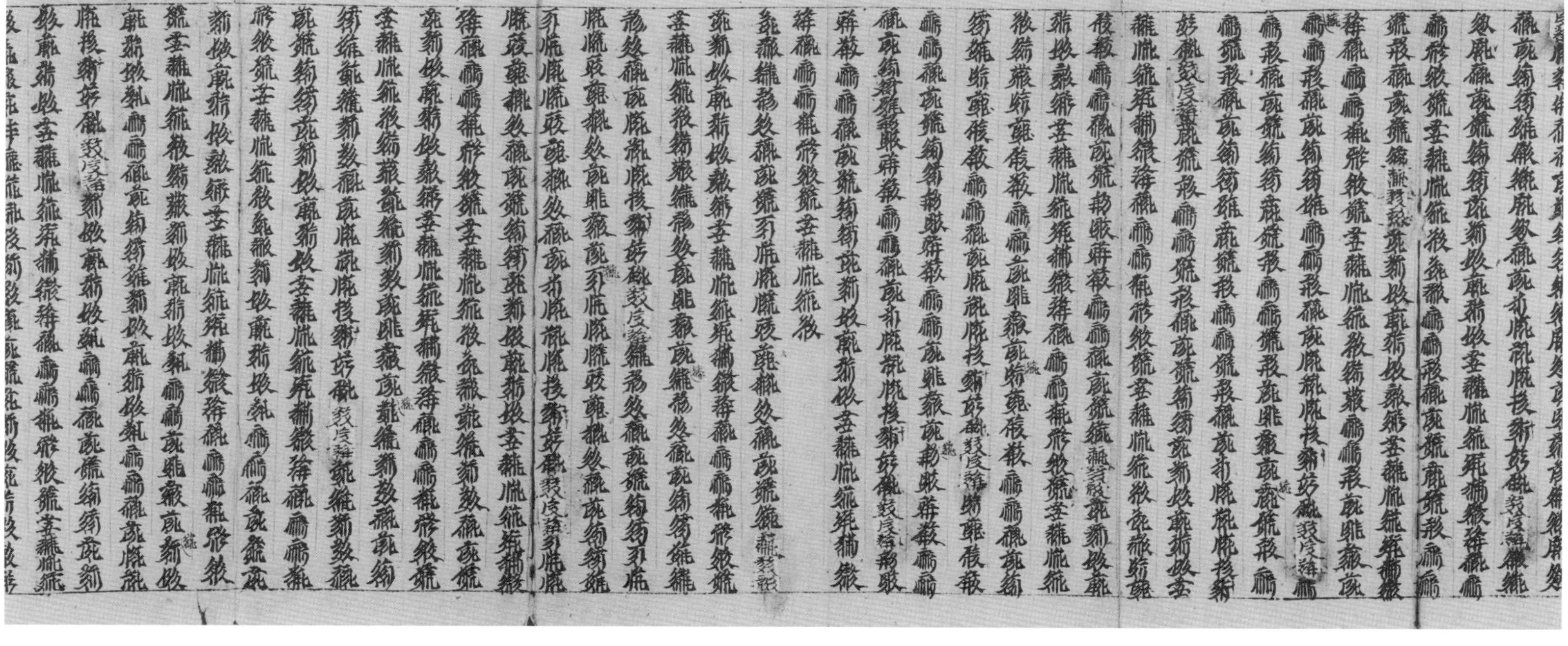

俄 Инв.No.1639　大般若波羅蜜多經卷第三百五十八　(11-10)

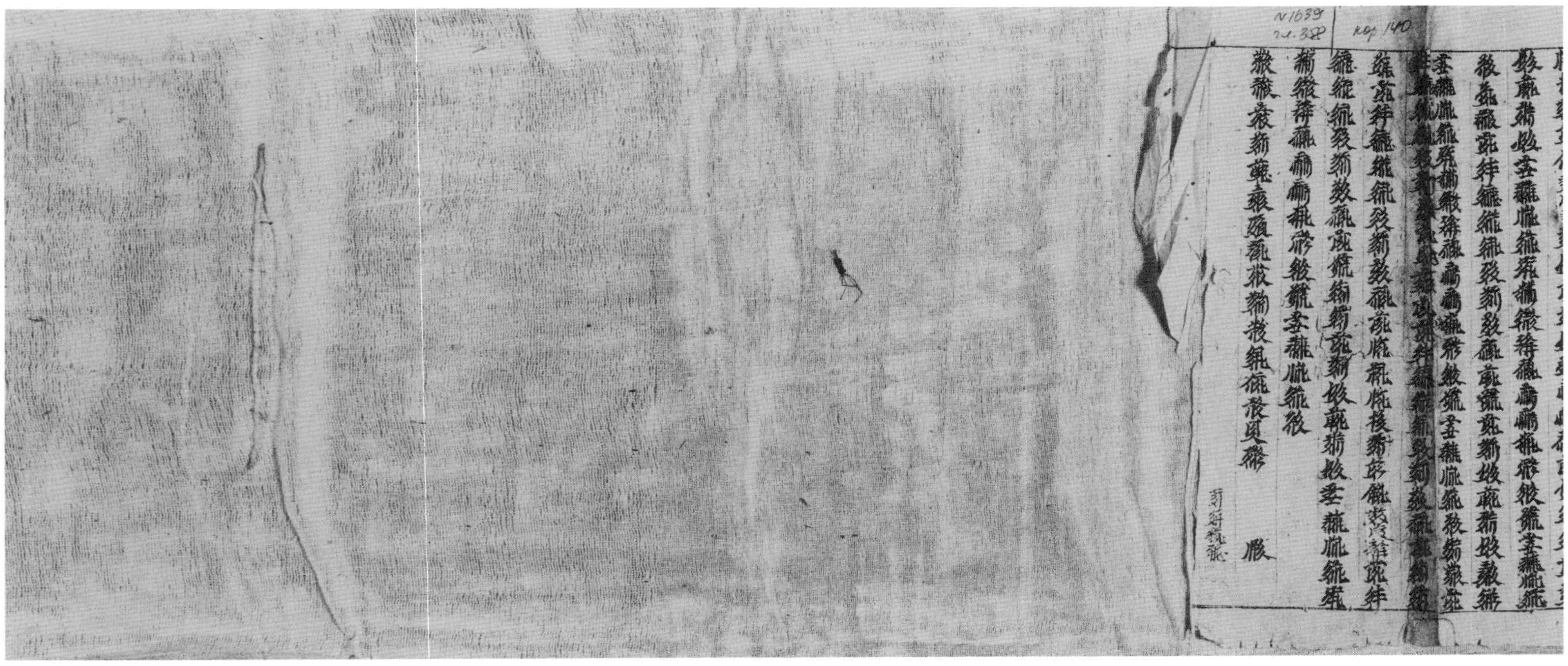

俄 Инв.No.1639　大般若波羅蜜多經卷第三百五十八　　(11–11)

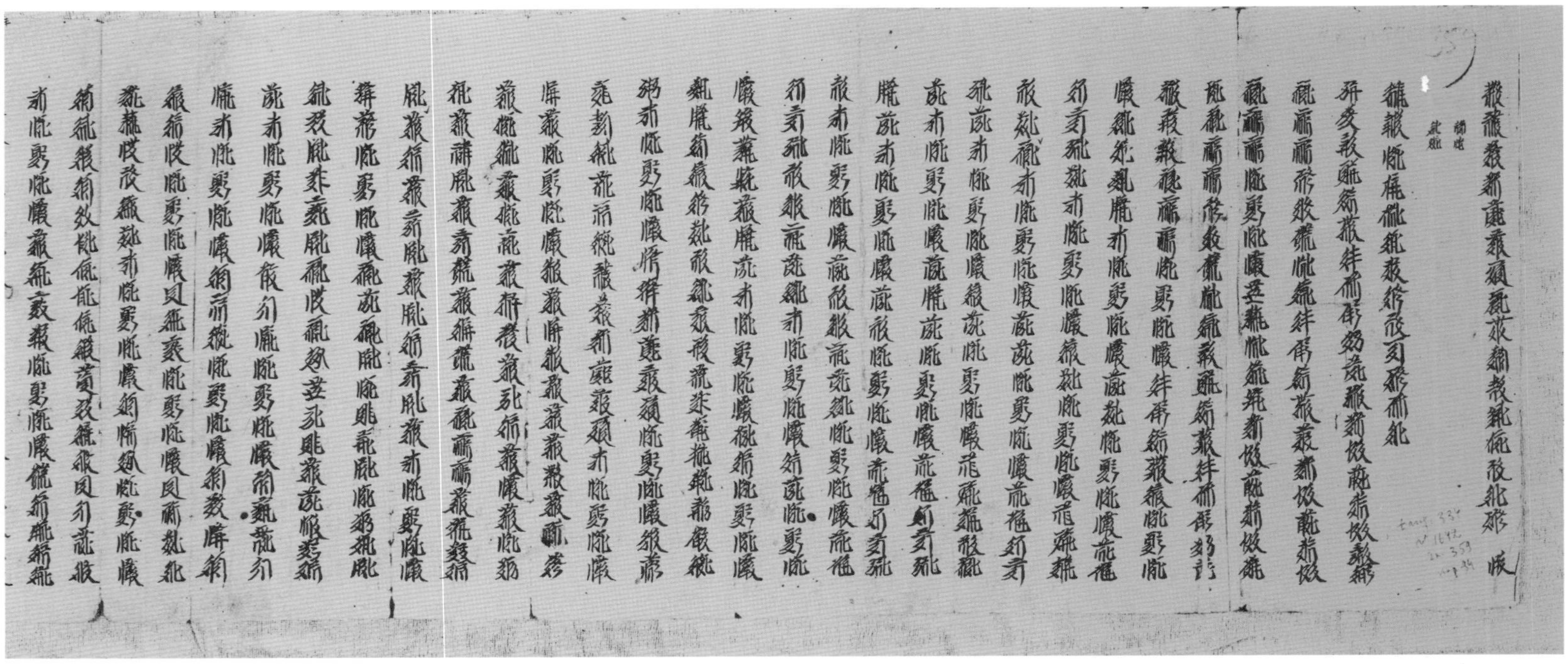

俄 Инв.No.1642　大般若波羅蜜多經卷第三百五十九　　(14–1)

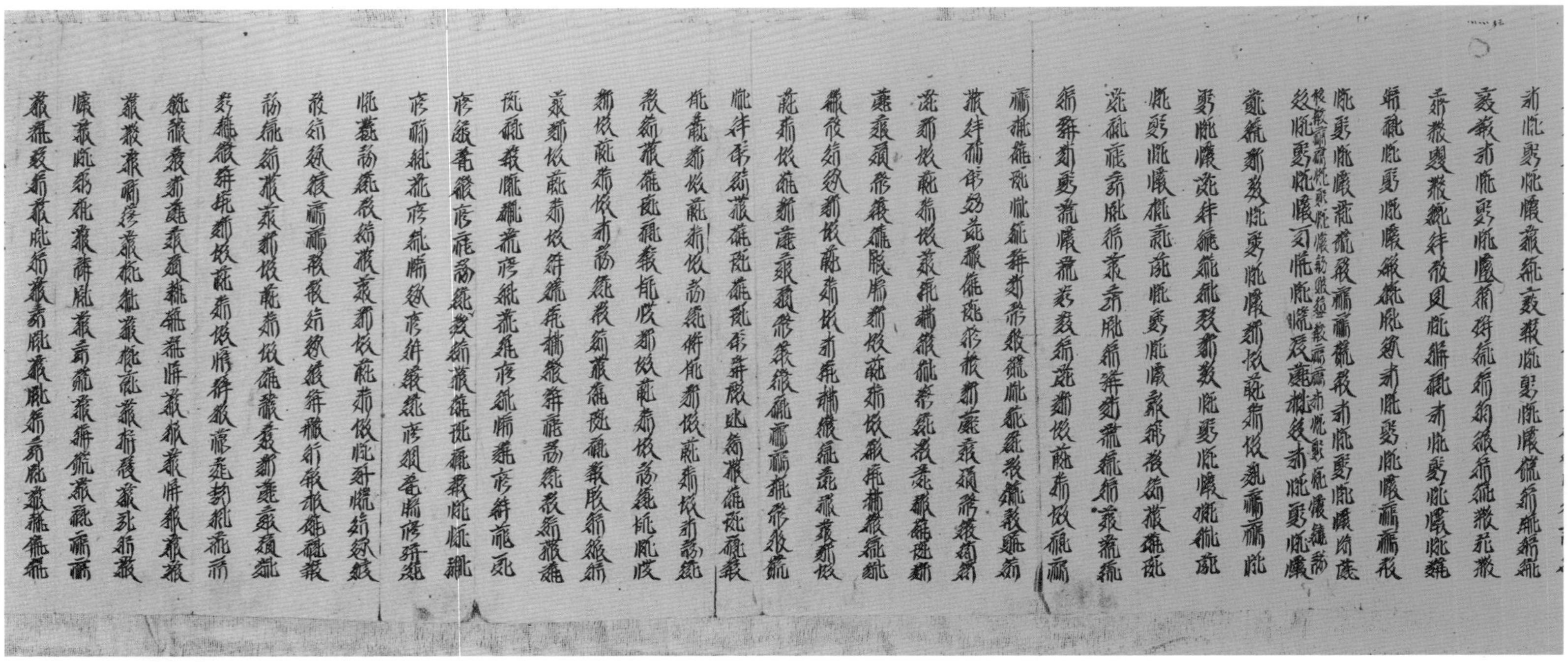

俄 Инв.No.1642　大般若波羅蜜多經卷第三百五十九　　(14–2)

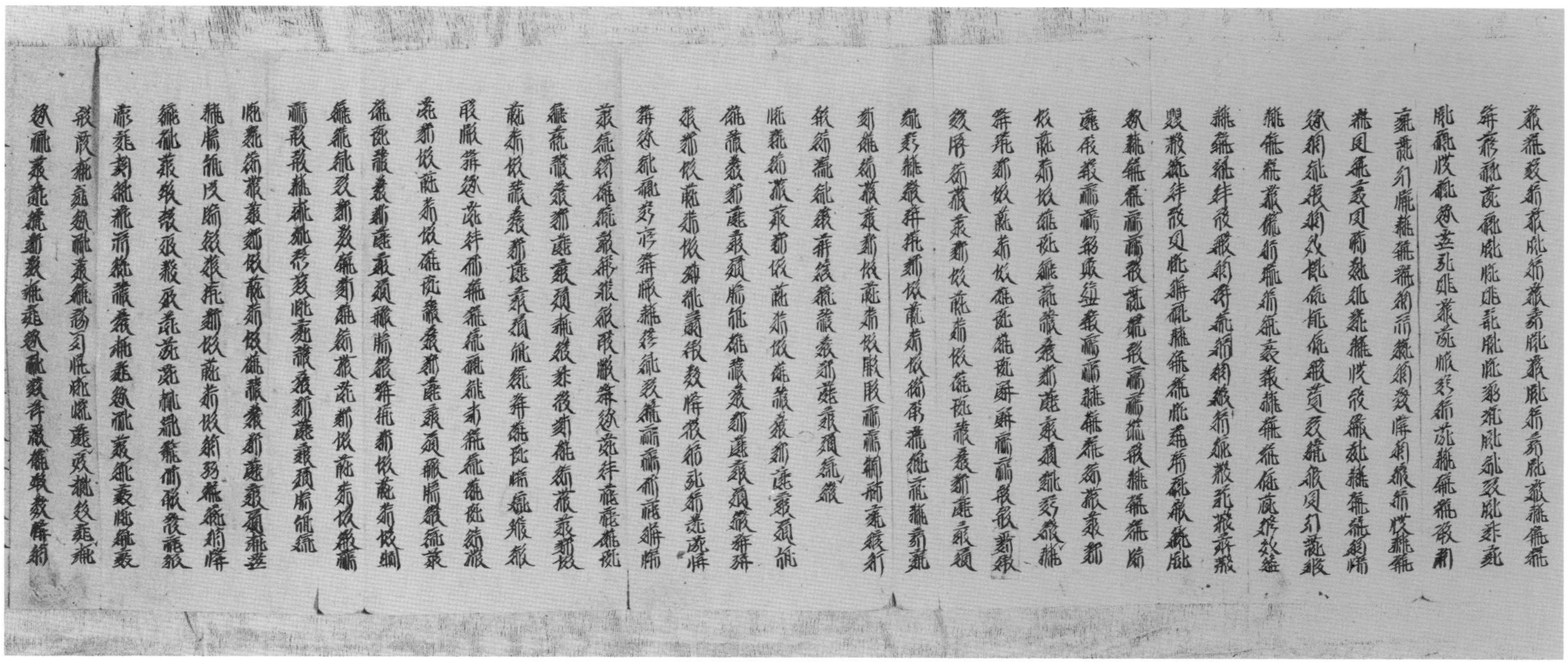

俄 Инв.No.1642　大般若波羅蜜多經卷第三百五十九　(14-3)

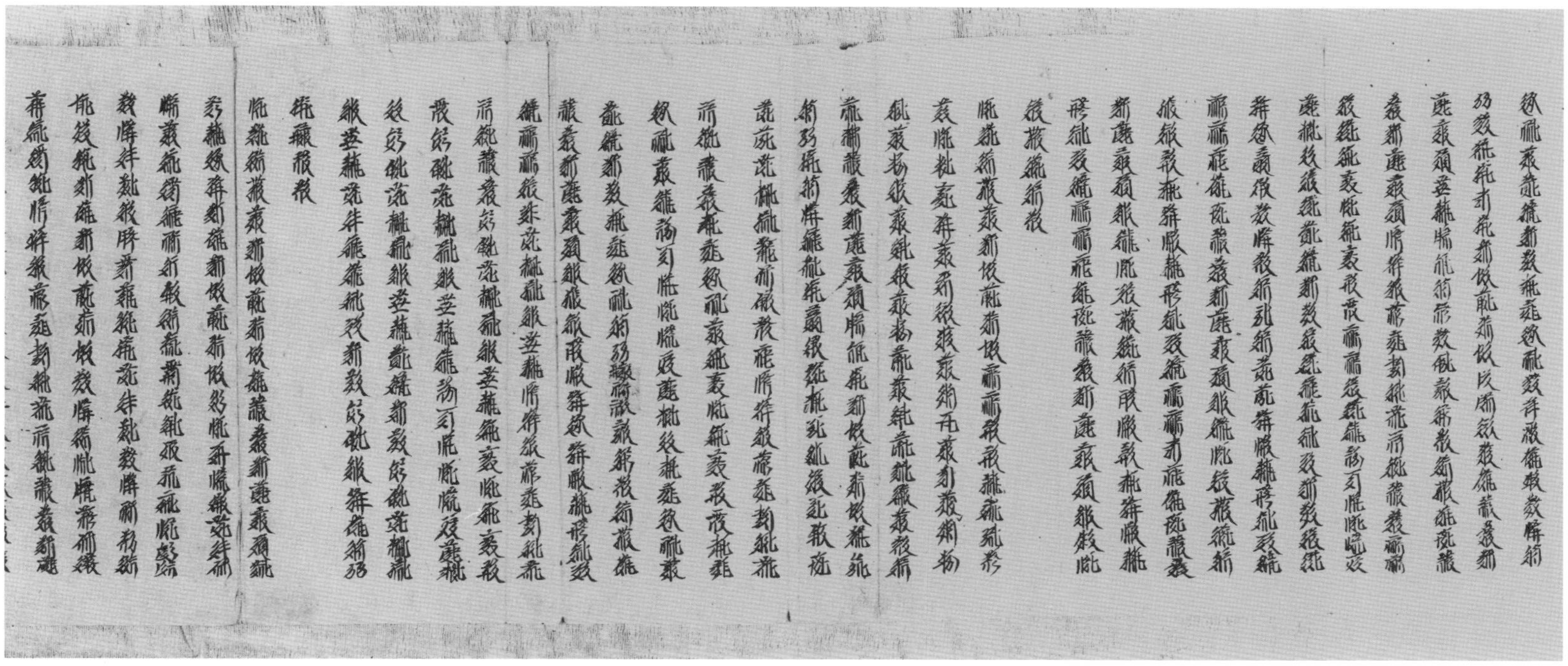

俄 Инв.No.1642　大般若波羅蜜多經卷第三百五十九　(14-4)

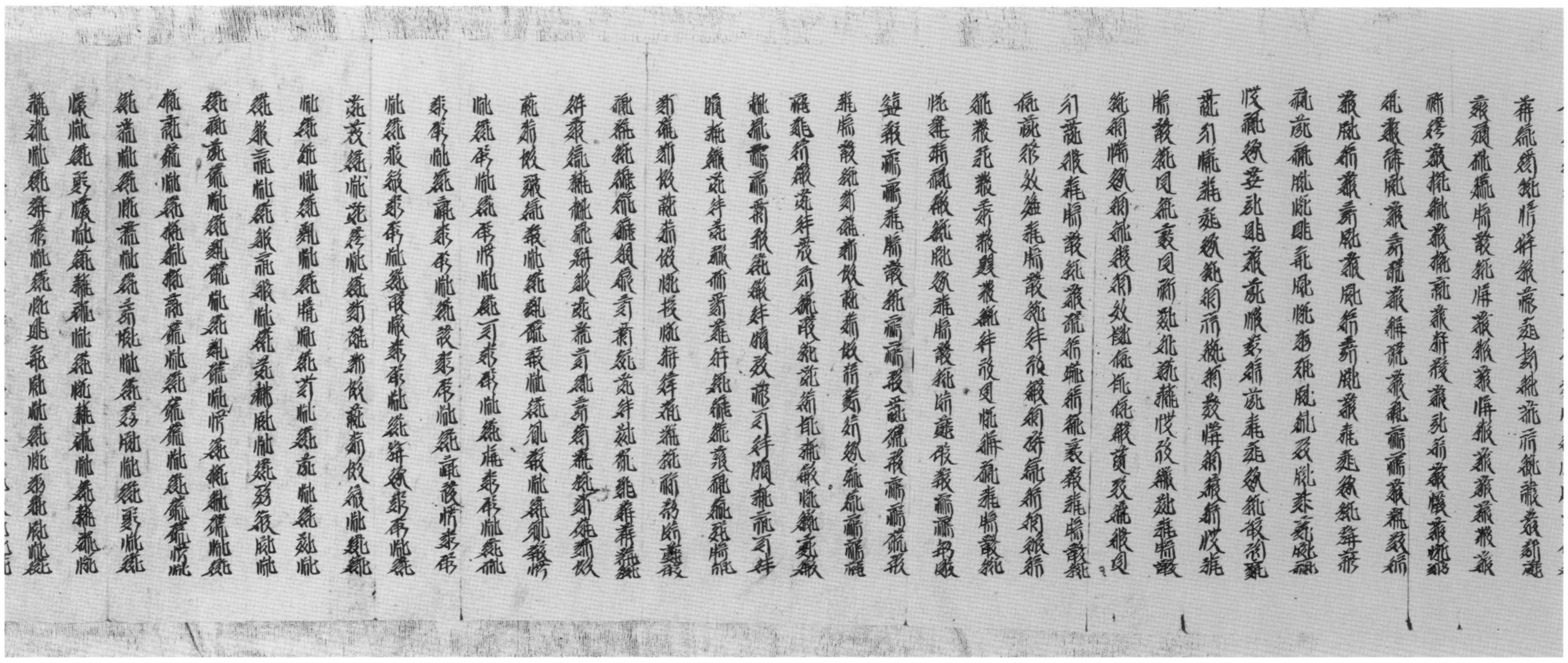

俄 Инв.No.1642　大般若波羅蜜多經卷第三百五十九　(14-5)

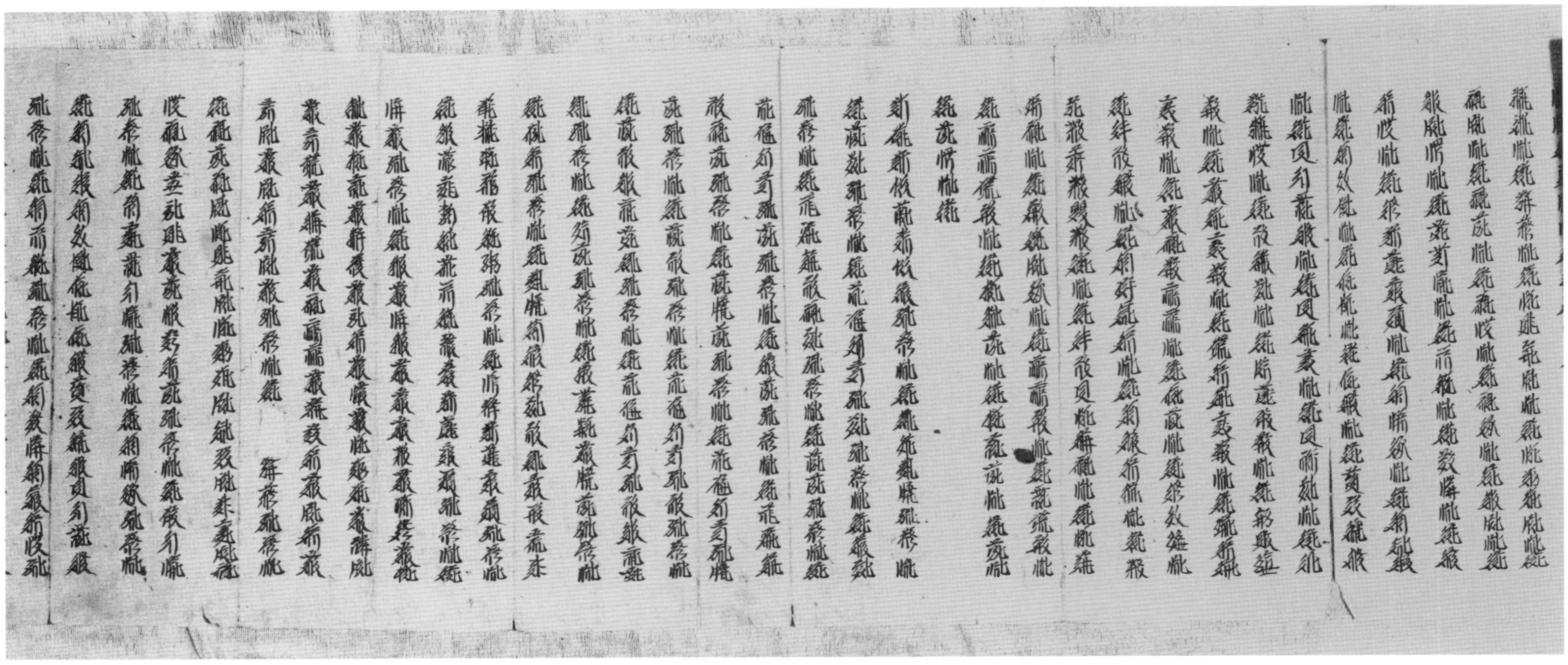

俄 Инв.No.1642　大般若波羅蜜多經卷第三百五十九　(14–6)

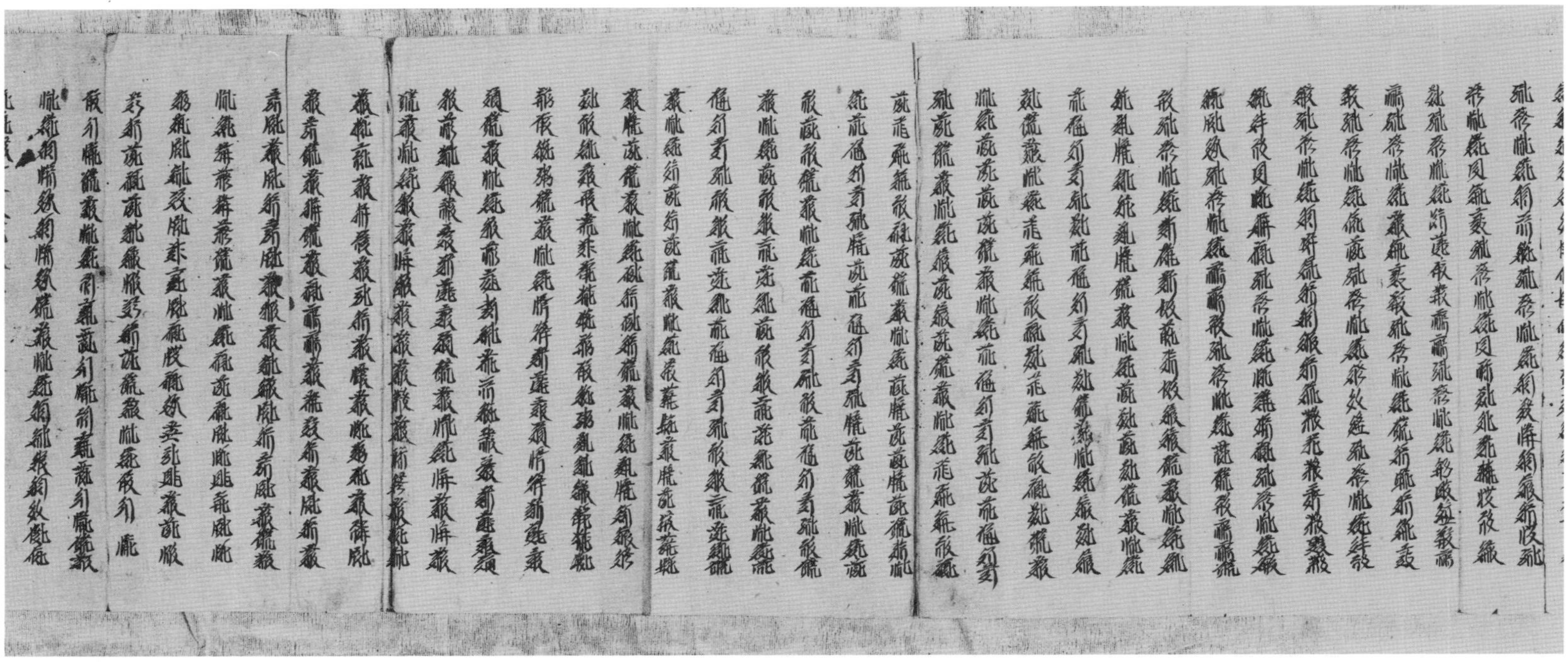

俄 Инв.No.1642　大般若波羅蜜多經卷第三百五十九　(14–7)

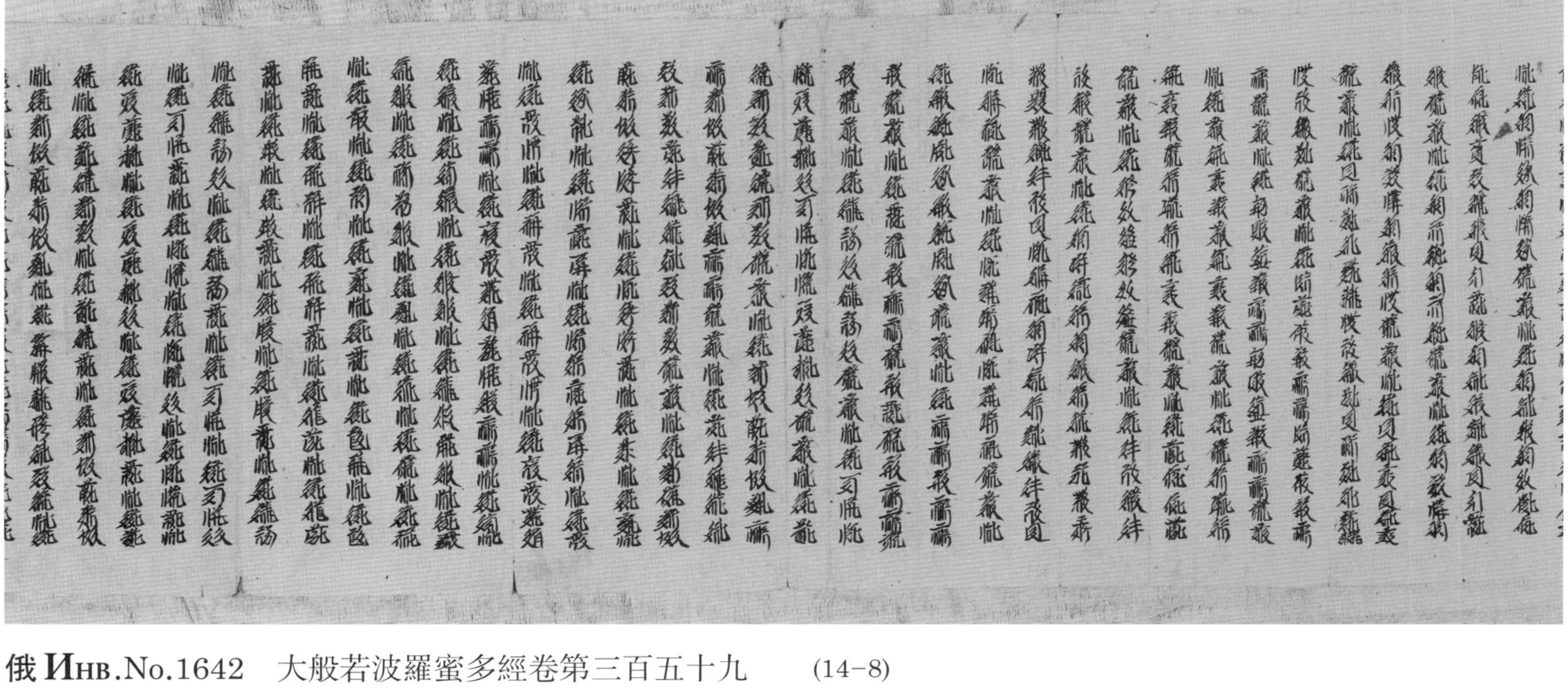

俄 Инв.No.1642　大般若波羅蜜多經卷第三百五十九　(14–8)

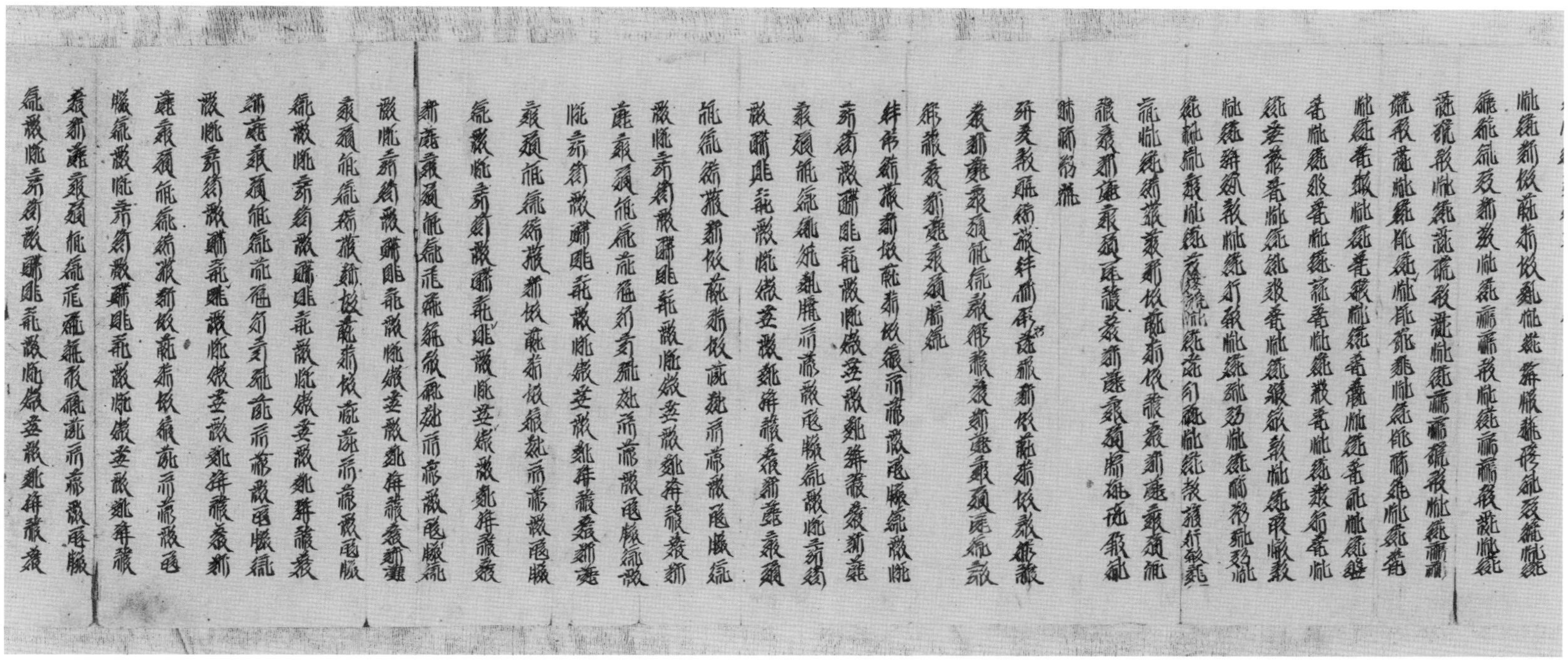

俄 Инв.No.1642　大般若波羅蜜多經卷第三百五十九　(14–9)

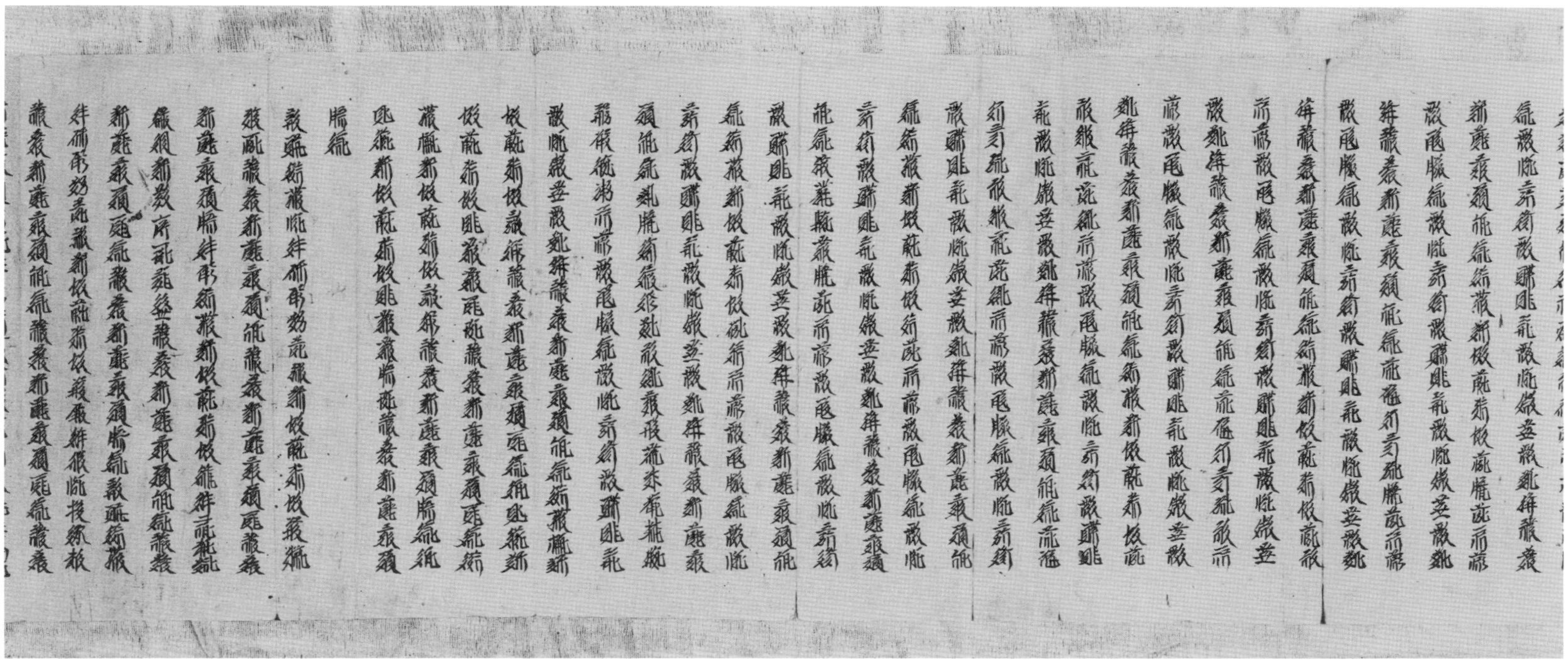

俄 Инв.No.1642　大般若波羅蜜多經卷第三百五十九　(14–10)

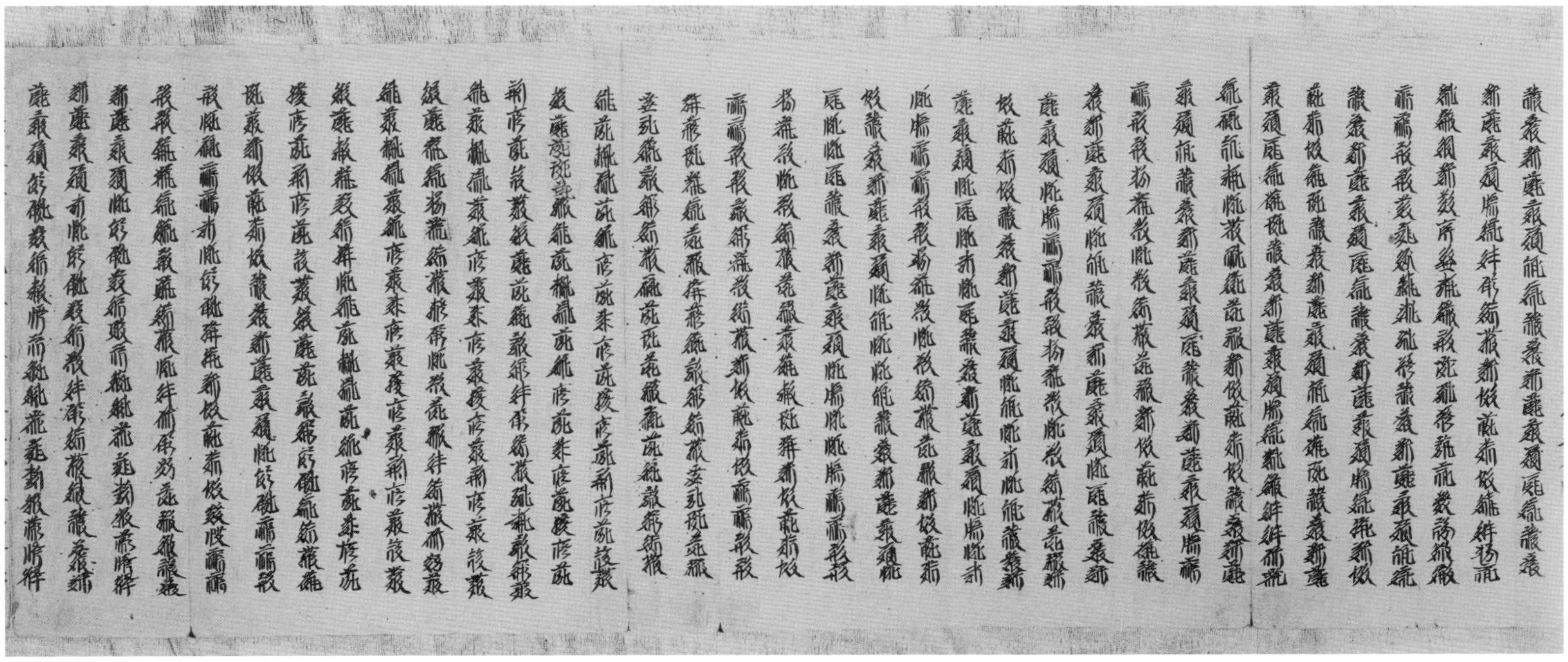

俄 Инв.No.1642　大般若波羅蜜多經卷第三百五十九　(14–11)

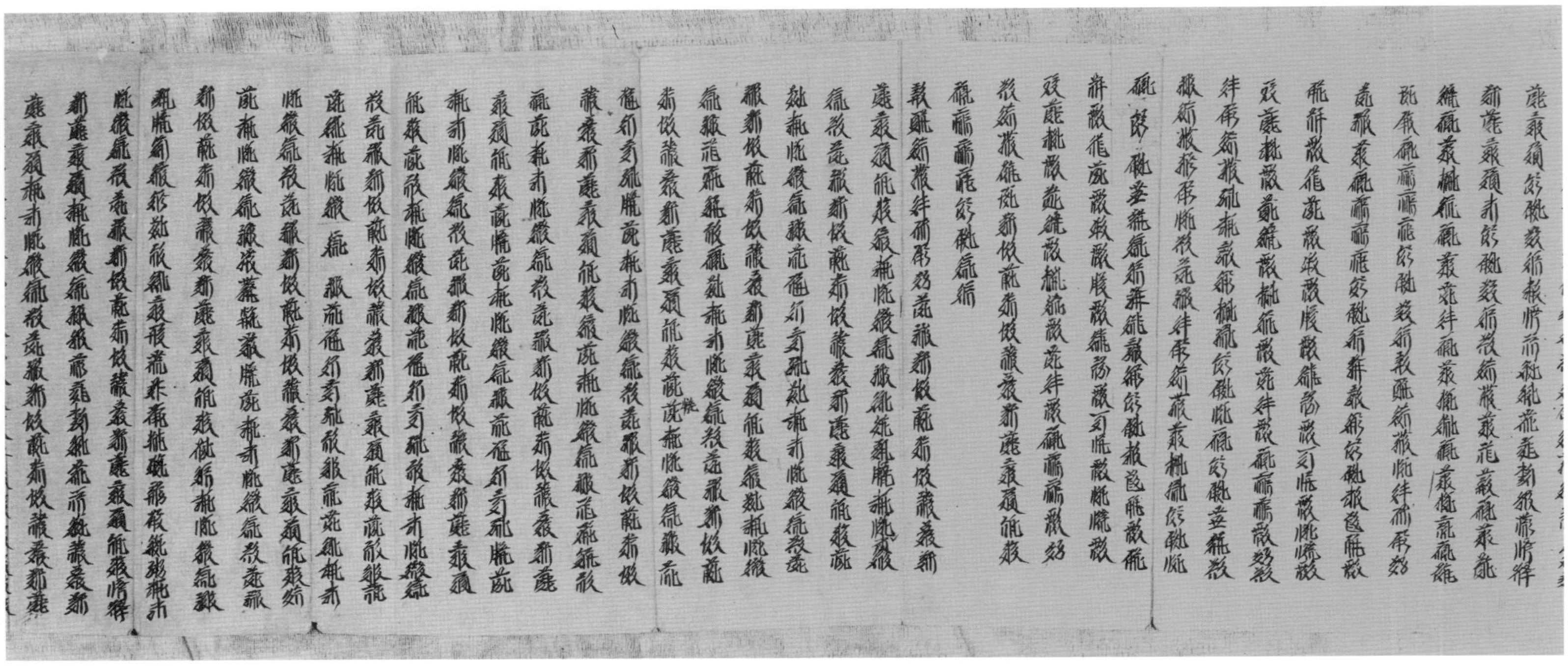

俄 Инв.No.1642　大般若波羅蜜多經卷第三百五十九　(14–12)

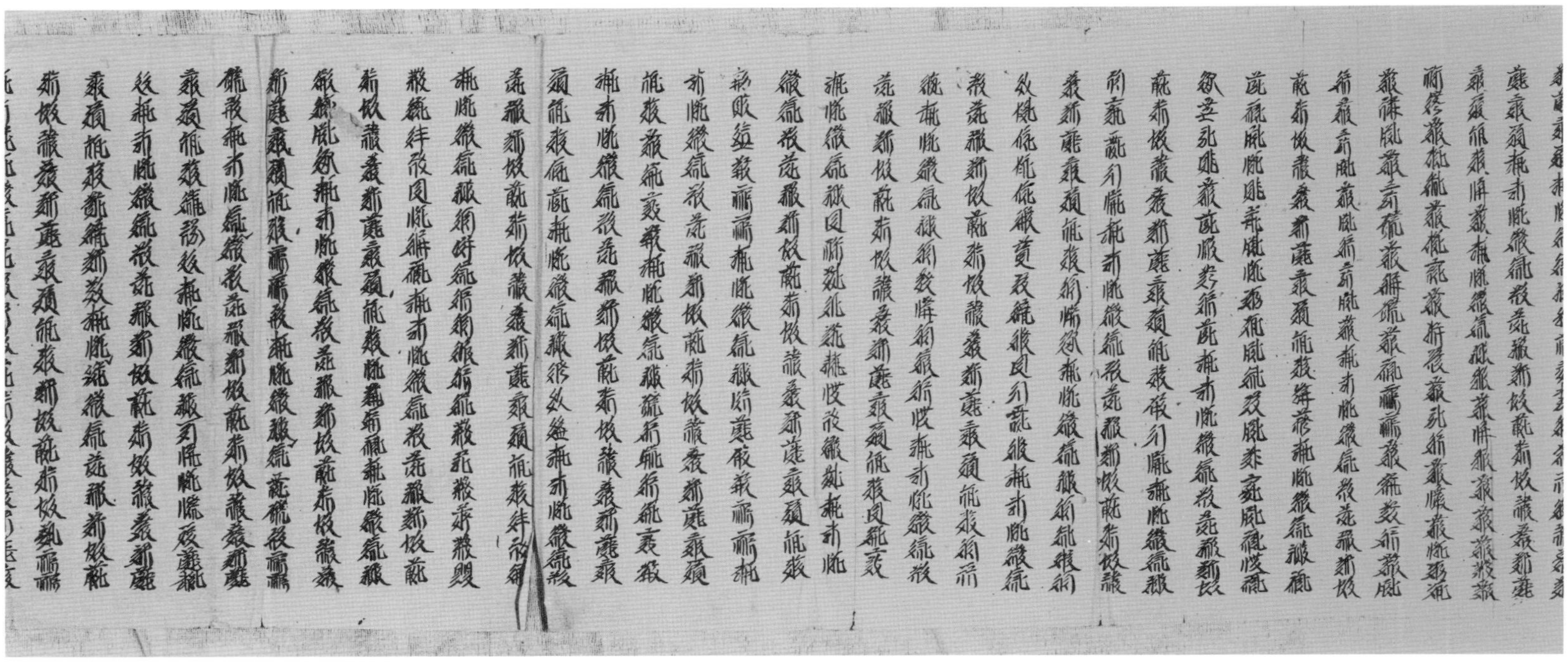

俄 Инв.No.1642　大般若波羅蜜多經卷第三百五十九　(14–13)

俄 Инв.No.1642　大般若波羅蜜多經卷第三百五十九　(14–14)

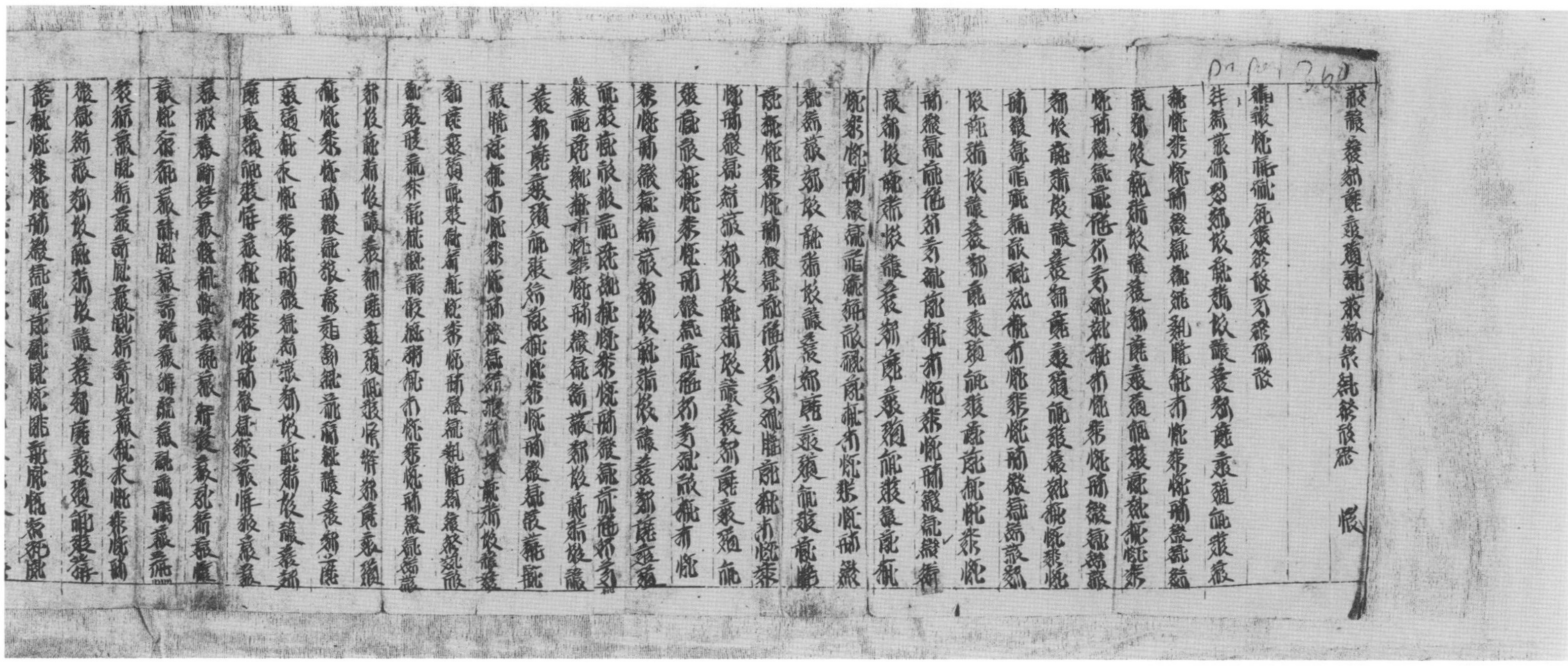

俄 Инв.No.1640　大般若波羅蜜多經卷第三百六十　(13-1)

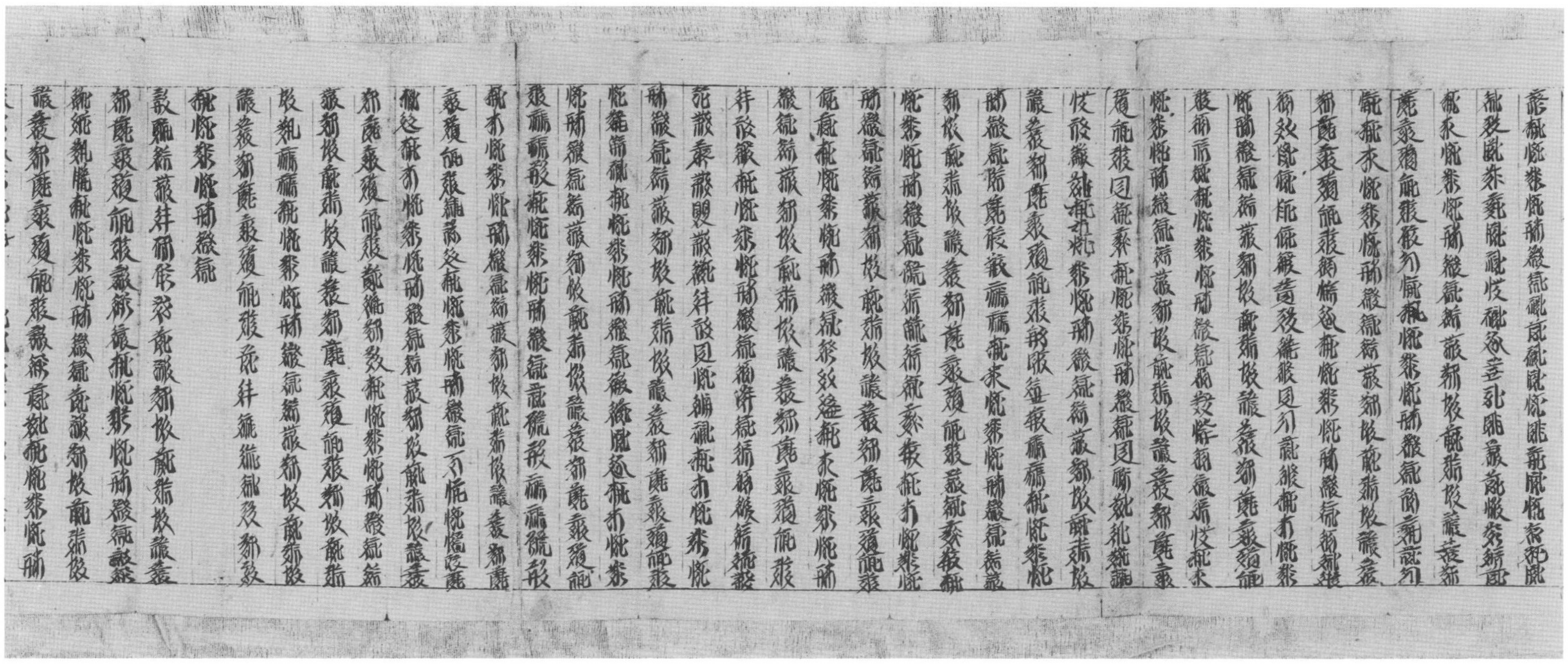

俄 Инв.No.1640　大般若波羅蜜多經卷第三百六十　(13-2)

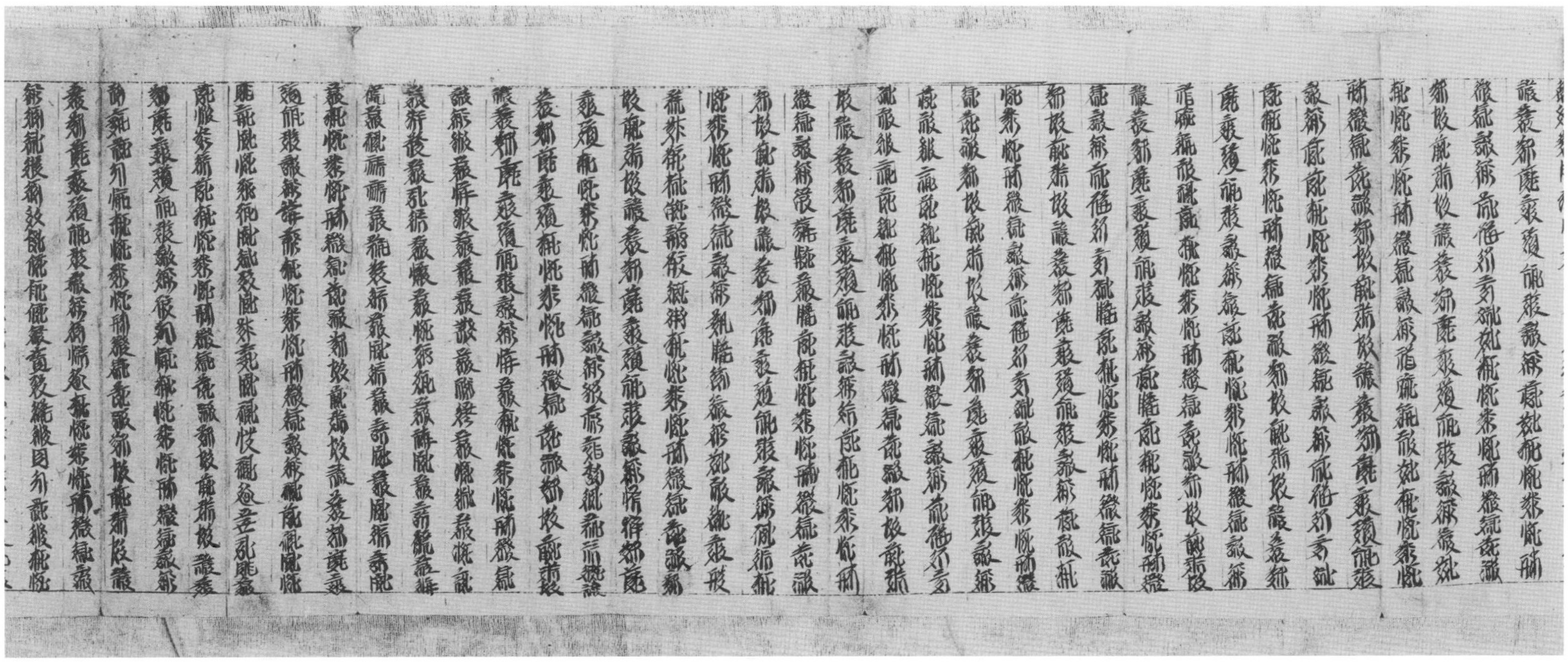

俄 Инв.No.1640　大般若波羅蜜多經卷第三百六十　(13-3)

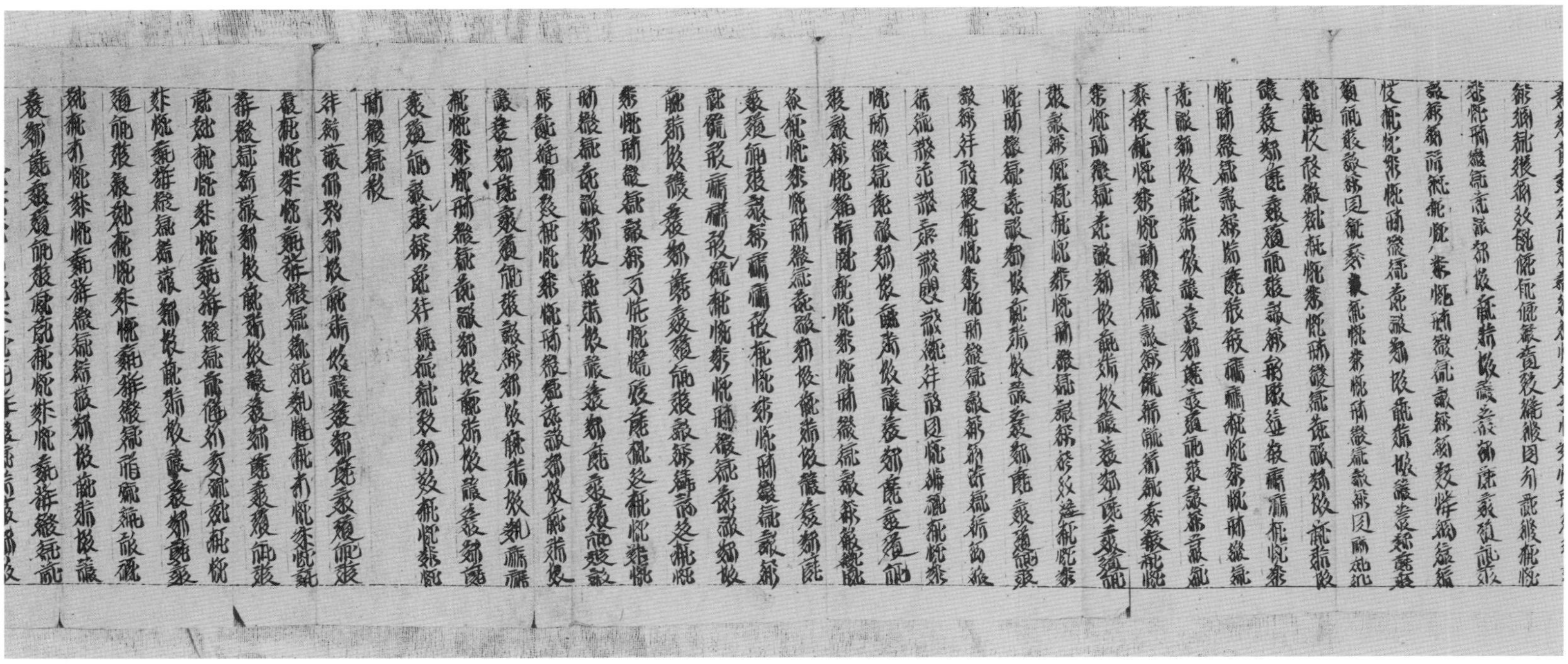

俄 Инв.No.1640　大般若波羅蜜多經卷第三百六十　(13-4)

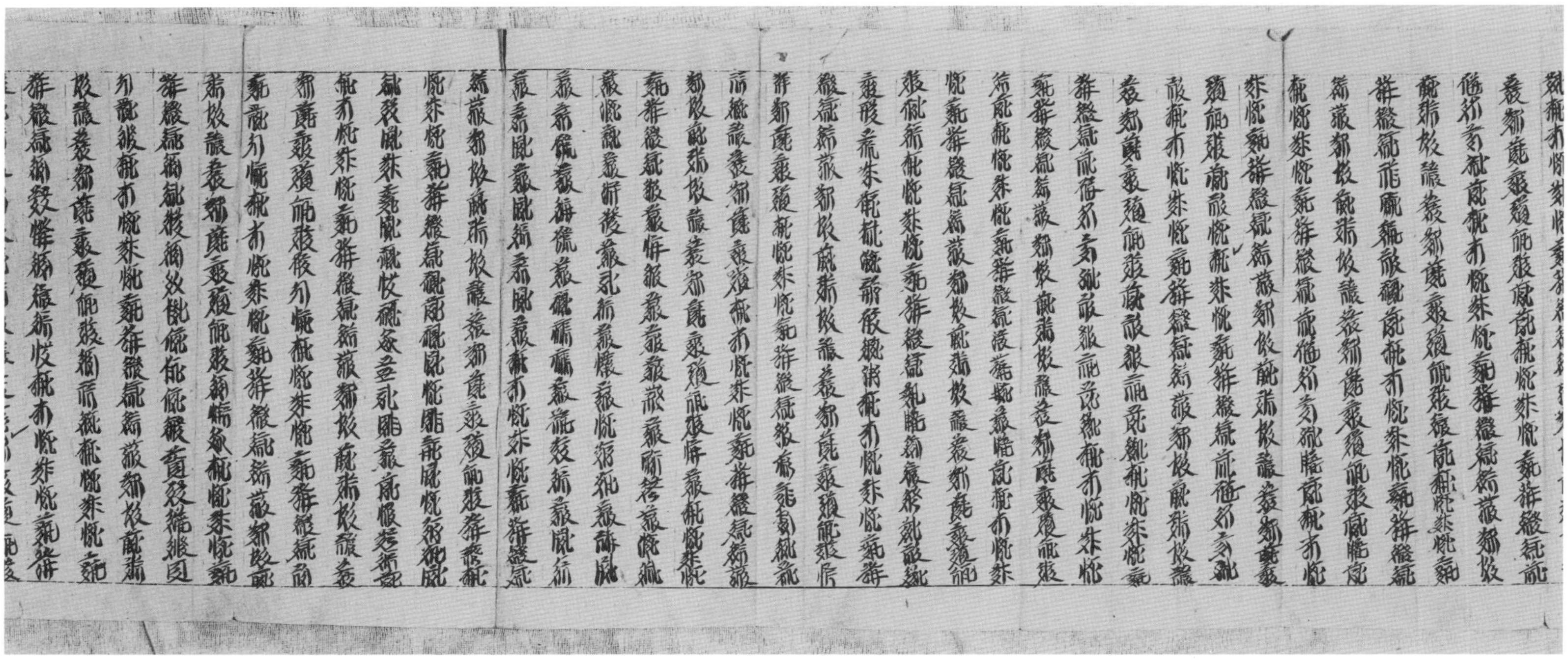

俄 Инв.No.1640　大般若波羅蜜多經卷第三百六十　(13-5)

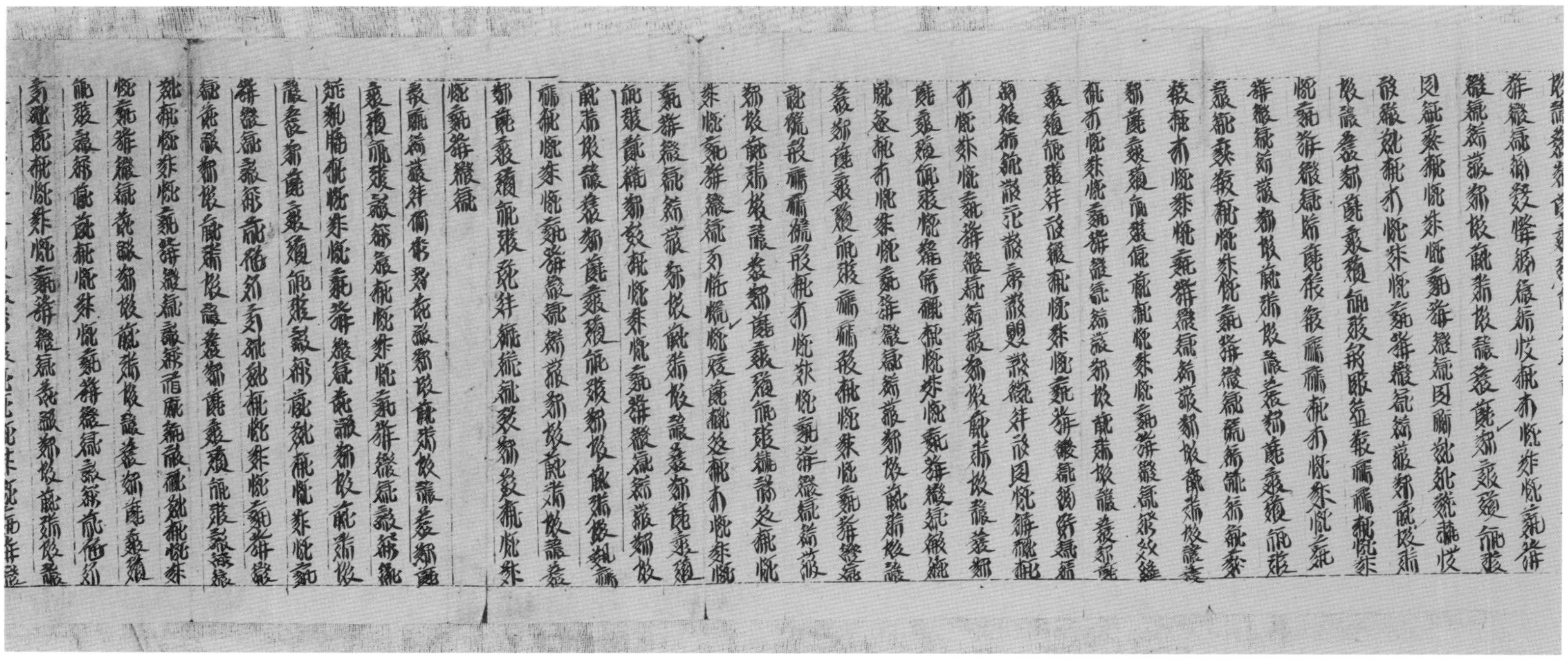

俄 Инв.No.1640　大般若波羅蜜多經卷第三百六十　(13-6)

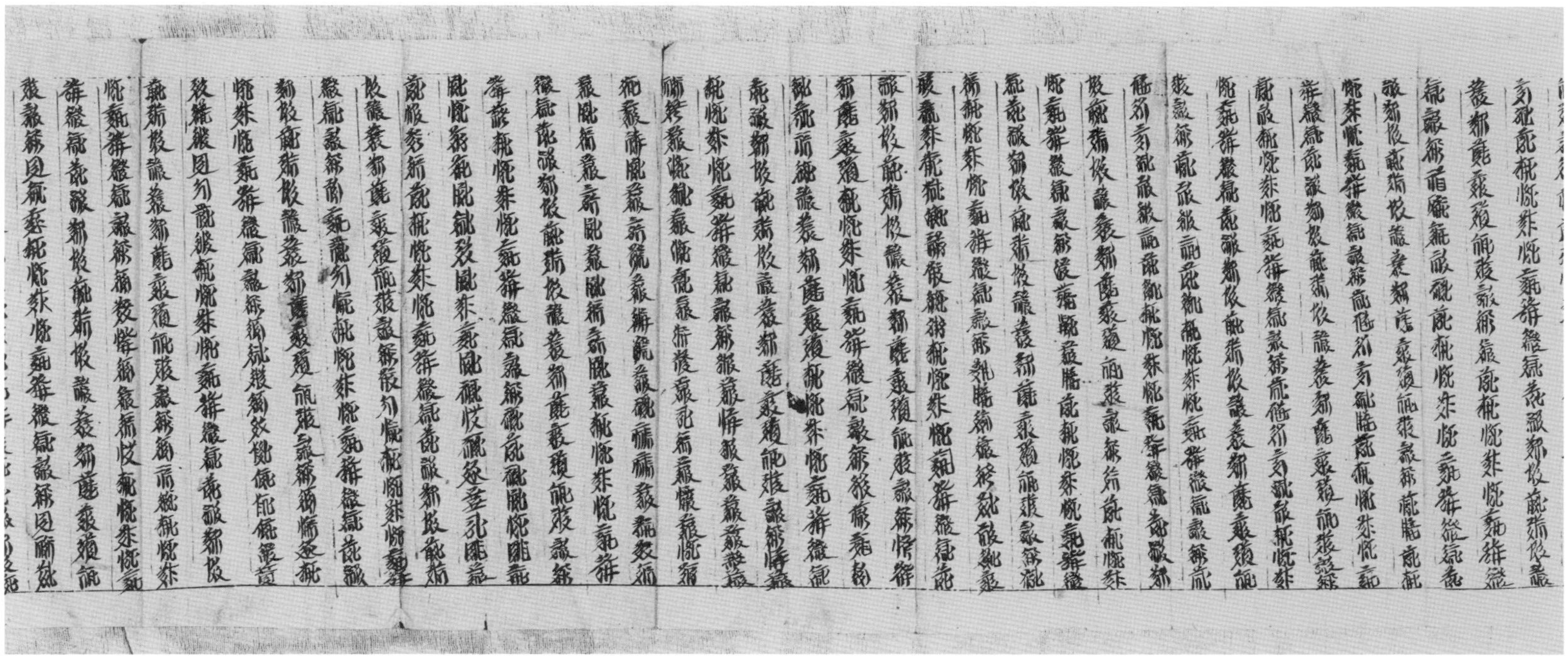

俄 Инв.No.1640　大般若波羅蜜多經卷第三百六十　(13–7)

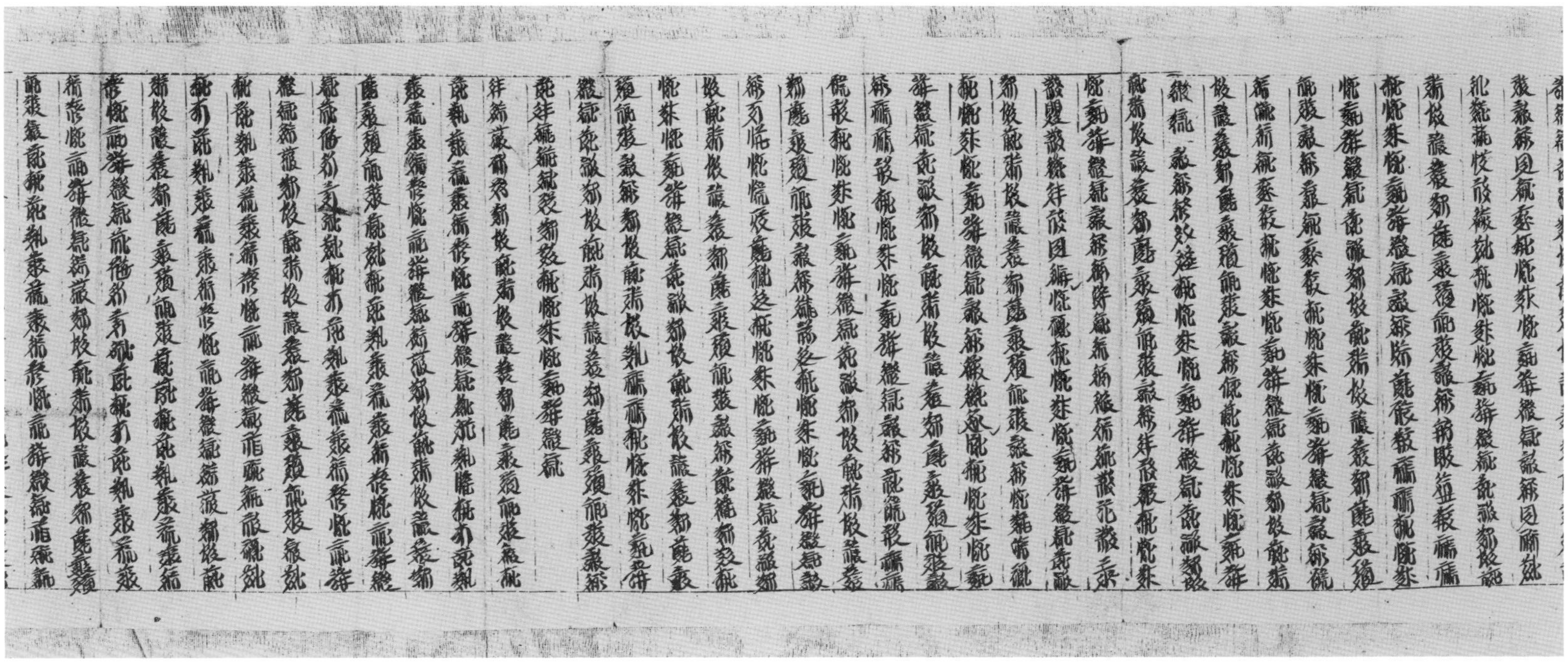

俄 Инв.No.1640　大般若波羅蜜多經卷第三百六十　(13–8)

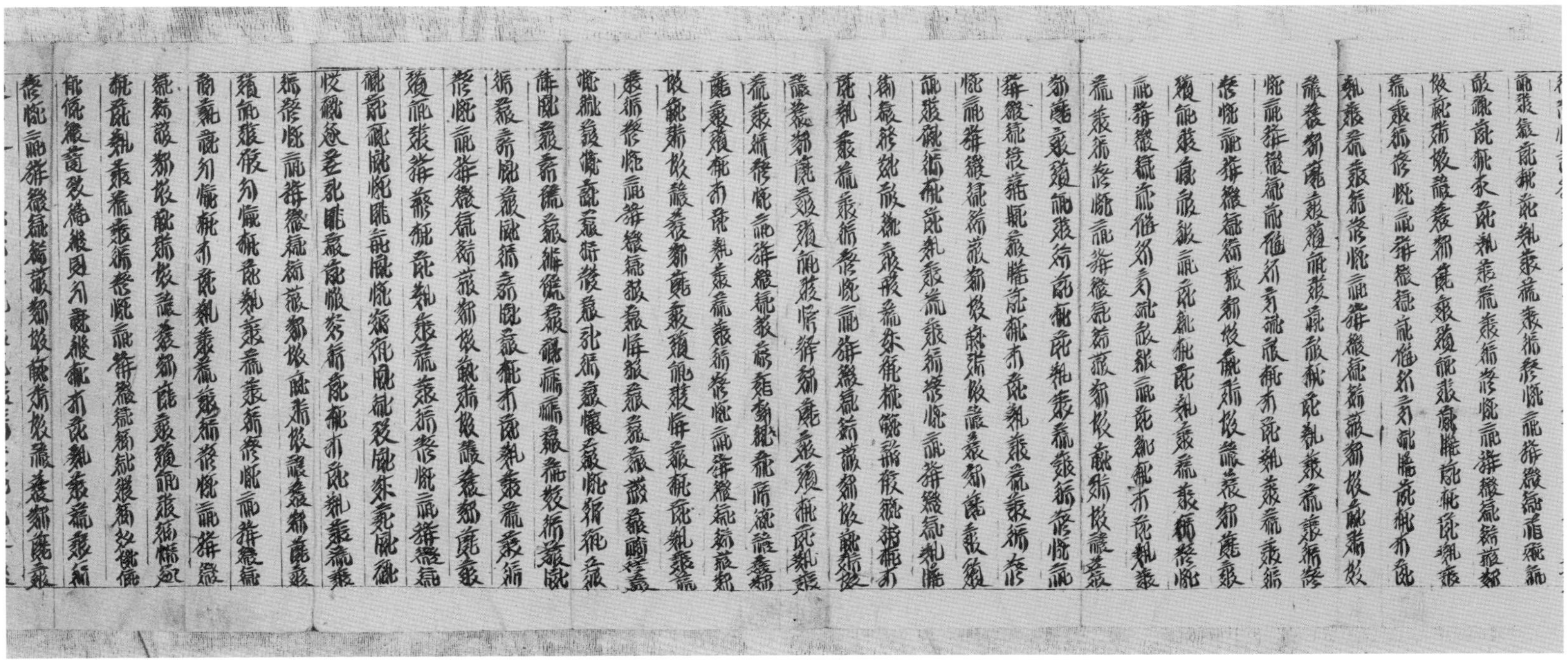

俄 Инв.No.1640　大般若波羅蜜多經卷第三百六十　(13–9)

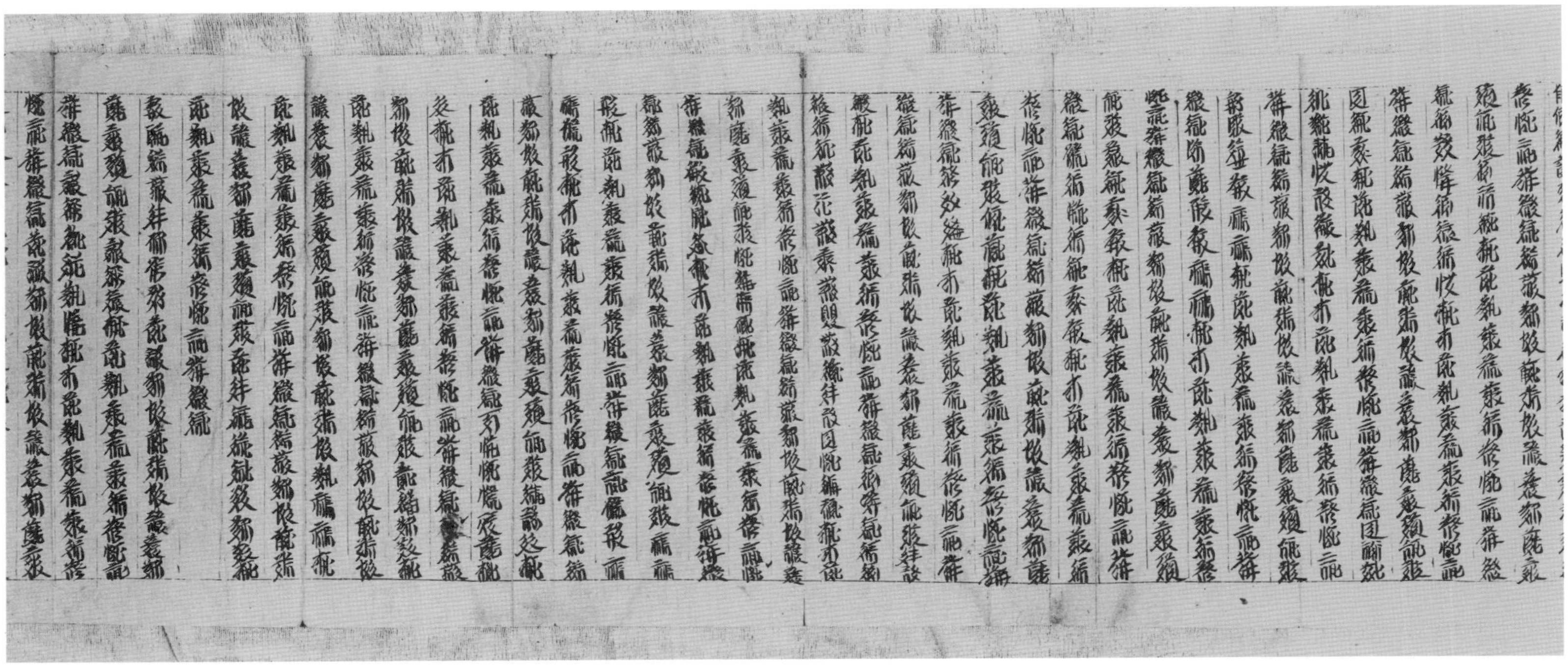

俄 Инв.No.1640　大般若波羅蜜多經卷第三百六十　(13–10)

俄 Инв.No.1640　大般若波羅蜜多經卷第三百六十　(13–11)

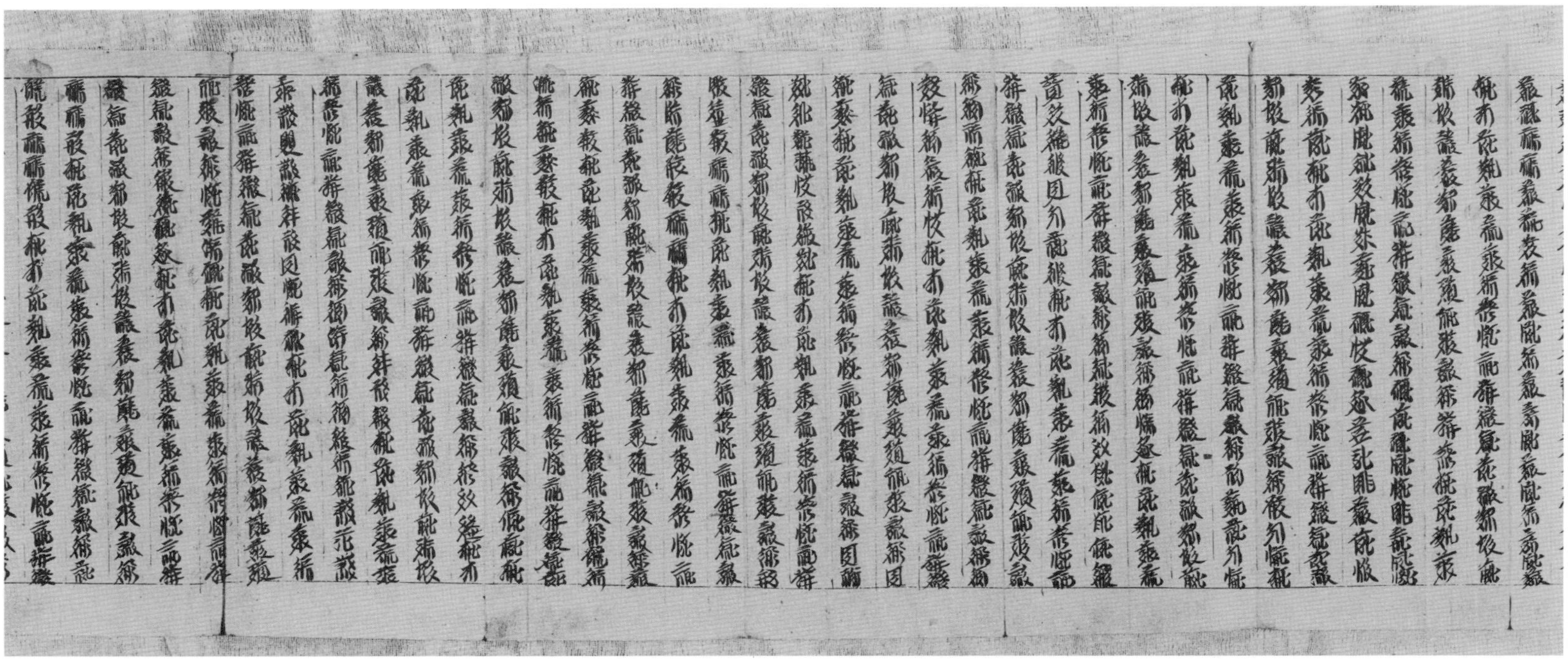

俄 Инв.No.1640　大般若波羅蜜多經卷第三百六十　(13–12)

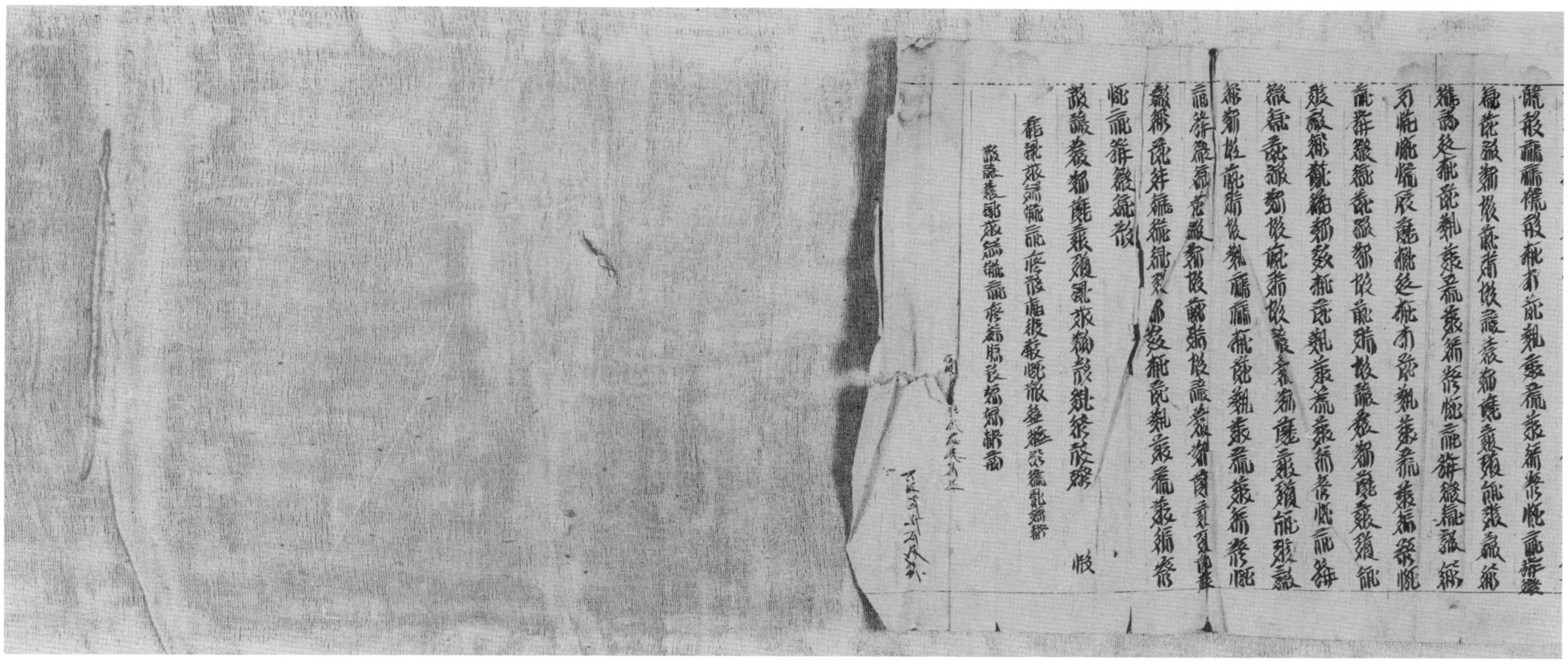

俄 Инв.No.1640　大般若波羅蜜多經卷第三百六十　(13-13)

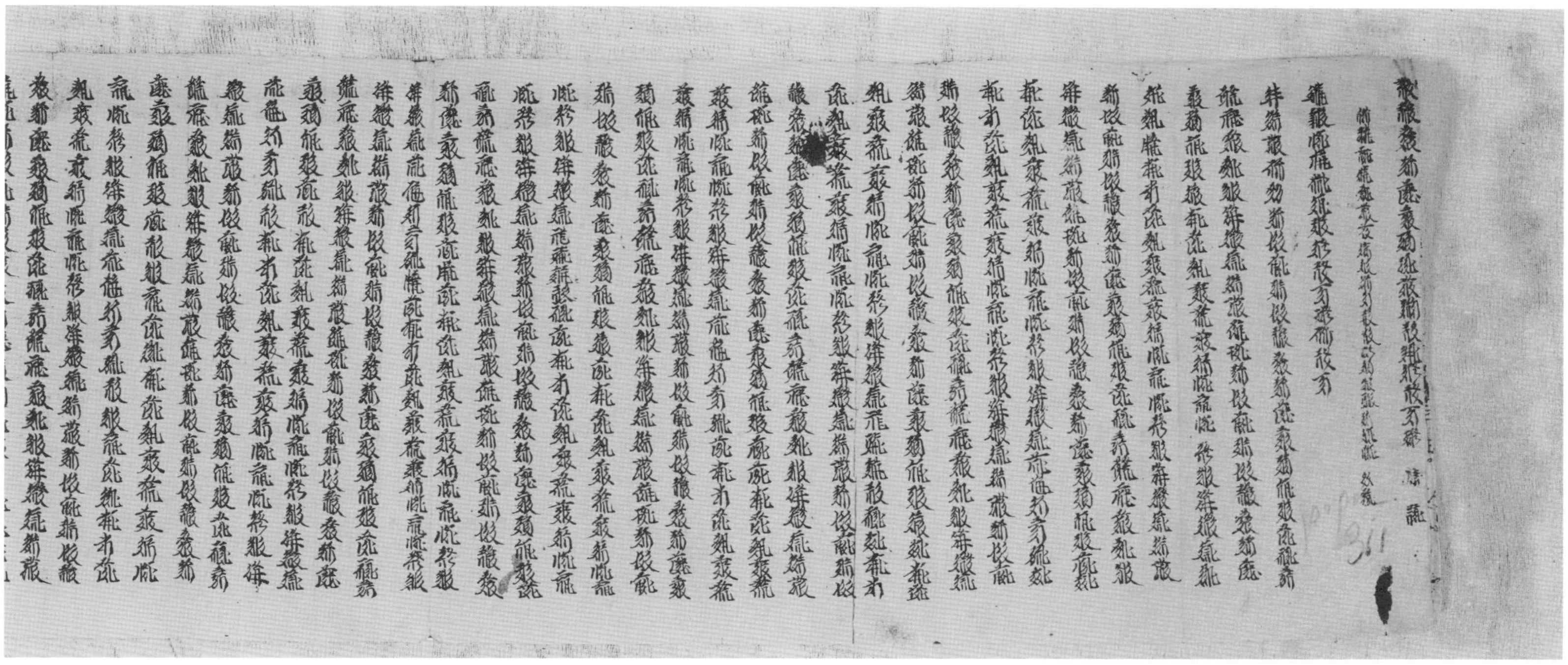

俄 Инв.No.1626　大般若波羅蜜多經卷第三百六十一　(12-1)

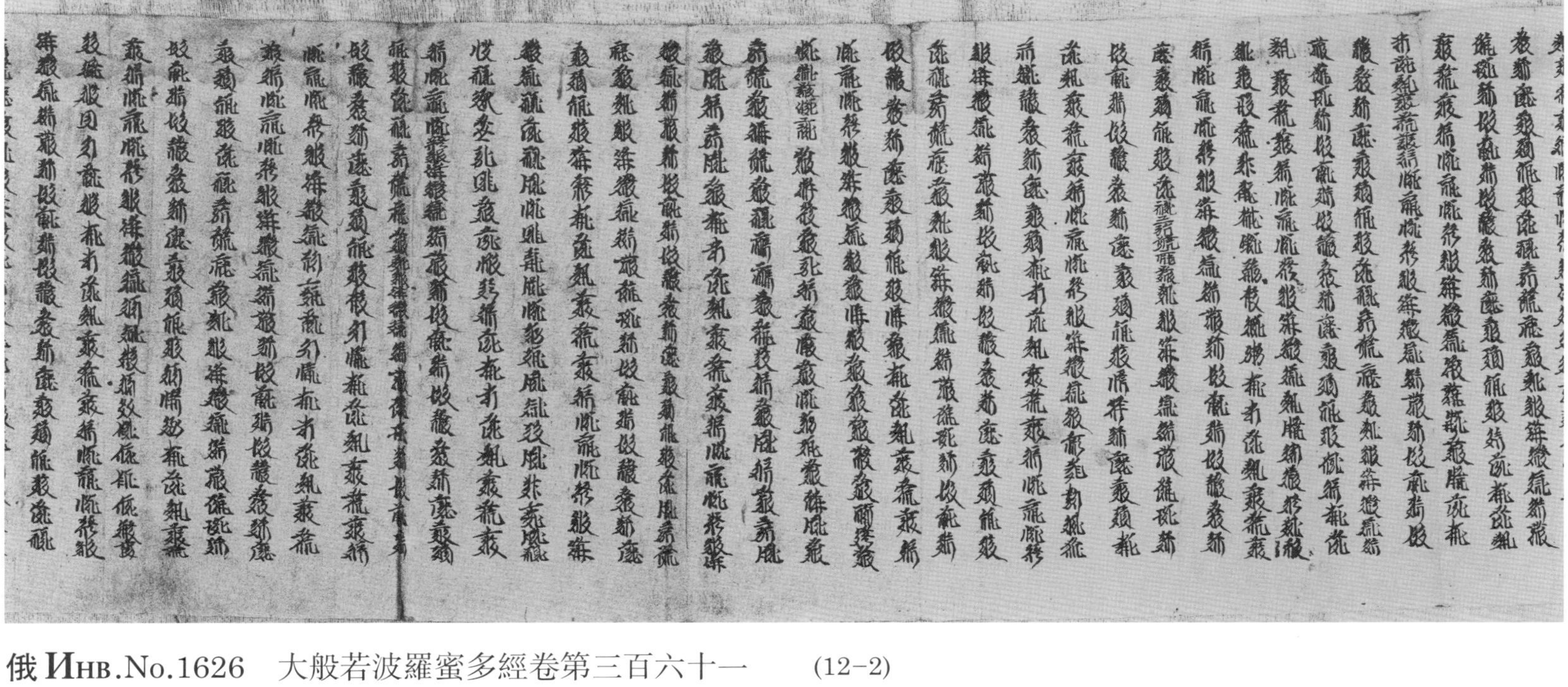

俄 Инв.No.1626　大般若波羅蜜多經卷第三百六十一　(12-2)

俄 Инв.No.1626　大般若波羅蜜多經卷第三百六十一　(12-3)

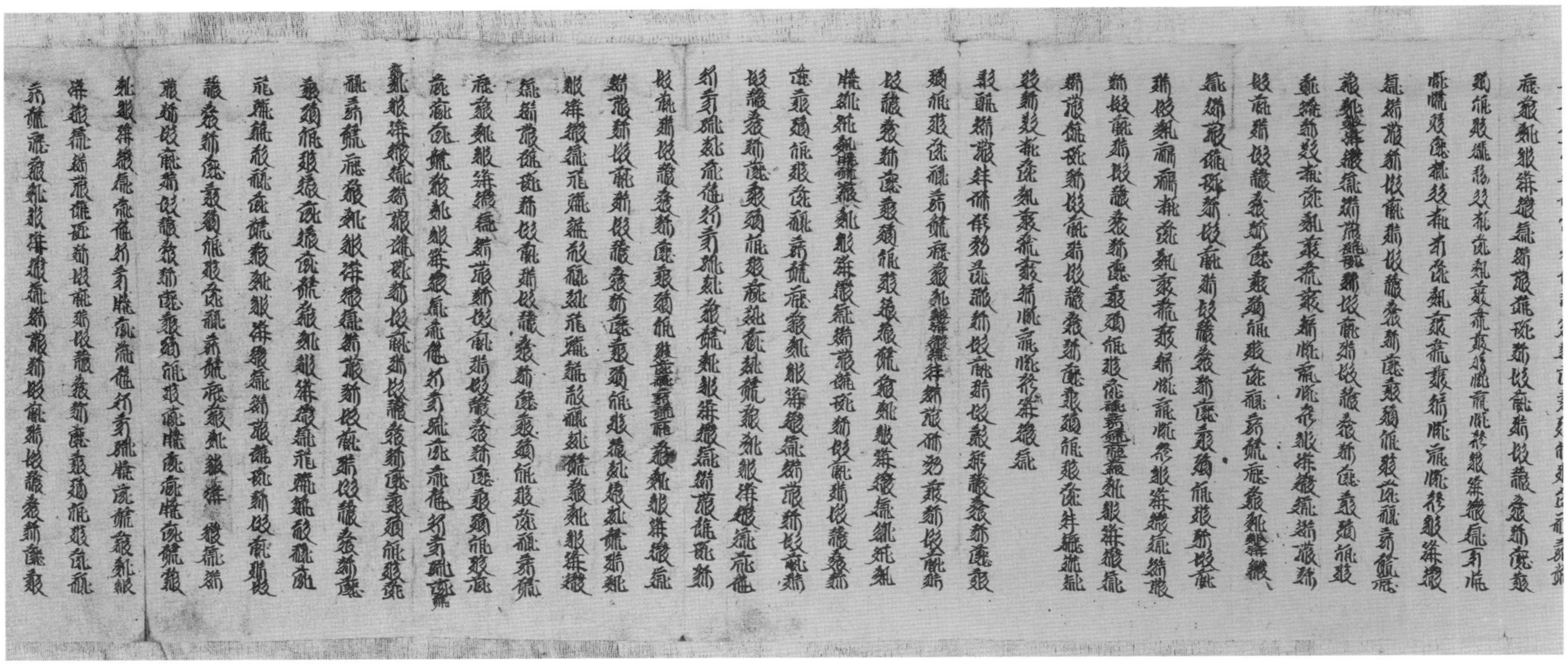

俄 Инв.No.1626　大般若波羅蜜多經卷第三百六十一　(12-4)

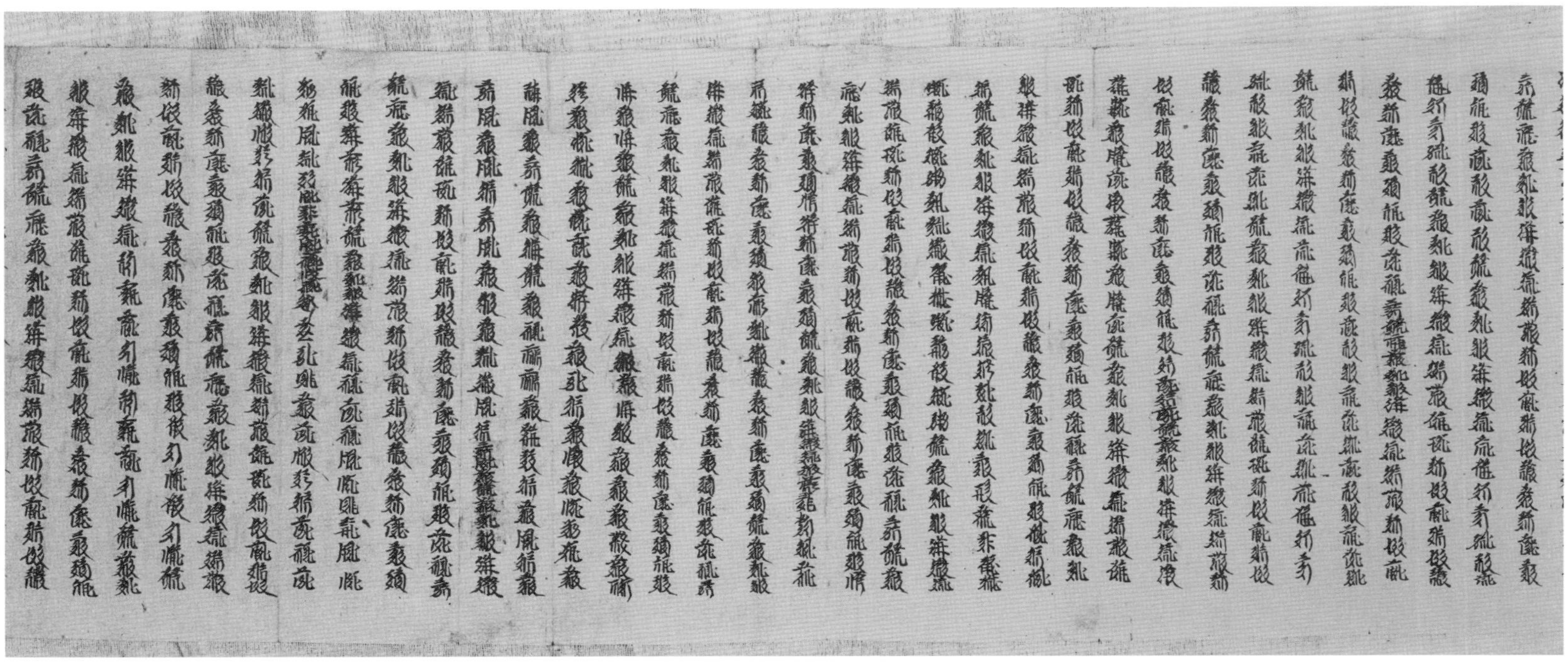

俄 Инв.No.1626　大般若波羅蜜多經卷第三百六十一　(12-5)

俄 Инв.No.1626　大般若波羅蜜多經卷第三百六十一　(12–6)

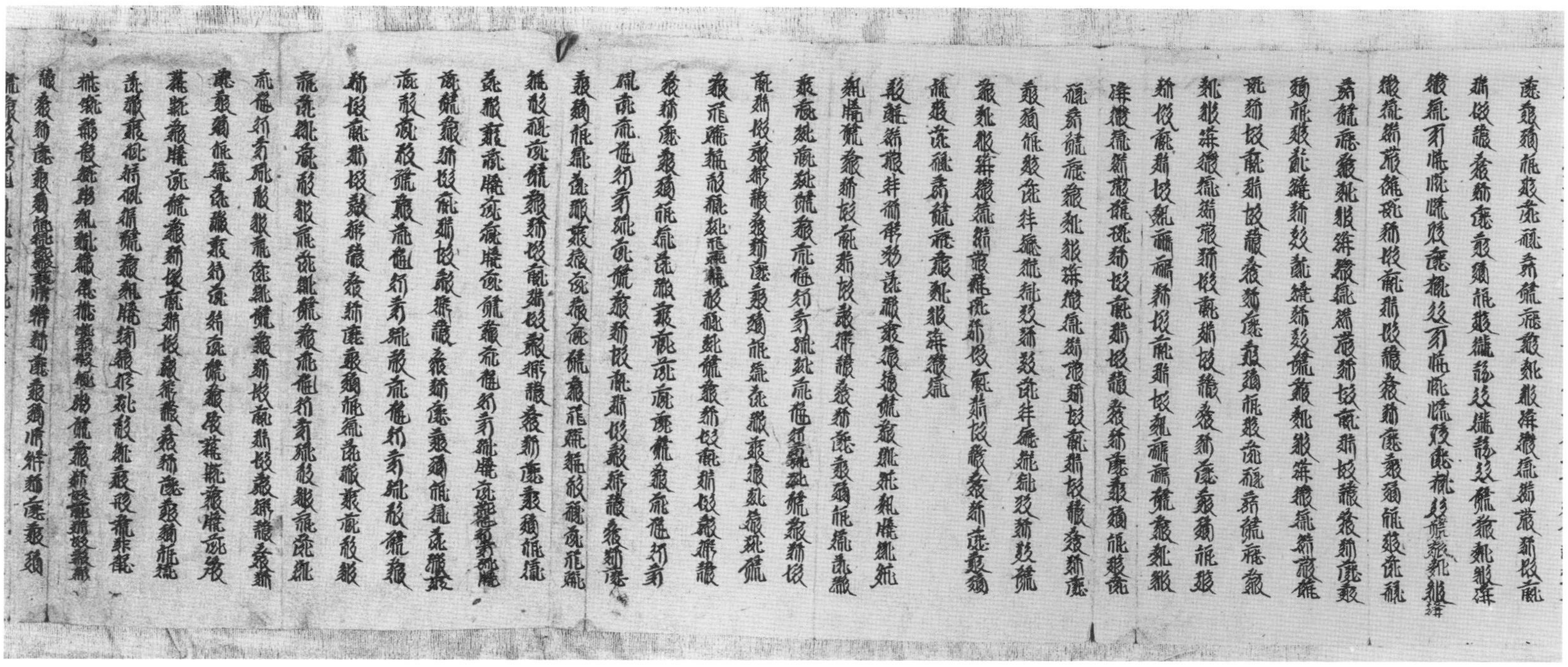

俄 Инв.No.1626　大般若波羅蜜多經卷第三百六十一　(12–7)

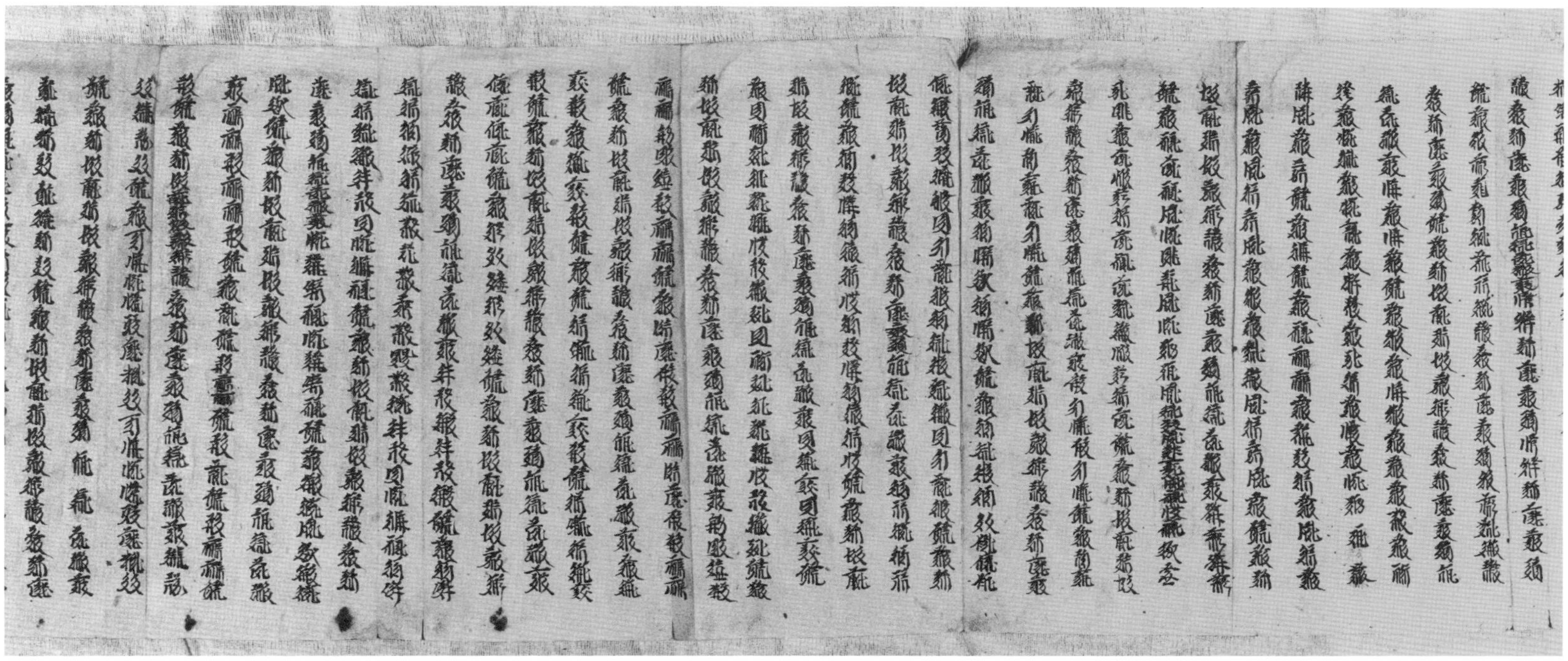

俄 Инв.No.1626　大般若波羅蜜多經卷第三百六十一　(12–8)

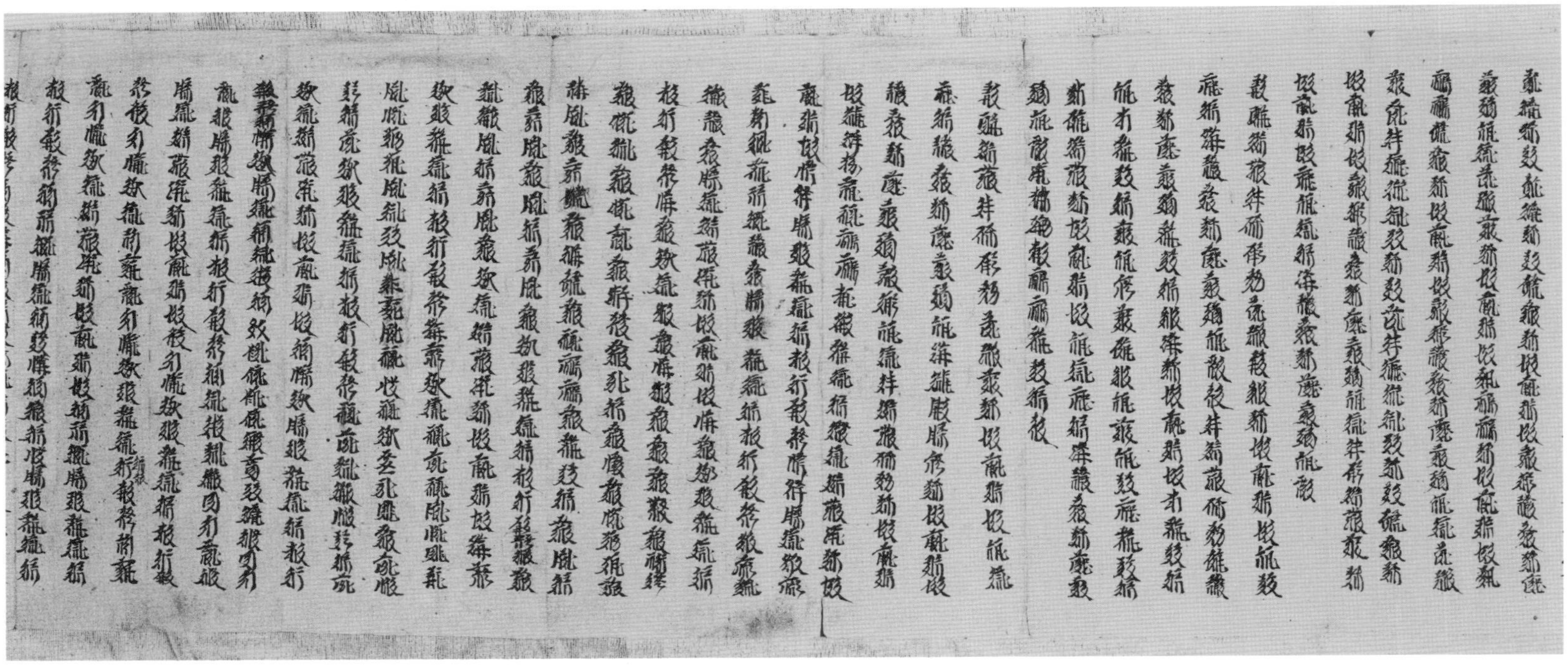

俄 Инв.No.1626 大般若波羅蜜多經卷第三百六十一 (12–9)

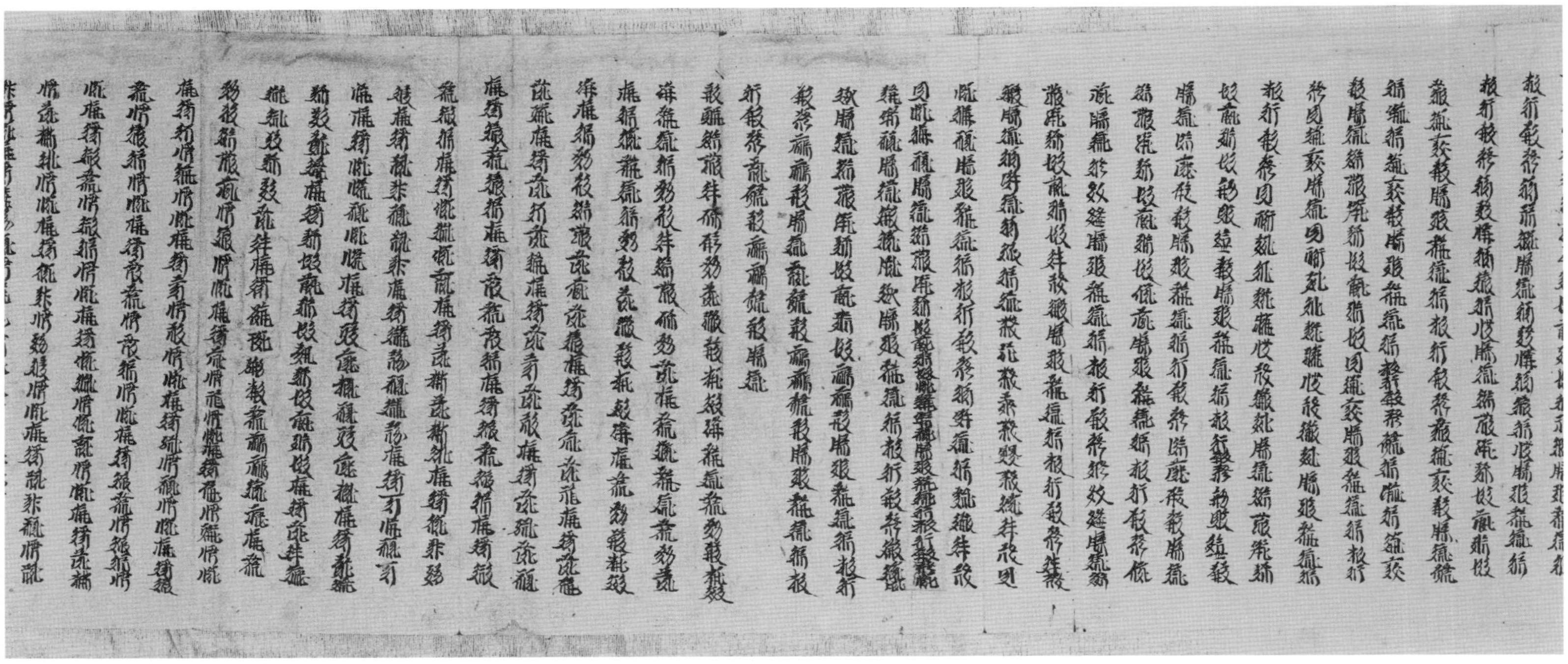

俄 Инв.No.1626 大般若波羅蜜多經卷第三百六十一 (12–10)

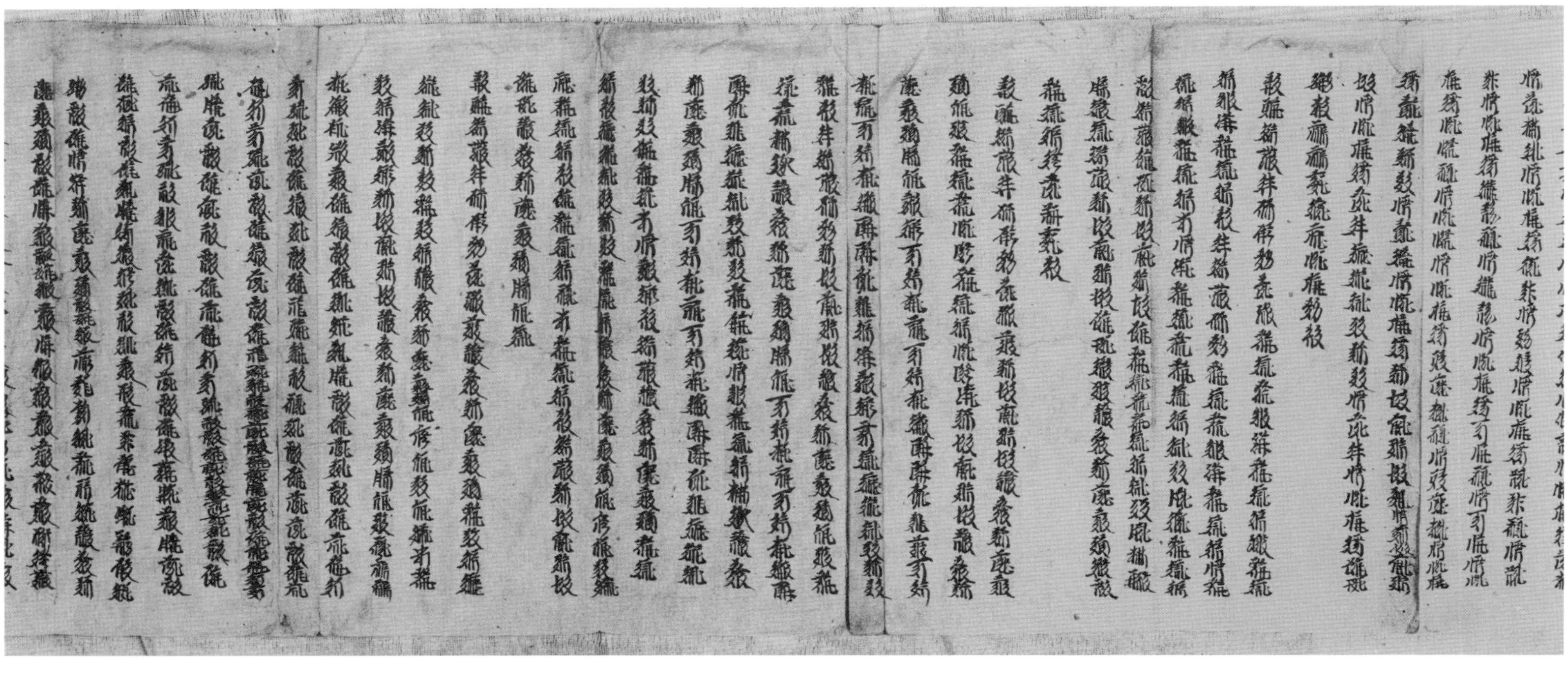

俄 Инв.No.1626 大般若波羅蜜多經卷第三百六十一 (12–11)

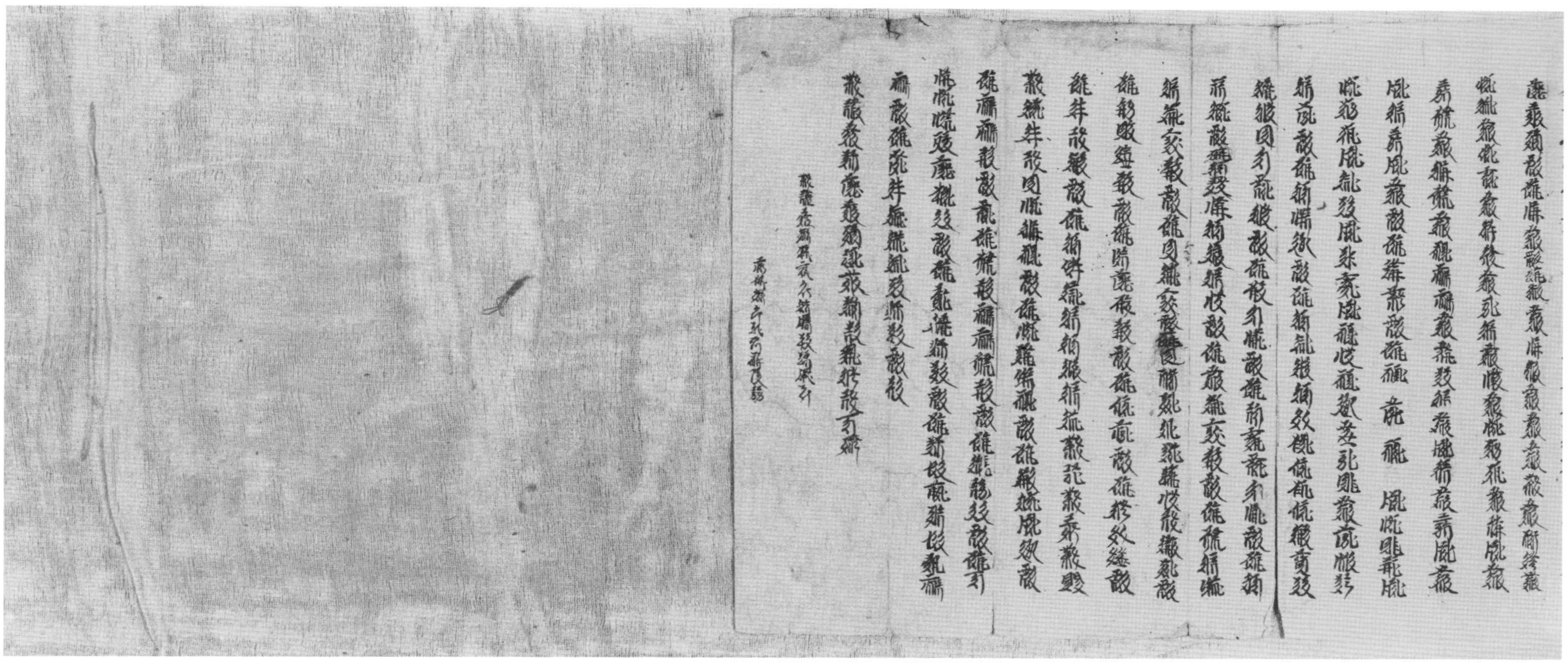

俄 Инв.No.1626　大般若波羅蜜多經卷第三百六十一　(12–12)

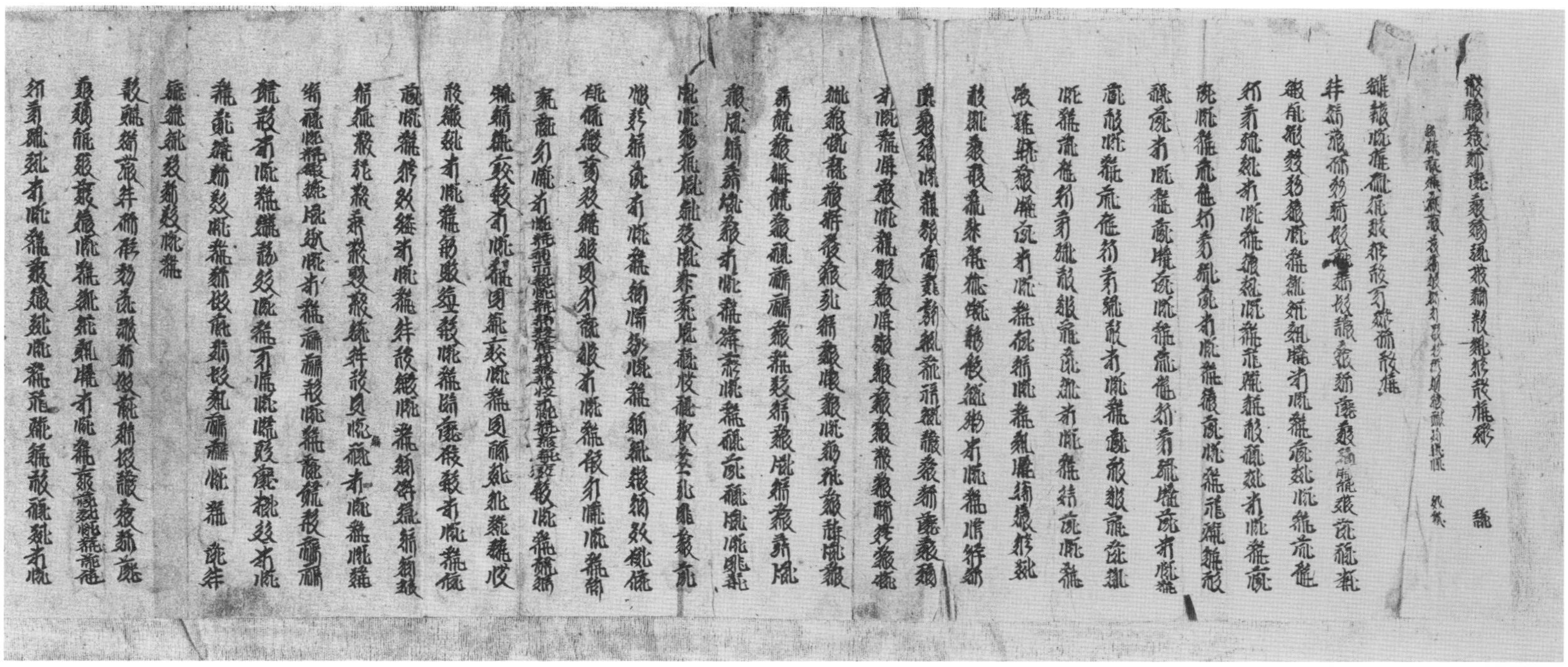

俄 Инв.No.1615　大般若波羅蜜多經卷第三百六十二　(13–1)

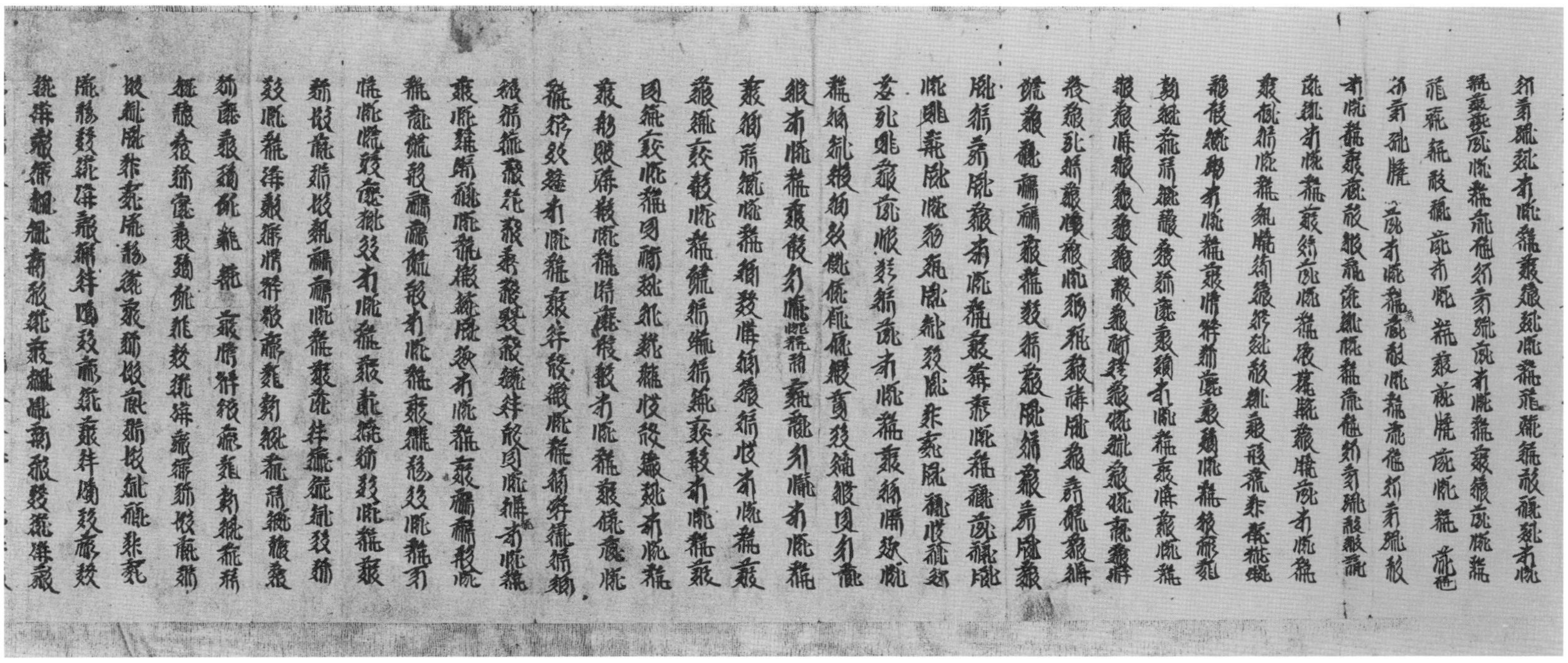

俄 Инв.No.1615　大般若波羅蜜多經卷第三百六十二　(13–2)

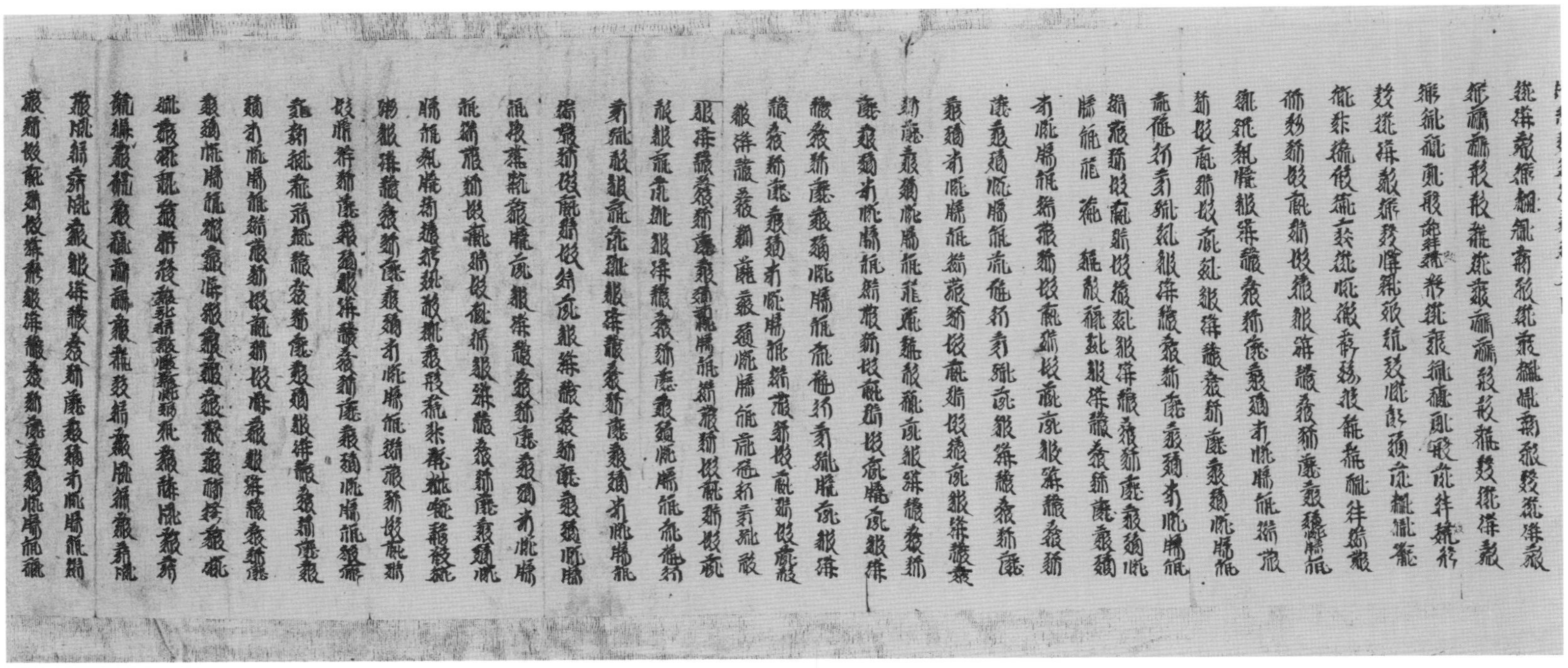

俄 Инв.No.1615　大般若波羅蜜多經卷第三百六十二　(13-3)

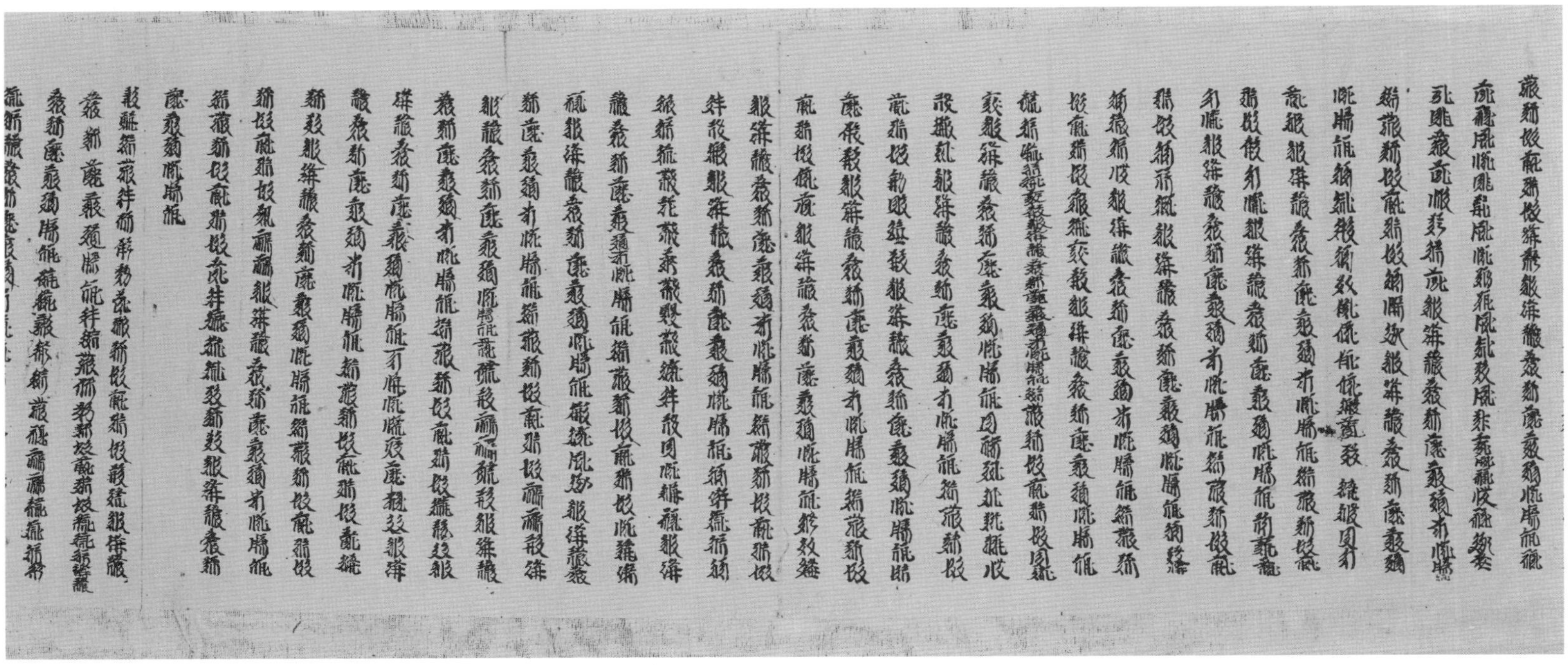

俄 Инв.No.1615　大般若波羅蜜多經卷第三百六十二　(13-4)

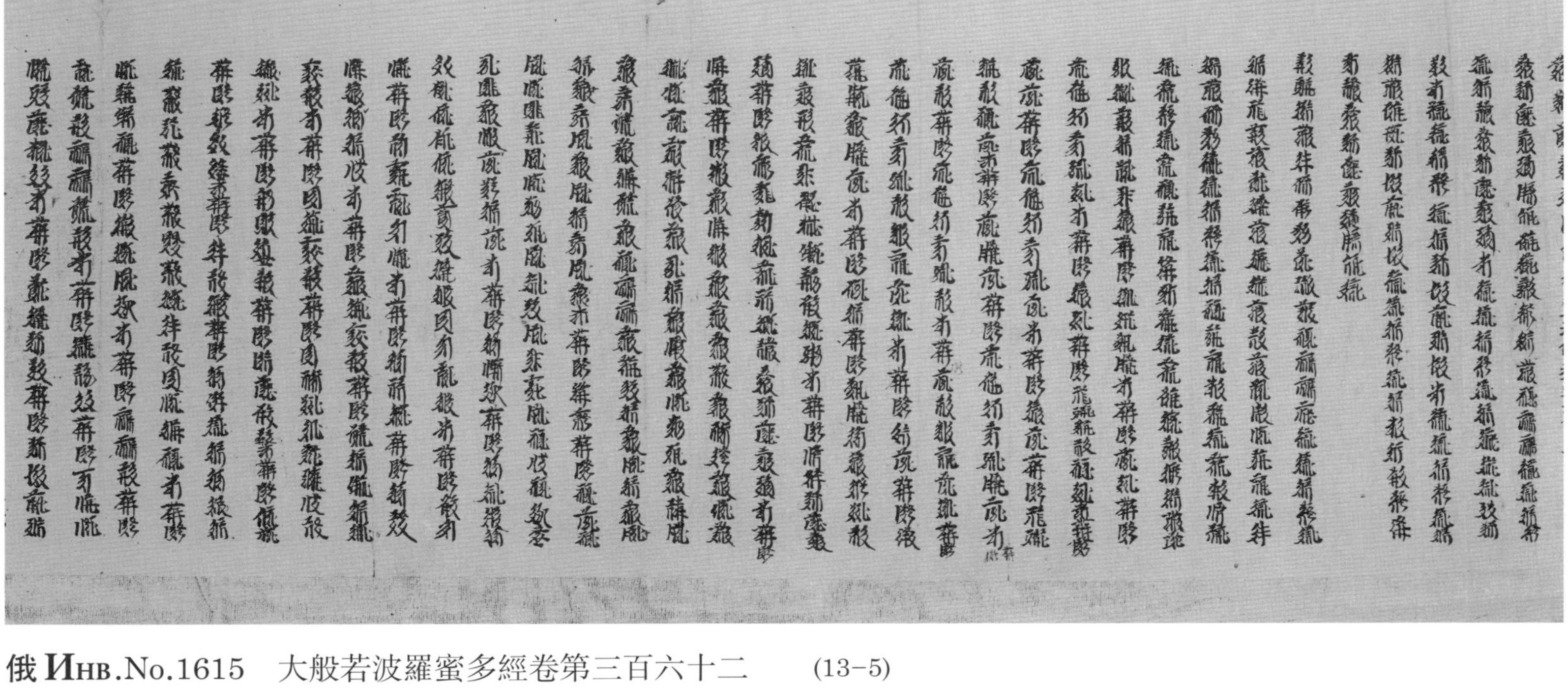

俄 Инв.No.1615　大般若波羅蜜多經卷第三百六十二　(13-5)

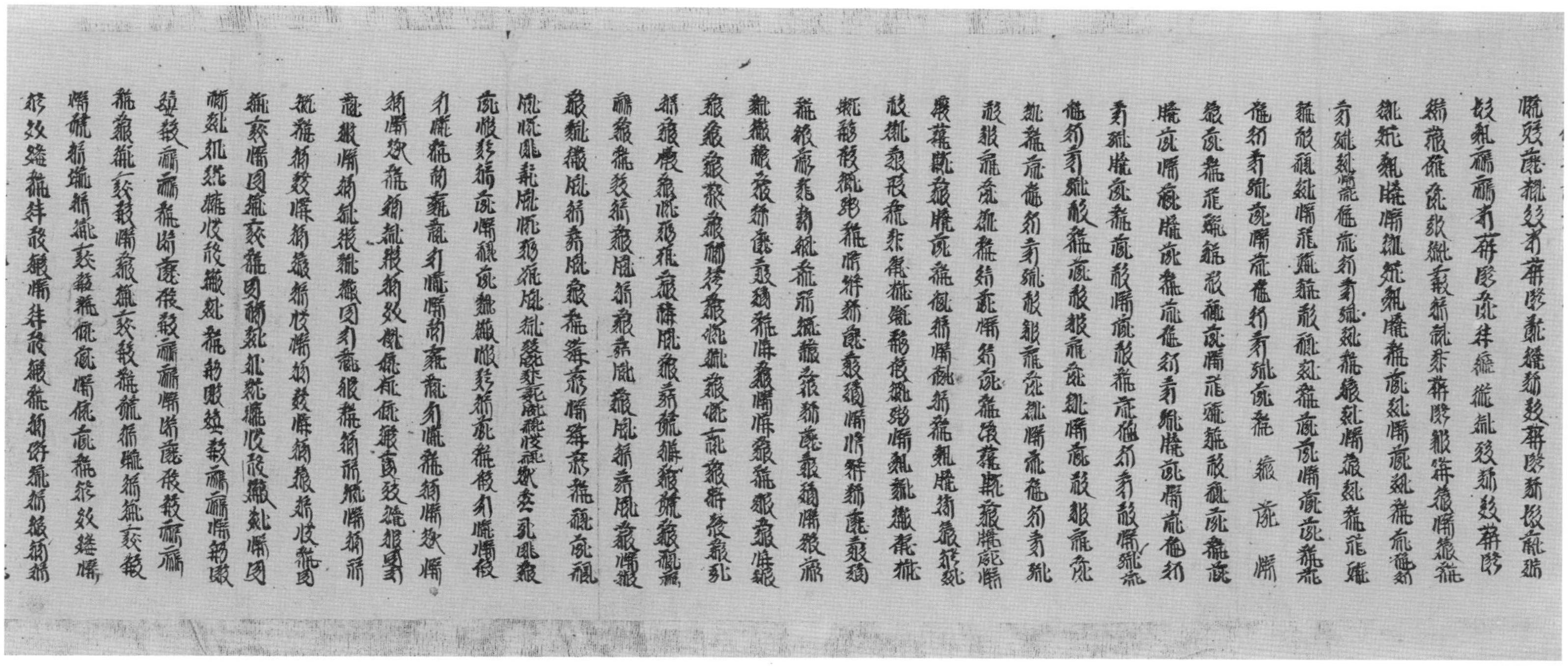

俄 Инв.No.1615　大般若波羅蜜多經卷第三百六十二　(13-6)

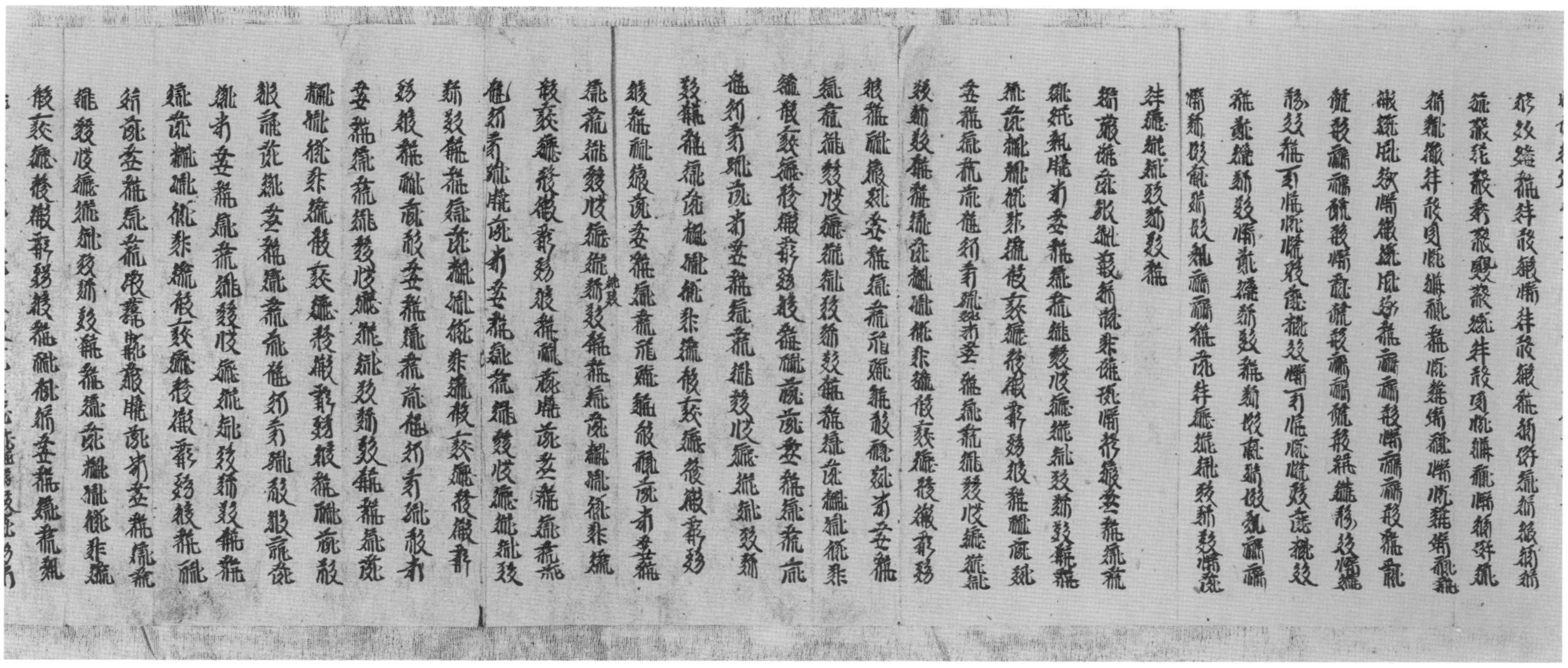

俄 Инв.No.1615　大般若波羅蜜多經卷第三百六十二　(13-7)

俄 Инв.No.1615　大般若波羅蜜多經卷第三百六十二　(13-8)

俄 Инв.No.1615　大般若波羅蜜多經卷第三百六十二　(13–9)

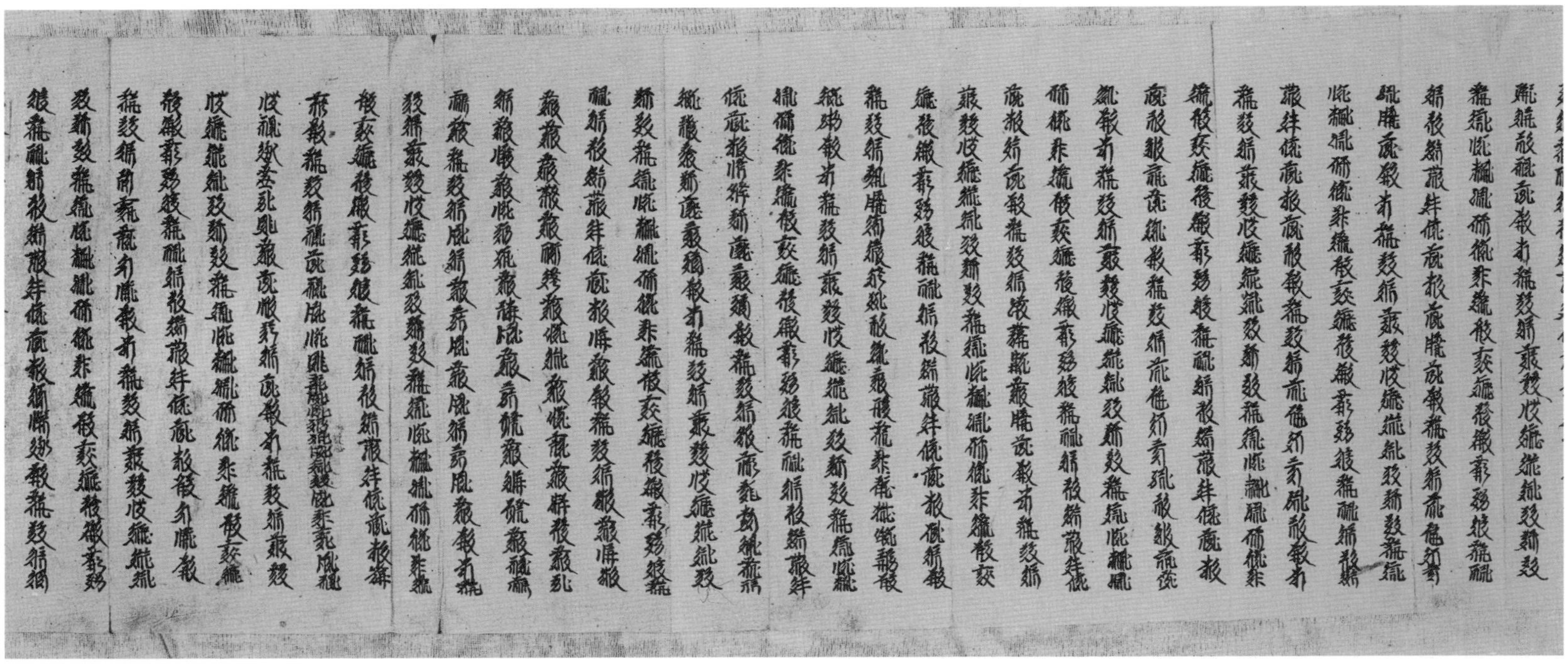

俄 Инв.No.1615　大般若波羅蜜多經卷第三百六十二　(13–10)

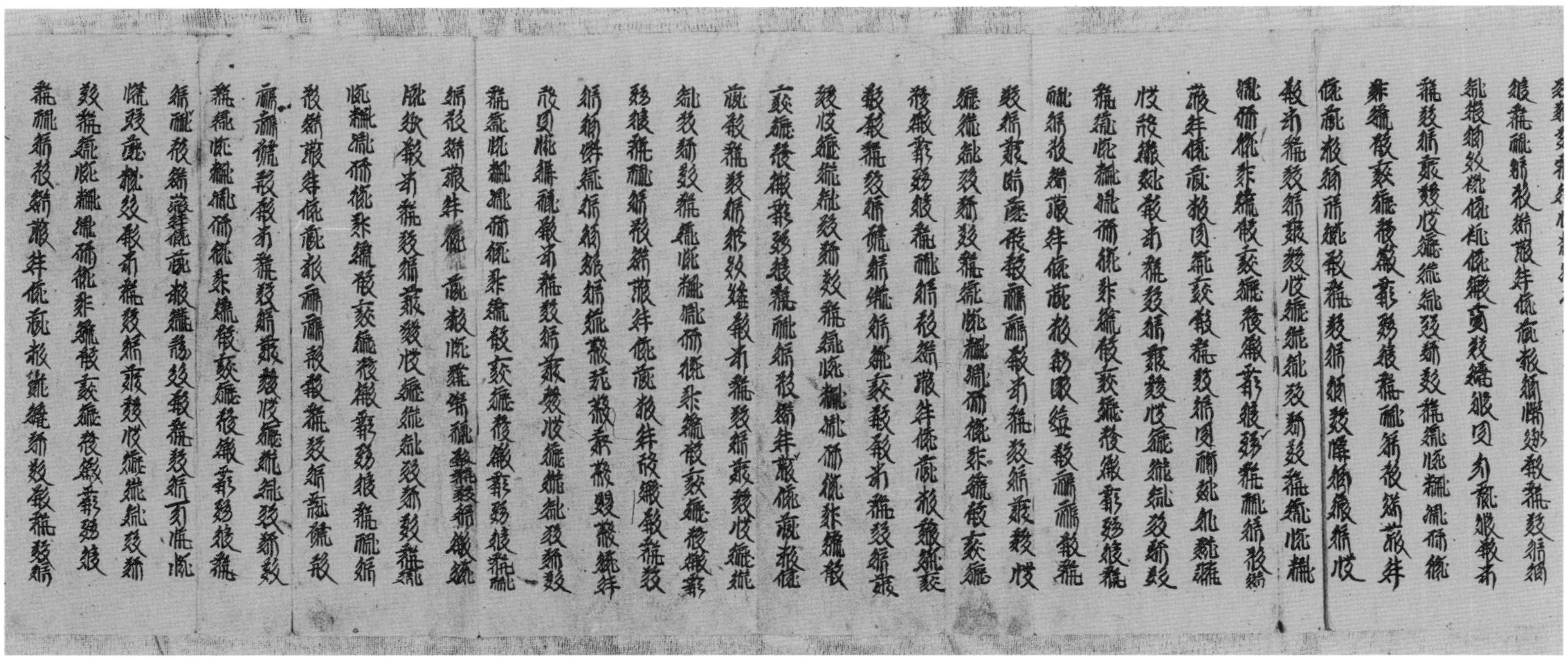

俄 Инв.No.1615　大般若波羅蜜多經卷第三百六十二　(13–11)

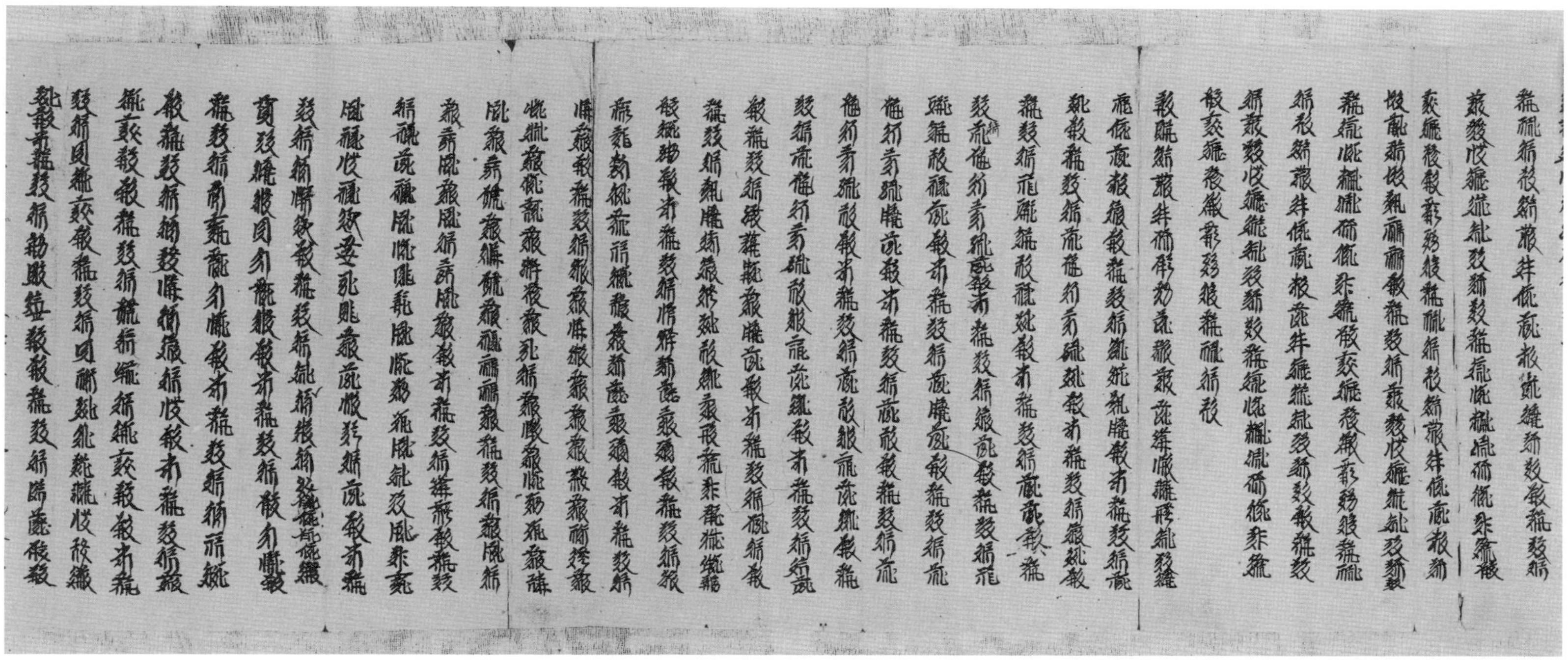

俄 Инв.No.1615　大般若波羅蜜多經卷第三百六十二　(13-12)

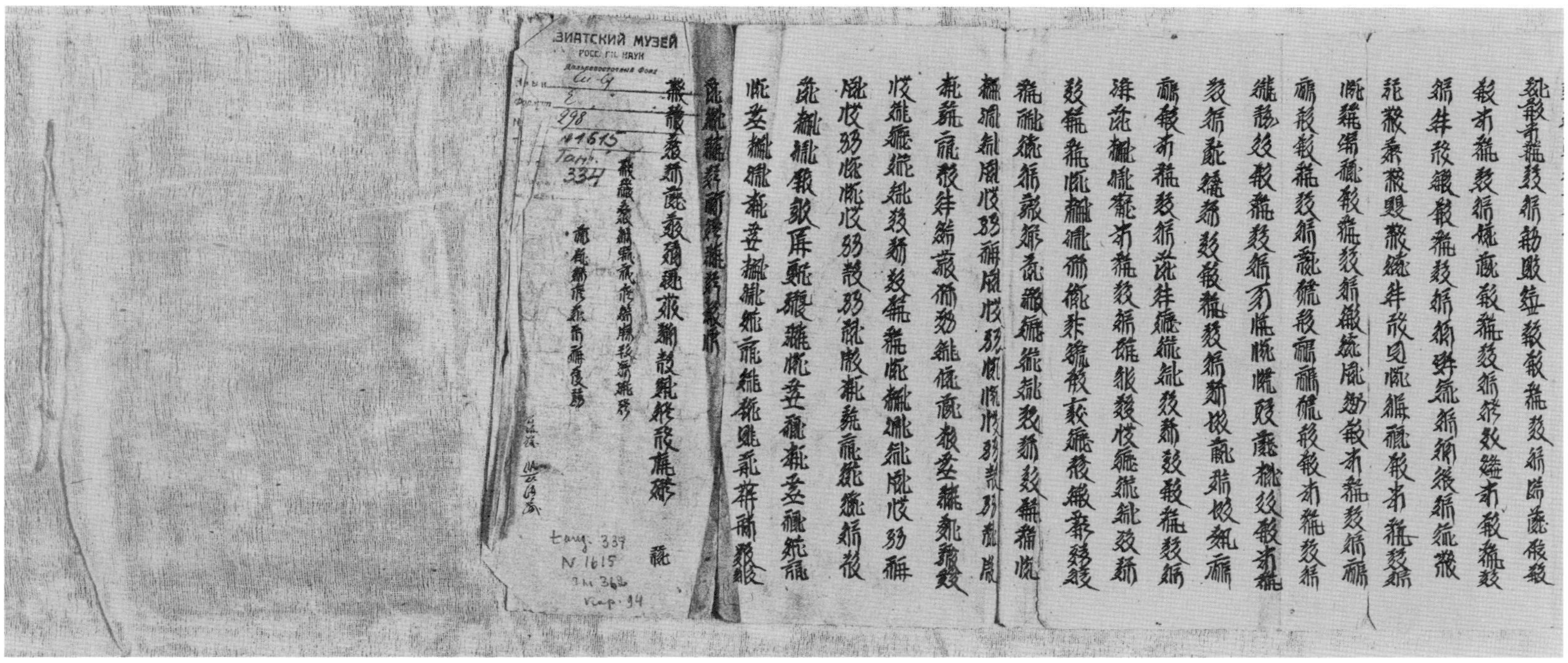

俄 Инв.No.1615　大般若波羅蜜多經卷第三百六十二　(13-13)

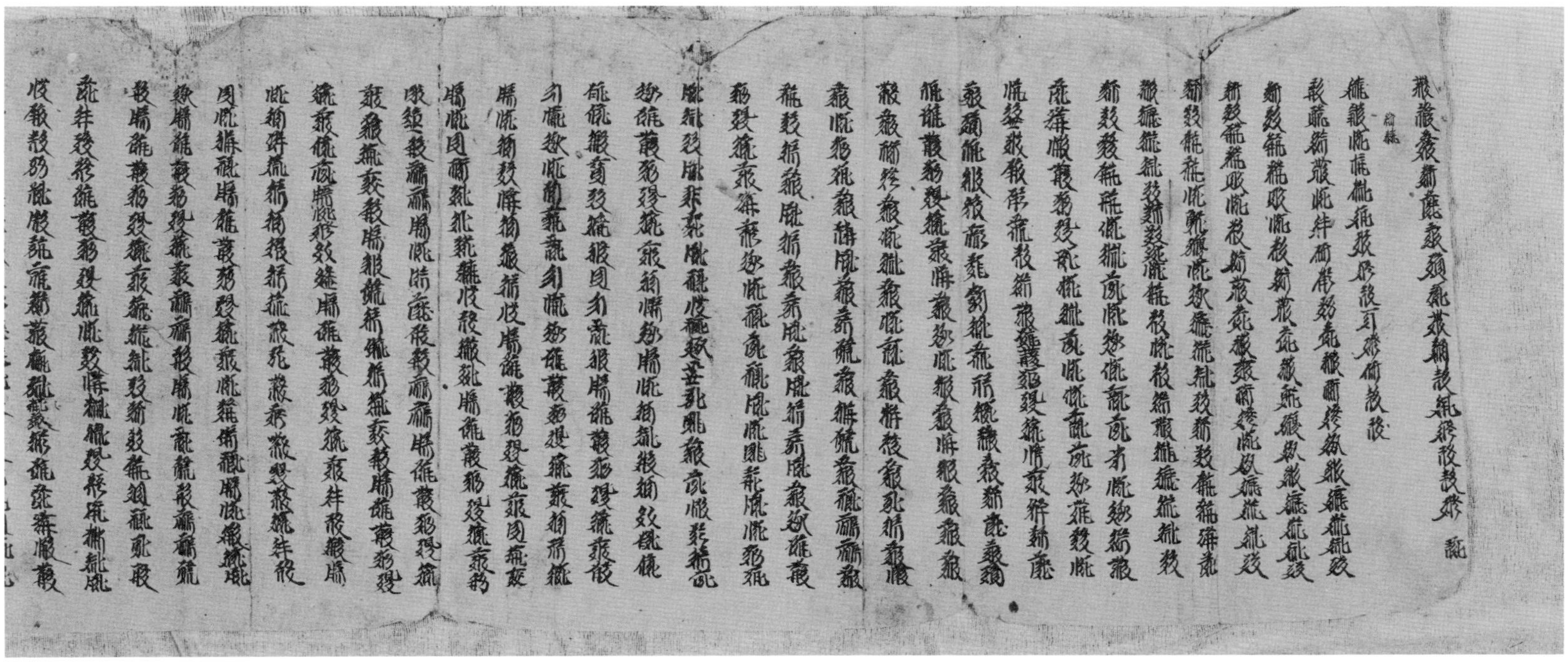

俄 Инв.No.1617　大般若波羅蜜多經卷第三百六十三　(14-1)

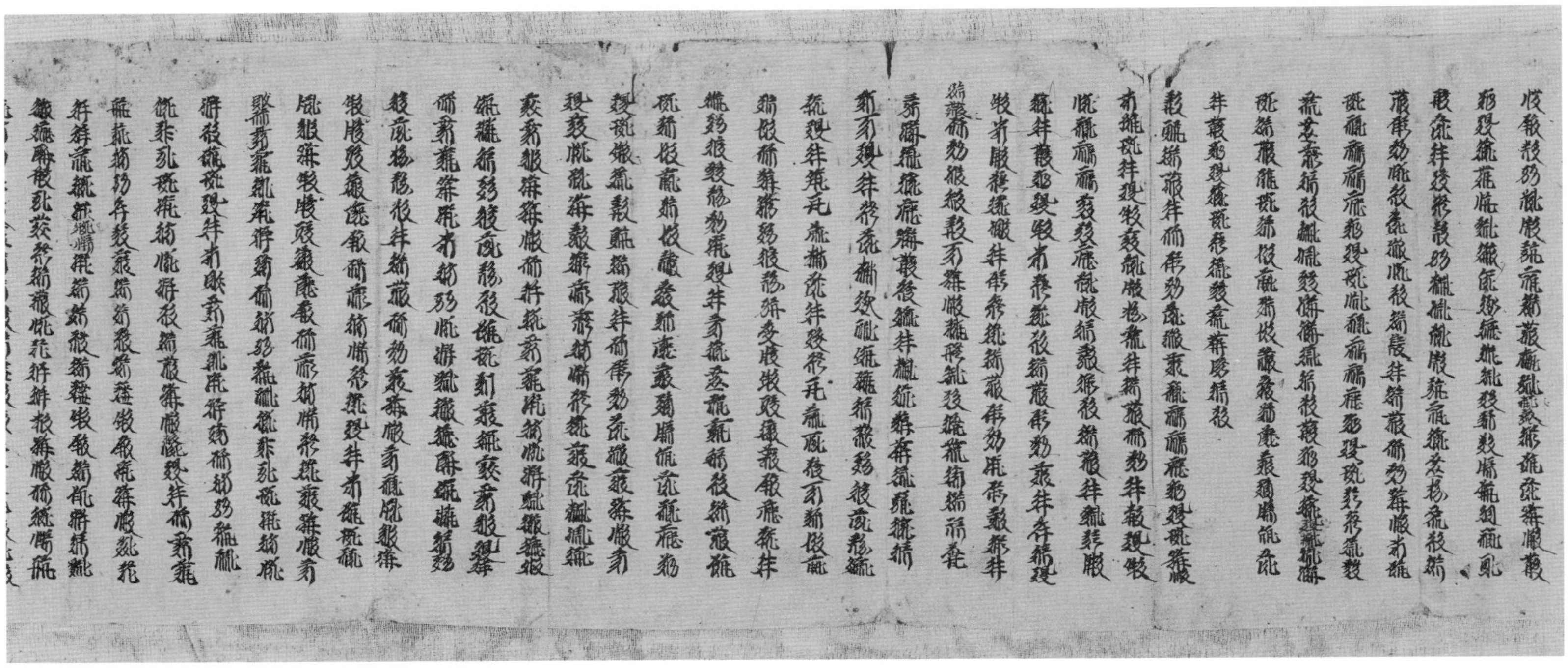

俄 Инв.No.1617　大般若波羅蜜多經卷第三百六十三　(14–2)

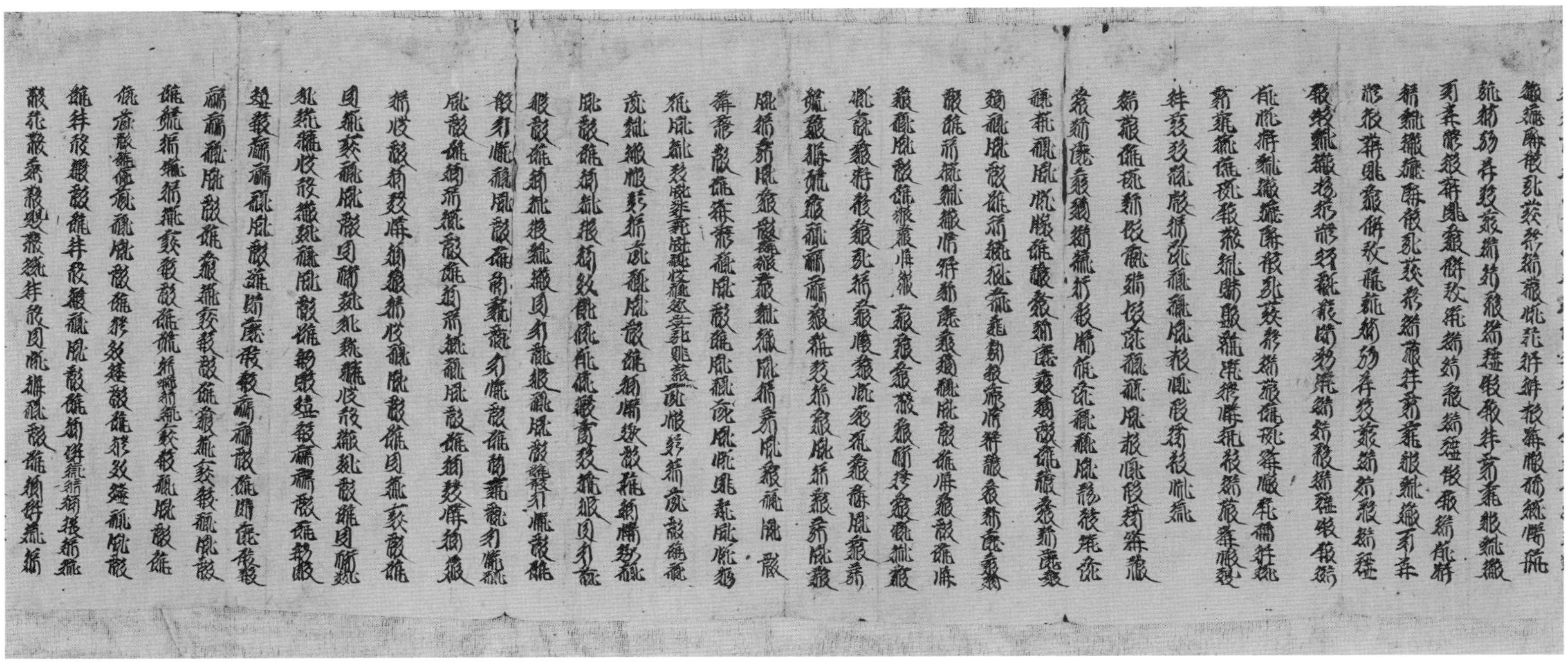

俄 Инв.No.1617　大般若波羅蜜多經卷第三百六十三　(14–3)

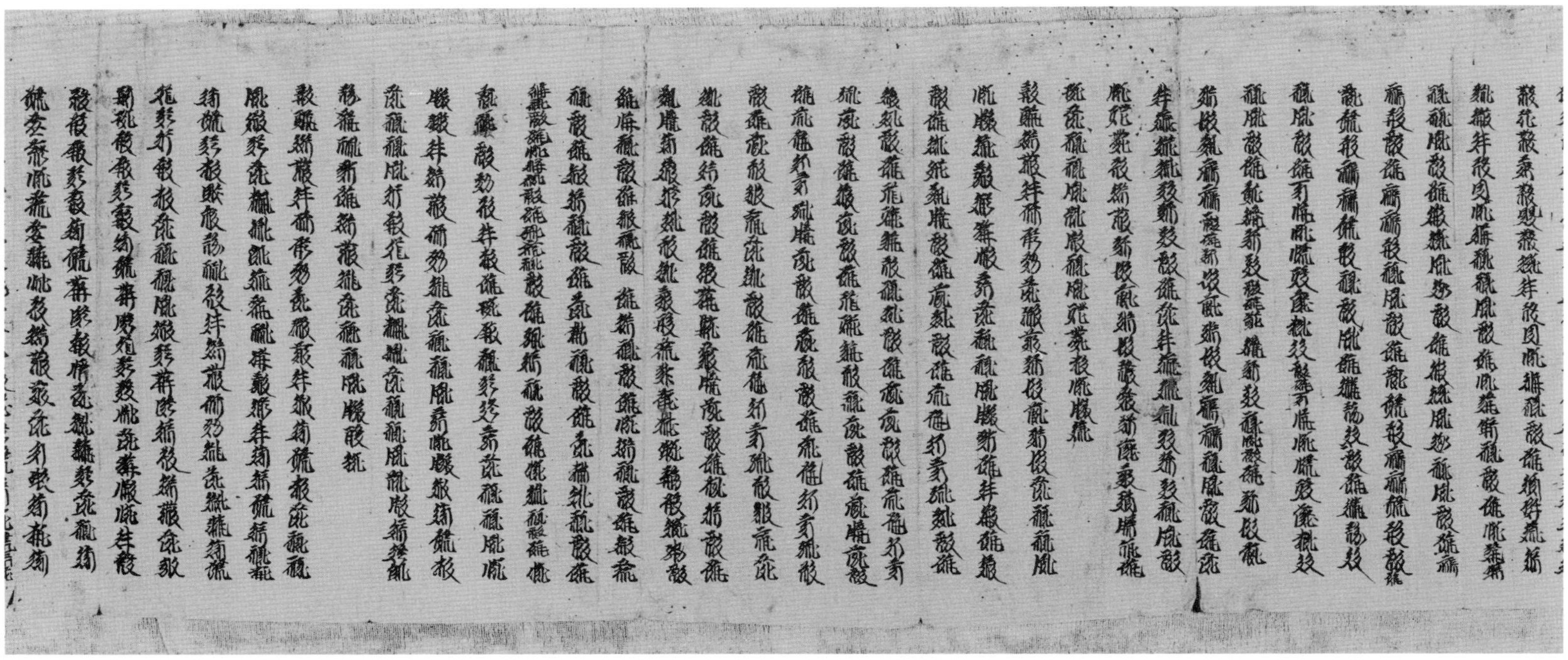

俄 Инв.No.1617　大般若波羅蜜多經卷第三百六十三　(14–4)

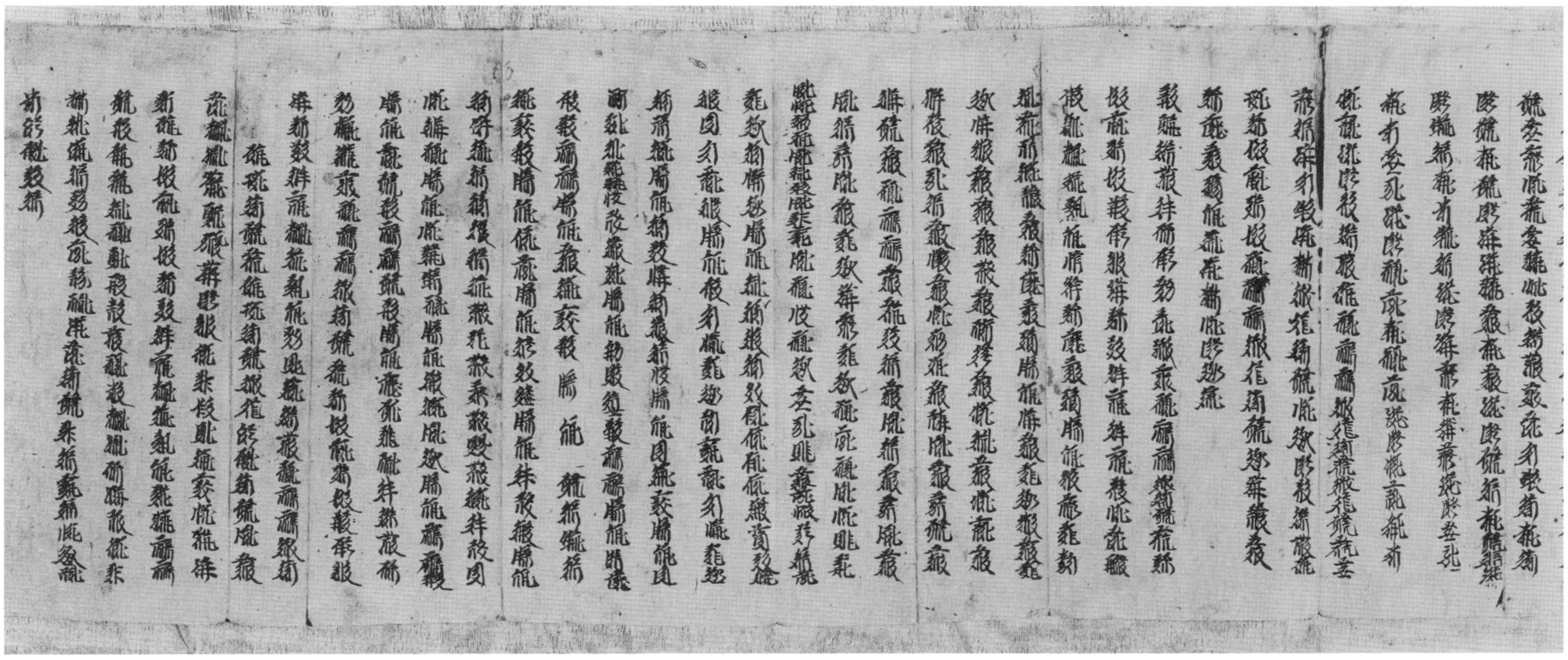

俄 Инв.No.1617　大般若波羅蜜多經卷第三百六十三　(14–5)

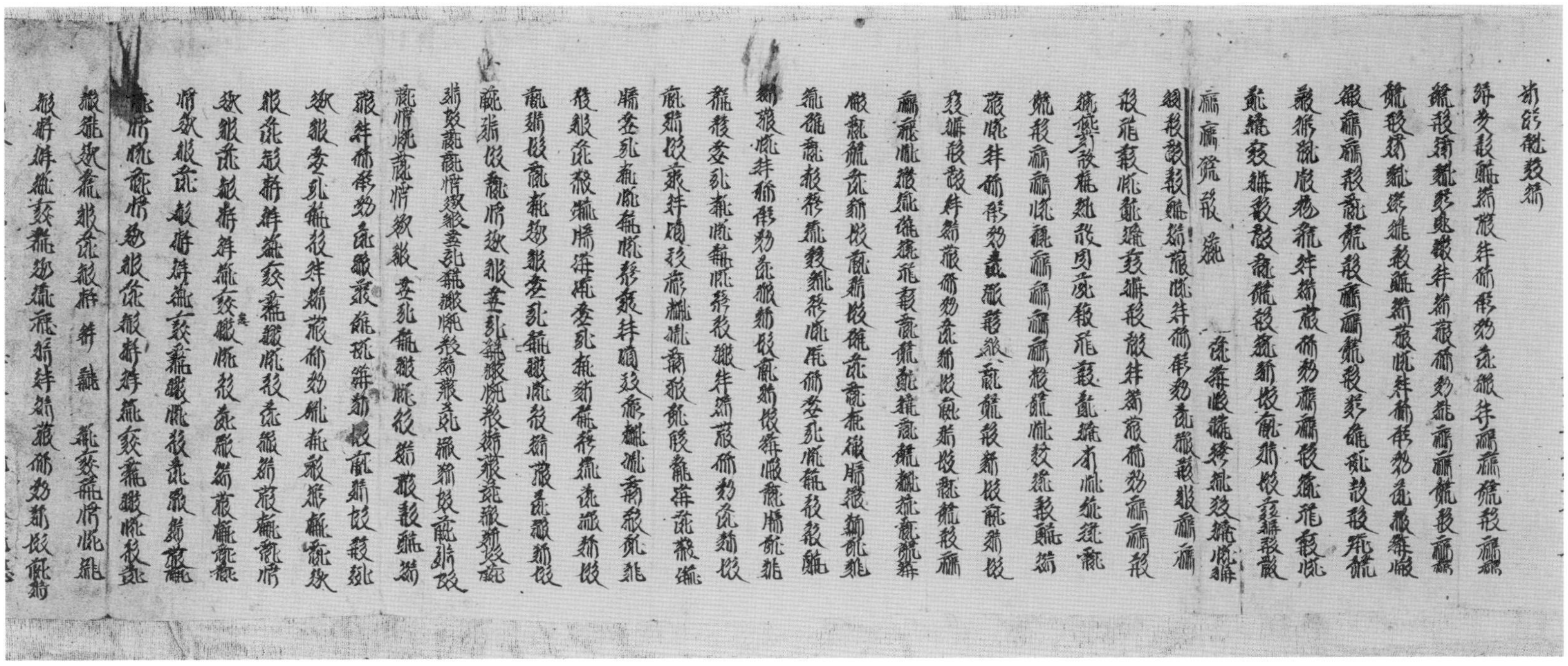

俄 Инв.No.1617　大般若波羅蜜多經卷第三百六十三　(14–6)

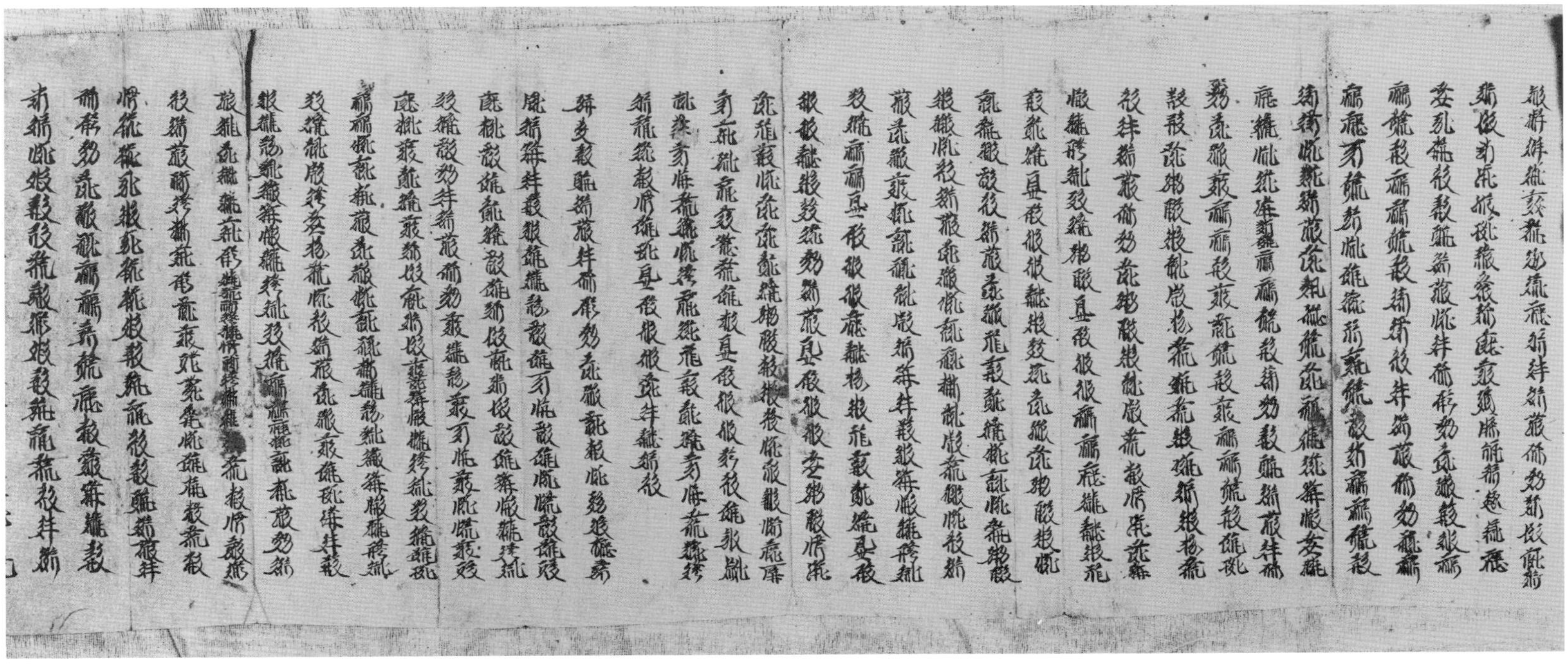

俄 Инв.No.1617　大般若波羅蜜多經卷第三百六十三　(14–7)

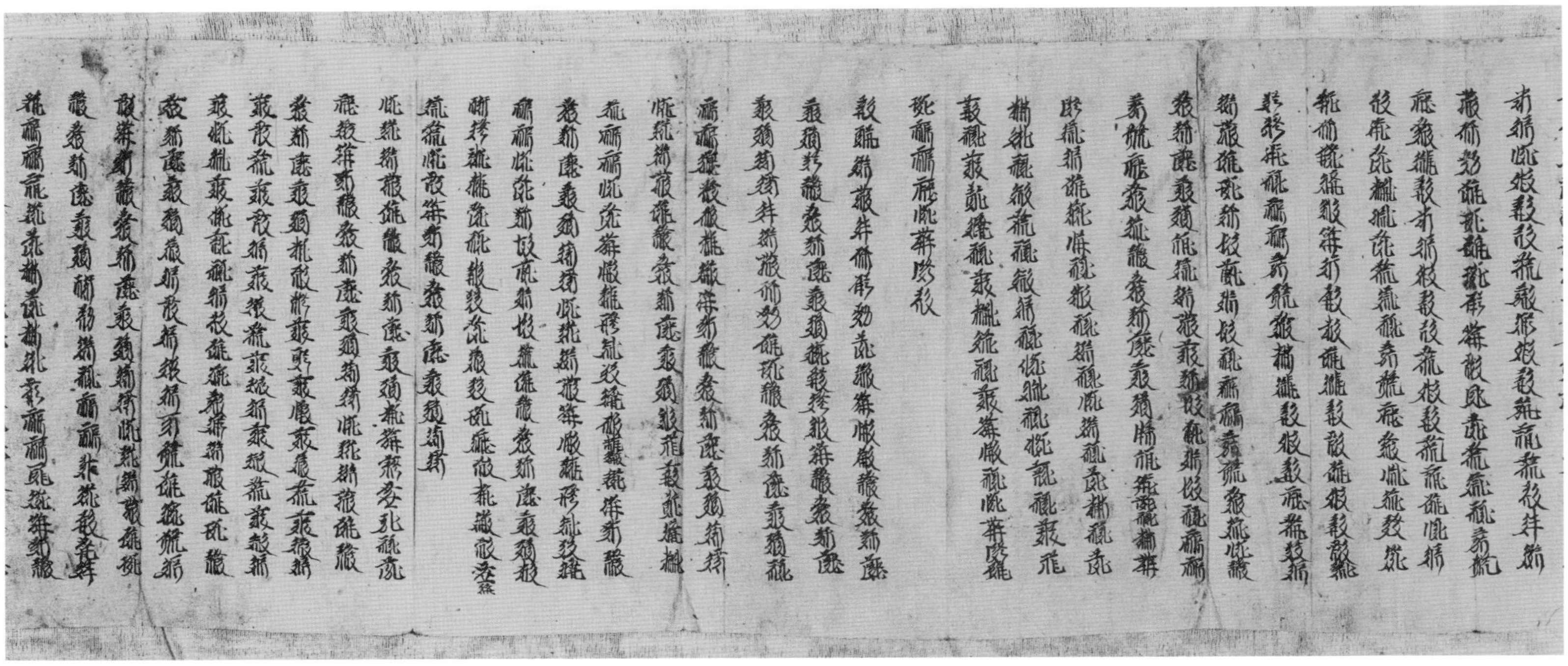

俄 Инв.No.1617　大般若波羅蜜多經卷第三百六十三　(14–8)

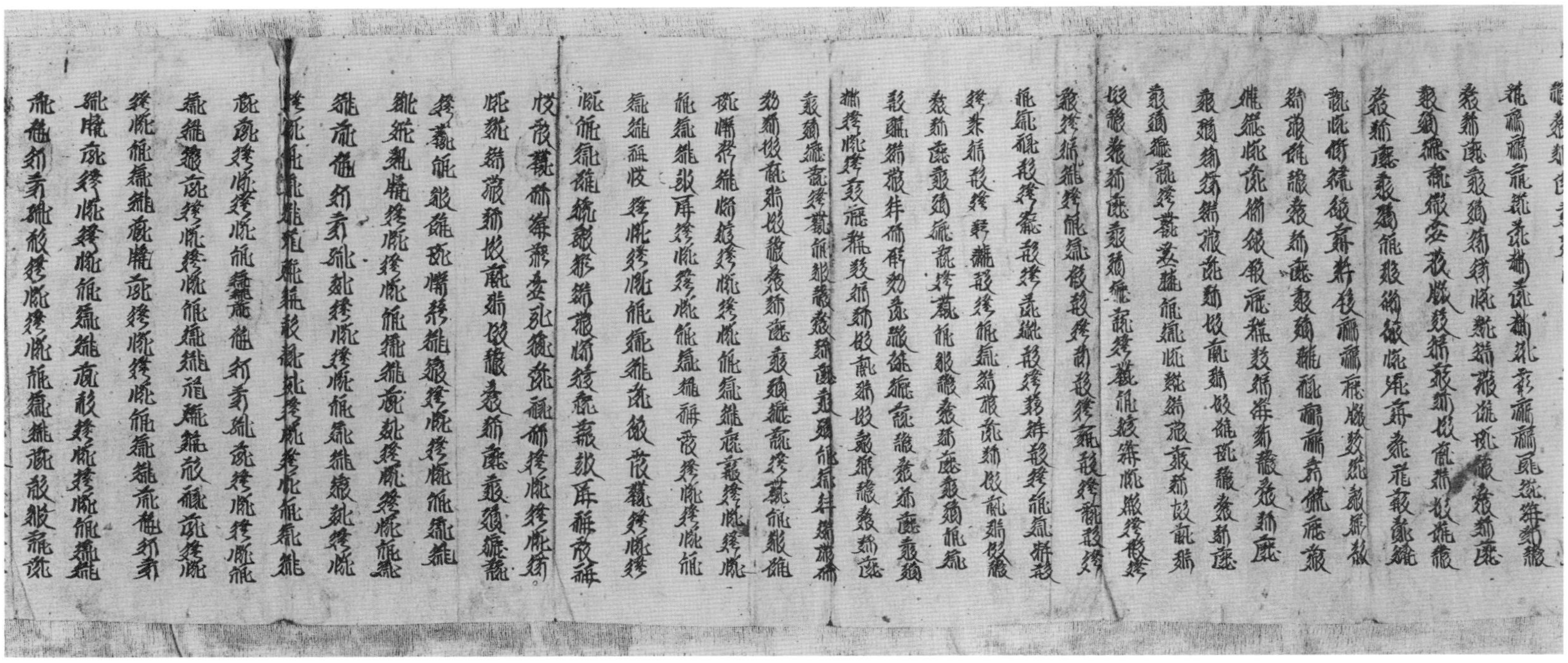

俄 Инв.No.1617　大般若波羅蜜多經卷第三百六十三　(14–9)

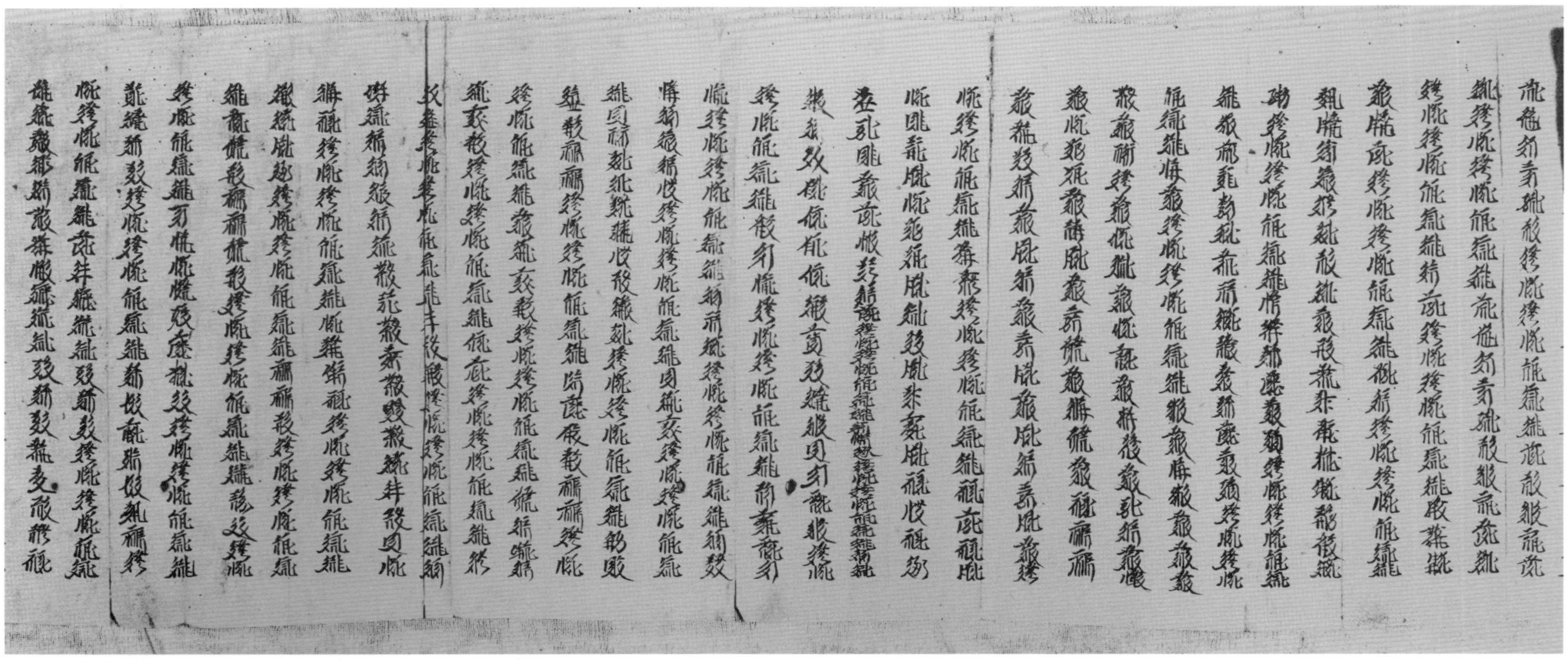

俄 Инв.No.1617　大般若波羅蜜多經卷第三百六十三　(14–10)

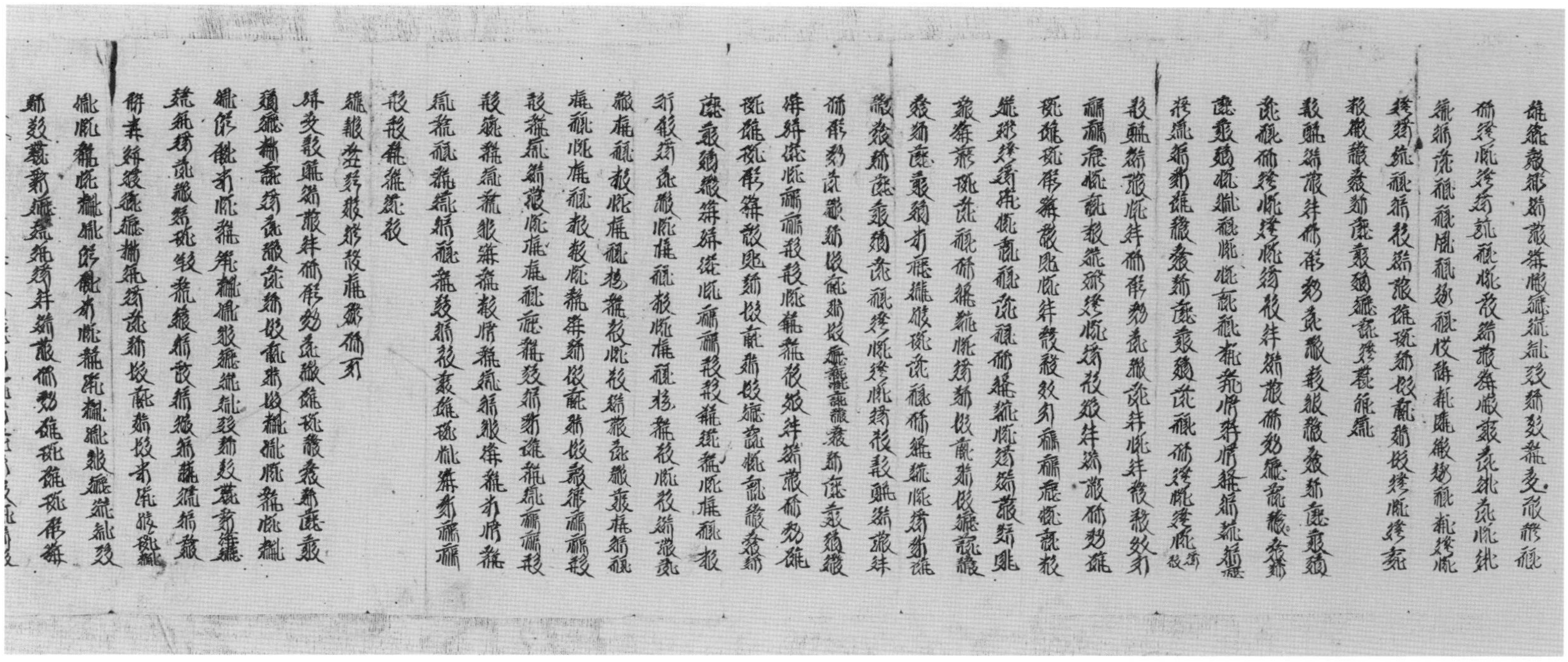

俄 Инв.No.1617　大般若波羅蜜多經卷第三百六十三　(14–11)

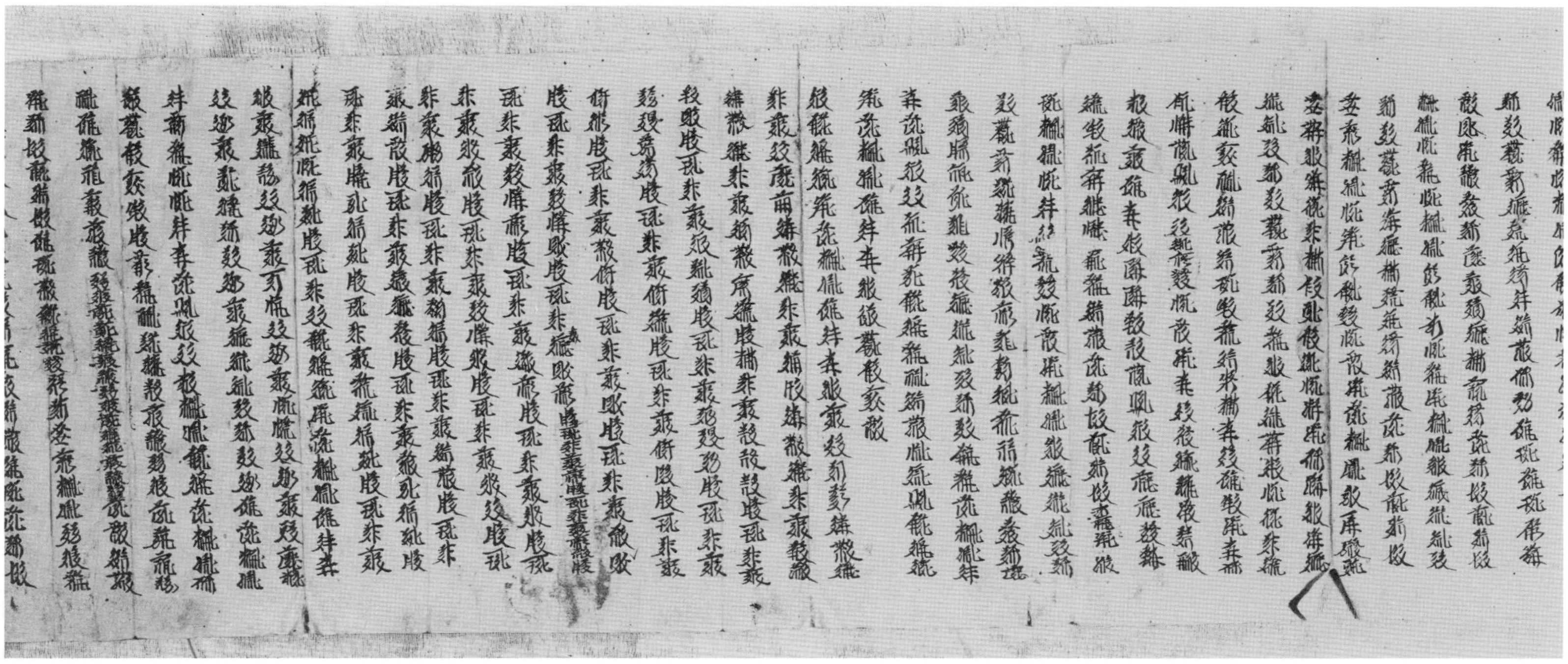

俄 Инв.No.1617　大般若波羅蜜多經卷第三百六十三　(14–12)

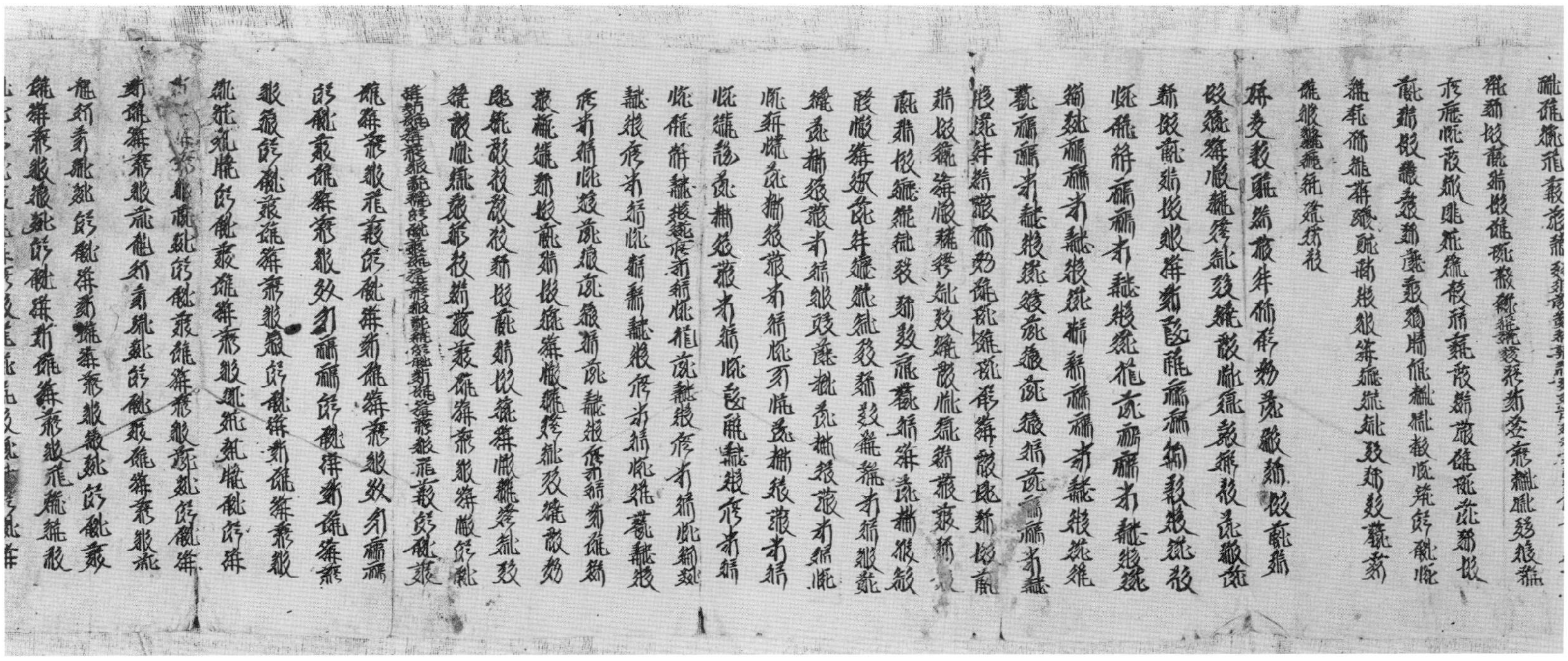

俄 Инв.No.1617　大般若波羅蜜多經卷第三百六十三　(14–13)

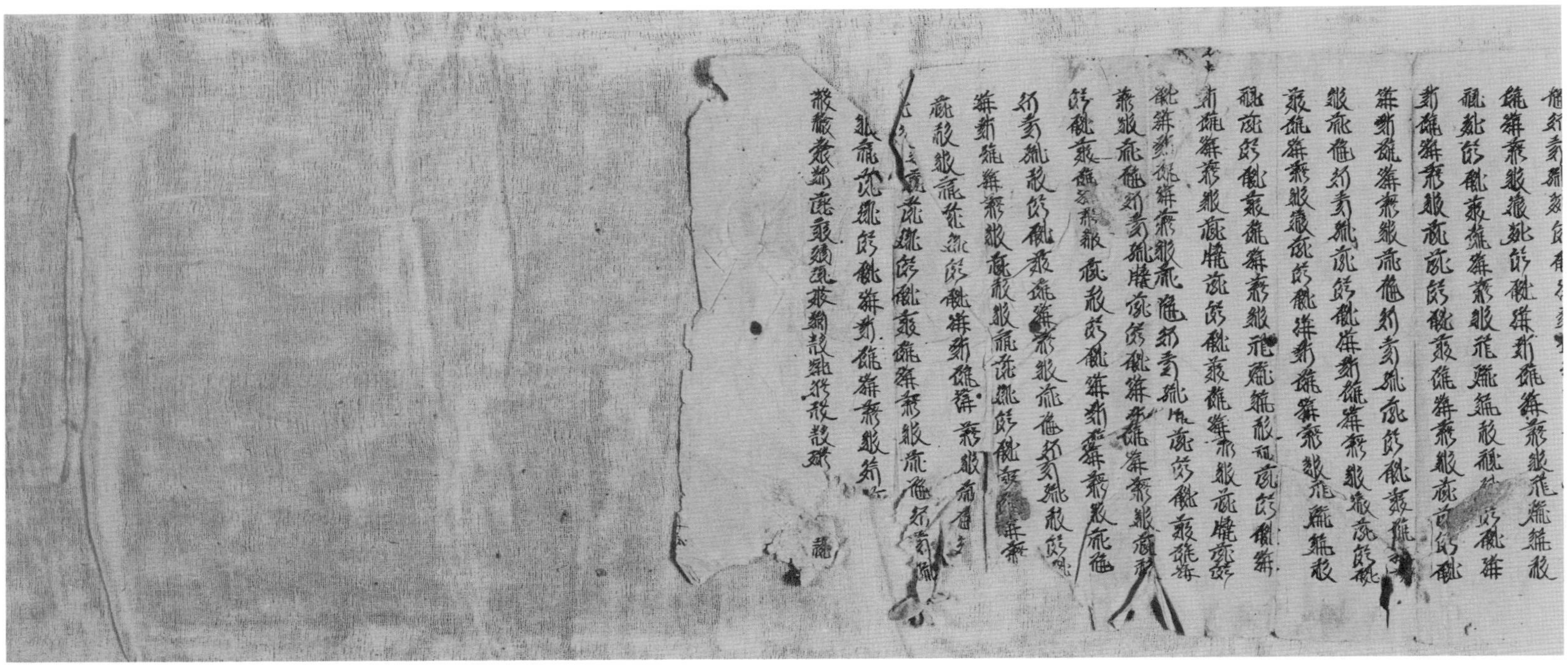

俄 Инв.No.1617　大般若波羅蜜多經卷第三百六十三　(14–14)

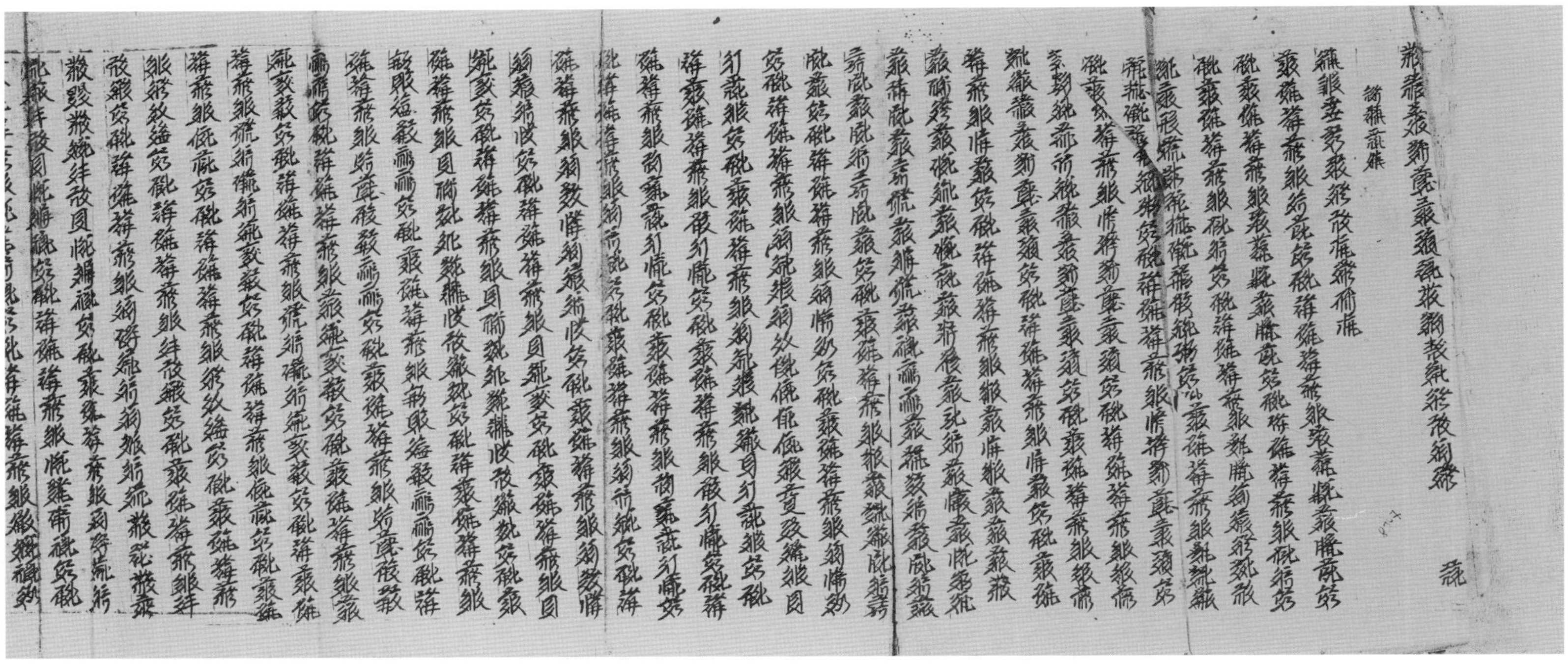

俄 Инв.No.8307　大般若波羅蜜多經卷第三百六十四　(10–1)

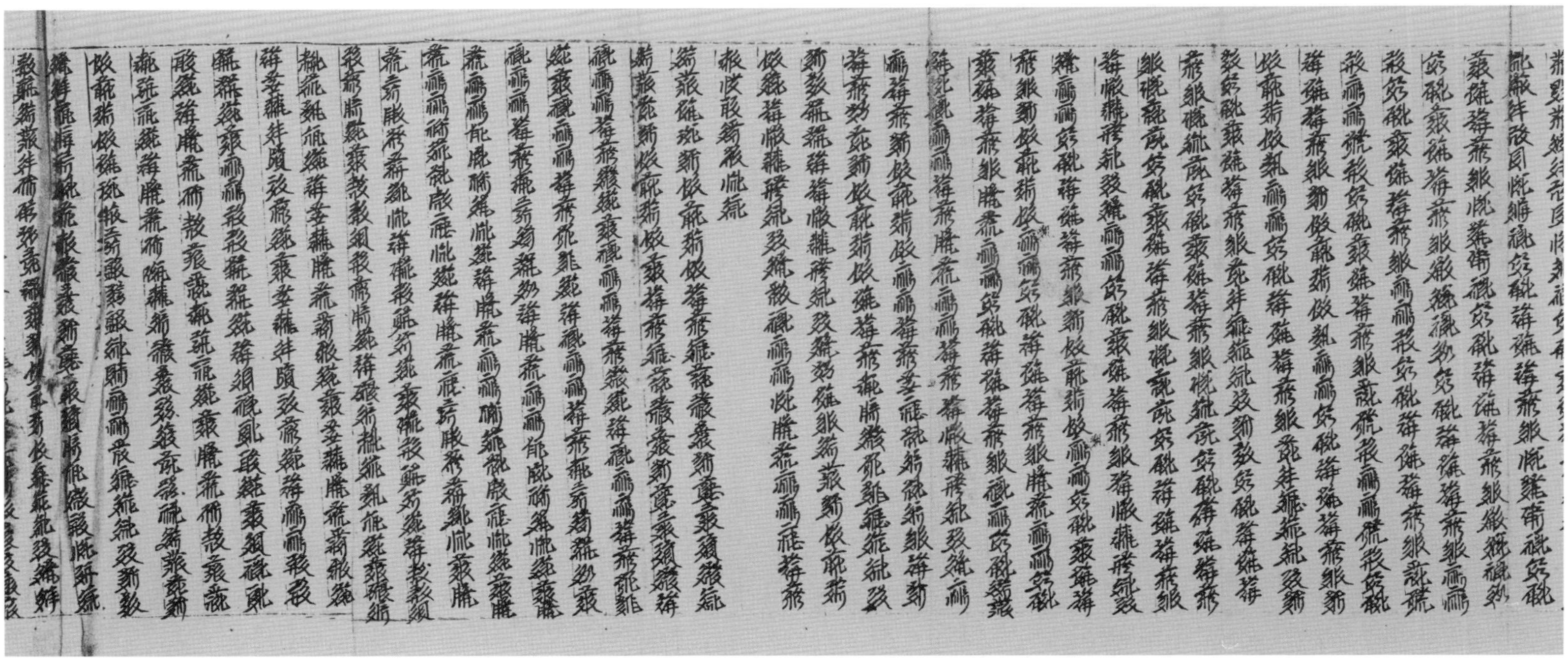

俄 Инв.No.8307　大般若波羅蜜多經卷第三百六十四　(10–2)

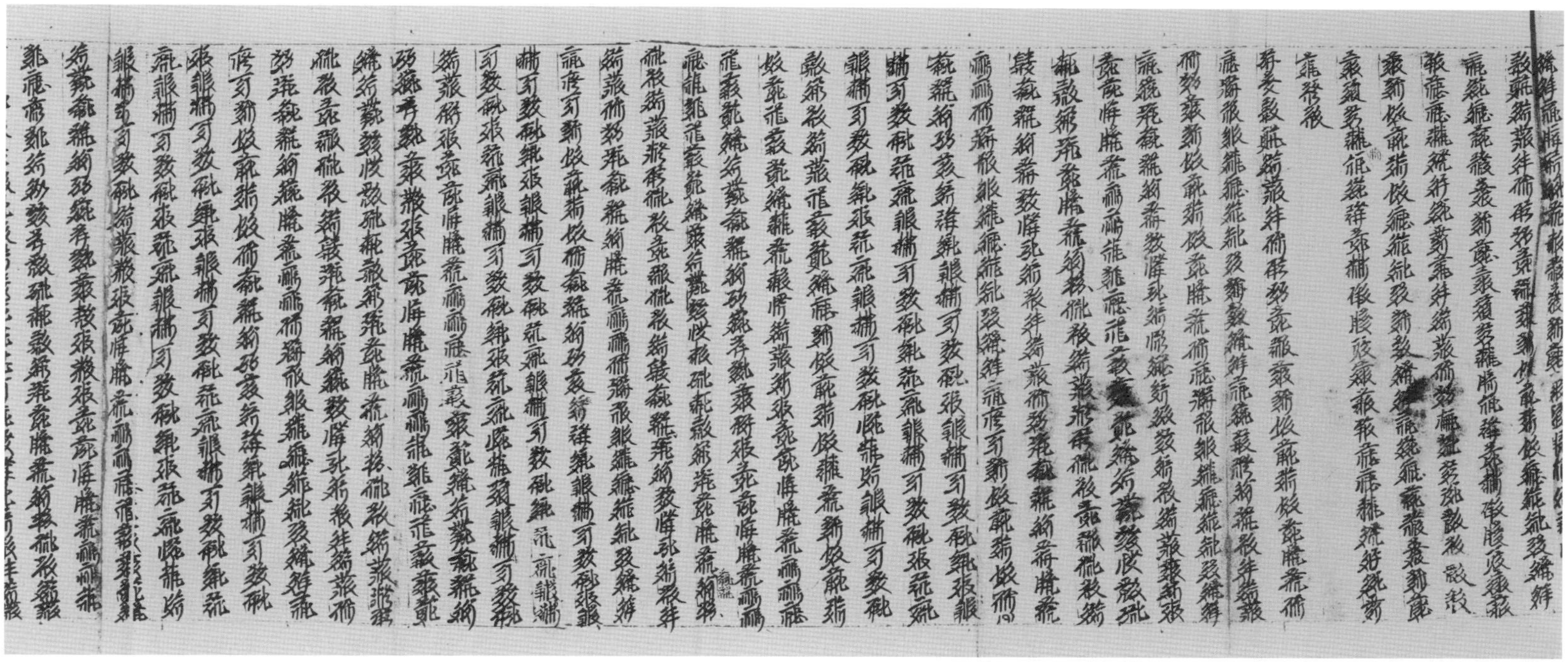

俄 Инв.No.8307　大般若波羅蜜多經卷第三百六十四　(10–3)

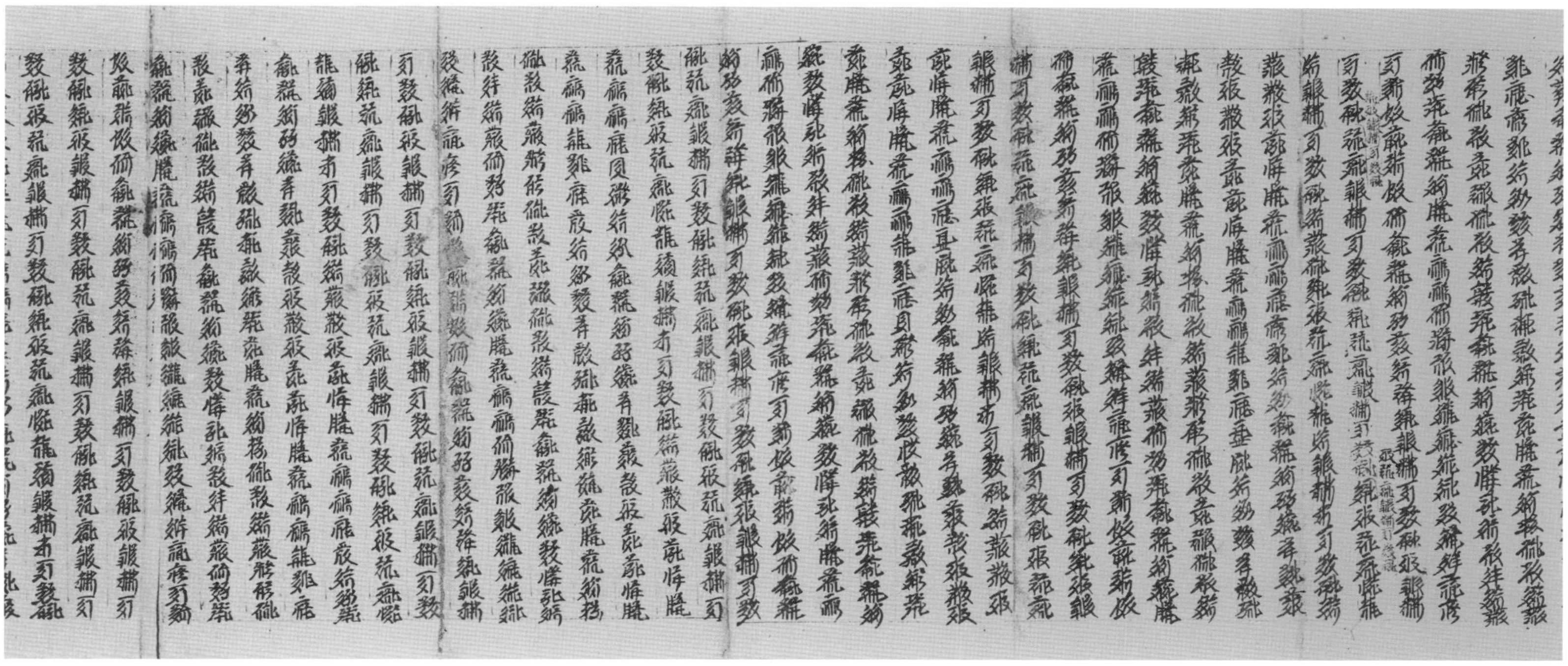

俄 Инв.No.8307　大般若波羅蜜多經卷第三百六十四　(10–4)

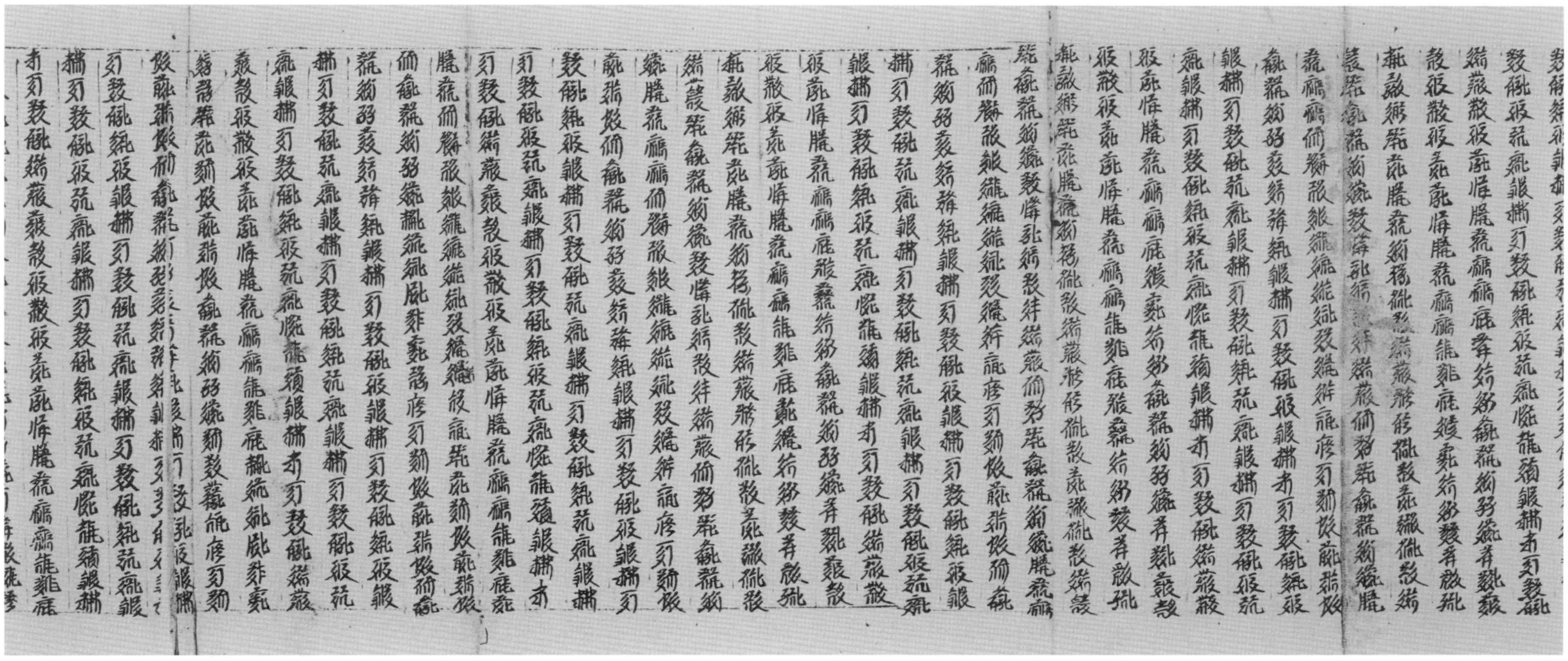

俄 Инв.No.8307　大般若波羅蜜多經卷第三百六十四　(10–5)

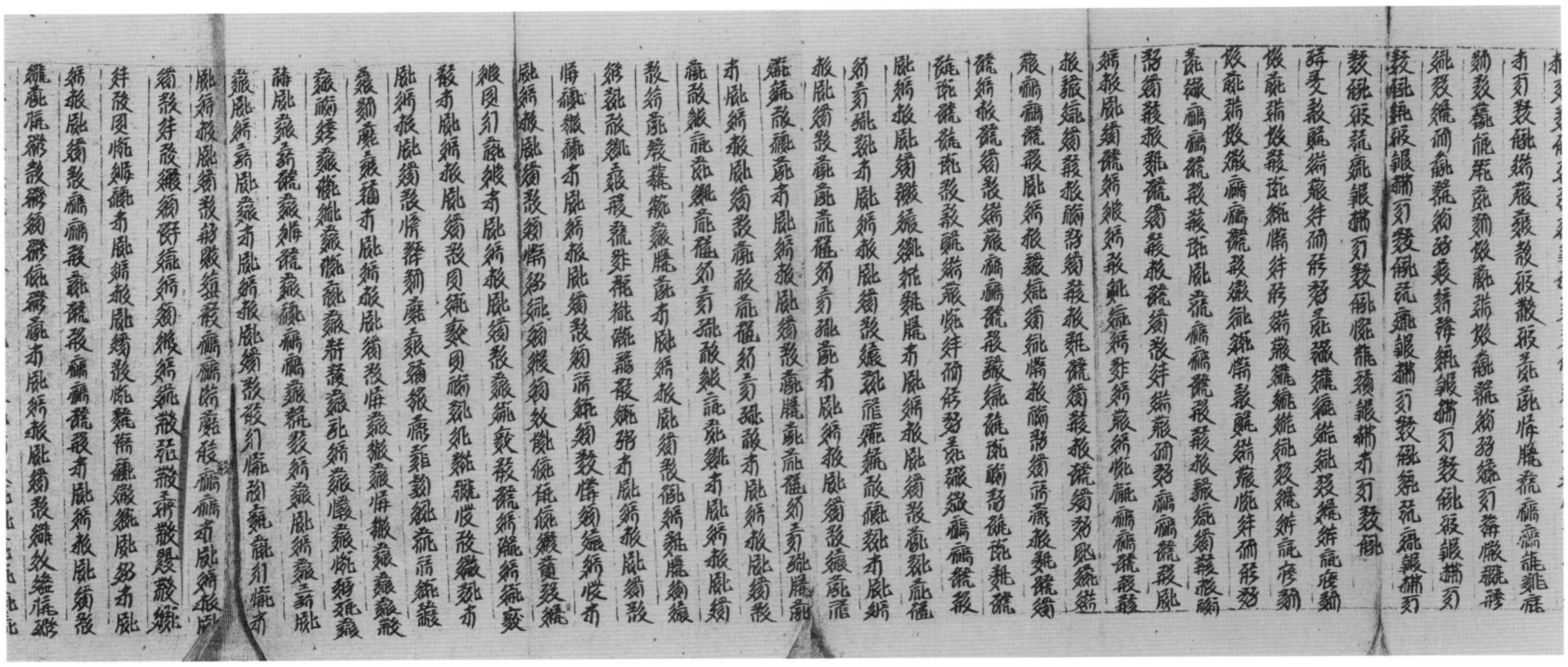

俄 Инв.No.8307　大般若波羅蜜多經卷第三百六十四　(10–6)

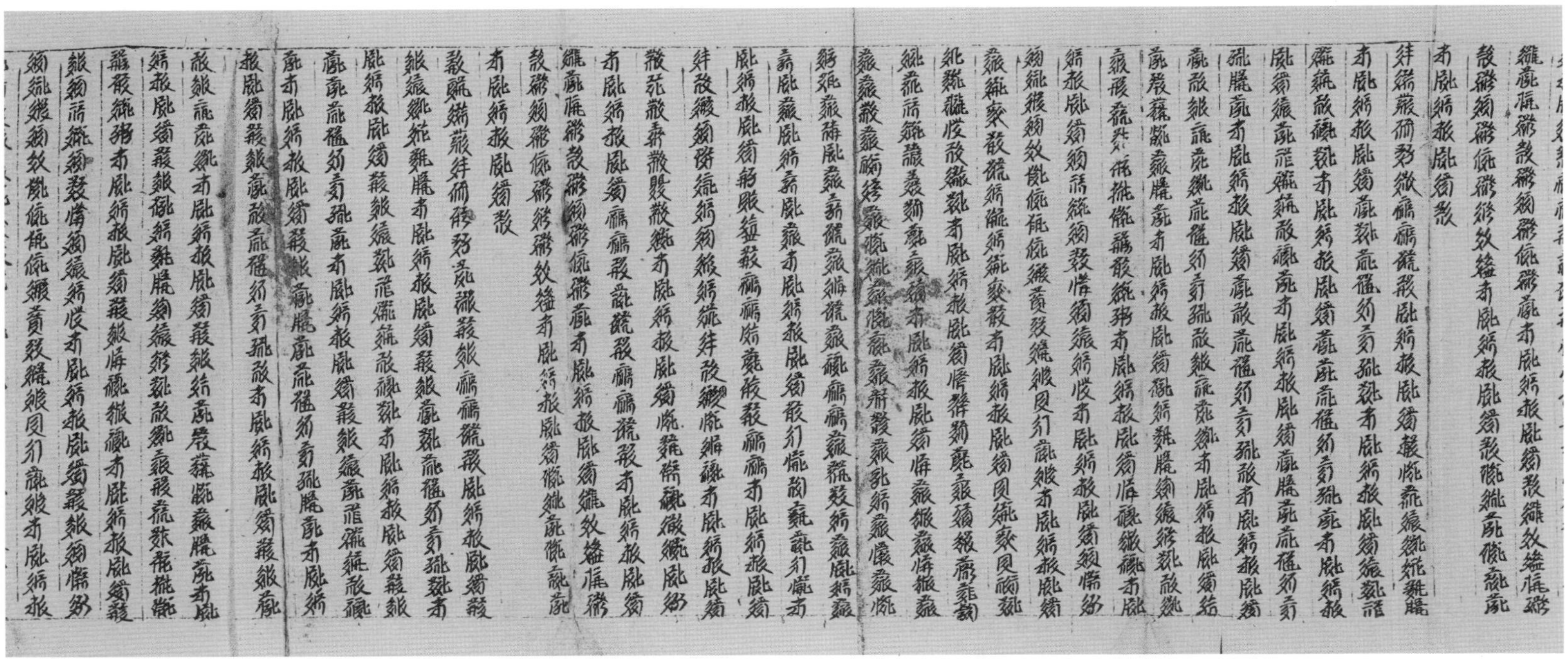

俄 Инв.No.8307　大般若波羅蜜多經卷第三百六十四　(10–7)

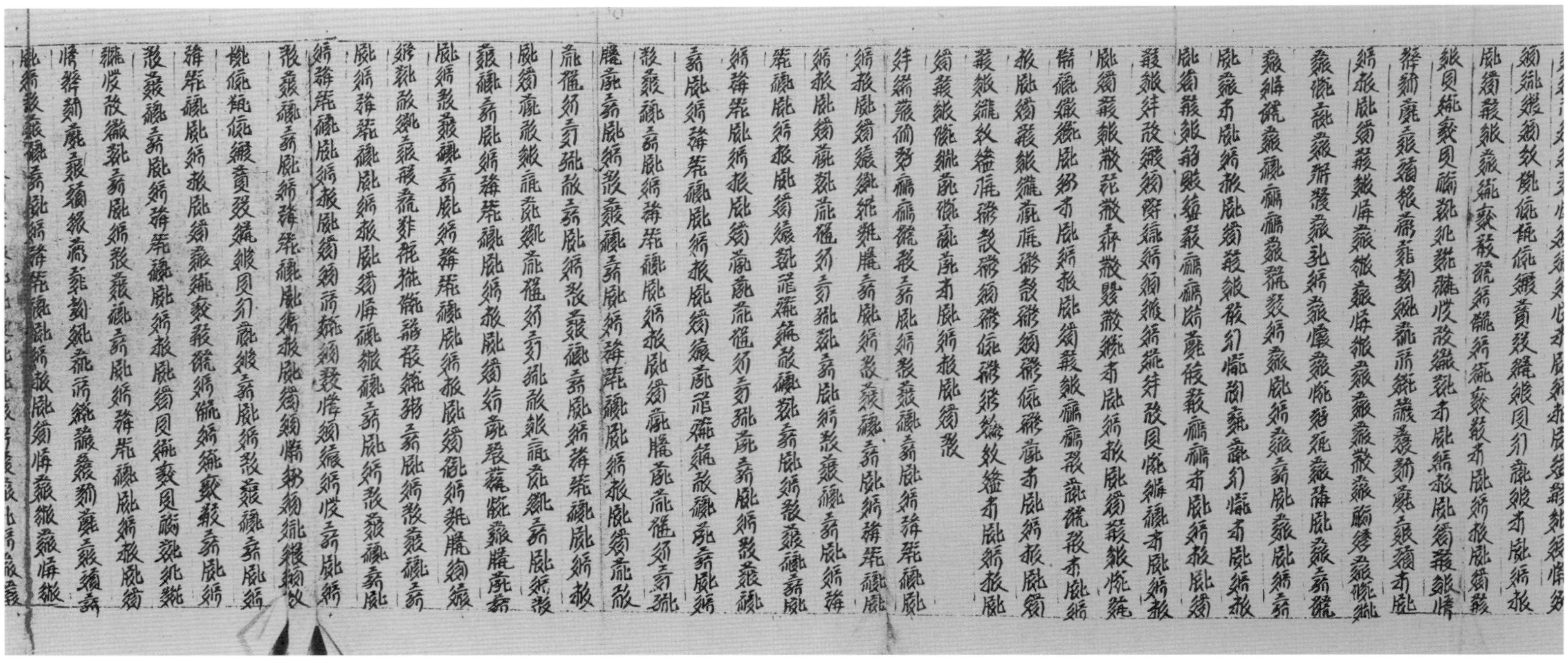

俄 Инв.No.8307　大般若波羅蜜多經卷第三百六十四　(10–8)

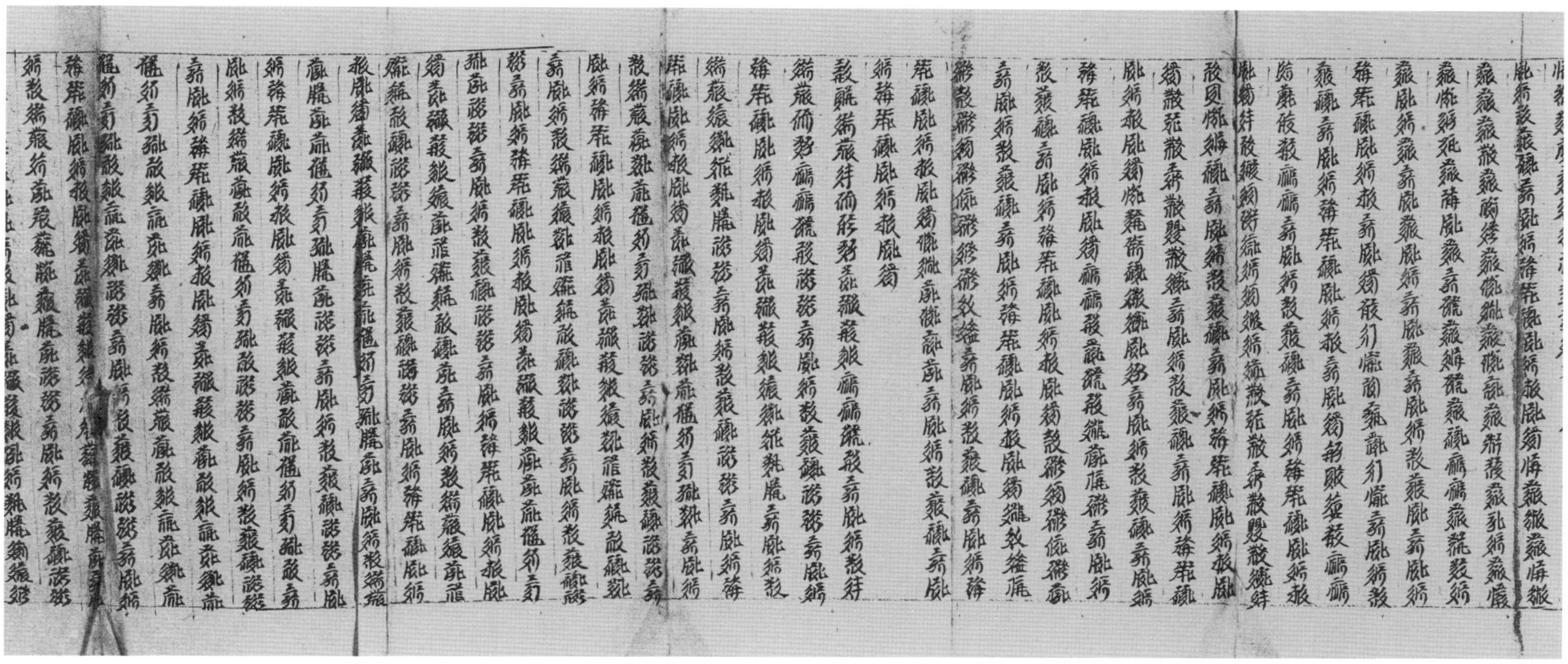

俄 Инв.No.8307　大般若波羅蜜多經卷第三百六十四　(10–9)

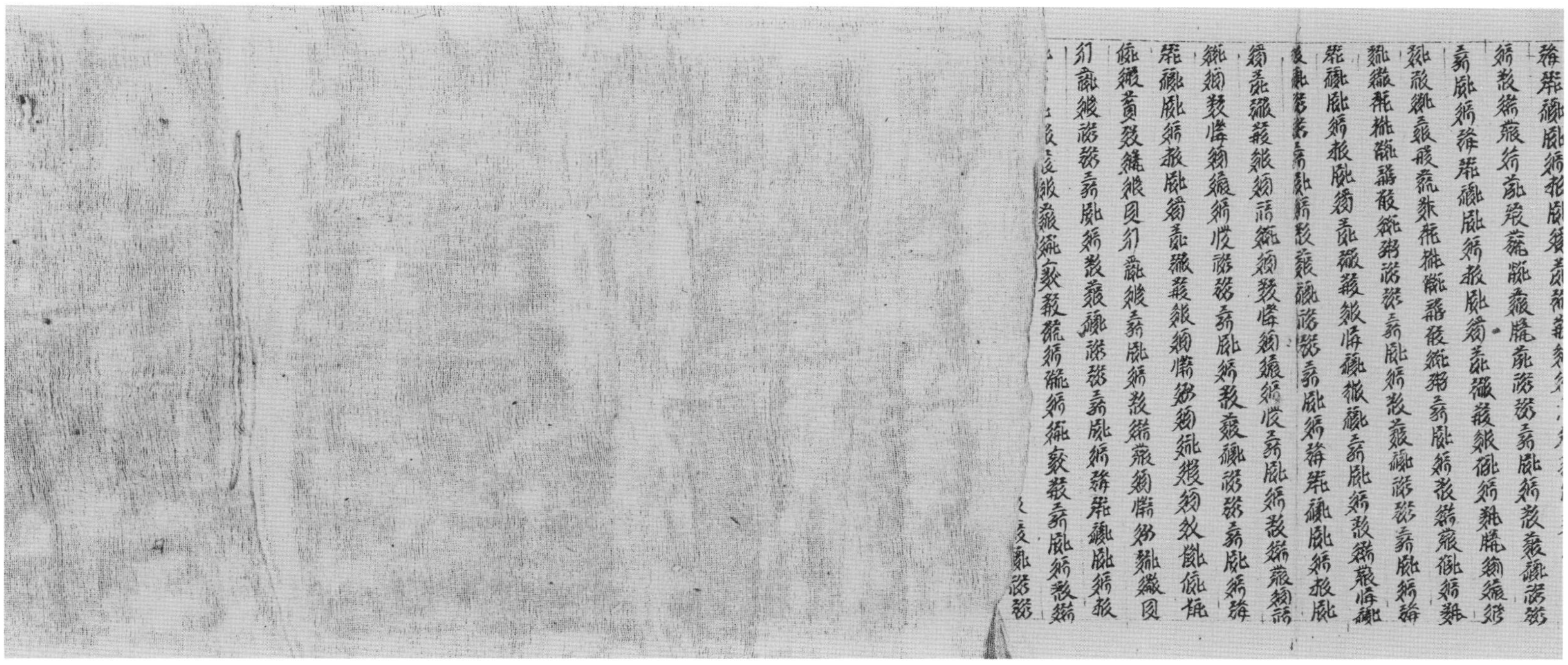

俄 Инв.No.8307　大般若波羅蜜多經卷第三百六十四　(10–10)